媒体眼中的直销

陈 亮·编著

中国商业出版社

图书在版编目（CIP）数据

媒体眼中的直销 / 陈亮主编. -- 北京：中国商业出版社，2016.8

ISBN 978-7-5044-9556-3

Ⅰ.①媒… Ⅱ.①陈… Ⅲ.①直销－研究－中国 Ⅳ.①F724.2

中国版本图书馆CIP数据核字(2016)第210080号

《媒体眼中的直销》

编　　著：陈　亮
策划推广：营讯传媒
责任编辑：张超美
设　　计：北京慧能广告
出版发行：中国商业出版社出版
社　　址：北京广安门内报国寺1号
邮　　编：100053　　电　话：010-63180647
网　　址：www.c-cbook.com
经　　销：新华书店总店北京发行所
印　　刷：北京雷杰印刷有限公司
开　　本：1/16　　字　数：800千字
印　　张：65印张
版　　次：2016年11月第1版　2016年11月第1次印刷
书　　号：ISBN 978-7-5044-9556-3
定　　价：98.00元（上下册）

版权所有·侵权必究

媒体眼中的直销

——国家机关事务管理局原巡视员周晋亮

出版说明

在"大众创业、万众创新"的国家倡议下,能够充分体现"大众创业"精神的直销行业成为了无数人追逐生活自由、财务自由、人身自由的理想事业。于是,这个"没有任何进入门槛"的直销领域,很多人争相涌入、投资兴业也就成为了习以为常的事情。然而,对很多人来讲,直销是一个神秘的领域,大多数人在并不知晓直销历史、直销发展现状的情况下就贸然"往里窜",再加上直销推荐人没有如实、正确、很好地讲清楚直销的特点和风险,导致了很多新进直销人后来盲目跟进,出现了诸多啼笑皆非的事情。为了给广大的直销从业者一个清晰的过去,为了向众多想真正了解直销历史的读者讲明白直销的起源,我们特别策划、出版了这本迄今为止中国第一本报道直销历史的《媒体眼中的直销》的图书。

本书以媒体人的视角,全面、细致地搜集整理并报道了直销这种舶来品进入中国以来的诸多发展情况,讲述了直销进入中国、遭遇"一刀切"禁令而转型、直销条法生效、批牌速度加快行业进入发展快车道、协会孕育和博弈,以及各企业大力展开平台建设的种种市场现象,也反映了直销区域和层次之争的现实法律问题,是一部难得的直销好书。在直销历史的长河中,拥有了此书,我们就可以笑看企业二十多年的沧桑变迁。

本书的出版不仅仅是为了填补直销历史讲述这一领域的空白,更重要的是让人们能够正确区分什么是合法的直销、什么是非法的传销,使人们能够在国家法律法规的范围内做正确的直销和正确的事情,也帮助人们远离传销提供指导和帮助。这本书为直销从业者提供客观的直销过去认知,为更多媒体和研究人士提供详实的直销史料研究资料,为企业和消费者正确认识直销提供全面知识和指导。

编者

2016 年 10 月

前 言

考虑到中国直销行业一直都没有一本讲述直销历史的书,很多人想认识直销或者说进入直销领域想研究直销也一直都没有找到一本真正全面讲述直销过去综合情况的书,而中国直销不断向前发展,也确实需要这样一本反映直销过去的书,所以我们基于媒体上对直销的诸多报道、基于我们对直销近二十年的关注和理解,策划出版了这样一本《媒体眼中的直销》的图书。

在这本书里,我们从1990年日本Japan Life偷渡进入中国卖床垫开始和1992年美国雅芳公司在广州登记注册做直销开始,关注了直销这种"舶来品"进入中国不断发展的坎坷历程。中国直销(1998年以前叫传销)可以说先后经过了与"老鼠会"的竞争、1998年"一刀切"的阵痛、厦门会议后的试点、转型企业的向外生长、法律出台前的博弈、传统企业的直销试水、来自电商微商的冲击、行业协会的孕育、企业平台建设的实践……等诸多大事,在这些所有的发展关键时期,包含大众媒体和直销专业媒体在内的中国媒体们,都有过历史性的记录和报道。我们出版此书,就是把这些"美好的珍珠"串起来,以简洁明了的逻辑和清晰晓畅的文字展示给广大读者看。

媒体的报道也是一种对事件的很好的记录。在直销进入中国二十多年的发展过程中,媒体眼中的直销和纸面上的报道,可以说是中国直销"生长"的珍贵档案。本书涉及到的媒体范围广泛,我们在此要首先感谢这些媒体过去的努力。大众媒体包括:《中国经营报》、新华网、《新闻周刊》、《中外管理》、网易财经、《南方都市报》、国家工商总局网站、《沈阳晚报》、《东方今报》、《南京日报》、金羊网、《经济参考报》、商务部直销网站、《法制日报》、《中国消费者报》、中国食品科技网、《成功营销》、《羊城晚报》、经济观察报网、《新京报》、《人民日报》、《晶报》、新浪财经、《上海商报》、《中华工商时报》、《IT时代周刊》、搜狐财经、《第一财经日报》、价值中国网、人民网、《潇湘晨报》、《每日经济新闻》、《京华时报》等。专业媒体包括：《中国直销》、韩国直销杂志、中国直销网、《当代直销》、中国直销传播网、《经贸世界》、直销专业网、直销博客网、《分销时代》、绿色分销网、当代直销网、直销道道网等（以上媒体名单不分先后）。

对于《媒体眼中的直销》这本书，可以说是一本集大成者的史料，具有很强的学术价值，但我在这里也还要说明几个意思：1. 我们是依据直销进入中国内地发展的脉络来选择的报道文字，所以对能构成直销发展里程碑上当时的重要事件做了报道选择，没有特别亮点或不太重要的报道我们就没有选择，当然太有亮点或有点重要的报道因为涉及到"你懂的"等原因而放弃选择；2. 所选择的每篇文章因为媒体特点和记者个人写作风格的原因，呈现出来的报道文字或许不尽相同或者说不是一个风格，我们在本书中以包容的心态略加编辑来对待，大部分还是遵从作者的表达方式，希望读者们主要看的是当时的事件；3. 对于直销历史上当时某一重要事件的很多篇媒体报道，我们从历史唯物主义的角度出发，专注于事件的本源并汇聚相关媒体的认识和记录，客观对历史上的该事件做了回顾报道；4. 我们在本书中也体现了一些重要事件的发展内幕，我们要说的是我们拾起来的是"沧海一束"，明白了这些重要的"机理构造"，读者也才能更好地遵循我们的主线"往下走"去理解其他的事件联动的发展；5. 最为重要的一点是，很多事情当时发生了现在来看可能不是那个样子，或者从企业角度看不是媒体人当初认为的那样，或者说有些企业有些人不希望再把当时的媒体报道翻出来给人看，我们在这里要说的是我们尊重历史尊重客观的报道，我们从媒体出发转载过来没有特别的恶意，仅仅是为了帮助广大读者还原当时的情形、了解直销的过去。

《媒体眼中的直销》这本书经过了长时间的准备和编校工作，现在才得以计划出版，可以说其中的辛勤工作是很艰巨的，我们策划出版这本书也是需要很大的勇气的。我们想了很多很多，但是我们为了填补中国直销历史图书这一个空白，也为了从行业发展公益的角度出发，我们克服困难、顶住压力，持之以恒地出版了这本书。可以说，《媒体眼中的直销》不是一本真正意义上的直销历史图书，目前更不是一本大学直销选修课的教科书，但是在没有更好的图书的情况下，大家可以把它当作是那个性质的书好好去读。——通过这本图书，你能够洞悉中国直销的过去！也许，《媒体眼中的直销》这本书出版后，没有太多的人愿意去看，或者有人看了后认为本书没有什么意思，这就是我们的原因了，我们可能没有把中国直销的历史表述、整理得更为活灵活现。然而，为了我们的初衷，为了广大的知识读者，如果这本书能够真正"帮助更广大的人们更全面地了解中国直销的过去"，其作用也就达到了。

这本《媒体眼中的直销》因为字数较多，我们分为了上下两册；由于直销"历史长河的浪花"有远有近，我们在报道直销萌发、发展初期、转型求生的同时，也更详细地报道了近两年的直销事件。所以，这样一套图书得以顺利出版，我首先要感谢中国商业出版社的沈跃老师和刘毕林副总编，没有他们的辛勤工作和审阅指导，这本书就不能顺利出版；我也要感谢中国直销研究院名誉院长秦永楠老师和商务部市场秩序司原巡视员温再兴先生，没有他们的悉心指导和肯定，我们的直销记录和图书出版就不会有完美的结局；我还要感谢诸多我认识的和不太认识的媒体朋友们，和很多媒体同行单位及以前我服务过的媒体机构，没有他们的友情帮助、没有诸多媒体单位对直销历史事件的相继报道，是不可能有今天直销发展路上这么多报道文字的，更不可能有《媒体眼中的直销》这样一本图书；我更要感谢亲爱的广大读者朋友们，是你们对直销历史知识的渴望和对本书的期望，才使得本书得以出版并广泛发行。

图书永远是人类增长知识的法宝，相信这本书可以成为广大读者们很好的参考！

——陈亮（营讯传媒集团当代直销全媒体中心主编）

2016年10月1日

序言一
西方思维与中国国情

　　随着中国进入WTO以来，以及国内外经济一体化的逐渐成熟，加上互联网的开放发展，已经有越来越多的新型营销模式登陆中国，从最初的小心尝试，逐步探索出越来越本土化的成熟模式。这其中，尤其以零售业中的直销业为显著特色。

　　中国的直销业，自1990年著名的雅芳公司登陆中国大陆在广州营运为开端，以安利、玫琳凯、仙妮蕾德等国际著名大公司斥巨资投资中国以来，一路风风雨雨走过了二十多年的路程。这其间，不乏轰轰烈烈的数百家传销公司制度大战，同时，遍地炒作的地下老鼠会肆虐横行，对直销在中国的发展造成极其恶劣的影响。

　　与此同时，国内这十余家规范的外资直销公司均以其雄厚的实力和在中国长线投资的决心，从最初对中国市场潜力的信心，到1998年4月21日政府一纸禁令（禁止任何形式的传销经营活动）都坚定地走了过来。在这片土地上，直销法制远未健全、消费心理远未成熟、创业趋动的盲潮一浪高过一浪。在中国大陆投资的这十余家外商直销企业如何迅速本土化、适应中国国情，成了当务之急。

　　"4.21"禁令之后半年到一年左右的时间，这些素以纯正的无店铺经营的直销公司开始取舍在中国的投资如何走出一条有效的"转型"之路。直销的龙头老大——安利迅速做出反应，首先第一个在国家三部委的批准下于1998年7月推出了新营销方式：即改变其国外运行几十年不变的机制，将原有纯直销人员的网络经营，转变为专卖店加雇佣推销人员的方式开始经营。而雅芳则将"雅芳小姐"队伍予以裁散，实行全面的传统式专柜专卖店经营。无疑是这两家典型代表分别走出了两条完全不同的道路。因为就直销公司而言，一般因其采用人员的网络销售为特点，没有实际店铺而被视为"虚业"；与之相对的则是采用传统式店面经营的方式被视为"实业"。

雅芳、安利的转型道路无疑是一个有益的启示。

上述案例可谓众人皆知，这也充分说明作为舶来品的直销在进入中国后，并没有因为水土不服而产生巨大的不良反应，也没有因为中国本土化国情而选择退缩和放弃，反而一度在被动的情况下选择主动创新，不断探寻一套适合中国国情的发展模式。尤其是今天，直销在中国的发展已经起势，正在用优质的产品和勇于担当的精神不断为直销正名。

事实上，作为一种产品销售模式，直销缩短了生产企业和消费者之间的产品流通链条，在降低企业成本的同时，也能够为消费者提供更便利的服务，特别是一些新型健康产品、家化产品的销售渠道得到拓展，这拉动了内需，促进了消费，也为社会提供了一定的就业机会。

一组商务部直销行业管理信息系统2013年的统计数据显示，全国外资直销企业销售额是209亿元人民币，占全国直销总销售收入的96%。从这个业绩数据可以看出，目前中国直销业绩还是外资巨头领跑，但是内资企业也在迎头赶上。2015年中国直销企业总体总额已经接近2000亿元人民币，就说明直销在中国大地上发展得如火如荼。

我认为，随着国家对直销的管控和服务，直销业的春天终于要到来了。直销可以说传承了中国商业文化的精神，直销的分享文化是直销在中国得以生存和繁衍的根本。我感觉直销的精神代表直销的形象，它也不断地进入了国际市场。很多人是从我们直销走出来的英雄，也就是说我们的直销由"舶来品"将成为"舶出品"，我们由进口将成为出口。同时，直销的春天来了，我们应该怎么办？我们应该毫不犹豫地爬上一个台阶，这个台阶一定是要和直销相适应的，这几年我们一直都很关注直销的发展，确实有一些不尽人意的地方，包括不被人理解的地方，那么往哪里走，怎么爬这个台阶？第一就是要文明直销，不要用其他手段，就是要实实在在；第二，品质优先，把每一个卖出去的产品，让别人相信和放心；第三，绿色的环境。规范营销，要像人民解放军战士一样，往哪里一站就是一座丰碑；第四，就是要搞创新营销，市场运营要有创新模式和创新思维；第五，品牌营销，内因是变化的根据，要打出我们自己的品牌。这五点综合起来就是文化因素。直销绝不仅仅是一种行为，它是有灵魂的，这个灵魂支配和支撑着直销的所有的行为。

或许，正是那些愿意在逆境中试验对错，对直销怀着火一般的激情和对生活无限美好追求的一代代直销人，让直销根植在了中国，并让其茁壮成长。当然，这期间会有人一直坚持下来，也会有人离开。西方思维在中国土地上不断生根发芽，不断本土化的发展，与中国的国情越走越熟悉，越来越得心应手。这既是直销外企企业投资中国的信心，也是内资企业进入直销领域的良好空间，内外资共同发展好，是对中国国民经济的良好促进。陈亮先生一直从事于媒体传播事业，他所主导策划、编撰的《媒体眼中的直销》一书，正是这种西方思维与中国国情相结合的良好案例体现，在其书中也很好地反映了直销在中国发展的曲折历程和这种本土化特点，我推荐给大家，确实值得一读。

陶渊明在《拟古九首》中写过这样的诗句：本不植高原，今日复何悔。直销在中国其实就是这么在胶着与征战中，一点一点向前爬行。这是一种写照，同样也是一种激励。相信未来直销在中国会更好！

——房秀文（商务部中国商业文化研究会副秘书长）

序言二
媒体的报道推动了直销的发展

在西方国家,媒体被称为是除了行政权、立法权、司法权之外的第四种政治权力。这既是约定俗成、自然而然形成的,同时也体现了媒体作为"无冕之王"的特殊地位。第四权的观点认为,新闻界在宪法里担负着一个非官方但却是中心的角色。他有助于公众了解问题、发表公共见解,因此可以起到权力之外的监督与舆论导向的作用。由此可见,媒体的力量不容小视。

在直销进入中国之后,由此诞生的直销媒体与大众媒体,以及其他专业媒体相比,逐渐形成了鲜明的特点,并起到了更为重要的推动作用,甚至比第四种权力更加积极。在直销企业寻求快速发展和树立阳光形象之际,直销媒体不仅起到了新闻传播的作用,而且随着时间的推进,以及直销在中国从生根发芽到枝繁叶茂的过程中形成的特点,逐渐衍生出咨询服务、培训服务、公关服务、猎头服务,以及起到了与第三方企业搭建桥梁的重要作用。因此,直销媒体不仅是"当时报道的记录者",同时也是"未来发展的引导者"。

由陈亮先生长期准备和打造的新书《媒体眼中的直销》,清楚地阐述了直销进入中国后各个阶段的发展历程,同时让读者也能从中看到媒体所起到的作用,和传播方式、导向产生的不同变化。这些都是直销市场快速成长与互联网崛起所决定的。

随着拿牌企业不断增加,直销媒体的数量也开始不断增加,而且传播手段及媒介方式都在不同时间段里不断突破改进,由原来单纯的纸媒发展到网站、微信公众号、APP等全方位的宣传阵地。这一点上,不仅看到了直销媒体的蓬勃发展,同时也反映出直销企业在中国已经进入健康良性的循环模式。

这里面的直销媒体，较早的有《经贸世界》、中国直销传播网、中国直销网等，后来又有了《分销时代》、《新华商》、《直销》、《当代直销》等杂志媒体，当然后来《经贸世界》没有了之后创立了《知识经济·中国直销》，而直销类的网站就更多了，直销人网、直销博客网、直销道道网、直销报道网、直销同城网等等，现在新媒体发展了微信也催生出了很多自媒体公众号，很多后生力量都是拿着微信号做起了媒体的采编手段，可以说直销行业的发展一路走来，离不开行业媒体的助力和发展。这里面要真正分清直销行业媒体哪家先哪家后有时还真不好说，总之他们都是这个时代和这个领域的记录者和推动者。

大众媒体对直销行业的关注不是很多，但他们的报道大多对这个直销行业的发展起着敦促作用。由于直销模式的特殊性，直销企业在前进的过程中难免出现这样或那样的问题，此时，直销媒体既要坚持媒体的中立性，将所发生的现象如实报道，同时也有责任对所发生的问题进行严格的核实；大众媒体就不一定有那么多精力和心思去仔细关注这些细小的事情了。我们提倡直销媒体的道德责任感，这既是对受众负责任，也是对相关企业负责任，更是对媒体的工作本质负责任。如果是因为不负责任或另有其他目的，一家媒体恶意报道企业负面，那对整个行业来讲都是一场重磅打击。因为一篇不负责任的负面报道，极有可能将一家直销企业推向风口浪尖，甚至会摧毁掉一家直销企业。

因此，拥有第四权的直销媒体，一定要掌握好自己的力量，对直销界的新闻不能简单粗暴，尤其是那些重大的新闻线索，一定要站在行业的高度，用极其负责任的态度去面对、处理。

当初我从中国经济体制改革研究会直销课题组开始，就一直强调媒、产、学、研多位一体，就是希望媒体人在做好新闻报道的同时，能够更好更深入地展开对直销行业的研究，为我们直销的健康发展出谋划策，通过学术研究的手段促进直销领域的进一步发展。

《媒体眼中的直销》一书完整地记录了直销进入中国所面临的各种问题，也看到了媒体的力量所起到的各种作用。希望各位读者可以从媒体的角度，客观感受到直销在中国的方方面面，也希望读者能够在本书当中看到直销在中国未来的发展趋势。

——秦永楠（中国经济体制改革研究会原直销课题组组长、中国直销研究院名誉院长）

序言三
中国直销业风雨二十年

一个沸沸扬扬的神话，一场沸沸扬扬的指责，一个圆圆满满的希望……

从雅芳 1990 年以单层传销模式登陆中国开始，到各地"老鼠会"打着传销的旗号在全国兴风作浪，规范的直销公司与非法的"老鼠会"鱼龙混杂，再到如今中国完全禁止任何形式传销活动，以安利为代表的公司们开始按照国家规范转型经营的特殊时期，直销在中国走过了风风雨雨的十几年……直销与传销原本是同一个概念，都源自英文"Direct Selling"。这种销售模式始创于美国，后经由日本以及我国台湾省传入内地。

这种独特的销售模式不依靠店铺进行销售，而是通过销售人员直接进行面对面的销售，大大减少了中间流程；而多层次直销更是通过发展下线的方式，使得销售队伍可以迅速扩张，实现销售量的迅速扩大。对于公司，这是扩大销售量的绝佳销售模式，对于个人，这也是个人创业，或者谋取第二职业的好选择。因此，受到不少人的青睐。然而由于直销，尤其是多层次直销在制度上有不少不规范性，而且，作为一个新生事物，它在我国没有得到人们的正确认识，因此，很多不法份子乘虚而入，一时间全国上下被传销、直销弄得沸沸扬扬。乃至一方面不少人是谈传色变，谈直色变，而另一方面，仍有很多怀着出人头地美好梦想的人被非法的传销活动所蒙骗，弄得倾家荡产。

直销，成了一个说不清道不明的东西。它到底是黑是白，是对是错？追溯直销在我国内地的发展史，希望能对直销有一个更清楚的认识。直销在我国的发展阶段划分为了便于讲述，笔者试着将直销在我国发展的历程分成下面三个时期：

1. 前直（传）销时代：大的划分是从 20 世纪 80 年代末传销传入

到1998年4月21日中国禁止传销。

2. 转型特殊时代：从1998年4月21日至今，且一直到中国官方的规范直销法建立。本时期也可称之为"准直销时代"。

3. 规范直销时代：以中国官方直销法制定为标志至今后更长一个时期。

直销时代划分

直销盟芽期

20世纪80年代末，日本一家磁性保健床垫（Japan Life）公司"偷渡"到中国，标志着传销登陆我国。这是一家未取得任何经营许可的公司。由于是第一家，工商行政也未予干预。这家公司首先是在深圳，然后在广州发展，当时发展速度之快，连这家日本公司自己都吃惊。与此同时，更多的地下传销公司如雨后春笋一般的发展起来了。直销诞生期第一家正式以传销申请注册的公司是美国雅芳美容品公司。1990年11月14日，中美合资广州雅芳有限公司正式成立。

同期，沿海各大城市，进口的、自办的、合作的直销公司蜂拥而起：如深圳世点电脑软件有限公司、北京斯汀摩生物技术有限公司、江苏雅婷日用化工有限公司、广州仙妮蕾德（广州）有限公司、安利（中国）日用品有限公司、纽蔓氏之家等等。"传销风暴"山雨欲来，非法"老鼠会"来尾随而至……

混乱与官方介入期

第一阶段——沿海的自主兴盛与官方介入的平静：自1993年，随着非法传销引起的纠纷通过传媒从正反两方面不断曝光，政府部门开始重视该行业。1994年，上海、深圳、广州等地行政管理部门开始组织人员，专门草拟有关管理办法。

而1994年8月11日国家工商管理局发出233号《关于制止多层次传销活动违法行为的通告》，9月2日再次发出240号《关于查处多层次传销活动中违法行为的通知》。由此，传销在中国进入第一个平静期。这个时期，官方态度比较模糊，只是查处违法行为，并未对该行业表示绝对禁止。由于种种原因，特别是地方保护主义，这两个通知并未完全得以贯彻。第二阶段——内地兴起及立法重视：1995 年，随着传销在沿海的兴起和冷却，内地市场开始出现另一种混乱，这包括沈阳、郑州、重庆等内地城市。1995 年 3 月 28 日，国家内贸部办公厅发文，宣布正式成立"多层次传销管理条例"立法工作机构，正式起草国家关于多层次传销管理办法。是年，根据不完全统计，中国的传销规模已达"双 200"（200 家传销公司，200 万传销商）。1995 年 9 月 22 日，国务院办公厅发出《关于停止发展多层次传销企业的通知》，以对国内再次过热的传销进行规范限制。

对于本时期的官方文件，传销业界有不同观点，工商行政部门也持不同态度，部分地方一律采用取缔、扼杀的态度。其实这三个文件，从来都没有要取缔、扼杀传销的意思，相反，从 1994 年到 1995 年的文件，我们可以看到政府对传销的态度更趋成熟。随后不久，国家工商局制定了《关于审查清理多层次传销企业的实施办法》，其中规定了多层次传销企业必须具备的 10 个条件，更表明的国家对该行业持谨慎的开放态度。名正言顺期 1996 年 4 月，中国官方首次批准了 41 家传销企业可以开展传销业务，其中广东 8 家。而 1996 年 6 月 26 日，上海市传销行业召开第一次例会，首次向全社会公布了行业守则。由此中国传销走入一个前传销时代的相对健康成熟期。而由于国内学术方面相对滞后，官方也无经验，提出了一些在后来引起人们误解且非常有害的概念——"单"层次传销。其实，既然是"传"又何来"单"？随着传销企业的蓬勃发展，立法势在必行。至 1997 年 1 月 10 日，国家工商局颁了中国传销业第一部法规——《传销管理办法》。

但就严谨度而言，这部法规是诸多争议和让业界头疼的。比如：该法规定传销企业必须在核定地区范围内经营，这显然是对该行业的一种误认。因为它一开始便不象传统流通模式那样可以划定范围，传销业的人员流动性实在是太强，根本无从控制，而诸多传销企业更是为此头疼，因为稍不留神，自己的传销商便将销售网传播到了非核定地区。而这一切责任，将由这家公司来承担，于是，一个也许算是规范运作的企业，背上了一个非法经营罪名。另一个显著有争议的就是单层次传销的定义与多层次传销的定义，严格意义上讲，既然是单层次，就不应该是"传"销，而是标准的"直（接）销"。而国家对于单与多的审批机构的资格的规定也出现了一个使后来"老鼠会"疯狂发展的原因："多层次传销"公司由国家工商局批准，"单层次传销"由地方省级工商局批准。由于种种原因特别是地方保护主义，几乎所有所谓地方审批的"单层次传销"公司行的都是"多层次"之实。更重要的是，"老鼠会"从此得到了一个最好的发展空间，这不能不说是一部《传销管理办法》"鼓励"出来的。随着传销在《传销管理办法》的规范下，许多企业开始蓬勃发展起来。

这其中，当然最引人注目要数以下几家企业：

球多层次传销的老大哥——安利公司

安利在中国，是率先取得合法经营权利的，并起着整个行业的标尺性作用。应该说，安利公司在国内以其优质的日用品切入市场，然后据其海外市场的成功经验，引入了大量的海外华人传销精英，非常稳健的取得了不小的发展。

天狮公司

这是典型的国内民营型传销公司，它借助其非常有力的"三三制"（一种接近于"老鼠会"矩阵制，但又算规范的传销奖金分配制度）运作手法，将"高钙素"这个由中科院学子陈勇博士的高科技补钙产品，迅速地推向全国，奠定了其在国内取得了民族传销业老大的地位，可谓是中国民族传销业中的一大枭雄。

南方李锦记

这是来自港资与内资合作的一家企业，其最具特色之处可以说是它的企业文化。由于市场竞争的惨烈，众多传销公司相互竞争、挖角、诋毁，乃至相互进行非法运作的举报，南方李锦记凭借其优质的系统保健口服液产品，打出了"不求最大，务求最好"的口号，取得了传销业界公认的口碑最好的公司形象。

中山完美

这是一家来自马来西亚华侨投办的中外合资企业。以其入门费低、制度易升级的特色，销售其独有的产品"完美芦荟矿物晶"、"完美芦荟胶"等，在国内也取得了庞大的市场。

另外，在国内同样取得大发展的有部分传销公司，却因其市场定位过高、非法异地炒作而在市场上产生了不小的负面效应，也在第二年的传销经营许可中，首先被吊销了其经营资格。有案可查及笔者比较了解的有以下几家：

仙妮蕾德天津公司、广州公司

这是一家来自美国的规范传销公司，在海外来讲，它可以说是盛名一时，但是自进入中国大陆市场却碰到了一些不适应的问题：一方面是其产品、加入条件以及奖金制度的高定价策略对国民消费水平的适应；一方面是其传销商在进行跨地区经营时，导致了进货制度及产品价格的失控与混乱（直销商自己以运费等名目加价），都给自己的传销商队伍带来了不小的杀伤力。

而最致命的负面效应，可能算是其海外生产产品的走私入境活动。因为当时它国内建设的厂房并不能完全生产其产品目录中的所有产品。

福田公司

这是一家取得41家合法经营资格的公司之一，但是在后来却可能说是在国内最具破坏性影响力的公司了。其单一的产品就是臭名昭著的"爽安康"摇摆机。这个产品的最初上市价达到五、六千元，其中传销商层层分配后，其成本仅几百元，极具有价格欺诈性。最重要的是，由于内地的经济落后与沿海地区的经济发展，加上传销法的限制地区经营，以这家公司为主导的"异地炒作"方式，开始在中国肆虐横行。首先是广东的淡水，被骗到那里做传销的大量内地民工，竟有数十万之多。一夜之间，"爽安康"、"摇摆机"，已经成了"老鼠会""骗人""海狸鼠"的代名词。

余姚国大

这是 41 家合法公司之中第一家被吊掉传销经营资格的传销公司。其具体操作不详。

另外，就是各地区由当地工商局批准的地方单层次传销公司的疯狂发展。这类传销公司中最引人注目的、最有名也最具破坏性的依然是以"摇摆机"为产品的公司，其中武汉新田、龙发国泰、康富宝、康富德（它是 41 家之一）为典型代表。其广泛性已经渗透到中国内地偏僻的农村，可谓是无孔不入。

传销公司一夜之间风起云涌，这同时也造就了大量的传销暴发户、传销大亨。随着传销的愈演愈烈，经营失败的传销商也越来越多，负面效应的不断增加。新闻媒体对此更是作为一大热点进行另一类炒作：首先是大多数的媒体对传销这个行业执反面态度，过度夸大其负面效应，使得人们对这个行业更加的迷惑和不安。而为数不多的正面的传销宣传就显得特别为业界人士关注。比如《广东商报》在国内率先开辟了《直销专刊》，一时使得业界圈内有洛阳纸贵的感觉。总之，这是一个让人迷惑的时期，也是一个创造英雄与草莽的时期。为数不少的过去在人生道路上不得志的能力之士，通过传销经营取得了不小的成功，吸引人们对传销可以财富积累赚大钱的期望；而另一方面，社会对该行业的诈骗性认知又让很多人望而却步。

制度炒作期

与"老鼠会"的猖獗在中国传销史上，这可以说是一个最为混乱的时期。由于传销经营资格是每年审批一次，41 家公司传销资格年检本应在 1997 年 4 月份之前出台，但不知官方出于什么原因，直到 1997 年 8、9 月，国家才发出通知，对传销业再次进行专项整顿，并重新审核通过了 37 家传销公司可开展多层次传销业务。严格讲，它还是属于名正言顺期之中，不过已经有所质变在发生，所以笔者在此将它划为一个单独的时期。当经销商在焦急而漫长的等待自己所从事的企业的传销合法资格的时候，大批来自台湾的"老鼠会"精英们再次登陆到了中国内地开始领导"老鼠会"这个神奇的事业！这个时期可以以 41 家传销公司中的西藏诺迪奥公司在全国推广有名的B计划——"老鼠会"制度"双赢制"为标志。

实际上，在此之前已经有一些小公司如北京富乐，开始利用典型的矩阵制、双轨制的暴利为诱饵，开始挖合法公司的传销头目了。诺迪奥推出的"双赢制"，最大的迷惑人心之处在于，其公司本身是41家合法传销公司名单中的一员，这就掩护了这个本是典型的"老鼠会"制度的"双赢制"。一时间，几乎所有的传销商都开始迷惑，究竟是自己能力不够没能在现有的公司做好没赚到钱，还是自己选择的这家公司奖金制度有问题使我赚不到钱？答案当然是寻找外因，没有人愿意为自己的失败找借口。当然，更有已经沦入"老鼠会"旋涡不能自拔的所谓精英之士，见到如此炒作，焉有不大兴波澜之理。既然有人敢先例，当然就会有人步后尘了。同是41家中的伯伦公司开始步及后尘。随之而来的是在各地地方主义的保护下，大规模的单层次传销公司，所谓"船小好调头"，纷纷仿效，一家比一家的制度"优越"、"轻松"，最后简直是告诉传销商只要是你一加入，就是坐地等钱来、立马百万富翁的好事了。诸如富乐公司的"龙凤制"，一直到发展到"电脑排网"、"公排"等的出现。

更新鲜的是传销发展到了既无产品，又无公司的纯粹博彩的地步，出现了所谓的德国"王牌88"、香港金啫等类似连锁信运作方式。由于政策的不明乃至混乱，地方保护主义的掩盖与新闻媒体的人肆误导性炒作，真正用心规范经营的传销公司的传销商队伍，在如此庞大的"老鼠会"大军下开始崩溃。传销市场出现了比没有制订《传销管理办法》前还混乱的局面。而这个混乱出现得五花八门，各路传销企业、传销商互相挖角，互相诋毁。既有合法传销公司中保持规范经营的传销商的声讨指责，也有合法传销公司从中变节非法经营的传销商挂羊头卖狗肉。而更多的是"老鼠会"头目们猖狂且明目张胆的施展骗术，开展所谓的潜能培训，请君入瓮。大多数"老鼠会"公司都是采用短期炒作制度的方式，其运作本身就是以暴利为诱饵，用所谓的潜能培训为强心剂，疯狂地拉人入会，用新人的入门费来供给先加入的人以从中渔利。这就必然有一天拉不到新人加入，导致整个经营制度"穿帮"。

到了 1997 年底和 1998 年初，一时间，大江南北，尤其是开展异地炒作的公司集中地区，诸如在武汉、长沙、北海等地，到处是卷款潜逃的传销公司和大批流动闹事的传销难民，社会治安显示出极不稳定因素。中国传销已经到了一个没有方向，不知何去何从的地步了。

转型经营阶段

1998 年 4 月 21 日，国务院颁布了全面停止任何形式的传销活动的命令，对整个传销业的全面封杀。也就是说不管你是规范经营还是违规炒作，所有从事传销业务的公司全部停止营运，听候国家后续政策的处理。此后不久，国务院发出了要求原有传销企业全部转型为传统批发、零售销售方式，从而实现一个过渡性的转制工作。

当然，本来就已经没有办法收拾残局的"老鼠会"公司和实力欠缺的公司，自然也因此而偃旗息鼓了。苦就苦在那些一直规范经营的公司，不但因全面禁止传销而受诛连，为了继续在中国市场上做与永续经营的理念和长远发展，还得安排所有传销商的"后事"。实力强的，还勉强可以处理这些后遗症。实力弱的，由于经营者经受不了这样大的冲击，有因意见不合分家的，有暂退出中国市场的，还有干脆关门的。于是，它们也遗留下了后遗症，使得后期加入的传销商的退换货承诺未能得到保护。而那些一直以来伴随规范经营公司运作的传销商，也承受了莫大的痛苦。苦心的经营和规范的从事传销，不但因为"老鼠会"的冲击失去了经济利益，还因为传销的全面禁止使自己的人格受了沉重的打击，落下了一个骗子的名声。由此，中国传销业开始步入了一个前所未有的低谷时期。

1998 年 7 月，国务院颁布通过了成功转型的 10 家规范直销企业的名录。也代表着中国对传销业的一个有效疏导方式。虽然成功转型的企业有 10 家，但是从 1999 年至今，一枝独秀的，就是安利了。它以其多年进行陌生市场的适应能力和变通能力，在中国市场上不但在一定程度上保护了它自己过去的传销商的既得利益和消费市场，而且同政府达成了默契，采用了一种特殊的方式进行经营：店铺加雇佣推销人员的方式。并且在随后的这一两年来，全国销售市场得到极其可观的发展。而完美、雅芳、仙妮蕾德、天狮、玫琳凯、南方李锦记、特百慧等，都在转型运作上取得了不错的成功经验，成为中国传销企业转型时期的一道不错的风景线。另外，需要提到的是天狮公司，自从1998年4月21日禁止传销以来，它改变经营策略，大力开拓海外市场，也取得很不错的经营业绩，也算是民族直销业中一个特殊的成功案例。

与此同时，国内未成功转型的传销企业及部分"老鼠会"头目，却又开始走上了另一条更加不可见光的地下"老鼠会"的道路。首先在国内曝光的大案有1998年底到1999年在重庆、长沙的"天然丽莎国际集团绿色经典公司"、"百顺日合"、"兴田加盟连销"等纯粹的地下运作、异地炒作的"老鼠会"公司。接着1999年、2000年以至到现今的2003年，国内先后出现过"华良消费联盟"、"得利卡友"、"申奇"、"直复营销"、"武汉新田"、"深圳文斌"……等全国性的非法传销大案。

这些公司运作均有其共同特点是不再以传销的名字出现而冠以了最时髦而新鲜的名字，诸如：加盟连锁、共销入股、供销回馈、动力营销、消费联盟、框架营销、返本销售、物流联盟……。另外，随着互联网在我国的普及与成熟，网上"老鼠会"的非法传销也在这个阶段有所蔓延。比较有名的有"SkyBiZ（Sky2000）空中商务"、"远程教育"、"神龙数码"、"Worldedo全球远程教育网站"、"EF2T.com"……其典型特征是均采用双轨制，以"普及网络教育"、"上网工程"、"电子商务"为名目，拉下线花高价买一个毫无任何实际意义和价值内容的模板式网站，以达到诈骗高额提成的目的。

当然中国已经入世，随着国际市场经济游戏规则的全面导入，规范的直销必将会成为中国市场经济的一个有机组成部分。关于这一点，我们从国外多年的市场经济成熟状态可以借鉴并看到。而中国政府也正式承诺过将于入世后三年内开放该领域的市场，并已经在着手对该领域进行更加有效的立法准备，对此，我们有信心看到中国的直销市场将会有一个更加规范的未来。

第一部分：直销在中国悄悄兴起（1990~1997年）

第 一 章　直销的历史

　　直销的历史源流 \ 3

　　外资直销企业"登陆"中国 \ 5

　　直销业发展的背景与中国直销的兴起 \ 9

第 二 章　直销乱象

　　直销业的混乱 \ 13

　　《传销管理办法》问世，传销企业名正言顺 \ 16

　　"老鼠会"的猖獗 \ 19

第 三 章　国内外直销业扫描

　　美国直销镜像 \ 23

　　俄国直销镜像 \ 25

　　韩国直销镜像 \ 28

　　日本直销镜像 \ 29

德国直销镜像 \ 30

印度直销镜像 \ 30

马来西亚直销镜像 \ 34

台湾地区直销镜像 \ 35

第 四 章　中国关闭"直销门"

1998 年 4 月 21 日，国家一刀切 \ 37

国家批准 10 家外商投资直销企业转型 \ 40

"老鼠会"也开始"转型" \ 42

两个对直销企业具有约束性的条文 \ 46

中国加入 WTO，承诺要为直销立法 \ 49

专家访谈：

伟大的营销方式的诞生
——访市场营销学著名专家、中国人民大学商学院副院长郭国庆博士

第二部分：见证中国直销兴衰（1998~2003 年）

第 五 章　行业整风

国家三部委约见直销巨头　安利雅芳等进京听讲 \ 63

安利营销队伍大"整风" \ 67

"传销大本营"的北海势力 \ 69

"直销试验基地"的风波与闹剧 \ 74

直销立法进入冲刺阶段　工商总局清理门户来造势 \ 79

国家工商总局公布 2004 年国内十大传销案 \ 82

几起人们不太熟悉的非法传销案 \ 84

第 六 章　企业第一次转型

安利：妥协并不意味着放弃直销模式 \89

天狮帝国：走出国门，发展海外 \94

"31号文"核心是整顿推销员管理 \96

其他直销企业的转型之路 \99

传销或直销，看你的平衡力 \100

第 七 章　"厦门会议"重启直销之门

厦门会议3小时40分 \103

"厦门会议"为直销定调　内资直销企业留恋灰色现状？\110

准入门槛和监管难题不解　直销立法仍存悬念 \113

直销立法：加速度？减速度？ \115

第 八 章　直销企业试点

雅芳遇"冲击总部事件"《直销法》一推再推 \119

雅芳经销商致雅芳（中国）总部的抗议信全文实录 \122

雅芳关于经销商到总部沟通的声明 \123

一次"被限制的试点"雅芳面对直销行业难题 \124

雅芳变革：直销立法前的供应链之争 \127

第 九 章　中国队入场

天津天狮本土直销界中翘楚 \133

中山理科高新技术企业 \134

福州福龙发展国际化道路 \134

北京新时代行业内唯一的央属企业 \135

广州九极推动中国保健产业的健康发展 \136

大连美罗国际引领民族健康事业 \136

大连富饶现代化的高科技企业 \137

专家访谈：

"直销生死劫"影响深远
——访北京海畴企业管理顾问有限公司董事总裁胡远江

第三部分：直销法律出台（2004~2005年）

第 十 章　法律出台前夜
　　直销巨头集体赴京催生直销法 \145
　　日化巨头的直销冲动 \148
　　安利与雅芳模式之争 \151
　　"中国式直销"再等待 \156
　　海外直销企业"偷渡"中国内地调查 \158
　　何肇伦之痛？立新世纪之痛？ \161
　　莱科萨斯的"阴谋" \165
　　重庆"欧丽曼"传销"洗脑"2000名大学生 \171
　　立法前夜，"直销"企业徘徊地生存 \177
　　雅芳业绩下滑的背后 \179
　　国家工商总局发出打传通知 \182
　　"鲁剑"行动破获特大传销案 \183
　　"鲁剑行动"打击传销敢于亮剑 \184

第十一章　直销法通过审议
　　直销法（草案）通过审议，各地市场众生相 \189

中国直销法规出台 \ 194
商务部公开征求《直销管理条例》配套规定意见 \ 197
两部直销法律先后实施"中国式直销"注定是单层次 \ 197
直销条例千呼万唤终过关　多层直销尚待春暖花开 \ 200

第十二章　权威解读《直销管理条例》和《禁止传销条例》

有关负责人就《直销管理条例》答新华社记者问 \ 203
有关负责人就《禁止传销条例》答新华社记者问 \ 207
直销法律专家刘忠详细解读直销法律 \ 212

第十三章　中国的特色直销

国外直销与国内直销特点比较分析 \ 215
中国特色之——规定的五大类产品方可直销 \ 216
中国特色之——推销员酬金不能超过30% \ 216
中国特色之——严格的信息披露制度 \ 217

第十四章　政府和企业的反应

直销企业关于《直销管理条例》颁布的声明（10家）\ 219
来自直销企业的声音：我们欢迎直销法规出台 \ 230
企业异动，争夺那一场直销的盛宴 \ 232
张穹谈直销和传销 \ 235
链接：网友评选最受欢迎的直销公司（外资和台资）\ 239

专家访谈：

中国直销立法的背景及其进程
——访国务院发展研究中心市场经济研究所所长任兴洲

第四部分：国际直销的中国模式（2006~2007年）

第十五章　组建民族大型企业

中小企业难过直销门槛　保健协会秘组产业集团 \ 245

《直销法》上半年出台无望　保健品备战各藏心机 \ 247

中国保健产业市场蓬勃"入春" \ 250

第十六章　直销新势力

直销监管局成立 \ 253

湖南安邦借壳武汉塑料：直销企业现身资本市场 \ 253

健康元药业高调抢跑直销业 \ 256

上市公司进入（修正、太阳神、脑白金等）\ 260

三株借直销复兴 \ 262

准直销企业大扫描：静等获牌或是转型 \ 263

第十七章　三个月的过度期：企业第二次转型

安利的新招与企业的试错 \ 267

锦丰科技上演逃亡进行曲 \ 270

如新（中国）学院开学 \ 271

博鳌直销论坛的"炒作" \ 273

跨国公司变异生存：安利的易筋经 \ 275

调整期内发力开店　直销企业寻求另类生存法则 \ 278

第十八章　直销法开始生效

雅芳获牌，定义中国式新直销 \ 283

如新上海"逼宫事件""中国式直销"考验外资应变 \ 288

商务部"红头文件"加速直销 \ 290

"拿牌掮客"非正常"死亡" \ 290

林枫的自我救赎 \ 296

电视直销生死劫 \ 301

盛仕铭涉嫌违规退出中国 \ 305

第十九章 直销开局

牌照外的等候者 \ 309

瓜拿纳倒下 \ 312

红跃传销之惑 \ 313

从几篇文章看中国直销业发展的几个问题 \ 319

绿之韵:赢在整合分销 \ 324

珍奥直销牌照被吊销 \ 334

第二十章 后牌照时代

"万基"直销全面崩盘 \ 343

"网络低价化妆品"已开始叫板直销企业 \ 346

工商总局要求做好打击传销规范直销的工作 \ 353

基因检测迷雾 \ 354

亿霖木业涉嫌传销诈骗 16 亿 \ 359

辉瑞的触角 \ 364

员工制是直销企业的必然选择 \ 371

直销业的暗伤 \ 375

同仁堂的直销试验 \ 379

直销行业掀新一轮高管离职热 \ 383

专家访谈:

民族直销企业的发展
——访直销权威专家、原中国保健协会副秘书长贾亚光

第五部分：奥运年里看直销（2008年）

第二十一章　南方雪灾

启动赈灾：企业千姿百态 \ 393

2008年新税法诞生给直销企业带来的警示 \ 400

4月21日，直销起步走——纪念国家禁止传销十周年 \ 403

第二十二章　汶川大地震

直销企业汶川地震大救援 \ 413

灾后重建：直销企业的深度捐助 \ 427

直销企业面临汶川地震时的事件营销 \ 430

身处逆境　大爱救灾 \ 435

第二十三章　北京奥运会

直销奥运无营销（企业都在做什么）\ 437

"禁传销、保奥运"专项行动全力保障北京奥运会 \ 441

解读对直销市场经营活动进行全面检查的通知 \ 443

第二十四章　跳出直销看直销

安利模式是当前直销业的唯一出路吗？ \ 447

雅芳之惑：向前走？向后走？ \ 452

联合利华：不做直销不后悔 \ 456

浅议日化产品的通路销售趋向 \ 464

从营销方式的比较中看待直销 \ 468

第二十五章　直销发展演变前奏

直销新宠：举起"电子商务"的大旗 \ 473

民族直销企业的中国市场败局 \ 481
天狮重新审视直销超市 \ 481
"月朗奇迹"背后疑团众多 "直销"模式被指违规 \ 485
直销产品涨价的二维辩证法 \ 489
雅芳将成立保健品公司 \ 492
安庆广润危情 \ 493
大连富饶走"麦场" \ 497
纳市上市开启三八妇乐国际化进程 \ 503
太阳神 20 周年庆典 \ 506
嘉康利等待奥运开盘？ \ 508

第二十六章　走过2008

电子商务网店卖家疑虑：营业执照怎么办 \ 513
直销与保险的区别 \ 517
玫琳凯要做美丽多面体的缔造者和传播者 \ 525
美鑫科技：可疑的直销尾随者 \ 533
中山理科的直销黄昏 \ 537
E 科士威的中国曲线 \ 540
厦门金日转型直销 \ 541
清泉源科技："创新是一个民族进步的灵魂" \ 543
原材料上涨，多家直销企业涨价 \ 548
天狮国际年会首次在国内召开 \ 549
直销向左，传销向右 \ 550

第二十七章　企业营销学案例分析

整合营销的安利思维 \ 553
品牌营销的安利战略 \ 560

纽崔莱："草根"铸成的"白金" \ 563

纽崔莱：以飞人的名义营销健康 \ 567

走向国际的天狮战略 \ 571

雅芳：十万大军打造直销新模式 \ 577

珍奥：创新会议营销 \ 580

如新："员工制"直销模式发展全国 \ 584

蚁力神：神秘营销冲刺"紫牛"企业 \ 587

宝健：在低调中发展 \ 591

中脉科技：着陆直销 \ 593

宁波三生：让直销产品家庭化 \ 596

新时代：文化节行销 \ 600

安利：单层次"范本" \ 604

南方李锦记：第二个使命 \ 608

美乐家：倡导换品牌运动 \ 612

金士力佳友：用优质的产品全程呵护人类健康 \ 614

第二十八章　公益直销

安利：阳光志愿者 \ 623

雅芳：天生一对 \ 627

完美："母亲水窖"情结 \ 629

玫琳凯："春蕾计划" \ 633

宝健：自主创业新主张 \ 635

天狮集团："爱在天地间" \ 639

嘉康利：环保直销卫士 \ 640

绿之韵：绿色的理想 \ 643

专家访谈：

奥运年是中国直销发展的周期拐点
——访中国市场学会直销专家委员会专家欧阳文章

第六部分：未来的中国直销（2009年）

第二十九章　直销行业协会的建设
"苏州会议"密谋直销行业协会 \ 653

中国保健协会直销分会被叫停 \ 655

外国直销行业协会简介 \ 658

直销企业呼唤成立中国直销行业协会 \ 663

商务部酝酿直销协会外资先行 \ 668

第 三 十 章　直销趋势与前景
中国直销市场的发展趋势 \ 671

直销业内外资冰火两重天：哈药试运行1年即退出 \ 676

当直销遇到电子商务，网络直销诞生了 \ 679

中国直销发展的必由之路 \ 682

第三十一章　直销中的几个关键问题
直销业奖励制度的奥秘 \ 687

直销系统建设的五大原则 \ 690

网络营销实战宝典 \ 692

单层次直销与多层次直销 \ 694

非法传销与直销的区别 \ 696

电子商务与直销的区别 \ 698

第三十二章　企业砥砺中谋变

仙妮蕾德退出直销 \ 703

张华：瓜拿纳三年后昭雪　是喜是悲？\ 705

月朗并购美国富佑　全力进军中国直销市场 \ 706

雅芳决定撤换时任 CEO 钟彬娴 \ 708

如新超 3 亿在沪建首个海外总部 \ 708

"安利心印宝岛万人行"首发团结束台湾之旅 \ 709

第三十三章　行业形象曲折中提升

"传销罪"写入《刑法》　最高 7 年徒刑的量刑 \ 711

江西"太平洋直购"特大传销案终审宣判 \ 714

31 家直销企业签订了《直销企业履行企业社会责任承诺书》\ 715

中国直销行业抗震救灾总动员 \ 716

合肥数百传销人员暴力抗法事件 \ 717

中国最大网络传销案开庭审理近 200 万人涉案 \ 717

安利首创国内大型 3D 培训游戏 \ 718

广东倡导直销企业行业自律　完美等六直企签署自律公约 \ 721

专家访谈：

直销业何去何从

——访原北京泛太直销研究院常务副院长张迎选

第七部分：稳健发展这五年（2010~2014年）

第三十四章　老企业的新气象

　　雅芳遭遇全直销转型阵痛新合同被指霸王条款 \ 729

　　优莎纳曲线返华　控股拿牌企业葆婴 \ 731

　　郑李锦芬荣休 \ 734

　　国人声援"保钓"　宝健取消日本游 \ 735

　　绿之韵首获中西部牌照 \ 738

　　邱锦云出任中脉全球总裁 \ 738

　　如新超3亿元在沪打建首个海外总部 \ 739

　　隆力奇在人民大会堂举办盛典 \ 740

　　罗麦科技十周年庆典在国家体育馆落幕 \ 743

第三十五章　新形势下的直销新现象

　　雅芳决定撤换现任CEO钟彬娴 \ 747

　　外商投资企业座谈会 \ 748

　　广药计划用直销来拓展营销渠道 \ 749

　　国务院将组建国家食品药品监督管理总局 \ 751

　　商务部外资司发起直销协会筹备会 \ 752

　　新消法实施20年首次全面修改　为消费者保驾护航 \ 752

　　雅芳决定退出美国直销学会 \ 759

　　APEC期间接待酒店暂停售保健食品 \ 760

　　药品保健品广告拟禁用代言人 \ 761

　　德国企业福维克获牌 \ 765

山东益宝生物进军直销 \ 766

第三十六章　直销新常态与互联网思维

　　首个湖南省直销协会成立 \ 773
　　雅工商总局督促落实"七日无理由退" \ 776
　　荣格斥资 2000 万元进入云技术领域 \ 778
　　康美电商线上万支野山参遭抢 \ 779
　　北大首次研讨直销行业互联网思维 \ 780
　　广州直销协会成立 \ 780
　　最近几家获牌的企业 \ 781
　　山东直销企业勃兴 \ 782
　　金芦荟行业媒体海口行 \ 783
　　康美药业模式改革发力 \ 784
　　直销协会筹备文章报道 \ 784

　　专家访谈：

　　"新常态"下的直销企业国际化
　　——访台湾传智集团总裁、《直销世纪》杂志社社长李久慈先生

第八部分：直销二十年与条令十年（2015年）

第三十七章　"互联网+"的行动计划

　　"大众创业，万众创新"全国联动 \ 797
　　安利中国 20 年　打造体验战略 \ 805
　　直销企业纷纷借微商谋求发展 \ 807
　　当代直销沙龙定期报道 \ 809
　　广告法修订 \ 809

发牌速度加快 \811

中脉中国区总裁李达兵致所有中脉营销人员的公开信 \812

行业关注的焦点企业：权健和中脉 \815

解读美罗国际企业文化中的"智慧" \817

安利中国 20 周年广州大会盛况报道 \818

安利未来 2025 年战略 \822

天狮集团 20 周年天津大会盛况报道 \823

天狮未来战略 \826

第三十八章　微营销谋变

WV 梦幻之旅确认属传销 \827

多地 1040 阳光工程传销案告破 \830

微商的"野蛮生长" \831

对微商整治的相关政策文件 \834

几个试水微商渠道的企业 \836

面膜产品在微商领域的崛起 \837

韩束进军直销、思阜进军直销 \841

"直销银行"在中国 \842

互联网金融"跨界打劫" \845

细数直销企业"结盟联姻"那些事儿 \848

第三十九章　路在人间

解读 2015 年政府工作报告 16 个改革重点 \853

2015 年政府工作报告中十大关键数据 \857

聚焦"两会"利好政策　四大焦点助力直销行业新启程 \859

直销企业 3·15 高层座谈会在京召开 \862

天狮盛典尼斯绽放 \864

直销企业海外旅，引大众媒体关注 \866

民政部印发行业协会与政府脱钩文件 \867

多个企业老总受邀参加天安门抗战纪念70周年阅兵仪式 \ 875

中国营养保健食品协会在京成立 \ 876

家族直企组合报告 \ 878

中国足球体制改革下的天津权健足球队入 \ 881

CNI长青马来西亚总部考察行纪 \ 882

商务部发布2015年《关于直企分支机构管理有关问题通知》\ 883

专家访谈：

转型时代的直销与复合营销
——访资深直销专家、中国直销研究院荣誉院长秦永楠教授

第九部分：直销春天的征兆

第四十章　中央领导高度关注大健康产业

习近平主持政治局会议　审议"健康中国2030"规划纲要 \ 893

总理高规格定位健康与养老，幸福产业将成直销的

又一引爆点 \894

第四十一章　多项新政推新完善食药监总局紧急修规

商务部将重点推进五项工作，规范电子商务发展 \ 901

家电被纳入直销品类带来新机遇 \ 902

2016年《严重违法失信企业名单管理暂行办法》正式发布\ 904

工商总局：保健品广告未经审查禁止上网 \ 905

工商总局推动《禁止传销条例》尽快修改新型网络传销等将纳入 \ 906

第四十二章　推动直销新发展

广东省直销企业协会宣告成立 \ 909

20 家直企代表出席直销企业履行社会责任论坛 \ 910

直销企业 3·15 座谈会在京召开 \ 911

直销企业保护消费者权益联盟成立 \ 913

工商总局回应"微商"到底是不是"网络传销" \ 914

纪念直销立法 11 周年　成都直企大咖共聚谈未来 \ 916

全国直销行业管理工作培训在厦门举办 \ 918

第四十三章　旅游新天地

直销大佬的澳洲旅行记 \ 919

创意会奖，心享狮城 \ 921

第四十四章　民族企业发力，撬动直销市场

康婷：二十年如一日为健康美丽注入心能量 \ 927

金诃藏药，如何把民族的做成国际的？\ 931

金诃藏药努力成为藏药市场创新革新的排头兵 \ 934

康美直销：康美创新基因的传承者 \ 935

全国百名媒体总编走进中脉　探寻企业发展之道 \ 938

三八妇乐　从困境到复兴 \ 939

第四十五章　新形式　新动态

老牌直企加速布局全线产业链 \ 943

实体店都在倒闭，直企店铺却不减反增？\ 944

雅芳屡"被退出中国"　百年老树能否发新芽？\ 946

安利北京首家体验馆落户三里屯 3 年后完成 260 家有无可能？\ 950

第四十六章 大势下的变局

一个诺奖带来的几多思量 \953

直销业的"平台生态圈"现象解读 \956

直销企业为什么需要"工匠精神"？ \957

专家访谈：

破译整合经济的"直销机制"密码
——访中国政法大学商学院创始院长孙选中

后记\965

第一部分：
直销在中国悄悄兴起（1990~1997年）

　　现代直销模式在上世纪40年代起源于美国，短短数十年时间从无到有，到现在已经成为美国零售商业的主流模式之一。

　　从上世纪80年代末，日本一家卖磁性保健床垫的Japan Life公司未经任何官方的经营许可"偷渡"中国开展传销业务，标志着传销或者直销在中国开始萌芽。

　　在这种新型的销售模式和高额利润的刺激下，各种规范的直销企业、传销组织纷纷出现。这种销售方式进入中国后，结合东方文化和我国具体国情，直销业也愈发畅行。简单地说，由于减少了流通环节，简单便捷，回款有保证，而且为中低收入阶层提供了风险较低的就业机会，很多人愿意"投身"直销。

第一章 直销的历史

直销的历史源流

直销作为一种古老而先进的营销方式,自从人类迈入群居生活起就已经诞生。那时的人类为了生活方便,就用"以物换物"的方式来获取自己所缺的物品,例如一直兴盛不衰的集市贸易就是这样。这种最原始的直销,其特点是生产者不经过中间环节,直接将商品销售给消费者。

公元1886年的美国纽约,一个名叫大卫·麦可尼的图书推销员,在上门推销图书的过程中发现,随书赠送给顾客的香水礼品深受欢迎。受此启发,他创办了自己的"加州香芬公司",专门经营香水生意,1939年他又以莎士比亚故乡一条名为"AVON"的河流给公司命名,这就是后来的雅芳(Avon)公司。

而在我国,据史料记载,民国18年(1929年),王星记扇庄的第二代当家王子清就曾用一种类似于直销的方式招揽生意。他贴出告示说:无论什么人,只要给王星记扇庄介绍生意,均可得到成交额中的5%~10%的好处费。告示一出,介绍生意者便络绎不绝。那些介绍生意者便是我国早期的直销员。

我们所说的近代直销则起源于美国。1910年,美国当时的雅芳等7家直销公司在纽约的宾汉顿(Binghamton)成立美国直销协会。这就是世界上最早的直销行业管理组织。而到了20世纪40年代,美国产生了现代的直销企业,它们作为生产者直接向消费者销售自己生产的产品。

媒体眼中的直销

第二次世界大战以后，美国的经济由于战争的刺激有了较大的发展，产品日益丰富，品种也日渐齐全；同时，电视、广播等广告媒介发展日益完善，使得传播信息的渠道增多，效率也大大提高，这些客观条件都使美国的直销模式盛行。当时以传统直销形式论之的定制产品营销、路边货摊、邮寄销售和工厂自销等市场份额也就逐渐萎缩。现代的直销方式，主要以上门寻访客户为主，而不再是等着顾客上门求购。

据历史资料记载，在美国，第一家采用直销方式销售产品的公司是健尔为，该公司成立于20世纪40年代，创办人是加州直销商的祖师麦亭格及卡谢伯里。这家公司的直销员除直销产品外，还负责建立销售组织。1945年，该公司改名为纽崔莱，以销售维生素为主，酬金分配采用多层式制度，这便是美国直销企业的雏形。

而最早采用直销方式得到发展的公司，是1956年成立的夏克丽公司和1959年成立的安利公司。进入20世纪60年代，美国采取直销的公司如雨后春笋般发展，1972年，上门直销形式的销售额已达40亿美元。

就上面所说，20世纪50年代后期，纽崔莱公司的两名直销员吉·温安洛及理查·狄维士自立门户，成立了安利公司，销售他们制造的清洁剂和洗衣粉。1959年，安利公司在密执安州正式成立，总部位于温安洛家里的地下室。1972年安利公司收购了纽崔莱公司。至今，安利公司的营养补充食品仍以"纽崔莱"作为主打品牌。

20世纪70年代后期，直销业在美国的发展有下滑的趋势。1975年美国联邦贸易委员会（F·T·C）控告安利公司，称它为"采用非法经商手段的企业"，并欲加以取缔。而在当时，也确实有一些企业看好直销的方式，想赚一笔钱就散。人们把这些公司叫做"老鼠会"。这些"老鼠会"采取骗人的手段，使消费者的利益蒙受到了很大的损害，一时间直销的信誉也受到了极大的影响。例如，臭名昭著的假日魔法公司在20世纪70年代中期就曾被美国有关当局检控。安利公司被控告，使得许多这类企业纷纷转型，现代直销的成长速度急速减缓。

自受控以来，安利公司花费400多万美元的费用，用了4年的时间，经过一番磨难，于1979年终于获得胜诉。安利公司的胜诉，显然使直销得到了法律的支持——该公司所采用的直销的销售方式，被认可为一种合法的销售模式。这一事件成为直销发展史上的里程碑。

安利案件的胜利，使社会公众增进了对直销的了解，公众开始承认直销方式，许多企业也对直销刮目相看。20世纪70年代后，直销业开始复兴。1979年6月，

第一部分

直销在中国悄悄兴起

美国只有200多家直销公司，到1983年时数量已经增至2000多家。当时人们已把自动售货、邮购、直销看成是21世纪最有发展前景的营效方式。这之后直销在美国得到了长足发展，今天美国已成为直销业的天堂。有统计资料说，1990年加入美国直销协会的美国公司约有100多家，从业人员470万人，年营业额120亿美元左右。1992年底美国直销业年度总营业额突破120亿美元，从事直销的人口达500万人之多。

直销在美国创出的奇迹，激励着全美的企业家将直销这面旗帜向全球挥扬。20世纪70年代，大直销企业雅芳公司、安利公司、夏克丽公司开始向日本进军，美式直销与日本东方式的管理一拍即合，很快，日本成为亚洲直销业的"大哥大"。这在日本企业界引起了不小的震动。

作为亚洲经济大国的日本，过去只注重资本和技术的输出，现在已有不少成功的直销公司，例如绿加利、New Ways、Japan Life、向蕾如、贺宝芙等。其中有些公司开始把直销作为"经济输出"的新内容。一时间，在东南亚，在我国的台湾、香港地区都开始盛行直销。

随着亚洲各国纷纷放宽零售业的限制，外资引入越来越多，各种新的流通方式也随之逐步发展起来。其中，作为一种现代化的营销手段的直销，为亚洲各国的商人所重视，直销行业已成为一种极具发展前途的新兴行业。

而在全球，由美国做旗手，直销在全球范围内也已然成势，直销已经作为一种商业行销方式与传统行销方式并驾齐驱地活跃在世界市场上。目前在美洲、亚洲、欧洲，甚至在南美洲和东欧，特别是大多数工业发达的国家，都早已有了直销的立法。成立于1973年的世界直销联盟（WFOSA）目前已有37个会员国，所属各会员国每年（以1992年为平均水平）约有500亿营业额，全世界约计1500万人从事直销工作。

外资直销企业"登陆"中国

20世纪80年代末期，日本一家磁性保健床垫公司Japan Life"偷渡"进入中国深圳，开始按直销制度来销售床垫。但它没有取得任何许可经营。由于中国政府实行改革开放，对国外公司宽容和忍让，尤其对于市场化的商品分销又处于空白，它又是第一家登陆中国内地、按新型商品分销模式运作的公司，所以深圳市工商行

媒体眼中的直销

政管理局没有太多干预。这家公司首先在深圳开始，然后进入广州发展。当时其发展速度之快之迅猛，连这家日本公司自己都深感震惊。之后不久，就有很多地下直销公司出现，并按照直销制度进行运作。

这里介绍几家主要的直销公司"登陆"中国的情况：

雅芳进入中国：化妆品专柜＋雅芳小姐

1990年11月14日，第一家正式以直销（当时叫传销）申请注册的公司——中美合资广州雅芳有限公司正式成立。雅芳在中国正式投产，雅芳在中国的第一家分公司——广州陵园西分公司也开始了雅芳在中国的首次业务。这标志着直销正式"登陆"中国市场。我们今天所说的中国内地的第一家直销公司，也就是指的雅芳。它以单层直销模式登陆中国。

这对雅芳总公司来说仅仅是增加了一个分支机构，但对于中国直销市场而言，却标志着直销这种市场经营模式在中国市场经济体系中开始占有自己的一席之地。

雅芳的专卖店策略最成功之处便是打通了真正的深度分销渠道，在现今的中国乡镇，你能见到很多的雅芳专卖店，生意大多还不错。这些专卖店也是雅芳公司的强势渠道。1998年5月，雅芳第一个专柜落户东莞；1999年3月，雅芳第一个产品专卖店在广州建立；2000年10月，雅芳第一个旗舰店在北京面世。

雅芳公司进入中国的另一个策略是，通过广泛招募直销小姐（即后来著名的"雅芳小姐"）来进行销售。

1999年雅芳刚进入中国市场时，中国女性所接触的国际性美容品牌还相当有限。美丽而自信的"雅芳小姐"，能将专业的美容知识和技巧直接传递给中国女性，这对当时渴望美丽但又缺乏美容知识的中国女性来说非常重要，所以也受到中国女性的热切欢迎。

这些招募来的"雅芳小姐"，上岗前要接受雅芳公司有关产品知识、美容护肤、热情服务等方面的培训，尔后才能走上街头或家庭聚会等通过各种销售途径，向大众讲解，把雅芳产品介绍给中国女性消费者，并将自己所学到的美容知识和产品一起传播给消费者。

据资料记载，这些"雅芳小姐"总是化着精美的妆容、穿着得体的职业化套装出现在公众场合或一些企业的办公部门里。因为当时化妆的人还不多，她们容光焕发的样子在那个年代就显得十分突出。这种形象，也是早期人们对"雅芳小姐"的

第一部分
直销在中国悄悄兴起

基本印象。"雅芳小姐"于是也成为了热情、友好的代名词,进入千家万户。

更为重要的是,在上世纪90年代初的时候,市场上普遍流行的还是国产的化妆品,对于雅芳所展示出来的花花绿绿的产品有些应接不暇。于是,很多女性的第一支唇膏,是从雅芳小姐手中买的;第一次学会完整的基础护肤程序,也是从雅芳小姐那里学到的。雅芳公司这种通过潜移默化的方式,慢慢改变了广州人的美容观念,慢慢将中国人对美的追求和热情激发了出来。

安利进入中国:会议培训制度 + 美国式的退货保障

1992年,安利投资1.2亿美元,在中国广州经济技术开发区兴建现代化生产基地,自行生产多元化的日用产品。1995年,安利在广州经济技术开发区建设的大型厂房正式投产,而安利(中国)公司亦于同年4月正式开业。

在上个世纪90年代的中国,任何群众集会行为都是非常敏感的,中国特殊的国情和政策环境决定了安利(中国)的营运方式与海外安利公司的营运方式存在很大差异。对营销人员加强规范管理成为安利(中国)运营的重中之重,其中的会议政策就是安利(中国)根据中国政府的要求,对营销人员进行有效管理的手段之一。公司要求所有营销人员都必须严格按照公司制定的会议政策举办各种业务相关会议。

同时,安利公司刚进入中国,采取的是美国式的退货保障制度,顾客购物后只要他认为不满意就可以退货。这种退货制度在中国实施的结果是,不少人买了产品用完后还拿回来要求退货,也能被退掉。

由于机会主义者的存在,据当时的统计数据显示,安利在其他市场的退货率一般在10%以下,在中国却高达32%。后来在大中华区物流总监许绍明的建议下,成功地赶走了很多机会主义者。1997年,安利最终修改了退货条例,规定顾客必须在购货7天内退回仍具有销售价值的产品,才能获得百分之百的退款,这场风波才最终平息下去。

"草本世家"仙妮蕾德:

仙妮蕾德是美籍华人陈得福博士和陈徐爱莲医学博士建立并领导的、大型的研发生产以天然草本植物为原料的浓缩饮料品(含保健食品)、护肤化妆品和家居清洁用品的美资跨国公司。1993年正式进入中国市场,先后在广州、天津设立分公司,并建有占地4万平方米的高科技工厂。一度曾是中国做得最大的直销公司,在1998年以前,号称有60万人的销售员队伍。

媒体眼中的直销

"全球瘦身权威"康宝莱：康宝莱的中国之行，始于1980年，并投资1700万美元在中国设立了工厂。康宝莱（中国）公司于1999年开始引进和安装目前世界上最先进的片剂、粉剂食品级生产设备和3条全自动包装线，生产人员都是来自立达（美国）、普强（美国）等世界级著名制药公司。

自然美"将美丽进行到底"：1985年，蔡燕萍在中国台湾地区设立生产厂房。1992年，自然美进军中国内地市场，首先在上海设立化妆品工厂，直接生产集团研发的各类护肤品及彩妆。在上海各大百货公司商场内广设专柜，并推出免费电脑检测肌肤等特色服务。自2000年进入电子商务领域。2000年9月，自然美上海总部大厦正式启用。

"华人机构"尚赫"肯定自强不息"：1993年8月，尚赫作为早期内地投资商进入中国内地直销市场，投资总额达1000多万美元，在天津正式成立尚赫保健用品有限公司。此后，尚赫又在天津华苑高新科技产业园区投资近亿元人民币，购地建设了规模宏大的尚赫智能科贸大厦，作为尚赫在中国内地的总部，奠定了尚赫在中国内地的根基。随后又成立了尚赫日用化工有限公司、尚赫生物技术有限公司和尚赫投资顾问公司，1999年在上海设立美商尚赫集团保健用品公司。

"建立完美事业，拥有完美人生"：1994年3月，马来西亚完美资源有限公司与中山市健康饮料厂合资，在广东省中山市民营科技园区投资设立中山市完美日用品有限公司。作为集科研、开发、生产、销售、服务于一体的现代化大型企业，完美公司以生产健康食品、个人护理品、家居日用品和美容护肤品等大众消费日用品著称。

玫琳凯"丰富女性人生"：1995年，玫琳凯在中国建立其海外第一家工厂——杭州玫琳凯化妆品生产厂，总投资额达2000万美元。1996年3月，玫琳凯中国分公司在上海正式开业。目前，该公司正在计划进一步将玫琳凯中国公司及其工厂建设成玫琳凯亚太区的生产和销售中心。

日晖"在等待中求发展"：日晖1993年进入中国，不久，其日用产品便在中国内地市场取得不错的销售业绩。此后，公司先后在重庆、武汉、厦门、吉林等地开发了经营直销零售事业的8个分公司。1997年1月，为扩大市场规模，日晖又斥

第一部分
直销在中国悄悄兴起

资 4000 万元人民币,在上海浦东新区设立大中华区域总部,使之成为中国内地各省市业务运作的管理枢纽。2001 年 7 月,日晖又在广东省仁化地区设厂成立日晖日用化工(仁化)有限公司。

"迟到者"如新"报到": 1998 年,美国如新公司建立了在华的独资子公司——上海如新日用保健品有限公司。在中国内地,如新采用专卖店的营运模式,雇佣销售人员来销售产品。与安利、雅芳进入内地市场的时间相比,如新是个迟到者。2003 年 1 月,如新(中国)日用保健品有限公司才正式成立,它是美国如新公司的第 35 个分公司。

但是,就在这些外国知名直销公司"落户"中国之时,随后沿海各大城市直销公司也蜂拥而起,如深圳世点电脑软件有限公司、北京斯汀摩生物技术有限公司、江苏雅婷日用化工有限公司、纽蔓氏之家等等。从此,一场直销风暴开始席卷中国长城内外。令人惊奇的是,"非法传销"(俗称"老鼠会")也悄悄尾随而至……

直销业发展的背景与中国直销的兴起

直销作为一种新兴的营销方式,其发展初期经历了大风大浪的考验,但最终整个直销行业还是蓬勃地发展起来了,它在市场经济发达的国家已是一种较为成熟的营销方式。这种销售方式进入中国后,结合东方文化和我国具体国情,直销业也愈发畅行。简单地说,由于减少了流通环节,简单便捷,回款有保证,而且为中低收入阶层提供了风险较低的就业机会,很多人愿意"投身"直销。

关于这种行业发展的背景和中国直销业的兴起的原因,可以从如下几个方面进行分析:

第一,国际贸易保护主义的抬头,直销企业拼命寻求新的市场,正在改革开放中的中国就成为他们的目标。

由于市场竞争日趋激烈,国际保护主义抬头,导致外销萎缩,制造厂商为了寻求产品出路,只能转向内销市场发展或拼命寻求新的市场。内销市场毕竟有限,于是进军新的市场、扩大销售渠道便成了增大商品行销的主要途径。

媒体眼中的直销

而当时的 20 世纪 70 年代末，中国开始了史无前例的改革开放进程，其实质就是要创造条件，使中国经济和世界经济接轨以得到更快的发展。这个改革开放的过程，是建设新的经济秩序、推动社会生产力发展的过程；这个过程是对世界文明成果的学习、引进和实践的过程；学习发达国家的先进知识、先进经验，引进先进技术、先进的管理方式、先进的经济运行模式，包括各种先进的产销模式，经过甄别和改造，不断运用到自己的经济建设之中。

在产生了一批又一批成功的企业，锻造了一个又一个国际品牌之后，直销作为一种极富生命力的营销方式在中国产生了，这正是中国改革与经济融合趋势下的必然。但这种营销方式还要经过中国的本土化检验、改革，才能被中国的企业界和市场所接受，并得到运用。所以说，直销在中国的产生是改革开放的必然结果，是中国经济与国际经济接轨的必然产物。

第二，店铺租金、人工费用、中间环节等成本因素将传统经销商的利润降到微利，而直销这种销售方式能有效地节约开支、提高利润，且也为一些有好产品但缺少资金的企业打开市场提供了一种有效途径。

传统的经销商制度，在经过数百年的沿用都未有新的突破，其生产的微薄利润已不足以负荷中间商的层层盘剥；且随着城市集中化日益迅速，城市更加地窄人稠，获取店面更加困难，店租高涨，人工费用也不断上升；加之仅凭中间经销商也不足以完全掌握市场，在这种情况下，传统的店面销售方式面临着越来越大的考验。因此，制造商一改传统的经销渠道，雇用直销员开展直接销售，采用无店铺经营节省大量租金，并尽可能多地减少中间环节，尽可能缩小费用。这些手段不仅适应企业的发展需要，也适应了社会的发展趋势，促使直销业迅速发展，因此也就被广泛地应用。

另外，特别是在我国，许多企业开发的产品很有特色，却缺少资金，他们无力为产品打开市场，特别是无法承担巨额的广告费支出。直销方式既可以节省流通环节的费用，又能使消费额实现倍增式发展，而且无需大量的投资，所以特别适合为新产品打开市场。从目前通过直销销售新产品的企业情况看，效果均不错。他们产品的价格比采取传统销售渠道的计划价格低，销量比传统销售渠道多，真正实现了生产、开发、销售一体化。直销能为企业带来这么大的好处，企业当然会采用这种新的营销方式。

第三，流通领域的变革，与中国市场经济的发展要求相结合，在 WTO 的规则下能更好地发挥作用。

第一部分
直销在中国悄悄兴起

　　1984年以来,美国零售业界等致力于企业体制的改善,追求合理化经营,包括积极更新商店的营运,淘汰不具经济效益的部门,参与新形态的经营投资,以及价格策略的改变等,以应对长时期的不景气,均取得显著的效果。直销改变了以往流通领域的复杂混乱的状况,它使得流通变得简单、明了,也使企业得到更多的利益。

　　作为一种产品行销渠道和销售方式,直销也符合了我国发展市场经济的要求。直销发展与否,是不以人们的意志为转移的。直销在我国发展市场经济的要求下,必然得到发展。我国的市场经济尽管发展得还不是很完善,但是已经基本上形成了主要以价值规律来决定价格的市场体系,要适应我国市场经济的发展要求,企业就必须采取一种适合的营销方式,直销正是在这种市场经济环境中产生和发展起来的。

　　第四,妇女消费者无暇逛店的心理需求,与中国人创业致富、寻求第二职业的心理需求,都促使直销也在中国蓬勃发展。

　　在工商业发达的社会里,就业率较高,尤其是职业妇女的就业率不断升高。而一般来讲,处理家庭日常购买事务的都是妇女,所以她们自己可支配的时间相对减少,无暇经常光顾商店购物,直销这种送货上门的营销方式,满足了她们的这种需求,也会受到妇女们的欢迎。

　　而在我国,这种生活方式也以其独特性迎合了某些收入较高者追求更高层次生活品位的需要。同时,近几年由于经济结构的调整,很大一部分职工要从原来的工作岗位走下来寻找新的工作,很多贫穷人群也想通过这种"被捧吹为能暴富"的直销方式迅速摆脱"没钱的苦恼",直销公司正好可以解决这部分人员的生存和就业问题。当然,有的直销"从业者"甚至还想自己创业致富,或者想寻找第二职业,这些凡此种种心理需求方面的因素,都促成了双方的"供需结合",直接促进了直销业在我国的发展。

　　第五,直销的特点是人对人销售,而中国人口众多,且相互之间很重视感情,即"人情味"很浓,所以直销更适合东方文化,更适合中国人。

　　随着生活水平的提高和人们思想观念的变化,如今的消费者已逐渐不看重在固定场所销售商品所提供的多余服务,而较为重视商品的实用价值。直销提供给消费者的是更为实惠的价格和服务。消费者通过直销得到的实惠多了,自然也就会认可这种新的营销方式。只有得到消费者的支持,直销才能继续发展下去。

　　而只要物美价廉,商品和企业口碑就好。中国这种讲究"人际关系"的社会,亲朋好友说好,自己也就认为是好,于是也就买了。直销这种销售方式,正是利用"人

媒体眼中的直销

际"、"人情"来享受更多的产品,它很适合我国国情。同时,在直销中,直销员为了更为持续稳定地销售产品,也必然会对顾客给予更多的身体或工作上的关心,让他们的客户感受到人情味。所以,直销虽起源于美国,但却在日本和东南亚国家有了较大规模的发展,这就说明直销更适合于东方文化。

第六,计算机、电话、网络等技术的进步,也促使直销作为一种好的营销方式而得以迅速发展。

首先,计算机的应用使得直销的效率更高。计算机能比人工更快速、更精确地储存并处理大量的数据。如果没有计算机,那么直接邮寄的实用性将会大大降低。

其次,电话的运用也对推动直销发展起了很大作用。电话网络效率的提高,促使通讯业务蓬勃发展。数字电话系统为市场营销者和消费者提供了灵活选择的方便,如录音电话可以留下姓名和地址,如需询问信息可与接线员通话;消费者可以按指示拨打电话号码,告知他们的购买意向;直销员可以通过电话直接向顾客介绍商品,也可以通过电话与顾客联系,询问其使用效果等等。总之,电话拉近了直销员和顾客之间的距离。

再次,互联网也对直销的发展起了很大作用,它为直销提供了更广阔的发展空间。计算机之间能相互沟通,只要合适的软、硬件设备安装好了,以计算机为基础的直销沟通的可能性就成为现实。尽管互联网作为一种长期的直接销售的沟通工具,其生命力还未被证实,但其潜力不可低估。

第二章 直销乱象

直销业的混乱

随着传销（以前传销即直销）公司相继进入并蜂拥而起，自1993年起，传销和"非法传销"（俗称"老鼠会"）在中国也风起云涌，当时真可谓"山雨欲来风满楼"。各地非法的传销公司和各种"老鼠会"发展十分混乱，全国因非法传销引起的传销员之间的各种纠纷也越来越多，并不断被媒体频频曝光，政府有关部门开始关注直销行业的发展动态。

力禁多层次传销

1994年8月11日，原国家工商管理局发布《关于制止多层次传销活动违法行为的通告》（233号文），对多层次传销的违法行为进行制止；1994年9月2日，原国家工商管理局再次发出240号文，即《关于查处多层次传销活动中违法行为的通知》。这样，非法传销的发展速度得到了遏制，传销在中国进入第一个相对平静期。但是，由于通告只是要求查处违法行为，并未说是禁止直销行业，地方政府的态度就比较暧昧，加之种种原因特别是地方保护，这两个《通知》并未真正贯彻落实。

这个"平静期"也很快就过去了。直销和非法传销从沿海城市迅速向内地市场挺进。随着传销在沿海的兴起和冷却，内地市场开始出现另一种混乱，这包括沈阳、郑州、重庆等内地城市。由于这种"新型"的销售模式国内从未出现过，官方尚未

媒体眼中的直销

来得及出台一套行之有效的管理法规，加于中国市场经济的发展初期人们不成熟而求暴富的心态，使得非法传销公司的发展速度大大超过正当直销公司的发展速度，直销行业再度进入混乱，随之非法传销公司的丑闻被媒体频频曝光。公众对非法传销的忍耐度已到极限，不客气地讲，不治理整顿非法传销真会"祸国殃民"。

于是，1995年3月28日，原国家内贸部办公厅发文，宣布正式成立"多层次传销管理条例"立法工作机构，正式起草国家关于多层次传销管理的办法。同时期，中国第一家直销协会——广州直销协会宣布成立，（虽然这一协会后来没有发挥作用甚至不见踪影）。根据不完全统计，中国的传销规模已达"双200"（200家传销公司，200万传销商）。

1995年9月22日，国务院办公厅发出《关于停止发展多层次传销企业的通知》，以对国内再次过热的传销进行规范限制。

当时的一组数字直接表明了其结果，在此通知发出的5个月后，全国各地工商行政管理机关查处各类非法传销案件128起；清理出63家不法多层次传销企业，对其中未经批准的49家企业进行了逐家逐级审查。

谨慎地开放

随后不久，即1995年10月17日，国家工商行政管理局制定了《关于审查清理多层次传销企业的实施办法》（工商公字［1995］第266号），其中规定了多层次传销企业必须具备的十个条件，更表明国家开始正式介入和关注直销行业的发展并对该行业持谨慎的开放态度。

这十个条件为：

（一）传销企业必须具有企业法人资格，实有资产必须在500万元人民币以上；必须是生产型企业，必须传销本企业在中国境内生产的产品。

（二）传销产品不得是国家专卖专营及国家法律法规禁止销售或者限制销售的商品；不得传销金银珠宝、钻石饰品、药品、鲜活食品、家用电器，价格高昂且难以判定价格是否合理的商品，以及国家工商行政管理局认为不适宜传销的其他产品。

（三）传销产品的价格必须经物价部门核定。

（四）传销企业必须明确规定不许吸收党政机关干部、现役军人、全日制的在校学生，以及国家规定不得兼职经商的其他人员参加传销，且有有效的保证措施。

第一部分
直销在中国悄悄兴起

（五）在重新审查前开展多层次传销过程中，没有外商（不含外商投资企业）操纵、参与。

（六）传销的产品，其质量必须符合《中华人民共和国产品质量法》的要求，必须具备国家法定检测、检验机构出具的质量合格证明文件。

（七）必须具备完善的产品质量保证和退赔制度。制度中规定的无因退货时间不得少于30天。

（八）经营的运作计划或者方案中，对传销人员的酬金和奖金的规定，不得根据介绍他人参加传销人数的多少计付，不得规定强制购买一定数量的产品。

（九）多层次传销企业对参加传销人员必须有严格的培训制度，对培训费用必须有不高于成本的规定，不得规定收取入会费、保证金或者其他不合理的费用。

（十）传销企业在审查前进行多层次传销活动中，不得有偷税、走私贩私、欺骗等违法行为。

此《办法》还规定，已经工商行政管理机关批准以多层次传销方式从事经营的企业及其分支机构，必须在1995年11月10日之前，向原登记注册的工商行政管理机关提出审查申请。超过期限未提出申请的，视为拒绝接受审查，由原登记注册的工商行政管理机关吊销其营业执照。1995年12月31日之前，各省、自治区、直辖市工商行政管理局完成辖区内多层次传销企业的审查清理工作。

附：非法传销的起源概述

非法传销也是起源于美国。它是在20世纪20年代由美国人查理士·旁吉Charles Ponzi在纽约首先开始运作。自此以后，这种非法传销也叫"旁吉销售制度"。美国马里兰州的法律用语是"金字塔型促销计划"。日本和我国台湾地区则俗称为"老鼠会"。

20世纪60~70年代，美国金字塔型促销计划的公司开始盛行。著名的有卡斯可星际化妆品公司（Koscot Inter-planetary Inc）、假日魔术公司（Holiday Magic Inc）、佳线公司（Best Line Products Inc）等。由于这些公司的非法运作，美国联邦贸易委员会（简称FTC）开始调查并起诉这些公司，这其中有一家正当多层次直销公司——美国安利公司（Amway Corporation）也受牵连。这是美国多层次直销发展史上，也是世界多层次直销发展史上影响最大最有名的直销事件。

媒体眼中的直销

FTC在该案中将金字塔型促销计划定义为:"参加人付钱给公司以换取两种权利:一是销售产品的权利;二是介绍他人加入公司而获酬的权利,而因介绍他人加入公司所获取的报酬与销售产品给最终使用者无关……"。

1979年以销售清洁剂为主的我国台湾"台家公司"采用非法传销方式进行操作,其营业额高达新台币约900万元,到1981年底其营业额则高达新台币约4亿元,直销人员1万多人。由于是靠拉人头来获利,后来者发觉上当受骗,结果直销人员控告台家公司欺诈,造成轰动全岛的"台家老鼠会事件"。

1987年12月我国台湾直销协会成立。日本、中国香港、马来西亚、泰国等国家和地区基本上都是在80年代初多层次直销进入本国(地区)市场的,它们差不多都经历了类似台湾的情况,最后都是政府通过立法来规范多层次直销行业,从而使这个行业最终步入正轨的。

《传销管理办法》问世,传销企业名正言顺

1996年4月28日,原国家工商管理局首次批准了41家传销企业可以开展传销业务,并向41家多层次直销企业颁布了《准许多层次传销经营意见书》,其中广东8家。以此为重要转折点,中国在短短的5年时间里,完成了美国用50年、日本用30年才完成的对传销的正式许可,为直销在中国市场经济体系中确立了一个合法的生存空间。

紧接着,1996年6月26日,上海市传销行业召开第一次会议,首次向全社会公布了行业守则。由此,中国传销走入一个"前传销时代"的相对健康成熟期。"然而由于国内学术方面相对滞后,官方也无经验,提出了一些在后来引起人们误解且非常有害的概念——'单'层次传销。其实,既然是'传'又何来'单'?"直销界资深人士天问表示。

随着传销企业的蓬勃发展,立法也势在必行。几经酝酿,1997年1月10日,国家工商行政管理局颁布了《传销管理办法》(具体内容见附件)。该办法以"允许存在、限制发展、严格管理、谨慎试点"为指导思想,是我国第一次以部门规章的形式给予传销合法的地位,同时它对传销企业的设立运作、传销员的资格和管理

第一部分
直销在中国悄悄兴起

作了严格的限制,并且有一些法律责任条款保证对传销活动的监控。

据了解,该《传销管理办法》提出了单层次传销和多层次传销的定义,但由于对多层次传销和单层次传销的区分没有严格的标准,加之国家对于"单"与"多"审批机构的资格规定也出现了不合理的地方,使许多企业开始扩张发展之时,问题也随之而来。《传销管理办法》文件规定:"多层次传销"公司由国家工商管理局批准,"单层次传销"公司由地方省级工商局批准。因此,地方政府批准的"单层次"传销公司不规范运作屡屡发生——几乎都行"多层次"之实,加上大批非法传销公司推行"老鼠会"制度,到1998年初时已有失控的迹象。

据了解,1997年,国家工商行政管理局当时批准了523家多层次传销企业、465家单层次传销企业在核准的范围内从事传销经营。要说明的是,这些获准从事传销经营的企业中,国有大中型试点企业以高度的社会责任感和规范化的经营管理,不仅在拓宽就业渠道、扩大就业容量方面发挥了积极有效的作用,而且为商品流通领域带来了新的生机和活力,成为各地新的经济增长点。

以河南恒春源花粉制品有限公司为例,这个煤炭工业部直属郑州煤矿机械厂的第三产业,自1997年2月17日正式从事直销经营以来,其销售队伍中50%是下岗工人,达1万多人,成为煤炭系统再就业工程的重要组成部分,当年8个月就向国家缴纳各种税收600万元,并为郑州煤矿机械厂还清债款60万元,还主动拨给郑州煤矿机械厂110万元发放工人被拖欠的工资,保证了社会安定。

另外,还有许多专家均认为,就《传销管理办法》这部文件严谨度而言,这部法规还是存在诸多的争议。例如,该文件规定,传销企业必须在核定地区范围内经营,这显然是对该行业的一种误认,因为它一开始便不像传统流通行业那样可以划定范围的,因为传销业推销人员的流动性太强,根本无法控制;而传销企业更是为此头疼,因为稍微不留神,自己的传销人员便将销售网络传播到了非核定地区。而这一切责任,均由这家公司来承担。于是,这家也许还算规范运作的企业,就背上了一个"非法经营"的罪名。

当然,在《传销管理办法》的有限规范和约束下,还是有一些企业发展态势比较好。这其中,最引人注目的要数以下这几家,天问先生也在其《直销在中国风雨十二年》的文章中对它们作了评价。

安利公司:这家资格较老的直销公司,在中国也较早地取得了合法经营的权利,

媒体眼中的直销

并对整个行业起着标杆性作用。应该说，安利公司在国内以优质的日用品切入市场，然后据其海外市场的成功经验，引入了大量的海外华人直销精英，在中国内地市场运作得比较好，非常稳健地取得了不小的发展。

天狮公司：这是一家典型的内资民营直销企业，它借助非常有力制度运作，将"高钙素"这个高科技补钙产品迅速推广向全国，奠定了其民族直销业老大的位置。可以算是中国民族直销业中的一大枭雄。

中山完美：这是一家马来西亚华侨投资与我国广东省中山市一家饮料厂合办的企业，后来将马来西亚的总部直接搬到了中国，精神可嘉。该公司以入门费低、制度易升级的特色，销售其独特的产品"完美芦荟矿物晶"、"完美芦荟胶"等，在国内也取得了庞大的市场，后更名为完美中国。

南方李锦记：港资与内资合作成立的一家企业，其企业文化非常具有特色。该企业在传销混局时期凭借其优质的系统保健口服液产品，打出了"不求最大，务求最好"的口号，赢得了直销业界公认的口碑最好的公司形象。

相反，在国内同样取得了发展的部分传销企业，却因其市场地位过高、非法异地炒作而在市场上产生了不小的负面影响，因而第二年的传销经营许可中，首先被取消了经营资格。有案可查的有以下这样几家：

仙妮蕾德天津公司、广州公司：这也是一家来自美国的规范传销公司，在海外来讲，它可以说是也盛名一时，但是自进入中国大陆市场却碰到了一些不适应的问题：一方面应该说是其产品、加入条件以及奖金制度的高定价策略对国民消费水平的适应；一方面是其传销商在进行跨地区经营时，导致了进货制度及产品价格的失控与混乱（直销商自己以运费等名目加价），都给自己的传销商队伍带来了不小的杀伤力。

而最致命的负面效应，可能算是其海外生产产品的走私入境活动。因为当时它国内建设的厂房并不能完全生产其产品目录中的所有产品。

福田公司：这是一家取得41家合法经营资格的公司之一，但在后来却可说是国内

第一部分
直销在中国悄悄兴起

最具有破坏力和影响力的公司了。其单一的产品就是臭名昭著的"爽安康"摇摆机。这个产品的成本仅几百元,在传销商层层分配后,价格达到五六千元,极具价格欺诈性。最重要的是,以这家公司为主导的"异地"炒作方式,开始在中国横行肆虐。首先是广东的淡水,被骗到那里做传销的大量内地民工,竟有数十万之多。一夜之间,"爽安康"、"摇摆机"已经成了"骗人"、"海狸鼠"的代名词。

余姚国大:这是41家合法公司之中第一家被取消传销经营资格的传销公司。媒体揭露的信息比较少,其具体操作不详。

另外,就是各地区由当地工商局批准的地方单层次传销公司的疯狂发展。这类传销公司中最引人注目的、最有名也最具有破坏力的,依然是以"摇摆机"为产品的公司,其中以武汉新田、龙发国泰、康富宝、康富德(它是41家之一)为典型代表。其广泛性已经渗透到中国内地偏僻的农村,可谓是无孔不入。

那一时间,《传销管理办法》并没有遏制住非法传销发展和传播的迅猛势头,相反,非法传销公司依仗有了"红头文件"更加猖獗而势不可挡。传销公司一夜之间风起云涌,同时也造就了大量的传销暴发户、传销大亨。这也吸引着更多的人参加。

直销业进入了一个更加混乱的"战国时代"。

"老鼠会"的猖獗

由于多层次直销企业的经营资格必须每年审批一次,1997年8、9月国家发出通知,原通过审查的41家多层次直销企业经营资格经再次进行审核后,有37家通过并可以开展多层次直销业务。另外4家,即福建福田、仙妮蕾德广州、仙妮蕾德天津、余姚国大四家公司资格被取消。

此期间,当直销员正在焦急地等待着自己企业的合法资格是否被批准的时候,一大批的来自台湾的"老鼠会(非法传销)""精英们"像潮水般一样再次蜂拥登陆中国内地,并和国内先前的"老鼠会""豪杰们"合流一起,高唱"老鼠会"这个光辉事业再次来临的凯歌!

媒体眼中的直销

随着传销的愈演愈烈，经营失败的传销商也越来越多，负面效应不断增加。新闻媒体对此更是作为一大热点进行炒作：首先是大多数的媒体对传销这个行业持反对态度，过度夸大其负面效应，使得人们对这个行业更加的迷惑和不安。而为数不多的正面的传销宣传就显得特别为业界人士关注。比如《广东商报》在国内率先开辟了《直销专刊》，一时使得业界圈内有"洛阳纸贵"的感觉。

事实上，各地大量的传销商闹事、流窜给社会治安的确带来了不稳定的因素，相当多的公司市场计划具有猎人头的性质；加上社会处于转轨期，人心思富，心态浮躁，为提倡"一夜暴富"的非法公司提供了土壤；而且一些企业培训混乱，充斥着毫无节制的煽动、毫无根据的宣传和意识形态上的洗脑。

随后的时期，实际上是非法传销大肆猖獗而唱主角的时期。

在"全国山河一片红"的情况下，令几乎所有的直销员困惑的是，对这种极立宣扬一夜暴富的神话似乎感觉有点不对，但又弄不清楚为什么政府依然批准他们合法经营？大家都这么做，放在地上的钱不捡只说明自己是傻瓜。所以，没有人再愿意为自己的失败去找任何借口，人们都近乎疯狂，唯恐"这20世纪最后的发财机会"与自己擦肩而去。不知不觉中善良和不善良的人们就沦入了"老鼠会"的旋涡中不能自拔。

一些非法传销公司，如北京富乐利用所谓的矩阵制、双轨制为暴利做诱饵，也开始在全国到处疯狂挖合法直销公司的直销商。

此时41家直销公司中有的公司经不住非法传销巨额暴利的诱惑，开始与非法传销同流合污。

西藏诺迪奥公司就是其一，它在全国推广有名的B计划——一种"老鼠会"的"双赢制"制度。它迷惑人心的最大地方在于：其公司本身就是当时41家合法直销公司名单中的一员。这个"羊皮"本身很好地掩护了它从事非法传销这个"披着羊皮的狼"的本质。由于它非法利润的巨额增长而"相安无事"，一时间，41家合法直销公司中尝到甜头的公司纷纷"下海捞鱼"。

41家直销公司中的伯伦公司也加入进来。而最臭名昭著的，当属福州福田公司。这是一家取得41家合法经营资格的公司之一，但是其后来却加入非法传销的阵营，成为了国内最具破坏力和影响力的非法传销公司了。它的产品就是臭名昭著的"爽安康摇摆机"，其成本才有几百元，而它的市价却高达五、六千元。由于内地与沿海地区经济发展的差距，加之《传销管理办法》规定仅限地区经营，以福田公司为

第一部分
直销在中国悄悄兴起

主导的"异地炒作"非法传销方式开始横行中国。它以广东的淡水为基地,诱惑内地人们进行非法传销。据报载被骗到淡水做非法传销的大量内地民工竟有数十万之多!一夜之间,"爽安康"、"摇摆机"成了"老鼠会"代名词。

在各地地方主义的保护下,各地方批准的大大小小的非法传销公司如雨后春笋般地涌现出来。一片"浑水摸鱼"的"形势大好"局面。

所以,所谓之直销精英之士,见如此"好世界"大举兴风作浪就不足为怪。所谓"船小好调头",彼此纷纷仿效,制度一家比一家优越,赚钱一家比一家快,一家比一家多,最后简直就是告诉传销员:只要你一加入就可以坐地收钱,一星期你立马就可以成为百万富翁了。诸如富乐公司的"龙凤制",一直发展到"电脑排网"、"公排"等的出现。更新鲜的是,传销竟发展到既无产品也无公司的纯粹"博彩"的地步,出现了所谓的德国"王牌88"、香港金咭等类似连锁性的运营方式。

由于官方立法的滞后加之政策的不明朗乃至混乱,地方保护主义的掩盖与新闻媒体的大肆误导性炒作,真正用心规范经营的传销公司的传销商队伍也难独善其身,在如此庞大的"老鼠会"大军下开始崩溃。

所以这一时期的媒体,就曾这样报道:

"各路非法传销企业之间、非法传销商之间相互挖墙脚、相互诋毁、相互攻击、相互谩骂,既有规范经营的合法直销公司的直销商对非法传销企业的声讨指责,也有合法直销公司中的直销商打着合法经营的旗号在'挂羊头卖狗肉',而更多的是'老鼠会'头目们则更加名目张胆、猖狂地施展各种骗术,如借开展所谓的'潜能培训',疯狂拉人入会大赚其财。"

这个时期的"老鼠会",大多数公司都是采用短期炒作制度的方式,其运作本身就是以暴利为诱饵,用所谓的"潜能培训"为强心剂,疯狂地拉人入会,用新人的入门费来供给先加入的人以从中渔利。这就必然有一天拉不到新人加入,导致整个经营制度"穿帮"。

所以,到了1997年底和1998年初,一时间,大江南北,尤其是开展异地炒作的公司集中地区,诸如在武汉、长沙、海南、北海等地,到处是卷款潜逃的传销公司和大批流动闹事的传销难民,国内社会治安环境出现了极不和谐和显示出极不稳定的因素。传销市场出现了比没有制订《传销管理办法》前还混乱的局面。有识之士称,中国直销业已经到了一个没有方向,不知何去何从的地步!

第三章　国内外直销业扫描

美国直销镜像

美国企业为了追求效益,不惜裁减冗员和削减中间环节。在商品销售领域中,为减少商品销售的中间环节,直销业近年来在美国有了长足发展,直销额每年已达到 2 万多亿美元,而且还将以年 8.5% 的速度继续增长。

直销业如此迅猛的发展势头,使人不得不发出疑问:美国最终会告别商场,一切产品的销售都将改成直销吗?

美国是世界头号直销大国,年直销额是世界第二大直销国日本的 3 倍多。据美国直销商协会公布的数字,2003 年美国直销商的销售额预计为 2.2 万亿美元。该协会还预计,2007 年这个数字将达到 3 万亿美元。

美国直销业的发展速度在过去几年都大幅超过同期经济增长速度,今后几年增幅仍将高于同期经济增速。美国直销商协会提供的数字从直销业的销售额和雇工人数等方面都说明了这一点。

据美国直销商协会统计和预测,在 1997 到 2002 年间,直销商的销售收入年增幅为 9.5%,同期美国全国销售收入年增幅为 5.0%;在 2002 到 2007 年之间,直销商的销售收入年增幅预计为 8.5%,而同期美国全国销售收入预计年增幅为 5.5%。在 1997 到 2002 年之间,直销商雇工年增幅为 5.1%,同期美国全国雇工年增幅为 1.3%;

媒体眼中的直销

在 2002 到 2007 年之间，直销商雇工年增幅预计为 3.5%，而同期美国全国雇工增幅预计为 1.1%。美国直销商协会指出，由于在 2002 年至 2007 年间，直销商雇工人数的增幅低于销售额的增幅，直销商的毛利可望进一步提高。

在美国直销的渠道很多，主要有通过直接给消费者打电话推销商品的"电话直销"；把商品目录直接邮寄给消费者的"目录直销"；通过电子邮件推销商品的"电邮直销"等通过各种手段进行的直销。

在各种直销渠道中，因特网正在发挥越来越大的作用。据美国直销商协会估计，互动／在线直销商的销售额在今后 4 年内将以 21% 的年增幅增长，是所有直销渠道中发展最快的。

据了解，有 2 个基本的社会保证使美国直销业得以迅速发展，即社会化的快捷、方便，可靠的送货与支付手段以及反欺诈立法和执法。

发展直销业必须有一个快捷、方便和可靠的送货服务体系。目前，美国直销商可以选择的送货服务有美国邮政局、联邦快递和信使服务。这样一个社会化的投递服务系统虽然不由直销商经营，但却是直销业赖以生存和保证顾客满意的一个重要环节，不用担心因货物没有按时送到而与顾客发生纠纷。

除送货上门外，还要有通过投递公司进行的换货或退货服务。服务好的直销公司，只要顾客打 800 免费电话表示要退货或换货，公司就会叫投递服务公司免费上门来取，减少顾客对直接购物的顾虑。

在直销商送货前，消费者一般需要事先付款。过去主要靠汇款和邮寄支票，如今则主要使用信用卡。一般的情况是，顾客看到直销商的广告信息后，只要通过电话或网络告诉直销商自己的信用卡密码，当时就能成交。

由于直销不是厂商与消费者或零售商与顾客面对面的买卖，也没有交易场所，特别容易滋生商业欺诈。所以反欺诈立法和严格的反欺诈执法是保证直销业健康发展的重要社会条件，当然这也是使美国人能够在各种场合放心大胆地使用信用卡的一个重要前提。

美国很早就有专门打击通过邮件进行欺诈犯罪的法律。有关法律尤其是严格的执法使不法直销商不敢贸然利用邮件对产品做出不符实际的虚假描述，也不敢在收到货款后违约。

美国近年又加强了打击通过网络盗用信用卡号的欺诈犯罪，下大力气维护和保

第一部分
直销在中国悄悄兴起

证现代社会有一种低成本和便利的交易手段。

美国直销业目前面临的主要问题已经不是欺诈，而是隐私权保护。由于直接销售需要向消费者进行直接的诉求，而这种诉求的分寸如果把握不当，就会构成对消费者的骚扰，侵犯其隐私。

据美国直销商协会统计，直销效率最高的渠道是电话。但直销电话太多就构成对消费者生活的干扰。美国不少居民为避免直销商给他们打电话，专门出钱要求电话公司不将住宅电话号码登在电话号码簿上，甚至还发起了得到政府支持的"禁止电话干扰"（Nocalllist）运动。根据联邦政府规定，向列入名单的电话号码拨打一个商品推销电话将被罚款1.1万美元。美国加州政府还有打击垃圾文传的法规，可对通过文传向消费者推销产品的直销商处以巨额罚款。

"电邮直销"曾被认为是一种新兴的廉价而高效的直销手段倍受推崇，但近来却成了"过街老鼠"。一方面是信息产业界联手打击推销商品的"垃圾邮件"，推出能过滤掉垃圾邮件的软件和邮箱服务，使直销商徒劳无益；另一方面是政府在加紧制定法律，打击垃圾邮件。

根据美国直销业高速发展的趋势可以预期，在不远的将来，直销将大行其道并改变零售业的现状，使商场不再是买卖的场所，而仅仅是新产品的展览厅或陈列室。

俄国直销镜像

自20世纪80年代以后，曾经的世界强国、原苏联老大哥俄罗斯陷入了漫长的煎熬，短暂的过渡期，即便是推行全面市场化也没有为俄罗斯带来繁华。

为了坚持市场经济走向，价格与贸易自由化是必要的手段。但是，在价格与贸易自由化的同时，政府却继续对许多企业进行补贴，这个"善意"的操作却导致了持久不退的通货膨胀，民生消费品的价格超速上升，并使全国经济严重衰退。

为了避免旧权利的复辟，走上集权经济和极权政治的回头路。即便，由于过于急切的进入市场化可能导致民生问题等，俄罗斯政府仍非常执着，坚持以加快民营化为目标，加速市场化。

媒体眼中的直销

坚持市场化导向 经济看好

俄罗斯政府深信，市场本身就是一股神奇的力量，就算在没有合适的配套制度下快速市场化、民营化短期内不能确保成功，甚至还可能导致官僚营私的弊端，但是市场的力量最后还是会很快有效地将经济与社会资源进行重新分配。

也就是在这种恐惧集权复辟的情况下快速市场化，终于导致了俄罗斯经济改革与中国大陆经济改革完全不同的结果。

不过，当年经济改革者对于市场力量的信仰，在最近这几年似乎已慢慢得到验证，尤其 2003、2004 年，俄罗斯的经济体制与表现更是受到全球的瞩目。

据世界银行公布的一份报告显示，俄罗斯 2003 年国民总收入为 3748 亿美元，居世界第 16 位，2003 年俄国内生产总值为 4330 亿美元。报告并指出，俄罗斯已步入了世界上外汇存底的十强之列，2003 年俄罗斯外汇存底为 780 亿美元，2004 年增至 1370 亿美元。

俄罗斯的经济体制好转也显示在外商的投资动作上面，单单 2003 年第一季，外国投资者就在俄罗斯投资了 62 亿美元；而大部分专家都认为，自 1999 至 2003 年，俄罗斯已打好了经济增长的基础，未来俄罗斯固定投资的年增长率可以达到 10%～20%。

俄罗斯的消费也将保持增长，国内生产总值的增长速度将达到 5%～8%。据估计，未来 10 年中，俄罗斯的国内生产总值年平均增长速度便可以达到 5.5%，俄罗斯的经济到了 2010 年将会增长 70%～75%。

所以很多人都预测，俄罗斯将是未来几个最有开发价值的新市场之一，事实上，这个最有开发价值的预测，也同样适用于直销产业。由于同样经历集权经济的钳制，俄罗斯人对于直销的热情不亚于 90 年代的中国大陆，特别是经济改革过程的通货膨胀煎熬，使得俄罗斯民众视直销为改变生活的神奇法门。

俄罗斯的直销人口在短短 8 年间一口气增长 23 倍，从 1996 年的 10 万人暴升到 2004 年的 230 万人。而根据世界直销协会联盟在 2005 年 12 月 15 日发布的最新统计显示，俄罗斯的直销产值，已达到 12.68 亿美元，超过了马来西亚的 12.6 亿。

医药保健品商机巨大

就像经济发展被看好一样，俄罗斯直销市场现在也被许多跨国直销公司视为另

第一部分
直销在中国悄悄兴起

外一个兵家必争之地。除了上述摆脱贫穷的动力外,直销产品,包括日用品、化妆品、保健类产品在俄罗斯轻工业不振,民生物资匮乏以及健康条件不佳的社会基础上,都有相当大的发展空间。

特别是保健类产品,对于因为低生育率与高死亡率而陷入人口锐减危机的情况,俄罗斯联邦安全会议表示,由于受苏联解体后经济崩溃和社会动荡的冲击,俄罗斯人口出生率急剧下降,疾病和死亡率大幅上升。其中疾病与死亡率(除了意外死亡之外)高启的最主要原因就是健康问题,也是保健类产品的市场所在。

从制药工业而言,俄罗斯是一个"相对落后"的国家。俄罗斯近80%的药品依赖进口,俄罗斯本国的医药保健品需求量大,但生产能力却较低,生产工艺也不高,远远满足不了本国国民的需求。这对于我国快速发展的医药生产企业和经营企业而言,是个很好的契机。

近年来俄罗斯已经成为中国国内药企关注的热点市场,鲁抗医药、天津 天士力、三九药业、广药集团等企业纷纷涉足并已经打开了局面,其中华佗再造丸、三九胃泰、虫草胶囊等产品是最为畅销的品种,每年的出口量都很大。

据中国医药保健品进出口商会的统计数据,2005年我国向俄罗斯出口药品1.68亿美元,比2004年的1.22亿美元同比增长37.8%,出口形势呈现高速、平稳态势。

由于中国医药在俄罗斯民间具有一定的市场基础,俄居民对中国的传统中医药有一定的了解和认识。鉴于俄罗斯的制药工业现状,品质优良、价格合适的药品在俄罗斯的市场前景十分看好,其中,国产的中药材和中成药也受到了俄罗斯百姓的青睐。

据相关人士透露,心脑血管药物、糖尿病药物、风湿病类药物在俄罗斯有较大的市场。同时他们对医疗设备,诸如门诊设备、敷料、手术器具、耗材和医疗设备的配件等也有很大需求。此外,俄罗斯经济开始复苏,人们对医药保健品的购买量也不断增长,一个拥有1.3亿人口的市场,其潜力不容低估。同时,俄罗斯对其他东欧国家具有较强的辐射能力,战略地位也比较突出。

在国内众多的药企眼中,俄罗斯市场的确是一块未开发的宝地,谁最先拥有它,获取的利润可想而知。(《中国直销》)

媒体眼中的直销

韩国直销镜像

直销从80年代开始进入韩国，采取的是金字塔型的网络销售。当时，金字塔型的销售人没有被得到认可，对社会的影响也不是很好。新事物出现的时候，一定会有阻力，得到社会的攻击也比较多。作为一个新的营销模式进入市场是有难处的。在韩国两种销售并存，一个是访问销售，一个是网络销售。无店铺销售在韩国以各种形式存在，它有直销和原价销售的两种形态，它都是无店铺销售。直销等于我们所说的这样一个网络销售，也就是传销，也就是访问销售。此外，还有电话销售，家庭聚会销售，这些都属于直接销售，也就是直销概念里面的销售形式。

直销占韩国营销市场份额的5.2%，也就是说人与人之间的销售形式是比较容易被认可的销售形式。在美国做过这样的统计，在美国全社会把所有的人联系起来，需要多少人的销售呢？如果你在美国认识5.5个人，就可以把全美国联系起来。在韩国因为人口并不是很多，全国能够联系起来的人脉关系，就是说在韩国认识三个人就可以把韩国人脉联系起来。人与人之间的销售方式是允许存在的。

这是有关的参考数字，首先是金字塔型的销售进入到韩国，所以对网络销售，最早人们的印象并不是很好。上个世纪80年代金字塔开始进入韩国，安利未真正开始进入网络销售的时代，也就是说安利等外国公司进入以后，网络销售是以正常的轨道进入。已经走到国外的韩国人，再重新进入韩国市场，这个市场就启动起来了。因为国外正规军的进入，把金字塔的人转移到正规的网络销售当中来了。当时没有相应的法规环境，韩国是在1991年制定了"访问销售"等相关法规。访问销售法规的出台有它的背景。因为人们的销售进入金字塔的以后，欲望比较强，所以政府要出一个法规。中国也曾经走过这样一个历史历程。就是为了保护消费者利益而出台的。这样的访问销售也引发了一种地下操作的公司。 在1993年7月的时候，外国企业经营者和销售人员在韩国被拘留的现象曾经出现过，因为韩国出台的访问销售以消费者为宗旨的形式，外国企业的经营在韩国国内就没有得到认可。

直到1995年7月份的时候，才真正确保了外国企业在韩国经营的法定地位，开始通过正常的渠道进入法规环境。更多的企业以网络销售的形式，真正起步了。

2005年的网络销售的销售是四兆五千亿，实际上真正销售超过十兆。访问销售就是一个比较难统计的销售，包括访问销售大概有十兆这样的一个销售业绩发生。（韩国直销杂志）

第一部分
直销在中国悄悄兴起

日本直销镜像

直销这一销售模式在美国取得了成功之后，很快就传到了日本。日本国土面积狭小、店面租金昂贵，同时人口众多、讲究人情世故。直销公司一进入日本就取得了辉煌的成绩，引起日本流通业的大革命，特别是安利登陆日本，更带动了日本直销业的大规模发展。

日本人特别善于学习别人的发明创造并加以发扬，而直销又恰恰符合了日本当时流行的"无库存销售管理"理念。到了上世纪80年代末，日本即成为世界直销第一大国。和大多数国家的遭遇一样，在直销进入日本后，一批"老鼠会"企业也同时诞生了。日本的金字塔活动是在1965年，内村健一在熊本市成立的"天下一家会"。该会以"投资2080元，吸收4名子会员，即可获得102.4万元"为口号。到1970年底该会会员已达43万人，并有多家分会，在全盛时期，该会会员高达180万人，所吸收的资金高达日币300亿元。1972年开始，会员向官方控告该会，到1979年，日本正式立法对这种老鼠会行为加以打击，同年，"天下一家会"宣布解散。

70年代末，美国的大直销商安利、夏克丽等纷纷在日本登陆，同样创造了不少成功的直销企业，如日本的健康促进研究会，1975年成立时是一家默默无闻的小企业，1980年它的利润额33800万日元，1983年达323900万日元，增长773倍之多，一跃成为日本企业排行榜800名上下。另一家日本生活株式会社，1987年开始直销羽绒被，销售额比1984年增长了300倍。其成功的秘诀同样在丁直销。

1980年，日本成立了直销协会，对直销公司的行为进行约束。近20年来，日本直销业每年平均以30%的速度高速增长。据日本直销协会统计，1980年日本的直销业销售额为120亿美元，有100多万的从业人口；到1993年日本的直销营业额为294亿美元；1995年为304亿美元，占到了世界直销年营业额的40%，2002年日本的国内消费品零售总额为3500万美元，直销即占了超过10%的比率。现在，日本的直销业就已经超过了美国，成为世界直销第一大国。而且很快向海外扩张，特别是在东南亚地区，第一家传入中国的直销公司就是日本的。近年来，日本经济虽然一直不振，但直销以其独特的魅力吸引着越来越多的人。（中国直销网）

◉ 媒体眼中的直销

德国直销镜像

德国,作为一个老牌的资本主义强国,有着发展完备的直销体系。近年来,德国直销业仍然呈现蒸蒸日上的态势,在全球直销销售额的排名也越来越前。应该说,在德国,发展直销业的机会无处不在。要抓住机会,我们首先要了解相关信息。

目前,德国正经受高失业率的痛苦。尽管世界杯带来了一定的转机,但是,6月份德国的失业率仍然高达10.9%。这意味着有约460万德国人正在寻找工作。以此衡量经济发展,如此高的失业率是一个坏消息,但对此时在德国发展直销而言,却非常有利。在这种情况下,人们会思考以不同的方式提高收入,而直销创业无疑是绝佳的途径之一。失业率高涨促进直销业增长已经成为一个普遍存在的规律。

总体看来,德国经济已经连续多年陷于停滞。2000年经济增长率为2.9%,2001年降到0.8%,2002年又进一步下降到0.2%,之后几乎停止不前。尽管仍然面临着高失业率和几年的经济萧条,2006年德国国内生产总值第一季度增长0.7%之后,第二季度继续增长,这是德国经济5年来首次出现持续增长的趋势。一些经济学家指出,推动德国第二季度国内生产总值增长的主要原因不再是出口,而是投资和国内消费,这表明德国经济增长日渐稳健。

对直销行业来说,一个负面消息是德国的税收变更。2006年6月16日,德国联邦参议院批准了本届大联合政府提交的增值税上调法案。这标志着这项法案已走完了审批过程,将如期实施。根据该法案,2007年1月起,德国的增值税税率将从目前的16%提高到19%。增加的税收主要用于消除德国联邦政府和各州政府的预算赤字,尽管这将减少消费者需求。所有的直销人员都必须根据销售额交纳增值税,为了减少直销人员的麻烦,很多公司采取集中收税的办法。但是,德国税法同时规定,一旦销售量达到一定的额度,每个个体都必须单独登记并交纳增值税。(作者:帅萍)

印度直销镜像

印度有着庞大的人口数量,并且许多人都在寻求着更多的收入和更好的产品,这给当地的直销业提供了不可估量的发展前景。印度民众正享受着来自直销行业的

第一部分
直销在中国悄悄兴起

种类繁多的产品,并且由于这些企业的影响,他们对于健康的观念也日趋改变。然而,问题也是存在的,直销企业在行业规范和企业声誉方面也有待提高。

人口数量庞大

印度有 11.5 亿人口,这个庞大的人口数量仅次于中国。虽然印度经济以突飞猛进的势头增长着,但是大部分人仍然没有可观的收入。中产阶级的人数在不断增加,但这群人基本上都集中在首都和其他大城市。农村人口仍占大多数,经济上也仍然采用传统方式。印度靠农业谋生的人口占人口总数的五分之三,并且 16.6% 的国内生产总值来自农业。农业贡献了 1.09 万亿美元的 GDP,人均 2700 美元,这个数字随着印度每年 7% 到 10% 的经济增长率还会不断增加。

印度服务业的增长也十分引人注目,占国民总产值的一半以上。但是,这些收入是由不足三分之一的印度人口创造的。这部分受过良好教育的人一般都说英语,他们有很多人都在电信业和信息技术业受过良好训练,也因此,政府放松了外国投资政策,对像电信业这样高速增长的行业放宽了外国直接投资的限制。但是,关税在很多领域仍然存在,国家在农业方面仍旧对外国投资设立壁垒。

行业的快速发展

凭着巨大的潜力,去年印度的直销人员达到 1578367 人,值得注意的是这之中有 120 万活跃销售人员,也就是每年至少配售两个订单。直销人员的数量使印度当之无愧地成为全球第十一大直销国家,印度在 2006 2007 年度总销售额达到 6 亿 3100 万美元,比前一年增长了 8.9%。

越来越多的人开始对直销行业感兴趣,并且大约 450 万人在过去曾有过直销的经历。男销售员数量也在不断增加,去年销售团队中有 18% 是男性,剩下的都是女性。这对玫琳凯来说没有任何影响,"印度女性有着绝妙的企业家的精神",玫琳凯驻印度经理 Hina Nagarajan 说。玫琳凯公司在 2007 年进驻印度,并且在此地区已经成功地拥有 35 万销售顾问。"我们认为印度将会很快地成长为玫琳凯最重要的国际市场之一。"

引人注意的是,2007 年印度市场上的直销产品同比上一年多了 400 多种,这足以证明这个行业现在多么有活力、发展得多么迅速!印度直销企业协会 IDSA(Indian Direct Selling Association)发布的数据显示,2007 年他们曾受理了 100 多次关于直销行业的询问,这些询问大部分都是关于如何成立直销企业或者跨国公司如何

◉ 媒体眼中的直销

进驻印度,很多已经成立的零售企业也向 IDSA 询问如何成立直销企业。但迄今为止,IDSA 里有会员身份的企业还是比较少,只有 16 个有资格的正式会员。

企业伦理和标准

印度的直销企业也存在摩擦,在某些情况下就像曾经的美国西部或近东地区。现在没有明确的直销管理规章,没有"金字塔传销"官方的明确定义,对企业来说,没有基于 IDSA 道德规范的安全标准。一些不法分子到淳朴的乡民那里,欺骗他们,卷走了大量的钱财。当地的司法长官要么就是未作出应有的反应,要么就是反应过度,这使想要按照国际直销业标准展开经营管理的企业遇到了麻烦。

"有大量不法分子肆无忌惮地进行金字塔式传销,"IDSA 副主席兼 Modicare 公司 CEO Hemant Singh 说,"这使整个行业背上了一个恶名,直销协会想要制定一部直销法案。现在只有《货物销售法》、《消费者权益保护法》和《合同法》,这些根本满足不了我们的需要。"IDSA 已经努力了很多年想要通过一部直销法案,但是到目前为止成效甚微。

"在印度想要通过法案不是那么容易,"IDSA 主席、印度 AMC 厨具公司 CEO David Stanley 低沉地说,"当缺乏正式法案的时候,IDSA 会正式认可一些企业为合法直销企业。"

同时,IDSA 也在致力于从政府那里得到行政许可。没有国会的立法行为,行政许可可能是退而求其次的最好办法。他们正在和各个政府部门共同协作,如商业部门等,以便能得到明确界定合法直销企业的标准。Singh 说他们已经快要解决直销企业行政许可的问题了。

乡村和城市的发展

尽管有种种困难,但是直销企业还在快速地成长当中。在一些大城市,直销的势头很猛,像孟买、德里、加尔各答和海德拉巴,而且农村地区也有引人注目的发展。直销现在延伸到 3000 多个城镇和超过 50 个主要城市,在 2006 至 2007 年度自动增加了至少 200 个城镇,乡镇地区也变得越来越接受直销了。

"西方企业有着强烈的瓜分市场的愿望,但城市和农村市场还持守着传统的价值观念。"康宝莱亚太地区副总裁 Tim Sanson 说。康宝莱发现了一个共同的因素——良好的营养的力量,这吸引了渴望掌控自己生活的印度中产阶级,也吸引了那

第一部分
直销在中国悄悄兴起

些住在农村、不能支付高额卫生保健费用的村民和那些因为疾病而失去养家糊口能力的人。这种情况帮助康宝莱改变了人们心目中固有的认为肥胖是健康和财富的标志的那种错误观念，保持健康的观念在印度全国范围内都变得十分流行。

交通在乡村地区某种程度上是个挑战，因为基础设施没有完全成熟，但是，这在某些方面却有利于直销。当地的人喜欢买当地商贸市场上买不到的产品，比如说，Modicare 公司的 CEO Singh 说他们最畅销的一款产品是一种与农业相关的产品，它的销售量超过了公司的许多化妆品、营养品、汽车护理产品、家居护理产品、洗涤用品、个人护理产品和医疗器械用品，它从这些产品中完全脱颖而出，它叫"活跃 80"，能提高喷洒在庄家上的杀虫剂和除草剂的效力。"印度大约有 70% 的人生活在农村，这里的人们仍然自己耕种粮食，并且往地里喷洒农药来避免病变和害虫。用了这款产品后，就可以减少杀虫剂的用量，当然也会节省很多钱。"

对印度消费者来说，省钱是一件非常重要的事情。他们通常没有很可观的税后收入，所以给产品定价的时候一定要考虑到这个重要因素。很多公司，像安利和 Modicare，都销售小剂量的产品，价格当然也会随之降低。即使像 AMC 厨具公司这样生产高端产品的企业，也在销售小件产品。"所有公司都有小的产品尺寸。"David Stanley 说，"对于我们来说，我们在印度卖的厨具和在其他地方卖的一样，但是我们分成小部分出售，有 30% 的顾客会再次购买我们的产品，大约五六年之后，他们就能拥有全套产品。同时，我们使用印度本地的菜谱来为顾客作示范，这让我们的市场大门很快打开。"

在城市市场上，销售主要集中在高端消费品上：营养品、化妆品和家居护理用品。他们也很乐意通过网络这样的渠道来了解产品，但是大部分的产品仍旧是通过销售人员卖出的。网上购物还没有延伸到乡村地区，但是这也能使营销顾问和消费者之间有更好的交流。

时刻牢记文化上的差异性

直销公司应该要牢记一点：印度市场有很多独特的方面。首先，除了印度语这个民族语言之外，印度还有其他的 21 种官方语言。不仅如此，其他的变种语言和非官方语言也有很多。很多都市人说英语，但是农村人和其他很多人都说当地的语言。

从销售角度来看，销售宗旨有些模糊。Stanley 认为很多消费者愿意从有一张有欧洲面孔的销售人员那里购买产品，因为他们认为西方人愿意购买和使用的产品

媒体眼中的直销

质量一定很好。然而，直销公司的销售宗旨应该是消费者通过自己比较信任的朋友和家庭成员获得产品。我们应该致力于用他们自己的语言和文化背景来使销售宗旨更加贴近这里的消费者。

对直销来说，文化的影响也使收入、酬劳、国外旅行和培训变得非常重要。对于很多妇女来说，经营自己的直销事业是她们开始经营自己事业和拥有自己收入的第一步。培训因此而成为必须要做的事。并且，国外旅游的奖励能让她们不断回忆起更多更好的生活。"国外旅游对营销人员来说有很大的价值。"Singh 说，"相比旅行的花费，它所创造的实际价值要大得多。"这样的酬劳在精神上也是一种非常大的回报，不论是一次盛大的旅行还是一块挂在墙上的匾额，这让印度的直销员充满自信心，有了很大的精神动力，而这些是很多女性从来没有经历过的。

"印度是一个十分独特复杂的市场。"Sanson 说，"文化和语言的多样性与复杂的法律和监察系统结合在一起，意味着并没有一个单一的解决办法。印度的消费者是比较多疑的，并且需要建立高水平的品牌信任，让消费者发现并向其传达品牌价值将会是一个非常大的挑战。"（当代直销编译）

马来西亚直销镜像

马国目前有直销公司近千家，在一个人口不足 3000 万的市场中，这样数量的直销企业，竞争激烈程度可想而知。发展到今天，马国直销公司已经趋于成熟，奖金制度普遍趋于保守，产品也较为多元化。

和国内目前的情形不同的是，大一些的直销公司往往受到社会和媒体尊敬，政府也较为支持行业的发展。这是马国直销产业化、法制化的可喜结果。马国比较大的直销公司中，20 家左右的企业，占据了全国营业额超过 80%，这些公司又更多将市场划分为华人市场和马来人市场，产品方面也不外乎保健品、食品、居家用品、个人护理和美容化妆品，均为易耗品，以家庭为消费单位。

马国大型直销企业中，较为有名的，比如 CNI，在马国中文名为长青企业集团。该公司成立于 1986 年，是马国经营历史和规模最大的为数不多的几家公司之一。该公司目前已经在内地建厂投资，在山东的两个工厂投资近千万美金，不过，其直销

第一部分
直销在中国悄悄兴起

业务还未在内地开展。通过其董事会介绍,如果内地直销法能得以顺利出台,该公司将投巨资进入内地市场。而目前负责其香港公司的董事总经理则是未来内地公司的负责人。

通过与他们的交谈发现,在马国,像他们这等规模(2003年营业额接近3亿美金)的直销公司都在寻求国际化发展,该公司的主要市场是马来西亚本地和印度尼西亚,此外,文莱、泰国、新加坡等地也是较好的发展选择。值得注意的是,该公司已经在两年前启动印度市场,目前反应良好。与CNI相比,大多数马国直销公司只能寻求温饱,无论是企业规模,还是发展前景,都令人担忧。但可以肯定的是,正是由于竞争的激烈,所以大家的水平都会得到提升,如果将这些小型的直销公司放在国内,一定会获得长远的发展。

马来西亚是一个多语种国家,广泛流行的语言主要是马来语和英语,而华人一般都能够讲广东话,普通话在马国的华人中也较为普及。由于直销业的基本特征是动嘴多于动手,因此,语言的重要性在直销业就显得格外突出。早年,国内一些直销企业在开拓国际市场时,甚至需要聘请小时付费的翻译人员参与自己的事业运作,由此也不难看出,直销市场国际化的一个重要前提就是语言关。(源自中国网)

台湾地区直销镜像

中国台湾地区的直销是在20世纪70年代由日本引入的,不过一开始就因为"台家事件"搞得声名狼藉。到了20世纪80年代,由于安利及许多正当运行的直销公司,带来了公正的直销理念与手法,宣传舆论也不再一边倒,政府部门也进行了认真的反思,于1992年制订了"多层次直销管理办法",台湾地区直销协会也相继成立,许多专家学者纷纷著书立说,因此台湾地区直销公司也逐步向东南亚及大陆发展。

台湾地区的直销经过一段风风雨雨后终于逐渐走上正轨。也是因为安利公司在台湾地区的迅猛发展,而引发了一波直销狂潮。到1986年底,仅安利台湾分公司的营业额就高达新台币2亿元,直销商人数为10万人。美国安利公司在台湾地区的营销方式,确立了正当直销的理念和手法,带动了台湾地区多层次直销事业的发展。

媒体眼中的直销

目前,安利台湾分公司位居台湾地区十大直销公司的首位。继安利以后,又有多家国际大型直销公司陆续来台湾地区设立分公司,进行直销业务,有仙妮蕾德公司(产品为化妆品、健康食品)、高林公司代理的美商夏克丽(Shake Lee)公司(产品为综合健康食品、化妆品、清洁剂等)、中华日健公司(产品为保健器材)、台湾花粉公司(产品为花粉等健康食品)等等。

20世纪80年代可说是台湾地区直销业首度起飞成长的时期,到1998年,台湾地区有直销公司500余家,年直销额将近20亿美元;而到2001年,台湾地区直销公司增加到615家,从事直销的人员已达313.6万人,占台湾地区总人口的14.04%;2001年营业额为385.73亿新台币。2006年,在台湾地区从事直销的人口达到390万,占台湾地区人口比例的17%,营业额达到420亿新台币。自1992年公平交易法出台后,台湾地区的直销业踏上正常轨道,社会大众以平常心态看直销,直销公司也积累了相当完备的直销奖励制度和培训经验。直销业蓬勃发展起来。现在,台湾地区已是亚洲第二大直销市场,也是全球直销人口密度最高的地区。同是一根,台湾地区经济虽然比大陆发达,但许多情况如文化、地理等方面与大陆极为相似,直销在台湾地区的发展所取得的成就和所遇到的问题对大陆发展直销有很好的借鉴意义。

(源自世界商业评论)

第四章　中国关闭"直销门"

1998年4月21日，国家一刀切

中国是个"人情居上"的社会，在一些传销商类似邪教的蛊惑和鼓吹之下，人情就成了发财优势。在传销疯狂时有报道说："一个小镇上的妇女，把自己刚生下的婴儿卖掉，拿到9000元钱加入传销，一批批下岗工人，把家中仅有的积蓄拿去买几千元一台（事实上只值四五百元）的传销产品；一些农民卖掉耕牛，不事农活，拿着一筐筐鸡蛋和棉被到遥远的外地参加创业说明会……"

鉴于传销的乱局，为了整治社会治安，引导经济正确发展，国务院不得不下了封杀令。政府考虑到，一方面不能任其非法传销大肆泛滥而袖手旁观，另一方面对这一种新的又是很"特殊"产品分销方式需立法规范、而因相应的法律法规尚未出台，所以暂缓直销业的发展是情理之中的事。

1998年4月21日，国务院颁布了《关于禁止传销经营活动的通知》，对整个传销行业全面禁止整顿。同时宣布一年前工商总局颁布的《传销管理办法》(第73号文件）失效。"不管是正规经营，还是违规炒作，所有从事传销业务的公司全部停止营运，听候国家后续政策的处理。"所以这时候，中国直销业经过十几年的发展差不多又回到了起点。

关于禁止传销的具体原因，当时媒体分析有以下四点：

媒体眼中的直销

（1）直接原因是有些地方传销发展失控，出现传销商拦截火车、群殴、凶杀等严重影响社会治安的事件。有些地区，传销人员通过欺骗，将亲朋好友骗到传销地，扣下身份证后进行洗脑式上课，强迫他人加入传销并如此循环下去，造成社会隐患。

（2）政府监管失控。由于国家把审批单层次传销权限下到地方，各地从地方利益出发批准了许多单层次传销公司，但大多数单层次传销企业都开展多层次传销业务。

（3）对金字塔销售防范不够。由于刚开始的管理经验不足，当时的管理办法对金字塔销售防范规定不够明确具体，在管理实践中也不够明确坚决，以至相当多的传销企业所采用的奖励制度有金字塔销售、拉人头的倾向，造成大量的传销人员成为企业敛财的牺牲品。

（4）直销发展中出现了严重偏离经济轨道的倾向。有些直销人员的组织在教育培训过程中散布具有明显政治倾向的言论，煽动对社会和政府的不满，特别是一些境外人员利用直销的课堂宣扬错误意识形态的言论，有些可能是无意的，有些人则明显地别有用心，使得直销人员的组织出现向政治组织发展的苗头。

此后，国家又发出了要求原有企业转型的规定，从而实现了一个过渡性的转制工作。但是，这个"98禁令"的确给了一些直销企业以沉重的打击，造成的影响在当时一段时期内是难以消除的。

本来就没有办法收拾残局的"老鼠会"公司和实力欠缺的公司，自然也因此而偃旗息鼓了。一些规范经营的公司，不但因全面禁止传销而受到牵连，为了继续在中国市场上永久经营和长远发展，还必须安抚所有的传销商，处理他们的"后事。由于部分经营者经受不了这样的打击，出现了意见不合而分家的、暂时退出中国市场的、干脆关门省事的。

而那些一直以来规范运作的传销商，不仅因"老鼠会"的冲击失去了经济利益，在人格上还受到了侮辱——因为传销的全面禁止，他们落下了一个"骗子"的名声。

由此，中国传销业步入了一个前所未有的低谷时期。至此，从1990年中美合资雅芳有限公司将传销引入中国开始，传销的路在中国走了8年之后算是走到了尽头。

第一部分
直销在中国悄悄兴起

链接:

国务院关于禁止传销经营活动的通知（国发［1998］10号）

各省、自治区、直辖市人民政府，国务院各部委、各直属机构：

为保护消费者合法权益，促进公平竞争，维护市场经济秩序和社会稳定，国务院决定禁止传销经营活动。现就有关问题通知如下：

一、传销经营不符合我国现阶段国情，已造成严重危害。传销作为一种经营方式，由于其具有组织上的封闭性、交易上的隐蔽性、传销人员的分散性等特点，加之目前我国市场发育程度低，管理手段比较落后，群众消费心理尚不成熟，不法分子利用传销进行邪教、帮会和迷信、流氓等活动，严重背离精神文明建设的要求，影响我国社会稳定；利用传销吸收党政机关干部、现役军人、全日制在校学生等参与经商，严重破坏正常的工作和教学秩序；利用传销进行价格欺诈、骗取钱财，推销假冒伪劣产品、走私产品，牟取暴利，偷逃税收，严重损害消费者的利益，干扰正常的经济秩序。因此，对传销经营活动必须坚决予以禁止。

二、自本通知发布之日起，禁止任何形式的传销经营活动。此前已经批准登记从事传销经营的企业，应一律立即停止传销经营活动，认真做好传销人员的善后处理工作，自行清理债权债务，转变为其他经营方式，至迟应于1998年10月31日前到工商行政管理机关办理变更登记或注销登记。逾期不办理的，由工商行政管理机关吊销其营业执照。对未经批准登记擅自从事传销经营活动的，要立即取缔，并依法严肃查处。

三、加大执法力度，严厉查禁各种传销和变相传销行为。自本通知发布之日起，一经发现有下列行为之一的，各级人民政府和工商行政管理、公安等有关部门，要采取有力措施，坚决取缔，严肃处理：

（一）将传销由公开转入地下的；

（二）以双赢制、电脑排网、框架营销等形式进行传销的；

（三）假借专卖、代理、特许加盟经营、直销、连锁、网络销售等名义进行变相传销的；

（四）采取会员卡、储蓄卡、彩票、职业培训等手段进行传销和变相传销，骗取入会费、加盟费、许可费、培训费的；

（五）其他传销和变相传销的行为。

对传销和变相传销行为，由工商行政管理机关依据国家有关规定予以认定并进行处罚。对利用传销进行诈骗，推销假冒伪劣产品、走私产品以及进行邪教、帮会、迷信、流氓等活动的，由有关部门予以查处；构成犯罪的，移送司法机关依法追究刑事责任。

四、各级人民政府要加强领导，有关部门要密切配合，坚决而又稳妥地做好禁止传销经营工作。禁止传销经营活动是一项政策性强、涉及面广、难度较大的工作，各级人民政府要高度重视，加强协调，由一位主要负责同志亲自抓。有关部门要认真履行职责，加强协作配合。工商行政管理机关要严厉查处违反本通知精神从事传销经营的行为；公安部门要坚决取缔利用传销或变相传销从事危害社会秩序的违法活动，与有关部门配合做好维护社会稳定和社会治安的工作；有关商业银行要支持配合工商行政管理、公安机关的查处工作；新闻宣传部门要加大宣传力度，广泛宣传传销的危害性，公开揭露传销的欺诈行为，及时曝光典型的传销违法案件，教育广大群众提高认识，自觉抵制传销经营活动，并对有关部门禁止传销经营活动的进展情况及时予以报道。

各级人民政府和有关部门对禁止传销经营工作，既要态度坚决，行动积极，又要精心组织，稳妥实施，以保持正常的经济秩序和社会稳定。

中华人民共和国国务院
一九九八年四月十八日

国家批准 10 家外商投资直销企业转型

1998 年 6 月 18 日，国家三部委（对外贸易经济合作部、国家工商行政管理局、国家国内贸易局）发出《关于外商投资传销企业转变销售方式有关问题的通知》（［1998］外经贸资发第 455 号），规定"外商投资传销企业必须转为店铺经营"并批准了安利、雅芳、玫琳凯等 10 家外商投资直销企业转型经营。

这 10 家公司分别为：安利（中国）日用品有限公司、雅芳（中国）有限公司、

第一部分
直销在中国悄悄兴起

杭州玫琳凯有限公司、天津尚赫保健用品有限公司、中山市完美日用品有限公司、上海富迪健康科技有限公司、苏州百美化妆品有限公司、特百惠（中国）有限公司、日晖企业发展（上海）有限公司、上海娜丽丝化妆品有限公司。

其中，安利、雅芳、玫琳凯的知名度和规模最大，形成"三足鼎立"局面。于是，以这三家为代表的10家外资直销企业转型经营。6年过后，雅芳开设了近6000家专卖店，现在几乎完全变成一个传统的日化企业，而安利却只是表面性地回应了政策约束，开设了不到110家店铺，其经营模式在稍加修饰之后继续沿路前行。现在，安利中国的销售额超过10亿美金而成为安利全球最大的市场，而在6年前，传销禁令一度使安利的销售总额降到1000万元以下，雅芳虽然是禁令前销售额的4倍，但只有24亿元人民币。面对即将诞生的直销法，安利可以轻松转身，而雅芳则将面临再次选择的痛苦，两家公司在中国的前景也因此而迥然不同。

而当时在1998年国家批准10家外商投资直销企业转型的同时，国内大多数传销企业在随后的一段时间或销声匿迹或转入地下成为非法经营企业，而一些规范经营的国内直销企业却因全面禁止传销而受株连，步入直销业的低谷期。

而在2000年8月13日和2001年10月31日，我国又分别发布《国务院办公厅转发工商局等部门关于严厉打击传销和变相传销等非法经营活动意见的通知》、《国务院办公厅关于开展严厉打击传销专项整治行动的通知》（即2001年80号文），继续打击非法传销企业的活动。

这样，在中国相关法律法规尚未出台之时，直销企业既不能按"原来"的模式运作，但也不能简单地退出中国市场，中国官方同意它们继续在中国经营，但有一个条件：必须"转型"以符合中国现阶段的实情。但怎么"转"这个"型"呢？当然不会是官方去替它们转，所以，最后双方协商一致转为"店铺+推销人员"的运作模式，产品销售转型为批发、零售销售方式。

也鉴于一些转型外商投资直销企业的迅速发展，国家工商总局、外经贸部、国家经贸委等有关部门于2002年4月1日再次发布《关于〈外商投资传销企业转变销售方式有关问题的通知〉执行中有关问题的规定》，对转型企业中雇佣推销人员的方式、报酬、合同订立、培训规模等具体问题作了明确规定。

客观地看，这时期出台的整顿、治理和转型措施促使了外商投资直销企业在我国的大力发展——完美、仙妮蕾德、南方李锦记、特百惠等企业，经过几年的转型运作，正一步一步地各具特色地发展壮大起来，都积累了不错的成功经验；而我国

● **媒体眼中的直销**

国内直销企业的成长却受到抑制——但这里不得不提的是天津的天狮集团，自从 1998 年 4 月 21 日禁止传销以来，它改变经营策略，大力开拓海外市场，也取得了很不错的经营业绩，算是民族直销业中一个特殊的成功案例。

"老鼠会"也开始"转型"

在国家批准 10 家外商投资直销企业转型的同时，有一个非常值得注意的现象，那就是：未成功转型的国内非法传销企业及部分"老鼠会"头目，也开始"转型"——改头换面转入地下，又开始了他们敛人骗钱的见不得人的勾当。

变相炒作

国内非法传销企业及部分"老鼠会"公司，其行踪更加诡密、骗术更加高超、手段更加残忍！1999 年首先在国内曝光的大案有重庆、长沙的"天然丽莎国际集团绿色经典公司"、"百顺日合"、"兴田加盟连锁"等地的异地炒作的非法传销公司。接着是 1999 年、2000 年到目前，国内先后出现过的"华良消费联盟"、"得利卡友"、"申齐"、"直复营销"、"武汉新田"、"深圳文斌"……等全国性的非法传销大案。

这些公司运作的共同特点是不再以传销的名字出现，而冠以了最时髦而新鲜的名字，诸如加盟连锁、动力营销、共销入股、直复营销、消费联盟、框架营销、网络营销、返本销售、物流联盟……。

另外，随着互联网在我国的普及与成熟，网上非法传销也开始蔓延起来。比较有名的有"SkyBiZ(Sky2000) 空中商务"、"远程教育"、"神龙数码"、"Worldedo 全球远程教育网站"、"EF2T.com"、"互联网基金"……其典型特征是均采用双轨制，以"普及网络教育"、"上网工程"、"电子商务"、"投资回馈"为名目，诱导人们花高价买一个毫无任何实际意义和价值内容的模板式网站，以达到诈骗高额提成的目的。美国的一些非法传销公司也已经在国际互联网上设立了网站，并且已经在国内从事非法传销活动，这一点在当时也引起了人们的注意。

由于非法传销的手法越来越隐秘，名号越来越多，使我们无法统计目前在全国从事非法传销的公司和人员总数，但是，我们可以通过近几年来，公安和工商部门

第一部分
直销在中国悄悄兴起

打击非法传销的一些数据,来说明非法传销的巨大危害:

"2000年底,全国各地发生各种利用非法传销、变相传销进行违法犯罪活动的案件近500起,参加各种非法传销的人员达数百万人次,非法经营额达近百亿元。"

"2001年,我国共查处非法传销案件2400多件,取缔传销窝点2500多个;查处涉嫌偷骗税86.5亿元,为国家挽回经济损失18.9亿元。"

"截至2002年11月底,中国的工商行政管理机关共查处非法传销和变相传销案件1119件,案值8975.11万元。"

异地炒作

在这一时期,"异地炒作"可以算是目前我国非法传销的最大"特色"。

何谓"异地炒作"?其主要表现形式是老鼠会参与者通过打工赚钱为名,利用信任关系,将自己的亲朋好友用电话、信件等手段骗往异地城市,其后又通过一个有组织、有计划的培训,半强制化"洗脑",使受骗人也加入进该老鼠会。最后让该受骗人"复制"其手法,如法炮制,以同样名目骗取其他亲友到该地参加老鼠会活动。

"异地炒作"为什么得以生存?首先是因为我国地大物博,各地经济发展不平衡,而生产效率的提高,又使得劳动力过剩,导致了大量的民工流动,这在一定程度上是其产生的客观基础。其次,部分地方政府的地方保护主义与官僚主义,是导致非法公司和非法组织产生的温床。

回顾中国直销业的发展历史,总体上来说,我国当前的"异地炒作型"老鼠会有两大源头:

其中之一可追溯到1997年的淡水事件,如今在广东、广西猖獗蔓延的老鼠会会员都是那个时代的"遗老"或"徒子徒孙"。

另一支就是原武汉新田的体系。他们多半在北方活动,一天只吃两顿饭,每人每月的生活费一百多元。目前在陕西临潼,以某名牌化妆品公司特许经营专卖店的名义做非法传销的一群人,就是新田体系的"后裔"。他们采用的所谓"奖金制度"也是武汉新田惯用的"五级三阶"。

异地炒作给社会带来的负面效应只能用"灾难"来形容,它磨灭了人性的良知,以金钱为导向,让人在一种无意识的状态下有意识的出卖自己的亲情、友情、

媒体眼中的直销

爱情……，严重影响了地方的治安和社会经济秩序。

投靠正规公司

当然，在政府的严厉打击和媒体导向日趋理性的状况下，也出现了一个可喜的现象，那就是一些非法传销组织自发的觉醒和悔悟，并积极地寻求出路。

在业界最为有名的案例莫过于2002年末，天狮集团收编原武汉新田公司大约十几万人庞大团队的事件。虽然由于种种原因，这次收编没有得到很好的结果，甚至可以说是以失败而告终，但是，这一案例为业界提供了许多宝贵的经验以及可借鉴教训。

事情具体是这样的：

原武汉新田公司东北总代理扬玉勇，在面对2001年末武汉新田公司倒闭、其团队被定性为"老鼠会"的不利局面下，深知"背靠大树好乘凉"，找一家相对比较可靠、比较大的公司作为"保护伞"比较稳妥，于是扬玉勇作出抉择，在2002年与天狮上层接洽，并在年末一次性拿出2000万购买天狮产品。天狮方也给予回应，把扬的团队化做"阳光体系"并入天狮，成为天狮集团即成功体系、金星体系之后的第三大体系。

但是可惜的是天狮集团没能及时消化吸收，没能对"阳光体系"进行及时的整编、整合培训、更换其制度、转变其发展导向，致使这次收编没有得到很好的结果。

在这次投诚中，也给了团队中一些领导人一个"启发"。于是很多利益熏心的人，为了钱而不顾下面人的死活，脱离母体出去单挑，找一家空头公司"合作"，自己做上了总代理，或者还打天狮的旗号四处招摇撞骗。这些人多数是以聚敛钱财为目的，当收入颇丰或陷入经济困境时，即携巨款逃之夭夭，根本谈不上稳定长久的发展。同时使从业者失去理性，"老鼠会"团队迅速裂变成几个甚至几十个，从而干扰了正常的经济秩序，并诱发许多社会问题，也给天狮引出了一些麻烦。天狮集团无法面对这种局面，为了挽回其形象，随后于2002年12月31日在其网站上发布一则消息：

致：各分公司、专卖店及业务员

自：中国区域总部

日期：2002年12月31日

郑重声明

第一部分
直销在中国悄悄兴起

天狮公司本着"健康人类、造福社会"的企业理念，一贯严格执行国家有关法律法规，合法经营。天狮公司以尖端的生物技术为依托，集中国五千年养生文化和医学精华于一身，为社会提供了优质的产品，深受广大消费者的喜爱。

目前社会上有一些别有用心的人，利用天狮公司的名义，进行非法运作，给天狮公司的声誉造成极坏的影响。

现我公司郑重声明：一切利用天狮名义进行非法运作的行为，请广大业务员及消费者提高警惕，如有疑问请拨打 022-82112674 咨询，并将问题以书面形式呈报天狮公司中国区域总部，传真电话：022-82121437。

特此声明！

接下来的扬玉勇，在 2004 年初，离开天狮、离开他的体系，带着他在天狮所学到的经验，在北京成立伊康国际商业连锁经营公司，对原来新田公司的制度五三制，进行改头换面，继续他所谓的"专门为 21 世纪那些关爱生命，提倡健康、美丽人生的家庭和个人，提供一个合适健康财富和找回人生、理想与目标的'机会'"。但是孰是孰非我们还要拭目以待！

当时有人分析说，现在的"阳光体系"，真正转型的很少，也可以说大家不适合转型后的生存条件！所以继续把产品编成组或套、以集结人头的方式生存！他强调说：天狮有三个体系：金星体系、成功体系、阳光体系，"阳光体系"里有"真的阳光体系"和"假的阳光体系"，"真的阳光体系"属于真的天狮，"假的阳光体系"属于打着天狮名义做非法传销的假天狮，真假之分，最明显的就是制度。——看来，这个人可能是天狮内部人士。

但不管怎么说，当年天狮集团收编原武汉新田公司大约十几万人庞大团队，是一次大胆的尝试，其也是有一定的成就的。这表现在：一来，为政府及业界抛砖引玉，积累一定的经验；二来，为在伪直销中迷茫、彷徨、挣扎的人们提供一个思索的方向，一条生存之路。

"伪直销"在中国将来的命运会怎样呢？这需要政府、收编企业和那些"老鼠会"头目的共同努力才能解决好这个炙手的问题，而对当时中国直销业非常混乱的现状，必须制定一个非常好的解决"伪直销"的方式、方法，这对直销在中国的持续、健康发展将起着前所未有的推动作用。

媒体眼中的直销

两个对直销企业具有约束性的条文

在直销法还未正式出台前，我国的管理与执法，除了《国务院关于禁止传销经营活动的通知》（国发［1998］10号）外，主要还是依据两个文件：一个是国务院办公厅国办发［2000］55号文件，另外一个是国家工商总局、外经贸部、国家经贸委联合发出的工商公字［2002］第31号文。

而1998年4月18日以前的传销或者变相传销行为如何处理，最高人民检察院在答复湖南省人民检察院研究室《关于1998年4月18日以前情节严重或特别严重的非法传销行为是否以非法经营罪定罪处罚问题的请示》（湘检发公请字［2002］02号）时指出，对1998年4月18日国务院发布《关于禁止传销经营活动的通知》以前的传销或者变相传销行为，不宜以非法经营罪追究刑事责任。行为人在传销或者变相传销活动中实施销售假冒伪劣产品、诈骗、非法集资、虚报注册资本、偷税等行为，构成犯罪的，应当依照刑法的相关规定追究刑事责任。

国务院办公厅国办发［2000］55号文件，即《转发工商局等部门关于严厉打击传销和变相传销等非法经营活动意见的通知》（以下简称通知）。该通知相关条款规定：

以下行为之一，属于传销或变相传销行为：

（一）经营者通过发展人员、组织网络从事无店铺经营活动，参加者之间上线从下线的营销业绩中提取报酬的；

（二）参加者通过交纳入门费或以认购商品（含服务、下同）等变相交纳入门费的方式，取得加入、介绍或发展他人加入的资格，并以此获取回报的；

（三）先参加者从发展的下线成员所交纳费用中获取收益，且收益数额由其加入的先后顺序决定的；

（四）组织者的收益主要来自参加者交纳的入门费或以认购商品等方式变相交纳的费用的；

（五）组织者利用后参加者所交付的部分费用支付先参加者的报酬维持运作的；

（六）其他通过发展人员、组织网络或以高额回报为诱饵招揽人员从事变相传销活动的。

根据《最高人民法院关于情节严重的传销或者变相传销行为如何定性问题的批

第一部分
直销在中国悄悄兴起

复》,实施上述行为之一、情节严重的,依照刑法第二百二十五条的规定,以非法经营罪追究刑事责任。

实施第一款所列各项行为,是否达到"情节严重",应结合非法经营数额、非法所得数额、受害人数、损失情况、社会影响等因素予以认定。

实施第一款所列各项行为,同时触犯刑法规定的其他犯罪的,依照刑法有关规定处理。

而国家工商总局、外经贸部、国家经贸委于2002年4月1日联合发出"关于《外商投资传销企业转变销售方式有关问题的通知》执行中有关问题的规定"(工商公字[2002]第31号,下简称"31号文"),对转型企业中雇佣推销人员的方式、报酬、合同订立、培训规模等具体问题作了明确规定。

该规定将从2002年4月1日起执行,在此之前,国务院办公厅亦发布了《国务院办公厅关于开展严厉打击传销专项整治行动的通知》(即2001年80号文件)。相隔不到一年的时间,传销被再次列为重点整治对象,由此可见,问题仍然没有得到根本的解决。所以对于2001年发生的十大案件中,为什么传销还被列为其中的一件就不难理解了。

在三部委联合发布的文件中,对相关问题是如此规定的:

1. 转型企业必须严格遵守《国务院关于禁止传销经营活动的通知》(既国发1998年10号文件)和《国务院办公厅转发工商局等部门严厉打击传销和变相传销等非法经营活动意见的通知》(国办发2000年55号文件)以及《关于外商投资传销企业转变销售方式有关问题的通知》(1998外经贸资发第455号文件)的规定,不得以任何形式从事或变相从事传销活动。

2. 转型企业不得将雇佣的推销人员以部门、团队、小组等名目组成网络,从事营销活动。

3. 转型企业对雇佣的推销人员只能按其直接推销给最终消费者的产品金额计提报酬。转型企业的销售管理人员必须是企业正式员工。

4. 转型企业必须在其经批准设立的可雇佣推销人员的分公司所在地、市(包括直辖市区、县,下同)辖区内设立店铺后,方可雇佣推销人员推销产品。

转型企业原已经批准设立的可雇佣推销人员的省级分公司,应当在其从事推销活动的省(自治区、直辖市)内各地、市设立店铺,并经工商行政管理机关核准登记后,方可雇佣推销人员从事推销活动。

5. 转型企业应当和雇佣的推销人员签订合同，合同中应注明推销人员所属的店铺，每个推销人员只能在一家店铺所在地、市辖区内从事推销活动，不得跨地区从事推销活动。

6. 转型企业不得雇佣国家公务员、现役军人、全日制在校学生及法律规定不得兼职经商的其他人员所从事推销活动。转型企业雇佣的推销人员应具备店铺所在地的身份证或暂住证明。

7. 转型企业应当保证消费者在其店铺内能够买到本企业生产的全部产品，不得规定或变相规定部分产品只能通过推销人员购买。

8. 转型企业不得以购买资料等名义作为雇佣推销人员的前提条件，不得强迫推销人员购买资料。转型企业不得以强制、暗示、诱导等方式要求推销人员买断产品，也不得以交纳培训费、入门费、保证金、押金等名目变相要求推销人员买断产品。

9. 推销人员在向消费者进行产品推销时，应当出示其所属转型企业及所在店铺的证件。推销活动只能就本公司产品性能、功能及使用方法进行介绍，不得做夸大产品功能或贬低同类商品的宣传，不得借机为转型企业招募推销人员、发展下线，也不得借机组织培训活动。

10. 转型企业推销人员的培训活动应当有转型企业统一组织、承担培训费用，并接受有关部门的检查、监督。培训活动的管理和授讲、辅导人员必须是转型企业的正式员工，不允许推销人员组织培训或从事管理活动。培训内容仅限于介绍与产品相关的知识、推销技巧和公司规章制度的解释，不得做夸大产品功能或贬低其他同类商品的宣传。每次培训的推销员人数不得超过50人。

11. 转型企业的推销人员应当按照有关规定从事推销活动，转型企业对推销人员从事本企业产品推销活动中的违法违规行为承担责任。

12. 原国家国内贸易局核发的《推销人员证书》有效期截止到2001年底。自2002年起将由国家经济贸易管理部门会同劳动部门按国家有关规定另行制定管理办法。转型企业应将各省推销人员的数量及有关情况每半年报国家工商行政管理总局、外贸部、国家经贸委。

这份在"毫无预警征兆"之下发出的31号文，当时并未引起广泛注意。因为仅按字面理解，这份文件是对4年前1998年6月由外经贸部、国家工商局和原内贸局联合下发的《关于外商投资传销企业转变销售方式有关问题的通知》（[1998]外

第一部分
直销在中国悄悄兴起

经贸资发第455号），执行4年来操作原则的进一步具体细化。

但实际上体现了国家早已在关注和学习其他国家的直销法了，虽然有不少人在"31号文"出台后抱怨国家对直销立法没有一点影子。其实，从国家出台"31号文"来看，国家相关部门早已着手研究其他国家的直销法。比如在"31号文"的第十条规定："转型公司"每次培训的推销员人数不得超过50人"。当时的国家公平交易局打击传销办公室李处长在接受采访时说："国际上对直销也有严格要求，并不是毫无限制地全面放开，如韩国就规定直销公司每个地区的推销人员达到50人就必须设立一家店铺来管理。"这两厢对照，另一层意思似乎就是，转型公司每次培训的会议，是以一家店铺的规模进行。

我们不知道这次的"31号文"，是不是就是国家相关部门研究其他国家的"直销法"后借鉴而来？但当时可以肯定的是，中国是要制定直销法了。

中国加入WTO，承诺要为直销立法

2001年12月11日中国加入世界贸易组织（WTO）时，就承诺要为直销立法。现在中国早已做到了，尽管全面开放直销市场的时机还不成熟。

我国的直销开放强调了"尊重中国国情"，"建设有中国特色的直销体系"，从颁布出台的443号国务院令《直销管理条例》和444号国务院令《禁止传销条例》两部法律法规来看，的确考虑和遵循了很多中国因素，目前中国直销以单层次运营。

当时有评论指出，开放直销业及其他相关承诺的充分履行，将给中国直销业带来一次空前的机遇。这次开放，不等于开禁，它不是简单的废止一些法规和规章，再回到原来的《传销管理办法》时代，而是在加入WTO的大背景下，面向国内、国际两个市场的大开放，是中国直销业与世界直销业的一次接轨和融合。可以说，这次开放对中国直销业将是一次历史性的机遇。

无法回避必须直面的敏感问题

从历史来看，直销是市场经济发展到一定程度下，工业资本与商业资本之间竞争的结果，是市场经济发展的需要；表现在流通领域，就是将产品以最小的投资成

媒体眼中的直销

本以最快的速度送到消费者手中,而消费者也能从这种快速的销售模式中获得利益。可以说,战后资本市场这只无形的手,催生了直销模式的市场进入。

而今,纵观世界直销业,不论在北美洲、欧洲和亚洲,还是在南美洲或东欧,直销以作为一种商业营销模式与传统营销模式并驾齐驱地活跃在世界各地市场。特别是大多数工业发达的国家,如美国、加拿大、德国、英国、日本等国家都早有了直销的立法。

所以,中国世界贸易协会副会长、对外经济贸易大学教授薛荣久在《安利新姿》2003年第九期上撰文指出,我国制定"无固定地点销售",是一个无法回避的敏感问题。

由于传销活动本身的特点,加上中国市场经济发育的不完善和相关法规的滞后,使得传销经营活动走样、变质,甚至混进以暴敛钱财为目的的"金字塔式销售"或"老鼠会"活动,成为中国部分地区社会不安定和经济秩序混乱的重要原因。出于维护市场经济秩序和社会稳定的需要,从1994年开始,政府及有关部门通过一系列文件加强对传销经营活动的管理,并于1998年4月宣布禁止传销和变相传销活动。

我国禁止传销经营的做法引起了国际社会的关注,并成为中国加入世界贸易组织谈判的一项内容。世界贸易组织成员国要求我国开放直销市场。

在2001年11月11日签署的《中华人民共和国加入世界贸易组织议定书》中,中国向谈判方作出承诺:对"无固定地点的批发或零售服务",在中国加入世界贸易组织后三年内,取消"市场准入限制"和"国民待遇限制";中国将与世界贸易组织成员进行磋商并制定符合中国具体承诺以及中国在服务贸易总协定项下义务的、关于无固定地点销售的法规。

"无固定地点的批发或零售服务"实际上包括了多种销售方式,如人员直销(人对人销售,逐户到府零售,逐户办公室零售,家庭聚会零售)、邮购行销(单项邮购,目录邮购)、媒体行销(电话行销,电视行销,网上行销)、自动贩卖(自动贩卖机)等。而实际上,人员直销就是我国所称的传销,他们都由英文词Direct Selling翻译而来,在国外,二者通用,并无意义上的差别。

为了更快地促进中国开放直销市场,谋求直销在中国庞大的市场份额,安利等直销企业力促中国加入WTO。中国入世谈判时,当时为美国商会会长的安利董事长史提夫·温安洛两度在国会发言中支持中国加入世贸组织与给予中国永久性正常贸易关系地位。而在美国国会将失业人口增长归因于中国制造业发展的言论高涨时,安利作为企业代表为中国企业澄清事实。

第一部分
直销在中国悄悄兴起

积极借鉴国际约法与各国立法经验

薛荣久指出,直销问题已引起世界各国的广泛关注,并通过单边立法和参加国际组织来规范和疏导,以发挥直销的积极作用,抑制和克服不正当的传销带来的不良后果。各国的立法与做法,值得我国政府在立法时借鉴。在具体立法参考上,薛荣久谈到了两种方法。一是以世界直销协会联盟《商德约法》作为我国立法依据,二是参考各国有关立法的做法再定。

为了促进世界直销事业的良性发展,1978年成立的世界直销协会联盟,由世界各国的直销协会联合组成,是一个代表全球直销业的自发性非政府组织。目前已有50多个国家的直销协会拥有此联盟的会员资格。据统计,在2002年中,该联盟的各国会员通过4000多万名独立直销员,在全球创造了超过800亿美元的零售业绩。

为了探求"有中国特色的直销体系",我国政府相关部门做出了长期的努力。商务部、国家工商行政管理总局等部委广开言路,一直在征集直销立法方案的各方意见,并一方面走出国门考察国外的直销市场和借鉴其他国家的管理经验;另一方面在国内不断听取直销企业对直销立法的建议。

例如,相关政府官员重点考察了美国、日本、韩国、马来西亚、俄罗斯、香港地区等国家和地区的直销市场;2003年厦门投资贸易洽谈会期间,商务部集中听取了多家外资企业的意见,2004年6月又成立了"关注中国直销开放小组",成为了政企沟通的重要平台,以后又陆续举行了四次专题会议。在有关直销法规初步拟定后,商务部、各国家工商行政管理总局等部门与9月10日在厦门再次召开"直销立法座谈会",同时听取了外资和内资共22家企业的建议。

中国政府就直销立法开放广开言路征集企业意见,体现了中国政府开放的态度。有利于制定符合中国国情的直销市场管理办法。当然,为了追求自身的利益,一些企业积极配合中国政府提供意见和建议,往往带有维护自身利益的成分,但中国政府也是做了理性综合的考虑。据悉,为了建议中国政府采用多层次直销,直销巨头安利公司就一直在与中国政府部门进行反复的沟通,并提供了多层直销的理论依据,给了政府部门很好的参考。

同时,坚决反对金字塔销售计划,"支持制定与世界直销《商德约法》一致的法律来加以取缔"。薛荣久介绍说,世界直销协会联盟乐于与政府负责人和立法人士进行合作,协助制定适当法规,将金字塔式销售与合法的直销事业划清界限;禁止金字塔销售计划;并保护从事直销事业的从业者。

● 媒体眼中的直销

对于直销立法，有商务部官员曾在厦门会议上表示，"我们对中国直销市场的开放，是在原来转型企业规定政策上进行修改后的开放。"很多人没有想到，中国政府开放直销市场的标准会那么严格，与当初的激情期望相比，大企业和小企业，拿牌和未拿牌的直销企业都感受到了监管的严厉。

WTO 承诺带来的直销开放

在服务贸易领域，我国承诺"在加入 WTO 后 3 年内"开放直销。在消费者还未完全成熟、市场环境有待进一步完善之际，在全面开放直销市场的时机还不成熟的条件下，我国之所以仍会开放直销市场，这很大程度上可以说是来源于中国加入 WTO 时的这个承诺，也就是通常所说的"GATS 项下的义务"。

据了解，中国在服务贸易领域的入世法律文件由《服务贸易总协定》（简称 GATS）、《中国加入WTO议定书》（下文称《议定书》）和《WTO 中国工作组报告书》（下文称《报告书》）中有关服务贸易的内容构成。其中，《服务贸易具体承诺减让表》（下文称《减让表》）是《议定书》的第九个附件，也是其组成部分，此表涵盖了中国在服务贸易领域的具体承诺。关于直销，在《减让表》4 分销服务 E 项、《报告书》第 310 段、第 311 段都做了十分具体的承诺。

在《减让表》的承诺中，对直销的开放，主要在"商业存在"方面，比较明确具体，概括起来就是，无固定地点的批发和零售，在提供商业存在服务的市场准入和国民待遇方面，中国加入 WTO 后 3 年内取消所有限制。所谓无固定地点的批发或零售服务即是国际上通行的直销。

"商业存在是指设立的商业机构或企业实体，这是最重要的一种服务提供方式，涉及开业权问题。"直销业研究资深人士李涛在其发表在 2003 年第 12 期的《成功》杂志上的文章中指出，A，在提供商业存在服务的市场准入方面加入后 3 年内取消限制，这意味着外国服务提供者在中国入世后 3 年内，以合资、合作、独资哪一种形式成立直销企业都是可以的，而且对外国企业的数量、进入的地域也都不设限制。另外，这一承诺还意味着，无论外国服务提供者是设立生产性企业，还是贸易公司，两种形式都可以开展直销业务。B，在提供商业存在服务的国民待遇方面，加入后三年内取消限制。国民待遇是指对其他成员方的产品、服务或服务提供者所提供的待遇，不低于本国同类产品、服务或服务提供者所享受的待遇。这一待遇的实质是成员方要平等的对待外国和本国的产品、服务、服务提供者。由于我国施行对内对外开放并举的政策，因此这个承诺对外国企业很有吸引力，更有利于外国直销企业的发展。

第一部分
直销在中国悄悄兴起

在《报告书》的承诺中,第 310 段规定:中国代表表示,中国将与 WTO 成员磋商并制定符合《减让表》以及中国在 GATS 项下义务的、关于无固定地点销售的法规。工作组注意到这一承诺。从该段的用语、格式来看,这是一个标准的承诺段落。第 311 段规定:一些工作组成员指出,《世界行为守则》提供了规范无固定地点销售的坚实的道德基础。《世界行为守则》是世界直销协会联盟为其各国、地区直销协会会员制定的从业商德规范,可操作性非常强。我国至今也没有成立直销协会,这个"承诺"是由中国政府做出的,效力远远高于任何非政府组织做出的承诺。

需要强调的是,关于直销,《减让表》规定无固定地点销售是一种零售方式,且明确了无固定地点的批发和零售的具体承诺和期限;《报告书》则记录了关于直销的一个承诺段落和一个声明段落,并且只有通过这个声明段落才能从法律上确认无固定地点销售或无固定地点的批发和零售是单指直销或传销的。而这一点,被不少专业人士忽略了。其他无固定地点销售,除邮购(《议定书》没有给邮购下定义;有一种观点认为直接营销是由邮购和目录销售发展而来的,所以邮购销售是一种与互联网有关的销售)外,入世谈判没有涉及。另外,在《减让表》中,邮购的承诺是归并在分销服务 C 零售项中的。

只有以国情为重,"建设有中国特色的直销体系",才能使我们的直销立法,既符合我国加入 WTO 的承诺,又可避免无序地开放;既可参照国际上通用的做法,又能充分考虑中国的国情。总结看来,中国是一个发展中国家,未来直销的开放程度虽然较高,但每一个步骤政府都是非常审慎的,代表了当时政府对直销的思考和把握。

媒体眼中的直销

专家访谈：

伟大的营销方式的诞生
——访市场营销学著名专家、中国人民大学商学院副院长郭国庆博士

郭国庆简历：1962年10月生，河北省阜城县人。1979年10月至1986年7月，中国人民大学贸易经济系本科生、硕士研究生。民盟盟员、中央委员、中央经济委员会副主任、民盟市委副主委，第八、九届全国政协委员。珠海市人民政府副秘书长、中国人民大学商学院教授、副院长、博士生导师、中国高校市场学研究会副会长、中国市场营销研究中心主任。1983年就开始研究直销。现讲授的主要课程有：市场营销管理、市场营销思想史、国际市场营销、市场营销理论与实践。

直销是一种强有力的推销方式

陈亮：直销的概念在历史上是什么时候出现？之后直销在那一阶段的发展情况怎样？

郭国庆：直销的概念是在1945年，由美国心理学家卡森伯瑞（William Casselberry）和墓地销售员麦亭杰斯（Lee Mytingers）所共同创造出来的，首先由朗翠利德公司（Nutrilite）采用，而后迅速风靡全世界。

有关资料表明，一些发达国家直销营业额已占到商品零售额的40%左右，而世界直销联盟目前则已拥有37个会员国，1992年所属各会员国约有500亿美元的营业额，全世界约计1500万人从事直销工作，其中，美国该年度直销业总营业额达120亿美元，从业人口有500万人，日本的年度营业额超过200亿美元，从业人口有150万人，马来西亚的年营业额约为10亿马币，直销人员约为30万人。

第一部分
直销在中国悄悄兴起

陈亮：看来直销刚一出来就很受欢迎啊！直销之所以如此风靡，它区别于传统销售方式，具有什么特点，即直销模式的优势是什么？后来直销这种模式在我国的发展情况怎样？

郭国庆：相对于传统销售方式，直销具有如下特点：（1）免去了层层加价、多次倒手、多次搬运等环节，有利于降低售价，提高产品竞争力；（2）生产者与消费者、使用者直接接触，既有利于改进产品和服务，也便于控制价格；（3）为人们的特殊购物需要提供了可能；（4）返款迅速，加快了企业资金周转；（5）还可以解决就业，是一些工薪阶层、下岗工人和找不到工作的人的一个好的营生。

后来随着我国市场经济的建立和不断繁荣发展，各种直销方式（包括多层传销）越来越为国内市场所接受。资料表明，北京1993年的直销机构就有20家，包括直销集团、直销中心或以直销方式为主的经销公司，而业余或专职的直销员达5000人。1993年2月18日成立的中国地区开发促进会产品直销中心，目前是国内规模最大、范围最广、会员最多的购销服务体系，它已经与中国军事医学科学院四环医药中心联手成立医药直销部，与北京京都房地产部成立房地产直销部，与中国电影出版社高科技音像传媒部成立音像制品直销部。该中心招收兼职经纪人和业余直销员，他们可以分点举办产品信息发布，展示样品和宣传资料，根据一定的程序和方式，将厂家的信息传递到每一个消费角落。事实证明，直销的采用对于扶植中小企业和处理某些大型企业的积压品，乃至推动我国市场经济的发展都具有重要意义。

陈亮：从市场营销学的角度讲，直销的概念是什么？直销（以前叫传销）与营销之间的关系是怎样的？

郭国庆：直销又称无店铺销售，是指产品的所有权从生产者手里直接转移到用户或最终消费者手里，而省去了传统营销渠道中的诸多中间环节；而营销是一个大概念，市场营销是指以满足人类各种需要和欲望为目的，通过市场变潜在交换为现实交换的一系列活动和过程。作为营销来讲，要考虑对方的需要，营销者积极组织货源，通过满足对方的需要来安排产品和从事经营活动；但直销（或传销）拿到产品后都不是从对方需要出发，而是从自身需要出发，将消费需求和消费愿望强加给消费者，完全出于个人目的，"己所不欲，勿施于人"和"己欲利而利人，己欲达而达人"这样的商业道德对它就不适合。

陈亮：直销的方式有哪几种？哪一种方式营销效果最好？多层次直销的魅力是什么？是不是所有的公司采用了多层次直销就能成功？

媒体眼中的直销

郭国庆：从国际意义上讲，直销的方式主要有四种：邮购、电话订购、上门销售和多层次传销。其中，多层次传销近几年来发展迅猛。在美国，1991年的统计，多层传销的年销售额占全部直销额的50%~60%。

所谓多层传销又称消费者销售制，即消费者自己组织起来作为直销商，从生产者或传销公司那里直接购买产品，同时以众口相传的方式传播产品信息，销售产品。在这里，直销商不仅可以通过销售产品获得利润，而且更为重要的是，随着直销网络的扩大和自身级别的上升（级别通常为黄金级、白金级、蓝宝石级、红宝石级和钻石级，不同级别有不同的回报率），还可以从传销公司处得到十分丰厚的佣金。多层传销属于非线性销售。假如每个直销商能将某一产品信息传递给另外3个消费者，这3个消费者作为直销商后就能再传给9个消费者。依次类推，销售行为的能量不断地被存储放大，产生几何级数的营销效果。因此，它是一种强有力的推销方式。

尽管如此，并非任何公司采用它都能取得成功。据统计，美国每年有1000多家公司注册成为多层传销公司，但98%在18个月内即宣告破产。采用多层传销的主要条件包括，产品是最终消费品、质量上乘、佣金制度诱人以及管理计算机化等。此外，适宜于多层传销的产品有美容护肤品、化妆品、营养保健品、珠宝、家庭工艺品等。

传销相悖于中国的营销环境

陈亮：在你看来，1998年4月21日，传销为什么被中国政府全面禁止了？之前，我国传销（即直销）领域发生了一些什么事？

郭国庆：1990年，美国雅芳公司作为中国第一家官方认可的传销公司登陆广州，揭开了传销在华发展的序幕。很快，蜂拥而起的传销活动引发了各种非法欺诈现象，事态的发展导致政府部门决定对这一领域进行干预。

1994年8月，国家工商行政管理局下发《关于停止多层次传销活动中违法行为的通知》，对全国的传销公司进行整顿，"美乐适"等一批传销公司被取缔。

时隔一年，台资"再升"传销公司拒绝检查，围攻执法人员的事件再次引起轰动。10月9日，新华社播发国务院办公厅《关于停止发展多层次传销企业的通知》，开始在全国范围内对传销企业进行清理审查的工作，整顿工作一直持续到次年4月。

但此后，由传销引发的各类非法事件却愈演愈烈。据工商部门介绍，1996年，各级工商行政管理机关查处案值100万元以上的传销大案12起，到1997年则增至25起。1997年，仅广西一地，工商部门就查处了非法传销案件101起，案值744万元。

第一部分
直销在中国悄悄兴起

1998年2月15日,国家工商管理局公平交易局负责人通过媒体对中国当时的传销业状况进行了严厉抨击,并在"有前提的情况下"表示传销"不适合中国国情"。此后,针对传销活动,媒体展开了声势浩大的暴光和抨击报道。

3月12日,湖南衡阳市传销人员聚众斗殴,传销引发的社会问题引起了公众的愤怒。国家工商管理局官员在非公开场合下表示,传销一定要取缔。

4月16日,《经济日报》以整版篇幅报道了传销在武汉市的猖獗势力以及该市清除取缔传销活动的情况,文中直斥传销为"老鼠会"。

4月21日,中央电视台"新闻联播"播发国务院通知,禁止在中国境内进行一切形式的传销活动。此前已经批准登记从事传销经营的,应一律停止传销经营活动,并最迟于1998年10月31日之前,到工商行政管理机关办理变更登记或注销登记。

直销(传销)其实是一种很好的营销方式,对消费者来说也是非常有效的。只是一些传销公司与"老鼠会"一起,在中国通过拉人头发展下线,传销培训时人山人海,像邪教一样呼喊、闹腾,传销现实中造成了很多坑蒙拐骗的现象,受害者找回去还找不着,这严重扰乱了社会稳定。传销是人骗人,老乡骗老乡,亲戚骗亲戚,最后使周围的人都上当,和谐社会也就不再和谐,于是国家不得不下令全面禁止。

陈亮:作为国际上一种通行的非主流销售方式,就你分析,传销何以在中国不愈而亡?为什么说传销在中国是病态的?是与中国营销环境相悖的?

郭国庆:首先,传销进入中国,在理念上一直处于病态。传销的倡导者认为,传销这种销售方式符合中国人的亲情传统:中国人最注重亲情关系,并可利用这一关系建立起自己最初的销售网络。然而,实际上中国人传统的亲情关系是最忌讳涉及金钱的,中国人崇尚的人际关系是超乎物质利益的。尽管传销推崇的是"好东西与朋友共享",但它掩盖不了人与人之间相互牟利的本质,而这一点恰恰是不为中国的传统亲情观念所接受的。我们不能不承认,至少在形式上,传销与被人们嗤之以鼻的"宰熟"现象不谋而合。

其次,传销在"肢体"上也是病态的。虽然中国以前没有网络销售,但民间融资组织"老鼠会"却在很久之前就已经出现了。可以说,传销的出现为"老鼠会"中诸多丑恶现象的滋生蔓延提供了有利的环境。这些丑恶现象最终将传销"制度"演绎成一种博弈方法:以传促销、以传代销,最后只传不销。这种销售不是正常的营销活动,而是范围无限扩大的赌博甚至欺诈。

媒体眼中的直销

陈亮：中国社会科学院社会学研究所一位研究员的观点与你的认识差不多，他认为，传销就是在买卖过程中传销商给传销者的一种"具有非常大的诱惑力的回扣"，传销的实质，就是一些人利用别人强烈的发财愿望、他们现成的关系网和人与人之间的信任关系（如友情和感情），在别人破财的基础上创造自己的发财机会。

郭国庆：对。尽管传销企业一再宣称传销只不过是一种销售方式，然而一项国内调查表明：70%以上传销产品的购买者的购买动机是为"发财"。也就是说，传销不是利用顾客消费心理进行销售，而是利用顾客"投机"的心理进行销售，这就构成了传销与其他销售方式的最大的不同，也是传销相对于其他销售方式的最不公平之处。

另外，为维持其庞大的"回扣"，传销产品的利润率必须保持在200%左右，这种利润率对于一般商品来说，简直是不可想象的。有关专家指出，传销产品80%是保健品，是因为这些产品价格弹性比较大，卖50元也可以，卖100元也可以。不像饮料，价格很硬，没有浮动余地。传销产品的销售靠的是推销者的鼓动，而且利用消费者本身试图参与销售的心理来促进产品销售，而这些做法都是不符合商业道德的。还有人指出，传销发展到这个地步，是因为一些传销公司不负责任的炒作，搞短期行为，挣了钱就跑，害了整个行业。

陈亮：的确，在传销这一销售方式迅猛发展之际，由于其自身的霉变而造成对社会的腐蚀越来越让人无法容忍。那你认为传销恶劣的社会性影响究竟表现在哪些方面？

郭国庆：由传销引发的社会"病症"主要表现为：(1)利用传销进行非法宗教和迷信、帮会、邪教及明显带有煽动性的宣传活动，严重威胁了社会安定。因传销人员经常聚集在一起，所谓的"团结性"比较强，一旦有危害国家安全的活动，危害也就相当大。(2)利用传销进行虚假宣传。传销商片面夸大宣传传销产品的作用、功能等，利用传销进行价格欺诈，谋取暴利。一台成本仅300元、市场价为690元的"爽安康"健身器在传销队伍中售价竟达3900元。(3)利用传销吸收党政机关干部、现役军人、全日制在校学生，干扰了正常的社会秩序。《经济日报》的报道尖锐地指出：某市团校不专心培训共青团干部，却成为培训传销员的基地。传销对社会的恣意渗透已到了"是可忍孰不可忍"的地步。(4)部分人员利用传销勾结境外组织，走私贩私，推销假冒伪劣产品及国家限制流通的产品。(5)传销商筹资后挟款出逃的现象屡有发生，导致民怨沸腾，增加了社会的不安定因素。

陈亮：就是因为这些，中国政府就说"传销不适合中国国情"？中国政府表达的意思指的是什么？与国外相比，我国还需要在"软环境"上做哪些工作？

第一部分
直销在中国悄悄兴起

　　郭国庆：中国政府所说的"传销不适合中国国情"，并不是指这种销售方式无法生存于中国，而是指目前中国的社会状况和市场营销环境不适合这种特殊销售方式的存在和发展。这主要是因为中国目前的营销环境为传销的病态发展提供了基础。

　　可以这样说，首先，城市里大量的企业下岗人员和脱离土地的农村剩余劳动力的存在，使传销不可能成一种纯粹的销售方式。求富心切的牟利心理使欺诈等不正当竞争手段普遍运用于传销之中，使传销很难以一种正当的商业形象立足于社会。

　　其次，我国地区发展不平衡，国民受教育程度尚待提高。资料显示，传销在中低文化人群中发展较快，这部分人自我保护意识差，也易使传销走上歧途。据国外发展的经验，只有人均国民收入在3000美元以上，传销才有健康发展的社会基础，我国的经济状况离这一目标还有差距。总之，由于上述种种因素的存在，传销只要进入目前的中国市场，就几乎注定了要走上畸形变态之路。

　　而与国外相比，由于我国不如外国那样法制法规健全、管理体系完善、诚信观念强、消费者心理成熟（当然还有其他一些原因），我们不可能放任传销在中国内地发展。我国的法律还需要加强，监管体系还需要完善，管理水平还需要提高，彻底根除"真正诚信的人反而还吃亏"的现象，从综合的各方面来提高整体应战实力。

第二部分：
见证中国直销兴衰（1998~2003年）

在这段初入中国截至1998年的时间里，"传销"作为中性名词，仅被认为是一种新兴的营销模式。1990年3月22日，美国雅芳广州公司成立，标志着国际传销正式登陆中国内地市场。随后沿海各大城市传销公司蜂拥而至，以广东、广西两省为最盛。

1997年兴田爽安康在湖南长沙召开万人大会，变为一场震惊全国的传销暴动事件，直接成为"一刀切"的导火线。1998年4月18日，国家工商总局下发《关于禁止传销经营活动的有关情况》；1998年4月21日，国务院发布了《关于全面禁止传销经营活动的通知》，规定"一律立即停止传销经营活动"。

国务院发布的《关于全面禁止传销经营活动的通知》，规定"自本通知发布之日起，应一律立即停止传销经营活动"。《传销管理办法》同时失效，传销企业进入严冬。中国传销经过十几年的发展又回到了起点。

第五章 行业整风

国家三部委约见直销巨头 安利雅芳等进京听讲

2002年3月21日上午,国家工商总局、外经贸部、国家经贸委召开传销企业转型情况通报会,包括安利、雅芳、玫琳凯在内的合计十家参与转型企业到会聆听。尽管看似是对传销企业的文件授课会,但会同三部委、局领导对个别企业转型问题的褒贬评价被业内人士视为风向标。同时,同业人员深刻感受到国家对违规传销的打击力度,也打消了许多人在面临直销市场即将开放的种种疑虑。

事实上,会议的中心议题为阐释国家工商总局、外经贸部、国家经贸委联合发出的《关于<外商投资传销企业转变销售方式有关问题的通知>执行中有关问题的规定》(工商公字[2002]第31号,以下简称"31号文")。该文件已于今年春节前下发到十家企业,但大部分公司显然无暇自行消化领悟,于是最终还是由政府部门挑头,给大家"掰开揉碎"讲一讲,并强调新文件将从4月1日起正式执行。

单从字面理解,这份文件是对4年前,也就是1998年6月由外经贸部、国家工商局和原内贸局联合下发的《关于外商投资传销企业转变销售方式有关问题的通知》([1998]外经贸资发第455号,以下简称"455号文")执行过程中操作原则的进一步具体细化。也有业内人士指出,这是针对4年改制中出现问题的集中清理。

媒体眼中的直销

据当时可靠消息透露，会议由国家公平交易局局长刘佩智、公平交易局副局长兼巡视员马元凯主讲。其中，尤以马元凯的分析描述最为生动有趣。他说："目前个别公司对推销人员的培训非常不规范，动辄就组织上千人听课。培训的频率也太密，还宣讲什么'发展一条线，等于三十年退休金'、'永恒的事业，不朽的长城'，这么有煽动性！"

据说当时就有某些企业负责人脸色极为尴尬。由于国家明确批准从事无固定地点销售的企业仅限于参会的这十家，可以说圈内空间狭小，所以大家都是知己知彼。无论褒贬，只要形容出大概情形，便能猜出"八九不离十"。

这十家公司分别为：安利（中国）日用品有限公司、雅芳（中国）有限公司、杭州玫琳凯有限公司、天津尚赫保健用品有限公司、中山市完美日用品有限公司、上海富迪健康科技有限公司、苏州百美化妆品有限公司、特百惠（中国）有限公司、日晖企业发展（上海）有限公司、上海娜丽丝化妆品有限公司。其中，安利、雅芳、玫琳凯的知名度和规模最大，形成"三足鼎立"局面。当时评论说，其余几家难成气候，一直属"作陪"之列。

根据我国加入世贸组织的承诺，将于3年内开放国内直销市场，外资直销企业将大举长驱直入。不少人认为目前国家为直销企业限定的条条框框与承诺矛盾，并积极呼吁"为直销立法"。《金周刊》记者日前采访了国家公平交易局打击传销办公室（以下简称"打销办"）的负责人，她指出现有的规定，包括31号文和455号文主要是针对直销企业中存在的问题而言。即使直销开放后，也必须结合中国国情制定相关政策法规加以约束。二者并不矛盾。

31号文作为直销市场开放前的行业约束范本，明确规定了推销人员的计酬标准和从业限制，强调"转型企业不得将雇佣的推销人员以部门、团队、小组等名目组成网络"，也就是常人所云的"发展上下线"。同时"推销人员只能按其个人直接推销给最终消费者的产品金额计提报酬，不得以介绍加入等名目为由计提任何报酬"，从根本上否定了"金字塔"和"老鼠会"的传销模式。至于"不得雇佣国家公务员、现役军人、全日制在校学生以及法律法规规定不得兼职经商的其他人员从事推销活动"的规定早已是圈内心照不宣的准则。

1998年国家要求直销企业转型时，主推"店铺加推销员"模式。"店铺"就是设立分公司或专卖店，让消费者可进店选择产品；"推销员"仍可沿袭原有的"一对一"直销关系。虽然规定转型企业必须设立省级分公司，但当时概念比较含糊，管理的

第二部分
见证中国直销兴衰

约束性不强，导致不少企业在省会城市注册一家店铺后，该省之内所有业务都由这家分店统管，推销员的跨区域活动甚为混乱。用马元凯的话说"西安的推销员到宁夏去卖货，河北的员工都能不辞辛苦赶到长沙去"。31号文正是基于这种"钻空子"的可笑情形，明确规定"每个推销人员只能在一家店铺所在地、市辖区内从事推销活动，不得跨地区从事推销活动"。为保证推销人员的"纯粹性"，特别强调"推销人员应具备店铺所在地的身份证或暂住证明"。

此外，有关推销员培训和部分企业"改型不改制"的问题，会上也有了相应明确的批评意见。

据透露，转型情况会上安利公司遭到点名批评，原因为安利设立于各地的店铺名称不统一，使消费者识别困难。记者就此事试探性地询问安利公司，该公司大中华区对外事务总监何凯立博士说："主管单位很快出台一个关于分公司统一名称的管理办法，到时安利会依据规定进行修改。这些属于非实质性问题。"

何凯立指出安利已全面贯彻政府的"店铺经营加推销员"运作方式，目前在全国共设立58家专卖店。"1995年刚进入中国市场时，我们秉承在海外一贯的无店铺经营模式，有三个特点：一是直销人员是独立的，不属于公司管理范畴；二是商品有两个价格，公司卖给直销商的价格和直销商卖给消费者的价格；三是公司只做企业形象广告，不做产品广告。"他具体分析了安利的转型历程，"而1998年后，我们就开始转为店铺内的营业代表，依据公司授权一步到位地将产品卖给消费者了，也进行了产品广告的尝试，比如纽崔莱。"

当记者问及安利在中国发展面临的主要困难时，他坦言应该就算是对政策的配合了，安利一直在尽力而为。具体到31号文，他表示对每次培训人数都限制在50人的规定有些头疼，如果聘请讲课的老师属于专家级别，时间安排极为有限，不可能多次往返，而且成本也过高。但他对政府为防止聚众引发社会不安定的意图还是非常理解的。同时他对安利在4月1日前完成规定的整改充满信心。

记者就直销转型情况采访雅芳公司企业事务部副总裁孙长青时，他表现出高度自信，因为"雅芳在中国几乎变成一个彻底的批发零售商了。百货公司、大卖场、专柜的流水占雅芳中国总营业额的25%左右，专卖店则包揽了75%左右。"因此这次针对外资传销转型企业召开的学习会，雅芳只是听听而已，颇有几分"众人皆醉，唯我独醒"的意味。

孙长青介绍说，自1998年政府发布传销禁令后，有116年直销史的雅芳在中国

媒体眼中的直销

毅然割爱，全力投入在75个大中城市开设分公司，依据"6万非农业人口一个点"的原则把中国市场细分成5000个区域，并按点设店。这种框架的构建起初是有点无奈的成分，但考虑到中国国情，意识到早改变要比政府在后面鞭笞再改要主动顺畅得多。于是公司在不长的时间内就转变为以批发零售为主营业务，以专卖店为主打渠道的销售企业了。

听朋友讲，曾有一个教人投资的广播节目介绍说只需投入40万开设雅芳专卖店，一年即可将本钱赚回。记者问孙长青是不是真的"一本万利"，他的言辞倒比较客观，说这与各店的选址、管理人员的能力都不无关系。具体到雅芳公司对各专卖店的投入，也要将近七、八万元，这样才能确保装修、标识的同一性。"雅芳最看重企业形象。"孙长青如是说。

对于为什么在美国发展好好的直销形式到了中国就变味，以至要政府三番五次整治的问题，有过留学经历的孙长青一言以蔽之："国情不同。美国地广人稀，居民区离商场较远，人们普遍接受上门推销的服务，而且整个社会的消费心理、工作状态都很成熟。但中国人太多，急功近利的心态容易造成'扎堆'和盲目跟进。一失控国家只能全面禁止。"

雅芳采取的庞大推销员队伍按区域与各地专卖店相配合的模式已初见成效，但展望未来政府对直销立法的可能，孙长青表示"只要有法可依，雅芳也不排除会进入新的直销市场。"

杭州玫琳凯公司对外事务部某负责人向记者介绍说："玫琳凯与雅芳同属直销公司，因此转型的障碍小。"目前玫琳凯在全国17个城市设有美容中心，也就是所谓的"店铺"。在贯彻31号文过程中，肯定还要全面增设。

但对规定的个别内容，他表示在操作上存在一定实际困难。如第四条要求"转型企业原已经批准设立的可雇佣推销人员的省级分公司，应当在其从事推销活动的省（自治区、直辖市）内各地、市设立店铺"，强制省级分公司往下"分岔"情有可原，为的是把销售区域单位缩小，防止大规模跨地区经营。但即使最大的直辖市北京面积也远小于一个省份，难道要各个城区都遍布"店铺"吗？

有业界人士指出，31号文对店铺的规模没有具体界定，雅芳所搞的专卖店投资少，且多为加盟形式，即便铺天盖地兴建也属企业可承受范围。但玫琳凯在各大城市设立的美容中心平均每个投资都要几百万，但都算作是一个"店铺"。记者在采访中也亲眼见到玫琳凯北京分公司所在的美容中心有三层楼高，的确有别于一般的"小

第二部分
见证中国直销兴衰

门脸儿"。

但对于新规定的积极意义，玫琳凯方面仍保持拥护态度，并坦言自己数年的运作经历绝对属于应受表扬之列。

打销办负责人也承认国家的政策法规不可能每一项都无懈可击，执行过程本身就是发现问题的过程，然后再"有的放矢"地完善或加大力度。国际上对直销也有严格要求，并不是毫无限制地全面放开，如韩国就规定直销公司每个地区的推销人员达到50人就必须设立一家店铺来管理。归根结底，直销市场的管理和开放程度还是要考虑具体国情和经济发展情况。（原载《中国经营报》2002年3月29日）

安利营销队伍大"整风"

尽管世界最大的直销企业之一美国安利公司进入中国7年来，投资不断增加，业绩逐年好转，也打开了竞争激烈的护肤品、清洁剂和营养食品市场，但由"传销"所带来的烦恼始终挥之不去。

继1998年转型整顿之后，2002年1月4日，安利（中国）公司再次宣布暂停接受推销员的加入申请，清理门户。据了解，这是安利（中国）公司开业7年以来力度最大、规模最大的营销队伍整顿。时值中国刚刚入世，再加上中国承诺在入世三年后开放规范的直销市场，安利的自我清理整顿可以说是恰逢其时。安利（中国）公司董事长郑李锦芬称，此举将导致安利在近期下降20%的营业额。

安利（中国）公司日用品有限公司公关部主管日前向记者透露，安利已经暂停接受推销员的加入申请，并开始整顿营销队伍，政府公务员、全日制学生等不符合国家政策要求的营销人员将被清理出去。今后，普通消费者如果遇到安利的推销人员在店铺外游说、拦挡推销产品，或散布不实言论，误导购买的，都可以打电话举报。据介绍，到目前为止，安利活跃在第一线的推销人员多达13万人，还不包括定期到店内注册购买的消费者。然而，13万的推销人员一般有60%的流失率，这就意味着安利培训的对象总是在不停地更新。另据介绍，最近一段时期，一些不符合国家政策的人员进入了安利营销队伍，如政府公务员、军人、全日制学生也开始推销产品。少数营销人员存在着跨地区活动、变相买断产品等不规范行为，甚至有个别人的活

媒体眼中的直销

动涉嫌传销,并使用了非法手段大肆发展人员,赚取人头费、入门费或培训费。安利(中国)公司当时的董事长郑李锦芬表示,今后凡是擅自召开会议、在聚会中涉及非产品内容、在会议中有夸大、失实的内容者,将扣发奖金,严重违规者将被开除。

郑李锦芬同时宣布,针对最近一段时期少数营销人员的不规范行为,安利公司从2002年1月3日起推出9项措施整顿营销队伍,包括:从即日起暂停接受营销人员的加入申请;重新核对营销人员身份,将不符合国家政策要求的人员清理出去;严禁跨区经营;停止所有与产品无关的业务会议,严禁营销人员举办、参加未经公司批准的集会;于近期公布营销人员违规投诉热线,接受社会各界监督;统一营销人员培训教材;加强安利店铺建设工作,进一步落实"店铺经营"等。

安利公司是一家总部设在美国的跨国公司,主要从事护肤品、清洁剂和营养食品的生产销售。安利(中国)公司于1995年成立,并投资1亿美元在广州建立了生产基地。2000年,公司销售额达到了24亿元人民币,位列全国最大的500家外商投资企业第115位,纳税4.5亿元,进入全国外商企业纳税百强。去年安利公司的销售额则增长到40亿元。1998年,安利依政府规定全面转型,打破其母公司近40年的销售传统,由无店铺直销转为店铺销售加雇佣推销员方式。目前,安利(中国)公司已在40多个城市设立了58家店铺,使中国成为安利公司全球第四大市场。

打击传销不针对任何国家或公司,但"一朝被蛇咬,十年怕井绳"的安利,直销业务如履薄冰,尽管此间国家经贸委申明,中国打击传销不针对任何国家和公司,而是针对犯罪行为。中国保护那些守法和依法经营的公司,并希望跨国公司能在中国发挥好的榜样作用。但安利公司显然被传销搞怕了。

其实,安利去年就开始了一场反"传销"活动,为此还使该公司的营业额下降了16%。安利(中国)公司董事长郑李锦芬对记者坦言:安利公司的内部整治完全是从公司的长远发展考虑而自愿采取的一项举措。非法传销是很可恶的诈骗行为,几年来让安利背着很沉重的包袱,常有被无辜牵连的委屈。郑李锦芬称,安利公司的整治对营销队伍可能会有一定的震荡,对营业额也可能有一些影响,但安利宁愿牺牲短期的经济利益,加强公司队伍建设。有分析说,对于安利这家拥有300万直销员队伍的跨国公司来说,被人天然地和非法传销联系在一起,说不清道不明,扯不断理还乱,成了安利中国最难念的一本经。抛开公司的形象与品德,至少从法律上说安利公司是一家合法的外资公司,但是作为安利的推销员却好像经常要走到"非法"的边缘。

第二部分
见证中国直销兴衰

安利曾被舆论误传为"中国最大的传销商",受到重创。

1995年,安利(中国)公司营业不久,传销便迅速在中国流行开来,雨后春笋般的传销公司争相面市,各类传销培训办得热火朝天。"当时我一听到有人说传销是20世纪最后一次发财机会时,就马上意识到问题要来了,这些诈骗行为我们在海外见得多了。"郑李锦芬告诉记者:"尽管当时我们已尽了最大努力,但是没办法独善其身。"

1998年4月21日,国务院公布了《关于禁止传销经营活动的通知》,要求内地一切从事传销经营活动的企业,即日起一律停止传销经营活动,并于当年10月31日前转变为其他经营方式。一声令下,安利在中国30多个城市的分公司全部停止运作。安利在纽约股市的股价当日下跌了20%,等于公司的市场资本损失了1.2亿美元。当年7月21日,经国家有关部门批准,安利公司转型为店铺式经营并雇用人员,成为当时第一家在中国合法转型运作的外商投资企业。

"安利在世界各国发展,大多经历了引进—初步较快发展 —— 混乱 —— 讨伐 —— 整顿 —— 低谷 —— 正常发展阶段。"郑李锦芬说:"但在禁令出台之时,我们并不敢肯定这一规律同样会在中国应验。如果说,我当时一点也不紧张、不惶恐,那是假话。当时,外界到处传说安利公司要撤走了,但我们根本没有走的打算。不管发生什么,不管情况多么恶劣,我不愿就此放弃。"

在郑李锦芬看来,安利公司之所以在全球经历了40多年而业务依然蒸蒸日上的原因,正是在于安利一直是个依法经营、按章纳税、产品质量有绝对保证的企业。"安利一直与政府保持着沟通,我们理解政府打击不法行为的主张。事实上,这种对不法行为的制止从长远来讲对安利也是有利的。正是考虑到安利在中国的长远发展,安利总部采纳了我的建议,继续追加投资2100万美元,这占了安利当年在海外投资额的三分之一。"郑李锦芬说,此举显示了安利总部对中国内地市场的重视,也表明安利不会因为遇到挫折而改变初衷。(原载《中国经营报》2002年01月11日)

"传销大本营"的北海势力

在1998年4月国家禁止传销后,一直被人们认为是全国著名的海滨旅游的广

媒体眼中的直销

西北海，传销活动也一度销声匿迹。1999年末，随着国内一些传销企业陆续获准"转型"，北海的传销死灰复燃，甚至成了"传销大本营"。从各地汇集于此的传销者，打之不散，逐之不去。

"经济邪教"越打越邪乎

北海市一直以"交通便捷、气候温暖"而自得，但这却成了传销者汇聚的因素。通往广东和首府南宁的高速公路，"一觉醒来到海南"的海运，为传销者络绎而至敞开了方便之门；而每年10个月可以下海的亚热带气候，使得传销者免去了携棉带被的麻烦，极大地降低了成本。

更有吸引力的是北海拥有大量的空置房，作为当年房地产热的"包袱"，被主人"遗弃"在城市四周的城郊结合部，以极低的价格出租给传销者。据记者了解，一些小区超过100平方米的公寓，月租金只需区区七八十元，却可以容纳十至二十名传销人员入住，每人不到10元钱。

1998年4月，国家全面封杀传销，北海市的传销活动一度销声匿迹。1999年末，随着国内一些传销企业陆续获准"转型"，北海的传销死灰复燃，以"加盟连锁"、"特许销售"、"代理"等名义活动的传销体系相继进入，传销商品有"爽安康"健身器、"绿丹兰"化妆品、"刺五加"保健品以及服装等，"鼎盛"时期多达数万人之巨。不少原先荒草没膝、门可罗雀的小区人气陡升，西装革履的"事业伙伴"出出入入，摆卖副食品、蔬菜、传销印刷物和日常用品的摊档应运而生。尽管工商部门屡屡查处，但收效甚微，每天傍晚在马路上三五成群游来荡来的传销者成为城市的奇异"风景"。

2000年，北海市新的党政一把手上任，传销带来越来越多的扰民、抢劫、盗窃等治安问题，引起了新任领导的重视。在"北海不能成为传销者乐园"的督令下，执法部门开展了全面清理，传销蔓延的势头得到扼制。在大批传销者被遣返的同时，更多的传销组织"化整为零"，他们由原先数百人集中某个小区居住、集体上课变为七八人一群、十来人一伙，分散租住在城郊结合部的村民家中，以"家庭授课"方式活动，给执法带来了许多困难。

北海市对传销采取"捣窝点、抓骨干"方法，一般参与者经教育后予以遣散，但这些人或执迷不悟，或无脸返乡，往往散而复聚，清理活动成了"拉锯战"。

位于城郊结合部的"皇都花园"是一个空置多年的小区，成为传销人员顽固盘踞的窝点，专业队曾数十次清理，仅今年以来就不下15次，一轮轮的扫荡，几乎都

第二部分
见证中国直销兴衰

是执法人员前脚刚走,传销者后脚又来。在 2004 年 8 月 4 日的清理中,出现了令人瞠目的一幕:传销人员示威性地唱起流行歌曲《从头再来》;8 月 6 日,当执法人员杀"回马枪"时,果然又查获 200 多名传销者。

专业执法队处处受掣肘

传销屡打不绝,成为北海的一个"难症"。非典期间,与传销的"拉锯战"陡然严峻:广东等地的传销体系被驱赶到北海,外地客车将他们集体拉到北海市中心驱赶下车后逃之夭夭,为隔离这些从疫区来的人,为保证有效防堵,并保持打击传销的高压态势,北海市决定分别从工商、公安部门抽调专人,成立了一支打击传销专业执法队。

打击传销专业队显示出一定的优势,如传讯传销骨干,防范传销者煽动闹事,对涉嫌违法人员当场刑拘审查或给予治安拘留。但由于法规滞后,在具体执法过程中,仍然遇到诸多障碍。

专业队对传销普遍采取"捣窝点、抓头目,遣散一般人员"的策略。成立几年来,打掉近百个传销窝点。但由于传销组织"化整为零",活动诡秘,其头目一般另外藏身他处,而且耳目众多,使得专业队常常扑空。记者曾多次随队行动,有时明知道某处民居里躲藏着传销人员,执法人员在门外却无可奈何,因为无权破门而入搜查。

出租屋管理漏洞,为传销人员提供了"藏身之所",它们位于城郊结合部,没有物业管理,辖区派出所鞭长莫及,成为管理空白。一些市民、村民贪图利益,以"临时租赁"为由,不办理手续将私房租给传销者,遭遇清理则以不知情逃避处罚。2004 年 7 月份,执法队捣毁市郊的一个传销窝点,竟是村支书的私宅,4 层楼房藏匿了 30 多名传销者,一楼是主人开的小买部、两部电话、还有两张台球桌,为传销人员提供了娱乐、通讯和生活条件。按公安部《租赁房屋治安管理条例》,利用出租屋从事违法犯罪行为,可处以月租金 10 倍以下罚款。但对这样一个传销窝点,女主人却以"根本不知道对方搞传销",执法部门无法查证月租金数额,难以处罚。

最让执法人员无奈的是从"背后"打来的冷枪。清理传销使一些出租屋主利益受损,他们不仅不配合,还百般阻挠,个别老干部利用关系给执法队施加压力。2002 年,在执法队频频出击清理传销时,北海市公安局督查室连续接到 10 多封"群众来信",控告民警"执法粗暴","非法没收、烧毁传销人员的私人物品"。一位负责人无奈地说:打击传销最有效就是铲除其活动条件,私房业主却为他们提供条件;现在电讯公司在一些空置小区安装众多 I P 电话,明知道专供传销者"邀约"

媒体眼中的直销

使用，我们却无权处置。

2004年以来，北海市打击传销专业队对传销窝点有记录的清理达近30次，共遣散传销人员4000多人次。执法部门租用车辆将传销者送到数百公里外的钦州或南宁，每次费用不菲，使他们更担心的是组织严密、受过"洗脑"的传销者中途集体闹事，或引发其他事端。北海市公安局一位副局长说，传销者成分非常复杂，受蒙骗者有农民、城镇居民、退伍军人，还有不少大中专学生，从性质上说属于"人民内部矛盾"，大部分人是受害者，从执法角度应给予同情，如果在清理和遣返过程中发生群体事件或人员伤亡，执法人员难以承担责任。

不仅仅是法官的无奈

2004年4月，一个特大传销案在北海市海城区人民法院一审判决：北海市民众经贸发展有限公司总裁赖泽平犯"非法经营罪"被判处有期徒刑两年，罚款50万元。他的12名"事业伙伴"也分别被判入狱一年两个月至两年。

这一传销案的判决引起了不少人的异议，一些人认为刑罚过轻。这一案件影响巨大，"荣登"央视《焦点访谈》，"总裁"赖泽平在传销界赫赫有名。

34岁的他是江苏某大学的哲学系毕业生，能说会道。1998年8月，他和一些同学、朋友在珠海成立"珠海民众企业有限公司"，自任总经理，从事传销。1999年5月，"民众企业"在珠海受查处，赖泽平"移师"北海，注册成立"北海市民众经贸发展有限公司"，继续从事传销活动。

警方捣毁"民众公司"总部时，当场扣押现金140多万元，小汽车4辆。在侦破这一特大传销案后，警方专门委托的会计师事务所审核其复杂的财务情况查明，从1999年4月到被抓获时的2001年3月，北海"民众公司"共发展下线3334人，收取"加盟费"1430多万元，获利730多万元。

但赖泽平从入狱伊始直到判决都不承认自己从事的是传销活动，而是一种"与国际接轨的营销方式"，对"非法经营罪"拒不认账。由于这一传销网络巨大，层级众多，对13名被告人个人"非法经营"和"非法获利"的数额难以认定。按照法律，"非法经营罪"量刑在5年以下。一位主审法官说，他们是根据公诉方提供的证据作出这一判决，由于传销行为没有法定罪名，以"非法经营"论处，属于"口袋罪"，尺寸很难把握，如果证据不足以重判，二审纠正的责任难以承担。

2002年至今，北海市被治安拘留的传销"上线"、"家长"近百人，有近30名

第二部分
见证中国直销兴衰

骨干被判刑，刑期均在两年以下。原因之一就是侦查阶段取证困难。按规定，"非法经营罪"治罪标准为经营数额达 5 万元或非法获利 1 万元以上。以传销"爽安康"健身器为例，每人交纳 3 900 元，追究一名"上线"，至少要找到 13 名由其发展的"下线"提供证据，传销者流动性大，活动隐藏性强，团体不定形，要找到这么多证人谈何容易！因为公安机关侦查"证据不足"，造成逮捕、公诉、判决整个司法链不能衔接。这种情况在近年出现的"网络版传销案"中尤为突出。

2003 年 8 月，北海市打掉一个"全球教育网站"传销体系，它打着推广学习英语的名义，实行会员制，入会者交纳 1360 元，传销物为网站的"电子商务包"，交款入会、发展"下线"、提成分配均在网上进行，两名犯罪嫌疑人半年左右就发展成员 820 人。此案侦破后，北海市两名犯罪嫌疑人的"上线"、广西某厅一名干部给广西壮族自治区党委主要领导写信，辩称自己从事的不是传销活动；外地一些高校教授看到有关报道后，致电北海市公安局质疑案件定性，给执法机关形成巨大压力。

利剑安在割"毒瘤"？

2004 年 8 月以来，新华社连续接到逃回原籍的传销人员举报，北海市传销活动猖獗。中央领导在相关材料上批示：研究治本之策。有关人士认为，传销理论的蛊惑性和法律"软肋"是造成传销屡打不绝的重要原因。

几乎每个参加传销的人都经历过由被骗到骗人的过程，传销组织对加盟者的"洗脑"成为"必杀技"：传销讲师声称欺骗有恶意和善意之分，为了把发财的机会提供给亲朋好友而把对方骗来，就属于后者。北海的传销者来自四面八方，按不同省籍分成不同体系，他们被以"招工"、"从事珠宝、海鲜生意"等名义骗来，然后实施"善意的欺骗""邀约"更多的人加盟。

把人哄骗来后就是"洗脑"。由于传销被封杀，在社会上臭名昭著，传销组织者都极力撇清与传销关系，"洗脑"的内容有 20 世纪 80 年代末 90 年代初传销刚传入时主流媒体的"正面报道"，有断章取义摘取领导人肯定"连锁销售"的讲话，还有各种公开出版的国外著名营销专家的著作。记者从收缴的物品中看到，传销人员接受"洗脑"使用的笔记本，每本数万字、十几万字，抄写得工工整整，显示出主人的迷醉与虔诚。

北海与传销苦苦缠斗，与法律滞后不无关系。1998 年 4 月国家禁止一切形式的传销活动后，传销纷纷"变相"。工商部门一般依据五条标准判定为传销：（1）

媒体眼中的直销

经营者通过发展人员、组织网络从事无店铺经营，参加者上线从下线营销业绩中提取报酬；(2) 参加者需交纳加盟费或认购商品费获得资格，并通过发展他人获取回报；(3) 参加者收益数额由加入顺序决定；(4) 组织者收益主要来自参加者的认购费或加盟费；(5) 组织者利用后参加者交纳的部分费用支付先参加者报酬，靠不断发展他人加盟维持运作。但这些标准很难把握，而且一些正规保险企业的运作方式也是这种"拉人入伙、分级提成"，混淆了"合法与非法"、"罪与非罪"的界线。

由于传销因变相难于定性，记者在采访中看到，一些派出所给传销人员开具暂住证，"职业"栏填写的就是目前已被普遍视为传销的"加盟连锁"和"特许经营"，办证民警分辩没有办法认定它们是传销而拒绝发证。

传销本来是国外先进的营销方式，流入国内后由于市场发育不完善、消费不成熟，其缺陷被利用演变为"老鼠会"，波及面广，欺骗性强，成为公认"经济邪教"，但它的危害绝对不仅止于经济领域。它的蔓延盛行，与中国重人情、轻契约的"文化"特点不无关系，它以亲戚、朋友、熟人为欺骗对象，严重损害了传统社会依靠人伦关系建立的诚信资源，"洗脑"后的传销者变得背信弃义，唯利是图，缺乏道德和法律观念；它像毒品一样，使许多家庭妻离子散，家破人亡，不少人沦落异乡，已成为盗窃、抢劫等犯罪的源头和影响社会稳定的公害。对传销这一社会"热点""难点"的控制和打击，已成为考验执政能力的体现。

有关人士认为，鉴于传销的严重欺骗性及对社会的危害，应将其列入刑法制裁范畴，以诈骗罪量刑；或考虑设立专门罪名，从其社会危害性特征，根据其发展"下线"一定数量而非"非法经营额"或"非法获利"来追究传销组织者、骨干刑事责任，可以更好地震慑和遏制犯罪。只要有了法律的利器，一定能割除这一"社会毒瘤"。

"直销试验基地"的风波与闹剧

2004年3月底，业界爆料，四川简阳正田公司等六家国内公司挂牌"中国直销试验基地"，为其授牌者是全国高科技健康产业工作委员会（以下简称"健产委"）及北京海畴企业管理顾问有限公司。

正当各拿到牌子的公司跃跃满志地准备大展拳脚时，却传来"经政府相关部门

第二部分
见证中国直销兴衰

证实,该机构并无此发牌权限"的消息,一场风波和闹剧就此谢幕。各企业也只落得个"哑巴吃黄连,有苦说不出"。因其影响性,该事件被大量媒体评为2004年"十大直销事件"之一。

新闻曝光后,指责健产委者有之,指责部分内资公司者有之,指责个别专家者有之。毕竟"有钱能使鬼推磨",可这次算是栽了个大跟头。在网上,流传着关于此事的一些内幕报道,记者通过收集整理,将该事件的来龙去脉呈现给读者。

通过此事,我们不难发现这样的问题:按照加入WTO协议,中国三年内将就直销立法,现在时间即将结束。但到目前为止,仍无法确定直销立法是外资先行,还是外资内资同时并进。就连国内直销企业天狮集团也曾经公开表示过担忧。事实上,自1998年国家公开打击传销以来,按照严格意义而言,国内没有内资直销企业。因此,获得合法性和安全感成为大量直销企业最迫切的愿望。

中国内资直销企业关注自身命运的迫切心情亦令人难免心酸,虽说这些企业不幸送到了枪口上,但由此引发的"中国民族企业出路何在"的思考,也足以在中国民族直销发展史上留下一笔苦劳。

"直销试验基地"?

2004年2月,国内不少企业先后接到邀请函,"中国无店铺营销业态与直销模式学术论坛"将于3月20日至21日在北京举办,并收3000元门票。400多企业代表风尘仆仆赶到北京,参赴据说将成为有关部门立法参考意见的学术论坛。这对于在直销大门徘徊冲动的国内一些企业来说,无异于"葵花宝典"。

3月中旬,命名为"中国无店铺营销业态与直销模式学术论坛"如期在北京召开。在这次会议上,被列入试点基地之列的四川简阳市正田公司董事长刘正田,兴奋地把这一消息告诉了在场的北京晨报记者。随后,人们在媒体上看到了关于这件事的报道。紧接着,四家名不见经传的小公司拿到会议方颁发的"直销试验基地"牌子的消息不胫而走。

当时据称有此"殊荣"的,除了四川简阳正田公司以外,还有另外五家,分别是山东永春堂、宁波御坊堂、北京中谊、大连富饶、郑州神龙服饰。加上先前的湖北林枫服饰("中国直销试验基地"始于2003年7月,当时湖北林枫服饰拿到"直销试验基地"的牌子,算起来,它应该是"中国直销试验基地""先行者"之一,赶早尝到了甜头),一共是7家。当此消息一出,立即在国内企业中引起轩然大波。

◉ 媒体眼中的直销

正田也立即成为媒体关注的焦点，批评声相继而来。让正田至今打不出喷嚏：不知自己伤在哪里，又不知究竟是谁伤害了自己。

2004年，授牌者趁直销即将立法之机，抓住一些企业急于进入直销大门的心理而又不得其门以入的状况，一家伙"批发"出四张"试验基地"，上演了2004年度直销业界最为荒唐的闹剧。

坦率地讲，这件事的出现其实并不奇怪，因为商务部在不久前表示，年内将开始中国的直销立法进程。按照我国加入WTO时的承诺，在加入WTO三年后要为"无固定地点销售"立法。但奇怪的是，中国直销试点基地的头衔为什么会挂到了这四家小公司头上（其中一家去年还在做饲料，另一家是服装企业）？又是哪个部门授予了这个头衔？

发牌者之谜

据了解，"中国无店铺营销业态与直销模式学术论坛"的组织者是中国商业经济学会和全国高科技健康产业工作委员会（以下简称"健产委"），具体操办者则是北京海畴企业管理顾问公司。

而在"健产委"下面，还有一个叫做"市场环境研究中心"的机构。这个机构才是"中国直销研究基地"的始作俑者，该机构负责人名为陈韦伦。

健产委主任孟昭锐介绍说，去年下半年，陈韦伦通过另外一个社团组织——中国经济体制改革研究会的熟人找到他，要与健产委合作成立一个下设机构，名为市场环境研究中心。陈韦伦答应，创收后的钱将上交给健产委20%。

在此之前，中国经济体制改革研究会已经发出了第一块"中国直销研究基地"的牌子，那是2003年7月，湖北一家公司获得了这块牌子。2003年8月，山东永春堂生物科技有限公司电子商务又被授予"中国电子商务研究基地"。既然已经授出了牌子，该研究会为什么还要和健产委合作呢？原因是，企业认为该研究会还不够权威，而健产委是九部委联合成立的下设机构。

于是经协商，由"健产委"和"研究会"合作成立了隶属"健产委"的市场环境研究中心，由陈韦伦任主任，2003年9月15日正式开张。从那时起，该中心所做的事情就是给大连、宁波、北京等3家公司授予了"中国直销研究基地"的牌子。2003年10月，市场环境研究中心成立不到一个月，就授予了山东永春堂"中国直销研究实验单位"称号。

第二部分
见证中国直销兴衰

那为什么"授牌权"又辗转到了"健产委"手里呢？据孟昭锐透露，在企业与市场环境研究中心之间，还有一个重要的角色，那就是海畴公司。正是因为海畴牵线搭桥，"中心"才给大连、宁波、北京等3家公司授予了"中国直销研究基地"的牌子，创收数十万元。由于受到"市场环境研究中心"的启发，"健产委"开始单干。

"高科健"的职责是推动健康产业高技术产品产业化，"高科健"并无研究直销的权威专家，更谈不上是一个权威的直销研究机构。该机构对于直销理论、直销立法并没有任何推动作用。所以，他们请来了北京海畴企业管理顾问公司总裁胡远江，该人头衔非常之多。于是，通过海畴运作，2004年3月，"健产委"给正田公司授予了"直销试验单位"的牌子。

正田得到了当地政府支持？

正田公司拿到"直销试验单位"的牌子，这里面其实有一个小故事。正田公司希望能进入直销行业，碰巧此时遇到了海畴公司，双方一拍即合，而海畴的合作方健产委随即接纳了正田公司。在正田付出一笔不菲的费用之后，正田如愿领到了那块牌子，海畴和健产委如愿得到了那笔酬劳。

健产委原本的职责是推动健康产业高技术产品产业化，却为何要发关于直销实验单位的牌子？孟昭锐当时的解释是："直销行业里很多是保健食品企业，健产委有责任推动他们健康发展。"

至于为何选择正田，按照什么程序进行，孟昭锐的解释是："其一，正田做保健食品；其二，正田得到了当地政府支持；其三，正田有一定实力"。至于选择程序，是由海畴推荐。

而四川简阳正田生物有限公司董事长刘正田本人承认，"正田在简阳并不是个大企业"。简阳是个县级市。

关于第一点和第三点，四川简阳市工商局的材料显示，1998年5月，刘正田买了另外一个经营困难的企业——简阳雄霸实业有限公司，更名为正田实业有限公司，注册资本为168万元，经营范围是批发零售化妆品、汽车配件、混合饲料、零售粮食等13项，其中没有保健食品。2004年2月8日，该公司变更登记，变更事项为注册资本变为568万元；在经营范围中增加了生产销售食品、保健品。2月23日，该公司再次变更登记，变更事项为经营范围，其中增加了投资咨询、信息服务等内容。

● **媒体眼中的直销**

至于是否得到政府支持，因为简阳市政府没有接受采访，记者无法确定。但据称，刘正田曾经和简阳市政府官员一起到北京来领"直销实验单位"的牌子。而在3月末挂牌的时候，多位官员到场祝贺。

健产委给正田公司发了正式的文件——"关于设立直销研究实验单位的批复"。其中共有三条要求正田公司遵守的原则：其一，不偷税漏税；其二，要提供货真价实的合格产品；其三，不以发展人头为目标，非法圈钱。

这三条原则中，第一条应当属于税务局管辖范围，第二条应当属于质量技术监督局管辖范围，第三条应当属于工商局管辖范围。健产委如何能够要求和监督正田遵守此三条原则？如果不遵守，健产委又当如何？对于此问题，孟昭锐没有回答。

于是，这场戏就成为海畴拉客，正田付钱，健产委卖牌的一场闹剧。

之后，国家工商总局和商务部对此事公开质疑并开始调查。此剧就以正田公司被调查而暂告一段落。

内资"直销"企业急于寻求合法保护

之后一段时间，"健产委"不断接到投诉电话，声称有人拿着"中国直销研究单位"的复印件有拉人头、做传销之嫌，投诉中多数冲着一个公司而来——北京中谊经济发展公司。据说，该公司的业务员拿着一份三页中谊公司的宣传材料蛊惑人。

四川省打击非法传销办公室负责人、省工商局公平交易处处长赵志刚随即向记者表示，迄今为止，省工商局还没有接到对直销进行试验的通知和相关精神。而某些机构和民间学会、委员会等要搞所谓的直销理论研讨可以，但有关直销的法律法规还没有出台，企业直销经营活动于法无据，一旦发生了实质性的传销行为，工商部门将坚决从严查处，决不手软。目前，省工商局已经下发通知，责成简阳市工商部门对此展开调查。

后来由于媒体的披露、国家工商总局的干预，"直销试验基地"寿终正寝。

关于拿牌的事，记者后来再找这些企业求证时，相关企业统一了口径：得到牌子没花钱，仅仅是报销了人员往返的机票等费用。

简阳正田自受"挂牌"风波影响以来，显得非常低调。刘正田向记者坦言，"挂牌"风波中，正田一直处于媒体舆论的旋涡。刘正田表示，在当时的情况下，正田有一些新的思路没有实施，原定的投入也没跟上；如果说不选择直销的探索，正田

第二部分
见证中国直销兴衰

在 2004 年的经营也许要好些。现在，他们是一边加强对销售环节的管理，一面积极配合工商部门的调查。

有权威人士分析，那些企业之所以愿意付一笔不菲的费用，显然是看准了直销要开放而又没开放的时机。按照 WTO 原则，时间即将到期但法律仍未有动静，企业仍无法确定，直销立法是外资先行还是外资内资同时并进，这一点连国内直销企业天狮集团也曾经公开表示担忧；而事实上，自 1998 年国家公开打击传销以来，按照严格意义而言，国内没有内资直销企业。因此，获得合法性和安全感成为大量直销企业最迫切的愿望，出现"中国直销实验研究基地"这样的事情也在情理之中。"大家都在想尽一切办法寻找合法的外衣，这是可以理解的，但是通过健产委的核定而想合法，显然有些掩耳盗铃的滑稽。"一位常年研究直销的企业管理顾问对记者说。

直销立法进入冲刺阶段　工商总局清理门户来造势

商务部的《直销法草案》即将出台，与此同时，国家工商总局再掀打击传销风暴，并于日前公布了十大传销案。立法前夜"清理门户"的声势似乎传达了这样的政策信号：打击传销和直销立法同步进行。

立法两条线　政策"两手抓"

接近 2004 年 9 月，国家工商总局对传销和变相传销案显现出了高压态势。近日更高调曝光十大传销案：包括重庆的诱骗学生参与传销案、山东泰安青少年被骗传销案、"武汉新田"变相传销案、"深圳文斌"传销和变相传销案、王某等人"网络连锁经营"变相传销案、美国互联网基金传销案、"王牌八八"变相传销案、"全球远程教育网"变相传销案、胡某某等人利用网站变相传销案以及"美国立新世纪"境内传销案。

因为 2004 年 9 月 8 日～11 日在厦门举行的中国投资贸易洽谈会（简称投洽会）上，直销法的草案雏形将首次面世并进行讨论。因此，工商总局"高调"打击传销，被业内认为是在立法之前的"清理门户"。

事实上，直销立法一直都在两条线上同时进行。一是商务部制定《直销法草案》；

媒体眼中的直销

二是国家工商总局制订的《反金字塔欺诈条例》。此前媒体的目光似乎更多地关注了商务部的《直销法草案》，而忽视了工商总局的《反金字塔欺诈条例》。《反金字塔欺诈条例》是一部专门针对非法传销的法规，据悉最近该条例的草案已经出台并分发给部分企业征求意见。

一位业内人士告知记者，商务部和工商总局的草案事实上体现了政府"两手抓"的态度：既要兑现中国加入世贸组织的承诺，与国际接轨，又要保持社会的稳定。

虽然政府部门对《反金字塔欺诈条例》的内容秘而不宣，但值得注意的是工商总局有关领导的对外言论，似乎已经对直销的敏感问题表达了鲜明的立场。这与总局以往传统的宣传口径"打击传销和变相传销"有很大的不同。

如"'拉人头'式的传销活动永远不会被允许"，"靠'拉人头'或从发展的下线的销售业绩中提成的做法都是违法的"。一位转型企业的人士分析，这事实上是对直销中发展团队和奖金制度作了原则性的表态。

工商总局有关领导甚至表示"转型企业的经营方式不是直销"，这对部分躁动的转型企业、甚至是内资企业都作了一个警示。

十大传销案只是冰山一角

在直销立法的预期下，传销"一年捞回十年青春"的侥幸心态高涨，工商部门面临着更为严峻的打击难题。

北京商业管理干部学院副教授、泛太直销研究院副院长黎少华对记者表示，十大传销案不过是冰山一角。据他长期关注直销业的调查发现，目前非法传销和处于灰色地带的传销企业有几百家之多。而且企业的规避方式、非法传销操作方式相比1998年之前更为复杂。

据记者了解，市场上的直销和地下传销企业基本可以分为几种类型：

相对规范的是1998年后批准的10家转型企业，以安利、雅芳为代表，采用的是店铺销售加雇佣推销员的销售方式，以及1996年国家工商总局批准的41家直销企业中尚存的几家内资企业，这些内资企业也一直希望能够进入合法轨道，如武汉瓜拿纳、福州福龙等。

其次是一部分境外的传销公司，看到中国国内直销开放的苗头，在香港地区注册公司，通过网络发订单，从香港地区发货，奖金也通过隐蔽方式发放，很难查到痕迹。

第二部分
见证中国直销兴衰

据调查,有的企业每月的营业额可以达到上千万元人民币。

此外,是原来经营过直销公司,或从事过传销的"大网头"操纵的"老鼠会"。

这些地下组织的操作手法,通常有金字塔计划,市面上的产品几乎都生产过,每月都有神秘的"大网头"前来提货,动辄10万元左右,一瓶螺旋藻成本不过十几元,网头们则卖到100元~200多元。

按照现行法律,工商部门对传销很难做出有效的惩处,也颇感力不从心,尤其是利用网络从事传销的"虚拟经营"行为日益突出,也使工商部门面临更大的打击难度。

立法后政府监管更艰巨

有专家认为,打击直销和传销缺乏法律依据,以及政府态度的不明朗也是传销猖獗的原因之一。

2004年2月9日,商务部外国投资司副司长邓湛在中美商务理事会经贸座谈会上宣布"中国有望于年内制订直销业相关法律"。此后商务部再没对此公开表态。业内对直销开放的预期却越涨越高。

9月10日,《直销法草案》的讨论会作为"投洽会"的"会中会",尤为引人注目。草案设立的门槛有多高?预示多少企业能够拿到直销牌照?业内认为届时谜底将会揭开。

些许透露的信息显示,《直销法草案》的经济门槛、信誉门槛等都相当高,草案的细则非常详细。由此体现出来的政府态度是,目前能够进入合法直销行列的企业不宜太多,太多容易把直销市场搞乱,毕竟中国的市场还没有达到完全放开直销的程度。

据记者多方了解,首先是直销公司的注册资本金大大提高,有人士透露初步定在1000万美元;企业必须要有自己的工厂,即要有完整的生产系统和自有产品。这一点,4月份商务部有关高层也曾表达过"跑了和尚跑不了庙"的想法,排除了企业小作坊式的运作方式。

企业在申请直销运营资格时必须向有关部门缴纳消费者权益保证金,据说在2000万元人民币左右。一旦违规,终身出局。

对教育培训和奖金拨出比例也有严格规定,以防止培训走向"精神邪教"。同

媒体眼中的直销

时对商品的定价也有规定，曾有传销公司一部普通电话卖到 2000 多元，一桶油上千元的现象，避免市场价格与商品价值严重不对等。对业务员也要严格审批，国家公务员、现役军人、武警、全日制在校学生等不能从事直销活动。以及对退换货制度也做了详细规定。此外，雅芳的单层直销模式不是唯一，允许直销商的组织结构有若干层次。

黎少华对记者表示，从以往市场调查的情况看，许多处于灰色地带的传销企业预见到立法的门槛可能很高，所以对取得合法身份奢望不高，从而乐于保持灰色的现状。

这就提出了一个新的课题，立法后打政策擦边球的企业更多，政府如何监管？而且直销法有很多技术性的细节，也给监管人员的执法带来挑战，这些似乎意味着立法后政府的监管职责更为重大。（原载《中国经营报》2004 年 9 月 4 日）

国家工商总局公布 2004 年国内十大传销案

据新华社记者 8 月 17 日报道，国家工商行政管理总局日前公布了 2004 年国内十大传销和变相传销案件。工商总局有关负责人表示，为了保证国家经济安全，维护正常的市场经济秩序，工商总局将继续对我国境内的传销和变相传销案件保持高压态势，一经发现，坚决予以打击。

重庆：学生参与传销案

2004 年 3 月，重庆市工商、公安等部门发现在查处的传销案件中，在校和毕业学生占有相当比例。经了解，去年 10 月以来，传销组织打着所谓"欧丽曼（香港）亚太有限公司"的幌子，在重庆市渝北区传销"欧丽曼"化妆品，传销人员中 80% 是在校或刚毕业的大学生。这次行动共捣毁 143 个传销窝点，审查 456 名涉嫌传销人员，抓获 5 名传销组织者，暂扣 38 万余元传销款。

山东泰安：青少年被骗传销案

2004 年 6 月，山东省工商局查获泰安一个传销日本"爱博美娜"化妆品的非法组织。该组织以诱骗青少年为主，对其进行精神和暴力双重控制，每骗到一个新成员，团伙头目就派人跟踪和监视，限制人身自由，逼迫其发展下线。现已捣毁2个传销窝点，解救10余名被骗人员，5名传销骨干分子被依法移送公安机关处理。

"武汉新田"变相传销案

2004年国家工商总局把"新田公司"变相传销列入打击重点。传销分子打着"直复营销"等旗号，以高额回报为诱饵，骗取钱财。吉林省工商机关共打掉传销团伙26个，端掉窝点527个，清查1.8万余传销人员，刑事拘留12人；黑龙江省工商机关捣毁传销窝点24个，清查传销人员1400余人。武汉市工商机关依法注销了武汉新田保健品有限公司，以防止其被不法分子所利用。

"深圳文斌"传销和变相传销案

自2001年底，一些不法人员以"深圳文斌贸易有限公司"的名义在广西和广东的一些地区，大肆从事传销和变相传销活动，最多时聚集人员数万人。组织者通过阻止传销人员与外界接触、限制人身自由、跟踪监视、暴力威胁、扣押物品等手段，诱导、强制传销人员发展下线。2004年3月底，广西工商局与来宾市委、市政府共同行动，捣毁传销窝点45个，清查传销人员1千余人，抓获一批传销头目。

王某等人"网络连锁经营"变相传销案

王某从2001年起，就在深圳从事传销和变相传销。他与同伙先后注册了3家公司，都采取非法手段，抽逃全部注册资金，然后以空壳公司的名义，从事所谓"网络连锁经营"。王某等人对传销人员采取欺骗、诱导、暴力等手段，已构成刑事犯罪。深圳市宝安区人民法院依照《刑法》规定，判处其有期徒刑6年，并处罚金2万元；其同伙唐某等5人也被判处7个月至2年徒刑，并被处以数额不等的罚金。

美国互联网基金传销案

2004年3月，成都市工商局和公安局破获美国互联网基金的一个传销组织，其骨干分子杨某、高某等人被执法机关一网打尽。至案发时止，高某通过发展下线已销售互联网基金100余份，通过中国银行向美国汇款2.4万美元，获取非法所得300美元。杨某作为高某的上线，获取非法所得6千美元。根据法律规定，杨某、高某的行为已构成非法经营罪，被公安机关正式批捕。

媒体眼中的直销

"王牌88"变相传销案

近期,无锡市工商机关发现"王牌88"从事变相传销的线索,在有关部门的配合下,迅速查清了严某等人从事"王牌88"变相传销活动的情况。严某等人先后在东北地区发展人员180余人,为了逃避打击,严某与"王牌88"的信函联系,都是通过其无锡的亲属转寄。

全球远程教育网变相传销案

近期,贵州工商机关接到举报说,在贵阳市有人利用互联网从事全球远程教育网传销活动。经查,当事人杨某2003年加入网站,开始发展人员,至案发时止,已发展人员1800余人,涉案金额250余万元。杨某等人的活动已涉嫌犯罪,公安机关依法逮捕了杨某等4名组织者。

胡某等人利用网站变相传销案

2003年11月初,胡某经人介绍加入北京某公司开设的"欧亚伟业商务网站",开始从事变相传销活动。很多参加听课的人员不知互联网为何物,在胡某等人的煽动下,交纳了1300元的入门费。至案发时止,胡某已发展下线667人,非法经营额达86.71万元。因涉嫌犯罪,胡某等几名骨干分子已被公安机关依法刑事拘留。

"美国立新世纪"境内传销案

2004年3月,深圳市工商机关依法查处了"美国立新世纪"传销案,当场查获参与传销人员77人,暂扣一批免疫宝、强肝宝、活力芦荟等"美国立新世纪"产品,3名主要涉案人员被移送公安机关处理。

几起人们不太熟悉的非法传销案

广州神龙数码科技有限公司非法传销案

(《京华时报》记者姚新于2001年8月25日对此事进行了报道)

第二部分
见证中国直销兴衰

2000年广东省阳江市人林杰雄、与廉某、李某等人在河南郑州合谋成立"郑州神龙数码网站",后将该码网站南迁广州并于2001年3月20日注册成立"广州神龙数码科技有限公司",随后廉某、李某等人在河南郑州、北京设立办事处,开始正式在全国范围内非法传销"神龙广告卡"。一张"神龙广告卡"售价380元,购买人购买后可凭此卡登陆神龙数码网站点击该网站上的广告,每点击一次,神龙公司返还给购卡人0.3元,但每天仅限点击33次,每张卡使用期限仅为3个月。

我们来计算一下,购卡人:(1)每购一张"神龙广告卡"可赚多少钱?投资:380元;收入:$0.3 \times 33 \times 30 \times 3 = 891$元,毛利:$891 - 380 = 511$元,如果购卡人偷税,511元就是净收入(各种费用忽略不计的话);(2)每卖出一张"神龙广告卡"可赚多少钱?按神龙公司规定每卖出一张卡可提成40~60元,这样购卡人每月购买二张"神龙广告卡"(自用一张卖一张)收入为:551~571元,其月平均投资利润率:$561/380 \times 100\% = 147.6\%$,中国工业的平均投资利润率也不过10%~15%,商业就更低:2%~5%,即使是最高的IT业也只是20%~30%左右;如果购卡人自己不用而专售"神龙广告卡",那么在各种费用忽略不计的前提下,他一个月卖出100张,净收入就是$40~60 \times 100 4000~6000$元,简直就是一本万利!如此高的"暴利"只要是人都愿意挺而走险。据统计,该公司每天可销售"神龙广告卡"1~2万张,销售额400~500万元,最高达700万元。

神龙公司怎么赚钱呢?傻瓜都知道神龙公司在做"亏本"买卖!何以见得?神龙公司售出一张"神龙广告卡"收入才380元,却要支出891元给购卡者,明摆着不是3个月后倒亏:$380 - 891 = -511$元吗?所以神龙公司只有一个办法,利用3个月的时间差,用"后"面购卡者的钱去支付前"面"购卡者的钱,这个游戏一旦神龙公司无法再用"后"面购卡者的钱去支付前"面"购卡者的钱的时候,它就会立刻崩溃。果不其然2001年6月27日神龙公司巨大的资金缺口开始暴露,"3个月付清点击广告费"的承诺期限已到,林杰雄等人密谋后携款潜逃。一年来神龙公司已经在全国30个省、市自治区和直辖市发展分销商368家,共售出神龙卡87万张,获非法不义之财高达2.34亿元,使得20多万人当受骗为此付出了沉重代价。2001年7月25日广州市公安局发现神龙公司林杰雄等人准备潜逃的迹象后火速出击,一举抓获了林杰雄等非法传销分子,随后河南省公安厅布署全省查处神龙公司行动,至此一个震惊全国的非法传销诈骗案终于告破。

● 媒体眼中的直销

台湾华良集团公司非法传销案

（新华社福州记者张建平、杜斌于 2002 年 9 月 5 日对此事进行了报道）

台湾华良非法传销窝点遍及全国 25 个省市自治区的 75 个城市、18 个月内诈骗金额 2.9 亿元、受骗群众 20 多万人……这是一起特大非法传销案，被列入"2001 年全国整顿和规范市场经济秩序十大经济犯罪案件"，公安部挂牌督办。

2001 年 3 月 19 日，福建省三明市公安局接到举报信：杨洪等人在三明市非法传销"海豹油"等产品，被骗外地群众有三四百人。

21 日下午，杨洪在当地一家银行汇款时，被警方当场抓获。三明市公安局刑警支队副支队长余晓鸣介绍说："经初步审查，我们发现这是一起以上海华良公司总部为核心、网点遍布全国许多地方的特大非法传销案。犯罪集团的核心人物来自台湾，杨洪只是庞大非法传销犯罪集团中的一个小人物，以他为首的三明服务站隶属华良公司福州分公司"。

一封署名是四川、甘肃、新疆、陕西、贵州、安徽等地数名受害者的来信中写道，"说每人交 5040 元加盟费后，一年就可获利 84 万元。被骗来后，身不由己……他们想成为富翁，不择手段、不顾法律，骗取当事人的钱财，从中牟取暴利。有的对当事人打骂，有的被弄得家破人亡"。

公安部经济犯罪侦察局副局长高峰在接受记者采访时说，华良公司非法传销犯罪集团案件的全面侦破是近年来全国公安战线严厉打击非法传销活动的缩影，切实履行法定职责，狠狠打击非法传销分子的嚣张气焰，铲除非法传销活动滋生蔓延的土壤，整顿和规范市场经济秩序，是公安部门义不容辞的责任。

2002 年 5 月 27 日上午 9 时，11 名华良公司非法传销集团犯罪分子被押上法庭。在庄严的国徽下，三明市梅列区人民法院审判长周正开始宣读长达 40 页的刑事判决书——经审理查明：1997 年 4 月，郑永森、李佩瑜夫妇（均在逃）以台湾华渝国际股份有限公司的名义在湖南长沙高新技术开发区成立了华良（长沙）实业有限公司，主要生产海豹油等产品并进行非法传销活动，1999 年 7 月，华良（长沙）实业有限公司因非法传销被湖南省工商行政管理局查处后，以郑永森、李佩瑜为首的非法传销组织又继续在上海以'华良公司'、'得利公司'、'锦州华良保健食品有限公司上海分公司'等名义进行非法传销经营活动"。

从 1999 年 12 月到 2001 年 5 月，华良公司非法传销组织共收取传销货款 2.9 亿

第二部分
见证中国直销兴衰

多元……被告人王巧云犯非法经营罪，判处有期徒刑四年，并处罚金人民币20万元、被告人钟沛霖犯非法经营罪，判处有期徒刑三年六个月，并处罚金人民币18万元、被告人方沧泓犯非法经营罪，判处有期徒刑二年，并处罚金人民币13万元……

申齐公司非法传销案

（直销联盟论坛和《新闻周刊》记者张峰都对此事进行了描述）

国家打击传销办公室2002年1月2日宣布：特大非法传销案上海申齐案破获。上海市工商局副局长方惠萍说："2000年1月至2002年3月，申齐公司非法经营额达4.27亿元，非法所得3.54亿元"。国家工商总局负责人向中国《新闻周刊》记者证实：申齐以发展人员组织网络为经营手法，以销售商品为形式收取3510元／人的高额入门费，构成传销和变相传销。前年10月开始我们端掉了申齐公司在29个省、自治区、直辖市的114家分公司"。

申齐总公司设于澳大利亚墨尔本，在中国台湾台北市、印尼雅加达、美国凤凰城设有分公司总部（上海分公司总部已经被取缔）。申齐1989年成立于中国台湾，当时总公司也设于台湾，1991、1993、1996年分别成立印尼、澳洲、美国公司。1997年将总部迁往澳洲，为1998年进入中国大陆市场做了准备。1998年6月申齐宣布进入中国大陆市场，7月，申齐上海分公司总部成立，11月，松江区的工厂建成投产，12月6日，上海、北京、泉州、吉林、哈尔滨、烟台等6家分公司同时开业。据国家工商总局负责人透露，各地申齐分公司最多时达到150余家。申齐称以生产"食用菌和某些食物性中药为主要原料、依据中医理论研制出来的"的保健产品为上，有15种独门产品，并已被医学界、科学界证实，能帮助人类对抗环境污染，提升身体免疫力"。

申齐以非法传销形式销售这些产品，加入申齐必须经上线推荐，缴纳30元贵宾卡费，并必须购买一套3510元的申齐产品，由此获得其编号，然后再根据发展下线的数量，逐级晋升级别。2002年3月27日，国家工商总局、上海市工商局在当地公安干警的配合下，查封申齐上海以及其在沪的8家分支机构，查获传销资料、账册100余箱，查扣产成品1万多瓶，留置审查传销骨干41人。随后在工商总局的统一部署和中央及各地公安机关的协助下，全国100多个城市的工商机关迅速查封申齐在各地的分支机构，暂停结算其银行账户，查扣传销物品，依法审查各分支机构负责人和骨干分子，结果申齐进行非法传销以及虚假宣传、违法广告、偷逃税收和套汇、逃汇等一系列违法事实被彻底发现。

媒体眼中的直销

北京一媒体曾披露：据不完全统计，仅自1999年到2001年，全国各地已发生各种利用传销、变相传销进行违法犯罪活动的案件近500起，参加各种非法传销的人员达数百万人次，非法经营额达近百亿元。

国家工商总局透露：截至2002年11月底，全国工商行政管理机关共查处传销和变相传销案件1119件，案值8975.11万元，规模化、公开化的传销活动得到了有效的打击。中国目前对待传销的政策是保持高压态势，严厉打击一切传销和变相传销违法活动。

在查处广州"神龙数码广告卡"案件后，公安部人士在接受中央电视台采访时曾说，当前的传销以及包括网上传销在内的变相传销组织正在向"经济邪教"发展、演变，严重扰乱了社会秩序，直接威胁社会稳定。

有关人士疾呼，工商部门应该及时取缔这些非法网站，媒体应当及时揭露这些违法行为。最重要的是广大网民应该提高警惕，不要相信"天上会掉馅饼"的鬼话，发财致富只能靠自己的勤劳和智慧。

第六章　企业第一次转型

安利：妥协并不意味着放弃直销模式

"前传销公司"的特殊身份时常会刺痛安利的神经。这家跨国企业在将它最引以为豪的直销模式带入中国后，没有想到会变了味，并留下了深深的后遗症，一度让这个商业巨人在中国的发展陷入极度的被动。但安利在经历了若干年适应中国环境和改变经营方式后，成功地坚守住了中国市场，并改变了自己的形象。而且，直销作为其核心优势，安利从来没有放弃促使中国相关部门为直销立法的努力，试图主导未来中国市场的竞争规则。而开设专卖店的尝试，看似安利的经营模式发生了很大的转变，但更大程度上是一种暂时的妥协策略，即使是现在的模式，实质上也是直销模式基础上的延伸。安利在中国耐心地等待着什么？

安利中国之道：死守市场 + 改变游戏规则

在亲历了1998年"传销禁令"带来的焦虑和阵痛，并带领安利中国艰难地探索出一条"中国特色的直销模式之路"之后，美国安利公司高级副总裁、大中华地区行政总裁、安利中国董事长郑李锦芬女士平静而坚定地告诉记者：安利在中国所坚持的就是"不离不弃"。

事实上，安利在许多国家和地区开拓新的市场时都经历了与中国相似的阵痛和"磨难"。美国安利公司董事长温安洛一年前曾在中国表示："'先进入，然后帮

媒体眼中的直销

助政府建立相应的法规',这样的操作模式安利并不陌生,这实际上对我们很有益。"

而有分析人士进一步指出,作为全球直销企业"龙头老大"的安利,向来就最了解如何去开拓一个陌生的市场,它们的"套路"是:进入－受到反弹－死守－以娴熟的政府公关确立有利于自己的游戏规则－主导市场。

无论经受到任何风浪,安利心中都会固守一个原则,那就是郑李锦芬所告诉记者的"不离不弃"。

由直销到专卖店应变是安利存活的理由

《中国经营报》:前不久,安利在开设了在中国的第100间专卖店,这也是安利在全球的第100间店。以专卖店的形式经营,这在安利进入中国之前,是前所未有的。当时你们被要求设立店铺的时候,是否觉得遇到了一个很大的麻烦——因为有可能要面临放弃自己的核心价值?

郑李锦芬:这在当时也是没有办法的事情,因为中国有自己的国情,有自己独特的经济社会状况。我们到每一个国家都是当地的客人,我们不能把自己的价值观强加于人。1998年,中国政府下达传销禁令的时候,安利公司非常积极地研究出路,也得到了中国政府的帮助。当年7月,我们开始尝试一种"店铺加雇佣推销员"的方式来经营。回头看,这种方式已经经营了5年时间,也取得了比较好的成效。我们开设的这些店铺既提高了安利的知名度,也让公众觉得安利的透明度比较高,安利的推销员在每一个城市都能看到公司的店铺,心里也会非常塌实。并且,做到这一点,也便于政府管理,政府对我们也很满意。

至于你提到我们可能要面临放弃自己的核心价值,事实上,我们并没有放弃,因为我们的核心价值跟我们的目标是很吻合的,我们的目标之一是要为消费者提供优质的产品,而他们通过店铺也一样能够买到安利公司的优质产品。我们第二个目标是要为那些愿意同我们一起努力的人提供一个工作的机会。但是,政府并没有要求我们解散我们的推销员队伍,在开设店铺的大前提下,我们调整了销售队伍的作业形态,在管理上面也增加了许多其他要求,但推销员队伍还仍然存在。

《中国经营报》:你们有没有从这种店铺经营方式之中尝到一些甜头?

郑李锦芬:当然有。在过去的五年中,我们的营业额得到了大幅提升。你光是看我们业绩的成长,你就可以看出我们通过店铺销售的方式使安利的产品赢得了越来越多消费者。当然,我们在海外不会开设店铺让消费者直接从公司购买产品。

第二部分
见证中国直销兴衰

《中国经营报》：是不是担心冲击推销员的利益？

郑李锦芬：有这个考虑。这样做肯定会有少数推销员会感觉公司是在渠道上同他们竞争。

《中国经营报》：能将设立店铺前后的业绩比较一下吗？

郑李锦芬：我们1995年进入中国内地，1997年，我们的业绩达到了15亿元人民币。但1998年传销禁令下达后到了一个低潮（3.2亿元），1998年后慢慢上升，到2001年，我们的业绩达到了48亿元，位中国外商投资企业中第56位，而2002年，我们的业绩与上年比较有大约25%的增长。

等待直销立法 期待主导游戏规则

《中国经营报》：安利目前在中国内地开设了100间专卖店，但你们的竞争对手雅芳、仙妮雷德等以前也是做直销，现在它们在中国的专卖店数量已经达到了数千间，仙妮雷德甚至打算在未来两年把店铺开到1万间。给人的感觉是，他们在转型的时候转得非常彻底。两年以后，中国或许会按照世贸组织的要求给直销立法，对那些真正的直销企业来说，可能要面临一次新的"回归"，这也意味着一个新的机会。对于这两种截然不同的做法，你如何评价？安利是不是给自己预留了一个更加便于回旋、腾挪的空间？

郑李锦芬：中国政府确实在加入世贸组织的时候承诺了，要在2004年12月出台一个针对"非规定地点的批发零售业"的法规。但我们不好猜测到时出台的法规会是什么模样。我们只能尽最大的努力把海外的一些经验介绍给中国政府，也尽可能向政府表达我们的意愿，使这个法规尽可能"与国际接轨"。但我们必须务实一点，不要猜测2004年会全面开放，我认为中国政府多少会有所保留。我们开店慢一点并不是说要便于将来更好地转为过去的那种方式。我们不好评价对手开店的情况，但安利的店铺都是要达到比较大的规模，能代表安利的形象和商誉。你刚才给我的感觉好像就是说，开的店越多就越彻底，其实，安利在中国已经转得非常彻底了，我们以前从来没有试过用开专卖店的方式来经营。

我们认为，在自己的专卖店销售更便于控制和管理，而在百货商场和超市就相对难以控制一些。前不久安利做的一项调查显示，安利的知名度已经达到了93%，美誉度达到了75%。对于这个美誉度我们还是比较满意的，安利毕竟背了一个沉重的包袱，在很多人的眼里，安利毕竟还是一个"前传销公司"。

媒体眼中的直销

《中国经营报》：安利在中国建立了生产基地，也建立了研发中心，那么中国在安利的全球战略中处于怎样的一种地位？

郑李锦芬：中国是美国安利全球市场的一个策略重点，是一个重点培育的市场，也是一个潜力巨大的市场。这里的人口多，经济发展的速度也非常快。1992年，我们计划在中国内地投资的时候，就打算在中国设立除美国本土之外的生产基地，这个生产基地的产品既满足国内的市场，也希望能出口到其他地方去。而在中国设立研发中心，是为了在这里开发适合中国人乃至整个亚洲人的产品。

安利利器：直销模式带来差异化竞争优势

在被记者问及"如何预测2004年中国开放直销市场之后的市场格局"时，安利中国日用有限公司董事长郑李锦芬女士说："即使是到那个时候，安利的竞争对手也将不仅仅来自直销行业——安利是一个日用消费品的生产商、批发商和零售商，我们在中国的竞争对手既包括就在附近的P＆G（宝洁），也包括了高露洁、联合利华……"

安利甚至把一切在百货商场、超市出售的洗涤用品、化妆品，以及通过各种渠道销售的一切保健品称为"竞争对手"。

安利把一切保健品企业列为自己的"对手"是有根据的。据中国保健食品协会统计，2002年，安利公司的纽崔莱营养保健食品系列出乎意料地位列中国保健品行业中营养素补充剂类销量首位，成为中国营养保健食品行业的第一品牌。

而这个结论是非常让那些成天用广告狂轰滥炸的"国粹"类保健品企业难堪的。不过，尽管安利把他们视为"对手"，尽管安利的销量排在了他们的前面，这些国产保健品企业的老板们并没有同安利"认真"，在他们看来，安利与他们做的是一个完全不同的市场。

那么宝洁呢、高露洁、联合利华呢？它们会因为安利生产洗发水和牙膏而把安利视为"敌人"吗？答案是不会。这不仅仅是安利的产品"卖得很贵"而出现差异化的消费群体，而且是"大家走的是不同的渠道。"

一位直销行业的资深人士分析说，安利和宝洁均不大可能去制定出针对对方的竞争策略，安利不会，宝洁更不会。而安利之所以要把宝洁等日用品公司奉为自己的对手，这么做的真正原因是它急切地想让自己更多地往一个普通的日用消费品企业上靠，在政府和公众面前摆脱自己的"前传销"企业的阴影。

第二部分
见证中国直销兴衰

这位人士进而指出，大凡适合作直销的产品，都有两个特点，第一是生产成本占产品的价格比例非常小，也就是说渠道流通成本非常高；第二是这种产品几乎每个家庭或者每个人都可以使用。他指出，无论是宝洁还是联合利华，花费在经销商、商场以及广告等流通环节上的费用都大得惊人，而正是因为这个特点，给这类日用消费品提供了直销的前景。

"这并不是说安利采用了直销的方式就为消费者节省出来了一大笔费用"，安利模式的关键在于，这笔费用不是流于传统的经销商通道、广告等方面，而是为安利自己的网络提供了生存的基础和利润驱动力。很显然，安利和宝洁都是做日用品的，但他们有自己完全不同的消费群体：宝洁的消费群是几乎所有的家庭（这个群体是模糊的、不确定的）；而安利的消费群体是它自己的推销员队伍以及这个队伍所辐射的一个有极强的忠诚度的群体，而这个群体基本上是一个排他性的群体。安利和宝洁的目标消费群之间的重合度是非常低的。

宝洁、高露洁、联合利华等，只不过是安利出于某种策略上的需要，屡屡被言及的"对手"。安利真正的对手，它自己是不会轻易言及的。据业内人士介绍，安利目前在中国内地的一个强势对手是"中山完美"，此外，在台湾地区，安利（此间中文译名为安丽）已经被克缇超越，而在日本等海外市场，安利还遇到了"如新"这支后起之秀。

早年在中国的传销公司经过转型之后，有相当一部分已经放弃了直销的经营模式，如雅芳、仙妮雷德等，已经活脱脱地成了一个批发零售商。

事实上，转型之后的许多直销企业在中国都一定程度上尝到了专卖店的甜头。安利在未来将要走一条什么样的路，安利自己都有点犹豫了。据安利自己称，在开设专卖店之后，安利通过店铺产生的销售额已经占总销售额2/3，"店铺已经成为安利最重要的销售渠道。"安利已经明显感觉到，在中国开设店铺还明显提高了企业的知名度、美誉度。安利中国总裁黄德荫说，"说不定安利中国模式也会走向成熟。如果成功的话，安利可能一直朝这个方向走下去。"（原载《中国经营报》2003年10月30日）

● **媒体眼中的直销**

天狮帝国：走出国门，发展海外

从14岁到华北油田成为一名普通工人，经过商海20多年的磨练，李金元曾经尝试过多达几十个行业。创业初期也曾经赔上了所有积蓄，直到1995年，通过研制核心产品"营养高钙素"并选择直销模式创立天狮。但令很多人都没能想到的是，这家当初没有任何技术和资金优势的企业，在随后的17年，将自己的公司产品行销到190多个国家，还在110多个国家建立了分支机构，成为名副其实的跨国企业。

用李金元的话说，正是国际化战略成就了天狮，而天狮之所以能够成功运作国际化，却是得益于所谓的"本土化"。这个本土化用天狮集团副总裁阎玉朋的话来解读，就是人员以及文化和管理模式完全适应当地市场，融入当地市场。

"天狮从走出国门的第一天，就坚持和当地的主流社会紧密结合在一起。我们的消费群体和分销商队伍都是教授、医生等在当地具有相当身份的人群。此外符合当地的各类产品标准也是进入主流市场的通行证。"阎玉朋告诉《中外管理》，为了做到这一点，他们从整体的组织形态、内部文化，以及监管模式都做了创新性的尝试。

国际化也是标准化

1997年也就是天狮刚刚成立两年，在获取第一桶金后，李金元带着一批高管来到了莫斯科，希望初步试水欧亚市场。让他感到痛心和不解的是，在之后的产品推介会上，只有零零散散几个人光顾，好不容易有两位俄罗斯老太太买了两瓶产品，据说也是先让家里的宠物试吃后才服用，对天狮产品的不信任可见一斑。因此其后，当李金元在总部宣布进军国际市场时，很多高管竟然以为他在说梦话，一些人甚至准备写辞职信。

之后的亚洲金融危机，更使得天狮内部的反对"国际化"的声音增多，可李金元就是认准了这条道。"其实后来再看，天狮还是很有战略眼光的，很多企业在中国加入世贸组织后才开始国际化进程，而天狮早出去了几年更有经验。"阎玉朋表示。

俄罗斯的第一课其实对天狮帮助很大，由于是做保健产品，天狮格外注意维护品牌的信誉，而前提是首先要取得当地消费者的认可才能谈市场和收益。就在当年，

第二部分
见证中国直销兴衰

天狮首先获得中华人民共和国卫生部"卫食健字"号批准，此后的 15 年时间里，天狮在全球 190 个国家获得市场准入资格，部分产品更是通过了欧盟产品标准及日本厚生省的标准。此外为了尊重不同宗教信仰消费者的宗教文化，还取得了伊斯兰教的哈拉（HALAL）认证。而这些认证中最让李金元感到兴奋的是 2005 年获得 HACCP 食品安全管理体系认证，HACCP，是"危害分析和关键控制点"的英文缩写，该认证用于对某一特定食品生产过程进行鉴别评价和控制，被认为是保障食品安全最有效的管理体系。作为国内保健食品行业第一家通过此项认证的企业，这标志着天狮集团的食品安全管理达到了国际先进水平。

"我们的行业性质决定了，我们要不断通过做认证来获得海外市场的信任和认可，这就好比一次又一次的考试。"阎玉朋表示，由于保健类产品保质期较短，天狮尽量采取产销地集中的原则，除了以中国总部的生产基地为核心，越南、埃塞俄比亚等生产基地为支点之外，天狮在马来西亚、西班牙、印度、乌克兰、美国、墨西哥等多个国家建成了 OEM 和 ODM 工厂，形成了辐射全球的生产基地布局和物流基地网络。通过面向全球的信息管理系统和物流分拨系统，将全球各大区域的生产资源统一调配，实现了订单分配、物料采购、生产制造、物流配送等一体化和电子化管理，真正做到"一键输入，全球回应"。

深入本土的人才战略

有了质量过硬的产品和标准的管理平台，想要真正玩转整个系统，阎玉朋认为核心还在于人，同时由于直销模式对人力资源的依赖，天狮采取了更加包容和亲情式的管理文化。天狮集团目前在全球登记在册、具有一定级别的管理人员 10000 余名，其中外籍员工 3000 多名，如何更好地获得国际化的人才，以及获得之后如何让他们融入天狮，阎玉朋认为，天狮的法宝就是一个字——"家"。天狮集团每年邀请外籍员工来中国总部两次，组织专家、公司高层管理人员专门向他们讲授孔子、孟子的国学之道，讲中国人的价值观和东方文化，而其中最关键的就是传递华人对家文化的解读，从而更好体现整个集团内部一种传递爱心互相帮助的工作模式。当年最初招募国际化人才的时候，天狮首先选取了华裔比较集中的东南亚地区，比如马来西亚等，而之后再慢慢向欧洲以及北美扩张，阎玉朋认为，这需要有战略的眼光但更需要包容的心态。

如今在直销行业发展比较成熟的欧洲、拉美、日本等市场，天狮的人才本地化战略初具成效，其中欧洲和拉美天狮总部，超过 50% 以上是本地员工，而分公司的

● **媒体眼中的直销**

本地员工则超过 90% 以上，在日本更是 100% 本地员工。而在位于印尼雅加达的天狮亚太区总部，则是由来自中国、印尼、马来西亚、菲律宾以及中国香港和台湾等多个国家和地区的管理人员组成的"联合国（微博）部队"。如今，很多本地员工更是已经进入天狮的高级管理层，阎玉朋表示，除了有包容的心态之外，还要做到真正为他们搭建具有吸引力的人才晋升通道和薪资激励体系。这一点也是天狮能够在近年来吸引众多海外优秀人才加盟的核心原因。

直销行业是一个最大限度发挥人际关系能量的行业，除了在品牌和人才领域做到真正的标准化和本地化之外，天狮一直最关注的还是品牌建设的国际影响力。与众多民营企业走向海外更加注重拓展市场不同，天狮将自己的投资更多地放在了软性层面——社会公益领域。

从 2003 年开始，在李金元个人的倡议下，注资 8 亿港元的"天狮美景国际爱心基金会"在香港正式成立，其建会宗旨是尊敬生命、宣扬人道精神，帮助社会弱势群体改善生活品质，建立一个充满爱心的社会。截至目前，天狮全球公益慈善捐助超过 15 亿元人民币。相比大多数中国民营企业，天狮的公益事业早已跨越国界，从巴基斯坦地震、德国洪水、缅甸地震到印度洋海啸，从非洲贫困孤儿资助到哥伦比亚学校公益捐助，天狮人都积极参与，并且获得了很好的社会影响。

"我们的产品要去往的很多国家都是成熟和发达市场，他们更关注一个企业对社会的责任感，做公益事业是对品牌最好的投资，这一点也是天狮最有含金量的品牌推广方式！"阎玉朋表示。过往十多年的国际化进程，告诉天狮最大的一个奥秘就是要更加了解当地社会，更加服务于当地社会，这样才能在亲情文化的基础上，将全球的天狮人凝聚在一起。（《中外管理》记者邓纯雅）

"31 号文"核心是整顿推销员管理
——直销企业转型分析说

普通百姓几乎很难分清"老鼠会"、"金字塔"与多层直销，很容易上当。所以，国家整治该行业最有效的办法还是"一刀切"：杜绝一切让人们混淆的直销形式，比如多层次直销。这在"31 号文"的第二、三、九、十条中都有明确体现。而对单

第二部分
见证中国直销兴衰

层次直销,"31号文"则多是在管理上规范加以强调,这反映在文件中的第三、四、五、六条上。

炼铁成钢需先树立榜样

"国家一旦开放直销,国外直销公司定是蜂涌而至,国内直销公司是一拥而起,市场秩序到底如何,谁也难下定论。但如果能在这队伍里,安放几个标兵,仿佛墨矩绳轨,一切就都有了参考,有了对照的标准。"业内一位资深人士说。

现在的事实是,转型公司一直在国家的严厉监控下运营,是非法传销蔓延的污秽中的几许净土。转型公司在国内的实力和早已深入人心的地位,也正可充当国家在这直销市场中的标兵榜样,正是为将来建立直销新大厦的重要支柱。那么首当其冲的就要先整治,树立榜样。

国家现在对他们的整顿,可以说正是希望能炼铁成钢,多加扶植,好让他们为将来直销市场正确有序地推进有所引导,就国家对直销市场的管理有所帮助。

其实,"在批准这10家公司转型的过程中,国家也在不断地搜集着意见,总结着经验,为立法奠基,为后面直销全面开放、规范未知数量的直销公司的运作行为作好充分准备。"那位人士说。

而对国内直销转型公司来说,"31号文"有着深远的意义。国家的严厉监督,就是希望它们能更适应国情,更好地发展。因为国情适合的程度,决定着直销开放的程度。这严厉里包含着的本质是对转型公司的希望和支持。因此,转型公司除了执行国家政策,加强管理规范队伍外,更需要的就是切实调整心态,要明白,眼前的利益,总也比不过未来广泛市场中的巨大利益。

核心是整顿推销员管理

一位商务部负责人指出,国家自1998年整治传销后,重新制定了转型直销公司的市场准入规范。当时考虑到有些外商一时半会儿转不过来,又或者成本增加太大,国家有关部门为此设置了一个过渡期。在这个过渡期内,有个别企业经营也不太规范,特别是对推销员的管理不够严格,执法部门也曾睁只眼闭只眼。

"31号文"第四条的"增设新店铺"和第五条的"员工转正"是新规定中两个最为核心的内容,国家工商总局打传办有关负责人称这两个要求其实就是要解决推销员管理较乱的问题。1998年国家在要求直销企业转型时,规定转型企业必须设立

媒体眼中的直销

省级分公司,但其时概念也是比较含糊的,一些管理上的问题并未理顺。这样不少企业在省会城市开一家店铺后,该省之内所有业务都由这家分店统管,推销员的跨区域活动比较混乱。新规定要求企业在该地设铺后才能雇佣推销人员,就是为了使推销人员的管理更有保障。

据该负责人介绍,兼职推销员由于无固定经营权,无营业执照,并不具有单独进行经营活动的权利,只能够对其企业产品作宣传推介。但据反映,由于疏于管理,一些企业的推销员自行组织培训活动,自行收取门票、场地费的事情时有发生。不少不负责任的兼职推销员还打着诸如"下岗靠直销赚点钱"之类的旗号,这就容易产生社会不稳定因素。因此,新规定要求从事培训、管理人员必须是企业正式员工,避免因个别行为产生的不利影响。

企业针对"31号文"反应悬殊

记者联系直销企业,想看看它们对"31号文"的反应如何。调查的情况是,安利们紧急商讨,雅芳们安之若素。

记者就新规出台一事咨询安利公司,该公司负责人称,他们已经详细阅读了该文件,对政府有关部门规范市场的做法表示非常理解和支持,并表示公司今后仍将一如既往地坚持合法守法的经营。对于通知所涉及的经营上的新规定,安利方面称已经进行了紧急商讨,短时间内将会出台相关的执行细则。

而记者联系雅芳公司时该公司表示,公司受新规定的影响很小,直销立法前雅芳仍走批零路线。

雅芳(中国)销售、营运及生产销售负责人陈志新说,雅芳1990年进入中国,采用单层次直销方式,1997年销售额达7亿元人民币。1998年的停业整顿使雅芳丢了4个亿,回落为3亿元。后来雅芳全力配合政府整顿,很快将零售模式在中国全力推动起来,从几十万营业代表转成了1000余家专柜、2000余家专卖店,"雅芳中国几乎变成一个纯粹的批发零售商了",而上述这个数字只占现在雅芳专柜数和专卖店的一小部分。

"直销立法对雅芳来说可以是相干又不相干的事情。不相干的是,雅芳现在做的是批发零售,没有做直销,相干的是,将来如果政府对直销立法,只要有法可依,雅芳也不否认会进入新的直销市场。"陈志新表示。

第二部分
见证中国直销兴衰

其他直销企业的转型之路

雅芳转型零售

尽管转型零售一直未被看好，但雅芳中国并未放弃努力。在调整价格体系、进驻天猫后，雅芳的零售改革迈出了实质的一步。北京商报记者昨日获悉，雅芳正在招募可以进入商场渠道的加盟商。完全剥离直销后，雅芳的零售渠道开始"专卖店＋专柜"两条腿走路。不过，雅芳在商场渠道上可以说是零基础，而且业内人士认为，已经边缘化的雅芳在产品上没有优势，长期在直销和零售的定位之间摇摆，造成的渠道价格乱象依然难解。

全力开辟商场渠道："商场开专柜的话，没有加盟费，只要每月订货金额达到1万元就可以。"据一位雅芳经销商介绍，对进驻的商场等级没有要求，专柜面积只要放下三节货柜就可以，每节货柜1米宽，2米高。"如果每月销售在1万元以上，公司还可以把货柜抵押的一两万元还给加盟商。"同时，雅芳专卖店也开始扩张。上述经销商介绍，现在开一个门脸店要求20~30平方米，但只要走货好，面积要求不严格，"门头也不要求必须用雅芳，美容美发都可以，一个月订货金额在3万元以上"。（北京商报）

康美药业：向资源型公司转型

公司吉林人参产业园基地项目落成投产，项目投资约4.8亿元，完全达产后年可加工人参约4000吨，年销售收入预计为17亿元左右；控股股东康美实业增持254万股。

紧握上游资源，打造中国"正官庄"：公司2009年收购吉林新开河药业，获得国内红参第一品牌"新开河"；2011年公司收购集安大地参业，将红参产业链从加工延伸到上游种植，掌控上游资源，优化栽参技术，并参与制定了七项国家标准，未来将实现产量和品质飞跃。吉林人参产量占中国85%，世界70%，2010年吉林省政府发布振兴人参产业意见，计划2015年参业产值实现400亿元；2012年卫生部批准5年及5年以下人工种植的人参为新资源食品，为人参"药食同源"市场敞开大门。公司走在产业前列，无疑将分享人参产业快速发展的盛宴，依托上游资源高品质红

◉ 媒体眼中的直销

参价格很快向"正官庄"靠拢，我们预计五年内即可完成年销售 17 亿元；公司在产业园预留一半生产区，用于人参衍生品生产，中长期打造成年销售规模超过 50 亿元的人参产业。

向资源型公司转型，赢得定价权，并最终成为产业领袖：公司 2001 年上市后，成功依托资本市场转型，布局中药材全产业链，其转型历程与成果，彰显公司独到战略眼光。第一步：2002 年进入中药饮片领域；第二步：2006 年进入中药材贸易领域；第三步：2009 年收购新开河药业介入品牌中药材；第四步：2010 年收购亳州、普宁及安国中药材市场，进入中药材市场；第五步：2011 年收购集安大地参业，布局甘肃陇西道地药材产地，逐步向资源型公司转型。未来公司将以"掌控市场－掌控信息－掌控资源－赢得定价权"为战略思路，加大对上游中药材资源掌控，打造品牌药材，形成巨大产业影响力。我们认为假以时日康美将成为中药材产业领袖，不仅仅局限于行业龙头，上游资源向公司集中，下游厂商也将依赖于公司。（网易财经）

传销或直销，看你的平衡力

有人说，直销业就是无间道，由于其具有许多自有的矛盾，所以有很多平衡需要处理。如果平衡掌握得好，就能在平衡木上稳健行走；如果平衡出现了丝毫的偏差，都将跌落平衡木下。

有时平衡是否掌握得好，从表象上很难判断，合法的直销与非法的传销那种细微的差别到底在哪儿？是什么区分了一个良好的销售模式与害人不浅的传销制度？

第一对平衡：企业和营销人员的利益平衡

在对比直销企业时，直销商常说有三个比较：比制度、比产品、比教育。其中最为核心的就是比制度，在其中根本的就是奖金制度。

在发展过程中，如何平衡团队的发展与团队稳定之间的关系，高层直销商与新进直销商之间的利益关系，直销商利益与最终消费者利益等多个关系，是直销发展过程中永恒的话题。奖金制度就像一个调控器，不断地动态地平衡着企业、高阶直销商、低阶直销商、最终消费者之间的利益关系。在奖金制度上的微小差异会带来

第二部分
见证中国直销兴衰

迥然不同的结果。

一般来说，高额的返还率，低阶直销商的回报率也高。直销商付出努力，就能很快见到效果。所以，对于低阶直销商这种安排更有吸引力，销售网络的扩展会比较容易。但较高的回报率自然提高了产品的成本，产品价格会很高，从长期来看不利于产品在市场上的销售，会损坏企业的竞争力。因此，要在企业和营销人员之间保持一个利益平衡。

这种平衡有没有一个固定的最佳比率呢？没有。企业必须根据自身的情况与外部环境来动态地调整这种平衡。一般来说，直销公司在发展的早期或者是在一个新兴的市场中，会倾向于以高返还率来吸引销售人员，然后随着发展慢慢调低返还率，虽然降低了对直销商的吸引力，但有助于企业获得一个稳定长久的市场。

第二对平衡：销售产品和发展团队的平衡

赚钱容易，分钱难。低阶直销商是产品销售的主力军，没有他们，组织发展、企业利润都是空谈。在固定的返还率下，如何在低阶和高阶直销商之间进行利益分配？

一个高阶直销商的离开会带走一大批人员，加大对于高阶直销商的物质奖励，就像一个风向标，刺激直销商追求更高层次的发展。但是，加大对高阶直销商的奖励，就必然影响到低阶直销商的利益。所以，奖金在低阶高阶上的分配也是一门艺术，低阶分配太少，低阶直销商很难尝到业绩的回报，难以吸引新人的加入，而且会导致很高的低阶直销商流失率。那么，怎样才能稳定这些核心直销商、平衡销售产品和发展团队之间的关系呢？

按照上面的分析，也可以看出一个基本的方向，那就是在直销商的初级阶段晋升标准主要依据于直销商本身或者其团队的销售业绩，到了高阶主要是看直销商本身团队的发展情况。这种做法是比较合理的。这样形成的一个理想的金字塔结构后，高阶直销商关注于团队的发展，低阶直销商关注于销售。无论怎样发展，来自于零售的利润支撑和稳定的团队，整个金字塔是不会崩溃的。相反，一些制度晋升完全依靠团队发展，从制度里就可以看出来，销售利润的发展永远落后于团队发展，发展下去必然有崩溃的一天。

因此，最为关键的问题是，直销企业的产品在市场上是否有空间，是否有一个合理的零售提成比率。低阶直销商能否通过产品销售赚取合理的利润。如果不能，那么直销商将不得不挤向一条小道，都去发展团队，最后必然成为非法传销组织。

第七章 "厦门会议"重启直销之门

厦门会议 3 小时 40 分

2004年9月10日,厦门,全球关注的焦点,"厦门外商投资洽谈会"重中之重——"中国直销立法座谈会"在此举行!此次会议中,万众企盼的"中国直销立法"相关草案将浮出水面。这是中国直销业界的盛会,是中国直销从业者的生存机遇,是世界直销趋势的未来风向标。

从这一天起,中国直销将迎来一个崭新的纪元,然而,这个新纪元带给我们的究竟会是怎样一幅前景呢?

9月8日,厦门,烟雨朦胧。每年一届的"厦门外商投资洽谈会"在这里如期举行。然而,多方消息表示,本次厦门会议的重中之重是"中国直销立法座谈会"。而在此之前,"该会议极有可能是第一批拿到直销经营许可牌照的选秀会"的言论,早已传得沸沸扬扬……

9日的厦门酒店与往常并没有什么不同,但记者知道,能到这个酒店的81015房间领取一张通行证,将代表着一种被官方承认的荣耀。参会企业在8日晚由商务部部长薄熙来亲自圈定并临时通知,此名单属高度机密,在进入会场之前,即使参会的企业之间也不知道同行的其他企业是否在受邀范围之内。

业内人评价,这是一场精彩绝伦的游戏。

媒体眼中的直销

下午 5 时许，厦门悦华酒店海宇楼大厅，满堂皆是直销界泰斗级"风云人物"。除上届厦门会议入围企业及本次会议新增的十余家企业负责人外，不少未获邀请的国内外直销企业、准直销企业亦来到该酒店，一是为探探政府立法草案内容的虚实，二是也希望在会议中能找到机会争取临时参与。然而，在场的所有人都表现得异常的低调，即使相熟的企业老总之间，亦多是点头示意之后便匆匆告辞。

据知情者透露，不只是记者，众与会嘉宾亦未被告知会议内容及主旨，所以才有如此的审慎表现。

一切似乎都只待会议之后才可见真章。

场外无奈

10 日，下了一夜雨的天空似乎仍然没有放晴的迹象，记者早早赶到厦门悦华宾馆凌云阁国际会议中心会议厅外，由商务部组织，全国人大法工委、国家工商总局、公安部及税务总局共同参与的"中国直销立法座谈会"将在此召开。

得到消息赶至会场的还包括新华社、21 世纪经济报道、南方周末、南方日报、南方都市报等重量级媒体的大牌记者。

早 9 时许，与会嘉宾陆续到来，但都是迅速向保安出示入场证后即匆匆入场。想来心急是其一，其二是怕麻烦，特别是在这个极其敏感的时期，避开媒体免说一些不必要的敏感话题是为上策。

这就使得比已经"走漏风声"的研讨会，更加令媒体着迷，也更验证了政府作为"内部研讨会"的决心。

即便如此，大多数记者仍然滞留会场周围，在风雨中苦苦守候，期待溜入会场的机会。

会议大概在 9 点半以后正式进入了主题，而原本执守在大门口的保安也退到了大厅内通往二楼的楼梯口。记者们蜂拥而入，欲借势冲入位于二楼的会场。但局面很快被大量保安控制。事后据可靠消息称，除会议中心底楼的大厅有保安外，二楼会议室门口还有警察、保安把守，媒体记者们的"冲动"从根本上讲就是一个"不智之举"。

而另一边，与记者们天性的张扬相比，未被邀请与会而到场眼巴巴守候时机的企业老总却是显得沉稳而低调，在 9 时左右无望进入会场后，就再找不到他们的身影。

第二部分
见证中国直销兴衰

若不是此前亲见他们并得知其此行目的，真会怀疑他们是否到场。至于他们的真实去向，记者猜测可能是仍在积极寻找机会从其他通道进入会场（记者的此一猜测在会后得到印证，部分未受邀企业负责人中途曾进入过会场）。

会议进行至 3 小时左右，会场中传出消息，预计时长 3 小时的会议延长了，具体结束时间暂时未知。

此消息的传出再次引起记者们的骚动，开始向保安要求允许最后时间进入并产生了对峙。12 点 30 分，会场突然传出本次会议已经结束，与会嘉宾已然在工作人员的刻意安排下从其他通道离场。这时，记者们才大呼上当，赶出大厅寻找各企业参会者身影。而部分与会嘉宾却已乘车离开，未及上车的嘉宾在记者的围追堵截时对会议内容亦是三缄其口。

整整 3 小时 40 分钟的会议，一个上百万直销业界人士关心的会议，居然就这样在媒体无奈中结束了。

那么，在这 3 小时 40 分钟的讨论里，到底讨论了些什么呢？

场内秩序井然

与会场外的躁动不安相比，会场内的整个进程显得井然有序。

与会人士 80 余人，企业代表 43 人，由商务部外资司副司长邓湛主持立法说明，其后是商务部副部长马秀红女士讲话，工商总局公平交易局副局长、商务部市场建设司制度处处长路政闽女士等政府官员就相关法规进行了通报，最后是与会嘉宾发言。

会中，一个中国国情下制订的直销法规体系浮出水面，它由 3 部法规：《中国直销管理办法》、《反金字塔欺诈条例》、《推销员培训管理办法》组成。而通过座谈会议，正式向 22 家参会企业征求意见。

最热门的自然是《中国直销管理办法》，就该办法的内容，邓副司长进行了详尽的说明。（记者注：因为消息封锁严格，记者最终没有一睹该"办法"真面目，只在依据对多个参与嘉宾的采访，就其精神进行了重点性总结，详见后文批露。）

会上，马秀红副部长的发言应该是最受欢迎的，她对中国直销的历史进行了确切的表述，她认为：直销在中国并不是大多数人所认为的十几年历史，而是 1998 年出台法规以后的 6 年。直销历史必须明确区分一个时间点！直销只有 6 年历史，否则的话，对于直销企业和行业是没有好处的，是直销与传销的混淆。

媒体眼中的直销

与此同时,马副部长还对直销立法的原则进行了几点综述性的表述,其中包括:适合中国国情原则;区分直销和传销、金字塔诈骗根本区别原则等等,并将上述内容归结为 12 字方针:"内外一致,公平竞争,共同发展"。

在谈到内资企业时,马副部长语重心长地说:"我也承认,过去 6 年对内资企业来说,有些是不公平的。所以这次直销会谈中,应该是对所有的、只要符合条件的、愿意进入到这个领域并按照我们这个制度合法经营的企业,都应该让它们进入。所以,我们的直销立法一定要有广泛性。它不是只适应于一些大的企业,国内的一些企业,只要是具备条件的,应该说都可以。"

对于马副部长的本次发言,行业分析人士认为,此次 22 家参会企业并非就绝对是中国合法直销企业的首发阵容,没有与会的企业,只要达到政府的相关审批标准,并真正做到合法经营,都有希望成为第一批在中国内地市场上以直销模式营销的企业。

而对于内资直销企业来说,马副部长的话更似一颗定海神针,稳住了他们忐忑不安的心,肯定了他们这 6 年来不懈的努力,并标志着他们终于有望走出灰色地带,沐浴在绚丽的阳光之下!

政府市场安定

从中国政府的角度来看,立法是势在必行的事。一来,兑现 WTO 承诺,对全球在华投资企业表现出应有的诚信;二来,正确区分直销与传销、金字塔诈骗,引导直销市场的有序发展,维持一个行业的健康,从根本上遏制非法传销的蔓延。

商务部副部长马秀红女士会中发言里有一句话是这样说的:"立法的目的是为了促进有序和依法的发展,所以我们的法规里应当为直销企业发展留出更大的发展空间,简言之就是立法要为经济发展服务。"由此可见,政府对本次立法的根本态度即是为经济发展服务!

当然,在此基础之下的根本是安定!社会的安定、经济环境的安定、市场格局的安定。在安定中求发展,是符合中国国情的基本国策,也是对企业的基本要求。

在安定团结的大前提下,从宏观的角度制订严谨、苛刻的法规自然也就可以理解。

企业生存与发展

此次参会企业在会场中波澜不惊的表现,让很多行业人士颇为不解,但从企业的角度分析,亦有其合理之处:作为一个市场经济下的企业,其首要任务是什么?

第二部分
见证中国直销兴衰

生存！失去了生存的权利，其他一切都是空谈。自然，参与此次会议的企业，他们更关心的亦是这个生存的问题。

于是，本次直销研讨会便以生存为界限，明显地分为两大阵营：外资直销企业与内资直销企业。

此前，某内资直销公司负责人曾对外资直销军团在推动中国直销立法进程上高度一致的团结精神表示由衷的钦佩。从2003年9月9日"厦门会议"的7家外资公司，到2004年5月18日"苏州会议"成立"外资企业关注直销工作小组"，到2004年6月9日该工作小组召开第一次专题会议新增4家外资公司为止，他们团结一致敦促中国政府尽快为直销立法，并取得了阶段性的成果。在基本解决了生存问题的基础上，众外资直销公司负责人还就市场准入条件、保证金制度、计酬制度、培训、分支机构设立、产品限制等展开了积极而卓有成效的讨论，对中国政府的直销立法具有相当的影响力。

与之相对应，内资企业在外资军团竭力加强政府公关以入围本次会议时，显得出人意料的"平静"。更有公司负责人说："我得到的信息是这次（笔者注：指本次厦门会议）只是外资的会议，根本不关我们的事。"不知此情景应该归结为信息的闭塞还是重视度不够？

其造成的结果明显地表现在本次会议的内外资企业比例（外资企业16家，内资企业6家）及各自的发言中。在自由发言的过程中，作为内资直销企业龙头的天津天狮集团代表希望政府在立法过程中，选择少数有代表性的企业为试点，并希望自己能在该试点范围之内；福建福龙代表希望国家在考虑政策的延续性方面，给合法的企业一个宽松的环境，也到内资企业走一走、看一看，不要见到内资就害怕；广州太阳神的代表对能参加此次会议表示高兴，对直销规范表示赞同，希望自己有可能借助该模式发展；大连珍奥代表希望能给一个参加的机会，并表示有信心能做好……

虽然在会议未开始之前，整个进程及内容都属高度机密，外资企业在入场前亦是毫无相应准备。但从其发言中不难看出他们的实力，例如：安利代表谈到，政府在制度直销立法时不应过多介入，有关人员发展及薪酬制度等本属企业经营管理范畴的事务应由企业自己确定，而应将精力放在行业准入的高标准制定、从业人员的规范化与专业化考核以及全面的社会监察上；尚赫代表提议对直销商的社会责任与公司责任作相关规定；完美代表建议在国家制定好准入门槛后给予符合该门槛的公

媒体眼中的直销

司更多的机会，不要让他们转入地下，对 30% 报酬比率的问题也提出应充分考虑公司利益，以免造成企业之间的不公平竞争；雅芳代表对反金字塔诈骗条例的颁布非常支持，并希望政府定期发布新闻，提高正规公司的可信度，严厉打击非法传销；优莎纳代表希望 30% 标准有个明确的规定，不可有更特别的例外规定，以建立一个公平竞争的平台……

有分析人士认为，众外资直销企业在此次会议中不仅希望看到一个政府的立法承诺，还希望在符合自身条件的基础上给其他企业设置进入壁垒，甚至有打压竞争对手的意愿。

由此可见，姑且不论实力的强弱，无论是内资直销企业还是外资直销企业，都希望通过本次会议实现一个根本性目标：即生存！发展！

新纪元

据可靠消息称，《中国直销管理办法》有望于 2004 年 12 月出台，2005 年 1 月 1 日正式实施。同时出台的可能还包括《反金字塔诈骗条例》。

届时，工商部门与公安机关将进入有法可依的时代。

当然，这个法规尚处于初级阶段，所以这次立法也是具有局限性的，中国政府只是在 6 年的管理经验上给出的一个框架性的原则，完善还需要一定的时间。

在就此次立法的表述上，马秀红副部长还做了一个形象的比喻：1995 年就公布了有关投资性公司的规定，到现在依然每年提出建议，我们依然每年做出修改。拿出现在的版本，和 1995 年相比，内容详实多了、规范多了、完善多了、广阔多了。邓小平同志有一句名言"摸着石头过河"，我们直销立法也是一样，这次先把直销的合法地位确定了，公司的直销资格给出了，以后再逐步探讨和解决更多的直销方面的问题。

虽然本次立法目前仍是一个框架性的原则规定，但对中国直销来说，却无疑是一个里程牌。

它给了中国直销业一个明确的发展方向。

我们相信，此次会议的精神将带领中国直销走入一个崭新的发展阶段，中国直销也将因此开始新的纪元！（原载《经贸世界》2004 年第 10 期，文章有删减）

第二部分
见证中国直销兴衰

附：《中国直销管理办法》重点解读

立法内容分总则与分则两大块10个部分：

1. 总则

对直销、直销企业及推销人员做了一个明确的定义。

2. 直销企业的设立与登记标准

(1) 投资者必须有良好的信誉，近两年内没有从事违法违规投资；

(2) 针对外商投资直销企业有两条特别规定：a. 3年以上的经营管理直销业务经验和良好的行为机构；b. 世界直销联盟或分支机构的成员；

(3) 对申请直销活动的企业前3个财政年度的产品销售收入初步设定为5亿元人民币；

(4) 门槛：注册资金至少在1,000万元以上，拥有在中国境内投资设立生产直销产品的工厂，店铺经营，2,000万~3,000万元保证金注册地开户，建立计算机联网制度等。

3. 直销企业经营范围及责任

(1) 产品：只能是保健食品、美容化妆品、日用消费品三大类实物性产品；

(2) 定价：零售价和直销商价格公开，且总体价格水平不应该明显高于同一个地区、同一个时期、同一个档次的同一种产品或类似产品的市场平均价格；

(3) 推销员资格：必须获得国家商务部颁发的直销经营许可证和由国家工商局发的营业执照，外商投资企业还必须出示外资企业的聘任证书，直销企业必须从取得推销员资格的人员中雇佣推销员；

(4) 佣金标准：推销员佣金、奖金及其总和不得超过其零售总额的25%，最高不得超过30%；

(5) 不允许任何非企业成员的境外人员在中国境内从事直销活动；

(6) 企业与推销员负有销售的连带责任等。

4. 直销企业与分支机构

分支机构由直销企业自行设立，从事直销企业自产产品的零售，并承担为推销员和消费者办理退/换货、提供培训场所、协助企业处理消费者投诉和为消费者提供售后服务等经营活动。

5. 保证金制度

暂订2,000万～3,000万人民币保证金,用于支付拖欠。

6. 监督检查机制

采用联合年检制度,消费者可向有关机构和主管部门申诉,主管部门有权随时进行检查。

7. 推销员雇佣合同

直销企业必须与推销员签订明确双方责权利的合同后,推销员才能从事直销活动。

8. 推销员资格及其权利与义务

推销员必须拥有推销员资格证书,与企业签订雇佣合同,对企业不符合相关法规的规定享有拒绝权,与此同时,在直销产品有质量责任时亦有义务与企业一起对消费者承担责任,不得跨省跨区推销产品等。

9. 教育与培训

分从业前培训与岗位培训,岗位培训必须是免费的,总公司600人以上、地方分公司400人以上、市级店200人以上、直销商团队50人以上的培训必须向工商、公安等部门申请批准。

10. 处罚

"厦门会议"为直销定调 内资直销企业留恋灰色现状？

2004年9月10日上午,厦门悦华酒店凌云阁国际会议厅,"直销立法座谈会"在绝对"安全"的状态下进行。门外,是警察、保安和大会工作人员的重重封锁,未获准入场的企业和记者只能在门外焦急的等待。

厦门会议对此前一些备受关注的问题给予了明确表态,如外资直销企业不存在超国民待遇问题,要遵循"内外一致"的原则;直销公司只能销售自产产品,而且直销产品只能是保健品、化妆品和日用生活品三类等。不过,另一热点话题——采用

第二部分
见证中国直销兴衰

何种直销模式,是偏向于雅芳模式还是安利模式,厦门会议并未涉及。

最受关注的五大问题

22家企业被获准参加了此次会议,其中16家是外资企业,6家内资企业。这些内资企业的再现似乎多少消减了此前内外资不平等的喧嚣。

商务部外资司副司长邓湛打响了此次会议的头炮,酝酿了近一年之久、各方关注的《外商投资直销企业管理办法》(草案)终于亮相。因为时间的限制,邓湛只是简要地讲解了法规的内容和精神。

一些参会企业的代表向记者透露了草案中最令直销企业关注的问题:

一是目前中国全面开放直销市场的条件还不成熟,只能逐步开放。

二是直销企业设立和登记有几项硬指标:注册资本金不得低于1000万美元;外资企业必须在海外有3年以上直销运营历史,且是世界直销联盟组织成员;企业在申请时的前3年(连续)累计营业额须超过5亿元人民币;企业须交纳保证金2000万~3000万元人民币;企业须有店铺、厂房及只能销售自己生产的产品等。

三是对直销人员的拨出比例(给推销人员的奖金比例)进行了限制:推销员的薪酬不得高于产品零售价的25%,个别可适当放宽到30%。

四是直销企业在各省市一定要有10个以上的专卖店,方能设立分公司。如果没有达到该条件设立分公司开展业务的,视为跨区域非法传销。

五是直销产品的范畴只能是保健品、化妆品和日化用品三大类。

12字方针能否成为定心丸

邓湛的介绍结束之后,多数企业选择了沉默。一位参会的企业老总会后表示:"这个门槛对许多企业来说,包括部分外资企业都太高了。人家内心都很骚动,但没有表现出来。因为我们能够参会已经是诚惶诚恐了,都担心言语不慎得罪了领导。"

随后,商务部副部长马秀红做了长达25分钟的发言。马秀红大致讲了三点意见:(1)要严格区分直销和非法传销的界限;(2)内外资应平等;(3)对法规不要苛求完全到位、天衣无缝,以后还要逐步完善。其中,最值得注意的是马秀红的"12字箴言":"公平竞争,内外一致,共同发展"。

马秀红的"12字箴言"似乎鼓舞了内资企业的士气,冲淡了刚刚邓湛宣布条款

媒体眼中的直销

后的沉闷，一位内资企业老总发言的时候表示："感谢商务部、国家工商总局对内资企业的关怀……"

此后商务部市场建设司制度处处长路政闽主讲了《推销员管理办法》；工商总局公平交易局的官员表示《反金字塔诈骗条例》正在制订中，很快就会与大家见面。

门槛太多内资企业不愿走出灰色地带

其实在看似平静的"厦门会议"前后，激烈的争论从未停止过。

记者听到的大部分企业的普遍声音是，草案的资金门槛过高。企业为了达到此要求，势必会贷款、融资或转嫁风险给经销商，大大增加企业的经营成本和风险。

一位内资企业的老总表示，草案中已经规定了企业必须有店铺、厂房，这些是可以作为质押的东西，在此前提下，仍然要缴纳 2000 万～3000 万保证金有点多此一举。而且，保证金如何保管也是问题。

一内资企业的老总表示："考量了一下，觉得财务成本过高，宁愿保持现有的生存状态。"这似乎意味着未来处在灰色地带的企业会很多，政府监管的责任会更重。

相反，部分外资企业则觉得此草案门槛很低。记者求证安利、雅芳对草案的看法时，雅芳相关人士对记者表示："与法令相关的东西，我们没有被授权发言。"

安利有关人士亦未对此表态。但在厦门会议上，安利中国区总裁黄德荫的发言则颇费思量，"直销法在大的原则上，应与国际惯例接轨；中国直销立法应该考虑中国国情；中国在制订直销法上不要低估自己的能力。"

业内的声音显示，未来能够进入合法直销领域的内资企业，或许是那些没有直销经验但相对有实力的企业。

对此，北京商业管理干部学院副教授、泛太直销研究院副院长黎少华认为："从经验上看，在传统的销售方式上和直销方式上，只能二者取其一。因为两个渠道的价格体系、市场计划、管理制度都不一样，并不'兼容'。直销和传统渠道会有所冲突，从而得不偿失。"

黎少华认为，虽然草案门槛很高。但草案已经抓住了直销管理的关键点：企业的市场计划，以及对推销员的管理。1998 年之前，直销市场混乱的原因之一，关键是政府对企业的市场计划没有硬性的规定和必要的监管。目前，用反金字塔欺诈条例和直销管理办法都对企业的市场计划作了详细规定。此外，还明确了公司承担连

第二部分
见证中国直销兴衰

带责任推销员的责任和义务、培训管理要求等。（原载《中国经营报》2004年10月2日）

准入门槛和监管难题不解 直销立法仍存悬念

通常认为，根据中国加入世贸组织承诺，2004年12月11日是直销法出台的大限。而据记者从各方得到的信息显示，直销法体系的细则还难以厘定，尤其是各部委头疼的监管难题，仍然使直销法不会尽快尘埃落定。

直销门槛会否降低

对于业内盛传的直销法出台，商务部新闻处的说法是"还在加紧制订之中"。

一位知情人士告知记者，在12月3日左右，商务部终于把直销法草案上报给国务院法制办。而按照例行的程序，法制办还要履行征求意见、研究修改以及经国务院常务会议审议通过等环节。这意味着，12月11日之前甚至2004年底前直销法的出台都是不可能的。

据记者了解，法案迟迟难以出台，原因之一是9月10日"厦门会议"出台的草案还需要细则的丰富。另外，某些具体条款存在争议。商务部上报国务院法制办的版本在"厦门会议"的基础上有所调整。而终结版的细则能在多大范围内调整、门槛能否降低似乎是企业关注的焦点。

商务部市场体系建设司制度处处长路政闽告知记者："厦门会议的版本肯定不是最终版本。要是那样的话，我们就不用征求企业的意见了。"

当时未正式公开的直销法草案体系在"厦门会议"上匆匆露面。有三个条款，引起了企业尤其是内资企业的激烈争论，其中包括：企业在申请时的前3年累计营业额须超过5亿元人民币；企业须交纳保证金2000万～3000万元人民币；草案规定对直销人员的"拨出比例"（给推销人员的奖金比例）进行了限制：推销员的薪酬不得高于产品零售价的25%。

武汉瓜拿纳公司董事长张华对记者表示，1998年10家转型企业，已经领跑了6年，

媒体眼中的直销

而国家不允许内资企业做,内资何来5个亿的销售额?内外资本身就不在一个起跑线上,统一要求5个亿,这违背"公平竞争"原则。

绝大部分企业对于缴纳保证金没有异议,只是觉得2000万~3000万的保证金数额过高。如若实行将给企业的资金周转带来困难。

对于给直销人员的"拨出比例"不能超过25%。即使是安利的有关人士也表示了对该条款的异议,认为太不符合直销业的实际情况。"拨出比例"太低难以激发推销员的积极性。

一位直销业人士表示,如果拨出比例低于40%,市场计划就很难制订。难以刺激经销商去发展计划。目前,企业的拨出比例一般在40%~70%之间。

虽然直销法草案具体条款存在争议,内资企业也试图通过各种渠道把意见反映给政府。但以目前的情况判断,直销法体系的"终结版"或有微调,但不可能大幅降低门槛。

一位直销业的专家认为,"5个亿"营业额的限制在任何法律包括《公司法》中都找不到依据。估计这一条最终会有所调整。

政府如何理顺监管难题

直销法体系难以出台的另一个原因,在于政府最为担心的监管难题。

一位知情人士对记者表示,"厦门会议"后,直销法草案的讨论层面主要还在政府之间,重点探讨的是如何监管。至于草案是否适合企业经营的特点和需求,广泛征求企业的意见,还是下一步的重点。

据记者了解,直销法草案要求每家企业缴纳的2000万~3000万保证金数额不菲,但关于保证金的使用途径、使用范围、谁来决定使用途径和范围等,草案却无相关细则。这涉及到商务部、国家工商总局甚至银行等职能部门之间的协调。协调不到位,可能会带来未来管理的冲突。

同时涉及到政府与企业关系的条款也需要进一步讨论。如在草案中规定所有直销商的资料要有详细的档案记录,保存期应当在5年以上;为加强对直销企业的监控和管理,直销企业应当把自己的资讯和经营管理系统信息与商务部、国家工商总局等主管机构并网。

而有企业则对记者表示,政府需要企业更加透明。但过多的信息披露,可能会涉及企业的商业秘密。诸如此类条款是商务部和企业需要磨合讨论的问题。毕竟监管最终还是要得到监管对象的配合，否则未来难以执行有可能陷政府于尴尬的境地。

待商榷的条款也促使商务部和国家工商总局不停的丰富草案雏形，以便使未来成型的条例更具操作性。

10月12日至14日，国家工商总局在大连召开的打击传销会议上，特别讨论直销法体系中《反金字塔欺诈条例》，到目前已是六易其稿，据说一次比一次严格。草案终稿对原来违规从事传销和变相传销等内容作了详尽的市场规范，通报、处罚力度和强度均有所加大。

在此背景之下，目前业内也是"生态"各异。外资似乎重新开始了新一轮的市场拓展计划。如安利11月份恢复了2003年4月份暂停的特约经销商加盟计划；变身为外资的天狮也号称投资40亿元在上海筹建投资中心。

部分内资企业则对记者表示，目前是"黎明前的黑暗"，迫切企盼游戏规则的出台，但预见到未来放行后的经营前景似乎并不是太乐观。

而长期处于监管灰色地带、游离于规范直销和非法传销之间的企业似乎颇为享受目前的状况，也挑战着未来的政府监管。（原载《中国经营报》2004年12月12日）

直销立法：加速度？减速度？
——一场监管难度与立法进程拉锯战

各方热望的直销法于2004年12月11日之前仍未出台，为此，坊间传言四起。甚至有说法称，国务院法制办已经把上报的直销法草案退回。这个说法让商务部不得不出面辟谣，称商务部正在和国家工商总局探讨直销法草案的细则完善，准备上报国务院法制办。

这个插曲从另一个侧面可以看出市场对《直销法》的期望值很高。

立法预期下传销抬头、直销抢跑

2004年，因为对立法的预期而搅得直销业风云四起。

媒体眼中的直销

早在今年2月9日，商务部外资司副司长邓湛在中美商务理事会经贸座谈会上宣布："中国有望于年内制订直销业相关法律"。同时，邓湛表示：在外商投资直销公司取得经验之后，可带动内资直销业的起步和发展。这句话被业内理解为"外资先行"。

随即，《直销法》的即将出台在业内犹如石破天惊，甚至被看做了直销以及传销解禁的信号。

而外资先行的说法，也引发了业内一场激烈的争论。内资企业寻求"国民待遇"的呼声不断。这似乎让商务部颇为被动，也让直销立法变得分外敏感。在中国国内直销环境不成熟、跨国公司掌握更大话语权的背景下，商务部该如何均衡内外资企业的利益？

但自2月份之后，商务部再没有就和直销立法相关的内容公开表态。

政府的态度不明，业内则开始鼓噪不安。自1998年传销被禁之后，长期处于灰色地带的组织纷纷活跃起来，表现出来的形态是：传销抬头、直销抢跑。

2月份以来各地有关直销业的论坛场面火爆。根本没有授权权限的协会组织，如"全国高技术产业化协作组织（CHC）"也授权给四川、湖北、大连、宁波的保健品企业以"直销试点基地"的称号。这些企业的想法是试图取得合法经营的资质，为直销的放开制造先机。

记者了解到，在全国各地几乎停滞多年的直销公司又继续投资，许多直销企业又开始招兵买马为扩张做准备。包括海外的传销企业也在为进入中国内地做准备。

商务部的立场是，国家立法的原则应该是禁止非法传销，开放直销。但在直销立法的预期下，鱼龙混杂的状况出现了，一度沉寂的传销开始猖獗。

"武汉新田"、"深圳文斌"等传销企业死灰复燃。各地出现了许多殴打、扣押、胁迫大学生从事传销等恶性案件。这种拉人头、掠取钱财的老鼠会、金字塔再度严重影响到了社会的安定以及经济的正常发展，似乎正在重演1998年传销被禁之前的历史。

这种"一放就乱"的征兆给直销开放增添了阴影。

立法与监管并进

商务部外资司有关人士对记者承认："自从1998年禁止传销之后，'灰色地带'

第二部分
见证中国直销兴衰

和非法传销一直都没有停止过。"

长期关注直销业的北京商业管理干部学院副教授黎少华表示,据其调查,目前非法传销和处于灰色地带的传销企业有几百家之多。而且企业的规避方式、非法传销操作方式相比1998年之前更为复杂。

如某些公司在香港地区注册,通过网络发订单,从香港地区发货,奖金也以隐蔽方式发放,很难查到痕迹。据调查,有的企业每月的营业额可以达到上千万人民币。

当年,传销被禁的主要原因是商家违反了游戏规则,其次是国家管理跟不上。目前,按照现行法律,加上传销更为复杂的"变种",工商部门对打击传销也颇感力不从心。立法的同时,监管的任务变得更为艰巨。

同时,直销立法一直都是两条线并进。一是商务部操刀的《直销企业管理办法》和《推销员管理办法》;二是国家工商总局制订的《反金字塔欺诈条例》。可以看出,立法与严打一直比肩而行。

接近9月份,国家工商总局对传销和变相传销案显现出了高压态势,更高调曝光十大传销案。

工商总局以往传统的宣传口径只是"打击传销和变相传销"。如今,工商局对直销中发展团队和奖金制度作了原则性的表态,如"'拉人头'式的传销活动永远不会被允许","靠'拉人头'或从发展的下线的销售业绩中提成的做法都是违法的"。

工商总局有关领导甚至表示"转型企业的经营方式不是直销"。这对部分躁动的直销企业都做了一个警示,也意味着即使未来直销法规出台,相应的监管也会比以往更严格。

一位业内人士告知记者,政府的心态是要"两手抓":既要兑现中国加入世贸组织承诺与国际接轨,又要保持社会的稳定。

未来监管形势更严峻

9月10日,在厦门举行的"外商投资贸易洽谈会"上,直销立法座谈会在小范围内举行。从未正式公开的直销法草案体系在会上首次露面。商务部副部长马秀红以及国家工商总局等官员与会。

22家内外资企业也同时亮相,其被看做最有可能拿到直销牌照的首发阵容。同时,马秀红的"12字箴言":"公平竞争,内外一致,共同发展"已经看出商务部遵循

媒体眼中的直销

了内外资一致原则。"外资先行"的传闻不攻自破。

而在草案内容设置上,政府的意图已经很明显,即"抬高门槛,谨慎试点"。以高门槛进行数量的控制。

从以往市场调查的情况看,许多处于灰色地带的传销企业预见到立法的门槛可能很高,所以对取得合法身份奢望不高,从而乐于保持灰色的现状。

立法后对企业来说有两种可能,要么拿到牌照成为合法的直销企业;要么处于灰色地带打政策的"擦边球"。

处于灰色地带的企业越多,意味着政府的监管职责越重。一位业内人士表示,政府最担心"一旦放开能否管得住",这个问题不能妥善解决,直销法体系就不会尽快出台。(原载《中国经营报》2005 年 01 月 05 日)

第八章 直销企业试点

雅芳遇"冲击总部事件" 《直销法》一推再推

2005年4月8日,雅芳全球董事会主席兼CEO钟彬娴在北京突然宣布,雅芳获得国家商务部和国家工商总局直销试点的批准。

随后,商务部部长助理黄海在4月12日的《中国流通产业发展报告》通气会上向外界证实:"雅芳公司进行直销试点是经过国务院批准的。根据10家外商投资直销企业的实践,雅芳的店铺加雇佣推销员形式与以前有所不同,属于直销试点。"这成为商务部对此事唯一的非正式表态,也平息了业内的猜疑。

而发生在4月11日的雅芳经销商集体"冲击总部"事件则让敏感的直销界绷紧了神经。事件至少暴露了未来直销业将面临的一个普遍难题:一旦"雅芳模式"成为有中国特色的直销样板,未来中国直销企业将如何调和传统专卖店和直销两种渠道的利益? 雅芳"试点"的效果将直接影响到直销在中国的走向。

"冲击总部"事件爆发

4月11日,雅芳(中国)设在广州的总部遭到"冲击",60余名专卖店主到雅芳总部讨"说法"。

有不愿具名的店主告诉记者,雅芳从去年开始要求各专卖店招募推销员(SR),而这些SR拿到的折扣甚至比专卖店还低。由于这些SR多是大学生或者业余人士,

● 媒体眼中的直销

他们拿到低折扣后在校园或者网络上销售,给专卖店的生意带来很大的冲击。

众多专卖店主称,由于雅芳专卖店采用的是传统意义上的零售模式,店主以一定的折扣拿货而以全价卖出。现在,雅芳要跳过专卖店这一环节,由直销员向雅芳公司拿货直接面对消费者进行销售,专卖店的利润空间将被严重压缩。

专卖店主担心,雅芳再次"转型"后,众多的直销员加入会对专卖店的利益产生极大的冲击,他们希望得到雅芳利益保护的承诺。专卖店主还提出强烈要求,总部要解决以往留下的"压货"问题,让"经销商面对直销轻装上阵"。

雅芳方面由大中华区总裁高寿康出面进行沟通,但并没有拿出具体解决问题的方案。高寿康在现场直言,"退货"并不能解决问题,所以公司暂时不能答应。高寿康表示,雅芳会成立专门小组进行调查,在两周内给出答复。

雅芳成为行业风向标

专家认为,雅芳在"试点"后发生"冲击总部"事件并非偶然,在再次"转型"后,雅芳必须处理它面对的一系列问题,并承担必要的成本。同时,这也将是其他企业面临的问题,因为许多直销企业已经紧跟政府导向增加店铺、加快转型。

如新集团公关经理韩志远告知记者,在如新的计划中,将增开80家专卖店,突入二级城市。目前如新已经在中国开了100多家专卖店。之前安利全球老总访华也曾暗示安利将按中国法律做好转型准备。

北京商业管理干部学院副院长杨谦说,专卖店和直销员两种渠道面对的人群不一样,如果进行整合,很难从制度设置和利益分配方式上处理好;如果不整合,直销员又会对专卖店产生冲击。雅芳所说的将专卖店渠道独立进行运作的方案理论上可行,但很难操作,因为直销员渠道会分割专卖店市场份额。

直销专家胡远江对雅芳难题提出了两种解决方案:一、如果雅芳选择留直销员而逐步取消专卖店渠道的话,那么公司对门店就应做出相应的赔偿;二、如果两个渠道结合,那么雅芳就应给予留有对等利润空间的方案,使专卖店的利益不受损害。

雅芳方面提供的数据显示,目前中国雅芳拥有6000多家专卖店以及1700多个专柜。雅芳在中国去年取得的20多个亿的销售额中,专卖店的贡献达到了70%。专卖店对雅芳具有举足轻重的作用。

雅芳同样意识到这点,雅芳中国区副总裁孙长青告知记者,"在接下来的几周内,

第二部分
见证中国直销兴衰

公司将完成内部系统的准备工作以保证试点计划的顺利实施,雅芳将一如既往确保专卖店的盈利"。

"中国式直销"再等待

"冲击总部事件"这种不稳定的行业信息似乎再次增加了《直销法》出台的一波三折。针对"直销法5月出台"的传闻,在4月12日的会上,黄海说直销条例何时出台还没有具体时间表。

雅芳获得试点"牌照",有猜测认为政府更青睐"单层次直销"模式。而据未经证实的消息透露,试点企业将不只雅芳一家,还会有所增加。

另一件值得注意的事,是在雅芳宣布试点前不久,国务院法制办招集企业对直销条例听取意见,在这个会议上,很多企业都发表了自己的看法。与会的一位老总告诉记者,会议透露的信息显示国家肯定不会完全抑制多层直销模式。

按理说,所谓试点就是实践之后取得经验作为政策出台的依据,而在《直销法》即将出台前仓促搞一个直销试点,这在其他行业是绝无先例的。"雅芳试点"传达的政策信息更甚于试点本身:政府"鼓励"单层模式直销,但并不是"禁止"多层直销。

中国政法大学商学院常务副院长孙选中认为,从市场秩序建立的角度上讲,单层次直销更有利于监管。但单层次直销模式也只是一种过渡期的方式。随着中国直销市场的变化,单层直销模式和多层直销模式都有生存空间。

对于试点时间长短的问题,杨谦则表示,这要看试点的效果。从整体利益上考虑,国家有关部门会先观察一段时间,这个过程最少要一两年。待试点的问题得到解决、市场秩序建立、监管进一步到位后,国家才有可能会开放"多层次直销"模式。

胡远江在接受记者采访时表示,中国直销市场的发展,应该是从开放单层次,到限制层次,再到开放多层次,这才是今后的趋势。

同时胡远江强调,政府职能管理部门通过对雅芳公司的直销试点工作,能为直销立法的需要详实的基础数据和实践经验,为直销立法的进一步完善奠定基础。但是,也必须要看到雅芳公司在中国直销市场上的份额不到10%,如何把雅芳模式与中国直销行业的其他模式充分地结合起来需要进一步地认真思考,同时,在此基础上应充分考虑到这种试点的行业平衡以及由此引发的企业稳定、行业稳定和社会秩序的稳定问题。

媒体眼中的直销

一切都在变化之中,谁也无法预料中国最终将采取什么样的直销模式。在首轮较量中,虽然雅芳拔得头筹,但任重道远的雅芳仍要面对更多的棘手难题。而暗中观望的安利高层人士认为,中国最终还是会选择"多层次直销"模式。只是,安利们和国内的直销企业还需要耐心等待。(原载《中国经营报》2005 年 4 月 16 日)

雅芳经销商致雅芳(中国)总部的抗议信全文实录

目前的雅芳专卖店 95% 以上是经销商投资,AVON 招商时签约经营合同,是零售雅芳产品纯店铺经营,而不是直销企业的提货点。按照雅芳的开店要求(装修,家具,门牌灯箱,电脑 +POS 系统,铺货,店铺押金,押金,顶手费)。以在广州市 30 平方米投资计算为例:要投资人民币几十万元,每月开支:店员工资,店铺租金,水电费,工商费,地税国税大约在一万元以上。专卖店以零售利润来支付店铺的所有费用和收回投资成本。雅芳在说服投资商店时承诺能获取 34%-40% 利润空间。例:在正常情况下,一间专卖店平均每月顾客价销售额在 4-5 万,投资商在支付一万元以上费用的前提下还可以盈利。但从雅芳宣称直销以来,生意数月来明显下降的原因(网上购货折扣低于专卖店,大商场专柜价格低于专卖店),尤其是近数日来,大多数专卖店(位于北京路,石牌东旺铺的生意也是一落千丈,每天平均顾客价销售额从以前的几千元跌至一百至几百元不等,月销售额从 4-5 万急剧下降至 1-2 万元)。现在宣布直销,原店铺的会员老顾客都要转型成 SP(直销员),店内的店员因卖不出产品而收入减少流失。直销后的专卖店已经不是纯店铺经营,而是为雅芳设立一个直销提货店,而无法支持店铺的高额费用迫使专卖店面临倒闭。

介于雅芳再次转型直销给纯店铺经营带来的损失完全应该由雅芳公司出面和经销商解决!以下是广州雅芳专卖店所有经销商向公司提出转型直销后应对之前的投资商作出以下赔偿:

1. 雅芳公司应该回购转型直销前专卖店的产品库存,以便使经销商面对直销轻装上阵,全新投入到直销行列中。

2. 由于转型直销的利润空间有限,专卖店无法继续经营迫使之倒闭。雅芳公司应酌情补偿投资商开店费用(家具,装修,押金,租金,顶手费等)。

第二部分
见证中国直销兴衰

广州雅芳专卖店所有经销商恳请雅芳公司给予明确答复以上条款，以示诚意。

雅芳关于经销商到总部沟通的声明

有媒体报道称，4月11日数十名雅芳经销商聚集广州天河时代广场，要求退货。针对该报道，雅芳公司联系到新浪财经，发表以下声明：

> 关于2005年4月11日广州雅芳专卖店经销商到
> 雅芳公司进行沟通一事的说明

雅芳高覆盖率的固定销售网点为广大消费者购买优质的雅芳产品、享受全面的售后服务提供了便利。目前，中国雅芳拥有6000多家专卖店以及1700多个专柜，销售网络遍布全国各大城市。这一销售模式本身很适合进行直销试点。目前雅芳在全国开设的6000多家专卖店中，雅芳直接投资有几百家，更多的是雅芳公司授权专卖店。正是这些授权专卖店，给雅芳中国公司带来了每年40%的销售增长率。在去年雅芳在中国取得的20多个亿的销售额中，来自专卖店的贡献达到了70%。一如既往地确保雅芳产品专卖店的业务增长是我们的首要目标。所以雅芳在开展直销试点准备工作以前，已经为旗下专卖店的未来方向做好了计划。

由于一些经销商对一些情况不了解，造成了误解，经过及时沟通后问题已经解决了。开展直销试点前雅芳与专卖店都作了充分的沟通，也都得到了绝大部分专卖店主的理解和支持。但是面对6000多家专卖店和1700多家专柜，难免会出现一些新情况。专卖店主有些想法和建议是正常的。雅芳公司都会非常重视并给予及时解决的。试点期间，试点的体系将完全独立于目前的专卖店运作体系，无论在试点区还是非试点区，专卖店都将正常运营。不论是直销试点，还是未来的直销开放，都不会影响专卖店的利益。将来，雅芳将一如既往确保专卖店的盈利。在试点开放过程中，经销商由于对市场秩序不了解产生的一些问题，完全可以通过进一步的有效沟通得到解决。

转型直销后，雅芳将积极采取措施，确保专卖店的利益不受损失。不过对于具

◉ **媒体眼中的直销**

体细节，我们仍需要对许多程序和系统进行合理的安排及调整，所以目前还无法就这些具体细节与各位进行探讨。在接下来的几周内，我们将完成内部系统的准备工作以保证试点计划的顺利实施。届时，雅芳大中华区总裁高寿康先生将代表中国雅芳再次诚邀媒体朋友参观试点区域，亲身见证我们的试点工作以及取得的进展。

专卖店的发展，对雅芳和消费者都是极其重要的。作为销售终端存在的专卖店，可以解决直销中存在的"退换货难"的问题，也是确保直销健康发展的有力保障。

一次"被限制的试点" 雅芳面对直销行业难题

"全国三个试点地区，直销人员总数不超过 3000 人；直销员获酬总额不能超过将产品直接销售给最终消费者所得销售收入总额的 25%；团队计酬不被允许；直销员从业前必须经过严格的专业培训和考试；所有讯息一定要与主管部门联网；向政府部门交取 2000 万元的保证金。"

2005 年 4 月 19 日，国内首个直销试点企业雅芳，宣布了上述直销试点细则。由于直销试点与不久后出台的直销法规紧密相关，因此雅芳宣布的直销试点细则引起了广泛关注。其中，"奖金比例最高上限为 25%"及"团队计酬不被允许"这两项尤为使人注目。但是雅芳真正试点碰到的一系列问题，也让"雅芳们"和"安利们"产生困惑，进而对"今后的生活"充满了更多的期待。

商务部没有直销"单层""多层"概念

此前，雅芳的试点究竟是按多层次还是单层次进行是一大悬念。随着"奖金比例最高上限为 25%及团队计酬不被允许"两项约束，未来直销将采用单层次的论断浮出水面。

其实，在 2005 年 1 月商务部提交国务院法制办的草案中，《直销管理条例》与 2004 年 9 月的厦门会议上探讨的内容相比，就作了适当调整，其中就包括直销从业人员最为关注和最有争议的奖金比例问题，《直销管理条例》将其严格限定在 25%。草案规定：直销企业支付给每个推销员的报酬（包括佣金、奖金、各种形式的奖励及其他经济利益）只能来源于直销企业自身的经营收益，其总额不得超过

第二部分
见证中国直销兴衰

该推销员将产品直销给最终消费者所得收入总额的 25%，推销员只能向最终消费者直接推销产品，不得以任何形式通过第三方转卖。前一稿中"特殊情况下可增至 30%"的提法被取消。

但即便如此，北京商业管理干部学院的杨谦教授说："据了解，目前《直销管理条例》中没有单层多层的概念。现在就根据'奖金比例最高上限为 25% 及团队计酬不被允许'而认为未来直销将采用单层模式，这个断言下得还早。因为'条例'都很原则化，一切要等'细则'出台后才能做出判断。现在的直销企业或准备做直销的企业只需要做一个决策：到底要不要申请直销执照。"另外，对于单层和多层的问题，杨谦教授并不是特别看重。他说"直销不能完全以单层多层来加以区分。事实上以往所说的单层直销中也包含了多层的收入因素。过于强调单层多层的区别，也许会给未来的管理带来不利的影响。1998 年以前的教训应该吸取。"

中国直销业资深研究专家胡远江强调，试点方案更多的意义在于探索国际直销准则的多种形式、多种内涵以及与国情最能吻合的对接形式与对接内容。实际上，雅芳承载着一种被政府职能管理部门、行业等多方关注的"第一试验田"的任务。

雅芳的难题

雅芳大中华区总裁高寿康在谈到直销试点细则时提到："全国三个试点地区的直销人员总数不超过 3000 人"。外界观察人士认为，这对雅芳而言是个难题，是一次"被限制的试点"。因为三个因素限制了直销员的加盟：25% 的酬劳对直销员缺乏诱惑力，目前国内很多处在灰色地带的直销公司，给直销员的奖金比例大多为 40%～60%；对直销人员的严格准入，在正式成为雅芳的试点直销人员前，必须经过严格的培训，培训后须通过国家工商总局的统一考试并备案；直销员的推销范围有地域的限制，不能跨地域推销。

另外，如何平衡直销员与店铺的利益也是雅芳当前面对的一个难题。雅芳（中国）有限公司营运兼销售总经理陈志新表示："按目前情况，直销员将推销的产品跟雅芳店铺里的产品是一样的，但未来这两种渠道所销售的产品线将会分开，是不同的。保健品、内衣等必须在专卖店才能买到。此外，雅芳的美容项目也只能在专卖店里进行。"

经销商对此事的反应完全不同。有人表示："这个方案无法解决经销商的一些现实问题，比如如何收回专卖店投入的装修费、购买公司的家具费等。另外，顾客

媒体眼中的直销

已经习惯了免费的美容，如何再让他们付费？"也有人认为："大局还没定，现在担心有点早。雅芳不可能让我们这些专卖店生存不下去。"

杨谦认为："雅芳现在比较苦恼的应该是两种系统未来的平衡。现在他们的战略还看不清楚：是要转型还是增加渠道？两种选择都会付出成本。如果是增加渠道，就要面临两种渠道的区隔，如果采用现在的产品区隔，这将让管理变得困难，两个渠道必然会互相渗透。因为店铺与直销员十分分散，分散度越高，管理越难，如杀价、蹿货等问题更难控制。而且终端消费者是不懂这两套系统的区别的。所以最好是品牌区隔。"

等待中的"安利们"

据了解，目前云集国内的众多拥有直销背景的企业，95%均采取的是多层次直销模式。现"单层次直销"获国家首肯，那么其他直销企业是否会改变模式靠拢雅芳模式呢？

具体针对此次试点情况来说，25%的销售奖金比例上限，也颇让许多直销企业恼火。在此之前，安利中国日用品有限公司的董事长郑李锦芬就曾表示："在国外，目前只有韩国对公司发放报酬金有明确比例要求，不得高于产品的35%，而其他市场并没有给推销人员的酬金设上限比例。我认为30%～35%的报酬金比例相对比较合理。"

对此，中国直销业资深研究专家胡远江认为，虽然25%的奖金比例获准，国家首肯单层直销模式，但直销法的具体方案尚未出台，试点方案不会在未来2～3个月改变目前中国直销行业的市场运营格局。

而在"安利们"看来，一旦"总划拨"式的薪酬体系变成现在的"与每个直销员挂钩"，那整个直销行业将变得没有吸引力，那将是直销在中国的变形。显然，那些正如日中天的直销企业不会坐以待毙，他们将采用变通的做法。杨谦就表示："为了应对这种变化，企业肯定需要在制度上进行调整。"有直销企业表达更是直白："企业骗政府还不容易？"（原载《中国经营报》2005年5月1日）

第二部分
见证中国直销兴衰

雅芳变革：直销立法前的供应链之争

《直销立法》草案的出台，商业部人士曾明确表态此次颁发牌照将本着"内外一致"的原则。届时，无论是拿到直销牌照的外资企业还是内资企业，其销售模式的改变都将对企业供应链的管理提出更高要求。

1998年起由于直销模式在中国遭禁，雅芳中国的供应链模式也被迫开始经历了一场大的变革。时至今日，雅芳目前在中国拥有6000多家产品专卖店和1700多个专柜，这一庞大网络已经成为中国第三大营销网络，仅次于中国邮政和柯达。而供应链变革涉及了配送形式、信息系统及人员组织等各个方面。

曾有专业人士指出：未来企业之争重点就是供应链之争。而直销企业的供应链更是其企业的生命线。为此，我报特别选择对雅芳持续至今的供应链管理改革过程进行一次剖析。

"无论哪种模式之下，供应链都是需要改革的"

旧有的供应链模式带来的大量细节问题，对于必须特别关注消费者个体感受的化妆品行业来说，会直接影响到销售成绩和服务质量，也会损害企业的核心竞争力。

中国雅芳的供应链管理改革始于1998年的信息系统改革。那一年，中国雅芳由直销模式转成批发零售模式，原本就不适合中国的旧信息系统需要做大量修改，令工作变得复杂而又缓慢。雅芳的信息部门也因此而下决心研发自己的系统，一场与供应链相关的改革由此拉开序幕。

转变销售模式虽然是一个引子，但雅芳（中国）有限公司销售营运总经理陈志新认为："无论哪种模式之下，供应链都是需要改革的。"陈志新的话道出了当时供应链存在的严重问题。

从1998年到2000年仅仅两年的时间，雅芳在中国已经有了5000多家专卖店，1600多个专柜及多个零售网点。在早期"工厂仓库－各分公司仓库－经销商自提"的供应链方式下，雅芳将货物从总部广州运到全国74个分公司的仓库，由经销商自己去到所属区域的分公司提取货物，然后在专卖店或专柜向顾客出售。

这一模式的弊端很快显现出来。首先，商品的周转时间过长，销售业绩浪费在

媒体眼中的直销

了路途上。雅芳大中华区信息技术服务部副总裁沙泰国举例说，新疆南部和田的店主去乌鲁木齐拿货，必须坐整整一天的火车到喀什，然后再转坐12小时的汽车才能到达。这样来回离店的时间差不多一个星期。

供货周期与产品销售周期不匹配的矛盾因此而越来越明显。中国雅芳平均每4周就发新的宣传册子，推出新产品。这种短期销售周期需要一个很有弹性、反应很快的供应链。不能及时配送会使销售活动的效率大大降低。从1999年到2002年，雅芳经销商的流失率超过市场正常的流失比率。

不仅如此，雅芳的生产能力每年上升40%～60%，销售终端也迅速发展蔓延至全国7000多个点，库存和配送不断面临着新的需求。为了保证各地经销商的提货需要，分公司向工厂订货的数量不断上升，于是，分公司仓库的库存大幅度增加，租用的仓库也越来越大。分散在中国各地的74个仓库的大量仓储、出纳、打单作业使雅芳的运作成本居高不下。

改造核心是实现"直达配送"

从2000年底开始，中国雅芳决定从战略高度，重新整合供应链模式，创立了他们称为"直达配送"的一套体系。

首先是信息流、物流及资金流系统再造。

新供应链设计的思路首先集中在提供产品的信息流和物流及资金流上。

在信息流环节，雅芳自行开发了一套基于因特网的经销商管理系统（简称DRM系统），经销商能利用互联网和DRM系统随时获取产品、知识、价格、促销等信息，并通过网络下订单、付款，足不出户完成全套订货流程。

雅芳总公司在确认订单信息并发货后，经销商也能通过DRM查询货物的在途情况。这样能有效保证"订单正确率"和"订单满足率"的高实现率，而且，经销商即使在千里之外，也能随时在互联网上"看"到所购货物的所有信息。

在物流环节，雅芳取消了原来在各分公司设立的74个大大小小的仓库，在广州、北京、重庆、上海、武汉、沈阳、西安、郑州、乌鲁木齐9个城市设立区域服务中心，雅芳生产线上的货物按实际的需求直接从广州运输并存放到9个区域服务中心，每个区域服务中心覆盖相邻省市的产品配送。

区域服务中心的选择上，雅芳注重地理位置和交通状况，因为要保证快速直达

第二部分
见证中国直销兴衰

配送，交通便利是个很重要的因素。

雅芳还与中国邮政等4家国内大型第三方物流公司建立了战略伙伴关系，实施"门对门服务"。物流公司在送货前会向经销商预约送货时间，并且随时更新在途信息。

对第三方物流企业的选择，雅芳很注重物流企业对物流的理解是否与己一致，并选择在配送能力和经验、网络覆盖水平及网上资金安全划转等方面有优势的物流企业。

在资金流环节，通过与银行网点的自动链接，雅芳供应链能有效利用网上银行服务实现电子付款，资金可即时到账，大大精简了资金运作的流程。

围绕着供应链改造，还有一系列人员、资金和组织的重组问题。陈志新说，新供应链模式的推广并非一帆风顺，最难的在于改变人们的心态和观念。这里说的"人"，包括员工、合作伙伴、供应商、经销商、顾客等等。雅芳用教育、说服、沟通，来逐步使各方理解和拥护新的供应链理念。

提升顾客满意度、减少库存量和降低成本

如何提升顾客满意度、降低企业库存量、降低成本是改造的关键。

由于改变了专卖店店主上门提货、长途车取货等配送方式，比起过去可能长达一周的时间，现在的供货周期明显缩短，产品的销售速度加快了，专卖店对市场的快速反应、持续补货的能力也有所加强。这些都直接提升了服务质量和水平，提高了消费者的满意度，销售收入较流通体制改革前明显增加。

目前，雅芳的"直达配送"物流管理系统已经扩展到全国各大小城市、甚至乡村，覆盖7000多个销售网点，全面实现72小时内"门对门"妥善送达，对重点城市实现48小时送达，在一些大城市已经实现了24小时送货上门，这种做法使得存货周期下降40%以上。

自雅芳实施"直达配送"以来，全国各个分公司的管理成本呈现下降趋势。

就拿物流成本来说，其中运输成本一般占3%～5%，存货成本占30%，而仓库成本（包括人事费用和仓库租金）至少占60%。

在过去，雅芳全国74家分公司会租赁74个仓库和发货区域，考虑到运营便利等原因，都需要租街道旁边的一楼门面，耗费了大量的租金。而且74个仓库的管理、发货、结算，还要大量的人力来维持。

媒体眼中的直销

现在，雅芳9个区域服务中心分拨库的仓库管理都是第三方物流商负责执行。雅芳74个分公司负责收费、仓库、管理、打单等营运工作的员工，从600个左右减至192个人。如果用一年最少1万元/人来计算员工工资，现在每年就至少节省了408万元。

从经销商角度出发，由于不需自行提货，存货又减少，经营成本也显著降低。

"直达配送"的建立耗资巨大，但陈志新说，建设"直达配送"，是把原来单纯的成本消耗转化成了投资，为将来更完善的物流系统的投资。过去大量的租赁成本、人力成本、甚至经销商方面的成本，现在都转化成了建设便利物流平台的投资，用这些原本消耗掉的资源添置设备、开发系统、培训人员，从而达到更高的成本效益。

尽管好处很多，但陈志新说，"直达配送"这种新模式对雅芳来说，其实也是个很大的挑战。国内目前的物流供应商已经拥有很好的网络基础，很多生活用品都能送到消费者的家门口，但由于雅芳的业务范畴和经营品项的复杂性，对第三方物流供应商提出了更高端的要求，比如时间效率、人员素质、服务质量和内容范围，等等。

目前与雅芳合作的第三方物流虽然已经具有网络优势，但与国际先进的物流公司相比还有很大的差距，而那些先进的物流公司目前还没有真正进入中国市场。为了更好地提升竞争力，国内的物流供应商也愿意以相对比较低的利润来与雅芳合作，以建立未来的竞争实力。

直销若开放 "宅配"是下一个目标

雅芳在做供应链改造之时，并不能预见中国有可能会开放直销市场，但雅芳现在的供应链模式，却已在无形之中为将来的新形势打下了基础。

从总体上讲，一旦直销市场开放，雅芳这一系统将发挥强大的监控功能，充当公司与经销商之间的双向沟通渠道。一方面经销商会将所有确切的营运数据，包括销售人员的资料都输入系统，从而使总部对所有经销商的需求和各方面的情况也能了如指掌；另一方面，只要在总部的数据仓库中取样分析，就能评估销售策略是否合理，方便公司随时向经销商提供反馈意见，从而大大增强了对市场的应变能力，加强了对所有经销商的有效监控和管理。

此外，雅芳目前已经拥有的庞大网络和"直达配送"系统，即使再用直销模式，也能充分保证销售人员快速从终端提货并送到顾客手上，取得一定时间优势，从而

第二部分
见证中国直销兴衰

提升顾客的满意度和忠诚度。如果没有"直达配送",受店铺网点少、距离远的限制,直销推销员就必须囤货,否则接到顾客订单后,将需要比较长的时间才能把货送到顾客手中。

但是,对在中国将经销商模式运用熟练的雅芳来说,1998 年不得不放弃的直销模式似乎已经成了彻底的过去。展望未来,陈志新说,如果将来开放直销市场,对供应链管理的要求会更高。因为直销减少了中间渠道的环节,物流系统所面对的不再只是店铺、专柜,而是相对分散很广的、密度更高的消费者。

"宅配"是雅芳的下一个目标。那时雅芳的终端将由 7000 多个上升为数万乃至数十万,这个工作量比现阶段大得多,难度也更高。比如,现在送货到店铺,店铺一般都在一楼、路边或者大型商场里面,方便停车、搬运货物,如果直销开放,送货的需求有可能发生在住宅小区里的某个家庭,是不是能有地方停车、有电梯运货,这就要求雅芳和物流供应商们一起提供更好地解决方案。

为此,雅芳还将继续摸索出一套既适合经销商模式又适合直销模式的供应链。

(原载《中国经营报》2005 年 4 月 5 日)

第九章 中国队入场

天津天狮本土直销界中翘楚

2003年便成功登陆纳斯达克、2005年正式进入美国主板的天狮集团堪称国内名气最大的"准"直销企业,在多年申牌未果后,2011年3月14日本报独家获悉,其已在3月11日正式成为第27家拿牌企业。

获牌前天狮辗转多元化,"天狮2009年销售额便在70亿左右,其中国内只有21个亿,主要面向俄罗斯、南非等市场。"世界华人直销促进会秘书长禹露认为,作为中国最大的保健品公司和本土直销界中翘楚,天狮拿牌呼声一直很高,不说被哈药和新时代、隆力奇等大型国企和民企超越,甚至被葆婴、绿之韵等相对不出名的公司后来居上的原因可能在于其表现一向甚为高调,令商务部觉得不如外资公司容易监管,担心走上1998年的老路。

记者了解到,上周以12亿美元资产排在福布斯全球富豪排行榜第993位的天狮总裁李金元行事素来高调,2007年便宣称投资2.5亿美元进军零售业,打造百亮超市,三年开店千家。但在2008年下半年门店就相继谢幕,仅剩下寥寥几个,高薪请去的操盘手也相继离开,成为转型失败的案例。而去年初,李金元又表示将投资70亿在天津打造"365天的世界博览会",建成后实现高达300亿的产能,10月天狮国际健康产业园开园时,投资2.5亿兴建的泰济生国际医院试运营,又提出将巨资兴建国际化的大学,可谓想法多多。

媒体眼中的直销

"无论是超市还是旅游,最终都是要为天狮的品牌知名度造势,为核心的直销业务服务。"直销专家天问如此看待天狮未拿牌前的摇摆与多元化,"况且其直销业务实力强劲,在很多国家已取得成功,拿牌后更可大展身手。"(原载《南方都市报》2011年3月15日)

中山理科高新技术企业

中山市理科虫草制品有限公司,创建于1992年春,位于中山火炬高新技术开发区,占地面积20000平方米,总资产1.1亿元,是目前亚洲投资最多,规模最大,实力最强,品质最优的专门致力于研究开发、生产、经营冬虫夏草系列健康产品的高科技企业,理科是广东省科技厅认定的"高新技术企业",是国家科技部指定承担"用中药发酵技术开发高效虫草培菌养物"科研项目的单位,于2003年11月一次性通过GMP认证。理科还投资组建理科生化药业有限公司,并拥有自营出口权,和拥有市级企业技术中心一个。

2007年1月10日,商务部直销行业管理信息系统发布中山市理科虫草制品有限公司申请直销牌照的声明。

福州福龙发展国际化道路

福龙生物制品有限公司,位于中国福建福州,由杨兰钦先生于1982年创办。

福州福龙生物制品有限公司集综合性开发、科研、加工于一体,聘请了一大批国内一流的专家包括中国科学院在内的专家指导和合作,作为福龙公司的智囊团.拥有国内外做先进的技术和设备,研制和生产出一批高科技福龙生物制品,提供工艺先进、产品一流、质量保证,市场广阔,服务于人类的高科技产品。

二十多年来,福龙公司本着诚信经营、立足长远的企业战略,在各个方面都取得了长足进步，已发展成为一家前后向一体化、销售网络健全的高科技企业。

福龙致力于传承祖国五千年传统医学的精髓——"养命"文化，并以现代生物技术为依托，开发了包括保健食品、个人护理、家居清洁、美容化妆等多系列近百种产品。为完善管理机制，不断提升竞争能力，福龙公司不仅自主研发生产设备和工艺，还先后通过了 ISO9001:2000 国际质量体系认证及保健食品 GMP 认证，同时拥有多项国际专利，生产技术和工艺水平位居国内外先进行列。

目前，福龙已摸索出了一条符合自身发展的国际化道路，业务渠道辐射世界多个国家及地区，与境外企业建立了广泛的战略合作伙伴关系，先后在北京、上海、沈阳、杭州、南京、合肥、福州及香港等城市成立了分公司，并计划在俄罗斯、美国等国家设立分支机构，逐步形成全球性服务网络。

北京新时代行业内唯一的央属企业

新时代健康产业（集团）有限公司成立于 1995 年 3 月，是中国新时代控股（集团）公司的控股子公司，是集团的支柱产业之一，属高新技术企业，总部设在北京，注册资本一亿元人民币，是行业内唯一的央属企业。

2006 年 8 月 16 日，新时代健康产业集团获得国家商务部颁发的《直销经营许可证》，是直销行业内首批获得直销牌照的内资企业之一。

多年来，新时代健康产业集团始终坚持"发展民族产业，造福人类健康"的企业宗旨，继承和弘扬中华民族养生文化和"药食同源"文化，不断挖掘和利用中医药文化的精髓，综合开发和利用本土自然资源，充分运用高新科技，研发生产出浑然天成、营养丰富、特色鲜明的"国珍"系列绿色保健品和营养食品，推出了品位优雅、效果卓著的"香兰阁"、"竹珍"系列化妆品和日化产品，引领百姓走进健康新生活。经过十多年的发展，新时代健康产业集团已经发展成为集原料采集、科研、生产、销售、服务为一体，包含 6 个子公司（事业部）和 31 个销售分公司的大型企业集团。

● 媒体眼中的直销

广州九极推动中国保健产业的健康发展

广东九极生物科技有限公司，是香雪集团旗下的全资子公司，成立于1999年6月18日，是致力于保健食品、保健日用品、美容护肤品和健康食品的研发、生产、销售和服务于一体的高新技术企业。2011年，九极生物成功并入香雪集团，拥有了更为雄厚的实力支撑，获得了更大的发展平台。

九极大力弘扬传统中华医药保健养生文化，以提升中华民族保健意识和人类健康水平为己任，在不断的摸索中创新自强，以推动中国保健产业的健康发展。富有九极特色的人才优势是九极发展的核心竞争力，九极云集了一批主要来自原第一军医大学的专家教授，他们所从事的专业覆盖了基础医学、临床医学、预防医学和保健医学等领域；他们深入社会，以传播健康理念、推广医学保健知识，深受广大消费者的欢迎和赞誉；他们紧跟世界保健医学前沿，以现代医学和现代生物学理论为指导，与祖国中医学、中药学相结合，用先进的生产工艺，从药食两用植物中提炼安全高效的精华成分，开发研制出高科技、高品质、高效能的保健产品。

广东九极生物科技有限公司 于2013年7月23日取得直销经营许可。

大连美罗国际引领民族健康事业

大连美罗国际生物有限公司，是一家集生物保健品，特殊营养食品，美容化妆品，生活用品专项产品的科研、开发、生产、销售、于一体的高科技技术产业；是一家历史沿革80年之久的大型药业上市公司，同时具有三年以上行业经验，在世界五大洲，几十个国家和地区经营的大型跨国直销企业。美罗国际弘扬千年养生文化，创造人类健康源泉为己任，树立起"共创人生价值，同享社会繁荣"的旗帜，成为引领民族健康事业的典范。

大连美罗药业股份有限公司专业从事药品和保健品制造。2000年在上海证券交易所以4000万A股上市，其生产、批发和零售均以得到国家GMP和GSP认证，曾荣获"全国医药行业优秀企业"、"全国质量效益型先进单位"、"全国五一劳动奖状"等荣誉称号。美罗药业总资产 8.71 亿元，净资产 6.26 亿元，包括 15 家分公司、9 家子公司和 2 个药物研究院。

大连美罗国际生物有限公司承接了大连美罗药业集团旗下全部保健品产业的研制、开发及生产，展示着其强劲的发展势头和巨大的发展潜力。大连美罗国际生物有限公司下设 4 家研究院所、拥有国内外七家分公司和众多国际国内医药、卫生、保健、微生物、生产、营销、管理等领域的杰出人才。陆续在马来西亚、美国、印尼、蒙古、越南、日本等国家和香港特区设立了子公司和分支机构，迅速建立了横跨欧亚大陆庞大的市场服务网络。

2012 年 12 月 19 日年美罗国际生物科技有限公司获得了第 33 块直销牌照，其直销区域为吉林省 4 市 22 区，产品范围为 1 类 3 种，直销培训员备案 4 名。这是吉林省获得的第二块直销牌照，也是东北三省第三家获得直销许可证的企业。

大连富饶现代化的高科技企业

大连富饶企业集团有限公司是一家运用高新技术，集生物农业、天然植物精华化妆品系列及保洁日用品系列的研发、生产、电子商务销售于一体、多元化、现代化的高科技企业。企业前身为大连富饶食品有限公司，2004 年 11 月组建大连富饶企业集团，旗下有大连富饶日化用品有限公司、大连富饶健康科技开发有限公司、大连富饶企业管理顾问有限公司、大连富饶文化传播有限公司 4 家子公司。企业注册资金 1.04 亿元，在大连市甘井子区已建成建筑面积 30970.48 平方米的现代化工厂，其中已建成 5600 平方米 GMP 标准车间，目前在大连市投资规模近 6 亿元。

企业目前生产、销售的产品主要有三大类：

一类是：富饶"艾肤琳"牌化妆品系列

二类是：富饶"艾肤琳"牌保洁日用品系列

三类是：富饶"豆豆豆"牌浓缩复合芽苗蔬果健康食品系列

企业的生产设备、品质检测均达到国际先进水平。其生产过程采用国际同行业

◉ 媒体眼中的直销

领先技术及自动化生产设备，管理体系先后通过了 ISO9001:2000 质量管理体系认证、GB/T28001:2001 职业健康安全管理体系认证、ISO14001:2004 环境管理体系认证、食品 GMP 认证、HACCP 食品安全管理体系认证、食品行业的 QS 认证，是大连市食品行业 1700 多家食品企业中为数不多的通过 A 级审核的企业之一，产品质量具有可靠的保证。

第二部分
见证中国直销兴衰

专家访谈：

"直销生死劫"影响深远
——访北京海畴企业管理顾问有限公司董事总裁胡远江

记者：百年大计，教育为本，教育可谓一国之基。那么对直销行业来说，教育培训又有怎样重要的意义呢？

胡远江：教育培训对于直销企业来讲，是事关战略性的事情。价值在于，第一，能够把直销企业的战略和思想很准确地传达给企业所有人员；第二，对直销企业的核心价值观和文化的推广是核心途径之一；第三，对直销企业人才打造和组织的健康成长具有决定性的作用；第四，对整个直销企业业绩的发展的保障是有利的助推系统。纵观这些层面，教育培训工作的好与坏，直接影响直销企业的健康持续发展。所以是战略层面的问题，不仅仅是战术上的设计和策略的运用。

记者：直销行业发展二十余年，在教育培训上是否走过弯路，都出现过哪些问题？

胡远江：中国直销发展二十多年，不仅是直销企业成长的二十多年，也不仅是整个行业风雨坎坷的二十多年，还是直销教育发展的二十多年，在这个历程里出现了一些问题。可能每个企业的情况不一样，每个阶段的情况也有所不同。归纳起来存在四个方面的问题：第一，从直销教育内容的涉及上有方向的偏差，比如对直销理念的正确解读，对直销营销方式的正确认知存在一些问题。到底是以产品为导向，还是以机会为导向，在过去的教育培训中有方向性的偏差；第二，在直销教育的范围上，过去比较强调对直销从业人员的教育，忽视对直销管理人员或关联的工作人

媒体眼中的直销

员的教育,真正完整的教育应该是二者的组合,这样才能让市场形成良性互动;第三,在直销内容板块的设计上不够完整。完整的直销教育可能会有直销政策法律方面的板块,基础知识和理念的板块,更有直销企业规章制度的板块,还有直销人的基本素养和道德水平的教育。但是这些在过去的教育里,模型的设计不完整,比如有的缺乏政策法规的培训,有的缺乏直销基础知识的培训,有的缺乏对于直销商基本素养和商业道德水平的教育,而单纯地注重实战的技术;第四,在过去二十多年直销的发展过程中,在形式上有不科学的一面,在早期,特别是上世纪90年代,金字塔销售这种传销行为绑架着中国直销向前发展的时候,有些很激进的魔鬼训练、洗脑式教育、潜能教育等最终演化成狂飙突进式的教育,就会存在问题,也损伤直销作为正常教育所必须的严谨和理性的方式。归纳起来,在过去二十多年的教育里存在一些问题。有的问题随着中国直销的发展和中国直销法律的重新确立,得到了良好的改观,有的还依然存在,总体上呈现良性的改变和发展的趋势。

记者:相对于以往激进的,以潜能教育为主的教育怪状,直销行业教育培训是否更趋于完整和理性?

胡远江:中国直销走过了二十四年的发展,在野蛮生长阶段,比如上个世纪,确实出现了狂飙突进式的激进主义的培训,现在来看,经过了时间的进程和中国政府对直销行业存在各方面问题进行规范管理以及法律的约束,直销行业的教育培训呈现除了比较理性的一面。主要表现在:第一,从形式上回归到更加严谨、有秩序的培训方式;第二,从内容上,从单纯的成功学的培训演变成"知识+机能+成功学"的完整的培训;第三,从师资的角度,在上个世纪野蛮成长的阶段,一些师资主要来自中国台湾、东南亚直销发展比较早的市场,他们带来的授课风格是以快速催生行业成长的激励为主,更多讲师在风格上比较理性、平和,而不是癫狂式的教育。

记者:什么样的教育培训方式,更适合今天的直销行业?

胡远江:中国的直销行业特别是两个条例颁发以后,已经运行了8年的时间,目前也有44家依法获得批准的直销企业,什么教育适合直销行业和企业的发展?第一,整个框架比较完整的设计体系。比如政策法律教育、直销基础知识的教育、直销基本技能的教育,消费者知识的教育,产品知识的教育、个人成长的能力和素质的教育,这样比较完整的内容的结合,适合直销行业的健康发展;第二,在教育过程中应该是严谨、理性、活泼,这样几种风格的结合更适合今天直销的教育。当然,每个企业的情况不一样,从行业来讲,要树立整个行业的正理正念,可持续发展的一些基

第二部分
见证中国直销兴衰

本要素，弘扬正确的行业观，健康的直销企业的成长思想、个人健康的从业理念和共同的商德约法。把行业的正能量展示出来，这种教育比较符合我们今天直销的发展。

记者： 您刚才也提到了制度的教育、法律法规的教育、技能的教育、包括个人成长等方面的教育，企业是否能够独立完成教育培训？

胡远江： 不一定。比较成熟的企业，运营时间比较长，一直在业绩、直销队伍、客户规模、企业技能等方面有一定沉淀的企业有独立自由的能力来完成。随着国家对直销行业的开放，发牌的速度也会加快，新进入直销行业的企业会更多，在这个过程中，如何比较完整地执行教育，企业面临着很重要的挑战。比如教育人才、模型设计、教育内容的完整规划等方面的挑战，整个教育面向市场和市场成长性相适应的教育执行的挑战，都是他们在短期内很难完全依靠自己的力量做好工作。

记者： 外聘直销培训专家与公司培训相结合的方式，对企业来说有哪些益处？

胡远江： 益处还是非常大的，有的企业由于时间比较短，运营的绩效还不足，很难依靠自己的力量来完全执行教育，就需要外来的力量来弥补。首先，通过和专业的教育培训机构合作，能够弥补企业自身在教育培训方面规划、设计、执行、师资、资源等能力上的不足；第二，外来的和尚会念经。一般来说，我们对教育培训是有审美疲劳的。对于被教育者来说，需要有新的资讯、新的课程、新的思想和新的教育流程的注入，减少从业过程中的审美疲劳；第三，直销企业的发展通常会有一个规律，在管理上不做好充分准备，其中包括教育培训，就很难适应市场的成长速度。往往我们看到的情况是，市场高速发展，规模不断扩大，销售人员越来越多，他们对公司实行教育的能力要求越来越高，在这方面公司的教育管理滞后于发展，这样就形成了空挡或不足，这就需要借助外边的教育机构来弥补自身教育力量的不足；第四，依托于教育机构，特别是直销行业里的专业机构，这样的机构有丰富的经验，也有整个行业对于资讯的全面掌控，包括别的企业做得好的或者人才组织成长比较有效的方法。通过与这些机构合作，也是将别的企业良性发展、高速发展的经验、教训、技术、资源等方面带到公司来，这样价值就更大。

记者： 企业和系统应该怎么做，才能促进行业健康稳健的发展？

胡远江： 要想整个行业发展，需要每个企业都能健康有序发展，也要求整个直销从业群体能够持续发展，这两个基本群体能够健康持续发展，必然会引领行业持续成长。对于直销企业和系统来讲，我认为在教育培训上有几方面工作要做：首先，从战略高度上认知和把握教育培训的重要性。不要单纯地当成战术层面刺激业绩成

媒体眼中的直销

长的手段,当战略正了,在策略上再加以科学的方法,整个组织的成长才会稳健、有序、又好又快;第二,在从事教育培训的内容上,要正确地阐述直销行业的科学发展观,阐述整个行业的健康成长是建立在正确的直销理念、正确的直销行为、正确的直销技术,把教育的立足点和出发点建立在科学发展的基础之上,这样才能引领行业的发展;第三,在企业和系统的教育培训里,要随时随地传播正能量,不要传播投机主义思想。要真正地把正理正念和行业发展的思想和行为阐述清楚;第三,在直销教育里边,对企业和经销商的教育,要有一个行业发展的健康的商德约法教育,使他们能够随时随地约束自己的行为,在健康有序的轨道之内运行,不至于越雷区、越红线,甚至背离直销作业的原理。只有这样,企业和系统紧密配合、高度重视、方法正确、内容健康,才能促进整个行业稳健发展。

记者:有人说教育培训是直销融入主流的最高使命。对于这样的说法,您怎么看?

胡远江:良好的教育培训对直销融入整个商业流通主流领域有不可或缺的作用。政府的职能管理部门、消费者以及从业人员能够认同,直销自然就能融入主流。在这里边,教育培训能起到什么作用呢?第一,教育培训要传播正确的理念,包括直销的知识、行为、发展、本质和对社会的价值,传播健康的理念;第二,传达直销人正确的作业方法,推动诚实劳动下的个人创业和发展的思想,而不是弘扬投机取巧的不成熟的思想;第三,教育培训对于整个行业与金字塔销售和不健康的行为做斗争,只要传达健康的理念,一些不健康的思想慢慢的被大家看清本质,这也是国际上所讲的对传统的商业文化的遵循。我们教育培训在这些方面能担负起责任,承担起使命,直销行业进入商业主流也是水到渠成的事。(原载直销专业网)

第三部分：
直销法律出台（2004~2005年）

  在《直销法》即将出台的预期下，许多行业巨头难耐冲动。大企业进入直销领域，无疑会促进这个行业的规范和发展。但是一套完整的直销框架建立起来，也需要高额的成本和数年的时间。对采用传统销售模式的企业而言，变更或增加另一种销售模式是否会得不偿失还有待观察。

  草案的正式递交是直销法规出台的关键事件。直销法规一再延误主要原因是，一方由9月份厦门会议上商务部的立法思想转变为"内外一致"，与之相应的条例紧跟着调整，《外资直销企业管理办法》并入《直销管理办法》；之后《禁止非法传销条例》又鉴于市场开放后的风险反复在工商总局局务会议上讨论。

第十章　法律出台前夜

直销巨头集体赴京催生直销法

如新企业集团全球 CEO 专程从美国飞抵上海，昨晚向中国总部的同事面授机宜后，顾不上拂去肩上仆仆风尘又飞赴北京。差不多同时，安利、天狮、南方李锦记、康宝莱等具有海外直销背景的外资公司全球 CEO 们都已在赶赴北京途中。

这些 CEO 有着同一个身份：世界直销协会联盟首席执行官委员会成员。他们刚接到通知，世界直销协会联盟的本次例会定于 1 月 12 日至 13 日在北京国际俱乐部召开。

据悉，这是世界直销协会联盟首次在中国内地举行例会。就在一个星期前，广受市场关注的中国直销法规终于在商务部和国家工商总局会签后正式递交国务院法制办。时间前后如此"巧合"，不禁让人感到直销业的"气候"将要升温。

直销巨头首度聚会中国内地

有关方面透露，2005 年 1 月 11 日晚上举行的盛大宴会上，中国政府部分与直销立法密切相关的官员将会出席。由于中国此前并未存在法律认可的直销企业，故中国并没有本土企业是世界直销协会联盟的成员，也不会参会。不过，在中国进行运营的部分外资企业则获得了进入首席执行官委员会的资格。例如南方李锦记董事长兼总经理李惠森便以关怀国际（香港）有限公司董事长的身份成为了第一批首席

● 媒体眼中的直销

执行官委员会成员。

目前为止,会议的具体内容暂未获知。中国直销传播网 CEO 王万军认为,本次会议在北京举行,估计与中国政府商讨直销立法内容及开放时间等重要议题有关。

据了解,世界直销协会联盟首席执行官委员会,是世界直销协会联盟的最高权力机构,主要负责该联盟的行为守则的制订、商誉的建立和维护、财务预算、对外政府公关等方面的工作,在世界各地举行例会。它成立于 2003 年,每隔九个月定期在各大洲轮流举行一次会议。第一届会议在美国举行,第二届则在法国举行,第三届因为考虑到中国市场的重要性,决定将在亚洲举行会议的地点定在北京。这也是世界直销协会联盟第一次在中国举行会议。

1 月 12 日上午 9 时 30 分,当来自世界各地的 18 家跨国直销公司的 CEO 们全部进入到会议厅后,通往北京国际俱乐部饭店二楼至尊厅的会议厅门被迅速关闭。饭店的保卫人员随即对会场外进行清场,闻讯赶来的媒体记者们在吃了会议的闭门羹后,又被保安们有礼貌地请出了饭店。与此同时,WFDSA-CEO 峰会(世界直销协会联盟首席执行官委员会峰会)拉开了帷幕。

这是一次低调的峰会。但由于此次世界直销协会联盟召开北京会议期间正值中国政府直销立法的敏感时期,在消息传出后,受到了舆论界的密切关注。

当 12 日上午记者向 WFDSA 峰会一位女士求证,巨头们的盛大晚宴有无中国政府官员参加时。这位女士否定了"由政府人士参加的盛大晚宴的"说法。

与中国直销立法无关?

采访中,记者了解到,此次北京会议是 WFDSA-CEO 峰会首次选择在中国内地举办。为什么要选择北京?此次会议的议题是什么呢?将要探讨什么样的内容?成为不少人的心头疑问!会议日期定在备受业界关注的中国直销法规被商务部和国家工商总局会签后正式递交国务院法制办的一周之后,难道只是时间上的"巧合"么?

就在媒体猜疑过程中,1 月 12 日中午,世界直销协会联盟首席执行官委员会主席狄克士(Mr.dickdeVos)和秘书长尼尔·奥芬(Ntil H.offen)在会议间隙接受了少数几家媒体的采访。

"此次 WFDSA-CEO 北京峰会的议题内容是通过 2005 年协会预算草案,同时将直销协会成员企业召集起来进行一些沟通,看在世界各地直销业发展到了什么样的程度,存在着什么样的问题,有什么样的新情况发生。"狄克士首先向记者们介绍说,

第三部分
直销法律出台

"现在由于世界直销协会联盟在各行业中尤其是直销行业中发挥着协调作用,所以每年都要召开例会,宗旨是加强行业中多家大公司首脑人物的个人联系。"

那为什么会议首度选择北京呢?狄克士表示,目前直销这个产业在全球的产值达到900多亿美元,在世界各地已经遍布着5000多万的直销从业者,而且全球直销规模还在不断扩大,业务还在快速增长。在这样的背景下,我们意识到中国以及亚太地区已经成长为世界直销行业的重要市场。我们相信,中国的直销市场在未来时间里仍具有很大的潜力。所以上次在召开峰会时,就确定将此次峰会选到北京来进行。因为"未来中国直销市场,将成为世界上一个非常重要的经济体。"

有"逼宫"之嫌

与此次WFDSA-CEO北京峰会始终保持着低调态度相反,世界直销协会联盟所属的一些企业则在峰会召开前表现活跃而积极。尤其是已经进入了中国市场的几个企业,纷纷召开媒体见面会,宣传自己的直销企业为进入中国市场做了哪些准备,准备采取什么样的措施。1月11日,世界两大直销巨头美国如新集团和美国康宝莱国际公司就分别在上海和北京开展了一些重要活动,这为中国直销法的出台添加了些许助推气候。

或许是为了打消记者们的疑问,一位WFDSA-CEO峰会工作人员一再声明,此次北京峰会日程是在一年前就定好了的。至于舆论猜测峰会召开日恰好是中国直销立法出现重要进程的日期,完全没有任何联系,只是"纯属巧合"而已。但毕竟此次峰会是已经定在了还没有存在一家法律认可的直销企业的中国,这本身就是一个暗示。

在记者的一再询问下,狄克士先生表示他们关注着中国直销立法,他说中国政府的直销立法近一段时期以来已经成为大家关心的热点,即将出台的直销法中包含了什么样的内容,外界有许多猜测。我们希望中国政府在制定和立法时多一些积极的内容。

事实上,世界直销协会联盟在中国直销立法进程中担当了重要的参谋角色。2004年4、5月间,商务部曾专程约见世界直销协会联盟,阐述了中国的两难境地:一方面中国开放直销市场需要立法与国际市场接轨,另一方面则担心直销一旦开放会再度出现混乱现象。世界直销协会联盟当时给出两点原则性建议:一是可在法规中明确规定该做什么不该做什么;二是中国直销市场可采取渐进式开放。根据目前

媒体眼中的直销

业界流传的法规版本来看，这两点建议都有明显反映。而世界直销协会联盟执行副总裁 Kimberly Harris Bliton 于 2004 年 11 月在世界直销协会联盟总部接受我国媒体记者采访时表示，他们在厦门会议之后曾专程赴京，并与外资司副司长邓湛等就中国直销立法的相关事宜进行了探讨，并重点探讨了直销立法中关于奖励制度、进入门槛等问题。

采访过程中记者了解到，在中国直销法草案出台前，WFDSA-CEO 也与中国政府进行了多次沟通，并向中国商务部和工商总局提供了很多的文件，我们在过去提交的文件中包括世界各国的直销法方面法规的总结和汇编，并提交供口头讨论的讨论稿。

在问及对中国直销立法有什么样的建议和看法时，狄克士表示直销法目前没有最后定调，所以无法进行评论。不过，他们表示，"草案中的内容和观点是中国市场所独有的"。狄克士坦言，为了改善国际直销行业在中国的生存环境，他们在中国方面所作的工作强度，超过了任何一个国家。

"在世界直销协会联盟看来，很多事是应该具有灵活性的，我们已经强烈地意识到，与政府和社会各阶层进行沟通后，很多事是可以商榷的。"狄克士的这句话似乎道明了此次来华的目的。

日化巨头的直销冲动

目前，商务部和国家工商总局已将《直销法》草案送交国务院法制办，《直销法》有望 5 月出台的传言愈演愈烈。此时，国际国内的企业都难耐冲动，宝洁、联合利华、德国汉高等外资日化巨头也对此表现出超乎寻常的关注，据了解有的已经开始付诸行动。

日化巨头试水直销

"联合利华已经成立专门的直销部门，为进入中国直销市场做先期研究"这一消息，记者在联合利华公关经理吴亮处得到证实。吴亮告诉记者，联合利华直销研究小组并不是刚刚成立的，对于中国直销市场，联合利华一直比较关注。

第三部分
直销法律出台

但她同时强调，因为国内《直销法》还没有出台，直销政策还没有明朗。因此，联合利华要等《直销法》出台之后，看其规定来制定自己的战略。吴亮坦言联合利华在泰国等其他国家有过直销的尝试，但由于每个国家法规不同，外国可以尝试并不代表在中国一定会尝试。最终还要看中国的法律政策。

3月9日，德国汉高（中国）日用消费品公司在宁波宣布，全面收回旗下"丰采"品牌在国内的经营权，不再通过原先的经销商代理，而将在浙江地区自建直销渠道，生产销售高端化妆品。据了解，汉高已着手在杭州、宁波、温州等地自建网络和业务渠道。

与联合利华的审慎相似，汉高公司的销售总监吴胜良在接受记者采访时表示，对于直销，现有中国市场空间很大，这是有利的因素，汉高对于任何机会都会考虑，但是否采取直销不是必然的。目前，公司对销售网格，营销体系进行了调整。对于任何可能的机会信息都会收集评估，对于是否会采取哪种营销模式还没有定论，但有可能会强化终端，加强对终端的掌控力度。

另据了解，宝洁公司对《直销法》也一直处于高度的关注之中。品牌战略专家李海龙告诉记者，宝洁推出高端化妆品SK-II在中国销售时，也充分借鉴了直销的方式。

分析人士指出，在《直销法》没有出台之前，这些公司不会对公司未来战略表态。但是他们对直销的关注足以说明他们并不想放弃这个在中国市场的机会。

政策门槛已无人碍

北京商业管理干部学院副院长杨谦指出，国际大企业进入直销行业会提升直销的社会形象，使直销企业竞争格局发生变化，以前是安利和一些小公司竞争。如果这些大企业进入，将会形成势均力敌的均衡状态，这对于直销业的健康发展，产品质量的提升，经营行为的约束都会有好处。

同时有知情人士认为，这些大企业进入直销领域，从政策门槛上看，没有什么障碍，只是《直销法》草案中有一条针对跨国公司的规定：跨国公司在海外必须有直销经验。通常这一资质要求跨国公司通过收购一个直销公司或者在国外进行直销业务并购等方式解决。

直销研究专家胡远江认为这些大企业进入直销行业比较具有可行性。直销法规对跨国公司所要求的硬件软件他们都具备。从产品来看，这些企业都有优秀的产品

● **媒体眼中的直销**

和产品生产流水线；同时他们在传统市场领域做得比较好，团队管理经验丰富，管理系统健全。只要通过深入研究直销市场并循序渐进的导入是非常可行的。

模式创新还是邯郸学步？

"尽管直销是联合利华、汉高这样的企业在中国市场重新翻牌的机会。但他们也有一种矛盾心理：一方面安利等一些公司依托直销模式飞速成长，成绩突出。这让他觉得要想摆脱经营困境需要开辟新的营销方式。但从另一个层面上说，直销是把双刃剑，如果各方面条件没有建立就会削弱其传统绩效，会出现邯郸学步的尴尬。"胡远江分析。

胡远江指出，这些企业首先要接受中国市场环境的考验。目前，中国直销市场上的企业良莠不齐，他们进入直销市场面临正当和不正当的竞争。直销本身是一种有优势的销售模式，但中国的环境不成熟，如果运用不好就会把他们原先的优势变为劣势。

其次，这些日化巨头们产品定位与安利、雅芳在很多方面相似，而前二者在直销市场的地位已经非常稳固。竞争对手也是其威胁之一。另外，直销市场上真正的独立分销商、直销领袖比较缺乏，以传统营销模式见长的公司，直销人才不足也是其面临的考验。

李海龙则更强调了这些巨头们进入直销的风险性。联合利华的产品销售方式与宝洁一样，优质优价，产品大量分销，他们有着大量的渠道伙伴，分销商，代理商，物流，仓储等等，在这种前提下，他们要做的是更大程度地深化渠道优势，这比建立直销模式更加经济。

"销售模式关系他们的生命线，稍有不慎就会全线崩溃。"李海龙分析，目前，化妆品有从高价值向低值转变的趋势，大城市市场饱和，要想开辟新市场，只能在产品售价和成本上做文章。因此，谁占网点谁就赢利，能否大量分销是其渠道关键所在，如果忽然变了销售模式就放弃了原先的优势，安利的销售队伍有上百万，这对于宝洁和联合利华来说是不可能超越的。

另外，进入直销行业，不光要看到目前的竞争，而且要看顾客接受习惯。顾客已经习惯接受安利、雅芳面对面的销售方式，也已经习惯了联合利化、宝洁等产品的销售方式。如果突然改变销售模式，顾客并不容易接受。

第三部分
直销法律出台

局部试水规避风险

"但直销领域对于这些巨头来说并不是不可为"在这个问题上,专家的观点非常一致。胡远江指出,如果想摆脱邯郸学步的尴尬,应该在传统产品结构中重新辟出一块,建立新公司,新公司归属于集团之下,这样即使新公司、新产品在尝试中出现失误也不影响其传统的业绩。

胡表示,跨国公司要想进入直销,最稳健的模式就是独立设立营销平台,设立新产品线。导入直销模式,通过局部实验取得经验,积累市场资源,人才资源。而不是大张旗鼓全线进入。

杨谦也表示,直销的产品并不是大众产品,直销推广的产品在定位上与一般产品会有所不同。因此,这些日化巨头不应选择传统的产品进入直销市场,而是应针对竞争对手制定新产品策略,找出差异化。

胡远江指出,直销应该是一个系统战略,前期要规划好,将直销的国际化原理和本土情况以及自身情况相结合进行研究。新产品线开发,对应价格体系制定,人才储备都将是新进入者面临的课题。(原载《中国经营报》2005 年 03 月 21 日)

安利与雅芳模式之争

中国的直销立法,在纷繁芜杂的声音与各怀心思的期待中,一步一步走过来了。争论最多、聚焦最亮之处,便是单多层次的模式之争了。

在直销法中,关于奖金比率的设定也许只有短短几十个字,而就是这几十个字,将决定着中国直销在相当长一段时间内的走向,决定着一大批直销公司的命运,决定着难以计数的为直销事业打拼多年的直销商的祸福。

世界直销巨头之一的雅芳公司全球董事会主席兼 CEO 钟彬娴 2005 年 4 月 8 日在北京宣布,雅芳(中国)有限公司已获商务部和工商总局批准,在北京、天津、广东进行直销试点。这一消息传来,再次引起外界对即将出台的中国直销法种种猜测和联想。而雅芳获得首张直销牌照,也使长期以来存在的直销模式之争再次成为焦点。

媒体眼中的直销

单层次与多层次的规范含义

虽然直销作为一种销售方式有其本身的运作规律，直销运营模式并不要局限于"单层次"或"多层次"，所以"直销法不应该着重于区分单层次直销模式和多层次模式，而是要能严格而且明确地区分直销和非法传销，保证直销业的健康发展"，但是社会上还是以单层次和多层次看待雅芳和安利，我们在这里也就姑且这么视之。

所以，我们在说明雅芳和安利模式之争时，不妨先来看一下它们的定义。

单层次直销，指的是在直销企业的直销活动中，直销产品只是经过一代直销商的层次就可以到达消费者手中。这种单层次也可以表现为直销员从连锁店中提货与结算并把产品销售给消费者，从而获取自己的销售佣金。最典型的单层次直销公司便是美国的雅芳公司，目前国内直销企业约有10%采用该模式。

多层次直销，指的是直销企业在具体开展的直销业务中，允许自己的直销产品经过若干层次的直销商的销售行为而进入到消费者手中。在多层次直销中，其独立签约的直销商们往往都在努力打造自己的直销组织，只有它的营销组织不断扩大，它才可以通过管理整个营销组织的绩效增长获取更多的利益。最典型的多层次直销公司是安利公司，目前国内直销企业90%都是采用该模式。

看来，绝大多数直销企业都是采用的多层次模式，那多层次直销缘何吸引企业呢？

多层次直销公司和销售人员是经销关系，而不是雇佣关系，在这种情况下，企业给销售人员的报酬只有奖金，而没有工资，因此这些多层次直销公司不用负担销售效率低而产生的费用。

多层次直销公司投入的是产品，可以供多个销售人员共同销售的，甲卖不掉，乙还在卖，乙卖不掉，还有丙，虽然大家的效率都不高，但是每个销售人员多多少少还是可以卖出去一些，由于多层次直销公司不用负担卖不出产品而产生的成本和风险，却可以从卖出的产品中获取收益，如果销售人数足够多，虽然每个人销售的不多，但销售的总量还是很可观的。销售量上去了，直销公司由于不用承担风险和成本，整体销售效率就提高了。多层次直销公司正是利用这种"人海战术"规避了这种销售方式的高风险。

雅芳试点不排斥"多层次"

经过半年多明争暗斗，雅芳终于战胜另一直销巨头美国安利公司，成为中国直

第三部分
直销法律出台

销唯一试点公司。2005年4月21日，雅芳中国公司在京宣布，国家商务部和国家工商总局已正式批准雅芳（中国）有限公司在北京、天津和广东进行直销试点。

一直以来，安利都在以一种公开积极的姿态参与中国《直销法》的建设过程。安利（中国）总裁黄德荫也向记者证实，在过去的一两年时间里，公司不断与中国政府各部门就直销立法方面的想法进行沟通，希望政府能采纳其建议——多层次计酬方式是世界直销行业主流方式，并一再表达"希望中国直销立法能够逐渐与国际惯例接轨"的呼声。但现在看来，这些努力似乎并未奏效。

对于"胜出"的原因，雅芳公司认为应归因于雅芳在中国此前批准的10家转型企业中，转型最成功与彻底。雅芳于1998年开始转型，通过专卖店与专柜等零售渠道进行产品销售，转型成为零售业的经营模式。目前其在中国的销售网络已有6300多家授权产品专卖店，1500多个美容专柜。

"严格来讲，雅芳的店铺零售方式并不属于真正意义上的直销，他没有形成推销员团队，没有推销员集体激励机制。但是从政府监督管理的角度看，安利靠人员销售，对其监督的程序更复杂，成本更高昂，而雅芳的计酬方式比较简单，经营模式更易于管理，相对来说更容易消除经济诈骗，被定性为单层次直销模式。"北京大成律师事事务所刘忠认为，事实上，做真正的直销不存在单层次模式与多层次模式之说，但是在我国开不开放多层次直销模式成为了直销法的核心问题。

近期媒体报道中透露出来的消息也显示，业界正在力推安利式多层次直销。商务部一官员向本报记者证实，雅芳近日所获得的直销试点资格，并未明显表示其是为单层次进行试点。试点企业将不止雅芳一家，还会有所增加，但试点企业只考虑外资实力较强、有丰富直销管理经验的成熟直销企业。

目前业内猜测，作为首家在中国引入直销概念的雅芳可能不愿意成为行业的异类，因为基本上包括安利、如新在内的大部分世界直销企业的营运模式均是多层次直销。此外，钟彬娴半年前访华时还曾提到不愿放弃其全球运营模式，因此这次试点方案中有可能并不绝对排斥多层次直销模式。而有专家认为，雅芳被选作试点并不意味着政府部门在即将出台的《直销法》中对其所使用的"单层次"直销模式的青睐。

专家认为，安利等公司仍有机会获首批直销牌照，中国式直销也不会照搬雅芳模式。然而第一张试点牌照颁给了单层次直销的代表雅芳，说明中国政府是倾向于单层次直销模式的。还有，尽管雅芳产品经销商目前已得到雅芳公司承诺：专卖店

媒体眼中的直销

所卖产品与直销产品不重复,双方不存在竞争关系,但是雅芳试点背后所显露出来的玄机却让安利们颇为担心,因为这很可能牵涉到直销牌照的申请资格。

究竟谁遭受到了挫折?

成为直销试点后的雅芳,也面临着内部的压力。

4月11日,50多家雅芳经销商到其总部天河时代广场"讨说法",被业内称之为"经销商逼宫"。经销商的理由是,直销试点之后,将导致专卖店客户几乎全部流失,专卖店形同虚设,甚至还发生店员自己直接利用原来的专卖店与客户做直销。"雅芳经销商致雅芳的抗议信"介绍,雅芳在招商时与经销商签的经营合同中说明,专卖店作为雅芳的零售产品经营店铺存在,而不是直销企业的提货点。

据悉,雅芳经销商退货风波正在蔓延,广州、山东等多地均出现经销商的对峙。这种变化可谓始料未及,然而对于即将开放的中国直销市场来说,这却并非是一个偶然现象。"这主要是一个新的销售渠道和旧销售渠道之间的利益冲突问题。"中国直销传播网CEO王万军评价说。

6年前,直销业的两个代表——安利与雅芳,面对中国的传销禁令选择了截然不同的转型路径。1998年4月,国务院出台了《关于外商投资传销企业转变销售方式有关问题的通知》,规定"外商投资传销企业必须转为店铺经营",促使以安利、雅芳为代表的10家外资直销企业转型经营。

6年过后,雅芳开设了近6000家专卖店,现在几乎完全变成一个传统的日化企业,而安利却只是表面性地回应了政策约束,开设了不到110家店铺,其经营模式在稍加修饰之后继续沿路前行。转型5年来,安利中国的销售额超过10亿美金而成为安利全球最大的市场,安利还是获得了甚至比以前更大的生存空间,安利逐年膨胀的销售业绩与大笔追加的投资证明了这一点,而在6年前被迫转型之初,安利的业绩下滑到谷低,传销禁令一度使安利的销售总额降到1000万元以下,雅芳虽然是禁令前销售额的4倍,但只有24亿元人民币。

还有一个既成事实是,雅芳建成了数量庞大的专卖店,雅芳成功地在三、四级市场制造了一个能抵御假货而又能顺利地做深度分销的专卖店渠道,这是雅芳转型的最大的收获,它使雅芳成为二、三级市场知名度和占有率最高的国际化妆品品牌。

面对即将诞生的直销法,安利似乎可以轻松转身,而雅芳则将面临再次选择的痛苦,两家公司在中国的前景也因此而迥然不同。但安利规避政策的成功也使其他

第三部分
直销法律出台

在政府强令下真正转型的公司成为另一种意义上的"受害者"。雅芳实施了真正的转型，大规模开展了传统的专卖店模式，其中转变的阵痛雅芳自己最清楚。以至于去年底雅芳全球CEO钟彬娴访华时，一位领导表示："现在雅芳遵守中国的法律，将来一定不会吃亏的。"但是，我们并不能以同样的逻辑去思考并没有完全遵守中国法律的直销企业将会如何。

事实是最好的证明。离开了多层次直销，安利也就不再是安利了，"AMWAY"代表着美国之路。雅芳一直不使用"上、下线"这样的词语，而实际的利益纽带中也并没有类似的概念。雅芳的直销制度中，只有SM-FD两个层级，所有的收入都是必须建立在销售的基础之上的，这种制度本身与依靠下线的销售实现金字塔上部收益的传销有着本质的不同。

两家公司都要再次转型

有专家表示，其实，直销立法就不是简单选择安利模式还是雅芳模式的问题。现在，政策法规被认为是中国直销业的瓶颈。

当然，无论怎么评价两家公司的转型路径，有一点是确定的，那就是他们必须准备迎击不同的挑战，直销法即将出台，安利与雅芳都面临着再次转型。中国是一个天生适合直销业发展的市场，安利与雅芳曾经的转型以及将要再次面对的转型也许能给直销法的出台增加更多的注脚。

说到转型，安利最大的挑战还是中国政府的态度和政策，无论如何，这种妥协式的所谓转型都不是安利所希望的，安利希望的是大环境的好转，是加入WTO后的对直销行业的立法，他们希望能沿着一贯的路线更加大胆地往前走。来自美国中西部家族企业的价值观显然深植于企业的战略思维，为了永葆企业的核心价值理念，为了保留企业赖以生存的核心经营模式，他们的选择也未必不够艰辛。在政策法规缺位、市场经济意识薄弱以及公众对非法传销恶感挥之不去的社会环境下，它必须积极主动承担起向政府、公众、媒体不断解释、沟通和教育的任务，同时还要管理起一支规模庞大的营销人员队伍并负责他们的言行，这对于一个将自由企业和个人价值写进企业价值的公司来说，更需要勇气和坚韧。

而雅芳公司的难题是，除了市场之争以外，数量庞大的专卖店与将来数量更庞大的直销队伍，两套管理系统的成本与难度是可想而知的。转为传统批发零售的雅芳必须在一个陌生的领域修炼渠道建设与控制的能力，临街小店对品牌价值影响的

媒体眼中的直销

争论以及渠道中低价竞争的局部混乱都是它所要解决的新问题。雅芳大中华区总裁高寿康表示，今后每年将再开500家专卖店。但是，如何平衡、如何两者兼顾呢？因为高密度的专卖店一定会限制直销所能覆盖的消费群。

当然竞争也还存在，雅芳开发的一系列"益高寿"保健食品已开始在一些中心城市的雅芳专卖店试销，专家分析说，这就是直指安利的保健食品"纽崔莱"的。

"现在'店铺加营业代表'的模式，已经是向单层次靠拢了，我们营业代表的业绩考核，也主要是看他的销售状况，因此，我们有信心适应中国直销立法的规定。"狄维士如是说。

为了适应这一扩展计划，安利（中国）除了在广州设有中国区总部外，还将在北京、上海单独设立地区性办公室，并在沈阳、成都、武汉等众多二线城市建立区域性储运仓库。

"中国式直销"再等待

针对"直销法5月出台"的传闻，在5月12日的会上，商务部官员黄海说直销条例何时出台还没有具体时间表。

雅芳获得试点"牌照"，有猜测认为政府更青睐"单层次直销"模式。而据未经证实的消息透露，试点企业将不只雅芳一家，还会有所增加。

另一件值得注意的事，是在雅芳宣布试点前不久，国务院法制办招集企业对直销条例听取意见，在这个会议上，很多企业都发表了自己的看法。与会的一位老总告诉记者，会议透露的信息显示国家肯定不会完全抑制多层直销模式。

按理说，所谓试点就是实践之后取得经验作为政策出台的依据，而在《直销法》即将出台前仓促搞一个直销试点，这在其他行业是绝无先例的。"雅芳试点"传达的政策信息更甚于试点本身：政府"鼓励"单层模式直销，但并不是"禁止"多层直销。

中国政法大学商学院常务副院长孙选中认为，从市场秩序建立的角度上讲，单层次直销更有利于监管。但单层次直销模式也只是一种过渡期的方式。随着中国直销市场的变化，单层直销模式和多层直销模式都有生存空间。

第三部分
直销法律出台

对于试点时间长短的问题,杨谦则表示,这要看试点的效果。从整体利益上考虑,国家有关部门会先观察一个过程最少要一两年。待试点的问题得到解决、市场秩序建立、监管进一步到位后,国家才有可能会开放"多层次直销"模式。

胡远江在接受记者采访时表示,中国直销市场的发展,应该是从开放单层次,到限制层次,再到开放多层次,这才是今后的趋势。

同时胡远江强调,政府职能管理部门通过对雅芳公司的直销试点工作,能为直销立法的需要详实的基础数据和实践经验,为直销立法的进一步完善奠定基础。但是,也必须要看到雅芳公司在中国直销市场上的份额不到10%,如何把雅芳模式与中国直销行业的其他模式充分地结合起来需要进一步地认真思考。同时,在此基础上应充分考虑到这种试点的行业平衡以及由此引发的企业稳定、行业稳定和社会秩序的稳定问题。

一切都在变化之中,谁也无法预料中国最终将采取什么样的直销模式。在首轮较量中,虽然雅芳拔得头筹,但任重道远的雅芳仍要面对更多的棘手难题。而暗中观望的安利高层人士认为,中国最终还是会选择"多层次直销"模式。只是,安利们和国内的直销企业还需要耐心等待。

一旦雅芳模式成为主流,直销魅力将越来越难以保持。

如果不是一系列严重的社会治安问题把直销妖魔化了,直销应该是一种极有魅力的营销模式。一旦雅芳模式成为中国直销的主流,直销的魅力将越来越难以保持。

直销的本意是抛弃店铺、减少中间环节、节省广告费;雅芳则反其道而行,增加店铺,增加了运营成本,已经不是传统意义上的直销企业。

雅芳成为中国的直销试点企业至少传达了政府的两点意图:不鼓励多层直销;企业要有店铺。这两点恰恰与全世界的直销公司都遵循的商业模式背道而驰。

中国的直销已经变了形,所以有企业抱怨政府因噎废食,在政策的制定上过于武断。但追根究底,企业和政府的诉求是不一样的。企业追求经济利益最大化;政府首先考虑的则是社会稳定,不出乱子。1998年前,企业违反了游戏规则以至于传销被禁。一旦这次直销开放再出现失控状态,中国的直销恐怕会万劫不复。

按理说,政府在制定产业政策的时候要权衡行业发展和消费者的双重利益。而千呼万唤犹抱琵琶半遮面的《直销法》磨砺到最后,一定意义上已经变成了《消费者权益保护法》。政府在产业发展和保护消费者利益的天平上,准星更多地偏向了消费者以维持社会稳定。

媒体眼中的直销

虽然不能武断地说政府没有考虑直销行业的发展，但的确这个行业占整个产业中的权重太小了。从世界各个国家来看，直销总额占整个社会商品零售总额的比例一般是1%～3%，最多不超过5%。既不能给GDP做更多的贡献，又存在严重的社会治安隐患，似乎缺少足够理由促使中国政府迫切发展直销行业。

政府目前更多地采取了"堵"的做法，在制定的《直销法》中设置了许多门槛，试图利用"技术壁垒"控制企业的数量。企业则削足适履。最终的结果是企业发展束手束脚，行业发展受限。而这种"堵"的做法也置政府于两难境地，据说绝大部分难以跨过直销门槛的企业都纷纷转入了"地下"，这些灰色地带无疑是未来监管的"暗礁"。

未来的理想状态似乎是政府掌握了有效监管的不二法门，企业和消费者的利益都得到了最大限度的保护。而在目前中国缺乏严格的法规的状态下，这种理想的预期注定还有一段历程。（原载《中国经营报》2005年6月1日）

海外直销企业"偷渡"中国内地调查

2005年7月27日下午，国家工商总局打击传销处处长吴雁向记者透露，最近他们联合商务部相关部门，正在调查海外直销企业"偷渡"中国内地的事情。

由于直销立法进入倒计时，大批海外直销企业加快脚步利用各种方式进入国内市场，企图抢占先机，攫取市场份额。其中有许多企业在网上发展会员，从国外或中国香港、澳门等地给会员寄公司产品，让其在中国内地营销，秘密进行网上"偷渡"。

据悉，这些"偷渡"中国的企业，有些在中国注册公司以传统分销方式销售产品，有些甚至都没有在中国注册，没有工厂和公司。

一位不愿透露姓名的业内人士向记者表示，美国优莎纳、美国安旗、美国立新世纪等海外直销企业都存在这种情况，他们"偷渡入境"的营销团队更是活跃在中国内地的各个地方。

优莎纳的"偷渡"

记者了解到，一篇在业内盛传的《优莎纳再曝丑闻》的文章，说出了美国优莎

第三部分
直销法律出台

纳部分海外团队以中国香港为据点,私自"招募"内地人员加盟的事情。遭到总部的禁止后,他们就建起一个类似于总公司的网站,并在该网站上以虚假资料注册,任意篡改资料,用虚假的身份发展下线,在内地进行经营。

记者从直销传播网上的这篇文章中了解到,美商优莎纳公司在未正式进入内地时,就有一支叫做"常青团队"的经销商团队"偷渡"进入国内市场,开展经营活动并发展相关会员。其领导人黄某,经记者调查,发现其"在南京一带和互联网上活动频繁"。

在优莎纳海外经销商的"领导"下,黄某在中国内地发展了新疆、湖南、广西等四条线。而一名谭姓女子,"很荣幸"地成为了横跨上海、湖南、成都几地的湖南线的负责人。她告诉记者:"黄老师平时很忙,他现在都不接外人的电话了,他的四条线已经满了,我们是他的第三条线,目前有200多人。"

记者试图通过多种途径和黄某"交流",但始终未联系上。记者以入会者身份从谭那里了解到,她们的工作都实行网上操作,"管理人员都是通过QQ和新、老会员联系工作事宜,直接在网上传递更详细的学习资料,每天上班时间为晚上八点。"据谭介绍,会员订货都在网上,而具体的"报单位置"只有成为她们内部会员后才能花200多元获得,业绩查询和奖金查询都直接在网上进行。

关于那个假网站,谭的说法是:"我们系统曾经用过一回的工作网站,现在没用了。"记者7月13日点击进去查询了一下,发现上面的介绍极其简单。14日记者再想进入该网站,就进不去了。

隐蔽的操作方式

美国安旗广州团队负责人游某最近也一直忙于发展会员的工作。他在电话中告诉记者,安旗也有自己的国外团队,通过新加坡、马来西亚的朋友拿货,进入中国内地销售。考虑到公司的安全性,记者"必须成为正式会员后才能阅读更详细的网页",因为有阅读权限密码。

此外,立新世纪深圳团队的负责人权某向记者介绍说,立新世纪公司在华东地区的无锡附近有一个工厂,但还没正式开始运作,现在还处于保密状态,连她们都不知道。

现在营销人员的产品来源,主要是靠权某熟悉的一个朋友来"做物流"。他专门往返于香港和深圳之间,去香港立新世纪公司提货,运回深圳权某办公处后,按

媒体眼中的直销

照订单分发给权某下面的会员。他所得的利润,是"产品的香港价格×1.1%的运费(含关税)×人民币汇率"。这样就很好地解决了产品进入中国内地的渠道问题。

另外据悉,2005年6月,屡屡被政府以"传销"之名视之的立新世纪,开除其最大的经销商何肇伦一事,曾在业内炒得沸沸扬扬。有评论人士指出,何肇伦是该公司进入中国内地的牺牲品,"立新世纪想把其偷渡中国内地市场的行为,归究到几个大的经销商头上。"

寻找监管的缝隙

"在直销法规即将面世时,安利等直销企业更加热衷于公益活动,积极树立自身良好的形象。此时,美国优莎纳等企业则'明修栈道,暗度陈仓'。"一位接近这些企业的专家说。

我国直销专家、中国直销专业网总经理胡远江认为,"偷渡"是外国直销企业没有合法进入中国内地市场的一个成分,凡没有办公地点和正规的工商法律注册,不是内地生产型企业,就属于"偷渡企业"。他们把中国香港、澳门和台湾等地方作为进入内地的"桥头堡",通过"走私"渠道或邮寄方式使产品进入中国内地和大陆。

在北京大成律师事务所姜文兵律师看来,"偷渡"企业在网上发展会员,营销人员通过网络交易,财务和奖金走境外网上系统,整个电子商务运用得比较灵活,打的是法律的"擦边球"。

事实上现在网站域名的注册非常简单,通过任何一家代理公司即可注册拥有。

现在"常青团队"又换了一个网站,作为工作平台。谭女士就向记者透露,优莎纳的直销团队与总部有一个协议,如果没有人举报ID号,总公司就不能砍掉"常青团队"这条线,因为他们没有注册。按照《互联网信息服务管理办法》第19条的规定,这种情况应该被责令限期改正,并处违法所得3倍以上5倍以下的罚款,情节严重的,还要关闭网站。

信息产业部电信管理局办公室的一位工作人员也承认,网站的管理有时还是比较薄弱的,"网站营销的内容我们不管。"而在税务方面,"偷渡"这种操作方式也有逃税之嫌。海关方面可能也存在疏于管理的情况。

第三部分
直销法律出台

按现行法律查处

对于这种"偷渡",具体负责这方面事务的中国商务部和工商总局都表示:"法律没出台,现在不便发表任何意见。"中原直销研究中心的主任郭亮认为,中国市场很大,好赚钱,偷渡行为本身是一种"利益的驱动使然"。胡远江则指出,这是因为这些企业向往中国市场,同时又不想承担对中国市场正常开发的政策风险,不想花太大的投入,于是就"偷渡"。

另外,当事直销企业对"偷渡"行为"睁一只眼,闭一只眼"的态度,也表现出海外企业是基于对中国市场规则的不确定性而产生的一种试探行为。

记者通过越洋电话找到了位于美国犹他州盐湖城的优莎纳总部,全球服务部的Peter告诉记者,优莎纳最快一年以后真正进入中国内地,优莎纳现在在中国香港和台湾有了分公司,已经在中国内地建好了工厂和公司,只等直销法律出台后和牌照拿到后就可马上面向公众,现在还处于保密状态。

当记者问到"常青团队"等优莎纳"偷渡团队"在中国内地活动,优莎纳公司是什么态度时,Peter承认优莎纳有这种"偷渡"情况。他强调:"由于优莎纳人员数量太大,公司有很多下线会员,但公司管理不过来,很难查,也很麻烦。"

商务部条法司司长尚明承认,直销一方面给企业提供了一种新的销售渠道,有利于企业减少中间环节,降低企业成本,方便消费者;另一方面,由于直销具有组织上的封闭性、交易上的隐蔽性、推销人员的分散性等特点,如果管理引导不力,直销可能会干扰正常的经济秩序,影响社会稳定。

国家工商总局的吴雁处长告诉记者,一些企业在国内的做法违反了有关规定,立新世纪已经在广东受到了处罚,有些企业他们正在调查。在新法律没有出台的情况下,现行法律也是有效的,"不排除工商部门按现行法律来规范和查处的可能。"

(原载《中国经营报》2005年8月1日)

何肇伦之痛?立新世纪之痛?

2005年6月9日,从立新世纪香港公司传来一则惊人的消息:立新世纪大中华

媒体眼中的直销

区第一位皇家钻石何肇伦以及何的妈妈何范蓝萍被公司开除,原因是另一位皇家钻石易文革向公司投诉何肇伦抢线,抢走了易文革下线杨斌(国内一培训师)。而最令人关注的是,这位易文革正是何范蓝萍的下级,也就是何肇伦的深度。立新世纪的经销商用"孙子把爷爷杀了"这样的说法来形容此次事件。

何肇伦在立新世纪的地位众所周知:他是立新世纪香港的三个发起人之一,他是立新世纪全球最年轻的皇家钻石,他也是大中华区第一位皇家钻石。当初,也正是何肇伦及何妈妈亲自出马,帮下线莫佩玲推荐了易文革,并一直帮易文革跑大陆市场,易文革做起来后,自立门户成立了V21系统。

为什么曾经的合作伙伴及亲密战友,如今竟反目成仇,下级非要治上级于死地呢?为什么本已混乱的中国直销市场,又上演了一出令人遗憾的悲剧呢?

经销商的悲哀

立新世纪开除大中华首位皇家钻石何肇伦的事件,自媒体报道后,在业界引起了高度关注,也引来了不少争议。

从前雷氏到后立新,从立新世纪首位皇家会员到后来的首位皇家钻石,八年,人非草木孰能无情,那究竟又是何因令何肇伦与东家立新世纪对簿公堂?

在立新世纪开除自己这件事情上,何肇伦只能用"伤心"来表达自己的心情。他表示,毕竟在立新奋斗八年了,在任何一个地方工作八年都会有感情的,另外自己也信错了人,做直销做的是人脉生意,在这方面自己太轻信别人。

据2005年第7期《知识经济》报道,易文革表示,他与何肇伦两人没有什么不合,他们的私人关系是处得非常好的,至于在系统理念这个问题上,他们确实持有各自不同的看法,但这是很正常的事情;在V21系统宣布成立那天,何肇伦老师还专程赶来表示庆贺,能为系统发展找到新的突破点是何肇伦很愿意看到的。但"一个成长型公司,在发展的时候需要人才,但是在珍惜人才的同时,也需要维护更多经销商的利益,尤其是在正准备进入中国市场的时刻。"

"我是5月25号收到公司的通告,说是要30日下午3点去公司聆讯,可是30日当天又下发了取消聆讯的通告。6月8号就收到了开除通知,事情就是这样子。"同在2005年6月正式被立新世纪公司开除的何肇伦的母亲何范蓝萍女士对媒体这样表示,我们直销商就是弱势群体,真的是很无奈了,毕竟在这间公司付做了那么久也付出那么多。

第三部分
直销法律出台

对于立新世纪回应关于何肇伦抢线的投诉和6本录音带的证据的问题，何肇伦表示："我可以很负责任的说我没有抢线，所谓的6本录音带的抢线证据和我有什么关系我根本就不清楚。"

现在，9位经理级别的经销商来组成立新世纪商德委员会，对此事进行裁决，前后几次对何肇伦等纪律聆讯，还有立新世纪法律监管部的温生也出来"行使权利"。据悉，何肇伦已经向法院起诉了立新世纪公司。

公司的借口

何肇伦的开除并不是某些人所说的是因为易文革的报复，明白的人都知道，公司不可能为了某一位经销商的利益而去伤害另一位经销商，况且是一位高级别和影响相当大的经销商，公司永远只会站在公司的全盘利益考虑，而且作为何肇伦的下线，其开除对易文革是没有任何好处的，当然，众所周知何肇伦抢了易文革的几条线的事实也是公司开除何肇伦的一个根据。

此间有评论人士指出，公司假以"何肇伦抢线扰乱了公司目前的中国内地政策，严重伤害了公司的利益"，之后开除了大经销商何肇伦，这一决策正告其他经销商，"公司是公正的"，"公司的制度是不容随便侵犯的"，这或许会成为新世纪以后教育和约束各经销商的一个相当成功的反面教材；但这件事对公司进入大陆市场起到不可估量的推动作用。

分析人士指出，这场在业内炒得沸沸扬扬的立新世纪开除何肇伦的事件，也是公司为了向政府表明规范经营的态度，似乎显示出公司进入内地市场的坚定决心。这么说，如媒体所言，"何肇伦成了一个'牺牲品'。"

对此，何肇伦在接受中国直销传播网的采访时表示，立新世纪开除他也不是为了正式进军中国内地市场，而是另有目的。"我是6月8号正式被立新开除，但该公司在开除我的同时，并未停止国内直销商的加盟，还做出只需要传真身份证就可以加入的事情。如果立新有意向中国政府表态，欲正式进入国内市场，那么就应从那时开始，停止办理加入，并对国内市场进行规范。"

这又多少让人对此事"摸不着头脑"。于是，媒体上关于此事的后续报道和一些论坛上的争论又开始多了起来。

据记者了解，何肇伦先生与何范蓝萍女士均是在2005年6月正式被立新世纪公司开除，但至今却未领到5月份应得的奖金。有知道内幕的人士称，"立新世纪用

媒体眼中的直销

何肇伦的奖金去解公司财务的燃眉之急,现在已经有好几个皇家钻石给公司打电话询问为什么不发皇家 1 万美金的事情了,可公司总在拖延说下个月、下个月。"

立新世纪的实情

据一位"把立新看清楚离开了"的人士透露,2001 年美国纽米克在看到直销是未来的发展趋势后,也想在这个市场上分一杯羹,就成立了一个创投公司,也就是后面的立新世纪。但纽米克还是比较聪明的,没有把纽米克自己的产品放一个到立新世纪,纽米克是个没有做直销的公司,一直是做传统的。

为了顺利开展运作,也为了省事,纽米克就把雷氏的直销公司和英瑞奇直销收购到自己的名下,这 2 家公司就有 2 批直销商,1+1 不大于 2 也等于 2。但是纽米克的这种想法"聪明反被聪明误"。它没想到这 2 家直销公司的制度是不一样的,一个是以销售为导向的制度,一个是以经营为导向的制度,立新世纪若用任何一家直销公司的制度,就等于另一家直销公司的经销商会流失一批。

"本来是想着赚钱的事,后来并购后一年多并不赚钱,也就有了 2003 年的 MBO 公司高层重组,其实立新世纪的高阶都知道是什么意思,但就不愿意清楚地告诉下面的直销商。"立新世纪一位高层人士也这样透露说。

后来怎么办呢?2003 年 2 月 28 日纽米克宣布,已经签署一份意向书,即将把立新世纪销售给 Aetivafed Holdings,2003 年 7 月 7 日,纽米克完全把立新世纪以 MBO 的方式卖出。"重要的是很多人还不知道"。在 2003 年 7 月 25 日又把雷氏的生产厂 Rexall Sundown(这家厂是原来专门为立新生产产品的,在纽米克并购雷氏的直销公司和英瑞奇时一起买过来的),以 2.5 亿美金卖了一家欧洲上市公司"NBTY"。

"这样你就明白了立新世纪为什么在 2004 年底开始严重缺货,2005 年 4 月产品开始涨价,涨的都是好卖的产品和产品不断换包装,这就是没有了自己的生产厂的原因。"上述那位离开立新世纪了的人士透露说,现在给立新世纪生产产品的厂家不下 5 家,朋友你到现在应该明白为什么立新产品包装和品质都不一样的原因了吧!

他接着介绍说,目前立新世纪是一个负资产的公司,因为在 MBO 时,现在的 2 位总裁是在银行借贷了 43 亿美金才把立新世纪买下。现在的立新世纪已经与雷氏与纽米克没有什么关系了,但要还债,想通过中国市场快速回收成本,所以就"偷渡",就这样"不控制"地发展。要知道,安利进来 10 年都不敢这样呢!

再一个是立新世纪现在也没有了自己的研发团队,在立新的官方网址就可以看

第三部分
直销法律出台

到，立新世纪现在正在招兵买马呢；原来英瑞奇的科研人员，在纽米克并购雷氏的直销公司和英瑞奇时，被一家美国制药公司高薪请去了；而雷氏的直销公司的研发人员，在去年又原班人马给一家台湾在美国成立的公司 Waiora 请去了。

莱科萨斯的"阴谋"

2005年7月22日，广州中国大酒店一楼西餐厅传出来一阵阵亢奋的欢呼声。这是"莱科萨斯（Lexxus）人"在庆祝他们在中国的第一家"Lexxus 体验中心"的落成。

这家曾被中央电视台《经济半小时》曝光的"偷渡"企业，一年前还被视为非法传销公司，后它根据中国政府"直销企业在中国境内必须以'店铺＋推销员'的形式进行运作"的要求，花了近一年的时间，第一家店铺——"Lexxus 体验中心"，终于在广州环市中路落成。

来自美国母公司集团总裁、亚太区总裁、中国区领导、员工以及六十多名经销商会聚广州，经过高层领导的一次次激情演讲后，这些曾经一度困惑、迷茫、害怕过的经销商们再次变得异常兴奋。

"我们只是在筹备中国业务"

"大家必须牢记，我们应该对外声称尚未在中国大陆开展业务，我们只是在筹备中国业务。"这是莱科萨斯领导对经销商们反复强调最多的一句话。莱科萨斯亚太区总裁卡帝斯说："我们已经在珠海登记注册准备开办工厂，在中国生产我们的产品来满足未来的中国市场及整个亚太市场的产品需求。"

这里有三个信息需要大家先了解。第一个是莱科萨斯的情况，有资料显示，美国莱科萨斯成立于2001年1月，总部设在美国德克萨斯州达拉斯市，其母公司为美国 NHTC 集团（Natural Health Company），是美国纳斯达克交易市场的上市公司；第二个是莱科萨斯中国公司及工厂情况，莱科萨斯在进入中国内地之初，便同时注册了"莱科萨斯国际公司驻京代表处"和"莱科萨斯生物科技有限公司"，并对外宣布该生物科技有限公司已在其注册地北京顺义南彩镇彩园工业区买地建厂；第三个

● 媒体眼中的直销

是 2004 年 6 月,莱科萨斯在珠海保税区成立莱科萨斯国际(中国)有限公司,2005 年 2 月核准登记,注册资本为 1200 万美元,首期 182 万美元已实际注入,这一点在珠海市工商行政资料上有显示。

但据有的媒体记者调查,该公司虽然确实在北京顺义南彩镇彩园工业区订了一块地,但一年多来都没有实际投入资金,厂房依然未建,莱克瑟丝公司所订的土地已经杂草丛生,成了当地农民放羊的地方;在珠海保税区的莱科萨斯(中国)公司,也"前往南平科技园建厂",该公司北京代表处首席代表董文强说:"公司在珠海南平科技园租用了约七八万平方米的厂房,目前正在装修,几个月后将投入使用。"

经济半小时记者:美国莱科萨斯公司究竟有没有在中国派驻机构,开展业务活动?

美国莱科萨斯公司工作人员:我们在中国香港有业务,但在中国内地目前还没有。我们正在和中国政府协商,希望能在中国内地开展业务,但是目前我们在中国内地还没有正式开展业务。如果你发现那里有卖我们的产品,那是非法的。我们听说在中国(内地)有卖阿鲁纳的(女伟哥),是这样的,我们正在试图阻止他们,这是不应该发生的。

经济半小时记者:美国莱科萨斯国际公司北京代表处,像这种代表处允不允许开展经营活动呢?

美国莱科萨斯公司工作人员:只能从事业务联络,开展不了经营活动。只能从事业务联络,不能开展工作。

莱科萨斯活动具有传销性质

在 2004 年时,中央电视台《经济半小时》的记者就以新人想入会的名义对莱科萨斯调查了一番。

在莱科萨斯的一次培训会上,讲课的人介绍说,公司主打产品是诺贝尔奖得主研究出来的女性化妆品,号称"女伟哥",是在世界上唯一的能够延长女性青春的化装品;公司将来很有前景,谁最早加入这个公司的产品销售队伍谁就能最快速的赚大钱。"来上课的一些人告诉记者,他们就是冲着这个才加入传销组织的。"

据莱科萨斯公司的会员讲,这个传销公司看似松散,其实组织很严密。如果没有人介绍是进入不了这个组织的。

如何加入该公司成为会员呢?"只要你想参与这个经营,一次性投资就是实际

第三部分
直销法律出台

的 13490 元人民币。这么些的人民币买断这么一个知名企业的代理权。"这位自称曾是解放艺术学院老师的讲课人告诉《经济半小时》记者,只要交了 13490 元,就可以在莱科萨斯公司的网页上得到一个身份号码,从此后你就拥有莱科萨斯公司的一个零售运营中心,就意味着你在互联网上拥有了一个属于自己的网上办公室。用他们的话说这个叫着复合电子商务,你不需要店铺,只要通过莱科萨斯公司给你提供的这张巨大的网,就可以在全世界传销产品。

据讲课人讲,这 13490 元钱包括以下三项开支:第一项,12000 元钱的产品,还有 7 个套餐;第二项,网上办公费 910 元钱,你的 ID 一年的办公费用是 910 元钱;第三项,从美国直接供给产品有一个 8% 的运送费。

莱科萨斯大中华及东南亚区总裁卡帝斯·布鲁门在 2005 年 6 月 21 日接受中国直销传播网代 CEO 王万军与执行董事天问采访时表示,莱科萨斯作为全球连线的电子商务不可能违法经营。莱科萨斯在全球各个地区市场,均是合法经营的企业。对于去年 CCTV 曝光一事,莱科萨斯立即做出快速反应,并敢于面对市场发展所出现的问题,至去年年底,已一一解决。

但记者在调查中发现,莱科萨斯公司的这种经营模式,实际上具有传销活动的主要特点。国务院转发的《严厉打击传销和变相传销的通知》中明确规定,经营者通过发展人员,组织网络从事无店铺经营活动;先参加者从发展的下线所交纳费用中获取收益,收益数额由加入组织先后顺序决定,都属于传销行为。

"网上交易,网下服务"

一位接近莱科萨斯的直销人士告诉记者:"其实莱科萨斯在中国内地开展业务已成为业内公开的秘密。由于广东离港、澳很近,比较方便拿到货源,大量香港地区会员在深圳发展下线,直接将货源带进内地市场。"据记者掌握的情况,目前流入中国内地的莱科萨斯产品均为巧妙通过海关从香港等地"偷渡"过境的产品。

据了解,莱科萨斯的产品销售都是通过电子商务完成。"任何一位想买莱科萨斯产品的顾客,可以通过我们的经销商介绍,在我们的电子商务网上直接下定单,所有的货都是由公司总部和各个地区分公司寄出,在东南亚主要是通过中国香港、澳门等地发货。"

另外,莱科萨斯客户包括会员消费者和非会员消费者,每一个会员在公司网站上注册一个会员编号,登记推荐人和购买产品情况。"我们在这种电子商务营销模

媒体眼中的直销

式的基础上，建立体验中心，以期实现网上交易，网下服务。"卡帝斯说。

而销售的产品的来源，则是经销商自己或雇人利用去香港自由行等机会频繁将产品从香港带到深圳，而这些产品几乎从未经过海关的正式货检。每一个会员都可以直接向公司下订单购买产品，由各区域公司总部统一交易发货，不需要通过其他人和体验中心。因此，该公司目前在国内仍没有退货机制（除了出现产品质量问题）。Lexxus 体验中心主要则担任对消费者直接体验产品和宣传的作用，而并不具备提货退货功能。

当时的采访与回复是这样的：

中国直销传播网记者：莱科萨斯的产品的竞争优势是什么？

卡帝斯总裁：莱科萨斯的产品定位在高端、独特、高品质。举例我们的拳头产品"阿鲁娜"，在市场一经推出即大受欢迎，就是因为它根本没有同类产品，这也直接导致了很多市场跟随者的产生。"童颜魔法"产品也是如此。在未来我们会继续把目光锁定在高品味人士消费的产品类型上，继续为之作好服务，提供最优质、独特的产品。

中国直销传播网记者：莱科萨斯在直销企业中，我们可以定位它更多的是一家消费型的公司而非销售型的公司吗？

卡帝斯总裁：莱科萨斯的会员中有三种类型，一种是高品味的消费者，他们只是爱用莱科萨斯的高品质产品，第二种是除了是产品的爱用者之外，还愿意兼职从事莱科萨斯事业，向其他会员提供电子商务直接订货的培训，在消费产品的过程中赚取到莱科萨斯给予的另一份回馈；第三种则是把莱科萨斯作为全职事业，向其他会员提供电子商务直接订货的培训，把优质产品推广到全球高尚人士中以赚取到一份丰厚收入的人士。对于此三类人士有一个共同点是，他们均是通过我们提供的电子商务系统中的再生网站展开销售与产品订购，从这个意义上讲，他们都是直接与公司发生消费与购买关系，因此，把莱科萨斯定义成一家消费型的电子商务公司是比较准确的。

即便在国内是做"电子商务"，莱科萨斯也应该取得我国工商等相关部门的许可。记者在北京市工商行政管理局查询美国莱科萨斯公司的注册情况，根据调查的结果，有一家名叫美国莱科萨斯国际公司的驻京代表处。但记者按照登记的地址来到西单图书大厦时，图书大厦的工作人员告之该公司代表处早已搬走。

第三部分
直销法律出台

"日新书吧"真相

随着国家加强打击非法传销的力度，非法传销花样百出。一些非法传销组织为了吸引更多的人加入传销活动，纷纷降低传销入会的"门槛"，传销入会费从过去几千元至上万元渐渐"发展"到几百元左右。一个新的传销组织"日新书吧"近来就这样登陆广西玉林。

"亲爱的朋友们：你想天天进钱吗？你想让自己的生活丰富多彩吗？你想帮助朋友挣钱吗？想读很多的书提高自己的质量吗？……拥有自己的10万册书吧，可能是一个大胆而又十分现实的设想。可能会满足你一生的读书计划。推广'日新书吧'，就能实现这一切。"这些诱人的语句是摘自最近登陆玉林的新型传销"日新书吧"的推介书，看了这些诱人的语句，也许你会被其吸引，但千万不要因此上当，因为传销害人害己。

为了探明真相，记者再一次进入了日新网吧。记者在其网站上看到，"日新书吧"成立于2004年9月，其远景目标是在2008年将拥有会员十万超过美国的"亚马逊网上书店"，成为全球最大的互联网书店。

这家被称为"公司在深圳"的"日新书吧"的网站上还赫然写着——

"日新书吧是由日新企业管理顾问有限公司全权负责经营管理的一家全球性专业读书网站。"

"日新书吧的目标：在2008年成为全球最大的E书网站。"

"日新书吧的使命：帮您建立一生的读书计划。"

"网络用户只要注册，成为日新书吧的会员，就可以任意阅览书吧里的书籍。"

"如果正式会员推荐朋友加入这个行列，公司就会给予会员丰厚的奖励。"

记者记得先前杭州的代理商王某曾向记者介绍说，"日新书吧"总部是设在新加坡的，是一家全球性专业读书网站，由新加坡某投资集团、中华E书时空下载中心和日新管理咨询有限公司共同组建。

记者按照日新书吧网站上留下的一个叫做杨先生的联系方式，拨通了他的联系

媒体眼中的直销

电话。

记者自称对日新书吧有些兴趣,想咨询咨询。杨先生便很热情地开始介绍,据他讲,日新书吧有10万多册藏书,包括天文、地理、古典文学、专业书籍等等,不仅可以看故事,还可以听故事。

记者立刻表现出浓厚的兴趣,询问加入的方法。杨先生说,要先去工商银行办一个95588开头的e时代卡(或灵通卡),往卡里打入398元人民币,才可以注册。记者详细询问具体如何注册,杨先生一再强调先办卡,有了银行的卡号,才可以注册。在记者的再三追问下,杨先生仍表示,先办卡打钱,他会提供自己的用户名和密码,帮助新会员注册。

记者询问真的可以获得奖励么,杨先生肯定地说当然可以,并介绍了他们的奖励制度,"'日新书吧'奖励制度分为辅导奖、激励奖、鼓励奖、返点奖四种,发展会员必须是成对发展,即2个、4个、6个,以此类推。发展的会员将分别放在左区和右区中,一个正式会员每发展2个新会员就会得到100元的奖励,每日封顶为1200元;每发展300个会员就会得到1000元奖励,每日封顶1000元;每发展1800个会员就会得到10000元奖励,每日封顶10000元"。

广西玉林的梁先生以自己的一次切身体验,向记者述说了"日新书吧"的骗局。

在离玉林火车站没有多远的玉林铁路某区的宿舍楼上一个套间内,一位年约40岁的"日新书吧"的负责人阿芳(化名)盛情相约,并打开电脑,进入"书店"网络和管理网站,让梁先生查阅"书店"的制度、会员注册情况。在电脑的网页上,梁先生了解到"日新书吧"是由所谓的国外某投资集团和中华E书时空——电子书下载中心和日新管理咨询有限公司共同组建的"全国最大的E书网站"。经注册后即可成为"日新书吧"的会员,公司可让你享受"碰对碰赚钱日薪制"待遇:初级——辅导奖,每新增3个会员可获取若干元;一级——鼓励奖,每增加300个会员可获若干元,等等,依此类推,最高级是10万元奖励。在这过程中,梁先生注意到电脑里显示为当天上午11时止,"日新书吧"的会员数有998人。

记者再次联系杭州的王某时,她很是热情:"你现在马上可以加入进来,不需要跑过来办理,直接在网上注册即可。"当问到办公地点时,她说:"'日新书吧'在杭州是没有办公地点的,只要通过电话或者QQ介绍入会就行,注册登记不需要几分钟的。"为了获取更多的信息,记者打开QQ后,她随即发过来一个用于注册的网址,要求记者马上注册,"机不可失,中国人这么多,客户源肯定没有问题,如果你稍有人际关系则更好，要发财很容易。"后来记者以临时有事为由推脱下线了。

有专家评价说，"日新书吧"的发展会员制度实际上就是一种变相的网络传销。他们不是以上网阅读知识为目的，而是打着在网上开书吧传播知识和技能的幌子，在高额奖励的诱惑下"发展"会员，钻了我国目前还没有针对互联网法律法规的空子，变相进行非法赢利活动。

记者就"日新书吧"的情况向广西工商局有关负责人咨询，一位负责人说，已初步调查了解到，"日新书吧"已被定性为传销，因其具备传销的三大特征：介绍加入、形成网络和复式计酬。他们的做法有着较典型的欺诈盘剥性，即要获取奖励，就必需推荐发展3名下线（会员），而所获奖金是从此3人的900元入会费中抽取的。这位负责人说，目前工商部门正在对此进行深入调查取证，防止其扩大蔓延，同时他提醒人们不要被类似"日新书吧"以高额回报为诱饵的活动而轻易"入套"。

据来自淳安工商部门的消息，就是这个"日新书吧"通过涉嫌当事人严某在千岛湖不断发展下线，严某成为"日新书吧"会员后，发展的人员多是根本不懂计算机、不会上网的中老年人及下岗职工；绝大多数人也根本不需要在网上看书。严某每发展一个下线会员，网站会将奖励自动通过网上银行划拨到他的银行账户上。

据了解，目前在太原、海口、淳安等地，工商部门已经取缔了涉嫌违法的日新书吧。

重庆"欧丽曼"传销"洗脑"2000名大学生

震惊全国的两千多大学生传销案经重庆市渝北区法院审理后，一审判决于2005年9月6日宣判。法院以非法经营罪判处"欧丽曼"传销案的"传销老大"秦永军有期徒刑5年，处罚金6万元；曾就读于西安某高校的大学生辛俊涛、赵晓民也分别被判处5年6个月和3年的有期徒刑，处罚金均为14万余元；而此案另一名被告唐刘兵指控罪名成立，但因受人指使，发展下线少，被免予处罚。秦某应对本案的非法经营总额承担责任，应认定非法经营额为236多万元。

2003年9月底，只有初中文化的河南农民秦永军在广西说服正在西安交大思源学院就读的辛俊涛、唐刘兵加入传销组织，后辛的同班女友赵晓民也在男友鼓动下加入进来。4人带领30余名组员从广西将销售网络迁到重庆渝北区、合川市、巴南

媒体眼中的直销

区,以"三无"产品"欧丽曼"化妆品为媒介,组成了"欧丽曼"传销团队。随后,他们以介绍工作、做生意为名,将以大学生为主的近千人骗至渝北,采取上课、讲直销理念、讲"欧丽曼"的"五级三奖制"发展下线,对被骗人员"洗脑",使其"自愿"交纳3350元认购一套"欧丽曼"化妆品,取得发展下线的资格。截至案发,全国各地2000多名大学生被骗。

传销团队来自广西

2000年,秦永军妻弟赵建华劝他到广西玉林搞"直销",秦永军发现传销是个"适合"的行当,并很快领会了其中奥妙,"他们说的直销实际上就是传销,只是因为国家禁止传销,但没说禁止直销,所以变换了讲法,实质都一样,就是不断引诱亲戚、朋友、同学来交钱,从中赚钱。我年龄偏大了,力气活干不了,传销不费太大力气又赚钱。"于是秦永军交了3350元,加入"法国欧丽曼"化妆品有限公司,成为"欧丽曼"成员之一。

秦永军把自己的堂兄张松和朋友张丽发展成会员。张丽入会后"表现积极",先后发展了多人参与。其中一名叫张伟伟的大学生,于2003年发展了大学生辛俊涛到广西贵港参加了"欧丽曼"传销组织,辛于当年发展了自己的大学生女朋友赵晓民。之后,赵、辛二人又不断发展自己的大学生下线,当上了"总代理",而秦永军也因为发展会员"业绩突出",一跃成了"超级总代理"。

在这里,我们先来看一下他们的小档案:秦永军,又名秦军,男,初中文化,务农,39岁,河南省项城市孙店镇解堂村人。辛俊涛,男,务农,26岁,河南省汝州市杨楼乡辛庄村人,在一所成人大学读了一年书辍学。赵晓民,女,又名赵晓敏,务农,26岁,河南省汝州市怜汝镇东营村二组人。唐刘兵,男,26岁,湖北省人,曾是湖北某大学的在校大学生。

据检察机关调查,2000年到2003年2月期间,这4人先后加入了"欧丽曼"传销网络。由于重庆城市边缘有很多闲散的旧房子,既易隐秘,租金也便宜,2003年9月秦永军等4人率领几十人的传销团队由广西"迁网"来到重庆。他们主要发展在校大学生,以"介绍工作、参加电脑展"等幌子,骗来外地学生,安排他们住在预先租好的房屋里。秦某具体负责为新加入人员"签单"、收取"单钱",并将所签的单和收取的"单钱"上转给其他上线。同时,在欧丽曼传销团队的余高明、吴建刚不在重庆时,负责管理重庆的整个传销团队。

第三部分
直销法律出台

根据警方的调查,"法国欧丽曼"传销公司的前身是"莱奥奇"传销,最初在广西北流、玉林、贵港发展,当时的组成人员基本为社会中下层人士。

经济邪教实行"亲情管理"

在长达半年的时间里,有2000多名大学生在重庆深陷传销泥潭,不能自拔。很难想象,一个名不见经传的"法国欧丽曼公司"竟然能够将陕西、河北、湖北、云南等省的高校学子云集至重庆,听其指使。

全国第一个登报披露"欧丽曼"传销事件的新闻记者、《楚天都市报》机动部记者陈世昌通过体验暗访,第一个为我们揭开了这起传销的"凝聚力"。

据介绍,传销组织以"家庭"为单位实行"亲情管理","欧丽曼"实行"五级制",即家长、主任、经理、总代理、超级总代理。会员入会后,发展3-9人就可成为"家长";发展10-69人即可成为"主任";发展70-398人即可成为"经理";399人以上即成为"总代理";再往上便是"超级总代理"。

他们还实行"三奖"的分配方案。以"经理"为例,第一级是"直接奖",每发展1名直接下线,提成43%;第二级是"间接奖",自己的下线再发展1名下线,提成12%;第三级是"育成奖",下线的下线再发展1名下线,他提成2%。这样,下线拉得越多,提成就越高,经理级的人物每月常可提成数万元。"每介绍一个'幼儿员'(交了钱还没发展下线的新成员),介绍人拿510元,介绍人的上一级介绍人拿300元,再上一级拿120元,再上一级拿90元。"到秦永军等人被捕为止,秦、赵、辛3人已经收取数百万元的入会费。

该传销组织还有严格的纪律。各传销窝点以家庭为基本单位,由"家长"实施封闭管理。发展下线都采取单线联系,不同级别人员不允许往来,同级别联系密切,但又必须置于"家长"严格监督之下。

在发展下线时,还制定了邀约加盟的"五同原则":即同宗、同乡、同事、同学、同好。"家长"在严管手下的"业务员"时,把打电话的时间严格控制在3-5分钟内。每个"家庭"里少则三五人,多则十来人。晚上,十个人睡在地上的通铺上。第二天凌晨5点半,有人起来做饭。6点半,准时将屋内所有人叫醒,一起晨练。吃完早饭后,便是听课时间。然后吃饭,再然后又听课。不停地有人在耳边讲述"成功捷径"和"致富秘诀"。

这样,经过3至7天,一个新来的大学生便会从开始的反感、抵制,到认同、接受,并最终积极参与其中。

"从洗脑、到每天必须举行的仪式,再到严密的组织和人身的控制,整个就是邪教的模式。我们围剿的就是这种经济邪教。"重庆市公安局新闻中心主任陈萍说。

武汉新田传销企业死灰复燃

记者从国家工商行政管理总局了解到,近年来,一些传销分子以1998年被查禁的一家传销企业"武汉新田保健品有限公司"为名义,死灰复燃,从事传销活动,给社会造成了极坏的影响。

据介绍,从群众举报和投诉情况来看,目前"武汉新田"公司主要在吉林、山东、河北、江苏、辽宁、黑龙江、内蒙古、上海、天津、广东等地从事违法活动。在东北及河北部分地区活动十分猖獗。

他们打着"直复营销"等旗号,聚集异地,以高额回报为诱饵,大肆发展人员,骗取钱财。想要加入传销组织,必须先交纳2000多元的"入门费",购买一套"紫苏油"、"五旋套餐"保健品、"比迪"系列化妆品或"美莎"化妆品。

这家企业早在1998年就被有关部门查禁注销了,但是直到今年,在国家工商总局公布的十大传销、变相传销案件名单上,武汉新田还是赫然在目,为什么这家企业在注销6年之后,一直就阴魂不散呢?武汉新田勘称是一个非法传销的文本。有关地区工商等执法机关多次开展行动,取缔了一批违法组织,查处了一批传销和变相传销骨干分子。

武汉的蔡家田成了非法传销的"天堂"

武汉的蔡家田,过去据说是"一个连鬼都不来的地方"成了武汉新田保健品有限公司(以下简称武汉新田)的所在地,就是这个楼房底层夜里往往有乞丐栖身的蔡家田由于武汉新田的出现在中国那个直销疯狂的年代里,成为了闻名全国的非法传销"天堂"。

据说最高峰的时候曾聚集了近20~30万"可怜"的非法传销者,都是来自湖北、河南、江西、浙江、山东乃至新疆和东北三省的普通市民。这些人当中主要是中小城镇的居民和乡村农民,估计四川人不下8万。

第三部分
直销法律出台

对此,《南方周末》记者陈明洋曾给予了报道。他撰文指出,这些善良的人来到蔡家田武汉新田的基地后,立即就被安排去所谓成功课堂、辉煌课堂、精英课堂、雄鹰课堂……"上课",几乎所有的课堂墙上都贴上了让人醒目的"格言":辛苦一阵子,享受一辈子;财富不是朋友,朋友却可以变财富。

当时"洗脑"的培训场景是,讲师在台上时而信誓旦旦、时而情绪高昂、时而声泪俱下,让台下的人无不为之动容、无不为之"随风飘昂",明知是骗却让讲师"明灯一点",立刻化骗为"帮":骗字在辞海里的意思是"为了做坏事而采用不正当的手段",而我们是给她一个成功的机会!你们说是不是骗啊?台下掌声雷动,齐声呐喊:"不是!"

武汉新田的制度也是有讲究的。"当你发展第一个下线时就开始得到直销奖,随着下线的增多,你就会逐渐升到组长、主任、经理、总裁等等不同的级别,这样你就可以拿到网络级差奖,网络越大级差奖就越大,网络就等以你的财富。"

正是拿着这样的奖金制度,他们也"积极"怂恿外人参加,他们常常这样介绍——

"一个大笨蛋只要他一个月发展一个下线,而每个下线也同时发展一个下线,9 个月他就可以成为收入过百万的大总裁!你们谁会比这个大笨蛋还笨呢?"如此的"笨蛋计划"当然让不想永远当大笨蛋的人们争先恐后地慷慨解囊,而每个交了钱的受害者为了返本,还会不断地骗更多的亲人和朋友成为其下线,这样,传销的受害者又转变成了施害者。

武汉新田的"技巧电话"让家庭不和谐

前不久,黑龙江绥化市工商局破获了一起变相传销武汉新田产品的案件,经济半小时记者给予了报道。

根据一个名叫刘国禄的举报人的举报,绥化市工商局 7 月 31 日成功抓获了正在绥化的传销头目王秀芹,并从床垫子下面搜出了一张密密麻麻写满人名的传销人员联络图和数十张销售业绩表。上面写清楚了他们的下线,清晰地注明了传销人员的等级和点数,这让工商人员非常兴奋。绥化市工商局公平交易科副科长范忠诚表示:"过去打击非法传销的时候,咱们根本就没见过业绩单,根本什么字样都没有,只是看到一个黑板,看到一些桌椅板凳,和一些人和几根粉笔而已,其他东西都没有。"

被武汉新田传销害得已经是孑然一身了的刘国禄,述说以前是在他的亲生女儿的骗言下,从新疆老家来到黑龙江的。"她打电话说她这边碰到一个好生意,需要

媒体眼中的直销

我的支持,只要得到我的支持,成果很快。我说什么生意,她说卖药。咱也不知道,他们打的叫技巧电话。一开始就是吸引加技巧。一边给我打电话。一边有配合她的人在电话中说'赶紧的这个两万元钱给我交了,你那三万赶紧结账。'我这边电话一听这么忙,一会两万一会三万的,这生意是差不了。"

经不住女儿接二连三的电话,老刘坐火车来到了黑龙江。他并不知道,女儿这时候已经开始做传销。老刘提出要到女儿的单位去看一看,却被女儿领到了传销的课堂上。

讲课者说:"一开始你拿钱加入会员级,发展到两个人以后就成推广员了,推广员到发展9个就成了培训员,培训员上边到94叫代理员了。然后到393个的时候,就成了代理商,到了代理商,一个月就拿23万元。"

这让刘国禄动心了。为了让老伴寄钱过来参加传销,他还和老伴吵了一架,她最后一看没办法,能卖4万元钱的桑塔纳车1万元钱就卖掉了。

后来,知道自己上当以后,老刘离开了传销组织。此时,他已经是一贫如洗,老伴也和他分手了,老刘的全部家当只有这两个编织袋了。刘国禄表示:"所有的家产几乎就是这么一点东西了,这么一套衬衣了。"

老刘告诉记者,在传销网络中,包括自己发展的下线,比自己处境惨的人很多,有乌鲁木齐人,有甘肃人,有陕西人,还有山西人。在绥化王秀芹变相传销案中,和老刘一样被武汉新田害惨了的有将近600人,而在黑龙江,同样的受害者将近1400多人,在吉林,武汉新田的受害者达到了1.8万人。

武汉新田勘称"非法传销的文本"

犯罪嫌疑人王秀芹,尽管他的下线已经超过600人,经他手出去的商品却很少。王秀芹告诉记者,"经我手没出去几个,也就一个。"

警方告诉记者,在王秀芹家查获的紫苏油等传销产品还是王秀芹最初做传销的时候买的货,为什么参与传销的人员在交了会费以后不向王秀芹索要产品呢?犯罪嫌疑人王忠军表示:"对我们来说,公司和产品对我们不重要,我们来的目的是挣钱。"绥化市公安局北林分局治安大队中队长杨庆山告诉记者,"上课的时候武汉新田化妆品,只是提一下,然后就提怎么赚钱了。"

而在"入门费"上,参加者需交纳2340元至2900元不等,购买一套该公司的产品,才能取得加入资格。传销组织中等级严格,共分为会员、推广员、培训员、

第三部分
直销法律出台

代理员和代理商 5 个等级。其报酬是销售提成加收取的入门费提成，上线还可以从下线成员的销售额中再提取一定比例。发展 1 名下线就可成为会员，按收取入门费的 15% 提取报酬；发展 3 到 9 人就可成为培训员，按收取入门费的 20% 提成；发展 10 到 64 人可成为推广员，发展 65 到 391 人可成为代理员，按收取入门费的 42% 提成；发展 392 人以上的为代理商，按照收取入门费的 52% 提取收入。

按照武汉新田奖金分配体系，培训员的月工资为 1-3 千元，推广员的工资为 5-6 千元，代理员的月工资为 1-3 万元，代理商的月工资为 23.8 万元。但在事实上，赚钱的只能是少数人。

记者算了一笔账。假设赚到 23.8 万元算发财，入会费为 3000 元，如果把 3000 元都给代理商。那么，总共需要有 79 个人血本无归，才能让他赚到第一个月的 23.8 万。这 79 个人要都能赚到 23.8 万，则需要建立在 627 人血本无归的基础上。"如果说挣钱都是好听的，他们应该是骗钱，是靠大多数后加入的人，被骗进来的人交来的钱养活他们塔尖的这些人。" 国家工商总局打击传销处处长吴雁表示，"其实就是钱在这儿滚，钱在这里重新分配，少数人得利益，多数人上当受骗，这个东西不符合经济规律，它不能发展。"

为了彻底取缔"武汉新田"变相传销组织，国家工商行政管理总局将其列入今年的打击重点，武汉市工商行政管理机关依法注销了武汉新田保健品有限公司，有关地区工商等执法机关多次开展行动。

截至目前，吉林省工商行政管理机关共打掉"武汉新田"变相传销团伙 26 个，端掉窝点 527 个，清查传销人员 1.8 万余人，移送公安机关 18 人，刑事拘留 12 人。黑龙江省工商机关捣毁"武汉新田"传销窝点 24 个，清查传销人员 1400 余人。

立法前夜，"直销"企业徘徊地生存

千呼万唤的《直销法》据传将在 7 月出台。在《直销法》出台前漫长的讨论过程中，企业和政府的博弈一直没有停止。但这种博弈并没有改变政府的初衷：从严监管，适度放开，利用"技术壁垒"控制企业的数量。

媒体眼中的直销

于是，作为市场主体的企业，也就在直销立法前夜躁动不安，深圳东和田、美国安旗等这些或许不被一般人所熟知的中外直销企业也正积极尝试调整自己的经营管理政策，以适应新直销法规的要求。而下面的直销员，也不停地"骑驴找马"，为自己找一个好的"东家"。

政府抬高直销门槛

此前在法律迟迟未出台的日子里，国务院法制办小范围举行的征询意见会非常之多，记者了解到主要意见最后集中在三点：第一点是给推销员奖金比例在25%和45%之间选择了30%；第二点，"未经允许，不得采取团队计酬"；第三点，企业要交纳2000万元保证金。

这些都显然与直销企业的理想目标相去甚远。想进入直销的企业在此条件面前是徘徊了又徘徊。

直销业的准入门槛并没有降低，想获得直销牌照的企业必须有8000万美元资本和2000万美元的保证金。同时，直销企业在中国必须建立工厂。国家采取的是一种渐进式的方式开放直销市场，一些想在中国经营的直销企业必须遵守中国的法规，调整其经营策略。

于是美国安旗在经营模式上和制度上进行了一些修改。据了解，安旗调整的新制度，包括提高产品价格和削减部分奖项，及"业绩归零"（不符合一个月任务规定及发展会员、重复消费等相关要求的会员业绩按零算），以规避更大的经营风险。据悉，安旗的新制度引起会员们的强烈反弹。有会员在网上公开贴出了《致安旗总裁的一封公开信》和《是"传销"还是"直销"》等文章来表达他们的不满。

从颇为严格的《直销法》条款可以看出，政府笃定要履行一种渐进式的开放进程。这一点，似乎也使许多有意进入直销领域的企业如天年、珍奥、太太药业等进入观望和徘徊的状态。在去年《直销法》草案首次面世的"厦门会议"上，与会的尚有22家企业。据知情者透露在最近国务院法制办的一次征询意见会上，企业数量大大减少，内资企业只有两家。引人注目的大连珍奥等企业不见踪影。

直销企业"过渡期"生存

为了争取时间获得更多利润，一些企业还是努力为自己正名。记者了解到，顾大姐加入的美国安旗和深圳东和田也站在了争取"合法"的行列中。

第三部分
直销法律出台

但争取到"合法"身份顺利拿到直销牌照的企业毕竟有限。专家认为，虽然理论上谁都可以申请直销牌照，但受诸多条件限制，将有相当一部分企业被排斥在直销门外。"直销不是唯一的救命稻草。"直销专家、中国直销专业网总裁胡远江说，中小企业要量力而行，而早日退出不失为一个好的选择。据悉，一些不具备条件的企业正在考虑退出直销行业。

因为，政策限制是其中一个因素，最重要的是，这些"资深"保健品企业担忧，传统销售和直销两种渠道如何不起冲突、不妨害现有的利益格局。雅芳直销试点之初遭遇的专卖店主冲击总部事件敲响了警钟。

还处在"直销"中的直销员是没有办法跳出直销的，只能更好地服务和选择。

顾大姐的上线、美国安旗广州团队领头人阿游肯定地说，安旗会成为第一批获得直销牌照的企业，因为"它有很强的中国政府面背景"。阿游称，安旗公司2003年在美国加州设立，其母公司为ＡＦＧ，即美国联合投资管理集团。"它的主要投资者是中国联通、中国广电和中国凯利公司。"阿游说，美国安旗总裁陈力先生是中国联通的创办人，并使得联通成功在美国上市。阿游和顾大姐坚信陈力"有后台"，并让记者也相信他们的话是真的，"提醒"记者"不要错过加入的大好时机"。

记者致电中国联通查证，该公司综合部秘书处负责人明确告诉记者，中国联通不是美国ＡＦＧ的股东，公司的七任董事长中也没有叫陈力的人。

现在，留给直销企业的时间已不多。在广东，当地工商部门已经先行对传销和变相传销的行为进行过一次大规模的"扫荡"。"公司都将不保，会员又将怎样？"现在，阿游考虑起自己"如何在这三个月的过渡期内生存下去"的问题来。

雅芳业绩下滑的背后

2005年10月30日，雅芳美国总部已公布了雅芳第三季度的最新季报。雅芳中国区销售额承接第二季度中国销售下跌19％的颓势，第三季度中国销售同比下降16％。

季报中分析，业绩下滑的原因是雅芳专卖店店主受中国直销立法的影响，继续减少订货导致。为了更好地采取应对措施，雅芳将于11月15日召开投资者会议，

媒体眼中的直销

探讨持续的业务增长乏力现象背后的深层次原因。

针对雅芳业绩下滑的状况,业内人士分析,这与雅芳政策的不清晰有直接关系,但也有人认为雅芳业绩下滑背后的根源是受模式之累。

业绩连续下滑

自去年以来,雅芳业绩一直在下滑。2003年,雅芳在华销售额为24亿元人民币,而在2004年,雅芳对外公布的销售额为2.25亿美元,折算人民币不到20亿元,销售额至少下滑了16%。

而与此相反的是,采取多层次直销模式的直销巨头们却在中国市场上一路高歌猛进。安利2003年在华销售额超过100亿元人民币,2004年则达到了170亿元人民币以上,销售额增长了约60%。作为后来者的如新公司在华业绩也在节节攀升。在今年第二季度,如新在华销售则增长了8%。

在2005年6月以5000万美元的价格收购广州美晨20%的股份前后,雅芳(中国)对媒体表示:"公司独资的目的,是希望能够通过100%控股权的优势,更好地发展中国业务。"雅芳的寻求"独资"令人关注,然而现在,人们谈论更多的,还是获得了试点资格的直销企业雅芳的业绩下滑。

同期财报显示,雅芳中国在今年第二季度销售额下降了19%。而8月2日,雅芳公司向美国证监会递交的一份文件显示,雅芳在美国正遭遇股票投资者的集体诉讼,涉嫌误导投资者,夸大增长预期,淡化经营风险。

雅芳表示,业绩下滑的原因是雅芳专卖店店主受中国直销立法的影响,继续减少订货导致。为了更好地采取应对措施,雅芳将于11月15日召开投资者会议,探讨持续的业务增长乏力现象背后的深层次原因。

政策不清晰还是模式有问题

2005年4月8日,雅芳董事会主席兼首席行政长官钟彬娴对媒体宣布,中国国家商务部和国家工商总局已正式批准雅芳中国有限公司在北京、天津和广东全省内进行直销试点。这是国内首张直销试点牌照。有人说这对其业绩有很大关系。

相关人士也向记者透露,在3月31日,雅芳拿到直销牌照试点时就开始了向招募直销员方面的转型。一度撤掉了其在商场中销售专柜,并开始建设品牌形象店,同时向专卖店收取高额费用要求他们升级为品牌形象店,直接导致专卖店数量和销

第三部分
直销法律出台

售额的下滑。

"雅芳的这种做法降低了专卖店店主与雅芳合作的信心,导致目前雅芳销售渠道混乱不畅,未能给合作伙伴继续合作的信心。"上述业内人士表示,"这种发展的政策不清晰。"

"但雅芳业绩下滑背后的根源是受模式之累。"直销资深人士王万军认为。

雅芳尽管也采用了"店铺＋雇用推销员"模式,但其开店标准却是以"人口半径"为依据,即"6万非农业人口一个点"的原则。由于雅芳采取的是单层次直销模式,雅芳的直销制度中,只有两个层级,所有的收入都必须建立在销售的基础之上,因此,所有的"雅芳小姐"只会向顾客推销产品,而不会拉顾客加盟其中。这就使得"雅芳小姐"无法为专卖店建立人数众多的销售队伍,而在一定程度上还要依赖自然销售。

专卖店如果依赖自然销售,必须像其他日化产品如宝洁、欧莱雅等一样,有强大的市场推广、销售促进配套,但雅芳在这方面似乎又没有优势,甚至很少有这样的市场举措。于是,雅芳陷入了一种尴尬的境地:既没有多层次直销那样庞大的销售队伍,又没有传统零售的市场配套手段,不免使在夹缝中求生存的专卖店销售起来步履艰难。

差距仍将拉大?

不可否认,雅芳模式在前期确实给雅芳带来了高速的增长。"一刀切"以后的雅芳采取大量开专卖店和专柜的方式,终于在2001年实现了盈利,到2002年销售额净值超过10亿元人民币,2003年达到24亿元人民币。但到2004年,业绩就出现下滑,今年则持续了这种下滑的态势。

雅芳销售的增长,前期主要来自于开店带来的市场效果。开设雅芳专卖店,雅芳会要求专卖店一次性购进颇高数量的货物,店开得越多,雅芳公司销售的货物便越多。雅芳按照"6万非农业人口一个点"的原则,迅速地开设了大量专卖店和专柜,但随着开店的空间越来越小,开店的速度也慢了下来,而由于专卖店销售日渐步履艰难,各地开店的热情也在逐步下降,通过开店带来的销售拉动也就越来越小。

在这一片片质疑声中,公众忽视了一个问题,那就是雅芳在中国的店铺数已经达到了7700多家（6000多家专卖店和1700多个商店专柜,雅芳70%的年销售来自于店铺）,"这些店铺都将成为雅芳今后直销的一个个布局合理的'物流点'。在直销放开后,它们将发挥无比巨大的作用,不会因为暂时缺货而造成市场份额的压

媒体眼中的直销

缩。"直销专家杨谦表示。

但是雅芳的业绩毕竟还是下滑了。其他直销企业在业绩大幅度增长的同时，还在进行扩张。如新在前不久在华追加投资 2000 万美元，在上海兴建一座新工厂，生产旗下保健品品牌华茂系列产品。7 月 29 日，完美公司在扬州工厂破土动工，第一期投资额为 2980 万美元。在专卖店方面，其他直销巨头也是穷追猛赶。目前完美已有专卖店 3300 家。按照完美的计划，到今年年底，完美专卖店将达到 4500 家，在今后几年将超过 5000 家。

所有这些，对于雅芳来说都将是压力。"将来如果政府对直销立法，只要有法可依，雅芳不否认会进入新的直销市场。"雅芳中国区副总裁陈志新曾如此坦言。

国家工商总局发出打传通知

2005 年 10 月 24 日，国家工商总局发出《通知》，要求各地工商机关切实做好贯彻实施《禁止传销条例》、《直销管理条例》的有关工作，在年底之前开展一次打击传销专项行动。

《通知》指出，直销是一种以面对面服务为基本特征的营销模式，具有减少流通环节、节省广告投入等优点，但因其自身特点，很容易演变为传销，传销也往往以"直销"为名从事非法活动。两个《条例》的制定和颁布，为工商机关开展打击传销和监管直销工作提供了保证，指明了方向。各地工商机关要充分认识到《条例》颁布实施的意义，高度重视学习培训工作，将两个《条例》的培训纳入工商系统的整体培训范围，统筹安排组织，根据实际情况制定培训计划，确保培训质量。

《通知》要求，工商机关要充分发挥广播、电视、报刊、互联网等新闻媒体的作用，制定宣传方案，多层次、全方位地宣传国家政策，加强对下岗职工、农民、学生、退伍军人等群体的宣传教育，特别要加强在重点城市、重点地区、传销活动多发区和易发区、车站和码头等流动人员密集地区的宣传工作；剖析典型案例，深刻揭露传销的危害性和本质特征；公布大要案件，打击传销的嚣张气焰。

《通知》强调，各地工商机关当前要抓好三方面制度建设：一是积极配合建立

第三部分
直销法律出台

本地"政府负责、部门参加、各司其职、齐抓共管"的管理体制,对传销活动实行综合治理;二是建立健全部门协作制度,加强信息沟通,整合执法资源,进一步加大打击传销的力度;三是根据两个《条例》实施的新情况,结合实际,不断完善和建立有关制度。

《通知》要求,各地工商机关在年底之前开展一次打击传销专项行动,重点打击"拉人头"传销、"团队计酬"传销和利用互联网传销。工商机关要制定专项行动方案,确定重点地区,组织全面清查;确定本地长期活动、社会危害严重、群众反映强烈的传销组织,进行挂牌督办;对跨地域的传销活动,组织统一查处;对从事传销活动的违法企业,坚决取缔;对转型企业从事传销、违规培训、跨区经营等违法活动依法予以查处。

《通知》要求,各地工商机关要加强对转型企业的监管和规范,对违规行为坚决予以查处。试点地区工商机关要注意了解直销经营活动的规律,掌握关键环节,探索直销监管的可行办法,为《直销管理条例》的实施摸索经验。(原载国家工商总局网站 2005 年 10 月 26 日)

"鲁剑"行动破获特大传销案

这是一起覆盖全国 15 个省区市、涉及 16 万余人、涉案金额高达 4 亿余元的特大传销网络案件。

这是迄今为止全国公安机关打击处理规模最大、追究刑事责任人数最多、查处力度最大的一起传销网络团伙犯罪案件。

2005 年 5 月 30 日,公安机关将此案命名为"5·30"专案,由此掀开了全国打击传销犯罪"鲁剑行动"的帷幕。2004 年 4 月 5 日,山东淄博警方获取一条重要线索:一东北籍妇女到周村参加"多美姿化妆品"传销活动,被别人以交"入会费"为由诈骗现金 8700 元。

"接到报案后,我们跟踪调查了两天,掌握了大量情况,第三天出动了 100 多名警力、20 余部车辆,对发现的 3 个窝点采取了集中行动,当场就查获了正在参加培训的传销人员 90 余人。"淄博市周村公安分局经侦大队大队长李洁对记者说。

媒体眼中的直销

据李洁介绍，这一团伙传销的是一种叫做"多美姿"的化妆品，以"拉人头费"每人 2900 元的形式搞传销。但是这一所谓的化妆品不但一般会员没有见过，就连发展过 20 多个下线的 C 级人物也没见过。

对参加传销培训的人员做工作后，警方获取了大量信息和线索，逐步摸清了这个传销网络的运作情况。他们辗转山东、黑龙江、北京等地，顺藤摸瓜抓获了 B 级代理员徐某、刘某、秦某，A 级代理商孟某、刘某和赵某等多名传销分子。

随着网络"上线人物"的纷纷落网，该网络组成人员内幕被一层层揭开，暴露的情况令人触目惊心：网络的成员达十余万人，仅 A 级以上人物就达 60 余人，涉及十几个省区市，涉案金额达几亿元。该传销组织的最高层人物、有着"传销教父"之称的杨某也逐渐浮出了水面。

2005 年 5 月 30 日，公安部、山东省公安厅、淄博市公安局、周村公安分局的经侦部门成立了"5·30"专案组，开始对杨某的犯罪行为进行侦查。

2006 年 1 月 23 日上午 9 时 30 分，当杨某持港澳通行证，与妻子和两个孩子欲从首都机场飞往香港时，在机场被警方当场拘留。

至此，经过警方近两年的不懈努力，这个涉及东北三省、北京、河南、河北、四川、湖南、贵州、内蒙古等 15 个省区市 16 万余人、涉案金额 4 亿余元的特大网络传销案成功侦破。（原载《沈阳晚报》2006 年 5 月 10 日）

"鲁剑行动" 打击传销敢于亮剑

2006 年 5 月 9 日公安部召开新闻发布会，通报了 12 起公安部打击传销犯罪"鲁剑"行动重点督办案件。

山东"4·08"特大传销案

2005 年 4 月，山东公安机关成功侦破了"4·08"特大传销案。此案涉及参与人员 10 万多人，涉案金额 3 亿多元。已抓获 62 名犯罪嫌疑人，其中移送起诉判刑 37 人。2006 年 1 月 20 日，公安机关在首都机场将该传销网络幕后组织者、策划者犯罪嫌疑人杨玉勇抓获。经查，杨玉勇自 1994 年开始从事传销活动，到目前已在北京、河北、山东等 15 个省区市发展了自己的传销组织，成为长江以北最大的传销网络，

第三部分
直销法律出台

从中非法获利 2000 余万元。

广西玛雅生物科技有限公司系列传销案

2005 年 6 月,广西公安机关一举侦破了广西玛雅生物科技有限公司特大系列传销案。此案涉及全国 31 个省区市 38 万人,涉案金额 1.09 亿元。目前,广西公安机关对玛雅公司涉嫌犯罪共立案 27 起,破案 23 起,打掉传销窝点 291 个,扣押冻结涉案资金 1800 余万元,抓获 74 名犯罪嫌疑人,其中判刑 18 人。

重庆杨远群、李小平等人传销、绑架、买凶杀人系列案

2005 年 11 月,重庆公安机关侦破杨远群、李小平等人传销、绑架、买凶杀人系列案。杨远群等人以"搞开发、做生意"为诱饵,陆续骗来 200 余名老乡参与传销,涉案资金 1000 余万元。2005 年 6 月 15 日,处于传销网络底层的李小平、李金堂二人由于再无下线发展,遂以绑架并用利器威胁等暴力方式先后向杨彦等 3 名传销网络中的上线人物索要共计 10 万元。杨彦怀恨在心,又以买凶杀人方式实施报复,将李小平砍伤。该犯罪团伙对参与传销后发觉上当受骗的人,采取买凶杀人、恐吓等手段,封堵受骗人之口,社会危害特别严重,在当地造成恶劣影响。

山东"天狮美丽佳人"化妆品特大传销案

2005 年 9 月,山东警方侦破了传销"天狮美丽佳人"化妆品传销案,该传销网络以每人交纳 2900 元入伙购买天津天狮发展公司"美丽佳人"化妆品的形式进行传销活动,已发展涉及山东、河北、河南、四川等 9 个省区市的 10 万余人,涉案金额 3 亿余元。现已抓获 32 名主要犯罪嫌疑人。

北京品品德国际茶艺连锁有限公司传销案

2005 年 7 月,北京市公安机关成功侦破了北京品品德国际茶艺连锁有限公司传销案。以蔡德刚为首的传销团伙,通过吸收加盟茶楼的变相传销方式,以交纳入会费的名义向加盟会员销售"品品德"茶叶。经查,此案涉及全国十几个城市,北京地区已发展会员 1000 余人,涉案资金 1200 余万元。

广东"深圳科力海公司"传销案

2005 年 9 月,广东省公安机关一举破获了"深圳科力海公司"传销案。经查,该犯罪团伙从 2001 年开始从事传销活动,现已发展 5000 余人,涉案资金 1800 余万元。公安机关查处传销人员 1263 人,其中刑事拘留 29 人,行政拘留 1 人,捣毁窝点 148

媒体眼中的直销

个,教育遣返 1233 人。

山东济南"4·09"特大传销案

2005 年 7 月,山东省济南市公安机关侦破了以莫淑英等人为首的特大传销案。犯罪嫌疑人从 2001 年 12 月以来,打着"美丽工程"、推销"雅玫琳儿"系列产品的幌子,在济南、德州、东营等地进行非法传销活动,已发展参加传销人员 1137 人,非法经营数额达 5000 万元。

江苏夏向德等人传销、扰乱公共秩序、故意伤害案

2005 年 5 月,江苏省邳州市公安局侦破了夏向德等人传销、扰乱公共秩序、故意伤害案。犯罪嫌疑人夏向德伙同肖云中等人以做生意、找工作为名,将江西、湖南、浙江等地 200 余人骗到邳州,以推销"天津蕾帝男士化妆品公司"化妆品进行非法传销活动。夏、肖二人纠集张德旺等利用统一定制的钢管、短刀等凶器,对不愿参与其传销组织的人员进行威胁、恐吓,打伤群众,并围攻、殴打出警的公安民警,砸毁摄像机等器材,气焰十分嚣张。2005 年 5 月,夏向德、肖云中等 8 名主要犯罪嫌疑人被抓获。

广东"重阳公司"特大传销案

2005 年 7 月,广东省公安机关成功侦破了西安重阳公司传销案。被骗对象多为离退休老年人,涉案金额 1500 万元。犯罪嫌疑人称自己拥有西安重阳公司 450 万股股名为"重阳生物"的股权,招聘一批专门从事传销活动人员,以传销的手法,骗取广州地区群众认购并不真实存在的股权。目前,该案 3 名主要犯罪嫌疑人已被移送起诉。

吉林"6·18"传销案

2005 年 6 月,吉林省公安机关成功侦破"6·18"传销案,一举抓获犯罪嫌疑人 33 人,其中孙振岐等 27 人分别被判处有期徒刑和罚金。该传销团伙自 2000 年以来,先后传销过新田化妆品、雨神化妆品、秀肤佳化妆品。参与人员涉及吉林、辽宁、天津、四川、安徽、山东等省市,涉案金额 150 余万元。

山东韩国人李宰完特大传销案

2005 年 5 月,山东省公安机关成功侦破了韩国人李宰完传销案,这是我国公安机关成功破获的首起由外国人组织的传销案件。此案涉及 1800 多人,涉案金额 4000

余万元。犯罪嫌疑人李宰完自 2004 年 6 月开始在青岛进行传销活动，以认购化妆品、美体内衣等商品和发行储值卡为名进行传销活动。2005 年 6 月 21 日，经青岛市人民检察院批准，犯罪嫌疑人李宰完被执行逮捕，目前此案已移送起诉。

黑龙江"3·01"特大传销案

2006 年 3 月 1 日，黑龙江警方成功侦破一起传销案，涉及人员 3400 余人，涉案金额 1000 余万元，现已刑事拘留 35 人。经查，该传销组织 2005 年 9 月从黑龙江黑河市"迁网"至鹤岗市，当时仅有 300 余人，目前已发展到 3400 余人，涉及黑龙江、河北等七个省区，传销商品为"盛世临"保健品，以"拉人头"方式进行传销，按照不同级别对新加入人员交纳的费用进行提成。目前，已抓获该传销组织骨干分子 35 人。

第十一章 直销法通过审议

直销法（草案）通过审议，各地市场众生相

  一波三折，屡次延迟的中国直销管理条例，在近日终于走完最后一道立法程序。以往一直备受争议，又受传销影响而蒙上阴霾的直销模式终于被承认，走到了阳光下，这两个核心条例的通过也意味着中国将出现"合法"的直销业。

  在一两个月后的某一天，也许你走出家门就会发现，路边商铺开出了一连串国内外有名的直销品牌店，安利的维生素片、坎琳凯的化妆品、完美的牙膏……都会在家门口买到。而在工商部门备案登记的店铺和销售人员也给人一种信赖，不会因为以前一些假冒的"游击队员"而让消费者时刻担心被骗。

  与直销法息息相关的当属市场，许多业内专家也预测中国是未来最大的直销中心，那么，作为直销的载体，各地市场反映如何呢？

沈阳：突然变成直销业空降基地

康宝莱： 法规出台促进市场放开

  "直销条例通过审议对于所有直销企业都是好事。"正在为进入沈阳做准备的美国康宝莱直销公司沈阳办事处相关负责人告诉记者，"从表面上看，条例的出台是对行业准入门槛设立了限制，但从另一个层面上看，却是国内直销市场对外放开

媒体眼中的直销

的信号。"

他表示,直销条例出台后,只要达到条例要求即可进入该领域,限制、要求一清二楚,便于操作。"企业开设店铺能够最大程度地方便消费者,让消费者享受到更高品质的服务。"正在各地选址的康宝莱公司表示。直销管理条例的出台,也许带来的不仅仅是直销企业经营模式的变革,更将给消费者带来一种购物方式的变革。

安利: 市场竞争将日趋激烈

安利从这款条例中看到的是日后更加激烈的市场竞争。

安利辽宁分公司的有关发言人表示,近几年在国内得到正规批准的直销企业约有10家左右,而进入沈阳的初步统计共有8家,市场相对比较稳定,但这种格局即将被打破。

"国外很多直销企业都看好中国市场,一旦直销立法正式出台,肯定会加速他们的进入步伐,竞争是不可避免。"该人士称。

雅芳: 拒绝发表任何看法

已被选为"直销试点企业"的雅芳公司显得颇为低调。

8月11日,雅芳辽宁分公司相关负责人以"没有接到任何通知"为由,拒绝对此事及公司今后发展发表任何看法。

"雅芳目前的境地很尴尬。"一位曾在多家直销企业任职中层的业内人士告诉记者。

此前国内大部分直销企业选择的模式都是"店铺+雇用推销员",要转变为直营的话,对其经济效益并不会带来多大损失,但雅芳为了适应中国国情,逐渐把经营重点转移到了加盟专卖店上,去年,专卖店的确为雅芳贡献了77%的销售额。雅芳目前最需要平衡的就是直营店与加盟店之间的关系。就此问题其他直销企业均表示保留意见。

仙妮蕾德: 不甘丢失东北市场

对于一直没有分公司的仙妮蕾德,在各地开设分支机构是当务之急。记者从仙妮蕾德相关人士处了解到,公司已经在哈尔滨、大同、郑州等地开设了分公司,此次直销"元老"仙妮蕾德全球总裁近日将来沈,也是辽宁分公司剪彩。

第三部分
直销法律出台

浙江杭州：市场更趋规范

"现在直销管理条例还未正式颁布，不过据我们了解，虽说直销管理条例对直销企业是放开了，但是门槛比较高，并非谁都可以进入。"杭州市工商局经检支队支队长沈金祥告诉记者。

沈金祥告诉记者，目前在杭州市场上，主要的两家直销企业——安利和玫琳凯都是"店铺+营销人员"模式，其中玫琳凯的生产基地也设在杭州下沙；而安利除了在杭州有个总店外，在全省还设立了不少分店。《直销管理条例》和《禁止传销条例》是相配套的，这两个直销管理条例的核心条例获得通过，必然对日后行业的规范起到重要作用。

非法传销依旧浑水摸鱼

"但在目前，市场上在搅混水的还是大有人在，而且由于将来直销业进入的门槛高，那些非法传销还是可能死灰复燃。近年来，我们时常会接到不少市民打来的投诉电话，告诉我们哪里又有传销出现，他们受到欺骗。"沈金祥透露，今年上半年，杭州市工商局就已经查处了5起非法传销案件。其中5月份，在淳安查到了一起利用互联网进行传销的案件，因为涉及面比较广，工商部门对违法人员开出30万元的巨额罚单，并将案件移送到公安部门。利用互联网进行非法传销也越来越为不法分子所采用。

在有法可依的情况下，浑水摸鱼的非法传销也将受到更严厉的打击，在采访中，浙江工商部门透露出这样的信息。

店铺、销售员都要备案

在采访中，参加过《直销管理条例（草案）》的征求意见稿的浙江省工商局经检处相关人士表示："直销的销售终端是业务员直接面对客户进行商品交易，消费者应能享受到真正的面对面服务。"他告诉记者，关于直销立法，相关会议开了不少，从此前接触的草案中看，直销企业的资质是要获得国家审批的，并到工商部门登记注册，同时每个直销地开店和营销人员都要到工商部门备案，工商则对其进行监管，这无疑对整个行业和从业人员都有了规范管理。

山东：直销新政影响几何？企业有望迎来利好

10日上午，康宝莱中国区副总裁任国文来到山东，接触工商部门，同时与当地

媒体眼中的直销

市场负责人一起就公司的组建、人员的聘任、店铺的选定等问题进行磋商。任国文认为,直销法的出台,最大意义在于使整个行业有法可依。

面临《直销法》可能带来的冲击,安利中国华东区总经理黄圣文并不因此忧心忡忡。"猜测直销法何时出台,内容是什么,并没有多大的意义。对我们来讲,经营方式固然重要,企业的核心竞争力更重要;企业的团体能不能被消费者接受,能不能在产品研发方面进行创新,这才是关键。"

百姓消费添新渠道

山东经济学院营销系青年营销专家杜岩告诉记者,在欧美发达国家,直销与传统店铺销售都是很重要的销售方式,有的国家甚至占到零售总额的30%。而在我国,直销份额仅为1%左右。直销相关法规的出台,势必会使直销企业迎来一个发展的春天。但投资者不能一拥而上,否则同样存在风险。

与传统店铺相比,直销有店铺销售无法比拟的优势。完美总裁胡瑞连在马来西亚从事直销行业17年,是个地道的直销通,他告诉记者,直销企业取消各级代理商,直接销售给消费者,不需要投放巨额的广告费用,既降低了投资企业的费用,又能给消费者提供相对低价的产品。

针对《直销法条例》可能对开店数量不作硬性规定,康宝莱认为,开设店铺能够最大限度地方便消费者,为顾客提供良好的服务,所以无论直销法如何规定,他们都会实施既定的开店计划,尊重政府,守法经营。

深圳:跨国直销巨头静待利好

千呼万唤的中国直销管理办法,前天正式获国务院审议通过。不过,昨天,包括雅芳、安利等国外直销巨头,均以"尚未获悉《直销管理条例(草案)》具体内容"为由,未就此事发表评论。

跨国巨头出言谨慎

中国直销法的出台,一直备受业界的关注。早在今年4月,雅芳就获得国家商务部和国家工商总局正式批准直销试点,准许雅芳在北京、天津和广东省进行直销试点。而另一个直销巨头安利也暗自加大直销员的培训和招募力度,为此还在广州成立了专门的培训学校,对推销员进行产品知识等各方面的培训。

昨天,雅芳中国公关部负责人接受记者采访时表示,由于直销法正式的法规尚

第三部分
直销法律出台

未颁布,公司高层将在晚些时候对此发表意见。该负责人表示,此前雅芳作为试点,允许在广东、北京、天津等地招聘 3000 名推销员,"但这些推销员占雅芳的整个营运很少,因此影响非常小"。该负责人说:"目前雅芳还是采用店铺+推销员的销售模式。"

安利公司公关部也表示,由于直销条例刚刚通过,公司尚不了解具体内容,暂时不方便发表看法。但她表示,公司暂时不会调整原来的计划,2005 年计划在中国开设 40 家专卖店。

直销企业将进行业务调整

据了解,目前,国内以直销模式经营的企业大约有 800~1000 家,主要分布在广东沿海和东北等地,在广东约超过 600 家。而直销企业的市场份额约占社会消费品零售总额的 1%,预计未来 3~5 年内可达并将稳定在 800 亿~1000 亿的水平。

有专家认为,由于该直销条例可能会和此前有关公司遵循的经营模式不完全相同,因此有的直销企业会进行业务调整。

福建:神龙能拿烫手山芋吗?

参加厦门座谈会的企业就有福州福龙,作为内资的福龙们,此番作何感想?

福州一位从事直销公司十多年的某直销业资深人士认为,直销法的一再延迟出台,足见各方对直销立法的慎重,草案审议通过后,法规的正式出台不会太久。现在直销企业关注的问题就是执照的发放,哪些企业能够拿到第一批的直销牌照,将成为接下来各方关注的焦点。

相较在厦门座谈会上的激扬,为何福龙此时会如此的低调?事实上,对照雅芳的试点模式,以及草案中的一些具体规定,所谓第一批的直销牌照有可能成为直销企业手中的烫手山芋。

该人士分析说,一方面,几大直销巨头都希望自己能够跻身第一批领到牌照的直销企业,这样不仅能够拿到一个合法的身份,对于直销员对企业实力和信誉的信任也是一个交代;另一方面,拿到牌照以后怎么运作,如果全部按照试点的模式做,对于长期实行多层次营销的直销企业来说,那就要进行大规模的调整,这一点可能不现实,但如果不按照试点操作,又随时存在违规的可能。但是根据国际直销业的经验,从单层次直销向多层次发展会是一个逐步放开的趋势。

媒体眼中的直销

不过，该人士也认为，直销草案的审议通过并最终颁布让国内直销界看到了希望，相信政府的智慧能让国内直销业向更规范的方向发展。

厦门直销座谈会的参与者，被认为是很有可能拿到第一批牌照，耐人寻味的是内资企业几乎占了半壁江山。22家直销、准直销企业中，除了安利、雅芳、玫琳凯、如新、仙妮蕾德、日晖、康宝莱等美资企业，马来西亚企业中山完美、瑞士企业富迪、欧瑞莲等外资企业，天津天狮、福州福龙、武汉瓜拿纳、新时代集团、广州太阳神、大连珍奥核酸、北京宝健、广东紫薇星等在此次入围名单中。

在福建方面，雅芳福州分公司的方经理表示，雅芳的媒体接待一直由总公司的媒介公关部负责，分公司无权接受采访。

而据安利福建分公司的相关人士透露，目前安利在福建的各项工作运转正常，暂时并没有进行相关的任何调整。

拿到第一批牌照会是哪些企业？相关人士称，外资企业在直销的规范、自律及自我管理上，有着丰富的经验，商务部对此还是有所倾斜，以利于引导内资企业的效仿与学习。对于属于内资的福龙们，这颗烫手的山芋想拿还不容易。

中国直销法规出台

一个对中国营销界将产生巨大影响的事件正在发生。酝酿长达两年之久并牵动业界每一根神经的直销法规的重要组成部分《直销管理条例》与《禁止传销条例》，已于2005年8月10日上午经国务院常务会议审议并原则通过。业内人士估计，两个条例可能会在8月底正式出台。这意味着直销业态从此将在法律上被政府正式认可，直销行业经营模式也因此在被允许的范围内合法化。

最大热点

取消开店数量限制尽管两个法规的具体内容尚没有公布，"严"字当头仍是中国直销法规的第一特征。消息人士称，《条例》首先设定了高标准的行业准入门槛，申请直销牌照的企业需要缴纳最低为2000万元的保证金，同时注册资本金要达到8000万元，并且对申请企业还有年销售额的要求。在直销立法中备受关注与争议的

第三部分
直销法律出台

另一个问题——奖金制度上，《条例》规定推销员奖金比例上限为30%，并没有规定企业销售层次与奖金层次的多少。这意味着推销员的收入只能为销售收入的30%，此举可促使直销企业尽量减少直销员的层次，从而制约可能出现的非法传销现象。

有消息说，此次被审议通过的直销条例中最大的热点是，取消了开店数量的限制。据称，现役军人、国家公务员以及参照公务员管理的其他人员、医护人员、教职人员、全日制在校学生、直销企业的正式员工配偶和子女、中国政府禁止的任何形式的邪教或非法组织成员以及法律法规明令规定不得从事兼职的人员等，共8类人员"禁入"直销。

"团队计酬"

对于目前业内争议最大的"多层次"与"团队计酬"，可能"现阶段不予放开"。目前在业内2000多家或明或暗运作的直销企业中，95%采用了"团队计酬"的多层次模式，即直销员可以发展自己的团队，并从团队的业绩中提成。直销业界的人士认为，"团队计酬"是直销的最大魅力所在，是多层次直销企业的核心竞争力之一，但由于该计酬方式加大了监管的难度，一直被立法部门排斥在外。如果不允许"团队计酬"，直销就失去了个性与吸引力，目前全国95%的直销企业将面临转型，直销业必然元气大伤。如果允许，直销企业必将迎来一个发展高峰。"从有利于监管的角度出发，政府一直都倾向于单层次直销。"业内专家称。对于"团队计酬"依然未能放行，不少直销企业表示失望。"这必然会造成大量灰色经营地带的出现。"一直销企业的高层表示。记者采访时发现，一些企业无意因为条例变化改变既定战略。如新中国企业发言人表示，"我们知道《条例》通过，也期待它正式公布，但原先的开店计划、加强销售人员管理计划等都不会调整。"正在各地选址的康宝莱公司也表示："开设店铺能够最大程度地方便消费者，为顾客提供良好的服务。"今天将要在郑州开张的国际直销品牌日晖河南负责人程凤飞认为，直销管理条例的目的是规范现有的企业，所以，应该不会禁止"团队计酬"。谈到日晖目前所采用的模式时，程凤飞表示，是店铺加直销员，至于直销员是单层还是多层，他只含糊表示都有，并表示，《条例》正式发布以后日晖会按新条例行事。

直销与传销

或变相传销的区别传销或变相传销与目前的直销概念有三大区别。首先，传销一般以购物或资金形式收取"入门费"；其次，传销通过多个"上线人员"与"下

◉ 媒体眼中的直销

线人员"之间的网络结构进行；最后，传销采用"复式计酬"方式，即销售报酬并非仅仅来自商品利润本身，而是按发展传销人员的"人头"计算提成。按照学院派专家的说法，直销与传销最主要的区别在于单层次销售还是多层次销售，即销售员有没有下线的问题。但学院派同时承认，多层次本身没有问题。河南省营销学会副秘书长晋育峰说："在许多国家，无论是单层次还是多层次都是合法的。在国内，之所以多层次问题成为焦点，是因为多层次更多地涉及人的道德与操守问题，而国内的个人信用体系尚不健全，企业和国家很难有效地监控这些销售人员，以至于多层次团队经常出现问题。"也就是说，在国内，直销与传销的区别成为一个问题。知情人士透露，此前从《直销管理条例》草稿上看到对直销的表述为：直销企业招募直销员，由直销员在固定营业场所之外直接向最终消费者推销产品的经销方式。并未明确提及多层次的问题。此前，95%以上的直销企业都是采取多层次模式，雅芳的店铺加单层推销员的模式被当成试点，但业内普遍反映，这种模式运作不佳。至于老鼠会，大家的认识比较一致，即那些没有产品，没有证照，仅靠拉人头抽钱的骗子集团。

直销法规

带给消费者便利"直销法将日益吻合市场发展需要"，针对直销法草案的通过，北京工商大学产业经济研究所所长陈及表示，直销法草案通过，不仅对企业之间的竞争提出了新的挑战，而且对政府监管也提出了新的挑战。首先是实行直销法后，企业的经营方式减去了中间环节，使企业在经营过程中降低了成本，具有更大竞争性，也给企业带来利润收入。因为直销店会快速掌握市场需求变化，也就能及时调整更新产品。不过，直销的竞争性必须是建立起许多直销店面，如果没有建立这些店面，竞争性也不会表现出来，这给企业带来极大挑战。其次是直销店能给消费者带来便利，因为直销产品及时掌握了消费者的需求，使消费者获得更大利益。同时，陈及还表示，非法传销不会因为直销法的出台而消失，所以给政府监管带来一些新的挑战。因为产品在直销过程中，会被一些商家利用变成所说的"传销"，这个过程政府如何监管认定，是个新的困难。不过，可以预见的是，所有非法传销公司的市场会越来越小，合法公司、真正以直销模式从事经营的企业，慢慢会占领整个市场主要的份额。（原载《东方今报》2005年8月12日）

第三部分
直销法律出台

商务部公开征求《直销管理条例》配套规定意见

为了更好的规范直销行业,商务部与2005年9月30日月开始进行公开征求《直销管理条例》配套规定意见,并发布了"商务部关于公开征求《直销管理条例》配套规定意见的通知"。其内文如下:

为充分听取社会公众意见,现将《直销企业信息报备、披露管理办法》、《直销企业保证金存缴、使用管理办法》、《直销员业务培训管理办法》、《直销产品范围公告》、《关于发布直销员证试样的公告》和《关于发布直销培训员证试样的公告》等《直销管理条例》配套规定(征求意见稿)上网征求意见,请您提出具体意见和建议。征求意见截止日期延长到2005年10月28日。

特此通知。快速准确的资讯,实用的信息,深度的报道,追踪直销热点,尽在商务部关于公开征求《直销管理条例》配套规定意见的通知。

商务部条约法律司

2005年9月30日

两部直销法律先后实施 "中国式直销"注定是单层次

一直跟踪直销法的一位业内资深人士9月2日告诉记者,《直销管理条例》和《禁止传销条例》已经开始下发给各地方工商局和商务部门,不久就将正式通过新华社和商务部网站向外界公告。

但两部法律生效的时间不同。《禁止传销条例》的生效时间于11月1日,早于《直销管理条例》的生效时间12月1日,这意味着中国将实行"先打后放"的法则进行管理,中国的直销市场将与12月1日正式重新开放。

按照这样的时间安排,所有打算从事直销的企业将在12月1日之后,才能向其总部所属的商务管理部门提交牌照申请,再由当地商务部门提交国家商务部进行审核并颁布牌照。

媒体眼中的直销

以两部核心条例施行的先后顺序来看，业内人士估计，国家在下半年度对传销的打击力度将会进一步加大。

先打击非法传销再发展

9月1日，商务部条法司司长尚明表示，国务院已正式颁布了《直销管理条例》，有关具体内容和情况则要等待国务院的正式公告。据悉，《直销管理条例》共八章55条，《禁止传销条例》共五章30条。

"在条例公布以后到正式施行之前，工商部门可能要在打击非法传销活动上进行一些有力度的专项行动。"中国直销问题研究专家胡远江说，《禁止传销条例》早于《直销管理条例》一个月生效，就考虑到要在一个月里先清理市场环境，对所有企业进行检查，检查其是否有重大违规记录，通过此举对行业进行梳理，在进行牌照审核是否通过。

现在的直销，被定义为：直销企业招募直销员，通过直销员在规定营业场所之外，直接向消费者推销产品的经营方式。北京大成律师事务所的直销律师李长军告诉记者，现在的打击传销重点打击三种，也就是《禁止传销条例》中明文规定的三种违法行为：（一）组织者或者经营者通过发展人员，要求被发展人员发展其他人员加入，对发展的人员以其直接或者间接滚动发展的人员数量为依据计算和给付报酬（包括物质奖励和其他经济利益，下同），牟取非法利益的；（二）组织者或者经营者通过发展人员，要求被发展人员交纳费用或者以认购商品等方式变相交纳费用，取得加入或者发展其他人员加入的资格，牟取非法利益的；（三）组织者或者经营者通过发展人员，要求被发展人员发展其他人员加入，形成上下线关系，并以下线的销售业绩为依据计算和给付上线报酬，牟取非法利益的。李长军说："现在工商部门也将把重点放在第三种上，即重点打击团队计酬。"

另外据透露，为加强直销市场放开后的管理，国家将成立独立的监管机构，对直销进行专业化管理。具体方式是在国家工商总局下成立一个独立的、与现公平交易局并列的"直销管理局"，由打击传销处、调查研究处和直销指导处三部门组成，其管理的范围要广于原来工商部门公平交易局下的打击传销处的职责范围，而且会更加专业。

企业将直面"单层次"难题

据悉，此次正式出台的《直销管理条例》较前一版有两处大的修改，一是重新

第三部分
直销法律出台

规定了直销的产品:"生产型直销企业除可以直销本企业生产的产品外,还可以销售其母公司、控股公司生产的产品,直销企业可以依法取得贸易权和分销权,这使得一家直销企业的产品门类大大丰富。";二是取消了店铺数量、标准等限制,提出了"服务网点"的新概念,与承担销售任务的店铺相比,服务网点更多地承担售后保障工作,这种做法使中国直销模式与国际上的无店铺销售概念更为接近。

条例中关于奖金比例的上限被准确地定为30%,直销员必须培训、讲师必须是企业正式员工、注册资金和保证金等方面都没有再修改。

直销专家、北京商业管理干部学院王义教授表示,和传统销售相比,直销的魅力主要一点就是有多层模式,但是现在看来,多层计酬和网络直销都被禁止。接近商务部的知情人士透露,目前国家态度已经明朗,中国的直销将以单层次为主。"短期内团队计酬和多层次直销生存的空间比较小。"胡远江说。有专家担心,直销企业为了保证利润,有可能申报一套,操作起来是另一套。

单层模式最终被认可,有人认为雅芳捡了个大便宜。直销资深大律师刘忠先前接受记者就认为,雅芳的那么多店铺可以保证雅芳今后的物流,能充分占领市场;"98乱局"就是因为产品物流跟不上而造成了许多欺骗的行为。而安利如果严格按照《直销管理条例》来办,安利面临着转型,可能利润将不如从前,毕竟它无法向一层层累积起来的庞大直销人员队伍交代。

日前有消息称,安利将对占其营销队伍10%的特约经销商的身份、报酬和任务进行重新定位和规范;仙妮蕾德将理清大店铺、小店铺和推销员之间复杂的计酬关系;如新采取的"店内加员工推销员"的模式也将直面"员工推销员是否属于新条例所要求的销售人员范畴?"这个难题。

但不管怎样,康宝莱中国区总裁钱港基都认为,直销法规的出台将使中国的直销市场重新洗牌。现在据记者调查了解,一直希望通过法律使自己合法化的一些直销企业,已开始了"作秀运动",纷纷为"令"牌造起势来。(原载《中国经营报》2005年9月5日)

媒体眼中的直销

直销条例千呼万唤终过关 多层直销尚待春暖花开

千呼万唤的直销法磨砺到最后,还是没有改变政府的初衷——通过高门槛控制企业的数量,以维护社会的稳定。目前缺乏有效的监管手段、中国复杂的社会形态、法规尚不完善等因素,注定多层直销的完全开放是渐进式的。

8月10日,在国务院总理温家宝主持召开的国务院常务会议上,审议并通过了直销法规体系中最核心的两大条例——《直销管理条例(草案)》(下称《条例》)和《禁止传销条例(草案)》。

新《条例》略有微调

在记者看到的《条例》里,业内先前颇为关注的注册资本金、保证金、奖金制度等方面并无变化。企业的注册资本金仍然要达到8000万元人民币;需要交纳最低为人民币2000万元的保证金;推销员奖金比例上限为30%;从业人员不能为国家公务员、教师等八类人群等。

值得注意的是,审议通过的《条例》对以往要求的"开店数量有一定限制"和"直销企业的母公司必须是生产型企业"方面有所调整。

据悉,之前的《条例》要求进入本地市场从事直销业态的企业,在该地区必须开设若干专卖店,具体要求为"在省、自治区内10个以上的城市设立不少于10家店铺或20家特许经营店铺"等。

而审议通过的《条例》规定:"直销企业在其从事直销活动的地区应当建立便于满足消费者、直销员了解产品价格、退换货及企业依法提供其他服务的服务网点。服务网点的设立应当符合当地县级以上人民政府的要求。"

直销专家王万军对记者解释,新的草案里并没有明确"服务网点"就是"店铺",也没有对"店铺"数量进行限制。

一位直销公司老总对记者表示,强制性的店铺要求增大了企业的运营成本,而"服务网点"可以理解为"发货点"或分公司,从管理来说更科学。

除此之外,在新的《条例》里,没有明确规定在国内注册的直销企业的母公司

第三部分
直销法律出台

必须是生产型企业。而原本的《条例》要求"投资者应首先按照相应法律法规的要求登记注册为生产型企业"。

结合如新公司 7 月中旬高调宣布投资 2000 万美元在上海建立工厂、完美在扬州投资兴建工厂等信息来看,直销企业的设厂冲动与前《条例》的规定不无关系。但如今新的《条例》里,已没有这方面的限制,但仍要求如果是从国外进口产品在国内销售,那国内的直销企业要取得国外经销权。

"安利模式"面临调整

在雅芳与安利的长期博弈中,单、多层次模式的争议已随着 10 日的会议尘埃落定。

"国务院审议并通过《条例》,表明国家已充分肯定了单层次直销,这是毫无疑问的。"直销行业资深律师刘忠对记者说道。《条例》关于最能体现直销魅力的"团队计酬"的规定是"未经允许,不得采取团队计酬"。

据悉,直销行业里有 90% 以上的企业都采用"团队计酬"的方式,即业内所称的"安利模式"。直销条例出台后,这些企业将面临调整或出局。

"没看到正式文件之前我们不发表任何评论。"安利公关经理姜京源对记者如此回复。

直销法一旦出台,"安利们"的心情是复杂的。"单层次模式"的实施意味着这些企业苦心建立起来的团队面临解散的局面,从业人员也将被大批分流。但"多层次模式"带来的丰厚回报同样是诱人的。

刘忠对记者说,无论从 2004 年还是今年的表现来看,以"团队计酬"模式为主的企业在业绩上纷纷超过了雅芳。

有数据表示,安利 2003 年在华销售额超过 100 亿元人民币,2004 年则达到了 170 亿元人民币以上,销售额增长了约 60%。如新公司 2003 年在华的销售额达到 3.3 亿元,而 2004 年的销售额达到了近 10 亿元人民币,上升了约 300%。

刘忠分析背后的原因说,雅芳为了直销试点,主动把给直销员 35% 的利润降到了 25%,大大挫伤了直销员的积极性。而单层次的计酬模式,也使得雅芳在招募销售人员方面也不具备竞争力。

对比两种模式,雅芳的直销制度,所有的收入都以直接销售为基础,而安利的"团

媒体眼中的直销

队计酬"能带来快速增长的队伍和销售利润,这远远不是雅芳的销售模式能比的。

但是,直销法一旦正式出台,只要不符合直销法的相关规定,企业就面临严打或被取缔的局面。

多层直销还有机会

刘忠律师表示,到现在为止,整个法律的程序已走完,近期法规一定会出台。法规出台后,预示着行业合法化,打击传销也有法可依。而随之到来的,则是不符合要求的直销企业,要根据法规要求作出调整。

而对于多层次直销如何放开,有专家表示"取决于直销法颁布实施后的情况"。如果单层次直销在具体的开展中,直销从业人员心态、消费者的认可程度以及直销企业、政府监管等都能跟上的话,多层次直销可能会逐渐放开。

"这只是时间问题,多层次直销仍然是主流模式。中国直销市场的发展,应该是从开放单层次,到限制层次,再到开放多层次,这才是今后的趋势",直销专家胡远江在先前对记者表示。(原载《中国经营报》2005年8月13日)

第十二章　权威解读《直销管理条例》和《禁止传销条例》

有关负责人就《直销管理条例》答新华社记者问

新华社9月2日受权播发《直销管理条例》（以下简称条例）。针对大家关心的一些问题，新华社记者采访了国务院法制办、商务部负责人。

问：为什么要出台《直销管理条例》？

答：国务院制定出台《直销管理条例》（以下简称条例）的原因主要有两个。首先，是正确引导和规范我国直销业发展的需要。直销是众多现代经销模式中的一种，这种经销模式可以有效地降低企业的运营成本，对促进市场经济条件下商品流通的发展有着积极作用。但是，由于这种经销模式在交易过程中存在很大程度的信息不对称性，直销人员也具有分散性的特点，所以，极容易引发一些不规范，甚至是违法行为的发生，进而损害广大消费者和直销从业人员的切身利益。加之直销这种经销方式进入我国的时间不长，公众对直销的认识也还存在着一定程度的偏差，区别合法直销和非法传销的能力相对薄弱。因此，制定一部能够使消费者的权益得到充分保障，既符合我国国情，而又内外一致的直销法规，对直销业正确引导、趋利避害、稳步开放、规范发展，是十分必要的。其次，是履行入世承诺的需要。根据入世承诺，我国应当在2004年底取消对外资在无固定地点的批发或零售服务领域设立商业存在方面的限制，并制定与WTO规则和中国入世承诺相符合的关于无固定地点销售的法规。

媒体眼中的直销

这里所称的"无固定地点销售",其主要形式之一就是直销。作为国际社会间一个负责任的成员,中国政府一向十分注重履行自己的对外承诺。制定条例正是我们履行上述承诺的一个重要举措。

问:条例的立法指导思想是什么?

答:在起草审查条例过程中,我们始终坚持两个指导思想。一是,条例的内容要符合WTO的有关规定和我国的入世承诺。刚才讲到,制定条例的原因之一就是要履行我国的入世承诺,因此,条例的内容一定要能够满足我国履行入世承诺的需要,要与WTO规则相一致。为了达到这个目标,我们在起草审查条例的过程中,将条例中将要确立的法律制度与WTO规则和我国入世承诺作了逐条比对,在两者不相一致的方面,对条例进行了修改完善。应该说,现在正式公布的条例的有关规定与WTO规则和我国的入世承诺保持了一致。二是,坚持从严监管。买卖双方信息不对称的特点在直销这种经销模式上表现的十分突出,同时,由于目前我国市场发育还不够完善,监管手段也较为落后,群众消费心理尚不成熟,因此,直销过程中很容易出现损害消费者利益的情形。1998年以前传销在我国发展的情况已经证明了这点。有鉴于此,条例对直销业确立了较为严格的监管制度。这一方面有利于保障消费者的合法权益;另一方面,也有利于直销业的发展。严格的监管制度可以尽量减少违法行为的出现,而只有合法经营,直销业的发展才能获得良好的外部环境,从而走上持续、健康发展的良性发展道路。

问:条例开放直销业是否也意味着允许传销?

答:条例开放直销业并不意味着允许传销。大家应该注意到国务院在颁布条例的同时还颁布了《禁止传销条例》,其目的就是在开放并规范直销的同时,一如既往地严厉打击传销。根据本条例规定,直销企业支付给直销员的报酬只能按照直销员本人直接向最终消费者销售产品的收入计算(实际上禁止了团队计酬),并对提取报酬的比例作了严格的限制。这就从计酬制度上对直销和传销作了区分。凡是符合本条例规定的直销经营都是合法的,将受到法律的保护;传销则是非法的,有关部门将按照《禁止传销条例》的有关规定,对这种非法行为进行坚决的打击。

问:直销企业及其分支机构的设立应当符合什么条件?

答:根据条例规定,一个企业要申请成为直销企业应当具备四个条件:(一)投资者具有良好的商业信誉,在提出申请前连续5年没有重大违法经营记录;外国投资者还应当有3年以上在中国境外从事直销活动的经验;(二)实缴注册资本不

第三部分
直销法律出台

低于人民币 8000 万元；（三）依照本条例规定在指定银行足额缴纳了保证金；（四）依照规定建立了信息报备和披露制度。

直销企业成立后要在一个地区开展直销活动，还必须在拟从事直销活动的省级行政区域内设立负责该行政区域内直销业务的分支机构。直销企业设立分支机构是有前提条件的，即必须在其从事直销活动的地区建立符合县级以上人民政府要求的服务网点，以方便和满足消费者、直销员了解产品价格和退换货及企业依法提供其他服务的需要。满足了这个条件，直销企业才能在该省级行政区域内设立分支机构，然后才能从事相关的直销活动。

问：条例对直销员制度作了哪些方面的规定？

答：直销就是通过直销员在固定营业场所之外进行推销，因此，包括直销员的招募、培训和直销行为规范等内容的直销员制度，是直销法律制度的核心内容之一。因此，条例对直销员制度作了以下几方面的规定：

一是，直销企业及其分支机构可以招募直销员，其他任何单位和个人均不得招募直销员。

二是，直销企业及其分支机构不得招募未满 18 周岁的人员、无民事行为能力或限制民事行为能力的人员、全日制在校学生、教师、医务人员、公务员、现役军人、直销企业的正式员工、境外人员及法律以及法规规定不得从事兼职的人员为直销员。

三是，直销企业及其分支机构招募直销员应当与其签订推销合同。未与直销企业或者其分支机构签订推销合同的人员，不得以任何方式从事直销活动。

四是，直销企业应当对拟招募的直销员进行业务培训和考试。经考试合格的人员，由直销企业颁发直销员证后，方可从事直销活动。

五是，直销员在直销过程中不得有欺骗、误导等宣传和推销行为，并应当严格遵守出示直销员证、尊重消费者意愿等直销行为规范。

问：条例对直销员的业务培训作了哪些规定？

答：根据条例规定，直销企业应当对所招募的直销员进行培训，除直销企业外，任何单位和个人不得以任何名义组织直销员业务培训。直销企业对直销员进行业务培训时，还要对培训内容的合法性、培训秩序和培训场所的安全负责。

条例同时还明确规定，对直销员进行业务培训的授课人员应当是直销企业的正式员工，并符合以下条件：① 在本企业工作 1 年以上；② 具有高等教育本科以上学历和相关的法律、市场营销专业知识；③ 无因故意犯罪受刑事处罚的记录；④ 无重大违法经营记录。直销企业应应符合相应条件的授课人员颁发依照商务部规定式样印制的直销培训员证，并将取得直销培训员证的人员名单报商务部备案。

问：为了保障消费者和直销员的合法权益，条例作了哪些制度设计？

答：为了最大限度地保障直销员和消费者的合法权益，条例借鉴了一些国家和地区的监管经验，确立以下三项制度：

一是退货制度。条例规定，直销员和消费者在购买直销产品后30日内，产品未开封的，有权凭直销企业开具的发票或者售货凭证向直销企业及其分支机构、所在地的直销企业服务网点或者推销产品的直销员办理退换货；后者应当在7日内，按照发票或者售货凭证标明的价款办理退换货。

二是信息披露制度。针对直销活动的隐蔽性，以及直销过程中直销企业与直销员、直销员与消费者之间信息不对称等特点，为了便于直销员和消费者及时掌握有关情况，防止上当受骗，同时有利于监管，条例规定，直销企业应当建立并实行完备的信息报备和披露制度。

三是保证金制度。为充分保护消费者的合法权益，防止直销企业或者直销员不履行退货义务，保证直销企业和直销员无能力履行退货义务时，消费者的退货权能够得到实现，条例明确对直销企业实行强制提取保证金制度。条例确立了对直销企业实行强制提取保证金的制度。根据条例规定，直销企业应当在国务院商务主管部门和国务院工商行政管理部门共同指定的银行开设专门账户，存入保证金。保证金的数额在直销企业设立时为人民币2000万元；直销企业运营后，保证金的数额应当保持在直销企业上一个月直销产品销售收入15%的水平，但最高不超过人民币1亿元，最低不少于人民币2000万元。

问：为了加强监管，条例对监管部门规定了哪些监管措施和手段？

答：为了加强对直销业的监管，防止以直销为掩护进行各种违法行为，条例专设一章，明确了工商行政管理部门实施日常监督管理可以采取的手段和措施。根据条例规定，工商行政管理部门在进行现场检查时，可以采取进入企业、询问当事人以及查阅、复制、查封、扣押有关材料和非法财物等措施。同时，为了及时查处直销活动中的违法行为，防止直销演变为多层次传销，条例还规定，工商行政管理部门发现企业有涉嫌违反本条例的行为，可以责令其暂时停止经营活动。为保证管理相对人的合法权益，条例对工商行政管理部门采取上述监管手段和措施的程序，都

第三部分
直销法律出台

作了明确而严格的规定。

问：违反条例的单位和个人要承担怎样的法律责任？

答：为保证条例各项规定的落实，条例对违反本规定的各类违法行为设定了严格的法律责任。

一是，对未经许可从事直销活动或者通过欺骗、贿赂等手段取得直销许可的违法行为，条例规定：由工商行政管理部门责令改正，没收直销产品和违法销售收入，处5万元以上30万元以下的罚款；情节严重的，处30万元以上50万元以下的罚款，并依法予以取缔；构成犯罪的，依法追究刑事责任。通过非法手段取得直销许可的，还应当由国务院商务主管部门撤销相应的许可。

二是，对直销企业的其他违法行为，由工商行政管理部门责令改正、没收直销产品和违法销售收入、处以罚款、吊销其分支机构营业执照直至由国务院商务主管部门吊销其直销经营许可证。

三是，对直销员、直销培训员以及其他个人的违法行为，条例规定了没收直销产品和违法销售收入、罚款以及责令直销企业撤销其直销员或者直销培训员资格等行政处罚。

此外，条例还与《禁止传销条例》作了必要衔接，规定：违反本条例的违法行为同时违反《禁止传销条例》的，依照《禁止传销条例》的有关规定予以处罚。也就是说，如果借直销之名行传销之实，执法部门将会根据《禁止传销条例》予以处罚。

有关负责人就《禁止传销条例》答新华社记者问

新华社9月2日受权播发《禁止传销条例》（以下简称条例）。据了解，国务院有关部门目前正在抓紧条例的贯彻落实工作，社会各界对条例的公布实施也很关注。新华社记者就条例有关内容采访了国务院法制办、国家工商总局负责人。

问：请介绍一下国外直销和传销的发展历程，以及目前在我国的实际情况？

答：直销作为一种经营模式最早起源于美国，之后传入欧洲、日本等世界其他国家和地区。直销具有减少流通环节、节省广告投入、实行面对面服务等优点，因

媒体眼中的直销

而在一些国家迅速传播开来。但因其同时具有交易上的隐蔽性、参与人员的分散性、交易对象的不确定性等特征,在其逐步发展的同时,也很快衍生出一些商业欺诈行为,特别是传销、"金字塔诈骗"和"老鼠会"等,严重扰乱了正常的经济秩序。为此,各国政府都在严格规范的前提下开放直销经营活动;同时,通过立法严厉打击利用直销名义进行的欺诈活动。如美国的"禁止金字塔计划"法案、日本的《无限连锁链防止法》、马来西亚的《直销法》等。

上世纪 90 年代初,一些国外直销公司开始进入中国。由于我国正处于社会主义市场经济发展的初级阶段,市场发育程度较低,有关管理法规不够完善,直销逐渐发展成为各种形式的传销活动。一些不法的单位和个人打着"快速致富"的旗号,诱骗群众参与传销,利用虚假宣传、组成封闭人际网络,收取高额入门费等手段敛取钱财,还有一些人利用传销从事迷信、帮会、价格欺诈、推销假冒伪劣产品等违法犯罪活动,不仅干扰了正常的经济秩序,严重损害人民群众的利益,还严重影响了我国的社会稳定。针对上述情况,1998 年 4 月,国务院发出了《国务院关于禁止传销经营活动的通知》(国发[1998]10 号,以下简称通知)。通知明确指出,传销经营不符合我国现阶段的国情,已造成严重危害,对传销经营活动必须坚决予以禁止。今年 8 月 10 日,国务院第 101 次常务会议通过了条例,以行政法规的形式进一步明确对传销活动予以禁止,加大打击力度。

问:为什么要制定条例?

答:自 1998 年国务院颁布通知全面禁止传销以来,在国务院的统一部署下,工商、公安等部门认真履行职责,对各种传销活动进行了严厉打击,取得了显著成效,大规模、公开化的传销活动得到了有效遏制。

近年来,传销进一步发展为以"拉人头"欺诈等为主要形式的违法犯罪活动。为了逃避打击,传销活动也由公开转入地下,采取更为隐蔽、更为恶劣的手段进行不法活动,且近年来有愈演愈烈之势,不仅严重扰乱正常的市场经济秩序,也直接危害人民群众的生命财产安全,破坏社会稳定。传销的危害突出表现在:

一是传销不仅违反了国务院禁止传销的规定,还违反了国家有关法律、法规的规定。伴随传销发生的偷税漏税、制售假冒伪劣商品、走私贩私、非法买卖外汇、非法集资、虚假宣传、侵害消费者权益等大量违法行为,给金融秩序和市场经济秩序造成破坏。

二是传销侵害的多是弱势群体。被骗参加传销的人员中,大多是农民、下岗职工、

第三部分
直销法律出台

老年人等社会弱势群体,近年来还出现在校学生、少数民族群众等被骗参与传销的情况,绝大多数参加者被骗后血本无归,有的甚至生活无着。

三是引发治安违法行为和刑事犯罪行为。一些人被骗后走上了偷盗、抢劫、械斗、卖淫等违法犯罪的道路,给社会治安带来隐患;加上一些黑势力犯罪团伙等参与其中,从事其他违法犯罪活动,给社会稳定造成了严重危害。

四是对社会伦理道德造成冲击。传销引发的夫妻反目,父子相向,甚至家破人亡的惨剧时有发生,在给传销参与者造成经济损失的同时,给其家庭也造成巨大伤害,严重破坏社会主义精神文明建设。

五是传销组织者、策划者对参加人员实施精神控制。传销通过对参加人员培训"洗脑",宣扬所谓的迅速发财致富等传销理论,使人沉溺于"发财梦"中不能自拔,诱使参加者不择手段大肆从事欺诈活动。

有鉴于此,为了维护广大人民群众的切身利益和市场经济秩序,国务院要求各级人民政府和执法部门要严格执法,对传销活动一经发现,坚决取缔。为了进一步加大对传销的打击力度,防止欺诈,保护公民、法人和其他组织的合法权益,维护社会主义市场经济秩序,保持社会稳定,构建和谐社会,国务院颁布了条例,从法律上明确禁止任何单位和个人从事传销,并对传销的定义、表现形式、打击传销的工作机制、措施和程序、法律责任等作出了明确规定。

问:条例的指导思想是什么?

答:在制定条例的过程中,我们主要遵循以下指导思想:

一是进一步明确法律界限,依法查禁传销活动。准确界定传销行为,坚决依法开展打击工作,保护公民、法人和其他组织的合法权益,维护我国市场经济秩序和社会稳定。

二是保持国家政策的稳定和延续。在国家现有政策的基础上,允分借鉴国外相关法律规定及监管打击的有效做法,认真分析传销的表现形式和特征,结合我国的执法实践经验,起草和制定条例,使打击传销这项长期工作,更加有法可依,有章可循。

三是建立打击传销的有效机制,坚持打击与防范相结合,惩罚与教育相结合以及标本兼治的原则。坚决把传销遏制在萌芽状态,避免给广大人民群众的利益造成损害,避免给市场经济秩序和社会公共秩序带来更大危害。积极开展综合治理,建立打击传销的长效机制。

问：何种行为属于传销？传销都有哪些表现形式？

答：参照近年来国务院打击传销的一系列文件，结合近年来的执法实践，条例对传销作出了界定，规定组织者或者经营者发展人员，通过被发展人员直接或间接发展人员的数量或者销售业绩为依据计算和给付报酬，或者要求被发展人员以交纳一定费用为条件取得加入资格等方式牟取非法利益，扰乱经济秩序，影响社会稳定的任何行为都属于传销。同时，为了便于理解，条例还列举了传销的三种表现形式，即以发展下线的数量为依据计提报酬的传销行为（即"拉人头"），以发展的下线的推销业绩为依据计提报酬的传销行为（即"团队计酬"），以及骗取入门费的传销行为。

问：条例对地方各级人民政府及其有关部门有什么要求？

答：条例明确规定了打击传销的工作机制和各部门的职责分工。传销已成为社会公害，实践证明打击传销必须采取政府牵头，部门齐动，社会参与，综合治理的措施，广东、山东等省市将打击传销列入社会治安综合治理工作，对遏制传销、严惩传销头目起到积极作用。为此条例规定，建立由政府牵头，公安、工商为主，司法、商务、电信、教育等有关部门按照各自职责积极参加配合，形成各司其职、相互配合、权责一致的打击传销机制。

条例规定，对于"拉人头"、"团队计酬"和骗取入门费的传销行为，以工商部门为主负责查处。由于当前传销的组织者往往对参加者采取暴力和精神双重控制，限制人身自由，非法拘禁，甚至出现抢劫、绑架、杀人等恶性案件，条例规定，对在传销中以介绍工作、从事经营活动等名义欺骗他人离开居所地非法聚集并限制其人身自由的，由公安机关会同工商部门进行查处。工商部门查处的涉嫌犯罪的行为，依法移送公安机关立案侦查。针对近年来利用互联网从事传销日益突出的情况，条例规定对利用互联网发布传销信息，怂恿、诱骗他人参加传销的，由工商部门会同电信等部门依照条例的规定进行查处。

问：条例规定了哪些查处措施和制度？

答：为了有效开展打击传销工作，更好地保护人民群众的利益，条例赋予执法部门查询、检查、查封、扣押、申请司法部门冻结违法资金等多项查处措施。为了及时揭露传销违法活动，防止群众上当受骗，避免和减少传销给社会造成更大损失，条例规定了警示、提示制度。对于经查证属于传销的，工商、公安机关可以向社会

第三部分
直销法律出台

公开发布警示或提示。通过在传销萌芽状态发出预警、对查处的传销案件进行公布，揭露其欺骗实质，减少和避免群众遭受更大损失。

为了动员社会力量参与打击传销，开展群防群治，及时获取案件线索，快速有效打击传销活动，条例规定了传销举报投诉机制。任何单位和个人都有权向工商、公安机关举报。工商、公安机关应对举报线索进行调查核实，依法查处；并为举报人保密，经调查属实的，依照国家有关规定可以给予举报人一定的奖励。

此外，为了依法行政，防止行政机关滥用职权，条例对执法部门实施行政强制措施的程序也作出了明确规定。如：工商部门在采取本条例规定的措施，必须向县级以上工商部门主要负责人书面或者口头报告并经批准；对涉嫌传销行为进行查处时，执法人员不得少于2人；还规定了回避制度等。

问：从事传销的单位和个人应承担什么法律责任？

答：条例针对传销活动中的不同人员设定了相应的法律责任。对传销的组织者和骨干分子，设定了最高200万元的罚款；对构成犯罪的，依法追究刑事责任。对于一般参加人员，予以告诫；对多次参加，屡教不改，虽不属于骨干分子，但又确实诱骗他人并给他人造成损失的传销参加者，由工商部门责令停止违法活动，可以处2000元以下的罚款。

同时，条例还规定，对于为传销提供经营场所、培训场所、货源、保管、仓储等条件的，工商部门有权责令其停止违法行为，没收违法所得和处以罚款。对于为传销活动提供互联网信息服务的，工商部门有权责令其停止违法行为，并由有关部门依照互联网的有关规定予以处罚。

问：如何贯彻实施好这一条例？

答：条例的颁布对于打击传销，惩治违法犯罪分子，维护市场经济秩序和社会稳定，保护人民群众生命和财产安全具有重要意义。下一步，国务院将组织有关部门主要抓好以下几方面的工作：

一是组织各地人民政府和相关执法部门认真学习条例，建立健全打击传销的工作机制，开展综合治理，切实履行职责，做到有法必依、执法必严、违法必究，认真做好条例的贯彻实施工作。

二是组织开展普法宣传活动，通过新闻媒体、报刊杂志、广播电视、互联网等媒体，采取多种方式宣传法律规定，教育群众知法懂法，自觉守法，提高群众识别、防范、

媒体眼中的直销

抵制传销的能力。

三是开展专项打击行动，适用条例查处一批大要案件，净化市场秩序，严惩组织者和骨干分子，震慑不法人员，坚决把传销活动遏制在萌芽状态。

直销法律专家刘忠详细解读直销法律

记者：现在出台的《禁止传销条例》第七条，规定了属于传销的行为：一、组织者或者经营者通过发展人员，要求被发展人员发展其他人员加入，对发展的人员以其直接或者间接滚动发展的人员数量为依据计算和给付报酬（包括物质奖励和其他经济利益，下同），牟取非法利益的；二、组织者或者经营者通过发展人员，要求被发展人员交纳费用或者以认购商品等方式变相交纳费用，取得加入或者发展其他人员加入的资格，牟取非法利益的；三、组织者或者经营者通过发展人员，要求被发展人员发展其他人员加入，形成上下线关系，并以下线的销售业绩为依据计算和给付上线报酬，牟取非法利益的。

刘忠：即可以三种方式判断传销行为，第一种行为是拉人头；第二种是收取高额入门费或一定的入门费；第三种是存在金字塔式的销售结构。

记者：《直销管理条例》第二十四条：直销企业至少应当按月支付直销员报酬。直销企业支付给直销员的报酬只能按照直销员本人直接向消费者销售产品的收入计算，报酬总额包括佣金、奖金、各种形式的奖励以及其他经济利益等不得超过直销员本人直接向消费者销售产品收入的30%。

刘忠：通常直销行业给直销员的奖金比例都很高，从45%～70%不等，以此刺激直销人员发展业务。业内对30%的奖金比例颇有微词，认为会限制直销人员的热情和行业发展。但体现了政府希望直销冷静发展的态度。

记者：《直销管理条例》剔除了以前版本的"未经允许，不得采取团队计酬"的提法。

刘忠：计酬方式是国家行政职能管理部门鉴别直销和非法传销的最根本依据。团队计酬被禁，表明了政府的一个态度，就是多层次传销已被全面禁止。

记者：根据现在出台的直销法律，在我国要成为直销企业须具备哪些条件？

第三部分
直销法律出台

刘忠：条例规定，申请成为直销企业，应当具备4个条件：投资者具有良好的商业信誉，在提出申请前连续5年没有重大违法经营记录，外国投资者还应当有3年以上在中国境外从事直销活动的经验；实缴注册资本不低于人民币8000万元；依照《直销管理条例》规定在指定银行足额缴纳了保证金；依照规定建立了信息报备和披露制度。

条例规定，直销企业及其分支机构不得招募下列人员为直销员：未满18周岁的人员；无民事行为能力或者限制民事行为能力的人员；全日制在校学生；教师、医务人员、公务员和现役军人；直销企业的正式员工；境外人员；法律、行政法规规定不得从事兼职的人员。

记者：现在的"直销"、"直销企业"、"直销员"、"传销"是如何具体规定的？与以前有什么不同？

刘忠：条例对相关概念予以明确："直销"是指直销企业招募直销员，由直销员在固定营业场所之外直接向最终消费者推销产品的经销方式；"直销企业"是指依照《直销管理条例》规定经批准采取直销方式销售产品的企业；"直销员"是指在固定营业场所之外将产品直接推销给消费者的人员。

第十三章　中国的特色直销

国外直销与国内直销特点比较分析

　　2005年12月1日正式实施直销法，2008年8月25日把传销罪列入刑法，国家为什么加大力度整治直销市场呢？记者就直销业的问题对曾主管直销工作多年的原国家工商行政管理总局市场规范司司长张经进行了专访，他目前的身份是工商总局巡视员，同时还兼任中国法学会经济法研究会常务理事、中国经济体制改革研究会特邀研究员等职务。作为经济法专家，张经告诉记者：直销是世界性的一种营销方式，是大大小小的2000多种营销方式里面的一种。由于自身的特殊性，直销在国际商业流通体系中所占的经营额仅为1.5%左右，并非一种主流营销形态。

　　警惕违规直销危害和谐社会。张经告诉记者，国外的直销业基本都是在乡村或边远城市，主要以退休或无业人员"玩 玩"为主，不像我国的直销人员如此职业化。世界上许多国家采取了对直销的适当限制政策。近十多年来，中国也将直销纳入了市场秩序整顿的重点。

　　"因为直销以现款交易为主，所以能够比较容易的规避国家财政纪律，容易成为拉拢和腐蚀政府官员的一个便利渠道。"世界直销联盟的一个议题就是如何做好对各国政府的公关行为。"这实质就是研究如何充分运用不正当手段和正当手段来发展直销。"作为管理直销业多年的高级行政人员，张经认为直销业暴露出来的这种趋势值得党中央及国务院领导高度关注。

媒体眼中的直销

中国特色之 规定的五大类产品方可直销

2005年10月6日记者从国内一直销巨头处获悉，国家商务部已在国庆长假期间，开始向社会公众公开征求《直销管理条例》配套规定的意见，今年9月2日直销法公布后，一直受业内关注的直销法配套实施细则终于浮出水面。

记者昨天细数了一下发现，国家商务部这次公布的《直销管理条例》配套规定（征求意见稿）共有6个，其中《直销企业信息报备、披露管理办法》、《直销企业保证金存缴、使用管理办法》、《直销员业务培训管理办法》3个管理办法的征求意见稿，将与《直销管理条例》一起于12月1日正式实施。另外3个配套规定包括《直销产品范围公告》，明确了现阶段开展直销的产品只能包括5个大类：化妆品（包括个人护理品、美容美发产品）、保健食品（获得有关部门颁发的《保健食品批准证书》）、保洁用品（个人卫生用品及生活用清洁用品）、保健器材以及小型厨具。（原载《南京日报》2005年10月7日）

中国特色之——推销员酬金不能超过30%

2005年8月10日，国务院会议已讨论审议并通过了《直销法》两核心条例——《直销管理条例》和《禁止传销条例》。条理规定，直销员奖金比例最高30%，而且不放开"团队计酬"。

以前曾经有高达50%、70%甚至超过100%的计酬比例，这使得企业想方设法降低产品成本、或是采取假冒伪劣产品，最终导致非法传销，而30%的比例很大程度上使得企业只能采取单层次模式。

按照《条例》的规定："直销企业支付给直销员的报酬只能按照直销员本人直接向消费者销售产品的收入计算，报酬总额（包括佣金、奖金、各种形式的奖励以及其他经济利益等）不得超过直销员本人直接向消费者销售产品收入的30%。"该规定从一定程度上遏止了多层次直销模式的发展空间。而市场上95%直销企业都采用了多层次直销模式，他们面临着艰巨的转型问题。（原载《金羊网》2005年8月12日）

第三部分
直销法律出台

中国特色之——严格的信息披露制度

直销信息披露是指直销企业在产品销售中，依法向社会公众公开信息的行为过程。

直销信息披露对直销市场的发展意义重大。建立直销信息披露制度有利于强化对直销企业的监督，优化社会和经济资源配置，提高直销市场的运行效率，进而保护广大消费者的合法利益，保证直销市场持续、快速、健康发展。同时也有助于直销企业开展透明经营、树立正确的经营形象，使广大消费者能够客观地理解和对待直销。

《直销管理法规》明确规定，申请成立直销企业必须"依照规定建立了信息报备和披露制度"。同时规定，直销企业及其直销员从事直销活动，不得有欺骗、误导等宣传和推销行为；国务院商务主管部门和工商行政管理部门依照其职责分工和《直销管理法规》规定，负责对直销企业和直销员及其直销活动实施监督管理；国务院商务主管部门应当将直销企业及其分支机构的名单在政府网站上公布，并及时进行更新；直销企业应当向符合《直销管理法规》规定的授课人员颁发直销培训员证，并将取得直销培训员证的人员名单报国务院商务主管部门备案；国务院商务主管部门应当将取得直销培训员证的人员名单，在政府网站上公布；直销企业应当依照国务院商务主管部门和国务院工商行政管理部门的规定，建立并实行完备的信息报备和披露制度，等等。在这些规定中，信息披露制度涉及到直销企业经营的各个方面，比如计酬制度、退货制度、保证金制度、招募推销员制度、售后服务制度（投拆电话、联系电话和地址）、推销员的培训制度；店铺名称、数量、地址电话、店铺所属推销员人数、名单及其获得报酬的情况；推销员个人资历、处理推销员和消费者退货情况，等等。另外还规定，对企业重大诉讼事项和被主管部门处理的情况，直销企业必须在网站上公布。

直销企业进行信息披露是由直销产品的特性决定的。直销市场上存在着较为严重的信息不对称现象，通常直销企业比消费者更多地了解企业内部经营活动，而消费者往往是按照直销企业发布的各种信息来判断其产品的内在价值，这样就可能导致直销产品的实际价值与人们的预期不相一致。一些直销员出于自身利益的考虑，在推销产品中损害消费者利益的事时有发生。因此，加强直销企业的信息披露工作和相应的制度建设就显得非常重要和紧迫。

自国外直销企业进入我国市场以来，企业和产品信息披露方面存在的问题显得

媒体眼中的直销

比较突出。不少直销企业把信息披露看成是一种额外的负担,不愿意主动承担向消费者披露信息的义务;也有一些直销企业在信息披露方面反应不够及时,使消费者不能有效获得相关信息,直接造成消费者的经济利益蒙受损失;还有一些直销企业信息披露不充分,比如财务信息、投资信息和利润信息的不完整等,有的甚至以保护商业秘密为由,故意隐瞒重要信息。这在直销税收环节中问题比较突出,造成企业税收和个人所得税的大量流失。由于直销交易通常是在一对一的情形下进行的,因而以现金为结算方式客观上容易导致企业销售额难以准确估计;另外,直销模式中可能涉及到大量的从业人员,个人所得税的征管也异常艰巨。为此,有关部门必须严格稽查,堵住直销行业中的税收漏洞。

政府部门规定直销企业必须进行信息披露的主要原因,在于保护消费者的合法权益不受损害。由于直销活动在企业与消费者之间直接展开,因而除了必须有相应的信用和资金担保外,还必须有透明的信息披露制度和畅通的了解信息的渠道。直销市场的最大问题事实上在于如何对消费者实施最有力的保护。建立公开、透明的信息披露制度有利于提高消费者识别直销企业、直销人员及直销产品的能力,从思想上、意识上增强对于直销这一营销模式的把握,经得起形式各样的诱导而不致上当受骗。(原载《经济参考报》2005年10月15日)

第十四章 政府和企业的反应

直销企业关于《直销管理条例》颁布的声明（10家）

安利（中国）关于《直销管理条例》颁布的声明

安利（中国）关于"中国政府宣布直销管理条例正式颁布"一事的媒体问询回应：

对中国政府出台《直销管理条例》、《禁止传销条例》表示欢迎和支持。

2005年9月2日，中国政府正式颁布《直销管理条例》及《禁止传销条例》，为管理和规范直销行业的发展、打击金字塔诈骗提供了明确的法律依据。作为一家有着46年行业经验、在世界80多个国家和地区经营的大型跨国直销企业，安利公司对中国政府通过立法开放直销市场的举措表示欢迎和支持。

与世界其他国家和地区的直销法规相比，中国的直销法规有自己的特色，比如行业准入的较高标准，企业监管的严格要求及人员管理的细致严谨。作为一家在中国经营十年、对中国国情有着比较深入认识的公司，安利对中国政府在开放直销市场过程中采取的谨慎、渐进的态度表示理解和尊重。美国安利公司董事长史提夫·温安洛先生表示："安利理解中国的特殊国情，尊重政府逐步开放直销市场的策略。我们支持中国政府保护消费者利益、打击非法诈骗的举措。安利深信，直销业的健康发展一定会为中国的经济增添活力，让中国人民享受到直销所具有的各种利益。"

自1995年在中国开业以来，安利经历了政策环境的多次改变，凭借其强大的适

媒体眼中的直销

应和创新能力，探索出了一条成功的本土化经营之路。目前，安利在中国拥有实力雄厚的生产及研发基地、建设了遍布全国的店铺体系，在公司的管理与培育下，广大安利营销人员专注于产品销售、服务顾客，得到了消费者的广泛赞赏。今天，安利的优质产品已经走进千家万户，品牌形象深入人心。安利公司坚信，在现有的良好基础上，安利将在中国市场迎来新一轮的发展机遇，拥有一个光明的发展前景。

安利（中国）日用品有限公司董事长郑李锦芬女士说："过去十年来，我们在不断变化的市场环境中，展现出强大的适应和创新能力，积累了丰富的市场经验。时至今日，安利已经在中国取得了市场领导的地位。安利的成功是基于我们优秀的企业文化、雄厚的实力、优质的产品、良好的商誉和勤于付出、富有专业精神的员工及营销人员。我们深信，在新的环境中，凭借这些优势，安利将继续取得优秀的成绩。"

安利公司将按照法规要求对其现有营运方式进行检视与调整，并根据有关规定在适当时间向政府申请直销牌照，此过程预计需时数月。在此过渡期内，安利仍将以经政府核准的"店铺销售并雇佣推销员"的模式正常经营。安利将始终信守对中国市场、对营销人员的承诺，继续为消费者提供优质产品和优良服务，为愿意辛勤付出的人们提供公平诚信的事业机会。安利感谢广大营销人员多年来与公司不离不弃，努力创建，取得了今天的辉煌成就。公司会关心营销人员的利益，也希望广大营销人员认真学习有关法规、一如既往地与公司紧密配合，为公司业务及直销行业的长远发展、为社会的和谐稳定而共同努力。

安利深信，中国政府欢迎、保护诚意来华投资的合法外资企业的一贯政策不会改变。安利也相信，随着社会的不断进步、市场环境的日益成熟，直销业在中国将会获得与时俱进、日益完善的发展空间。安利愿与业界及关心中国直销业发展的各界人士共同努力，不断推动直销业在中国的健康、长远发展。

康宝莱（中国）关于《直销管理条例》颁布的声明

国务院总理温家宝日前签署第 443 号国务院令，公布《直销管理条例》，自 2005 年 12 月 1 日起施行。

康宝莱公司表示对于直销管理条例的出台感到非常振奋。

直销条例的颁布，一方面体现出了中国政府的大国气度——中国对 WTO 承诺的兑现，另一方面，也有利于直销企业的公平竞争。

第三部分
直销法律出台

可以说，直销条例的颁布是给企业划定了一个统一的起跑线，让各直销企业能在法规内运作，这是一个明智之举。康宝莱公司对于直销条例的出台感到非常振奋，因为我们终于可以在一个有法可依的，规范有序的市场中开展直销业务。我们通过条例可以清楚地了解到政府对于直销行业的重视以及为规范市场所作出的努力，我们尊重政府的努力，并将依照条例来开展业务。

市场将重新洗牌

直销条例的颁布将使中国的直销市场重新洗牌。一些守法的直销大企业将进驻中国，这样可以引入更多行业的企业加入，有更多更好的产品供消费者选择。此外，我们认为保证金的高门槛设置是非常必要的，这样会有效地剔除一些劣质公司。康宝莱在欧美等全球很多市场都有出色业绩，8月初公布的数据显示，公司第二季度净销售额达到了创纪录的3.847亿美元（零售额约为7.694亿美元），比2004年同期增长了18.7%。所以，康宝莱相信我们在中国也会有很好的表现。

康宝莱的扩张和投资计划

虽然国家对于企业开设店铺的数量不再做硬性规定，但公司认为开设店铺能够最大程度地方便消费者，并可以提升公司的形象。所以，康宝莱在沿海省份开设直营店的计划不变，9月份将有4家店铺试营业，其中国内首家直营店设立在青岛，直营店数量到年底预计将达到30家。为了满足直销开放后的市场需求，康宝莱正在扩建苏州工厂，同时有计划地探讨将全球工厂及全球研发中心转移至中国的可行性。

康宝莱公司的背景

康宝莱国际公司总部设在美国洛杉矶Century City，信息中心设在Inglewood，公司全球的生产基地及物流中心设在市郊的Carson，公司员工达2000多人。同时公司在全球60个国家和地区设有分公司。

康宝莱在海外采用直销模式销售产品，是全球主要的直销企业之一，具有卓越的产品，健全的管理制度，优惠的奖励颁发，在全球拥有一百万销售人员。康宝莱，销售上百种保健产品、个人护理品。公司每年举办25000个各类培训活动，同时公司还拥有自己的卫星电视节目为培训服务。

2003年 康宝莱的营业额突破18亿美元，业务持续上升。随着位于加州大学洛杉矶分校（UCLA）的马克休斯细胞及分子营养学研究中心的正式启用，康宝莱的科学

媒体眼中的直销

及医学咨询委员可继续秉承其优质、安全、著重科研及发展的承诺，不断推出更多突破性的产品。

2004年 康宝莱在纽约证券交易所上市，股票代码HLF。

2005年 康宝莱成立25周年。

康宝莱中国总部设立在上海最具发展潜力的商业中心来福士广场48楼，为顾客和经销商提供全面及亲切的服务支援、咨询、产品展示。我们坚信康宝莱营养保健及个人护理产品，将为您和您的家人带来健康。

玫琳凯（中国）关于《直销管理条例》颁布的声明

玫琳凯（中国）关于"中国政府宣布直销管理条例正式颁布"一事的媒体问询回应：

对中国市场充满信心，玫琳凯欢迎直销立法出台。

近日，酝酿许久的《直销管理条例》和《禁止传销条例》颁布实施。作为1998年政府有关部门批准的外商投资直销行业转型企业，玫琳凯（中国）化妆品有限公司近日在与新闻界沟通时表示，欢迎国家出台有关直销行业的相关法律法规，并将在今后的企业经营实践中继续依法经营。

此次颁布实施的《直销管理条例》和《禁止传销条例》从法规角度对直销员的资格、直销行业佣金比例、直销产品退换货制度等涉及直销行业的标准进行了全方位规范，并严格界定了国家认可的直销和以欺诈敛财为目的的非法传销的界限。

业内人士指出，相关法规的颁布执行，对于直销企业、行业主管部门，以及社会公众都具有积极的意义。由于是第一次正式从法律的高度把直销和非法传销区分开，对于合法的直销企业意义重大，合法企业的健康发展将受到明确保障，从而迎来崭新的发展机遇。对于行业主管部门，执法时将更加有依据，可有效保护合法经营行为，铲除非法传销，保证经济环境的健康稳定。而对于社会公众，也将有助于他们明确直销和传销的区别，从而认清楚哪些是合法企业，哪些是非法组织，进一步来讲，购买的产品质量也将更加有保证。

在得知相关部门颁布了有关直销的相关法规的消息后，玫琳凯（中国）化妆品有限公司对外事务部有关负责人表示，"玫琳凯公司10年来已累计向国家上缴利税达13亿多元，此次国家对于直销行业相关条例的出台对企业来讲意味着更积极的发

第三部分
直销法律出台

展前景,我们相信依靠政府的监管和直销企业的自律,中国将建立一个积极健康的直销市场。我们对公司在中国的前景充满信心!"

该负责人并表示,一直以来,玫琳凯公司严格遵守中国政府的各项相关法律、规章,并在此基础上依法经营。根据本次颁布的条例,公司有信心依照法规要求,准备相关资料,配合各级政府做好相应的调整,顺利完成直销许可证的申请工作。而对于有关法规的具体内容,玫琳凯公司则表示由于是刚刚获悉,目前正在仔细研读,尚不便发表有关具体意见。

进入中国十年来,玫琳凯公司一贯对在中国的事业发展充满信心,1995年玫琳凯刚刚进入中国市场,即投资两千多万美元在杭州经济技术开发区建立了美国本土以外投资建立的唯一一家生产性企业。面对直销立法后广阔的市场前景,公司在2004年底投资1亿元人民币,在原工厂附近开始新建第二工厂,扩大生产规模。新工厂预计将于2006年投产,年产能将超过1.8亿件。产品生产线扩充至18条,员工规模近千人,并采用新进的全供应链系统管理整个采购、生产、供应、销售等过程。公司在近年还先后通过了ISO9001、ISO9002和ISO14001质量体系认证,并大力推行消费者100%质量满意保证和优质客户服务工作。以最优质的产品和服务帮助女性实现追求美丽的梦想,作为全球知名企业,玫琳凯期待通过自己的不懈努力,在中国努力实现与广大的中国消费者共赢的局面。

南方李锦记关于《直销管理条例》颁布的声明

2005年9月2日,中国政府正式颁布《直销管理条例》和《禁止传销条例》,条例的公布标志着国内直销行业重新开放,走向有法可依、有章可循之健康、持续发展之路。两个条例既体现了与国际接轨,又具有中国特色,是政府规范行业管理和市场秩序、保护消费者权益的重要决策,是取缔传销、打击商业欺诈行为的有效举措。

对此,广东南方李锦记感到无比欣喜和鼓舞,并坚决拥护和支持!

广东南方李锦记营养保健品有限公司董事长兼行政总裁李惠森先生在直销法规颁布之日对全体业务伙伴及员工表示:公司将秉承思利及人,客企一体的理念,全力维护和保障全体业务伙伴和消费者的权益,一如既往地追求"创中国第一,造社会精英"的目标,完成无限极使命,弘扬中国优秀养生文化,为振兴中国的中医药事业作出积极的贡献。

媒体眼中的直销

直销法规对直销企业提出了新的要求、新的标准,我们将在全面准确认识条例内容、理解有关概念和规定之后,结合公司的实际情况,作出调整,顺利完成直销经营许可证的申领工作,保证企业合法经营,规范运作。我们相信,直销法规的颁布必将极大地推动中国直销市场健康发展,南方李锦记愿与社会各界一道,积极行动,坚持不懈,为直销行业的持久发展、为社会的和谐稳定奉献我们的力量。

日晖(中国)关于《直销管理条例》颁布的声明

2005年9月2日,中国政府正式颁布《直销管理条例》及《禁止传销条例》,为管理和规范直销行业的发展、打击传销活动提供了明确的法律依据。作为一家大型的跨国企业集团,日晖公司对中国政府颁布这两个条例、通过立法开放直销市场的举措表示热烈的欢迎和支持。

美商日晖作为一个多元化的、位列十家外资直销转型企业之一的跨国集团公司,长期以来一直热切盼望着相关直销管理条例的出台。目前,日晖公司已经在中国拥有了实力雄厚的生产及研发基地、建设了遍布全国的店铺体系,专注于产品销售、服务顾客,得到了消费者的一致赞赏。今天,日晖公司的优质产品早已走进千家万户,品牌形象深入人心。日晖公司并已在过去的几年里,在中国大陆累计投资4750万美元,在原有产品生产基地的基础上整合成立了新的化妆品和保健品生产基地。

秉承诚信、务实、共赢、持续的投资理念,日晖公司并计划第二期在中国投资两亿美元,在各省、自治区、直辖市建立分公司以及遍布全国的1500个加盟专卖店、2500家服务中心。在亚太地区,除了已有的越南分公司、印度分公司、中国台湾分公司外还将在近期投资建立新加坡分公司、泰国分公司、马来西亚分公司、韩国分公司、日本分公司,为日晖的事业伙伴们提供全新的事业平台。

条例颁布后,日晖公司将按照法规要求对公司现有营运方式进行自我检视与适当调整,并将在适当时间向政府申请直销牌照。在此期内,日晖公司仍将积极推进计划中的"千店工程",并将按既定的计划完成既定的阶段性经营目标。日晖公司将始终信守对中国政府、对大陆市场、对公众的承诺,继续为消费者提供优质产品和优良服务。日晖公司也将认真学习有关法规,为公司业务及直销行业的长远发展、为社会的和谐稳定而共同努力。

我们是在用心经营着日晖事业,用心在和所有热爱日晖的事业伙伴们精诚合作。我们一定遵循中华人民共和国《直销管理条例》的规定,守法经营。我们相信,随

第三部分
直销法律出台

着中国直销市场环境的日渐成熟，直销业在中国必将会获得日益完善的发展。日晖公司希望与业界及关心中国直销业发展的各界人士共同努力，不断推动中国直销业朝着健康、持续、有序、和谐的方向发展。

如新（中国）关于《直销管理条例》颁布的声明

如新（中国）关于"中国政府宣布直销管理条例正式颁布"一事的媒体问询回应：

感谢政府、遵守法规、调整自身、稳健发展。

如新非常感谢政府有关主管部门对直销立法做出的大量工作，直销法规的正式颁布将对公司以及整个行业产生将积极、正面而深远的影响。

如新对法规内容表示完全理解和支持，如新将依据法规要求，尽快调整自身，力争在最短时间内完全达到法规要求。

如新理解，中国直销市场的开放应该是个渐进的过程，而专卖店对于服务消费者和建立品牌十分重要。因此，如新将继续在中国开设专卖店。

如新企业集团于1984年创立于美国犹他州普洛沃市，业务遍及美洲、亚太地区及欧洲地区41个市场，是全球个人护理品和营养保健品行业的领导企业。公司年销售额约十亿美元。

1996年，如新企业集团在纽约证券交易所上市，股票代号是"NUS"。如新（中国）日用保健品有限公司是如新企业集团在中国大陆设立的全资子公司。迄今为止，如新（中国）日用保健品有限公司注册资本为2900多万美元，在中国大陆投资总额近1亿美元。这些投资包括设立在上海和北京的研究设施，浙江省湖州市的生药萃取中心，上海奉贤的个人保养品工厂，上海金桥的光子扫描仪生产基地，全国范围内开设的超过140家如新（Nu Skin）专卖店，以及正在建设当中的华茂保健品工厂。

天狮集团关于《直销管理条例》颁布的声明

作为一家从中国走向世界的直销企业，天狮集团对政府颁布《直销管理条例》和《禁止传销条例》感到非常振奋。规范的行业才能利国利民，才能有更大的发展空间，才能为企业带来更多的发展机遇。天狮集团非常欢迎国家有关直销行业的法律法规出台，并将一如既往，遵照国家的规定，依法经营。

新法规中更高标准的行业准入、奖金制度的限定、企业信息的透明以及对从业

媒体眼中的直销

人员行为的从严要求为国内直销业勾画了新的图景，对于这些新的标准，天狮集团将遵照并执行。目前，天狮集团已经按照法规要求，对现有经营模式进行调整，并积极准备直销牌照的申请。

天狮集团组建于 1995 年，从一家小型的生物保健企业开始创业，以优异的产品质量和诚信的经营管理得到市场的认可，逐渐成为内资直销企业中的佼佼者。在 1998 年 4 月 18 日国家禁止传销后，天狮集团本着对直销商负责的精神，承诺百分之百退货，完全承担了直销商的损失，达 1.4 亿元。

1998 年，天狮集团面对中国经济迅速崛起的历史机遇，把握机会，开始了民营企业国际化的战略，并逐渐摸索出了一条符合自身发展的国际化道路。目前，天狮集团已在 103 个国家和地区建立了分支机构，与美国、德国、马来西亚、西班牙、埃及等十几个境外企业建立了广泛的战略合作伙伴关系，产品远销世界 180 个国家及地区，在全球拥有 1000 万人的稳定消费群体。天狮集团已经成为中国企业国际化的一个经典案例。

十年来，天狮集团以尖端生物技术为依托，致力于发掘中国传统养生文化的精髓，开发了五大系列近 200 种产品。集团从德国、美国等发达国家引进了先进的生产设备和工艺，通过了 ISO9001：2000 国际质量体系认证、国家药品和保健品 GMP 认证，并成为保健食品行业中第一家通过食品安全管理体系 HACCP 认证的企业。企业多项生产技术、工艺位居国内外先进行列，曾多次获得国内国际荣誉及奖项，是中国质量检验协会评定的"全国产品质量、售后服务信誉双保障企业"，以及联合国自然科学院的"国际生态安全最佳企业"。

全球发展的天狮仍然扎根在中国，天狮首先是中国的天狮。在国内，天狮已经陆续建立了 103 家分公司；2004 年 3 月，天狮顺应市场发展的需要，在上海市朱家角镇投资 5 亿美元建设天狮溢海国际产业园；2005 年 8 月 3 日，天狮集团成立十周年之际，宣布投资 2 亿美元建设天狮天津国际健康产业园。秉承"做合格的企业公民"的企业价值观，天狮人积极承担企业公民应尽的责任和义务，截止 2005 年年初累计向社会捐款捐物价值达 4.2 亿元人民币，深受社会各界好评。

未来，天狮集团将仍然以中国为重心，发展世界的天狮。天狮集团仍将一如既往地信守对政府、对社会、对经销商、对消费者，以及对环境的承诺：与商业伙伴共赢；为直销商提供最佳致富机会，帮助他们实现个人价值；为消费者提供高品质的产品和服务，并为他们的健康生活提供专业咨询；协助社区发展，为社区创造就业机会，

第三部分
直销法律出台

帮助弱势群体；致力于环境保护的宣传和建设，提倡可持续发展理念等等。

完美（中国）关于《直销管理条例》颁布的声明

完美（中国）日用品有限公司热烈祝贺《直销管理条例》等法规的正式颁布。

完美公司非常欢迎直销法规的出台。完美（中国）日用品有限公司作为中国直销市场发展的见证人之一，严格自律，恪守各项规章制度，以严谨、务实的态度积极寻求发展。《直销管理条例》等法规的颁布出台，对中国直销业来说是一个具有里程碑意义的事件，它标志着中国直销走进了一个新时代，同时也是中国直销规范化之路的开始。完美公司对此完全持欢迎和拥护的态度，同时，完美公司将一贯严格遵守包括《直销管理条例》在内的各项政策法规，尊重政府，守法经营。

在以前，直销行业一直是处于"雾里看花"的尴尬处境，也给企业经营带来了困难，同时给非法传销提供了生存空间。相信直销立法后，直销行业获得了法律的认可，市场治理也有法可依，这无疑将会使市场得到进一步净化，并会获得良好的发展。

尽管直销法颁布后，市场会获得进一步的规范和发展，但我们从马来西亚直销市场发展的经验来看，直销法规的出台并不能一蹴而就地解决掉市场的所有问题。中国直销市场要获得规范和发展，一方面还要经历一个比较长的阵痛期，另一方面更需要社会各方面的共同维护和努力。

政府在治理过程中，在给合法的直销企业合法的生存空间的同时，也要对非法传销进行严厉打击，不但要营造一个良好的法制环境，还要通过严格的执法来营造一个公平的竞争环境。

直销企业也要严格自律，除了严格按照法规来进行市场运作外，由于短时间内打着直销旗号的公司会相应增多，给出的回报条件可能会比较诱人。企业不但要经得起市场的诱惑，更重要的是要教育广大直销员经得起市场的诱惑。

同时希望广大媒体积极理性地对待直销市场，对消费者进行理性的直销教育，帮助广大消费者真正能够判别什么是合法直销，什么是非法传销。只有当广大消费者和直销从业人员掌握了区别的标准并能自觉地区分的时候，非法传销才会失去其生存的土壤，中国直销市场才能够真正走上正轨。

法规出台后，完美公司将和其他直销企业一道，将根据国家有关法律法规的精神，积极地做出响应。新的直销法规出台后，对现有直销企业也是严峻的挑战，特别是将面临战略方面的一些调整，以更能适应新的法规的需要。这种挑战主要是怎

媒体眼中的直销

样让业务队伍对企业充满信心。如果业务队伍对企业失去信心,有可能会导致业务队伍的流失,如果业务队伍对企业充满信心,企业将会迎来一个新的发展时期。完美公司经历了中国直销市场的风风雨雨,非常高兴能建立起一支稳固的业务员队伍。我们有信心与业务人员一道,严格遵守各项法规,朝规范方向发展,为共同维护行业的社会声誉做出表率。

完美公司对中国直销市场充满信心。8月30日完美公司与江南大学合作成立产品研发中心,走产学研结合之路,研发出更能适合中国消费者的产品。而在前不久,投资2980万美元兴建新的扬州生产基地也正式破土动工。完美公司在中国投资近8亿元人民币, 这些举措说明完美公司对中国直销市场不但充满信心,而且相信会得到更好的发展。

仙妮蕾德(中国)关于《直销管理条例》颁布的声明

仙妮蕾德(中国)关于"中国政府宣布直销管理条例正式颁布"一事的媒体问询回应:

一、我们对条例出台的态度

作为最早进入中国的直销巨头之一,自2004年开始,仙妮蕾德(中国)有限公司有幸受到邀请,与其他企业一起多次参加了政府组织的立法征求意见座谈会。我们看到,为充分保障行业利益,政府的确在认真听取企业意见,并反复与企业进行真诚沟通。因此我们认为,这是建立在广泛征求业内意见基础之上的一部非常负责任的条例。

条例的出台也是一件值得庆祝的事情。从此以后,直销行业能够建立起细致明确的操作规范,业内公司可以名正言顺地为自己争取发展机会,普通大众则有了判断正规与非法的标准,政府部门具备了打击不法分子的法律依据和保障。

对这部新出台的条例,仙妮蕾德(中国)有限公司表示积极拥护。我们将仔细研读条例,并将根据具体要求,尽快做出市场计划,争取尽早取得直销牌照。我们也将一如既往,坚决按照条例规定规范经营,为营造健康有序、持续发展的直销市场尽一份力量。

二、我们对条例的具体意见

新颁布的条例对直销的牌照申请和业务开展设定了严格的条件,我们认为这是一个非常明智的决定,并积极响应。直销业是一个很复杂的行业,即使在开放多年

第三部分
直销法律出台

的国外市场上，仍有地下企业从事非法传销业务，欺骗消费者。因此，我们赞成政府采取"适度放开"、循序渐进的原则，首先让实力强、信誉好的企业率先取得资格，做成行业表率并引导行业发展，逐步培育直销市场的良好秩序。为实现这一要求，设立一定的门槛是必须的。

建立有序的直销市场，不仅仅是政府的责任，企业同样旁无责贷。条例对直销公司的具体运作有许多细致的规定，为了更好地维护这个市场，企业必须加强自我约束，严格依照条例运行，只有这样才能得到长久的发展。

三、我们的市场发展计划

自1998年国家全面禁止传销以来，仙妮蕾德立刻第一个转型为批发零售的传统经营方式，通过授权经销店途径来销售产品，成为转型最为彻底的企业。尽管这个转型的过程痛苦而艰难，但实践证明，这是一条符合中国国情的道路。多年来仙妮蕾德一直坚持店铺经营方式，目前授权经销店已有5000多家。

仙妮蕾德（中国）有限公司立志实现永续经营，非常看重中国市场。在直销条例颁布之前，自2004年起，仙妮蕾德公司就陆续投资数亿元购置了房产，计划在全国十多个城市建立分公司，以加强对授权经销店的管理。如今，我们已经营业的分公司已有9家，其中包括广州、天津、北京、上海、黑龙江、四川、山西大同、广东中山分公司、辽宁分公司，而河南、河北、湖南、浙江、山东、福建等地的分公司亦在筹建之中。最近，我们又刚刚在江苏买下一块200亩的土地，建造除广州、天津工厂之外新的生产基地。同时，我们也正计划将全球研发中心转移到中国。

雅芳（中国）关于《直销管理条例》颁布的声明

中国雅芳关于"中国政府宣布直销管理条例正式颁布"一事的媒体问询回应：

我们对直销管理条例的出台表示欢迎，因为我们相信规范的法律法规体系将有利于打击非法传销、维护消费者利益，同时保障在中国合法经营的直销企业的权益。

作为一贯遵纪守法的良好企业公民，雅芳将一如既往遵守国家的法令法规，坚决支持政府管理直销行业的各项举措。

● 媒体眼中的直销

来自直销企业的声音：我们欢迎直销法规出台

在2005年9月2日两部直销法规正式出台后，国内的一些内外资企业纷纷发表声明表明态度，将"按规定转型"，以期获得直销牌照。记者收集这些在南方网、搜狐网、经营报网和其他直销专业网站上的企业对新法规的看待，作了一个整理，以给读者一个全面的了解。

企业如何看待出台的新法规？

雅芳：我们对直销管理条例的出台表示欢迎，因为我们相信规范的法律法规体系将有利于打击非法传销，维护消费者利益，同时保障在中国合法经营的直销企业的权益。作为一贯遵纪守法的良好企业公民，雅芳将一如既往遵守国家的法令法规，坚决支持政府管理直销行业的各项举措。

完美：完美公司非常欢迎直销法规的出台。在以前，直销行业一直是处于"名不正言不顺"的尴尬时期，也给企业经营带来了困难，同时给非法传销提供了生存空间。相信直销立法后，直销行业获得了法律的认可，市场治理也有法可依，这无疑将会使市场得到进一步净化，并会获得良好的发展。

安利：与世界其他国家和地区的直销法规相比，中国的直销法规有自己的特色，比如行业准入的较高标准，企业监管的严格要求及人员管理的细致严谨。我们理解、尊重中国政府在开放直销市场过程中采取的谨慎、渐进的态度。我们相信，随着经济发展、社会进步、市场成熟，总有一天，中国直销会与国际直销业的主流配套接轨。

企业以怎样的心态接受"多层次直销"被否定的结果？

安利：有媒体认为现在安利处于一个剧烈的震荡期，新法规对公司的运作带来极大的冲击，但实际上并不是这样。自从1998年安利转型为"店铺＋雇佣推销员"之后，到现在的7年间，安利已经多次改变营销方式来适应法规的要求，并设计了一套本土化的销售方式。例如，安利的推销员已经是按个人业绩计酬，而对经销商这块，将要做的也只是薪酬制度方面的调整。所以新法规对安利来说并不是伤筋动骨的调整。至于说博弈中的胜败问题，我认为安利"要争千秋，而非一两天的成败"。过去几年，安利的确在为中国政府献计献策，通过各种努力希望政府接受"多层次"的计酬模式。但现在新的法规出台，我们没有别的选择，我们要争取直销的牌照，

第三部分
直销法律出台

就要按照新的法规做出调整。

完美：新的直销法规出台后，对现有直销企业也是严峻的挑战，特别是将面临战略方面的一些调整，以更能适应新的法规的需要。这种挑战主要是怎样让业务队伍对企业充满信心。如果业务队伍对企业失去信心，有可能会导致业务队伍的流失，如果业务队伍对企业充满信心，企业将会迎来一个新的发展时期。完美公司经历了中国直销市场的风风雨雨，非常高兴能建立起一支稳固的业务员队伍。

直销法规是否会影响公司的业绩？是否会影响企业在华投资和拓展的计划？

安利：去年安利取得170亿元的销售业绩。对比去年的业绩，我认为2005年安利的业绩上下浮动10%都是持平的。但是可以看到的是，接下来我们还有新产品会上市，会带来新的利润增长，我非常强调的一点是企业最终的成败看的还是产品。

新法规的出台也不会影响到公司在华投资和拓展计划。自1959年成立以来，即便是遭遇"1998年禁令"那样大的挑战，安利仍然对中国市场不离不弃。中国政府通过立法开放直销市场后，直销行业与企业的身份更加明确，企业也可以名正言顺地开展直销业务。前段时间，我们推出了一系列市场拓展计划，其中包括加速推出强势产品、打造忠实消费群体、携手NBA打造品牌、新增50多家店铺、加强人员的管理与培育等多项举措。

完美：完美公司对中国直销市场充满了信心。7月30日与江南大学合作成立产品研发中心，计划投资8000万元用于产品研发，以研发出更能适合中国消费者的产品。而在前不久，投资2980万美元兴建新的扬州生产基地也正式破土动工。完美公司在中国投资已近8亿元人民币。

如何看待法规允许直销企业具有贸易权和分销权？

安利：我们非常高兴地看到，法规不再限制直销企业只能销售其在中国生产的产品，还可以直销其母公司及其控股公司生产的产品，现在法规规定直销企业在取得贸易权之后，可以进口母公司的产品。美国安利目前在全球共生产、销售450多种优质产品，其中有很多产品都还没有进入中国市场，现在国内生产销售的只有160多种，法规的这一规定，无疑为这些尚未进入中国市场的产品提供了一个非常好的机会，产品的选择和销售都将会有很广的空间。

如何应对直销员只能按个人销售额计酬？企业将如何对自身作相应战略调整？

安利：事实上，自1998年转型以来，安利的推销员就是完全按照其直接销售给

媒体眼中的直销

顾客的个人销售额获得报酬的,在这方面,我们与法规的要求完全一致。法规颁布后,安利最大的调整主要体现在经销商的工作内容、性质和计算报酬的方式上,会重新制定一套新的方案,但现在的具体内容还不适合透露。而在个人推销员方面也会对奖金做出调整。因为现在公司给个人推销员予20%的顾客服务报酬,加上0到24%的月终销售佣金,总的奖金比例会超过30%,这是法规所不允许的。所以我们会重新考虑奖金的比例,而且在产品的定价上也会进行策略性调整。

至于占营销队伍少数的安利特约经销商,是持有工商营业执照的工商业主,他们拥有固定经营场所,直接与公司签约,与仅仅以自然人身份承担产品销售工作的推销员相比,属于不同的法律身份。安利会在遵守法律法规的前提下,本着公平合理、平稳过渡的原则对安利特约经销商的责任与权益重新做出评估与安排。

会不会因此有更多的民营和外资企业进入直销领域,这是否意味着竞争将越来越激烈?

安利:不论是内资还是外资都是中国的企业,都在为中国的消费者提供产品,提供服务,都要依法纳税,都会为中国社会作出贡献。我们历来主张公平、良性竞争,这样企业才能充满活力,行业才能得到健康发展。中国的市场这么大,发展空间也很大,我们相信大家都有机会。

如新:理论上讲,只要符合法规要求的企业都能申请在国内开展直销业务。相信在法规颁布后,会有众多企业希望进入这个行业,如新作为一家有20多年直销行业经验的跨国公司来讲,欢迎竞争。因为竞争将促进行业发展。然而,直销不是任何企业都有能力开展的。企业要清楚自己的竞争优势,作出谨慎的选择。不是一直销,就发展。产品品质是否有保证,消费者是否有足够的保障等等,都是重要的条件。消费者将是最终的裁判。对于有志于从事直销的销售人员来讲,也一定要抛弃"一夜暴富"的思想。

企业异动,争夺那一场直销的盛宴

2005年9月2日《直销管理条例》和《取缔非法传销条例》的出台,让直销企业们直言"这一刻等了太久"。尽管"多层计酬"被严令禁止、30%的奖金上限或

第三部分
直销法律出台

将改写直销"暴利神话",但对多家直销巨头来说,今后的直销市场仍然是一场盛宴。

从原本的单、多层次之争到现在立法正式公布,企业纷纷表示"游戏尚未结束,拿牌照才是最终的角逐",可见不到直销牌照公布的那一天,竞争对手们的胜败仍有悬念。

直销企业的生存面相

被称为"博弈失败者"的安利,在9月5日首先召见媒体,其安利(中国)董事长郑李锦芬未露沮丧之意反为立法叫好,因为"直销终于可以名正言顺"。并在近一个月内按照法规要求做出调整。

早前安利被认为失意于直销立法,对于安利的高调亮相,业内专家认为这是因为国内95%的"多层计酬"团队都在紧盯着安利。

而国内企业靠"多层计酬"完成原始积累的天狮集团也高调表示会调整现行销售体系。

与这两家企业相反的是,一些企业相当低调。有知情人士告诉记者,例如李锦记等公司,内部对员工宣称"一切低调行事,以免节外生枝"。寥寥十二个字已定下调子,这些公司甚至取消了中秋节的推广活动和原本安排好的户外宣传,似乎有点底气不足。

记者了解到,李锦记虽然对内表示"拿到牌照很有信心",但要求把对外的推广活动全部转成对内培训。例如在9月7日,就召集了南方区约50名的销售骨干,积极探讨销售时"如何更佳地体现产品特性"。

在高调亮相和苦修内功的两种类型的企业背后,还有如新、康宝莱和完美等公司在接受采访的时候无一例外地表示直销法出台不会改变策略,计划开业的店铺数量不变,一切都依照原有计划行事。

押宝经销商

除了开店、设立生产基地等计划,企业的计酬体系更改依然是最吸引眼球的部分。郑李锦芬表示"经销商会按综合业绩来计酬,其方式有别于普通的推销员"勾起了业内的兴趣。

有业内人士表示,被安利重视的这批经销商团队,与公司其实也有着博弈的成分。安利必须安抚好他们,重视他们的情绪,但又要严厉禁止变相的传销行为,可谓劳

◉ 媒体眼中的直销

心劳力。

　　9月5日当晚，郑李锦芬在广州花园酒店与近200名经销商开会。有内部人士告诉记者，安利当晚投下重金，整个会场布置得富丽堂皇，可见公司的用心良苦。郑李锦芬就"直销法"的各项细则与经销商沟通，为的是激励这批1998年就与安利风雨与共的经销商，不要在现行制度下失去信心。

　　而在9月7日和9月13日，主题为"高级经销商素质培训及团队建设管理"的内部会议也会在小范围内举行，经销商队伍对安利的重要性不言而喻。

　　因为安利行业内的"风向标"作用，如果"新计酬体系"出台并且被政府认可后，难免会有一批企业跟风。而类似传统经销商的这批团队，是否拥有"多层计薪"的权利，在新方案公布之前，一切尚没有定论。

　　对此，直销行业的资深法律专家刘忠表示，安利在积极地改变，团队计酬的方式一定也会进行改良。但同时"直销法"也规定，如果经销商的违规行为不能解释为单独行为，那安利是需要负连带责任的。

　　而直销专家胡远江告诉记者，目前安利的经销商都是拥有个体工商执照，在一定意义上这是一个经济实体，对于他们收入的界定，直销条例中其实没有清晰界定。

　　虽然业内人士对经销商模式给企业带来的好处心知肚明，但实际上也不是每家企业都青睐这种模式。康宝莱的公关部人士就告诉记者，等拿到牌照，再考虑经销商队伍的建设。如新也表示，会按照原有的"店铺＋雇佣推销员"的方式进行运作。

　　其实回到直销法规的核心，严禁"多层计酬"，奖金比例限制在30%以内，实际上使更多的直销企业在计酬制度上存在着趋同性。直销专家王万军表示，现在"一套制度打天下"的时代已经过去，企业更应该抓住经营的本质，在产品研发、服务及人才队伍上投入更多精力。

　　一位直销行业的人员对记者说，直销法正式生效后，奖金拨付比例不再成为加入公司的首要原因，以后吸引直销人员的，是公司的产品质量和营销理念。

　　如果这个说法成立，那不难解释最近直销巨头们都在大手笔地投入设立生产基地，加快开设店铺数量。这些都是为了更好地提供产品，提供服务质量。在此其间，更有玫凯琳等企业表示要把国外的研发基地搬到国内，可见新的直销时代，业内竞争将会回归到"产品、服务、人才"的良性循环上去。

第三部分
直销法律出台

情系未来多层开放

"没有人愿意一辈子按个人的销售去计算,做一辈子推销员。"面对各家企业表明立场支持"单层次模式"的同时,郑李锦芬这句话无疑更能触动推销员的心扉。作为力挺"多层次直销"的领军企业选择了暂时的妥协,但对直销前景的描述仍然为人们带来无限的遐想空间。

事实上,在直销法规铁定否决了多层次模式后,仍有不少直销员在猜测单层次的"过渡期"到底有多长。而这个答案,就连安利这样的业内领导者,也只能谨慎地回应"说是3年、5年或者10年?还有待行业的发展"。

但在现阶段,对于各个直销企业来说,首当其冲的任务还是拿到牌照。

11月1日,《取缔非法传销条例》正式生效;12月1日,《直销管理条例》正式生效。而此时企业可以递交申请资料,商务部受理直销牌照申请需时3个月。也就是说,直到明年3月1日,才是第一批直销企业领到"通行证"的时间。而在此之前,局势尚未明朗。

"中国的市场这么大,任何一家直销企业都不可能甘心被淘汰。谁能最先最好地按照法律规定进行调整,谁就是新规则市场中的赢家。"在这段等待的日子里,这家直销企业的总裁发出的这番肺腑之言也许更能体现众人心情。(原载《中国经营报》2005年9月12日)

张穹谈直销和传销

国务院制定出台《直销管理条例》(以下简称条例)的原因主要有两个。

首先,是正确引导和规范我国直销业发展的需要。直销是众多现代经销模式中的一种,这种经销模式可以有效地降低企业的运营成本,对促进就业、促进市场经济条件下商品流通的发展有着积极作用。但是,由于这种经销模式在交易过程中存在很大程度的信息不对称性,直销人员也具有分散性的特点,所以,极容易引发一些不规范,甚至是违法行为的发生,进而损害广大消费者和直销从业人员的切身利益。加之直销这种经营方式进入我国的时间不长,公众对直销的认识也还存在着一定程

媒体眼中的直销

度的偏差，区别合法直销和非法传销的能力相对薄弱。因此制定一部能够使消费者的权益得到充分保障，既符合我国国情，而又内外一致的直销法规，对直销业正确引导、趋利避害、稳步开放、规范发展，是十分必要的。 其次，是旅行入世承诺的需要。根据入世承诺，我国应当在2004年底取消对外资在无固定地点的批发或零售服务领域设立商业存在方面的限制，并制定与WTO规则和中国入世承诺相符合的关于无固定地点销售的法规。这里所称的"无固定地点销售"，主要形式之一就是直销。作为国际社会间一个负责任的成员，中国政府一向十分注重履行自己的对外承诺。制定条例正是我们履行上述承诺的一个重要举措。

在起草审查条例过程中，我们始终坚持了三个指导思想：一是，条例的内容要符合WTO的有关规定和我国的入世承诺，刚才讲到，制定条例的原因之一就是要履行我国的入世承诺，因此，条例的内容一定要能够满足我国履行入世承诺的需要，要与WTO规则相一致。为了达到这个目标，我们在起草审查条例的过程中，将条例中将要确立的法律制度与WTO规则和我国入世承诺作了逐条比对，在两者不相一致的方面，对条例进行了修改完善。应该说，现在正式公布的条例的有关规定与WTO规则和我国的入世承诺保持了一致。

二是，坚持从严监管。隐藏性和分散性的特点在直销这种经销模式上表现的十分突出，同时，由于目前我国市场发育还不完善，监管手段也较为落后，群众消费心理尚不成熟，因此，直销过程中很容易出现损害消费者利益的情形。1998年以前传销在我国发展的情况已经证明了这点。有鉴于此，条例对直销业确立了较为严格的监管制度。这一方面有利于保障消费者的合法权益；另一方面，也有利于直销业的发展。严格的监管制度可以尽量减少违法行为的出现，而只有合法经营，直销业的发展才能获得良好的外部环境，从而走上持续、健康的良性发展道路。

三是，谨慎渐进地开放直销市场。直销用通俗地话来讲，就是以面对面的方式，直接将产品及服务销售给消费者的行为。销售地点通常是在固定营业场所以外的地方，直销员在交易现场对产品作说明或示范。国际上通常将直销分为单层次直销和多层次直销。多层次直销实行复式计酬，即团队计酬。直销条例规定直销企业支付给直销员的报酬只能按照直销员本人直接向最终消费者销售产生的收入计算，禁止了团队计酬。为什么禁止团队计酬，禁止多层次直销，主要因为我国市场经济发展还不成熟，多层次直销容易演变为传销。这是制定《直销管理条例》的艰难之处。对于一切事物，尤其是艰难的事物，人们不应期望播种与收获同时进行，为了使它们逐渐成熟，必须有一个培育的过程。美国是直销的发源地，经过了几十年的摸索

第三部分
直销法律出台

和发展,联邦政府没有完整的关于直销的法律,但却于2002年颁布了《反金字塔式促销法》,禁止金字塔式促销计划、连锁信件及相关计划。在其他联邦法律中还规定,直销商进入消费者家庭时必须出示身份证明、消费者在法定期限内可以退货等。此外,绝大多数州制定了反金字塔法,有的州制定了媒介销售法、多层次销售管理法等。这充分说明,直销业的发展必须循序渐进,相关管理、教育、沟通、消费者权益、市场伦理等领域都要有很大发展,法律、政府、行业组织、企业、推销商、消费者等各个环节都要相互协调。

条例对直销企业的市场准入规定了严格的条件,对直销员的招募培训和直销行为规范作了明确规定,对保障消费者和直销员的合法权益作了科学的制度设计,加大了监管的力度。

从世界直销业发展的历史来看,直销活动在其逐步发展的同时,也很快衍生出一些商业欺诈行为,特别是传销、"金字塔诈骗"和"老鼠会"等,严重扰乱了正常的经济秩序。为此,各国政府都在严格规范的前提下开放直销经营活动;同时,通过立法严厉打击利用直销名义进行的欺诈活动。如美国的"禁止金字塔计划"法案、日本的《无限连锁链防止法》、马来西亚的《直销法》等。上世纪90年代初,一些外国直销公司开始进入中国。由于我国正处于社会主义市场经济发展的初级阶段,市场发育程度较低,有关管理法规不够完善,直销逐渐发展成为各种形式的传销活动。一些不法的单位和个人打着"快速致富"的旗号,诱骗群众参与传销,利用虚假宣传、组成封闭人际网络,收取高额入门费等手段敛取钱财,还有一些人利用传销从事迷信、帮会、价格欺诈、推销假冒伪劣产品等违法犯罪活动,不仅干扰了正常的经济秩序,严重损害人民群众的利益,还严重影响了我国的社会稳定。针对上述情况,1998年4月,国务院发出了《国务院关于禁止传销经营活动的通知》(国发【1998】10号,以下简称通知)。通知明确指出,传销经营不符合我国现阶段的国情,已造成严重危害,对传销经营活动必须坚决予以禁止。

自1998年国务院颁布通知全面禁止传销以来,在国务院的统一部署下,工商、公安等部门认真履行职责,对各种传销活动进行了严厉打击,取得了显著成就,大规模、公开化的传销活动得到了有效遏制。

近年来,传销进一步发展为以"拉人头"欺诈等为主要形式的违法犯罪活动。为了逃避打击,传销活动也由公开转入地下,采取更为隐蔽、更为恶劣的手段进行不法活动,且近年来有愈演愈烈之势,不仅严重扰乱正常的市场经济秩序,也直接

媒体眼中的直销

危害人民群众的生命财产安全，破坏社会稳定。传销不仅违反了国务院禁止传销的规定，还伴随传销发生了偷税漏税、制售假冒伪劣商品、走私贩私、非法买卖外汇、非法集资、虚假宣传、侵害消费者权益等大量违法行为，给金融秩序和市场经济秩序造成破坏；传销侵害的多是农民、下岗职工、老年人等社会弱势群体，绝大多数参加者被骗后血本无归，有的甚至生活无着；一些人被骗后走上偷盗、抢劫、械斗、卖淫等违法犯罪的道路，给社会治安带来隐患。

有鉴于此，为了维护广大人民群众的切身利益和市场经济秩序，国务院要求各级人民政府和执法部门要严格执法，对传销活动一经发现，坚决取缔。为了进一步加大对传销的打击力度，防止欺诈，保护公民、法人和其他组织的合法权益，维护社会主义市场经济秩序，保持社会稳定，构建和谐社会，国务院在颁布《直销管理条例》的同时，也颁布了《禁止传销条例》，从法律上明确禁止任何单位和个人从事传销，并对传销的定义、表现形式、打击传销的工作机制、措施和程序、法律责任等作出了明确规定。

国务院法制办在审查制定《直销管理条例》和《禁止传销条例》中广泛听取了各方的意见，如国务院有关部门的意见、地方政府的意见、直销企业的意见，以及专家学者的意见。在法规征询意见的过程中，我们收到了刘忠律师所在的大成律师事务所提交的《立法建议书》以及他们邀请的江平老师、吴敬琏老师共同起草的《中国直销立法关键条款专家意见》。这些建议和意见，对于我们了解市场的现状，了解市场反应都有很大的益处。在直销市场开放的初期，我十分高兴地看到刘忠律师这本专著的出版和发行。

目前，直销管理的两部法规，《直销管理条例》和《禁止传销条例》都已经颁布，我们认为这仅仅是一个开始，我国直销市场步入法制化道路仍然任重而道远。怎样进一步规范直销行业的发展，打击非法传销行为，是一个需要长期研究的课题。希望广大法律工作者积极深入研究，提出有建设性的意见，更好地维护社会主义市场经济秩序，为建设和谐社会做出积极贡献。（原文系张穹文稿 2005 年 9 月 16 日）

第三部分
直销法律出台

链接：网友评选最受欢迎的直销公司（外资和台资）

投票标题：网友评选最受欢迎的直销公司（外资和台资）（单选）

公司	票数
安利	14（12.17%）
如新	5（4.35%）
永久	1（0.87%）
康宝莱	1（0.87%）
优莎娜	25（21.74%）
立新世纪	9（7.83%）
理想家	0（0.00%）
完美	25（21.74%）
仙妮蕾德	0（0.00%）
丞燕	0（0.00%）
尚赫	2（1.74%）
玫琳凯	3（2.61%）
美乐家	6（5.22%）
克丽缇娜	0（0.00%）
雷克瑟斯	14（12.17%）
福莱	1（0.87%）
爱家	3（2.61%）
E科士威	5（4.35%）
茵莱	1（0.87%）

媒体眼中的直销

专家访谈：

中国直销立法的背景及其进程
——访国务院发展研究中心市场经济研究所所长任兴洲

2010年11月22日，由中国外商投资企业协会、法制日报社共同主办的纪念《直销管理条例》、《禁止传销条例》实施5周年活动将在北京举行。

2005年11月1日和12月1日，《直销管理条例》和《禁止传销条例》分别实施。5年来，这两部法规对规范直销、打击传销发挥了怎样的作用？如何评价直销行业5年来的发展？记者采访了国务院发展研究中心市场经济研究所所长任兴洲。

7年之乱（1990年—1997年）

记者：上个世纪90年代直销模式首次出现在我国，现在回顾这个市场，初期状况怎样？

任兴洲：到2005年两个规范直销限制传销的法规颁布之前，直销大体可分为三个发展阶段。

第一阶段是兴起阶段（1990年—1993年）。1990年11月，我国境内第一家正式以直销经营模式申请注册的企业——中美合资广州雅芳有限公司成立，标志着直销经营方式正式进入我国市场，并引发了社会对这一新型销售模式的关注。

雅芳公司的进入和初期经营的成功，起到了较强的示范效应。面对庞大的中国消费市场，其他一些外国直销公司紧随其后，从1992年开始纷纷以独资、合资的形

第三部分
直销法律出台

式进入我国。

第二阶段是市场混乱经营以及政府规制阶段（1994年—1997年）。

随着国外直销经营方式的导入，国内一些企业纷纷效仿，直销形式也被一些不法分子利用，打着直销的旗号从事非法传销和"金字塔"诈骗活动。据有关部门不完全统计，到1995年底，全国从事传销的企业绝大部分属非法经营，这些企业既不注册，也没有规范的营销手段，多数是以快速致富为诱饵，通过层层"拉人头"，或者以离谱的高价强行推销产品，利用直销进行诈骗，严重损害了消费者利益，扰乱了市场秩序，对社会稳定造成严重影响。

7年转型（1998年—2005年）

记者：面对当时市场的乱象，政府采取了哪些措施？

任兴洲：我国政府有关主管部门相继颁布了一系列法规和部门规章，对直销经营中出现的混乱现象予以规制。

国务院1998年4月28日发布了《关于禁止传销经营活动的通知》，规定任何企业不得以任何形式从事传销或变相传销活动。

以此为标志，直销业进入第三阶段（1998年—2005年），即禁止传销及部分外资直销企业转型经营阶段。国务院发布通知的同时，外经贸部等三部门联合发布了《关于外商投资传销企业转变销售方式有关问题的通知》，批准安利、雅芳、玫琳凯等10家外资直销公司转型为"店铺经营+雇佣推销员"的方式经营。2000年后又先后发布了一系列政策规定，对转型企业行为加以规范。2001年，国家工商行政管理总局成立了打击传销办公室，主要负责打击非法传销活动，保护消费者利益。

立法规制（2005年—2010年）

记者：2005年两部法规的施行，标志着直销业进入法制化轨道。这两部法规的出台有何背景？

任兴洲：根据我国经济发展状况、消费结构变化和多元化流通方式的发展，以及履行WTO的相关承诺，在"十五"时期我国推进了直销立法和市场开放进程。经过多年努力，两部法规终于出台并实施。

记者：为什么直销容易被不法分子利用变种为传销？

媒体眼中的直销

任兴洲：规范的直销经营与金字塔欺诈虽然有着明显的区别。如加入销售的方式不同、获利基础和模式不同、有无退货制度不同、产品品质和最终消费价值不同，以及消费者是否乐于自愿购买等方面也不同。

但是，直销这种无固定地点的销售方式具有分散销售的特点，而且推销人员的口头宣传、介绍对销售起着重要作用。因此，直销经营方式的特点和计酬方式极易被不法分子利用来进行"金字塔"欺诈活动。直销与"金字塔"欺诈极易混淆，必须用严格的法律法规来规范正规的直销行为，打击非法传销。

记者：从世界直销业发展的实践来看，许多国家和地区都有较完善的政府监管制度。我国的直销法规与国际上相比，有哪些特色？

任兴洲：我国直销立法既借鉴了国外直销管理经验和法律要点，又从我国的具体国情出发。在立法中综合考虑我国现阶段经济发展水平、市场秩序状况、消费者对直销的认知程度、对非法传销的识别能力、政府监管手段和执法能力等诸多因素。我国的直销法规中，坚持了严格法律规范、有限制准入的原则，有些方面的法律规定还带有明显的中国特色，例如，在市场准入规定、对计酬方式的规制、对直销员业务培训的管理、对直销企业服务网点的设立和管理等方面都体现出中国特色。

记者：回顾过去5年，您如何评价两部法规的实施情况？

任兴洲：直销法规实施5年间，据统计获得直销经营许可的中外资企业已有26家。与此同时，主管部门相继颁布了一系列规则和措施，包括商务部、工商总局制定的《直销企业保证金存缴、使用管理办法》、《工商行政管理机关和公安机关打击传销执法协作规定》、《关于加强直销监督管理工作的意见》等，对规范管理直销市场、维护消费者利益，促进直销业健康发展发挥了重要作用。

国际经验表明，严格的立法是直销业规范发展的前提。直销业是对法律法规要求很高的行业，这是由它的经营特点决定的。我国直销立法虽有了良好开端，但距离建立完善的直销法律法规体系还有一定差距，这也是我国作为一个新兴的直销市场必须经历的过程。

到目前为止，我国的直销法规及配套政策仍在陆续出台。我认为，应不断总结法规实施过程中的经验，及时发现问题并加以完善。尤其在执法方面应更加注重科学性，完善执法标准，创造公平公正的执法环境。应加强法制规范和完善监管，为直销业发展营造良好的法制和政策环境，提高合法直销企业经营管理水平，走出一条具有中国特色的直销业健康发展之路。（原载《法制日报》2010年11月23日）

第四部分：
国际直销的中国模式（2006~2007年）

　　随着珍奥等七家企业获得第二批直销牌照，中国直销终于走出了有行无市的尴尬状态，从此，中国直销市场开始真正活跃了起来。鉴于商务部门8月8日发布的红头文件要求，"获得直销许可的企业不得高调炒作"，这七家企业在拿牌后均保持了少有的低调，它们现在能做的，是适时调整公司架构，积极招募直销员，做好"区域试点"的前期工作。

　　在这次牌照发放过程中，直销巨头安利再次落选，这超出很多人的预料。1998年允许转型的其他9家企业，也都正在努力"想办法"，他们在今年12月1日前，将做出直销或者非直销的必然选择。倒是传统医药企业和国际日化巨头，此时对直销表现出了浓厚的兴趣。它们的进入，将为中国整个直销业界带来难以想象的变化。直销开局后的中国市场，相信将迎来一个崭新的时代。因此，国际直销有了自己的中国模式。

第十五章　组建民族大型企业

中小企业难过直销门槛　保健协会秘组产业集团

有关中国保健品行业将组建超大型企业集团的传言日前得到证实，春节长假前的最后一个工作日，被记者堵在了办公室的中国保健协会秘书长朱康年在记者的再三追问下很不情愿地承认确有此事，并透露"目前明确表达加盟'产业集团'意向并签署《出资意向书》的保健品企业已经有几十家。"

自从 2004 年 9 月份有关直销市场开放后一些限定性条款被披露后，作为直销主力军的保健品行业便一直盛传将组建一个为中小型直销企业量身定做的产业集团，以应对 1000 万美元注册资本、5 亿元人民币销售额和 2000 万元人民币保证金的"铁门槛"，牵头组建这个集团的就是中国保健协会。

直销门槛催生产业集团

虽然朱康年拒绝透露加盟企业名单，但一些最近忽然与中国保健协会"走动"频繁的企业显然与"产业集团"的事情有关。一家总部设在上海，在保健品直销领域小有名气的企业负责人在接受本报记者采访时承认将加盟即将成立的"产业集团"，而促使其加盟的最重要因素就是解决企业在未来直销市场上的身份问题。

"尽管有消息说政府取消了'3 年累计销售额 5 亿元'的条件，但按照已经披露的关于申领直销执照的限定性条款，特别是 2000 万元保证金条款，我们企业肯定得出局。"这位负责人分析指出。而加盟产业集团后，大家可以以产业集团的名义共同出资申领执照，摊在每家企业身上的费用就不算什么了。

而作为中国保健协会主要负责人和"产业集团"主要发起人的朱康年，则坚决否认组建"产业集团"的目的是为应对直销门槛，"我们早在去年六七月份就开始了运作，而明确的直销门槛是在9月10日"厦门会议"后公布的，而且我们目前这些有加盟意向的企业中也有不少非直销企业"。为了证明其所言非虚，朱还向记者提供了一份名为"中国健康产业集团项目计划书"的文件，其完成时间为去年8月，内容中涉及直销的部分也只有一小段。

企业态度：从观望到积极

"不过也必须承认，是直销门槛的明确，为集团的加速成立提供了一个契机和支点。"朱康年坦率地指出，在去年9月直销法条例首次面世的"厦门会议"之前，"产业集团"的概念在保健品行业还属于"叫好不叫座"的状态，在征求企业意见时都认为是好事，但具体到加入和出资这些实质性问题时大家基本都采取观望的态度。"厦门会议"之后形势急转直下，一些过去联系过的企业，特别是从事直销的企业主动找上门来要求加盟，并希望集团尽快组建，"很显然，是直销的一系列门槛使企业意识到了这种联合的重要性和必要性"。

朱康年再次强调说："组建'产业集团'的初衷和终极目标绝对不是针对直销，至少不仅仅是针对直销，尽管从现阶段一些加盟企业的角度来看，这种现实的需要更强烈一些。"朱康年说正是因为不愿让人对组建产业集团的目的产生这种错觉，所以他们几个月来一直在低调和"秘密"的状态下进行，他同时也不否认，集团正式注册成立的第一项工作就是申领直销执照。"当然，如果那时候国家有关部门已经开始受理这项业务。"朱康年说。

加盟的直销企业身份有别

据朱康年介绍，"产业集团"已完成了初期的准备工作，春节后将正式进入筹备期，按照设计的投资模式，注册资金为1亿元左右，构成为外部资本＋加盟企业投资，目前作为外部资本的一家财团的投资已经基本落实，内部加盟企业的具体出资额将根据加盟企业数量和集团运作的实际需要来确定，预计每家企业不会超过500万。按照计划，"产业集团"的组建工作将在上半年完成。

对于加盟企业的身份，朱康年称"按照'产业集团'的股权设计，加盟企业的

第四部分
国际直销的中国模式

部分出资是作为股东出资,而针对直销型企业则可能提取一部分作为保证金,但比例不会太大。"朱康年说鉴于目前首批加盟企业中直销企业所占比重较大,因此对这类企业的资质制定了专门的限制条件,企业的年销售额应该在1亿元以上,要具备完整的产品开发、生产体系,相对成熟的直销管理经验和较优质的市场资源。"即便如此,在集团成立后,我们还要按照国家有关法规对全部加盟的直销企业的人员和操作规范进行强制性培训和教育、改组、改革和管理,在实际操作过程中将制定高于即将出台的国家法规的集团内部监管制度,严格处罚违规行为。"

保健协会未来担当的角色

朱康年介绍指出,"产业集团"的特点是产业开放,将不断吸收符合条件的中小企业加盟,也允许企业在做大后退出,企业在集团内部的运作完全是独立的,集团不会干涉企业正常的生产经营活动,更不需要企业向集团上缴利润。相反,加盟企业作为股东可以享受集团直接投资业务的利润分配。而集团未来主要的业务将主要集中在三个方面,一是孵化器:为有价值项目和产品提供资金支持;二是对加盟企业间的资源进行有效配置和互换;三是与国际金融资本和销售网络进行对接,实现中国中小保健品企业与国际市场的接轨。

而对于牵头组织成立集团的中国保健协会在未来的"产业集团"中的角色,朱康年认为这个"产业集团"肯定是中国保健协会的会员单位,除此之外"不会存在任何法律关系"。"但中国保健协会一直希望获得的一笔长期支持中小保健品企业的发展基金将可能会因这个集团的出现而有了着落"。(原载《中国经营报》2005年2月22日)

《直销法》上半年出台无望 保健品备战各藏心机

近日经多方打探,一位知晓内情的人士终于向记者透露,备受众多保健品企业关注的《直销法》已经被呈送到了国务院法制办官员的案头,但从排队待审批的时间表来看,《直销法》的审批却被安排在今年7月以后。

据该人士称:"除非有某种特殊的外力推动,或重大突发事件发生,否则很难

媒体眼中的直销

将直销立法项目的审批提到今年6月前完成。"

尽管如此,有关《直销法》出台的信息依然给业内的人们曙光乍现的感觉。严控准入的《直销法》让中国直销界挑梁唱主角的保健品业各方力量都在酝酿不同的活法。

大型企业暗酿收购

2005年1月,大连美罗药业公司与大连的直销企业慧力生物保健品公司联姻,组建了美罗国际生物有限公司,成为2005年直销业内的首例兼并案。而此前一直传说,健康元集团、哈药集团、远东药业等企业也在马不停蹄地调整、理顺内部环境,积极应对直销的诞生。

据了解,在一次非正式场合,健康元的掌门人朱保国就曾经表示,现在作为行业翘楚的健康元都无法避免其产品在进入终端时的费用逐步攀升,这种由终端渠道掌控天下的趋势将使运用传统销售模式的企业难以承受日益高筑的终端费用;而反观像安利一类的直销企业,在发展速度和市场占有率都逐年攀升的情况下,不必为终端支付高额费用,这的确是一个令人羡慕的神话。

朱保国曾透露,不排除健康元将在适当时候并购中小直销企业或直接吸纳直销团队的可能。

产业集团浮沉未定

中国保健协会是不是要"收编"中小保健品直销企业?

业内这一普遍疑问源自日前中国保健协会秘书长朱康年接受本报采访曾透露该协会将牵头组建超大型保健产业集团以规避《直销法》的高准入门槛之说。

但此间朱康年再次接受本报记者采访时却忽然改变了调子,反复表白不希望外界把该协会牵头组建产业集团一事理解为针对直销企业而言,他表示,产业集团应该是中国保健协会在保健产业里的一个试验平台,是对创新的营销体系、物流管理和标准制定等模式探索的试验田,不应理解为是只针对直销企业的平台。

但据业内人士分析,一方面,《直销法》出台的慎而又慎、迟而再迟,使得中国保健协会对已酝酿两年多的"收编"中小型直销企业的设想不得不一再放缓,以致现在重新调整目标;另一方面,引入外来资金跨越直销准入门槛虽然颇具吸引力,但收编众多中小企业之后的实际运作则存在较大难度,毕竟产权难明、"众口难调",

第四部分
国际直销的中国模式

协会将不可避免地面临较大的管理压力。

中小企业临渊一搏

"我们倒是希望这个《直销法》的出台能无限期地拖延下去！"一家保健品直销中小企业的刘总如是向记者表白。

这位刘总的想法代表了不少中小直销企业的心态，他告诉记者，现在除了不愿真正做事只想捞一把就走人的个别小企业外，大多数直销中小企业都是希望能稳扎稳打地不断壮大。但当《直销法》草案的部分内容曝光后，他感到很失望。

他不无遗憾地说："这部法案是完全不利于中小企业发展的。此法一出台，我们就必然成为了黑户口，当然，活下去还是有可能的，但毕竟没有合法名份是很容易让这个行业的中小企业自暴自弃的。"

他表示，如果《直销法》今年下半年顺利出台，那么公司的"合法"存在未来似乎就只剩下两条出路，一是进入中国保健协会式的产业集团；二是寻找像健康元一类的大买主，相形之下，他更倾向于后者："进入大产业集团后，谁掌握话语权？各家如何摊缴税费？等等一系列问题都是未知的。所以，上上之策是把公司卖给大企业。"

国内直销专家胡远江对此分析认为："毕竟，对于传统营销企业来说，就应了《天下无贼》里的那句话：21世纪什么最宝贵，人才！当直销立法后，正如健康元的朱总所言，直销管理团队将是跨过门槛的大型企业首当其冲的最大需求。或承包，或收购，总之，中小企业们都希望能和这样的大企业谈个好价钱。但同时，也应该看到，直销法不会一下允许很多企业进入的，所以，很可能他们选择未来东家的余地会很有限，这将又形成一个新层面的竞争。"

直销：保健品的新稻草？

当老百姓还不大明白保健品是咋回事时，就稀里糊涂地被忽悠着掏钱，捧火了三株时代的保健品企业。"忽悠"是那时的法宝。

当老百姓开始明白保健品是咋回事时，又稀里糊涂地给铺天盖地的广告掏钱，捧火了脑白金时代的保健品企业。"广告轰炸"是那时的法宝。

当老百姓逐渐看腻了广告，不再费工夫阅读媒体上的白纸黑字时，会议营销又从天而降充斥了离退休老头老太们的业余生活，让前两种法子都不好使的保健品突

媒体眼中的直销

然枯木逢春。

然而，让人掏钱的机会多了，出勤的机会就自然少了，老头老太们其实都不傻。如今，任你大爷、大妈、亲爷爷、亲奶奶地叫，人家也不爱赏这个脸了。

于是纵思量、横计算，还是直销最划算！反正待业的闲人多得是，又节约成本，又容易发展下线，保健品盼来了新的一根救命稻草。不管直销法案将来如何定，反正到时候自是上有政策下有对策，这个方法还是照样用。

然而，记者也听到这样的观点，绝不应该在中国打开直销这个"潘多拉盒子"，他认为直销作为一种销售模式本无可厚非，在原产地的美国，直销被严密的法令环境包裹着，可以算是一种健康成长的苗子。但这种容易逃避监管的营销模式扎根中国，在法制尚不健全的市场环境中难免像细菌病毒一样突然从温顺模样变得面目狰狞，这样的后果必然难缠。

如此说来，记者倒颇为同意此类观点。或许直销法案的迟迟不出也未见得就不是一件好事！（原载《中国经营报》2005年2月27日）

中国保健产业市场蓬勃"入春"

中国科学技术发展战略研究院王宏广教授认为，中国医药产业正在进入黄金时代，健康产业将是继通信业之后的我国第一支柱产业，其规模到2020年将达到10万亿元，其中养生产业将达1万亿元。中医药除在医疗、药品、保健品领域外，讲究养、护、调、治的中医养生，针灸、蒸、熏等健康保健，药膳饮食等将大展身手，成为健康服务新的增长点。

据了解，目前我国有12个省市，已提出1000亿元的健康产业发展目标。全国已建立各类医药园区120多个，北京、天津、上海、辽宁、江苏、河北、海南、四川、黑龙江等地建立养生基地势头迅猛！

关于健康产业的概念及内涵，从现有的研究来看，对健康产业定义有广义和狭义之分。

广义健康产业是指有助于人类整体健康水平提高的产业，包括两类活动，一类

第四部分
国际直销的中国模式

是制造经营性活动，如药品、保健品、器械等的生产；二类是健康服务活动，包括医疗、健康养生、运动健康、健康管理等内容。

从产业经济学的角度看，广义的健康产业主要包括以下子产业：医疗服务产业；医药生产工业，包括：生物制药（中药）、医疗器械、生物疫苗等；保健健康产业；运动健身产业；其他衍生产业，如人才培训、健康管理等。

本文仅就保健品产业作基本探讨。2013年1月1日《预包装食品营养标签通则》正式实施，标志着我国全面推行食品营养标签管理制度，这对指导公众合理选择食品，促进膳食营养平衡，降低慢性非传染性疾病风险具有重要意义，这也标志着我国食物声称体系的建立和完善迈出了里程碑意义的一步。

现今保健产品所掀起的热潮其实是由1946年到1964年间的婴儿潮所带动的。这段时期出生的人口虽然只占美国人口的28%，所创造的经济价值，却占美国整体10兆美元经济体的50%。这批婴儿潮人口最近才发现保健产业可能保存他们最珍惜的东西：青春。虽然保健产业现今还处于萌芽阶段，但由于现代经济需求的特性、技术进步带来的经济扩张，以及消费者一旦使用保健产品有了正面评价后，将衍生对更多的保健产品和服务的需求，这种种因素都将使保健产业成为明日之星。

王宏广表示，2000年我国药物销售额只有不到2000亿元，而2010年就达到了1.2万亿元，10年间增长了6倍，成为世界医药销售增长最快的国家，而预计4年以后，销售额或会达到4万亿元。

2011年12月31日，国家发展改革委和工业与信息化部联合发布《食品工业"十二五"发展规划》，其中将营养与保健食品作为重点发展产业，目标到2015年，营养与保健食品产值达到1万亿元，年均增长20%。

2011年，中国保健品进出口额为3.83亿美元，同比上升31.01%。其中出口额1.05亿美元，同比增长26.21%；进口额2.78亿美元，同比增长38.28%。保健食品中，营养素及维生素的服用率已达到了55.7%。

中国目前处于人均GDP从4000美元向8000美元的跃迁阶段，保健品的消费属性正逐步从可选消费品转为生活必需品。

依此估算，2011~2015年该行业的CAGR（复合年均增长率）可达21%。可以说，保健品产业的黄金十年即将来临，消费升级成就了保健品行业膨胀式发展，而大多数中国人都将成为保健品最主要的消费人群。

媒体眼中的直销

全球保健食品市场容量为 2000 亿美元，保健食品占整个食品销售的 5%。目前美国有保健食品生产企业 530 家，每年共有 1000 多个品种投放市场，其销售额达 750 亿美元，占食品销售额的 1/3。

显而易见，经济发达国家保健品消费量在整个食品消费量中所占的比例要远高于其他国家。目前国内保健品年消费量不到美国的一半，尚未占到全球市场的 1/6，随着中国经济的发展，市场将有着成倍的增长潜力。

（原载《中国食品科技网》2013 年 4 月 17 日）

第十六章 直销新势力

直销监管局成立

随着直销申牌工作的推进,直销监管体系也在完善。记者从国家工商总局获得证实,目前一个隶属于工商总局的单列部门——直销监管局已经成立,原国家工商总局法规司副司长张辉担任该局局长。

中国直销监管局是一个正厅级,隶属于国家工商总局的单列部门,该局从2005年9月开始酝酿设立,2005年底,该机构编制正式获批,近日正式成立。直销监管局设立后,各省工商部门也将相应筹建直销监管处。

据悉,该局下设三个处室,分别是打击传销处、调查研究处和直销指导处等部门。

直销专家、北京大成律师事务所律师刘忠表示,新成立的直销监管局不仅具有打击传销的职能,还有研究直销监管方法、指导企业运营模式的职能。目前,商务部和工商总局只发放了一个直销牌照,安利等内外资企业都还没有获得牌照。

湖南安邦借壳武汉塑料:直销企业现身资本市场

日前记者从上市公司武汉塑料(000665)获悉,公司第一大股东武汉经开投资有

媒体眼中的直销

限公司（下称"经开公司"）与湖南安邦投资集团（下称"安邦集团"）签订了《股权转让意向书》，经开公司拟将其持有的武汉塑料3200万股国有法人股（占总股本的22.7%）全部转让给安邦集团。

专家表示，安邦集团入主上市公司武汉塑料，此举被市场视为国内直销企业借壳登陆资本市场的首例，是投身上市公司股改重组热潮的典范。

据了解，安邦集团主要资产就是从事直销业务的安邦健康产业公司，目前正在积极争取拿到直销牌照。

武汉塑料拟转让22.7%股权

在股改宣布全面启动前夕，上市公司掀起了一波又一波的重组热潮。而此时悄然颁布的《直销法》将直销企业的目光瞄向了资本市场，投身到这股重组的热潮当中。

9月7日，上市公司武汉塑料第一大股东武汉经开投资有限公司与湖南安邦签订了《股权转让意向书》，经开公司拟将其持有的武汉塑料3200万股国有法人股全部转让给湖南安邦集团，且转让后与该股权相应的所有股东权利和权益及义务均随同该股权转让的交割而一并归属安邦集团。每股转让价将不低于去年年底每股净资产值1.93元，具体价格待资产评估后予以确定。

记者致电湖南安邦，其行政部一位工作人员透露，集团公司组织架构刚成立，人员还未到位，目前只有10多人。武汉塑料董秘刘丛友向记者透露："现在收购方湖南安邦集团与被收购方经开公司两方都在做资产评估，湖南安邦集团将会对武汉塑料进行资产置换。"但刘丛友没有透露具体的置换资产。

据湖南安邦的网站资料显示，湖南安邦下属7家全资子公司以及一家营销学院，总资产5亿元，拥有国际水平的现代化全自动中成药、保健食品、抗生素生产线，同时聚合了大批资深医药产业研发、生产和管理人才。在其八家附属机构中，主要资产是安邦健康产业有限公司，该医药公司的主要营销模式就是直销。湖南安邦旗下的湖南安邦营销学院，主要培养直销人才。

据了解，湖南安邦投资集团法人代表是佘定国，注册资本5000万元，注册地在浏阳市工业园。安邦投资主营业务范围包括礼仪、礼品服务，服饰设计、销售，日用百货，工艺美术品，五金家电批发零售，企业投资等。截至2005年6月30日，安邦投资净资产49964.61万元，上半年主营业务收入为30152.34万元，主营业务利润13628.86万元，净资产收益率5%。

第四部分
国际直销的中国模式

安邦集团将入主董事会

武汉塑料主营业务是开发、制造、经营汽车零部件、高新科技工程塑料制品及其他塑料制品、塑料化工原辅材料。公司业绩一直不是很好，2005年申报中，公司的主业收入1.31亿元，同比减少9.58%；净利润77.69万元，同比减少77.71%。

8月30日，武汉塑料公告称，公司3位董事、财务总监、董秘同时辞职。记者从有关方面了解到，拟入主方安邦集团派出的吕裕煌将出任新财务总监，安邦集团推荐的3位董事以及2名独立董事，将由9月29日的临时股东大会表决通过。

据报道，佘定国是湖南安邦董事长，也是湖南安邦的创业者。2003年9月2日，国光瓷业董事会增选张贺文和佘定国两位成员，同时佘定国被聘为公司总裁。但是很快，2003年12月5日，佘定国、张贺文就一同辞去国光瓷业董事职务。张贺文当时任湖南浏阳市副市长，兼任湖南生物医药园（前身为浏阳生物医药园）管委会主任。

湖南当地资本市场人士透露，鸿仪系旗下国光瓷业当初希望转型生物医药产业，投资了多处医药项目，需要找医药行业资深人士来掌舵。而佘定国与张贺文两人一同当选国光瓷业董事，也是希望为湖南安邦及长沙浏阳生物科技园寻找一个资本平台。加上鸿仪系掌舵人鄢彩鸿与佘定国都是湖南安乡人的同乡关系，双方一拍即合。

行业人士分析，至于佘定国匆匆退出国光瓷业，该人士认为可能是佘定国发现国光瓷业的"黑洞"。一个公开的事实是，去年8月份鄢彩鸿被羁押后，国光瓷业等3家上市公司被曝出20多亿元的资金黑洞。

据透露，湖南安邦本次推荐进入武汉塑料的董事赵邵安就是原鸿仪系的高管。曾出任鸿仪系旗下的深圳祥龙投资发展有限公司副总经理、张家界旅游开发股份有限公司副董事长等职务。

直销企业掀起资本冲动

对于湖南安邦进入上市公司，业内人士分析其大概基于三点考虑：首先是便于申请牌照。新颁布的《直销管理条例》规定，申请成为直销企业必须有不低于8000万的注册资本，而资料显示，湖南安邦注册资本为5000万元，要想达到规定的标准，在12月1日《直销法》正式实施后递交申请材料，借船出海当然是最便捷的方式。同时，上市公司众多的股东将给直销企业带来潜在的消费者和营销员。更重要的原因可能在于直销企业希望通过上市做强做大，天狮就是一个先例。天狮国际2003年

媒体眼中的直销

9月在美国资本市场通过买壳上市,其资产由上市前的3000万美元上升到目前的2.7亿美元市值。

换了大股东的上市公司,主业一般都会发生变化。据悉,湖南安邦将会对武汉塑料(行情,论坛)进行资产置换。有证券业人士推测,这就不排除武汉塑料的主业将由原来的汽车塑料零部件制造变为健康品直销的可能。仅从数据上看,上市公司的业绩将由此得到提升。资料显示,截至6月30日,湖南安邦净资产为4.996亿元,上半年主营业务收入3亿元,主营业务利润1.363万元,净资产收益率5%;而武汉塑料上半年主营业务收入1.32亿元,主营业务利润2406万元,每股收益0.01元,净资产收益率0.28%。

著名的直销专家陈军对记者指出,《直销法》刚刚颁布,国内的一些直销企业就掀起登陆资本市场的冲动,这主要是直销法提高了直销企业的进入门槛。广东证券的分析师张鹏对记者说,按照证监会的要求,绩差公司必须完成资产重组之后,才可以进行股改,所以近段时间以来,上市公司的重组热潮是一浪高过一浪。作为直销企业购买上市公司国有股,可以借股改的东风实现资本的流通,达到增值的目的。而对于武汉塑料而言转让股权可以引入资金、引入大股东,对于其自身的重组与业绩的改善有着积极的作用。此次湖南安邦购买上市公司的国有股份,有助于让投资者对业绩较差的上市公司改变看法,树立信心。

对此,直销法专家刘忠表示,这正是《直销管理条例》预定想要达到的目标:让资质好的大型企业进入直销市场,和外资直销企业能形成对抗局面。"但直销并不是保健品销售的灵丹妙药。"世纪证券医药行业研究员张伟认为,市场打开与否,一是与营销方式有关,另一方面与产品很有关系。"直销的方式是可以拷贝的,不容易做到差异化,最根本的是看产品有无优势。"

健康元药业高调抢跑直销业

2005年9月21日,久未在媒体前露面的健康元董事长朱保国,一改往昔低调形象,率领集团公司总经理孙嘉哲、副总经理兼市场总监顾悦悦、新上任的直销副总经理蔡耀光以及多位研发、生产、营销等部门的高级主管组成的"豪华阵容",

第四部分
国际直销的中国模式

高调亮相健康元的一次新闻发布会。在此次会上,健康元药业对外宣布将正式进军直销业。

据悉,这是直销法颁布后第一家宣布进入直销业的本土大型综合医药企业,将改变中国市场由少数跨国直销公司独大寡占的局面。

为什么进入直销领域?

在传统的销售渠道和广告营销之外另辟出路,朱保国和他的健康元自有苦衷。

据中华全国商业信息中心提供的数据,2005年1～6月,全国女性保健品销售额较去年同期下降25.31%。健康元亦在其2005年中期报告坦陈,今年上半年该公司实现净利润7941.71万元,比去年同期下降7.52%,主要因为女性保健品太太口服液、静心口服液较上年同期销售收入下降所致。今年上半年健康元的保健产品销售额为2.7亿,比上年同期下降18.86%,毛利率比上年同期下降0.86%。相比健康元旗下丽珠制药业绩的年年攀升,保健品面临的营销成本压力远远高于药品。

造成这一局面主要原因是保健品市场的日趋饱和,而以安利等转型直销企业开展的保健品业务,对传统保健品销售的冲击最为巨大。

蜥蜴营销的副总裁覃启舟表示,国内的保健品市场竞争也异常激烈,按照一般的规律,宣传、推广支出要占保健品成本的25%~30%;另外渠道还要占去25%~30%,包括给经销商的铺货、促销支持、扣点、返利,终端的进场费用等。

广告费用日益递增成为企业不能承受之重。广告费用高企使得健康元的非经营成本支出激增。数据显示,截至2005年6月,健康元广告宣传费用达到16.99亿元,同比增长11%。而在超市、药店等传统零售终端,健康元也陷入铺货与回款的两难中。为占领市场,生产企业必须大量在终端铺货,但零售终端对供应商的账期也越来越长。

但是对于朱保国来说,钱不是问题,更重要的是未来的直销市场和直销的信号。

他告诉记者,一个细微的现象促使他下定做直销的决心。因为多年来每一次的关于保健品的市场调查都显示,认知途径中"亲友推荐"排在第一位,其次才是"广告"。"在我看来,这就是一个'直销'信号。"朱保国进一步说,未来直销在中国必将朝着越来越规范、公平、公正的方向发展,这大大增强了中国真正迈入一个成熟理性的直销大国的可能性,但除外资巨头外,国内直销市场上还应有民族实力企业参与,这也是健康元选择直销的前提。

媒体眼中的直销

健康元看重直销另一个原因是其低风险。健康元进入直销就意味着你卖了货，拿钱给我，我才付你酬金，这比做品牌、做店铺的风险要小得多。更微妙的是，一位业内人士对记者表示，很多保健品企业，特别是中小企业，对保健品的功效存在夸大宣传，直销进行口碑宣传，可以绕开广告审批。

"早在一年前，我们就成立了专门的小组。"朱保国毫不讳言对直销的好感，但我们是上市公司，只要国家政策不放开，我们就不敢越雷池半步。

然而，朱保国也不是胜券在握。他坦言："我们打算进入直销业之初也充满了疑惑，因为很多的大公司都是专门做直销业务的，而我们并没有这方面的经验。"至于前景，朱保国引用鲁迅先生的话，幽默了一把："世上本没有路，走的人多了就成了路。"

健康元准备怎么做直销？

一位从事保健品生产的人士分析，直销法规出台后，中小型保健品生产企业未来似乎就只剩下两条出路，一是进入中国保健协会组织形成的产业集团中的一员，与其他中小企业联合申请牌照；二是寻找像健康元一类的大买主。相比之下，他们更倾向于后者。

在新闻发布会上，朱保国落坐企业宣传海报前方，海报上"太太"两个大字十分醒目，两个大字旁边的"进入直销业"反而是一行小字。这引起了在场记者的兴趣，到底是"健康元进入直销业"，还是"太太品牌进入直销渠道"？

"不是太太品牌产品，但我们未来的直销规划将是专业的、以女性为核心的保健产品直销公司。"朱保国告诉记者。健康元的前身——太太药业就是以女性保健品起家的，此次直销领域也锁定女性保健品，合情合理。

"'太太'10余年来所积累的品牌价值、口碑等资源非常强大，任何企业的竞争优势，都是在其核心价值的基础上再做更深更广的延伸。"蔡耀光说。

"做直销，我们有优势。"健康元总经理孙嘉哲向媒体表示。他强调的优势是渠道、品牌、美誉度、本土化。而无论是直销，还是经销商销售，渠道都是至关重要的。

朱保国表示，健康元已成功转型，目前集团医药产品销售占了70%，而保健品则只占30%，直销法的出台，为健康元进一步做大保健品产业提供了机会。朱保国还进一步表示，今后，健康元在现有的基础上将逐步稳固三大利润增长点，即以传统销售模式为主的太太、静心、鹰牌等系列保健品，以丽珠集团和海滨制药为主的处方药、原料药和非处方药，以及以雄厚研发实力和研发储备支持的新的直销保健品群。

第四部分
国际直销的中国模式

"健康元获得生产批文的保健产品就有 40 余个,上市的仅有 10 余个,这些未上市的产品将成为公司直销重点。"新上任的健康元直销副总经理蔡耀光说,"我们正在积极开发一系列适合直销事业的新产品组合。"

朱保国明确表示,健康元不但不会放弃原有销售模式,还会继续加大对原有药线和食品线的投入。未来,健康元将在保健品领域实现两条腿走路,两种营销模式并存,使直销成为继原有销售模式之后集团的又一利润增长点。孙嘉哲表示,对于健康元如何协调直销与传统渠道,直销将仍然沿用太太、静心、鹰牌等强势品牌,但是在产品上将与传统渠道的产品作区分。

朱保国透露说,健康元已经成立了专门的工作小组,积极与相关部门联系,争取成为首批获得直销牌照的企业。健康元也将为此投入至少 8000 万元,以符合直销管理条例所要求的最低注册资金门槛。此间也会一并组建专业的直销团队,建立直销网络。

健康元面临的三大难题

健康元做直销是好事,它将是民族直销业的一支"劲旅",问题是它也将面临三大难题:第一,不赚钱还砸了牌子怎么办?第二,旧渠道直销新产品靠谱吗?第三,到底会采取哪种计酬方式?

记者问朱保国:"如果健康元直销业务做不成,非但不赚钱,反而会把原有的品牌砸了怎么办?"朱保国表示:"品牌决不是'放着不动'就不会砸。你只要做它是不会砸的。"

健康元起家于保健品,从"天上广告、地下渠道"的上世纪 90 年代到现在,"太太"品牌的传统经销商渠道已经相当成熟。对于传统渠道,朱保国恐怕是业内最有话语权的重量级人物——毕竟在脆弱的保健品市场,没有几个产品能连续十年维持令人艳羡的市场业绩。

健康元欲借旧渠道直销新产品。问题在于,健康元已有的传统经销商渠道能够在多大程度上支持未来的直销模式?且不说两种销售方式在操作同种诉求的保健品,单单二者在运作模式上就有着本质区别,甚至可能产生冲突。

在新闻发布会上也有记者问到,诉求相似的女性保健品,"太太"系列在消费者中有了"心理价位",维持直销员的高薪的前提之一就是产品的高定价策略,健康元新产品将采取何种定价策略?现在,安利和雅芳成了两种不同的直销方式,健

媒体眼中的直销

康元将采取哪一种计酬方式？面对记者的问题，朱保国"老道"地表示："计酬方式、招聘制度都会按照国家新颁布的直销法去做。人是活的！"他希望有一种合法的但是独创的模式。

也许，有更多的疑问要留到以后看健康元的行动了。但有一点是外界需要肯定的，那就是朱保国的勇气和眼光。在1997年，朱保国抓住了机会，他收购了海滨制药，成功转型，继而把"太太药业"改为"健康元药业"。也许这些例子不能足以说明朱保国的"冒险"精神，但朱保国最后所说的话仍然让人印象深刻："如果你不改变，你就要被淘汰，因为环境随时都在变，你要不断创新，要意志坚定——这一点很重要！

上市公司进入（修正、太阳神、脑白金等）

修正药业

2005年7月16日，修正集团董事长修涞贵来到保健品公司召开了关于"申请直销牌照"的座谈会，随同参会的还有生物工程公司总经理及副总经理、通化产业基地主要负责人、修正保健品有限公司的领导和全体员工。

修涞贵明确表示，集团非常重视保健品公司的发展，已经将如何拿取牌照的事情纳入重要议程，现已成立"拿牌"组委会，目前正在着手关于"拿牌"的相关工作准备工作。

看来，虽然做着"电子商务"，但修董对直销"牌照"却非常重视，这也使得修正人对"拿牌"信心满满。一位直销员对记者这样说道："修正药业之所以选择在直销法规公布前开始运作，是因为它有相当的关系，拿到第一批直销牌照一点问题都没有。而在开始运作之后，第一个月的计划销售额本来是800万元，没想到实际高达1300多万元。"

因为"法规"还未正式实施，"修正保健"或者是"修正药业"会以怎样的名义去申请牌照，能不能申请到牌照，记者不得而知。但有一点可以肯定的是，即便企业能够拿出"8000万元注册资本"与"2000万元保证金"，也必须符合"'拨比'为30%"、"企业在提出申请前连续5年没有重大违法经营记录"等条件。

第四部分
国际直销的中国模式

如果企业对于自身条件过于自信，在直销行业盲目冒进，显然是不利于其长远发展的。

对话"修正保健"。通过以上调查，记者已经弄清楚了"修正保健"运作直销的真相，于是致电"修正保健"的相关部门进行进一步确认。

记者首先拨通了"修正保健"企划部的电话，一位王姓工作人员对直销运作一事给予了肯定，但她并不愿意多说什么，只是解释"修正药业"做的肯定是合法生意，不可能为直销砸了集团这块牌子，公司的一切将按照"直销条例"规定运做。她还一再强调，这是一个敏感的时期，一切都不太明确，不便于透露公司信息。等拿到直销牌照，到了该公布的时候，集团自然会通知相关媒体。（原载《经贸世界》2005年10月19日）

太阳神

广东太阳神集团有限公司成立于1988年。是以生产和销售保健食品、食品、药品、化妆品为主的中外合资企业集团。太阳神集团坚持以关爱生命、造福大众、振兴中华为企业宗旨，一直致力于发展现代养生产业。

太阳神集团于2007年获得国家商务部颁发的直销经营许可证，成为中国第16家获直销牌照的企业，逐步形成了直销、传统营销、电子商务及养之尊会员连锁店经营四大经营模式。这意味着太阳神企业已经跳出传统意义上的保健品行业营销模式，开拓一个更具生命力的现代养生产业。直销业务自开展以来，发展迅猛，成为国内直销行业中一颗耀眼的明星。

海王

海王生物作为一家品牌价值达107.87亿的上市企业，自宣布进军直销伊始，就在2006年中国直销行业中掀起了阵阵波澜，其一举一动备受业界瞩目。

2006年1月，海王开始进行直销试运营；2006年4月，直销传奇人物范禹麟加盟深圳海王。如果这些还算是海王正式进军直销之前的"犹抱琵琶半遮面"的话，那么2006年5月海王以海王健康之家的名义正式开业，并在总部深圳举行全球首次招商会，这算是海王直销的正式闪亮登场。

媒体眼中的直销

三株借直销复兴

就在《直销管理条例》即将正式生效的前夕,一则以"三株口服液回来了"的广告赫然出现,并在国内大张旗鼓地诚招经销商,而此时也让很多人发出质疑:七年前遭遇"滑铁卢"惨败的三株欲卷土重来,能否重新撑起它的复兴大业?

记者按照广告上提供的联系方式,找到了三株福建总代理翁理合。"我们目前是在为直销铺路。"翁接受记者采访时说。他表示,目前公司正在福建所有的县市招代理商,推广包括三株口服液在内的三株产品。把整个网络建立起来,到明年三株集团的直销牌照拿到手,立即运用铺开的网络直销"五株王口服液"。

而对于是否有把握拿到直销牌照,翁告诉记者:"肯定能够拿到手,明年三月份的牌照,三株是势在必得。"他透露,三株目前得到了济南市甚至山东省的大力支持,"山东省工商局已经成立一个专门的申报小组,负责三株的申请直销牌照事宜。"

三株的"复兴大计"

现在一提起三株,人们的反应就是:"三株回来了?做直销?"似乎很不愿相信这个事实。

自从三株口服液1994年在山东济南问世以后,三株口服液在农村市场获得巨大成功,年销售额高达80亿元。1998年3月31日,"常德事件"暴发,三株口服液一落千丈。之后,三株在人们的视线和印象里消失。(1996年,湖南常德汉寿县退休老人陈伯顺在喝完三株口服液后去世,1998年3月,法院宣判三株败诉后,20多家媒体炮轰三株,引发了三株口服液的销售地震,月销售额从数亿元跌至数百万元,三株开始全面亏损。1999年,三株的200多个子公司停止运作,绝大多数工作站和办事处全部关闭,全国销售基本停止。1999年,"常德事件"三株胜诉,但已无力回天。)

现在,准备复兴的三株集团看来已经铁定将直销作为复出市场的利器了。

今年8月,三株已经聘请了好几位直销专家加盟旗下。其"复兴大计",也首选了福建、山东、安徽、吉林、浙江5省。翁理和解释说,首批将网络布在以上五省是出于这几个沿海省份城市经济较为发达而考虑的。据悉,目前福州、厦门的区域代理已经被人拿下,而其余地市有许多代理商还表示出有兴趣。

据翁理和介绍,三株在"七年之痒"之后,在今年8月份重新开始进入市场,

第四部分

国际直销的中国模式

以传统的三株口服液做先期铺垫,最后等直销牌照拿到后,再大举进攻直销市场,而直销市场也将主要从事化妆品、保健食品、日用品的销售,而"五株王口服液"就将是直销的重头产品。

在翁理和提供的一份三株口服液代理销售协议书中,记者看到,做区域内销售的独家代理商必须向总代理缴纳 5000 元的市场保障金。三株口服液的代理价格为 15.6 元/瓶,但是市场零售价却不得低于 33.3 元/瓶,作为地区级代理商,首批进货必须 50 件,回款 1.56 万元,从 2005 年 12 月 1 日起,区级代理商每月进货不低于 50 件。

走直销之路并不能挽救三株

其实,从直销在中国发展的情况来看,直销模式一直都是在摸索进行中,与国外成熟直销经验相比中国的直销还是有一些差异。如果三株要把重点寄望于直销模式,这是很危险的。

中国保健协会保健品市场工作委员会委员于斐在接受本报记者采访时也这样认为。"如果依靠单一的直销模式来经营,并不能挽救三株。直销模式对于管理要求很严格,而三株本身还有很多要改进的地方,所以风险相当大。"

于斐表示,三株要走直销的道路注定很漫长,在形式上,在人员管理、培训、沟通等方面,三株显然还没有这种条件。由于三株并没有这方面的基础,在这方面是比较薄弱的。直销模式的产品线要求拥有日化品和保健品,这点三株已经具备,但是三株忽略了一个严重的问题,就是直销对于产品的要求非常高,即较高的知名度、较高的美誉度以及较高的质量,而几年前三株产品涉嫌"出事"造成的巨大创伤至今已经愈合了吗?消费者还认可三株的产品吗?这显然是一个问题。

准直销企业大扫描:静等获牌或是转型

时间行进到 2007 年春,在 14 家直销企业获准在华部分区域开展直销业务的背后,政府谨慎发牌的态度并未遏制大量海外军团积极申牌的决心,他们或积极筹备服务网点,或进行新的运营模式革新。与此同时,政府严监管的决心亦从未动摇,新一

媒体眼中的直销

轮"打传"行动又在开始。对于未获牌企业眼下如何运营,王义认为,在现有政策环境下转为店铺经营,或转为其他形式的无店铺销售以及其他的销售方式,将是大批不能申请到直销牌照的企业的基本出路。

海外军团静候牌照

除雅芳、安利等少数老牌直销企业顺利拿牌外,海外业绩不俗的其他直销巨头仍未放弃拿牌。

记者获悉,知名直销巨头原莱科萨斯国际(中国)日前正式宣布更名为然健环球(中国)日用品有限公司,并于上月底已获得广东省珠海市工商行政管理局批准,现公司更名相关手续已全部完成。根据然健环球(中国)透露,总部看好中国业务,目前已在广东珠海投资建设生产基地。据透露,这是然健环球第一个海外生产基地。与此同时,其在珠海、广州、北京的分公司及体验服务中心已经设立。

同时,记者注意到,挖脚大战已经打响。目前然健环球(中国)总裁任晓兰为原雅芳公司高级销售总监,有超过13年的直销管理经验。任透露,目前该公司正按中国直销条例积极筹备包括中国市场计划书、计酬制度、2000万元人民币的保证金、服务网点的设立等等系列的工作,逐渐摸索适合中国国情的营销模式,并已向国家商务部递交了《直销企业许可证》的申请,目前正静候牌照。据透露,然健环球目前分支机构和业务网络遍布世界30多个国家和地区,全球销售业绩逐年成倍增长。

此外,全球第五大直销巨头康宝莱日前除总裁彭瑞阁亲自来华督阵外,还将海外明星产品"夜宁新"推入中国市场,该公司中国总裁曾在公开场合表示,对于今年上半年拿牌抱乐观态度。

未获牌企业谋求转型出路

在积极申牌照的大潮中,"转型"亦成为2007直销行业的关键词。

日前,在由北京大学环境学院、中国市场营销研究中心和中国保健协会联合主办的"中国直销产业发展论坛"上,著名直销研究专家王义表示,中国的2000多家直销企业中,估计只有1%比例的企业能获牌。而记者注意到,目前商务部已批14家企业拿牌,其中相当部分还有区域限制。按照此比例,目前的直销牌照席位也只有五六家可以领取。其他未获牌的准直销企业,则必须转型再谋求出路。

然而直销的魅力却在吸引着越来越多的保健品企业。据预测,目前约有90%的

第四部分
国际直销的中国模式

保健品企业运用直销模式经营,而2007年将有更多的保健品、医药巨头冲进直销领域。"90%的企业运行机制都是与直销立法相冲突的",对此,直销专家胡远江认为,转型势在必行。

当然在业界看来,未获牌直销企业的转型也有多种选择。在"中国直销产业发展论坛"上,王义给出两条出路:准直销企业可尝试与已获牌的企业合作,或转战国际市场,如在海外业绩不错的天狮集团。王透露,一般经济比较落后的地区直销行业发展较快,如东南亚市场、非洲市场。(原载《南方都市报》)

第十七章 三个月的过度期：企业第二次转型

安利的新招与企业的试错

千呼万唤的《直销法》终于正式出台，政府和企业的分歧最终没能找到一个折中的契合点，政府"稳定为主"的诉求占了上风，世界直销业通行的商业法则和精髓"团队计酬"最终没被放行，直销的魅力和行业竞争力打了折扣。

对于市场上90％的多层直销企业来说，是否真的能在短时期内改变根深蒂固的商业法则，或者找到一条可行的通路？还是"道高一尺，魔高一丈"，企业和政府的博弈才刚刚开始？

企业目前唯一能做的是削足适履——转型。这也使其陷入了两难境地：转型，成本太高；不转型，违法的成本又太高。

企业转型要面临的首要代价就是资源的流失。至少在近期经销商的情绪比较彷徨和低沉，没有了"团队计酬"的法宝，以及30％奖金比例的限制，直销业似乎再难以激发他们淘金的热情。一个危言耸听的说法是大批的经销商要从直销业抽身而退。一旦直销业以经销商为主导的架构出现动摇，随之而来的可能是一定时期内的业绩大幅下滑。

另外，传统的直销企业有一套成型的市场开发和管理体系，转型过程中必然要付出试错的代价。

媒体眼中的直销

当然，企业的试错还不会去挑衅中国的法律，因为《直销法》严格的规定使违法的代价颇高。企业一旦有严重的违法记录，受到的惩罚可能是万劫不复。

接下来的问题是，直销业会因为法规的出台趋于规范并走向繁荣，还是因为设限过多而趋于低迷？

"多层直销"的标杆安利首先跳出来表白正在积极转型。因为多层直销的被禁，舆论认定安利是直销立法的失利者和失意者。虽然安利处在了"非单层非多层"的二元体制尴尬期，事实上，安利和雅芳等始终运行在直销轨道上并成为了行业领导者。真正被严格立法挡在门外的是中小企业和非法传销。

一个最新的数据显示，截止到8月31日2005财年，安利的中国市场营业额仍然达到了20多亿美元，与去年持平并略有微升。一年来立法的喧嚣和市场调整对安利影响不大。

如果观察一下，像安利一样积极，康宝莱、如新、完美等大型直销企业的态势是进而非退，严格的立法事实上承认了直销业的合法地位，也为入门的企业构筑了一个无菌罩——相对规范的商业环境。无论企业和政府博弈最终双方如何妥协，"团队计酬"的生存空间未来如何伸缩，对企业来说，产品质量、品牌形象、企业文化等永恒的商业制胜法宝却没有变。（原载《中国经营报》2005年9月9日）

克里缇娜在上海"登陆"

克里缇娜在上海的"登陆"，表示着"无名"直销企业纷涌内地。

2005年9月12日，连续9年保持台湾直销业冠军的克里缇娜在上海宣布将正式进入直销领域，成立克缇（中国）日用品有限公司。

随着中国直销大门的打开，一些进入中国大陆市场已多年却一直悄无声息的企业在此时纷纷冒了出来，以各种方式正式或半正式地踏入直销领域。然而，这些直销企业都能获得首批直销牌照吗？

根据《直销管理条例》的规定，申请成为直销企业必须具备4大条件：(1) 投资者具有良好的商业信誉，在提出申请前连续5年没有重大违法经营记录，外国投资者还应当有3年以上在中国境外从事直销活动的经验；(2) 实缴注册资本不低于人

第四部分
国际直销的中国模式

民币 8000 万元；(3) 依照《直销管理条例》规定在指定银行足额缴纳了保证金；(4) 依照规定建立了信息报备和披露制度。

据悉，曾宣布退出中国直销市场的特百惠也在前不久收购了一家业务主要集中在亚洲的直销企业。同样，美国日晖公司也加紧了在大陆扩张的准备，半年前在上海成立了日晖（中国）有限公司，并在早些时候斥资亿元收购了中国十大化妆品生产基地之一的江苏虹雨日化集团，搭建了在中国大陆的生产平台。

"其实，在法规出台前后，已有不少直销企业加紧培训招人，时机恰当便宣布启动直销业务。"一个直销企业的资深经销商透露。

直销专家胡远江表示，类似克里缇娜这样潜伏在中国大陆市场的直销企业不下 10 家。

"然而很少有人知道，克里缇娜的前身是一家叫上海玛婷的企业，是 1996 年转型的 41 家企业之一，在业内被称之为 B 类转型直销企业。"业内一资深人士透露道。有资料显示，1996 年《国家工商行政管理局已核准的多层次传销企业及单层次直销企业名单》中，赫然列有上海玛婷的名字。

1995 年，国务院办公厅发出《关于停止发展多层次传销企业的通知》，国家工商局发布《关于审查清理多层次传销企业的实施办法》，开始限制多层次传销企业的发展，进行清理整顿。1996 年 4 月，中国政府首次批准了 41 家传销企业开展传销业务，这 41 家就是所谓的 B 类转型企业。

胡远江指出，在 1998 年"全面禁传"后，只有 10 家企业是在政府允许下在大陆开展直销企业业务，其他都没有资格从事直销业务。很多被禁的企业都转变为店铺或其他和直销无关的经营方式。

而这些企业，都对直销牌照觊觎已久。克里缇娜创始人兼总裁陈武刚表示，将在适当的时候申请直销牌照，并预计在 1 至 2 年内，公司在大陆市场的业绩能从现在的每年 6 亿元跳升至 30 亿元。

对此，胡远江表示，企业从今年 12 月开始申请直销牌照，最快也要明年 2 月才能知道结果，并且可以预见的是，首批直销的发放会非常严格，没有一定的可信度及经验的直销企业很难获得首批的牌照。而第二批直销牌照发放要可能要等到一年后。"除了在大陆的主流直销企业如安利、雅芳等，其他小型企业首批获得直销牌照的可能性并不大。"胡远江说道。

媒体眼中的直销

锦丰科技上演逃亡进行曲

与健康元的"张扬"相反，一些"郁闷"的中小直销企业正悄悄准备着"撤退"工作。北京锦丰科技就是其中的一家。据悉，这家公司年初制订了一个三年后的发展计划战略，现在就面临着"打道回府"的命运。

北京锦丰生物科技发展有限公司，隶属于香港锦丰堂健康产业集团，以做保健品食疗产品为主，2004年11月份进入北京市场，2005年年初正式以直销方式开展业务。北京锦丰生物科技发展有限公司董事长刘锦丰告诉记者，"我们现在的考虑是两个月以后就撤离北京，把公司交回香港集团，在内地只开展一些批发零售业务，至于直销，我想我们会转到其他地方做。"

刘锦丰认为，出台的《直销管理条例》不是在保护直销，而是在反对直销。刘锦丰表示，对于做直销的企业来说，团队计酬正是其魅力所在，而《直销管理条例》规定：直销企业支付给直销员的报酬只能按照直销员本人直接向最终消费者销售产品的收入计算，报酬总额（包括佣金、奖金、各种形式的奖励以及其他经济利益等）不得超过直销员本人直接向最终消费者销售产品收入的30%。而"形成上下线关系，并以下线的销售业绩为依据计算和给付上线报酬"则被《禁止传销条例》列为被禁止的行为，这意味着团队计酬被全面禁止，多层次直销模式必须面临转型。刘锦丰告诉记者，"直销管理条理规定经销商不能高于30%的利润，而现在经销商的利润有50%，现在要调整为30%，经销商不会满意的。"

让刘锦丰庆幸的是，自己的公司进入直销市场时间比较短，人员规模也不大，如果要现在撤走的话，影响不会太大；而对那些已经发展成规模的企业来说，只能选择痛苦的转型。小企业是不甘心坐着等死的。像刘锦丰这样的小企业，要么撤出，要么选择变通之路留守。

"很多想留下来的中小企业都在研究政策，试图走'灰色经营'之路。"但刘锦丰说，不论其营销模式如何变，譬如团队计酬、靠建立人际脉络等直销本质的一些东西不会变。"这样做后，很有可能会被国家认定为非法传销。"

记者调查了解到，还有一些中小企业正主动寻找能够"遮阳"的大树：与大企业进行合作，或者通过被大企业收购后，有望得到一栖身之地；还有一些企业可能会将团队留在国内，而公司总部则辗转至海外，这样不用获得牌照也能做直销，不

第四部分
国际直销的中国模式

过这样做显然是要负担法律风险。

从立法的过程来看，1998年4月，国务院发出了《国务院关于禁止传销经营活动的通知》后，国内只允许了安利、雅芳等10家外资转型企业从事直销模式。这让很多内资企业心生不平。

在2004年9月10日的厦门会议上，商务部副部长马秀红一番"过去6年，对内资企业来说，有些是不公平"的话让内资走直销的企业心理多少有了些安慰，而她提出的"内外一致，公平竞争，共同发展"的大政策更是让内资企业看见了一线希望。

"而出台的《直销管理条例》给了内外资企业一个公平的环境，但对我国中小企业来说却意味着困境，又把国内的中小企业逼上了绝路。"北京大成律师事务所的直销律师刘忠评价说："《直销管理条例》的出台对外资企业是有利的，因为内资符合条件的企业很少，《直销管理条例》对企业提出两个条件，一个硬性条件：就是需要直销牌照，另一个软性条件：就是要有直销经验，这对外资企业很有利，因为他们有雄厚的资金和优秀的管理经验。"

"但这样的规定是由我们的国情决定的，我们的企业不成熟、我们的市场不成熟，我们的消费者不成熟，不能分清直销和传销。所以国家一定会整肃这个市场，等市场规范之后才会对企业进行试点，逐步放开。"刘忠分析说。

如新（中国）学院开学

随着规范和引导中国直销市场的两部法律——《直销管理条例》和《禁止传销条例》正式出台，各直销巨头的内部变革正在启动。

9月15日，在中国投资超过1亿美元的如新企业集团在众多直销企业中打响了第一枪，宣布为适应"直销新政"成立如新（中国）学院，以培养直销行业精兵强将。据称这是中国首个自办学校培训直销员工的企业，这也是直销法规出台后首家由企业自行设立的专业学院，反映出直销法出台后跨国直销企业最新的人才战略。

媒体眼中的直销

《直销管理条例》和《禁止传销条例》正式出台后,许多人预测,直销将成为未来若干年内中国零售业发展最快的模式。据如新(中国)总裁邱锦云称,直销企业庞大但相对松散的员工团队管理,一直是直销企业发展的最大阻力。正因如此,从事个人护理品和营养品直销的美国如新才欲通过成立如新(中国)学院来培养和规范其员工的销售行为,强化员工培训,培养和规范企业的高级销售经理及其销售行为。

的确,直销作为一个非传统的销售模式,有其优越性。传统销售中,产品从工厂出来,要经由总代理、一级代理、二级代理(甚至更多)、商场或店铺,才能最终达到消费者手上,其弊端就是中间环节太多引起成本递增。直销则是产品从工厂出来,直接由销售人员卖到消费者手中,省掉过多中间环节,并能提供一对一、面对面的服务,中间的利润则分散到推销员和消费者头上。"但是对于这种销售模式来说,销售人员的业务能力、道德规范则需要相当高的水准。如新(中国)正式深刻的认识到了这一点,才率先在行业中率先掀起教育大旗。" 邱锦云介绍说。

据了解,作为首届如新(中国)学院的一部分,如新(中国)学院首次开学选在江苏无锡,来自如新(中国)的近200名高级销售经理,在课时从2天到一周时间不等的学习中,听取了"亚洲卡耐基训练之父"、卡耐基训练华语地区负责人黑幼龙先生的销售领导力课程,同时,学员们还接受了同济大学经济学院和管理学院教授的相关课程培训,如市场营销、商业道德以及沟通技巧等课程。据悉,仅听其一堂课价格不菲,要花上6000多元。学员们还代表如新(中国)的所有销售人员宣誓:遵守直销法规,做一个有道德的销售员。这也是中国直销行业第一个公开的自律宣言。

据悉,如新(中国)学院今后将每年举行两届,在全国各个大中城市轮流举行,而每期培训时所聘请的教授和内容都会有所不同,包括卡耐基训练以及诸多管理课程,以及与之配套的、如新别具特色的相关商业道德的课程。"如新(中国)希望通过学院让每一位员工在成为出色的销售精英的同时,成为对社会有强烈爱心和责任感的人,如新认为,只有拥有这样的直销业者,才能适应直销新政、适应即将到来的直销大战。"邱锦云说。

为了培养销售人员的"善"的意识,参加如新(中国)学院的全体员工还在如新(中国)总裁邱锦云的带领下,与无锡部分孤寡老人共度中秋,并向老人们赠送了中秋礼物。"这也是如新管理的一部分"。邱锦云表示,对员工的职业素质培训很必要,但是对于员工的道德修养培训同样必不可少,如新(中国)学院正是本着这种理念应运而生。

第四部分
国际直销的中国模式

同济大学经济与管理学院副院长吴泗宗教授在接受记者采访时表示,直销企业和员工的管理在中国还是个新生事物,如新(中国)学院的成立作为一种新的尝试,对于促进中国直销企业的管理和直销产业的发展都将产生正面作用。

"学院的成立,让直销企业招兵买马的步伐得以加快。"据邱锦云透露,预计明年直销员招募人数将达到2-3万,而其正式销售职员也将从目前的8000名扩展到1.2万名。

邱锦云还告诉记者,直销条例的正式出台坚定了如新在中国进行合法直销的信心,并坚定了重长期发展和回馈社会的长期战略,如新决心在中国做一个能够持续发展的百年企业。要实现这一战略转变,最重要的就是人才战略和管理战略的改变,如新需要专业的、有责任的、与如新"善的力量"的企业宗旨匹配的人才储备和管理机制,正是基于这个目的,如新希望通过如新学院培养直销行业的精兵良将,成为如新企业的黄埔军校和直销行业的"Mini MBA"。

博鳌直销论坛的"炒作"

本来不想以"炒作"的称谓来给"世界直销财富论坛"灌名,因为记者也曾报名想参加此论坛,但是从现在的情况来看,该论坛没有了"动静",会议一直推迟得没有预期,没有下文。直销业内表示"该论坛不合法",并将之称为"炒作"。从新闻的角度上讲,这也不失为直销界内的一件"事件"。

直销十巨头联手讨公道

黄德荫、高寿康、邱锦云、钱港基、李惠森……十几个直销巨头"掌门人"的名字突然"齐刷刷"地以论坛副主席身份,出现在一个名为"世界直销财富论坛"的与会名单上,而当事人却从未应允。于是,2005年8月11日,安利、雅芳、如新、玫琳凯、康宝莱、南方李锦记、欧瑞莲、仙妮蕾德等10家外资直销企业聚集北京,在中国外商投资企业协会的召集下,要为各自的企业利益讨个说法。

"实在是太过分了,根本就是一厢情愿、虚假宣传,借大公司的威望来给这个论坛敛钱。"会议结束后,一与会人士激动地对记者表示,"参会的10家企业已经

● 媒体眼中的直销

达成了共识,并联合签字声明,向商务部和国家工商总局反映这一严重的侵权行为。"据透露,其中的2家企业已向有关方面递交了律师函。

让这些企业怒不可遏的组织,是一个将于当时下个月在海南博鳌召开的名为"世界直销财富论坛"的会议把十多家直销巨头的"掌门人"全部列成了"论坛副主席",并借此召集开会、出书、拉广告。记者在该论坛的承办方——环球直销资讯网的主页上看到,论坛由世界直销商协会、中国商业联合会对外联络委员会、世界华商联合总会等主办,由《直销世界》杂志、环球直销资讯网等承办。据了解,此前的8月2日,该论坛曾在武汉先行召开中国直销企业总裁联席会暨世界直销财富论坛(峰会)新闻发布会,广发英雄帖。

"我们的确都收到了他们武汉会议和博鳌会议的邀请函,但都没有理睬。因为感觉这个论坛不太正规。"一家知名外资直销企业的代表告诉记者,"该论坛的主办方是世界直销商协会,乍一看像是世界直销联盟,但其实根本没有关系,这个所谓的直销商协会成立于去年,注册地是香港。"其余几家参与签名抵制的直销企业代表也表示接到过邀请,但没有答应参会,更不要说是总裁担任副主席。

但企业的不理会并未阻止该论坛的自我宣传。记者注意到,该论坛的网站上公布的机构阵容相当庞大,堪称汇集业内翘楚。其中,名誉主席是世界直销联盟主席狄克-狄维士,组委会副主席则是由包括安利(中国)日用品有限公司总裁黄德荫、雅芳公司大中华区总裁高寿康、如新中国区总裁邱锦云、康宝莱(中国)保健品有限公司总裁钱港基、玫琳凯公司中国区总裁麦予甫、李锦记健康产业集团主席兼行政总裁李惠森等十多个业内重量级人物组成。

该论坛的秘书长叶恒武昨天仍对记者表示,"我们已经发函邀请了这些大企业参会,他们并没有发函回来进行拒绝,或者这就算是默认了。"他表示,还在继续和这些大企业沟通,邀请他们参会。

工商总局公告称博鳌直销论坛纯属欺骗

10家企业联合签名要求有关部门对该论坛的严重侵权行为进行查处。而这,只是一个缩影,在直销法出台前夜,类似的闹剧还在上演。

一家大企业的高层告诉记者,除了各种冠以直销主题的论坛最近越来越多外,类似"某企业为什么赢"之类的系列书籍也在企业不知情的情况下屡见书摊,让这些大企业防不胜防。"实际上就是各个领域都想从直销市场抢一杯羹。"直销律师

第四部分
国际直销的中国模式

刘忠认为,这种不正当的炒作反映了一些企业在直销开放前的浮躁心态。

9月22日,工商总局、商务部分别就海南博鳌"世界直销财富论坛"声明:"未授权任何机构主办'世界直销财富论坛'。"

工商总局发布的公告称,这些单位或组织借《直销管理条例》和《禁止传销条例》出台之机,打着工商总局的名义举办所谓的"直销财富论坛"、研讨会,准备授牌、发奖,或以工商总局及其直属单位的名义推销直销法规书籍、拉广告等,"都是不属实的"。

工商总局有关负责人说:"工商总局将会依法严厉查处。"

记者鉴于有多家直销企业的参加,想了解在还没有预料到直销法什么时候出台的情况下,企业是如何决策经营、继续运作的。于是记者也就通过多方途径,9月初与该论坛的秘书长叶恒武联系上了。他告诉记者,他们将很快会选择与会的媒体及记者,并在北京举办一个记者招待会。到了论坛计划召开的前夕,9月19日记者再次联系叶恒武秘书长,他告诉记者,"9月22、23日那几天昆明、博鳌那边空演,航班都过不去,所以论坛就推迟了,推迟到了'十一'以后,具体时间再定。"叶秘书长表示有了消息再和记者联系。现在快到十月下旬了,一直想参会的记者还是一直没有接到论坛组委会那边打来的电话。

跨国公司变异生存:安利的易筋经

被打上"中国烙印"的直销模式,其核心就是"单层次"。这对于美国安利来说,意味着必须推翻沿用了40多年的"多层次"模式,才能在中国直销业站稳脚跟。

在9月初的媒体交流会上,安利公司中国掌门人郑李锦芬就直言,"请给安利(中国)时间来和美国总部沟通",因为"安利的新模式不但要获得经销商支持,更重要的是要取得总部和安利国际投资者的支持"。

可见当自家沿用多年的"多层次模式"碰上中国法规,美国安利正面临着一场"中国直销"的退让选择。

首次转型:巧妙规避了政策风险又拓展了业务空间

媒体眼中的直销

变化还是撤退，曾经是直销法出台前后人们对直销跨国公司议论最多的话题。

但直销法出台后，直销跨国公司没有一家离开中国，而是选择了改变策略进行本土化经营。因此，讨论的焦点变成了变化后的跨国公司，是否已面目全非？

作为直销行业的领衔军，安利一直在遭受着这样的质问。

今年4月1日，79岁的安利创始人理查·狄维士飞赴广州参加安利的十周年庆典时提道："在美国，许多人问我：中国那个安利还像安利吗？我们都不认识了！"而行内也有一种说法就是，"离开了多层次直销，安利也就不再是安利了。"

实际上，在1998年，安利就首度变身。当年，安利把一直颇为自豪的海外模式引入中国，原本以为可以直接复制"美国模式"，谁知一纸突如其来的"禁传令"破坏了安利的美梦，其摇身一变，成为以"店铺销售＋雇佣推销员"模式的转型公司。

这样的转型，意味着安利（中国）用着一种异于美国总部的传统模式进行经营。为了顺应中国政府的要求，安利（中国）放弃了其在全球80多个国家和地区惯用的直销模式，首次转型。

这种具有中国特色的"店铺销售＋雇佣推销员"模式，反而为安利（中国）带来了比以前更大的生存空间，因为店铺成为公司的信誉标志和保障，而店铺销售也扩大了安利（中国）经营的透明度，这样的模式既免除了"传销"的嫌疑，又能继续开展销售业务，安利（中国）在十家国家批准转型的直销企业中，无疑是活得最滋润的。

所以业内外专家大多认为安利（中国）的这次转型，是巧妙规避政策监管与自身运作结合的成功典范。而安利创始人理查·狄维士在十周年的庆典上，对这段转型也进行了高度评价："店铺＋雇佣推销员是安利成立45年来前所未有的革命。"

首度变身，无论是直销行业内部，还是美国总部，持的都是赞赏的态度。

但是，安利一直没有放弃"多层次"的梦想，即使转型，也始终坚持不懈地对政府进行公关。所以，第一次的转型更多地被认为是"权宜之计"，这个跨国公司的野心仍然锁定"美国模式"，因为只有那一套模式，"才能体现直销的核心价值所在"。

二度变身："美国模式"的彻底告别？

随着9月2日国务院颁布《直销管理条例》和《禁止传销条例》，"单层次"

第四部分
国际直销的中国模式

模式的定调已经彻底堵住了"多层次"的致富通路。这意味着安利的"美国模式"梦至少在近几年已经没有生存机会，安利面临再度变身。

此时的安利其实是焦虑的。当"美国模式"落为空想，《直销管理条例》又即将正式生效之时，安利正处于一个"多层次"模式被否定，新方案还处于"待产"的阵痛期。

对比美国总部，安利在奖金拨付比例、产品定价、计酬制度等方面都要作出调整，安利能否在这场"变异"中游刃有余，恐怕还是未知数。

郑李锦芬在媒体交流会上称要给安利时间，除了给设计方案留有时间之外，也要给和总部之间的沟通留出时间。郑李锦芬称一个月后会给出具体的整改方案，安利的"中国变脸"是否能取悦美国总部，相信这段时间就是艰难的磨合期。

整改意味着新变化，这样的变化将给安利及安利（中国）带来什么，业内人士都在密切关注。今年4月雅芳出现的经销商"逼宫事件"，已经足以给安利敲响警钟：周围危机四伏，决策者不得掉以轻心。

而此时，不光多达18万的营销人员在焦急地等待安利的新政策，安利的美国总部，也对这份新的调整方案寄予了厚望。所以，郑李锦芬在媒体的穷追猛打之下仍然三缄其口，一再强调这份方案不光要给营销人员一个满意的答复，更是要给总部和投资者一个谨慎而周全的交代。

相比起第一次转型的"权宜之计"，这次的改变对于美国安利，可谓是从观念上到操作上，都是一次大的挑战。

现任安利全球总裁的德·狄维士说："我充分理解中国政府在对待直销问题上审慎、循序渐进的态度，直销法出台后，安利（中国）将根据相关规定对策略做必要的调整。"

德·狄维士对"调整"明确的支持是郑李锦芬的坚实后盾，但如果真是要抛弃"美国模式"，则意味着安利有可能出现大批团队的流失及营销人员热情下降等情况。这些现象对于安利来说，都是很严重的。

可见，二度变身的安利（中国）有着比第一次更大的压力，中国作为安利全球最大的市场，安利（中国）一举一动都牵扯着总部的神经。

业内人士都知道，在国际上，直销里面最有魅力及核心竞争力的就是多层次模式。而在中国的后立法时代，跨国企业要取得直销资格，无疑就要放弃海外的"多层次"，

媒体眼中的直销

转而培养中国的新模式。其中付出的代价,就是原有积累多年的团队面临分崩离析,失去"团队计酬"魅力的营销模式使每个推销员由"推销梦想"回归到"推销产品"。

就安利来说,改变是残酷的。8 万的经销商,原本拥有"团队计酬"的权利。而今获得最新的信息则是,安利公司支付给经销商的报酬,"将通过其在市场推广、产品销售、品牌建设所做的工作质量及达到的效果来计算。"也就是说,现行的经销商和传统的并无差别,经销商以往对推销员培训的职能,也将被安利公司收回,由公司直接来管理和培训。

截止到 8 月 31 日,2005 年安利的中国市场营业额达到了 20 多亿美元,与去年基本持平并略有微升。由此看来,近一年中立法的影响和市场调整对安利影响并不大。郑李锦芬也表示,即使业绩下降 10%,也可算作与去年业绩持平。但其他企业,不知是否有此好戏可唱。

现在安利在作出整改,如新等企业也在相应作出微调。有专家称直销跨国巨头现在尽快要做的是,从以往的旧模式里跳出来,然后尽快设计出一套新模式来安抚营销人员,这样才能在《直销管理条例》正式生效之前,稳定直销队伍,保持平稳过渡。(原载《中国经营报》2005 年 9 月 23 日)

调整期内发力开店 直销企业寻求另类生存法则

9 月颁布的直销法虽然取消了对店铺数量的"紧箍咒",但同时也堵死了金字塔式的"多层直销模式"。据记者了解,许多内外资直销企业都纷纷在调整,一方面是调整人员的心态,另一方面就是调整计酬方式。

与此同时,在这直销法生效前的 3 个月的调整期内,各大外资直销巨头正在掀起新一轮开店高潮。与上几次的直销开店潮不同的是,这一次很多企业是出于自身经营需要而提速开店。

店铺限制的取消是向着"直销"本意的回归,但通过广泛的采访,记者了解到,企业逆势开店是企业在调整期内寻求的另一种生存法则,在开店向政府示好以顺利获得直销牌照的同时,他们并不是老老实实地按照规定的单层次去调整,而是不忘多层次,巧妙逼开"30%"的限制,通过开店大胆进行多层次营销。

第四部分
国际直销的中国模式

为拿到第一批直销牌照积极布点

目前，南方李锦记上海首家直营店在筹备了数月后正式开张迎客。康宝莱在青岛、福州开店之后，还将在沈阳、大连、济南、南京、徐州、无锡、厦门开出第一批直营店，并计划在年底将直营店的数量扩充到 30 家。

除此之外，据记者了解，日晖的"千店计划"，南方李锦记的 25 家"无限极"直营店（第一批）计划，完美的"4500 家计划"和如新的地级城市计划也都是进行得如火如荼。连安利（中国）董事长郑李锦芬都表示，由于直销条例对"店铺数量"没有硬性要求，安利有可能在政策不明朗的时候放缓在华开店速度，但还是会一如既往在有需要的大城市开设新店。

业内人士认为，与上几次的直销开店潮不同的是，这一次很多企业是出于自身经营需要而提速开店。"无疑中国上千亿元的直销蛋糕谁都不愿放弃。"有专家这样分析企业目前积极开店的心态。全面负责中国业务拓展工作的康宝莱（中国）销售部副总裁任国文更是坦言，直销法出台后康宝莱在各地积极布点，就是为了拿到第一批直销牌照，"拿不到牌照对现有的团队无法交代"。

此前 7 月，由于业内披露的《直销管理条例（草案）》中曾明确规定，"直销企业需要在省、自治区、直辖市内 10 个以上的城市设立不少于 10 家店铺或 20 家特许经营店铺。"当时，闻此风声的直销企业纷纷提速开店，店铺不足 200 家的安利、如新都明确表示将加快开店的速度。但 9 月 5 日正式出台的《直销管理条例》却最终取消了对店铺数量、标准的要求，只要求企业在其从事直销活动的地区应当建立便于并满足消费者、直销员了解产品价格、退换货及企业依法提供其他服务的"服务网点"。

对此，业内资深直销人士胡远江表示，"对于大多数直销企业而言，最好的服务网点实际上还是店铺。另外，大型的店铺也能作为企业在当地的分支机构承载起更多的管理职能。"直销是一种通路，店面也是一种通路，而且连锁店的通路可要比直销大的多，如果能赚更多钱，开店又有什么不好？

店铺能提高企业知名度和透明度

目前在中国市场上开设店铺最多的是雅芳公司，它让直销商转化为特许加盟者，拥有一块传统的专柜、专卖店产业，打开了知名度，这种方式于公司来说是极大的成功。而安利实施的经销商制度，依然固守经销商不能够自己开设小型店铺，只能

媒体眼中的直销

以非临街的方式进行经营的方式,这实际上已导致了经销商与纯推销员无异,主要是在保护它一贯坚持的直销无店铺理念的经销商的利益。而在仙妮蕾德的事业计划中,"授权经销店"实现了虚实相结合的路子,即以店为依托,体现实业的稳定可靠特征,同时又以客户网络,将顾客牢牢地锁定在其专卖店之下,并继续开拓、壮大。

一位仙妮蕾德高层管理人士私下向记者透露说,仙妮蕾德在中国之所以要加强经销商和专卖店的专业形象打造,也是用心良苦的:中国的保健品市场到现在基本上还处于经济头脑阶段,什么好卖就卖什么,因此,一拨一拨的"补脑"、"补肾"、"补血"、"补维生素"风潮,只能使很多中国保健企业"各领风骚数十年",而始终不能形成气候。仙妮蕾德则坚信"健康不在于治疗,而在于调养",但是这一理念在中国"跟风"似的保健品市场大流中的声音实在太微弱了,而在广告宣传上的"不积极",则更成了消费者不能了解并认可这一理念的"硬伤"。因此,仙妮蕾德的4500家店铺就担负起了企业和消费者之间沟通的重任。

所以,有直销研究专家表示,对于新直销时代,企业竞争还必须回归到产品质量、品牌形象、企业文化等永恒的商业"三元色"话题上来,开店就是一种很好的方法。

新条例不再对店铺的数量有硬性要求,安利"店铺经营+个人推销员"的经营模式是否会有所调整呢?安利(中国)北方区总经理张明德表示,对某些消费者和营销人员多的地区和城市,我们仍会继续开店;而现在已经有的店不会减,毕竟这种店铺的存在对我们提高知名度、透明度、可信度是有很大帮助的,对提升企业的美誉度也大有益处,将成为安利在中国的一个独特的竞争优势。

巧妙规避 30% 的计酬限制

直销企业开店,也是快速圈地,占领市场,并把网络迅速铺开的有效途径。目前,沈阳、福建等地就成了直销企业入扎的热土。一位完美店铺负责人这样告诉记者,企业可以零售等方式获取营业执照先开店,待直销牌照下来后再到工商局进行营业范围的变更和更加,这样直销企业就既铺开了网络、占领了市场,又获得了直销许可,那"钱是很容易被'吸'的"。

于是,直销企业在各地发力开店,"为了能够顺利拿到第一批直销牌照"。但另一方面,要拿到牌照就要对现有的多层次模式进行大调整,这种消耗是相当大的。

根据出台的《直销管理条例》第24条的规定,直销企业支付给直销员的报酬只能按照直销员本人直接向消费者销售产品的收入计算,报酬总额(包括佣金、奖金、

第四部分

国际直销的中国模式

各种形式的奖励以及其他经济利益等）不得超过直销员本人直接向消费者销售产品收入的30%。

企业通过开店，就避免多层次嫌疑，成为了单层企业。立新世纪原动力系统的领导人李秀凤对记者说，以前直销企业被误解为传销，就是没"点"（即店铺），消费者认为有"点"了才安全，没"点"怎么叫单层次？只有有了"点"才叫单层次，"其实'点'是一种形式。"

有了店铺，直销员可以直接到店铺提货，方便了很多；而且"直销员可以把目标消费者（目标下线）带到店铺里来，在店铺里给他讲解，对他教育，发展他。"李秀凤说，这只不过是把以前发展人员的多层次销售的地点改成了店铺，而不是在路上，或是其他地方。

如新公司一位操盘手神秘地对记者说："《直销管理条例》只规定了直销企业支付直销员报酬的标准，但如果该直销员并不是一个简单意义上的'员'，而是一个'商'，是一个从法律意义上可以和直销企业平起平坐的经销商法人呢？这个时候，30%的上限是否还有规范的效力呢？"

按照一些直销企业现在调整后的制度，当一个销售人员做到一定业绩之后，他在公司内部就成为了准经销商，他可以去工商局申请注册，以一个"商"的身份来做直销；或者公司会帮助他，使他开店成为公司经销商，以批发零售渠道中经销商的概念来运做，这样他和直销公司之间的利润如何分配，在已出台的直销条例中并无明确规定，他提成多少都不会犯法。这样通过"店铺销售"就可轻易冲破30%的上限，一如既往地达到以前的70%~80%的暴利。

类似的情况在安利和玫琳凯的操作中也有所体现。根据记者了解，目前玫琳凯在全国有900家直销门店，大多都是授权经销商开的，玫琳凯（中国）化妆品有限公司全国媒介部周经理告诉记者，"授权经销商都是法人，我们跟他们采取的是批发零售的合作方式。"而对此，北京大成律师事务所直销律师姜文兵表示，我们也是感到《直销管理条例》有一个不足，就是没有准确界定做直销的经销商，"经销商是不能等同于直销员的"，所以让直销企业钻了空子。

第十八章　直销法开始生效

雅芳获牌，定义中国式新直销

引文：雅芳 2006 年 2 月 22 日毫无悬念地获取了中国直销法规颁布以来的第一张正式牌照，这在中国政府承诺开放直销的时间范围之内。中国直销的选择既不简单，也不偶然。雅芳的拿牌，在定义中国式新直销的同时，可以说也拉开了中国直销产业"复合化"的序幕。

在经过了漫长的等待之后，中国直销市场终于迎来了第一家正式的直销企业。既要遵循直销的规律，又要结合中国的国情，成功转型之后的雅芳成为有中国特色的直销的选择。

在中国直销的发展历史中，直销是一个经济影响相对有限而社会影响相当广泛的产业。雅芳在牌照上拔得头筹，专家分析，主要原因是因为其模式"政府好管理"，且是唯一的直销试点企业。

雅芳的获牌，也对其他企业是示范作用。"如果说雅芳是未来直销产业的标杆的话，它的意义在于拉开了中国直销产业复合化的序幕。"北京商业管理干部学院院长杨谦教授评价说。

中国特色监管下的历史选择

● 媒体眼中的直销

中国这个"熟人社会"虽然被业界普遍视为直销业发展的沃土，但同时也加大了规范直销业的难度。在中国直销经历了兴起、混乱和失控之后，于是有了1998年的政府传销"禁令"，以及直销企业在中国的"刻苦"转型。在规定"外商投资传销企业必须转为店铺经营"后，中国政府批准了安利、雅芳、玫琳凯等10家外商投资直销企业转型经营。

事实上，后来在这十家直销企业中，大部分企业并未放弃团队计酬的多层次模式，只有雅芳最为彻底地选择了做"单"。据了解，雅芳的直销制度中，只有两个层级，所有的收入都必须建立在销售的基础之上，雅芳一直不使用"上、下线"这样的词汇，而实际的利益纽带中也并没有类似的概念。所有的"雅芳小姐"只会向顾客推销产品，而不会拉顾客加盟其中。这种制度本身与依靠下线的销售方式，以及金字塔上部收益的传销有着本质的不同。

为了尽快适应中国的新形势，当时中国雅芳探索出一条既能持续经营，又符合国情的经营之路——即采取适应改革变化、转变经营模式、回归传统的批发零售，并创造性地提出了"四条腿走路"的策略，即同时发展"BB（专卖店）、PBC（Private Beauty Counter：合约美容专柜）、SD（Store Dealer：零售店）、SP（Sales Promoter：推销员）"。

并且，雅芳通过严格的招募程序和对直销员规范的内部培训，以及将管理透明化的"电脑披露系统"，在提升企业自身管理效力的同时，也更好地帮助政府对直销员的销售行为进行监管。

在过去接近一年的时间内，被称之为"中国直销市场重新开放前实验室"的直销试点工作一直在艰难中推进，严格的监管、业者的质疑、舆论的压力、雅芳内部各销售渠道人员的彷徨、甚至竞争对手恶意的阻挠，使雅芳的试点之路铺满了荆棘；然而，就在此时，雅芳比业界预期更早的时间，于今年2月底获得第一张新直销牌照。在获得牌照后，雅芳（中国）总裁高寿康表示，雅芳（中国）将把他们直销试点的经验和"专卖店＋直销员"模式从试点城市向全国范围内推广。

在北京商业管理干部学院院长杨谦看来，雅芳的经营模式一是杜绝了团队计酬，二是倚重了店铺系统，三是强化了物流等服务的系统。雅芳获得第一张直销经营许可，既是政府管理部门对其进行的试点模式的认可，也是在对社会传递一个标准的信息。

全球直销视野下的合理分析

第四部分
国际直销的中国模式

值得一提的是，雅芳的零售式转型并非只是适应中国市场的特例，实际上，也是当年其新任全球 CEO 钟彬娴上任后带领雅芳走出业绩颓势的重大战略之一。1998年至 1999 年，不仅雅芳公司在中国市场由于转型而导致业绩下滑，在美国及其他市场也因为新经济带来的对传统直销模式的冲击，而遭受着同样的命运。面对全球性的企业危机，钟彬娴临危上任，对公司进行大规模的调整，并在 4 个星期后宣布在保留直销的同时，全力进入传统零售业。某种意义上说，雅芳在中国的转型，其实暗合了其全球发展新战略的脉搏。

和雅芳在上个世纪末宣布在直销的基础上同时起动零售战略一样，众多传统跨国公司开始纷纷试水直销市场。比如联合利华就已经开始在泰国等东南亚地区进行了直销尝试，以个性化环保型的个人洗护用品而占领市场的英国品牌 Bodyshop，也在积极探索直销模式。

同时，对中国而言，中国是在信息技术非常发达的情况下开放直销的，是在国际化、全球化同步的情况下发展直销，所以我们不能忽略这种信息化的趋势所带来的销售方式的影响。

美国直销专家罗伯特·费茨·帕特里克 (Robert L. Fitzpatrick) 在接受媒体采访时表示，大型零售店不断增加，产品通过邮购和因特网购买产品更快捷方便，这使得直销——在家中一对一的销售——变得没有必要，不实用和没有利润。因此，中国不应参照美国的模式，而应从自己的实际情况考虑。

所以，传统的直销公司，如安利、雅芳，在美国现在也依靠 Internet，通过强化物流配送和简单高效的网络销售，逐步在改变过去人对人的传统直销模式。

可以说，中国开放直销，实行多元化的直销新模式，有其全球直销视野下的合理性。

新标杆意义下的产业复合化

在杨谦教授看来，雅芳获牌的意义不容低估。他表示，第一，雅芳模式完全以产品零售为导向，在一定意义上也可以说是直销理念和本质的回归。这一点对中国市场来讲非常必要，也非常及时；第二，店铺系统和直销员系统的并存，也使直销产业的就业意义更加扎实，使直销员有了更可期待的职业前景；第三，超越单、多争议的模式也预示了直销产业的创新。雅芳模式对单多的终结不是简单的或多或单，而是对资源的重新整合和布局。无论从哪个角度说，雅芳模式的发展都是引人关注的。

媒体眼中的直销

而从直销在中国的演变历史来说，始于1998年的"店铺+直销员"的方式，确实有中国特殊的国情，但这种模式在实践中也丰富了直销产业的发展模式。店铺因素的介入不仅仅增加了企业产品的物流，也适应了国内商品流通的现状。它是中国式的，也可能对其他国家和地区的直销运作有所借鉴。

直销早在1910年就在美国出现，世界直销联盟（WFDSA）将直销定义为："将产品与服务直接行销给消费者，为一充满活力、充满生气、迅速扩张的销售管道。"可见，活力对于直销很重要。

"在一些发达国家，直销公司的经营模式中越来越多地进入多种经营方式的元素，使得直销产业朝着多元化的方向发展，这也是我们必须关注的。"杨谦教授表示，有店与无店区别、直销和分销的区别、人对人与信息终端对信息终端的区别可能越来越模糊，我把这一现象称之为销售模式的复合化和多元化，我相信中国直销产业的发展也不可能脱离这样的发展轨迹。"如果说雅芳是未来直销产业的标杆的话，它的意义在于拉开了直销产业复合化的序幕。"

直销业进入法制时代　大企业展开牌照争夺

12月1日，直销法中最重要的《直销管理条例》及相关配套规定终于正式实施。这意味着从今天起，我国直销行业已经正式开放，并从此进入法制时代。

有消息透露说，商务部已定于12月10日后，开始接受企业申请直销牌照的材料，首批牌照将发放30个左右。据了解，目前，有意申请直销牌照的企业已经有近百家，企业内部均进入了申牌倒计时的阶段；也正因为牌照不多，企业都到处积极公关，上演着一场直销牌照的争夺战，各个都希望"首发"。

根据直销法相关规定，估计要到明年3月，首批获得中国直销牌照的企业才能正式在华运营。

首发直销牌照30个？

根据《直销管理条例》规定，企业从12月1日起，可通过所在地省、自治区、直辖市商务主管部门向国务院商务主管部门提出申请。虽然商务部并没有明确申请的截止日期，但业内估计，首批申请企业将在12月中旬前递交申请。

第四部分
国际直销的中国模式

"由于申请的门槛较高,首批申请的企业估计在30家左右",权威人士预计,内、外资申请企业的数量比约为3:2。

据悉,除天狮等十多家从业历史较长的有直销背景的内资企业外,美罗、哈药、昂立、健康元、万基、珍奥等十多家大型医药保健品企业也将会递交申请,涉足直销业。有消息说,黄金搭档、华源集团等也有意进军直销业。

面对"800亿份额"的中国直销市场,外资企业更是不甘落后。就在直销法生效的第一天,来自瑞典的欧瑞莲"迫不及待"地、并早于雅芳、安利就把牌照申请送到了主管部门手里。

据记者了解,这家已在中国正式注册的欧盟最大的直销公司,将斥资2400万美元正式进军中国市场,其位于江苏昆山市的工厂将于2005年底正式投产。

而其他几大外资巨头,近日内都将递出正式申请书。目前中国雅芳已经交纳了准备金,开发、建立了完备的信息报备和披露系统;安利中国公司总裁黄德荫也表示"营销人员心态平和、队伍稳定";如新则冠名赞助上海东方新闻网站,率先开通了直销网络频道。

据了解,商务部已定于12月10日后,开始接受企业申请直销牌照的材料。目前商务部已经专门为直销申报审核工作成立了联合工作小组,成员包括商务部和工商总局等部门,小组的工作主要是针对申报审核以及前期审核监管。

商务部将依照相关程序受理企业的申报。按照程序,估计要到明年3月,首批获得中国直销牌照的企业才能正式在华运营。从12月10日开始到第一批直销牌照发出前,一切都是未知数。

"外功"加"内功"争夺牌照

"在中国直销市场要放开的呼声越来越高的时候,吸引了一大批直销企业冲进'围城',企业内部均进入了申牌倒计时的阶段。但同时直销业严厉的进入条件和有限的牌照指标也将使部分企业积极的愿望落空。'僧多粥少'的局面使想进入直销的企业不得不开展各种形式的公关。"直销专家胡远江表示。

"中小保健品企业有的也在盘算投靠的心思,毕竟'树大好乘凉',这也是应对直销牌照的办法。"中国保健协会副秘书长贾亚光向记者介绍说,一些实力不强的企业这个时候都积极在和国内有实力的公司联系,"希望别人把自己给收了"。贾亚光同时强调说,这些中小企业找的都是国内的有实力、估计能拿到牌照的企业,

媒体眼中的直销

不会去找外资企业,因为外资企业也在转型,他们做规定的单层次营销也没有什么经验,找国内企业可以靠着它顺利发展,"内资企业在处理政府关系上更灵活"。

记者通过调查发现,在直销市场刚开放的这几天,一些中小保健品企业异常活跃,通过熟人介绍、主动联系等多种途径积极为自己"找婆家"。东方五谷科技发展有限公司董事长周利平就请记者为其牵线搭桥,希望与相关企业开展合作。

如新上海"逼宫事件" "中国式直销"考验外资应变

引文:4月的"雅芳冲击总部事件"和如新的上海总部事件都与直销法的渐进不无关系,其背后是外资企业为适应"中国式直销"经受的波折。

上海、广州报道 《直销法》生效后的第十六天,又一起营销人员"逼宫事件"现身上海。12月16日,近70名销售人员聚集如新公司总部,以"欠薪"为由向公司索要说法。

继4月"雅芳冲击总部事件"之后,如新再次被推到风口浪尖上。直销法规出台后各家公司都力求谨慎行事,因为薪酬制度、销售队伍等方面的不利消息,都可能影响到"牌照之争"。如新能否力挽狂澜仍是悬念。

计薪模式引起劳资纠纷

接受采访的如新营销人员对记者表示,这次有近900名营销人员被解聘,解聘的原因是这些试用的营销员没有完成如新定下的业绩指标。由于如新定下的试用期指标过高,造成营销员完成任务非常困难。但根据在合同文本中的约定,如有没完成业绩的情况,如新在试用期内也会保证付给底薪。

如新相关负责人也告诉记者一切按程序来办,是符合相关规定的。原因是在电脑的记录上,其中的几十个人留的是同一地址和电话,而且这批员工在第二个月完成的业绩完全为零,并且在这期间,他们把首月购买的如新产品以3折至5折的超低价格对外销售,扰乱了市场价格。所以如新采取了相关措施。如新认为,事情还在进展中部分销售人员事先带着大批上海媒体去总部,使公司觉得很突然。

对比安利、雅芳等公司,如新有着优越的"员工制"制度。不仅给每个入职的员

第四部分
国际直销的中国模式

工发放底薪,即使在月内没有完成业绩,也能获得与当地最低生活保障要求齐平的工资。

大成律师事务所的刘忠律师对此表示,撇开这些员工恶意不完成业绩的可能性,从法律规定来说,如新应该在支付完第三个月的工资后再按《劳动法》规定解聘员工。如新也应该认真审视并及时做出调整,保持业务队伍的稳定。

值得探讨的在于如新"员工制"沿用两年,问题何以如今才爆发出来。

如新的中国式想象

据了解,这些被解聘的员工的试用期多是集中在9月至11月这段时间。虽然这场纠纷集中在劳资方面,但其背后与直销法的出台不无关系。

在今年的8月10日,《直销管理条例(草案)》和《禁止传销条例(草案)》在国务院常务会议上审议并通过。在如新工作两年多的蔡先生对记者表示,自此以后,如新的新员工不断增加,而这次不能完成任务的人数特别多,才想到联合起来到总部抗议。

"员工制"的存在最初是想吸纳更多的销售人员,却逐步成了如新的负累。

对于"员工制"的产生,直销专家王万军告诉记者,如新初进入中国的时候,由于不是国家所批准的"转型企业",所以不能以"专卖店+推销员"方式经营。为了绕过监管,如新想了个给营销人员发底薪的模式,实际上就是向政府表明,这些是企业的专职员工,并不是兼职推销员的身份。但这种制度一直有个隐患,一旦随着营销人员的逐渐增加,公司在财务上的负担也将越来越重。

此外,也有专家建议,修补制度上的漏洞不如直接取消"员工制"。因为按《直销管理条例》中规定,"直销企业支付给直销员的报酬只能按照直销员本人直接向消费者销售产品的收入计算",如新完全可以"重新回归",抛开原有的底薪制度。

王万军说,其实如新自己也看到了这个矛盾。当年为了进入中国市场而"创新"的模式变为如今的"包袱",如新自己也可能未预料到变化会如此之快。但如新也是投鼠忌器,在直销法出台当前,任何不当的措施都有可能造成销售团队的流失。

随着12月1日《直销管理条例》的正式生效,许多原本仍在观望的企业逐渐放开手脚,行业的竞争明显在进一步升级。各家企业也是各施其招。

最早变身的是安利,已经做出了调低产品价格,调整奖金拨付比例的措施。而且,安利在前段时间也把一批不太活跃的经销商降级为优惠顾客,这种"挥剑自斩销售

媒体眼中的直销

队伍"的行为看似和如新解聘员工的出发点很是相似,但实际上是清理队伍,更利于保留核心力量。

中国的直销市场是一盘难走的棋,想生存的企业不得不多次改变,并从中寻找长久而稳定的生存之道。而如新举棋未定,在变与不变之间犹豫,如何与"后立法时代"的直销达成默契。

抢牌之前应及时补短板

据了解,内外资企业最近都忙于申请牌照事宜,而安利、雅芳、如新等企业,皆是口径一致地对外表示在积极争取牌照。

但有专家提醒申请牌照的企业,在递交材料之前,必须把企业任何有可能引发危机的短板补上。

企业的新制度来不得一点疏忽,否则即使拿到牌照,直销之路还是难以走得长远。据悉,明年2月的时候,第一轮的牌照之争便可告一段落,到时输赢便见分晓。而在这段时间里,业内专家建议企业还是不容疏忽,只有抢时间快调整,才是应对这场直销战役的明智之举。(原载《中国经营报》2005年12月26日)

商务部"红头文件"加速直销
"拿牌掮客"非正常"死亡"

自从商务部12月10日正式接受直销牌照申请之日起,就标志着直销企业的牌照争夺战已经进入了冲刺阶段。然而,在直销牌照申请争夺战背后,却活跃着一批拿牌照的"掮客们",即通常所说的"黄牛"。

据记者得到的消息,由于牌照紧张和评选的"不透明",和几大直销企业一度彷徨留下的申请空间,直销牌照被炒卖到1000万元/个。而近日商务部出台并下发的"红头文件"("商务部关于答复直销业有关问题的函")正在加速这种"拿牌掮客"的非正常"死亡",原因是政务逐渐透明,直销牌照发放日期临近,"拿牌掮客"市场存在的时间已经不多了。

第四部分
国际直销的中国模式

直销牌照一个 1000 万元？

无论以后结果如何，至少在现在，成为首批拿牌企业是每个直销企业的最迫切梦想，因为这关系到企业有没有机会参与到这顿饕餮大餐的分享中来。两家总部分别设在四川和广东的保健品直销企业负责人在接受记者采访时均表示公司正积极准备着申报材料，他们也同时透露准备成立联盟集团来解决企业在未来发展问题——直销牌照，"也不排除向某些人买牌照的可能"。

正如某些人所言"直销牌照是僧多粥少"，这不免使本次发放的直销牌照成为了稀缺资源，再加上谁也不知道下一轮发放牌照又要等到什么时候，中国政府颁发的"第一批直销牌照"也就成了准直销企业争夺的重点。

"现在到处公关、急着花钱买牌照的主要是一些内资中小企业，特别以一些从传统行业转轨直销的企业居多。它们以为自己条件差一点，通过投钱、找人、走关系就能'勾兑'，能拿到牌照。"中国直销管理学院执行院长刘鹰从行业的角度给记者分析，对于一些老牌直销企业特别是外资企业来说，经过这么多年在中国市场上的摸爬滚打，已经建立起了比较娴熟的各方面关系，"它们根本不需要去买那个牌"。

对于那些"商务部看不上"的新型企业来说，这时候来拿牌照几乎有点"提着猪头没庙进"的情况，不得不临时"抱佛脚"，这样，号称自己有政府背景的人士自然获得了市场空间，"拿牌捐客"也便应运而生。他们大多分布在北京，平常多为企业顾问或政府顾问。

其实在12月10日商务部正式接受直销牌照申请之日前，就有一些人士放言，可以协助企业拿到直销牌照，并称其与商务部某某人关系熟捻或者与国务院法制办某某人关系熟捻，甚至还与部分企业签订协议，除去公关费用和直销牌照费用另算外，辅导企业拿到直销牌照，收费在80万元至100万元之间。

现在，随着直销牌照争夺战进入白热化阶段，有直销企业向记者报料说，目前一个直销牌照已经被"黄牛们"卖到了一个1000万元，中间的"服务费"开价更是已经上升到了100万至150万元。

"这是一种炒作。"接受记者采访的企业和专家人士都这么认为。

"国家审批直销牌照的动作'不太透明'，中小企业如无头苍蝇一般四处寻找救命稻草，甚至甘愿上当受骗，高价倒卖牌照的'黄牛'更是想混水摸鱼，赚一把就走，这些综合起来，就促成了牌照市场的混乱。"一位大企业负责人士从行业角度给记

● 媒体眼中的直销

者这样分析。

"黄牛"手中的牌照从何而来？

但直销牌照商务部还没有开始发放，至少要等到今年3月初。"黄牛们"用来交易的直销牌照，指的是"期牌"。即他们通过关系，给"条件差不多"的代理企业先在商务部内部预定，待商务部正式向外发牌时就"顺带着发下牌来了"。

当然，"黄牛们"的"生存空间"还有很重要的一点，大企业申牌"不积极"给"黄牛们"留下了充分的"活动空间"。由于市场计划书、服务网点、保证金缴纳等方面的申牌细则不太明朗，直销"牌照"的申请并没有出现业界预想的火爆情形。目前只有几个大型制药及保健品企业递交了申请"牌照"的资料，外资直销企业只有欧瑞莲一家提出了申请，而其并没有在国内开展业务。

与直销牌照申请太冷清相对比的，是直销牌照"市场"倒卖的混乱。"不过这些人（'黄牛们'）也挺辛苦，到处跑，苦口婆心地说服（企业）。"一位知情人士说。

但这些，不被别人所理解，别人也不想理解。

"小企业寻租容不容易，这是个问题。"安利相关负责人对此看得比较淡。雅芳、天狮等一些大企业的相关负责人员告诉记者，他们对倒卖牌照一事也有耳闻，但同时表示，他们"会走正路"，"苦练内功"，只等着商务部下发牌照。负责内资企业直销申报的商务部市场体系建设司制度处的一位负责人员接到记者电话，听说"有人倒卖直销牌照"事时反应很平常，但他告诉记者，对此事"不清楚"。

"那些条件不够又想做但没把握的小企业花钱找代理，最后很可能是'竹篮打水一场空'。"更多的一些专业人士将之视为"走偏门"。

不管怎么说，但这样的"黄牛"的确存在。广东的吴老板就遇到了这样的"黄牛"。

"他们说是帮我们弄到直销牌照，也与我们签合同，让我们先预付至少20万的定金，牌照跑下来后再付剩下的几十万乃至上百万，但国家政策逐渐透明，他们哪里能为我们弄到牌照呢？最后的结果是，他拖了一段时间以后没弄到牌照，剩下的钱他也不要了，但那20万的定金是牢牢地揣到他自己荷包里了的。"一位曾经想请这些"黄牛"代办直销牌照的企业负责人告诉记者，"他们就是赚的这部分定金"。这位不愿透露姓名的吴老板当时考虑再三还是没有答应下来，如今"醒悟"了，正安排他的手下准备申报材料"走正常程序"。他相信："在截止日期内申报，只要条件合格，商务部都会批的。"

第四部分
国际直销的中国模式

当记者向吴老板索要那位"黄牛"的电话，他婉拒了记者的要求。广州太阳神成功系统的欧阳军同时也是公司高层，他告诉记者，太阳神是一定要走直销的，他们就不会"请黄牛弄牌照"，"只有商务部发下来的牌照才真实可信"。

"红头文件"加速"黄牛"非正常"死亡"

去年 12 月中旬，商务部在收到企业的问题反馈后，系统内部印发了"商资函（2005）98 号"文件，主题为"商务部关于答复直销业有关问题的函"。对"计划单列市转报企业申报材料"、"境外投资者从业经验证明"、"直销产品标准"、"服务网点"、"保证金缴存指定银行"、"直销企业省级分支机构"等多个方面的问题进行了一一解答。此前该文件已经下发至各省级工商部门。

这个被称之为"直销提速器"的商务部"红头文件"，在加速企业申牌的同时，也加速了直销"黄牛们"的非正常"死亡"。随着直销牌照发放日期的临近，"拿牌掮客"市场存在的时间已经不多了，这不免使这些"黄牛们"焦急起来。

"现在国家商务部门政务逐渐透明了，很多公司都直接和商务部门进行联系，没有人再愿意花钱去买牌照了。何况，8000 万元的注册资金加上 2000 万元的保证金，总共 1 个亿的资产在国内公司中还并不是很多，条件具备又有钱，企业干什么还要去找中介代理（'黄牛'）呢？"清华紫光古汉的相关负责人程龙潘对记者说。（原载《中国经营报》2005 年 12 月 30 日）

直销军团的生存博弈

对于中国直销业来说，2005 年 9 月 2 日是一个值得纪念的日子。这一天，《直销管理条例》和《禁止传销条例》正式颁布，规定中国直销市场于当年 12 月 1 日重新开放。

大企业"向右看齐"

中国特殊的直销模式，决定了"适应"成为企业的必修课。"适者生存"是再简单不过的道理。而体现中国特色的主要一条，是直销法不允许团队计酬，于是 30% 的上限成了许多企业的"天花板"。

媒体眼中的直销

"中国政府本来想树立一个排头兵,当作标杆让大家看齐,但至直销法公布时还没有一家企业合乎中国标准,雅芳也只是试点。所以,这个排头兵就成了'虚榜样'。"一位接近直销立法小组的人士告诉记者,没有"排头兵"企业也得"向右看齐"。

这一"精神"更多地体现在企业的行动上。被业内尊为"学习教材"的直销老大安利,在希望政府放开多层次的同时,2005年11月1日也给出了调整的方案:"18万经销商,也顺理成章地成了服务网点"。其他企业也都开展了相应的调整,主要体现在奖金制度上。

有人认为从去年9月2日以来,直销业一直比较沉闷,但事实上,各个企业都在暗地里调整它们的运营战略。"它们必须重新打造直销战略,从网络销售彻底转变到终端营销上来。"直销专家胡远江接受记者采访时表示,而要决胜终端,企业除了请明星代言做品牌形象的推广、加强政府事务关系的建设以及安抚经销商信心以稳定市场等工作之外,还有重要的一点,就是"必须延伸产品线","积极完善基础设施的建设,力求使更多的产品符合中国国家标准。"

"企业通过开店,就避免多层次嫌疑,成为了单层企业。把'直销员'变成'直销商'就不受30%的约束了。"如新公司一位操盘手私下对记者说,"现在,超过30%的佣金也可以通过专卖店逐层下发来化解风险。"

尚赫经销商张若冰说,在天津和上海尚赫"做得非常火",尚赫专卖店在上海以复旦大学退休教授、家庭条件较好的下岗女工和自己奋斗成长起来的人开得比较多。"尚赫每个城市每个区公司只允许开一家专卖店;完美则由于入会门槛低,所以开的专卖店很多。'开得快,也关得快'。"

但市场动作更大的,还是日晖和仙妮蕾德。这两家企业都于去年11月宣布退出直销行列,向"特许加盟店"看齐,一时间,"千店计划"、"万家加盟店"风生水起。还有康宝莱也是四处跑马圈地。此前有专家曾这样提醒,特许经营属于一般性连锁经营,企业可以"无证(直销牌照)行驶",不受直销管理条例的约束,且政策风险性极小。胡远江认为:"连锁店是最好的服务网点。"

江浙一带和成都的很多小企业老板都向记者表达了对日晖、仙妮蕾德的好感,"愿意加盟成为专卖店店主"。就连高调进入直销的哈药、三株等内资大企业,也都受到了国人特别的亲睐。"新企业消费者愿意去了解、去接受。这就是它们的优势。"北京新时代集团的业务员姜南这样告诉记者。

第四部分
国际直销的中国模式

小企业联合作战

相对于大企业,中小企业的实力就显然不够。它们多为内资保健品和医药类企业,"市场总是一场痛",它们正努力寻求联合求生存的路径。

大多企业自直销法颁布之后,都把"申请直销牌照"放在了首位。"第一个是要拿到'牌',取得合法经营的资格,至于以后公司采取什么制度、如何补偿经销商,公司都有规定。"广东太阳神相关负责人员欧阳军告诉记者。

湖南益康生物科技公司市场部经理张占军表示,直销网络公司现在还没有完全放开;益康专卖店现在主要在做酒类和茶类产品的传统销售,"业绩现在还不错"。而这些专卖店的店主,据他介绍,大多是一些有钱的企业老板和有关系经常需要送礼的人。而对于"会不会发生类似于雅芳的渠道冲突"这个问题,张占军表示:"只要给经销商讲明白了现在开加盟店就是传统的模式,他们有什么不愿意的呢?"

为了解决中小企业在未来直销市场上的身份问题,打造整体竞争力,中国保健协会也曾在牵头积极组建一个产业集团,但后来又传出了集团挂牌放缓的消息。也有企业试图联合起来去"买牌"。

记者调查后了解到,在直销法正式生效前的这最近几个月,一些中小保健品企业异常活跃,通过熟人介绍、主动联系等多种途径积极给自己找"婆家",或者嫁接上市公司充实自身实力的企业"大有人在"。当然也有团队出走投靠新主的。北京新时代、湖南益康、吉林修正等一时间成为业内普遍看好的民企。

有的公司给出了专卖店"可以提取6%的佣金"的制度,对此,某专卖店的肖老板表示:"开店永远只是赚小钱,发展网络才是大头。"河北某健康屋的刘先生向记者介绍,成为公司会员后,先交5000元押金到公司,再从公司购进一至二万的五折货,就可以开一个健康屋了,"卖600元的货可提成10%,店里聘请的业务员卖货了店主也可以再提10%,还是很赚钱的。"

与此同时,这些占多数的内资小企业也在观察市场,研究下一步的走向,"开店动态总体不是很明显"。"寻求合作和市场咨询、筹备领导班子借力外脑、着眼长远储备人才成为它们的'用功'之处。"胡远江分析说。

"伪企业"水下潜行

对于想正规经营而又"拿牌希望不大"的中小企业,正企图寻找一种新的模式

媒体眼中的直销

开展经营。"这些企业可以走'绿色分销'的道路。"中国高速营销通道网总裁龙传人教授说。

龙传人接受记者采访时介绍："绿色分销是除直销以外的各类营销，在分销系统里，也是'直'不起来的。分销系统是介于厂家（或专家）与消费者（或用户）之间，专门从事商贸流通活动的经济组织或个人。"龙传人特别强调，它不是直通的模式，目的就是达到不去依靠自己投资认购、不去依赖发展下线，也能以倍增速度快速分销、推广出去各类高新特优产品，并且跳出了传销的模式的一条营销新路。"分销是介于生产—消费之间多出来的第三者——中间环节，或统称为中间商、路径或桥梁。"据记者了解，北京国医堂生物科技有限公司就是采用的这种体系。

合效营销策划机构总经理韩亮曾告诉记者，保健品企业进入直销的心态，有"真直销"和"假直销"之分，"真直销"主要以创品牌为主，"假直销"主要以赚钱为主。由于我们现在还不能很清楚地了解这些"假直销"企业的真实心态，我们在这里姑且把它们称之为"伪企业"。

"中国直销历史上'传销'横行，'老鼠会'活动猖獗，'直销法规出台后对他们是一种沉重的打击。"直销研究资深人士天问说。

记者调查发现，一些保健品公司就是报着"投机"的想法，"在最后的晚餐上狂欢"，"赚一把就走"。他们认为，中国直销业全面开放至少还需要5至10年，根据中国的国情，"灰色地带"的生存空间不会在一夜之间消亡，与其摆上桌面，天天被监管，不如保持现状。"不透明就不透明吧，反正我们实力小，达不到直销管理条例所规定的条件，也不想加盟给别人打工，我们就在地下经营或者说是水下潜行。"与记者熟悉的一位保健企业老总这样表达他的心态。

记者另外也从一些内资企业获悉，目前，他们也在关注"申牌"企业的动态和做法，企图吸取它们的"可借鉴元素"，探寻新的营销模式。宗旨是借鉴直销的原理和市场营销规律，但又不属于直销的范畴，这样便不需要"牌照"，也就是"旧瓶装新酒"。

林枫的自我救赎

引文：在直销界，林枫是一个颇有争议的企业。一方面，它在湖北省屡

第四部分
国际直销的中国模式

获殊荣，是当地的明星企业；而另一方面，它在湖北省以外的地方又屡遭相关部门打击和媒体曝光，恶迹斑斑。在两种完全矛盾的评价下，林枫竟发展得顺风顺水，似乎没有丝毫影响，我们将此称之为"林枫现象"。

林枫是湖北孝感的一家民营企业，提起林枫很多人就视之为非法传销，事实上该企业也配合当地政府在合法化方面做了很多努力。

这几年来，尤其是条例出台前后，林枫作了大量变化，先是转向专卖店经营；接着放弃服装经营的老本行，投入巨资开始建立蜂产品系列，又努力打造集团、省级分公司、专卖店三级管理体系；并加强了内部员工的素质管理和培训，多次配合媒体举行企业展示、直销规范等的发布等等。

不难看出，林枫主观上没想转入地下，而是积极配合政府监管，谋求自我的救赎。当然，各类对林枫的负面文章依然不少，也反映出存在的问题还需要面对和解决。

林枫服饰"自然死"

林枫商贸集团有限公司的前身是林枫服饰，刘武彪出任董事长。林枫集团网站上的公司简介是：湖北林枫商贸集团有限公司是一家集研发、生产、销售于一体的多元化高科技现代企业集团，坐落于湖北省孝感市南大经济开发区内，成立于1998年11月20日，注册资金为9000万元，总资产约2亿元。

从2002年起，"林枫服饰"的名字便时常出现在各地工商局的非法传销名单中。山西省工商局甚至下发晋工商经检字2005109号文件《关于严厉查处传销林枫服饰行为的通知》，定性林枫服饰为非法传销组织。

随着直销立法的顺利进展，各地执法部门打击非法传销活动力度的一再加大，2005年7月，在湖北省有关部门的帮助下，刊登在《孝感日报》上的一纸"湖北林枫商贸集团林枫服饰有限公司解散公告"，宣告了林枫服饰名义上的终结。当时有观点认为是林枫商贸将在未来会亲自擎起直销的大旗。

然而，林枫服饰这个公司的解散原因并没有得到业界的认同。有知情人士透露，"林枫服饰"自成立之初便以"专卖店+人员推销"的模式运作，主要经营"彪王"、"林枫"、"汉武帝"等品牌的服饰，但是其经营手段一直遭到质疑。且"林枫西服是由湖北一家民营企业生产的，林枫从那边低价购买过来（面料和做工都很普通的服饰），然后自己贴牌销售，标价1300多元一套，买者还络绎不绝。"一位资深直销人士曾告诉记者。

媒体眼中的直销

2004年"林枫服饰"获得CHC全国高科技健康产业工作委员会下属市场环境研究中心授予的"直销试验基地"称号仅几个月，就连同市场环境研究中心一起被国家工商行政管理总局明令撤销。

在这样的状况下，"林枫服饰"可以说是"臭名远扬"，要拿到一纸"直销牌照"难如登天，于是，它选择了"自然死"。

有专家分析说，林枫集团至少希望通过此行为达到三点目的：一是向政府表明远离传销的坚决态度，成为"乖孩子"；二是重新树立品牌，拓展新的直销员群体和消费人群；三是希望以此行动挽回失去的声誉和彻底解决历史遗留问题。

由于在《直销管理条例》中，明确要求直销企业必须"连续5年没有重大违法经营记录"，且直销产品只能是保健食品、化妆品、保健器材、小型厨具、保洁用品这五类，所以，据说为了摆脱传销恶名和直销产品合法化，该企业通过成立"湖北天紫商贸集团有限公司"进行了资产和业务的重组，并在2005年10月24日召开新闻发布会，公布直销转型方案，宣布产品转型，抛弃不在直销产品之列的服饰，转而经营蜂产品等保健产品，成为"国内首个公布直销转型方案的企业"。

据说在准备转型的过程中，湖北林枫商贸集团不断有广告轰炸，以稳定队伍和树立信心，同时通过发送信件、召开会议等形式告诉大家目前的形势，以及将来美好的希望。

蜂产品的"直销者"

据悉，林枫宣布产品转型前，它收购了武汉名盛生物科技有限公司，并在武汉成立了"湖北林枫商贸集团名盛生物科技有限公司"，注册资金2000万元。在林枫对其主打的"林枫商贸集团有限公司名盛生物科技公司"的介绍中，有这样一段表述，"湖北省唯一的国家级高新技术企业，省内唯一的中国蜂产品协会常务理事单位"，初步介绍了该公司的"实力"。

2005年9月12日，林枫集团曾邀请了商界著名人士龙永图参观了名盛生物，以此宣布林枫"进军中国蜂产品业"的决心。

据了解，我国蜂产业一直面临三对矛盾，即产量与存量之间、出口量与货源之间、发展潜力与小农经济模式之间的矛盾。目前我国蜂产品的产量和出口量均居世界第一，并且还在增长，但存量和货源都跟不上。湖北林枫集团针对这三对矛盾，大胆提出了兴建"蜂产业科研联盟体"的设想，并在此基础上建设一个集养殖、科研、

第四部分
国际直销的中国模式

萃取、加工、制造、销售于一体的现代化蜂产业集团。

按照林枫集团的规划,将首先在湖北、浙江、江苏等地兴建无污染、无公害的标准化养殖基地,以获取优质的蜂产品原料。同时,有计划地与养蜂农户签定协议,从农户手中收购原料。集团计划兴建一个大型的现代化产品科研、实验基地,引进高科技人才,并计划与中科院及著名农业高等教育、科研机构合作,共同开发现代蜂产品。

在蜂产品的开发利用上,目前国际、国内都以蜂蜜、蜂王浆为主,而蜂产业的高端产品——蜂胶的开发利用还显得很薄弱。对此,林枫集团总裁刘武彪介绍说:"我们将直接以蜂胶为主,因为这是蜂产品中营养价值最大的部分之一,开发、利用好蜂胶,不但有利于集团开拓市场、打造知名度,更能够为社会大众的健康事业做出积极的贡献。"

据了解,为了开拓这个产业,林枫集团已准备在未来几年内投资1亿元,并可能视市场状况的发展追加投资。而在终端产品的销售上,计划采用直销的方式进行,目前林枫集团正积极地向国家相关部门申请直销牌照。

通过一系列的动作,林枫向业界传递着这样一个信息:改组后的林枫集团,将严格依照直销法规,申请直销牌照,合法经营。在铺天盖地的宣传中,一个崭新的直销企业似乎已经悄然诞生。

林枫集团山西市场部人士介绍,"直销市场处于'准备启动'阶段",目前全国除了湖北以外,几乎所有的省都有林枫的销售人员。辽宁、河北、河南、山东、四川、新疆、甘肃天水等省及自治区的几十个城市都设有专卖店。而林枫多在城郊结合部、二三级城市、农村中活动频繁。而这个市场中的人群还多处于中低收入水平。

林枫不死与集团上市

在林枫集团内部有一个不成文的规定,即不得在湖北境内展开经营,并不得让湖北人参加。孝感的一位知情人告诉记者,林枫公司的作为在当地已成为半公开的秘密:"每到周末,火车一车皮一车皮地往林枫公司拉人,外地的车在林枫公司外停成一排,很是壮观。进出的人手里面经常提着个'林枫集团'的袋子。这样的情况从前年开始持续至今,而且越演越烈。现在林枫公司每周末大概能来上千人。5月初的时候,来的人特别多,估计有上万人的规模。"

有人说这是林枫集团的"传销策略",所以业内人士不得不佩服林枫集团的政

媒体眼中的直销

府公关做得好,以至于"老打不死",形成"林枫现象"。不言自明的是,在国内做企业,尤其是直销企业,如果公关都做不到位,基本就离关门不远了。某资深直销职业经理人表示,林枫集团在承受了政府、舆论、业内人士"地毯式炮击"之后,不仅顽强生存了下来,似乎还有愈战愈勇的味道,足见其公关"功力"。

林枫集团对政策的把握最关键的一点,就是只有企业所在地的相关政府部门,才有调查、界定企业经营行为的权力。所以,林枫集团不在湖北境内展开经营,并不让湖北人参与经营。林枫集团在其他地方频频被媒体曝光,频频被公安、工商打击,但林枫集团在湖北是听话的乖孩子,任何非法行为都可推诿为经销商行为,其根据地毫发无损,且仍旧是湖北省的明星企业。

有媒体统计报道说,林枫集团仅2005年一年内,进行的各种名目的捐款就高达1700多万元。林枫集团的几位负责人,在孝感更是首屈一指的有权有势的人物。所以,当地关系公关得好,根据地也就巩固得好。

有林枫集团的经销商说:"林枫集团永远视负面文章为免费广告,林枫人是在骂声中成长的,这一点直销人都知道!"这是有恃无恐还是信心坚定,记者不得而知,但至少这是明显的愚勇。

但刘武彪带领的林枫集团一直是在做着合法化努力,进行自我变革的。刘武彪为自己划定的目标是:"林枫集团在短短四年中,走过了初期的文化建设阶段,在未来的5～10年整个公司将全力实现中期与后期阶段的发展。"刘武彪介绍说,林枫将在研发投入、生产规模化、驱动国际化、开辟资本市场等方面着力,以提升企业的综合竞争力。

利用资本运营手段使企业走向资本市场是一家企业增强竞争力,实现永续发展的最佳途径,直销企业也不例外。林枫集团也把上市列入到发展议程之中。

不可否认,在中国的直销企业中,已经有几家公司走向了资本市场,成了上市公司。也有很多直销企业正规划去境外资本市场上市,还有某几家公司正把上市作为一种有效的"概念",成为推进市场的噱头,更有些公司干脆就把所谓的"股票"当成产品在市场上大肆销售圈钱。行业人士表示,不知林枫集团是属于哪一种,这只有届时才能见分晓。

第四部分
国际直销的中国模式

电视直销生死劫

2006年7月19日,国家广播电影电视总局、国家工商总局下发通知,要求从2006年8月1号起,所有广播电视播出机构暂停播出介绍药品、医疗器械、丰胸、减肥、增高产品的电视购物节目。通知指出,一些电视购物公司在节目中,特别是在介绍一些丰胸、减肥产品时,夸大产品功能,损害了消费者权益,影响了广播电视媒体的社会公信力。8月1日凌晨到下午,各类甩脂机、丰胸等禁播节目仍不断播出,以至于中国电视直销业的口碑降到了有史以来的最低点。

就2005、2006年由国家工商局发布的消费投诉来看,电视直销购物成了这两年来投诉增长最快的领域之一。据上海市消费者权益保护委员会统计,截至2006年6月,是年一共受理电视购物消费投诉501件,比去年同期增加了3倍,其中丰胸、瘦身类产品的投诉非常普遍,而主要问题集中于夸大产品效果、产品质量低劣、售后无保障等方面。

"这次禁令是个暗示,将很有可能在全国范围内掀起整顿电视直销业的一次高潮,也可以说是电视直销在中国落地以来,第一次被重拳出击。"直销研究专家张光辉说。电视直销作为一个充满巨大盈利潜能的新营销模式,经过几年的发展,却走到了面目全非、人人喊打的境地,其中原因究竟何在?电视直销如何应对这一生死之劫,而这一营销模式又如何走向健康的发展轨道?

停播禁令

2006年7月份,广电总局、工商总局联合下发《关于整顿广播电视医疗资讯服务和电视购物节目内容的通知》(以下简称《通知》),自8月1日起对减肥、丰胸、增高、药品、医疗器械等五类电视购物节目实行"禁播",两部门将对执行情况进行监督检查,违规播出机构将被暂停广告发布权。部分禁播产品采取"模仿电视专栏"、"改药品为保健品"等方式在午夜凌晨的电视节目中继续露面,国家广播电视总局遂致电12家违规播放广告的省级卫视的主管部门,责令整改、撤下明令禁止的违法广告。

"叫停介绍丰胸、减肥等产品的电视购物节目并不是要封杀这一行业,而是要

媒体眼中的直销

促进该行业的健康发展。"广电总局社会管理司副司长任谦 7 月 31 日说,对电视购物行业总体上还是要持支持态度。任谦认为,禁播令短时间内来看对行业有影响,长远来看则会促进其健康稳定地发展。

这一纸禁播令引来的电视直销业的颓败之势的显露,为整个电视直销行业实现季度盈利达标带来阴霾,意味着企业短期的利润损失,更多的是为风险投资者判断投资时机和投资对象提供充足的信息,为我国商业去年来开创的一片崭新的蓝海投下了一支"定海神针"。由此可见,相关部门发出禁播令并非一时的权宜之计,而是真正下定决定整顿市场,为未来的电视直销行业正名。

只要回顾我国电视直销十余年的发展历史就可知道,电视直销对营销起到了一定的促进作用。1992 年,广东珠江电视台率先在国内推出电视购物节目——"美的精品 TV 特惠店";1996 年,以帝威斯、百思得为代表的第一代电视购物机构兴起;1997 年,北京电视台创办的 BTV 电视购物,在不到两年时间里营业额就达到了 2 亿元;1998 年,帝威斯曾经把销售额做到了 2.6 亿元。另外,还有电视销售中介模式,通过搞电视拍卖形成和电视观众的互动,以拉动产品销售。地区性电视直销网也是电视直销的另一种模式。

然而好景不长,进入 2000 年后,电视直销却一直在走下坡路。2000 年底,电视购物公司已经由 1000 多家锐减到 300 家左右,行业总收入也从 200 亿元缩水至 40 亿元。近年来做得较大规模的橡果国际因为采取了电视直销与地面分销相结合的经营模式的新模式,才使得橡果的电视广告具有了双重功能,赢得了软银在 2005 年用 1 个月的时间完成对其 4300 万美元的风险投资。尽管如此,由于电视直销广告存在虚假,产品功效被过分夸大,橡果国际同样频受官司纠缠,走得并不坦然。

可能有人认为橡果国际有被冤枉的成分,但国内的行业现象就是这样,电视购物行业由于缺乏行业协会来监管,针对电视购物的专门立法也滞后,在欧美国家几乎不存的电视直销的暴利和虚假广告宣传等问题在我国成为普遍现象。

事实上,"橡果国际也在探索中摸索,舆论应该给它生存的空间,而不应该失去理性地打压。"针对橡果国际的现状,王义认为国内的电视购物应该多向台湾地区学习,从而营造一个良好的市场氛围。历史证明,台湾地区的电视购物也经过当年的洗牌之后,最终走向正轨。发展到今天,电视购物已经成为台湾地区民众非常喜欢的一种购物方式。

第四部分
国际直销的中国模式

消费者权益至上

电视直销作为现代营销中一个重要的贩卖手段，在发达国家已经成为主流消费模式之一，但我国的电视营销却频频遭遇官司尴尬，其之所以走到今天遭遇禁播和调整的局面，有其独特的根源。

据了解，直销产品广告设定的目标人群主要是空闲时间较多的妇女和老人。由于他们每天收看电视的频率高、时间长，使得直销产品即便选择"垃圾时段"做广告，也能收获一定的收视率。但电视直销近年来对公众生活形成了强烈的视觉冲击的同时，电视直销发布的广告也给消费者留下了虚假广告的印象，各种官司不断。

一项统计数字更加说明问题：去年，中消协对地级以上城市30个主要电视频道进行的检查中，发现虚假违法电视直销广告占违法广告总数的61%。在国家工商总局发布的消费投诉分析中，仅2005、2006两年，有关电视直销问题的投诉高达2000件以上，平均每天就能接到这类投诉6起以上。很长一段时期内，市场上电视直销，多以减肥、美容、保健品等销售为主，利润高达300%~500%；虚假广告和以次充好等各种欺诈行为时有发生，以致消费者对电视直销产生了严重的误解；而且，中国信用卡普及率低，网上支付等硬件设施不完善也是一大障碍。

记者了解到，电视直销产品广告本身所采用的方式比较固定：一种是找到名人为其做代言，比如说好记星找到大山，背背佳找到"超女"何洁；一种是证人证言式，让不知道是真是假的"使用者"讲述产品功效如何神奇；还有就是效果演示式。

中国消费者协会在曝光电视直销广告问题时就指出，电视直销广告的一大问题是采用虚假的现场演示进行欺骗性的销售诱导，而所谓的"效果演示"，其实是通过电脑数码技术轻松制作出来的。虽然这些广告骗术早就被人曝光，"但广告在电视上频繁地播出，总能骗到不少人。"一位业内人士道出了广告即便虚假仍然有效的原因所在。

目前，在媒体上频频曝光的老牌直销企业橡果国际，除了其火箭般的发展速度，还有一点屡次被媒体提到，那就是其"防水舱"式营销模式。据了解，橡果国际在宣传产品时，将策划人员分成一个个完全独立的项目组，分别代理不同的产品。不管每个项目组如何宣传产品，"橡果国际"永远独立于任何一个产品品牌，在广告播放的时候也以低调的方式出现。这就像船上的独立防水舱——就算一个项目遭到有关部门查处或消费者投诉"进水淹没"，也不会影响其他项目组的运行，更不会连累到"橡果国际"的品牌，使橡果国际能够一而再、再而三地向消费者推销低质高

媒体眼中的直销

价产品。

同时，相关法律法规的缺位也为直销企业留下了违规空间。据有关人士透露，像橡果国际这类电视直销机构，它只是一个销售平台，如果销售凭证上写明的公司或机构是"好记星"等产品生产商而非"橡果国际"，有关部门在受理投诉时就只能对产品生产商进行处罚，而作为信息发布者的直销企业就可以免责。在这种情况下，如果直销企业为产品捏造一个子虚乌有的生产企业，等待消费者的只能是投诉无门。

电视直销行业观察员温承宇认为，虽然电视购物是一种很好的销售方式，但它在整个营销体系中扮演的应该是"先遣队"的角色。择高质量的电视购物频道进行前期宣传和销售，同时采用多店铺战略，进军大卖场、百货商店、专卖店等，以增加销售量，是扩大电视购物生存空间和提高销量的最佳途径，并且对增加消费者的信任度和完善售后服务体系都有着很大的帮助。

如何续写朝阳产业神话

通过业内人士的描述，记者了解到了电视直销公司的典型做法是：先发掘有市场潜力的廉价产品，然后对其进行策划、包装，并在电视上密集投放广告，最终以大大高于成本的价格进行销售。

一般来说，电视直销公司都设有产品开发采购部门，这个部门的工作就是到全国各地物色合适产品。而一旦锁定产品，接下来的工作就是为相关产品起一个好听的名字，策划出主要卖点，拍出广告片并在包括卫星频道和地面频道在内的各个电视台进行密集投放。而他们投放广告的策略是：放弃高价的黄金时段，选用低廉的垃圾时段，采用密集轰炸的投放策略，以达到只要消费者打开电视机，就有机会看到广告的效果。

据业内人士透露，广东沿海一带更是主要的产品物色地，因为这一带存在着许多大大小小的代工工厂。"其实产品本身的造价很便宜，像背背佳的成本，也就40元左右，结果卖到几百元；益尔健运动机的成本也只有几十元到100元这个范围，结果打出的售价却有1200多元。"知情者向记者透露。在产品卖出去之后，电视直销公司最后还要做一件事情：为退货环节人为地设置障碍。一位消费者告诉记者，当他要求退货时，电视直销公司就要求他承担相应的运费，而他嫌麻烦也就作罢。

"现在还没有专门的电视直销法律法规，《直销管理条例》可以监管一部分电视直销的问题，而电视直销中比较普遍的虚假广告问题则在《广告法》中可以找到处理依据。"北京商业管理干部学院教授、直销研究专家王义告诉记者，真正要拯

第四部分
国际直销的中国模式

救电视购物行业,必须加强对产品及广告的监管力度。

"禁播通知"的发布,是使电视购物行业逐步走向科学化、正规化、透明化的一剂强心针。对于具备实力的专业电视购物公司是惊喜,对那些想借电视购物的东风而投机一把的经营者则是噩耗。电视直销作为在国外资金觊觎已久的产业,行业规范无疑将对国内企业应对竞争颇具现实意义。那么,禁播之后如何尽快完善立法,规范细则,明确责任和权利,如何剔除监管真空,制定行业监管的细则,这些都值得我们拭目以待。

台湾地区资深营销专家、中国直销网副总经理陈汉祥表示,中国的电视购物其实是一个极具潜力的市场,无论是企业的经营模式还是电视的传播模式,都应该有一个突破和创新。现在的市场不是很规范,但需要各方面的扶持,一旦市场进入良性,电视购物将会迎来新一轮的高峰。

事实上,电视直销只是一种销售手段,损害消费者利益的除了广告,还有产品本身。因此,要终结电视直销在消费者心中的负面形象,仅仅依靠禁止播放特定内容的广告,似乎还远远不够。

"台湾地区的电视购物也经历过低迷及市场的不认可,但经过管理部门的扶持和引导,以及企业自身的改观和产品质量的保证,很快就过去了。"台湾的杨树林教授介绍说,目前在台湾地区,消费者可能不会花三、四十元台币在超市购买便宜的洗发水,他们宁愿花200元台币通过电视来购物,台湾消费者很喜欢电视购物这种购物方式,因为这能保证他们放心购物的是有关部门对产品质量的把关。如今火爆的电视购物给电视台也带来了丰厚的利润。台湾东森电视台有5个频道做电视购物,而且效果非常不错,每年至少有几百亿的利润。

当前,尽管网络营销和电子商务的高速发展,对电视直销行业形成了竞争之势,但我们仍然不可否认,电视购物是一个快节奏商业社会中的主流商业模式,而只有在整个行业都走上诚信、规范、规模经营的道路,整个行业才能够迎来真正的大发展。

盛仕铭涉嫌违规退出中国

盛仕铭缘何退出中国市场?曾经凭借雪洁清和美食伴侣两款拳头产品和电子商

媒体眼中的直销

务模式在中国风靡一时的盛仕铭突然退出，令不少业界人士为之扼腕。

近日，记者收到消息，盛仕铭退出中国一大重要原因就是其拳头产品出了产权问题，雪洁清和美食伴侣专利权属于中山中健药物研究所，盛仕铭只是申请注册了产品的商品名，在中健药物研究所将产品所有权转让给中健药业后，产权变成三角债，盛仕铭也被中健药业告上工商局。

据记者了解到，目前盛仕铭与中健药业有了和解迹象，但也仅能成为产品销售者，且中健药业的目光锁定在拿牌直销企业上，盛仕铭依靠这两款产品卷土重来的可能性极小。

盛仕铭涉嫌多项违规

记者获悉，雪洁清和美食伴侣这两款产品的配方专利属于国家健康产业基地中山火炬开发区下属机构中山中健药物研究所。

中山市中健药物研究所成立于2001年1月，是国家健康科技产业基地下属研究单位，主要从事新药研究、开发、检验、中试及技术转让。2003年时，中山市中健药物研究所为自己生产的中山堂牌首蓿脂康胶囊申请了批文号，即卫食健字（2003）第0205号，批准日期为2003年3月7日；同时，公司也为中山堂牌首蓿脂康片申请批文号为卫食健字（2003）第0297号，批准日期为2003年4月11日。

就在2003年，进入中国的盛仕铭正在寻觅合适的产品，并开始了与中健药物研究所的接洽，最后选择的产品正是中山堂牌首蓿脂康胶囊、中山堂牌首蓿脂康片（对应的名字即为雪洁清、美食伴侣）。但在合作的过程中，盛世铭只是申请注册了产品的商品名，始终未购买这两项产品的专利。这也为盛世铭失去产品的最终所有权埋下了伏笔。

按照协议，由于盛仕铭公司没有买配方，只有产品代理权，所以盛仕铭从2003年到2005年都只能从中健药物研究所拿货。

中健药物研究所产品发明（设计）人赵女士告诉记者，因为中山堂牌首蓿脂康胶囊与片剂这两款产品卖得都不错，后来盛仕铭就自己偷偷地生产，自己随便调配成分，获取暴利。赵女士非常肯定地表示，盛仕铭当时是绝对没有产品生产权的，由于其是负责产品方面事宜的专职人员，因此对此事比较清楚。

盛仕铭改变了商品的名字是否违规呢？就商标名的问题，记者咨询了中国保健协会的专家王钰，王钰表示，按照商标法，盛仕铭可以重新注册个商标，受理后便

第四部分
国际直销的中国模式

可以使用，但是，在发布广告时，必须著名原商标名，即"中山堂牌苜蓿脂康胶囊"或"中山堂牌苜蓿脂康片"。但盛仕铭并没有遵守协议，更是将美食伴侣的批文号由"卫食健字（2003）第 0297 号"改为了"中国卫生部批准卫食准字（2003）第 0297 号"。

盛仕铭将"健"字改为"准"字意欲为何？资料显示，"食准字"号产品一般为含有特殊成分或新资源的特殊营养食品，由地方卫生部门审批，批准文号如"鄂卫食准字"，少数原来由国家卫生部审批的含有新资源的食品批准文号为"卫新食字"。食准字号产品不能宣传功效，但可介绍产品所含主要成分的功效。但盛仕铭在美食伴侣上大势宣传了产品功效。

"食健字"号产品为保健食品，批准文号为"卫食健字（年号）第××号"，使用天蓝色的"保健食品"专用标志，并注明有"中华人民共和国卫生部批准"字样，可以宣传卫生部批准的保健功能等有关内容。保健食品只能由国家卫生部审批（目前其审批权限已转移到国家食品药品监督管理局），其审批要求最严格、管理最规范、级别也最高。

盛仕铭明显涉嫌多项违规，但中健药物研究并没有追究。

第十九章 直销开局

牌照外的等候者

一张直销经营许可证,就将大部分企业拦在了中国市场门外。

在第二批直销牌照的发放中,老牌的安利未能入选,1998年被政府允许转型、现在还想做直销的企业仍在"努力",当初非转型企业、现在想做直销的企业也在拼命"往里挤"。

除雅芳、珍奥、如新、宝健、蚁力神、三生、中脉、新时代8家直销企业外,其他的企业都成了"牌照围城"外的等候者。不能高调、不能运作30多家这类企业只能自练"内功",苦苦等待,秘密公关。而更多实力小、资金不足的中小型企业,则只能生存在直销"灰色地带",据行业人士估计,数量有5000家左右。

转型企业的两种出路

1998年被允许以"店铺+推销员"模式经营的10家外资企业,目前除雅芳以外,其它9家尚未拿到牌照。

这些企业包括安利、玫琳凯、日晖、富迪、娜丽丝、尚赫、完美、百美和特百惠。对这些企业而言,也许它们想获得牌照的急迫心情远远超过其他企业。这是因为,1998年6月有关部门下发455号文件即《关于外商投资传销企业转变销售方式有关问题的通知》,将于2006年12月1日废止,未获得直销许可不能再以店铺加推销

媒体眼中的直销

员形式经营。

有消息表明,在尚未取得牌照的企业中,特百惠已彻底转型为传统的零售企业,百美、娜丽丝早就退出直销业,且无返回迹象。

完美、日晖近来则十分活跃,如投资扩建生产基地,积极参与公益事业,建立研发中心乃至并购国内企业等,都表现出志在必得的势头。玫琳凯虽较为低调,但迈进门槛应当不难。保持低调的还有富迪、尚赫,据悉不会放弃申牌。

消息人士透露,继珍奥和如新等6家内、外资企业获得直销牌照后,商务部将在9月8日厦门国际投资与贸易洽谈会召开之前,陆续给雅芳之外的完美、日晖等多家直销转型企业发放牌照。尽管安利还没有拿到牌照,但安利(中国)公司有关人士在多个场合表示,安利有信心在年底即国家宽限的过渡期结束之前拿到牌照。

要么拿牌,要么退出,成为1998年允许转型的10家企业的两种出路。

"牌照围城"外的申牌新军

值得关注的是,有两家本不在1998年转型企业名单中的企业,近年来却高调欢迎直销开禁,一家是康宝莱,另一家是南方李锦记。

康宝莱第二批未拿到牌照,但仍然对中国市场寄予厚望,在投资、开店方面已经做好的前期的铺垫,康宝莱的中国公司总裁钱港基是从安利被挖过来的。南方李锦记则在大力开店的同时,到处讲述"思利及人"的故事,弘扬中国养生文化,它是参与2004年9月10日"厦门会议"(中国直销立法座谈会)的22家企业之一。

当年也未被列入10家转型企业名单中,而广为人知的仙妮蕾德,一直没放弃在华的经营,采用"特许经营店铺"方式,现在所开店铺数量已经接近雅芳的数量。听说如新等公司获得直销牌照后,仙妮蕾德的有关人员表示,他们的牌照申请工作正有条不紊地进行。未获得直销许可前,仙妮蕾德将继续沿袭特许经营店铺模式,仍不允许任何人经营仙妮蕾德;如将来获发直销牌照,仙妮蕾德天津企业有限公司将全面负责直销业务,而仙妮蕾德(中国)有限公司仍将继续管理特许经营店铺,二者业务严格区分,彻底分离,互不交叉。

而欧瑞莲、克缇和嘉康利等,虽然以前未曾在中国内地露面,却都作为此次的新秀开始了夺牌行动。欧瑞莲还是第一个向商务部门递交直销申请材料的外资企业。

商务部将根据企业的申报材料按法定程序逐一批复,合格的给予通过,不合格

第四部分
国际直销的中国模式

的退回修改。现在这些企业的材料都已上报,并在商务部直销信息系统上发表了企业声明。

等候在"牌照围城"之外的,还有更多的内资医药企业和国际日化巨头。

因为直销这种模式能减少产品销售的中间流通环节,节约营运成本,增加回款能力,特别适合于保健品的销售,面对安利等直销企业的冲击,内资医药企业们于是对直销表现出异常浓厚的兴趣。健康元、海王、修正等医药企业分别于2005年9月21日、2006年5月18日、2005年6月16日高调宣布进军直销,美罗、紫光古汉也很早开始试水,万基、昂立等都已谋划多时。有消息称,三九企业集团也将于今年9月9日正式启盘。截至目前,广东康力、北京罗麦、山东永春堂、哈药集团等12家传统企业均也已按程序发表声明承诺"守法"。

国际国内的日化企业也都难耐直销的冲动,联合利华、德国汉高、隆力奇等外内资日化巨头也对此表现出超乎寻常的关注,据了解有的已经开始付诸行动。联合利华已经成立了专门的直销部门,德国汉高去年3月全面收回旗下"丰采"品牌并在浙江地区自建直销渠道,江苏隆力奇更将嘉骏国际的副总裁陈东方挖来主管直销。

对于这些举动,专家表示,一个合理的解释是,直销诱惑太大,珍奥和蚁力神等这些新秀获得了直销牌照,更让一些甚至从未试水过直销的企业似乎也看到了希望。

安利们的下一步

就在第二批直销牌照出来之时,有媒体人士发出了安利缺席的猜想。安利为什么一再落选?据了解,安利采取的则是"自下而上"、"先买票后上车"的方式,即将全国各个城市区域的服务网点批文拿到手后再上报商务部申牌,手续较复杂,且持续时间也较长。

但专家预测,其在成功整合完原传销体制和营销队伍后,一旦牌照下发,其将很快在全国铺开直销业务。对于"拿牌"这一点,安利似乎并不着急。

现在,安利的没有尽快获牌,成了许多等候企业的代名词。它们是有希望获牌的一族。上文提到的企业,大多应该站在此列。

值得指出的是,一直到今年12月1日前,安利都可以"店铺+推销员"这种还"合法"的转型模式经营,当然还有其他转型企业如玫琳凯、日晖、富迪、尚赫和完美。"目前我们正在招聘服务网点的负责人。"安利有关人员透露,安利目前在国内的店铺数量只有186家,安利18万经销商大多数没有店铺,"市场架构仍在进一步的搭建中"。

● 媒体眼中的直销

玫琳凯学习如新公司的做法，日前宣布全面转型为"员工制"，一次性把授权经销商全部转为公司正式员工，聘用中智公司进行劳动合同管理。这次转型，被评论人士认为是玫琳凯争取直销企业认证的重大措施。

而更多的企业，现阶段都不愿透露关于自己企业的任何动态，以免发生意外影响顺利拿牌。但据记者多方面了解，这些企业也无非是正在修改奖金分配制度、建立培训网站等，"顺势"修炼内功以"蓄势"。

"他们正极力地把过去直销人加入必须交加盟费的做法，逐步变成不要加盟费而纯粹只卖产品；正极力地把靠介绍人员获得自己部分利润的做法，改成完全依靠销售产品提取利润；正极力把提取团队计酬里下线们的利润作为自己奖金的做法，变成由最终消费者的购货款这一利润来进行工资奖金的分配。"作为多家企业顾问的直销专家龙传人教授这样告诉记者，积极地规范自己，向《直销管理条例》第14条和《禁止传销条例》第7条靠拢，这是想获得直销牌照的企业的基本思路。

"不拿牌的企业若找到合适生存方式，也会生活得更好。"据业内人士预测，除小部分企业会采用其他经营模式外，未来三年将至少会有5000家左右的中小型企业游走在直销"灰色地带"。有迹象表明，一些企业已经开始以电子商务、特许经营等作幌子，变相从事直销了。面对这种地下经营的传销"土壤"，我们必须引起警惕。（原载《成功营销》2006年9月）

瓜拿纳倒下

瓜拿纳，一种植物的果实，因亚马逊河流域著名的"长寿城"——MAUSE（马卫斯）而得名。武汉瓜拿纳集团有限公司用"瓜拿纳"命名了企业名称，似乎也预示着该企业健康发展的势头。瓜拿纳1995年就进入了传销行业，成为41家合法经营的传销公司之一，历经了1998年的风险，平稳走过了传销向直销过渡的时期。直销立法后，瓜拿纳又意欲挤上拿牌这条光明大道，然而就在瓜拿纳走过十一年的风雨历程，光明就在眼前时。意想不到的事情发生了。

2006年2月20日，瓜拿纳被武汉公安局和工商所查封，总裁张华和多位高层管理人员被抓，在业界揭起轩然大波。最后公司被定性为"非法传销"，张华因涉嫌"非

第四部分
国际直销的中国模式

法经营罪"引来牢狱之灾。苦心经营十余年的瓜拿纳走到了寿终正寝的时候。

张华一出来,就痛心宣布"退货还钱",处理经销商遗留的问题,张华的举动意味着"瓜拿纳"这个曾经举着民族直销大旗的企业将不复存在。有关平稳走过十年风雨历程的瓜拿纳为何霎那间遭到执法部门的严惩说法不一:有人说是张华收编传销队伍,凸显了几个培训系统,过于招摇过市;有人说张华过于张扬,频频在媒体露脸,发表言论,引起关注;还有人说是张华将某位股东除名,内部分脏不均,该股东拿着公司重要机密举报。不管是哪种原因触发了"瓜拿纳"事件,瓜拿纳香消玉损已经成事实。

红跃传销之惑

引文:红跃药业,这家西南地区唯一公开准备以直销方式经营的企业,前段时间颇让业界关注,互联网上有不少对其的争议和讨论,而本刊也接到了大量的咨询电话,亦收到相关的稿件,为了给读者一个更为明确的答案,为了给企业一个更为真实的还原,记者来到了红跃总部,开始了调查采访……

2006年3月10日,春风习习晴空万里,在灿烂的阳光下,红跃药业有限公司(以下简称红跃药业)橙色的办公楼显得格外耀眼。

办公楼的周围有一大片的绿色草坪,像是一个小型的足球场,后来才知道那是为了达到GMP标准而专门栽种的。

就在记者醉心于这片春光中的绿意时,张瀚文过来了。

张瀚文,红跃药业总经理。

红跃药业

记者跟着张瀚文参观了红跃药业的全部厂房,一路行来,厂区干净而整洁,让记者感觉颇佳。

而采访,也在参观的同时就开始了。在张瀚文的讲解下,记者对红跃药业有了一个大概的了解。

● 媒体眼中的直销

红跃药业的前身是成立于 2003 年的贵州康迅制药有限公司（以下简称康迅），康迅原为红跃集团一个食品生产厂，后改为制药厂。

2004 年，红跃集团对康迅加大了投资力度，对其进行重组、改制和扩建，并将其注册资金从原来的 1100 万元增至 1.05 亿元。同时，将集团名下的 2500 亩土地划拨到康迅名下，还投资上千万元改造生产厂房。于 2004 年 12 月顺利达到国家药品生产质量管理规范 GMP 标准。

为了突出康迅与红跃集团的密切关系，在完成一系列改建后，康迅被正式更名为贵州红跃药业有限公司。

现在的红跃药业位于贵阳白云区白云南路 227 号，占地面积约 30 亩。公司建有行政办公楼、质检楼、生产车间等，总建筑面积约为 4000 平方米。

当记者参观到红跃药业的生产车间时，见大门紧闭，遂问原因。张瀚文告诉记者，进入生产车间的工作人员都要经过许多消毒程序，以保证保健食品安全、卫生，记者透过窗户，看到几名穿着防尘服的工作人员正在忙碌着进行产品最后的包装程序。

采访过程中，张瀚文频频提到的红跃药业的母公司——红跃集团，引起了记者的兴趣。

张瀚文随即带领记者又参观了位于花溪区的红跃集团旗下最大一家制药厂——贵州民族药业股份有限公司。据悉，这是贵州省内最大的民营药厂，占地面积为 129 亩。

张瀚文说："红跃药业生产的药品也许你不熟悉，但是由贵州红跃食品（集团）有限公司生产的'罗汉牛肉干'（注册商标为'罗汉果'），你可能听说过。它曾多次获得国内外多项大奖，1997 年还被中国食品工业协会推荐为中国食品上榜品牌。"

据张瀚文介绍，红跃集团由王特文女士创办于 1989 年，1996 年经过贵州省体改委、经贸委批准，正式成立集团公司。经过 17 年的发展，红跃集团已经拥有包括贵州镇宁生物工业有限公司、贵州苗灵医药科技开发有限公司、贵州红跃化工实业有限公司、贵州红跃房地产开发有限公司等在内的 33 家子公司，已发展成为一个跨行业、跨区域的多行业、多层次、多元化发展的企业集团，涉及的行业有制药、化工、房地产、矿产等。

随后，张瀚文指着花溪区的一处拆迁地说，集团下属的贵州红跃房地产开发有限公司准备投资 4 亿元，在此地兴建 18 万平方米的生活小区。

"在集团的制药领域，我们贵州红跃和民族药业是集团的两大支柱企业。目前，

第四部分
国际直销的中国模式

红跃药业除了有胃膜素胶囊、坎离砂、复方五味子糖浆等5个药号外,还有好莱茯胶囊、七天灵胶囊、苗晶回春酒等数十款保健食品。"张瀚文说。

直销之路

参观已经结束,而采访也真正进入正题。对于红跃集团来说,直销无疑是个新模式,红跃为何会将此模式定为未来的发展之道?

张瀚文说,红跃集团一直以苗医苗药为主,改建后的红跃药业也一直致力于苗药和保健品的研发。但是与众多的传统药企一样,销路问题一直困扰着红跃集团。

怎么才能更快地打开市场销售呢?

张瀚文提到,2005年初,红跃集团开始就产品的销售渠道作了深入的探索和创新。集团高层发现,一家外资直销企业,在国内最高的年营业额能达到近200亿元,这相当于贵州省全部制药企业的年销售额的4倍。

"他山之石可以攻玉",直销也许可以成为红跃集团再创高峰的通道,当时又听闻直销条例将于2005年出台,所以在经过深入分析后,红跃集团觉得直销这个项目是一个很不错的发展方向。

但是,最终决定选择直销模式,还是需要结合红跃药业自身的一些特性。张瀚文表示,红跃药业未来会采取直销之路,主要基于几个方面,分别是:

1. 产品结构。产品是所有企业的生存之本。有着云贵高原的丰富中草资源的红跃,结合苗医苗药的特性所研发的保健品,具有一定的独特性和优秀的文化历史性。而且红跃药业是一个生产型企业,所有的产品都是自行研发和生产的。

2. 公司高层。管理者的思维将影响到企业的发展。所以,红跃药业注重管理队伍的建设。如总经理张瀚文,从1994年就开始接触直销,也有着10多年的管理经验,曾在一些直销公司里担当过要职。

3. 硬件条件。由于直销行业的投入成本较高,所以红跃药业前期就作好了一切准备,无论从注册资金还是公司的硬件设施,都已达到相关标准。

当然,将来通过直销模式销售的产品,只针对保健品,药字号产品还是采用传统的渠道,通过药房、OTC、代理等方式销售。

2005年初,红跃药业尝试走"专卖店+人员推广"的模式,为拿牌后的直销之路奠定基础。

媒体眼中的直销

红跃转型

采取"专卖店＋人员推广"的模式,让红跃药业很快获得了一定的市场份额。但同时,红跃制药也出现了一些始料未及的问题。

"林子大了,什么鸟都会有。"张瀚文毫不避讳地说,"近段时间,我们在市场运作方面的确出现了一些问题,我们的经销商队伍也确实存在良莠不齐的情况。为此,前期也被媒体关注,被当地工商部门打击和查处。当然这些舆论及管理可以督促我们尽快进行清理和整改。"

对于红跃药业目前存在的问题,张瀚文归纳了几点原因。

1. 市场运作太快。经过1年的市场运作,红跃药业的销售人员遍布全国。但就因为市场发展速度快,管理方面难免会跟不上。与许多成熟的直销公司相比,红跃药业还只是一个"新生儿",需要更多地学习和完善。

2. 收编问题。2006年开始,红跃药业陆续收编了一些销售团队。后期才发现,因为时间太短,他们对公司结构、产品、文化等都没有全面和深入地了解,而且管束力也较弱,所以在运作上就出现了偏差。

3. 违规操作。目前市场显得有些疲软,一些经销商为了尽快获得短期收益,就会出现违规操作的情况。比如有低价抛售产品的,有拉人头的,也有为了利益而夸大产品疗效和事业机会的。

4. 假冒经销商。这种情况对于红跃药业的影响是最大的。市场上曾出现过一些假冒红跃经销商的情况,红跃药业也曾接到过类似的投诉。一些"老鼠会"人员在红跃的专卖店,通过低价结算,获得产品后,便打着"红跃"的旗号进行非法炒作和拉人头。

据公司的调查,这类假冒人员的行为已经严重影响到了红跃药业在某些市场的正规运作,同时,也让外界对红跃药业产生了许多误会。

解决方案

其实,在2006年初,张瀚文就感觉到了这些问题,这让张瀚文很头疼,但头疼解决不了问题。

为了给市场一个交代,为了红跃后期能健康有序的发展,红跃药业和集团公司对这些问题都非常重视,开会研讨过多次,且已经开始采取措施,希望能尽快让市

第四部分
国际直销的中国模式

场运作回复正常。

张瀚文先生说，经过研究，公司已经制订出了整改措施，目前正在实施当中。红跃的措施如下：

1. 加强管理和培训。从2006年3月1日起，红跃药业举办了为期一个月的培训。将全国所有的专卖店店主召回，就运作中出现的问题进行了分析和专项治理，并从法律法规、制度、管理等方面，进行了系统的培训。

2. 严厉查处。对于违规店主或工作室人员，一经查实立即开除。处理这类情况时，公司绝对不会手软，宁愿放弃已有的市场，也绝对不会姑息违规人员。目前，红跃已经开除了20多名经销商。

3. 积极配合执法部门。除了内部的查处和专项治理外，对于假冒红跃药业名义而进行非法传销的人员，情节特别恶劣的，公司已经主动上报工商、公安部门，进行立案查处，并积极配合执法部门的工作。

4. 调整方案。红跃药业还制订了专卖店购货制，即个人将无法直接向公司购买产品，只能通过专卖店。这样即有利于管理，也有利于防止有人利用低价产品进行非法炒作。同时，红跃药业还制订了相应的规章制度，如"十不准"、"经销商操作规范"等。而且根据直销条例规定，红跃药业也将对销售团队进行跟踪和定期的集中培训，时刻对他们的心态和运作进行调整和管理，以便发现问题及时处理。

张瀚文表示，目前，红跃药业处在申牌的关键时期，不希望因为一些经销商的违规操作而受到影响。同时，也不希望，将来因为直销业务而毁了红跃集团花费10多年建立起的良好声誉。

张瀚文还特别指出，经过近一个月的治理，已经让经销商达成共识："目前的业绩好坏不是关键，最重要的是能建立起红跃药业在市场上的品牌度，并严格自律，以保证红跃药业能够顺利拿到牌照。"

正说着，记者曾碰到的几位经销商找到了张瀚文，说有几种整改方案需要与他协商。于是，记者暂时离开，到楼下与其他经销商攀谈。这些经销商都是红跃全国各地专卖店的店主，这次被召回公司进行集中培训。其中一位来自贵阳的店主说，他非常看好红跃药业的前景。同时还表示，在这次的培训会中感触很多，在今后的市场运作中，一定会严格自律。要把眼光放长远些，不为了蝇头小利而毁坏了红跃药业的品牌。

媒体眼中的直销

申牌进度

其实，红跃正规化运营的意向已经很明确了，这从2月份红跃药业已向相关商务部门提交了相关申报材料就可看出。

张瀚文说，红跃药业从2005年就开始积极准备相关申报材料，并积极与相关部门进行了解、学习和沟通。通过1年的准备，红跃药业已经基本具备直销条例中规定的，直销企业需达到的所有硬件条件。

目前，红跃药业已经向各级部门递交了审批材料，并已经通过了贵州省的全部预审。红跃药业已在包括贵阳市在内的4个省设立了分支机构，在贵阳市和西安的分支机构，已经分别得到贵阳市商务局和西安商业贸易局的批准。

对于红跃药业拿牌的信心，记者充满了好奇：红跃何以如此有自信，又凭什么能与众多的老牌直销企业同台竞技呢？张瀚文给出的答案是：

1.区域优势。红跃药业是西南地区唯一一家申牌直销企业，相对来说竞争比较小，获牌的可能性会更大些。再加上红跃药业地处西部大开发地区，相信在政策上会有一些支持。

在发放牌照时，应该不仅存在国家与国家之间的平衡，也存在地区与地区之间的平衡。

而且，未来，红跃药业在直销上的尝试，可以为贵州众多中小型药企提供有效的借鉴，同时它们还可以共享红跃药业建立起的直销通道。红跃药业已经开始付诸行动，目前已经控股了一家具有生产能力却没有找到销售途径的小型药企。

2.产品结构优势。红跃药业采用的苗医苗药，目前对于中国传统制药，国家是非常扶持的。无论是贵州省还是国家对于产品结构的调整，红跃药业都是符合的。而且红跃药业还拥有2500亩的种植园，可以带动上千户农民的种植，为他们的增收、就业等问题提供有力的支持。如果生产规模可以得到扩大的话，还可以为贵州的农业结构调整起到一定的作用。

3.背后有红跃集团强有力的支撑。

对于未来，张瀚文的规划是：①如果申牌成功，红跃药业计划举办"同一首歌——走进红跃"，让更多人了解红跃；②计划半年内，开拓越南、新加坡和马来西亚市场；③在北京和上海建立营销中心；④2006年年底，推出日用品。

第四部分
国际直销的中国模式

编后语

访谈结束后,记者又见到了红跃集团的董事长师红毅,他说,红跃集团会全力支持红跃药业,希望将来通过直销渠道而带动红跃药业和集团,乃至整个贵州中小型药企的发展。

毫无疑问,红跃药业的渠道探索之路的确出现了一些问题,与红跃类似的企业,也在犯着类似的错误。不过,对于任何事物,在成长过程中总会碰到障碍和问题,这是成长的代价,也是成长的烦恼。一位哲人说过,"人可以犯错,但不能重复错误。"

因为红跃的错误,引起了一些争议,这已成为一个无法改变的事实,但对于这个正在成长的民营药企来说,它已经意识到了自己的错误,并在不断地改正,我们能不能给它一些时间成长成熟,并且帮助其调整思路,及时找到解决方法?让市场和政府有一个更为稳定的组成部分?(原载《经贸世界》2006年4月7日)

从几篇文章看中国直销业发展的几个问题

长期差旅生活,整天踯躅于一些浮躁通俗之事中,少有闲暇仔细研磨文章,心内正有诸多遗憾;于是乎下定决心,把自己锁在办公室和书房中几天,认认真真浏览了中国直销行业的几大知名网站,如以"资讯丰富"见长的龙传人网站、以"自由博客"见长的中国直销博族网、以"专家论剑"见长的中国直销专业网,结果斩获甚丰。其中,尤其是一批专业研究者的文章,让人看后不忍释卷,确确实实于内心深处感觉到一股股快乐涌动。在这些文章中,有杨谦先生的《法律的平均值》、潇竹小姐的《直销业的"集体忧虑"何时休》、鲁乾先生的《直销怪象试评说》、天问先生的《直销2.0趋势是行业发展规律》、陈亮先生的《重建直销信任,何时不再做骗子》、龙传人先生的《中国直销需要诚实和谐》、吴培伦先生的《中小型直销企业:如何取胜海外市场》、常远山先生的《投资人和经理人不和谐的深层分析》和阳林峰先生的《中小型直销企业如何突破发展瓶颈》等。

通过对这些文章的反复研读,笔者发现:以上诸多文章中所论述的问题恰好是整个中国直销行业所共同面对和需要认真思考的问题。这中间的思考者不仅仅是直销企业、直销从业人士、直销业的研究者和观察学者,同时还包括我们的职能管理部门和

媒体眼中的直销

制定法律者。从这些文章的写作风格和情感延伸来看,作者们或睿智、或耿直、或率真、或忧思,多有"妙手文章、铁肩道义"之感,这实为中国直销行业之大幸,弥足珍贵!

远江说"杨谦"

杨谦先生是中国直销业的学界泰斗,16年来从事直销领域的学术研究,和他的另外一位搭档王义先生一道在2000年以前一直堪称中国直销理论界的翘楚。但在2000年以后,估计是受行业被清洗和禁止的原因,杨谦先生低调潜行,很少就行业发声。此种情况一直延续到2004年中国直销拉开立法序幕时方有所改观。2005至2006年以来,其就行业现状与未来进行深度思考,真知灼见便不时见诸报端了。此次《法律的平均值》就是其中非常具有代表性的一篇。看似平淡如水的文字中,却隐藏着一个中国直销界很深邃的课题,即直销立法的市场实践性和群体适应性的问题。这个问题从中国直销立法开始时,业界与法律的制定者们便一直争论不休,如今从执行情况看来还真出现了些耐人寻味。这也就是杨谦先生在文中所阐述的任何一部法律和法规在制定时应该从市场实践出发、充分考虑法律在运行过程中的普遍适应性的问题。如果不能做到这一点,就会出现法律和现实之间的"两层皮"的尴尬状况。于是乎大多数企业和从业人士也会因为法律的平均值不够,自己很难做到或通过努力以后也很难做到,就自然而然会从法制轨道上做群体逃离和暗渡陈仓了,接下来引发的可能就是立法者的尴尬和法制化管理的"难作为"旅程。"民不畏死,奈何以死惧之",站在一相情愿的理想主义立场和视角去立法和强行推法,而忽视了立法过程中的现实主义和法律的平均值问题,它所引发的必然是法律和执法的尊严屡受挑战,管理者和被管者大家自欺或者欺人,就像"猫和老鼠"之间的游戏一样,这样玩下去大家都会身心疲惫。中国直销业的和谐恐怕很难如期建立。杨谦先生是个谦谦君子,出语含蓄,但以笔者对整个中国直销行业的观察,他文章直击的行业最敏感和最核心的原代码命题,确实充满睿智和用心良苦。

远江说"潇竹"

潇竹小姐是一位才女,内外兼秀,笔者去年在香港碰到过她。今年以来对她的了解便只在《华商》杂志的扉页上了,她每期都有文章,篇幅虽然不长,但文风犀利,要言不繁,力度能够穿越整个行业,足见用心至极。《直销业的"集体忧虑"何时休》更是她这些文章中的典范。记得宋代散文大家范仲淹在其名篇《岳阳楼记》中有言:"是进亦忧,是退亦忧,然则何时而乐也?"他表述的是个人的进退问题,但宣泄的却

第四部分
国际直销的中国模式

是一种无处不在的忧虑。今天的中国直销行业恰是此番景象：拿牌者忧、不拿牌者忧；企业忧、政府忧、从业人士忧；行业内忧、行业外忧；转型企业忧、灰色企业忧……如此情状，不一而足；好一副标准的"集体忧思"图。潇竹小姐能够敏锐地观察到这一切，并且毫不遮掩一针见血地指出来，委实让人钦佩。其实，以笔者观之，行业中这许许多多的"集体忧思"虽然在外在的表现上各不相同，但是其真正的原因却是可以归结到一处的，这就是"前进方向的迷失"，其中既包括对于企业、也包括对于整个行业。难能可贵的是，作者在文中不只看到了这种"集体忧虑"，同时她也试探着开出了一些治疗药方，如宽容、耐心、责任、关注民生等等，这实际上是一种呼吁，足见作者对中国直销业的真诚和挚爱。笔者真的希望整个行业各种忧思者能够集体倾听到这种呼吁，共同架构一个能够使大家都活得轻松一点的行业。

远江说"鲁乾"

鲁乾先生说起来也只有数面之谊，但笔者总体感觉他是一个颇有思想力的人。这次拜读到他的《直销怪象试评说》一文真的如此。对于中国直销行业笔者与它风雨同行了16年，按照常理，怎么说也可以算只"洞庭湖里的麻雀"了，行业里的阴晴圆缺、风云变化却也难不倒笔者，但是2006年以来的诸多怪象却也着实让人费解。鲁乾先生能够在纷繁复杂的行业幻象中梳理出这些"直销怪象"，委实不易，尤其是他还能不惜背负行业部分人士的骂声公开亮剑，这就更需要智慧和勇气。中国直销行业历来如此，哼哈二将大受欢迎，行丑外扬就多少有些"道不同不与为谋了"，所以笔者佩服鲁乾。他在文中所列举六大怪象，确实是当今中国直销行业里的一种真实写照，无论是"机会导向、圈地作业、野鸡太多"，还是"低调运做、专家太多、可拿牌可不拿牌"等，表现虽有些荒诞，但是实际上所隐藏的却是"一把辛酸"，作者所触及的是中国直销业里一些真正的"大是大非"问题。在笔者看来，"机会导向"诉求的是直销业在中国的核心运营理念问题；"圈地作业"诉求的是政府职能管理部门立法与执法过程中是否尊重"市场规律"的问题；"野鸡太多"诉求的是执法效率和执法效能的问题；"低调运做"诉求的是直销企业的非社会主流地位和集体忧思问题；"专家太多"诉求的是整个行业的浮夸与不成熟问题；"可拿牌可不拿牌"诉求的是整个行业心态的不正常和集体被扭曲问题，当然它也反映了业界对于直销牌照价值的普遍质疑和战略审视问题。依笔者看来，这中间哪一个问题解决不好，行业里就会怪象迭生，"上有政策、下有对策"，牛鬼蛇神便都可以同台起舞了，如若中国直销行业长时间以来都是这种状况，这将是整个行业的不幸，也将是管理者和被管理者的莫大悲哀了，它会令人心死。

远江说"天问"

天问先生在 2004 年以前笔者不是太熟悉，其时他一直在雾都重庆，领导着"中国直销传播网"神龙不见首尾地穿行在中国直销业，传道、授业、解惑；2004 年以后他先后出川北上，后又仗剑东行，充分展示出了"笔落惊风雨、诗成泣鬼神"的独立不羁。凭心而论，他在互联网时代对于中国直销业的思考力确实超凡脱俗、足见智者之光。《直销 2.0 趋势是行业发展规律》一文正是这种思想的集大成表现。他在文中展示的以"三消"为核心元素的 2.0 理论以及对于中国乃至世界直销三个时代的划分确实深蕴着真知灼见。这对于一个一个年度穿行在政策法律边缘寻找更为宽广的生存空间的广大中国直销业而言不啻是点亮了一种夜行路上的明灯。在笔者看来，发端于美国的现代直销进入中国市场 16 年以来，始终面临着几大主题：即本土化主题、主流化主题、创新化主题、数字化主题、专业化主题、整合化主题与和谐化主题等。因为从中国 16 年直销业发展的历史来看，直销理论几乎没有升级换代，直销从业群体基本封闭运行，直销作业大部分采用的是"土法上马、大炼钢铁"的形而上原理，整个行业凸现的是泡沫下的虚假繁荣和可持续发展战略的部分缺失。正是在这种意义上，笔者认为天问先生的该篇文章及其所展示的系列思想力对于有些老迈、无序的中国直销业而言具有非常卓越的群体借鉴价值。"世易时移，变法宜矣"，中国直销行业如若继续抱残守缺，不创新整合，其缥缈前景必定堪忧。

远江说"陈亮"

陈亮先生原来在《中国经营报》，今年上半年移师《成功营销》，在他身上有良好的新闻人的职业素养和执着的敬业精神。仅半年时间来，他的诸多文章都能浓墨重彩直击中国直销行业中之重大课题，实在让人刮目相看。《重建直销信任，何时不再做骗子》便能够鲜明地展示这一特点。对于笔者而言，16 年的直销零距离观察生涯，企业之间因为竞争而发生的种种"潮起潮落"已难驻我怀，行业之中因为政策形势变化所引发的风起云涌也很难再让我动容；但是有一个问题一直萦绕在我心中始终不离不弃，这就是：中国直销行业歧视的真正消除，换句话说也就是中国直销行业何时能够真正进入中国流通现代化的主流平台上，广大的直销从业人员何时能够真正进入社会主流群体。16 年来，虽然拥有数千万的从业者，但整个行业依然徘徊在政策和法律的边缘地带，细思之下，确实悲凉与落寞泉涌。笔者想陈亮先

第四部分
国际直销的中国模式

生的文章正是屹立在这样一个行业的大背景上的，他实际上寄寓的是一种行业的共同理想和追求——"政府职能管理部门对直销行业信任，行业对政府职能管理部门建立执法信任"，这是问题的关键，这种双向度的信任关系、全面健康的建设，正是解决直销行业进入主流社会的必由之路和核心基石。在笔者看来，现在的直销行业是到了真正解决这个问题的时候了，行业自律和双向度的良性沟通应该是解决好这个问题的关键。

远江说"龙传人"

龙传人先生是一位可亲可敬、激情四射的古稀老人，进入直销行业已有16年的历史了，经历了行业的所有风风雨雨，堪称一位岁月老人。岁月虽然打湿了他的容颜，但是并未打湿他的执着、热情和智慧，他是一位始终在为中国直销命运做深度思考和奔走号乎的人。在他的身上真正应验了鲁迅先生那句名言：斯人独憔悴，荷剑独彷徨。《中国直销需要诚实和谐》确实就是这样一篇大文章。在龙传人先生近似散文化的论述里，他从七、八个方面扫描了中国直销行业16年来的种种不诚实不和谐问题，提出了中国直销业在未来如何共铸诚信的核心课题。这是直销业长远发展的命根子，我们整个行业必须用自己和语言和行为给出健康向上的正确答案，不可以视如草芥，任意践踏。

远江说"吴培伦"

吴培伦先生是一位扎根在市场和企业的资深传媒人，他愿意探讨问题，愿意广交朋友，因此他非常能够洞察行业的运行状态和整体需求。他的《中小型直销企业：如何取胜海外市场》应该展现的就是这种来自行业里诸多企业谋求出路和国际化发展的内在需求。自从2005年以来，中国诸多企业纷纷想重走天狮之路，"墙外开花墙内香"，但是因为"人生地不熟"，其作业前景非常堪忧。吴培伦先生这篇文章在这方面具有极具针对性的指导意义；常远山先生作为一个长期从事顾问咨询服务的高级咨询人员，长年累月的深入企业内部，或调研，或辅导，锻炼了专业咨询人独有的"知微见著、一叶识秋"的丰富经验和入木三分的事件剖析能力。他的这篇《投资人和经理人不和谐的深层分析》笔者认为便是来自咨询实践的一篇好文章。文中所述并非单个企业的个案，而是中国直销行业的共性问题，直销行业"职业经理人群体的不稳定、职业经理人市场的不成熟"，它实际上折射的是整个行业的不稳定和不成熟。这理应引起我们的高度重视。阳林峰先生来自于市场一线，是中国直销

媒体眼中的直销

业一位不可多得的立体复合型人才,他对于中国直销企业的思考不仅能够做到"弹钢琴",而且能做到"解剖麻雀"。在《中小型直销企业如何突破发展瓶颈》一文中,他不仅非常清晰地看到了中国直销行业中广大中小型企业的生存苦难,同时也给出了可供操作的实战性解决方案,殊为难得。总之,从这三篇文章来看,他们都有一个共同特征:即注重了一线作业,注重了方法体系的构建,这对于整个直销行业而言无疑具有卓越的价值。(原载《中国直销专业网》,文/胡远江)

绿之韵:赢在整合分销

在多层次直销被禁、第二批直销牌照又迟迟不发的时下沉闷的局势下,如何面对民族健康产业在营销领域所遭遇到的瓶颈和尴尬,为中国营销行业,特别是民族健康产业做出一些理论贡献,指引企业既快又好地发展,的确是一个棘手的问题。值得庆幸的是,由胡国安、胡远江、罗光清三位分销领域的专家合写的《整合分销》一书解决了这个难题。该书在绿之韵三周年庆典大会上正式面世。

为此,记者专访了中国著名分销专家、《整合分销》作者之一——香港绿之韵国际集团股份有限公司董事长兼总裁胡国安先生。

记者:世界顶尖经济学家保罗·皮尔泽在《财富第五波》中这样形容健康产业:"下一个兆亿美元的产业正在萌芽,这个产业将深入我们生活的各层面,并在10年内创造一兆亿美元的商机。"进入21世纪,健康产业应该是我国的一个朝阳产业,但低靡的现实却严重打击了经销人员的积极性。您认为民族健康产业在营销领域内遇到了什么样的瓶颈和尴尬?

胡国安:现在健康产业越来越受到全球各国的关注和重视,而中国健康产业的产值却出现大幅度的滑坡,几千种通过审批准予以上市的产品,只有不到5%的品种能形成一定的常规销量,而真正能在市场上畅销的品种却不足1%~2%。这一结果提示我们,无论是从目前中国健康产业的总体发展水平上看,还是以产业的经济运行质量上考察,民族健康产业都面临着巨大的挑战,而这种挑战已经明显地表现在了健康产品的营销瓶颈所带来的尴尬上。

除了产品同质化严重以及市场环境越来越恶劣外,营销模式的老化与创新性不

第四部分
国际直销的中国模式

强更是严重禁锢了行业的发展。追根溯源，健康产品的营销都脱离不开广告、终端、会务等几种模式，但随着市场的变化和营销同质化的竞争，这几种模式纷纷遭遇到了瓶颈。具体来说则是，产品、服务、宣传等在市场上表现的同质化，致使消费者很难进行选择区分；商家过分夸大产品的功效或对消费者做出了超出自己能力范围的承诺，导致消费者失望而失去信任，进而这种信任危机导致市场危机；理性消费时代已经来临，"广告轰炸+概念炒作"失去价值；企业缺乏创新的、真正具备竞争力的商业模式，减值营销使企业肌体处于严重失血的状态。

记者：作为民族健康产业中的翘首，绿之韵结合多年的市场经验以及对国内外行业行情的全面分析，高屋建瓴地提出了"整合分销"的营销概念，对诸多民族企业帮助很大。请您具体阐述一下"整合分销"这种全新理论体系的具体内涵。

胡国安：好的。结合目前企业面临的困境，绿之韵提出"整合分销"作为解决方案，即采用"总部+加盟连锁分销店+加盟连锁分销店正式分销员+会员制贵宾顾客"的市场模式。该模式以总部为运营和管理核心，以特许加盟连锁经营的核心原理架构加盟连锁分销店体系；以代理制和顾问式销售等的基本原理组建加盟连锁分销店正式分销员团队；以会员制销售的主要思想建设企业的忠诚消费群体；实施以动态联盟为目标的跨区域加盟连锁和特许区域管理经营。

其中心思想就是，企业通过与消费者进行有效的沟通，以满足消费者需要的价值为取向，确定企业统一的分销渠道和销售策略，同时协调使用不同的传播手段，发挥不同传播工具的优势，以较低的成本形成强大的宣传攻势和促销高潮。这实际上完成的是一种以产品、服务、技术、知识、信息等为对象的"多元化、网络化深度分销"。它借助多种现代化角色参与的网络分销平台，不仅实现了商流、物流、资金流等功能的传递，同时还对其进行有效整合，以指导整个分销系统的运行和发展。该模式在真正意义上实现了生产商和消费者的双赢，为中国零售业的发展做出了指导性的示范。

记者：那具体到绿之韵来说，绿之韵整合分销模式的运作有哪些优势和特色？据我初步了解，"整合"与"分销"构成了其两个最基础的核心理论体系。请您结合贵公司的实际，谈谈现在战略转型了的绿之韵"整合"了哪些资源，又"分销"了哪些产品？

胡国安：以上面所说的这种固定模式开展市场运营，可以为不同层面、不同实力、不同能力的人群提供一种极具包容性的个人创业机会和可靠的运营保障，这是绿之韵整合分销最大的运营特色。同时作为一种管理体制，公司提供一个统一的管理系统，

媒体眼中的直销

将企业的"人"、"财"、"物"、"信息"和"流程"等资源进行充分的整合并让所有的通路成员充分运用,从而使每个参与单元都实际进行着共同管理并从中获得利益。在市场上,绿之韵整合分销也更加强调市场的主导性和自然整合的能力,强调市场权利由营销企业向营销渠道、最终消费者的方向转移。

借助于"整合"与"分销"两大核心理论体系,绿之韵区位优势、产品优势、企业文化优势等资源都将得到整合,"整合"是绿之韵整合分销中最具特色和核心竞争优势的理论和方法体系。绿之韵公司总部及主要生产基地设在湖南省浏阳生物医药园(长沙国家生物产业基地)这一具有良好发展前景的湖南现代中药及生物医药基地;绿之韵公司的产品是以中医保健产品为主,定位健康产品十分精准;公司将博大精深的儒家文化和雄厚的湖湘文化作为建设企业文化的基础和依托,诚信经营,力争用仁爱思想打造优秀民族企业。

此外,我们的"整合"还包括行业资源的整合、经营形态的整合、营销方式的整合、分销通路的整合、营销传播媒介的整合、营销推广工具的整合和营销参与人员的整合。这里我就不一一向你介绍了。

而从"分销"层面来说,这种模式分销的是公司产品、服务物流、文化品牌、综合资源、培训管理和成功创业经验等的综合。"整合分销"就是要做好终端,在优化客户关系价值链的基础上掌控终端,实施滚动式开发与培育市场,以取得市场综合竞争优势为目的。

记者:我知道,如今很多企业都在打造"百年老店"上下了不少功夫,绿之韵也不例外。您作为绿之韵的掌舵人,您认为将如何用整合分销缔造绿之韵的百年品牌?绿之韵今后的发展战略和营销战略将是什么?

胡国安:我们企业今年7月1日正式实施转型。在接下来的企业经营之路上,我们将用整合分销打造绿之韵未来的百年品牌,使之成为集团化、国际化、资本化、教育化、社会化和龙头式的绿之韵。不久的将来,我们还将融合立体化的渠道结构,导入电子商务、公共关系、广告推广等多种手段作为加盟连锁分销体系的补充,并进行生活化整合分销(即体验营销),在加强国内市场的深化过程中将企业的营销视野转向国外,开拓国际市场,这些都是日后我们进行全球战略布局的重要组成部分。

为此,绿之韵将牢牢抓住民族健康产业,有效地给健康产业价值链中各销售环节以及消费者创造价值,以此确立绿之韵在民族健康产业中不可替代的竞争地位,然后在销售环节完善其核心能力,进而获得价值链的主导地位,并以此不断获取和

第四部分
国际直销的中国模式

整合更多更好的销售资源,提升整条价值链的效能,更好地为顾客创造价值,确保绿之韵持续、健康地发展。

具体到绿之韵的经营活动,就是围绕市场竞争展开绿之韵总部、加盟连锁分销店、加盟连锁分销店正式分销员以及会员制贵宾顾客等重要环节的合作,有组织地把握、接近、影响、渗透和维持市场,使绿之韵内部价值链的各环节和产业链上下游分销店和分销人员按争夺市场份额的共同要求进行整体合作,加速产品的生产与销售过程,使绿之韵竞争力来自于整体价值链合作的效率,超越竞争对手,赢得顾客,从而最终获得市场竞争的主动。

刘贵生向左 新时代向右

2006年8月16日,新时代健康产业集团毫无意外地获得了商务部颁发的第4张内资直销企业的牌照,为自己"红顶商人"的身份做了一个完美的诠释。

但就在这所有新时代人都应该分享成功的美丽刹那,一个曾经为新时代创造惊人业绩的直销商刘贵生却突然被公司扫地出门。紧接着的消息是,刘贵生已经加盟天津泰达益生并任常务副总经理。纵观此次变局,新时代不可能过河拆桥,刘贵生又凭什么敢在这个时候站出来对新时代说"不"?

在即将吹响黎明号角的时候选择暮霭,是刘贵生疯了,抑或其他?

世界上没有无缘无故的爱,也没有无缘无故的恨。这句话放在新时代、刘贵生和泰达益生之间,的确恰如其分。

总而言之,这本是一场生意,也仅此而已。

从骄子到看客

"新时代能得天独厚地占据深圳,刘贵生功不可没。"从华南区域很多其他公司的优秀领导人口中,记者听到大量对刘贵生的赞美之词。

北京和深圳分别是新时代发展的两大根据地。北京因为公司所在地的优势,诞生众多高聘领袖无可非议,而新时代里面著名的"深圳速度"是刘贵生和许功名、王水新等人一起打出来的。深圳人口来自全国各地,而流动的人口又像蝴蝶一样把

媒体眼中的直销

松花粉带往全国。

刘贵生本人多次获得最高级别销售员奖,而他领导的广东深圳福星国珍专营店曾获市场拓展与销售业绩双突出奖。记者曾在去年年底探访过广东省深圳市福田区福星路福星花园大厦1楼130号,交织的人群见证着这个内部编号为114的福星店的鼎盛业绩。

回首2005年7月19日,在新时代"走过十年"成功分享大会上,刘贵生慷慨陈词。"新时代健康产业(集团)有限公司的成立给了我们太多的力量和希望!让我们记住这个历史时刻并坚定自己的信念:我一定可以成功!"

遗憾的是,刘贵生并没有在新时代等到超速成功,他在一年后选择了一个更高速的改变可能。

2006年8月10日,记者惊悉新时代南方市场第一人刘贵生被公司开除的消息,这离新时代拿到直销牌照只差6天。在别人享受牌照的喜悦时,曾经风光无限的刘贵生即沦为看客。

截止记者发稿之日,并没有在新时代健康产业公司的官方网站上找到对开除刘贵生的说明文件。而在月余前,早有好事者向记者发过来了新时代对刘贵生处理意见的短信,据证实,很多华南地区的代理商在第一时间内收到了公司的处罚情况通知。

在记者致电新时代健康产业公司宣传部李勇主任时,他表示,新时代公司将继续加大对市场的管理力度,确保良好的市场环境。

而根据新时代公司在中国直销博客网(www.dsblog.net)上的声明证实,新时代公司仅仅是对经销商王水新的利益做出了保障,肯定王水新得到公司授权,可以合法开展销售推广业务,而只字未提在此次"封杀违规高级经销商"风波旋涡中的主角——刘贵生。

开除事件其实早有预兆。2006年8月2日至3日,新时代健康产业公司店长管理委员会首次会议在北京召开。在这个两天会议中,一个肩负历史责任的管理委员会形成,赵秀玲担任主任,洪爱平为秘书长,十五位委员是谢建君、刘洵、刘文明、王爱芹、王水新、冯景华、荆金梅、仉昊、姜斌、杨桂芹、孙亚娟、王智勇、许功明、夏仲成、于超浩。值得注意的是,这个名单里面已经没有了支撑起新时代华南地区业绩的功臣刘贵生。

过河卒子的烦恼

第四部分
国际直销的中国模式

"一家公司就等于一个舞台,它的制度就是剧本,产品是道具,我们是演员,我们能不能做主角就看我们进入的时机。"一位前新时代元老这样比喻公司的选择,但很多选择并由不了自己,"新时代一路走来,一直陷入制度混乱的旋涡,一把'双刃剑'寒着许多苦心做市场的经营者的心。剧本没选好,演员也只能咿咿呀呀唱着苦命的戏。"

从某种程度来说,6月份召开的会议讨论了最新的销售计酬制度,同时确定的《内参》也掀开了新时代公司积蓄已久的矛盾纷争的面纱。

到目前为止,新时代一共采取了三次不同的制度。第一波制度是级差与滚动并行;第二波制度是以太阳线为基础的累积制度,这个制度已经使用了8年以上;而所谓的"合法"第三波就是目前新时代健康产业公司全力推动的2006年10月1日正式执行的新制度。

"与其把刘贵生比喻成一个唱青衣的戏子,还不如说他更像一个过河的卒子。在新时代这个棋盘中,有进无退,不管怎么走,都不能回头。棋子的悲哀在于,要么你不要做大,因为你没做大,没人管你;要么你比中头彩还要幸运的做大,结果换来的是客观或者主观的出局。"华南地区一位长期关注刘贵生的直销老人说。

而记者从秘密渠道得来的一份数据又一次佐证了这一评论。

资料让人不寒而栗,作为刘洵下面的第五代,刘贵生旗下发展的顾客及经营者人数达到22万之巨,但仅仅是下属部门的戴继红就切分去了80%的市场份额,组织网络约为20万人。

接下来依据这个路径图表剥茧抽丝的剖析,戴继红的业绩也不大,以文碧峰为代表的大部门又占了18万多人,接下来,王水新又划分了8万多的人数。

这个层层累进的超级无敌大象腿拷问着所有关联人的神经,像一颗定时炸弹一样时刻引爆矛盾。

业界某知名制度专家在和记者交流这份资料时声称,"新时代计提12代,而且是紧缩的12代报酬的方式,但销售人员要获得14%的领导奖金,必须打入全国总业绩来加权分红,况且随着公司业绩的爬升,获得资格的人将越来越多,越到后期这个的权值将越来越低"。

"就以一个小的专营店为例,完成定额的销售员,按照当月本人销售金额乘以相应提成系数,与整个专卖店所有销售人员加权平均后,分配这并不透明的

媒体眼中的直销

14%"。

"而店里业绩最好不代表网络业绩好,特别是要获得4%的突出贡献奖励,难度系数要求相当的高,可以说是差不多针对大象腿而设置的过滤制度。"

"如累积销售12万元以上的销售员按1%、2%、3%、4%获得突出贡献年度奖励,但如果当你网点内某销售员达到6万元以上,你的销售业绩将不再计算他的销售额"。

这位制度专家一声叹息:"大象腿一条大线搭配几条小线,不能说明什么问题。当小部门死掉后,很多人都选择主动先放弃,然后落到公司开除。"

对于与新时代的利益纠葛,刘贵生闭口不谈,只讲自己的成功故事:"从95年开始,我做过两个直销冠军,做几年传统企业教练。收入都超过目前职位。"

都是制度惹的祸

其实早在6月的17日至19日,新时代也召开了一次国珍专营店长会议,主题是讨论确定的是最新销售计酬制度。在7月1日,大量经销商收到了新时代公司颁发的《新制度分析及市场调整策略》,据称,这是新时代公司结合新的变化,积极准备的新市场开发方案,"新的计酬方式将更合法、合情、合理!"。

但这份策略引起的是一位原新时代资深人士的一声冷笑:"我们盼星星盼月亮盼来了合法的身份,但这种合法丝毫没有减轻长期以来不合情与不合理的制度对大领导人的压抑。"

"心中巨龙,雄健尤从容;长歌豪迈,还看新时代",这位资深人士说,"豪迈广告的确能在瞬间激发民族感觉与品位,但任何改变对于那些饱经侮辱与损害的人们,一切都于事无补。"

这位资深人士一直与刘贵生合作,也跟随刘贵生出走。他现在称新时代为老东家:"我们老东家的这次制度调整极其积极,整个制度定位由'消费型'全面转向'经营型',老东家新时代要跟在安利、天狮之后,取消级差,月月归零。就目前政策形势来说,这种调整的出发点是好的,但市场快速倍增不是态度积极就能促使的,制度还需要考虑到与经销商的和谐共存。"

"从去年直销立法半年来,我们的收入一直都不理想,总在某个数位转圈圈,不但没增长,还有大幅下降的趋势。"另一位不愿透露姓名的十级经理也深有同感:"在新制度没出来时候,我们的日子都比较艰难了。如果接下来,学习安利改3%～21%

部分到 9%～30% 的策略，从 10 月 1 日正式执行这个新制度，我们的生存状态更是雪上加霜。"

相对经销商的质疑，新时代公司旗帜鲜明："制度的优劣首先取决于总的拨出率，其次是拨给谁，谁多谁少的问题，制度并不是我们选择直销公司的唯一要素，优质的产品和服务才是第一位的，更多取决于公司综合实力"。直销公司与经销商天生存在着不可调和的矛盾，刘贵生只是被扶持、被压抑并与之抗争的典型人物。

值得深思考的是，刘贵生向左而新时代向右，案例不仅仅是公司与经销商的分道扬镳。这个不得不说的故事寓意鲜明：以刘贵生为例，以新时代健康产业集团为鉴。

选择不是背叛

"红尘里面的过客，在时间和空间里面结冰了眼，追求着阳光，融化那五千年年轮般的心灵枷锁。" 36 岁的刘贵生标注自己博客的句子很文学。这时的他真的去了泰达益生。一直在人情纠葛与系统纷争旋涡里打转的刘贵生，终于完成了自己事业人生的转型，也有了更多的时间可以重温那些曾经奢侈的旧梦。在和记者的交流中，他首先谈起的是自己的收藏。

在 2006 年太原全国邮展上，自动化集邮研究会会员刘贵生用一部《蓝电子》邮集吸引了所有藏家的目光。就是这部《蓝电子》邮集获得全国银奖，在藏家心目中价值难以估量。

"就像邮票一样，很少人能评估到它真实的价值，但往往是那些看似最平凡的物件，经过系统的整理，却能发出化腐朽为神奇的力量。"作为浸淫直销行业十余年的首席企业教练，刘贵生有着独特的取舍之道。

"对绝大部分人来说，直销只是一个副业，美国 80 年的直销史，文学和艺术是生活的反映，你看了那么多书籍、电影、电视，有哪一个人物的身份是直销商？这是一个用业余时间来做的专业生意。它提供给人的是一个发展的机会，而不是一个生存的机会。这个生意不是要你辞职或放弃传统生意才可成功，恰恰相反，直销与你的传统行业是互相锦上添花。利益只是我们很多目标中的一个，我们还要时间自由、个人成长、心灵的满足、朋友、世界各地的旅游等等，只有金钱利益的实现，附加价值太少的生意我们不做。"在企业教练与邮品收入颇丰的情况下，刘贵生参透了很多新直销思维："很多直销员很可怜，把直销做成了工作或者推销，其实这是个仅仅是个单纯的生意。"

媒体眼中的直销

但并不是任何人都能参透这个新直销思维，一个直销员与一家直销公司解除合约后，受攻击，甚至谩骂，刘贵生是个典型。

"流水不腐，户枢不蠹。整个行业人才的自由流动，才会让这个行业规范发展。"刘贵生说："全球直销行业的泰斗人物，安利公司的创办人，以前也是另一家公司的直销员，后来退出，联合创办了安利公司，再后来，就更精彩，还买下了原来退出的那家公司。"

"行业像打乒乓球，这是自动波，赞美别人，会反弹回来；攻击别人，也会自动反弹回来。团队的大小和稳定取决于领导人的胸怀。"

"可是，很多人对成功连一分钟也等不及了。绝大多数人都想在播种的时候就吃果实，但播种和收获其实是两个季节。"

"成功需要忍耐，要熬得住寂寞。老祖宗常说十年磨一剑。"刘贵生除了剖析成功的思维，还在更新领导人的定义："这个生意中的领导人只是个代名词。与传统生意的领导人是两码事。在这里，我们全是平等的伙伴关系，我们领导不了任何人。你听一万次邓丽君的歌，你也成不了邓丽君，因为明星无法复制。可是我们每个人都可以向雷锋学习，因为他是榜样。当一个领导人在团队中成为明星时，就是他停止前进的时候。"

系统不了情

早在1995年投身安利网络21事业之际，刘贵生就在思考系统的意义，他认为系统不光是能帮助合作伙伴们到达成功的彼岸，更重要的是运用一个企业化的组织力量，营造一个终身教育的价值平台。

"成功系统知识只是一套科学的生意方法。"在刘贵生眼中，"系统只有和公司全面合作配合，整个市场业务才会良性循环。"

遗憾的是，在新时代里，他没有找到这样一个着力点。他更像是一个手握杠杆的阿基米德，寻找着四周的着力点。

忆往昔峥嵘岁月，在新时代这个平台里，也许刘贵生他一个人成功了，但他一手创办的成功系统并没有最大限度地发扬力量。

这或许是刘贵生心中永远的痛，系统和公司是两条平行线，永远没有交叉的满意点。

第四部分
国际直销的中国模式

刘贵生将相对正统的耶格系统思想融汇进新时代，把自己的系统命名为成功，这个系统随之裂变出曙光、鼎星、广宇、超速成功等体系。

因为主观与客观的原因，尽管在新时代中业绩卓越，但相对大行星、众成等其他很多系统，刘贵生领导的成功系统在官方和民间的声音却低调得令人浮想联翩。

令人意味深长的是，新时代公司加强了系统培训的中央集权，与总装备部某卫星通信公司合作，投入1000万资金建立国珍远程教育系统。在一个最先进的卫星传输技术下，公司各类信息和教育培训课程会及时传播到全国各国珍专营店。销售网点安装接收系统后，无须操作技能，打开电视机即可收看公司的最新动态和最新课程。

十年来，刘贵生第一次接受采访，谈及他在直销业的成功，记者注意到一个细节，很多的商业培训课还存在于众多公司的教材中，如他的企业教练技术《NCCP-2005》素质管理技术。

刘贵生认为成功的商业秘密在于系统的优势"十年前，我们用系统方法开始做这个生意时，就很少人理解，五年后，十年后的今天，到处都是系统。今天我们开始系统产业化时，还是很多人不明白，没有关系。我们之所以倍增，是因为我们有时时归零的心态，比别人学习的更快。"

系统嫁接公司的良好创意在泰达益生得到了实践，NSS成功系统随之诞生。

续梦泰达益生

"高层面的人刚打完架，就可以坐在宴会上互相敬酒；低层次的人打一架，一辈子就成了仇人"，刘贵生不是一只愤怒出击的刺猬，他拥有的只是一柄战斗的矛。

因为个性化的性格，刘贵生和很多直销公司的老板、高层管理人员以及很多不同直销公司的优秀领导人都是好朋友。

刘贵生邂逅泰达益生历程简直就像是IT历史中"唐骏盛大履新"的故事翻版，只不过刘贵生成了唐骏，泰达益生里面某个神秘高管化身陈天桥。

辞别微软，来到盛大，唐骏说他只用了三个小时做出决定；从系统的角度出发，下定决心。虽用了一段时间，但刘贵生参透了取与舍，"我与任何直销公司都没有过节，以前从未加入过任何供应商，既然从未加入，何来离开？"

在天津泰达第四大街80号天大科技园A2座五层的某个办公室里，每天打进的直线业务电话不多也不少，刘贵生有足够的时间和精力去消化秘书小姐呈上的那些

媒体眼中的直销

关于全国加盟招商与直营店的资料。

在这看似平衡规律、波澜不惊的工作节奏中,一直在人事纠葛与权利纷争旋涡里打转的刘贵生,终于完成了自己人生职场的转型。

"十几年的行业体验,这次国家立法,我是加入泰达益生,以后不再做直销员。我是泰达益生的副总经理,同时也是市场总监。"刘贵生说。

虽然刘贵生放下了新时代,但很多人却看不开。

一度,跟随刘贵生选择与泰达益生合作的伙伴与在新时代里留下来的伙伴分成了两派,他们在"几十个因此中断的直营店的业务该怎样协调"、"那些沉淀和扣发下来的奖金该怎样补偿"等问题上争执得很厉害。

但最后的结果证明,刘贵生说服了自己,也说服了追随者。

当别人为新时代成为第6家拿牌企业的新闻而狂喜的时候,刘贵生已不再有激情,新时代像一所大学,刘贵生更像是一个优等生,现在是到了毕业的时候了。

对于刘贵生投身泰达益生,究竟年薪几何,聘期年限,双方都讳莫如深。

从网络经销商到公司管理层的转变,刘贵生是否如外界传言的那样,获得泰达益生的股份,不得而知,但刘贵生否决了原瓜拿纳董事长张华与他跳槽事件相关的消息。

对于此次采访,刘贵生最后想说的看似平淡,"感谢政府直销立法,以前直销员和直销公司合作,总是处于极端弱势地位。直销法是保护直销员的,是严厉监管直销公司的。以前,直销员不规范,受伤害的总是自己。现在,直销公司要承担连带责任,高门槛、高要求、高专业是给所有直销公司的一个考试。直销员已经考了十年了,未来十年该直销公司考试了。"这段轻描淡写的言语,表达了刘贵生对新时代的态度,同时也对现有机会的渴望,他选择了自己亲自上这个考场,势必又是一场艰苦卓绝的考验。(原载《中国直销》2006年11月8日)

珍奥直销牌照被吊销

作为雅芳之后第二家、也是内资第一家拿到直销牌照的企业,珍奥领了"黄牌"

第四部分
国际直销的中国模式

之后再领"红牌"。

珍奥领到直销牌照不过两个月,就被国家有关部门要求整改。日前,国家商务部再次发出通报,珍奥集团股份有限公司因在整改期间被查实申报材料不实,被吊销直销经营许可证。

记者昨天从国家商务部直销行业管理信息系统中看到,珍奥已经从"直销企业列表"中除名。这是直销法实施以来首次有企业被摘取牌照。记者试图联系珍奥有关负责人对此事表态,却至截稿为止,无人接听电话。

商务部指出,珍奥集团股份有限公司获得直销经营许可后,通过媒体进行不实宣传,误导社会公众,被责令整改。在其整改期间,商务部接到多次举报,反映珍奥集团申报材料严重不实。经调查证实,珍奥集团所称的诺贝尔奖高科技品牌并不存在,其产品也并未获诺贝尔奖技术支持。珍奥集团在最初申报材料中有虚假内容。

例如,珍奥集团申报材料称,该公司目前开发多系列产品中,"包括与诺贝尔奖获得者穆拉德博士合作研发的药品、健康食品、化妆品和生发产品",申报材料还称,珍奥集团已形成"珍奥诺贝尔奖高科技品牌优势"。但是,穆拉德博士近日致函中国商务部的声明表示:"珍奥集团公司通过各种途径虚假且高调宣称其公司的某项产品应用了我获得诺贝尔奖的技术,完全不符合事实"。

经调查证实,珍奥集团所称的诺贝尔奖高科技品牌并不存在,其产品也并未获得诺贝尔奖技术支持。珍奥集团在最初申报材料中有虚假内容。因此,根据《直销管理条例》第40条、第43条的有关规定,商务部决定吊销珍奥集团的直销经营许可证。

商务部有关负责人表示,直销涉及到消费者的切身利益,关系到社会稳定。直销企业所在地政府,对本地域企业的产品生产、营销、广告宣传活动负有直接的监管责任。保护合法企业正当经营,处置不法企业的违法行为,维护消费者权益,是各级政府部门的重要职责。希望地方政府有关部门加强依法行政力度,正确履行职能,创造和谐的经济社会环境。

记者手记:商务部"杀鸡儆猴"

作为雅芳之后第二家、也是内资第一家拿到直销牌照的企业,珍奥的直销之路并不顺利。

珍奥刚拿到直销牌照没几天,商务部就在8月14日给予其"黄牌警告"——"珍

媒体眼中的直销

奥通过媒体进行不实宣传，误导了社会公众，责令其整改。"根据规定，珍奥在整改期间不得开展直销业务。

此事件一出，就在国内直销业界引起强烈反响。但是，当事人珍奥却不动声色，整改也一直没见动静。商务部再次发出"红牌"——正式吊销珍奥的直销牌照。

业内人士分析，商务部一直都对直销牌照的发放小心翼翼，甚至在雅芳之后所有的牌照中都设置了"地域限制"，以此提高监控程度；可是珍奥在领牌之后一直消极应对，面对商务部发出的"黄牌警告"，珍奥采取"不作为"的态度，并未进行整改。于是，商务部不得不勒令将其摘牌。（原载《羊城晚报》2006年10月10日）

雅芳全球大重组 为收购大宝留有余地

"我们随时都在关注是否有并购好的品牌或者好的工厂的机会，在大宝问题上我不能回答 Yes or No，对所有可能出售的品牌或者说我们认为有潜力的品牌雅芳都会感兴趣，过去是这样，未来也将如此。"雅芳（中国）有限公司总裁高寿康近日的公开表态，给外界在雅芳有意收购大宝的传闻上留下了想象空间。

《华尔街日报》评价说，2007年很可能是决定雅芳董事长兼首席执行官钟彬娴成败的一年。2005年12月，为扭转包括中国在内的全球四大市场销售颓势，雅芳开始了一项预计为期3年、耗资5亿美元的全球重组计划。

重整待发

雅芳的全球重组计划包括重组其管理架构、全球生产基地、改善采购和分销流程，而中国区在此次计划中被列为雅芳全球六大独立业务区之一，直接对总部负责。

据本报了解，目前雅芳全球的管理层级已经由原先的13层变成7层，重整以后最大的改变是公司决策速度加快，高寿康说："现在1到2天就可以做出决定，这在以往难以想像。"

同时他表示，雅芳中国重整后的体制令他十分满意，"中国没有裁那么多人，只是把员工的角色进行了重新的分配和诠释。"此前，雅芳宣布配合重组计划要在全球裁员1300人。

第四部分
国际直销的中国模式

对于近日媒体盛传的雅芳有意收购正在挂牌出售的大宝的消息，高寿康不置可否。虽然在中国并购市场上还鲜有作为，但雅芳的对手已经深谙此道，欧莱雅把小护士、羽西收入囊中，此前传闻雅芳也曾有意收购羽西。如果此次传言属实，雅芳将以超过23亿元的代价从强生手中夺过大宝。

直销第二阶段

截至目前，雅芳中国在全国已经拥有5400个销售及服务网点，招募到399,490名直销员，这意味雅芳原先的专卖店已经有90%完成了向服务网点的转型。

据了解，进入到直销第二阶段后，雅芳将重点升级其直销服务与技术，具体举措包括在订单系统中引入"手机订单"技术，增加全国性"呼叫中心"，预计这将使全国范围内产品直达配送时间由72小时缩短至48小时。公司表示，计划在今年7月份之前完成此服务升级计划。

高寿康说，在取得第一张直销牌照以后，雅芳用将近一年的时间来适应法规、调整自身，现在已经准备好全面启动第二阶段的工作。雅芳（中国）副总裁孙长青表示："拿到牌照以后，很多后续工作需要完成，除了网点建设，还有大量信息披露的细节问题。"

作为目前为止唯一一个权限覆盖全国的直销企业，雅芳模式在中国新直销时代怎样与安利模式分庭抗礼是业界一直关注的焦点。对此，孙长青认为，"雅芳单层次模式是目前最适合中国的直销模式"。但业界也有不同的看法，直销专家胡远江认为，"安利还有可能继续成为中国直销行业的标杆"。

1月份雅芳宣布进入直销模式第二阶段的同时，其与中国国家跳水队的合作也颇为引人注目，与此同时，安利邀请刘翔成为旗下纽崔莱的全球品牌代言人。两巨头在营销手段上的不期而遇也预示着竞争态势仍会升级。（原载《经济观察报网》2007年3月10日）

莱科萨斯公司更名然健环球

2006年12月，原莱科萨斯国际（中国）有限公司正式更名为然健环球（中国）日用品有限公司。这是鉴于莱科萨斯与丰田公司的一款汽车雷克萨斯名称相近的缘

● 媒体眼中的直销

故,更是莱科萨斯母公司加快直销全球化进程的一个重要考虑。

业界人士指出,"莱科萨斯"更名是希望以一个更健康的形象面对中国的直销业务。目前"然健环球"已在广州、北京等城市设立分公司与体验服务中心。公司更名后,将逐步把服务重心由沿海地区转向内地。

和解协议中的重要条款

美国莱科萨斯成立于2001年1月,总部设在美国德克萨斯州达拉斯市,其母公司为美国NHTC集团(Natural Health Trends Corp),是美国纳斯达克交易市场的上市公司,是国际知名的直销新秀。

莱科萨斯之所以取名为NHT,主要与莱科萨斯的母公司有关。NHTC是一家有着15年历史的代理制电子商务公司,经营个人护理产品、化妆品和保健食品等11类产品,分支机构和业务网络遍布世界30多个国家和地区,公司于2001年取得了Alura 18年的代理权,为此专门成立一家公司并以直销模式在全球开展业务,这便是莱科萨斯。

由于看到了中国直销市场诱人的份额,莱科萨斯在直销立法前夕暗自抢跑,"偷渡"入中国运作,以诱人的奖励制度吸引了数量庞大的经销商队伍,使其在中国大陆开展业务成为业内公开的秘密,从而受到了央视的曝光,使其红火的市场发展态势被当头棒喝。

更为遗憾的是,2004年,因莱科萨斯公司其英文名——lexxus与丰田公司的一款汽车雷克萨斯(lexus)仅一字之差,莱科萨斯陷入了与丰田公司漫长的官司之中。丰田认为莱科萨斯侵犯了自己的知识产权。经过漫长谈判与协商,2005年9月23日,双方最终达成和解。

根据和解协议,莱科萨斯将在2006年6月1日前修改公司注册名,这是其中最重要的一个条款。在放弃莱科萨斯名字的同时,全面取消对lexxus一语的应用,包括公司名称、标识、广告、网站域名等方面。莱科萨斯还承诺将不使用任何与lexus相似或者与此有关联的词语。

2006年3月,莱科萨斯正式更名为NHT Global Inc.。由于注册要求等原因,NHT Global最终确定中文名为"然健环球"。

记者了解到,莱科萨斯此次更名工程巨大。将"莱科萨斯国际(中国)有限公司"更名为"然健环球(中国)日用品有限公司",位于各地的体验店也要忙着更换招牌。

第四部分
国际直销的中国模式

据悉，莱科萨斯公司去年6月就向商务部提交了直销牌照申请，当时是用的莱科萨斯的名字。至于最后若发牌后直销的名字，"我们还需要跟商务部沟通"，公司对外事务经理王娟坦言。

更名争取阳光身份

从"莱科萨斯"到"然健环球"，虽然是全球范围的更名行为，不过业内还是评价，中国直销市场的改变和发展是其中很重要的因素。记者了解到，然健环球中国公司更名与其总部更名事宜相关。

为统一全球形象以适应全球业务的发展，2006年6月，其总部的新名称"NHT Global Inc."已经代替了旧名称"Lexxus International Co., Ltd."。而新名称中的"N、H、T"分别取自其母公司Natural Health Trends Corp.的前三个单词的第一个字母，代表Natural（天然）、Health（健康）和Trends（潮流）的意思。NHT Global总裁Curtis Broome先生表示，更名使公司的理念更清晰，标志着公司的业务已经进入一个更进取更全球化的进程，同时也反映出母公司Natural Health Trends Corp.在背后给予的强大支持，公司期望能将崇尚天然健康的世界潮流带给世界上每个角落。

不但如此，Curtis Broome先生还把传统中国文化融入新然健环球的阐述中，Curtis Broome说，新名称然健环球的标志是一片碧绿的叶子与底下蓝色海浪结合在一起，叶子强调天然健康的意念，而海浪代表着世界潮流，两者结合在一起暗合中国道家"阴阳"概念，然健环球所推崇的正是这种"阴阳"调和的健康理念。

根据然健环球中国公司方面介绍，总部对中国业务相当重视，成立于2004年的然健环球中国公司第二年即在广东珠海投资建设生产基地，这也是然健环球第一个海外生产基地，去年该生产基地已经开始试生产第一款产品莱丝妙颜SPA系列套装提供给消费者免费试用。去年年底前，然健环球中国公司在珠海、广州、北京的分公司及体验服务中心已经设立，并且启动了珠海体验服务中心。

在直销牌照申请方面，然健环球中国公司完全按照中国政府2005年12月1日颁布实施的《直销管理条例》规定的相关要求进行，包括生产基地的设立、中国市场计划书、计酬制度、2000万元人民币的保证金、服务网点的设立、企业信息披露制度等等一系列的工作。去年6月然健环球中国公司在自查软硬件都已符合中国《直销管理条理》规定的情况下，向商务部递交了《直销企业许可证》的申请，相关资

● 媒体眼中的直销

料都已经递交到有关部门。目前,公司正在等待商务部的批准。

记者了解到,莱科萨斯早在 1994 年就接洽中国市场,两年前它还挖角原雅芳中国公司高级销售总监任晓兰出任总裁,等待发展机会。

由于对中国政策捏拿不准,莱科萨斯虽然在中国已经注册的"莱科萨斯国际公司驻京代表处"和"莱科萨斯生物科技有限公司",大规模的生产性投资并没有实质性进展。或许是还在观望,等待进一步的明朗形势,但是从其驻中国的首席代表董文强目前频频出现在一些新闻现场和此次更名的动作来看,曾经畏首畏尾的莱科萨斯已在为加速抢滩中国直销市场热身了。

然健环球能走多远

仿佛为了与公司更名相配合,2006 年 3 月 28 日,NHT Global 董事会进行了领导层的调整:代理首席执行官 Robert H. Hesse 辞职,大中华及东南亚区总裁 Curtis Broome(卡帝斯·布鲁门)提升为全球总裁并暂时代理首席执行官,Randall A. Mason 出任公司的新董事长。原董事长 Brian Wolfson 因个人原因提出辞职,但仍将作为副董事长继续留在董事会。此外,董事会还决定建立行政管理委员会(EMC)取代首席执行办公室。行政管理委员会负责公司日常运营管理并直接向董事会汇报。

虽然高层重组的深层原因目前还不得而知,但接连遭遇公司更名和公司领导层重组事件,或多或少都会对莱科萨斯的发展产生影响,但这种影响是有利的还是杀伤性的,目前还不能定论。但是,站在行业发展的角度,我们仍希望这是莱科萨斯事业发展的一个新的转折点。因为,更名与重组事件,催生出国际性一流企业的事例并不鲜见。

上世纪 50 年代末,毫无知名度的"东京通讯工业公司"决定改名,虽然这意味着其十年来的品牌经营付诸东流,但创始人盛田昭夫却"希望改变日本产品在世界各地品质低劣的形象"。这家公司就是现在的 SONY。全世界见证了盛田昭夫的说到做到。40 多年后,联想将"Legend"换成了"Lenovo",它复制了索尼的开始,而今,联想又并购 IBM PC 部门一跃成为世界 IT 业的老大。

更名之后的然健环球,依然在等待直销牌照。

与之前一国际直销巨头提交了 2870 个县级城市的批文相比,然健环球所提起的申请仅限于广东、上海、沈阳、哈尔滨、大连等区域。据透露,最初广东省申请了 5 个网点、上海有 4-5 个。业内人士预计,莱科萨斯将在 3-5 年内,投资设立 60 家分

第四部分
国际直销的中国模式

支机构和 200 家体验服务店。

目前 lexxus 公司已经运营了 5 年，在这期间，其全球销售总业绩提升到近 5 亿美元，发展速度惊人。在更名和人事调整事件之后，NHT 环球的高层宣布 NHT Global 仍然将保持惊人的增长，并预定目标在 2010 年成为资产上 10 亿美元的公司。

然健环球中国公司表示，在未来他们将严格遵守中国政府制定的外资企业在中国开展经营活动的各项法律法规，逐渐摸索出适合中国国情的营销模式。对此，业内人士表示，由于"然健环球"的前身"莱科萨斯"在国内市场并不被看好，改名能否改变命运还有待时间验证。

如新旗舰店涉嫌传销被查

7 月 16 日，如新（中国）日用保健品有限公司哈尔滨的旗舰店（下称"如新"）因涉嫌传销被哈尔滨市工商局南岗分局执法人员查处，现场收缴产品 100 余箱，案值 200 余万。据哈市工商局南岗分局介绍，该局两执法人员通过他人介绍进入该公司内部，交纳 1300 元入门费后成为会员，并掌握了其经营活动的内部制度：要加入该组织，须由该组织内部成员介绍，购买 500 元至 1000 元产品，才能成为其销售员。随后可介绍外人加入，并从其销售款中获得提成。如卖出 4000 元产品可得 500 元提成。该人士表示，从如新的宣传资料、培训活动中也能看出传销痕迹。

执法人员认为，如新公司是经国家批准，允许在中国境内经销本企业公司产品的直销企业。真正的直销企业，其经销方式应该是招募直销员，由直销员在固定营业场所之外直接向最终消费者推销产品。而直销员须由直销企业及其分支机构培训，企业对招募的直销员不能收取任何费用。

南岗分局的执法人员在哈尔滨如新旗舰店扣压了化妆品、护理品、保健食品等系列产品 100 余箱，案值 200 余万元。目前此案正在进一步调查中。

如新公司公关部昨日表示，可能此事有一些误会，正在与当地政府沟通。在获得直销售经营许可证的区域之外，如新仍然在以过去的员工推销员模式运营，员工推销员有底薪和三险，再按照其销售业绩给予提成。（原载《新京报》2007 年 7 月 18 日）

第二十章　后牌照时代

"万基"直销全面崩盘

2005年上半年开始，"万基中国"在内地经营"直销"。按前总裁钱人齐的说法，为了获得在内地经营直销的合法身份，万基注册了万基伟业科技发展有限公司，同时，万基以深圳万基药业有限公司的名义申请直销牌照。从2006年8月起，万基在全国各地多次因为涉嫌传销而遭到质疑。10月，"万基中国"宣布停业整顿，11月7日宣布恢复营业，11月底，该公司高层集体离职，公司业务全面停止。而全国众多的经销商、销售员，却不知何去何从。

"万基中国"官方网站的最后一条更新永远地停留在了11月30日，从这天以后，网站上公布的所有电话都处于无人接听状态。

"公司还欠我们2万多元的产品，3万多元的工资和奖金，可是现在无论如何也联系不上了。""万基中国"直销事业石家庄经销商吕女士这样告诉记者。而有着和她一样遭遇的"万基中国"直销经销商，全国还有很多。

"公司确实已经停止营业了。我只是公司的法律顾问，我控制不了局面，我自己还有5个月工资没有拿呢。"一直担任"万基中国"首席法律顾问、11月初被宣布为"万基中国"直销事业首席执行官的刘某对记者这样说。

"我正式接手以前公司的资金链已经断裂了，经营上的问题更是异常的多，我

● 媒体眼中的直销

无力改变,所以只有出走。"已经跳槽到其他公司的"万基中国"最后一任总裁钱人齐这样告诉记者。

12月1日,随着国家工商总局新一批直销牌照的发放,中国合法经营直销的企业达到了13家。牌照发放前合法与非法之间的直销灰色地带从此消失。2006年,被业内人士称为中国直销元年,而"万基中国",是一个典型的失败样本。

记者采访了"万基中国"前后三任总裁姚则兵、李万昌、钱人齐,还有曾经是公司灵魂人物的天问和法律顾问刘某,以及众多公司基层、中层人员,试图弄明白,"万基中国"的直销缘何遭受广泛质疑并最终崩盘。

万基进入直销的背景

深圳万基集团有限公司成立于1991年,曾是中国最大的保健品集团之一,董事长陈伟东2003年位列胡润"中国百富榜"第61位。记者查询工商资料得知,万基集团的注册资本为1.5亿元,两个自然人陈伟东和黄桂华分别以55%和45%的比例出资。其注册地在深圳罗湖。查询相关资料,记者发现,近年万基集团资本运作频繁,却多无果而终。

相关公告显示,2001年5月,万基集团以1.41亿元收购烟台发展(600766.SH)27.35%的股权,成为第一大股东,其后又以6600万元控股鲁信国际(山东省柜台交易上市公司),并计划以8000万元收购孔府家集团90%股权。在万基集团控股的5年内,烟台发展5年亏损4.65亿元。2006年6月,当地一家民营企业收购了烟台发展大部分股权,成为第一大股东,万基集团退居次席。2005年8月,万基集团下属企业万基药业正式对外宣布,其两大股东及执行董事晏孝华向神秘人郭永亮出售三者所持有的60.1%万基药业(0835.HK)股份。2005年12月,万基集团从入主4年的"ST烟发"黯然退场。2006年初,万基集团控股的孔府家集团因经营状况不佳,被曲阜市政府施加压力。8月初,万基集团宣布将以3900万元的低廉价格出售75%的股权给河套酒业。孔府家集团的工作人员告诉记者:"由于万基集团没有履行合同,并没有完成合同所规定的投资,所以政府收回了。"

短时间内,万基集团在资本市场上频频受挫。这就是万基进入直销业的背景。"万基中国"在香港注册,最大股东为万基集团董事长陈伟东。

"万基中国"首席法律顾问刘某说:"老板最开始对万基直销寄予很大期望,觉得这是万基的转机。"参与"万基中国"创业、并草拟了直销奖金制度的天问说:

第四部分
国际直销的中国模式

"创业之初,我就感觉到,有的高层所看重的,是圈钱的速度。"

到底是直销还是传销?

2006年6月,吉林市公安局接到万基系企业"万基伟业"从事非法传销、要求业务专员将购货款打入个人账户的举报,派员赶赴深圳查封两个个人账户,共冻结资金300多万元。

8月,青岛开发区工商局对一名以"万基中国产品战略研讨会"名义非法组织直销培训的培训师,处以行政处罚1万元。……

各地质疑声不断传来,万基涉嫌传销的报道也频繁见诸媒体。曾经负责"万基中国"全国培训的"万基中国"企划教育中心总监张辉说:"'万基中国'当然有上下线关系,我培训的时候也会讲到,事实上,要搞清楚万基从事的到底是直销还是传销,只需要研究一下万基的奖金制度就明白了。"

记者对比了几个直销商手中的奖金制度,发现基本一致。奖金制度内容如下:

"一、业务专员:凡年满18周岁的中国籍公民(不包括国家规定的不允许参与销售的人士)以及原优惠顾客,启动至少一个业务中心,即可成为业务专员。二、启动方式:1.可选择两种启动方式:独立中心:以会员价消费80 PV的产品。企业中心:两个月内以会员价消费240 PV的产品。2.独立中心升级:会员开始启动独立中心后,于60天内一次性消费160 PV的产品便可升级到企业中心。三、奖金计算:1.辅导奖:每个业务专员享受推荐的业务中心业绩积分20%的辅导奖。2.组织奖:每个业务中心享受弱边销售业绩积分的10%的组织奖。如当月弱边业绩为5000 PV,则组织奖为:5000 PV×10%=500(美金)按人民币发放。独立中心每月组织奖金支付上限为20000 CV(人民币16万元)。企业中心每月组织奖金支付上限为60000 CV(人民币48万元)业务专员推荐的优惠顾客消费产生的PV值,归至业务专员弱边积分计算。3.伯乐奖业务专员最高可享受七代伯乐奖(业务专员亲自推荐的为第一代,由第一代业务专员推荐的为第二代,……以此类推。所有业务专员均可享受:第一代的组织奖的30%;第二代的组织奖的20%;第三代的组织奖的10%;第四代的组织奖的12%(达成一钻后次月开始永久享受);第五代的组织奖的12%(达成二钻后次月开始永久享受);第六代的组织奖的8%(达成蓝钻业务专员后次月开始永久享受);第七代的组织奖的8%(达成红钻业务专员后次月开始永久享受)……达到行政一钻业务的专员次月可获得全球业绩积分的2.00%平均分红……"

媒体眼中的直销

因为这些奖金制度过于专业，记者请直销界权威杂志《中国直销》的主编帮忙分析了一下，这位主编解释说："一般来说，奖金制度就是要弄一些大家不懂的名词，来让一般人看不懂。PV 是消费金额单位，CV 是奖金金额单位。弱边就是如果你发展了 A、B 两人，如果 A 这边发展了 20 个下线，B 这边发展了 50 个下线，那么你只能按发展 20 个下线的业绩来提成。伯乐奖就是多层提奖金了。组织奖是从团队中提成。这个奖金制度肯定违反直销管理条例了。"

记者随后找到了由国务院通过、于 2005 年 11 月 1 日开始施行的《禁止传销条例》，其第二章第七条内容如下："下列行为，属于传销行为：（一）组织者或者经营者通过发展人员，要求被发展人员发展其他人员加入，对发展的人员以其直接或者间接滚动发展的人员数量为依据计算和给付报酬（包括物质奖励和其他经济利益，下同），牟取非法利益的；（二）组织者或者经营者通过发展人员，要求被发展人员交纳费用或者以认购商品等方式变相交纳费用，取得加入者发展其他人员加入的资格，牟取非法利益的；（三）组织者或者经营者通过发展人员，要求被发展人员发展其他人员加入，形成上下线关系，并以下线的销售业绩为依据计算和给付上线报酬，牟取非法利益的。"

可以看出，在直销商中流传的万基直销奖金制度几乎完全具备上述三条特征。而且，就算是直销，因为没有取得国家的直销牌照，也属于违规经营。"万基中国"创始人之一、"万基中国"直销奖金制度的设计者天问说："我是 2005 年 10 月他们筹备开盘的时候就退出的。他们的主要操盘手想凭借短期行为圈钱，于是就出问题了。具体来说，他们更改了我最初设定的符合相关法规的奖金制度，因为他们觉得这个制度不能很快圈钱。他们更改后的制度更能吸引人，报酬可能超过国家规定的 30%。而且因为要速度，逐渐从卖产品赚钱转为拉人头赚钱。他们修改后的奖金制度最终成了一套金钱游戏。"

"网络低价化妆品"已开始叫板直销企业

新推出的官方售价为 280 元的安利雅姿凝润保湿精华液，在购物网站上最低售价是 180 元；玫琳凯盈白洁面乳官方定价 148 元，在网上五折左右出售的比比皆是……

第四部分
国际直销的中国模式

化妆品直销行业随着电子商务的介入，仅是官方价格几分之一的网络价格使买家趋之若鹜，众直销巨头引以为傲的价格体系和销售网络一时间面临来自互联网低价销售前所未有的冲击。

网上销量堪比省业务量

爱用安利和玫琳凯的读者小秦欣喜地告诉记者，她最近化妆品开销省了一半，因为网络买东西比市场上价格至少便宜40%。记者通过搜索发现，淘宝网上卖雅芳和安利产品的卖家有几千家，相关商品数量有数十万，这样醒目的数字，几乎比厂家在一个大省的业务量还多。

12月16日20点40分至21点10分，记者在淘宝和易趣网上搜索"雅芳"，发现该商品分别有121210条和7489条记录；搜索"安利"分别有100213条和15193条记录；搜索"如新"分别有31621条和1344条记录；搜索"玫琳凯"分别有71164条和3352条记录；就连多数消费者还不熟悉的完美和欧瑞莲在淘宝的"彩妆类目"中也分别有4958和766条记录。值得注意的是，几个直销巨头的产品在网上不仅数量多品种齐全，价格相当于官方价格的5至8折，甚至更低。随着有相当数量的买家已经形成了通过网络购买低价货品的习惯，网络购物形成了不容小看的成交量。

经过支付宝实际现金交易才记分显示，记者通过查看几个淘宝大卖家的信用记录和商品成交记录发现，低价货品受到了买家追捧。例如某位专卖雅芳和玫琳凯的皇冠级（信用点数在1万以上的）淘宝卖家一周成交玫琳凯和雅芳收到75条评价，一周成交金额超过4000元，一个月成交金额超过1万元，这样的成绩比一个优秀的直销员有过之而无不及，而且根据很多买家对卖家的评语显示，这些成交的产品绝大多数跟市场上流通的产品品质一样。

区域限制被网络打破

网络销售作为一个开放的空间，可以将货品销往任何一个地方，所以直销企业的区域限制政策在这里形同虚设。记者看到，欧瑞莲的产品本来只被准许在南京、无锡、苏州三地设点销售，淘宝上的"物品所在地"虽然集中在上海和南京，但也不乏贵州山西等其他地区，而销售地点则扩大到全国各地；完美仅被准许在广东21个市设点销售，而在网上的卖家来自全国各地，至于其他大品牌未被准许的地区，在网上也全部越界，变成了天南地北都可以买到商品。

媒体眼中的直销

对于安利和如新而言,由于网上部分卖家有海外拿货的渠道,淘宝还出现了"进口安利"和"海外如新"与其国产产品争锋竞价的现象。记者在淘宝的"如新"品牌类目下搜索"海外如新"有 2863 条记录,"如新 5.5 折"和"如新 5 折"分别有 3650 条和 1183 条记录;"进口安利"8344 条记录而且很多打出了"四折起"的口号。网上的大量低价不免让直销企业陷入尴尬,此前就曾发生某个地区的销售人员因为业务受到网络低价的冲击而萌生退意。

部分内部员工变身卖家

在网上以低于进价的价格大量倾销,这样的举动相信任何一个正常的销售员工都吃不消。据记者了解,雅芳给直销员的进货折扣是买满 1200 元打 7 折,如新的政策是销售员工在第 1 至 6 个月通过 ARO 系统拿货 8.5 折,6 个月以上 8 折,但每月最多只能购买 2500 元的产品,而在直营店里购买永远都只打 9 折。安利表示自己的产品是原价卖给直销员,按销量返还不超过 30% 的佣金。

12 月 15 日,记者以买家身份与淘宝一名专卖如新的卖家聊天,发现其网店中有大量的如新产品低至 4.5 折,此外还有 5 折的产自海外的如新产品,记者表示自己很困惑:"因为如新产品卖给销售员工的折扣最低是 8 折,你卖 4.5 折能赚吗?"这名卖家回答:"因为我贴了奖金的,低价只是为了跑量销售。"此外,5 折大量出售安利和玫琳凯的卖家也是基本相同的回答,部分卖家透露自己的产品来源特殊,但能保证品质,个别还表示自己是为了升级自己的销售级别。

如新有关人士对记者表示,网络上的如新产品如此低价有三种可能性,一是有人恶意把价格压低,二是有一部分是假货,三是部分销售员工囤货,而内部员工将低价货品外流占到的比例微乎其微,比如如新内部员工每个月仅能以 5 折购买 500 元的如新产品。目前公司已经注意到了这些低价货品并希望加以抵制,在有必要的时候法务部会和相关购物网站进行商榷并加以处理,因为正常的销售体系和价格需要进行维护。

囤货间接导致价格混乱

面对网上的低价,专家指出,虽然公司批发价没有受到影响,公司还是照样盈利,但这使各直销企业自身需要加强管理,以便维护自己的产品形象。

如新有关人士对记者表示,民间的低价对公司形象当然会有影响,所以需要规范,每一件如新正品都有单独条码,公司可以通过条码查询这些产品的流向,看是哪些

第四部分
国际直销的中国模式

销售员工在以低价卖出，但如果是假货和海外如新产品，就跟公司没有任何关系了。安利中国相关人士表示，所有的世界知名护肤品品牌都在淘宝存在大量低价货品出售，这主要是互联网络监管的问题，讨论如何监控电子商务和划分网络销售权利范围更有意义。她同时表示，这个问题公司绝对不会忽视。

直销专家胡远江在接受记者采访时表示，随着电子商务的平台越来越广阔，直销企业需要强化自身体系的管理，尤其针对一些漏洞要补上。他认为有的经销商囤货是为了拼级别，例如一级直销员升到二级需要当月卖出 1 万元，于是没达到的人就赶紧囤货，把囤的货全部低价卖出而获取销售奖金，当两相抵消后直销员还是有赚头。不论是针对囤货的销售人员还是其他有特殊渠道的卖家，如果企业的商品在某处形成了大量的低价，这无疑对企业不会是积极的影响，所以相关企业一定要严厉打击囤货，同时在营销环节的各个细节强化管理。（原载《中国直销博客网》2006 年 12 月 22 日）

直销牌照越发越多的好与坏

截至目前，获得直销牌照的企业已有 13 家，其中外资 10 家，内资 3 家，中国直销行业的格局再次回到外资独领风骚的局面。1998 年获准转型的 10 家企业中，雅芳、安利、完美、玫琳凯、富迪已经获得了直销牌照。特百惠已彻底转型为传统的零售企业，百美、娜丽丝早就退出了直销市场。仅剩的尚赫、日晖两家企业没有拿牌。

外资企业被获准直销的数量的渐次增多，是中国直销行业发展的必然结果，也是外资企业"转型"经营日渐规范并获得政府管理部门认可的体现。未来一段时间内，外资企业如何操作市场，监管部门如何监管市场，将是在一定范围内长期存在的既对立又统一的政企为之争夺的对象。随着获得直销经营许可的企业的逐渐增多，监管与被监管，企业合法"转型"与经销商、直销员"维护"利益所暴露出的矛盾将日益突出，而当前的政策环境和市场环境，能否承受众多直销企业的入市压力，备受业界关注。与此同时，一些与这个行业息息相关的有益或无益于行业发展的问题也逐渐浮出水面。

（一）牌照越发越多是整个直销行业发展之必然，其利好的积极意义表现在以下几个方面：

媒体眼中的直销

牌照避免合法转型的暗箱操作

自从1998年被批准转型到如今，外资直销企业一直是中国直销行业的主力军，在中国直销市场逐步走向正轨的环境下，外资企业大批量获得牌照，是政府管理部门对其在中国从事直销经营活动的肯定，也为其能够继续经营赋予了合法的身份。

在经过一年的政策调整，政府管理部门的监管能力不断提高，监管职责也日益细化，同时，外资企业凭借多年从事直销经营的雄厚基础，再经过一年的"转型"调整后，能够初步完成对各项整合，并推出与法规相适应的"新政"并不奇怪，况且，获得直销牌照的外资企业要进入市场，还需要依法完成人员培训、网点建设、团队转型等基础性的工作，至于何时才能正式进入市场，还有待时日。从目前形势看，牌照只是企业从事直销合法化的一个凭据。

对于拥有庞大销售团队的外资直销企业来说，拿牌不但意味经营的合法化，而对于企业如何依法引导销售团队成功转型也起到了积极的推动作用，政府对企业的肯定，无形中给予企业从业人员以身份合法化的认可。企业合法经营，就避免了团队转型的风险，也增添了企业引导团队成员转型的成功率。这既有利于企业以后的发展，也降低了企业因身份不明所引发的一系列社会问题。

有利于稳定市场和销售团队

外资巨头中转型企业最具代表性，他们的渐次拿牌，对构建和谐的中国直销市场新环境，至关重要。十家转型企业除了退出和转向传统的3家外，仅剩日晖和尚赫没有拿牌。日晖的靓点是以店铺为中心开展经营的，随着其店铺布网的逐步网上和申牌工作的逐步推进，拿牌自然水到渠成，而尚赫经营的沉稳和团队的稳定，拿牌也并非难事。日晖规范的店铺经营和尚赫的稳重扎实，对行业稳定不会构成潜在的威胁，监管部门有理由按部就班地批准它们的经营许可，而没有必要采取对待安利、完美、玫琳凯一样的"火线"安抚策略。

安利等巨头"火线"拿牌，对转型企业申牌而言是一个具有标志性的转折，舆论对此虽颇有异议，但此类巨头企业的成功转身对稳定市场秩序，建造和谐的直销环境不无好处。如果国际巨头直销企业，在中国直销监管的敏感期陷入"非法"的境地，将引发数以百万计的直销从业人员的不稳定情绪，而由此所引发的社会影响是可想而知的。

第四部分
国际直销的中国模式

为政府积累监管经验为新手提供"蓝本"

更多企业从事直销的身份的合法化,将推动企业在合法操作市场环节上各展所长,其各具特色的前身如何依照中国法律完成拿牌后的市场转型,参与其中的企业对此小心在意,监管部门对此也毫无懈怠之意。更多企业前期进入市场的经营活动无疑成就了监管部门积累了监管和服务市场的数据信息,为此后进入这个行业的企业提供更多有价值的指导。安利、完美、雅芳等巨头企业,无论是制度、文化,还是经营管理,都是其他后来者无法比及的,这些直销巨头先期进入市场积累的成熟的运作经验足以支持"新手"运作市场,其蓝本作用不可小视。

(二)辩正地看待当前的中国直销市场,我们不难发现,在牌照越发越多的背后,依旧隐藏着这样或那样的风险和弊端:

政府部门"监管"危机将持续走高

在中国境内最具潜力且从业人数众多的企业都已经获准直销了,无形中将增加政府监管市场的压力。如果监管部门在不设置任何政策"障碍"的情况下,如何确保拿牌企业和直销员穿新鞋不走老路,其潜在的难度是可想而知的,更何况监管部门还要为打击传销工作投入巨大的人力物力。此外,外资巨头可以放弃多层次,但其所属团队能否甘心转型并放弃团队计酬,将成为企业合法经营过程中无法回避的潜在"黑洞",这也将成为企业加强规范和政府监管的重点。对这一"黑洞"的隐患如果监管不当,就会引发市场经营的混乱,也将给传销分子以可乘之机,致使假借合法公司之名从事传销活动的行为将有所抬头。总之,大批企业同时进入市场,企业在入市初期引发的各类矛盾将在一定时间段内集中爆发,这无形中增加监管部门的"监管"难度和监管"风险"。

巨头企业的进入,各巨头企业数总量超过百万的销售团队如何才能顺从地接受公司管理,这将是拿牌巨头们不得不认真面对的问题。企业处理不当,就会因违规操作而被取缔,所属公司也将遭受株连。根据现行法规规定,如果直销员出现违规行为,所属公司不能提供确凿证据证明与己无关的,公司将承担由此产生的一切责任。直销企业在拿牌后进行"政策转型"过程中,最受关注的当数对原有政策的调整,这种调整也将直接涉及到调整数以万计经销商的既得利益,稍有不慎,将危及到整个行业的市场稳定和公司业绩,并很有可能会引发更多经济问题和社会问题。

从业的自由空间缩小危机市场安全

媒体眼中的直销

以往中国直销市场因为监管不甚严格而显得相对自由,从而导致直销经营企业良莠不齐,而面对越来越严格的政府监管,在监管范围内四处碰壁的企业就显得很不适应。"自由"并没有固定的概念,它是一定法律规范下,权利最大化的范畴。就中国直销行业而言,在没有出台《直销管理条例》、《禁止传销条例》及其相关规定之前,监管部门对这一行业的监管是相对薄弱的,正因为如此,才使得很多中小企业变得十分活跃,传销也由此演变得异常猖獗。

随着国家监管直销行业不断步入正轨,中小直销在无法适应接踵而来的监管政策,也不能根据政策要求作出适当调整的,只能选择退出。他们的退出,将直接导致数量庞大的"直销难民"涌进市场,能够吸纳他们的只有拿牌的企业。事实上,拿牌外资企业虽然有相对成熟的市场和相对饱和的销售队伍,况且外资企业对"政策转型"所带来的人员安置工作都自顾不暇,很难顾及其他。而拿牌的内资企业,虽多数企业具备吸纳大量从业人员的能力,但陷于经营区域的限制,在没有能力拓展更大市场空间的前提下,对此束手无策。无家可归的"直销难民"的长期存在,其所蕴含的不稳定因素是不容置疑的。

管理部门懒政滋生"有所不做"行为

随着直销牌照的越发越多,更多的监管政策也显得捉襟见肘起来。《直销管理条例》、《禁止传销条例》及其相关规定的施行,虽然对行业的发展起到了积极的推动作用,但企业在实际运营中不断遭遇的政策瓶颈,暴露出了一系列问题。

因为政策太过笼统,缺乏细则性的规定,增加了企业的作业成本。例如,《直销管理条例》第十条第二款规定,服务网点的设立应当符合当地县级以上人民政府的要求。而对于企业设立服务网点具体由哪级人民政府的哪个部门管理,该如何报批等可操作性的规定,则只字未提,企业在实际操作中只能自己摸索。还有,《直销行业服务网点设立管理办法》第三条第二款对"县级以上(含县级)商务主管部门应当根据而《条例》第十条第二款对申请企业提交的服务网点方案进行审查"的规定也极为模糊,企业很难把握是应该对将网点服务方案送交哪级商务主管部门审查。

此外,商务部门为企业发放直销牌照虽然有先有后,但对外公布消息的日子却有着惊人的相似,那就是某一个周五下午 5 时以后。众所周知,在奉行"朝九晚五"的京城,一个主管直销行业牌照发放工作的职权部门,每次都选择这样一个时间发布消息,很难洗清故意躲避媒体"骚扰"的嫌疑。在"新闻发言人制度"已经相对完善的京城,商务部应该对此再清楚不过了?每每有企业获得直销经营许可的消息

> 第四部分
> 国际直销的中国模式

发布,全国所有媒体的报道里都看不到政府管理部门的"声音",至于消费者、媒体和从业企业做何感想,主管部门对此是否熟视无睹我们不得而知,但如此惊人的巧合确实令人匪夷所思,况且,世界上根本没有无缘无故的巧合。

凡此种种,管理部门因此所滋生的"有所不做"的行为,不但增加了企业的经营成本,也偏离了其服务于民的宗旨。

总之,直销牌照越发越多将带动中国直销行业的快速发展,是值得肯定的好的一面,但在整个发展过程中,所诱发的不利于行业发展的一面,也应该引起政府和企业的关注。(原载《新浪财经》2006年12月15日)

工商总局要求做好打击传销规范直销的工作

9月4日,国家工商总局召开了工商系统部分省市打击传销工作座谈会。钟攸平副局长在会上指出,按照国务院和总局的统一部署,各级工商机关积极开展打击传销专项行动,取得了阶段性成效。各级工商机关要从"讲政治、保稳定、促和谐"的高度,充分认识打击传销工作的重要性和紧迫性,牢固树立除恶务尽和长期作战的思想,克服厌战和畏难情绪,以强烈的政治责任感和使命感,多措并举,标本兼治,综合治理,进一步贯彻落实国务院部署,在总结集中行动经验的基础上,与公安部门一起充分发挥主力军的作用,深入扎实做好打击传销和规范直销的各项工作。

钟攸平介绍,今年以来,各地工商机关在当地党委和政府的领导下,与公安部门密切配合,根据《全国打击传销专项行动方案》的部署,深入开展打击传销专项行动,取得了阶段性成效。截至今年8月15日,全国工商系统共查处传销案件3001起,取缔传销窝点34727个,教育遣散传销人员695924人,移送司法机关追究刑事责任案件577起、3640人。

各地工商机关积极推动建立并巩固完善"全国统一领导,地方政府负责,部门指导协调,各方联合行动"的打击传销工作格局。去年以来,江苏、河北、广西、吉林、江西、四川、湖北、内蒙古等地又相继成立了政府牵头的打击传销领导机构。截至目前,全国传销相对集中的大部分省份已经建立了政府牵头、部门协作的打击传销领导机构和工作机制,广东、云南、山东、河南、湖南等地已将打击传销纳入社会治安综合治理考核范畴。

深入开展打击传销专项行动和集中行动。按照国家工商总局和公安部的统一部署，各级工商机关在当地党委、政府的领导下，与公安等有关部门密切配合，积极开展了打击传销集中行动。此次集中行动，较之以往部署更加周密，力度更大。据统计，在集中行动月期间，全国工商机关共出动人员281062人次，查处传销案件1179起，取缔传销窝点12210个，清查教育遣散传销人员248896人次，移送司法机关追究刑事责任案件327起、2212人，有力地打击了传销活动的嚣张气焰。（原载《工商总局网站》2007年9月11日）

基因检测迷雾

"花八千多元做一次基因检测，就能预知终身疾病，检测的准确率超过99.69%，基因生物工程是本世纪最后一个黄金产业，谁都可以加盟，只要抓住机遇，下一个比尔·盖茨也许就是您！"

2007年3月初，申先生向《山西晚报》热线反映，省城有一家健康管理中心，称他们得到"上海复旦生物科技有限公司"授权，专门从事基因检测服务，不知其提供的检测结果是否可信？建议记者前去调查。接到报料后，记者以给公司中、高层人员做体检为名前往调查，发现"基因检测"存在种种疑点。

为弄清事实真相，《山西晚报》记者随即与上海《东方早报》取得联系，经上海《东方早报》记者调查发现："复旦大学"并不是"复旦生物科技"背后的研发单位；目前在国内"基因检测"压根还没有技术标准；这些人实际是在利用百姓对健康的重视和对基因概念的无知，打着"基因检测"的幌子，拉下线、搞传销，并从中牟利……

"8040元能给你提3060元"

3月8日，以给公司中、高层人员做体检为名，《山西晚报》记者来到太原府西街某商厦A座。穿过贴满"解码生命、造福人类"宣传广告的走廊，在14层C户"上海复旦生物科技基因检测太原华宇健康管理中心"门前停住了脚步。

得知是打听基因检测的，一名年轻女子热情地迎了上来："能测，能测，只要

第四部分
国际直销的中国模式

从口腔里刮脱落细胞，寄回上海复旦生物检测，半个月就能出结果。"该女子自称姓代，是给这里的马老板——自己的姑姑打工。说着，从柜子里取出一份授权书，放在桌子上。

授权书上，"联合基因科技（集团）有限公司"、"上海复旦生物科技有限公司"授权字样格外醒目。为显示其"科研实力"，墙壁上挂着许多"基因检测"方面的宣传板："公司发源于复旦大学"、"复旦大学校办企业"、"检测准确率超过99.69%，处于国际先进水平"等。

见不吱声，小代开始向记者"普及"基因检测知识："只要划拉点你的口腔黏膜就行，不疼不痒的！"小代拽着自己的头发说："就是一根头发也行！这么说吧，从未出生的胎儿到百岁老人都可以做，这相当于一份人生说明书，告诉你一辈子可能会得什么病，还能提醒你什么能吃，什么不能吃，太值了！"

小代表示，他们营业一年时间，已经为全省"好几百人"做了基因检测。说到检测质量，小代手一挥："在我们家做的，没一个说不准的！"

"我们公司中、高层一共有26人，最近想进行一次体检，要是都做基因检测的话，得花多少钱？"记者询问说。

"检测共分5大类，每类检测是2680元，咱们现在优惠，花8040元，可以5类全检。检测项目包括慢性乙肝、I型糖尿病、肾癌、HIV感染和艾滋病发病、食管癌、大肠癌、高血脂、老年痴呆、乳腺癌、白血病等60多种疾病。你们先喝点水，我去给姑姑打个电话，兴许能优惠。"说完，小代便跑到里屋，打起电话。

已是中午时分，由于迟迟等不到老板的出现，记者以又累又饿为借口，准备离开。为了留住"大客户"，小代抛出"提成"诱饵："你们除了给公司联系检测，自己还可以申请加盟，加盟费最低35000元，只要随便办一个执照，就可以得到授权，提成很可观。"

12时15分，一位40多岁的女老板赶了回来。一见面就热情地介绍说："上海复旦是全世界有名的，也是最早在中国开展这项业务的，特别准确！"

听说有其他单位也在做基因检测的生意，马老板嘴一撇，边摇头边说："据我所知，他们的技术不成熟！"为了证明自己说法的可靠性，马老板自称是尖草坪区的人大主任，现在还上着班。还说健康管理中心与山西煤炭医院里的"中天裕人健康管理公司"有合作，"检测报告出来后，可进行健康管理，告诉你吃面吃什么面，

媒体眼中的直销

喝水喝什么水,对延长寿命很有帮助。"

得知有 26 个人要做基因检测、担心检测费太庞大,马老板的手指马上开始在计算器上忙碌。"我们做这个事,不光是为了挣钱,还要绝对对得起朋友。"随后,马老板压低声音说:"每类检测费 2680 元,一个单子我能挣 1020 元。一个人全套检测,共有 3 张单子,这次好处全给了弟兄们也行,8040 元我给你提 3060 元。"

"只是拉人头,不用搞服务"

薛先生从事商业活动多年,去年春天,曾经计划加盟该项目,但在听了加盟讲解、走访了部分公司后,凭直觉觉得健康管理中心提出的"基因检测加盟"实际是通过搞加盟、拉下线,从中牟利,最终还是放弃了加盟的计划。2007 年 3 月 9 日,在太原某宾馆附近,薛先生向记者讲述了自己的经历。

"所谓的加盟商并没有店铺,属于'皮包公司'。而'加盟商'也不教人怎么卖东西,而是教人怎么发展新的'加盟商'。"薛先生介绍说,想获得"基因检测代理资格",最低需交 35000 元加盟费。交费后,除能拿到一定数量的基因检测业务指标外,价格上还可享受优惠。如果拉到检测对象,可以按 2680 价格收费。给别人多少折扣,完全由自己灵活掌握。如果发展的人数过了百人,"加盟商"就可以升级,拿到的价格会更低。

"我感觉这种模式很像传销,但他们解释这是'合作直销,协同分销'。"薛先生回忆,这些公司利用新《公司法》中"一人公司"的规定要求"加盟商"注册公司。如果有人问,则说所有"加盟商"都是法人而不是自然人,加盟商之间的关系是公司之间的业务关系,支付提成也属于业务往来。

根据 2005 年国务院第 444 号令《禁止传销条例》规定,"组织者或者经营者发展人员,通过对被发展人员以其直接或者间接发展的人员数量或者销售业绩为依据计算和给付报酬"属于非法传销。

正当薛先生举棋不定之时,忻州市、河津市的一些人"热情高涨",他们通过自己的介绍线人,积极申请加盟。在办手续时,他们之间互不打听,只是关心自己如何才能发展新的"加盟商"。出于保险起见,薛先生最终选择放弃。

除薛先生外,曾从事过健康评估工作的吕先生也对基因检测产生了疑问:"做基因检测前,工作人员一般会要求你认真填写'询问'答题,但这种检测结果和答题有何因果关系?基因检测报告到底是如何出笼的?"种种疑团一时无法解释。

第四部分
国际直销的中国模式

基因检测压根还没有标准

"上海复旦生物科技有限公司"和"复旦大学"究竟有无关系?提取的口腔黏膜寄到上海后,真的是在联合基因公司检测吗?为弄清事实真相,《山西晚报》记者随即与上海《东方早报》记者取得联系,按照马老板提供的地址,《东方早报》记者立即前往核实。

3月10日,记者来到了上海市中山北二路1111号,发现"上海复旦生物科技有限公司"已经搬走,门卫说经常有人来找"复旦生物"。记者多方打听,在大连路1288弄7号楼3603室的一个公寓里,找到了"复旦生物",公司只有一名员工和一名保安,房间内放着两张办公桌,并没有基因检测设备。

随后,记者到"上海复旦生物科技有限公司"声称的"背后研发单位"复旦大学进行核实。

"不知道他们依托的复旦大学在哪里?反正不是我们这里,我们也从来不搞商业化。"复旦大学生命科学学院遗传学研究所的吴超群教授首先表示。在采访中,记者了解到,复旦生命科学院很多教授此前确实接到过来自全国各地的求证电话,问能不能入股?不少教授对此莫名其妙。

而对于"上海复旦生物科技有限公司"的加盟商宣称的种种神奇功能,吴超群教授则有自己的看法。"目前国内基因检测缺少技术标准和判断标准,没有标准怎么去解释检测报告?宣传资料称可以检测60多种疾病,越过了保健的范围,属于临床诊断,需要有卫生部门的批准。"吴教授强调说,基因样本采集最好由专业人士操作,一般通过采血。但不主张口腔黏膜采集法。采集遗传样本一个重要的原则是避免污染,有严格的操作规定。

"通过口腔黏膜可以测出多种疾病",开展所谓的"全民基因健康系统工程",对于这些提法,吴教授分析说,"影响疾病的因素很多,基因影响疾病的概率是20%到30%,绝不能犯'基因决定论'的错误。"

检测报告缺乏充分科学依据

"上海复旦生物科技有限公司"成立于1993年,是联合基因科技集团的下属企业,在成立之初的注册资金8000万元中,有复旦大学955万元的资金。但复旦大学校方不参与该公司的经营与管理。2006年3月,"上海复旦生物科技有限公司"下属"复大公司"因"基因检测"被媒体曝光后,"复旦大学"便停止了与"上海复旦生物的合作。

基因检测报告到底是如何出笼的？知情人士向记者透露，基因检测报告主要内容是"易感基因检测"（注：大多数疾病是多种环境因素和遗传体质共同作用的结果，对健康不利的遗传体质所对应的就是一些与疾病发生相关的基因型，就叫做疾病易感基因。）实际上，"上海复旦生物科技有限公司"早已将该检测业务外包给上海博星基因芯片有限责任公司。

"博星公司用来检测亲子鉴定的仪器，闲着也是闲着，于是做起易感基因的检测。"这位知情人说。

"检测的做法是先找到基因位点，然后根据国内相关文献作出判断，但这些文献都是以某区域的人群为研究对象，却直接拿来作为全国人群易感基因检测的标准。"知情人士认为，这样的方法并不科学。因为在检测过程中，样本少的话，检测会不规范，容易导致检测结果被误读。

记者发现，在"上海复旦生物科技有限公司"的参考文献样本中，涉及区域除武汉地区、华南地区和北方汉族人外，有部分山西汉族人资料等。

上海交通大学附属瑞金医院分子医学中心主任宋怀东研究员也赞同这位知情者的观点，他认为，因为国内和国际均没有公认的易感基因标准，目前易感基因检测还不适合向普通公众作商业性推广。

不要对基因检测盲目跟风

山西医科大学法医学院梁景青教授从事DNA检测工作多年，她介绍说，即使检测到某人对某些疾病有易感基因，也只表示其患病几率高，并不代表着疾病肯定会发生，检测后就算没有一个易感基因，也不能对疾病放松警惕，因为辐射、化学、药物、污染、生活习惯等特定的内外环境的作用，可造成基因的损伤或突变，从而诱发某些疾病。另外，自己在进行基因芯片检测时也亲身体会到，有时本该出现阴性结果的检测，却出现阳性结果。这说明基因技术尚处于研究阶段，还不是现在就适合推广的技术，此时用于公众的临床检测为时尚早。

复旦大学生命科学院卢大儒教授也表示，目前不少科研机构对于一些疾病的研究众说纷纭，其中一个重要的原因就是研究样本范围不够大，其科学性难以保证。"检测结果好，大家都高兴；如不好还会增加心理负担。况且，这些检测结果并不能解决人的健康问题。"卢教授奉劝人们不要对基因检测盲目跟风。

第四部分
国际直销的中国模式

亿霖木业涉嫌传销诈骗16亿

以一句"合作造林首选亿霖"广为人知的亿霖木业集团有限公司终于露出了"传销"的真容。2007年2月9日上午，北京市公安局经济侦查处向媒体通报，公安机关已于8日依法查封了亿霖集团在北京的经营场所，扣押、冻结了该集团部分非法所得和资产。

"'亿霖集团'案是北京有史以来最大的传销案件。"据统计，受到"亿霖木业"广告宣传诱惑之后，全国共有2万余人缴纳了购买林地款，其中1.7万人是北京人，从2004年起的两年多时间内，该集团非法经营额达到16亿元。

北京警方称，此次行动是由高层警官亲自指挥，调集众多警力奔赴辽宁、吉林、河北、陕西等地对参与传销且逃匿的骨干展开了集中抓捕行动，目前十四名传销骨干已被成功抓获。缴获了他们通过销售提成的方式非法获利的3200余万元人民币。2月18日北京警方向媒体公布了亿霖诈骗案的最新进展，并敦促违法传销骨干和各级传销参与人员主动投案自首，立即退回赃款，以争取从轻、减轻或免除处罚。

"合作造林"骗局

据亿霖木业去年发布的一份招聘资料显示，内蒙古亿霖木业（集团）有限公司成立于2004年6月，注册地设在北京，注册资金5000万元。其旗下的20个分公司遍布全国各地。记者从吉林省工商局查询得知，亿霖木业在吉林省有两家分公司，分别为内蒙古亿霖木业长春分公司和内蒙古亿霖木业吉林市分公司。其中长春分公司注册于2004年5月21日，有效期到2007年6月，法人代表为赵代红。由于长春分公司和吉林市分公司不是独立的法人，因此无法查询到其注册资金。

亿霖公司低价购买林地后却以几倍甚至十几倍的高价卖出，在市场上恶意炒作，并且把传销目标瞄准了退休和下岗失业人员。而退休和下岗失业人员在无奈之下更多地选择了这种不需要技术，单纯靠资金投入，看似无风险的投资方式，最终掉进了某些骗子团伙的陷阱。

据调查，亿霖公司找来明星葛优，以"合作造林，首选亿霖"的广告语蒙蔽百

媒体眼中的直销

姓,但是其宣称的树林有的是荒地,有的已遭虫害,公司甚至只管收钱,却根本就没有计划管理。在销售林地的同时,亿霖集团实际控制人赵鹏运等人以管护林地为名,向投资者收取了3亿余元的"林地管护费",但既未按与投资者签订的合同将这笔资金真正交银行监管,也没有作为管护费用专项管理,更没有用于林地管护的专项支出,而是被混入销售林地款,用于给各级销售人员发放提成和挥霍。

不少投资人表示,他们买林并不是受到公司影响,而是看到了葛优做的电视广告,记住了葛优说的广告语。因为近几年来,葛优以其精湛的演艺,尤其是以其主演的几部"贺岁片"获得了公众的喜爱,由于这些片子中大量存在北京方言的缘故,北京的观众对葛优的喜爱之情更添一等。曾几何时,葛优为亿霖集团代言的"合作造林,首选亿霖"广告语充斥人们的眼前,正是基于对葛优的喜爱和信任,很多人特别是北京人选择了信任亿霖集团。

谈起代言广告引发的纠纷,葛优表示:"本来植树造林是件好事,也许很多消费者就是冲着我才买的,所以我心里也挺不好受的。其实我在接下这个合约时就讲好了,我不参与企业的经营活动,对企业的经营状况也不负任何法律责任。拍广告时,我要求必须到林场实地拍摄,最后选在郑州附近的一处林场,而且我也确实看到了这家林业公司的经营许可证。"

当然,追根溯源,很大一部分受骗者参与此项投资的目的是为了老年生活更加有保障,用老话讲就是"赚自己的棺材本钱"。据了解,全国共有2万余人上当受骗,自2月9日至今,北京警方已接到4500余名购林群众的报案。

受骗举报的王老汉介绍说,亿霖木业宣称与亿霖木业合作有"八大优势":(1)政府扶持,联合招商(国家林业局备案,有正规的招商文件,成立联合办公室);(2)技术力量,人才优势(聘请林业专家指导,成立专业的林木管护公司);(3)国际资源(国际市场资源紧缺,年年升值);(4)土地资源(我国种速生丰产林〈用材林〉的土地有限,年年升值);(5)投资保险(中国人民财产保险公司PICC为您承保);(6)保价回购(亿霖公司与您签定保价回购协议);(7)林权证的颁发(亿霖公司为您快速代办《中华人民共和国林权证》);(8)公司的形象(亿霖公司聘请联合国绿色爱心大使——葛优为公司的形象代言人)。"不管他公司名称里有没有"责任"二字,任你是谁,见了有如此'八大优势'的投资项目,哪有不动心的?"

据统计,亿霖传销案仅长春受害人就达数百人,目前长春投资者已经于2006年10月成立了"亿霖"长春投资者维权组,短短4个月内,该组已经达到了73人,投

第四部分
国际直销的中国模式

资金额达到 420 万元。"亿霖"长春投资者维权组负责人侯志林表示，他们已经着手开始调查"亿霖"长春分公司一些欺骗大伙的证据，并且采集了一部分资料决定起诉。同时，维权组希望能够得到律师的法律支援。

林权所有人成了亿霖公司

刚刚过去的季节是一个暖冬，而对于吉林省 3000 名林业投资合作（托管）造林者来说，却是一个酷寒的季节，他们的投资即将面临血本无归的处境。

近日，记者来到长春亿霖公司，只见人去楼空，当年如火如荼的销售场面已不复存。在销售林地时，该公司曾信誓旦旦对外保证，投资者的管护资金绝对有保障，因为他们已经把巨额的管护资金存入通辽市某农行，并和该行签订了严格的银行监管协议书。在宣传册上，亿霖公司还专门把银行监管作为选择亿霖的重要因素之一。由此，数亿元的管护资金陆续涌入了亿霖公司。但在记者调查中发现，当初宣称异常可靠的银行监管，其实不过是亿霖公司圈钱的一个手段而已。

受害者陈先生表示，2004 年他在亿霖花 2.36 万元买了 10 亩林地，当时他的一名亲属在亿霖工作，说亿霖不会骗人，放心买吧，而且那名亲属自己也买了几万元的林地，所以陈先生毫不怀疑地掏了钱。"我那名亲属也是受害者，亿霖把秘密隐藏得很深，她在亿霖工作都不知道这里面有陷阱。"陈先生说。

有据可查的资料显示，2003 年前后，造林公司开始出现；2004 年，铺天盖地的广告开始向市民展开攻势。亿霖的投资者庄大娘至今还记得，自己是在公园晨练时被拉入投资造林的队伍。受骗的刁老先生说，2004 年夏秋之交，经人介绍他买了 50 亩林地，当时林权证上写着，林地所在地是内蒙古自治区。

2006 年，亿霖公司打来电话，请老人换林地。当时亿霖宣称，在贵州购置了林地，两年前进行飞机播种，树木已比内蒙古的林地树苗大，换了贵州的林地比较合适。很多人都禁不住诱惑纷纷更换林权证，林地所在地点由内蒙古转移到贵州。与此同时转变的甚至还有林权的所有人，原来都是投资者个人，这时却变成了亿霖公司。刁老先生又交纳了 2.6 万元购买了 10 亩没影的林地。这样，刁老先生 15 万元左右的投资扔了进去。

早在 2004 年末，国家林业局下发了《关于合作（托管）造林有关问题的通知》，明确表示，对于某些公司以超出正常的高回报率诱导吸引公众投资造林，因资金使用周期过长，缺乏有效的监管手段，国家林业局不赞同，不支持。但针对此事，亿

361

媒体眼中的直销

霖公司的做法的确令人生疑,林权的所有人怎么说变就变?国家对"林权"是怎么规定的呢?

2003年6月25日出台的"中发〔2003〕9号"《中共中央、国务院关于加快林业发展的决定》明确指出,"国家鼓励各种社会主体跨所有制、跨行业、跨地区投资发展林业。凡有能力的农户、城镇居民、科技人员、私营企业主、外国投资者、企事业单位和机关团体的干部职工等,都可单独或合伙参予林业开发";"在明确权属的基础上,国家鼓励森林、林木和林地使用权的合理流转,各种社会主体都可通过承包、租赁、转让、拍卖、协商、划拨等形式参与流转。"雷波县林业局吕局长说,中央的目的,就是要让更多的人关心林业、爱护林业、投资林业,从发展林业中获益。但"亿霖故意将此事做歪了"。看来,亿霖公司的林权证转换纯属虚有、骗人。

记者调查发现,亿霖公司的林地部分来源于四川省凉山州雷波县林业局。在雷波县,亿霖公司通过这种合法的程序,获得了11家农户的19块林地共计19873亩的《林权证》1200多份。而转让林权的农户,分属于西宁、山棱岗、马颈子、锦城、莫红、黄琅6个工委。双方自愿,以400元/亩左右的价格成交。

"亿霖在北京骗钱,那是他的错误,但是,他来买我们农民的林子,没有欠老百姓的钱,雷波的农民从中得到了900多万元的收益,算是林业为雷波的经济社会发展作了一点贡献。不言而喻的是,雷波是一片投资的热土,擦亮眼睛,遍地是宝,谁来开发谁赚钱……"吕局长说。

在北京国际企业大厦内上班的崔先生介绍说,亿霖这家公司在大厦里存了至少1年多,在B座4层开办有两个"教室",经常能看到有几十甚至上百名大爷大妈被该公司的工作人员拉去听课。2月10日下午,查封现场仍有二三十名购买林地的市民,他们大多还不愿相信自己参与的是传销活动,攥着绿色《林权证》,希望投资能够解冻。

赵鹏运和明星设下的陷阱

办案负责人表示,亿霖集团经营场所被清盘后,许多购林人已意识到亿霖的传销本质,提供了诱导其参与投资的上线传销人员联系方式。但看来亿霖在北京乃至全国的运作能力很大,那么"亿霖"到底是个什么样的公司呢?

记者了解到,亿霖公司的法定代表人是屠晓斌,真正的幕后老板却是赵鹏运。

第四部分
国际直销的中国模式

赵鹏运曾于2002年8月因传销被辽宁省沈阳市皇姑区人民法院以非法经营罪判处有期徒刑一年十个月。2004年4月刑满释放后，他又重操旧业，密谋策划开展林地传销牟取暴利。他们在全国多个省市低价收购林地，以招聘为幌子，以高额回报为诱饵，在各销售分部设部长、经理、主管、销售代表等四级销售人员，形成上下线关系，通过上线按下线销售业绩获取提成等一系列手段，吸引投资者高价购买林地。鼎盛时期，亿霖公司在北京、上海、重庆、沈阳等地设了5个分公司，传销链条遍布全国。

骗人的勾当终于逃不脱法律的法眼。去年6月，亿霖公司因涉嫌非法经营遭北京警方调查。9月，北京市工商局发出紧急通知，要求各广告单位停止发布"亿霖木业"广告。今年2月，亿霖9名主要负责人赵鹏运、赵代红、屠晓斌等被逮捕；谷某等9名传销骨干被刑拘；其位于金融街国际企业大厦的办公地点被查封。

而作为一种新的广告形式，"明星代言人"是近几年来兴起并流行于中国的新办法。和过去的人物广告形式相比，"明星代言"有相同也有不同，相同点都是借助于人们对明星类公众人物的信任感和心理趋同效应，使公众对广告产品或者服务产生更多的信赖；不同点则表现为，"明星代言"更注重包装，从形式上去除了明显的广告痕迹，转而以带推荐人、介绍人、保证人等性质的色彩，向人们灌输观念。可以说，"明星代言"比传统的人物广告更具心理强制效应和诱导作用。接受广告的受众即公众在信息上有很大的劣势，他们只看到了广告中美好的一面而无法了解内幕，极容易上当受骗。

只要在百度上搜索合作造林的相关信息，就会看到许多媒体早在2004年10月27日就纷纷转载了《大造林："森林银行"还是"商业欺诈"》等文，对"托管造林"提出质疑，指出一些造林公司承诺的都是预期收益，一旦投资出现问题，投资者将承受重大损失。去年3·15期间，媒体再次指出"大造林"隐患重重，对这种经济现象进行了分析，提醒消费者谨防上当。

但是问题还是一直持续着，在高额回报率的诱惑下，许多投资者乖乖地掏出了血汗钱。记者曾旁听了一堂造林公司的"速生杨投资说明会"。造林公司算了一笔账：每位投资人购买15亩，每亩4500元，需要67500元。10年后速生杨成材，按照每亩15方的保守估计量，每方600元的价格计算，收益9000元，平均年收益近20%！类似的投资项目还有：能够提炼出特效抗癌药物紫杉醇的红豆杉，其年平均收益同样高达20%。

另外，外地曾有造林公司突然蒸发，投资人实地探寻，发现所谓10米高的林木，

媒体眼中的直销

还是只到腰间的小树苗。目前，我国政府并没有开通公开的网站，供投资人查询林权证编号的真伪。要想证实真伪，必须到发放林权证的当地政府查阅相关档案。而这些林地都在远方的乡村，普通投资人实地跑一趟不太可能。

"亿霖公司运营模式具有鲜明的传销特点。"北京市公安局副局长傅政华告诉记者。据介绍，该公司在全国多个省市低价收购林地，以招聘为幌子，以高额回报为诱饵；各销售分部设部长、经理、主管、销售代表四级销售人员，形成上下线关系；上线根据下线销售业绩获取提成，同时采用集体授课、一对一贴身帮教、收取入门费等手段，吸引投资者高价购买林地。仅亿霖公司国企销售分部负责人黄金辉，提成就高达5000多万元。黄金辉大肆挥霍违法所得，购买了4处高档住宅，3辆高级轿车。被刑拘的谷某等9名高级管理人员和传销骨干，初步统计提成达人民币3200多万元。

傅政华表示，这一案件涉及全国很多城市，调查任务量相当大，但公安机关将全力追缴涉案赃款、赃物，最大限度地减少群众损失，同时依法追究犯罪嫌疑人的刑事责任。亿霖公司的投资者应依法解决遗留问题，并积极检举，配合公安机关查清案件。针对亿霖公司被查封一事，记者采访了北京市工商局负责人。他提醒投资者，不要受高额回报的诱惑，任何投资都是存在一定风险的。合作造林目前还是国家允许的政策，但这个政策却被一些公司歪曲利用。投资者在实施合作（托管）造林时，应辨别其经营模式是否具有传销和变相传销的特点，凡以购买林地为诱饵入门，之后从事"拉人头"，发展金字塔式的下线，从而获得利润的经营模式，都是一种传销形式。

辉瑞的触角

在左手健康元，右手天狮的押宝与选秀中，全球第一大药业巨子辉瑞的中国路径令人玩味。一个并不荒谬的猜想是，假如辉瑞染指直销，世界将会怎样？

押宝与选秀

近日，关于"辉瑞拟定向增发健康元1.5亿股"的消息不胫而走。

第四部分
国际直销的中国模式

消息称,全球最大制药商辉瑞公司将以每股6元定向增发健康元1.5亿股,所获得的9亿元巨资将按照辉瑞公司要求,全部投向中国市场最易缔造神话的保健品产业。定向增发完成之后,辉瑞将成为健康元的第二大股东。

在每股金额、定向增发等专业术语的渲染下,辉瑞入驻健康元的资本故事具备了成立的可能性。

出人意料的是,健康元公司从上到下都一致否认了似乎确有其事的传闻。

健康元公司公关事务部曾惠娟称,如果辉瑞入驻的消息确实的话,的确是一个令人鼓舞的消息。

对于市场上传闻的入驻,健康元公司没拿出官方统一的说法,以董事会秘书邱庆丰为代表的公司成员,在向董事长朱保国询问时,朱保国予以否认,同时也拒绝回答与辉瑞公司有过业务上的往来与接洽。

与辉瑞押宝健康元的虚实难辨相异的是,辉瑞与天狮全球战略联盟的合作尘埃落定。

为了实现"直销超市"的梦想,天狮集团总裁李金元将辉瑞拉进了直销的阵营。天狮集团已成功地与辉瑞胶囊事业部合作,利用辉瑞的液体胶囊专利技术共同开发27种保健品,有望带来上亿元的年收入。

2006年3月15日,天津,天狮集团全球战略联盟大会会场,这里正在召开全球产品和原料供应商洽谈会。

天狮集团全球研发中心的主持者韩福森博士与辉瑞亚洲区营销总监(Asia Marketing Executive)的安佐·米可林(Andrew Mclean)先生共同签署了"辉瑞-天狮"双品牌合作方案。

韩福森表示,天狮将持续采用辉瑞CAPSUGEL胶囊产品,而双方也将合作开发"液体内容物"项目。

辉瑞CAPSUGEL,即辉瑞胶囊事业部,全球共有十大生产基地,中国大陆子公司即中美合资苏州胶囊有限公司。

2004年9月正式加盟天狮集团的韩博士是个"海归派",本科毕业于中国科技大学,后进入中科院物理研究所深造,留学德国4年,在美国从事生物科研20年。辉瑞制药是他的老东家。

● **媒体眼中的直销**

关联方利好

早在 2006 年初独家报道天狮化妆品真相之际，记者就见证了辉瑞、欧莱雅等跨国名企对天狮品牌塑造的"威力"。

天狮成功地实现与"大品牌、高品质"的企业合作，整合直销网络优势，实现了企业战略转型，李金元对此颇为满意："天狮凭借自研产品开拓的全球固定消费群体这一庞大营销渠道，已经唤起辉瑞等著名国际大品牌企业为天狮进行ＯＤＭ和ＯＥＭ生产，将他们研制和加工的优质产品，贴上天狮品牌进行销售。"

2006 年 5 月 17 日，天津塘沽经济技术开发区保税区港澳商品城，来自全球不同国家与地区的 32 家与天狮有着战略合作的企业齐聚滨海新区，参加天狮 11 周年庆典，即"爱在天地间"的大型公益活动。

做为大型公益活动序曲的"产品嘉年华"，辉瑞等企业与全球超过 30000 名天狮经销商分享了前沿产品。

记者的同事在参加完"产品嘉年华"后实时传递了前线感悟，除开天狮原有产品线展台，辉瑞公司的展台面积是最大的。

韩福森搭桥辉瑞，功不可没，抛开职业背景、私交人脉，在主打天狮品牌的前提下，进行强强联合，天狮迅速实现了品牌崛起。

利好消息表现在健康元身上又是另外一番风光景象。关于辉瑞入住的消息以近 2500 条的转载速度递增，几乎全数的证券咨询人士都以压倒一致的口吻声称："明显有资金进场布局，可以买入持有，或稳健保持，等待不久以后的利润爆发点"。

健康元公司曾惠娟虽然没有正面回应"市场对健康元再融资存在强烈预期"这一说法，但她认同 2007 年的拐点在于健康元在直销市场的发力，各项业务进展的有条不紊，将一步步迈向牌照之路。

辉瑞在中国

时值关联方健康元、天狮等春风得意，辉瑞在中国的故事不得不详细提及主角 CAPSUGEL——苏州胶囊公司。

目前辉瑞在中国的业务机构包括 7 大部分，制药集团、中国研发中心、大连工厂、苏州工厂、无锡工厂、动物保健品集团与苏州胶囊有限公司。

第四部分
国际直销的中国模式

作为全国十佳三资企业之一的苏州胶囊有限公司本是中国医药对外贸易总公司、中国医药工业公司和美国辉瑞胶囊事业部合资经营的企业。

早在 1986 年，辉瑞在苏州工业园区金鸡湖路西侧，建设了占地面积 21800 平方米的苏州胶囊有限公司（SCL），距辉瑞进军中国第一站时间仅仅间隔了两年。早在 1984 年，辉瑞与北京第三制药厂合作，分装和销售第三代头孢类抗生素药物"先锋必"。而广为人们熟知的获得中国 GMP 标准 001 号认证的辉瑞医药工厂，于 1989 年成立于辽宁大连。

十年过去，苏州胶囊有限公司已成长为全球技术最先进、全国最大的药用空心胶囊生产基地。2005 年 10 月 28 日，投资 3600 万美元建设的苏州胶囊有限公司新工厂正式投产，新厂地址搬迁至苏州工业园区苏虹中路 369 号，拥有 18 条从美国引进的全自动生产线，年产胶囊达 150 亿粒。

记者在查阅工商资料后得知，苏州胶囊有限公司生产许可证号为苏 Q20010131，法定代表人唐韻琪，企业负责人马乐飞，由美国辉瑞公司胶囊部副总裁、苏州胶囊有限公司董事长 Charles Danjaut 主管，近两年来率先在中国本土实现植物胶囊的生产和销售。

虽然自己的老朋友，Andrew Mclean 先生已经离职，但回忆当时签约的情景，天狮集团全球研发中心副总裁韩福森博士仍旧踌躇满志："通过天狮营销渠道销售的保健品还将扩大"。

在此之前，苏州胶囊公司的拳头产品线集中于明胶（coni-snap）胶囊、超安宝（supro）胶囊、植物（vcaps）胶囊、充液胶囊（licaps）与天然（npcaps）胶囊。

需要说明的信息是

1997 年，辉瑞于北京成立了管理中心。

2004 年，辉瑞在上海成立了中国区总部和投资有限公司。

2005 年，辉瑞在上海成立研发中心。

迄今为止，辉瑞在中国的投资总额已逾 5 亿美元，经营活动遍及 50 多座城市，在大连、无锡和苏州拥有 4 座具有国际领先水平的现代化生产设施。

辉瑞先后在中国上市了包括络活喜、立普妥、威凡、西乐葆、希舒美和万艾可等重要产品在内的 40 多种创新药品。（原载《中国直销》 2007 年 2 月 28 日）

媒体眼中的直销

PCH 新战略

致力于开发、生产和推广领先处方药及驰名消费产品的辉瑞公司在三个业务领域长袖善舞：医药保健、动物保健、以及消费者保健品，产品行销全球150多个国家和地区。

在2005年，辉瑞消费者保健品部（Pfizer Coiisumer Healthcare，简称PCH）以39亿美元销售收入，跻身行业前列。

"2005年，对于所有辉瑞和所有投资者来说都是艰难的一年，因为失去了数种药品的专利保护，以及环氧化酶-2（COX-2）类止痛药相关的不确定因素，辉瑞的收益下降了两个百分点。"2006年2月23日，时任辉瑞公司CEO的前主席马金龙博士在"年度四项承诺"中明确地指出："辉瑞将继续探索辉瑞消费者保健品部门的战略抉择，为股东创造更多利益"。

"我们消费保健部的同事正在通过着眼一流的消费者眼光并结盟有实力的零售商来推动市场的成长。"辉瑞消费保健部美国销售副总裁弗兰克·马约内说："考虑到该部门突出的业绩增长和市场整体水平，消费者保健部如果独立出来，估价会远远高于只作为辉瑞一部分的价值。"

而2006年1月，辉瑞公司在研究了除人类健康业务以外的所有业务部门，宣布进行战略调整——通过成立独立公司或出售消费者保健品部进行业务分离，以充分实现投资价值。

基于充分实现投资价值的PCH新战略，从思路上指导了轰动华尔街的并购事件，2006年6月26日，强生公司以166亿美元的开价，击败英国葛兰素史克、利洁时，如愿收购辉瑞消费者保健品部。

在顺利地拿走辉瑞旗下家庭消费品牌拳头漱口水Listerine、滴眼液Visine、感冒药Sudafed和Bengay止痛剂等知名品牌后，强生公司也以5.095亿美元价格出售治疗烧心症的非处方药Zantac来加快并购后的产品整合。

而令人玩味的历史是，前文提及的CAPSUGEL公司原属Parke-Davis帕克戴维实验室，Parke-Davis作为华纳兰伯特制药公司的一个分支，2000年6月，辉瑞通过并购方式一举成为世界上最大的制药企业。

处方药困境

第四部分
国际直销的中国模式

"辉瑞之所以频繁走上并购的战略,主要源自全球性的处方药困境。"一位不愿意透露姓名的旅美专家对辉瑞等大型跨国企业有着很深的研究。

"以处方药为中流砥柱的辉瑞即将面临许多的拷问。首先是源源不断的假冒药物问题,世界卫生组织估计,全球高达十分之一的药物属于假药。去年,由国际药品安全协会(PSI)报告的假药事件同比增长了27%。在英国假冒辉瑞公司降胆固醇药物立普妥的假药数量增加了3倍。"

"从国际大环境看,制药业在经历前几年高速度增长后,业内竞争加巨,同时制药业更要面对政府为抑制医疗费用上升而采取的限制性政策。"辉瑞制药有限公司董事长兼总经理高安博的一份发言从片断上佐证了旅美专家的说法。

"政策性限制只是处方药的困境之一,公众的不信任从源头上加深了这一困境。美国甚至出现了由70个消费者团体联合的处方药获得权诉讼组织(Prescription Access Litigation Project),对20多家制药公司提起了诉讼。"

"公众对专利、利润和美国医药的质疑不断加深,对大型制药公司收入的来源与不断增长的权力保持着警惕。" 旅美专家强调。

的确如此,经济腾飞的中国,在因公众权利的觉醒而引发的药监部门内部人事大调整、药品品种审核力度加强及药品生产环节加大监督的"药监新政"后,一系列控制药物成本的转移活动将陆续展开。

"众多畅销药的专利到期,价格管制出现新的压力,在这样的背景下,供应链的萎缩可能给制药业带来灾难性的打击。以辉瑞为代表的跨国药企必须通过兼并和收购来整合不断萎缩的药物供应链、扩大市场份额、力争获得规模效应"。

"跨国公司有着基于自我价值考量,适度地出售与联盟,也是规模效应上的重要一环",旅美专家进一步分析:"以2003年收购法玛西亚公司为例,辉瑞宣布计划关闭散布在全球的25家研究机构中的5家,以节约25亿美元左右费用。"

辉瑞的触角

这就不难解释为什么辉瑞要出售赢利状况良好的消费者保健部(PCH)。虽然从表面上看上去是如此地辉煌:

过去的5年中,辉瑞消费者保健部(PCH)有4年都是超过行业成长率。

仅仅2005年辉瑞PCH销售增长率是全球行业增长率的2倍,而凭借Listerine

媒体眼中的直销

漱口水，辉瑞迅速地拓展了著名的特许经营网络。

来自英国的消息称，辉瑞公司计划对其在英国经销药品的一贯做法进行改革。辉瑞公司决定砍掉18家药品批发商，并在一家专门的递送公司UniChem的帮助下，直接向药店和配药医生供应药品。

这给了很多关注辉瑞的人足够的想象空间。擅长并购的辉瑞在熟悉直投渠道后，会将触角伸向何方？况且，药业中面向顾客（DTC）的营销模式与直接面对顾客的直销direct-selling有着异曲同工之效。

在了解到辉瑞押宝健康元与选秀天狮的虚实事件后，香港前景国际咨询公司执行董事董苍山有一些看法："不排除辉瑞通过资本运作的方式购进业绩走势良好的直销企业，某些市场营销 渠道优秀与基本面良好的医药企业当然成为了首选。"

"谁又能保证健康元，或更多的健康元不是下一个并购对象呢？"董苍山认为，"在并购受董事会决议等多项变数因素影响，当最终结果还未落实的情况下，关联方都会选择否认。"

辉瑞中国公关部周建甡先生拒绝对辉瑞的中国新规划做出评价，他强调，由于辉瑞生产规模、地域分布、财务实力与灵活运营等方面的优势，已经成为基础医药事业领域最受欢迎的合作伙伴，已经拥有1000多个为之提供研发与商业化的联盟。

但像辉瑞这样巨大的航空母舰，难道仅仅满足于代工？单是与一个天狮的合作就能带来上亿元的收入预期，更不用说潜在的巨大市场？

"这是最坏的时代，也是最好的时代"狄更斯的名言像极了一个伟大的预言，在这个直销的低潮期，对于中国境内很多艰难度日的直销企业来说，这是最坏的时代；而对于秉承"革新创造"信条的辉瑞来说，说不准这也是最好的时代。

或许，这个混乱的世道需要一个救世主出现，期待辉瑞来扮演这个完美的英雄。

无可否认地是，倘若辉瑞通过并购的方式染指直销，这将会是给现有直销企业以新的挑战。

第四部分
国际直销的中国模式

员工制是直销企业的必然选择

早在 2003 年，如新公司就推行员工制了，在申请牌照的紧张阶段，我们时常都有看到玫琳凯、安利、三生公司推行员工制的信息，员工制的争议也围绕着这四家公司的发展而展开。如今，争议员工制是否可行已经没有意义了，以上四家公司清一色地以员工制为根本获得牌照，明确地告之世人，直销员工制已经落地。

员工制真是直销企业的必然选择吗？今天我们邀请到几位深谙直销发展之道的嘉宾，来分享他们对直销员工制的态度以及是非判断。

主持人： 从安利获牌后推出的新制度框架中，我们不难看出员工制的身影。如新、玫琳凯、安利、三生等也先后都选择了颇有争议的直销员工制，请问几位嘉宾有何看法？

李深惠： 所谓"员工制"，目前看到的有安利、如新、玫琳凯、日晖等企业提出方案，准备实施。这里有几点是值得我们注意的：这几家企业在奖金制度上都是多层次团队计酬，只不过是用这种员工制将其一分为二或一分为三了；这种员工制表面看起来在中国法律环境中是合法的，也是符合两个管理条例的，是他们苦心研究所谓中国特色的结果，也是他们多年经营直销的智慧结晶。但是，我认为这也是没有办法的办法，也是不得已而为之的。

林源： 在我看来，中国土生土长的"直销员工制"，恰恰解决了目前中国直销急需要解决的几个头疼问题——国家法律的认可、对经销商的基本保障、经销商对直销企业的忠诚度等。"直销员工制"模仿传统的管理模式，使直销销售人员变成直销公司的员工；同时，直销公司通过劳动合同来对销售员工的活动进行规范，对其销售员工有更强的约束力；直销公司运用劳动合同的签订，确定与销售员工的劳动关系，加强了销售员工对公司的忠诚度和向心力，从而能促进直销企业的稳健发展；直营店能方便消费者对于购货、退换货的任何要求，销售员工能更好地服务于广大的消费者。我认为这也是目前几家企业选用员工制的初衷。

悟生： 我认为首先要明确的是，如新是在 2003 年进入中国启动市场的，当时的政策要求是：店铺+直销员，但还没有明确：直销员只能"单层次计酬"和收入最

媒体眼中的直销

高为个人30%的直接销售额的上限。所以,如新当时的两大对策是:大量开设形象店,和采用员工制:责任底薪+提成+三金等;希望在外形上"贴上"非直销企业的标签。同时,企业为员工缴纳三金等,体现了对员工的保障,表现出长久稳定经营的愿望。从这个方面而言,符合直销企业必须保障直销员利益的政策要求,也是政策鼓励的,获得政府的认可。也就是说,员工制的形成是有历史原因的。

政府青睐的原因在于:依照《直销管理条例》,实行员工制符合保障直销员利益的精神,缓和企业和员工的对立,对于稳定大局有一定的作用,也使企业更多承担社会责任的义务;有利于解决直销员"应得收入"和合法分配的矛盾。

甄刚:我想政府认可员工制有他的原因,企业实行员工制,实际上对于税收以及有效的监督和管理都有非常积极的作用,而如新、玫琳凯以及安利等企业欲实行员工制的目的我想是在于:他们都想表明自己是好孩子,他们认为只有好孩子才会有糖吃。

主持人:既然员工制是直销严厉大环境下的产物,为了求得生存,会不会有更多的企业选择运行员工制呢?

悟生:有部分国内企业只是把直销当作摇钱树,对于这些企业,采用员工制,是让他们多承担社会责任(为员工缴纳三金),可能也为直销员多一份保障,这实际上是好事。

直销员工制收入主体依然是:责任底薪,下不保底,"上有封顶",对企业依然没有"负资产"的风险。但,是否实行员工制,与发挥直销的解放生产力的动因之间,没有因果关系,国内企业应探索多种模式,既适应政策,又能发挥直销原理的优势。

李深惠:我估计国内大多数企业不一定会采用这样的员工制,或者不会真正实施这样的员工制。因为尽管它有不少可取之处,但真正实施起来,在人力、物力、财力等方面可能需要更多一些的投入。据说安利将要用2亿元来稳定经销商(也包括这部分的费用在内)一般的企业恐怕拿不出来,或者也不愿意拿出来这么大的资金来做这一块。

甄刚:为了获得直销牌照,大型企业可能会有限度地采用员工制,而不想申请牌照的大型公司以及没有实力申请执照的中小型企业则根本不会理会那一套。

实行员工制必须和实行员工制的直销企业的奖金制度结合起来考虑,如新有如新的特点,雅芳有雅芳的情况。曾几何时,雅芳模式也是政府试图大力推广的。雅

第四部分
国际直销的中国模式

芳公布试点后整整 3 个月，只招募到几千人，更别说这区区几千人里还有相当一部分是原先的专卖店系统人员转型来的。现在随便哪家新开盘的玩双轨的"网赚"公司，从零开始，3 个月能发展到的人也不止这个数了。并且由于这个原因，它在大陆的业绩剧烈下滑，甚至影响到它在海外股票市场的表现。同样的，员工制在如新虽然成功了，但问题多多，生搬硬套只能消化不良，所以应该不会有很多直销企业真正会采用。

主持人：有分析人士认为，员工制实际上是适合了直销法规提供的操作空间的。而且，认为员工制打破 30% 的计酬限制，不知各位嘉宾是怎么认为的。

悟生：条例严禁多层次团队计酬，员工制也不可能突破政策底线，否则，就违规了。但是企业可以根据员工的表现和贡献，提供相应的福利和奖励，这是和传统企业一样的，既鼓励多劳多得，又合法经营。而且，员工制是企业管理形式，多层次团队计酬是激励人员创造业绩的方案。这两者之间是没关系的。

因为对于企业内部员工来说，企业要发多少奖金是企业的自由，是内政，能获得 30% 以上提成的人自然业绩极高，转为企业正式员工后，企业即使替他们缴纳相关社会福利保险费，对企业的压力也不大。不过这样会出现一个可能的滑稽矛盾：大家都知道无论在哪个企业里，对于打工族来说，总经理的薪水总是最高的。而或许那些从直销员转型过来的员工的收入很可能远远超过总经理。

李深惠：目前业内实行的员工制，应该说它是企业与政府博弈的结果，是企业在最大限度保留直销原来的精髓、原则，维护公司、经销商的基本利益，又不触犯法律，且充分利用了法律给企业留下的空间的一种举措。实际上大家都有掩耳盗铃、自欺欺人的嫌疑，是没有办法的办法。如果中国的职能机构能按市场规律、行业规律制定出法规来，则谁也不会去花这么多时间、资金去作这么个是否真有实效的东西出来，中国直销市场恐怕反而不会这样天下大乱了！

林源：对直销企业而言，"员工制"取消了团队计酬，把经销商转变成为本企业有契约关系的员工。从合乎法律以及企业管理角度来规范自身，有利于企业内部团结，减少人才流失以及经销商跳槽等，以及由于直销企业与经销商长久存在的无契约关系而导致的问题。有利于直销企业的稳定，以及有利于直销企业的长久有序发展。对经销商而言，"员工制"中的"底薪"能提供基本生活保障，各种"福利"能体现各自能力的不同，以及分配的公平性——多劳多得。同时，"员工制"给每个人以岗位，从精神上，满足中国人特殊的工作归属感。

● 媒体眼中的直销

主持人： 我想，对于员工制的骂声应该不是凭空而来的，即使有部分企业已经采用员工制了，但是在现行直销环境下，员工制肯定也有难以适应的地方。

悟生： 没有冲突。只要建立以产品销售为主体、多劳多得、投入与回报成正比的计酬体制，就可以调动员工的积极性；同时，企业坚持产品质量和功能第一，提高优质服务，坚持品牌经营的长久战略思想，就可以在法规要求的范围内合法经营，并赢得顾客和市场的认同。

国外、国内都不乏单层次经营获得成功的企业案例，我们的业界企业家们要更多地获取行业信息，大胆创新，走出自己的特色经营之路。

员工制使企业多了一份社会责任，为员工多了一份保障；员工的收入只要依然是与劳动付出成正比，就不会影响企业的运行。但是，企业多了一份付出，同时，随着员工数量的大量增加，管理成本会相应增加。

林源： "员工制"的出现，沉重打击了采用"经销商制"的直销企业。它们经历了中国直销改革的太多风风雨雨，艰难地改革自身以适应中国国情的直销行业。痛苦的改革已使它们失去部分经销商，也使它们的业绩受到冲击，它们本想通过这种削足适履的方式博得政府的同情，可"员工制"的出现却使它们功亏一篑。中国政府现在认可的是"员工制"，这种有利于建设中国和谐社会的直销制度。如果"经销商制"企业把自己改成"员工制"，一是需要大量的人力、物力的投入，玫琳凯中国区总裁麦予甫表示，该公司为员工转型工作已投入2亿多元营运成本；二是可能破坏现有的市场基础。

结束语：

非常感谢各位嘉宾参与讨论，并提出独到见解。

直销员工制可能破坏现有市场，抑或是可能增加成本；但是，它终归是适应当下法律环境的，我们无法抹杀掉适者生存的优势。每个有意发展的、在夹缝中求生存的企业，都希望抓住这个优势。而员工制几乎是可以走的最主流道路之一，这个似乎也得到了政府的某种暗示。

我们要明白，政府不是要扼杀直销，政府要的是企业能说出一个让直销可以良性发展的理由。企业不管怎么样发展，态度始终是第一步，形式是第二步，最终的操作是第三步，而目前直销企业正走在第二步，因此选择员工制的这个形式是必然的。

因此，我们或许应该多一些宽容，给一些时间，让直销在中国特殊环境下多元

第四部分
国际直销的中国模式

化发展，直销员工制的创新或许仅仅是一个开始，可喜的是，有安利这样几家大型直销企业走在探寻直销员工制的路上。（原载《中国直销》2007年3月7日）

直销业的暗伤

引文：自商务部正式核发直销牌照以来，中国直销市场的整体营业额呈下滑趋势。现在拿牌企业普遍在政策上受阻，企业转型还没有建立起与政策的衔接，总体表现是业绩下滑、市场疲软、企业乏力。目前的情况是，企业仅凭许可证已经难以开拓直销市场了，其突破更多地依赖于企业的实力、适应力和创新力。

如新公司中国区原总裁邱锦云离任了，改由原东南亚区域总裁范家辉暂时接任，范家辉还负责中国内地、台湾、香港和澳门的市场业务，这一消息的确让业内震惊不小。然而这样的事情也并不是如新一家公司所有，事实上，如新事件凸现了目前我国整个直销业的困局。

"换帅"透露出来的一个消息是，直销企业的中国策略需要调整。这两年中国股市的火爆让直销行业的很多资金流入了股市，政府的严管与民营企业的"拉人"，都让中国的直销业裹足不前，相对于多层次暂时不开放的"中国环境"，这也正折射出了我国年轻的直销业的一种暗伤。

中国换帅带来策略调整

5月23日，如新公司对外宣布，其原东南亚区域总裁范家辉调任大中华区域总裁，负责中国内地、台湾、香港和澳门的市场业务，并暂时代理如新中国区总裁职务。与此同时，在如新中国正式试水直销业务仅4个月之后，元老邱锦云就离任了。

对于这一突然的高层变动，如新中国内部人士反映说，"美国总部出于对中国战略调整的考虑"。同时其并不否认，在直销起步阶段临阵换帅对如新中国影响不小。

如新中国公关部经理韩志远表示，"并不是针对中国的调整"。范家辉从东南亚区域总裁到大中华区域总裁属于平调，而如新在日本、中国台湾地区的高层也同

媒体眼中的直销

时出现变动。"现在范家辉正在熟悉情况,下一步的关键是如新中国策略的调整。"

记者了解到,目前中国直销监管加大,直销法规落地不明朗,也使如新拿牌后在中国市场拓展并不顺畅。按照邱锦云的计划,2006年12月,如新将申请上海其他区县以及江苏、浙江、福建、广东四省的直销业务许可,到2007年年中,将直销模式拓展到全国。这一点也曾在他接受记者采访时所提及。但事实上,如新在上海正式开始直销业务是在今年的1月8日,而其他市场的直销许可至今尚未拿到。这是有时间距离和市场预期的。

但是如新总部对中国市场寄予了厚望,因为2006年中国市场近10亿元的销售额,相对其全球五大直销公司之一的身份,可提升的空间当然很大。如新(中国)市场层面的促销政策和力度也还可以加强。

如新中国内部人士先前推测此次人事变动的原因也是"总部要调整中国战略"。据说在此之前,如新总部已经与邱锦云进行了多次沟通和会晤。

而对于新帅范家辉,性格相对硬朗。如新公司总裁贺楚门评价他说:"在如新扩展直销地理范围的这个重要时期,他已经拥有了推动总营业收入增长的雄厚实力"。"相信未来公司在管理、运作上都会有很大的变动。"一位如新的内部人士分析说。

不仅仅只是如新,据记者了解,日晖、月朗等其他直销企业也有类似的人事和战略调整。据说日晖"刘少伟代替尹联任总裁后,中国区人员换了一波又一波",很多记者朋友都找不到具体的公司媒体联络人。而如新的周希俭到月朗后,"卫生巾事业"是做得如火如荼,但据说现在又陷入了"传销迷雾"之中,外界人士更是不得而知。

直销资金入股中国股市

"现在外部面临的最大困惑是政府监控力度加大,企业疲于应对各种突发事件,还哪有心思去做企业内部建设?"一家获牌不久的企业高管告诉记者。

现在整个行业处于调整状态,对于企业内部来说,经销商流失严重成为拿牌企业最头疼的问题。拿牌企业在与直销法规接轨过程中,团队计酬转向单层次的计酬模式,必然损害经销商的利益。据说在转型过程中,有几家外资企业虽然拿出几个亿来帮助经销商过渡,但是经销商流失还是不可避免。

更为重要的是,中国股市的火爆让直销行业的很多资金流入了股市。

第四部分
国际直销的中国模式

表现在经销商层面，经销商进入直销是想赚钱的，怀揣"暴富思想"的人还大有人在，与其在受限制的直销领域里"圈钱"，还不如到牛气冲天的中国股市里去走一遭。中国如今的股市已经突破了4000点，"闭着眼睛都能赚钱"；何况现在"炒权证"越来越热，又"来钱更快"，完全能实现"一夜暴富"的梦想，于是，大的经销商纷纷携巨资潜入，从而造成了直销企业的"冷血"。

"包括天狮、康宝莱在内的17家公司的网头（骨干经销商），今年把注意力、资金投在股市，因此对直销企业的政策不是很支持。"资深直销专家禹路如是表示。

这或许能用"直销企业周期性危机"来解释。科学告诉我们，直销企业生命周期的变化规律是以12年为周期的长程循环，它由四个不同阶段的小周期组成，每个小周期为3年，这四个小周期分别为上升期、高潮期、平稳期和低潮期。直销企业发展是随着不同的周期阶段而变换着它的运行轨迹。直销进入中国已有16年的历史，现在算来它是进入了低潮期的前端，"理应萧条，并等待复苏"。

市场疲软与企业乏力

实际上，现在拿牌企业普遍在政策上受阻，企业转型还没有建立起与政策的衔接，总体表现是业绩下滑、市场疲软、企业乏力。

自商务部正式核发直销牌照以来，中国直销市场的整体营业额不好。记者查阅了商务部官方网站，发现2006年只有玫琳凯一家实现了业绩微升，其他的大多是在勉强维持；2007年预期依然不高，整个市场现实业绩下滑，大多数直销企业都将站在刀刃上。即使是保持增长势头的安利公司，2007年度的业绩也只是在2006年第四季度的基础上上升了10个百分点。天狮（美国）在华市场据说也大幅缩水。

如果说2006年是直销审批年，那2007年就应该是运作调整年。经过新法调整的阵痛与夺牌大战的考验，传统直销企业普遍认识到，目前仅凭许可证已经难以开拓直销市场了，其突破更多地依赖于企业的实力、适应力和创新力。

针对这些变化中的种种现象，政府相关管理部门也认识到必须通过指引以规章的形式细化有关法律法规规定的内容，如直销企业登记、服务网点设立、直销员招募培训等，对直销市场建立行业自身监管机制，才能更加规范地引导直销行业健康发展。

近期，商务部频繁发文规范直销市场，连续下发了《商务部关于获得直销经营许可的企业从事直销经营活动有关问题的意见》、《商务部关于答复有关服务网点设立要求问题的函》、《商务部关于明确直销企业服务网点核查工作有关问题的通知》、

媒体眼中的直销

《商务部关于直销培训员备案程序有关问题的通知》等一系列文件,期望规范中国直销市场。

可以说政策上的条分缕析已经打破了那些意图打擦边球的直销企业的幻想,未来直销业面对行业的调整必须做好将使直销从另类逐步向主流靠拢的准备。"政府划出框架,希望企业往前走,探索出一种模式。但是企业认为政策如何落地还不明朗,不少处于等待、观望的状态,没有做市场。"一位业内人士如是说。现在拿牌的外资企业部分已经启动市场,有的还在进行网点报批,而国内企业有的还没有动静。

除了雅芳、如新等直销业务已经启动,安利、玫琳凯、完美等企业的服务网点还处于待核查和备案状态。而在得到牌照的内资企业中,也只有新时代、南京中脉启动市场,其他企业依然鲜有动作。倒是拿牌不久的金士力佳友实现了创新,其已经获批通过了首批设立的17个服务网点,这些服务网点均是设在天津17个区核心区域的邮政营业网点。此前金士力佳友已与国家邮政总局签署概念性战略合作协议,协议涉及多种合作模式,其中包括集团产品的物流配送、其他产品的全国销售等。"如果天津试点成功,该方式可能被推广到其他区域。"

有关人士表示,种种直销进程中,反而是国家商务部方面的报批似乎进展得有点慢。来自商务部直销系统官方网站上的数据显示,截至今年6月下旬,直销培训员也只是刚审核下发了宝健20名、如新169名、富迪8名、雅芳144名、安利303名、新时代11名、南京中脉29名、金士力佳友14名、宁波三生5名、欧瑞莲5名、完美9名。其他的获牌企业和更多的直销培训员将有待商务部的进一步审核与批准。

另一边,则是不准备申牌的中小企业的到处"拉人入伙",这方面较为混乱,大量的灰色企业、网络公司更是"趁火打劫"、大肆挖人。一些新生民营企业开出条件,只要经销商保证带多少人"加盟",它就会对经销商离开原公司的损失给予一定的经济补偿。这又从暗地里给了直销企业另一种伤害。

第四部分
国际直销的中国模式

同仁堂的直销试验

百年老字号企业同仁堂也要做直销？近来有消息透露,为提升集团的整体业绩,寻找新的盈利和营销模式,同仁堂集团正准备涉足直销行业。其内部已成立相关部门,具体方案正在进一步酝酿中。据悉,同仁堂集团计划涉足直销行业的主要是其中的药保健品。

以同仁堂为代表的优秀中华老字号企业,代表的是中国商业的精髓与灵魂,这样的品牌已经珍贵到其在消费者心目中的形象已经不宜再改变的程度,但现在进入敏感的直销行业,其原因是业绩出现大幅度下滑而欲重新找回市场份额。然而有行业人士认为,"同仁堂在这方面是没有经验的",这注定着同仁堂的直销只是一场试验。

涉足直销的老字号

北京同仁堂（集团）有限责任公司,是全国中药行业著名的老字号,创建于1669年（清康熙八年）,自1723年开始供奉御药,历经八代皇帝188年。在300多年的风雨历程中,历代同仁堂人始终恪守"炮制虽繁必不敢省人工,品味虽贵必不敢减物力"的古训,树立"修合无人见,存心有天知"的自律意识,造就了制药过程中兢兢小心、精益求精的严细精神,其产品以"配方独特、选料上乘、工艺精湛、疗效显著"而享誉海内外。

如今,同仁堂确定了进军直销的计划。据一位接近同仁堂的消息人士透露,为做好进入直销业的准备,同仁堂集团内部在年前已经专门成立了一个健康事业部,并分派了专门的负责人,"最终方案还未制定出来,高层还在进一步考虑。"

"同仁堂也要做直销",这的确让人感到惊奇。对此,同仁堂集团宣传部部长金永年向媒体表示,目前他没有得到领导授权,透露不出该报道之外的信息,而且说是下属子公司上市公司那边在操作,具体情况不清楚。同仁堂集团其他领导人士也都向外界保持了低调,并未透露更多消息。

记者了解到,同仁堂集团计划涉足直销行业的主要是其中的药保健品。早在

媒体眼中的直销

2004年，北京同仁堂集团与香港伟确生物结成战略合作伙伴关系，由伟确生物研发系列保健新药均使用同仁堂品牌并在全国同仁堂专卖店销售。

有关人士表示，同仁堂也和商务部有关官员进行了接触，商务部对同仁堂比较欢迎。"国内直销行业目前缺少标杆企业。"商务部研究院梅新育说，如果同仁堂进入直销，不仅可以丰富直销品种，而且能起到标杆作用，政府会欢迎。

据国都证券研究所的一篇文章显示，同仁堂集团涉足直销行业不仅有利于集团提升自身业绩、寻找新的盈利模式和营销模式，也将为公司的营销改革提供相关的经验，并为进一步提高同仁堂品牌的知名度提供有力的支持。

但是也有相关人士为之担忧说，近两年，国家为了规范整顿这一行业，相继出台了《直销管理条例》、《禁止传销条例》等相关法规，直销牌照的发放也是慎之又慎。至今，仍有一些企业未能拿到直销牌照，而一些企业拿到了牌照因为违规行为被吊销执照。即便拿到牌照的企业也并不一定完全在按照法律来经营，没有拿到牌照的企业就更不必说。珍奥核酸虚假宣传、亿霖传销被查处、"完美死人事件"等等，不管是真是假，是事实还是人为操纵，直销行业仍旧问题连连，走不出诚信的阴影。

有不具名的专家表示，直销行业背负着太多的问题，承受着社会异样的眼光，至少，它和诚信经营的百年老字号是不搭界的。同仁堂集团涉足直销行业，"有可能也会导致原有品牌的弱化甚至丧失，只能说它先试。"

寻找新的盈利模式

同仁堂涉足直销，果真会对自身的品牌产生影响吗？现在回答还为时过早。但是"商品经济离不开市场营销，企业适合哪种模式需要结合自身状况来确定。"一位业内人士判断说。

近两年来，同仁堂在营销模式上下足了功夫。从2005年末就开始实施的第一轮营销改革措施：核心思路为清理10%非核心经销商，并将5个区域分公司调整为4个产品分公司。并且突出了品种责任，量身定制每个产品的推广方案。但由于模式的转换缺乏好的衔接，这一改革对同仁堂的产品销售反而造成负面影响，导致同仁堂产品销售下滑。在这样一种销售额频频下降的情况下，同仁堂涉足被大众所看好且能节省成本的直销就不足为奇。

来自公开方面的资料显示，同仁堂2006年全年实现主营业务收入为23.97亿元，同比下降了8.03%；实现利润总额2.90亿元，同比下降37.2%；实现净利润1.56亿元，

第四部分
国际直销的中国模式

同比下降 48.21%；净资产收益率为 6.51%，比 2005 年减少了 6.31 个百分点。

兴业证券医药版分析师王斌向记者分析同仁堂进军直销业务的背景时说，同仁堂业绩出现大幅度下滑，去年该公司净利润同比下降 48.21%，其主要原因在于股权激励机制没有建立起来。王斌表示，如果进军直销业务，"同仁堂在这方面是没有经验的"。但"如果能将直销纳入新的营销改革，那对整个集团都是利好。"华泰证券一位分析师说。

同仁堂集团总经理梅群在近日的一篇医药文章中表示，近年来，同仁堂不断加强海内外市场的开发与管理，产品行销全球 40 多个国家和地区。在 2005 年，同仁堂销售收入就达到 54 亿元，实现出口创汇 2048.24 万美元，在全国中药行业蝉联第一。

记者了解到，同仁堂努力抓住突出主营业务、坚持质量第一、创新企业文化、规范品牌管理四个环节，不断加强民族品牌建设，目前已形成了制药工业、零售商业、医疗服务三大版块相互依托、相辅相成的主营业务，生产线已拥有 41 条，能够生产 26 个剂型，1000 余种产品。

同时，同仁堂还不断加快布局国际市场。记者从北京同仁堂集团公司外经办了解到，北京同仁堂在境外开设的分公司和药店至今已达 20 余家。北京同仁堂国际有限公司总经理丁永玲介绍说，同仁堂接下来还要投入更多的精力开发欧盟市场、北美市场和澳洲市场。

"应该说，像同仁堂这样的企业，进入直销的条件已经完全具备，它有产品，有自己众多的店铺，而且做得很好，也有特许经营这块业务。"直销专家刘忠说，而像同仁堂这样的集团企业，如果涉足直销业务，其在销售上将更加成熟。"进入直销，对同仁堂而言是一种全新的营销模式，将会给其带来新的赢利点。"

同仁堂的健康事业

走进任何一家同仁堂药店，我们可以从很多细微处感觉到它对历史传承的重视。稍加注意你便能看到，同仁堂抓方的柜台有内外两层：调剂员在内层柜台里边抓药，拿药的顾客在外层柜台等候，两层柜台中间，是富有经验的老药师进行复核，这些老药师从内层柜台上拿过已抓好的药，与药方逐一核对，确认无误后才将药包好，放到外层柜台上交给顾客——这种一张方倒两遍手的做法，很好地避免了因抓错药而产生的事故。

稳定的质量理念和良好的行业口碑，这一切都是北京同仁堂成功的关键驱动。3

媒体眼中的直销

月7日,《北京科技报》和《北京青年报》联合举办品牌影响生活大型调查颁奖仪式。经过上万人次的投票评选,同仁堂同时和诺基亚、麦当劳、海尔、一汽大众、索尼、微软等国内外知名品牌一起被评为"影响生活的十大品牌"。

而对于企业,直销作为一种全新的营销模式,拓展了企业产品的销售思路,而且也大大节约了成本。具有338年历史积淀、准备进入直销行业的国内中药第一品牌同仁堂,有许多地方开始了向国内直销行业老大天狮集团学习的进程。

作为国内民族直销企业的天津天狮集团,通过十几年的艰苦发展,目前已经成为以高科技生物产业为龙头的多元化大型跨国企业,相继进入美国纳斯达克(NASDAQ)资本市场和美国主板证券市场(AMEX)。如今,天狮集团的业务辐射190多个国家,在105个国家和地区建立了分支机构,并与全球二十多个国家的一流企业结成了战略联盟。

天狮集团以科技创新为先导,建立了技术创新机制,主要从网络精品超市、多元化品牌经营、六网互动以实现跨越发展三个方面入手,全力打造了创新型经营手段,现在又做起了直销超市。

同仁堂的优势是其品牌价值,现在同仁堂的无形资产,早已超过其有形资产。记者从中国品牌研究院获悉,在《首届中华老字号品牌价值百强榜》中,北京同仁堂的品牌价值以29.55亿元高居榜首。金永年告诉《成功营销》记者,尽管以29.55亿元的身价名列第一,但这个价值评估得有点低,"同仁堂的有形资产已经达到了74亿元"。

2002年时,同仁堂就制定了中长期发展规划。战略定位是:"以现代中药为核心,发展生命健康产业,成为国际驰名的现代中医药集团"。战略目标是:"奋斗十年双加零",即到2011年总销售和利润比2001年分别增长10倍,销售额达到300亿元,利润达到13亿元。

围绕这个目标,同仁堂要做的事情还很多。因为下滑的销售额、敏感的直销业、诚信的老字号,这三者的组合就非常耐人寻味。有直销专家表示,天狮已经有了十几年的发展历程了,而同仁堂的直销之路正在酝酿,还尚未起步,如何从已有的榜样中吸取经验,将是同仁堂直销过程中的重大课题。

第四部分
国际直销的中国模式

直销行业掀新一轮高管离职热

钱港基悄然离职康宝莱

在康宝莱获得直销后4个月，钱港基日前突然辞职。康宝莱对此发布声明称，2005年钱港基加盟康宝莱，担任康宝莱全球高级副总裁和康宝莱大中华区总裁，全面负责大中华区的市场运作。在短短两年内就在全国各省设立了47家销售店铺，39家服务网点，为康宝莱在中国市场的开拓作出了杰出贡献。2007年8月1日，钱港基因个人原因，选择离开公司。

由于离职突然，钱港基本人尚未就此事作出正面回应。据了解，钱港基历任安利（中国）副总裁，天狮集团全球执行总裁，露华浓大中华区总裁和中录华纳家庭娱乐有限公司总裁，在业界有相当大的影响力与人脉资源。据悉，钱港基离职后，该职位实际上已空缺，其工作暂由彭格瑞负责。（原载《羊城晚报》2007年8月8日）

欧瑞莲中国区总裁陈海琳离职

2007年11月，欧洲最大直销企业欧瑞莲（总部在瑞典）中国区总裁陈海琳宣布辞职，瑞典人欧拉·斯荣博格将赴任，双方目前仍在交接期。

陈海琳11月4日向《每日经济新闻》表示，自己因个人原因辞职，目前正在办理相关事务的交接，近期会经常出差，年底（12月31日）将正式离职。对于今后的去向尚不能透露，但方向很多。

据了解，自2008年1月1日起，欧瑞莲中国总裁将正式由印尼总裁欧拉·斯荣博格先生接任，他曾用4年时间将印尼业绩做到欧瑞莲全球第六位。他向媒体透露，计划于明年把中国业绩做到现在的数倍。业界传出，陈海琳是因为业绩和管理方面的因素而离职。（原载《每日经济新闻》2007年11月5日）

蔡耀光离职中脉

《每日经济新闻》昨日获悉，上任不过八个月的中脉直销总裁蔡耀光近日已正式辞职，这也是一个月左右国内直销业爆出的第四位直销总裁离任。南京中脉公司昨日表示，随着中脉直销战略的调整，目前有三分之一的直销原管理人员离开了中脉。

媒体眼中的直销

有消息人士透露,蔡耀光此次离职的原因主要是"因为个人价值观与企业价值观不符",但中脉对此表示否认,称蔡耀光离职是公司战略的调整。中脉企划部昨日并未对调整的战略作介绍,信息透露以官方声明为准。声明称:中脉于2007年8月下旬作出了直销战略转型的决议,按照该决议,从事中脉原直销筹备业务管理团队人员,可以按照自愿原则,由个人作出是否继续留任的决定,到目前为止,近三分之二的直销原管理人员选择留任中脉,也有三分之一的直销原管理人员离开了中脉。(原载《每日经济新闻》2007年9月6日)

范家辉任如新大中华区总裁

目前获准在上海地区开展直销业务的如新(中国)日用保健品有限公司近日发生高层变动。本月23日,如新企业集团宣布由原如新东南亚区域总裁范家辉出任大中华区总裁一职,而此前为如新在中国大陆摘牌立下汗马功劳的邱锦云则由中国区总裁的身份转为"业务顾问",如新(中国)有关人士在接受记者采访时表示,这一调动主要是出于如新长期规划发展的考虑。(原载《上海商报》2007年5月31日)

第四部分
国际直销的中国模式

专家访谈：

民族直销企业的发展
——访直销权威专家、原中国保健协会副秘书长贾亚光

"灰色地带"如何应对直销法

陈亮：你怎样看待直销？从1998年当时的传销企业转型以来，我国直销市场的现状怎样？或者说如何对1998年传销企业转型以来的情况进行一个评估？

贾亚光：2002年经销商是做什么什么赚钱，2003年是挑着有概念的做，2004年是做什么什么赔钱，但是，凡是以直销、会议营销这种方式销售产品的企业都挣了钱，做传统的都没有赚到钱。500个亿的市场份额全是直销、会议营销、旅游营销等挣来的份额。

这么一来，就都坏了，大家都看见安利挣钱了。当时规定的直销企业是10个外资1个内资，只有安利挣钱了，别人也没挣到钱。安利享受到了一个特殊政策，我国加入WTO，它帮了忙，所以安利有点"试验田"的性质。但不管它怎么样，是什么层次，它就是挣到钱了，别人就是没挣到。

那时企业都看到了这个，所以都在学。但法规没出台，我们叫"灰色地带"。法规是白的，传销是黑的，没有就是灰的。在灰色地带里的企业都挣到钱了。

陈亮：现在国内有许多上市公司和保健品公司都想进入直销行业，且也正在积极努力。为什么这些企业都拼命往直销里挤，就因为直销要开放了吗？如何评价他

媒体眼中的直销

们的这种行为？

贾亚光：去年5-6月份，中央电视台经济频道曾播了个节目，说出了什么是直销，什么是非法传销，也把非法传销、老鼠会、金字塔等一一说了个遍，包括真正的直销应该是多少天退货、不收入门费，等等。这实际上是放出了一个信号，所有的"灰色地带"的企业都按那个"标准"走了，这样你就不好打了。

原来什么是非法传销，我国原来没有法啊，只要你告诉我"这样做对"我就按这样做了，几千家都按这个走了，包括后来那些大企业，让其子公司来试水，也按这个走，都想试试。因为传统销售模式不挣钱了，于是那些大企业或上市企业就拉出一个班子来，让网头给它们组建一个队伍试验一下，体验体验什么叫直销。那么等直销法规出台了，去拿牌照那企业也有经验了，起码对团队的管理和对网头的管理他们就有了一套东西。否则，"我有钱，8000万、2000万都交了，但还不知怎么做，最后网头挣钱了，我是法人却还赔钱了，那怎么行？"

他们会想，试一遍以后我就知道这里头会出现哪些问题，我应该怎么规范他们。这样逐渐逐渐地，很多人都在试，有的试了就不做了，认为内部管理上不好管理这些网头，毕竟直销不同于传统销售。

陈亮：现在直销法出台了，那企业又有哪几种反应呢？

贾亚光：企业会有三种情况：第一种，在"灰色地带"已经挣到钱了的，8000万和2000万的现金它不拿了，它现在不干了，退出直销做别的；第二种，做了一段时间之后，刚摸到运作规律，刚要发财，法规出来了，这时他就会带着他的团队去加盟一个能拿牌照的大企业，"投靠山爷改换门庭"，让你来把我兼并了。但现在找国外公司的少，找国内公司的多。因为国外公司也在"找北"，如安利一直是多层次，突然让它搞单层次它会不适应，他也在纠正，国内刚上来的"牛犊"企业则没有太多的疑虑，又没有团队，又没有经验，但它们能拿到牌照，这些人愿意找它；还有第三种，也是最危险的一批人，"谁我也不加盟，我也不拿牌照，我就自己干。"他们就不相信：好几千家企业你怎么就把我给抓住了？！不抓住我我就赚钱了。这种情况像什么呢？就像保健食品。你报了一个号，花了好几十万，又是实验，又是审批，拿到牌照了，拿到卫生许可证了，那个人说了"我什么都没有"，你有一点越轨，马上就抓住你，你登记的有"身份证"，我呢？什么都没有，"我在候车室里头呢！"这种继续做的人可能变招，直销的元素这里面有，但它不是直销，也不能界定它是直销，届时直销法约束不了它，它就能很好地生活了。它是一种新的营

第四部分
国际直销的中国模式

销模式，中国人的这种创新能力是非常强的。

陈亮：这个直销市场究竟有多大？都进来能赚到钱吗？据我了解，有人说我国未来直销市场是800亿，有的人认为是1000亿，你认为呢？如何计算出来？在市场份额方面，目前国内直销企业的营业额也是一个无法确知的数字，真正敢于公开经营的企业只有10家转型企业。

贾亚光：根据市场销售规模的局限和直销产品的品种定位，直销产品的消费市场主要集中在较高收入阶层，在中国，收入水平在提高，但并不是较高收入的人都喜欢直销产品；另外，直销公司数量越少，竞争越不充分，造成的市场预期越高，市场的总规模可能就越大。还有一点，就是现在的直销企业分为三类：一是10家转型企业；二是有合法工商登记的企业；三是各类非法的企业，这包括外资和内资企业。10家转型企业的总营业额在180亿~200亿元；第二类企业的营业额大约在80亿元左右；各类非法经营的企业营业额在200亿元左右。有资料表明，直销在整个社会消费品零售额中所占比例约为1%。所以，根据这些因素分析，有人说中国的直销市场规模在未来的3~5年内可达到500亿~600亿元左右，并且在这800亿的水平上基本稳定下来。

但现在更多的情况是，有的说市场是400亿，有的说是500亿。我在网上看，成都有500个人做直销，何止500人，简直就是5000人。若有100个类似成都的城市，每个城市50万人，就是5000万人。如果是400亿的市场，我按400亿作了一个算法，以5000万人算，每个人是一年800块钱，你怎么会挣到钱？连低保都不如！若是500亿的市场，按5000万人算，每人一年还是不到1000块钱，一个月也还不到200元钱，也赚不了什么钱。大家都进入，这以后肯定会形成价格战，一打价格战谁还做啊？

企业为什么这么青睐直销？

陈亮：如何看待安利、雅芳、天狮等企业的模式和转型？以单层次为主的《直销管理条例》出台后，他们还都纷纷发表声明，表示支持？

贾亚光：多层次在国外是一种很成功的形式，为什么说中国不行，中国穷人多。国外做直销是打第二份工，是做兼职，不拿这当营生，中国人却更多的想以直销为主业，下岗的、失业的、农民，都想有第二次发财的机会。现在规定干部、军人不准做直销是很对的。

媒体眼中的直销

转型后都不怎么做了，都是暗地里做。做得最厉害的就是安利，它是最活跃的，其他的企业都不怎么活跃。天狮这几年发展了海外市场。雅芳其实从媒体报道上看，未必是单层次。为什么经销商闹事？如果搞单层次货就砸在手里了，经销商就不干了。说明它不完全是单层次，但它是试点。

其实这回直销法一出台，虽然企业都喊好，我认为，由衷地喊好的企业一个都没有。因为不搞多层次就谁也赚不了钱，所以他们喊好都不是由衷地喊好，它是想拿到直销牌照的，否则，它不喊好，直销牌照是很难拿到的。即使牌照拿到了也赚不了钱。

陈亮： 拿到了也赚不了钱？那为什么它们还那么积极去申牌？

贾亚光： 直销这种方式不管怎么做，都比传统的方式要好。保健品和化妆品为什么好卖，它都不是立刻见效的东西，化妆品不是一抹就白了的，否则那是抹粉了，保健品也不是吃一次就能飞了的，那是有一个过程的。凡是有过程的东西都要去宣传，一张说明书是说明不了问题的，但是我拿嘴去说，可以把产品说得很清楚。

保健食品你可以说好几天，比如说延缓衰老，为什么能延缓衰老？可以从成分上说，从实验上说，从配制上说，从老祖宗的理论上可以说，还能说出一大堆；比如免疫系统，免疫系统有多少作用？维护好了可以抗疲劳，上楼也有劲了，身体也没病了，好了就延缓衰老了，等等。这些在广告法里和说明书里是绝对不能说的，因为做的功能评价只评价了产品的免疫调节系统，没有评价抗疲劳的功能，也没评价延缓衰老的功能，有几个功能就是要做几个功能实验的，证明产品确实有此功能，国家相关部门才允许你说。做直销宣传产品时说"谁吃谁知道"，这不是全凭想象嘛！你想什么都行，往哪儿想都可以，他们甚至可以把"谁吃谁知道"变成"你不吃就知道"。

陈亮： 禁止了团队计酬，可以说直销魅力大打折扣，现在企业都在产品上下功夫，是不是它们想在产品数量上和质量上来发挥更多的优势？

贾亚光： 国家卫生部门给产品的功能总共就 27 个，多了就不让你说，现在是7000 多个产品去分割这 27 个功能。产品都是独立的配方，各自补充体内的东西是不一样的，怎么说功能？所以在直销时面对面就可以多说。产品链里面包括好多配方，比如癌症，不让说，不是把灵芝给炒明白了吗？一说灵芝就知道对癌症有好处，那就找带灵芝的产品，只要带了灵芝就好办，经销商爱怎么说就怎么说，他们也在找除了功能以外，配方有什么好原料，企业选的东西都是适合它的直销链的。心理清楚能拿号的企业，它们现在都在找产品，它们不愁经销商，这么多年了它们对产品

第四部分
国际直销的中国模式

管理都有经验了。

食品，我们叫"自主选择"，我买个黄瓜，想怎么吃就怎么吃，买斤大米，是熬粥还是闷米饭都随你；药品，是"被动选择"，必须得听大夫的，否则你吃错药就麻烦了；保健食品，叫"有指导的自主选择"，这个"指导"就是广告，或者是书籍和科普知识宣传。

这个指导在国外是由生产企业去指导的，出书和出册子来宣传它的知识，若它一越界，消费者就上法院告它，官司企业输了就得倾家荡产地赔，管理非常严，我国则没这么严格。我国只说不允许，犯了错也没有对应的惩罚措施，所以只能硬约束，那么怎么办呢？做直销，就没这个约束了，那是"一对一"，就是掰开了、揉碎了给你说，直到你买我的东西为止。这就要求产品链非常大。

我到你那去要带一本册子，把这其中的100多个或者200多个产品我都带上，我到你那一坐给你说，总有一种东西适合你，这些东西即便不适合你，适合你老婆不？适合你爹不？适合你妈不？适合你孩子不？他总能抓住一个需要的，从而把产品卖出去一个。如果产品比较单一，只是三五个产品，直销就搞不起来，并且经销商也不给你干。天狮就说达到1000个以上的产品，你想得到的我这有，你想不到的我这也有。企业现在都在抓产品，就是这个道理。

民族直销企业的生存观

陈亮：现在我国境内大部分是外资直销企业，内资企业较少。内资中现在除了天狮之外，还有谁有实力一点？好像人们说出天狮之后，第二家企业都没有信心说了？

贾亚光：现在都想进，中脉、珍奥、天年、昂立、太阳神、万基、紫薇星，等等，好多，从资金等方面都没问题，牌照都应该能拿到，它们都达标了，也没不良业绩，因为符合标准就应该给企业牌照。

但真正说得上有实力的，内资企业只有天狮，没有第二家。当初规定的企业一共有11个，10个外资，一个内资，内资就是天狮，其他都是"非法传销"了。而在这些企业里面做得最好的，我认为也就是天狮。它把把重点精力放在了国外，李金元就说过，世界差一个国家都不算是走向世界，差一个国外的钱都不叫外汇，雄心比较大。

陈亮：内资直销企业发展较晚，而且处于极其尴尬的状态，游走于合法与非法的钢丝上，即便他们完全复制外资的做法，也可能是被判定为不合法。因此，内资

媒体眼中的直销

企业的发展有很多难以言表的障碍，但是与外资企业相比，我国内资企业的发展也还是具有自身优势的。内资企业的优势表现在什么地方？你具体怎么看待这些特点？

贾亚光：优势没有，我个人一直不看好直销。

陈亮：那以后中国的直销法会不会与世界接轨？逐步开放多层次？

贾亚光：一直在说可能要放开多层次，它是一个愿景，中国政府会开放，但是什么时候开放却不知道。我没听人说是政府说的要开放多层次，不开放中国就不能与国际不接轨了。其实中国有好多事是不和国际接轨的，像中草药国际它接不上轨，你何必要和它接轨呢？13亿人的消费市场够了，为什么要和它接轨呢！

陈亮：如何看待外资直销企业的转型？转型是不是就说明它适合了中国国情？内资直销企业是不是也要转型，也有一个本土化的问题？

贾亚光：转型也不能就说明它适合了中国国情。为什么它很容易的就便成了老鼠会，就是因为穷人太多了，美国等国直销历史很长远，但是传销在那边照样有，它也是在地下、没钱的人里面弄。转型是向更加规范的方向发展。

中华民族就是一个融通的地方，你只要想在中国立住脚，就必须得本土化。中餐到了外国全都变了味，西餐到了中国也不是很正宗了，水土不服你肯定呆不住，必须得和中国的实际情况相结合。怎么本土化，这就要磨合了，就像宗教一样，佛教要是不跟儒教和道教结合，佛教没戏，它里面有儒教的东西，也有道教的东西，所以大家都信佛，它把这融通了。

陈亮：直销在国外可以说是一个很好的营销方式，从1990年第一个直销企业雅芳进入中国以来，就注定走的是"中国路线"，现在也是单层次试点后禁止团队计酬，包括1998年"店铺+推销员"的转型要求，都表明了中国与外国的直销模式就是不一样。中国入世承诺放开无固定地点销售、给直销立法，但并没有说怎么立和立的原则和标准，所以这些还得中国人自己做主——既要适合本国国情，又要促进商业发展。现在直销法是正式出台了，结合相关规定，你认为直销在中国发展的特色表现在什么方面？如何看待直销行业的行业监管？

贾亚光：没有。实际上我们是与国际接轨了，否则外国人老说也不好，最后是由市场无形的手改过来的。行规逐渐形成以后，政府就省事了，就像运动员说不许铲球，之后裁判员才依此来判定，就很省事了。《直销管理条例》的核心应该是保护消费者，然后再延伸让你们挣钱，这里面有好多不完善，它会调整。

第五部分：
奥运年里看直销（2008年）

走过2008，直销行业经历了很多，也改变了很多。在"南方雪灾"和汶川大地震这样突然的自然灾害面前，直销企业不同的表现，显示了它们不同的水准、品格。有的企业在第一时间发起捐助，积极参加志愿者救灾行动，而有的企业无声无息，仿佛与自己没有关系。灾难就像一面镜子，让我们看到这个行业平时不易察觉的问题。很多企业从中吸取教训，懂得承担社会责任对于直销企业的特别意义。

众多直销企业以满满的爱心作为礼物奉献给奥运。有的企业组织了规模庞大的志愿者活动，志愿者的笑容表达了企业对国家的支持。有的企业举办自动车队万里行活动，用真诚的行动壮大奥运的声势。在这一年，我们清晰地看到直销发展演变的前奏：电子商务成为直销行业新宠；天狮重新审视直销超市；纳市上市开启三八妇乐国际化进程……这一年里，世界在变，国家在变，直销行业也在变……

第二十一章　南方雪灾

启动赈灾：企业千姿百态

2008年1月中旬起，大雪冰封中国。2008年1月下旬起，赈灾中国。

围绕着湖南、安微、湖北、贵州、广东、重庆等19个不同受灾程度的省级地区，一场全国性的赈灾大规模上演，在我们所关注的直销领域，不同企业在这一场特大雪灾面前，表现各异。

与往日固定的公益慈善不同，2008年百年难遇的大雪灾，更考量一个企业的企业责任心是流于表面还是落到实处，在突发事件前，企业没有更多的时间去考虑参与此次赈灾活动的成本、效果。也因此，在此次雪灾过程中，企业的反应时间、赈灾方式、赈灾效果、事后跟进、品牌宣传等各方面所体现出的差异性，考验出了各企业在发挥企业社会责任心，对自身品牌的塑造、认识和准备上还存在着很大差距。

我们欣喜地看到，很多直销企业尤其是外资直销企业在这场突发事件中表现出了从容和效率，赈灾反应迅速，方式多样，效果和口碑均收益良好，且后续跟进有条不紊；我们也看到，也有很多直销企业表现出了心有余而力不足的现象，虽然参与了赈灾，但切入点、切入时间都稍显匆忙，且无更完善计划持续进行；我们更遗憾地看到，还有不少直销企业无动于衷，在按部就班的日程中袖手旁观⋯⋯

2008年1月25日下午，湖南郴州白云渡，输电塔轰然倒塌。在此之后，孤岛

媒体眼中的直销

郴州成为了 2008 年雪灾的象征。

1月 27 日下午六时，中央气象台发布暴雪红色警报。中国气象局启动重大气象灾害预警应急预案三级应急响应。此时，春运重镇广州，已有超过 10 万滞留人群。

超过 10 万人的滞留人群以及广州火车站的执勤人员、武警等，在多日的守候后物资已经全面告急。一位在春运期间坚持在网上直播广州火车站最新情况的网友说："一旦挤进了车站，就很难再出来，很多晕倒的人被人群传递到休息室，但休息室能提供的东西也很有限，事实上很多执勤者都是换班不换岗，看起来很疲惫了……"

广东青年志愿者协会在他们发起的倡议中提到，"一副手套、一顶棉帽，或许就可以给严寒中的小朋友一股温暖，帮他们抵御风雪；一杯温水、一碗泡面，或许就可以让滞留在火车站的旅客，暂时忘掉饥寒，感受到家的温暖……"

安利：志愿者服务队大显身手

就在这一天，安利发起了"风雪中，安利志愿者与灾区人民同行"行动。安利公司广东省志愿者服务总队连夜从各方筹集了 2000 条围巾、1000 双手套、3000 瓶水及 3000 袋饼干。到 29 日上午，100 多名安利志愿者前往聚集旅客较多的广州锦汉展览中心，将以上物品发放送给旅客，并慰问了当值的工作人员、干警、铁路员工。这是广州市第一家开展慰问和捐赠行动的外资公司。

据了解，广东省志愿者服务总队于 2006 年 8 月成立，而早在 2003 年 12 月 4 日，安利（中国）就成立了首家安利志愿者组织，截至 2007 年底，安利（中国）已在全国 31 个省、市、自治区成立了 148 支安利志愿者服务队，拥有注册安利志愿者 4 万多名。

在这次雪灾中，安利的志愿者队伍还在其他城市发挥了重要作用，如在湘潭，安利志愿者献上了冬衣、棉被；在重庆，安利志愿者为受灾严重的特困户送去了油、米、新棉衣和春联；在安徽，安利志愿者更是六城联动，给贫困学子、敬老院、特困户、受灾群众带去了物资……

而在湘潭等重灾区，安利的志愿者们已经开始了筹划节后第二阶段的捐献活动。

在此次突发的雪灾前，安利的志愿者组织充分发挥了其灵活高效的作用，在公益方式上捐献财物、与留城农民工过年、清扫积雪等等，方式多样；而在捐赠对象上包括了滞留人群、受灾人群，从儿童学子到敬老院，从执勤人员到公安干警，覆盖面广；在执行方面受灾地区的安利志愿者均深入一线，留下了很多一线的照片和公益痕迹。

事实上,安利在参与赈灾开始,就紧急动员了遍布全国的四万志愿者队伍,并迅速成立了由总裁黄德荫挂帅的"抗击雪灾志愿行动"指挥中心,紧急筹措资金、调拨物料,为在一线奋战的广大安利志愿者提供行动指引以及资金、物料、后期支持。很快就落实相关救助资金逾百万元,而灾后重建救助物资、经费也正在落实中。同时,安利总公司方面则在公司网站上面不停地更新各地救灾情况。

2月20日,安利的救灾行动仍在继续,这次他们将目光放在了甘肃灾情最为严重的17630多座供应全省的蔬菜大棚,安利甘肃分公司与甘肃省妇联、西固区委合作,捐款5万余元用于帮助西固灾区农民重建蔬菜大棚,有50余名安利志愿者向受灾农民伸出援助之手。据2月22日消息,在2008年整个雪灾中,全国受灾蔬菜生产面积达1/3。

安利公司副总裁张明慧表示,"此次救助,是安利作为中国企业,安利人作为中国公民应尽的社会责任,与安利根深蒂固的公益理念是分不开的,能够快速反应也得益于'安利志愿者服务队'这种机制"。

完美:目光对准重灾区

在此次救灾过程中,完美公司主要由总部统一行动,而在受灾严重地区的分公司亦采取了相应行动,在分公司的活动中,与如新一样,完美与中国扶贫基金会合作,参与到"抗击凝冻——绿丝带"活动中。

有意思的是,此次完美的赈灾活动,是由分公司起头,总公司随后做出大动作:2月1日,在这次雪灾的重灾区贵州,完美贵州分公司参与到由中国扶贫基金会贵州志愿者救援行动小组组织的"抗击凝冻——绿丝带"活动中。

整个过程维持了三天,完美贵州分公司全体成员参与,前两天(2月1日-2日)活动与中国扶贫基金会贵州志愿者一起,把棉被等物质发放到灾民手中,后一天(2月4日)则由完美贵州分公司成员全体成员和贵阳的多家店主联合行动,为特困家庭送上急需的生活用品。

而就在2月5日,完美的赈灾大行动完成。在由中山市红十字会,市民政局等单位发起的"冬日里的春天——中山人民为风雪灾区捐款义演晚会"上,完美公司董事长助理高桂超代表公司参加了此次晚会并向副市长唐颖移交捐赠善款100万元。

据完美公司透露,在完美公司筹备赈灾期间,董事长古润金尚在马来西亚出差,古润金身在国外仍不停关注雪灾情况,并最终选择了通过中山市政府、慈善机构捐

媒体眼中的直销

出善款，且提出将善款用到受灾最严重的湖南。值得一提的是，从中国扶贫基金会的捐款统计来看，在本次全国性的救灾活动中，物质捐助远远高于现金捐助。而据了解，完美所参加的义演晚会共筹集到善款 450 余万元，此次完美所捐出的 100 万元，占到 22%。

此外，完美此次赈灾分公司线上，总公司跟进的顺序值得一提。在突发事件中，如此次雪灾，灾区分公司往往可以在第一时间就参与到救灾的过程中，而总公司则更需要做出通盘考虑，先分公司后总公司这样的顺序，在保证及时性的同时也体现了持续性。

玫琳凯：后来居上

玫琳凯去哪了？在中国一向热心公益的玫琳凯在此次赈灾过程中姗姗来迟。但到 2 月 20 日，此前一直沉默的玫琳凯出手惊人。

玫琳凯公司日前宣布，向湖南等 6 个受灾最为严重的省份爱心捐款 100 万元，并向奋战在救灾一线的湖南武警官兵捐赠了价值达 20 万元的手部护理产品。与此同时，玫琳凯还紧急制定了一套救灾方案。

经过多日筹备的玫琳凯制定出了扶贫基金会、世界儿童基金会、中国儿童少年基金会等机构的长期合作所积累的经验，在突发事件时能迅速保证公益渠道畅通，并在第一时间做出捐赠。

记者在中国扶贫基金会官方网站上看到，如新是第二家捐出物资的企业，仅次于耐克（中国），截至 2 月 14 日，如新所捐助的价值 200 万的蜜儿餐，排在企业捐赠榜中的第四位，且是中国扶贫基金会获捐的唯一食品物资。

据如新工作人员介绍，此次"蜜儿餐 1+1 抗冰赈灾总动员"行动的另一个"1"，将来自于经销商的贡献。据了解，该行动提出，在 2 月 5 日至 2 月 15 日期间，凡如新销售人员（业务代表及以上）或以其下属销售人员捐赠达 50 包蜜儿餐或以上，将可于 5 月份大中华及东南亚大会中接受嘉许或表彰。2 月 15 日当日，所有伙伴每捐助一包蜜儿餐予受灾地区灾民，如新集团大中华区会同样捐出一包，集合公粮报的蜜儿餐将送抵灾民的手中。

在如新发起倡议之后，如新经销商迅速做出反应，如新 642 团队领导人王鑫在重庆与其伙伴自发加入到重庆交广车友会发起的"抗击雪灾、情满山城"大型现场募捐活动，去加油站献上爱心。据王鑫透露，他和如新伙伴已经多次参与类似活动，

第五部分
奥运年里看直销

如去年重庆发生的百年一遇的水灾，均会去捐款捐物，并都是自发行动。

如新方面表示，经销商自发的赈灾活动不好统计，但"蜜儿餐1+1抗冰赈灾总动员"将仍会有后续行动。

宝健：价值百万的"倡议"

在1月31日，宝健自主基金就为救助因大雪受困的滞留学生及时向中国青少年发展基金会拨付30万元，也成为首批加入中国青少年基金会救助行动的企业。令人印象更为深刻的是，宝健在2月1日发出的"宝健倡议书"，截止到发稿时，各地员工、代理商已经捐款捐物价值达百万元。这是在本次雪灾中最具分量的一份"倡议书"。

在雪灾发生时，宝健公司第一反应就是启动自身的公益渠道，成立于2004年的"宝健自主基金"，是宝健向中国青少年发展基金会捐赠设立的永久性基金。在1月31日，宝健自主基金抗击雪灾正式启动，向中国青少年发展基金会捐出30万元，并将款项用于资助1000名在校大学生。

在广州火车站，广播里播出的建议大家就留在当地过年的声音令人印象深刻，雪灾之前引发全国关注的学生在春运回家时丧生车底的事件仍令人记忆犹新。宝健在第一时间通过其公益渠道把目光放在滞留大学生上，既有自身公益渠道便捷原因，也有滞留学生所受关注有关。

宝健公司负责人表示："这几天受灾各大城市滞留者数万以上的大学生，由于大雪的原因，无法回到父母身边，尽管有回家过年的强烈愿望，但他们没有经济来源，只能在寒冷中焦急等待。他们现在非常需要全社会的帮助！"而宝健公司的行动也在继续，他们在2月4日晚，宝健公司又通过北京时的一场大型公益赈灾晚会向灾区捐赠10万元人民币，旨在援助灾区人民抗冻救灾和改善受灾群众的基本生活。

随后宝健发出的倡议成了宝健此次震灾的亮点，他们除了在公司网站发出倡议外，更通过公司的短信平台向全体宝健员工、数力宝健代理商们发布爱心短信："呼吁所有宝健人支持并加入抗灾爱心救助事业。希望通过宝健的捐助，让受灾学生们获得帮助。"

这个倡议得到了积极响应，到截稿时，各地员工、代理商已经捐款捐物价值达百万元。据宝健公司人士透露，各地员工、代理商的捐款，均是在当地配合民政部门或者其他部门的赈灾活动进行，均是自行参与，宝健总公司方面则将这些个人或组织的赈灾活动统计起来。但是比较遗憾的是，众多员工、代理商的赈灾行为，没能用更好的方式记录下来。

宝健公司总裁李道认为，这场突如其来的自然灾害就是每个企业社会责任感的检阅场，为社会贡献自己的力量从小做起，从眼前做起，从现在做起，把对社会的责任感落实到实际行动中，这才是社会责任的真谛。

南方李锦记：从健康入手

在雪灾发生期间，正逢南方李锦记有限公司董事长李惠森先生以全国青联香港代表当选为新一届全国政协委员。李惠森提出了"温暖爱心、同步行动"的活动，并在 2 月 1 日向广州市民政局一次性捐出价值超过一百万元人民币的中草药健康产品，为社会送去营养和爱心。

与众多企业捐赠解决灾区人民温饱问题不同，南方李锦记选择了从健康入手，南方李锦记有限公司高级副总裁杨国晋先生说："我们觉得，在这样恶劣的情况下，维持温饱是一个基础的问题。我们看到，各地滞留的旅客和战斗在救援一线的官兵都已经是坚持了好几天。很多官兵因维护秩序而声音沙哑，很多旅客因长时间无法正常休息而精神不振，长时间的劳累不仅给他们精神带来负担，更是对身体健康的巨大挑战。为了保证他们在逐步恢复交通后都能健康回家过年，我们认为增加营养、提升好状态是格外重要的。为此，公司专门调整了已经进入物流程序的营养产品的发送，迅速调配过来捐赠给广州市民政局，这也得到了公司上下的一直支持。"

在细节方面，南方李锦记考虑的细致 —— 捐赠物品包括了饮用杯子、以及改善嗓子状态的口含片等，几十名南方李锦记员工更是和 20 多位武警战士一起搬送了 400 多箱健康产品。

健康元：出手灾后重建

尽管目前暴雪天气已经过去，但是由暴雪而引起的疾病还在继续，大批偏远地区的受灾群众及医院缺乏足够的医药物资。灾后防疾病，历来是灾后重建的重点工作之一。

2 月 19 日，深圳健康元主动联系深圳市红十字会，向其捐赠了 100 万元药品，送往全国受灾严重的地方。药品主要为公司旗下海滨制药生产的注射用广谱抗菌类药品，是集团的畅销品种之一。

据深圳市红十字会张秘书长介绍，健康元海滨制药捐赠的这 100 万药品将分别

第五部分
奥运年里看直销

送往受灾最严重的湖南、湖北、江西、安徽以及广东的韶关、河源的连平一代。预计最快两天内可送出。

健康元选择了与一向合作的慈善机构深圳红十字会发起捐赠,并根据雪灾的情况明确了赈灾方向。

绿之韵:赈灾和自救

身处湖南重灾区的绿之韵,在2月3日由绿之韵集团董事长兼总裁胡国安亲赴浏阳参加由中共浏阳市委、浏阳市人民政府主办的赈灾晚会,并代表绿之韵集团向浏阳慈善会捐赠十万元现金及物品。

据了解,在雪灾期间,绿之韵也遭受了重大损失,因公司总部所在处于本身受灾严重的京广线,绿之韵公司的发货系统遭到了极大破坏。这从一定程度上使绿之韵将赈灾的精力很大程度上放在了自救上,也导致了绿之韵的赈灾活动缺乏进一步的推进和持续。

新时代:另类自救

在此次雪灾中,新时代公司是最另类的赈灾者。在新时代的整个赈灾过程中,新时代公司就赈灾的对象牢牢锁定在了灾区的新时代人,这是在参与赈灾的企业中唯一将目光专注放在自身员工和经销商的企业。

1月28日,新时代公司向灾区的新时代人发去了慰问信,号召大家团结一心,互帮互助,积极投入到抗灾救灾工作中。

2月4日,新时代公司在北京总部举行了"新时代人向雪灾地区献爱心活动启动仪式"。总经理黄永刚代表公司对灾区的新时代人表示深切的慰问,并号召大家积极行动起来,向灾区的兄弟姐妹们奉献爱心。他还代表公司向湖南、湖北、江西、浙江、贵州五个受灾严重省份的新时代人捐款150000元人民币。其他到场的公司领导、销售员和员工代表响应号召也纷纷慷慨解囊,整个启动仪式共向灾区捐款人民币238151元。

新时代贵州、湖北分公司也组织了当地的员工和经销商进行了捐献。2月15日,新时代公司在总经理黄永刚、副总经理张红的牵头下,员工和经销商再次捐款16000元支援灾区。

记者从新时代企划部负责人处了解到,新时代公司在春节前后开展的这一系列

媒体眼中的直销

捐赠活动,就是对灾区的新时代人送去关心和志愿的活动、体现了公司对受灾经销商的关怀。新时代公益活动负责人告诉记者,到目前为止,此次雪灾中新时代公司并没有安排对除新时代员工和经销商之外的赈灾工作。

缺位者:无意识消失?

在突发灾难面前,企业应该如何成为赈灾的一员?在这次全国关注的雪灾中,不少企业在应媒体和其他机构号召时发表了临时倡议后选择了消失,而更多企业则在整个雪灾中和雪灾后都没有露面,这其中不乏业界的重量级企业。

2008年新税法诞生给直销企业带来的警示

新闻背景:随着2008年度的到来,有两部实用价值和可操作性极高的法律也新鲜出炉了,这就是新企业所得税法和新个人所得税法。从这两部法规的法理性、严密性和可操作性之中,世人无一不强烈地感受到了中国政府的客观、公正、务实和魄力。

原来工商部门向企业出示的有关交纳违规经营罚款的证据中,有十分明确的企业收款账号和具体销售金额,但是政府部门只追索罚款就是不问纳税。不是无据可查,也不是直销企业没有问题,而是税务部门的工作重点不在这里。换一句话说,中央政府到现在为止还未有发出检查直销行业税务状况的政府指令。如今的新税法出来了,直销企业就要自己用心了。

新企业所得税法:你逃税漏税了吗?

条文: 第四十一条企业与其关联方之间的业务往来,不符合独立交易原则而减少企业或者其关联方应纳税收入或者所得额的,税务机关有权按照合理方法调整。企业与其关联方共同开发、受让无形资产,或者共同提供、接受劳务发生的成本,在计算应纳税所得额时应当按照独立交易原则进行分摊。

第四十二条企业可以向税务机关提出与其关联方之间业务往来的定价原则和计算方法,税务机关与企业协商、确认后,达成预约定价安排。

第五部分
奥运年里看直销

第四十三条 企业向税务机关报送年度企业所得税纳税申报表时，应当就其与关联方之间的业务往来，附送年度关联业务往来报告表。

税务机关在进行关联业务调查时，企业及其关联方，以及与关联业务调查有关的其他企业，应当按照规定提供相关资料。

第四十四条 企业不提供与其关联方之间业务往来资料，或者提供虚假、不完整资料，未能真实反映其关联业务往来情况的，税务机关有权依法核定其应纳税所得额。

第四十五条 由居民企业，或者由居民企业和中国居民控制的设立在实际税负明显低于本法第四条第一款规定税率水平的国家（地区）的企业，并非由于合理的经营需要而对利润不作分配或者减少分配的，上述利润中应归属于该居民企业的部分，应当计入该居民企业的当期收入。

第四十六条 企业从其关联方接受的债权性投资与权益性投资的比例超过规定标准而发生的利息支出，不得在计算应纳税所得额时扣除。

第四十七条 企业实施其他不具有合理商业目的的安排而减少其应纳税收入或者所得额的，税务机关有权按照合理方法调整。

第四十八条 税务机关依照本章规定作出纳税调整，需要补征税款的，应当补征税款，并按照国务院规定加收利息。

（2008年1月1日起施行的《中华人民共和国企业所得税法》第六章"特别纳税调整"）

解读： 新的企业所得税法有几个鲜明的特点非常值得注意，一是反避税措施更加系统化，通过借鉴国际惯例，新税法在第六章有八条之多都是有关反避税业务的具体规定；再就是充分注意到了反避税和纳税人权益之间的平衡，也就是在反避税的同时政府已经充分注意到了对企业利益的保护，而不是简单地杀鸡取卵；第三是十分明确地强化了企业对自身行为合理性的解释和举证责任，也就是说，在被税务机关质疑企业的税务问题时，企业有法律上的义务举证说明自己的行为是合理合法的，而不是保持沉默了事。

联想到直销企业的税务处理特点，总是觉得只要不被抓住证据就可以逃逸。而今后就不是这么回事了，企业被质疑的时候，就必须举证澄清，否则就是有问题。这也意味着，直销企业必须换个管理思路了。而值得注意的是，法律追究一向就是有时限的，只要在法律规定的时限之内，不管是什么样的陈年谷子都可以随时翻出来看看。

今后的直销市场,注定要出现这样的情况,就是小企业做不来,大中企业做不短。小企业因为无法在成本和公关上跨越法规监管这个门槛,所以做不来。大中企业因为短期内无法收回投资和企业品牌不容破坏,所以做不短。既然是这种情况,那么谁敢肯定自己就一定是那条税收法网下的漏网之鱼呢?

企业经营有几种成本,一个就是大家都熟悉的生产成本,一个就是经营成本,还有一个是用途特殊的社会公关成本。大规模的品牌塑造、慈善公益、建立和政府的对话关系、处理危机事件成本等等都属于社会公关成本。法律环境的完善无疑将进一步提升企业的社会公关成本。这个状况无疑将宣判一些企业的直销之梦破灭,同时也为一些企业敞开了直销大门。

或许有人会说税务问题还远远比不上直销的社会问题重要。不错,有关社会问题,今后几年将依然是政府管控行动的主要内容,所以今后几年直销企业还不至于在税务方面有太多直接压力。但是,一个不打算只干一年半年的直销企业,就必须要考虑三年五年以后政府针对自身税务历史质疑之时的应对之策。到那时,你作为企业,有足够和充分的文件来解释自己的行为么?

新个人所得税法:你代扣代缴了么?

条文:

(1)税法第六条第一款第三项所说的每一纳税年度的收入总额,是指纳税义务人按照承包经营、承租经营合同规定分得的经营利润和工资、薪金性质的所得;所说的减除必要费用,是指按月减除2000元。(2008年3月1日修改施行的《中华人民共和国个人所得税法实施条例》第十八条)

(2)扣缴义务人在向个人支付应税款项时,应当依照税法规定代扣税款,按时缴库,并专项记载备查。前款所说的支付,包括现金支付、汇拨支付、转账支付和以有价证券、实物以及其他形式的支付。(2008年3月1日修改施行的《中华人民共和国个人所得税法实施条例》第三十五条)

解读:从惯例上看,个人所得税一般是执行发薪的企业代扣代缴的,就是在消费领域,也是由提供消费的企业和组织负责收缴,正如条文(1)和(2)的规定,今后直销业界的个人所得税将首先着落到直销企业头上。直销市场若因为人数众多不好管理,那直销企业总是有家有业跑不掉的。按照代扣代缴规定,你直销企业发

第五部分　奥运年里看直销

了那么多的奖金给个人，你代扣代缴了么？

一旦我们明白了税赋的作用、意义和税赋管理特点之后，我们就自然明白了纳税的问题绝对不是一时的问题，也不是多赚少赚的问题。可以合理避税，但是不可以简单逃税。更何况，纳税是公民和法人的义务。所以，直销的两大软肋——社会问题和赋税问题如果不能及时被修补，那么直销永远不会走出低谷。

我们知道，零售连锁巨头沃尔玛在全球各个国家的影响力和话语权可是比哪个美国直销联盟机构管用得多。但是，沃尔玛在进军中国内地市场的历程中被拒之门外的次数远远多于被热情接纳的次数。为什么呢？因为沃尔玛的经营采用的是总部统一采购和统一结算模式，其总部设在深圳，它各地的分公司就不能在当地交纳企业所得税而只能在总部所在地统一交纳。因为失去了所得税这块财政肥肉，大多数地方政府拒绝向沃尔玛发放经营许可证。

历来处理过渡时期的问题，在惯例上都会采取适度的"既往不咎"的态度，但是也不会全然如此，"秋后算账"的警训也昭示着后来者。在过渡时期一切都显得宽松，也并不意味今后不出问题。作为经营者，不管是个人还是法人，都应该注意一个分寸问题。有效控制一下非法的投机，可能会让自己财富的含金量更高也更安全一些，虽然财富的表面数字可能小一些。

直销是一场持久战，任何该支付的成本，纵然在当下不支付，也未必在将来不支付。企业是愿意守法的，但是企业之间和直销人之间还是存在竞争的，如果违法的成本要远远低于守法的成本，那么这个法是无法有效实施的；如果违法成本高于守法成本了，这就是我们所要面临和解决的社会性问题了。（原载《当代直销》）

4月21日，直销起步走——纪念国家禁止传销十周年

今年是国务院颁布《关于禁止传销经营活动的通知》十周年。在1998年的4月21日这一天，国家对整个传销行业全面禁止整顿，同时宣布一年前工商总局颁布的《传销管理办法》（第73号文件）失效。"不管是正规经营，还是违规炒作，所有从事传销业务的公司全部停止营运，听候国家后续政策的处理。"尔后又批准十家外商投资直销企业转型继续经营。

媒体眼中的直销

现在,经过了十年的发展,中国直销监管从"关闭"到"开放",其间市场和企业经过了诸多的发展和变化,总体取得了良性发展的可喜成绩。我们立足于中国直销具体环境,看到的是一直贯穿始终的国家对非法传销的严厉打击和明令禁止。"规范直销、打击传销",这样才能营造健康的行业发展格局和和谐的直销商业关系。

98禁令:直销=传销

主持人:1998年国家为了整顿市场,出台了《关于禁止传销经营活动的通知》,对企业进行了"一刀切",当时中国市场也就算是关闭了"直销门"。各位都是当时事件的经历者,你们能结合各自当时的工作和感受,谈谈对这一事件的认识吗?以及其对企业和市场带来的影响是怎样的?

龙传人:现在回忆98禁传的当时,是一件非常痛苦的事。在那个年代,以杨谦教授为主导的健康传销正逢蓬勃兴旺之时,特别是在国家工商局的英明领导下还出台了《传销管理办法》予以规范,上千万人的传销商虽然分属于500余家获得了政府批准的传销企业,但大家友好、公平地展开竞争,不同公司的传销人见了面都像是一个传销大家庭,都很开心。

1997年秋天,双轨制金字塔欺诈团伙被台湾当局狠狠打击后偷渡来到了大陆,没超出3个月,中国内地的这500多家正规的传销企业也都被双轨制冲得七零八落。当时我们都已经预感到传销气数已尽,我等百万余人只好在1997年年底前全部退出传销行业。当时我在汉口的大智路还兴办了一家世界少有的"龙人传销书"专卖店,当时也是得到过湖北省几个主管部门的批准的,后来也不得不申报关门歇业。1997年下半年,又有一些传销精英在全国搞起了集中营传销基地,这使我们更加感觉到传销已经变成罪不可赦的犯罪行为了,彻底完蛋了!果然,在1998年4月21日,国家发出了禁传通告,宣布了这个传销时期的结束。

关德园:实际上,从市场经济的角度看,直销行业填补了店铺外、面对面销售商品的营销需要,因应了市场经济的客观规律。而金字塔诈骗则利用人们的暴富心理,钻了营销领域的空子,盗用了多层次直销的名义。两者虽然同处相同的社会环境,但不同的是直销行业制定出符合逻辑的商德公约及其相关操守,积极推进了商品的销售;而金字塔诈骗却践踏客观规律,根本就不是商品的营销行为,其本质是疯狂敛财、金融诈骗。

罗永亮:1998年的"一刀切"其实不是名副其实的,就像我们经常说的"当上

第五部分
奥运年里看直销

帝把门关上的时候，会在后面开一扇窗"，因为当时国家允许了十家企业转型，而且在管理过程中还是"睁只眼闭只眼"的管理方法，所以才让那几家企业得到了比其他企业更多的发展机会，使中国的直销行业得到了持续性的发展。但对很多本土的直销企业是不公平的，失去了最好的发展机会。

主持人：你们认为合法直销与非法传销究竟有什么区别呢？

关德园：合法直销与非法传销（我认为定义为金字塔诈骗更准确）是有着根本的区别的，我总结了一下跟你们探讨：合法直销不管是单层的还是多层的，合法直销是以销售产品、服务最终消费者为宗旨，而非法传销是以拉人头为目的；合法直销是一个公平合理、多劳多得的事业机会，而非法传销却一再非法敛财；合法直销对加入者没有什么投资要求，但非法传销必须缴纳入门费；合法直销其产品在规定的时间内可以退还，而非法传销不提供退还货物的服务；合法直销注意产品质量的销售物有所值，而非法传销却质量粗糙物非所值；合法直销不管是多层次还是单层次，它的奖金一定是要按产品的销售额计算，而非法传销的奖金是按加入的次数和人头来计算。综上所述，直销（无论单层次或者多层次）是建立在诚信基础上的商品营销，而非法传销如金字塔诈骗则是彻头彻尾的经济犯罪，两者根本不能相提并论。

罗永亮：我其实一直不认同"国家的区分标准"，如果这样的话，除少数的一两家企业外，其他企业都是非法传销，不管是拿牌的还是不拿牌的。行业内部应该有一种共同认可的"区分标准"，我认为合法的企业应该是：(1)产品必须是自己工厂生产的，而且必须通过国家的标准认证，把生产的门槛提高，可以淘汰很多的投机型小企业。(2)以消费者为目标，产品销售为导向，提供市场高性价比的产品，如果超出传统同类产品价格20%以上就可归结为非法传销。控制零售价格比控制奖金拨比更科学，更具备操作性。(3)经销商的进入门槛低，一般为100元左右，最高的一次性投资额不得超过1万元，这样就不会导致太多的投资风险。(4)有完善的退换货制度。

龙传人：合法直销是卖给真正需要产品的最终消费者，不指望最终消费者去拉人头发展下线，公司和营销人员的经济效益主要是来自于卖给最终消费者的货款利润中进行分配，并不是来自于下线们的假消费、真投资、真融资、真集资而来的弱势群体的血汗钱。合法的直销，消费者和销售者的身份是严格区分的，不是传销中的混血种。正确的直销是不怕"击鼓传花"游戏的突然停下的，随时停下都应该不会产生难民和怨言，直销人群的收入应该是来自于本次最终消费者的货款利润。

● 媒体眼中的直销

　　非法传销则主要是趁人之危，利用穷人想就业、弱势群体想翻身，来骗取他们的钱财；借助体验产品、小额投资和肯定发财的虚假承诺等名义，加上洗脑邪教蛊惑群众、勾引骗出他们的稀饭钱；再利用虚高价格的价差空间（约零售价的90%）充当非法的入门费，以此获得可以今后传骗的伪直销资格。传销是要强迫上帝顾客充当自己的下线，还要强迫上帝们再去不断地拉人头发展下线群，以组成非法的传销人员链，利用坑人的奖金制度把他们的集资款组成非法的资金链。通常中国普通老百姓很难发展到足够的下线群，所以传销公司的蛊惑承诺对于80%以上的人们来说，都是兑不了现的，所以在中华大地造成了越来越多的难民群，使本来贫穷的人走上了血本无归的绝路。

　　主持人：从17年来相继出台的相关法律条文可以看出，"传销"这种"舶来品"，为中国的经济注入了活力，解决了部分劳动力的就业，先前中国政府曾鼓励发展，只是打击其中的违法行为；但随着国家1998年关闭"直销门"、2005年立法重新开放"直销"，传销和变相传销就成为工商部门打击的重点，"团队计酬"和"发展下线"这些多层次直销手段在国内就属于违法行为了。

　　龙传人：是的，国家打击传销的重点在发生变化。传销中的多层次计酬，其主要的原罪在于"酬"字，这是来自于糊弄下线们假消费、真投资传骗而来的"赃款"，以及用不正派的计酬制度进行不公平的欺诈式分配，所以说传销中的团队计酬实质上是"团伙分赃"。而一笔生意也本应在本次就可以直接通达结算出货款利润，有贡献者本次就能完事的分配，却偏偏要等到本人贡献出了血本之后，还需要个人再拉到了第三方，发展出第二代、第三代等下线群的投资款资金链，或等待后来的多层次集资钱到位后，才能结算出自己的利润，这样的做法是违背商业规律和现行法律的。

　　关德园：对金字塔诈骗以多层次方式进行的经济犯罪，用"非法传销"来进行定义是不准确的。因为，金字塔诈骗所谓的"商品"只不过是一种手段，金字塔诈骗所谓的"销售"只不过是一种掩饰。他们并无销售目的，他们传的不是销，他们传的是非法集资，传的是诈骗，传的是分赃。把"金字塔诈骗"定义为"非法传销"，是将责任归咎于"以下线的商品销售业绩进行计酬"的这一本无立场的营销方式；忽略了金字塔诈骗的主观犯罪本质，在判断上模糊混淆。显然，用"打击多层次团队计酬"的手段来实现打击金字塔诈骗的目的，非但治标不治本，而且伤及无辜。

　　把"以下线的商品销售业绩进行计酬"的方式框定为非法，实际上忽略了直销

第五部分
奥运年里看直销

员"以自己的社会资源提供间接促销或者相关的促销服务来享有按劳取酬的权利"。这样的定义限制了直销人员的积极性,令直销业不同于传统商业的优势不复存在。而且,似乎直销人员参与贯彻、管理、宣传、促进、发展、服务等环节,不但其功效不被承认,还有被定性为非法的可能。显然,这在逻辑上和客观上都有偏颇之嫌。

多层次团队计酬,只不过是商品营销中的一种计酬方式。如何正确运用它,考验着从业者和管理者的智慧。而"非法传销"的定义将"多层次团队计酬"这一客观存在的方式列入非法,就如同把"原子能"定义为非法一样,令和平利用原子能与大规模杀伤性武器同遭禁止。

非法传销为何屡禁不止?

主持人: 在传销历史上,尽管绝大部分传(直)销企业积极配合相关部门的工作,然而也曾不失时机地发展自己。这其中的非法传销和"老鼠会",一直是中国直销的"搅局者"。由于中国政府监管传(直)销的经验不足,中国的传销档案,实际上成了一部政府与"传销者"博弈的历史。传销屡禁不止的原因究竟是什么?

罗永亮: 我认为传销屡禁不止有以下原因:(1)非法传销其实和任何"不法获利"的其他行业一样,因为能轻松获得"暴利",所以就有人以违法为赌注去做,比如"赌博、卖淫、贩毒、制假"等,国家打击很严厉,但照样层出不穷,甚至不惜以性命来冒险。(2)国家的监管部门人力不足,经验不够,重要的是取证的成本太高。(3)对主要责任人的处罚过轻,很多只是罚款了之。(4)更重要的是团队所在的当地政府认为不会对当地的社会造成不稳定,甚至还可以利于当地经济的发展,所以就更是怠慢打击;打击后没有太多的利益回报,打击往往抓到的都是一些低级别的传销人员,打击后还要支付遣送费,所以很多工商公安部门喜欢打击正规的公司而不愿意打击非法团队,因为正规公司可以罚很多钱。(5)个别地方政府官员或职能部门与传销组织甚至还有利益瓜葛。

龙传人: 传销的理论基础是先消费后销售,直销就是小额投资的事业;他们采用的手段是坑人的双轨制,这种特征并没有受到官方的致命打击,反而这种理论基础和传销手段强化了几千万人的传销行为。现在这种双轨制还很流行,甚至于被传销分子奉为圣经,政府不去摧毁传销的所谓直销员小额投资可以致富、只有先消费后才能销售的诈骗钱财的黑色理论基础,政府不去明确地面对传销计酬制度,是不可能有效禁传的;不从思想建设入手,不从打击传销计酬制度着手,规范直销的成本将日益加大,还不可能有理想的结果。

媒体眼中的直销

关德园：目前的"非法传销"的定义，不利于对金字塔犯罪与直销行业违规这两类不同性质矛盾的区分，不利于对金字塔犯罪进行准确的严厉打击，也不利于规范直销市场、监管直销企业、促进直销行业的健康发展。"非法传销"定义的误差是显而易见的。用混淆两类不同性质矛盾的办法来管理直销捉襟见肘，是很难起到相辅相成的补漏作用的。结果是，直销行业被穿上了小鞋，金字塔非法集资诈骗却屡禁不止。社会实践是检验真理的标准，不准确的定义会撼动法规的权威。

主持人：传销通过虚假宣传、组成封闭人际网络、强收高额入门费等手段，吸引了大批群众上当受骗，不仅严重破坏了我国的商业诚信，扰乱了市场经济秩序，而且还破坏了社会伦理道德和社会主义精神文明建设，引发大量刑事犯罪和社会治安事件，对社会的稳定构成了严重威胁。目前的传销活动灵活多变，流动性大，组织严密，隐蔽性强，社会危害性大，我认为这也是传销屡禁不止的原因之所在。据国家工商行政管理总局局长周伯华介绍，截至2007年底，全国共查处传销案件3747件，取缔传销窝点4.11万个，教育遣散传销人员90.45万人，移送司法机关追究刑事责任案件753起、3648人，可以看出我国"打传"工作的艰巨性。

罗永亮：那种打击力度和整个非法团队来对比只是冰山一角，单广西一地据不完全统计，非法团队就有数百万人，更何况几乎每个地方都是异地非法团队在运作。

龙传人：中国在职传销人员1300多万，而且其繁殖速度极快，各种旗号的传销组织公司4000多家，有的打着直销公司旗号，有的打着电子商务的旗号，甚至有的打着国家秘密部队的旗号。从地域分布上来看，除了西藏没有听说传销外，其他地方都有，基本上覆盖了南方地区、中部地区和北方地区，传销形式演变为了连锁销售、网络营销和电子商务（网络传销）三类。

在大学生凌云组织的中国反传销志愿者联盟开展的"雷霆解救行动"过程中，他转战中国南北数个城市，发现每个地方都是传销泛滥，一个课堂就是几十人甚至上百人，有的地方是几个组织都在附近开课堂，出现了"传销村"、"传销一条街"的"奇观"，广西也被戏称为"传销天堂"，此种景象确实让我们触目惊心。长此以往，这种局面我国将无法控制。

在区别上，南方地区主要是打着"连锁销售"旗号进行传销，代表地为广西、广东、云南、贵州、海南、四川等；北方地区主要是打着"网络营销"旗号进行传销，主要集中在天津、辽宁、河北、山东、江苏等；而中部地区却是"连锁销售"和"网络营销"两种传销的结合地，主要分布在山西、河南、安徽、湖北、湖南、江西等。

第五部分
奥运年里看直销

山东一直就是"武汉新田"传销组织的老巢,"假天狮"主要集中在中部地区六省以及浙江和江苏,辽宁本溪中绿和哈参以及伊达等传销组织在其祖籍东三省比较猖獗。随着网络技术的发展进步和网络的普及,传销走向网络化将是一个蔓延趋势,希望有关部门提高警惕,加大监控和打击力度。

主持人:近年来我发现合法直销企业也不断有违规的现象,这是怎么一回事?业界应该如何看待这些违规事件?

罗永亮:我上面就说过,如果严格按两个条例来执法的话,除一两家企业外,其他企业都是违法或违规企业,因为都没有取消过团队计酬,国家主管部门也很清楚,所以在执行过程中就难免违规,这是很正常现象。

龙传人:直销企业在不断地转型和发展。正确的直销模式的创新出路,应该是彻底地抛弃传销之道,创新出决裂传销而不再涉嫌的新营销模式才是正道和光明的出路。遗憾的是,有些人认为离开了传销本质就根本不可能有行得通的、还能使用倍增法的其他可行之道,所以他们还是要坚持传销道路。凡是不触及"禁传"的什么直销模式创新,都是换汤不换药的穿新鞋、走老路。创新直销模式的主题,应该是帮助企业避免涉嫌传销才能谈到的可持续发展,在创新直销模式时不研究传销的本质不行。

为了守旧而创新,就一次又一次地包装出更巧妙的套路来保护传销,指望新包装的创新模式能把传销本质掩盖得让工商、公安看不穿,从而企盼逃避掉国家的监管。

我们一起来总结一下中国十大创新守旧保护传销模式的包装术:(1)最原始的包装,看谁的公司气派、名头权威、产品过硬、奖状金杯等;(2)后来的营销创新,比企业手册、产品手册、经销商手册之高档精美印刷程度;(3)贴牌的宣传,创新出进人民大会堂和上人民日报大版面轰炸的效果;(4)由于财力不够大,就靠奖金制度一张纸走遍天下;(5)创新特务技巧,记录电话号码时的有意颠倒和电话邀约新朋友时的"三不讲";(6)将传销行为包装成合法的商业模式,以产品为导向首先卖给欲从事营销的下线,以服务为导向紧追不舍谎话也成真理;(7)把传销的买单认购产品交由各地的分部去执行;(8)花重金托出大后台亮相;(9)偏重技术层面的创新,把制度设计得天衣无缝而不被戳穿;(10)模仿合法的网络远程教育、金融基金运作,谎称股票已在美国纳斯达克上市交易,利用网络虚拟空间发展传销组织从事非法活动。另外还有玩弄两本账来对付国家,这样的创新一旦揭穿,其欺诈的本质只会是搬起石头砸了自己的脚。

媒体眼中的直销

进一步促进直销行业规范发展

主持人： 那么如何从市场角度看待直销行业的规范发展呢？现在的政府监管有何新变化？

罗永亮： 我来源于市场第一线，跟市场打交道很多，所以我站在市场的角度看怎么样规范我们的直销市场。我曾经写文章提过，我觉得规范这个行业的最有效的标准是看这个行业有没有涉嫌欺诈，也就是这两个条例中的核心问题。有人问，你怎样去评价这个行业有没有欺诈？其实我可以提出三个标准来评价，第一个原则是性价比原则，第二个宣传导向原则，第三个是投资导向原则。具体来说，产品的性价比原则，就是看是否存在价格欺诈；宣传导向原则，就是看是否存在过分夸大、虚假宣传欺诈；投资导向原则，就是看是否存在投资诈骗。

关德园： 我认为必须区分两类不同性质的矛盾，一方面直接以"打击金字塔非法集资诈骗"取代"打击非法传销"的定义，并对其刑事犯罪实施更加严厉的法律制裁，一方面强化对直销行业的规范，严格处理直销企业的违规和查处无牌企业的非法经营。

同时，我主张将直销行业的多层次或者单层次，列入工商管理部门关于营业范围和经营方式的界定区分中。政府可根据社会环境、地域条件、企业资质等等因素，像对待批发、零售的不同资格审定那样，适时、适当地按照核准营业范围和经营方式的办法，给予企业准确登记。

主持人： 近年来，全国工商机关按照国务院的要求和国家工商总局党组的统一部署，严格执行《禁止传销条例》、《直销管理条例》，坚持打防结合、综合治理，积极创新工作机制，不断提高监管执法水平，打击传销规范直销工作取得了成效。国家工商总局副局长钟攸平在近期召开的全国工商系统打击传销工作会议上又强调："全国工商机关要以查处传销案件为突破口，推动打击传销工作深入开展。"国家工商总局直销监管局副局长沈根申在调研广元市打击传销工作情况时也指出，各级工商部门要充分认识打击传销工作的重要性，认真履行打击传销工作职责，加强与相关职能部门的协调配合，切实把打击传销各项工作落实到实处。

罗永亮： 是的，打击传销的工作要不断地深入开展。我也接触过很多专业的政府职能部门官员，

其实他们有些也非常专业，对一些民族企业也非常的同情，但是可怕的是某些小地方的执法部门有扩大打击面的倾向，很多有志于在这个行业发展的民族品牌企

第五部分
奥运年里看直销

业因为被扩大打击而失去了发展机会，我认为国家应该关注这样的现象。分开来说就是，对真正非法的传销，没有产品，或产品的价格虚高，或产品只是道具甚至没有公司的行为应该坚决打击，不要手软，还必须加大打击力度；而对于一些暂时没有获得牌照的，有志于在这个行业长期发展、为国家排忧解难的企业，尤其是民族品牌的企业一定要多给机会。

关德园：任何政策法规的制订和实施，是必须以社会环境为依托的。任何市场运营模式，必须有一定的社会基础。现代人类文明，正向着服务型政府、法治型社会大踏步迈进。我深信，只要不断完善社会信用机制，切实实施公众立法的原则，坚持管理是为了发展的宗旨，一个诚实守信、符合客观发展规律的市场经济，将胜利推进中国特色社会主义伟大事业。

主持人：好的，谢谢大家！

第二十二章 汶川大地震

直销企业汶川地震大救援

2008年5月12日14时28分,四川汶川地震震惊世界!一场8.0级的地震突如其来,袭击了四川省汶川县,波及四川、甘肃、重庆、陕西、云南等地。

截至5月30日12时,国务院应急办提供的数字,汶川地震已造成68858人死亡,366586人受伤,18618人失踪。灾情牵动了中华儿女和世界人民的心,人们自发地向灾区伸出援助之手。

在这场保卫生命的战斗中,中国的直销企业充分奉献出了自己的爱心,显示出了独有的中国情怀。一幕幕、一次次场景都令我们感动,一批批、一个个企业都令我们尊敬。这是直销界的企业吹响的"爱心集结号"……

玫琳凯:积极捐款并吹响救灾"爱心集结号"

5月13日,针对四川汶川地区发生的强烈地震灾害,玫琳凯(中国)化妆品有限公司宣布,通过中国红十字会向灾区紧急捐款300万元人民币。与此同时,玫琳凯紧急制定救灾方案。

在该笔捐款之外,公司号召广大员工和销售队伍在重大灾害的特殊时期全面承担公民的责任,遵循"你希望别人怎样待你,你也要怎样待别人"的黄金法则,积极捐助四川、重庆、甘肃、陕西等地的救灾和灾后重建工作,努力影响更多的人参

媒体眼中的直销

与后续的爱心系列行动，并进一步配合公司一起承担企业的社会责任。

5月15日上午，公司员工和销售队伍募捐金额已超过23万元，更多的人正源源不断地加入到爱心行动中。玫琳凯相信，爱心可以战胜灾难，在社会各界人士的共同努力下，灾区同胞一定能够尽快重建起自己的美好家园！

5月19日，玫琳凯向公司所有业务往来的供应商发出"爱心集结号"倡议信，号召守望相助，共同救助灾区。在玫琳凯公司的倡议下，自发向灾区捐款捐物的爱心供应商总数已达16家，总额逾95万元。已曝光的爱心清单，不仅包括了大量的现金捐助，还包括了许多灾区人民急需的救灾物资，包括大量的矿泉水、棉被、暖毯等。

新时代：大家庭团结起来一起度过困难的日子

5月13日9时30分，新时代公司北京总部紧急召开了"向四川地震灾区捐款仪式"，新时代公司以及众直营店代表向灾区人民呈上他们的一份爱心。

得知公司很多的销售团队、生活在灾区的新时代人以及很多同事的家人也遭受了极大的经济损失和痛苦后，每一名新时代的员工，都希望在第一时间能够献上自己的微薄之力。公司董事长赵友安说："自然灾害突如其来，无法阻挡，但新时代是一个大家庭，在这里希望我们有面对困难的勇气和毅力，团结起来一起度过这些困难的日子。只要我们携手同心，互相帮助，就像今年初我们共同度过了冰雪一样，一定能够取得抗震的胜利！"当天上午，公司临时决定，向灾区员工以及身在灾区遇难的员工家属每人发放3000元抚恤金。

接到公司发起的倡议后，北京市各专营店的代表积极响应公司号召，一大早就赶到公司总部参与捐款，刘洵代表海洋系统捐款10万，刘文明捐款9000元……在捐款仪式上，新时代的行政员工也踊跃向灾区捐款。短短半小时，新时代公司共募集到43万余元爱心款项。当日下午，公司董事长赵友安、总经理黄永刚和专营店及员工代表30余人赶赴中国红十字会，代表全体新时代人向灾区人民送捐首批善款32万元。

金士力佳友：帮助灾区人民是我们义不容辞的责任

5月12日，天士力集团携金士力佳友公司等集团员工于第一时间向红十字协会捐赠价值600余万的药品。5月15日上午，经过天津市食品药品监督管理局王生田

第五部分
奥运年里看直销

局长亲临现场检验,首批价值300万元的现代中药产品通过了严格的药品批准文号、有效期验证后,被批准运往四川灾区。

天士力还将继续通过全国妇联、总后卫生部捐赠总计300万元现代中药,这样捐赠总量将达到600万元现代中药。这些现代中药陆续运至灾区后,天士力还将成立专门的急救医疗防疫宣传工作队协助工作。

5月15日上午,金士力佳友公司员工与天士力集团各位同人齐聚交流中心大厅,再次吹响爱心集结号,掀起新一轮的赈灾捐款高潮。从早上上班起,金士力公司内部全体员工纷纷主动捐款,并在墙上的宣传栏贴出自己对灾区人民的美好祝愿;直至10时,经销商从各地赶来,顾不得掸去身上的风尘,往爱心箱里献上自己的心意;到11时30分,金士力佳友公司又汇合天士力大家庭里的成员,继续为灾区人民奉献爱心。

总经理叶军表示,天士力集团金士力佳友公司是植根于中华土壤的民族企业,与中国社会共同发展,帮助灾区人民是我们义不容辞的责任。公司还将继续在企业内部开展救灾善款的捐助活动,向灾区人民传递爱心,履行我们应尽的社会责任,愿助灾区人民早日渡过难关!

太阳神:充分发挥太阳神精神参与到救灾工作中去

广东太阳神直销事业部获悉四川汶川地震消息后,公司行政部在5月13日晨会上第一时间发动全公司40名管理人员为灾区人民捐款,其中公司业务部李亚琴经理也替她还在怀里的孩子为灾区人民捐献一份力量。

截止5月13日早上10时,共捐款1万多元。总经理张鸣先对灾情非常关注,同时向全国各地的太阳神人发出以"太阳红,中国心,情系灾区"为主题的募捐号召,让大家携起手来,团结一心,充分发挥太阳神精神,积极参与到救灾工作中去,为灾区人民贡献出自己的一份爱心、一份力量。目前公司正在联系红十字会,并开设捐款账号。

当时有统计显示,广东太阳神集团5月15日捐款100万港币,此笔款项直接由四川分公司在当地捐出。

健康元:希望捐赠药品尽快抵达灾区帮助受灾群众

5月13日,总部位于深圳的健康元药业集团第一时间做出反应,计划向中国红

媒体眼中的直销

十字会捐赠 100 万现金支援灾区,并准备价值 500 万元的抗生素药品随时支持灾区。同时,其旗下丽珠集团调集价值 300 万元药品和 10 万现金,作为集团第一批救灾药品,合计近 1000 万的现金及药品支援灾区。

5月14日,已有100余万药品在珠海装运,即刻送往广州随同省卫生厅医疗队前往各灾区。这次第一批捐赠的救灾药品主要为丽珠集团生产的第二代头孢类注射用抗生素,是集团的畅销产品。健康元集团希望,这些药品能尽快抵达灾区,帮助受灾群众。

完美:"百城千店万人无偿献血"活动提前启动

汶川地震发生后,完美公司5月13日上午已经在全国范围内发动了完美人进行抗震救灾捐款活动。鉴于时间紧迫,董事局决定先捐赠首笔捐款500万元。完美公司总部及各地分公司还在陆续组织销售员工、产品供应商、合作伙伴进行捐赠,届时所有款项也将尽快用于灾后重建。

5月15日下午,完美公司与中山市红十字会在中山举行"救助5•12地震灾民"捐款仪式,向中山市红十字会捐资人民币800万元,以救助遭受地震灾害的四川等省灾区同胞,其中300万元由中山市红十字会转捐中国青少年发展基金会,用于地震灾区重建教育设施。5月16日,完美公司宣布,向地震灾区追加捐款200万元。

听闻灾区现场急需用血,完美公司还临时决定将一年一度的"百城千店万人无偿献血"活动由6月1日提前至5月14日启动。完美公司各地分公司已紧急联系各地血站,组织销售员工献血。身在各地的完美人已经响应公司的号召,前往各地血站为抢救灾区受伤同胞义务献血。

5月21日,在连续4次捐款共计1000万元现金后,完美公司董事会再次向四川灾区捐出300万元现金及价值1000万元完美医疗营养品,用于地震灾区重建教育设施及受伤群众的营养支持。至今完美公司捐款已经累计2400万元。除了捐款捐物外,董事长古润金还与一些马来西亚的华人团体在马来西亚举行一次万人的赈灾义宴,号召更多的华人为灾区贡献自己的力量。

宁波三生:无论面对多么巨大的灾难我们都在一起

能量堪比400颗广岛原子弹的特大地震,从四川省汶川县波及整个中华大地。5月13日上午,三生公司董事长黄金宝和总裁郑凤强亲自致电慰问受灾地区的三生经

第五部分
奥运年里看直销

销商，关切了解当地的受灾情况，同时在三生公司网站上向全国受灾地区的经销商及其家人发出了慰问信。当日中午，三生公司召开了支援赈灾专题会议，在外出差的黄金宝关切地打来电话，并通过会议决定首批向受灾地区捐赠 50 万元人民币的救灾款。

5月17日，三生宁波总部及全国各地分公司同时举行了"爱心三生，共抗震灾"三生支援赈灾全国献爱心活动。活动中，全国各地的三生人一起点燃希望的蜡烛，为灾区的同胞们祈福，用自己的实际行动告诉灾区的同胞："无论面对多么巨大的灾难，我们都在一起。"

当天，黄金宝决定再次追加捐赠价值 200 万的保健食品支援灾区。他表示，在国家政府及社会各界的共同努力下，救援工作已取得了很大的进展。但是被救之后的受伤灾民特别是儿童，因持续的被困、本身已受的创伤，加上持续的阴雨天气，很容易引起重大疾病。作为一家致力于"共享健康，分享未来"的企业，我们有义务也有责任为灾区儿童送上我们的帮助。我们为灾区捐赠 200 万的保健食品，就是为了帮助灾区儿童预防疾病发生，让他们早日从困难中走出来。

宝健：首家响应"希望工程紧急救灾劝募行动"

5月14日上午，宝健（中国）日用品有限公司在中国青少年发展基金会秘书长涂猛的办公室举行了简短的捐赠仪式，中国青少年发展基金会"宝健自主基金"正式向四川地震灾区捐款 100 万元，该款项将主要用于震后的学校救援及灾后重建工作。

据地震前方报道，此次四川地震灾区学校校舍损毁情况十分严重，受灾学生众多。5月13日，中国青基会与东方卫视、中国青年报、21世纪经济报道等媒体及全国33家省级青基会联合启动"希望工程紧急救灾劝募行动"，号召社会各界伸出援助之手，救助四川地震灾区受灾学生，帮助抢修灾毁学校。中国青少年基金会秘书长涂猛当时表示，宝健是首家做出响应，并且这也是青基会截至目前接受的最大的一笔灾区捐款。

宝健公司总裁李道虽然正在国外，但是仍通过宝健公司副总裁蔡尚荣表示，灾区情况也牵动着宝健公司每一位员工、每一位经销商的心，宝健公司已经行动起来，动员员工向灾区人民奉献自己的一份爱心。同时，宝健公司已向各级分公司、经销商发出呼吁，号召大家援助灾区，尽到企业公民应尽的一份责任。

安利：各种渠道的捐款总值已经超过了3000万

媒体眼中的直销

5月14日,安利(中国)副总裁张明德专程飞抵成都,向四川省红十字会捐款200万人民币,用于抗震救灾和受灾学校的重建工作,并代表公司向地震中不幸罹难的同胞表示深切哀悼,并向受灾人民致以诚挚问候。张明德并带领200多名成都当地员工及营销人员到成都市红十字会血液中心志愿献血。同时,安利重庆、衢州分公司已分别筹措和募集了近万元的消毒用品及8000元员工捐款。

5月18日20点CCTV1、3、4台赈灾晚会上,安利公司向灾区再捐1000万人民币,至此,安利公司及营销人员累计捐款达至1700万,"因各地营销人员爱心行为还在继续,我们的捐款总额有望在近期突破2000万!"安利重庆公司人员当时透露。

目前,安利(中国)在全国各地的分公司亦积极行动起来,组织员工及营销人员开展地震捐款捐物、志愿献血等活动。安利公司工会号召全体职工为灾区捐款,募集工作正在紧急进行中,相关捐款捐物及抗震救灾志愿活动也正在深入进行中。截至5月23日,安利(中国)通过各种渠道向灾区进行的捐款、捐物总值已超过3000万元人民币。其中,公司及员工、营销人员抗震救灾捐款总额2038万元人民币,捐助救灾物资价值1014万元,并组织300多人向灾区献血。

珍奥:首批200余万产品捐赠及时运抵四川灾区

此次汶川灾难发生后,珍奥集团5月14日与四川红十字会取得联系,表达了集团的心情和心意。在取得对方同意后,他们迅速调配市场原本紧缺的核酸主打产品,紧急筹措了价值200万元的健康产品和20万元现金发往四川红十字会,用于灾区抗震救灾的部队官兵、医务人员和灾区受伤群众增强体力,增强免疫力。

同时,集团领导和员工自发捐款,为灾区筹集爱心款数万元,并且号召各省所属分公司展开捐赠,要求身处灾区的员工暂时放下销售,除了做好自救外,全力投入抗震救灾,为灾区人民奉献爱心。珍奥集团今后还将展开各种形式的捐赠活动,具体捐赠方式正在研究之中。

南方李锦记:"地震无情人有情,众人拾柴渡难关"

"近两天,我一直都在关注各种媒体报道,看到不断更新的灾区灾情和持续攀升的死亡人数,更是难以抑制内心的万分痛楚。"南方李锦记董事长李惠森说。5月14日,南方李锦记通过"思利及人基金"向灾区人民捐款100万元人民币。当天,公司还向所有员工和业务伙伴倡议:地震无情人有情,众人拾柴渡难关。从5月14日起到5月20日,在全国范围内发动捐款,捐款可以个人或市场名义参与,不限金额。

第五部分
奥运年里看直销

于是,一场以"地震无情人有情,众人拾柴渡难关"为主题的爱心捐助行动,在南方李锦记业务队伍和行政员工中间展开。据悉,这次活动的捐款将通过思利及人基金,也用于灾区自救和灾后恢复的工作当中。

5月20日,公司再次捐款300万元人民币,其中150万元来自全国业务伙伴和行政员工的捐款。随后公司还将分批向灾区捐赠价值1000万元人民币的营养产品。公司将持续关注灾区情况,还将做出相应的抗震救灾行动。

安惠：杯水车薪但代表了全体安惠人的一份心意

"5·12"地震事件震撼着每一位安惠人的心灵,公司全体员工在陈惠董事长的倡导下,发扬"安泰康健,惠泽天下"的经营理念和中华民族"一方有难,八方支援"的传统美德,开展了"安惠情系灾民献真情"活动,参与到灾害紧急救助当中来,为灾区群众奉献爱心,救助受灾的群众。

5月14日下午,安惠公司全体员工、来自全国各地的高级经销商在公司培训中心一楼大厅捐款,短短半小时,累计捐款134380元。加上公司捐助100000元,共计捐款234380元。

安惠公司一贯坚持"来源于社会、服务于社会"的企业文化,主动肩负社会责任并尽力回报社会。安惠公司董事长陈惠说："虽然这些捐助对于灾区人民的损失来说是杯水车薪,但是这代表了我们全体安惠人的一份心意,是安惠公司作为一个从事人类健康产业的民族企业和社会企业的责任。"

克缇：号召加盟商及员工加入到救灾的爱心阵营中

面对这场突如其来的灾难,作为长期致力于社会关怀的企业,克缇中国5月14日联络中国红十字会,决定提供首批100万元人民币捐款,用于援助灾区人民。同时,公司还承诺将号召遍布全国的2000多家克丽缇娜专业护肤中心加盟商及公司员工能够踊跃提供个人捐款援助,伸出援助之手,加入到救灾的爱心阵营之中。

灾害发生后,克缇中国及时联系四川分公司,确认员工的人身和财产安全。在这次地震灾难中,部分位于四川、山西、成都、湖北等地的克丽缇娜护肤中心也遭到了不同程度的损失。目前公司正在积极与各地护肤中心联系,全面了解受灾情况和员工生活情况,希望能及时提供救援和帮助,燃起他们重建家园、重振事业的信心。

媒体眼中的直销

远光：通过各种渠道捐赠国家战略储备物资

5月14号，远光集团通过各种渠道捐赠价值50万元人民币的国家战略储备物资——生物光素功能敷料等系列产品。之后，远光集团接到来自四川灾区解放军第四军医大学救助队的感谢来电。电中在感谢远光发展集团慷慨解囊、援助灾区的同时，也对远光首批捐赠价值50万元人民币的生物光素功能性产品的良好功效表示赞扬；并根据灾区需要，目前还急需此类型的物资，期盼远光能够继续给予此方面的大力支持，以应对受灾人员及救灾人员的创伤需求及治疗需求。

灾情就是命令！远光集团在接到此感谢来电后，立即召开紧急会议，研究部署下一步的援助方案。远光集团研究决定，再次向受灾地区提供价值人民币100万元的生物光素系列产品物资援助，其中包括目前灾区指定急需的生物光素功能敷料、生物光素抗菌口罩、生物活素节节好护（踝）具、生物活素节节好护（肘）具、生物活素节节好护（腿）具、生物活素节节好护（膝）具、生物活素腰椎康复带、生物活素明目罩等二类医疗器械，以配合各地区的医疗救援队伍迅速、良好地为灾区人民解除病痛。

天狮：提前"5.18爱心日"活动捐助2300万元

为了帮助灾区同胞战胜灾害，重建家园，5月15日天狮集团首批捐赠款物共计500万元，其中捐款200万元，抗灾物品价值300万元。同时，天狮集团四川分公司已于5月14日组织员工和经销商义务献血。5月16日，天狮集团通过天津市慈善协会向地震灾区捐赠首批抗震救灾款物达1700万元。

适逢公司一年一度的"5.18爱心日"活动正在筹备中，天狮集团于5月16日在天津总部召开"抗震救灾、情系灾区、播种爱心、收获和谐、用实际行动迎奥运"献爱心大会。会上所捐赠的款物全部用于四川地区的赈灾工作。5月19日，天狮集团组织员工和经销商为灾区献血。

5月21日，天狮集团再次通过天津市慈善协会向地震灾区人民追加价值500万元的抗震救灾急需物资。5月22日，天狮集团第三次结合灾区的紧急需求，追加价值127万余元的抗震救灾急需物资。捐赠物资包括：饮用水、雨伞、蜡烛、防雨布、妇女卫生用品及天狮营养高钙素等畅销产品。截至目前，天狮集团累计捐赠总额为2300余万元。

第五部分
奥运年里看直销

如新：集团区域大会号召参会人士"善心一日捐"

四川省汶川爆发的8.0级大地震震惊了中国乃至全世界，突如其来的地震给灾区的同胞造成了巨大的创伤和痛苦，如新人无时无刻不心系灾区同胞的安危，并感同身受。地震发生期间，恰逢如新集团在香港亚洲博览馆召开两年一度的区域大会。5月15日上午9点，会议一开始，如新集团大中华区总裁范家辉号召会议的所有参加者为灾区遇难同胞集体默哀一分钟，随后他代表如新集团宣布，如新"善的力量"基金会立即拨出100万人民币捐给灾区。

与此同时，现场8000位如新员工及直销员也自发组织起个人善心总动员活动。香港亚洲博览馆内穿梭着身穿橙色服装的志愿者，号召参会人士"善心一日捐"，即捐出一日收入，为灾区献出一片爱心。范家辉本人率先捐出了15天的工资收入，其他身处中国内地及港澳台地区的如新行政员工、销售员工及直销员在各地也积极响应。为了表示对员工自发爱心捐赠的鼓励和支持，如新集团董事会主席罗百礼当场宣布：5月15日当日，如新同仁为灾区捐出多少现金，他个人将再捐出等量金额。

5月15日当晚，在香港年会上，如新员工和直销员共捐出人民币180万元，加上罗百礼承诺的个人捐赠，一天的捐赠额达到360万元，员工捐赠数额仍在持续增加中。截至目前，如新集团为四川灾区共捐出1140万元现金和物资。

美乐家：海峡彼岸的台湾美乐家与灾区群众心连心

2008年5月12日中国西南省份四川发生里氏8.0级地震，震波撼动了大半个亚洲！面对惊恐而冷漠的孩子、面对母亲的绝望、面对无助的眼泪、面对残缺的身体……我们的热泪滚滚而下！

地震无情，人间有爱；一方有难，八方支援！美乐家公司在第一时间，给全国的会员发出关怀的短信，尤其对在灾区的会员，更是多次打电话关心他们的安危。美乐家公司情系西南灾区人民，发动上海、广州、深圳全体员工及全国会员，共同为灾区人民献爱心。截至5月20日，上海美乐家公司已向上海市基金会捐出50万元的财物。而海峡另一端的台湾美乐家公司，也与灾区群众心连心，透过台湾美乐家慈善关怀协会于5月18日中视中天赈灾晚会上捐出台币100万元！

隆力奇：全体员工尤其牵挂灾区人民的安危

江苏隆力奇生物科技股份有限公司高度关注5月12日下午发生在四川汶川县的

媒体眼中的直销

地震灾情并迅速做出反应。5月15日，隆力奇向地震灾区紧急捐款50万元人民币和价值50万元的蚊香、杀虫气雾剂和驱蚊花露水等物品支援灾民和抗震救灾工作。

公司董事长徐之伟表示，"一方有难，八方支援"，这是中华民族的传统美德，也是一个具有社会责任感的企业义不容辞的作为。江苏隆力奇生物科技股份有限公司的全体员工尤其牵挂灾区人民的安危，我们愿意尽自己所能帮助他们共渡难关，重建家园。

除此次100万元的财物紧急捐赠以外，公司还通过各种方式对灾区进行捐赠，同时倡导公司全体员工、全国各分公司的数万名销售人员和促销员、经销商以及广大隆力奇的供应商献出爱心，为灾区人民捐款、捐物。

绿之韵：用自身的实际行动表达对灾区人民的支持

5月12日我国四川省汶川县发生的地震，给灾区造成了巨大的人员伤亡和财产损失，灾情牵动着全国各地六千多家绿之韵分销店以及数十万绿之韵分销员的心。灾情发生后，绿之韵集团总部立即向下属公司、全国各分公司、全国分销店、分销员发起募捐倡议，号召全体绿之韵人向灾区人民伸出援助之手。由于号召得到了广大分销商及同仁的积极响应，踊跃献出自己的一份爱心，绿之韵慈善基金源源不断地收到来自全国各地不同地区分销商的爱心捐款。

而绿之韵集团总部通过共青团长沙市委、长沙市青年企业家协会的联络与长沙市青少年发展基金会、长沙市血液中心组织现场捐款和义务献血活动。5月17日，绿之韵"众志成城 抗震救灾"活动在绿之韵集团中国总部举行，共青团长沙市委书记邱继兴进行募捐动员讲话，并代表政府对绿之韵的爱心举措表示真诚感谢。随后，由绿之韵集团董事长兼总裁胡国安向长沙市青少年发展基金会捐款100万元现金及物资，而正在公司参加培训学习的200余名分销商、绿之韵迪博制药厂员工、绿之韵国际大酒店贵宾楼员工以及公司总部员工井然有序地排队向灾区捐款，现场共募集到善款138888元，当场转交给长沙市青少年发展基金会。

雅芳：首批捐赠350万元支援灾区孤儿及孤老

面对这场新中国成立以来最大的一次灾害，雅芳责无旁贷地承担起了优秀企业公民应尽的责任，与全国人民同呼吸、共命运。作为首批捐赠，雅芳（中国）通过中国红十字基金会向受灾地区定向捐赠人民币350万，帮助灾区的孤儿和孤老们渡过难关。此外，雅芳中国员工在地震发生后的第一时间便踊跃捐款，公司已经募集并向中国红十字基金会捐赠了第一批员工善款 36 万余元。同时，员工还积极参加义务献血，希望能为灾区救援工作多做贡献。

除了公司内部员工，雅芳的直销员和经销商对灾区援助也表现出了极大的热情。全国 6 千多家专卖店店主积极响应捐款号召，60 余万名雅芳直销员也源源不断地通过雅芳爱心平台尽己所能奉献爱心。6 月 4 日，雅芳宣布公司再捐款 3500 万元人民币，用于援助四川地震的灾后重建工作。

"作为一家以成就女性为己任的公司，在灾难面前，雅芳有责任发扬最博大、最深切的人道主义精神，伸出援手，尽可能多地为灾区人民献一份爱心，出一份力。"雅芳中国总裁高寿康先生表示，"我本人曾亲历过台湾 9·21 大地震，非常了解地震给人们造成的巨大伤害和无法估量的精神压力。而此次汶川地震的破坏程度远胜于当年的台湾地震，身处其中的人们所遭受的巨大伤痛可想而知。面对这场地震，每一个雅芳人愿同全国人民一起，众志成城，携手战胜天灾！"

仙妮蕾德：361.32 万赈灾义款捐助汶川灾区

仙妮蕾德（中国）有限公司 5 月 16 日决定，通过中华见义勇为基金会捐资 100 万元用于设立中华见义勇为基金会抗震救灾仙妮蕾德专项基金，专门救助奖励在汶川抗震救灾中涌现的见义勇为英雄。仙妮蕾德（中国）有限公司同期还向新疆维吾尔自治区红十字会捐款 20 万人民币救助四川灾区人民，向联合国儿童基金会捐款 20 万美金用于四川地震灾区重建。此阶段赈灾捐款折合人民币 260 万元。

5 月 14 日，中华见义勇为基金会向四川省、甘肃省、云南省、陕西省、重庆市见义勇为基金会发出《关于抗震救灾时做好见义勇为工作的紧急通知》。同时，该会于 5 月 16 日向全体理事发出倡议，希望该会理事伸出援助之手，为表彰和救助在抢险救灾中挺身而出英雄捐款。中华见义勇为基金会的倡议也得到了理事陈徐爱莲夫妇的支持。有关人士表示，此次募捐的款项，大部分用于表彰和奖励在汶川灾区抢险救灾中挺身而出的见义勇为英雄，救助和解决受灾和遇难的见义勇为人员家属生活困难和子女上学问题。

继 5 月 16 日之后，董事长陈得福和总裁陈徐爱莲夫妇 5 月 18 日亲临中国，每到一地亲自组织特许经营店主现场募捐。目前，仙妮蕾德（中国）有限公司携手员工和特许经营店主酬款 361.32 万元，捐助地震灾区。

媒体眼中的直销

永春堂：人人都献出一点爱让四川灾区人民走出困境

5·12大地震不是四川人民的灾难，而是我们整个中华民族的灾难！我们哀悼死者，更祈望生还者的名录上能够尽量多地增加一些鲜活的姓名。

"灾害无情人有情"，面对这场突如其来的巨大灾难，5月16日下午，山东永春堂公司作为一家社会责任感极强的企业，积极响应党和政府号召，发扬中华民族"一方有难，八方支援"的传统美德，在公司董事长颜廷和的带领下，全体永春堂同仁纷纷慷慨解囊为灾区捐款，奉献了自己的一份爱心。这是爱的凝聚，这是情的汇集，这是精神的升华！我们认为捐赠不论多少，善举不分先后，只要人人都献出一点爱，四川灾区人民一定可以走出困境！

月朗国际：高举爱的旗帜全力以赴踏上爱的征程

5月17日晚，中国扶贫基金会在北京举行抗震救灾捐赠仪式，邀请社会各界出席，共同为这次突如其来的灾难贡献力量。月朗国际董事长陈怀德先生出席了此次捐赠仪式，并代表月朗公司向中国扶贫基金会协会捐出500万现金和300万"月月爱"牌负离子卫生巾产品，以表示对灾区人民的深切慰问。

对于此次捐赠活动，陈怀德指出：月朗国际作为一家以关爱社会为己任的企业，一直把向社会献爱心当作一种自觉的行为，积极倡导"我们所做的一切都是为了爱"。在这场大灾难面前，在千千万万受灾同胞面前，月朗国际一如既往地高举爱的旗帜，全力以赴地踏上爱的征程，与地震灾民同舟共济、共渡难关。

5月27日晚，陈怀德出席了中国扶贫开发协会主办的"血脉相连，重建家园"的赈灾义演，并以协会副会长和优秀企业家代表的双重身份进行了精彩发言。当晚他代表月朗国际再次捐出1000万元人民币，此款项将用于灾区抗震希望学校的建设。28日上午，政协主席贾庆林在全国政协礼堂对陈怀德董事长进行了重要接见，并对月朗国际给予了高度评价。

康宝莱：响应"温情系灾区"的号召释放爱心力量

当灾情发生后，身处灾区的康宝莱员工和志愿者队伍竭尽全力帮助震区灾民，他们向灾区的人们发送水、食物和帐篷。"面对严重的自然灾害，我们奉献爱心的最好方式就是提供经济援助。我们的中国团队正枕戈待旦，随时准备伸出援手。"

康宝莱家庭基金会在网上开通了专门的中国地震灾害捐助热线，康宝莱首席执

第五部分
奥运年里看直销

行官迈克尔·约翰逊向全体康宝莱员工和经销商发出倡议，号召他们携手为中国的抗震救灾作出贡献。康宝莱基金会和康宝莱（中国）紧急向四川省红十字会捐助了200万元人民币，而国内各分公司也响应中国总部"康宝莱温情系灾区"的号召，在各地开展各种捐助活动，表达自己的爱心。

员工和经销商们自发地行动起来了，他们有的匆匆赶往临时献血点献血，也有的直接来到红十字会和团市委抢先报名当志愿者，奔赴灾区第一线，帮助搬运和转运物资并协助指挥中心调配车辆，分配人员。短短的两天中，康宝莱80名经销商和员工在各个不同的救灾岗位默默付出，爱心释放着力量，爱心凝聚了人心。

罗麦：价值500万元的产品用于灾区预防肠道疾病

在这场突如其来的地震灾害面前，中国人民众志成城，全力以赴救助受灾同胞。北京罗麦药业有限公司多年来积极支持并参与社会公益活动，但能力有大小，罗麦此次愿尽自己绵薄之力向灾区人民献上一份滚烫的爱心。5月19日下午的捐赠仪式举行得庄重而肃穆，在与全国人民一道默哀三分钟后捐赠仪式正式开始。

董事长汪静表示，由于大地震后，不断的余震和恶劣的气候，使灾区人民面临着次生灾害的威胁。现在灾区腹泻和感冒的人已越来越多，如果预防不力，将会传播开来，就会给灾区人民带来更大的伤害，就很有可能发生大面积的肠道传染病、呼吸道传染病，还有一些病毒和细菌传播的疾病。为响应国家发出的"确保大灾之后无大疫"的号召，罗麦特通过中华国际医学交流基金会向四川汶川地震重灾区同胞，捐赠价值人民币500万元的"罗麦蒜素片"，用于灾区预防肠道疾病、呼吸道疾病及一些潜在的流行性疾病发生之用。"罗麦的行为表现出了一个爱国企业的应有的责任和风范。"中华国际医学交流基金会理事长宗淑杰女士说，她们将全部转赠给四川省医学会，用于灾区人民的疾病预防工作。

绿谷：发扬八方支援的优良传统展开捐赠

2008年5月12日，四川省汶川县发生8.0级强烈地震，面对突发的地震灾害和严重的灾情，全国人民都加入抗震赈灾活动之中。

连日来，绿谷集团积极响应党中央、国务院和市委、上海市政府的号召，迅速行动起来，发扬"一方有难、八方支援"的优良传统，踊跃捐款捐物，表达对灾区人民的深厚感情。绿谷集团捐赠200万，其中现款50万，药品150万，绿谷员工自发捐款突破20万，并且捐款还在进行之中。绿谷集团办公室已派人到上海红十字会

媒体眼中的直销

联系捐赠事宜，积极表示愿意继续出人出力为抗震救灾作贡献。

新生活：倡导爱心使者早捐一秒多救一人

5月12日四川省汶川县8级地震，同胞伤亡惨重。新生活公司成都分公司24名经销商在灾区至今下落不明。四川、云南和甘肃等省市还有众多员工受灾，令人痛心疾首。

爱心可以等，生命不能等！震灾发生后，新生活公司在最快的时间向员工发出了倡议书："我们新生活是充满爱心的企业，我们新生活人都是爱心使者！从我们捐款的那一刻开始，就与灾区人民站在了一起！早捐一秒，多救一人！"

新生活公司全国各地各个分公司的员工纷纷加入到为灾区捐款献爱心的活动中来，截止到目前，通过红十字会等各种渠道，捐款总额累计达到120万，并且各种形式的捐款活动还在继续。

大难方显大爱！灾难中凝聚力量，危机处彰显爱心！新生活从董事长到普通员工，从高管到新人都义无反顾地投入到了"众志成城、抗震救灾"的滚滚洪流中！一个地方的捐款活动结束了，但爱心的接力不会停！全国各地的68个新生活的分公司会将这爱心的圣火传递下去！

九极：但愿能为灾区人民重建家园增砖添瓦

2008年5月16日，在九极公司大礼堂举行了一个庄重的"九极献真情，爱心系灾民"捐助活动。

首先，公司总经理赵小里女士代表九极公司向灾区人民捐赠伍万元人民币的支票，同时以个人名义予以了捐款。她表示，这是九极公司给予灾区人民的第一轮捐赠，等到灾区交通畅通了，公司还将捐赠保健品、日用品等灾区人民需要的物资。随后，公司其他领导及在公司本部上班的员工都踊跃捐款，共筹善款111391元人民币。除了大部分人员参与了现场捐赠外，有在外地出差、因病请假的教授在得知公司组织了捐助活动后，也特地委托捐赠钱款。最让我们感动的是，行政部清洁班有位员工因错过了捐赠现场，在我们准备将募捐款送往广州市红十字会的前一刻，她赶来送上了"壹佰元"捐款。灾难无情人有情，但愿九极人的一片爱心，能带给灾区人民一份温暖，能为灾区人民重建家园增一块砖，添一片瓦！

第五部分
奥运年里看直销

灾后重建：直销企业的深度捐助

任何一次重大的灾难，都是一次心灵的震撼和洗礼。痛定思痛过后，重建势在必行。日本的神户、中国的唐山、美国的旧金山等城市都遭受过大地震的破坏，但经过艰辛而漫长的重建之后，这些城市都恢复了生机。在灾后的重建中，人类逐渐学习该如何与地震这种大自然灾害相处。无论如何，从巨大地震灾害中得以恢复，对人类而言，这是严峻的考验。

灾后重建关注妇女和儿童

5月18日，地震发生后的第六天，中国青少年发展基金会在四川省绵竹县遵道镇援建的第一所"抗震希望小学"在四川省绵竹市遵道镇落成。

四川地震夺取了一些中小学生的生命，对许多学校造成了毁灭性破坏。为了帮助孩子们尽快复课，受创的心灵得到慰籍，中国青少年发展基金会决定，动员社会捐款，为灾区的孩子们修建过渡性的"抗震希望小学"，以为更多的中小学生复课遮风避雨。当时已有完美（中国）日用品有限公司、宝洁（中国）有限公司等一批爱心企业积极支持"希望工程紧急抗灾救助行动"，捐建了"抗震希望小学"。

而在5月28日，"国际儿童节"即将到来之际，金士力佳友（天津）有限公司偕同天士力健康服务分公司与天津市妇联离退休干部一起，来到天津市太阳村儿童服务中心，看望全国"十大杰出母亲"——王瑷丽和她收养的十八个孩子。

据了解，"太阳村"是个特殊的地方，收养的都是那些被遗弃的服刑犯人的子女和灾区孤儿。曾经是工程师的"妈妈"王瑷丽，放弃了优越的生活与成功的事业，用全部的爱和常人难以想象的艰辛教育、辛勤劳动为这些特殊的孩子们创造了一个温馨、和谐、充满母爱的家。

前往看望的金士力佳友公司董事长助理张广明代表集团向孩子们赠送了多种日用产品。他向母亲表示，今后不仅要继续向孩子们提供金士力佳友生产的各类日用产品来改善孩子们的生活质量，更要协助母亲，创造各种机会，去培养教育孩子，使他们长大后成为社会有用的人才。

与此同时，宁波三生日用品有限公司也将关爱之心聚集到了灾区孩子身上。在

媒体眼中的直销

宁波的外来务工人员子女有不少来自四川灾区,很多孩子尽管没有遭受地震带来的身体上的伤害,但还是经历了家中亲人去世、受伤或杳无音信的伤痛和担忧。

为了抚慰这些幼小的心灵,三生公司携手宁波晚报发起了为灾区孩子过儿童节活动。在6月1日当天,三生邀请200名家在灾区的孩子观看儿童剧《皮皮·长袜子》。三生公司希望这部根据瑞典著名儿童文学作家阿·林格伦经典代表作品改编的儿童剧所传达出的自信、自立、自强,以及剧中皮皮不管有多大困难决不后退的信念,能帮助孩子们更加坚强地面对今后的生活。

重在授人以渔并走出阴影

在5月27日下午2点,商务部研究院主楼200会议室召开的跨国公司地震捐赠研讨会上,与会的玫琳凯(中国)公司化妆品有限公司提出了"授人以渔"的建议和做法。其代表说,他们正在帮助所有受灾员工重建业务,包括无偿提供给每个人3640元的产品,让他们重新建立自己的业务,进而重建自己的家园;同时还给他们每人一个美容包,作为他们自力更生的工具,美容包里面有试用的产品,可以上美容课,开展业务,"授之以渔"而不是"授之以鱼"。

另外的直销企业则以这样的方式"授之以渔"。

绿之韵集团首次为抗震救灾捐款后,又在5月20日由共青团湖南省委、湖南省青年联合会、湖南省青少年发展基金会、湖南卫视等单位联合举办的"为了孩子"抗震救灾希望工程专题晚会上认捐25万元,抢修一所灾毁学校;并希望绿之韵全国各地的分销商继续奉献爱心,为四川地震灾难中流离失所的孩子们尽快修建新的学校。"让那些幸存下来的孩子们能够重新回到宽敞明亮的课堂,他们是灾后重生的希望。"绿之韵的灾后重建捐助更多地将目光聚焦在了"为孩子们营造正常的学习机会"上。

6月初,安利公司为广州市天河区外来工子弟学校——广州市四海小学,捐建了"安利多媒体阅览室",以 "阅读改变人生,智慧启迪人生,爱心照耀成长"。安利(中国)广东分公司经理刘娟表示,希望藉此有意义的关爱行动,能唤发起全社会、企业对儿童,特别是外来工子弟学习生活的关注,以配合政府部门进一步加强和改进福利策略,并整合社区资源,依据社区教育阵地,形成全社会共同关心下一代成长的氛围。

南方李锦记公司5月22日成立的"抗震救灾关注小组",制作并将《灾后心理

第五部分
奥运年里看直销

救助与心理重建》手册的文字内容通过电子邮件发给灾区行政员工和业务伙伴，帮助他们了解灾后心理重建的简单方法，早日走出阴影，坚强面对生活。

为给灾区孩子们积极营造正常、健康的成长环境，诸多直销企业将灾后救援的目光放在了人们心灵的抚慰和救助上。很多直销爱心企业认为，让孩子们重新拿起书本复课，是帮助他们走出灾害心理创伤的最有效手段。

大灾过后公益捐助无主题

在这场大灾面前，绿之韵、珍奥一直在行动。至今珍奥已累积向四川灾区人民捐赠了520万元善款和价值1000万元的震灾物资抗震救灾。

据了解，在地震后的第一个周末，南方李锦记各地分公司和业务伙伴迅速配合公司开展了以"热爱生命关注健康"为主题的活动，透过向广大群众传递健康知识，帮助群众在关注灾区的同时，更注重日常生活保健，并在活动中开展了捐赠活动。6月初，公司高级副总裁杨国晋表示，再次向红十字会捐款138.6万元人民币，还将向四川灾区招聘20名员工，分担他们的就业压力。

6月3日，随着灾后救治工作的持续展开，成都市内各大医院临床用血再度告急。成都血液中心主动与完美公司联系，希望他们能组织一次献血活动。灾区的需要就是命令！完美公司四川分公司接到这一电话，立即行动起来，紧急启动"成都第五届百城千店万人献血活动"，上下动员，组织了100多名完美专卖店店主优惠顾客到血液中心无偿献血。

6月4日，雅芳宣布公司再捐款3500万元人民币，用于援助四川地震的灾后重建工作。雅芳基金会将为此项捐赠特别设立中国四川地震灾后重建基金。此外据了解，雅芳还推出义卖产品，并号召通过全中国60多万雅芳直销员及庞大的经销商网络义卖该产品，所得净利润将用于四川地震灾区的灾后重建工作。

"如今我们再度承诺捐赠3500万元的赈灾善款，并将团结所有雅芳人的力量帮助灾区人民重建美好家园。这是我们为灾后重建工作贡献力量的长期承诺。"雅芳董事会主席及首席执行官钟彬娴表示。

而在《羊城晚报》发出"爱心接力,给伤员最需要的"的倡议后,安利公司积极响应。6月5日上午，安利公司公共事务副总监许丽心女士携员工和志愿者一起来到了广州军区总医院，亲切探望了来自四川地震灾区的17名重伤员，并向他们赠送了一批蛋白粉，帮助他们尽快恢复健康。此前，安利绵阳分公司对抗震救灾一线新闻工作者

媒体眼中的直销

进行了慰问。

世界人民和中国人民对四川地震灾区进行援助,积极发扬人道主义精神,他们的捐助没有目的;大灾过后直销企业的捐助同样没有主题。需要就捐助,需要就行动!积极履行企业公民责任,为了一切伸出援手的机会。(原载《当代直销》2008年刊)

直销企业面临汶川地震时的事件营销

汶川地震救灾捐赠是一场保卫生命的战争,同时也是诸多企业进行公益营销的一次良好机会。在这场没有硝烟的战争中,很多企业都成为了"爱心企业",美誉度短期内迅速提高。而企业切切实实的地震救灾工作,也做得非常格外贴心,因为"人们是彼此为了对方而存在"。

在奥运即将到来的时候,我们国家遭遇了如此巨大的灾难,作为中华民族的一员,所有的中国人心情都非常沉重。正因为有了捐赠,人们"与汶川在一起",企业与消费者的距离也更加亲近。有关社会学研究人士表示,中国是有"患难见真情"、"雪中送炭"的说法的,这种危难之中的感激之情,今后能变成一种无限的购买力量。

捐助灾区同时更加注重发动经销商的力量

这次地震捐赠,直销人积极参与救助的行动让社会意识到直销行业特点具有积极的一面。直销人勇敢的表现和爱心的付出,极也大地改变了世俗对直销人的看法。更有特点的是,直销业人数众多、分布面广、易于组织,可以非常迅速地组织起来开展就地救助;同时这个行业长期以来的感恩教育,也让每一个直销人都义无反顾地投身到了这场全民救助战斗中。

在直销企业的捐助过程中,记者注意到,安利公司就在公司捐款的同时,积极组织广大的安利经销商和直销员参与地震救助和捐助。5月14日,安利(中国)在全国各地的分公司亦积极行动起来,组织员工及营销人员开展捐款捐物、志愿献血等活动,协助受灾地区做好救助和重建工作。

这种做法几乎成为了众多爱心直销企业的力所能及的做法。在很快的时间里,他们纷纷开展全员捐赠行动,充分调动了员工、直销人员的积极性。所以,无论是

> 第五部分
> 奥运年里看直销

在企业总部还是各地分公司、专卖店，民众都可以看到众多的业务人员在积极捐款捐物；无论是在震灾第一现场还是各个城市的献血现场，民众都能看到直销人有组织地参与献血；无论是在最危险的汶川还是相对安全的成都，民众也都可以看到一批批的直销人组成的志愿者队伍，在不顾个人安危与疲劳救助受灾同胞……

在玫琳凯公司人员提供给记者的名单中，包括上海兰升环境服务有限公司、上海金鸿泰实业有限公司、上海欧源工艺礼品有限公司、上海美矢实业发展有限公司、北京康泰隆化工有限责任公司、上海赛福化工发展有限公司、上海锦幸贸易有限公司、北京格雷斯海姆玻璃制品有限公司、东莞茂德塑胶制品有限公司、浙江阿克希龙舜华有限公司、南通怡芙塑胶有限公司、杭州心悦化妆品有限公司、上海臻致礼品设计制作有限公司、深圳市通产丽星股份有限公司、尤尼维尔化学品有限公司、雷盛化妆品喷雾器（上海）有限公司等16家爱心供应商，响应了玫琳凯的"爱心集结号"的号召。

在绿之韵、三生、完美等公司发给记者的抗震救灾新闻稿中，也分别提到了公司号召并联合供应商、合作伙伴开展捐赠救助的行为。虽然关于直销人员的捐款至今行业没有一个明确的统计数字，但是从安利营销人员及员工的捐款总额688万元来看，已是贡献了不少力量，这"甚至超出了许多直销公司捐款总额的数倍"。

捐助灾区同时更加注重提升公益基金品牌

在此次地震捐赠的渠道中，涌现出了一批爱心基金，包括"嘉康利关爱基金"、如新"善的力量"、"宝健自主基金"、南方李锦记"思利及人基金"、"康宝莱基金会"、"绿之韵慈善基金"、"尚赫赈灾重建基金"等，这些成为了广大直销人员和经销商踊跃捐款的公司渠道。

此次的汶川地震，很多企业都积极发挥"一方有难，八方支援"的中华民族传统美德，积极捐款捐物，参与到灾害紧急救助当中，为灾区群众奉献爱心。

据了解，嘉康利通过其下属的非营利组织嘉康利关爱基金（Shaklee Cares）发起了一个长期的捐助努力。

嘉康利关爱基金（Shaklee Cares）成立于1992年，目的是帮助自然灾害的受害者，已经捐献了数百万美元以及经销商数万小时的义务劳动时间。在过去的15年，嘉康利关爱基金已经对一系列的破坏性自然灾害做出了快速的反应。针对此次发生在中国的地震，嘉康利决定成立嘉康利关爱中国地震基金来控制并鼓励嘉康利经销商援助中国地震受害者的激情努力。

　　成立于 2004 年的"宝健自主基金",是宝健(中国)日用品有限公司向中国青少年发展基金会累计捐赠人民币 500 万元设立的永久性基金。2006 年 1 月,宝健公司更将企业每年应纳税额的 1% 固定捐赠给基金,并力争在十年内达到捐资 5000 万元的目标。同时,宝健公司的代理商和员工也纷纷献出爱心,将个人年度所得的 1% 捐赠给基金,贡献自己的力量。

　　5 月 14 日上午,宝健公司和中国青少年发展基金会举行了简短仪式,中国青少年发展基金会"宝健自主基金"正式向四川地震灾区捐款 100 万元,该款项将主要用于震后的学校救援及灾后重建工作。

　　"康宝莱基金会"在此次地震捐赠中起到的作用是,当灾情发生后,康宝莱家庭基金会在网上开通了专门的中国地震灾害捐助热线,康宝莱首席执行官迈克尔·约翰逊向全体康宝莱员工和经销商发出倡议,号召他们携手为中国的抗震救灾作出贡献。康宝莱基金会和康宝莱(中国)紧急向四川省红十字会捐助了 200 万元人民币。

　　根据尚赫公司的介绍,美商尚赫此次也特别设立了"尚赫赈灾重建基金"募款账户,重点帮助灾区孤儿和失学孩童的灾后重建工作。

　　地震发生期间,恰逢如新集团在香港亚洲博览馆召开两年一度的区域大会。5 月 15 日上午,如新集团大中华区总裁范家辉代表如新集团宣布,如新"善的力量"基金会立即拨出 100 万人民币捐给灾区。

捐助灾区同时更加注重对公司经销商救助

　　地震发生后的 5 月 13 日,绿之韵总裁胡国安、三生公司董事长黄金宝就第一时间向汶川地震灾区的公司经销商发出了慰问信,表达了对经销商的关爱和支持。"请灾区的全体三生伙伴和朋友们相信,公司是你们最坚实的后盾,公司全体员工和全国三生经销商伙伴将与你们一起并肩携手,共渡难关。"黄金宝说。

　　"除了心系汶川,雅芳认为危难关头利用企业的管理网络优势,妥帖周到地安顿好身处灾区的员工和销售伙伴,是作为企业为国分忧、为民解难的义不容辞的责任。从地震发生的当天开始,雅芳销售支持部及全国客户服务中心便着手与受灾地区数万名员工、直销员和经销商联系,了解他们的安全状况和财产损失。"雅芳公共事务部有关人员表示。

　　雅芳在此次受灾的四川、甘肃、陕西、重庆等地共有 7 家分公司,员工、经销商、

第五部分
奥运年里看直销

直销员的人数将近 6000 名，受到地震灾害影响。据雅芳沟通中心统计，194 家雅芳专卖店在此次地震中受到不同程度的损失，其中 31 家专卖店完全被毁，损失掉数以十万计的产品，而且上千名直销员也受到了严重影响。为了帮助这些销售伙伴渡过难关，公司成立"雅芳大家庭救助金"帮助经销商重建专卖店。

雅芳中国区总裁高寿康则携销售营运副总裁冉永夫亲赴成都、重庆、都江堰等灾区，为受灾的经销商送去关爱、鼓励和慰问金，并实地了解灾情以完善下一步的重建援助计划。截至 5 月底，雅芳沟通服务人员已拨打了十几轮电话，与灾区所有的经销商和 66% 以上的直销员取得了联系。

来自抗灾前线的消息称，5 月 26 日，成都地区新时代人通过积极努力，采取各项措施，已经恢复了专营店的日常工作。各店相继开展了重大灾害自我保护知识及灾后疾病防治知识培训，并开展相应的捐助活动，帮助受灾销售员重建家园。6 月 1 日，新时代总经理黄永刚和国珍专营店店长代表谢建君、许亦青夫妇、冯景华、王爱芹、姜斌、洪爱平及四川分公司经理杨顺等一行在灾区慰问了成都的 8 家国珍专营店。黄永刚和店长们详细了解了各店的受灾情况及此次地震对四川国珍专营店带来的影响，布置了下一步的健康安全工作。

捐助灾区同时更加注重对灾民的具体救治

5 月 14 日下午，刚在三生公司宁波总部组织布署完全国三生伙伴共同抗震救灾工作后，三生大中华区执行总裁郑凤强代表黄金宝董事长前往成都灾区，慰问当地的三生经销商并组织当地三生经销商参加救灾志愿者进行救援工作。

地震期间前往四川灾区的还有如新集团的范家辉慰问队、完美公司的胡瑞连慰问队、天狮集团的阎玉鹏慰问队等。

5 月 24 日，如新集团大中华区总裁范家辉携如新（中国）业务发展部资深总监陆华、服务及营运部资深总监秦逸芬、华西区客服及营运总监淡小权赶赴成都，带领 20 多位由行政员工和销售员工组成的志愿者队，亲自将如新蜜儿餐、驱蚊液、洁手晶露、牙膏等公司产品以及帐篷、食品等物资发放到灾民和抗灾一线的救灾部队和医疗工作者手中。

5 月 26 日，完美总裁胡瑞连亲自率领多位专卖店代表马不停蹄赶往四川省都江堰等多个受灾地区，慰问受灾员工、专卖店和顾客，并派发完美赈灾物资及抚慰金。5 月 27 日上午，完美赈灾慰问队先后到达什邡市、绵竹市受灾群众安置点，看望当

媒体眼中的直销

地完美人,并派发完美赈灾物资,胡瑞连转达了董事局及全国完美人对受灾完美人的关心和问候,现场气氛凝聚着一片感动。

5月28日,天狮集团副总裁阎玉鹏带领公司有关人员前往灾区慰问百姓。

此前,安利(中国)副总裁张明德于5月14日代表公司捐款时,就专程飞抵成都,向地震中不幸罹难同胞表示深切的哀悼,以及对受灾人民的诚挚问候,并组织身处在受灾前沿的安利成都分公司员工进行了志愿献血。

捐助灾区同时更加注重对灾后大疫的防护

历史教训告诉我们,严重的自然灾害发生后,生态环境受到破坏,如果处理不当,不能开展有效地预防防疫工作,就有可能发生传染病的流行。一直以来,党中央国务院要求做到"大灾之后无大疫"。

中华国际医学交流基金会理事长兼秘书长宗淑杰在接受罗麦公司的捐赠仪式上表示,医疗救援和灾区防疫是抗震救灾的一个非常重要的工作,全力做好灾区的防疫工作,严防传染病的发生和流行,是当前的一项重要的救灾任务。

"现在灾区腹泻和感冒的人已越来越多,如果预防不力,将会传播开来,就会给灾区人民带来更大的伤害。就很有可能发生大面积的肠道传染病、呼吸道传染病,还有一些病毒和细菌传播的疾病。为响应国家发出的'确保大灾之后无大疫'的号召,我们特通过中华国际医学交流基金会向四川汶川地震重灾区同胞,捐赠价值人民币500万元的'罗麦蒜素片',用于灾区预防肠道疾病、呼吸道疾病及一些潜在的流行性疾病发生之用。"董事长汪静在5月19日北京罗麦药业有限公司向四川地震灾区捐赠仪式上发言说。

向地震灾区捐赠药品的企业,还包括宁波三生日用品有限公司。5月17日,三生董事长黄金宝决定再次追加捐赠价值200万的保健食品支援灾区。黄金宝表示,在国家政府及社会各界的共同努力下,救援工作已取得了很大的进展;但是,被救之后受伤灾民特别是儿童,因持续的被困、本身已受的创伤,加上持续的阴雨天气,很容易引起重大疾病。"作为一家致力于'共享健康,分享未来'的企业,我们有义务也有责任为灾区儿童送上我们的帮助。我们为灾区捐赠200万的保健食品,就是为了帮助灾区儿童预防疾病发生,让他们早日从困难中走出来。"

第五部分
奥运年里看直销

身处逆境　大爱救灾
—— 直销人抗震捐助提升行业形象

2.1572亿……

这是一个无法截止的数字 —— 截止到5月26日，直销行业共为地震灾区捐献资金和产品高达2.1572亿，并且这个数字仍在不断攀升。

这是一个令人骄傲的数字 —— 直销行业如此大手笔的捐赠，相对于其他任何一个行业来说，都毫不逊色。

这是一个全员奉献的数字 —— 众志成城，抗击震灾，除了直销企业捐赠以外，里面包含着企业老总、企业员工、直销从业人员、直销消费者的滴滴深情。

这更是一个沉甸甸的数字 —— 直销行业今年一直面临着严峻的市场发展环境，有的甚至举步维艰，但即使身处逆境，却胸怀同胞，不管是大手笔的捐赠，还是心意的表达，相对于汽车、房地产等行业来说，这个数字不但沉重，而且更显弥足珍贵。

这是一个感恩的数字 —— 直销行业一直倡导感恩文化，以往的涓涓细流公众也许难以体会，面对需要救助的同胞，我们没有计较世俗对我们长久以来的偏见，我们没有计较所处环境的艰难，此次积蓄多年的感恩之情终于奔涌而出，汇集成磅礴的力量，感动着我们每一个人。

空前巨大的灾难，成片成片的房屋倒塌，超过6万名同胞离我们而去，激发着我们每一个人的情感。这是一场全民的战斗，这是一场民族的总动员，蛰伏已久的情感在这场灾难中集中爆发，全体直销人同样满怀豪情地投身到了这场战斗。

直销业捐款总量预计将会与中国汽车行业的捐赠相差不远，更远超其他一般性行业。据不完全统计，截至5月26日17:00时，汽车行业已捐献人民币24047万元，救援车辆583辆。

在这场全民总动员的捐款热潮中，数字的多少并不能说明什么，我们也无意与其他行业攀比，但如果你明白中国直销业面临的发展环境后，你会更多一份感动。

由于严厉的政策监管及舆论歧视，直销业一直在艰难的环境下顽强生存，有的

媒体眼中的直销

企业举步维艰。发展最快的安利 2008 年销售额为 130 亿元，尽管完美没有正式披露营业额，但业界普遍估计排名第二的完美销售额为 40 亿元，其他的都远远低于 40 亿元，更多的则只有几亿甚至几千万元。据有关方面预计，参与捐赠的 25 家企业，2008 年中国直销行业总销售额不会超过 500 亿元规模——这意味着，直销业本次几乎拿出了 4.3‰ 的比重用于赈灾，完美捐赠比重占其销售额的 6‰，安利占 1.6‰——估计很难找到有如此高比重的其他行业了。

而在 2007 年，中国汽车产量已超过德国，仅次于美国、日本，居世界第三位，汽车工业重点企业（集团）实现主营业务收入超过 10000 亿元。汽车业捐赠占的比重约为万分之三——直销行业捐赠比重超过汽车业捐赠比重 10 倍！

汽车发展环境何其优越——政府扶持、媒体追捧、舆论赞誉……但直销发展环境何其艰难——政府严厉监管、媒体喊打喊杀、社会甚至更以白眼相加……

一直以来，因为舆论的偏见与严厉的政策监管，直销在中国发展一直遭受歧视，在艰难的环境下顽强地生长。但直销业并没有"以怨报怨"，反而使怀着行业倡导的感恩心态，以极大的热忱积极地抗震救灾。

这次除了捐赠数字外，直销人积极参与救助的行动更让社会意识到了直销行业特点带来的积极一面。直销人勇敢的表现和爱心的付出，极大地改变了世俗的看法。直销行业具有人数众多、分布面广、易于组织等特点，可以非常方便地组织起来开展就地救助。再加上这个行业长期的感恩教育，让每一位直销人都积极地投身到了这场战斗。

无论是在震灾第一现场还是各个城市的献血现场，你都能看到直销人有组织地参与献血。无论是在最危险的汶川还是相对安全的成都，你都可以看到一批批的直销人组成的志愿者队伍，在不顾个人安危与疲劳救助受灾同胞，无论是在企业总部还是各地分公司、专卖店，你都可以看到众多的业务人员在积极捐款捐物……

我们同样尊敬汽车行业的善举，我们同样尊敬其他行业的捐赠，我们同样不以数字论爱心，我们也不否认直销业存在着诸多的弊端，但直销业也在不断朝着理性的角度发展，正在快速地自我净化，此次又与所有同胞同舟共济，共渡难关。

多看看直销行业的义举吧！多看看直销人奋战一线的志愿者身影吧！这是一次行业的集体感恩！这时一次行业的自我救赎！——直销人，同样伟大！

第二十三章　北京奥运会

直销奥运无营销（企业都在做什么）

奥运会在北京的举办，将中国体育推上了辉煌时期，同样也将众多的中国企业推上了效益发展关键时刻，奥运会蕴藏着很多的经济效益，其带来的经济价值不可估量，不仅对中国企业甚至于全球企业来说，2008年奥运会是一次难得历史机会，中国企业期望借奥运会走向全球，外资企业占有更多的中国市场，不论哪一个行业，都在挖空心思地寄希望于奥运营销。

就在诸多企业注重品牌形象的同时，奥运前的7月1日，中国广告协会发出了一份通知。这家行业自律组织以罕见的严厉语气警告说：从8月1日至27日奥运会期间，非奥运赞助商在广告中如果邀请了现役并参加本届奥运会的运动员、教练员、官员等作代言，但未获北京奥组委特别授权批准，将不能在媒体刊播。

在直销企业中，以体育营销获得成功的安利首当其冲面临这个问题。雅芳赞助中国跳水队，不属于奥运赞助商，同样也要暂停所有和跳水队有关的广告。据记者了解，它们都积极配合此规定，做好了相应的广告调整。

及时调整奥运广告策略

根据北京奥组委和中国广告协会的规定，从北京奥运会到北京残奥会结束，北京将对主要地区、机场、车站、奥运场馆周边地区等进行广告控制。任何非奥运合

● 媒体眼中的直销

作企业,在广告宣传中不得使用奥林匹克标志或相关元素;媒体开办奥运相关栏目,也不得与非奥运合作企业合作;未经授权以本届奥运会参赛运动员、教练员、官员等作形象代言人的广告,相关媒体要停播;就是现场观众,比赛期间也不能穿带有广告色彩的服装。

此前就广告停播通知出来后,安利北京与天津分公司经理翟明赫接受媒体采访时表示,"安利已经得知北京奥组委的规定,安利的广告正好也将于7月份到期,正好停播,8月份,我们将正式推出蛋白粉的广告,营销重点将放在蛋白粉上,与北京奥组委的规定不会有任何冲突。"在8月份我们所看到的安利广告宣传主要在产品方面,在电梯里看到的是纽崔莱的电视广告。

而雅芳公司在得到中国跳水队致函表示对奥运期停播广告希望其谅解时,雅芳负责人表示虽然与跳水队的合约包含了奥运时段,这从法律上来说并不构成违法;但《奥林匹克宪章》的规定雅芳会积极地遵守。因此,雅芳在奥运期间将不会使用跳水队员的形象进行广告宣传。而近期雅芳的广告也换成招募直销商的广告。虽然这次停播是迫于无奈之举,但也显示出了直销企业积极配合政府的要求,努力做一个"乖孩子"。

对于任何一个行业来讲,这次的机会都将不容错过,同样在保健市场占有主导地位的直销企业通过体育营销获得了非常大的成功,安利等企业的业绩就是先例。

完美公司媒体部相关人员表示,直接和奥运会有关实质性活动没有,但是会参加一些媒体举办的奥运相关活动,对于体育营销其表示,就算没有奥运会,体育营销也是很有吸引力的一种营销方式,将来完美公司也不排除运用这种方式。

宁波三生有关人士表示,体育营销作为许多国际大品牌,为其在全球市场的开拓立下汗马功劳,奥运期间停播以奥运运动员代表为形象代言人而未赞助奥运会的广告,对企业的损失肯定是巨大的。但作为国际奥委会对于赞助企业的利益保护政策,同样也可以获得理解,毕竟作为奥运赞助企业为此支付了巨额的赞助费。"对于被停播广告的企业,最关键的是如何即时调整广告策略,用其他形式的广告代替运动员代言广告,减少损失。"

他告诉记者,三生目前尚未考虑体育营销模式,三生尚处于企业起步和成长期初期阶段,因体育营销需投入大量的资金和企业资源,目前三生还不会考虑借助体育营销来拓展市场和提升品牌。

第五部分
奥运年里看直销

非奥运赞助商的奥运营销

安利的体育营销策略加速了体育营销在直销企业的速度，有部分企业也开始启用体育营销。而奥运会的召开让更多的企业希望能够沾奥运之光。

记者发现另外的一些和奥运相关的活动策略出现，新时代举行了奥运会自愿者活动，统一的服装、亲切和蔼的态度，无不将新时代人的热情展现出来。康宝莱举行的绿色奥运自行车郊游体验，不仅绿色环保和有利于健康，而且还能节约开支。完美公司举行迎奥运鲜血活动，天狮举行了"为奥运加油——天狮人自行车队神州万里行"活动，借奥运之风各式各样的公益活动无不和奥运沾边。

虽然没有赞助商使用奥运相关内容作为广告，但是直销人却用自己的爱心作为最好的礼物送给奥运会，这种对奥运会的支持表达出对祖国的热爱之情，爱心的力量比任何的广告都有效力。

记者致电部分企业相关负责人了解公司对于奥运期间的相关规定以及对体育营销的看法，对于广告停播以及对于体育营销方面的看法，无不表示，作为企业，一定要跟着国家的政策走，尤其是面对关乎我们国家形象的全球性活动，每一个公民要尽自己的义务维护国家形象，作为企业更应该尽自己的社会责任。

新时代相关负责人接受记者采访时表示，奥运对于任何国家和企业来讲无疑都是巨大商机，但中国的企业比较缺乏整合营销的思路和手段，且看目前各企业的营销和宣传就知道了。新时代一直在围绕奥运做相关活动，除了志愿者行动，还有内部促销活动和社区电影放映活动，在宣传上也准备结合奥运精神，以健康理念和健康的生活方式为主导，做一系列的推广宣传。

事实上，体育营销很早就有了，部分知名企业做得也很不错，如耐克、阿迪。无论哪种营销都要有整合的概念，不是单纯的做做广告和举办个活动，这需要站在战略的宏观层面对营销的对象、环境、目标人群、竞争对手等全面分析，根据企业自身资源情况和特点，制定一套组合拳，"赶潮流是顺应时事的一种表现，但最高的境界是创造潮流的企业才是走得最远的企业"。

南方李锦记的相关人员则告诉记者，关于体育营销近期公司暂时不会有这方面的考虑，"奥运期间，我们会遵守国家有关规定，支持奥运，任何一家有责任心的企业都会这样做。"

的确，北京奥运会及中国庞大的市场对于国内外商家而言有着非凡的吸引力。

媒体眼中的直销

目前北京奥运会已有 65 个合作伙伴、赞助商和供应商，而 2004 年雅典奥运会的三种级别的赞助商不足 40 个。媒介传播公司实力传播预计，北京奥运会至少将为全球额外创造 30 亿美元的广告支出，其中有 10 亿美元将投放在中国国内。

这样一大笔钱来自许多赞助商，也来自另外很多的非奥运赞助商。据记者初略统计，中国目前有 30 余个运动队在与多家奥运赞助商合作的同时，还分别与众多非奥运赞助商签署了赞助协议；亦有不少奥运选手成为许多非奥运赞助商的产品代言人，其中不乏姚明、刘翔这样的重量级体育明星。

"花小钱、办大事"的策略

对于赞助商而言，赞助费可以承受，但是庞大的赞助推广费用却让人望而却步，所以对于赞助而言在也讲求策略，花小钱办大事，最经典就是李宁的迂回战术。在与阿迪达斯争夺奥运赞助商失利后，非奥运赞助商李宁公司先后与跳水队、乒乓球队、射击队和体操队签约。不赞助整个赛事而是赞助出镜记者、节目主持人或者某个运动员，如不能成为奥运会的赞助商，就与中央电视台奥运频道（CCTV5）合作；赞助不了中国奥运代表队就赞助外国奥运代表，这样的策略最终是"花小钱、办大事"，其奥运营销手法赢得了很高的关注度。

对于此赞助策略，在直销企业同样被运用，康宝莱在 2008 年 3 月 23 日与安舒茨娱乐集团旗下的洛杉矶银河足球队签署了一份价值数百万美元、为期 5 年的赞助扩展协议，洛杉矶银河足球队球员球衣上印有康宝莱标志，而康宝莱赞助洛杉矶银河足球队主要原因因为贝克汉姆加盟该球队，这份协议标志着康宝莱公司在体育营销上的起点。

5 月 2 日第 17 届亚洲铁人三项锦标赛在广州大学城内隆重举行，康宝莱（国际）赞助的著名中国香港铁人三项选手——李致和（Lee Chi Woo）参加了此次锦标赛。而在此次锦标赛上李致和并没有取得好的成绩，记者在就此和康宝莱相关负责人了解该结果时，其对此表示，我们不是赞助某一个人，我们是赞助奥运精神，拼搏的精神，尽管此次并没有取得好的成绩，但是运动员坚持到底的顽强拼搏精神是我们赞赏的。

7 月初康宝莱又成功和国家自行车队签约成为自行车队赞助商。可以说，直销企业中赞助路线成为了康宝莱的又一个特点，但是赞助的后期推广费用是一个庞大的支出，人力物力等都将比较大的，所以创新的推广方式将是赞助达到预期效果的

第五部分
奥运年里看直销

最佳出路。

对于非奥运赞助商的奥运营销，中国广告专业网站 MadisonBoom 创始人 MiCol Chan 说，奥组委保护花了大价钱获得权益的赞助商无可厚非，不过他说，在之前的亚特兰大、悉尼、雅典三届奥运会都少不了"伏击营销"，正牌赞助商的风采常常被竞争对手抢去。这是创意或营销的高下之分，跟是否加上一个五环 Logo 没有太大的关系。

"禁传销、保奥运"专项行动全力保障北京奥运会

目前北京奥运会筹办工作已进入最后冲刺阶段，奥运安保工作已到关键时刻。近日，记者从国家工商总局直销监管局了解到，7月中旬以来，工商总局与公安部组成了督查组，分别对北京等奥运会举办城市的有关工作进行检查和指导，总体情况良好。

按照国家工商总局的统一部署，奥运会各举办地工商机关把禁传销、保奥运、促稳定作为当前工作的头等大事，在当地党委、政府的领导下，认真开展"禁传销、保奥运"联合执法行动，完善打击传销应急预案，加强防范，严厉打击传销违法活动，切实维护市场经济秩序和社会稳定，确保北京奥运会安全顺利举办。

北京市各级工商机关全力以赴投入奥运保障工作。北京市工商局制定了奥运市场秩序保障方案，制作了北京市场秩序隐患地图，要求各分局对一类、二类地区坚决有效监控，做到传销人员零聚集；三类地区实行严格监控，全面取缔传销活动。北京市工商局要求各分局在联合执法行动中，采取有力措施，集中力量查办大要案件，加强对网上传销的监控，对"拉人头"式传销要发现一起、处理一起，奥运期间不允许出现因传销人员聚集而影响社会稳定的情况。

北京市朝阳区是北京奥运会主场馆所在地，共有鸟巢、水立方等30个奥运场馆，确保朝阳区的安全稳定，直接关系到奥运会的安全顺利举办。北京市工商局朝阳分局高度重视，认真履行职责，对重点行业、重点地区、重点企业和重点案件进行了细致排查，制作了朝阳区市场经济秩序隐患图，制定了传销突发事件应急响应预案。应急响应预案设置了现场处置组及联络组，由专人负责现场询问、取证、秩序维护、

媒体眼中的直销

登记及疏散现场人员,要求执法人员 24 小时联络畅通。此外,朝阳工商分局还进行了应急预案启动和回复、队伍集结和赶赴现场、现场控制和执法实施、预案升级链接和执法增援等科目的模拟实战演练。北京市房山、石景山、宣武、顺义、密云等区县先后成立了由政府牵头的打击传销领导小组,平谷区成立了打击传销办公室,房山区将打击传销工作纳入综合治理考评范畴,形成齐抓共管、群防群控合力。

天津市工商局为确保奥运会足球赛成功举办,召开了全市工商系统"禁传销、保奥运"专题工作会议,对"禁传销、保奥运"打击传销联合执法行动进行了具体部署。要求狠抓责任落实,在奥运会举办期间,凡在辖区内发生重大传销案件或因传销引发群体性事件的,将在年终考核中对所在区县的打击传销工作实施一票否决。为了保证联合执法行动能够有的放矢,天津市工商、公安部门确定重点地区、重点部位、重点案件,实施重点监控。天津市各工商分局都制定了打击传销应急处置预案,要求在奥运会期间实施 24 小时备勤。同时,天津市工商局以 12315 投诉举报系统为依托,建立了打击传销执法快速反应机制,对传销活动的举报,要求 5 分钟分流到有关部门,15 分钟内赶到现场进行查处。

上海市工商局、公安局联合下发通知,把在上海的奥运会场馆、指定训练场、指定住宿地等周边地区,以及主要交通枢纽周边地区作为重点地区,部署开展联合执法行动。奥运比赛场馆所在地徐汇工商分局建立科所联动机制,加强重点地区、重点路段和重点行业的日常巡查,建立打击传销快速反应联合执法队伍,并开展了对奥运场馆周边地区禁止传销的宣传工作。奥运比赛备用场馆所在地虹口工商分局制定了落实打击传销专项整治工作方案,成立了由分管局长任组长的打击传销领导小组,严厉打击传销活动,并对辖区内聚众集会进行严格监管。

辽宁省工商局为确保奥运会足球比赛在沈阳的顺利举办,对全省的传销情况进行了全面排查、处置和监控。沈阳市工商局成立了奥运安保打击传销工作督查组,继续深入开展打击传销"迅雷行动"。截至目前,打击传销"迅雷行动"已经取得初步成效,查封处理传销培训场所 20 个,捣毁传销窝点 105 个,教育遣散参与传销人员 2803 人,对 16 名传销人员进行了行政处罚。该局建立了工商所、派出所、社区(村)联系工作机制,建立了打击传销责任制度,制定了打击传销工作考核办法,明确各部门打击传销工作具体职责,工作不到位的,将严厉追究有关人员的责任。

河北省打击传销领导小组召开了全省"迎奥运、保稳定"打击传销专项行动动员暨先进单位和个人表彰会议,下发了《河北省"迎奥运、保稳定"打击传销专项

第五部分
奥运年里看直销

行动方案》。秦皇岛市把打击传销、维护社会稳定、确保奥运安全列入重要议事日程，秦皇岛市打击传销领导小组专门下发通知，组织开展打击传销专项行动。同时，秦皇岛市工商局进一步细化突发传销事件应急预案和打击传销工作职责，提高应急突发事件的掌控和处理能力。秦皇岛市工商局要求市、县（区）两级打击传销机构都配备相应的执法力量，做到快速反应、迅速查处；对查处的重大传销案件，立即启动处置传销突发事件工作预案，并及时报告当地打击传销协调领导小组。廊坊地处京津之间，围绕奥运安保工作，廊坊市工商、公安机关对可能滋生传销活动、曾经发生过传销活动和被举报投诉传销活动较为集中的区域进行了重点排查，并于7月16日在全市开展了集中打击行动，取缔传销窝点3个，教育遣散100余人，初显成效。

山东省工商局先后召开了全省工商系统公平交易执法工作会议和环青岛八市会议，对"禁传销、保奥运"工作进行了部署。青岛市工商局为了确保奥运帆船比赛安全顺利举办，与市公安局成立了联合执法行动领导小组，召开专题会议进行部署。青岛市市南区工商、公安机关重点对奥运帆船比赛场所周边的饭店、宾馆、写字楼等公共场所进行全面监控，即墨等5个周边市、县开展联打联防，加大防范监控力度，防止传销活动的渗入蔓延。

国家工商总局直销监管局负责人表示，举世瞩目的北京奥运会开幕在即，切实维护市场经济秩序和社会稳定，确保奥运会的胜利举办是当前工商工作的重中之重，各地工商机关要牢固树立大局意识、责任意识，全力以赴，扎实工作，以更加倍的努力、更出色的工作，坚决打赢这场"禁传销、保奥运、促稳定"战役。（原载《中华工商时报》）

解读对直销市场经营活动进行全面检查的通知

新闻背景

国家颁布的《直销管理条例》实施近三年来，各级工商机关认真履行职责，积极开展直销监管，工作稳步推进，但直销市场仍处于初创阶段，直销企业违规情况时有发生。规范直销行为、维护直销市场秩序成为工商机关面临的新任务。为此，国家工商总局近日向各省区市工商局发出通知，要求自今年6月至9月，对直销市

媒体眼中的直销

场的经营活动开展一次全面检查,摸清直销市场状况,掌握直销企业经营活动情况,采取切实措施强化企业的责任意识和规范化管理,教育销售人员知法、守法,营造健康有序的直销市场环境。

规范直销行为:直销市场全面检查的重点

条文: 此次检查的重点,对直销企业主要是检查其经营管理制度是否符合有关规定,是否存在招募在校学生为直销员、店铺雇佣直销员或以店铺为核心的团队计酬、未经批准开展直销、披露信息不完整准确、不按规定办理退换货等问题,以及服务网点功能、培训主体或培训内容方面不符合规定等情况。对相关的非直销企业包括申请直销企业,主要检查是否存在未经批准擅自开展直销招募、培训、销售活动,是否存在打着直销、连锁经营、特许经营、电子商务等旗号从事传销的行为。

解读: 国家工商总局提出的直销市场全面检查的重点,实际上就是规范直销行为的内容。对直销企业主要是检查其经营管理制度是否符合有关规定,对非直销企业主要检查是否未经批准开展直销或打着直销等旗号从事传销活动。对直销企业经营管理制度的检查,主要是条文中所列的那些内容。《直销管理条例》特别强调直销企业不能招募在校学生为直销员。

店铺雇佣直销人员和以店铺为核心的团队计酬情况,在一些直销企业中确实存在。这是不符合《直销管理条例》要求的。《直销管理条例》第十三条明确规定:"直销企业及其分支机构可以招募直销员,直销企业及其分支机构以外的任何单位和个人不得招募直销员。"按照这一规定,店铺只是直销产品存放或向外发放直销产品也可直接向消费者销售直销产品的地方,其没有直销人员招聘和雇佣的职能,所以国家是不允许店铺雇佣直销人员的。如果直销人员不是直销企业招募而由店铺雇佣,那就很容易走上传销的邪道。所以,国家工商总局把是否存在店铺雇佣直销人员作为这次直销市场检查的一个重点。

另外,直销的计酬方式只能是以销售直销产品的收入进行计算,而不能用团队计酬方式。未经批准开展直销、披露信息不完整准确、不按规定办理退换货等问题,也是这次直销市场全面检查的重点。直销企业必须要按照商务部审核的地域内开展直销,跨地域直销这绝对不允许的。现实的情况是,有的直销企业执行得比较好,但也有一些直销企业确实存在跨地域直销的问题。一旦被发现,必须要及时整改。

就目前情况看,一些相关的非直销企业包括申请直销企业,确实存在着未经批

第五部分
奥运年里看直销

准擅自开展直销招募、培训、销售活动,存在着打着直销、连锁经营、特许经营、电子商务等旗号从事传销的行为。因此,国家工商总局也将此作为直销市场全面检查的一个重点。

整治市场秩序:直销市场全面检查的手段

条文:各地工商机关要结合日常工作中掌握的情况、举报投诉的线索和企业报送的情况,开展检查工作,及时发现存在的问题和隐患;加强行政指导和有关法律法规的宣传教育,帮助企业严格自律和规范经营;从严整治直销市场秩序,坚决依法查处直销企业的违规行为。对擅自从事直销或打着直销等旗号从事传销活动的其他企业,查实后坚决整治。对受到行政处罚的企业,还要针对管理中的问题,进行告诫警示,督促限期整改。

解读:整治市场秩序,是这次直销市场全面检查发出的一个重要信号。市场秩序是为保证社会经济系统顺畅运行的社会共同约定,把这种社会共同约定上升到法律法规,就是制度化、规范化的社会共同约定。《直销管理条例》实施以来,我国的直销市场秩序状况虽然在国家工商部门的监管下有了一定程度的好转,但由于传销的冲击和一些企业不够自律,整个直销市场秩序还比较混乱。所以,国家工商总局在通知中强调"从严整治直销市场秩序,坚决依法查处直销企业的违规行为"。由此可见,整治市场秩序是这次直销市场全面检查的重要手段。

当前,整治直销市场秩序需要查处直销企业的违规行为和非直销企业的违法行为。就直销企业而言,通知中所指的违规行为就是上面所说的重点检查内容。直销企业如果违规操作就会影响公平竞争,引起直销市场秩序混乱。所以,通知要求各地工商部门对已掌握和群众举报的情况开展调查,一经查实就严肃处理,同时记录在案。直销企业应该在主动自查自纠的基础上,自觉地配合工商部门的调查。如果直销企业不听劝阻、不及时整改,就很有可能被"摘 牌",退出直销领域。

对非直销企业而言,一方面不能用直销模式搞经营,另一方面更不能打着直销等旗号从事传销活动。非直销企业用直销模式搞经营,这是被《直销管理条例》所禁止的。在我国,擅自从事直销或打着直销等旗号从事传销活动的企业的确不少,对一些打着直销等旗号从事传销活动的企业,在这次的直销市场全面检查中一经发现,必定会受到严厉打击。

支持合法经营:直销市场全面检查的目的

媒体眼中的直销

条文：《直销管理条例》实施以来，各级工商机关认真履行职责，积极开展直销监管，工作稳步推进。但直销市场仍处于初创阶段，直销企业违规情况时有发生。规范直销行为、维护直销市场秩序是工商机关面临的新任务，要高度重视直销市场出现的问题，采取有效措施，充分表明工商机关保护、支持合法经营，坚决查处非法经营的态度。当前要进一步强化企业守法经营的意识，落实各项监管措施，确保直销市场不出现问题，保证北京奥运会安全顺利举办。

解读：这次直销市场全面检查的目的，就是支持直销企业的合法经营。《直销管理条例》实施以来，国家工商管理部门一直在支持、保护直销企业的合法经营。但是，由于一些直销企业的违规行为，特别是传销活动对直销的冲击，直销企业的合法经营受到了很大影响。为了支持、保护直销企业的合法经营，国家工商总局在通知中特别强调，这次对直销市场的全面检查"充分表明工商机关保护、支持合法经营，坚决查处非法经营的态度"。直销企业一定要充分认识到整治直销市场、查处非法经营，从根本上讲就是在保护、支持直销企业的合法经营。

当前，保护、支持直销企业的合法经营存在着很多障碍，已经受到国家工商部门的严重关注。我国的直销市场尚处在初创阶段，出现直销企业违规和传销的情况是不可避免的。但是，如果听之任之，直销企业的合法经营就难以得到保护。国家工商总局在通知中要求"确保直销市场不出现问题，保证北京奥运会安全顺利举办"。为此，国家工商总局还要求各地工商部门要做到"逐步建立直销市场检查、巡查、网上监管、办理投诉举报、企业信用管理等日常监管机制；规范与直销企业定期沟通情况、谈话提醒、告诫警示的行政指导制度；建立监管责任制、内部信息沟通、监管档案等基础性制度，不断掌握新的情况，经常分析问题，完善监管措施，巩固检查成果"。我们深信，这次直销市场全面检查对保护、支持直销企业合法经营将是一个很大的推动，我们也期待这次直销市场全面检查取得丰硕成果！（原载《当代直销》2008年刊）

第二十四章 跳出直销看直销

安利模式是当前直销业的唯一出路吗？

2008年7月26日，中国香港，安利（中国）董事长郑李锦芬接受了秦朔的专访。

秦朔做为《第一财经日报》总编辑，带着"会见财经界"的栏目，去香港铜锣湾的办公室里拜访郑太。"会见财经界"的镜头浓缩了这个时刻。

而正在此时，位于广州永和经济开发区的安利（中国）生产基地，种类繁多的安利日用品正有条不紊地从流水线里进入各个封装物流点。

优雅的郑太，用自己个人命运成长的点滴，见证了中国改革开放的三十年。

郑李锦芬用她的亲历亲为、执着坚持，将一个仅仅只有几人的小办事处，发展成为一个年销额逾百亿的直销帝国。

正是因为对中国直销市场的亲身经历，安利（中国）才得以赶上中国经济的列车，参与中国直销事业的发展，成为中国改革开放奇特烙印下一道璀璨的光芒。

改革开放三十周年，直销业发展十余年，直销立法逾两载，安利（中国）日用品有限公司成为广东改革开放成果的透视物，安利（中国）生产物流基地成为广州开发区20多年的发展与变迁的标杆，董事长郑李锦芬女士也作为外商唯一代表入选广东卫视《改变》栏目系列专题。

在种种光环下，人们不禁要问，成功的安利是直销界所有希望求得发展的企业

媒体眼中的直销

的参照物吗?安利模式是当前直销业的唯一出路吗?

发出安利的声音

1998年,"一刀切"的时候,安利的态度就很鲜明,声明正规直销和非法传销的区别,安利为了强调这种区别,还举出了"婴儿和脏水"的例子,希望政府和社会公众,不能在泼脏水的同时把婴儿也一起泼掉。

与这种斩钉截铁态度相对应的是,安利雷厉风行的危机公关机制。安利高层迅速启动政府公关以挽救企业危机。在安利安排下,美国贸易谈判代表巴尔舍夫斯基借约见国务委员吴仪的机会,提出有关3家美资的直销公司在中国的出路问题。同时,安利借克林顿即将访华的机会,再次就直销转型问题与中国相关部门进行磋商。在安利的努力下,中国相关政府部门迅速成立专项小组,协助安利等外资直销公司进行转型。不久,安利(中国)以"店铺销售+雇佣推销员"的方式完成转型经营,出色的政府公关使安利在中国化解了一场灭顶之灾。

在安利公司政府公关准则上有这样一段话:"我们的政府公关突出强调了两个原则,一是公开性原则,就是要在不同的场合向不同的对象都要传递同样的信息。另外一个就是'投其所好',也就是说要弄明白政府在想些什么。"

用最实用的语言来诠释这个准则,即在适当的人面前选择适当的地点发出适当的声音。

就是用这样一种不卑不亢的态度,安利在很长一段时间内,为人们所模仿和企图超越的,除了傲视群雄的业绩指数,还有这种巧妙地发出自己声音的天赋,这种公开性与巧妙性,一直占领着业内企业风向标的地位。

当安利一直在所有场合叫屈喊冤时,强大的对手雅芳正在悄无声息地转型,并运用"三步一岗,十步一哨"的连锁加盟店模式,在众目睽睽之下成为政府和公众眼中的"好孩子"。

如果说1998年是一个重要的历史年份,2005年直销立法又是一个新的转折点。

这种博弈在直销立法之后匪夷所思地转变了,一起来看看直销立法前后的三个月内安利公司的动向吧!

2005年9月1日,国务院出台《直销管理条例》和《禁止传销条例》,其中,《禁止传销条例》从2005年11月1日正式执行,《直销管理条例》从2005年12月1

第五部分
奥运年里看直销

日正式执行。

2005年9月5日,安利召开媒体见面会,大规模的广告宣传活动轮番轰炸,启用全新代言人易建联,各大报刊和电视台发布新的形象广告和广泛发布公关文章,并继续大规模举办"万人健康跑"活动。

在9月5日的见面会上,郑李锦芬表示要对经销商工作内容、性质、报酬进行重新审视和设计。

"现在这个问题还没有答案,公司正在组织人员研读条例,估计一个月以后就会变得明朗。"安利华东区总经理黄圣文回答安利将会拿出怎样的解决方案时说。

实际上远非如此。安利早已将这个安利财年的计划月份延长两个月,也就是说将销售人员14个月的业绩当作原来12个月的业绩来评估,将有更多的销售人员享受更高奖励。显然这是在内部安抚人心。这样的制度调整给外界稳如泰山、临危不乱的稳健现象。

与此相对应的则是,联合利华在得到直销立法取消多层后解散了直销研究小组,放弃了直销之路。

安利直销的立场

"安利仍会在合适的时机继续向政府就多层次模式的积极意义提供建议。"2005年9月5日,安利中国董事长郑李锦芬在媒体面前坦言,安利在中国销售的是产品,而不是制度,"多层次本身无罪"。

郑李锦芬委婉地表示,安利一直都强调经销商要尽量避免有传销的嫌疑,但安利可以通过自己的创新和努力,以一种非单非多的方式让我们的推销员有其自己的发展空间。

"不管黑猫白猫,抓住老鼠就是好猫;不管单层多层,做出市场就是好层。"安利回避着单层次与多层次模式的争论,这种"非单非多"的模糊定位为安利赢得了时间和空间去发展。这种定位避开了争论的枪靶——层次,集中的焦点是"中间态"。

2008年8月,前武汉瓜拿纳集团总裁张华在各家媒体上呼吁"多层次"需要解禁(反思"解禁之重"),就在武汉瓜拿纳遭遇劫难的几年之后,张华选择了笔谏,就当前状况作了一份详尽调查报告递交给了国务院法制办,其中重点指出三点,第一是建议由一个部门来统一管理直销企业; 第二是建议放开多层次;第三是建议取

媒体眼中的直销

消区域限制。

2008年8月,就在前武汉瓜拿纳集团总裁张华谏言的同时,安利中国在商务部直销行业信息管理系统上核准和备案的区域已经覆盖了全国,超过30多家分公司和200余家店铺。

以安利的店铺为例,安利的店铺包括物流意义上的仓储、物流发货中心,与之相协调的是遍布各社区的销售终端即安利人的"工作室"。

这种细微到每一个节点的"面对面"将经营场所的核心竞争力发挥到了最极致,无论营业额还是从业人数,安利不折不扣地成为中国直销的主力。

正是因为牵涉营销人员的数量众多,安利营销人员成为了外界接触安利最初的印象。

"我坦率地承认这样的事实,安利公司的美誉度达到77%,安利产品美誉度达到88%,但讲到推销员可能只达到60%。"安利中国董事长郑李锦芬曾这样表示。

因为直销的业绩压力,使得很多营业人员急功近利,这也从一定程度上影响了安利公司的美誉度。为了破解"美誉度不高"这个难题,安利公司创新着直销公司的广告公共关系。

2000年,在北京地铁,安利一下占了36个灯箱广告,在上海外滩,安利扛出高12米、宽70米的巨型广告,2001年1月10日,安利一掷千金,在全国15个省市电视台和其他媒体投放广告——以"跳水皇后"伏明霞为品牌代言人的营养食品纽崔莱广告。

有一组数据值得记录,根据广州泽华市场咨询有限公司公布的广告监测为例,2003年1~5月在化妆品这一领域,安利公司投放的广告费用是499.5万元,位居第一位;而欧莱雅和宝洁玉兰油名列第三和第十位,分别是456.8万元和182.5万元。

完美的世界里没有唯一

安利成功得近乎无可颠覆,以她的广告认知率为例,整体认知率为92%,户外认知率为51%,已在全国九十多个城市投放了户外广告,安利的广告覆盖黄金地段的巨型广告牌、霓虹灯、单立柱,与人们生活息息相关的公交车、候车亭、地铁站、路牌灯箱等等。安利在充分发挥了广告的高覆盖、表现形式丰富和强大视觉冲击力等优势的同时,根据实际需要,将多元化的形式加以灵活整合互补,力求达到最优

第五部分
奥运年里看直销

效应。

但完美的世界里没有唯一，安利也不是中国直销的唯一，因为这个古老的东方市场充满太多的变数和不确定性，因此，给了很多"非安利"型的企业以生存的空间。以北方和南方两个不同文化氛围的企业为例。

北方的新时代，成立逾十三年。因为顶着"红顶"直销的帽子，直销员拥有超高的企业忠诚度，新时代倡导的"军工"精神和以"八荣八耻"为代表的企业文化宣导，给企业注入了以民族文化为核心的企业灵魂，这种灵魂是外资直销企业无论如何不敢也不能倡导的。而这种民族精神恰恰是中国直销企业与外资企业抗衡的法宝。

这种民族魂支撑新时代研发出了"国珍"品牌产品，用13年时间由单款产品发展到4大系列逾百种产品，优异的"国珍"产品创新了一个以"松花粉"为代表的民族保健品产业链。

在1998年，直销业整体遭遇4·21禁传风暴。当安利把精力集中于稳定与平和市场、对中国市场不抛弃不放弃之时，新时代正在杭州的千岛湖召开转型会议，会议的基调是如何创造一个全新的"国珍"品牌。十周年后，这个"国珍"品牌已经一路走来，风风雨雨，成长为一棵参天大树，建立了强势的品牌形象。1998年的千岛湖会议，也成为新时代发展史上的里程碑。

北京还有个低调的企业叫宝健。宝健低调的速度与她的生产基地的几何增长速度成反比。位于北京亦庄的宝健生产基地，于2008年1月18日，举办了研发及生产基地落成仪式。

宝健的英明在于将触角不知不觉地伸向了中国的政治中心——北京，在某些跨国企业将亚太总部外迁的同时，宝健（中国）耗资近四亿元人民币，在北京建设新的亚太区总部，抢占政治公共关系的制高点。建设面积达五万平方米的生产基地，预计在未来5年内，为北京新增5000个就业机会，纳税额达到40亿元人民币，产值达到100亿美元。

离北京不远的天津还有个天狮。天狮集团业务辐射190多个国家，在110个国家和地区建立了分公司，并与全球二十多个国家的一流企业结成了战略联盟，成为民族直销企业走出去的成功范例。

和天狮在同一个城市的还有中韩合资的金士力佳友。2005年2月1日，中国中医药企业排头兵天津 天士力（行情 股吧）集团，与韩国直销行业的代表企业韩国

媒体眼中的直销

佳友集团（JU GROUP）强强联手，共同投资成立了这家中外合资企业，为中国直销行业吹来了一股清新的"韩风"。

南边的企业有安利的老对手雅芳。2008年7月底8月初，在架构重组、战略采购和简化产品线等管理措施的推动下，雅芳公司第二财季每股盈利55美分，高于汤森路透47美分的调查结果，比去年同期的26美分高出一倍多。利润率攀升570个基点至13.7%，销售代理增加7%。而雅芳为了交出如此漂亮的答卷，付出的代价是在中国范围内庞大的"人海战术"，在2007年7月，雅芳中国直销员数量已达56万，而这个数字还在不断地增加。

对比雅芳、天狮等企业，安利还是在意味深长地微笑，一如她的掌门人郑太的不变表情。但安利的所作所为在直销业内不能被复制，在直销业外更不能被模仿。因为安利就是安利，安利所有的是强大的公共关系的掌控能力，它的公共关系触角无所不在。

所以直销业同行更不要妄自菲薄，更不要自卑自叹，也不要去刻意模仿学习安利，因为你就是你，安利的优势不是你的优势，你的优势也是强大的安利所无隙触及的。

安利模式不光不是你的出路，更不是直销业的唯一出路！

雅芳之惑：向前走？向后走？

2005年直销法案正式出台，直销业内出现一系列转型风波。而在第二年，雅芳就顺利拿到了第一块直销牌照，这可以说是雅芳按照中国政府的要求进行转型的一种奖励。但是，时至今日，随着拿牌热潮的逐渐退去，雅芳与其他直销企业相比，又存在哪些优势呢？直销的通路究竟能为这个企业的营销业绩带来多大的份额？

雅芳顺应立法号召，采用单层次的直销模式，但是，对这种模式的亦步亦趋，束缚住了雅芳的手脚。虽然雅芳的企业知名度与企业形象都较好，但是，另一方面也是雅芳失去了多层次直销的魅力。面对企业的发展，雅芳是应该适时地问自己一句：路在何方？

雅芳模式重塑直销形象雅芳的经营模式，一是杜绝了团队计酬，二是倚重了店

第五部分
奥运年里看直销

铺系统,三是强化了物流等服务的系统。雅芳获得第一个直销经营许可,既是政府管理部门对其进行的试点模式的认可,也是在对社会传递一个标准的信息。从雅芳近年的经营实际看,其产品质量、人员培训、店铺辅导、品牌形象等都有非常正面的影响。因此,雅芳模式的确立应该说对社会来讲有利于扭转对直销行业的不良印象,有利于重塑直销的形象。

雅芳模式完全以产品零售为导向,在一定意义上也可以说是直销理念与本质的回归。这一点对中国市场来讲非常必要,也非常及时,可以说这是一种国情的选择;第二,店铺系统和直销员系统的并存,也使直销业的就业意义更加扎实,使直销员有了更可期待的职业前景;第三,超越"单多争议"的模式也预示了直销行业的创新。雅芳模式对"单、多"的终结不是简单的或多或单,而是对资源的重新整合和布局。无论从哪个角度说,雅芳模式的发展都是引人关注的。

为了尽快适应中国的新形势,中国雅芳探索出一条既能持续经营,又符合国情的经营之路——即采取适应改革变化、转变经营模式、回归传统的批发零售,并创造性地提出了"四条腿走路"的策略,即同时发展"BB(专卖店)、PBC(Private Beauty Counter:合约美容专柜)、SD(Store Dealer:零售店)、SP(Sales Promoter:推销员)"。

1999年3月第一家雅芳产品专卖店在广州建立,四个月后第一个标准化的雅芳专卖店形象推出,雅芳由此开始了痛苦转型后的摸索与创新。随后的三年间,雅芳在中国内地74个大中城市开设了分公司,并依据"6万非农业人口一个点"的原则,设立了6000多家专卖店和近1700多家专柜。雅芳在中国结了一张网,通过这张网,其产品如血液一样流淌在大中城市商场、二三级市场甚至一些乡镇市场的渠道。随后,雅芳在中国市场每年业绩增长近40%,2001年实现了盈利,到2002年销售额(净值)超过10亿元人民币,其中80%来自专卖店,20%来自专柜。

雅芳转型创新点不断

围绕店铺改造直销系统,可以说是雅芳在中国式转型中,与安利等企业围绕直销员改造系统的最大区别。

将旗下6000个零售店铺打造成具有自身盈利和提供支持的互动式双效系统,是雅芳在中国直销市场作出的最大创新。在现代管理系统和物流系统支持下,短短7年时间内,雅芳编织起了一个由7000多个零售网点构成的、仅次于中国邮政和柯达

媒体眼中的直销

的中国第三大营销网络。并且打造了一种公司、店铺、直销员的新型铁三角关系，从而创造性地呈现了一种三赢式的良性发展局面。

站在对中国直销市场的观察角度而言，转型后的雅芳模式至少给业内带来了以下四点新意：

首先，店铺不仅销售产品，也销售服务。在以"店"为发展轴心的雅芳模式中，第四代形象专卖店的"新"不仅体现在形态、功能、产品陈列方面，更体现在增加的功能区域和新引进的收费美容项目上。将收费美容等增值服务纳入店铺经营系统，既合理也可行。从仅仅销售产品转向产品销售+美容服务，就市场需求而言是有道理的，而且提升了店铺的服务质量和拓宽了店铺的顾客承载量。

其次，支持直销员点对点物流，这在快速消费品行业中并不多见。雅芳高覆盖率的网络特点决定了它的产品配送系统必须强大、高效而且延伸面广。目前雅芳采取的是"直达配送"物流管理系统，该系统 2002 年起率先在广州、武汉实行，并逐步延伸至北京、上海、重庆等地，如今已陆续扩展到全国 74 个大中城市，覆盖所有的经销商。

雅芳这几年在物流管理上下了不少功夫，应该说也是找准了中国快速消费品流通的一个弱点。目前快速消费品的流通中出现的很多问题，可以归结为物流上的问题。例如我国的物流环节成本偏高，效率低，这是大家都感觉得到的。雅芳的物流除了对店铺的服务外，在她获得直销经营许可后，必然也担负着为直销人员服务的职能。实现对直销人员点对点的物流服务，不仅可以提高服务质量和效率，对直销行业来说更重要的是可以提高对直销人员的控制程度，强化直销系统的监督。这是目前大多数直销企业可能做不到的。

再次，将店铺打造成具有自身盈利和提供支持的双效系统。在雅芳的直销模式里，店铺的作用非同小可。将店铺打造成具有自身盈利和提供支持的双效系统，改变了直销传统模式中直销员单打独斗，或是个人支持个人、大经销商支持小经销商的惯性，而是一方面为店铺开发新的产品线、创造新的盈利空间，一方面将其打造成信息终端、物流终端，大大增强了销售管理的透明度。而雅芳这一系统突现的强大监控功能，也是促使其在模式之争中加分的重要因素。这是因为经销商会自愿将所有确切的运营数据——包括可能出现的直销员资料——都输入系统，从而享受信息化管理带来的竞争优势，而系统的智能管理就会自动规范经销商的经营、甚至某个直销员的业绩和奖励兑现。另一方面，只要在总部的高效数据仓库中取样分析，就能通过调研

第五部分
奥运年里看直销

评估销售策略、管理力度是否合理，以便给销售前线前瞻性的指引。

最后，建立公司、店铺、直销员的新型铁三角关系。雅芳所开创的直销新模式，从以往传统直销模式中的"公司—直销员"的两点一线关系，发展为一种"公司—店铺—直销员"三者互为依托、共同发展的新型铁三角关系，并且正在呈现一种三赢式的良性发展局面。在这个稳定的"三角系"中，雅芳公司用强大的信息化管理和物流体系，支持和重塑了店铺网点与直销业务员的全互动系统，使二者在市场中有不同的分工和效用：对直销员而言，遍布各处的便捷的服务网点，为独立销售提供了强大的支撑后盾；对店铺经销商而言，模式发展重心的地位以及公司提供的一体化电子管理系统和更多产品线及新盈利点的实际支持，也使其感受到可持续发展的信心。

转型难题之痛逐渐好转

直销的本意是抛弃店铺、减少中间环节、节省成本，然而获准诞生的"雅芳模式"重专卖店、轻直销商，采用了一个近似于零售的模式进行试验，使无论企业也好、政府也好都陷入了两难境地。

雅芳的难题关键原因之一在于其单层计酬模式。这种单层计酬的直销方式与传统直销方式有根本性的差别，两者最大的区别在于是否靠发展下线来获利。1990年雅芳把直销带入中国时，使用的就是传销方式，不过当时传销在中国是合法的，当时中国称直销为传销。传销方式最大的特点是发展下线，发展的下线越多，在直销网络中的地位就越高，得到的利益就越大。般的传销活动完全摆脱了对产品的依赖，完全变成"拉人头"的骗局，而雅芳当时的传销活动是正当的。有一点是必须承认的，就是传销这种多层次的直销薪酬体系对销售人员具有极大的吸引力。

但是如今雅芳的直销方式似乎对销售人员不具有非常大的吸引力。除了称呼不同，雅芳的直销人员与其他行业的营销人员没有实质性的区别。最高25%的提成比例在营销行业来说只是一个很普通的数字，社会上有众多行业的营销人员的提成比例都高于这一数字。再加上比较高的入门条件，雅芳能否招聘到理想的直销队伍还是一个未知数。这是行业人士分析当时的雅芳直销路上遇到的第一个难题。在2007年7月，雅芳中国直销员数量已达56万，而这个数字还在不断地增加。

另外，雅芳的直销方式与原来的经销商也发生了直接冲突。直销最大的好处是减少中间流通环节，降低成本，以低价吸引消费者。然而，如果雅芳的直销产品价

媒体眼中的直销

格低于经销商的售价的话,经销商的生意肯定受到影响,经销商的损失如何处理呢?如果售价相同的话,则意味着雅芳可能在直销中获取了超额利润,失信于消费者。雅芳在全国有6300多家专卖店和1700多个美容专柜,如果将来直销在全国推行,又该如何处理与经销商的关系呢?这个难题在当时反应得非常激烈,业内讨论之声也此起彼伏。雅芳大中华区总裁高寿康当时向媒体给出的解决之道是,希望通过"商场—专卖店销售产品区分"的方式来实现。

事实证明,雅芳交出了漂亮的答卷。2008年7月底8月初,在架构重组、战略采购和简化产品线等管理措施的推动下,雅芳公司第二财季每股盈利55美分,高于汤森路透47美分的调查结果,比去年同期的26美分高出一倍多。利润率攀升570个基点至13.7%,销售代理增加了7%。

联合利华:不做直销不后悔

早在2005年6月份左右,何华(化名)就听到同事议论,公司正打算增加直销作为公司的一项常规销售手段。

在听到这个消息时,何华脑子里迅速产生两个念头,一是转型直销后,自己的工作职责会不会出现变化。另一个则是,怎么去跟亲友解释,自己进了一家直销公司?何华是联合利华中国总部的一名高级销售经理。

3年后,何华当初的担忧已不复存在。2008年7月22日,上海市福泉北路33号联合利华中国区总部大楼内,联合利华中国区副总裁曾锡文向记者表示,经过一年多时间的犹豫—调研—徘徊—论证,联合利华最终放弃了在中国启用直销模式。"站在今天,我们对当时的决定仍不后悔"。

勇于尝试

据曾锡文回忆,联合利华在中国的历史可追溯至80年前,当时,利华兄弟在上海黄浦江畔建立了中国肥皂有限公司,从那时起,联合利华就与上海结下不解之缘,直至现在,上海仍然是联合利华开拓中国区市场的根据地。

经过对中国市场多年的培育,联合利华旗下的中华、夏士莲、奥妙等家庭及个

第五部分
奥运年里看直销

人护理用品，家乐和立顿等食品品牌，以及和路雪冰淇淋等已家喻户晓，成为中国消费者日常生活中的常用品牌。

尽管已经建立起了成熟而庞大的多品牌营销架构，面对强劲对手——宝洁公司对市场的争夺，联合利华一直试图找到摆脱全球市场第二的有效方法。2005年，国内市场传出即将出台《直销法》，政府高层将通过立法来规范监督直销模式的消息，撕开了在中国长期以来处于灰色地带的直销模式即将登场的口子，政府这一决策让跨国巨头兴奋起来。

"这些跨国巨头对此消息有这种反应是很正常的。"中国直销专业网顾问、中国商业协会理事、中国直销业资深专家胡远江教授评价道，直销模式与其他营销模式相比，有一些个性特色：首先，直销采用的是直接的款货交易方式，这使企业有充足的现金流，加速企业资金的周转，这对于企业而言，是非常重要的；而且，它不会出现三角债，可以避免一些经济纠纷。同时，直销模式在销售过程中主要通过口碑传播进行推广，可以减少宣传成本的投入；采用劳动合同制，销售人员无底薪，主要靠业务提成，可以节省财务支出；并且无店铺经营，可以减少运营成本，这些都对于企业拉升盈利空间非常有吸引力。

直销模式在营销领域里这些特性，使得企业一直不愿放弃。"因为它可以为企业带来业绩的快速增长。"福建冠福现代家用股份有限公司（股票代码：002102）旗下子公司——上海五天实业有限公司全国营销总监王轲一针见血地指出，"直接面对终端消费者，对企业来说，是梦寐以求的。"

正因为如此，一向谨慎的联合利华开始着手在中国进行直销的尝试。2005年3月，一个7人小组的直销研究项目小组成立，当时还是联合利华对外事务董事的曾锡文也在其中。

"事实上，联合利华在全球主要有三种销售模式，一种是通过大卖场、连锁店、批发商进行分销，另一种是通过建立专卖店的形式零售，第三种就是直销，尽管这三种模式不同，但其共同的目的都是为了更好地接触消费者。"

曾锡文娓娓讲述道，正是基于这个目的，当时成立的直销项目小组的工作，主要是对中国直销市场及法规做一些调查研究，研究消费者对直销模式是否感兴趣，研究跨入这一门槛的可能性等等。

而且联合利华本身在泰国、印度和巴西的直销业务比较成功，使得联合利华更加坚定地希望，在中国市场能同样成功地采用直销模式，作为对传统零食方式的补充，

媒体眼中的直销

为企业创造更多的收益。

曾锡文向笔者坦言,当时小组成员里,甚至有个别人是专门从其他部门抽调过来的,而并非流传的都是兼做研究。可见,当时联合利华公司高层对直销模式还是寄予了厚望的。

叫停直销

"但是小组成立不到一年,即宣布解散。"不同于当时被外界认为是联合利华内部人事调整的猜测,曾锡文对于公司直销模式考察的流产有着自己的解释。

联合利华有一个自己的消费者体系结构。它将消费者分为 α 或 α-Plus,特指高端消费者;β,特指大众消费者;γ,指低端消费者,主要是农村市场较低收入水平的人群。

在这个结构里,联合利华的消费主体主要在大众消费者,确切地说,是指城市中等收入以及农村中高收入人群。联合利华的营销研究主要是针对这部分人群展开,包括对这部分人群的生活习惯、阅读习惯,以及接触商品信息的方式等方面进行分析。

经过研究,联合利华发现自己并不完全适合采用直销模式。一位在联合利华销售岗位做了多年的员工告诉记者,中国的老百姓对于日用消费品实际上更多的是去大型商超里购买,如果对于这些消耗快、价格不高的产品采用直销的方式,效果可能还远不如传统的零售模式。

曾锡文告诉记者,当时研究小组经过一段时期的考察,认为直销模式不符合联合利华的产品特性,比如冰淇淋由于产品对于温度的要求,以及不便于携带等特性,根本不适合直销方式;而家用日化产品虽然可以采用直销方式,但小组认为自身的产品种类不够齐全,护肤品种类不够多,在这种情形下,重新建立一个直销系统,会造成复杂的管理。

"因为政府部门出于对于直销模式监管的需要,规定采用直销方式,必须是单独的公司,以及建立单独的计算机系统,这就意味着联合利华如果想采用直销方式,就要重新拉一队人马,这对于企业而言,无疑是增加了成本。"出于对成本及管理的考虑,联合利华最终宣布放弃对直销的尝试。

尽管直销计划在中国流产,但是联合利华并没有感到遗憾。自言乐于尝试新事物的曾锡文,在接触了互联网之后,反而将更多的关注放在了互联网的应用上。曾锡文表示,销售模式不是企业发展的根本,产品质量、品牌建设等才是企业成功的

第五部分
奥运年里看直销

关键。

而对于未来新商业模式的探讨,他认为随着科技不断发展,会涌现出更多的新模式,比如互联网直销,对于消费者而言具有直观性;普及速度及结算方式都远远优于传统的直销模式。"未来,也许我们也会像淘宝那样,开展互联网销售业务。"对于未来联合利华的营销架构,他大胆地做出假设。

直销之困

事实上,直销模式一直以来都处在严格的监管之下,也是联合利华不敢轻易尝试直销的一个重要原因。中国直销业资深专家胡远江教授告诉记者,直销在进入中国后,被一些不法分子利用,采取非法集资活动,一度出现金融欺诈行为,这种鱼龙混杂的局面,对于当时社会经济秩序的健康发展非常不利,甚至于影响社会安定团结。

而且一些非法的直销活动往往损害了社会弱势群体的利益,包括一些中小企业自身实力比较差,产品质量不过关,通过采用直销方式欺骗消费者。此类事件的一再发生,使直销行业在中国消费者心目中一直处于一种比较尴尬的位置。换言之,直销行业企业在中国消费领域的商业口碑不高是一个不争的事实。

一位在中国直销行业领跑企业的公司高管向记者表示,尽管该公司在中国直销行业的市场份额已经达到相当高的比重,但该公司管理团队一直以"如履薄冰"的心态处理公司事务及对外事务,"美誉度"也是该公司最为注重的一项指标。政策的不确定性及公众对直销行业的怀疑态度,使直销企业发展格外谨慎,"一个细微的事件发生,就有可能导致这个在中国经营10多年的企业瞬间消失"。这种高风险性在其他行业是难以想象的。

这一切的原因,造成中国政府对于直销方式的监管不会放开,对于申请直销的企业资质会进行严格考核。联合利华一位"直销流产"事件的亲历者向记者表示,直销牌照的申请周期是多长?申请成本会有多高?会对公司的现有架构带来怎样的冲击?这些问题在当时都得不到一个确定的回答。种种不确定的风险,使这个跨国日常消费品巨头的直销模式尝试无疾而终。

再被问到联合利华是否还有可能再次启动直销模式时,曾锡文表示"暂时不会考虑",但会不断尝试一些新的营销模式。

媒体眼中的直销

隆力奇直销：不彻底转身的尴尬

"搏命十年，搏出中国第一，做世界的隆力奇。"江苏隆力奇生物科技股份有限公司董事长徐之伟如是说。这段话出现在一个商务场所，时间与地点发生在，2005年8月，隆力奇携手清华大学，成立"清华大学•隆力奇生物科技研究所"之时。

一年以后，隆力奇再次被人们的目光聚焦，人们惊奇地发现，隆力奇不但炫耀新品的科研成果，而且向直销这一领域转型探索。

而徐之伟再次向媒体公开表态，隆力奇的直销筹备小组，早在2006年初就成立了。在国内专业的直销咨询管理公司的深入合作下，隆力奇要走一条指导思想为规范操作的直销之路。

进入2008年，在高层更迭、市场低迷等因素的影响下，隆力奇日化转身直销之路并不平坦。

雄心勃勃试水直销

在过去20年里，中国日化产业一直是一个造梦的工厂。中国日化产业过千亿的巨大市场、超过30%巨大利润以及平均每年超过20%的巨大增长，吸引了无数淘金者的加入也造就了无数创富的神话。根据对外公布的资料显示，宝洁2004年中国的销售额为200亿元人民币。至2010年，中国的化妆品市场将达到1000亿人民币的销售总量。

1986年从江苏常南村一个50人的抓蛇组开始，一个以蛇为业，以蛇作为徽的企业在苏南大地上快速成长。时至今日，江苏隆力奇集团经营已然包括保健品、化妆品、家用洗涤品、酒类、皮革制品、家具六大系列1000多个品种，拥有251个营销公司，超过32000余名企业员工。隆力奇集团目前已成为中国规模最大、技术力量最先进的蛇类保健品、日化产品的研究、开发和产销基地。

江苏隆力奇集团，从它悄然涉足日化行业开始，就一直在农村与低端市场独自默默"潜游"，18年来隆力奇平均每年以40%以上的增长速度高速扩张。2003年隆力奇集团销售收入突破25亿元，悄然间，已登上了中国本土个人护理用品销量冠军的宝座，成长为中国日化行业中一支不可或缺的重要力量。

在许多企业的眼中，中国市场充满无穷潜力。

第五部分
奥运年里看直销

2006年,隆力奇已不甘心仅仅做日化巨头,这个蛇类王国想要的还有很多,比方说直销。

时值隆力奇20周年庆典,江苏隆力奇生物科技股份有限公司董事长徐之伟在接受媒体采访时道出了隆力奇的直销筹备:

隆力奇已聘任陈东方先生为隆力奇终端事业二部总经理,负责市场管理及销售业务工作。

隆力奇进入直销用的仍然是"隆力奇"品牌,但从产品品质、包装标识、销售团队、服务模式等方面都与传统通路中的隆力奇产品有明显的区别,同时也在积极选项,考虑新品牌的加入。

2006年2月22日,雅芳(中国)有限公司刚刚拿到第一张直销牌照,联合利华、宝洁等日化巨头都传出了进军直销领域的计划,但率先向这一领域迈出步伐的却是本土日化企业隆力奇。

"中国的消费者也可以在这种零售模式(直销)中获益,比如说消费者可以获得产品的全面信息,并且可以要求送货上门。特别是对于新产品而言,这种经营模式低廉而高效。合法直销企业对客户利益的尊重和保护,并不会妨碍企业自身的发展。"按照徐之伟的看法,"传统通路和直销通路所面对的消费群体之间还是有一定区隔的。基于目标消费人群的差异,其关联的消费需求、购买通路等都会有明显不同。所以,进入直销之后,无论是在通路上,还是在产品上,相互之间都会是一个很好的补充。"

外界对隆力奇"试水直销"的态度有褒有贬。其中赞扬者认为,自直销对化妆品市场解禁以来,一个更加开放的直销环境正推动着中国化妆品市场的发展,前景非常广阔。一方面,进入直销领域,对企业来讲是寻求新的利润增长点;另一方面,直销门槛相对较高,隆力奇作为较有代表性的民族日化企业,有责任也有义务在这块目前还只是外资品牌占据主阵地的市场做一个"先行者"。

而隆力奇付出的筹备是用四年的时间来完成高端化妆品的选项计划,积极准备直销申报的所有材料的。隆力奇必须加大直销产品的开发,提高产品科技内涵,注重产品包装的美感,提升产品的附加值,令我们的消费者享受到更超值的服务。

尴尬直销路

媒体眼中的直销

但直销并不是灵丹妙药，隆力奇在企业投资和核心竞争力的把握和挖掘上也并非固若金汤。各种因素在拷问着转身直销的隆力奇。

一封名为"隆力奇，你怎么了？——致徐之伟董事长"的忠谏信悄无声息地在隆力奇员工内部传递，而有好事者甚至把这封信发到了网络上，在百度贴吧里面引起激烈讨论。

"曾经的隆力奇，无疑是个受人尊敬的企业，它的精神、它的气度、它在业界以及员工心中的地位无不让人赞叹！然而，今日的隆力奇山重水复，士气低迷，人才大量出走，销量直线下滑，'门前冷落车马稀'。隆力奇，你到底怎么了？难道民企真的无法逃脱那个生存法则的魔咒？"

这位忠谏者坚持认为，人心关乎士气，士气可能会决定企业的走向，隆力奇已经行进在一个继往开来的十字路口，是乘着神六火箭飞速前进，还是赶着毛驴在乡村溜达，每一个关注隆力奇的人们都在拭目以待。

徐之伟眼中，这不是问题，他有自己的解释逻辑。"隆力奇现在直销必须进行落地，下沉到基层去。直销和隆力奇资源间找到共享点。我个人认为，把直销资源分解到30000名员工中去，由各分公司统一管理，假如一个人介绍10个人，隆力奇直销大军就有30万，一人一月推销100元，一月就是3000万，一月推销500元，一月就是1.5亿。"徐之伟强调："直销将成为未来销售的一个重要途径，因此隆力奇必须在这方面实行突破，在直销产品选择上最好采用中高档洗护和纯蛇粉、梦倩等品类。"

但是在上游原料、终端运作成本与管理成本的三重挤兑下，要把隆力奇的直销事业做大做强，还有待时日。

"作为代理商，总公司并未强制要求我们加入直销队伍，但我们都很看好这一市场，自愿加入。"

2007年，武汉隆力奇经销商陈巍踌躇满志地对媒体表示，隆力奇在积极申请直销牌照，作为该品牌的代理商，他自7月底就开始准备相关证明及材料，已提交给省工商局，确认本地有经营机构、能达到要求的销售额。

陈巍对外的身份是营销公司总经理，这个称谓有点不伦不类，和传统渠道的代理商一样，但他的真实身份是隆力奇的直销经销商。

陈巍对直销与传统渠道优势区分的理解，带有鲜明的隆力奇风格的解说，"武汉公司年销售额3000多万元，支付给卖场的进场费、节庆费、陈列费等，就占

第五部分
奥运年里看直销

10%~15%，与员工工资支出相当。这一开支导致公司利润空间减小，而转型直销，可摆脱对卖场的依赖。"。

陈巍表示，"隆力奇做了十多年，品牌有一定基础，终端渠道较完备，加上产品定价亲民，开拓直销市场问题不大。"

陈巍的信心并没有换来相应的回报，隆力奇的直销市场一直处于死水微澜，不瘟不火的状态中。

更大的危机还在于人才的频繁流动，有人以这样的语言描述了新人频繁进出隆力奇的情况："来了许多新人，他们外面看到的隆力奇非常光鲜，不信，你问他们，来分果子的人多的！隆力奇也走了很多人，新陈代谢啊，主动走的是看不到希望，不堪折磨；还没走的无非几种，数如下3类居多，(1)有欠条(2)成本太高(3)等着洗牌的机会，乱中取胜。"

缘何不彻底转身

诚如忠谏者所列举的问题，这些问题都是根深蒂固的隆力奇风格的产物，这些问题在隆力奇近年来试水直销的过程中表现得尤为突出，也从根源上造就了隆力奇尴尬的直销之路。

首先是不具天时，大形势不利的原因，直销行业的不景气压缩了隆力奇的投入产出比。

同为日化巨头，曾有传闻联合利华、宝洁等日化巨头有意直销，但其后都没有下文。联合利华其后也确认直销计划"胎死腹中"。隆力奇成为首家向直销行业迈步的传统日化企业，但这个尝试是在2007年直销界风云变幻，直销业企业大幅度调整的状态中，隆力奇这一转身直销，需要精细化的管理与步步为营的企业区域规划。

其次是未得地利。

就在隆力奇以地雷战，农村包围城市的指导方针行动时，雅芳、安利等外资直销企业已经悄然占据了各大中小型城市，以雅芳为例，囊括除西藏自治区之外的32省区市。但在隆力奇掌门人徐之伟的眼中，这些都不成问题，他已经找到了克服的办法。

再次，是队伍的原因。

隆力奇的高层走马观花地更换造成了领导队伍的动荡，和内部人员的心态不稳。

媒体眼中的直销

2007年,在隆力奇申请直销牌照,并大力开展国内直销市场业务之际,该公司终端事业二部副总经理、教育培训中心总经理启航悄然离职,并带走手下多名培训师,给隆力奇的直销业务带来不小的冲击。

2007年6月,隆力奇元老陆金华代替陈东方,出任定制营销部总经理,全面接管隆力奇直销业务。他在隆力奇已有5年历史,在接管直销业务前负责大卖场,任全国直营部总经理,曾被誉为隆力奇集团的三驾马车之一。至此,隆力奇的转身直销之路再次来了个迂回,与传统的关系千丝万缕,藕断丝连。

陆金华的传统大卖场职业出身背景,给隆力奇的不彻底转身直销之路继续埋下伏笔。

然而,可是当空降兵在各种压力之下出走后,留下来的企业内部人员有人还是不领情,有人这样给徐之伟上书——

"你是相信空降兵的,没错,这样可以给自己多些思想,其实他们充其量只能授权当个顾问而已,就如病人,虽说不出专业知识,身上的病痛医生能比你清楚?只要不讳疾忌医,你周围很多高人医生啊,新来的医生,还要望闻问切,还要器械上场重头来,这些都是成本,最关键的是他们不知道隆力奇之所以隆力奇,最后会革掉你的核心优势!"

大篇跃然纸上的牢骚,对不做中国的宝洁,要做世界的隆力奇来说,无疑是一个不合适的声音;而对雄心勃勃转身直销,曾经对直销专业人才寄予了很高的厚望的徐之伟来说,也是一种无言的尴尬和无奈。

浅议日化产品的通路销售趋向

"销售"是一种经济商业活动,是将产品通过各种渠道提供给目标消费人群,从而将产品转变为商品转化为现金资本的一种行为。营销是一项系统工程,其内容包含"销售"行为,同时并重于销售人员的团队建设、销售渠道的疏通维护、产品与市场需求的渐进更新、目标消费人群的靶向定位及与企业组织相结合的发展战略等方面的集合系统(即让已经购买你产品的人更多地来购买你的产品)。我个人认为关于"销售"活动不需要将其复杂化,"营销"系统工程则需要完善的循环的构建。

第五部分
奥运年里看直销

总之，不要把简单的事情人为的繁琐化，因为简单、直接、效率、目标明确才是营销系统工程的诉求和归宿。

真正的产品操作市场的切入点是占领零售终端

"日化品"就是日用化学产品，也就是人们每天要用的东西，既包括日用品也有化妆品，是消费人群天天需要的，必不可少的商品。无论结合这类产品的销售渠道是现代的还是传统的，共同指向都是需要通过零售终端来面向消费者换取现金资本的回笼。显而易见，真正的产品操作市场的切入点是占领零售终端，同时进行积极的维护和完善作业，也只有实质的以"终端为王"才能够突破众多产品品项堆积出的低附加值利润现状这样的"黄海"封锁，向单品多销量高利润附加值回报那样的"蓝海"领域进军游弋和栖息。

直营终端的市场操作模式是现今能够区别经销制操作模式所带来的渠道利润损耗，是能够真正逐步形成"终端为王"战略的必由之路。众多的中国日化企业选择开拓市场的初始阶段就是快速通过各区域的经销商来达成市场的覆盖。对于低附加值日化品来说，操作市场的成本要尽量压低，也不需要太高的技术含量，也符合快速消费品的特征，这样是正确的，事实也证明了这点。但是随着众多竞争对手的集体涌入，必然带来利润的逐渐见底，市场的份额在缩小，投入的资源不断加大，通过"补仓"、通过"铺市"所带来的销量效应只会越来越少，正因为入门资格的技术含量不高，势必导致竞争的惨烈和利润产出降低。真正的生意就是以赢利作为根本出发点的！"生产厂商与经销商之间的矛盾"和"经销商与零售终端之间的矛盾"是同理的，更严重的是后者经销商的利润仅仅靠销量的堆积存在严重的生存危机，既来自生产厂家的选择和放权，又来自零售终端的价格战和服务战。更何况现今的市场早已完成了从"扩张式营销模式"向"服务式营销模式"的转变。

直营终端市场操作模式的归宿和新的开始，即是以"店中店"的发展模式为核心，拓展自我品牌真正直营零售点网络，发展直营便利型品牌店由生产商、经销商向多元化企业集团的方向发展。实现为消费人群提供符合需求、渠道便利、质量可靠的良性产业循环供给，实现从生产到消费过程的减少利润消耗、增加产品附加值收益的目的，实现将收益转化到产品的研发领域从而产出能够引领消费人群需求的产品，实质的高附加值产品就是能够引领消费者消费需求，同时为其他生产商提供参照产品的产品。

我们可以看到日化产品发展到一定阶段后的销售归宿必然是 Shopping mall 的"店中店"、KA 卖场中的"店中店"、商场及中型卖场超市的"店中店"（专柜）、化妆品精品店、超市便利店中的"形象陈列"以及必然的发展趋势：品牌专卖店。

日化产品全部归为快速消费品范畴是不准确的。快速消费品的范围是以产品消费周期，即从摆放到陈列至消费者购买此商品交费完毕的这个时间作为划分标准的；同时需要考量消费者购买商品后使用时间的多少，这才是真正的产品消费周期。

日化产品分为日用品包括：洗涤类的洗发护发产品、日用类的牙膏香皂、洗衣粉、洗手液等产品、消杀类的洗洁精、气雾剂、蚊香等产品，中低端的一般护肤类膏霜产品和洁面类产品同时包含功能性的相关产品。化妆品顾名思义包括：彩妆类产品、高端护肤类膏霜产品等。实质意义的日化快速消费品是上述的日用品，而化妆品则应当视其使用周期的特性归为耐用消费品的行列。

争取更大多数消费者的认同以树立品牌在市场中的地位

中国消费者的一大特征是对产品品牌的忠诚度不很明显，并不是说我们的消费者不忠诚，而是因为可供选择的产品为数众多，宣传的卖点、噱头为数众多，消费的渠道为数众多，"鸡蛋怎么可能只往一只篮子里放？"所以无论是怎么样的市场操作方式方法都是在争取更大多数消费者的认同从而树立品牌在市场中的地位。

消费者的所谓不忠诚是建立在拥有选择空间和横向对比条件的前提下，那么操作各型"店中店"经营模式要尽量为目标人群提供这种选择空间。当然，拒绝回避选择和对比是错误的，引导消费者的选择和对比的心理才是正途。

Shopping mall 的店中店，是经典的店中店操作模式，正因如此就要求操作的"技术含量"比较高：首先店址的筛选应当是"从群众中来到群众中去"的原则，尽量选择主通道的第二黄金位或临近的位置，往往最好的位置也最容易让消费者错过又价格不菲何必去争啊！第二，确定店的位置只是万里长征开始的第一步，选择适当的"邻居"才是你成功的开始，不要妄想与众不同的"鹤立鸡群"，根本不可能，最好是选择与自己销售的产品相类似或有某种潜在联系的店铺相邻才会有很好的发展空间。第三，品牌店中店的品牌突出是关键。往往我们 globrand.com 有些品牌都不知道自己的经营理念是什么，而店中店的品牌是自身经营的日化品的产品品牌就要从陈列、促销、经营策略上有所突出品牌的理念。第四，主题明确、个性突出的

第五部分
奥运年里看直销

店铺经营,结合品牌的理念需要在标准经营的前提下明确不同门店的经营主题特色和个性化建设,即"求大同存小异"。第五,永远的服务无限。什么是超越竞争对手的根本?真心诚意的服务。营销的精髓不再是"一招鲜"的畅通无阻,而是销售基础作业的扎实与否,从服务的水平就能很好的体现,当然,是以消费者为中心的营销服务水准了。

商超KA卖场和中型超市中的店中店(专柜)建设,是发展了的店中店操作形式,在KA卖场店中店的形式不再是店铺的经营而转变成品牌专柜和货架的整体式品牌陈列的形式。这需要在有限的空间里将自己的产品陈列做到最大化展示、突出品牌形象的展示,临近国际性大品牌的陈列可以提升自身的品牌形象,当然,你需要有足够的理由说服消费者认同你的产品而不是单单只知道品牌号召力。需要注意两个事情:第一,陈列的任何形式都不是一尘不变的,需要定期进行适当的陈列调整,这样既能够保持产品的整洁性、陈列的新鲜感又可以适时掌握库存情况。陈列的摆放需要考量品类、包装、颜色搭配、特价品突出等这些要素的和谐组合,只有先做好基础作业才能谈其他的"技术问题"。第二,促销员的管理就是在强调服务意识的实践。销售产品不是在炒作无休止的"打折"、"买赠"而是在较量促销员的素质水平,好的促销员是能够识别分类消费人群的,从而找出真正的购买者,并通过各种形式的促销技巧让他们再次购买我们的产品,归根结底就是服务水平的高低。

品牌专卖店的终极经营是店中店操作经营模式的终极发展

化妆品精品店、便利店中的"形象陈列"展示,是延伸了的店中店经营模式,在这类具有近似性质的终端店里,在品类品项集中的环境中,遵循的经营原则就是:第一,陈列的整洁,要让顾客看得到我们的产品并且是最干净最整洁的产品;第二,我们同意品牌产品是集中在最好位置的陈列,一目了然,突出具有优势的品牌产品,从而带动陈列的醒目效果;第三,数量众多的这类终端门店需要统一或者是近似的陈列,正因为数量多会为品牌提供潜在价值广告效应,会在以后的发展过程中形成效益。

品牌专卖店的终极经营,是店中店操作经营模式的终极发展,我们的产品在不同渠道不同通路日积月累拥有了固定的消费人群,品牌的知名度逐渐形成习惯化消费那么我们为什么还要在销售的中间环节上继续消耗我们本就不多的资源?为什么不能集中有限的资源突入我们自己的终端建设上?而且这是真正属于我们的终端!品牌专卖店是具有大覆盖形式的便利型销售终端,既可以是直营形式的又能够吸收加盟商，我们要做的就是：第一，维护品牌的专业性、服务团队的稳定性、供应源的新颖充足性、经营的标准化；第二，店铺具有明确的目标人群定位范围，产品具备同一品牌中的多样性、对比性；第三，旗舰店的建设将具有品牌号召力的真实反映，及新产品的试验田的效应；第四，不断扩充的产品品牌范围将为品牌专卖店注入无限的生命活力；第五，门店员工职业化程度、专业化水平将注定对品牌及产品生命周期的延续期限，需要更加体现服务意识的价值；第六，同类产品的价格、品质等优势的对比对象就是具有品牌号召力的 KA 卖场，我们要做的就是建立在便利的基础上来提供相同的服务。

不管营销还是销售都是只有明确的目标，而没有一定的"格式"，这里仅仅是提供通向达成目标道路上的一种路径。正所谓"海纳百川"就是"殊途同归"。今天细分的日化两块品类在操作模式的渐进中势必又要合并在同一通路上由同一个销售人员来销售，这就是合久必分分久必合的营销实践的奇妙。

从营销方式的比较中看待直销

直销的本质是销售。作为直销的典型企业，无论是雅芳，还是安利，和联合利华等大型商业企业一样，都是以销售作为主营业务的批发零售企业。

直销的本质是销售。作为直销的典型企业，无论是雅芳，还是安利，和联合利华等大型商业企业一样，都是以销售作为主营业务的批发零售企业。

直销的本质是销售。作为直销的典型企业，无论是雅芳，还是安利，和联合利华等大型商业企业一样，都是以销售作为主营业务的批发零售企业。因此，曾经出现过多个计划试水直销的大型商业企业也就不足为奇了。

（一）现代直销只是营销方式中的一个种类，同其他类型的营销方式一样，有其诞生、成长的发展历程；同样，直销这种营销方式也是由典型的直销企业所创造的。这些典型的直销企业都是在一定的商业环境下进行了模式创新，在创新的初始阶段，很多企业是以直销作为唯一的营销方式，并形成了各具特色的典型模式；当一种创新的营销方式成长到一定阶段，必然要吸收其它各种营销方式及其要素来补充和丰富这种单纯的营销方式，从而进行复合营销的综合创新，这一阶段也就是企业的复

第五部分
奥运年里看直销

合式营销的组合和推进阶段,我们称之为复合式模式创新阶段。

当然,在各种类型的复合式营销模式中,不同类型的企业仍旧保留着一种营销方式作为主流营销渠道,而这种主流营销渠道是作为这种营销模式的标志性特征,因此也可以说,主流营销渠道是各种不同类型营销模式赖以区别的主要标志;在典型的直销企业中,雅芳模式是这样,安利模式也是这样,只要一种营销方式的采用能为企业带来业绩的有效增长,就说明这种营销方式对于企业的这种营销模式仍旧是有价值的,但是当这种营销方式成长到一定的阶段而需要补充的时候,企业必然要选择不同的营销方式来丰富和发展自身的模式,同时也就是进行复合营销方式的综合创新。这样一种综合创新,对于典型的直销企业是这样,对于其他类型的商业企业也是这样。就连已不可复制作为标志性模式的网络直销的典型企业戴尔,也在发展到一定阶段的时候,也不能不吸收其他营销方式及其要素来补充自己,用复合营销的方式来发展自身的模式。在中国内地当前的直接监管环境下,这一原理依然能够成立,只不过是外生的环境变量起着更重要的作用。

当初"试水"直销后来又放弃直销的企业,主要是由于外生环境变量起着主要的作用,同时,也由于内在的准备尚不充分。尽管如此,仍旧不能不承认现在雅芳和安利模式存在的必要性;同时也不能不承认,雅芳和安利这一类企业的营销模式依然存在着积极因素。

直销作为一种营销方式究竟能为一个企业的销售业绩带来多大的份额?要根据各个企业销售的产品、营销模式的选择是否符合企业自身的具体情况而定,没有一个固定的模式,但不管怎么说,作为一种营销方式的类型,它的存在是客观的。直销的存在对于某一个企业是否必要,要根据企业的具体情况,之所以这个问题一直困扰着企业和人们是由于两个原因:一方面是由于内地的政策法规环境的限定,另一方面是由于内地市场的各个主体,包括企业、消费者和直销人员尚处在成长的过程中,对于一部分企业尚不具备承载这样一种营销方式的内在条件,准备尚不充分。因此,就需要我们在不同营销方式的比较中重新审视一下直销这种营销方式的特征及其存在的条件,正可谓"跳出直销看直销"。

(二)利润是企业追求的目标,无论是对于外资企业,还是内资企业都是一样的。作为商业企业,选择适合自身特点的营销方式,从而拓展市场、占领更多的市场份额,增加销售额,降低销售成本,都是企业竞争和提高利润的重要因素。直销作为一种营销方式,有其不可替代的作用和其他营销方式不具备的特点,不能不进入国

● 媒体眼中的直销

际和国内商业公司的视野,因此一些跨国公司和大型商业企业,如宝洁、联合利华、德国汉高等外资日化商业巨头当时也曾对这种营销方式表现出关注是一种正常的市场现象。据了解,当时曾经有的跨国公司已经开始付诸准备,只是由于中国内地市场环境的特定要求使其望而却步。

直销市场同股票市场一样,是一个起伏较大的市场。当初直销作为一种营销方式也曾经在保健品、化妆品和某些生活日用品的细分市场中风靡一时,但是由于不同国家和地区市场环境的不同,市场发育的程度不同,也曾出现过起伏不定,甚至是动荡不安的状态,也曾出现过市场的泡沫。由于直销公司是公众性公司,这种公司和一个众多的具有共同属性的权益主体相关联,因此具有一些其他类型公司所不具有的公众属性,这就要求这一类公司具有承担较强的经济和社会责任的能力;同时具有较强的管理水平,尤其是自我控制的能力;更要求直销公司具有很强的诚信水平和处理公平交易的职能;具有信息披露、正确处理公共关系的机能。

回首直销在中国内地成长的曲折历程,可以发现这只是一种营销方式在一个转型和发展市场中成长的过程。可以看出,直销只是众多营销方式中的一种,既不能取代其他的营销方式,也不能被其他方式所排斥,各种营销方式都有其特定的细分市场,都有其定位的消费群体,都有其别的营销方式所不具备的特征。正如各种营销方式一样,直销这种营销方式既具有其他营销方式所不具有的优势,也具有其特定的劣势,对于企业而言,既需要根据市场环境的变化来考虑对这种营销方式的选择,更需要考虑企业自身的特点,根据企业自身的发展状态来决定,因此选择了直销这种方式的企业在总结既往经验教训的时候,既需要审时度势考虑市场环境的限定,又需要量体裁衣地为自身的发展选择适合的营销方式;既使是放弃了直销的企业,也可以从中总结出许多适合自己的经验教训,以利于下一步对营销方式的选择;目前准备进入直销的企业,可以借鉴其他企业的经验和教训。总之,都需要在各种营销方式的比较中进行鉴别,结合自身的发展情况进行考虑,放在国际和国内的市场进行考察,这些问题都值得我们去思索。从营销整体上看直销,应该是一种新的角度。

(三)从营销整体上来看,直销是无店铺销售。店铺销售和无店铺销售历来是销售的两大类型,这两种类型的营销方式共同存在,互相补充。在无店铺销售的营销方式中,既有像雅芳、安利这样的无店铺销售方式,又有像戴尔这样的网络直销的方式,也有如橡果国际这样的电视直销的销售方式,还有像信函直销、目录直销、电话直销、手机短信直销等各种各样的无店铺销售方式。店铺销售方式发展得更为成熟,既有像沃尔玛这样的大型跨国连锁超市的典型案例,又有像苏宁电器、大中

第五部分
奥运年里看直销

电器这样的大型专业店铺。目前，仅沃尔玛一家公司的全球销售额已经达到2300亿美元，相当于某一种行业的全球销售额，沃尔玛的这种模式采用全球采购、物流配送等先进的运营方式，大大地提高了营销的效率，降低了销售成本，创造了一个又一个的新纪录。这一切都说明，各种营销方式都会在全球一体化的竞争环境中取得各自长足的发展，并没有因为某一种营销方式的巨大发展而使另一种营销方式完全消失掉。

从营销整体上来看，雅芳、安利营销模式是一种人员直销的模式。

和其他类型的直销方式不同，雅芳、安利营销模式主要是依托直销人员进行直接销售，而其他直接销售的营销方式更多的是依托于各种各样的信息媒介，如网络直销是依托于互联网的媒介、电视直销是依托于电视媒介、信函直销是依托于信函媒介、电话直销是依托于电话媒介、手机短信直销是依托于手机短信媒介，等等。雅芳、安利人员直销模式的区别在于：雅芳模式是以单层次人员直销为主流营销方式，而安利模式是以多层次人员直销作为主流营销方式。之所以出现这种以主流营销方式为标志的复合营销特征，是由于雅芳模式已经经历了百年发展的历程，早已进入到成熟的复合营销发展阶段，同样，安利模式也经历了半个世纪以上的发展历程，因此这两种模式尽管已经整合进了多种销售方式及其要素，但仍旧保留着其创始阶段中的营销方式作为主流营销方式，并且这种主流营销方式的销售额（流水）仍旧可能占据着其销售总额的主要比例。

从营销整体上来看，各种营销方式之所以能够存在，甚至历经百年没有衰落，就是由于这种营销方式已经赢得了其特定的消费群体，形成了特定的细分市场，占据了特有的市场份额，不断满足着这些特定消费群体特殊的有效需求。从雅芳、安利百年以来的发展历程来看，这种人员直销大体上对应着消费者对保健品、化妆品和一部分生活日用品的复杂性消费需求。所谓复杂性需求是指消费者从购买和使用这种产品的时候都需要经历一个了解、熟悉和掌握的过程，而不是简单的拿过来就可以消费的过程，因此这种复杂性消费，不但影响其消费的要素相对要多，而且过程也比较复杂。

和在自选式超市中的简单消费不同，复杂性消费需要由公司的专门部门对消费者进行咨询服务、信息服务、培训服务，以及各种各样的技术性服务，如检测等等；简单性消费则是从货架上拿过来就可以消费，较少地需要这些必要的服务。由此可以说，复杂性消费的特定消费群体是人员直销未来长时期的客户群体，而这种人员

媒体眼中的直销

直销将有可能向着服务营销、知识营销的方向进行发展,在这个意义上可以说,是消费者的有效需求在决定着各种营销方式的存在与否及其发展前景,因此也可以说,各种类型的商业公司如果不能从消费者的有效需求来考虑对各种营销方式选择的话,将不可能解决商业公司的可持续发展的问题。

第二十五章　直销发展演变前奏

直销新宠：举起"电子商务"的大旗

是什么使得衬衫成为了直销领域的新宠儿？进入衬衫直销行业是否意味着朝阳无限？

直销新宠

曾经，对许多国人来说，在线购买服装仅仅意味着上淘宝、易趣去淘货，但PPG的出现改变了这一切。依靠衬衫网络直销模式博出位的PPG，以铺天盖地的广告攻势高调进入了人们的视线，成为了2007年广告、服装、互联网、风险投资等多个行业的关注焦点，"轻公司"一时间成为了最受瞩目的营销模式。忽如一夜春风来，PPG的追随者们蜂拥而至，在短短1年时间里，国内已涌现出30多家男士衬衫直销网站，Carris、Spitem、Ushan、Shirtonline……就连著名的当当网、卓越网也参与了进来。而且这些网站的经营模式基本上都与PPG大同小异：中低档的市场定位，以牛津纺面料为主流的产品线，大规模的广告投放，网站和电话结合的直销模式。是什么，使得衬衫尤其是男装衬衫成为了电子商务领域的新宠儿？

给个理由先

作为国内衬衫行业的老大，雅戈尔似乎要学会被拿来和PPG作对比："2007年

媒体眼中的直销

PPG 保持的销售业绩是——每天卖掉 1 万件衬衫，而 2006 年国内市场占有率排第一的雅戈尔日均销售衬衫是 1.3 万件。但是不要忘记，雅戈尔成长了 14 年，而 PPG 的崛起仅用了两年时间。"也许单用一组这般诱人的数字对比，就不难看出，为什么 2007 年会成为一个属于衬衫在线直销的年份。但为什么偏偏是衬衫？

截至 2005 年底，衬衫生产企业在我国的各类服装企业中亏损比例最高，亏损面接近 50%。一个曾经亏损最为严重的服装类别，为什么会摇身一变成为服装零售业电子商务的先锋？衬衫是男装中的基本款式，正因为基本，所以在款式、色彩的潮流更替方面不会有太快、太明显的变化，在面料、做工、工艺等方面也不会有太大差别，同质化竞争十分激烈。对于很多消费者来说，衬衫并不是作为快速消费商品而存在，大多数消费者只有在产生诸如搭配衣服之类的需求时，才会购置新衬衫。因此，衬衫通常是服装企业积压库存的主角。库存衬衫曾经为雅戈尔造成每年超过亿元的损失，这也从另外一个角度解释了，为什么各大男装品牌让利促销时折扣力度最大的，通常都是衬衫。

但正是由于同质化竞争白热化的市场格局，才使得男性衬衫得以成为中国服装业电子商务的突破口。衬衫是男士服装中最标准化的产品，因为男士衬衫拥有款式基本、尺码规范、无须试穿、不挑剔身材、适宜批量生产的特性。另一方面，年轻一代本身就对网络营销的排斥性较小，加之喜欢把大量的时间泡在网上的特性使然，这种足不出户、送衣上门的消费服务方式，很对他们的胃口。互联网在开拓市场以及寻找潜在消费者方面的巨大能量，再一次被验证了。2008 年 1 月 18 日，中国互联网络信息中心（CNNIC）发布了《第 21 次中国互联网络发展状况统计报告》，报告显示，中国网民已经达到 2.1 亿，接近美国的 2.15 亿。预计到 2008 年底，这个数字将超过 2.85 亿。如此庞大的潜在消费群体，又有谁甘心放弃？

PPG 曾被定性为服装行业的戴尔。戴尔的营销理念是：按照客户要求制造计算机，并向客户直接发货以节省中间的物流环节。而 PPG 的商业模式也与之类似：由位于长三角地区的 7 家合作企业贴牌生产，PPG 负责产品质量的管理，然后通过无店铺的在线直销和呼叫中心方式而非传统的零售渠道，将产品直接交到消费者手里。此外，PPG 的员工总数不到 500 人，还有 200 多人属于呼叫中心，没有一家实体店，销量却十分惊人。在国内衬衫行业巨头庞大的生产基地和分销网络的映衬下，这种花小钱办大事的营销模式，又怎能不令许多中小企业为之心动？可复制性与可操作性极强的特点，注定了衬衫在线营销的门槛很低。面对如此之低的门槛，自然会有大批量的企业心动不如行动。

第五部分
奥运年里看直销

以 VC 作为缩写的风险投资这个词，对很多人来说早已不再陌生。正是由于三大国际风险投资公司 TDF、JAFCO Asia、KPCB 对上海 PPG 服饰有限公司进行大规模注资，才使得 PPG 能够用砸钱海铺广告的方式迅速崛起，并从而变得家喻户晓起来。而 VC 们近年来在中国的投资热点，恰恰集中在关乎衣食住行的日常消费领域。热钱关注的，通常都是热点领域。而热钱的注入，又会使热点领域愈发沸腾。PPG 的成功先例，使得 VC 们愈发看好服装在线营销领域的投资潜力。而为了拉来风险投资，人们纷纷投身这一领域的行为，自然也不足为奇。

泼一盆冷水

对于很多人来说，PPG 曝出新闻已不算新闻，没有新闻才是最大的新闻。但 2007 年岁末，PPG 再一次曝出的新闻，却不是请了什么新的明星代言，也不是买衬衫送轿车之类的噱头，而是全场 3 折甩卖库存。服装企业年末促销或降价清仓的行为本属寻常，但作为一家声称库存周转期仅有 7 天的快旋风式直销企业，采取这样的行动却令人百思不得其解。PPG 到底怎么了？

库存周转天数只有 7 天，这一惊人数字，可与服装业的快旋风 ZARA 相媲美。既然无需面对庞大库存的压力，那么 PPG 为何要在年底清仓促销呢？有知情者指出，一般上规模的服装企业从采购布料到成品产出，最快也需要 45~60 天，所谓的 7 天库存不过是一个宣传时的说法而已。还有人预测，由于 PPG 夏季销量不错，因此有关方面错误地估计了秋季和冬季的增长，完全按照销售 7 亿元的规模准备了上亿元的库存。但由于广告对销售的提升力没有达到预期效果，PPG 出现了产品滞销和库存积压，从而使现金流严重吃紧。

尽管这些臆测不足以成为证据，但 PPG 广告宣传与实际价格不符、衬衫质量不佳、尺寸整体偏大、退换货手续繁杂等问题，一直以来的确为消费者所诟病。更有知情人士曝料，早期 PPG 的产品都是收购的外贸库存。2007 年 4 月，PPG 方面曾宣布，已将产品质量监控外包给第三方质检机构 SGS-CSTC 公司。罗马制衣的吴小姐告诉记者："我们这儿大概有三、四位对方派来的质检人员，我不清楚他们属于 PPG 公司还是 SGS-CSTC。我们出货时他们会检测，但如果 PPG 公司运来的面料有问题，这就不是我们能控制的了。"此外，很多消费者对 PPG 产品送货周期过长也感到很不满。某位北京消费者就曾这样表述自己的 PPG 之旅："付款后催了几次，拖了两周多才给配送，而且我收到的是一个包裹，并不像他们在网站上宣称的那样用快递递送。"市场运营策划人士温承宇指出："服装产业的轻资产探索，在数年前就已经开始。

媒体眼中的直销

轻资产模式有利有弊，一方面有利于企业快速成长，另一方面链条中各环节的产业风险因此被放大。如果'轻公司'不加强对产业链的控制，各环节都很容易出现问题，并在末端环节体现出来。"

更令人震撼的一则消息，则是关于PPG商标已被查封。透露此条消息的，是上海光明律师事务所的俞建国律师，他作为代理律师正在处理上海唐神广告传播有限公司与PPG公司前身——上海佩吉电子商务有限公司之间的债务纠纷。唐神广告与佩吉电子商务的广告费官司早在2006年1月就已二审完毕，佩吉被判向唐神支付93万多元的广告费，但唐神广告至今还没有拿到钱。虽然商标查封一事并没有得到PPG方面的承认，但代理工厂、广告公司等合作伙伴因PPG公司拖欠账款而将其告上法庭的传闻，的确已漫天飞舞。江苏虎豹集团曾为PPG公司提供过贴牌加工，其工作人员声称："我们目前正和PPG公司打官司，在上海已经开了两次庭，因为他们不按合同付给我们加工费。案件到目前为止还没有结束，我们将会出示更多的证据，不过详细的信息不便透露。"

据知情人士称，年初PPG完成新一轮融资时，曾与投资者签下对赌协议，承诺2007年要完成5亿~7亿的销售额，也承诺了相关的利润指标。PPG以为，只要玩命花钱打广告就可以让销量成倍增长，这样2008年就可以直接首次公开发行股票（IPO）了。因此他们将大量的资金用于广告投放，同时按照IPO的姿态建设团队。但年关将至，PPG的销售额仅为3亿左右，而实际亏损却可能已达1.5亿。的确，没有VC就没有PPG的今天，正是VC的加入，才让PPG步入了高速发展的轨道。但作为VC，他们投资的唯一目的就是快速获利套现，迅疾而至的游资同样会迅疾游走。一旦未能达到目的，PPG接下来的日子恐怕也不会好过。如果再度融资的可能性不大，断掉的现金流又该如何续上？

众多跟跑者的紧追不舍，让PPG在面对内忧的同时，也要惧怕外患的压力。生产、物流和支付系统外包，再建立一个网络平台，然后大打广告，建立一个"轻公司"并不复杂。正是由于门槛过低，PPG能做到的事，别的企业也可以做到，甚至还有更大的优势做到更好。在后来者的围追堵截之下，PPG的胜算会大大减少。

产业链掌控不力、债务纠纷不断、浮夸宣传、消费者不满、市场前景估计过高、跟风企业蜂拥而上……如今的PPG困难重重。一位不愿透露姓名的电子商务资深人士认为："PPG的路没有错，方向是正确的，但他们错就错在过于冒进。本来1500米的比赛，他们却当成100米来跑，这样是行不通的。"

第五部分
奥运年里看直销

背后的背后

网络营销最大的弊端就在于不够直观，无法让消费者充分地体验和感受。尤其是对于服装这种个性化的产品来说，个体的喜好和感受相差甚远。通常人们在购买服装时，除了关注价格、款式以外，还关注颜色、面料、做工、手感等诸多方面的要素。而PPG的直销模式，由于没有实体店的存在，因此很难让消费者充分体验和感受到除价格、款式之外其他要素的特性。消费者对PPG产品的种种抱怨，有时也并非完全是PPG的错，而是由于信息不对称、体验不充分导致消费者产生期望落差所致。

据说PPG公司曾计划开部分实体店，受理顾客退换货及提供顾客体验场所。一些进入服装直销领域不久的网站，也曾受日本化妆品DHC派送试用装的启发，尝试向消费者派送布样，以解决广受诟病的"眼见不实"问题。但无论对企业还是消费者而言，这种小范围的实体展示都似乎不可能大规模推广，也很难治标治本。对企业而言，大规模开设实体店就意味着销售环节的增加，不仅会加大销售成本，也会使网络直销模式失去便利这个关键卖点。但如果网点过少，又不能根本解决问题。派送布样同样会导致销售环节增加、销售成本加大，而且由于服装的各个款式、品类的面料通常并不一致，消费者购买不同的款式，企业就需要提供有针对性的面料，这是一个浩大的工程。从消费者的角度来说，派送布样并不能解决做工好坏、是否合身等关键性问题；同样由于丧失了快捷便利性，消费者很难对这一形式发生兴趣。任何一种商业模式，都会存在缺陷或软肋。库存及渠道成本上的优势固然可以从一定程度上弥补网络直销模式本身的不足，并在短时间内通过海量广告来吸引庞大消费群体。但如果不能有效弥补短板，则很可能导致企业面对的消费群体成为"一次性"买家。不能沉淀足够多忠诚用户的企业，是很难持续性发展的。这种困惑，对PPG们来说，格外困扰。

商业创新是建立在商业实践和资源整合的基础之上的，单纯拷贝或照搬他人的成功模式，通常很难超越领跑者的功绩。在激烈的竞争之中，只有拥有独特优势的企业，才可以找到属于自己的一片领海。从蓝海到红海，第一个吃螃蟹的人，也许会是最初的收益者，却未必是笑到最后的那个人。但这也并不意味着，每一个跟随者都能获得成功。资本、品牌、供应链管理，这3个要素在衬衫电子商务市场所占的地位越来越重要。

资深业内人士指出，衬衫电子商务市场的现状，几乎是当年楼宇视频广告市场

媒体眼中的直销

的重现。当分众传媒的理念模式推出后,由于进入门槛低,大量的楼宇视频广告公司频现。但最终分众传媒以融资——圈地——收购的发展路径,尽快形成规模。2005年上市后,又依靠资本力量收购了行业排名第二的聚众传媒,使分众商业楼宇联播网覆盖面达到54个城市,在2005年底已拥有70%的市场份额。摩根大通证券(亚太)有限公司副总裁、亚洲及中国策略研究分析师唐志刚认为,分众胜在短期内迅速筹集到资金,从而迅速形成规模。而尾随在分众传媒之后的进入者未必没有机会,同样借助于资本杠杆,虽然排名第三,但规模却不到分众1/10的框架媒介,在两家风险投资的支持下,整合了行业第4至第10名的楼宇视频广告企业,从而使框架媒介在电梯平面广告的细分市场上占有率提升至90%。尽管有些过于冒进,但PPG正是在融资后获得了快速发展,而Vancl也因为陈年身为卓越网前执行副总裁的背景和人脉,被资本市场所看好。资本的力量,同样可以使衬衫在线营销企业尽快建立起行业竞争壁垒。

由报喜鸟集团和宝鸟服饰公司投资的男装直销品牌宝鸟(BONO),曾被视为PPG最大的竞争对手。温承宇指出:"我们不应忽视传统企业的崛起能力。报喜鸟作为传统服装制造企业,在产品生产、质量监控、设计研发等方面的优势,是PPG无法获得的。"但宝鸟的副总经理高峰却认为,宝鸟正在寻找一条有别于PPG的道路,这是一条能将服装传统制造企业的优势背景迅速嫁接到电子商务模式上的道路。与PPG有所不同,宝鸟反复强调的,是自己拥有实体:"我们会充分发挥多年经验优势,为服装产品的款式、设计、质量与消费者体验提供保障。"高峰认为,更专业的纺织服装企业,将主导下一步的市场方向:"网络直销带给消费者的价格兴奋期很快会疲惫,宝鸟的定位不是廉价,我们的核心竞争力是在实质实价的基础上,提供更有品质、更有品位和更具个性化的体验"。宝鸟上线第一个月,每天的订单数量就已从开始十几张飙升到几百张,日销量在千件左右。有人宣称,宝鸟的出现,意味着上游企业开始高调涌入衬衫2.0时代。

佐丹奴的电子商务网站,目前有300多款服装在线销售,每天都有新款上线。佐丹奴集团CIO侯彤认为,完全复制一个佐丹奴的电子商务网站,不到两个月时间就足够了。但后台的供应链管理才是服装业电子商务的核心竞争力,模仿的企业难以一蹴而就。

2007年岁末,山东如意科技集团这家老牌纺织服装企业联手香港柏林国际集团,倾巨资全力打造的时尚类电子商务网站——国际时尚网络商城OKBIG.CN高调开通。与其他在线营销服装网站有所区别的是,OKBIG不仅仅销售衬衫,而是按照世界、欧洲、

第五部分
奥运年里看直销

亚洲、中国这样由大至小的方式对品牌级别加以分类，其中不乏一些顶级奢侈品牌的身影。此外，OKBIG 还提供在线 3 维试衣系统，消费者可以通过在线试穿，360 度观看不同款式与颜色的着装效果。此外，OKBIG 还成立了国家级的质量检测中心，确保每一件产品的质量检验。通过建立覆盖全国的立体配送网络，为会员提供终身免费送货上门服务。此外，OKBIG 还计划通过网络商城，在中国首期建立 100 家区域物流中心和实体店铺。虽然诞生不久、收益不详，但这些举措，不仅确保了网站销售服装品类的丰富性和诱人性，增加了消费者对服装穿着效果的直观性，还能够更为有效地确保产品质量和服务质量，更何况如意集团自身就是雄厚资本和优越品质的象征与保证。虽然 OKBIG 属于后发制人，但却成功总结了前赴者们的经验教训，从而站在了更高的起点上。

水泥与鼠标

不管 PPG 的未来成败如何，我们都应该感谢它的出现。正是这位先行者的锐意探索，电子商务的冰山又一角才终被打破。继淘宝、易趣等网购平台兴起之后，品牌服装在线营销经过了这些年的探索实践之后，终于开始获得首肯。但毕竟这一较新的业态形式还处在萌芽阶段，必须面对习惯和惯性的力量，打破传统的购物理念尚需时日。上海宝鸟纺织科技有限公司副总经理高峰指出："我们不会去追求特别高的利润，我认为 PPG 所说的 40% 的利润率不太靠谱。最起码到目前为止，我们还是处于亏损状态，2008 年的目标是收支平衡，真正要发展并盈利，这个时间应该至少在 3 年之后。"

两次参加《赢在中国》、2006 年中国经济女性成就奖得主李晓霞，曾经这样感慨："目前的 VC 不像前两年那么盲目，而是更为谨慎理智，他们会先去考量网站的盈利模式，再考虑给不给你投钱。"和李晓霞接触过的 VC 有很多，但她却一度苦于找不到合适的项目。用她自己的话说就是："手里有着大把的钱，就是不知道该怎么花。"在寻找项目的过程中，李晓霞备感困惑。正所谓隔行如隔山，和 IT 行业打了 8 年交道、对服装行业却一无所知的她，在推广网站的过程中，遇到了很多百思不得其解的现象。虽然李晓霞的网站主营项目不是销售服装，但她的这种困惑，对很多出身 IT 行业又进军服装电子商务行业的人来说，同样存在。而 PPG 之所以遭遇今天的尴尬，与对服装行业的了解不够深入，有着很大关系。

前腾讯 COO 曾李青和新浪的副总裁王滨，再加上庄吉集团总裁吴邦东，以天使投资人的身份，创建了经销高档衬衫的拉特兰（Latland）。与 PPG 的低价路线有所

媒体眼中的直销

不同的是，他们声称，要以个性化定制、量体裁衣为手段，瞄准杰尼亚、阿玛尼等国际名牌的消费群体，为他们提供均价在 1000 元左右的定制衬衫。对于为什么一定要拉吴邦东入伙，曾李青表示："传统行业的事儿我们不懂，但它却是事情能否做成的关键。"与传统服装企业有所不同的是，这个运营团队中有 70% 的人员是 IT 精英；区别于传统电子商务企业的是，这个团队中其余 30% 的员工是服装设计工作者。传统服装制造业拥有实体优势，但却不理解电子商务的奥妙所在；IT 精英们拥有电子商务理念和经验，但却缺乏对服装行业应有的了解。只有拥有双重优势的企业，才能够发展得更为均衡而且持久。经营者们终于意识到了这一点， IT+服装的人员构成模式，眼下在衬衫电子商务业开始流行起来。

2007 年初，北京博原慧达企业顾问有限公司总经理、中国 100 大金牌管理咨询师陈红卫，曾与本刊记者就服装行业电子商务的未来发展趋势展开过一次深入探讨。他认为，在互联网高度发达的今天，网络提供了一个低成本创业的最好渠道："阿里巴巴能够如此成功，证明了当年我的战略老师对企业发展模式的预判是对的，他认为未来最具有活力的两种发展模式是直销和电子商务。不可否认，电子商务已经摧毁了世界上的传统发展模式，但并不包括中国。以前我坚信'鼠标加水泥'的模式会成功，但现在我发现，中国有太多的'水泥'，他们更急需'鼠标'。"但他也指出，其实传统企业借助网络力量来发掘潜在客户，未必都要依靠电子商务这条路，但最起码应该充分借用网络的力量来帮助"水泥"的销售："中国人的潜意识里，对于安全问题是最为谨慎的，却非常相信宣传。从保健品的营销攻势，到橡果国际的成功，都证明了覆盖对于企业的重要性。现在，网络具有最大的覆盖性，但也需要实打实的水泥去证明。网络是宣传的放大器，水泥则被用来证实鼠标的可靠性。换句话说，水泥是苦力活；而网络是将苦力活变成收益的手段。"

一转眼 1 年过去了，形势发展之快，恐怕令人有些始料未及。在这股衬衫网络营销热掀起之前，我们的服装企业，甚至连个像样的网页都没有。如今却在这股热潮的席卷下，纷纷举起了电子商务的大旗。虽然这种重视有利于整个行业的与时俱进，但也要谨防跃进式发展的后遗症。而高科技密集行业的 IT 人士在进军服装电子商务领域时，也需要做好足够的功课。

第五部分
奥运年里看直销

民族直销企业的中国市场败局

在过去这几年里,中国直销界发生了太多失败的案例,单以 2006 年至 2008 年三年的时间为横断面看,中国直销界经历众多兴衰往事,跌宕起伏。套用一句老话,成功永远是幸运和偶然的,而失败则无处不在。

"中国式"直销失败的前提是,我们处在一个独特的中国式直销的商业环境中。从 1992 年雅芳进入中国,掀开中国直销史序幕,直至今日,中国一直处于一个剧烈转型的时代,法制在不断建设和完善之中,冒险者需要穿越现行的某些法规才能成功。这造成很多直销企业不时运行在灰色的中间地带,直销企业家的心理与道德底线一次次地遭到挑战。

天狮重新审视直销超市

作为国内直销行业的新模式之一,天狮集团旗下的百亮直销超市一度备受关注。在天狮的"美丽计划"中,2008 年将在国内开店 1000 家。然而,就在这一新模式试点之初,日前曝出"部分店面关闭"的消息,业界纷纷猜测是否是天狮的这一零售新模式出现了问题。

"现在我们正对加盟店进行清理,我们近期确实主动关掉了一些门店。"天狮集团董事长李金元近日接受记者采访时表示,关店的原因是这些门店的经营业绩没有达到预期的考核标准。直销专家则认为,其实是这种直销超市的社会化程度较低,因此投资回报不理想,目前尚无足够的获利吸引力吸引到更多的加盟商。

店面定位失策

2007 年,天狮集团正式对外宣布进军零售业,并在去年投资 2.5 亿美元成立了"百亮超市国际投资集团"。同年 2 月 8 日在其总部天津开出了全球首家旗舰店,

媒体眼中的直销

随后该公司高调宣布在北京、天津、保定、哈尔滨和郑州等五地开设第二批百亮超市，多以加盟连锁为主。但另一方面，近段时间以来，一些地方的百亮超市出现关门歇业的现象，业界纷纷猜测天狮的零售模式出了问题。

加盟者是自己的直销人员，他们对超市这种业态有认识上的空白，而且店面管理粗放，加盟人员没有经受系统的培训，因此导致店面经营业绩不尽如人意。据了解，天狮陆续关闭的是位于河北保定等地区的几家直营店，这些店面最初是以试点为目的开设的。

"对于一个新模式来说，试点过程中出现战略的调整是可以理解的。毕竟，这是一个没有任何借鉴经验的全新尝试。"一位接近天狮的人士认为，这几家门店的关闭，可以看做是天狮直销超市模式的战略调整，但仅仅以考核标准没达标来解释关店的原因，显得过于简单。

这位人士透露，虽然目前天狮从其他公司高薪聘请来部分高管人员负责百亮业务，但在企业具体执行层方面的人员，基本上是天狮业务中的中层和直销人员的重复使用。由于他们对超市这种业态尚存在认识上的空白，因此在执行过程中难免会出现空档。

长期以来从事中国创新营销模式研究的直销专家胡远江分析认为，百亮超市在试点过程中创办的直营店，主要定位在大店上，而这样的定位难免将自己与家乐福、沃尔玛等跨国零售巨头放在同一个竞争平台上，不但竞争对手众多，而且对方在采购、配送等各方面的体系远比百亮成熟，因此最初这样的店面定位是存在问题的。

"对于目前百亮超市的状态，除了需要在店面选址、经营规模等方面需要调整外，更重要的是尽快解决前期技术管理粗放、加盟人员没有系统培训的问题。"胡远江建议。

据百亮超市负责人介绍，现阶段百亮超市的加盟者，主要是天狮的营销人员，原因在于现有的营销人员对于天狮品牌及其商品有着很好的了解和信任，而且从现有资源中筛选人才更方便、更准确。在下一步，百亮直销超市将会逐步向社会上有加盟意向的投资者开放。

短期只能"墙内开花"

虽然采取了免费加盟的策略，但由于物流配送中心还没有建成，在统一采购、统一配送的模式下，直销以外的产品没有到货，因此超市的获利能力大打折扣。

第五部分
奥运年里看直销

去年年底,姚超在上海的闸北开了一家100平方米左右的百亮社区店,到目前为止,每个月经营下来,只能勉强维持少量的盈利。

姚超认为,自己目前经营的这家直销超市并不完整,因为目前店里只有天狮的直销品种。姚超说:"南方地区的物流配送中心还没有建成,因此在统一采购、统一配送的模式下,超市中直销以外的产品还无法发货。"

虽然目前还没有进入正常营业阶段,但面对每月都会发生的房租等固定成本及费用,姚超似乎并没有过多的担心。据他介绍,对于目前销售的天狮直销产品,天狮公司会通过物流给店里6%的返还,也就是说:如果每个月能完成10万元直销产品的销售,他就能拿到6000元的返还款,而这些返款基本上就能维持店面的租金支出了。

据了解,目前百亮超市采取的是免费加盟的策略。但是,由于其核心业务仍然集中在直销产品领域,因此直销以外的投资者要参与到这一项目中来的可能性很小,而这也将成为制约其下一步大规模拓展的重要原因。

"对于百亮超市来说,利用现有的直销资源来带动业务的做法没有问题,但是超市作为具有社会化特征的业态,特别是在目前超市业务竞争激烈、利润非常薄的情况下,需要尽快提高直销超市的社会化程度,否则很难吸引到更多人加盟该项目,即使加盟了也会存在很大的投资风险。"胡远江提醒。

显然,如何将直销和超市业务真正结合起来,并且通过公司的培训和支持,吸引社会上更多的投资者加入,这对于直销超市这种新商业模式能否尽快获得成功,起着相当重要的作用。

社区店有投资潜力

以社区为中心的直销超市,竞争相对较小,而且能够发挥直销、超市两个业务领域的社会化需求,因此具有较大的投资价值。

在直销业务的落地和与消费者的对接方面,增加消费者购物的便捷性是未来发展的主流趋势。因此从超市便利化的发展方向来看,直销超市的定位同样适合于向社区发展。虽然在社区内销售直销品种会受到销量的限制,但是通过和超市业务的结合,带动消费者的双向消费,仍然可以得到可观的回报。

胡远江十分看好这种直销超市在社区的发展潜力。他认为,以社区为中心的小型直销超市,不但竞争相对较小,而且能够真正发挥直销、超市两个业务领域的社会化需求。因此,对于投资者而言,直销超市开在社区还是具有相当高的投资价值的。

媒体眼中的直销

尽管如此，对于直销超市这一新模式在未来究竟会选择何种方向发展，业界普遍持观望的态度，毕竟在目前的市场上，只有天狮一家这么做。从投资风险的角度来看，这一新模式还需要有更多的实践案例来印证其真正的投资价值，而这一切，显然还需要时间的考验。

李金元是十分看重这个市场的，他透露，"通过一年来的摸索经验，我们更加坚定信心将百亮超市做下去"。李金元说，从第一家旗舰店开业以后，他们就一直在仔细核算超市的运营成本，并根据这些数据来制定连锁超市的业绩考核，"除了生活指数之外，业绩量也是考核加盟店的重要指标"。"现在是我们对加盟店的清理阶段，我们近期确实关掉了一些门店，关门的原因就是这些门店的经营业绩没有达到我们的考核标准。"

直零接轨是趋势

直销公司原有的产品是保健品、化妆品、家居清洁用品、医疗器械和日用消费品，一般超市原有的产品则包括洗涤化妆、清洁用品、酒水饮料、冷藏冷冻品、休闲食品、粮油副食、厨房用品、家庭百货、纺织针棉、儿童用品、文体用品、小家电等。

与传统超市相比，直销超市在直销店铺和传统超市两种不同业态在空间上实现对接。一方面利用直销产品的消费者资源，提高超市其他非直销产品的消费；另一方面在超市中购买非直销产品的顾客，也会通过会员制购物的形式加强与直销超市的关联度，最终引导这些人成为直销产品的消费人群。

向传统零售道路经验借力，接轨零售，将会是未来直销业一条必走的道路。亚洲直销产业趋势专家李久慈认为，"直零接轨"不论在大陆直销市场或台湾直销市场，都将是近年来少见的一个市场大趋势。

两岸直销走向直零接轨，原因也许不同，但是结果是一样的，正可谓殊途同归。在内地，一般认为，直零接轨主要来自于法令的限制。不过，内地直销越来越像传统零售，倾斜最少还有几个法令以外的因素：一是为了区域市场的管理，内地实在太大，而且每个区域市场各有特质，传统直销那种一套制度、一套模式的概念在内地是使不上力的；二是为了让经营更稳定，以人为通路的稳定性一向是直销业界的一个痛苦，这个痛苦在内地直销市场也不能例外。因此，很多业者为了更精准掌握经营的稳定性，纷纷选择与零售接轨。

藉以吸引更多有实力的企业或个人加盟，选择"直零接轨"的一个好处是，可

第五部分
奥运年里看直销

以更具体成为许多企业或个人的投资标的，有别于过去以翻身为诉求的号召，而"直零接轨"的趋势，要求经营者必须具备一定的经济实力。

"月朗奇迹"背后疑团众多 "直销"模式被指违规

细数2007年国内直销行业，最大的"黑马"应属深圳月朗科技有限公司。该公司对外宣称，仅用了一年多的时间，便将国内市场的业绩做到了21亿元，并于去年年底开始启动在纳斯达克上市的计划。随着直销界名人周希俭、钱港基、邱锦云等人的先后加盟，该公司在直销行业并不景气的大背景下，创造了一波不小的"月朗奇迹"。

近日，本报热线接到读者举报电话称，月朗公司在上海以"拉人头"、"骗取入门费"等方式运营，其"团队计酬"的奖金制度也涉嫌传销。记者通过商务部直销行业管理系统查询，月朗公司目前并未获得直销牌照。

该公司是通过怎样的模式使业绩表现出如此高的成长性？它的运营模式是否违法？这家刚起步的"小公司"又是通过怎样的手段，吸引到康宝莱、如新等跨国直销公司前任大中华区总裁的接踵加盟？带着这些疑问，记者对该公司进行了为期两周的调查。

"无照经营"逾一年

"你们相信奇迹吗？我将用生命演绎一个奇迹给你们看。5年内，我要将月朗的业绩做到1000亿。不是人民币，是美元。"话毕，台下掌声雷动，欢呼声四起。3月31日下午，漕宝路1243号美博汇6楼会场，一位身着黑色西服的中年男子缓缓走上讲台，语气平缓地向台下500名会员听众作"分享"。

此人叫陈怀德，是月朗国际的创始人、董事长，此次应月朗上海区负责人"王老师"的邀请，来沪与该公司会员分享公司2007年的业绩及2008年的发展方向，以及其本人自大学起积累出来的"快速致富"的心得。记者粗略统计了一下，陈怀德在沪这段用时约50分钟的讲演，被台下热情的掌声和欢呼声打断了69次。

直销研究专家、北京商业管理干部学院教授王义表示，先不论运营模式，至少

媒体眼中的直销

在未获取直销牌照的前提下，相应公司的直销行为就属违法。记者在商务部直销行业管理系统查询获悉，目前已经获得直销经营许可并完成服务网点核查备案的企业共 20 家，列表中并没有月朗公司的"身影"。

一位已经获得直销牌照的跨国直销企业负责人向记者表示，月朗国际近一两年业绩上升速度非常快，由于奖金制度比较诱人，很多原属于该公司的直销员转投到月朗，但该公司的运营手段极不规范。

3 月 31 日在沪举办的宣讲会上，陈怀德当众表示，该公司最近来了很多高管，正在对公司的管理进行规范。"以前公司是先发展再规范，现在是边发展边规范。国情告诉我们，如果先规范再发展，市场早就把我们抛弃了。"

陈怀德接着承诺，今年 6 月前一定会拿到直销牌照。而据业内一位知情人士透露，类似的话陈已经在不同场合说过很多次，"之前承诺的是今年 2 月拿到牌照，从目前情况看，月朗在 6 月前拿到牌照的可能性微乎其微"。

奖金制度涉嫌违规

月朗上海银级会员陈国忠（化名）是福建人，1998 年来沪，先后做过安利和完美，目前在普陀区做一些杂货生意。他正在四处借钱，拟凑足 5160 元购买 12 套"月月爱"负离子卫生巾，成为白金级别的会员。"因为上面的老师已经催了一个月了，再晚就挂不到单了。"

4 月 12 日下午，经"线人"小严介绍，记者以欲加入月朗，但须提前了解该公司奖金制度为由接触了陈国忠。见面地点是在武宁路附近陈国忠群租的一个老式阁楼里。这个不足 10 平方米的房间里摆着三张床，窗外建筑工地上沉闷的敲打声不时传到屋内。

就在这个光线昏暗的屋子里，陈国忠向记者描述了他三年内成为百万富翁的梦想。"只需要发展 10 个会员，10 个会员会发展 100 个会员，这样，你就可以享受三代即 1000 人的收益。"他用笔先在白纸重重画出一个"人"字，下面再添两个"人"成为"众"，"众"的下面再添 4 个"人"、8 个"人"就可形成一个网络。

陈花半个小时做了一趟产品示范后，又向记者介绍了月朗的加盟条件及奖金制度。首先，欲加盟必须先买产品。付 430 元至 1.29 万元不等，将成为不同级别的会员，享受不同的奖金提成制度。会员可开设五个业务组，最大业绩组为共享组，其他四组为奖金组，该会员可提取其他四组业绩总和的 10% 为业绩奖励。

第五部分
奥运年里看直销

此外,该公司还设有"领导奖",即会员推荐其他人员加盟,可以得到消费服务奖,即三代消费增值奖的10%。

在上海月朗国际有限公司的官方网站"奖金制度"栏,记者看到了相同的月月爱奖金制度。其中,会员只有重复消费才会有零售利润。业绩奖以周薪制封顶,以保证公司的收入。直接推荐奖即"领导奖"也是周薪制,但上封顶。

王义教授表示,据我国之前公布的《禁止传销条例》,传销主要有三种表现形式,即以发展下线的数量为依据计提报酬的传销行为(即"拉人头")、以发展下线的推销业绩为依据计提报酬的传销行为(即"团队计酬")、以及骗取入门费的传销行为。其中,销售的产品是否确有价值,是否用作消费,也是甄别直销与传销的一个重要依据。

记者在采访中发现,月朗公司鼓动会员购买产品的初衷并非是为销售,而是为"投资"。陈国忠也认同这一点。他表示,在该公司,业绩好的会员常被其他人称作"老撕",此"老撕"是做大量产品示范时撕产品撕出来的,大量买回的产品并非用作消费。

4月13日,记者试图联系上海月朗国际有限公司的"总代理"王国建,但在记者说明来意后,电话突然被挂断。记者随后又多次拨打其手机,但也均被中途掐断。

"近两年时间里,其月度业绩从零开始到每月近两个亿的数字表现,这种高成长率在近2~3年来是不多见的。"中国商业经济学会常务理事、直销专家胡远江表示,月朗业绩高速发展的背后存在着较大的风险。

其一,从管理上看,月朗近年来吸纳了诸多高管,他们此前都曾是独当一面的帅才,将他们揉在一起能否形成管理合力仍待观望;其二,该公司产品主推的负离子概念,已经遭到了很多专业人士的质疑,月朗的产品建立在一个有争议的概念上;其三,该公司产品销售以现场体验为主,但在做产品吸水性试验时,其效果的真实性也存在争议;其四,月朗正在以海外上市为由寻求高阶会员的合作加盟,但其上市本身就存在很大风险。

上市存悬疑

沪上宣讲时,陈怀德向月朗上海会员传递了公司股票纳斯达克上市的消息。他当时表示,"香港月朗集团已经于2007年12月28日登记,并于2008年1月15日正式挂牌。公司股票至今已经挂牌近两个月,股票增值超过50倍。"陈所指的是,该公司股票月前正式登陆美国纳斯达克OTCBB板块,号码为HKWO。

媒体眼中的直销

记者获取的一段陈怀德于今年1月在广州年会上的讲话视频显示，陈于当日公布了"月朗五波财富"计划，"财富第一波"即月朗股票12月15~25日在美国上市，所有达到公司要求级别的会员均有机会分到原始股票，"股票市值上市后最少保证升值10倍以上，力争三年市值超365倍以上。"

"月朗会员中有几个是懂得OTCBB板块的？"独立直销研究人王睿在接受记者采访时表示，OTCBB市场只类似于中国国内的三板市场。王认为，OTCBB市场融资能力弱，实际转板率低，股票长期处于"有价无市"状态。月朗此时向会员发布一些关于其上市的不对称信息，是否真正照顾到其会员的切身利益，仍值得商榷。

针对网络上类似的质疑，月朗国际于今年1月底曾公开发布了一则《月朗国际关于上市问题的说明》，对月朗是以什么模式上市的？APO与IPO有什么不同？OTCBB市场是什么？OTCBB市场有没有融资功能？与纳斯达克市场有什么关系？从OTCBB转板是不是很困难？等问题一一进行了回应。

主要观点包括，"APO可以实现更好的估值，且融资周期短，消除了在上市过程中涉及的最大风险"，"APO交易已经成为美国资本市场的主流上市模式之一""微软、思科等现在世界知名公司都是从OTCBB市场上逐步成长起来的"，"OTCBB市场与其他金融市场一样，有十分强大的融资功能"，"OTCBB市场上的公司转板到纳斯达克市场并不困难，转板实际上就是一个程序性的申请工作"等。

对于月朗国际的这份说明，王睿表示"遗憾颇多"，认为其混淆其中一些概念，其中包括文中提到，"2006年1季度，在美国借壳上市的公司有46家，超过了同期44家的IPO，这些APO上市公司有60%是中国公司，而且目前美国主流机构投资者非常追捧OTCBB上市的中国概念公司"的内容，王认为，借壳上市的目的是为了通过转板到主流资本市场上去融资。买壳的数据是个无效数据，月朗国际应该提供转板成功的中国公司数据，而且月朗国际也无法证明选择OTCBB上市的转板成功率。

王表示，既然月朗国际在各地宣讲时已经将自己定位为一个上市公司，那么该公司应以诚信原则，按上市公司披露要求进行财务数据的披露。

记者随后拨通了月朗国际全球CEO钱港基的手机，他表示正在公司开会，但愿意听一下记者的采访要求。在获悉记者提出的月朗国际能否按上市公司要求公开财务数据，以及是否向月朗会员作出足够的风险提示问题后，钱表示公司此前已对上述问题进行了书面说明，要求记者将进一步采访提纲发至其邮箱。截至本报发稿前，钱未对上述两个问题再做回应。

第五部分
奥运年里看直销

直销产品涨价的二维辩证法

工作于北京市海淀区某事业单位的王霞，是安利产品7年的老顾客，从保健品到洗化用品，不仅自己吃和用，父母、女儿、丈夫也都在她的安排下成了直销产品的消费者。六月底她得到消息，安利从7月1日起，全面提价，平均涨幅约为5%。王霞算了一下账，全家都在吃安利的蛋白质粉，仅这一项她每月就要多支出70元，加上其他产品，她一年全家要多出五千元。对于王霞月收入一万多元来说，影响并不是太大。

但是家住沈阳的李大妈就犯愁了，她对这次直销企业提价感触比较深。李大妈吃天狮的三种产品，天狮涨价后每个月她就要多支出三百多元，这样来算，一年就要多出四千元，对于拿退休金的她来说这确实是笔不小的开支。

经济学家说，买直销产品的人一般不会因为产品在可接受范围内的价格调整而转移，直销产品的价格弹性相对其他产品来说不是很大，也就是说价格不会有大幅度的变化。现在买直销产品的人都是收入相对较高的人群，他们对价格并不是非常敏感。而一些中低端消费者，就会受到一部分的消费，不同的市场气氛的反应是不太一样的。

涨价关系到了谁？

以安利为首的一些直销公司产品全面涨价，会首先影响哪些人群呢？这是记者在调查过程中遇到的首要的问题。

"原料上涨，而工资成本、宣传费用等没有减少，现在公司的空调度数都比去年高出二度，我们处处在节约，企业的压力非常大！"直销企业说出了这样的心声。

"这和现在的很多膨胀因素有关。其他产品涨价了，它不涨相对利润就降低了，要保证在价格上区分与其他产品，显示自己的档次。"专家张教授这样评论涨价潮。

"从最开始的生活必须品猪肉涨价，大家还敏感一些，现在市场上什么不涨呀。所以上个月直销员打电话和我说要提价，我也能接受。"作为消费者的王霞也能够理解。

"价格提高了，按比例来说收入也应该提高了。涨价以后我们的提成是按价格和销售额来的，可能销售会难做一点，因为老客户可能会要求不涨价。所以有时我们就很为难,进货的价涨了,但是出货的价格未必涨,总的下来我们直销员的利润就会降低。"直销员说出了这样的尴尬。

事实上,从整个日化保健产品行业来分析,日化产品大多是石油显生品,包装用品塑料今年已然上涨 30%~50%,油基原料上涨 30%~50% 之多,原料涨价已经到了生产企业无法通过内部管理、工艺、配方、技术改良予以消化,涨价是不得以而为之的举措。

张教授说,在涨价潮中深受其害,影响最深、最大当属中小日化企业。他们无法通过规模采购和议价去降低和削减上涨的刚性,他们难以通过及时的工艺技术改良、配方更新而达到产品成本的下降。在渠道、销售地位博弈过程中,他们缺乏提价、议价的能力,在已然设定低价格的基调和定势之下,难以实施涨价行动。在整体性涨价潮当中,带来更多的是零售终端费用高涨,代理商费用支持增加,形成整体运营费用上涨,利润缩小甚至是枯竭。

涨价对市场有影响吗?

"市场上什么都在涨,有的涨幅甚至达到 20%~30%,直销这 5%~10% 的不算什么。如果一个产品是 100 元,提价 5 元左右,应该没什么影响。"安利的直销员小王这样说,但是这 5% 对于安利保健品的长期客户来说,一年累积下来的数字就大了。

从顾客的忠诚度来说,安利产品以前都是一些老顾客,他们都是一些收入水平比较高的高端消费者,新加入的顾客可能是中低层次的,他们通过各种渠道知道保健越来越重要,他们会逐渐"买进"。但另一个不容忽视的现实是,保健品不是必需品,那提价会不会损失这样的一批新客户?

"现在提价才一个月,对在中国的消费者来讲,他们可以接受这个幅度的提价。在全球范围上讲,安利一直都在提价。从其他国家市场上的经验来讲,这个幅度的提价并不会影响我们的销量。从历史上看,中国是第一次提价,其他地方毕竟有三十多年的经验,提价没有影响我们的销量。如果提价是有根据的,比如整体成本的提高,那消费者是可以接受的。"安利营销总监颜志荣这样告诉记者。

安利洗涤类的市场占有率是很大的,洗涤用品的价格要比保健品低很多,消费群的跨度比较大,对价格的敏感度就会比保健品更强,保健品主要是中等以上消费水平的消费群。记者得到的消息是,安利洗发水、护发类日用品年底前不涨价。

宝洁公司此次提价 20% 在市场上就是一个很大的幅度,"影响会有多大这要经

第五部分
奥运年里看直销

过实践才会知道"。但行业人士猜测，也不排除宝洁等大公司此次大幅度涨价，为其他品牌提供机会，给新兴的中小直销企业一些机遇。"不过这些企业要得到消费者的认可需要一个周期，普通老百姓对这种企业会存在一些疑惑和不信任。如果产品质量过硬、性价比高，就会得到认可和信认。"宝健直销员王某这样认为。

"直销行业普遍看涨"

安利在直销业中是较早放出提价风声的企业，随后一些中小直销企业也小幅调价 2%~5%，这样就出现了"直销行业普遍看涨"的行情。记者调查了解到，其他直销企业如天狮等的产品价格也跟着有所上调。"安利在行业里面相当一个领头羊，其他的厂家会盯着它的市场行为而动。对于那些面对整个成本提高，想提价但为保证销量又不敢轻举妄动的中小企业，安利、宝洁的此次涨价，他们觉得自己有涨价的理由了，这对整个行业的发展也许是一种利好的信息。"南京大学中国直销研究中心主任董伊人教授说。

颜志荣面对 5% 左右的提价这样解释道："我们安利提价的时候也会参考其他企业，比如竞争对手的价格，然后我们进行比较和参考。最近一些公司，比如宝洁，他们提价的幅度很高。我们提价主要是从成本的角度考虑。原料都是进口的，蛋白质原料的价格提高了很多，提价只是可以弥补一部分，其余的成本再从其他方面来分担，比如提高销利等。从 1995 年到现在我们都没有提过价，但其中的营运成本的差别很大，包括品牌建设等。所以有的消费者和厂商还问我们为什么提价幅度这么小。他们很早就知道要提价，只是不知道幅度多大，知道后都很吃惊为什么这么低。"

记者了解到，从安利的情况来看，原材料的上涨等因素分担到消费者身上一部分，目前没有带来消费人群下降。"在涨价消息出来后、措施正式实施前，经销人员抢购了一些货，现在都没什么影响了，奥运的气氛对我们的销售也没有什么影响。"一位安利高级经销商告诉记者。

安利市场后期还需要从价格角度和其他方面进行考虑是否继续涨价，"当然我们不会与其他企业进行比较。如果进行比较的话，上涨 5% 或 6% 都是不够的。"颜志荣说。

涨？不涨？这是个问题

涨？抑或不涨？这是一个让日化大佬们左右为难的命题。

媒体眼中的直销

在原料成本上升的情况下，率先打破市场僵局的居然是屡次祭起价格大旗的"日化教父"宝洁。自7月21日起，宝洁（中国）旗下护舒宝、帮宝适等系列产品提价，预计增幅达10%~15%，其余产品将在接下来的两月内价格上调。毋庸置疑，这是宝洁近来最大幅度的一次提价行动。

宝洁领涨是否触发行业新一轮的涨价连锁反应？记者注意到，7月21日联合利华旗下力士洗发水等小幅跟进提价，安利、浪奇、迪彩等表示随行就市、酝酿涨价。本土日化企业拉芳、立白则谨慎表示自己将勒紧裤带过日子，不会跟进涨价浪潮。

由宝洁领涨带来的这轮日化品涨价会否助推CPI指数上扬？国家发改委价格监测中心称，日化产品涨价若超过一定范围，国家是会出面进行价格干预。而对于"涨价"这一敏感话题，有消费者表示理解，也有消费者选择用脚投票，称"支持国货"、"要对宝洁征收暴利税"。

我们观察到，此次也有一些直销产品没有涨价，比如，如新、完美。记者从宝健公司内部管理人员处得知，他们现在并没有涨价的消息对外公布，但并不排除要涨价。还有直销企业工作人员表示，如果有涨价的消息，直销员就会压货。"货压多了，万一我们不涨，这些人就要抱怨企业放假消息；而我们如果涨了，对其他直销员则又是不公平的。"对于产品价格在涨与不涨中间敏感期的压货问题，现在业内也是处于潜规则状态。业界人士认为，这种行为也是市场行为，按规则是不能压货的，但在规章表面许可范围之内企业拿直销员也没办法。

也许，涨还是不涨，这的确是个问题。

雅芳将成立保健品公司

昨天（2008年1月10日），雅芳（中国）有限公司对外宣布，该公司已获得国家商务部的正式批准，将保健食品纳入其直销经营范围。

雅芳董事会主席兼首席执行官钟彬娴女士表示，中国作为一个快速腾飞的发展中国家，在经历了改革开放30年后，人民生活水平显著提高，对于高品质的保健品的需求也日益增长。

正是在这一背景下，雅芳通过对广州一家保健品厂的战略性收购，成功将保健

第五部分
奥运年里看直销

食品纳入直销范畴，推出一系列符合国际品质又贴合中国市场特定需求的保健食品。

据悉，雅芳将把收购后新成立的广州雅芳保健品制造有限公司打造成世界一流的保健品生产基地。

雅芳（中国）有限公司总裁高寿康透露，雅芳新推出来的保健食品将结合中国市场特定需求，以中草药为主要原料制成，更符合中国人的饮食生活习惯。目前新成立的保健品生产基地正在进行厂房更新和设备调试，预计今年第一季度将正式投入生产。接下来，全新包装的雅芳"益美高"保健食品将正式投放市场。

记者获悉，其实在2004年，雅芳益美高健康食品系列就已在内地展开试销。不过当时包装上印着"受委托方：杏辉天力（杭州）药业有限公司"的字样。显然，为抢占保健食品市场，雅芳的营养品选择了委托他人贴牌生产这一捷径。当时中国保健品市场，既有安利这样的跨国巨头，又有脑白金、太太药业这样的本土企业，加上众多中小企业各自为阵，中国保健品实际已进入"战国时代"。

现在看来，雅芳进入中国保健品市场是"蓄谋已久"，当时的贴牌生产，就是为现在的巩固发展抢得先机。改革开放以来，随着我国人均收入和生活水平的提高，居民购买力增强，消费观念发生变化，自我保健意识日益增强，保健品的发展有着极其广阔的空间，保健品产业飞速增长。正是这些因素，让雅芳看到了其中隐藏的诱人商机。

经过18年的历程，雅芳在中国取得迅猛的发展。2006年，雅芳获得国家商务部授予的首张直销经营许可证。截止目前，雅芳在全国已有数十万名直销员，销售队伍建立起来的人脉优势使得雅芳在消费者心目中认同度比较高，再加上遍布全国的服务网点可以在短时间内迅速铺货。

此刻，雅芳高调宣布进入中国保健食品市场，更凸显其"本土化＋国际化"的发展战略和产品开发策略：化妆品与保健品，家庭主妇看得懂、听得明，借助其原有的销售链，迅速占领其重点培育的中国女性市场。

安庆广润危情

在山东广润已经近乎被肢解的时候，命运相联的安庆广润亦遭遇成立以来的最

媒体眼中的直销

大困难,共同的灰色地带,相同的打击,山东广润和安庆广润会走向何方?

5月23日,安庆广润董事长陈勇亲率的抗震救灾团队从绵阳等灾区返回了安庆。记者在5月底打通了参与一线救灾的安庆广润教育总监王博的电话,王博却告诉记者,"安庆广润没做直销"。

随后在6月初,安庆广润经销商告诉记者,安庆广润已经在转型传统。6月14日,安庆广润官方网站上发出了"加盟连锁专卖店运营方案简介",同时,安庆广润的经销商后台网站也已经打不开,理由是"受地震影响"。

记者得到消息,安庆广润的部分大经销商已经联系不上,有可能被捕。记者再次拨通安庆广润的电话要求证实,但被安庆广润拒绝。同时记者了解到,6月24日左右安庆广润董事长陈勇和营销部总经理陈俊杰已经去到香港。

目前,安庆广润正有着走向山东广润命运的危险。

转型传统

"安庆广润转型传统?我怎么不知道?"记者向很多安庆广润经销商问起此事时,他们大多表示并不知情,但也有经销商告诉记者,"我没有接到公司转型的通知,而且后台网站也打不开了,具体是怎么回事并不知道。"

事实上,当记者最初与安庆广润联系时,其教育总监王博只是告诉记者,安庆广润并没有做直销,因此也无从谈起转型传统。在6月24日记者再度与王博取得联系并求证安庆广润是否转型传统时,王博表示自己只是教育总监,公司的回应需要找董事长陈勇或者营销部总经理陈俊杰。

但是安庆广润转型传统还是有据可查。5月30日,安庆广润官方网站发出紧急通知,称"由于公司电脑遭受病毒感染或黑客攻击,可能会在近期出现网站自动关闭现象。公司已积极组织有关技术人员昼夜攻关,力争近期恢复正常工作……"

此时,安庆广润的后台网站(经销商登陆查询信息和下订单)已显示无法打开,页面上只留下了两行字,"因地震影响需搬迁服务平台,系统停止运作。请稍后再登陆!"一直到本刊发稿时止,该后台依然如此显示。

6月14日,安庆广润官方网站上发出了"加盟连锁专卖店运营方案简介",简介中包括了"专卖店申请流程"、"专卖店的区域规划"、"专卖店的优惠、规范管理"和"公司对专卖店的支持"。

第五部分
奥运年里看直销

据记者了解，在6月14日安庆广润推出专卖店计划以前，很多经销商并不知道这一项专卖店计划。

6月16日，安庆广润又补发了紧急通知，在公司推出专卖店营运方案期间，"严禁任何个人，以公司名义向业务员发布购买产品的打款账号信息，凡由此造成的后果公司一律不承担任何责任；如需购买产品，需向公司咨询或到公司批准的专卖店进行购买。专卖店必须严格按公司营运计划执行。"

令人诧异的是，这项专卖店计划，从安庆广润官方描述来看应该是一个大型的商业计划，但旗下大量的经销商竟然对此并不知情。据了解，在此期间，已经有不少安庆广润经销商正在离开这家以钙产品为豪的公司，专卖店计划推出之后的回音有限。

走向何方

已经扎根直销多年安庆广润，到底是要转向何方？

6月21日，安庆广润营销部经理陈俊杰接见了荷兰福拉门——卢纳马克公司中国区域总裁金建平等3人。

据了解，荷兰福拉门——卢纳马克公司是一家国际贸易公司，是全球化的信用管理公司英鑫门——杰斯特公司的中国唯一代理，在中国已经设置了南京办事处等，该公司目前在华的工作范围包括帮外贸公司追收国外债务、资信管理和帮助企业在欧洲上市。

而早在2007年11月15日，陈勇就与财富摩根副总裁王先生进行了初次接触，"双方就公司准备在深圳创业板上市一事进行了热烈的磋商。"财富摩根是一家由国内具有风险投资、投资银行、投资研究等背景人士所组成的投资管理公司，其核心业务是"私募股权投资"。但此事随后没有了进一步的信息。

在2007年，山东广润创办了所谓的"香港国际线"，后来证明这并没有成为现实。安庆广润在经历了2007年的国内深圳创业板梦想后，又将梦想放到了中国人相对陌生的欧洲市场？

最重要的是，安庆广润目前不管是转型传统、走专卖店路线，还是国内上市、国外上市，都进入了沉寂状态，经销商在无所适从的情况下也在大量流失。

一位前安庆广润经销商告诉记者，他和他所在的团队已经基本上离开了安庆广

媒体眼中的直销

润,"安庆是不是要转传统我不知道,我仍在做安庆的朋友都不知道公司到底要做什么",停顿一下之后他说,"安庆走到这一步是有原因的。"

灰色地带的冲突

关注安庆广润转传统,核心起因是有安庆广润经销商告诉记者,"几个大的经销商联系不上了,包括胡耀科(音),听说是被捕了"。

记者随后多方证实,安庆广润公司拒绝表态,而与胡耀科有过多次联系的几位安庆广润经销商均表示现在无法联系上胡耀科,只是听说有人被捕了,具体是怎么回事也不清楚。

前安庆广润经销商张朋(化名)告诉记者,胡耀科是原山东广润的大经销商之一,在山东广润早就做到了封顶,随后又带着人去到了安庆广润,同样也做到了顶级。

记者了解到,胡耀科正是由于其优秀的业绩,取代原山东广润的舒得玮成了安庆广润市场总监。

山东广润与安庆广润存在多种相似之处。张朋告诉记者,除了舒得玮(时任客户总监)外,另两位郭姓电子商务总监和黄姓市场部总监都给安庆广润带来了巨大损失,除了资金流失之外,安庆广润的财务也遭到了极大破坏,几乎无法对账,这也给经销商造成了不小的损失,包括张朋就还有不少奖金因为财务混乱无法拿到。而在之前山东广润面临了同样的难题。

陈勇和山东广润董事长陈建宇尽管早已分道扬镳,但二陈事实上却很难被分割。舒得玮曾在两家公司共事,两边都留下了不少话柄。

而现在安庆广润面临的危机,也正是山东广润已经面临过的。目前记者尚无法证实,胡耀科出事是因为山东广润还是因为安庆广润。

张朋称,过去他展业时候总是要面临一个麻烦,就是首先要和山东广润划清限,包括从产品到制度,都要一一区分,和山东广润的争论也一直没有停止过,但他完全没有想到两家企业还是联系到了一起。

张朋认为,安庆广润出事是迟早的事,"和山东广润没有什么分别,都是在灰色地带运作。"后有知情人士曝料,出面抓捕安庆广润的警方有可能是出自吉林和湖南益阳,而抓捕山东广润经销商的警方则是来自于湖南岳阳。

一位胡耀科的团队伙伴廖先生说,"胡耀科都联系不上了,现在还想什么做封顶,能做就不错了"。

二陈还有一个相似的地方,当山东广润爆出被捕事件时,陈建宇和舒得玮都称去了香港,至今无法联系上,而陈勇和陈俊杰,亦称转道香港。(《知识经济(中国直销)》)

大连富饶走"麦场"

在"涉传"风暴与"退店"浪潮的双重夹击下,号称民族直销企业一面光辉"旗帜"的大连富饶,正面临着前所未有的窘况。崩盘的阴影似乎离富饶越来越近。

2007年2月17日晚上10点,正在看春节联欢晚会的记者接到一个来自大连的电话。一个低沉的男中音从电话那头传来:"……富饶要垮了,我们心里难受……"

这位"深喉"对大连富饶的揭露与思辨如果属实,那么,这个乍暖还寒的2007年除夕夜在所有的富饶人心中都是沉重的。

案发海拉尔

内蒙古海拉尔,也许会成为富饶兵败的"滑铁卢"。富饶的高级经销商林伟谊万万没有想到,自己的命运会影响到数以万计的富饶人。

2006年9月,林伟谊频繁前往海拉尔市培训。但他没有想到的是,根据大量的群众举报,海拉尔市公安分局经侦大队的民警已对其跟踪多时。

2006年11月1日,林伟谊及其夫人秦丽在大连被民警抓获,旋即被带往海拉尔市。后来又有一不知名相关人员被捕。来自一线的消息声称,为成功保释林伟谊等人,富饶执行总裁姚则兵与副总战厚臣等人先后四次飞赴海拉尔,与相关部门"斡旋",以确保将事态控制在一定范围内。

人算不如天算,接下来的事态却越发不可收拾。因为林伟谊的事情,同为知名经销商的陶勇躲了起来,而林伟谊的上级富饶国内网第一人李俊峰成了第二个因牵涉"海拉尔"事件而被抓的高管。

报料人声称,2007年1月10日,李俊峰被抓。随后,林伟谊因经济案件而被判"劳

● 媒体眼中的直销

动教养"一年，所有财产被查封及没收。

记者在采访海拉尔市知情经销商的过程中了解到，2006年9月，林伟谊下属一名为刘子奇的女孩，从大连前往海拉尔市开拓市场的过程中，成功地整合进了一支3000人的传销队伍，该队伍不但延续传统的五级三阶制模式，还把会场设在多处居民区，遭到多方投诉，同时引起媒体关注。

记者与海拉尔市记者同行联系得知，"涉传"风暴仅仅是富饶窘况的冰山一角。因为各种原因，海拉尔市前期有大量的经销商闹事，反映在加盟富饶的过程中受到了不公正待遇，海拉尔市公安分局已将此事列为需要严肃处理的"非法集资"与"经济诈骗"案件，林、李等人的案发，不过是公安局保持密切警惕的产物。

不过，记者在分别联系大连与海拉尔市公安部门的相关人员时，都被相关人员以事件涉及机密问题而拒绝透露情况。

网站故障真相

海拉尔案发还衍生了令富饶经销商窝火的"服务器中断"事件。

"2006年10月，我们就发现上不了公司的网站了"，富饶上海分销店店主杨女士说："由于上不到网站，很多人选择了不报单，这严重影响了业务的开展，很多经销商的积极性也被重挫。"

网站故障一直持续了三个月。2007年1月19日，富饶才以"意外险续保暂停通知"等官方文本透露了支言片语："因系统故障，导致意外险续保工作无法正常进行，经公司研究决定，暂时停止意外险续保工作，待系统恢复正常后再另行通知。"

"为什么一个公司的网站服务器会无端地崩溃？"刚刚离开富饶的某高管愤懑不平。

"你可以去问问王小玉，他是负责托管富饶网站的。富饶整个服务器的托管都设置在北京点击查看北京及更多城市天气预报。"

来自北京的内幕是，"服务器中断"的真相，是富饶在北京托管的服务器被查封。2006年9月28日，在北京的网络技术部相关人员被警方控制，警方以北京服务中心的服务器涉嫌传销，当场扣押了相关技术人员的手机。

连续两周，被扣在了北京服务器托管中心的网络技术部部长刘志新与相关组员反复致电富饶总部求救。

第五部分
奥运年里看直销

而富饶总部员工在无法进入服务器管理界面后，得到统一的回复是因为整修，带宽影响了服务器登录。

记者从相关网络专家处了解到，注册日期为2004年3月19日18点15分的"富饶"公司域名为"affluence.cn"，将于2007年3月19日4点30分失效。而以刘志新为联系人的中外合作富饶食品（大连）有限公司，是通过北京新网互联科技有限公司完成的域名注册。

记者反复连接该域名，要么出现"没有可显示的界面"，要么转链接进富饶公司新闻网站。

"所谓的服务器进不去是欺骗我们的幌子，事实上连以前常进入的论坛也无法链接。其实从一开始，富饶就设计了圈套让我们钻。"富饶台山专卖店店主说："服务器中断还令富饶找到了新的说辞，全力开发国际市场。结果这个国际市场的主要功能就是逃脱国内员工与经销商的欠款。"

国内外一张皮

2006年7月29日，大连富丽华南山花园酒店召开了"富饶企业集团乔迁一周年暨富饶国际发展有限公司注册成立"的大会，会上公布了富饶筹备月余的国际市场动态。

"早在2006年7月初，公司就全面转型国际市场了，从7月到9月，连续三个月，所有人的议题都是启动全球连线奖励计划，全面进军国际市场。"亲历国际市场开发的某员工说。

"2006年7月12日，富饶在商务部网站上发表了直销声明，这对国际市场起到了催化作用。"回顾去年7月的利好行情，这位员工还颇有些得意。

但记者了解到的消息表明，当2006年7月，富饶宣布开拓国际市场时，本月的国内网奖金已经全部停发。美其名曰是"国内外并网"。

"这就是富饶一直鼓吹的全球连线的优势？"至今还被拖欠奖金的武汉经销商说："2006年12月10号，富饶才把8月份的部分奖金发放。"

姚则兵身边的陈姓工作人员佐证了武汉经销商的说法，在他呈送给记者的一份数据中显示，2006年10月，国际网业绩缩水几十万。

与经销商的血泪形成鲜明对比的是孙景业的铿锵陈词，他在2007年的新年贺词

媒体眼中的直销

中这样描绘国际市场:"……富饶企业集团已经正式进军国际市场,全面实施全球发展战略,走上了世界经济的大舞台……"

"我们等不起,我们也耽搁不起,国际竞争太激烈!"带着浓重东北口音的孙景业经常以香港地区的直销市场做比方,形形色色的中外企业在那安营扎寨,构筑桥头堡,等到中国大陆政策一放开,就鱼贯而入。

谈到国际市场,孙景业的口头禅就是"一万年太久,只争朝夕"。但慷慨的语言面临国内外网一张皮的"圈钱"方式时,很多人对富饶、对孙景业失去了信心。在2006年7到9月的密集开发国际市场过程中,就有经销商联名向国家工商总局控告富饶"国际网络"的不讲诚信问题。

改制与退店

置整个富饶于死地的"退店"狂潮,早在2005年夏季已露出苗头,也伴随富饶"改制"过程始终。

"其实姚则兵的上台就是在危难中挽救富饶的一个巨大的努力"。深圳一位长期观察富饶的制度专家说,"后来的事态发展到不但老姚摆不平,就连孙景业也控制不了局面"。

"老孙的初衷是好的,要根据直销管理条例,做出奖金计划的调整",这位专家参与了富饶的制度变革。

2006年春,从万基转战富饶的姚则兵,主抓富饶公司统筹主导、服务网点与直销员各司其职的全新营销模式。

记者手中有一份最早的富饶加盟计划,按照这一"AAA级方案"的要求,顾客消费1120元享受10%以上的返利,而要开设代理店,需要首次购买2万元的产品,在管理9家市级代理后,成为区域代理的经销商可以获得32%的返利,8%的店补与全国营业总额2%的车旅福利,以及1%的个人养老金。

而新制度则将原制度中1120元扣除280元的消费费用,只提取840元给消费者本人的奖金,改为只给推荐人(咨询顾问)奖金,购货人无奖金。

"新促销方案遭到了来自经销商的最强烈的抵制",跟随姚则兵一直执行制度改革的工作人员称,"有时候想一想,我们简直是助纣为虐,让经销商血本无归。"

在"改制"与"服务器中断"的内外困扰下,经销商的生存遭遇到了严冬。济

第五部分
奥运年里看直销

南 316 店店长李香远一共压了 12 万货款，从 2005 年 9 月份开始退店，至今已经联系不上负责退店的公司员工了，连那个薛会计的手机也已经更换。

而 3137 店的王美惠，从 2005 年 12 月申请退店，因为团队老师跑了，这 2 万元的货款也没有回来。

"我们刚开始对富饶很有信心，但是公司对经营中出现的很多问题都不能很好处理，让我们感到上当受骗了。如出单后收不到钱、退货设置重重障碍……部门间相互推诿。开店时强制购买 2000 多元的资料，退店时又退不了！销货时可以换货，退店时要退回你原先拿的货。1 万的货你能退回 6 千就算运气好。即使你天天左申请右申请还是退不了。明明说半年期的货可退，但到你真正退时就别想，拖来拖去就是退不了。即使退了也迟迟拿不到钱……"几乎是一夜间，很多网站都链接出了经销商对富饶的投诉。在商务部网站的论坛上也时常看见这样的帖子。

变调的分红

负责退店事件的工作人员私下里有这样的一番议论："我们承诺给经销商的奖金，却经常打水漂，好多受苦受累的经销商一见我们这些退店人员就拍桌子瞪眼，问我们为什么签了合同不给钱。我们在富饶尽干擦屁股的事情，简直是度日如年！"

随着几位负责退店事件的工作人员在富饶的纷纷离职，"退店"的真相在一步一步地向外界传播，一场精心设计的"资金链乾坤大挪移"拉开了序幕。这就是接下来号称"休克疗法"的 1780 计划。

1780 计划的主要思路是解决分红积分返还过慢的问题，即分红积分解决办法。执行时间为 2006 年 11 月 15 日至 2007 年 2 月 15 日。

1780 计划的口号是，保健品天天吃，银行利息月月取。花 1780 元，得到 1500 元的积分就可获得利息返还资格。分红积分可以自己使用，也可以转给其他会员和非会员使用。

1780 计划的一个重点就是，白金会员的资格。原有会员缴纳一定数额的现金，获得同等数额的产品，同时公司一次性返还相应分红积分的等值产品，除此之外还可以获得白金会员的待遇，获得相应的积分。

"利息刚开始每月 20 到 50 元不等，后来参加的人多了，利息返还得越来越少，每月只有 10 元左右，后来说国家立法，每月 10 元的利息返还也停了，这一停就是一年多，现在又出新规定，积分够的还要再交 900 元钱。我花了近 2 万元，只回来

媒体眼中的直销

了近2千元",山东一位经销商投诉。

尴尬的保险

"受国内行情的影响,富饶的活跃经销商已从顶峰期约20万人锐减到8000多人,其实真正干活的、踊跃报单的可能只有300～400人。"2007年1月份离职的富饶某高管说,"1月份的营业额可能只有20万左右。"

更令富饶人苦恼的是已成为"鸡肋"的"保险"计划,由于富饶中途截流保险费用,保险公司拒绝赔付给符合赔付要求的经销商。

2005年1月份,富饶公司与平安保险联合开通保险网,包括《平安重疾团体疾病保险条款》、《平安女性安康团体疾病保险条款》、《平安住院安心团体健康保险条款》三大组合条款,承诺赠送女性被保险人一份女性安康的团体疾病保险,试图利用集团现有网络优势开展销售保险业务,并配合公司"购货送保险"的制度。

富饶官方声明称,相当一部分经销商因为加入富饶事业获得了保险赔偿。到目前为止,已经有近200人获得了太平洋保险或平安保险公司的意外伤害保险赔偿。

"我知道的就有1000多人没有获得应有的保险赔付"。这位离职高管称,"2006年11月初,孙景业躲了起来,摆在他面前单是公司经营就有三大难题,一是分红不兑现,二是国内外两张网的欠薪,三是公司现金流的吃紧。他哪里管得了那些渴求赔偿的人员,哪怕保险的赔付对他们来说是'雪中送炭'"。

富饶的所有矛盾,其实都是由于资金的紧张所引发。记者在调查中了解到,富饶的财务由孙景业的夫人杨敬主管,所有资金进出全部由她掌控,据说就连管理高层姚则兵走时,其工资也被克扣,姚走的时候很不愉快。这其实也是富饶资金紧张最有力的佐证之一。

在中国,像富饶这种规模的准直销企业众多。在这些企业中,往往有相当数量的老总在面对资金危机时,首先想的往往是从经销商的身上巧取豪夺,完全把公司的利益放在首位,置经销商的利益于不顾,置一个企业的诚信于不顾,这样的企业,我们还期待他们能走多远呢? (原载《中国直销》)

第五部分
奥运年里看直销

纳市上市开启三八妇乐国际化进程

西安三八妇乐健康产业有限公司5月30日宣布加入美国证券交易系统 OTCQX，其股票代码为 XNFHF。三八妇乐以收购兼并美国本土上市公司的方式达到成功登陆美国纳斯达克股市的目的。据公司指定的信息披露机构新华美通消息报道，三八妇乐将公开、可靠、透明地在美国市场正式交易。

随着三八妇乐在美国上市，将有力地促进企业在资金、管理、技术、人力资源、市场和产品的进一步优化，提高三八妇乐的核心竞争力，使三八妇乐尽快成长为中国乃至世界最大最强的"女性健康生活方式提供商"。

纳市上市打开国际市场

为使企业能够更长远、更健康地发展，早在2005年6月9日，三八妇乐公司与美国洲州国际有限公司签订赴美上市协议书，以"收购兼并的方式"实现公司在美国资本市场上市的目的。

"作为 OTCQX 的成员，我们希望能进一步接触到国际金融市场。"三八妇乐董事长袁晓峰说，"我们非常荣幸能与其他非常优秀的公司一起在 OTCQX 中交易，并期待着能接触到这个新的市场所提供的投资者数据，做到信息共享，也希望由此获得更多的贸易合作机会。"

同时，公司在纳斯达克的上市，也将为三八妇乐公司成功打开国际市场奠定基础。1992年起家的女性专用保健产品"三八妇乐医药卫生护垫"市场销售业绩颇令市场同仁羡慕。"与同类产品相比，38fule卫生护垫的国内市场占有率达到了80%。"直接负责该产品全国市场销售的由新刚告诉本刊记者。据最新年度财报，销售额自2003年突破3000万元以来，每年正以15%速度快速递增。

经过十多年的发展，三八妇乐现已拥有4大系列、100余种产品，涵盖了妇科保健到美容、减肥、调理等多个涉及女性健康的领域。公司自主开发了"三八妇乐"女性医药保健品系列、"妍净"卫生用品系列、"那咪"化妆护肤品系列以及"小仆人"医疗器械系列主导品牌。其中，公司主导产品"三八妇乐"系列保健品先后荣获全国知名品牌、最受妇女喜爱产品和最具有竞争力的女性品牌等一系列荣誉称号，逐

媒体眼中的直销

步成为国内女性保健品市场上的标志性品牌之一。

据袁晓峰介绍，在今后的市场开拓中，三八妇乐将紧跟国内外市场需求动态，把握市场脉搏，结合企业自身资源状况，采用多种模式并举的营销方式，将进出口并重，国内、国际市场并重，巩固原有市场，拓展新市场，增加市场占有率。利用多年来在市场上形成的良好商业信誉和质量意识，构筑通畅的营销网络体系，加强与世界巨头制药公司的长期合作，进一步加快公司的国际化进程。

强势营销推动公司发展

如果说优质的产品是企业发展壮大的基础，那么强势的营销则是企业持续健康成长的保障。强大的销售实力为三八妇乐产品迅速走向市场奠定了基础。

在专营销售方面，三八妇乐目前已拥有300多家专营店，在会议营销方面，三八妇乐足迹遍及全国28个省市自治区，其中健康使者万里行活动和国家计生协合作的生殖健康干预工程，取得了良好的社会效益和经济收益。

三八妇乐"以市场为导向的"的经营策略使产品品种、质量及销售成绩不断得到提高，企业业绩快速增长。据记者了解，三八妇乐平均每三个月就有优质新品推向市场，今年，公司又进军电子商务，以"悦己驿站"为品牌，打造三八妇乐网上商城。

"以市场为导向"的经营思维和服务策略，使三八妇乐在产品质量、服务意识上不断提高和完善。该公司果断引入目前国际最先进、最流行的经营模式——连锁经营。通过近几年来的努力，三八妇乐公司已经将其自主生产的四大系列产品在全国范围内进行整合，并推出了"三八妇乐专营店"，更好地满足了广大女性的消费需要。

通过"服务营销"，三八妇乐推出了全国产品连锁计划，按计划在未来的两三年里其专卖店将达到3000多家。而此前，该公司早已瞄准国际市场，与俄罗斯莫斯科莲花医药公司签订了200万美元的代理销售合同，正式挺进俄罗斯这个潜力巨大的市场。与此同时，三八妇乐设在美国的分公司也启动了三八妇乐产品销售计划。

三八妇乐作为保健品行业第一家在海外上市的公司，专业人士评论说，是创新和努力成就了今天的三八妇乐。这一点，正如董事长袁晓峰在接受电视台采访时谈到的创业感想："企业一定要有'创新'意识和'创新'精神。市场经济，除了变化是不变的，其他都是在变化的。三八妇乐曾一度陷入低谷，就是没有创新导致的。一个产品卖了十多年，一个不变的经营模式使企业丧失了竞争力。我们要创新就要

第五部分
奥运年里看直销

多学习、多思考、多摸索,在产品的技术上精益求精,要洞悉消费者的需求;在营销上要不断开拓思路,探索新的营销模式。只有这样,企业才能稳步发展,竞争力才能日益增强。"

美国管理大师彼得·德鲁克曾说:"创新的成功不取决于它的新颖度,它的科学内涵和它的灵巧性,而取决于它在市场上的成功。"中国保健品协会市场专业委员会的有关人员评价说,三八妇乐此种在市场上的通路创新,将为它们带来切实的实惠。

"女性健康生活方式提供商"

面对公司的股票已经正式获准在美国纳斯达克上市,一直致力于女性健康的三八妇乐人底气十足地表示,我们将发展成中国乃至世界最大最强的"女性健康生活方式提供商"。

三八妇乐志在打造一个女性保健品的龙头企业,三八妇乐产品正是应对各种症状为广大女性朋友提供了解决方案。公司董事长袁晓峰说,"38fule是一种产品,更是一种生活方式。"的确,保持健康不容易,呵护健康更应该成为一种习惯。这一点,正如美国杰克·韦尔奇的健康语录:"我毕生唯一的工作就是保持健康。"

公司建立了专门的研究机构,在科研方面投入大量的人力、财力、物力。此外,公司还与中国科学院、第四军医大学、比利时医学美容中心、加拿大皮肤研究中心等科研机构结成了战略合作关系。

据记者了解,位于美国依利诺州的38Fule国际医药研究中心,全面负责各种38fule新产品的研发,位于陕西咸阳的个人护理产品生产基地和位于广东汕头的营养健康品生产基地负责生产。陕西三八妇乐股份三川投资公司又成功收购了陕西咸阳天然滋补保健品研究所,这为38fule的科研增添了更大的筹码。"必须走科技之路,研制真正有科技含量的高科技产品,才能给企业带来新的生命和活力。"袁晓峰说。

三八妇乐服务的主要是女性群体,而女性群体购买、消费保健品的最终目的,就是年轻美丽、延缓衰老、舒适健康。保健品对于女性来说,实际上远比化妆品更重要,因为保健品讲究的是"以内养外",化妆品讲究的是"遮掩岁月痕迹"。但中国女性往往只贪图眼前的效果,对保健品"消耗"太少。

有数据显示,2007年化妆品销售了700个亿,而针对妇女的保健品总销售额不到70个亿,可见女性保健品巨大的市场空间。"如果教育得当,产品效果又好,一

媒体眼中的直销

旦女性群体大多能接受保健品，这个市场的容量就大得难以想象。"我国保健品研究专家徐荣华表示。

也许，三八妇乐的"女性保健帝国"就在眼前、并不遥远，但是要实现它，正如今年初袁晓峰在其个人博客中写道的："新年的阳光已写在脸上，这一年需要我们去努力！"

太阳神 20 周年庆典

2008年10月18日，是所有太阳神人期待已久的日子，太阳神集团二十华诞大型庆典活动终于与大家见面了。值此盛典之际，广东太阳神集团在她的发源地——美丽的东莞举行了盛大的20周年庆暨2008年度"成功有约"颁奖晚会。集团董事长怀汉新、副总经理潘皓皓等集团领导，东莞市政府相关领导、黄江镇政府相关领导、直销行业专家、新闻媒体、太阳神直销事业部全体员工和市场推广公司、天地健公司、成都公司、贵阳公司、武汉公司、杭州公司、沈阳公司、联欣公司、黄江生产基地、荔城制药厂、大朗生产基地等团队代表、关注太阳神直销事业的有识之士和来自全国各地的太阳神的伙伴们欢聚一堂，共庆盛典。

庆典大会在东莞市政府和黄江镇政府的大力支持和关怀下，在地处东莞市政府中心广场对面的体育馆隆重举行，整个场馆面积达2000多平方米，可同时容纳5000多人，规模宏大，场面壮观。本次庆典大会分"太阳神二十年历史文化展"和"成功有约颁奖晚会"两部分组成，10月18日上午9：00—14：00在场馆骑楼举办以"创新与创业"为主题的《太阳神二十年历史文化展》活动，百米文化长廊犹如穿越时光隧道一般带你走进太阳神二十年的历史画卷中，一幅幅珍贵的图片，一个个奋斗的身影，展示了太阳神二十年的辉煌和成就。二十年的历史和文化，二十年的品牌和成就，将太阳神健康事业机会和博大精深的文化内涵表现得栩栩如生。下午以"相知相伴，成就你我"为主题的《成功有约颁奖晚会》在四千人同时倒数的激动声中，在热烈的掌声和欢呼声中、在开场焰火和礼花的欢庆声中，拉开帷幕。以金色和红色为主色调布景的舞台烘托出强烈的喜庆氛围，舞台中央以"太阳神集团20周年庆暨2008年度'成功有约'颁奖典礼"的巨幅画报为背景，两侧代表着太阳神人团结奋进的"相知相伴，成就你我"的字样映入眼帘，整个舞台的布局彰显出了太阳神大气、

第五部分
奥运年里看直销

恢宏的企业形象，在绚丽多彩的灯光照耀下显得更加的喜庆和辉煌。

当主持人宣布太阳神二十周年庆典大会正式开始时，全场响起了热烈的掌声。四千人的会场，到处是掌声和欢呼声，久久不能平静，而此时此刻，所有的太阳神人心中掩饰不住的激动之情，是无法用言语来表达的。风雨兼程，艰苦创业，我们已走过令人难忘的20个燃情岁月，有过多少沉甸甸的辉煌故事。在主持人激情澎湃的朗诵声中，我们感受着太阳神的历史和辉煌、感受太阳神博大精深的文化内涵。二十年庆典既是太阳神企业发展历程的一个里程碑，也是太阳神企业今后腾飞的一个新起点。作为太阳神人，我们感到由衷的自豪！为太阳神二十年的辉煌而自豪，为我们正确选择而自豪。更为二十年后太阳神的再次辉煌而满怀信心，不懈追求。

庆典大会上，集团副总经理潘皓皓，代表集团董事长怀汉新向二十年来在不同岗位为集团、为国人健康事业做出贡献的太阳神人表示衷心的感谢，并致以了最深切的节日问候，黄江镇党委书记杨礼权先生、原国家工商总局公平交易局局长李必达先生、太阳神直销事业部总裁朱厚承先生分别致辞并讲话。2008年是东莞经济转型的第一年，处于经济转型期的东莞正迎来一个新的时期，而太阳神作为一个拥有"提高中华民族健康水平和振兴中华民族经济"的社会责任感的企业，正以王者归来的气度，站在了新世纪的创新企业的高度，为振兴民族直销行业而摇旗呐喊，为书写太阳神再次的辉煌而不懈努力。太阳神直销事业部总经理张鸣先在大会上作了《发扬创业精神　为09年太阳神直销腾飞而努力》的报告，对太阳神直销下一年的工作做了战略性的规划和安排。

大会还邀请了东莞市歌舞团现场献上精彩的表演，有民族舞"盛世华章"、杂技"中华魂"、"草帽"等，精彩的节目让现场的气氛再一次沸腾，"火舞西班牙"热情、狂野、张力十足的舞蹈彰显出青春的活力和勃勃的生机。正如所有充满激情、梦想和智慧的太阳神人一样，永远都是活力四射，充满热情和希望，永远坚持不懈地追求成功，追求健康和幸福。

本次大会为这些不断执著于追求事业成功的英雄们礼赞，为太阳神直销事业的发展做出突出贡献的太阳神精英们进行七项规模盛大的表彰。共有13位太阳神的精英经过不懈的努力，终于获得了轿车大奖，他们中有从太阳神进入直销之日起就和太阳神直销事业一同成长的不懈追求者，也有后来经过一些坎坷最终选择太阳神的直销精英，每一个人都有不同的奋斗经历，用他们的汗水和付出为太阳神共同的事业奠基，为幸福添彩。今天，此时此刻，他们都站在了太阳神最高的领奖台上，收

媒体眼中的直销

获了属于他们最高的荣誉和奖励,我们祝福他们,为他们喝彩,也为更多的渴望成功的人加油!此次表彰庆典是太阳神直销发展历程中的一次盛大的庆祝大会,也是一次团结、交流、展望未来、再创辉煌的高峰盛会。接下来的细说心语环节,获得轿车大奖的三位太阳神精英代表分别上台分享他们在太阳神直销事业一步步走向成功的过程和经验。最后的成功有约环节,亚洲最具演说魅力与实战经验的激励大师、营销大师、团队经营教练现场演讲"站在巨人的肩上放飞梦想",从人生的行动模式到思维模式,从改造人生,改变命运的成功方法到事业经营技巧、大师激情的演讲和睿智的语言,让我们深受启迪和洗礼。现场一浪高过一浪的欢呼声、掌声把整个庆典大会推向了另一个高潮……

"高山大海,蓝天白云,我们就是太阳。真诚理解,合作进取,我们团结如钢……"当这首熟悉的太阳神队列歌庄严奏响时,全场肃然起立,合唱太阳神队列歌。这时20响礼炮同时放响,在这激动人心的时刻,每个人血液瞬间沸腾,整个会场陷入一片欢乐的海洋……在场所有人共同庆祝,为大家的健康欢庆,为太阳神辉煌的明天欢庆!

晚会在主持人"明年再会"的话语中结束,太阳神过去二十年的辉煌,我们是分享者,太阳神今后二十年的辉煌,需要我们去创造。今天,全国各地的太阳神人欢聚在此,共同欢庆太阳神二十年的辉煌;明天,大家又将回到市场中去,为太阳神的更加辉煌的明天扬帆远航!

当太阳升起的时候,我们走出桑田沧海。

当太阳升起的时候,我们的爱天长地久。

太阳神直销事业正处在快速发展的阶段,正以一个强势崛起领跑直销市场的姿态快速壮大,并推动着太阳神的二次腾飞!

嘉康利等待奥运开盘?

尽管嘉康利早在2007年3月已经获得商务部的直销牌照,并在2008年3月完成了北京地区的一些直销网点的报备,然而,由于种种原因,我们并没有看到获牌

第五部分
奥运年里看直销

后的嘉康利有什么太大的动作。而在2008年6月，其中国的官方网站上，出现了一则郑重声明：嘉康利公司正在积极准备开拓中国市场，目前在中国市场还没有开始任何与销售有关的业务。在中国任何以嘉康利公司名义进行的产品介绍、人员招募、培训活动（包括互联网上的种种行为）尚未得到嘉康利公司授权，与嘉康利公司无关。

那么嘉康利在中国市场的表现果真如此吗？记者为此进行了调查。

嘉康利的奥运之约

"现在加入吧，我们是获牌企业。"一位上海嘉康利的经销商杨小姐向记者介绍，试图让记者加入她的团队。而同时，另一位北京的嘉康利经销商也向记者抛出消息："加入吧，奥运第二天就是我们的开业之日。"

杨小姐接触嘉康利的时间并不是很长，她和丈夫一直在运作另一家已经获牌的知名直销公司，但业绩平平。这时，一位亲戚找到她，向她介绍了嘉康利公司。据她当时了解，嘉康利在中国已经获牌，属于合法直销。虽然业务并没有全面展开，但她认为是一个非常好的商机，便选择了加入。

当记者给杨小姐提及嘉康利官方网站的申明时，她告诉记者，自己现在并不属于嘉康利中国的团队，他们是台湾地区的领导人到大陆来开发的市场，而这条台湾线在中国运作时间差不多快一年了。据悉，他们所属的团队是嘉康利台湾的767团队，而他们的产品来源于美国。杨小姐表示，自己的团队在丈夫的帮助下已经发展得很好了。

据记者了解，767团队在台湾的发展可谓是如日中天，而许多台湾的经销商在获悉嘉康利在中国大陆获牌的消息后也纷纷向大陆的直销人抛出橄榄枝，希望将这些直销人收归其麾下。

杨小姐还特别告诉记者，他们在今年4月已经到北京见过了嘉康利（中国）总经理李集祥，咨询嘉康利奥运后起盘之事。"在得到了李总说奥运后升盘的消息后，我们想在还没启动之前就开始运作，等启动后就全面爆发！"杨小姐称，自己现在联系的团队很多都有意向，虽然有些仅仅是在原有直销公司的基础上加卖嘉康利的产品，"因为我们是合法的，我们现在就是要先组建团队，到启动的时候就走得很稳了。"

而另外一位安徽的经销商吴小姐也告诉记者，她在今年4月也去过了北京，虽然只是去对嘉康利公司进行考察，但也见到了李集祥等人。当时他们被告知："现在

媒体眼中的直销

组建中国的嘉康利团队是最好的时机,因为奥运后,嘉康利便要正式开业,那时候,所有的团队便可以大张旗鼓地干了。"吴小姐曾经做过直销,也被骗做过传销,她坚信嘉康利是一个可以赚到钱的事业。"8月9号,奥运的第二天,我们共同期待。"吴小姐似乎对嘉康利的事业抱有很大的信心,也极力想拉记者入伙,"现在还不加入,那不是很亏?"

此起彼伏的团队发展

然而当问及现在他们的运作模式时,这些经销商们却马上转变了口风,称现在他们只是做团队,并没有开展直销,因为奥运在即,而嘉康利的开业之日也指日可待,他们现在所做的只是为了公司开业后能够大展拳脚。"我们不可能等到公司开盘后才去发展团队吧?到时候市场就会被瓜分得差不多了。"一位嘉康利的经销商说。

嘉康利开业后,这些原属于中国台湾的、美国的,或者其他国家和地区的团队将如何分配?记者向几位去过北京考察的经销商询问是否是合并时,得到的回答都是否定的。

"我的台湾领导人跟何立强是楼上楼下的关系,他以前在安利时就在何立强下面做的,做得很好,当时已经是安利的皇冠大使的级别了。我们怎么会跟他们合并?"上海的杨小姐如是说。她表示,他们去北京总部考察时只是准备了解一下待到嘉康利正式开业后怎样去利用现存的团队运作,"'合并'一词用得不好,最多到时候是整合。大家都是做嘉康利的,都是为了赚钱,也不会有太多的矛盾。"

而安徽的吴小姐则在以前接触过嘉康利,上线属于美国过来的经销商,但是基本上是网上运作,用他们自己的电子商务模式来做,销售的嘉康利产品有通过直购,也有通过上线购买。

"做电子商务,特别是这种需要海外代购的,囤货是很大的一个弊病,一旦卖不出去,钱就拿不出来了。"吴小姐表示以前的电子商务模式确实让她头疼。而她现在只是积极地发展自己的团队,网上的生意已经慢慢淡却,"因为公司说了,电子商务这块在公司开业后要全部关闭,现在大家都是在做开业前的准备及市场拓展工作。"据她称,在去嘉康利考察时,公司承诺制度会有很大的改变,会综合所有直销公司的长处,以期达到一个最为完美的、最有利于经销商的制度。

而在网上,记者看到遍布全国的嘉康利团队已经开始跃跃欲试。原有的几大团队,如SMP系统SQW团队、协力团队、环球国际系统等都在做大肆的宣传,在记者询问

第五部分
奥运年里看直销

他们时,得到的都是同一消息:奥运之后,便是嘉康利开盘之时。他们也都有一个目标:奥运后,我们要大展宏图。

最后,上海的杨小姐还是不甘心放弃记者:"嘉康利中国公司在没有开业而且没有上市一款产品的情况下,不到一年半的时间就顺利获得直销牌照,足以证明其实力和与中国政府的认可程度。早起的鸟儿有食吃,希望我们能一起共享嘉康利中国市场第一杯羹。"

疑问中的嘉康利开盘

奥运将至,全国各行业都为奥运让路。快递行业已经被很大程度地限制起来,不用说国外,就连国内的限制都大大加码,对于粉状物、胶囊等都被限制航空运输。据资料显示,国内快递业的整体恢复需要等到10月残奥会闭幕式结束后,而嘉康利在中国的生产基地并未建立起来,其主要的产品——保健品以粉末状、液体等为主,都是奥运期间国家明令禁止的快递物品。如果采用国际海外邮购的方式,物流方面势必受到影响。那么8月9日,嘉康利中国怎样正式开业?

跟记者看到的各个经销商大肆发展团队的势头一样,如果嘉康利中国现在开盘,那么开盘后团队的竞争、整合等势必将给嘉康利的进一步发展带来影响。

再有,记者在商务部直销管理系统看到,在北京地区,嘉康利已经获得一些直销网点的审批,而并未运作,全部只是由嘉康利代管。而就记者了解到的消息,在北京地区,嘉康利的很多产自美国的产品,已经在有些经销商的专卖店里上架。而与嘉康利产品摆在同一货架上的,还有其他各大直销公司的品牌。

正如嘉康利在其申明中所表明的态度,它并不希望外界太多的关注,只想低调行事,而现阶段更不愿意有什么宣传。过分的低调,使这个自称为"美国排名第一的天然营养品公司"在中国被很多人遗忘。为何突然放出奥运之后正式开业起盘的消息?

记者试图就此电话联系嘉康利(中国)公司,然而其官方网站电话一直处于无人接听状态,其中原因不明。

嘉康利8月9日开业,是炒作还是事实?我们不得而知,然而奥运将至,不久之后,我们也即将看到真实与否。

媒体眼中的直销

陈亮·编著

中国商业出版社

图书在版编目（CIP）数据

媒体眼中的直销 / 陈亮主编. -- 北京：中国商业出版社，2016.8

ISBN 978-7-5044-9556-3

Ⅰ.①媒… Ⅱ.①陈… Ⅲ.①直销－研究－中国 Ⅳ.①F724.2

中国版本图书馆CIP数据核字(2016)第210080号

《媒体眼中的直销》

编　　著：	陈　亮
策划推广：	营讯传媒
责任编辑：	张超美
设　　计：	北京慧能广告
出版发行：	中国商业出版社出版
社　　址：	北京广安门内报国寺1号
邮　　编：	100053　　　电　话：010-63180647
网　　址：	www.c-cbook.com
经　　销：	新华书店总店北京发行所
印　　刷：	北京雷杰印刷有限公司
开　　本：	1/16　　　　字　数：800千字
印　　张：	65印张
版　　次：	2016年11月第1版　2016年11月第1次印刷
书　　号：	ISBN 978-7-5044-9556-3
定　　价：	98.00元（上下册）

版权所有·侵权必究

第二十六章　走过 2008

电子商务网店卖家疑虑：营业执照怎么办

从执政者的呼声，到网商的反映，各部委之间对此的态度也一直未能达成一致。一部新规从最初的强制执行，到最后的反对声不断，究竟意味着什么？

这是一起仍在争议的新规。

今年 8 月 1 日起，根据北京市工商局《关于贯彻落实〈北京市信息化促进条例〉加强电子商务监督管理的意见》，利用互联网从事电子商务经营活动的主体，均应依法登记注册，在领取营业执照后才能开展经营。

新规定实施以来，在网上网下引起强烈反响。有网上店主竟通过更改"所在地"的方式逃避登记注册，而消费者也担心办照成本会转移到自己身上来。各地工商局为了稳定人心，纷纷作出了表态，不支持北京工商局目前的做法，让当地网民吃了个定心丸。

对此，业内专家指出，"网店办照"是否在全国推广可能要看在北京的实施效果，地方不应像北京一样急于出台类似政策。更有甚者质疑，网店新规有没有必要全国推行？是否会造成大量在网上谋生存的群体集体失业。

执行受阻

8 月 1 日是网店新规正式实施的第一天。

媒体眼中的直销

上午 11 点,本刊记者在北京市区紫竹院工商所探访时发现,这里空闲得一如往常,偌大的办证大厅一片空荡荡,除了三个工作人员,就只有两个网店业者在办理相关的手续,并未出现想象中的排队等候现象。而在网上,北京市工商局海淀工商分局中关村工商所已开通了办理网店执照的服务,但在 8 月 1 日前并无一人前往办理。

中关村工商所的工作人员告诉《IT 时代周刊》,在各大电子商务网站并没有就网站新规表态的情况下,基本没有北京网友去办理网店执照,而相关的代办机构压根不接网店工商执照的代办业务。

"如果大家都不办证,我又何必要费心费力去办呢?"在淘宝网上经营着一家小店的 vivian 表示,自己还是学生,卖的一些小玩意都是亲戚朋友从各地东拼西凑来的,开网店也就是个业余兼职,赚点零花钱,"现在能混一天是一天,到了相关部门要动真格检查的时候我也就不做了。"vivian 貌似不在乎地说,目前她还打算这样"浑水摸鱼"下去。

而新规实施三天来,网店店主们都各自打起了小算盘,比如,有些北京网店店主为了不暴露自己的真实身份,开始更改交易信息中的"所在地"一项,把北京随意改成天津等城市。

"这样就不会引起买家对我有没有执照的质疑,而且工商部门也不会追着要求我去进行实名登记了。"淘宝网上一位不愿透露姓名的卖家透露了自己的如意算盘。

而另一位如法炮制更改地名的卖家认为,更改一下"所在地"只需要花几秒钟时间,但却"摇身一变"成了另外一个人,而且,普通消费者也看不出来,更没有能力去查 IP 地址什么的,所以,对做生意来说,"在新规定实施后,这招还是挺管用的"。

专业网站有无监管措施呢?记者就此现象询问了淘宝网相关负责人,对方表示,目前还在观望中,没有相应的监管措施。当记者继续追问:一旦发现此类违规店主,是否有处罚措施?淘宝网表示:无可奉告。

近日,有媒体举办调查问卷显示:90% 的被访者认为网店办营业执照会增加网购商品的成本,而在回答"如果网店办执照全面推行,你愿意继续经营吗"的问题时,65% 的卖家选择了"不愿意"。记者发现,这种想法多存在于三种人身上:兼职、进货渠道单一以及开店时间不长的店主。

"他们由于各种原因,销售业绩普遍一般,出货小,吸引客人的手段多为降低价格，再加之难以对进货商进行价格的转嫁，办理执照就意味着增加了经营成本和竞争成本。"北京大学网络经济研究中心研究部主任杨冰之称，中小卖家不愿意去办理执照的另外一个重要原因是，怕一旦办了执照，那么税收将很快会实行。尽管《意见》里并无只言片语提到税收，相对网商征税是迟早的事情。

杨冰之还表示，目前对网店收税条件不成熟，因为"目前政府官员、学者都对这个问题研究得不透彻，如果贸然出台相关的法规，可能不利于中国电子商务的发展"。杨冰之同时认为，电子商务是可以跨地域开展的，而收税则是按照地域来进行。如果要对网店收税，那么是按照注册所在地收还是按照IP地址收呢？"网商完全可以在石家庄注册，然后跑到北京来做电子商务生意（IP地址显示是北京的），那么，该哪边的税务部门来收税呢？"

权利之争

新规的缓行不完全来自网商的争议。

"近年来，随着中国互联网的发展，部委对于网络管理权的利益争夺不断。此前，部委之间就曾对网络游戏的管理权进行争夺。"业内一资深人士如是说。

据悉，北京市工商局之前就通过媒体称：8月1日起，北京网店必须办理执照，并称北京市工商局已经拥有查证网上"无照黑店"的技术手段，将"发现一家，关闭一家"。但20天之后，网店新规由"必须办理"改为"不会强力推行"。此番表态被相关企业及专家认为是工商系统作出让步的重要标志。

但就在第二天，形势又陡然生变。国家工商总局局长周伯华在考察时称：北京网店试点是为全国推行做准备。工商总局的激进，引发了更大的争议。

正望咨询总裁吕伯望在接受本刊记者采访时反复强调，网店新规会让电子商务后退10年。被称为中国电子商务之父的6688总裁王峻涛也公开表示："《意见》的出台肯定会扼杀大量个人卖家的积极性。因为在现有的法规体系下，他们办理涉及零售的证照是比较困难的。"著名新经济专家姜奇平说："C2C电子商务仍然处于起步期，对它的发展应该多鼓励、多扶持，目前不宜过早加以严格的规范。"

事实上，对于周伯华的表态，各地工商局也反应不一。虽然市工商局已经开始执法，制造了所谓"全国首家查处无照网店"一案，但是湖北、南宁、温州等地工商局表示：现在实行网店执照制度意义不大。

7月29日，在北京举办的"中国网络零售产业环境学术研讨会"上，与会专家呼吁，

媒体眼中的直销

网店新规宜采取免费备案制，而非收费许可制。

值得注意的是，在各方热议之际，主管互联网的工信部却始终保持沉默。7月31日，工信部新闻处有关负责人也未就此问题给予回复。中搜副总裁杨钰称，随着电子商务占的市场份额越来越大，政府出台相应的规章制度是必然的。只是，谁也想不到该《意见》从征求意见稿到正式宣布出台仅相隔了4个月。

北京某电子商务公司公关总监称："电子商务的管理归属于工信部，已经是共识。工商总局拼抢网店管理权，无疑会制造多头管理。对于工商总局的做法，只能从部门利益来理解。"

何去何从

有些电子商务专家和C2C平台担心开网店需领执照，麻烦的手续和一定的费用会把大批小卖家挡在电子商务门外。

8月3日，阿里巴巴董事局主席马云在杭州举办的第二届亚太中小企业峰会中谈及目前热议的网店新规问题时，称目前已经和有关部门达成理解意向，并请网商们放心。

这是马云首次正面谈及网店新规，他坦言这事情已引起很大关注，阿里巴巴集团和工商、税务等各个相关部门也在进行紧急磋商和沟通。对于已经在北京执行的新规，马云表示，"相信这事情这两天已经开始在平缓处理。"

"我们要理解政府的想法，但是我坚信网商群体已经学会不断自律。我们已经取得了有关部门的认可和认同，这点请大家放心。经过学者专家、网民以及行业协会的努力，已经和有关部门达成理解意向。"马云说，但他未透露具体细节。

中国网联总经理胡文洋告诉记者，他去年2月去北京海淀工商所办理过工商执照，就跟到银行办理相关账户一样需要领号排队。那天还是早上9点，服务人员看到他拿到的号码就告诉他，当天轮不上了改天再来排吧。他认为，办理工商执照烦琐的手续会吓跑一批网店的店主的。不过，他还向本刊记者介绍，在海淀工商所附近就有很多工商代办机构，只要花几百元就有人帮企业把一切手续都办好。

虽然新规于8月1日正式实施，多个工商所表示，目前还没有开始查无照网店，也没有具体通知如何查。相关人士指出，马云的表态就已经在暗示网店新规将暂缓执行，并可能"不了了之"。

第五部分
奥运年里看直销

现在，北京的网店新规已经决定缓行，那么，5个月之后，它的命运又将何去何从？

中国社科院研究生院教授、博士生导师、管理学院副院长吕本富提出下述的"三不原则"："网络零售产业规模占整个零售业5%以下时，政府不要管；网络零售的就业人数在500万以下时，政府不要管；网络零售年收入在5万元以下的就业人员，政府也不要管。"

而姜奇平说："根据社科院的研究，中国的网络零售还处于起步阶段，只占零售业的1%，仅占电子商务的3%，而且处在每年以百分之百增长的培育期。与发达国家相比较，中国的网络零售比例是0.63%，美国的是3.72%，韩国的高达7.65%。"他认为：目前的监管时机未到。中国的网络零售还处于萌芽阶段，北京工商局出台网店新规时机过早，政府对网络零售的管理出发点应当是服务和扶持，而不是杀鸡取卵式的掠夺式管理。专家一致同意，对网络零售的管理应当主要发挥行业自律作用，而不是简单依靠政府的行政力量。

国务院国资委研究中心新产业研究部副部长卢奇骏表示，政府的管理方法应该是事后管理，不应该事前介入，应该是备案制、免费的，而不是收费的许可制。事前做资格认证，根本无法确定进入市场经营者是不是合格的经营者。最好的办法就是谁出现问题就制裁谁，对经营者进行严格的惩治，这能起到很强的市场惩戒作用，会反过来促进行业发展。（原载《IT时代周刊》2008年8月）

直销与保险的区别

主持人：陈亮　王晓佳

刘　鹰：中国直销管理学院执行院长

陈柏澄：保网电子商务有限公司市场总监

李振华：直销行业研究资深人士

近来有人对平安保险的模式提出了传销的质疑。他们表示，平安保险的销售模式，结合《直销管理条例》、《禁止传销条例》两个条例来看，更加类似传销，而非直销。

媒体眼中的直销

如俗称《平安基本法》的平安保险《个人寿险业务人员基本管理办法》（2006年版），其核心就是要求员工发展下线。

在其第三章"B类机构业务人员的待遇"规定，"（五）增员奖金：由正式业务员具名推荐的试用业务员，依其聘任起12个月内计提个人FYC的8%，发给推荐人增员奖金。增员奖金每月核发一次；核发时以被推荐人在职为条件；（六）增才奖金：各级业务人员所增的试用业务员自聘任之日起在一定时间内累计FYC达到一定标准，且新人留存满一定时间以上，则在次月，其推荐人可按下表获增才奖金"。并且，本身的级别越高，发展下线的价值就越大。

平安保险的这种酬劳计算方法是传销吗？一直以来，很多人都分不清保险公司和直销公司的真正区别。按照我国《禁止传销条例》第七条规定：下列行为，"组织者或者经营者通过发展人员，要求被发展人员发展其他人员加入，形成上下线关系，并以下线的销售业绩为依据计算和给付上线报酬，牟取非法利益的"属于传销行为。

保险和直销分别属于两个范畴

主持人：“直销”与"保险"是两个概念，属于两个领域的问题。我们今天讨论的话题是这两者的区别，大家能分别说说直销与保险究竟有哪些方面的区别吗？有观点认为，直销是物流，保险是资金流，《直销管理条例》和《禁止传销条例》的出台，是针对物流的（保健食品、化妆品、保洁用品、保健器材、小型厨具），不是针对资金流的，因此在物流这个领域的规定和限制条例，是不适应资金流的，就好像地面的交警管不了空中的飞机一样。

李振华：直销的本质是销售渠道扁平化，分为单层次直销和多层次直销，而国外大多是多层次直销，我国《直销管理条例》规定只能做单层次直销。直销不光是物流，实际上大多数直销公司是把招募、培训直销员以及把产品销售给客户（这个可以认为是物流）这些职能都交给直销商。保险大致上可以分为寿险和财险，保险业务人员部分承担培训任务并承担把合同销售给客户，销售合同带来了资金流（实际上任何销售都带来资金流）。两个行业有类似之处，都是直接面对客户的销售，无论运作模式和奖金分配还是差别很大的。

至于《直销管理条例》和《禁止传销条例》，它们只适宜于直销行业，保险行业的运作有《中国人民共和国保险法》以及相关法规来规范和约束。

刘鹰：直销与保险的区别，从销售的产品形态上来说，保险是一种无形的服务

第五部分
奥运年里看直销

产品,是对未来的一种预期和保障,险种较多,条款内容也较为复杂,并且是根据市场的需求不断地开发和创新。保险在发达国家属于必需品;直销是以有形产品为主,产品的直观性较强,往往以保健品和日用消费品占主流,大的产品类别较为单一,但具体品种较为繁多。从产品的消费周期上来说,保险是依照双方合同给予一次性保障,保险产品的有效性往往是延续几十年,周期较长;直销产品则一般延续几个月或一个月,消费周期较短。从产品消费的循环性上来说,保险是单次性消费的产品特征,直销是以可重复性消费和循环消费的产品为主。在监管机关方面,保险业是保险监督管理委员会,直销业是国家工商总局。

陈柏澄:我认为直销是一种营销方式,而保险则是一个行业,一般保险与直销的区别应该叫直销与保险行销方式的区别可能会更准确。

我不认为直销是物流的说法,因为不论是广义的直销还是狭义的直销,都是指一种营销模式,而不特定指营销某种有形的产品。其实在直销领域有很多无形产品和信息产品,所以直销是物流不正确。我也不认为保险是资金流,只要涉及到产品的交易,就涉及到资金流的问题,不论是有形还是无形产品,都有这个问题。应该讲现在中国的直销法更多是对有形产品的监管范畴,保险行业有特定的国家规定的监管机关,不适用《直销管理条例》。

主持人:保险和直销运作模式基本相似,有人说,保险卖的是一张纸,转介绍的概率很小,但直销(多层次意义上的)确是人介绍人的工作,卖的是一种产品和分享。保险人员每天都要和不同的客户说一样的话,如果保险精英来做一家好的直销公司,简直是小菜一碟;但直销人员去做保险却未必能做得好。

刘鹰:保险在制度上未能表现出明确的转介绍奖金分配体系,直销通过对直销员的高额推荐奖金刺激,实现了强大的转介绍动力。对从业人员而言,保险是带有区域性的特点;从理论上讲,直销是可以通过人际网络的传播和销售网络的组建,可将市场延展到全国乃至全球。

陈柏澄:应该说保险的团队行销和直销的运作模式基本相似,但现在保险行业的营销方式也有很多变化,比如电话营销、网上直销等等,所以也不能简单地说保险和直销运作模式相似。

保险是一种被动需求产品,同时也是比较复杂的产品,需要交流和讲解,营销的难度比较大,标的和交易金额也比较大。

李振华:保险卖的是承诺,无形的产品,而直销卖的是实实在在的产品,看得见,

媒体眼中的直销

摸得着；保险转介绍的概率的确小，客户享受到一个好的直销产品，转介绍的概率的确大些。光从销售这个角度来说，做保险比做直销难度要大。但直销商（多层次意义上的）的职能不光是零售，一个好直销商关键是招募、培训团队的能力，有的直销商销售产品能力并不强，同样能做到很高级别。严格来说，两个行业成功的关键因素是不同的。现实生活中，保险做得很成功的人，转行做直销，却未必做得好；同样顶级直销商，也未必就能成为顶尖保险业务人员。

主持人：就市场容量而言，保险业有它的市场饱和性，一个人一个家庭他们一生买不了几份保险；而直销业在这个问题上就不是那么饱和，或者说它还是有很大的开发空间的，毕竟日用品、保健品等产品是用（吃）完了再买，买完了再用（吃），即直销行业的消费者有一个重复消费的问题在里面。

李振华：这个不能一概而论，我国保险业发展很快，随着保险意识的提高，不但传统的险种呈递增趋势，新的险种也不断涌现，总的来说，在我国未来相当长的时间，保险市场容量会不断增长；直销行业的产品就日用品而言，人均消费量应该是相对稳定的，随着我国经济水平的提升，人们对健康的重视，保健品的需求日渐增大，美国两届总统顾问保罗·皮尔泽先生就提出了健康产业是二十一世纪财富第五波的观点。但就单个保健产品来说，都有自己的生命周期，也就是说都要经历投入期、成长期、成熟期、衰退期四个阶段。显然，处于成熟期后期和衰退期的直销产品，其需求是萎缩的。

陈柏澄：保险产品确实重复消费性很低，相比较保健品等确实如此，但是一般长期寿险都是分期缴费，其实也可以理解成一种重复消费的产品。

从市场饱和性来说，目前中国保险业远远没有饱和，保险密度和深度排名在世界平均水平以下。2007年中国保险业创下几千亿的营收，未来还会成倍地增长。直销是一种营销方式，从这个角度理解和分析的话，市场是无限大的，因为很多行业的产品都可以用直销的方式去营销。所以两者不可相比，是不同性质的事情。

主持人：曾有直销员朋友对记者说，保险公司做得太大，最后也不是自己的，还是保险公司大，自己跟保险公司永远是雇佣关系。但直销就不一样了，直销做大了可以是自己的事业，强大后的自己和团队同直销企业的关系是合作关系。直销可以享受"退休"后的利润，可以做得级别越高越清闲，不用如保险一样最后"归零"，好的直销公司业绩永不归零。你们作为各个行业的专家，你们怎么看待这个现实的问题？

第五部分
奥运年里看直销

李振华：我基本认同这个观点。保险业务人员和保险公司是雇佣关系，保险提成比例通常是逐年递减，一般三到五年后，同一份保单上，就不能再提了，业务人员离开保险公司后，除了退休金外，就没有收入了；而国外大部分大型直销公司的直销商一旦建立起消费管道，业绩会自动产生，自动产生源源不断的收入，而且消费管道还可依法继承下一代，让劳动得到累积做大了，子女可以继承，这个也是直销的魅力所在。当然对于我国直销业来说，是否能和国际惯例一样，还没有明确的说法。

陈柏澄：所谓直销是自己的事业的问题我不赞同，直销员或者海外讲的直销商与公司也是一种合作关系，在海外直销商与公司是对等的法律关系。保险代理人在中国与保险公司也是一种代理关系，也具备对等的法律地位，保险代理人并非保险公司员工。

所谓退休后收入或者归零的问题，是和奖金制度相关的。目前保险行业也有不归零的制度。所谓归零与不归零也只是一种形式上奖金计算的方法。

刘鹰：对保险从业人员而言，业绩及其收入一般是在职期间才拥有，在离职或到一个规定的离职后期限，业绩及其收入将取消。严格说来，直销业的销售人员并无"离职"的概念，其收入永远与其本人的业绩及其销售团队的业绩严格挂钩，在拥有其下级销售团队的业绩的情况下，若无本人的业绩，仍可实现"不在职收入"。所以在收入的增长性上，保险是以保险业务员的客户数量累加而形成收入增长，直销是靠下级直销员所组成的团队销售总额来实现收入的几何倍增。

直销与保险的区别在于产品性质

主持人：保险对我们中国人来说是个超前事物，它卖的是一个意识、一种观念，一般的人都很难接受，不过随着现代生活水平的提高，这种意识很多人都在改变。直销是营销方式的一种通路，这种方式虽是一种舶来品，但确是卖的实实在在的产品，这也造成了很多人都乐于接受；但直销行业的整体形象在大众印象中不是太好，所以造成了目前"好的形象带不来好的市场业绩"的现象。

李振华：直销行业在我国还是一个幼儿，在婴儿期间，曾经在大多数国人脑海中留下不良印象。这和任意一个新型行业都会经历初级阶段的不成熟甚至盲目一样，婴儿的稚嫩，在婴儿期间会得到原谅的，随着直销业逐渐规范，必将得到大众的认可，正如温家宝总理在第十届全国人民代表大会第五次会议做的《政府工作报告》指出：

媒体眼中的直销

"直销是现在的趋势,是国民个人择业的最好机会,原来个人私企不被社会认可,正是党和国家领导人的认可,才会有现在的国富民强,无数人在这个行业中定会成功"。直销行业的前景是被很多人看好的。

刘鹰:保险是依照双方合同给予一次性保障,在保险代理人与保户签订保险合同时,才是保险的相应承诺和复杂的服务工作的开始,但在理赔时,则由保险公司依照合同和相关规定进行认定,或由保险公司指定的机构进行认定,客户处于相对被动的局面。直销业本质上也倡导售前、售中、售后服务,但在中国目前的现实条件下,由于直销公司的实力和规模均有限,经营管理上也极不稳定,售后服务工作大多仅停留在买卖关系上,或难以有能力提供售后服务工作。

陈柏澄:中国人保险意识现在在逐渐增强,从行业这几年的发展就能看到。直销行业整体形象是与行业从业人员的素质与政府的监管方式有关系的。2007年是中国金融元年,投资理财热逐渐升温,作为居民重要理财方式的保险自然会受到越来越多人的关注。根据保网电子商务有限公司的统计,目前网上咨询保险的访客呈现直线上升趋势,特别是地震后。

主持人:保险和直销都非常注重人际关系网络,特别是自己的亲戚朋友,所以保险人员和直销人员都会首先向他们销售。但是这利用得也不是很合理,我们每个人的资源毕竟是有限的,卖完了自己就没有市场了,这时我们就需要发展自己的业务员,这些业务员又去发展他们的亲戚朋友,又让他们的亲戚朋友再介绍他们的亲戚朋友也来买,而且他们也发展他们的业务员,所以每一个保险人员销售的每一份保单,作为"上线"的人员能获得直接提成,或者间接提成抑或是销售补助。可能这个问题在多层次直销环境下更容易比较。

李振华:销售本身就是面对人的职业,绝大多数保险和直销产品是普通消费者都需要的,普通消费者都是潜在客户。所以,从身边认识的人做起,也是无可厚非的,毕竟,有个人信誉在里面,相对容易开展。当然对于在某个特定区域里品牌知名度不是很高的产品,或者对于特定人群才需要的功能性产品,陌生和熟悉的人的接受程度是差不多的,一个优秀的销售人员应该擅长开发陌生客户。至于介绍业务"上线"人员提成,保险和多层次直销是类似的,当然各家公司提成比例不同。

陈柏澄:保险的团队营销和直销模式本来就有渊源,保险公司的营销基本法本质上是一种团队计酬。但是这些保险员与公司只是保险代理的关系。保险相对直销的计酬方式更科学合理,也更公平;直销计酬相对保险团队计酬有更大的空间和利润。

第五部分
奥运年里看直销

保险团队计酬不可以搞什么双规等模式，保险制度都是太阳线。

刘鹰：现有的保险营销是国际上通行的展业方式，从业者必须经过严格的代理人资格培训和保监会组织的考试，方能取得代理人资格。直销表面上对从业者大多只有年满18岁的限制，培训缺乏系统性和管理要求都比较低，从目前直销国内公司的实际运作来看，基本上很难对直销员的加入设立非经济性的技能资质类限制，所以他们发展人员也很容易。

主持人：近来有人对平安保险的模式提出了传销的质疑。他们表示，平安保险的销售模式，结合《直销管理条例》、《禁止传销条例》两个条例来看，更加类似传销，而非直销。如俗称《平安基本法》的平安保险《个人寿险业务人员基本管理办法》（2006年版），其核心就是要求员工发展下线。

在其第三章"B类机构业务人员的待遇"规定，"（五）增员奖金：由正式业务员具名推荐的试用业务员，依其聘任起12个月内计提个人FYC的8%，发给推荐人增员奖金。增员奖金每月核发一次；核发时以被推荐人在职为条件；（六）增才奖金：各级业务人员所增的试用业务员自聘任之日起在一定时间内累计FYC达到一定标准，且新人留存满一定时间以上，则在次月，其推荐人可按下表获增才奖金"。并且，本身的级别越高，发展下线的价值就越大。能谈谈你们对平安保险的这种酬劳计算方法的看法吗？

陈柏澄：关于平安保险是否是传销的认定，我认为是要国家有关部门来认定的，从文字和形式上看有类似的地方；但是从法律上讲，我个人不太了解。

主持人：保险是国家的金融三大支柱之一（银行、证券、保险），直销是商业经济的具有活力的一块，如何看待它们各自在经济中的作用和它们的前途？

李振华：保险和直销在我国都是朝阳行业，在未来相当长的时间内，市场容量都会呈递增趋势。保险和直销一样，作为解决国民的就业方面都将起到积极作用。保险行业随着险种的日渐细化，将降低大众生活突发事件的危害，并给大众生活的稳定起到一定保障作用。直销，能够降低渠道成本，给大众生活带来实惠，是未来销售渠道的发展主流形式之一，在国民经济中的地位必将提升。

陈柏澄：近年金融混业趋势已经很明显，平安设立平安银行，完成在三大行业的战略布局。从平安巨额融资到马明哲6000万年薪可以看出，保险商业经济的影响力已经达到了一个新的高度。

媒体眼中的直销

金融通路近几年也在发生着悄然的变化，直销这种有一定存在价值的营销方式也正在影响着今天金融行业的通路。近来有不少金融与直销模式结合的商业模式。

直销和保险都有可能产生道德风险

主持人：很多人认为，直销或多或少带有一定的欺骗性，做直销注定只有2%的人成功；而保险则没有这个问题，做保险只要肯跑肯努力80%的人成功应该没有问题，只是消费者愿不愿意花钱的问题。

李振华：作为行业来说，不存在哪个行业更具有欺骗性的概念，只存在行业从业人员是否规范操作的问题，当然，也和行业法律法规本身是否健全有关。另外，任何行业赚的多的都是少数，直销和保险概莫能外。

陈柏澄：我认为这种观点也是错误的，太主观，成功法则注定是少数人获得成功，成功的比例都是一定的。直销领域的欺骗性倒是很普遍，因为准入门槛低，监管不够，没有固定的办公场所，隐蔽性强，因此很容易导致道德风险。

刘鹰：保险资金一方面要运用于向保户支付，另一方面主要是投资获利，西方发达国家保险公司的主要盈利来自于此，其承保业务基本上是亏损的，原因是国外保险业竞争激烈，费率较低，用投资较高的利润来弥补保险获利的不足，而国内保险公司资金运用比例和范围由于受到国家金融政策的限制，仅投资于银行存款，债券等少数领域，范围较窄。

直销是以直接销售产品（或事业机会）作为牟利方式和经营目的，因依赖于靠人际传播和销售人员的自动复制发展，从而必须设置高额奖金以提高销售动力和吸引力，因此所出售的产品大多价格都严重高于其制造成本，价格中包含有较高的奖金拨出率，有时会出现较大程度的价值偏离。

主持人：我所了解的情况是，对于商业保险来说，其重要的一个功效就是把较低的钱（保费）放大成为较大的保额。这个放大倍数不会很小，当然也不是无穷大的。所以，我们大部分消费者的保险开支和家庭收入来说是有一个适当的比例的。通常来说，纯粹保障型的保险费用占家庭收入的比例以8%到12%为宜，结合强制储蓄型和分红型的保险费用占家庭收入的比例一般在15%以下。而直销则不是这样。

陈柏澄：一般整个家庭保险支出占家庭收支的5%~15%比较合适。保障性险种是最有必要购买的，一个是费率低，一个是体现保险的本质，而储蓄和分红型保险则要看具体情况。

第五部分
奥运年里看直销

刘鹰：以从业人员的佣金制度来看，保险公司在分配原则上尽管采用了级差制（有时是以团队津贴的名义出现），但层级很少，一般只有两层左右，离职后没有任何佣金，中层保险业务人员收入相对稳定。

直销是通过形成稳定的直销员的推荐网络，继而以这种稳定的成代际关系的销售网作为佣金分配的依据，普遍采用了级差制的分配方式，上下两级直销员（即推荐人与被推荐人）的分配关系是固定的。根据我国直销法律，只允许企业实行单层次的级差制奖金的分配方式。即上级直销员只拥有对直接下级直销员奖金级差额度，跨代际关系的级差制，即多层次直销模式在我国是非法的。

主持人：如何选择合适的保险公司？保险是一个需要陪伴呵护终身的长期计划，需要及时的赔付和快速的资金的融通。所以优秀而强大的保险公司应该具备下列几点：雄厚的资金实力、投资运作经验、公司运作时间长久、信誉好口碑好、快速而强大的服务系统。又如何选择一家合适的直销公司？正常情况下，只要选择一家正当的公司并且采取正确的方法开展业务，自始至终确实不需要像做传统生意那样投入大量的资金，也就自然不需要冒资金投入的风险，这也确实是直销是适合普通人独立创业的原因之一。

陈柏澄：这个观点我是比较赞同的。

刘鹰：保险的销售增长是由广大保险代理人努力推销完成的，其工作模式带有较强的个体操作性；而直销是以产品消费加事业机会为导向，以不断增员下级直销业务员为手段，一般情况下设立有入门性质的消费额度作为经营资格条件，更多依靠下线人数的增加来完成销售业绩的增长，因此价值取向上非常强调团队理念和对团队的忠诚度。

主持人：谢谢！（原载《当代直销》2008年刊）

玫琳凯要做美丽多面体的缔造者和传播者

1958年生，出身于一个华侨世家，毕业于美国芝加哥伊利诺斯理工学院，目前担任玫琳凯中国区总裁，全面负责中国地区的业务管理工作。同时他也是"国际青年成就组织（JA）"的董事，倡导"传奇式客户服务"的理念，并强调沟通和激励，

媒体眼中的直销

管理体系自成一体。学化工出身的他用玫琳凯的"乐施精神"引导千千万万中国女性因为踏上玫琳凯的事业道路而正在改变或已经改变了自己的人生。

汶川大地震过去了，回想当时的情形可能很多人还心有余悸，中国人民在党和国家的领导、组织下进行了举国爱心大援助，而正走在大道上的中国直销行业，在这次地震救助中发挥了非常重要的作用，行业形象得到了一次整体提升。

在这场保卫生命的战斗中，玫琳凯公司率先吹响了"爱心集结号"，第一时间向灾区紧急捐款人民币 300 万元，而后又组织公司员工、销售人员一同援助。之后，各直销企业、众直销人员也积极投身到了爱心队伍中。一时间，每个个体都成了抗震救灾的最前线。

赈灾先行者

5.12 汶川大地震虽然过去了，但是近来余震还有发生，回想起四川当时的情形，人们可能还心有余悸。直销企业这次进行了大救援，积极的行动有力地提升了直销行业的整体形象。作为行业内第一个吹响"爱心集结号"的企业，玫琳凯的捐款机制非常快。

玫琳凯（中国）总裁麦予甫回忆说，我还记得 5 月 12 号那天两点多，我们在上海的玫琳凯总部也有震感，很多员工连鞋子都来不及穿就跑下楼去。我自己反应比较迟钝，基本没有感觉到，但玫琳凯公司对赈灾却保持了高度的敏感。作为一个跨国公司，我们有比较严谨的体系，已经有预算的费用我们可以很快地做出反应，但是作为这样一个没有预算的费用，我们是有一定的程序和审批的过程，当然最快的方法是拿起电话马上打到总部。所以我当天晚上，（因为那边是白天）我打电话到美国请示，公司也很快做出了决定——当时就被批准了。

第二天早上我们准备将 300 万元赈灾款捐出去的时候，发现由于行动太快，当时还找不到接受捐款的人。到底哪个非政府组织（NGO）能够接受捐赠，我们都不知道。最后决定捐到灾区当地的红十字会，这一款项当天下午就已经就位了。

其实，重建的工作不是一蹴而就的。玫琳凯计划在 2009 至 2011 年，每年拨出 500 万元预算，专项用于灾后重建等工作，共计 1500 万元。公司正在和有关慈善机构进行接洽，探讨实施方案。玫琳凯希望在重建上能够帮助她们真正站起来、走出来，能够重新生活。玫琳凯相信要重新把灾区重建起来，需要几年的过程。作为一个企业，所考虑的应该是能够投入多少，不是一次性的投入，是一个比较长期的投入，因为

第五部分
奥运年里看直销

这样对灾区的人民才有最大的帮助。

跨国公司的赈灾行动其实是献爱心，捐助应该是怎么样帮助灾区的同胞。每一个企业有它自己的策略和行为，每个人只是做自己应做的一部分，玫琳凯就是以这样一个心态来对待这个赈灾的。

此次地震，有1000多位玫琳凯的美容顾问在这次地震中陷入困境。玫琳凯给了她们两种东西：一是分3个月给予她们总计2000元的生活补助；二是免费提供价值3640元的产品和价值380元的美容包，激励她们重新开始工作。麦予甫告诉那些灾区的美容顾问，"不是希望你们赚多少钱，而是希望通过和顾客进行正常的活动来开启对生活的信心。"

地震发生后，玫琳凯公司考虑到后面的重建有很多的事情要做。公司给大家每人3000多元的产品，不是说要销售人员卖多少，只是希望她们真的能够回到正常的生活，不要专注在灾情是怎么样，受到的痛苦是怎么样，希望她们能从这样低迷的环境中走出来，回到生产中去。

玫琳凯公司要在中国发展50年、100年，麦予甫表示，我们的社会责任，我们对于公益事业也是50年、100年，这是很重要的一点。就企业责任来讲，不单单是在慈善上面，怎么样经营好我们的公司，怎么样给消费者最好的服务和产品，怎么样对我们的销售队伍提供她们事业的机会，怎么样让员工全面的发展。当然我们要考虑到社会的需求，作为一个企业的公民，这次赈灾的事情也是一个企业公民的责任。

基于文化的企业社会责任

不仅仅是这次的汶川地震救助，翻看玫琳凯的资料我们会发现，从2001年起，玫琳凯与全国妇联共同创建了"玫琳凯妇女创业基金"，以循环无息贷款方式运作，迄今为止已为2万余名下岗女工的再就业创造了条件；"玫琳凯下岗青年美容培训中心"支持了20个城市的下岗职工再就业；为春蕾项目的捐赠超过400万元，使3250人次的女童顺利完成义务教育；公司还在北京大学、浙江大学及中华女子学院设立了"玫琳凯奖学金"，帮助中国西部成绩优异但经济困难的女大学生顺利完成学业……麦予甫对此如是说，这就像玫琳凯公司的黄金法则一样"你希望别人怎样对待你，你也要怎样对待别人"。玫琳凯把关爱他人、关爱社会放在了最重要的位置。你所给予他人的，最终都会回归到你自己这里。

在玫琳凯的文化中，善待他人、无条件帮助他人、让人感到被重视都是重要的

● 媒体眼中的直销

组成部分,让每个玫琳凯人都感觉到因为自己丰富了其他人的生命,从而为自己创造了价值。这让玫琳凯的员工和销售人员感受到自己在企业中的重要性。在中国,玫琳凯也连续三次被评为最佳雇主。

同时,玫琳凯也积极参与"国际青年成就组织"(以下简称JA)的各项公益活动。成立于1919年,总部位于美国的JA是一家通过开发并实施从小学到大学的经济、商业课程,来培养青少年品格、创造力和领导力的非盈利性组织,其运作模式是与学校合作开展课程,与企业合作招募志愿者并获得资金支持。目前,JA已在全球100多个国家展开教育活动。

麦予甫回忆道,在过往的工作中,我也不止一次地发现,许多中国大学生连毛利、净利、成本、费用这些最基本的经济概念都搞不清楚,这让我意识到商业、经济理念在中国学校教育中的缺失。于是,在1999年我就邀请JA将其中国办事处设在玫琳凯,希望通过对JA的支持,帮助中国年轻的一代获得与商业、经济理念亲密接触的机会,从而在他们中间培养出"中国的比尔·盖茨",并从长远上改变中国的商业环境。后来,我很投入地参加到JA的各种活动中去,包括指导完全由中学生自己运作的模拟公司。这种student company每年都会有全球性的比赛,过去几年中国队都做得很好,能进入四强。

对青年人创业来说,无论进入哪个领域,首先要明确自己的人生目标,其次要充分了解自己的长处,最后也是最重要的一点是,一定要热爱自己的事业,愿意为之付出。麦予甫相信,直销业在中国具有很大的发展潜力,青年人进入直销业能够得到很好的发展,但前提条件仍然是前面提到的几点。

很多人都接触过玫琳凯公司的员工,他们都会向你提起玫琳凯公司的企业文化,说公司非常注重员工的家庭,员工的上下班不作严格的时间,甚至让员工顾及自己家里的事情而把工作放在其次。

麦予甫表示,玫琳凯推崇"信念第一、家庭第二、事业第三"的生活优先秩序,我们提倡在工作的同时不要把家庭的重要性忽视,这样才能建立一个和谐的家庭。在玫琳凯,上班不用打卡,员工有一段"灵活时间"可以自由掌控,如果你因为要先送小孩上学再上班的话,可以九点半来上班;或者你也可以早一点上班早一点下班,有时间去接小孩放学。员工可以请假为孩子开家长会而缺席公司的会议,家庭与事业并不冲突,可以和谐发展的文化让玫琳凯的每个人都感觉工作在一个充满爱心的圈子里。当然,家庭第二、事业第三不是说事业不重要,而是先考虑家庭。我相信

第五部分
奥运年里看直销

如果不是用喝咖啡、逛街来浪费时间的话，肯定有时间把家庭和事业安排好。

在玫琳凯，正在推行一套名为"CREAM"的管理体系，Recognition（认可）只是其中的一方面。除此之外还有Communication（沟通）、Education（教育）、Activity（活动）、Motivation（激励）。

玫琳凯的理念，让人感到被重视、"你希望别人怎样对待你，你也要怎样对待别人"、无条件帮助他人……假如你真的让对方感到非常重要，她会很有积极性，她会做得很好。

工作角色的转变与传奇客户服务

麦予甫在进入玫琳凯之前，是负责生产的，面对的基本都是男性员工，而玫琳凯则是以女性为主的。作为一家女性员工为主的企业高级管理人员，麦予甫的心得是，要懂得如何与女性沟通。我在和同事相处中发现，男性更为理性，女性则更感性，即男女之间的差别在于：女性更注重情感需求，男性经常掩盖情感需求；男人之间很多时候存在距离，女人之间需要交往，需要互相的鼓励和认可，所以要沟通，要了解她们认为重要的东西，尊重她们表达自己的方式。为了这些差别，我必须要做的是改变思维，学会从女性角度考虑问题。我自己的家庭生活亦从中受益，我太太对我开玩笑地说，"到了玫琳凯后，你越来越会考虑我的需求了。"以前我都是自己开车门就走，现在我会帮太太开车门。我想，这应该就是玫琳凯"尊重女性"文化对我的改变吧！

值得一提的是，玫琳凯公司荣获了"2006.12-2009.12产品质量国家免检"证书，多次荣获了"全国化工行业经济效益十佳企业"、"中国化工行业500大企业"、"中国轻工业500强企业"等殊荣，还连续三次被《财富（中文）》评为"卓越雇主——中国最适宜工作的10家公司"之一……

玫琳凯在激烈的市场竞争中保持成功的一个重要因素，就是一直倡导一种传奇式客户服务。所谓传奇式客户服务，就是认为客户服务就像一座冰山，技巧在服务中只能占到10%~20%，最重要的是冰山的底部，也就是我们的心智和思维方法。思维的改变，更重要的是心智的改变。因此玫琳凯倡导的"传奇客户服务"着重培养员工四项品格：真爱、尊重、尽责、热忱，从而形成优质客户服务的公司文化。"传奇式客户服务"不是一种方法，是一种理念。玫琳凯的营销是建立在人与人之间的真诚关系上的，良好的营销业绩来源于一种能力，那就是时刻设身处地为客户着想，

媒体眼中的直销

理解并满足客户最大的利益需求。

玫琳凯通过转变思维模式让第三方公司员工理解并认可传奇式客户服务，同样也能使玫琳凯的物流外包商获益匪浅。玫琳凯的员工尝试让她们自己重视形象问题。这些物流公司一线员工发现镜子里的自己气质明显好多了，她们从心底里感受到专业的形象是自己的资产，随之在工作中充满了自信，工作质量和效率明显有了大幅度改善。我们相信"传奇式客户服务"理念将会始终指导我们企业在复杂多变的商业环境下茁壮成长。

发展女性的"美丽多面体"

玫琳凯公司有独特的文化，现在有许多的化妆品公司在销售高档化妆品，玫琳凯也是其中的一个。玫琳凯将企业文化传达给销售人员，并关注销售队伍当中每一个人的成长。

麦予甫强调，我们销售玫琳凯产品，关注的是消费者，我们要指导消费者怎么样使用我们的产品，产品的功效是什么，而且根据消费者皮肤的性质使用不同的产品，告诉她们买玫琳凯产品之前深刻了解到怎样使用产品，通过这种人文式的方式进行传奇式的服务。

与其它企业不同，玫琳凯的大部分员工均为女性，这让尊重女性在企业中显得格外重要，在玫琳凯的美容顾问之间是一种姐妹的感觉。要成为玫琳凯的美容顾问，并不是像外人想象的那样只是单纯去推销产品，而是要不断学习，与大家分享工作经验。麦予甫说，我向她们不断强调的一点是：不要只盯着人家的钱包，要看着对方的脸，让她变得更美丽。

玫琳凯是一个分享和传递美丽的事业，从产品到服务、从外貌到内心、从信心到落实、从事业到家庭，玫琳凯的魅力是多方面的，是一个"美丽多面体"。玫琳凯要让每一个玫琳凯人在任何时候任何场合下看到的和感受到的都是美丽，让每一个玫琳凯人都是这个美丽的缔造者和传播者。多年来公司一直在三方面要求销售人员打造自己，就是品、才、貌，这也是"美丽多面体"在玫琳凯人身上最重要的三个表现。"品"就是指玫琳凯的销售人员要有责任感，必须对玫琳凯的文化和品牌担起责任和义务，"己所不欲，勿施于人"；"才"就是指才能和能力，作为玫琳凯人能影响别人的一个重要因素就是自己的能力，玫琳凯其实是一个很简单的事业，销售人员要具备创造美丽的力量；"貌"就是指一个人的形象，这不仅仅是外表，

第五部分
奥运年里看直销

还有内心也就是个人的内涵,这是通过每个人的行为举止流露出来的,与前面两个因素是密不可分的。

落户中国并长远发展

现在,中国化妆品市场的竞争日趋激烈,消费者的要求也越来越高,他们不仅关心产品的质量,还会在意材料是否环保,外观是否美观,这就要求化妆品企业不断提高质量,缩短产品周期。如果产品周期太长,没有换新的配方、新的包装,销售就会受到影响。

针对中国消费者的特点,玫琳凯在品牌宣传上增加了一定的投入,玫琳凯的持续发展让企业更多地考虑到与自然的和谐。同时,玫琳凯还在不断创新服务方式。玫琳凯推出了网上订货,让销售人员可以时时订货。在美国大概超过85%的订单来自网络,在中国的订单率更高,已经接近100%。可以看到,中国这几年网络的发展是非常快的。

玫琳凯的目标就是希望在中国每一个角落都能够找到玫琳凯产品,每一个时刻都可以为消费者服务,愿景就是"时时处处玫琳凯,让女性更精彩"。

但是,美国直销市场经过多年的长期发展,已逐渐趋于成熟;中国市场正处于成长阶段,而这个成长过程有多长则取决于消费者成熟的速度。中国消费者有很多人分辨不清非法传销和合法直销,所以才受到了伤害。麦予甫认为,中国人多,但交流的速度和范围更快、更广,如果直销企业加大合法直销的宣传,加上传媒支持,相信合法直销会做得很快。"北京奥运来临,玫琳凯人不仅要在七到九月加强规范经营,我们还将自发地、主动地、长期地做好守法和自律的工作,因为我们志在打造行业典范,为中国直销市场的全面提升贡献自己的力量!"

玫琳凯公司1994年进入中国,至今差不多已有14年了。麦予甫回忆,1998年是最让他难以忘记的阶段了。

当时正当麦予甫将办公地点搬到淮海路上的久事复兴大厦,又从各地招来大批新人后不久,政府突然颁布禁令,玫琳凯不得不暂时中断自己的业务。迄今为止,那仍然是他所经历的最大一次考验。当时几乎每一天都有人会来问"接下去该怎么办?"其实他自己当时也不知道怎么办。但仍然尽力地给予每一个人以信心,向员工承诺,公司绝不裁员、绝不减薪;向销售队伍承诺,公司绝不放弃她们中的任何一个。麦予甫坚信,玫琳凯这样优秀的文化,终有一天会被接受。怀着对玫琳凯文

媒体眼中的直销

化的信心，怀着对国家政策法规的尊重，玫琳凯（中国）最终经受住了考验。此后，公司在中国的发展也逐渐步入了正轨。

玫琳凯的发展的确要归功于中国的改革开放。从1998年到现在，玫琳凯（中国）不断壮大，员工人数从最初的几十人不断上升到500余人。与此同时，更有40余万名中国女性因为踏上玫琳凯的事业道路而正在改变或已经改变了自己的人生，这是很值得庆幸的事情。

位于杭州的玫琳凯亚太生产中心，作为一个生产基地来讲，面对的是整个亚太区。当然，亚太区还有很多的发展空间，玫琳凯去年刚开设了印度子公司。从中国来讲，随着人们生活水平不断地提高，消费能力也在不断地提高，麦予甫认为中国的市场会越来越大。

记者的话：女性世界的沟通者

1963年，45岁的玫琳凯·艾施女士由于在职业生涯中受到了性别歧视，隐退后以自己的5000美元积蓄创办了玫琳凯公司。

而麦予甫，则由于当初不忍心亲手将上海一家公司朝夕相处的员工裁掉，于是毅然选择了自己离去，后来机缘巧合碰到了时任玫琳凯中国区总裁的老熟人蔡庆国。彻底被玫琳凯的文化吸引住了的麦予甫，到美国总部见了公司的高管后毅然决定加入玫琳凯。

一个学化工的七尺男儿，领导着一个以女性为主的公司，为着"丰富女性人生"而努力。他用"乐施精神"引导千千万万中国女性因为踏上玫琳凯的事业道路而正在改变或已经改变了自己的人生，的确不是一件易事。

女人和男人本来是属于一个世界的两种人，两者的思维方式和工作方法都会有很大的差别。要熟悉女人，了解女人，然后帮助女人，可以想见当时32岁的麦予甫是个什么样的情形。他向记者回忆说，十几年前他第一次参加玫琳凯公司的销售会议时，他面对全场美容顾问发言，"我是唯一的男性，我记得发言时自己站在台上，手在不停地抖"。麦予甫说那种没办法控制的发抖让自己不能讲话，感觉"真的好辛苦"。现在，十多年过去了，这种情况不复存在了。麦予甫说他现在可以搬把椅子坐在台中央，不用稿子地面对大家讲话。不过，他还是经常被同事们"请"回到讲台后面，"因为同事说我不用稿子发言不好控制时间"。

熟悉麦予甫的人都知道他是个做事比较低调，但他像一个忠于职守的传播者向

第五部分
奥运年里看直销

碰到的每个人传播着玫琳凯的理念,这事却不怎么低调,因为这些理念被麦予甫认为是玫琳凯最大的竞争优势,"好技术、好设备可以买回来,但文化和理念花多少钱也买不到。"

目前正在清华大学读一个短期管理课程的麦予甫每天晚上都要上网工作到很晚。从与五十多位来自金融、地产、零售业的中外企业领导的短暂同窗生活中,他仿佛又找到了重归校园的美妙感觉。"从打高尔夫到教育孩子,大家在一起有讲不完的话。"这一切,他说,都是为了和女性更好地沟通。

现在麦予甫也会经常坐在位于上海恒隆广场宽敞明亮的办公室内,用20年前学会的普通话质朴地道出自己的心声:"假如中国发展得好,我们华侨不管身处何方,都会觉得无比光荣!"

美鑫科技:可疑的直销尾随者

最近,在直销市场上打拼十多年的老张又发现了新大陆,"我发现个可以赚钱的公司,绝对比A公司好,A公司的销售奖金不到10%,而这个公司的销售提成奖是15%;而且产品也是新的,绝对是有市场的产品;再者,A公司有的产品,这个公司同样有,只是名字不同,而实质打开包装都是一样的。"老张很兴奋,终于找到一个公司可以狠狠地卜手了,他所说的公司就是最近被广泛议论的"西安美鑫环保科技有限公司"。

那么,美鑫科技到底是什么背景?它来到直销市场究竟能否适应?美鑫科技能否靠老张所说的创新产品红遍直销市场?带着这些疑问,本刊记者展开了调查。

不懂直销的老板

美鑫科技公司官方网站显示,公司总部位于西安,主要从事研发、转化高科技成果,尤其在全世界面临解决科学饮用水的问题方面取得了重大的突破。主要产品有"美鑫纯能量健康水处理器"、"美鑫π水杯"、"陶国林活氧解毒机"、"眉飞色舞卫生巾"。

而记者调查发现,美鑫科技的总部其实在上海,主要生产各种水处理器和设备,

媒体眼中的直销

前几年一直走传统路线。2008年年初起盘做直销，而实际上所有工作都在西安开展。

去公司考察的经销商老张告诉记者，"美鑫科技产品生产很简单，个体户都可以生产，设备投资不是很复杂，也不是太大。"据他所说，公司准备在2010年上市后才启用上海那边。

公司董事长名叫陶国林，现年32岁。据知情人士介绍，他初中毕业后以150元创业，最早做酒水推销，后来把酒厂给盘下来，再后来跟陈安之学习做会议营销，现在资产上亿元。据称在他那一代也算是个佼佼者，发家之后做美鑫水机大概五年了，或许是会议营销现在不太受欢迎，又或许是见卫生巾直销赚了钱，眼红了，想以一款创新的产品踏踏实实做直销，但他的运作方式始终离不开会议营销的那几套。

"西安是公司董事长陶国林的老家，政府关系存在，他身边的管理层大都是跟随他多年的'老战友'，公司的目的是做大，给人的感觉还是很真诚的。"老张与董事长陶国林也亲自攀谈过，老张问"如果政府干涉怎么办？"陶国林的回答是"那就把企业捐给政府，只要让做就行，反正钱也是赚来的。"老张听了这些心里乐滋滋的，心想这位董事长的心态应该是好的，做直销不是要考察老板的心态吗？这回放心了！

而在各个直销项目中徘徊已久的杜先生，他与老张的观点完全不同。"我考察了一下就没做那个公司，我比大多数人了解得多一点，不去做美鑫科技的理由至少有三个。第一，公司老板不懂什么是直销，那只是个推销酒水发家的年轻人；第二，在北京，他们的某些操作很不规范，他们每个人都说奖金制度很诱人；第三，美鑫科技是上海注册的，而事实上所有的活动都在西安，也就是一个新注册的小公司而已。"

杜先生身在北京，但却对西安的公司进行了全面的了解。他还了解到："陶国林只是找人设计了营销方案和运作计划，产品都是别人代加工而已。而那个营销方案，和A公司非常相似，只要是直销人，参照A公司的制度，太容易了。"如今代加工的工厂多如牛毛，杜先生称如果谁要运作，他手里代加工的资源一大把。"别以为当老板真那么难，只要有钱，一个礼拜就可以把什么都操办好。众所周知，直销几乎不需要多少钱就可以启动，而陶国林当年，推销酒水大概赚了100多万吧，因此，这对他来说易如反掌。"

没有脱离会议营销

前几年的会议营销让众多保健品企业享受了收获的喜悦，比如中脉、珍奥，但后来因会议营销发展到了销售伪劣产品的地步，珍奥虽然改为了直销经营，但也因

第五部分
奥运年里看直销

不诚信被吊销了直销牌照。陶国林在那几年里也赚足了腰包，现在，尽管奖金制度是直销制度，但习惯了会议营销而从未做过直销的陶国林很难脱离原有的操作方式。

陶国林终于坐不住了。据知情的经销商透露，当年陶国林也买来了卫生巾的技术，原料没有用在卫生巾上。记者通过中华人民共和国国家知识产权网站查找到，陶国林确实申请了一款专利号为200720031886.1的卫生巾及护垫，申请日为2007.05.29，授权日为2008.03.12。而2007年正是卫生巾卖得最火的一年，可见陶国林早就想下手卫生巾，但2008年才得到授权。

"把那种水刺无纺负离子布都做出口了，见A公司用在卫生巾上很不错，自己就紧跟其后。但现在卫生巾负离子已经不是什么卖点了，大家都知道了。"因此，现在公司不主推卫生巾，而是另一款产品——π水杯，陶国林想要在中国打造π水文化。

公司把π水杯吹得神乎其神，只要按照他们的步骤用π水杯喝水，对很多疾病都用得上，如糖尿病、高血脂、高血粘度、高胆固醇、泌尿系统结石以及疲劳、失眠、便秘、单纯肥胖等等都有一定的保健康复作用。这种"神奇"的水杯每个售价398元。但记者咨询了一位生产水杯的博士，他告诉记者："这种杯子很多地方都在生产，其实只是一个普通的水杯，只是里面加了一点特殊成分，并没有他们讲的那么神奇，也不值那个价，外面十几元钱就能买到。"

经销商在推销水杯的过程中称，π水杯申请专利号为200720126295.2，但记者并没有查到π水杯的专利号。

每次招商会上，陶国林都要亲自出场去给他们讲产品，讲成功之道。以自己的成功经历来激励所有听课者。在一次直销峰会上，陶国林讲到自己的经历：

7年前我创业的时候，手里只有200元钱，我买了一张火车票31元，下火车吃了顿晚餐，买了瓶啤酒，还剩下150元。当时在陕北没有钱，我只能回老家，但是我又想：这样不行，回去怎么面对父老乡亲呢？当时就只有一个念头——创业。

毛泽东的一句诗改变了我，"陕北是个好地方，陕北有两点，一是落脚点，二是出发点。"当时被国民党打成那样，只有几百人，他都没有放弃他的目标和使命，他说"我今天在这里落脚，总有一天我要出发"。我想到他这句诗，我也想到先在这里落脚，随时准备出发。毛泽东是13年以后从陕北出发的，而我不能用13年，因为他们那时候没有汽车，没有飞机，速度慢，而我现在要速度快一点，我当时设定了三年的目标，三年以后我要带100万从延安离开。

媒体眼中的直销

但只用了一年,我就有了150万,我到陕北去的时候,一个人都不认识,你们现在最起码人脉关系比我多一点,资金也比我多一点,学历比我高。我当时既没有钱,又不认识人,我初二只上了一个学期,家里是农民。当时去延安的时候是2001年,我才25岁,我看到很多老板都是30岁以上的,我当时都害怕别人笑话我,在三年以后要赚到100万,当时又没有钱,没有资本。但我打破了陕北所有卖酒的经理人的记录,一年赚70万,一年以后我有了自己的酒厂,也把150元钱变成了150万,当时一箱酒赚2块钱,我当时都不知道怎么卖,我想找最好的老师来教我,然后我就问单位所有的人,他们介绍张军,我就找到这个张军,请他喝酒吃饭、聊天,然后一个门市一个门市的走,我说你不累吗?一个业务员花了两个小时卖了两瓶酒,然后不到一个小时就卖出去了100多箱,原来我才发现,成功就是决不放弃,不达成目标誓不罢休。

然后我就自己卖,出去以后第一个顾客让我花了一个多小时,等他打完麻将,我一次就卖了5箱,我想这么卖酒要卖多久才能卖出100万啊,我就开始请人卖,最后我筛选出16个精英,然后我就成为陕北卖这种酒的第一人,老板这时提拔我当总经理,我说我不能,因为我的老师干的是总经理,是我的老师教会了我,我宁可辞职也不把老师挤下去。到今天我没有一个仇人,我交朋友的原则:只要他不放弃,我永远不会放弃,从我开始创业至今,我在我的团队里,没有放弃过任何人,高级经理以上的人才能听到我的声音,所以你们一定要努力。

以后出去全部都说没干过直销,美鑫从元月1号开始,月收入七万五,太棒了!如果你告诉别人你是第一次做,也是刚开始做就有这个收入,他就会对你刮目相看。未来要做什么样的行业?第一,具备网络化;第二,倍增;第三,可以复制;第四,人性化。保健品那么难卖都能卖出去,而水杯呢,全世界的人都要喝水,有的人不吃保健品,你说一年能卖多少,3年以后美鑫将拥有巨大的财富。

会议营销出生的陶国林演讲确实感人至深。会上,陶国林还要和大家一起跳"眉飞色舞"、带头在玻璃碎片上踩,据称这是强身健体,开发人的潜能,与会者都积极地参加。在陶国林眼里,只要坚持不懈,就一定能成功!

很难吸引大网头

经销商们拿到美鑫科技的 π 水杯,就简单认为凭这款产品一定可以致富。"08年最有卖点和亮点的黑马。第一批卖电脑的人发了;第一批卖手机的人发了;第一批卖保暖内衣的人发了;第一批卖卫生巾的人发了。也许这些你都错过了,这并不

第五部分
奥运年里看直销

重要,重要的是你现在把握住美鑫 π 水杯所带来的巨大的商机就够了,红海中的一片蓝海,会使你很快改变自己的人生。"如此优秀的产品,却未能吸引到直销精英。

一位经销商向记者透露,美鑫科技的高层几乎全都是陶国林以前做会议营销时的团队的人,如副总付占、张弛等,都未曾做过直销。"很难吸引到直销网头,陶国林没有给大网头过多的优惠政策,大部分做美鑫科技的人都是很普通的老百姓,几乎没有做过直销。"老王告诉记者,他觉得公司这样做对经销商很有利,不会有大网头来炒作。

美鑫科技一位经销商介绍,"陶国林既然想做直销,当然离不开要和直销界人物打交道,前几年在生意场上的打拼也积累了一些人脉,包括直销界也有一些关系网。其他直销公司开会,他也会积极参与,他是个很积极上进,很爱学习的人。"尽管这样,但公司至2008年元月起盘以来,发展的人员一直都是普通大众。目前运作的地方主要是北京、东北、河北、河南、四川一些地区,但很多地方的运作很不规范,难免有一些急功近利的人。

一位刚刚辞职的直销界职业经理人告诉记者,"近段时间美鑫科技有人找过我,但我没有去,因为我不愿意拿我自己的人品去换钱。那些让我去运作的人都是以前炒作失败的,他们都是短期炒作。做直销和做传统是一样的,不可能一天就让你赚一个亿,得一步一步脚踏实地。"

据业内人士透露,最近用水杯做直销的不仅美鑫科技一家公司,还有"明大科技"、"天药科技"等公司也在利用水杯做直销,但目前看来,做得都不怎么样。

值得注意的是,产品创新固然是好事,但直销市场也不是单单只靠一款产品,随便弄来一个制度就能做大的,更多的在于一个企业的文化、员工的素质等等。

中山理科的直销黄昏

中山理科,一家有着16年发展历史的保健品生产企业,当年曾有"北天狮,南理科"的辉煌。而如今,经历过涉销、改制等的种种挫折后,渐渐被人们淡忘。虽然如今又一个总经理离它而去,但经历了从兴盛到衰落的中山理科,至今仍然没有放弃对直销的梦想。

媒体眼中的直销

频遭低谷

1998年4月21日,国务院发布了《关于全面禁止传销经营活动的通知》,规定"一律立即停止传销经营活动"。由于之前曾采用了传销模式,中山理科被迫停止了经营,调整领导班子和营销方式,重新走上了传统销售的老路。马建彬就是在这个时候来到理科的,然而,他不知道,这仅仅是理科噩梦的开始。

也正是这一年,中央下令,不允许银行金融系统经营商业活动,这给原本由广东省国际信托投资公司投资成立的理科又一次打击,意味着经营机制的再次变革,2000年1月,中山火炬高新技术产业集团公司控股理科。

2000年7月,由于国内市场的封闭政策,发展很不理想,理科的产品开始出口韩国。但情况仍然不尽人意,从一个大企业逐渐沦为年销售额六千万的中小企业。

2004年4月,中山理科完成了改制,成为股份制企业,并采取特许加盟店的经营形式,把"专卖店+个性化的服务"定为长期发展的目标,继续低调经营。

马建彬认为:专卖店可以省去中间批发层次上的费用,产品直接从厂家拿到专卖店销售,相比传统方式经营要节约很多。尽管如此,中山理科也一直没有东山再起,与当年的天狮差距更是一落千丈。

再三改制

连续在理科经营了5年的张先生告诉记者:"直到2006年,理科的专卖店有300多家,主要集中在广东地区,北京、东北、河南等地也有,但比较少,差不多是一个地区只有一家店。"但在当时还算有了起色。

2005年12月1日,《直销管理条例》开始实施,意味着从这一天开始,中国政府开始接受相关企业申请直销牌照。

2007年1月4日,随着各大企业申牌、获牌的枪声响起,酝酿已久的理科也向国家商务部提交了相关材料,申请直销经营许可。

但申牌至今也未闻喜讯,据理科广东地区的经销商老樊介绍,"有些业务员报单后,一两年都从来不消费,占着位置而毫无意义;制度也不受欢迎,上面的人老拿钱,下面的人收获很少。"尽管实行"专卖店+个性化的服务"要比传统的好,但市场一直没有拓展,这么多年来,店铺的数量不见增加。

2007年底,为保障开设专卖店经营者的利益,同时也为增强市场的拓展能力及

第五部分
奥运年里看直销

公司品牌形象，理科公司再次做出调整：从2008年1月1日起，即2008年01期报单开始，新开设专卖店必须按规范及标准执行，开设专卖店首次购货最低需达3万元以上，否则公司不予受理。对没有实际开设专卖店的给予取消专卖店经营资格，一律不给予专卖店店费（点费）补贴。

　　张先生告诉记者："新的制度把以前不动的业务员（即一年内没有消费的业务员）都撤销了，团队进行了整合，这样就比较公平。"记者追问奖金是不是有所提高时，他精神地回答："奖金不是有所提高的问题，而是根本的提高。"张先生以前也做过几家公司，到头来还是选择了理科，但选择理科并不是因为奖金的问题，而是因为他自己开了个诊所，做理科有很多好处：一是方便给病人拿货；二是自己的诊所也可以开店，方便报单，赚点外快；三是开店便于掌握自己的团队，还有7.8%的店补。

　　通过这接二连三的改制，不难看出，理科公司一直在关注市场，始终想要拓展市场。提高奖金制度、取消不作为店主，都是为了招兵买马，提高市场份额。当然，最终目的还是想得到政府的认可，给公司一个发展的空间。

经理人离开

　　张先生觉得自己做理科还比较开心，但不知怎么，很少有新人报单。"到目前为止，市场也仅仅是在广东、广西、湖南专卖店比较多，而其他地方也只有一两家，甚至一家都没有。"张先生回忆起当年的理科仍记忆犹新，"在1998年之前，理科的名气还是颇大的，当时就有'北天狮，南理科'之说，因为当年理科销量是很大的，和其他公司比较，当时安利、完美也刚刚开始进入轨道，只可惜经历了1998年的'一刀切'之后就再也没有东山再起过。最近公司不是改制了吗？我在网上发了很多招商信息，但找我的人都很少，有的打来电话也只是问问，之后就没有下文了。"张先生很懊恼。

　　最让张先生想不通的是，最近听说公司总经理马建彬也离开了，具体是什么原因他还不清楚，准备在本月的培训会上去了解个究竟。张先生感叹到："像副总刘石生、市场总监时东辉、培训总监鲜胜等这些公司领导以前都是很出名的，但这几年也没有什么名气了，也许领导低调，不喜欢出名吧！"他觉得公司不应该发展成今天这样，"公司规模虽然不算大，但是在行业（冬虫夏草研究领域）里还算是大哥吧。"他向记者表示，他还是会一直做下去，结合自己的诊所好好经营。

　　记者随后拨通了理科公司销售部经理葛菲小姐的电话，她向记者确认公司原总

媒体眼中的直销

经理马建彬先生已经离开公司了,其他的不便透露。

试想,在一个企业最低谷的时候进入,伴随走过了十几年的风风雨雨,而在离开的时候,却不是最困难之时,有人怀疑:难道他对这个企业绝望了吗?虽然我们无法联系到马建彬本人,也不管他是什么原因离开,我们都希望行业内正规企业能蓬勃发展,过分低调和闭关自锁都不是解救的办法,谜底最终会被揭穿。

E科士威的中国曲线

在国内互联网上异常活跃的E科士威,在中国内地其实没有任何的实体。记者得知7月初国内有部分经销商前往马来西亚科士威公司总部参观,于是委托一位受邀的重庆籍E科士威经销商晋女士,请她代记者向公司总部具体了解一下E科士威的中国内地市场的打算。7月28日,从马来西亚归来的晋女士接受了记者的采访。

对于这次马来西亚之行,晋女士还是很满意。虽然没有安排专门的接待,但经销商可以在公司任意参观,与部门负责人会面。由于一直和总公司联系,经销商也在销售部这样常打交道的部门有了未谋面的老熟人。"有次我的货出了问题,销售部的李先生一直和我联系,帮了不少忙,这次来总公司能当面向他表示感谢很高兴了。"晋女士指着电脑里一张合影笑着对记者说。

晋女士告诉记者,对于E科士威准备何时进入中国内地市场,E科士威公司给出了一个比较明确的概念。公司认为,在多层次直销没有合法化之前,E科士威不会进入中国内地。虽然公司总部给了一个非常清晰的回答,但是这一答案却无法勾勒出一个具体的进入时间表。一方面是多层次直销出台时间表的不可预知,一方面是E科士威不愿意为了中国市场而改变自己的运作模式。相对于其他外资直销企业的委曲求全,E科士威的不妥协让人感觉公司将继续执行其目前的发展策略。

对于在未正式进入中国内地市场前,E科士威如何来保证中国经销商的利益?总部给的回答则十分模糊:"公司会尽一切努力保护经销商利益"。

在E科士威的全球市场中,中国是个特例。在其他地区,E科士威进入的顺序都是先设分公司,然后是店铺加网络的模式并进。而在中国,则实行的是电子商务

第五部分
奥运年里看直销

模式+直销。E科士威对扎根亚洲的品牌战略执行得很坚决,从临近的菲律宾、新加坡、中国台湾,到今年上半年启动的印度和计划下半年开启的韩国市场,E科士威已经对中国内地市场形成了合围之势,等的只是那一缕东风。

虽然总部声称自己的不进入,其实才是真正的保护中国内地经销商的合法利益,但对于越来越壮大的E科士威经销商队伍而言,也许遥遥无期的名正言顺不如实实在在地看到公司身影来得踏实,毕竟万一出了什么问题,远在异国的总部总是鞭长莫及。

不过,记者了解到,E科士威总部确实也在为规避可能的风险做出努力。近日唯一在中国注册的香港分公司将网站中关于奖励制度这样涉及直销模式的网页删除了,只保留了产品目录和注册申请的部分,为中国内地市场穿戴好纯粹电子商务的外衣提供了依据,不过记者也发现,经销商仍可以在马来西亚总部的网页上看到计酬奖励的内容。

不过,E科士威在中国内地市场的发展中一直没有出什么大的纰漏,这也与公司实行的策略有很大关系。在国内所有经销商都直接与马来西亚总部联系,总部提供免费电话服务,产品、定单的问题与销售部联系,奖金之类的问题与客服部联系。

晋女士告诉记者,在E科士威总部,销售和客服部门的工作人员至少要会3种语言:马来语、英语和中文。工作人员如果要做到比较高的职务,必须掌握的语言就更多。这样国内经销商在与总部沟通时就没有语言障碍。

在奖金发放上,世界各地的E科士威经销商都是由总部统一核算发放。而公司故意模糊等级概念,再大的团队领导不管为公司创造多大的利润,也没有额外的奖励和头衔。由于采取垂直管理和取消等级制度,也就很大程度上避免了包括产品质量、运输和奖金等问题,使经销商有一个比较平和的心态。

厦门金日转型直销

对中国许多消费者而言,金日的品牌并不陌生。"金日在手中,万事好成功"的企业品牌宣传口号,在十多年前就已是家喻户晓。

● 媒体眼中的直销

香港金日投资集团是一家集制药、医疗、金融、贸易、房地产为一体的多元化集团公司。保健品业和药业是金日集团的支柱产业之一，金日集团在中国的保健品龙头企业金日制药（中国）有限公司，拥有120000余平方米的国际化生产基地，投资总额达10多个亿，已成为福建省最具规模的现代化药品及保健品生产企业之一，也是中国保健品行业的标杆企业。公司生产的西洋参系列保健品的销量在国内处于市场领先地位，素有"西洋参"之王的称誉。

因近年传统超市销售渠道费用高涨，金日原有的销售模式难以满足业务的高速发展，看好直销前景的金日集团总裁李冠华先生，2007年便开始着手筹备直销团队，并于2011年正式组建。2011年7月，金日制药（中国）有限公司获得了国家商务部颁发的"直销经营许可证"，成为福建省首家获牌的直销企业。

产品导向：要做就做一等品

作为一家经30多年市场检验的传统实力名企，转战直销的金日公司始终把优质的产品放在第一位，这也是金日做为直销企业的核心竞争力之一，更是金日公司成功转型的关键。金日直销希望透过会员的重复消费，将金日各类产品源源不断的推向消费者，让他们感受到金日产品的价值所在，这样才能体现金日直销的差异化。

"产品导向是直销企业的长远之道、生存之道"，在开办企业最初阶段，金日集团董事长李仲树先生就从源头把好关，坚持从美国威斯康辛州及加拿大进口西洋参，以确保材料的质量，后来随着销量增大，金日就在美国威斯康辛州及加拿大设立了种植基地，以确保金日洋参的纯正品质。

"没有二等品和三等品，要做就做一等品"，如果说坚持选购优质的材料，体现的是一个商人的职业道德，那么用先进的生产工艺深度加工产品，确保原料转化为产品后的功效最大化，体现的则是一个企业家信念和社会责任。李仲树先生时常告诫生产经营一线的员工，保健品和医药产品的质量不能有半点粗心，合格的产品才能出售，不合格的就要立即销毁，决不能对所谓的次等品存在侥幸心理。

30多年来，金日一直奉行品质为本的生存之道，2000年通过了GMP认证，GMP认证是当前发达国家药品生产推行的统一标准，"金日"是中国首批自觉执行国际GMP标准管理的企业，也是福建省第一家全厂通过GMP认证的企业，目前拥有胶囊剂、片剂、口服液、冲剂、膏剂、凝胶剂、膜剂等12条GMP标准的生产线。坚持以制药的标准来生产保健品,是金日集团赢得声誉的原因所在。

规范运作:做百年金日、永恒金日

根据市场变化和行业特点,金日集团制定并坚决执行符合直销行业的基本原则,坚持规范运作,是创民族直销企业标杆,做百年金日、永恒金日的基本保证。

2013年7月,由金日集团主办的"新起点·新跨越·新辉煌"民族直销产业与文化创新高峰论坛隆重举行,通过剖析中国传统文化、畅谈经济走势、纵论民族产业的发展之道、分析市场现状与趋势,从而为民族直销产业的持续发展找到正确之路。

金日制药有限公司副总经理刘卫华携金日全球招商总监,与现场1000位精英们庄严宣誓,坚决贯彻执行金日公司新推出的经销商十五项警示条例,标志着金日公司在市场专业化、系统化、规范化管理方面,又上升到一个新的高度。这是金日公司对"金日传销风波"的有力回击,更是不断传播正能量、提升行业正面形象的延续。

2013年,金日事业也取得突破性进展,河南、重庆、江苏、山东、浙江、辽宁等地分公司相继成立;市场管理更加专业;服务更贴心;更懂得开放、分享、创新、责任;具有全球化的市场新观念正在深入金日人的心中。

清泉源科技:"创新是一个民族进步的灵魂"

记者:钟辉先生,您好!十分抱歉,占用了您的宝贵时间。

钟辉:谢谢你们的到访。说到底,直销企业和直销媒体是一家人。尤其是中国目前的直销产业环境极其疲软,更需要彼此携手,共同推动中国直销产业的健康发展。

记者:对话高端是《直销》杂志今年改版后推出的一档重磅栏目,将重点对话直销企业即将或者新近推出的、对产业发展和社会进步有一定积极影响的新战略、新举措,话题将在一个相对宏观的层面全方位展开,全力推广直销产业的战略创新。作为本栏的第一位嘉宾,您能谈谈对我们这个栏目的看法吗?

钟辉:作为直销产业的门户媒体,《直销》杂志我们一直比较关注。几年来,也为直销产业的发展做出了一定的贡献。对"对话高端"的栏目创设动机和我有幸

媒体眼中的直销

成为此栏目的第一位嘉宾，我既感到荣幸又觉得惭愧。荣幸的是，通过此栏目可以看出《直销》杂志的一班人是一班真正的直销事业人，对推进中国的经济文明有着强烈的责任感和使命感；惭愧的是，清泉源刚刚起步，我也刚刚来清泉源不久，还没有做出什么能与大家分享的成就，所以对你们的到访也非常抱歉！

记者：作为原121系统的创始人，应该说你对中国的直销产业的发展进程了如指掌，请问，你对中国直销产业的现状怎么看？奥运会对直销产业究竟有没有影响？

钟辉：目前中国的直销产业环境，就我个人的感觉是处在一个重新定位的时期。其突出的表现在两个方面——其一是政府的重新定位。大家通过两个条例的修订不难看出国家对直销产业由模糊到清晰、由排斥到疏导的政策走向。其二是走向企业的重新定位。大家都知道，直销作为一种新的营销模式，虽然与中国亲情裙带十分契合，但是，其多层次的利益分配方式与中国绵延千年的传统文化并不融洽，所以其在中国的发展可谓跌宕起伏。行业在痛定思痛后，开始了多元化的选择。一是规避，也就是采取种种形式和方法在表面上做一些调整，而实质上依然沿用不被国家和国民接受的老套路在运作，所谓的换汤不换药吧。二是变通，也就是向传统营销模式靠近，或者说是中和，在这个过程中，许多企业已经离直销的概念很远了，有的甚至已干脆转型了。三是创新，就是将直销模式的精髓与中国的国情、民意相结合，开辟具有中国特色的直销经济营销通路。

关于奥运会对中国直销产业的影响，我认为是积极的。因为奥运不仅仅是世界人民的体育盛会，也是让世界走向中国、让中国走向世界的盛会，它首先在观念上会对国人有一定的冲击，这种观念自然也包括直销价值观；因为直销是世界共有的一种经济文明成果。当然，奥运会期间，国家实行适度从紧的监管措施也是可以理解的。这就要求我们要以大局为重，积极配合这一国际盛会的举行。

记者：清泉源科技作为直销产业里的一个内资新锐，成立时间并不长，其实力也无法与已经成型的国际品牌相提并论，你作为一个优秀的系统领袖，最初选择它的理由是什么？

钟辉：原因很简单：因为清泉源董事长胡石英是一个很特别的人，他不是站在商人的角度利用直销，而是站在民族经济发展的高度看待直销的。他有三个与众不同的直销观点：一是充分利用直销精髓为中国经济服务，打造直销产业的民族品牌；二是着眼于中国民生，为社会提供广泛的就业机会；三是传播养生文化，提升国民生命指数。可以说，这些缘于胡石英同志的政治觉悟与思想对我具有强大的吸引力，

第五部分
奥运年里看直销

因为通过这么多年来的人生奋斗和市场打拼，人到中年，我对人生与事业也有了新的思考。清泉源——顾名思义，清澈，清沌，透明也。这不仅是经营理念的扬弃，更是文化观点的回归。正所谓"官人守数，君子养源。源清则流清，源浊则流浊。"

我们中国有句俗话：物以类聚、人以群分。一个人选择跟谁走绝对不是偶然的，联合品牌战略营销的出台就是基于胡石英董事长一贯的爱国思想和清泉源这班志趣相同的中国人。

记者：这就是说，清泉源联合品牌营销战略其实就是胡石英爱国思想的具体化？

钟辉：可以这样理解。不过，这只是胡石英同志思想的部分体现。作为名门之后，除了清泉源，他还担当着许多其他的重要工作。

记者：3月27日，清泉源科技与北京东方协和的签约意味着什么？

钟辉：所谓联合品牌营销战略，就是联合优秀的企业产品、联合先进的经营方式、联合广大的社会消费大众、联合有志于就业和创业的人力资源，整合利用各种社会资源建立一个稳定高效的市场通路品牌。北京东方协和作为一家具有雄厚实力的医药科技企业，它不仅具有强大的研发能力，更具有严谨的国家级检测手段。与北京东方协和的联合，可以说是为清泉源搭起了一个理性发展的框架，是清泉源准备期内的阶段性成果，它就像一个铁面无私的过滤器，它为我们目前和今后所有的产品严格把关。而且这种第三方性质的检测模式更能显示出它的权威与公正。

记者：您前面提到了"四个联合"，其先进性体现在哪里呢？

钟辉：当前，尤其是国内，同质化的市场竞争都已是"刺刀见红"，不仅极大地影响了经济社会的发展，也影响了和谐社会的构建。站在国家与民族的立场，就必须停止这种无序的"红海"竞争，停止那种试图击败竞争者的做法。这并不是时下人们津津乐道的"蓝海"战略，因为"蓝海"也是竞争的海洋。我们的联合品牌战略营销是在竞争中创造"蓝海"，在联合中形成"不战而胜"的"王道"。就像林肯说的那样，消灭敌人最好的办法就是把竞争对手变成自己的朋友。联合品牌营销战略并不必然存在于一片没有竞争的沃土，只是我们不断地与竞争对手合作乃至共存，不断地为自己造就了一片又一片的"蓝海"。这就是清泉源联合品牌战略营销的先进性。

记者：实践联合品牌战略营销的过程中，具体要做哪些方面的事情呢？

钟辉：我们要完成的工作包括三个方面：全面建设清泉源市场系统、营销系统、

媒体眼中的直销

消费系统。

记者： 请问，这三方面的实践进程如何？有哪些方面需要完善？

钟辉： 按照稳健发展的原则，我们的各项战略正在有条不紊地展开。目前，清泉源的准店计划已经全面铺开。准店是我们针对传统店面而命名的另一种意义上的实体店。因为在当代中国的大中城市，物价的持续上涨抬高了铺面价位。开一家传统意义上的店，少则数万元，多者十多万上百万，运行费用同样水涨船高。你在没有充分经营准备的情况下，冒然投资，而市场反应又不乐观之时，损失就会十分惨重，我就亲自见到某直销企业在湖北黄石的一家实体店最后的惨淡结局。我这样说，并不是诋毁传统店经营模式，而是我们从中吸取了教训，可以先让经销商在简单装饰过的商住楼开准店，锻炼和培养自己的市场能力，时机成熟后再扩大经营；因为我们不是制造难民富裕自己的企业，所以清泉源特别制定了这个降低经销商经营风险的"准店计划"。

清泉源将始终遵循——循序渐进的经营方针，大约在6到8月份推出我们的健康会所。同时在有会所的地方成立分支机构，进行协调与配套服务。虽然我们有自己的研发基地做生产后盾，但我们的战略是联合，我们将最大限度地将民族的优秀健康品牌凝聚在清泉源的直销通道上，适时推出一批全国健康大卖场。为了最大限度地解除经销商的后顾之忧，我们还将拿出40%至60%的专项资金与经销商捆绑在一起联手运作，逐步打造民族的健康航母。

记者： 从你的这种设想看，清泉源好像还是走向了传统商业的模式？

钟辉： 不完全是，我们的营销通路依然是以直销为核心。而且我们在完成了最初的产业联盟之后，我们还会建立我们庞大的消费联盟。到时候，我们这个联盟所获得的利益就绝对不仅仅是直销产品的所得利益了。

记者： 作为一个现代企业，清泉源科技一直倡导"以史为根、以人为本、以德为先、以仁为魂"的民族文化；请问，它在清泉源科技的系统建设中和营销实践中，怎样具体体现？

钟辉： 这个问题说到底即是联合品牌战略营销的出发点，也是我们公司文化建设的核心。清泉源公司将始终秉承"社会利益高于企业利益"的原则，坚持"取之社会，用之社会"的原则，致力成为中国文化的传播者和和谐社会的践行者。"居善地，心善渊，与善仁，言善信，政善治，事善能，动善时。"清泉源公司将每年按一定的比例，拿出部分销售收入，用于社会公益事业，同时积极组织和参加旨在振兴中

第五部分
奥运年里看直销

华民族传统思想和道德的各项文化活动，将健康产品的直销过程与民族优秀文化的传播有机地统一在一起。

记者：民族文化作为清泉源科技的企业灵魂，它在联合品牌战略营销中，怎样看待品牌之间的文化认同？

钟辉：对于这个问题，我们在战略策划的初期曾有过争议。强调文化的认同，似乎是理所当然地选择。是的，我们坚守祖国优秀文化，但是我们也期待与其他先进文化的携手，包括外来文化。因为任何一种文化都是在发展中不断进步与完善的。

记者：另外，我们想知道，你个人对目前国家的直销监管条例什么看法？

钟辉：国家的监管条例我非常理解和拥护。当然，我也相信政府经过几年社会观察也更加深入地研究了直销在现实中的问题。也正在积极地制定符合中国特色的直销法规，我们将会成为新法规的践行者和受益者。

记者：最后请问，你对目前自己的工作怎么看？对清泉源有怎样的愿景？对个人又有怎样的规划？

钟辉：目前虽然刚刚建构一个框架，但趋势还是令人振奋的。胡石英董事长也是满意的！

清泉源有怎样的愿景？我觉得其一是顺应政策导向、社会潮流和民意诉求，整合各种文明成果，结合具体国情民意，及早建立具有中国特色的人性化和规范化的联合品牌营销战略的市场运作模式。其二是依据优秀的民族文化资源和道德传统，大力塑造符合社会进步要求的企业文化、价值体系，道德规范和团队精神。为改变社会风尚，促进和谐社会建设尽自己微薄的力量。其三是壮大联合品牌和营销通路，为中国健康产业发展提供一条可借鉴的发展模式。其四是坚持自主创新和科学创新，每年拨出当年营业额的5%用于科研投入，全力打造能够参与国际循环的核心技术和产品，并以此为基础，建立完整的产业集群和享誉海内海外的民族健康品牌。

记者：感谢清泉源，感谢联合品牌战略营销方案，更感谢你对中国直销产业的深谋远虑，为中国的直销经济带来了新的途径。我们期待着清泉源捷报频传！

钟辉：谢谢！

记者：谢谢！

● 媒体眼中的直销

原材料上涨，多家直销企业涨价

原材料价格上扬的连锁反应，时下已经充分体现在了直销行业。从今年7月1日安利健康产品的调价开始，短短几个月间，直销行业内就掀起了涨价的风潮。10月1日，继安利、玫琳凯之后，完美（中国）日用品公司也宣布上调旗下健康保健产品的售价，不过该公司新闻发言人张旭辉在接受记者采访时表示，企业不会对产品价格进行连续性调整。

直销产品频频涨价

直销行业的这次调价风潮基本始于本年度的7月份。7月1日，直销巨头安利宣布即日起，该旗下健康产品"纽崔莱"开始调价，平均涨幅约为5.5%。紧接着，玫琳凯（中国）化妆品有限公司又传出该公司相当一部分产品从8月1日起调整销售价格的消息。据记者了解，玫琳凯旗下的彩妆系列、幻时VC单品以及2008年新上市的产品不在此次调价范围内，除此以外的基础护肤、保养系列产品等等，从当日起都有了不同幅度的价格调整，涨幅最低的为3%，最高的则达到15%。

而到了10月份，直销行业的涨价风也没有停歇。在健康产品提价3个月之后，安利又宣布从10月1日起，雅姿美容化妆品品牌、个人护理品及家居护理品也平均提价6%；同一天，另一家直销企业完美（中国）旗下的健康食品售价也作出了调整，上调幅度为5%~10%，大部分健康食品价格都上涨了10元以上。其中，涨幅最低的是完美芦荟矿物晶AMP，从之前的176元上调到185元，涨幅为5.11%；涨幅最高的是完美高纤乐，价格从原来的141元调整到155元，涨幅为10%。

调价主因：原材料上涨压力

记者从各家给出的解释来分析，直销行业做出频频调价的举动也并不是行业间的简单跟风，主要原因是原材料成本的不断上升对企业经营构成了压力。在提价消息公布时，玫琳凯公司相关人士在接受记者采访时就曾确认，调价的原因主要是原材料成本的上升。而日前完美公司发言人张旭辉也对记者表示，石油价格长期上涨的因素，在各种原材料价格中发生了连锁反应。此前，完美的产品价格已经很多年没有发生过变动，但近几年来，物价水平每年都在上扬，企业确实在维护价格稳定方面已尽力，只是现在成本的压力太大了。

事实上，在传统渠道销售的日用化学品和健康食品，较直销行业更早、更多地进行了提价。原材料成本上升的压力是普遍存在的，直销行业并不可能因为其销售渠道的特殊性而规避这一问题。而和走传统渠道的企业不同的是，能否妥善应对产品提价后可能出现的销售量下降等问题，不仅仅关系到直销企业自身的经营水平，对其广大的营销人员也构成直接的影响。为此，直销企业的每一次调价举措要慎之又慎，做多方的考虑。

张旭辉告诉记者，此次完美产品的提价，是基于公司运营成本、经营模式作出的一个商业决定。既然是商业决定，一定是考虑到了消费者的购买行为。从企业的角度看，一般不会进行连续性的多次调整，将提价安排得过于紧密。不过，他同时表示，这并不是承诺"完美不会对旗下的美容护肤品和家居日用品提价。"

而在安利（中国）副总裁陈朝龙看来，规避提价带来的负面效应，更重要在于进行品牌建设，提高产品的社会美誉度和知名度，降低价格对消费行为的直接影响力。陈朝龙在日前出席安利独家冠名赞助英国伯明翰皇家芭蕾舞团首次来华巡演的发布会后接受了记者采访。其表示，安利7月和10月两项产品的涨幅，相对于过去几年物价上升的水平还是温和的。而通过长期的品牌建设，安利旗下产品的市场知名度和品牌形象已经形成，其涨价事宜也可以被消费者接受。这一论断来自于安利今年前8个月销售数据的支持。据介绍，期间安利在中国区的业绩取得了30%以上的增长。陈朝龙表示，安利还将持续加强对品牌的投资，以提升健康营养产品和化妆品的知名度，进一步带动消费势头。

天狮国际年会首次在国内召开

2008年9月25日，2008天狮全球表彰大会在正在兴建中的天狮国际健康产业园召开，天狮集团总部的高层领导与管理人员、各区域高层领导、政府贵宾、天狮集团战略合作伙伴及来自全球的不同肤色、不同国籍、不同民族的近2万名营销精英，共同见证了天狮集团隆重热烈的辉煌盛典。

晚6点，晚会在气势恢宏的旗舞表演下拉开帷幕，190个国家的国旗高高飘扬，

● 媒体眼中的直销

迎风跃动，晚会由央视著名主持人王小丫、朱军主持。据了解，这是天狮集团成立以来，首度在集团总部举办的国际年会。

在李金元发言环节，他首先对与会贵宾和来自五大洲的天狮伙伴们表示了衷心的欢迎与问候。他与大家共同回顾了天狮13年来所取得的辉煌，同时展望未来的宏伟蓝图和发展方向，激励全球的天狮人共同成长，早日实现共同的梦想，令与会者激情澎湃，豪情满怀。

晚会除了天狮集团邀请的著名歌星与全球各地经销商代表的精彩表演让现场人员激情澎湃外，最令现场激动的还属天狮总裁李金元为全球优秀经销商颁发宝马、别墅、飞机、游艇等大奖，现场在李金元总裁的一次次颁奖中推向高潮。获奖的全球的优秀经销商也收获了自己一年来努力的结果，台上的英雄泪光盈盈，感慨万千，他们与大家分享了曾经的苦楚和现在的喜悦。

为表彰优秀市场精英，此次会议除了要给予他们重奖，还安排了一项特殊荣誉授予他们，就是在产业园代表建筑上留下他们的手迹和签名，以永远记载他们对企业做出的贡献，记载他们的丰功伟绩！

最后，晚会在大歌舞《相约天狮》悠扬的乐曲声中步入尾声，在闪烁的灯光中会议再次走向了最高潮，变成一片欢乐的海洋，全球天狮人一起欢呼，庆祝这个快乐的、富有意义的时光。

直销向左，传销向右

随着国家六部委对传销的打击力度逐渐加大，传销和非法传销等一些行径离人们的生活越来越远了，这是好事。也随着直销企业更多的去自律、更多的去做行业形象方面的事情，对中国直销行业环境而言是利好的消息，能进一步改善人们对整个行为的看法，这也是好事。现在的市场现象是：直销向左，传销向右，直销和传销真正分道扬镳了！

安利（中国）日用品有限公司总裁黄德荫先生在出席某次公众形象提升论坛上的一次演讲尚谈到，对于直销行业来说，行业形象的建立是一个挑战性非常强，难度系数相当高的工作，这其中主要有5个方面的理由：

第五部分
奥运年里看直销

一是由于直销销售方式的个体特点,企业主体的亮相不够,对推销员个人的依赖性过强,人的形象够好、素质够高,行业的形象就好;否则就差。二是因为直销的工作方式灵活、时间自主,投入少、风险小,直销行业往往因为门槛低而从业人员数量多,如果公司的培训和管理跟不上,这些人的素质就很难保证,行业形象的建立也是难上加难。三是在推销的过程中,直销员每天都会遇到很多拒绝和误解,必须不断打气、鼓励,做好心态建设,必须依靠成功榜样的传授和带动,否则就会朝着夸大渲染、制造群体声势,甚至个人崇拜的方向发展,很可能产生一系列问题。四是直销是一个背负历史包袱的行业,立法之前给人们留下了很多先入为主的负面印象,所以在中国建设直销行业的形象,对企业来说是一项很大的挑战,"我们不是从零开始,而是从负数开始,需要付出更多的努力"。五是虽然政府主管部门在打击传销方面做了非常多的工作,但是传销作为一种经济犯罪活动,在一些地区依然存在,并且他们往往打着直销的旗号,或者以资本运作等名义兴风作浪,对于很多消费者来说,有时候依然不能辨别传销与直销的区别,这也是直销行业在现阶段不得不面临的一个现实。

我很赞同黄先生的此种观点,从我们中国直销商业文化研究中心的中心工作来看,就是促进中国直销行业的整体形象的进一步提升,毕竟直销回到了产品销售的原点,真正落到了"冷静期",直销的行业形象是需要企业、媒体、大众、政府共同去解决和促进的一件事情,只有形象得到改善了和被大众更加认可了,企业的市场销售业绩才能真正和它们的品牌形象成正比。这样行业的环境也才会更加清晰纯净了,否则,就永远是在直销传销的浑水里打转,行业得不到长久发展,消费者总是深受其害,这样的结局是我们大家都不愿看到的。

在当下的中国直销市场,有几个信息可以被我们所关注,因为这样的现象才是我们这个行业的生机之所在。一个现象是一些职业经理人和系统团队不再那么频繁地跳槽了——这是一个好现象,他们的稳定有利于公司有利于市场更有利于这个行业,沉下来扎扎实实地做事,大家都欢迎,这个行业也会成长得更快。第二个现象是康力公司通过自己的特有的模式收购、整合了不下十家未拿牌的公司和团队,这也是一个好事情,用康力公司管理者的话来讲就是,他们这些人也是踏实做事的,只是现阶段遇到了一些这样那样的发展问题,我们康力作为孵化器来扶持他们促进其成长,也是公司正常的发展和可以理解的公益。第三个现象是一些企业管理者离职出来创业做直销公司,这也是很好的一种现象,毕竟中国直销如何创新性地发展,如何复合营销、异业联盟式的发展,现在谁都没有一个定论,只有勇于探索勇于实践,

媒体眼中的直销

中国直销才会有真正的希望!

第二十七章 企业营销学案例分析

整合营销的安利思维

美国著名媒体《读者文摘》委托尼尔森媒介研究开展的"读者文摘信誉品牌2008"评选结果已经揭晓,颁奖典礼暨新闻发布会4月24日下午在京举行。在可靠程度、形象可信、品质、价值、了解消费者需要、创新等六大品牌特质方面,安利纽崔莱作为全球营养保健食品的领军品牌,在这项权威评选中再次脱颖而出,获得中国区"维他命/健康补充品类"白金奖。

安利总裁黄德荫在获奖感言中表示,感谢广大消费者的支持和厚爱,安利将珍惜荣誉,再接再厉,继续以卓越的品质和优质的服务,丰富广大消费者健康多彩的生活。按照评选标准,白金奖只颁发给表现极为卓越的品牌,其调查得分至少是同类品牌第二名两倍以上。这是纽崔莱品牌二度蝉联此殊荣,充分印证了纽崔莱品牌本土化的斐然佳绩。

自1998年进入中国市场以来,纽崔莱坚持以卓越质量和优质服务为中国消费者提供更多健康选择,并一直致力于打造健康而富有活力的品牌形象,以提升品牌第一提及率、品牌知名度及喜好度作为品牌建设发展目标。通过连续邀请多名著名运动员出任品牌代言人、不断加大大众媒体传播力度、支持体育事业发展及举办多项群众性健身运动等系统化品牌推广策略,赢得了中国消费者的高度认同和嘉许。截至2007年底,纽崔莱已连续四年成为国内保健品行业内第一提及率领先的品牌,而

媒体眼中的直销

在全国重点城市的知名度也达到了85%。除在中国区获此殊荣外，纽崔莱品牌还同时获得亚洲"维他命/健康补充品类"金奖。这些良好的效果，都得益于安利公司在中国市场上的整合营销思维和方法的成功。

服务消费全面挖掘

安利公司董事长郑李锦芬说过，在中国的这么多年，唯一没有变的就是改变，"这些年来我们一直在调整，一直在改变，来适应中国的国情"。现在，为了中国市场上的消费者，安利又在改变，包括服务思维、产品包装、消费群体等等。

在安利公司官方网站上，记者注意到公司推出了购物有礼积分奖励计划。据介绍，购物有礼积分奖励计划是为安利优惠顾客及营销人员设立的专享会员服务计划，会员可通过个人消费和购买安利产品获得相应积分，并以积分享受不同程度的专属礼品兑换、业务支持及VIP增值服务。"这一举动能很好地促进消费者和直销人员不断消费，会员制的模式在直销公司安利身上也能很好地被运用。"

同时，为了全面挖掘消费需求，安利公司对纽崔莱蛋白质粉进行独立包装，现今全新上市了，以"宣传随时随地活力传递"。《当代直销》记者也在安利工厂产品展示柜里看到了这款产品。按照该产品的宣传和介绍资料，独立包装采用多层复合袋，密封效果好，有效保持产品质量。一包一杯，食用方便省心，可随身携带，方便出差、旅行、办公、运动、休闲时食用。"全新增加独立包装，提供品质如一的优质蛋白，可帮助增强免疫力，缓解体力疲劳"，通过便捷的服务能让产品销售迅速增长。

安利大中华及东南亚地区首席市场执行官颜志荣告诉《当代直销》记者，关于产品的营销策略，安利是以消费者为主的。安利的产品比如在包装上是要看是否适合消费者的需求的，仅这一项工作要做很多的研究。研发人员只有知道了消费者的需要，安利公司才可以研究并生产出他们喜欢的包装。"当初有人说天天出差，觉得携带整瓶的产品很不方便，那么我们就及时组织了人力研究，去做深入的调查看怎样解决这个问题。"当前在安利中国的营业额中，有60%的业绩来自于营养保健食品品牌纽崔莱的贡献。

同时，维系原有产品的消费者服务，是安利公司的立身之本，因为遵从"二八理论"的原则，80%的产品业绩都是由20%的顾客带来的。安利公司的一项第三方调查数据表明，纽崔莱蛋白粉自1998年底推出到今天为止，产品的忠诚度达到了50%，"就

第五部分
奥运年里看直销

一个单品而言,这是很高的了",作为市场总监的颜志荣肯定地说。

据了解,现在安利中国每年的总产出占了安利全球业务的比例大概为30%,公司目前生产的产品全部为国内销售,没有外销的情况。颜志荣介绍说,根据我们的研究,国内整个保健品市场约有400亿~500亿,2010年将发展到800亿,"这个增长是很大的"。此外,使用保健食品的消费者不到50%,大约在45%~48%,另外的50%的人是没有吃营养补充食品的。纽崔莱占有率是16%~20%,纽崔莱是保健食品市场最大的。"我们不怕竞争对手,他们进入这个领域不会对我们不好,他们会宣传保健品的好处,给我们一个很好的发展机会。"所以,我们也会做更多的教育工作。在营养补充食品的宣传方面,是有法律法规要求的,不可以乱宣传。我们会举办不同的讲座,让更多的人了解保健食品的重要性;我们也会召开研讨会等来推广。当然,对直销行业来讲,从营销人员宣传来讲,我认为一点非常重要,就是要给他们合适、正确、健康的影视DVD、宣传材料,这样出去宣传时才比较准确。

围绕刘翔深度开发

2008年是中国的奥运年,安利公司对运动一直以来都特别关注。他们现在的"冠军之队"全部都是全球体育代言人,刘翔、鲍威尔、查理德兹、"小罗"等他们都是来自于中国和世界其他国家。安利用这个方式营销后,安利总部在其他国家也开始寻找代言人。

颜志荣在广州接受《当代直销》记者采访时介绍说,我们安利公司今年也是围绕这几个运动员,在做着市场营销的一些品牌策略。另一个方面,我们公司的每一个品牌都有一些拳头产品,围绕这些拳头产品做宣传,也是我们今年的重点营销策略。例如纽崔莱品牌里的蛋白粉、倍立健是营养补充食品的拳头产品,我们目前就围绕这两个产品做了很多的促销活动。

他介绍说,因为喜欢刘翔,因为看到"小罗",很多原本不消费安利的消费者开始购买纽崔莱了,消费安利的消费者更加坚定地吃纽崔莱了。他们从刘翔等这些体育明星身上,感觉到的不仅仅是偶像的崇拜和追星,更是他们代言的纽崔莱系列产品的品质和信赖。从公司角度上讲,代言明星很健康、很阳光的形象,能结合起来提高纽崔莱的形象,这是不同于其他公司的功能和诉求广告的,"获得消费者的认可是最重要的",纽崔莱产品1998年底引入到中国,是因为这些产品适应了中国大众追求健康的消费需求。

媒体眼中的直销

在安利中国的官方网站上，点击进去在网页的右下方就有刘翔代言的健康跑窗口，在纽崔莱健康跑的官方网站上，刘翔的号召和代言的力量，令很多人都加入到了"同时健康"的行列。而在刘翔的全球官方网站上，首页顶部即是刘翔为安利代言新拍摄的跨栏广告，背景是代表健康和活力的纽崔莱标志，极具运动力和吸引力。网友在此网站的周边背景上，也可以看到安利的纽崔莱标志。安利纽崔莱品牌副总监廖敏航告诉《当代直销》记者，刘翔的全球官网的流量达到了10亿次，每个月的IP点击量也过万次，这一效果能很好地带动纽崔莱的品牌宣传和文化认同。

一位营销媒体朋友也表示，在刘翔全球代言的耐克、可口可乐、VISA、伊利和纽崔莱这五个企业品牌中，我们只看到了安利纽崔莱的身影出现在了刘翔的官方网站上。我们姑且不说这其间的费用有多少，单说这种商业思维就很值得诸多企业好好学习。

其次，刘翔代言的广告也广泛出现在电视、地铁、报刊和户外，"有健康才有将来"的广告代言口号，也已成为大众老百姓非常熟悉的一句广告台词，这些受众覆盖全国各个城市。相关广告人士评价说，现在的情况是，知道了刘翔就是知道了安利纽崔莱，这一个商业手法可以说是非常成功的。

《当代直销》记者同时了解到，为迎接举世瞩目、日益临近的2008体坛盛事，纽崔莱还特别赞助了介绍中国体育健儿飒爽英姿的60集电视系列片《走向巅峰》，《走向巅峰》有奖问答活动也将同期开展，这创新了电视营销和市场促销相结合的新方式。

《走向巅峰》是一部史诗式的电视系列片，它全面、深入、系统地回顾了中国走向世界体坛的历史征程及显赫战绩，多角度、多层次、多侧面地展现了刘翔等中国代表团健儿的训练风采与拼搏精神，它热切展望了本届盛事中国各个夺金强项的美好前景，将集历史性、资讯性和艺术性于一体的中国体育军团"深度档案"精彩呈现。这部具有可靠背景和现实资讯的大型系列片，将系统和完整地回答关注中国体育、关注2008体坛盛事的观众提出的核心问题。

根据这一营销规则，只要观众观看了节目并答中相关问题，就有机会参加幸运抽奖，赢取纽崔莱礼包1份——包括纽崔莱蛋白质粉和倍立健片1盒。观众每观看完一集，即可登陆安利网站回答当集问题，答案正确者有机会参加幸运抽奖，赢取总价值为人民币634元纽崔莱礼包1份，包括纽崔莱蛋白质粉1罐和倍立健片1盒。

"这一做法收效很好，市场反应很积极。"颜志荣透露说，今年接下来的几个月中，安利公司将会有更多的围绕刘翔的市场营销计划出来。

第五部分
奥运年里看直销

创新形式投身公益

纽崔莱获白金奖既是一种荣誉，也是一种责任，下一步纽崔莱怎样继续维护社会责任？面对记者的提问，颜志荣表示，这应该还是更多地从安利公司的角度来说，回馈社会是安利的一种企业文化，安利全球都有做关爱儿童、爱心手牵手等诸多公益活动，这不是从品牌的角度来讲回馈的，而是要立足长远。近年来安利公司的公益活动频出新招，不断寻求对自身的超越。

"阳光育苗"就是安利公司2007年推出的一项新的公益活动。据介绍，"阳光育苗"是针对大学生的一项校园推广计划。为帮助即将步出校门、踏足职场的大学生提高自身素质和社会适应力，积累充足的能力应对未来的职场竞争，树立正确的职业生涯观念，安利公司提供职场规划与求职方面的指导，传授企业的应聘流程及面试技巧等，辅助大学生增强自身的竞争力，积累充足的能量面对未来的职场竞争。"大学生消费群体是安利公司一直以来十分重视的消费人群。针对学子需求，配合各高校相关活动的开展，安利公司具体持续实施。"安利公益事业部的相关人员介绍说。

对这项旨在帮助大学生树立正确的职业观和价值观的公益活动，有关评论人士认为，"阳光育苗计划"是安利将政策用尽用活的一个经典。"阳光育苗计划"不涉及到让教师和大学生从事直销，而是充分研究政策法规，在合法的框架内达到自己公益的智慧，这可为安利培养直销全面开放后的种子选手，是在为培养未来的安利直销员做准备。到目前为止，安利已经先后在吉林大学、四川大学、复旦大学、东北大学等全国多家知名高校举行了"阳光育苗计划"公益讲座，每场讲座多则上千人，少则几百人，教师和大学生基本上都对安利有了一个基本的了解和认知。"安利公司会将它做成一个长期性的全国高校的活动。"

包括每年定期举行的纽崔莱健康跑，还有安利、惠普、摩托罗拉、吉百利四大跨国公司联合支持的"地球第二极珠峰环保大行动"等一系列赞助活动，安利公司都希望最大限度地让活动发挥出最大价值。从2002年发展至今，"安利纽崔莱活力健康跑"活动参加人数已经超过了100万人，在举办活动的城市，这已经成了一年一度的风景。许多城市还是由当地政府主要官员领跑，这不仅大大提高了安利在全国的知名度，而且树立了安利良好的社会形象。

以拍电影的方式体现安利的大学生支教志愿者，是今年安利公司的又一大公益手笔。今年的3月5日是我国第九个志愿者日，由教育部思政司、团中央青年志愿

媒体眼中的直销

者工作部、安利日用品有限公司等联合摄制的电影《志愿者》，在北京大学百年纪念讲堂举行了首映，之后全国各地开始了公映。《志愿者》的全国热播，用新的手法进行公益的宣传和形象的展示，可谓直销企业打广告和品牌运作，安利又走在了行业的前面。

电影《志愿者》通过讲述一群青年学子放弃城市优越的生活和工作条件，自愿参加大学生志愿服务西部计划去西部地区支教的故事，讲述了"拿出一年的时间，做一件令自己感动一生的事情，非常值得"。据了解，电影《志愿者》部分取材于安利公司的"名校支教项目"，它是共青团中央等部门发起的"中国青年志愿者扶贫接力计划"活动的组成部分。《志愿者》剧组和安利结合电影公映情况，送电影下乡——观众每购买一张特殊的"心心相影1＋1"影票，安利就资助一位西部儿童同样观看一场《志愿者》电影。购票观众可以在票根上写上自己给孩子们的祝福，这些寄语被随机送到西部小观众的手中。

据了解，作为联拍单位之一的安利公司一直以来热衷公益，自2003年12月4日安利成立首家安利志愿者组织以来，安利在员工和营销人员队伍中广泛招募志愿者，组织相关志愿培训，以多种形式积极尝试为社区提供志愿服务等系列活动。几年来，安利公司已资助清华、北大、人大、复旦等21所内地高校，组织340多名研究生志愿者，在14个省区的17个贫困县开展支教活动，现在已拥有安利志愿者数万名。

而在2008年年初的南方雪灾和四川的地震捐助中，安利公司更是发挥了公司独有的资源和人脉优势，大力鼓励超过18万的经销商和4万多名的注册志愿者，积极投身到抗灾救助的慈善事业中去，充分发挥直销人的关爱、热情和力量，倡导"每个人都是抗灾的最前线"，对直销行业的公共救助起到了表率的作用。有数据初步统计显示，南方雪灾中安利紧急动员遍布全国的志愿者队伍，全国3000多名志愿者共投入12000多个志愿服务小时，受益人数达8500多人；而安利营销人员及员工对四川汶川地震灾区的捐款更是达到了688万元，甚至超出了许多直销公司捐款总额的数倍，充分体现了一个外资直销企业对中国的社会责任。

多方渠道提升品牌

纽崔莱从知名度来说已超过80％，美誉度为平均68％，这次《读者文摘》的评比调查，也指出了安利纽崔莱品牌的第一提及率是20％。"坦率地来讲，第一提及率对我们来讲是一个比较新的标准，从策略的标准我们也在看怎样提高第一提及率，

第五部分
奥运年里看直销

这个数据对我们很重要。如果问消费者，问他最先想到的营养补充食品的牌子是什么，如果是纽崔莱，那么他们买纽崔莱的机会是很大的。在这方面，我们的数据还不完整，我们会就这个数字方面的工作有相应的策略。"颜志荣说，在未来几年，营养食品的消费市场会快速增长，我们要做的工作，首先是增加我们的第一品牌提及率。我们未来几年的策略都会围绕这个方面来开展，切实提高消费者对我们的第一提及率。"这是第一步，才可以做其他活动，例如促销等等，都可以更好地帮助消费者理解我们的产品。"

从纽崔莱的角度来说，消费者最关心的还是产品的品质，品质稳定他们使用完后就会成为回头客，这是使用的可持续性、忠诚度的问题。同时他认为品质不是挂在嘴上的，而是公司的一种硬文化。"当我们开始进入中国时，就已经设定了一个很好的系统，来保证有一个好的品质。"颜志荣说，很多人在参观完安利工厂后问我们，中国的人工成本这么低你们为什么不多用一点人而是要把设备搞得这么先进？我的回答是，哪一个部分容易影响产品的本质，就把它做成自动化，哪一个部分不会影响品质，就用人来完成，"只有品质保证了，才可以进一步谈可靠"。

根据《当代直销》记者在市场上的调查发现，安利公司的很多产品在国外是没有的，只在国内销售。颜志荣介绍说，因为我们做过消费者调查体系，我们做过很多市场的研究，想看看消费者到底需要什么，例如我们的儿童产品就只在国内有。我们在上海的研究与发展中心的任务，就是研究消费者的需要后再进行产品创新，让消费者对我们的产品功能有感觉，这也是为什么消费者总感觉我们的产品是不断创新的缘故。

谈到2008年的奥运，"不是我们不想赞助2008奥运会，我们也有想过要怎样才可以赞助2008奥运会，但赞助奥运会是要经过国际奥委会批准的，并且有标准和数量的限制。从奥委会的角度来看，他们怕营养补充食品有可能对运动员产生产品负面影响，他们不想冒这个险，所以我们没有了这个机会。"颜志荣解释说，安利公司的奥运营销却是一直都没有放松过，2000年和2004年，纽崔莱就两度成为中国体育代表团出征奥运会的专用营养品，也从2001年始拉开了奥运冠军代言纽崔莱的广告先河，树立了"运动健康"的品牌形象。而今的少年NBA、健康跑等围绕着运动、广告的角度来提高品牌知名度和美誉度的做法，也很好地阐释了纽崔莱一直倡导的"运动、营养、健康"的生活方式。

未来的市场策略，安利还将加大广告的宣传力度。颜志荣坦诚，整合营销对安

媒体眼中的直销

利公司来说也需要思考和尝试，营销方式也是要根据直销行业的特点和借鉴零售行业的经验适当改变的。他表示，零售商的广告是吸引消费者直接购买，而我们安利的广告是便于营销人员去推销产品，即营销人员面对顾客时，顾客对我们的品牌不至于非常陌生，这样他们通过知识和产品的讲解才能更好地促成销售，我们公司要从广告品牌和影响方面去帮助营销人员。这是直销行业的优势和我们直销公司的特点决定的，与其他行业的广告是不同的。当然，除了从广告推广方面外，我们也要给予营销人员很好的辅助资料和经常的培训。

安利公司非常注重产品的售后服务和营销人员的培训工作。颜志荣介绍说，对于营销人员，我们会提供正确的培训、正确的材料，希望营销人员有足够的知识，他们才可以做到准确地服务；从店铺、生活馆、店铺员工的培训，使店铺员工的服务到位，我们努力从店铺的角度做得更好。对于大众消费者，我们公司专门设立了热线电话，只要是公司法律部、实验室认可的假货，我们都追查到底并严惩制假者，切实维护消费者的权益。

产品包括直销产品一般都有个有效期的问题，关于产品的有效期我们非常注重。颜志荣告诉《当代直销》记者，安利公司的电脑系统很先进，每天一上班他打开电脑就知道公司在市场上到底哪些产品快到有效期最后时间了，"还有六个月时我们就把它主动拿掉"，不继续销售此批产品了；不然营销人员买了产品几个月后才卖掉，那时产品若过了有效期就会损害消费者的利益，我们主动拿掉也是为了保护消费者。

品牌营销的安利战略

企业处于全球一体化的大竞争时代，商场即是战场，每个企业都自觉或不自觉地投入到了这场没有硝烟的品牌营销战争中。仔细研究顾客的消费心理，之后重返市场现实，将企业与产品的差异性有效植入市场，就能成功建立卓越鲜明的品牌。

2007年1月18日，在广州举办的"璀璨星荟"安利大型产品展上，亚洲飞人刘翔笑言"这次搞大了"，因为他已正式签约成为安利旗下营养保健品"纽崔莱"的全球品牌代言人，这是安利首次在亚洲选择全球品牌代言人。负责品牌的安利大中华区高级副总裁颜志荣表示，刘翔奋勇拼搏，不断自我超越，其极具号召力的精

第五部分
奥运年里看直销

神气质和以健康体魄创造美好将来的亲身示范,深刻演绎了纽崔莱"有健康,才有将来"的品牌主张。

在激烈的市场营销博弈中,企业的营销战略就是如何鲜明地建立自己的品牌,让自身的企业和产品与众不同,从而形成核心竞争力。安利(中国)董事长郑李锦芬向《成功营销》记者表示,卓越品牌是安利的核心竞争力之一,在新的行销形势下,安利将进一步加强品牌建设,努力为中国的消费者提供优质的产品、服务和高品质生活。

据郑李锦芬介绍,安利(中国)开业十余年,早已突破国外直销企业单纯依赖口碑传播的窠臼,创造性地实践了一系列具有中国和直销行业特色的市场营销和品牌建设模式。从2001年安利开启国内直销业先河聘请奥运明星伏明霞代言,到之后的纽崔莱健康跑、赞助顶级音乐剧《剧院魅影》、赞助少年NBA、举办植物化学物质国际研讨会等项目,都已成为中国市场营销界的经典案例,成为其他直销企业争相效仿的榜样。

就在去年11月底,安利纽崔莱品牌荣获首届《读者文摘》信誉品牌(2006)中国区维他命/健康补充品类唯一最高"白金奖"。新年伊始,安利(中国)再获"2006中国最具影响力跨国企业"的殊荣,这是安利(中国)第三次问鼎该奖项。颁奖典礼上,气度儒雅的安利(中国)总裁黄德荫比肩GE、可口可乐、诺基亚等著名跨国公司老总,这让人们感受到了安利品牌在中国本土的影响力和美誉度。

心智决定视野,视野决定格局。

安利海外的产品都是通过正宗的"直销"方式销售,道理很简单,直销靠的就是口碑相传,企业不需要广告。但安利相关负责人介绍,在1998年中国直销经历的困难时期,很多人对直销和传销混淆不清,"一提到安利自然就想到是传销"。在中国,消费者对企业品牌及产品的了解很大 部分来源于广告,安利想要"正本清源",就必须有一个恰当的切入市场与顾客心理的渠道与方法,于是就有了"试着做"的广告策略。

这一做法和大多数企业人的观点恰好相反。企业人的普遍信条是:组织者应该首先确立大战略,决定想要达成的结果,然后再去设计达到目标的方案与手段,其基础源于期望市场顺从自己的意图,从而使目标得以实现。而安利却反其道而行之,用"自下而上"的思维,首先思考如何选择一个角度切入市场与顾客心理的战术,

● 媒体眼中的直销

在取得实效后将之形成一贯与一致性的经营方针,从而形成成熟的市场营销战略。

1998年底,安利纽崔莱产品进入中国市场,为了让更多的中国人了解"纽崔莱",2001年,安利(中国)毅然请"跳水皇后"伏明霞率先代言"纽崔莱"品牌,破天荒地做起了广告,这在当时的直销业简直是不可思议的事情,但后来证明此举是"一个伟大的创举","纽崔莱"品牌开始为更多的消费者所认可。

如果说战术是瞄准市场与顾客心理的"钉子",那么战略就是挥动势能的"锤子"。

70年来,纽崔莱倡导的品牌理念是健康:均衡的营养,合理的运动,充足的休息和乐观的心态。怎么推广这一品牌理念呢?安利认为,片面强调产品特点,会削弱品牌内涵。在取得首战成功后,经过调研分析,安利认定了体育营销能很好地跟产品健康理念契合,同时又能面对广大的消费群体。而在中国,最受关注的体育赛事莫过于奥运会,于是,安利就将奥运营销作为纽崔莱品牌的推广策略,一切推广方式都紧紧围绕奥运平台展开。

在聘用代言人的同时,纽崔莱还通过赞助奥运专题片,制作、投放奥运主题电视广告,将品牌塑造与巨大的奥运效应牢牢联系在了一起,借助奥运进行品牌塑造。2000年和2004年,纽崔莱就两度成为中国体育代表团出征奥运会的专用营养品,树立起了"营养健康"的品牌形象。

2004年,随着纽崔莱整体品牌策略的主题推广,人气急升的田亮接棒出任纽崔莱品牌代言人,其极具亲和力的笑容和与日俱增的明星气质,大大强化了纽崔莱"营养健康"的品牌形象;2006年7月,被美国《时代》杂志誉为"下一个姚明"的中国男篮主力易建联,又给纽崔莱带来了更为朝气蓬勃的时尚感。今年1月18日,安利(中国)又开启了"栏王"刘翔代言纽崔莱的时代。此前,世界百米纪录保持者、牙买加运动员阿萨法·鲍威尔签约代言"纽崔莱"。这两位"飞人"与此前担任代言人的现国家男子篮球队队员易建联一起,共同组成了"纽崔莱健康冠军之队"。

全球领先市场研究公司AC尼尔森在中国市场的调查显示,安利(中国)的知名度达到了99%。

艺术营销:战略的选择焦点

企业若将产品聚集于某项特定的活动,那么这一活动的某些显著特性会自然移位到其产品身上,从而成为其产品属性的自然显性。

在纽崔莱品牌的建设过程中,由于触摸到了消费者的需求心智,安利的化妆品

第五部分
奥运年里看直销

品牌"雅姿"（Artistry，意为艺术性），在2004年7月到2005年3月期间，以独家冠名方式，赞助了韦伯的旷世杰作——音乐剧《剧院魅影》。

与此同时，安利（中国）推出了以《剧院魅影》女主角芳名为灵感的"Christine's Choice"（"克里斯汀的选择"）的雅姿魅彩彩妆系列；推出与产品定位十分吻合的著名演员俞飞鸿出任中国区形象代言人，并拍摄了一系列平面、电视广告；在上海大剧院现场设立产品形象展示区域，并以座椅幸运中奖的方式与观众形成互动；"雅姿魅彩化妆大赛"在全国各地开锣；雅姿产品大型路演在全国各大城市展开；赠送《剧院魅影》主要演职人员雅姿高档美容化妆品……

2004年7月到2005年3月期间，包括广播电视、报刊杂志、地铁车厢、楼宇电视、户外广告、滚动灯箱、高架飘旗、通道挂幅等几乎所有载体，安利雅姿进行了高密度广告投放。可以说，雅姿以该剧冠名赞助商的身份在全国展开了全方位品牌推广活动。

雅姿品牌的推广率先是在上海进行的，当时在上海徐家汇等高档商业区，安利公司在上海共举办14场大型路演，统计参与者达6万余人。强烈视觉冲击的舞台设计，与《剧院魅影》情节相关的游戏和表演，吸引了众多路人驻足观看，加深了目标消费者对赞助活动本身的了解和兴趣；观众近距离地接触雅姿系列产品，有效提升了雅姿品牌的认知度和美誉度。

针对安利特殊的营销模式，为了增进雅姿销售人员对产品的认知、提高他们的销售技巧，安利（中国）在上海大剧院小剧场还为营销人员专门安排了一系列推广活动。邀请上海大剧院副总、音乐剧专家刘键先生评述音乐剧欣赏要点，进一步提高营销人员自身素质；排演魅彩情景剧《雅姿的魔法》，突出雅姿化妆品演绎艺术、生活、时尚美的主题，让营销人员更深刻理解雅姿品牌深厚的文化底蕴；此外，还安排高级培训讲师进行妆容、服饰和礼仪讲解，为营销人员营造交流和学习平台。此系列的推广活动，总计参与安利营销人员达1.5万余人，因为他们，更多的消费者认识了雅姿、了解了雅姿、更喜欢上了雅姿。

纽崔莱："草根"铸成的"白金"

引文：昨日中国寻常百姓人家餐桌上的"草根"，今天已成为全球自觉关爱自

媒体眼中的直销

身健康先进人士的必备之物。回头看，是草根最贴近自然的营养内涵和宏邦家族两代人孜孜以求的探索，铸就了纽崔莱白金的品质和今天的成功。

2006年11月28日上海，来自美国的《读者文摘》揭晓其评选的"2006读者文摘信誉品牌"结果，安利纽崔莱获得了首届中国"读者文摘信誉品牌2006"评选活动最高奖。

安利纽崔莱、中国石化、诺基亚等17个品牌获得此次评选的最大奖项：白金奖。据了解，评选设白金奖、金奖两个级别，问卷涉及42个类别的商品及服务，白金奖品牌得主的得分至少是最主要竞争对手的两倍以上。此次评选结果显示，安利纽崔莱营养补充食品自1999年进入中国市场以来，经过近八年的市场推广和良好口碑积累，在品质、价值、创新、可靠程度、形象可信度和了解消费者需求六个考评指标中全面领先于竞争对手，在中国市场取得了领先地位。

世界品牌的中国"根"

1915年，一个叫卡尔·宏邦的美国年轻人在获得生物学学位后，带着梦想来到遥远的大洋彼岸——中国，担任一家奶品公司的商务代表。在上海，卡尔观察到城里人的精细饮食与农村人的粗糙食谱所表现出的微妙的健康差异，来自专业的直觉告诉他，在饮食结构与健康之间一定存在某种联系。于是，他经常向中医请教，了解中国人的饮食习惯，不断探寻营养与健康的关系，最后从上海人的佐餐小菜"草头"中，卡尔悟出了以天然植物营养素提取物为基础研发营养食品的想法。

1927年，带着20美元和在中国孕育的营养理论，卡尔回到美国，在加州一个小岛的小阁楼里建立了实验室。功夫不负苦心人，经过反复实验，1934年，卡尔成功地从紫花苜蓿中提取出含有多种维生素/矿物质的浓缩素，世界上第一种服用简便又可令身体健康的"营养补充食品"从此诞生。

1939年卡尔将之命名为"纽崔莱"，并将这些试验品分发给朋友和邻居试用，借此开始了市场实践的第一步。5年后，卡尔自己开了一家专卖店进行销售，把产品和公司都注册为"纽崔莱"，并通过人与人之间的口碑传播来推销。这种方式造就了两位最出色的推销员，他们就是当今安利公司的两位创始人杰·温安洛和理查·狄维士。在为纽崔莱工作10年后，受纽崔莱成功模式的熏陶和启发，1959年杰·温安洛和理查·狄维士以一款环保浓缩清洁剂产品开始了自主创业的生涯。1973年，壮大了的安利成功收购纽崔莱。今天，将业务做到全球的安利，将纽崔莱带到了全球

第五部分
奥运年里看直销

51个国家和地区，并使之成为世界最大的维生素和矿物质营养食品品牌之一。

如今，纽崔莱已由最初的紫花苜蓿营养素陆续发展出如针叶樱桃、胡萝卜、欧芹、水田芥等其他多种植物营养素。值得强调的是，卡尔·宏邦从土壤的养护开始，坚持使用有机的农耕方法，即完全依靠自然资源防治害虫和给土壤增加养分。七十多年来，纽崔莱一直严格按照天然方式种植：利用纯净的井水灌溉；利用由覆盖作物、粪肥、天然矿物质组成的复合肥料来为土壤增加营养；在土壤里繁殖蚯蚓、疏松土壤、增加土壤的保水能力及含氧量；使用"生物防治法"，按需向田间释放益虫控制害虫；通过轮作、人工除草、适当的土壤营养平衡及间种来控制杂草。

对这种传统种植理念的固执坚持，使得安利纽崔莱成为世界上最早建立起有机耕种的农业生产体系之一。其生产出来的20多种作物不含除草剂、杀虫剂和其他有害的农药残余物质，植物的营养成分达到最高点。在美国、巴西及墨西哥，安利拥有总面积超过3200公顷的以天然方式培育作物，并经过权威部门认证的有机种植农场，纽崔莱产品中最重要的植物营养素提取物原料皆来自这4个自有的种植园。

卡尔·宏邦，一个来自加州的美国年轻人，不仅实现了梦想，还成长为"世界维生素之父"。他的敏锐和远见在现代科学和商业中播下了种子，培育出优质的产品和忠实的消费者，积累起财富和商业品牌。

纽崔莱"回家"

1998年底，当初创意灵感来自中国传统饮食文化的纽崔莱产品，回到了它的灵魂之源——中国。

2003年9月21日，安利纽崔莱的第70个生日那天，远道而来出席庆祝活动的纽崔莱品牌创始人卡尔·宏邦先生之子、安利纽崔莱营养与健康研究中心总裁山姆·宏邦博士在接受记者采访时表示，一个产品若想屹立市场不倒，永续经营下去，恐怕至少需要具备三点：(1)产品的背后要有严谨、科学的研发支持；(2)生产环节要执行严格的品质控制；(3)配送环节要提供高效率的服务。他说："纽崔莱是世界上极少从有机种植、营养提取、生产加工、销售及服务全过程都由一家公司承担的营养食品品牌。在各个环节上对品质的不懈追求，以及在科研方面的与时并进是70年来纽崔莱成功的最大保证。"

在中国保健食品市场上，70年无疑是一个"长寿级"的概念。纽崔莱的成功，也得益于安利公司在中国市场上开展的一系列品牌建设和推广活动。

媒体眼中的直销

从奥运冠军伏明霞代表"纽崔莱"在央视广告黄金时段那纵情的一跳，到"跳水王子"田亮、中国男篮新主力易建联先后代言纽崔莱，以及赞助中国体育代表团出征奥运、"安利纽崔莱健康跑"和"少年NBA"赛事，安利始终将自己的企业和产品牢牢定位在"运动"与"健康"形象上。秉承"为您生活添色彩"的企业理念，积极推广"自然的精华，科学的精粹"的产品和"有健康，才有未来"的生活。

从1998年进入中国的这短短8年，纽崔莱在中国已推出营养补充食品及功能性保健食品两大系列，共20多款产品，包括蛋白质粉、钙镁片、天然B族维生素片、倍立健片以及儿童营养系列产品。权威数据显示，2002年纽崔莱产品占了中国保健食品总销售收入的近1/6。而今，纽崔莱各种产品在中国的销售额更是占到了安利公司的50%。

纽崔莱在中国面临的最大挑战就是如何提高生产能力，增加产量以满足市场需求。为此，安利公司自2002年起，先后投资近两亿美元新建厂房和生产线，目标是扩大营养食品、蛋白饮料以及功能食品的生产能力。

目前安利纽崔莱正在探讨在中国建立有机农场的可能性。但此前安利有关人士指出，中国是否有适合其需求的原材料供应产地，不仅要从规模经济的角度去考量，也要从原材料产地的环境特征、作物的质量标准、稳定性、产量供应保证等一系列因素去进行综合评价。

有科研，才有未来

了解国内保健品市场的人都知道，科研投入与广告宣传费用相比少得可怜，一直是国内许多保健食品企业的致命伤。中国食品科技学会秘书长孟素荷在某次学术研讨会上就曾不客气地指出，保健食品市场过分注重广告宣传，存在"半斤鸭子三两嘴"的问题。

安利在这方面的投入却是巨大的，他们重视产品甚于重视营销。现在，安利在全球技术先进的实验室多达97间，聘用了总数超过700名的科研人员从事产品的研发、改良和品质管理，每天进行着超过500个项目的实验，仅纽崔莱一个品种就聘用了一百多位研究人员。

任何健康的饮食都是以植物为基础的，纽崔莱在植物提取物领域的领先优势正是基于自身在植物营养素方面所从事的广泛而深入的研究。记者了解到，安利产品的研发是一个周密的过程，而将富有植物营养素的原材料提取和浓缩，制成植物提

第五部分
奥运年里看直销

取物,是产品整个生产过程的关键步骤。山姆·宏邦领导的纽崔莱营养与健康研究中心装备了最先进的化学分析仪器,包括气相色谱仪、质谱仪、高效液相色谱仪等,帮助制造工程师来判断何种加工条件最适合保持纽崔莱产品里的植物营养素,最大限度保存植物的营养成分。

"营养补充剂是指望人们终生去食用的,对营养补充剂要进行比药品更为严格的质量控制,这样才能为消费者提供高品质的产品,才能让消费者对产品产生信任感。"山姆·宏邦表示,"这是一项非常复杂的工作,要在生产过程中的各个阶段进行抽样检测,做大量的稳定性试验,这些做法是确保产品品质的唯一方法。"

据悉,自1953年以来,纽崔莱在营养学和植物营养素方面的研究成果已在多本权威专业杂志上发表;并以不断创新的研究、日益优化的设备,通过与马萨诸塞州的Interleukin Genetics Inc等相关专业机构合作,运用基因技术,开发出满足不同消费者在营养健康方面不同需求的产品。目前,纽崔莱最重要研究课题是DNA与营养的关系,即根据不同人DNA的特点,为其配备个性化的营养保健食品。

而今,美国安利公司已在中国上海设立海外最大的研发中心,利用其先进的技术优势与中国丰富的中草药资源,以求向市场推出最具吸引力和高成效的产品。对此,安利(中国)董事长郑李锦芬对外界宣称,中国是美国安利全球市场的一个策略重点,是一个重点培育的市场,也是一个潜力巨大的市场,安利在中国设立全新的研发中心,就是为了开发出更适合中国人乃至整个亚洲人的产品,这是企业发展的一项重要战略。目前,安利公司已在世界各国拥有525项专利,另有319项专利正在申请。

纽崔莱:以飞人的名义营销健康

引文: 安利公司最近推出的由刘翔和鲍威尔两位飞人联袂演绎的广告新片,将伴随"有健康才有将来"的理念走向全球,这标志着安利的全球计划将抹上更浓的中国味道;而其在中国的本土化战略,也将因人气王刘翔的加盟而更加坚实。

离北京奥运会开幕还有400多天,安利(中国)公司此间积极推出了新版纽崔莱形象广告"思考篇",以此来带动纽崔莱在奥运期间及其在今后的产品销售,用安利产品服务于全球消费者。

媒体眼中的直销

6月20日，专程从美国飞来中国的美国安利公司董事长史提夫·温安洛和安利美国执行副总裁、安利（中国）董事长郑李锦芬等公司高管，与安利纽崔莱品牌全球代言人刘翔一同出席了纽崔莱新广告片在北京的发布仪式。

"今年我给安利（中国）制定的业绩目标，将是一个很难完成的目标，很困难的目标。不过安利（中国）目前处在一个转型期，我们已经制定了一个新的业务经营模式，此前的不确定性已经有所降低，这使得我们能更好地制定年度经营计划和经营目标。"温安洛在当天的媒体见面会上这样介绍安利公司的营销计划。

"双飞人"启迪健康思考

纽崔莱全球品牌代言人——刘翔和鲍威尔，一位是栏架上的王者，一位是百米短跑的传奇，他们共同演绎了纽崔莱2007主体影视广告。影视广告中，两大飞人对将来的思考，及对"健康是你的，将来就是你的"的认同，有力地传递了纽崔莱"有健康就有将来"的品牌主张。

其中，平面广告采用系列主题"以健康跨越障碍，将来就是你的"及"以健康超越过去，将来就是你的"，抒发了两大飞人以"健康"备战2008，迎接美好将来的憧憬。同样的健康，同样的出色，同样牵引着世界的目光，他们将为纽崔莱品牌注入更强的生命力。

据了解，男子110米栏世界纪录保持者刘翔，和男子100米世界纪录保持者阿萨法·鲍威尔此次在纽崔莱形象广告"思考篇"中属首次合作。为了拍好这次广告，安利特别邀请了国际级的制作班底，跨越了半个地球进行拍摄。在北京，拍摄当天气温骤降，刘翔在确保安全的前提下，冒着近乎零度的低温，以极其敬业的态度参加了拍摄；而对鲍威尔来讲，尽管他经常出现在荧屏上，但这次却是他第一次拍摄电视广告。

安利公司表示，两大巨星身处两地倾情演绎，配合精良的后期制作，终于将两地拍摄的广告中合而为一，完美展现了两大飞人自然健康的一面和积极创造将来的精神，将纽崔莱需要表现的品牌形象展示得淋漓尽致。

此片的影视广告制作导演Larry Shiu介绍说："这条广告片非常特别，所有拍摄都在室外进行，没有太多的化妆盒特效，均以最自然健康的状态呈现在观众眼前，这与纽崔莱的品牌形象主张非常吻合。"

刚从美国尤金大奖赛载誉归来的刘翔非常高兴出席这样的商业活动，因为这给

第五部分
奥运年里看直销

了他训练之外"放风"的机会。"'有健康才有将来',这是我代言的一句话,这句话我觉得对于每个人都适用,对于我来说,也是有健康才能有将来,至于我的将来是什么我还不知道,不过我相信我的将来是美好的。"刘翔坦言。

安利(中国)公司的有关人员告诉记者,纽崔莱 2007 主体影视广告正式面世后,广告片将在多种媒体上进行全国性的宣传,公司将在全国性电视媒体、5 个主要省份的省级媒体、22 个城市的地方媒体投放广告;媒体形式覆盖电视、报纸、户外(候车亭、楼宇 LCD、电梯海报、地铁),时间跨度也将从 6 月 1 日至 7 月 4 日。

温安洛对新版纽崔莱形象广告"思考篇"很是满意,他表示,这则由刘翔和鲍威尔两位飞人联袂演绎的广告将伴随"有健康才有将来"的理念走向全球,引发消费者对健康的关注及对将来的思考,进一步产生对纽崔莱品牌的认同感。同时,这样的广告片也标志着安利的全球计划将抹上更浓的中国味道,而其在中国的本土化战略,也将因人气王刘翔的加盟而更加坚实。

"创新带动成长"战略计划

"安利(中国)已经是安利在全球最大的市场,所以我们对这样的市场没有太多的抱怨,而且看到在法规不确定的情况下,安利(中国)仍然能够保持业绩,我们对此感到非常欣慰。"温安洛在回答记者的提问时表示,安利非常重视中国经济腾飞带来的发展机遇,总部将通过加快产品引进、加强针对中国市场的产品研发等一系列强有力措施,支持安利(中国)的发展。

温安洛说,我们只是对传统的经营模式非常有经验,而安利(中国)也在不停地创新、探索,建立自己新的经营模式,并且现在也已经开始准备正式实施了,安利(中国)所制定的新的业务经营模式,我认为是一个非常好的模式。

而这,正好吻合安利全球公司提出的"创新带动成长"战略。据介绍,"创新带动成长"战略很早以前美国安利总部就已提出,只是在中国提及得较少,都是以安利中国公司的行动来默默实践。如今,在安利处于这样一个转型期的阶段,安利(中国)董事长郑李锦芬和她带领的管理团队,一直为这一目标不懈努力。这样的目标需要安利(中国)掌握新的平衡术,既要在政府允许的范围内做事,又不能损害经销商的利益。

这一战略体现在广告营销方面,则是安利中国公司开创了直销业"打广告"的先河。郑李锦芬说,鉴于中国有别于海外的市场环境,安利中国公司近年来一直在

媒体眼中的直销

尝试突破海外直销企业单纯依靠口碑传播的模式，试图通过综合运用广告、促销、公关活动等多样化市场手段，加强产品在品牌建设方面的创新。其中，体育营销的创新应用最为广泛。

据介绍，纽崔莱先后聘请伏明霞、田亮、易建联、刘翔等体育明星担纲形象代言人，并在全国各大城市组织规模宏大的纽崔莱健康跑，与美国NBA合作引入"少年NBA"等。此外，纽崔莱产品连续三届成为中国奥运代表团指定营养品……一系列大手笔的体育营销举动，在短时间内将纽崔莱打造成中国第一营养保健品牌。据AC尼尔森权威调查显示，2006年纽崔莱在全国大城市的品牌知名度已高达84%。

"由于经历了去年众所周知的动荡期，安利（中国）的业绩出现了意料之中的下滑，但大家其实也忽略了一个问题，那就是取得了直销经营许可证，并不意味着立刻就可以开展直销经营了，公司还要根据政策的要求、市场的要求做出一系列的重大调整。"郑李锦芬表示，不过令人欣慰的是，准备工作现在基本已经大功告成，公司马上就将启动直销的经营。并且，相对于去年的最后一个季度，安利（中国）在2007年第一季度的业绩已经有了10%的增长，并正继续朝着好的方向发展。

温安洛也在2007年第6期内刊《安利新姿》中这样寄语说："在中国这样的新兴市场，随着经济迅猛的发展，人们的消费水平也在惊人地提升，加之中国直销法规环境的完善、企业的规范自律、社会消费意识的普遍觉醒，这些对于直销从业者或者对直销行业有着浓厚兴趣的人都是利好消息。所以，一个人只要自己的事业心不饱和，开创进取的心态不饱和，勇于创新的精神不饱和，就永远不会有'市场已饱和'这种想法。"

温安洛告诉安利中国营销人员，"现在，是时候创新你的思维，催生你的灵感，用你独具特色的人格品牌去留住顾客、开拓市场了。"毕竟，创新能带动新的成长。

以"刘翔速度"促进销售额增长

事实上，纽崔莱与刘翔的合作也并非简单的商业合作。安利大中华区高级副总裁、首席市场执行官颜志荣透露，安利纽崔莱拥有世界一流的健康与营养科研实力，其美国与中国纽崔莱科研专家将联合中国田径协会为刘翔的训练和比赛提供营养健康咨询与服务，当然还会提供纽崔莱营养保健食品，为刘翔拥有强健体魄提供支持。在北京奥运期间，安利产品还将服务全球来华人员。

刘翔在媒体见面会上表示，他没有太多考虑2008年的奥运会，同时还低调地表

第五部分
奥运年里看直销

示自己不知道该设置什么目标,只是他相信健康的身体是必不可少的。

但如何备战2008年北京奥运会,这是任何一家在中国经营的公司都要认真考虑的事情,安利这样的巨头企业当然也不会轻易放过。郑李锦芬表示,今后安利在产品品牌建设方面,将继续保持高起点、高投入、高成效的品牌策略。此次投放的新版"双飞人"广告,首要诉求是巩固纽崔莱的第一品牌地位,并推动销售额快速增长,抛出"刘翔速度"。

不可否认的是,安利这12年来有坎坷也有彩虹,从安利3月份公布的2006年财报上看,安利中国区的利润下降了23%。市场的不确定性和安利"拿牌"的过程,使安利在中国的业绩有所下降。"2006年我们的业绩是有一个下调,也是预料之中的。我们做过很多调查,这一年大家主要是在观望,市场发展比较缓慢。我们看市场要看得长远些,其中某一年业绩出现阵痛、有所下调对于公司来说也很正常。就像刘翔所说的,不要把目光老放在结果上,而是要看过程中有没有尽到自己最大的努力。"郑李锦芬提醒媒体关注安利明年的发展过程。

安利高层表示,在顺利获得直销经营许可证后,安利以多元化的营销模式继续提供优质服务,主要包括直销、店销和服务网点三个部分。其中,直销部分由直销员来执行,店销由店铺推销员和营销员工执行,而服务网点由经销商自行经营。"在种种的变革中,我们的核心价值从来没有改变过,对中国经济发展和改革进程的信念没变,为大家提供优质产品和公平机会的信念也没有变。我们将坚持诚信经营、诚信投资,拿牌后安利一定会踏入新的征程。"郑李锦芬强调说。

关于安利下一步的发展目标,温安洛最后表示:"我们的业务需要我们满足各个地区、各个不同文化人的不同需求。但是不管文化环境是怎么样的,人们都希望有一个健康的身体。我们产品一个重点就是给人们提供健康的身体,所以在我们向前发展的过程中,我们要持续保持我们的创新。"

走向国际的天狮战略

坚忍而稳重的"寸进"战略

媒体眼中的直销

外界始终对天狮有一种误解即天狮是在海内直销业务"碰壁"后被迫出走海外。

"这件事我们被误会了十多年。"天狮董事长李金元在接收《新营销》记者采访时说,"我们在天狮成立的第二年,也就是1996年就瞄准了海外市场。"

这在当时的中国还是比较少见的,当时国际化对绝大多数中国企业来说仍是一个遥远的梦想。而且,全球著名跨国公司的海外拓展战略也表明:凡是要开拓海外市场,无不是在本土市场有了雄厚的基础之后才开始进入海外市场。

虽说是一无资金、二无经验,但作为天狮的开创人和董事长,李金元在认真考核国外市场后,据理力争,凭着坚强的毅力、顽强的信念与永不放弃的执着,以传播中华五千年优秀养生文明为己任,以"寸进"的方法一寸一寸地拓展国际市场。

"我们之所以采用'寸进'的方式,是由于当时根本没什么资金,不可能像当初的国内企业一样在海外一掷千金,通过大手笔的跨国收购开拓国外市场。"李金元说,天狮的国际化之路,是天狮人一步一个脚印走出来的。

这反而让天狮形成了坚忍而稳健的全球化作风,甚至为天狮带来"福分"。在众多中国企业深陷跨国收购泥潭的时候,天狮拓展一处市场成功一处,迄今业务拓展到了190多个国家和地域,形成了以天狮中国总部的生产基地为中心,以越南、埃塞俄比亚等生产基地为支点,在马来西亚、西班牙、印度、乌克兰、美国、加拿大、墨西哥、巴西、埃及、阿根廷等国家开设OEM和ODM工厂,构建了一个辐射全球市场的生产基地和物流基地网络,并拥有3000多万稳固的家庭消费群体。

以人为本的现代化人才战略

李金元嘴边常挂着一句话:"以人为本,以人才更为本。"全球化市场,象征着天狮要服务不同肤色、不同种族、不同信奉的消费群体。与"资源收购型"企业一般靠资本进入市场,更重视资本的掌控和回报,忽略对当地消费者的研究不同,天狮知道,靠"买"是不能得人心的,"以人为本"不是口号,而是实实在在的行动。李金元认为,全球化首先必需尊重消费者习惯,占据消费者心智,而天狮现代化管理的人才战略,凭借现代化的人才管理,让天狮避开了水土不服,加大了市场拓展的步伐,减少了研发、管理投入。

为了应对全球化竞争,天狮提出"人才结构国际化、人才素质国际化、人才活动国际化"的三大战略,以科学的考评制度、完善的提升机制为基础,为员工提供良好的事业平台、具有竞争力的薪酬福利待遇。现在,天狮在世界各地有1万多名

第五部分
奥运年里看直销

各种肤色的管理职员，其中很多人进入天狮管理层，甚至进入天狮决策层。天狮占有一个"形象气质佳、综合素质高、业务才能强"的国际化运作团队。

天狮的海外人才本地化进程，与当地市场的成熟度和分公司发展程度相关，比方在直销行业发展比较成熟的欧洲、拉美、日本等市场，天狮的人才本地化水平相对较高，其中欧洲区和拉美区天狮总部，超过50%以上是本地员工，而分公司的本地员工则超过90%以上，在日本更是100%的本地员工，完整由日本本地员工进行管理和运营。而在位于印尼雅加达的天狮亚太区总部，则是由来自中国、印尼、马来西亚、菲律宾和中国香港等多个国家和地区的管理人员组成了"多国部队"。在非洲，因为市场成熟度尚低，重要业务仍由来自中国的员工管理，然而吸引了众多本地员工参入，而且随着业务不断开展，本地员工逐年增多。

如今，很多本地员工已经进入天狮的高级管理层，比如，欧洲区总裁 Jaroslaw Flis 来自波兰，天狮亚太区副总裁兼分区总经理 Ernie Ting Tiew Sye 来自马来西亚，日本分公司总经理深作荘一郎是日本人，欧洲区乌克兰总经理 Consultant-Alexey 是乌克兰人，像这样的例子在天狮还有许多。

不同文化与法律的融合战略

在跨国经营中，华为、联想、TCL 等中国企业遇到了很多在国内未曾碰到的问题，不同国家的文化差异和不同的法律、法规，加大了中国企业发展业务的风险。当中国企业的业务规模和市场规模不断扩大时，更多的法律难题相继而来，导致中国企业难以适应，国际化进程放缓或受阻。比如，产品卖得廉价，中国企业可能会遭到倾销指控；当品牌和技术威胁到对手时，中国企业有可能被提起知识产权侵权诉讼。

面对法律危险，天狮的抉择是尊重当地法律，以积极的心态适应不同国度的文化差别，遵照当地的法律、法规，"依法管理企业、依法发展企业、依法保护企业"。为此，天狮组建了一个庞大而专业的海外律师团队。

在发达国家，天狮完全在法律的框架内开展经营活动。发达国家对直销业有着明确的立法，并建立了直销协会，依法保护直销企业。作为直销企业，天狮加入了当地的直销协会，为用足当地的法律创造了前提。2005年1月，李金元作为世界直销协会联盟首席执行官委员会成员，第一次应邀出席在北京召开的世界直销协会联盟首席执行官委员会会议，是当时参会成员中唯一来自中国内地的成员，中国直销企业第一次在世界直销协会拥有了话语权。

媒体眼中的直销

到目前为止，天狮在美国、加拿大、英国、印度尼西亚、印度、越南等国家的分公司都已参加当地的直销协会，成为会员公司。

而在一些发展中国家，天狮主要是用足政策。发展中国家直销业尚未立法，因而，天狮积极与当地政府沟通，争取获得到当地政府、社会和舆论的支持。

作为中国第一家通过HACCP食品安全管理体制认证的保健食品企业，天狮不仅通过了ISO9001、GMP、ISO17025管理体系认证，还通过了伊斯兰教的哈拉（HALAL）认证和犹太教的犹太（KOSHER）认证，一部产品达到了美国FDA标准、欧盟产品标准、日本厚生省标准，符合绿色环保要求，从而进入上百个国家的主流市场，天狮产品成为"绿色"、"健康"、"安全"、"高品质"的代名词，受到国外消费者欢迎。

与天狮形成对照的是，那些"资源收购型"企业，"短期收购"和"疾速进入"使得它们更重视对资源的掌控和范围效益的扩张，忽略了对当地文化、消费者习惯和法律、法规的尊重，将国内的思维方式和治理手段，机械地置于国外的文化和法律框架之内，导致文化冲突、价值冲突、法律冲突，进而付出沉重的代价，而繁重的代价背后是中国国家声誉的巨大损失。相对而言，天狮对文化的融会、对法律的尊重，对市场的精耕细作，就显得尤其可贵。

与时俱进的创新战略

在全球化的途径上，逆水行舟，不进则退，买"硬件"买不来"软实力"，买"技术"买不来"创新力"。为此，天狮不断加大科技投入，完善产品研讨开发构造，购买进步的仪器装备，将研发核心建成为一个领有三大层级、十七个专业化实验室的大型产品与技术开发平台，并整合全球资源成立天狮生命科学与技术研究院，为全球健康产业专家学者搭建了一个交换平台，同时彰显天狮科技创新的强大实力。

天狮全球研发中心是中国保健品行业第一家"国家认定企业技术中心"，天狮获得了国家科技部授予的"国家火炬计划重点高新企业"称号。

鉴于国内缺少科学完善的保健食品行业标准，保健食品的安全难以得到保证，日前，中国检验检疫科学研究院携手天狮，在天津成立了中国第一家保健食品安全研究中心，该中心已经通过中国合格评定国家认可委员会（简称CNAS）认定。双方共建保健食品科学实验室，拟独特研究和制订保健食品行业标准。

天狮检测中心拥有业内一流的设备资源和技术能力，业务范围涵盖食品、保健食品、药品、日化用品、包装材料和保健器械等多个领域，检测项目达300多

第五部分
奥运年里看直销

项。预计到2013年天狮对保健食品安全研究中心投资将达到4900万元。其中大型精密分析仪器主要有美国Waters高效液相色谱-质谱仪、高效液相色谱仪、美国Agilent、Varian气相色谱仪、美国Perkin-Elmer原子接收光谱仪、美国Thermo红外光谱仪等。其中用于检测三聚氰胺、农药残留等药品分析的美国waters高效液相色谱仪，检测精密度远高于国家标准，10分钟内就能依照1公斤检测0.01毫克三聚氰胺的水平完成检测，是国家标准精密度的250倍。同时配备的其他检测仪器精密度均高于国家标准。

未来一年半，天狮检测中心将面向社会开放，提供独立第三方的检验检疫服务。依靠于坚实的检测技术基础、严厉的实验室品质保障系统、良好的行业背景、优良的服务意识、先进的仪器设备和专业的检测团队，天狮检测中心在为企业提供产品质量检测检疫服务的同时，将承担更多的社会责任。

天狮将持续引进欧美知名企业达到国际先进水平的生产设备，兼顾生态、环保和节能效果，不断创新，与时俱进，构建面向全球市场的供给链，通过信息管理体系和物流分析系统，整合全球资源，进行订单调配、物料采购、生产制造、物流配送一体化、电子化管理，做到了"一键输入，全球回应"。李金元创新性地提出"六网互动"、"新置换"、"消费创富、经营消费更创富"等理念，并整合微软、辉瑞、台塑、IBM、中国电信、携程等著名企业资源，组成战略合作联盟，为天狮的全球化发展打下了坚实的基础。

建设自主品牌策略

加入天狮新闻发布会的，除了《泰晤士报》、《华盛顿邮报》等国际著名媒体的记者，还有越南《前锋报》、加纳《Daily Graphic》、委内瑞拉《最新消息报》、新加坡《海峡时报》、尼日利亚《THE GUARDIAN》、《THIS DAY》等媒体的记者。天狮分布在世界各地的分支机构，与当地媒体建立了良好的合作关系，借助公众传播渠道宣扬推广天狮品牌。据天狮越南分公司总经理李林先容介绍，"天狮健康万里行"系列活动启动典礼，一共有60多位当地媒体人士出席。

据越南卫生部分统计，越南大概有250万人因缺钙而患有骨质疏松症，影响生活质量。基于缺钙状态和对社会公众健康的强烈责任感，天狮越南分公司与越南保健食品协会、越南食品卫生安全局、越南国家营养院先后在河内、胡志明市、得乐、岘港、勤苴、老街、北江、广宁和兴安等地联合举办"钙与生命—天狮健康万里行"系列活动，邀请越南著名医学专家宣讲健康保健常识，提高公众对健康生活的意识。另外，天狮还与越南O2TV电视台合作播出12期《未来食物》专题节目，让更多的

媒体眼中的直销

人懂得健康知识，提高生活质量，同时提高天狮品牌在当地的知名度和美誉度。

2010年南非世界杯期间，天狮借助这一足球顶级赛事，打出了品牌推广组合拳，在南非约翰内斯堡机场高速路和中央贸易街投放巨幅户外广告牌，展现天狮品牌；天狮举行媒体联谊会，接待媒体友人参观公司；天狮组织当地孤儿院的艾滋病儿观看世界杯顶级赛事，这些举措都展示了天狮良好的品牌形象，得到当地社会的好评。

与众多国内企业通过OEM实现国际化不同，李金元认为："我们正处于品牌化竞争的时代，品牌就是生产力，就是竞争力！"天狮始终保持"建设自主品牌"的战略目标，立志打造享誉世界的民族品牌，其"全家分享，全球共享"的品牌口号在世界各地深入人心之时，天狮为给消费者和经营者、自然环境以及社会环境等给予更体贴、更细微、更友爱的关心，提出了全新的"天狮让生活更美妙"品牌导语，赋予天狮品牌新的生命力。

截至目前，天狮核心产品商标TiENS（天狮营养保健品品类品牌）、TS（时间倩影美容护肤品品类品牌）、DICHO（悠家家居用品品类品牌）等已在100多个国家申请注册，并通过马德里国际商标组织、欧盟商标组织和非洲知识产权组织等国际权威商标认证机构进行商标注册；天狮TiENS商标已通过国家工商行政管理总局商标局驰名商标认定，天津天狮生物工程有限公司取得了商务部下发的《直销经营允许证》。天狮在"2010年中国民营企业500强"中排在第22名，获得了"中国品牌全球化奉献企业"、"保健操行业国际影响力品牌"、"亚洲品牌500强"等荣誉，品牌价值超过百亿美元，说明世界各地消费者认可了天狮品牌的价值。

践行企业国民义务的发展战略

2011年3月11日，日本发生9.0级大地震，地震引发强烈海啸，日本多座核电站核辐射泄漏，造成重大人员伤亡和巨大的财产损失。天狮在李金元的带动下，第一时间倡导全球天狮人贡献爱心，募捐款近人民币15万元，向日本受灾同事和伙伴传递天狮大家庭的温暖。3月24日，缅甸发生7.2级地震，造成重大人员伤亡和财产损失，天狮向缅甸地震灾区捐款缅币2000万元（约合人民币152688元）。

这是天狮在海外履行企业社会责任的一个缩影。

"作为企业公民，我们不但要在本国履行企业公民责任，更要在全球践行我们的企业公民责任。"李金元说，"全球化的企业，理所应当地要承担企业全球化所应承担的社会公民责任。"

第五部分
奥运年里看直销

在天狮，有一句大家耳熟能详的话广为传播："企业小的时候是个人的，发展起来之后，是国家的，是国民的，是社会的。"这就是李金元回报国家、回馈社会的真心感言。16年来，天狮人将"感受爱、创造爱、传播爱"的爱心文化在世界范围内进行传播，从朴素的感恩回报到系统的慈善项目运作，从单纯的公益捐助到整合资源的爱心文化传播，对全球公益慈善事业的投入超过了15亿元。天狮注资8亿港币成立"天狮美景国际爱心基金会"，专业化运作其全球性的公益事业。天狮的公益事业逾越了国界，跨越了民族与文化，日本地震、德国洪水、缅甸地震、印度洋海啸、非洲贫苦孤儿赞助，都留下了天狮人的身影。当爱心在全球传播，当企业社会责任在世界各地履行，天狮不仅增强了中国文化与各国文化的交流，得到了各国政府和社会各界的认可与赞美，而且树立了中国品牌的良好形象。

雅芳：十万大军打造直销新模式

"这是雅芳发展历程中的又一重要里程碑。雅芳将继续秉承高度的责任心，确保雅芳的经营模式严格地遵守国家的各项法令法规。雅芳承诺，就像在全球100多个国家和地区所不断实践的那样，雅芳将在中国秉承120年来的优良传统，为中国女性的生活带来实实在在的改善。"——雅芳全球董事会主席兼首席长官钟彬娴

近日，雅芳（中国）有限公司宣布：截至2006年6月30日，雅芳在获得首张直销牌照后四个月内，已经在中国招募了11.4万余名正式直销员，另有超过3.1万名申请者正处于审核流程中。

雅芳中国区总裁高寿康先生在接受《成功营销》记者采访时表示，"短期内招募到如此之多的正式直销员，这不但体现了雅芳在中国市场的巨大机遇，更使雅芳对未来在中国的发展充满信心。"目前已经有将近90%的雅芳专卖店转型为符合政府规定的服务网点，体现了专卖店店主投身直销事业的意愿。

高寿康表示，这十万直销大军将成为雅芳打造新直销模式的重要力量，而这个模式则兼俱零售和单层次直销的优势，完全遵循政府公布的直销相关法令法规。

如何让大家接受新直销？

● 媒体眼中的直销

《成功营销》：雅芳在拿到中国第一张直销牌照后，主要做了哪些工作？

高寿康：作为中国首家取得直销经营许可证的直销企业，雅芳深感责任重大，压力也很沉重。国家寄予我们的责任是非常大的，所以我们必须要做出一个很好的表率，这样才能够为后面加入的所有直销企业提供一个借鉴，更重要的是这样对得起国家，对得起政府。为了起到这种表率作用，雅芳从拿到许可证的那一刻起就开始着手改变雅芳在中国的经营模式，力求严格遵守国家相应的直销法规。我们对这薄薄的30页法规可谓备加重视。直销法短短30页，看起来很简单，做起来却需要很严谨。

《成功营销》：直销重新在中国获得合法资格之后，民众和消费者对直销并不是很了解，雅芳做了哪些活动来让大家了解合法直销，了解雅芳的新直销模式？

高寿康：我们在拿到中国第一张直销经营许可证后，一方面着手改造雅芳，另一方面则是通过多种渠道宣传雅芳，开拓市场。为了加深中国广大民众对中国新直销模式的了解，我们进行了全方位的宣传。雅芳从今年3月开始推出名为"美丽精彩人生，从雅芳开始"的消费者咨询活动，并在全国各大电视媒体上推出广告，高密度、高频率地进行投放，雅芳希望凭借这个广告让大众熟悉和理解新直销模式。

同时，为了配合广告，我们74个分公司在全国范围内铺开路演活动。我们的员工走上街头，向感兴趣的民众宣传新直销模式，解答他们的疑问，以推广雅芳的新直销理念。我们还与中国电信进行合作，由中国电信向雅芳提供接听电话、收集和提供信息等服务。

"美丽精彩人生，从雅芳开始"的活动是一个开端，它有两个使命：第一，自私地讲，我们希望招募雅芳直销人员；第二，我们希望通过这个活动对大众进行初级培训，让他们了解如何按照国家的相关规定开展直销业务，如何才能够真正地做一个合法而成功的直销人员。

新模式"新"在何处？

《成功营销》：在重建直销体系的时候，为了适应新形势下的市场需求，雅芳对营销网络进行了哪些改进？

高寿康：在严格执行国家相关法规、确保与国家相关法规步调一致的前提下，为了适应新形势、发挥新作用，我们也改造了自己的营销网络。我们的服务网点全国最多，而且覆盖面最广。我们可以很自豪地讲，我们向全中国人民和全中国的雅

第五部分
奥运年里看直销

芳直销员提供了最好的、最体贴的服务。

比如，针对直销员的订货问题，我们提供了四种方式：第一个是互联网，直销员可以在任何有电脑的地方进行订货；其二就是短信，直销员只要到雅芳艾碧网开通此项业务，就可以用手机短信来订货；其三是电话订货，直销员在全国任何地方拨打4008899668，以当地的电话费就可以订货；最后就是传真订货。雅芳的每个服务网点都可以提供上述四种服务。

为了解决订货付款问题，雅芳延续了百年的传统：针对不超过1000元人民币的定单，可以让直销员收到货以后再付款。这是我们120年的一个传统，也是给我们直销员的一个特殊支持，这是别的直销公司不敢也不愿意提供的信用贷款。同时，雅芳也为直销员提供了多种付款方式：第一是网上支付；第二自动扣款；第三刷卡支付；最后是联名信用卡。服务网点可以向总公司提供直销员的具体交款信息。

同时，我们还特别建立了直达配送系统，雅芳的直销员可以选择要求雅芳公司把货直接送到家里，或是选择由雅芳公司将货物送到服务网点，然后由直销员自己去拿货。我们有12个客服中心，可以迅速把货物送到服务网点和客户家里。目前雅芳90%的定单可以在24小时送到市内，48小时到郊县，72小时到省内。凭借强有力的配送系统，我们的产品可以在第一时间到达直销员手中，盘活了整个商业链。

针对退换货的问题，直销员可以在雅芳的服务网点进行退货或是换货。凭借雅芳提供的最完善的服务网点体系，我们的直销员可以免去往来奔波之苦，提高了销售效率。

《成功营销》：在新的营销体系中，雅芳过去的专卖店承担了什么样的作用？职能是否有变化？

高寿康：我们的专卖店一方面承担了零售店的职能，同时又以服务网点的新面目现身于市场，最终雅芳的营销网络就要达到：直销员、雅芳、服务网点构成"铁三角"，"铁三角"的中心就是对消费者负责，为消费者提供最好、最快的服务。

新模式遭遇新挑战

《成功营销》：在雅芳着手建立新的直销模式、招募直销大军的过程中，遭遇了哪些困难和挑战？

高寿康：在招募直销人员的过程中，主要挑战就是要严格遵守国家直销法规，

◉ **媒体眼中的直销**

不和国家的相关法律相抵触。为此，我们在招募直销人员的过程中进行了最为严格的把关。首先，严格禁止所谓"七类人员"加入雅芳的直销队伍。对此问题，我们有着深刻的体会。在招募直销员的过程中，通过验证申请者的身份证，如发现申请者是位军人，就婉言谢绝他，邀请他成为我们的顾客；对于无民事行为能力的人员或其他直销企业员工，就需要进一步确认了。有的人说，我现在是学生，五、六月份就毕业了，先招募我，六月份以后就不是学生了。这是不行的，我们一定要求他不是学生，必须要这么严谨。

其次，即便是深知中国人对合同有与生俱来的抵触心理，我们的工作人员还是要知难而进，不厌其烦地对合同进行解释，讲权利，论义务，可谓煞费苦心。

最后就是强化对直销申请者的培训，我们首先严把培训人员关，规定只有持大学本科学历，在雅芳工作一年以上的职员才有资格成为培训人员。培训内容不仅仅包括直销的相关法律，还包括《消费者权益保护法》，培训结束后直销员还要接受雅芳公司的严格考试，公司规定只有取得80分以上的成绩才能及格，做雅芳的直销员是要过五关斩六将的。

《成功营销》：中国市场重新开放直销模式，雅芳是否对中国市场有特别的支持和投入？

高寿康：中国是雅芳在全球最具长期发展潜力的市场。从事实上来讲，从雅芳进入中国到现在，总部一直从人力、物力上加大对雅芳（中国）公司的投入，指派了具有多国直销经验的专家进入中国，配合我们开拓中国市场。可以预见，这是雅芳发展历程中的又一重要里程碑，雅芳在中国将步入一个全新的发展阶段。

（原载《成功营销》）

珍奥：创新会议营销

对于以会议营销模式为主的企业，2005年绝对是黑色之年，珠海天年、大连珍奥、南京中脉、北京夕阳美等几家巨头企业基本无赢利。在广告模式基础上创新而来的会议营销，现在越来越难做。专家提醒说，必须整合新的资源对会议营销进行创新。

大连珍奥在创新这方面做了很多努力，它们把自身的专卖店优势和会议营销结

第五部分
奥运年里看直销

合，在缺乏诚信的保健品市场获利匪浅；后来结合企业实际，创造性地提出了以服务为灵魂的"三维服务营销"。现在，大连珍奥又获得了直销牌照，它将用直销的方式销售产品。专家认为，这种"创新"将成为企业高速发展的动力，甚至会超越资本的力量。从会议营销到三维服务营销，再到直销，珍奥完成的将是一个完美的"三级跳"。

先行会议营销

珍奥的会议营销是从1998年开始的，当时它以会场为销售阵地，通过会前的数据甄别，会后的亲情服务，在会议的过程中达成销售产品的目的。这在以户外促销活动为主的年代引来了其他企业的模仿和迅速跟进。

直销法颁布后，对会议营销也带来变数。对于会议营销的合法性，原工商总局公平交易局打击传销处吴雁处长曾指出："广义的直销，比如电视购物、邮购、企业自产自销等，并不限制企业采用会议销售模式，在会场向消费者销售不限制，但假如消费者通过向别人转介绍，获得利润，就不行。"

随着一些小企业不顾长远利益的"搅局"，用一些蝇头小利骗取老年朋友来参会，夸大产品甚至是未批准的产品的功效，通过恐吓、承诺使顾客买了几千元产品后消失在茫茫人海中，凡此种种行径，都使会议营销遭遇到前所未有的信任危机，越来越多的消费者远离了各种营销会议。

但是珍奥注重企业的信誉和品牌的美誉，着眼于长远发展，通过全国2000多家专卖店的定点销售宣传和户内会议的科学健康知识普及，消除了消费者虚假的疑虑，得到了大众的认可。这样，会议营销后期的推广就非常轻松了。2002至2003年一度达到销售高峰，核酸产品卖到10个亿。

据了解，创立于1996年的珍奥2003年正式组建集团，至今下辖大连珍奥药业、福建珍奥核酸（原料提取基地）、上海珍奥企玛生物科技、大连珍奥进出口及大连双迪生物科技五家子公司。总占地面积千余亩，是中国最大的核酸产业化基地，国家火炬计划重点高新技术企业，辽宁省和大连市重点扶持的高新技术企业。

珍奥之所以能够赢取这张直销时代的入场券，珍奥集团董事长陈玉松表示，主要是具备了条件，同时体现了各级政府、社会各界和广大消费者对珍奥的莫大认可。这种认可源自珍奥十年的主打核心产品——珍奥核酸。而国家对珍奥核酸的认可又来源于自主创新。因为在珍奥核酸身上，最能体现的就是民族自主创新之路，从一

媒体眼中的直销

个科学发现到一个产品，再到一个企业甚到引领一个核酸产业，用了十年时间走的正是自主创新之路。

目前，珍奥已经获得自主知识产权专利技术24个，申报PCT专利技术76个，几乎囊括了国内生物健康产业的全新概念，涵盖了国内人群对保健品、化妆品、药品等多样需求。因此，获得了"行业内最具成长力的中国自主品牌"荣誉。

解读"三维服务营销"方程式

根据现代营销学理论，任何一种营销模式的因素都可以概括归纳为网络维度、方略维度、管理维度三个方面，称其为营销三维度。网络维度指各种营销网络，即组成营销的基本系统，主要包括营销人员网络、流通渠道网络和消费者网络；方略维度指各种营销方略，即营销的全盘计划和策略，主要包括营销思想、营销战略和营销战术三个层面；管理维度指各项营销管理，即营销过程的控制和监督，主要包括营销管理体制、机制和技术三个方面。

在当前的营销观念指导下，珍奥在营销实践中开始综合兼顾企业、员工、消费者和社会四方面的利益及其相互关系，不单做产品，同时更加重视以消费者为中心的营销管理工作，这种系统整合"网络、方略和管理"的营销模式被称为"三维营销"。珍奥本质上从事的就是三维营销。此外，珍奥尤其重视营销服务，珍奥的人性化和亲情化服务是众口皆碑的，所以珍奥的这种营销被陈玉松命名为"三维服务营销"。

三维营销理论是珍奥人在数年的市场实战中感悟、提炼、总结出来的。在三维服务营销模式下，珍奥营销人员网由经理队伍、员工队伍和专家队伍三张网络组成，各司其责；终端店铺网分为旗舰店、服务中心、服务站三种基本形式，主要功能为形象展示、产品零售和顾客服务；消费者顾客网由全国建立起的强大的CRM顾客资源数据库系统构成，珍奥顾客队伍不仅是一张巨大的消费网络，同时还是一支重要的口碑营销力量。

而在营销思想、营销战略、营销战术等三项基本方略中，形成的是珍奥文化、品牌、形式三方面的竞争力。"股份制子公司"的体制，分配、激励、竞争和约束机制以及公司信息管理平台，对三维服务营销体制进行着提升和完善。

对珍奥营销模式有过深入研究的金朝认为，三维服务营销是市场营销理论中国本土化的一种有益的探索和实践，是独具特色的中国市场营销模式，具有鲜明的开

第五部分
奥运年里看直销

放性。陈玉松对记者表示,直销企业从研发、生产到销售和售后必须全程负责,全程服务,"服务"成了直销企业的唯一核心;从十年营销实践中总结出来的"珍奥三维服务营销模式",正好是"以消费为导向,以产品为基础,以服务为核心"的最好直销模版。

未来创新之路

自从得到了中国内资的首张直销牌照,珍奥便开始了从会议营销向直销转化的保健品营销"革命"之路。

珍奥一直注重企业文化的构建和培养,积极倡导以情感人的大爱文化,使珍奥营销活动更具有鲜明的人性化特征。陈玉松在他的著作《思想力》中说到,珍奥人格品牌的核心是"诚信、积德、行善、尽孝",这八个字是珍奥人自我发展、自我约束的行为准则,也是外界判别珍奥人的标准和尺度。"我们根据顾客的不同需求,来进行针对性的服务,让顾客觉得这个员工不错,是真心实意在为他的健康着想,从而慢慢接受公司的产品。"

客观而言,对于并无充足直销运营经验的珍奥而言,在实际运营中还必须面临守法和创新的问题。牌照的发放固然是对旧有直销模式的扬弃,但在依法经营的基础上,企业还必须确立自己的核心竞争力,运用创新的经营方法。

陈玉松坦承,之所以要涉足直销行业,珍奥十年的发展过程其实就是对营销方式的不断创新,珍奥的营销方式可以分为分销和直销,这两种营销方式,包括"未来的直销",构成了珍奥新的三维营销方式。

他强调,珍奥的三维服务营销的营销特征是开放的、无限延展的,珍奥三维服务营销不拒绝任何营销模式在网络、方略和管理等方面的优秀方法和成功经验,也不生搬硬套其他营销模式的操作方法。"珍奥三维服务营销以变应变,适时应变,不断吸收和整合现代营销中的一切优秀经验和方法。"

对于珍奥三维服务营销模式与直销模式的过渡关系,陈玉松更愿意用"承接"和"完善"来形容。"我认为直销只是一种营销方式,而珍奥三维服务营销却是一种模式。"珍奥拿到牌照、涉足直销以后,"老的体制、老的网络不会发生变化"。

现在,珍奥被批准直销的产品和相关区域,已经在商务部直销行业信息系统网页上作了权威公布。下一步,它们将积极招募直销员,具体名单报送到商务部公示后,珍奥的直销业务会正式启动。

● 媒体眼中的直销

需要指出的是，取得了直销牌照，并不意味着拿到了金饭碗，只能说明珍奥集团有了进入直销市场的入场券，能否参加最后的决赛，能否笑到最后，还要靠市场说话，靠消费者说话。相关统计数据显示，珍奥除了全力做好中国企业公民责任的楷模之外，现已捐赠2.7亿元慈善款，覆盖到敬老、赈灾、扶贫、教育、社区、弱势群体等方方面面。

陈玉松表示，作为首批内资直销企业，珍奥无疑要做一个直销探索者，而且一定要做一个探索的成功者。

如新："员工制"直销模式发展全国

近日，如新（中国）日用保健品有限公司获得了直销牌照。如新企业集团总裁兼首席执行官贺楚门表示，商务部的批准使我们可以在公司在华总部所在地 上海市开展直销活动。我们计划今年第四季度先在上海开展直销业务，然后陆续办理各省级分公司的直销许可，并于2007年初开始逐步将直销业务拓展到全国各地。

如新中国区总裁邱锦云近日接受采访时认为："用一个正确的、能够保护消费者利益的销售模式来进行直销，我觉得非常重要。凡是没有保护消费者意识的营业模式，不管企业的营销策略用什么方式，肯定会造成对消费者的伤害。如新的'员工制'直销模式，就很好地保护了消费者利益，也保护了销售人员的利益。"

"我们的发展策略重点是服务消费者"

陈亮：如新公司通过了商务部门的严格考核顺利拿到了直销牌照，这是实力的象征，也代表了政府对未来中国直销企业与市场的一种期望。你认为如新优先于其他老牌企业获牌的原因是什么？

邱锦云：如新过去一直用"零售专卖店的销售形式"和"与销售人员签了劳动合同的职工模式"经营，其间我们不断地进行中长期投资。160家专卖店都是如新公司自己开设的，所有的产品销售都是在店铺里面进行，不能在店铺以外进行，这样就相当好地保护了消费者的利益。三年半时间过去了，我们积极准备材料，并充分地与中国政府有关部门沟通，最后这种模式赢得了他们的认可，而且该模式也非常

第五部分
奥运年里看直销

适合在具有中国特色的直销环境里面经营,我认为如新能拿到直销牌照与我们的营业模式是分不开的。

陈亮:如新获得直销牌照后最大的感受是什么?你们为了拿这个牌照自身做了哪些调整?今后公司的发展策略又将做出怎样的改变?

邱锦云:我们非常幸运,直销牌照为如新企业集团带来四个方面的有利条件,其中包括得以在160家固定地点零售店以外销售产品;有机会招募初级的、非正式、兼职销售人员;有机会与中国市场获准从事直销活动的其他公司展开公平竞争;因获得政府对我们经营模式的正式批准而得到其他利益。

拿到直销执照后,我们将"用两条腿走路"。过去三年多我们"职工+直营店"的模式已经成为我们非常坚定、非常强的一条腿,另外一条腿还没有学会走路,刚刚学会,即我们要招聘像雅芳公司一样对直销感兴趣的兼职的直销员,这也是我们拿到牌照后调整的首要方面。

但我们产品的价格不会因为拿到了直销执照而做调整,我们公司要以"服务消费者"作为我们最重要的一个发展策略重点。如新以消费者为主,不会随意涨价,这是我们的策略。

定义"员工制"直销模式

陈亮:随着第二轮直销牌照的发放,中国式直销提速,但同时新一轮直销市场大战也将逐步展开,"员工制"可以说是如新公司的特色。请你结合企业实际,具体谈谈如新的"员工制"直销模式和相关的经营服务模式。

邱锦云:好的。凡是加入如新的销售人员都必须签订劳动合同,即拥有底薪和"四金",这个模式对海外以直销为主的公司来讲都是不可思议的,因为一般的海外直销公司是不以直营店或者说聘请签了劳动合同的职工来做这样的事情的。

销售职工是我们的职工,公司对销售员工有更强的约束力,我们可以对不规范的销售员工的活动解除劳动合同;同时销售员工跟公司签订了劳动合同,就产生了双方的劳动关系,形成了对公司的忠诚度和向心力,这就能促进我们企业的稳健发展。再加上我们的直营店是直接面向消费者,销售职工能很好地服务于广大的消费者,使消费者对于购货、退换货的任何要求都得到了满足和保障。我们没有拿到牌照前是非常坚持这样去运行的,尽管这样我们的固定成本在其中比较高。

同时,我们要把兼职直销员招募和培训工作做好、做规范,还要做大。中国政

媒体眼中的直销

府制定了单层次的直销,也开放了直销,跟国际接了轨,我们就要用好"兼职的直销员"这条腿,实行"两条腿走路"。

陈亮:如新和雅芳在美国股票市场这段时间出现下跌,专家分析雅芳是因为公司在中国市场直销出现了一定的混乱,如新出现销售业绩的下降,其原因也是这样吗?你认为如新如何避免雅芳公司遭遇的"专卖店和直销员冲突"的难题?

邱锦云:这一点我们比较幸运一点,我们并没有像雅芳那样在全国各地有7000家加盟店,在拿到直销牌照后必须考虑这7000家加盟店的出路。另外这7000家确实是以零售、批发为主,雅芳如何把它经营了这么多年的"加盟店"概念变成"直销员"概念,我相信这是对它最大的挑战,因为涉及到制度、文化、模式等诸多方面的改变。

我们目前的专卖店都是如新直接投资的直营店,不是加盟连锁店性质。过去三年多加入我们的人员也成了如新的销售职工,签定了劳动合同,他们并不是兼职的,因此我们就不需要面对改制。这6000名专职职工平时在店铺里销售,招聘的兼职直销员在店铺以外销售。因此,我们认为可能不需要面临像雅芳公司一样的问题。

"三步到位"谋划如新发展

陈亮:第二批牌照现发了六家,其中如新公司的直销允许地区主要是上海本部的八个区,请问报送材料时如新申请了多少网点和可销售的区域?你们是如何考虑"从区域到全国"的经营的?如新接下来关于服务网点的建设有怎样的计划?

邱锦云:我们当时申请的时候是以上海为主作为我们申请的区域,最主要的原因就是我们想分成三个策略性的区域来进行申请和单层次直销。第一个就是现在已经得到允许的在上海先试行;三个月之后,我们在浙江省、江苏省、福建省、广东省和北京申请实行;第三步我们会将目前全国的102个城市所有的有店铺的地方完全覆盖。

这种保守的经营策略是我们一贯的作法,从2003年起公司的专卖店就是逐步增加的,到今天已经覆盖了全中国,这说明了我们整个发展策略不是一步到位,而是"三步到位"的。先在上海试点的经验会给我们带来很多回馈,让我们做一些调整,然后紧接着我们就会按计划向其他城市扩展。

根据《直销管理条例》规定,上海的每个区我们都要设一个服务网点;从全国情况来看,我们估计要有2700个服务网点才能全部覆盖,才可以进行直销活动,我们打算这样做。一些有店铺但还没有服务网点的城市我们也将设立服务网点。如新

第五部分
奥运年里看直销

将会在未来的4个月内设立100个服务网点，2007年我们的目标是900个。我们也会继续开设如新专卖店，希望在今年底时达到180家左右，明年还会增加20家。到那时，如新就有200家自己开设的专卖店和1000个服务网点。

陈亮：直销业除产品外，更为重要的是直销队伍，谁先拥有直销人员、开展直销业务，谁就先抢占了市场。请问如新公司在招募直销人才方面是怎么考虑的？你们又如何监管直销员，进行企业自律？

邱锦云：如新招聘直销员，在上海大约有8个区可以做试点。保守地估计，我们将在试点区域里招聘到3000～5000名直销员来做兼职。

同时，监督和管理直销员也是公司发展策略的一个管理程序。监督直销员有三部分：第一，就是企业如何规范兼职的直销员；第二，每一个符合《直销管理条例》规定的人员加入如新成为直销员都要持证上岗，直销员销售时不能要求消费者的最低产品购买量，也不能进行"购买如新公司产品能在短时间内成为富翁"等的夸大宣传，这些都是不符合直销管理规定的，这样即使他拥有上岗证也是不合格的；第三，凡是被国家批准的可以进行直销的企业的信息都必须在网上公开，这就包括直销员的信息，利用我们设定的兼职直销员的热线，也可让消费者来监督他们。（原载《成功营销》）

蚁力神：神秘营销冲刺"紫牛"企业

7月19日，对于直销行业来讲是几家欢喜几家忧的日子，因为商务部批准了第二批获得直销牌照的企业，蚁力神、如新、珍奥、宝健四家企业上榜。辽宁省蚁力神天玺集团在人们的意料之外获得直销牌照，引来业界更多的目光。

该企业究竟有怎样的实力赢得了中国内资企业的第二批牌照、成为中国的"紫牛"呢？

获牌的背后

辽宁省蚁力神天玺集团是一家1998年开始以生产蚂蚁保健品著称的民营企业，在公司的网页上可以看到，集团下设沈阳市鼎鑫科技实业有限公司、辽宁煦焱蚁力

媒体眼中的直销

神蚂蚁养殖有限公司、辽宁帝豪蚁力神销售有限公司、百田进出口贸易有限公司、辽宁瀚文广告有限公司5个子公司和中外合资长港蚁宝酒业有限公司、辽宁铸峰房地产开发有限公司2个独立公司，以及集团直接投资的全国300多家专业销售分公司。

自从蚁力神拿牌后，对于这家企业的获牌说法就很多，有人甚至在寻找这些企业获牌的背后的故事。但这牌照的背后，却是实力的支撑。

辽宁省蚁力神天玺集团以被人们称为"营养宝库"的拟黑多刺蚂蚁为主要原料，开发、研制、生产、销售"蚁力神"系列功能性保健食品。目前，经国家相关部门严格检测与审批，已经在全国上市销售的有6种产品：抗疲劳型的蚁力神牌蚁力胶囊，免疫调节型的蚁力神牌滋补酒，改善睡眠型的蚁力神牌健眠胶囊，美容（祛黄褐斑）型的蚁力神牌蚁容胶囊，延缓衰老型的蚁力神牌颐养胶囊，调节血脂型的蚁力神牌粒粒清胶囊。目前这六种产品已被国家商务部批准为直销产品。

企业不惜巨额资金引进了先进高科技生产线，并组建由国家院士等著名医疗保健专家组成的生命科学、生物工程、营养学、中医药学的国家级专家智囊团，设立了蚂蚁工程研究中心，采用国际上领先的超临界萃取提纯技术，实现了蚂蚁制剂食用科学化、营养最大化，为企业的未来发展打下坚实的基础，力争"把小蚂蚁做成大事业"。

2003年，行销大师赛斯·高汀推出了自己的力作《紫牛》，他提出唯有让产品成为产业中的紫牛，才有可能与众不同、出类拔萃，在不消耗大成本的广告运作下，让企业达到市场规模。紫牛所揭示的真正含义，即：平庸总是导致失败，创新才是商业竞争中颠扑不破的真理，以大胆的创意冲击传统，挑战传统的极限。

事实上，近几年才发展成链条式集团化企业的蚁力神，虽说企业比较"年轻"，但却以"紫牛"式的理念打造了一个坚不可摧的蚂蚁产业王国。老赵一句"谁用谁知道"，极力营造了一种惹人遐想的神秘语境，给蚁力神产品带来极大的品牌影响力，蚁力神也就成了家喻户晓的品牌。但是作为一个发展才几年的保健食品企业能取得如此的成绩，更多的人会思考这个企业自身的精神理念和发展实力。

本着"发展健康事业，奉献人类健康"的企业理念，坚持打造以蚂蚁为主的中国传统医药养生文化。在原材料的提供上，蚁力神也没有像传统企业那样去做，而是采取同养殖户合作的方式，在达到"双赢"的基础上，实现了产业链条的稳固链接。六年过去了，蚁力神天玺人用成绩证明了蚂蚁产业大有可为。

第五部分
奥运年里看直销

直销起步走

正在外界猜疑蚁力神"幸福来得太突然而导致各项准备不充分"时，记者了解到，2005年11月份直销法律出台时，蚁力神已经有了充分的申报准备。针对直销申报，该集团没有"高调介入并立即起盘"，而是暗自筑着平台、扎实做着准备，"为的是今后把直销市场做得更好"。

蚁力神虽然前期没有直销经验，但也没有直销转型企业的包袱，如果企业按照《直销管理条例》模式合理经营自己的市场，遵守国家商务法令，相信能起到不错的成效。

现在，商务部直销行业管理信息系统网页上已经公布了蚁力神的直销信息披露网站、企业从事直销的地区和用于直销的产品目录。蚁力神公司被允许设立的分支机构名称为辽宁省蚁力神天玺集团有限公司辽宁分公司。现在，"蚁力神该忙业务员的招募了"。

记者获悉，为了有效地衡量不同直销员职业水平的差距，蚁力神公司也制定了蚁力神直销员佣金计酬制度。根据记者得到的规定显示，公司也特别强调，支付给直销员的报酬只能按照直销员本人直接向消费者销售产品的收入计算，不得超过直销员本人直接向消费者销售产品收入的30%，禁止在直销员酬金计算中出现团队计酬的行为。

按照申报标准，它的注册资金是8200万元，拥有先进科技的生产厂区，并缴纳了足额的保证金，从经营以来无任何违法违规现象。这些条件是蚁力神申牌成功的必要条件。现在，政府部门批准蚁力神集团招募的直销员可在辽宁省内的14个市行政区域内的19个区、县（县级市）从事直销活动。而这19个区（县）的商务主管部门均已对蚁力神集团设在其行政区域内的服务网点方案予以了认可，辽宁省商业厅予以了确认。

蚁力神集团董事长王奉友表示，以销售公司为龙头，带动蚁力神建立以消费者为导向的管理流程，并以此来指导生产和原料供应，是快速稳步发展的好路径。直销业务批准后，王奉友将带着他的团队进入新的战场。届时，传统经销商不可避免地与直销员的冲突，又将是人们关注的热点。湖南营销学院名誉院长龙传人教授就表示："传统医药企业进入直销领域都会面临销售渠道的矛盾，蚁力神也不例外。"

熟悉王奉友的人都知道，他是一个办事沉稳、思想活跃、善于应变的领导人，相信他在今后的"协调"中，一定会"艺术地处理"。

媒体眼中的直销

"蚂蚁王朝"的后劲

据了解，目前蚁力神有自己的蚂蚁养殖公司，蚁力神集团的很多岗位解决了很大一部分人的下岗再就业问题。

科学鉴定，公司采用的主要原料拟黑多刺蚂蚁，体内蛋白质含量为46%～67%，是黄豆的10倍、牛肉的2倍，同时含有28种游离氨基酸、多种维生素和微量元素，营养价值极高，我国著名营养专家于若木曾对此予以肯定。

王奉友向记者表示，蚁力神未来5～15年的发展方向，即坚持以蚂蚁资源的深度开发为主营方向，近期内做大做强"蚁力神"品牌，实现单品牌的精品战略；中远期内整合行业资源，适时向生物药业发展，实现保健品和药品的双品牌战略，将天玺集团做成蚂蚁资源产品的龙头企业。而在产品研发上，还将陆续向市场推出具有调节血糖、耐缺氧、调节血压、对化学性肝损伤有辅助保护作用、改善胃肠道功能等系列功能性保健食品。"计划到2008年，使集团成为蚂蚁资源产品的一流企业，成长为中国民营企业的典范。"

企业文化与企业发展相辅相成。王奉友深知，蚁力神只有诚信经营，做产品讲质量才能求生存，讲信誉才能大发展。保健品的生存根本在于其功效被消费者认同，也就是在于产品的诚信度。"天玺集团的目标是想把企业做成百年老店，建立以诚信为核心的企业内核，积极稳妥地进行市场化运作，销售健康产品，奉献天地间。"

同时，蚁力神集团还积极参与慈善事业，力争做一个好的企业公民。从1998年到现在，蚁力神集团向福利事业捐助和资助体育事业、公益事业的事例不胜枚举，捐助款项及实物价值上千万元，在辽宁公益事业的大小名单中，总能看到蚁力神集团捐款资助的名字。

在"感动沈阳"慈善评选活动中，蚁力神企业又获得了"慈善贡献奖"的称号，对此，王奉友表示："一个企业和企业家要有爱心，有社会责任感，应该树立一种利他主义价值观，自觉地注重社会道义，自觉地参与社会公共事务管理，扶贫济困，把从社会得到的利益再回报给社会，这才是一个企业公民的核心价值体现。"蚁力神成为了"2006中国网友喜爱的十大品牌"之一；2006年7月29日，王奉友获得了"2006中国民营企业产业领袖人物"称号。

公益事业、社会荣誉让"蚁力神"充满了后劲，更为直销事业的发展带来了生机，蚁力神天玺集团这一"蚂蚁王朝"，也将在今后的经营中蓬勃发展。

第五部分
奥运年里看直销

宝健：在低调中发展

作为北京第一家直销企业，在经历了行业政策的几轮调整以及国际金融危机等各种考验，宝健依然保持经营业绩19年持续增长，用良心、信心、耐心、责任心的"四心"理念证明了属于宝健人的精神。

2015年4月29日，是宝健19岁的生日。但这一天对于宝健来说，除了内心的激动与欣喜之外，再无其他。宝健的低调，让人很难将其联想成一个具有几十亿元品牌价值的直销企业，成立近20年来，宝健更像是一个普通人，每天的生活虽平淡却幸福。就如宝健总裁李道常说的那样，宝健和代理商的关系就像夫妻，代理商主外，像"老公"，宝健主内，是"老婆"。

低调做企业，高调做责任

在直销界，品牌推广已经成为企业发展所不可或缺的组成部分，但对于一向奉行务实作风的宝健而言，即便具备得天独厚的优势，也不应过分张扬。从进入直销行业的那天起，宝健就没有用铺天盖地的广告美化自己，没用闪耀的明星代言来照亮自己，但19年来，宝健公司的营业额在资本额中占比、公益捐赠在营业额中占比均在同行中名列前茅；企业利润留在国内用于持续发展的比例在同行中领先，累积纳税数十亿元，累计公益捐助超亿元……很多人都非常好奇宝健是如何做到这一切的，但是每次问起，宝健方面的回答似乎永远是："稳扎稳打，努力实现新跨越。"而实际上，这也正是这19年来，宝健一直坚持的的企业原则。

宝健总裁李道表示，直销本身就不应该高调，这是由直销行业的性质决定的。传统销售渠道中花费最大的当属广告成本，直销就是将传统销售渠道中节省出来的利润转成直销员的收入，依靠口碑宣传。因此，低调应当是每一个直销企业都应当遵循的生存法则，但履行社会责任方面，宝健公司却从中找到自己的根本价值所在。

"企业的社会责任是公司的核心竞争力"宝健总裁李道多次表示，企业履行社会责任，不应当简单地等同于捐款等公益活动，实际上，每个企业都必须完成社会基本责任，而公益是额外的事情，现在很多企业却把两者混为一谈。直销企业履行社会责任的首要任务就是坚决摒弃机会主义，坚持以产品为导向，努力把产品做好，让消费者放心。而一家企业公民参与公益活动，就是要让这家企业中的每一个参与者知道自己的工作多么有价值，进而形成热爱这份工作的动力。

媒体眼中的直销

宝健从创立之初就开始在中国开设店铺，帮助一些大学毕业生和下岗职工就业及创业，成功率高达90%。2009年，宝健作为直销行业唯一一家受邀企业，成为"中国青年创业就业基金会"的发起单位。2013年，中国青年创业就业基金会独家牵手宝健，设立专项基金，首批投入超过一亿元扶持青年创业。该项目倡导创造更多稳定持久的就业机会和保障，用健康和机会帮助身边的人。目前，宝健就业创投业项目已帮助超过10万人实现梦想。

2004年，宝健创新性地提出3个1%公益理念，与中国青少年发展基金会共同成立"宝健自主基金"项目，承诺每年将企业应纳所得税额的至少1%、员工自愿捐赠个人收入的1%、代理商自愿捐赠个人收入的1%投入到"宝健自主基金"。持续以3个1%的固定捐赠汇入"宝健自主基金"，并已招募了10万爱心志愿者。截至2014年，宝健已累计捐建、资助91所宝健希望小学和农民工子弟学校，以1%爱心志愿者个人名义命名的4所希望小学。

品牌靠信任，专业且长久

自主健康是一种观念，即人类与生俱来的自主维护自身健康的机能。宝健公司所有的产品设计、研发和生产都是围绕这种观念进行的，提倡通过为人体补充适当的营养，进而激发人体自主健康的机能。宝健公司在采用国际最新科技配方和原料的基础上，结合中国人的体质、生活习惯和膳食结构，以科学配方，研发出符合中国消费者健康需求的优质产品。

宝健总裁李道曾谈及自己的"原始出发点"，即在中国建立一个专业、长久的健康品牌。这一"初心"决定了他自己的营运战略，也决定了宝健公司的企业行为。他说，为了实现这个最初的目标，宝健公司愿意做出任何的努力，不遗余力地为中国直销的健康发展尽绵薄之力。塑造品牌不是投机，而是需要一步一个脚印，长期稳健发展的决心和信心。

19年来，宝健以生活化的产品，融入普通百姓的生活，得到广大消费者的认可，不仅拥有四大系列近百种产品，还是国内首家推出"长期消费家庭优惠计划"的企业，同时制定了赶超国家标准的"60天无因退货满意保证"、"保质期内质量问题换货"制度，用实际行动履行对消费者的承诺。2014年，宝健推出涵盖睡眠健康、呼吸健康、饮水健康等层面的产品，打造全方位健康体系，帮助国人实现健康美丽新生活。

在2014年12月，宝健的名字由原"宝健（中国）日用品有限公司"正式更名为"宝

第五部分
奥运年里看直销

健（中国）有限公司"，李道表示，更名不仅说明公司的发展壮大，更说明国家和政府对宝健的信任，更名只是一个"小逗号"，未来还有更宏大的目标要去实现。未来，宝健将通过收购与加盟上下游公司，整合上下游产业链，形成协作性的产品链，由产业链的一环变为产业链的核心。

二十岁，正当年。今天的宝健已经拥有遍布全国的分支机构、近千家服务网点，形成了颇具规模的全国性服务网络。未来，宝健将一如既往秉持"初心"，稳健走在自己20岁的辉煌之路上。

中脉科技：着陆直销

2009年6月17日，中脉科技集团在南京举行大型新闻发布会，向外界宣布，中脉要正式进军直销了！会上，集团董事局主席王尤山先生对中脉科技直销业务的蓬勃发展作了肯定与鼓励。道和系统创始人、中脉科技首席咨询顾问周希俭在会上分析了中脉2009年直销业务的战略方向。中脉科技中国区总裁张琦、中国区营销副总裁蒋冬、中国区营运副总裁薛勇等公司领导在会上对于中脉直销业务的启动做了重要发言。

而在8月22日，中脉·道和系统启动暨道和艺术团成立欢庆晚宴又在南京隆重举行。中脉科技集团董事局主席王尤山，道和系统创始人、中脉科技首席咨询顾问周希俭、中脉中国区总裁张琦、中国区营销副总裁蒋冬、中国区营运副总裁薛勇等出席了晚宴。十多家行业媒体和大众媒体又再次聚首，共同见证了中脉科技公司的这一举动。一时间，中脉科技成为媒体争相报道的焦点。

积极创新，蓄势直销

熟悉这家企业的人都知道，中脉科技公司的前身是江苏天宝药业。1993年，公司改制为集团公司，1999年，王尤山以一种难得的创业激情，背负着1688万元的企业负债，创办了南京中脉科技公司，并由一名江苏省纺织厅的处级干部，转身为企业负责人。王尤山相信自己的眼光和力量，选择了在保健器材领域研发自己的产品。早期，公司成功推出中脉烟克、中脉远红外系列、中脉蜂灵等产品，并通过专卖店和广告推广，使"中脉"品牌深入人心。之后，中脉积极创新，将营销重点逐步转

媒体眼中的直销

移到城市社区店和零售终端，以仪器检测和买赠优惠等形式进行现场销售，并逐步形成了具有中脉特色的会议营销模式，使之成为中脉最具赢利性的一种方式。

据介绍，中脉会议营销最成功的典范是在河南。当时，平均一场会议可以收到十几万元的订单。2002 年，中脉通过会议营销在江苏市场的收入就达到了 2.5 亿。之后，中脉科技每年以两倍的速度增长，很快成为中国健康行业的领袖企业。2004 年，中脉科技公司的业绩达到了近 20 亿元。

然而，渠道是不断成长变化的，2004 年后，由于国家相关政策的调整，加上市场的逐步规范与成熟，会议营销遭遇了瓶颈，不复往日的风光。王尤山看到了这一点，并且对于中脉的发展也已经有了清晰的思维，决定将突破点放在直销渠道上。

熟悉营销的人都知道，直销和会议营销有许多相似之处，相比会议营销，直销很好地解决了人的问题和分配问题，因此，比会议营销更具有生命力和延续性。而且，当时的中国直销市场正在逐步开放和完善，直销模式成为中脉科技公司的最佳选择。

政府工作者出身的王尤山，非常注重企业的规范发展，因此，获得直销牌照成为中脉进入直销的首要任务。2006 年 8 月，中脉依托在传统领域中的品牌效应和良好的市场基础，通过实力和规范赢得了商务部颁发的直销牌照。被准予在江苏省 13 个市的 45 个区、108 个服务网点进行直销业务，并可以销售中脉蜂灵胶囊、中脉蜂王浆冻干片、中脉红景天胶囊等 3 种保健品及 35 款化妆品、9 种保健器材。

三次"脉动"，牵手道和

这次中脉科技高调宣布进军直销的消息，引起了业界的普遍关注，是因为中脉科技公司在拿到直销牌照的 3 年期间，虽然尝试过破冰直销，但却一直没有正式启动直销市场。

2007 年，中脉科技高薪聘请业界著名经理人蔡耀光任直销总裁，蔡耀光带领管理团队筹备数月，投入几百万元的资金，却没给中脉科技带来任何回报，用中脉当时一位负责人的话来说，"这是由于公司缺乏对经理人的全面了解，对其特长、专业都缺少慎重考虑，而且当时对国家政策和市场没有做充分论证"。与职业经理人的合作失败后，到 2007 年底，中脉科技选择新加坡全美世界作为合作伙伴，希望依托全美世界的雄厚实力进军直销，但是当时全美世界并没有在中国内地开展直销业务，也没有在中国内地直销市场的运作和管理经验，因此双方无法找到最佳的结合点，最终还是未能正式合作。当然，当时资金方面未到位也是一个问题。

第五部分
奥运年里看直销

王尤山有足够的耐心,他知道中脉科技需要的是一支契合中脉企业文化与发展愿景,并且具备较强的中国内地直销市场管理经验和资源整合能力的专业团队。2009年,"缘分"使中脉与道和系统走到了一起。道和系统的"要打造全球最受尊重的直销系统"的文化,和中脉"要打造让世界尊敬的直销企业"的愿景不谋而合。

8月22日,王尤山在为中脉·道和系统启动暨道和艺术团成立欢庆晚宴上的致辞中也谈到,中脉在2006年获得直销牌照,三年没有启动,就是在寻寻觅觅,探索适合中国法律条件的营销模式,寻找与中脉文化相适应的系统。而道和系统文化与中脉科技的企业文化有很大的相同之处,道和系统是以中国传统文化中的"道、德、礼、学、志、律、授、和"来指导和规范发展方向的,与中脉科技公司崇尚的伙伴文化一脉相承,有非常好的融合性。

道和系统创始人周希俭也在晚宴上表示,企业要有根,团队要有魂。道和坚持"道行天下,和谐共生"的理念,与中脉公司"共创与共享"的核心价值观如出一辙。经过多年积累,道和系统集中华悠久的国学文化之大成,融合互联网、商业网、人际网、教育网的优势于一体,形成了"四网合一"的运作模式,能够为中脉事业发展提供强大支持。

规范框架,稳健发展

也许,中脉·道和系统的启动将成为直销行业的一大壮举。但是接下来的直销业务和公司管理,将是摆在双方面前的实实在在的大事。

在公司的管理层方面,据记者了解,道和系统与中脉科技正式合作后,周希俭出任中脉科技首席咨询顾问一职,业界管理三杰张琦、蒋冬、薛勇分别担任中脉科技中国区总裁、中国区营销副总裁以及中国区营运副总裁,具体进行中脉科技的日常事务管理。道和系统全体销售队伍都将融入承担中脉直销使命的中脉旗下,负责直销销售的工作。至此,中脉科技终于正式着陆直销,并且有了一个明朗的开端。

新的中脉高层一再强调,公司不会单纯追求市场的短期爆发,而是期待一种建立在规范框架下的健康、稳定的发展。

在市场运作模式方面,中脉科技提出了体验营销、网络营销、店铺营销和会议营销为一体的市场运作模式,它们将集合强大优势,为每一位中脉的直销商提供更加优渥的事业良机,以"万家连锁"的品牌化运作开创中国直销新模式。接下来的三年,中脉科技将加快"中脉能量远红外健康生活馆"的建立和分公司的开设,以

媒体眼中的直销

店铺连接人际网络，以人际网络打开市场终端，以体验促进产品推广，实现中脉直销事业的健康、稳定发展。

产品方面，中脉科技的产品范围包括四大类，中脉远红失眠治疗器具（中脉健康床垫）、中脉远红镇痛护具套装、中脉牌红景天胶囊、"和竹"牌竹纤维纺织品等各种健康产品，从吃、穿、用、睡各个方面为人类带来健康新方法。可以说，中脉能量健康产品，呵护消费者的身心健康。中脉科技高层表示，公司核心产品是床垫，以床垫为基础，初期的中脉直销将主推寝具系列，等积累了直销经验并打开了局面后，中脉科技进一步将直销产品序列延伸至健康食品、化妆品、个人保养品和洗涤用品等。

现在，中脉已经与道和系统正式合作了，并在市场运作、产品和制度方面有了系统的战略和规划。我们希望中脉能够成为中国民族直销企业中的一支新生力量，实现"挺起民族直销企业脊梁"的目标！而眼前中脉的直销事业，将乘着中脉·道和系统的合作远航……

宁波三生：让直销产品家庭化

宁波三生能够赶在诸多直销转型企业之前第二批获牌，成为浙江省首家获证的直销企业，这多少让其他还未拿牌的企业感到羡慕。作为以港资身份入场的"运动员"，雄厚的资金支持和强劲的发展态势让宁波三生显得稳重而自信。

公司占地 18000 平方米的一期工程已投入使用，占地 566 亩，投资 10 亿港币的三生健康产业园工程正在建设中。这个位于宁波市内的大型项目，未来将是三生公司直销产品的又一个生产基地，同时也将成为亚洲最大的保健品专业生产基地之一，它将为市场提供源源不断优质健康产品。

让保健食品走进千家万户，真正生活化，真正为普罗大众健康服务，一直是董事长黄金宝的心愿。他在接受本刊记者采访时表示，保健品的家庭化，是未来消费的一种趋势；以御坊堂牌海狗丸等拳头产品为导向，销售家庭化的直销产品，并不断进行深度开发和巩固，这就是三生对未来的市场营销规律的独特理解和战略定位。

传统营销奠定发展直销的基石

第五部分
奥运年里看直销

宁波三生日用品有限公司（以下简称宁波三生）成立于2004年4月，是由香港御坊堂药业集团有限公司投资兴建，专业从事日化产品、健康产品的开发、生产和销售，在全国设有16家分公司，控股宁波御坊堂生物科技有限公司。

"虽说宁波三生成立较晚，但我们感到此时进入直销正是时候。"同时兼任香港御坊堂药业集团有限公司董事长的黄金宝表示。

2001年6月，香港御坊堂集团投资内地后成立了宁波御坊堂生物科技有限公司（以下简称宁波御坊堂）。考虑到当时"并不是进入直销的最佳时机"，该公司还是谨慎地选择了传统的药店（OTC）渠道销售产品。之后，宁波三生公司成立，为了建立合理的企业架构，宁波三生控股宁波御坊堂，逐步构建起了以三生公司为核心、以宁波御坊堂为专业产品研发和生产机构的企业发展格局。

"2001年到现在整整五年的时间里，我们从思想准备到架构建设及商标注册和市场布局等多方面都做好了相应的工作，"黄金宝自我评价说，这五年来的工作是积极而有效的。

事实证明，也正是有了他们这几年的准备和努力，再加上申牌时递交材料的成熟程度，与政府部门保持着良好的沟通、工作做得比较到位，公司在市场上口碑比较好、少有负面新闻，这三点原因使宁波三生拿到直销牌照理所当然。

御坊堂在传统渠道有着良好的业绩，但集团上下都一致非常看好直销这条路，并倾全力去拓展和运营。这不被很多人所理解，认为公司有很好的传统渠道，现在为什么还去"趟直销的浑水"？他们的原因是，雅芳等多家著名直销公司业绩都在下滑，直销也是很多企业在公司经营无法维持后才考虑的，而三生却是在传统渠道单品占有率高达10%的情况下进入直销。黄金宝解释说，健康食品是今后的朝阳产业，他和他的团队都坚信"直销健康"的未来。直销这种以服务为主导理念，采取一对一、一对多互动沟通的营销方式，更能迎合消费者个性化需求和对服务更高层次满足的心理渴求。

抱着这样的理念，三生摒弃了很多企业进入直销领域时急功近利的思想，而是凭借着在传统渠道积累起来的雄厚实力和务实精神，欲将直销这条通路走得更加踏实而稳健，让三生成为一家永续发展的企业，让公司的产品和理念更大范围地服务于中国百姓。

于是，今年8月18日国家直销许可证批下来后，宁波三生就在传统营销积累起来的稳固基石上开始了稳健的直销之路。据悉，宁波三生目前拥有200多个产品，

媒体眼中的直销

但是这次上报核准的直销产品只有 15 个。对此，公司相关负责人介绍说，很多产品在国内市场竞争很激烈，可能并不适合一对一的直销方式，我们把更具有针对性、适合直销的产品上报，多数是公司的拳头产品，同时公司将逐步向国家申报更多的产品，满足直销市场需求。

让保健食品家庭化和生活化

对于中国保健品市场，黄金宝不仅情有独钟，更有其独到的见解。他说："纵观中国保健品市场，不论是成功的品牌，还是失败的品牌，究其原由可谓仁者见仁，智者见智。但我认为，成就一个保健品品牌并使之深入人心，消费者愿意长期消费，应具备两个方面的条件，其一是立足中医传统养生文化，其二是保健食品必须家庭化和生活化。"

宁波三生无论是传统的系列保健品，还是近年开发的日化用品，都显示出了"融贯中西，传承创新"的独特个性——以中医养生文化为根本，借鉴和吸收西方现代保健理念作为补充，引进现代高尖端生物技术作为实现手段，将中西保健养生理念的优点有机地结合起来，使这两者既得以互相补充又可以各显所长。而如何让这种优质产品更加家庭化和生活化，则是他们积极考虑的一个方向。

中国保健协会保健品市场工作委员会委员于斐表示，自 2000 年起，保健和日用产品就开始了以服务为导向的家庭销售攻略，而消费对象主要以有闲的中老年为主，宁波三生提供的提高免疫力、补充多种人体维生素及矿物质的保健产品，非常适合家庭化销售。黄金宝对本刊记者说，对"家庭化"的理解，一是让每个家庭都使用保健日用品，并且开发出适用于男女老少皆宜的产品，二是直销产品可以家庭作业，让消费者都到家里来，把家作为例如商店等购物场合的交易地点，便于灵活销售。

接受记者采访的部分专家都认可这种观念，但同时他们强调，走进家庭与百姓生活的重要基础是产品确有功效。对于购买健康产品的顾客而言，他们最看重的价值其实是产品的品质和功效。

作为集团老总，黄金宝也认识到，现在早已不是仅靠一两个产品就能打天下的时代了，纵观保健品市场的现状，单个产品的生命周期已经越来越短，企业要追求永续经营，必定要在产品研发上投入大量的精力，在研发上对产品种类和品质给予保障，才能使企业获得持久的活力和永续的发展。

据记者随机调查，在批准直销的宁波市 11 个区县内，消费者都非常认可宁波三生的产品。"做保健品就是做质量!"这是记者在宁波三生采访时听到的最多的一句话。据悉,三生公司先后与国内外多家科研机构、院校合作,成立了产品研发中心,在科研上建立了一支有多位生物学家组成的科研队伍,确保产品的质量上乘。

"抓质量重在抓环节",宁波三生现有生产环节均做到了严格控制和检测,采用了大量国内外先进的设备,生产自动化程度在国内已经达到了相当先进的水平,并采用了国际最先进的GMP生产标准和ISO9001:2000质量管理,对生产的人员、设计与设施、原料、生产过程、成品贮存与运输以及品质和卫生管理方面的基本技术等都做了细致而严格的规定。

加大公司对市场全面系统的支持

"董事长有一个良好的事业心态,他一再强调将把今年的所有利润全部投入到市场的营销运营中去,大力提高公司对市场全面系统的支持。"公司的员工对黄金宝钦佩有加。

据介绍,三生在2005年4月26日开通了功能全面、安全的电子商务系统,实现了专卖店管理电子化,实现了业务管理"公开、公平、公正"的目标,这套系统投入资金100万元,在整个行业中算得上比较出色的一个系统。

最为人称道的是三生结合海外公司和国内名企的服务经验,建立起了自己独具特色的售后服务体系,公司指派专职人员进行市场跟踪,收集信息并及时将信息汇总带回公司售后服务中心,建立有效档案。

根据营销学的理论,直销应该包括市场(战略层面)、销售(战术层面)、客户服务和营销管理四个方面。宁波三生在前两项中,以黄金宝为首的管理团队睿智进取,以经销商的热情营销,取得了不错的市场效果。而在第三个方面,目前国内企业做得普遍还不够,宁波三生能花大气力服务于客户,这确保了公司对市场强有力的支持。营销管理则始终贯穿其中。

而三生健康产业园的建设,更是加大了公司对市场全面系统的支持,这不仅是扩大利润的一个方法,能使产品尽快对市场大面积地覆盖,也是三生长远规划、永续经营理念的体现。按照设计,三生健康产业园的年生产能力将达到180亿元人民币,其强大的生产能力将足以保证为整个亚洲市场提供丰富的产品。

值得说明的是,作为一家追求永续经营的民族企业,三生公司始终在寻求自身发展和社会责任之间的平衡点,他们认为,"只有在自生发展中做到经济效益和社会效益并重,才能真正成就永续的动态平衡。"在"三生"文化的指引下,公司不仅积极投入社会公益事业,而且致力于将健康和谐的生活方式带进千家万户。"三生所销售的不仅仅是健康产品,更是健康理念和健康生活方式。"为此三生举行了多场以"饮食与健康"为主题的健康知识讲座,推广"平衡膳食"的健康饮食理念,孜孜不倦地当起了大众的健康使者。

"健康是生存之本,家庭和谐是生活快乐的源泉,事业成功,回报社会才会有生命的价值。"黄金宝表示。

新时代:文化节行销

6月前后,一场文化宣传和普及活动正在新时代健康产业集团(以下简称新时代)内展开。

据介绍,已于2006年8月16日获得直销牌照的新时代,为了迎接其十二周年庆典的到来,特在全国国珍专营店范围内开展日常性、群众性的文化活动,并以此为基础策划举办首届国珍松竹文化节。

此次首届国珍松竹文化节的主题是"松风竹韵和谐行",它将通过分散和集中相结合的方式,开展各类相关活动,充分实现消费者参与、销售员借力、专营店聚气的目的,积极有效地推动市场的和谐、健康、快速发展,希冀成功地弘扬国珍松竹文化与传播中华的养生之道。专家评价说,这是一场经典的文化节行销,它将极大地推动新时代产品的销售和企业整体文化的提升。

"松风竹韵和谐行"

新时代健康产业集团历经十二年的发展,松竹文化已经成为新时代文化的重要组成部分,得到了广大消费者和新时代人的普遍认同,新时代举办首届国珍松竹文化节也顺其自然。

新时代副总经理助理王宁向记者介绍说,为了充分展现新时代独特的文化魅力,进一步提高国珍产品的品牌竞争力,公司将于2007年开展"首届国珍松竹文化节",并从2007年起以"国珍松竹文化节"的形式进行每年一度的7·18周年庆典活动。

第五部分
奥运年里看直销

一直以来,新时代都强调"三大"(大事业的目标、大市场的胸怀、大家庭的感受)和"三卓"(卓越的经济效益、卓著的社会效益、卓然的职工队伍),这成为新时代人的追求。确立的"新时代文化纲领",即企业文化的理念体系,共包括五个部分:一是新时代人的追求;二是新时代人的经营宗旨;三是新时代人的总体经营理念;四是新时代人的圈层工作理念;五是新时代人的经营之道。

而此次开展国珍松竹文化节的企业文化建设,将直接把企业文化提升到一个全面的高度。

据了解,"松风竹韵和谐行"的主题,将松竹精神与新时代和谐文化、国家倡导的和谐社会融为一体,既体现了公司文化与社会大背景的一致,又体现了以文化的优势在行业的引领地位。王宁介绍说,"行"是主题中的关键,可解释为行动,是指新时代人作为松竹精神的代言,行动起来开展松竹文化的普及和健康理念的宣传;也可解释为行进,是指新时代人要在更大的社会范围内大力弘扬中国食养文化,以推动社会的和谐发展。

根据首届文化节主题,结合自身特色各地设立分主题。活动形式强调专营店、分公司、集团公司三位一体的互动。专营店是活动的主体,独立或联合开展经常性的文化活动;分公司是活动的协调者,负责指导、组织和协调区域市场的文化活动;集团公司负责活动的总体策划,并指导和协调分公司,为区域市场的文化节活动提供支持和帮助。

国珍松竹文化节要打破传统文化节只注重举办活动两三天的做法,而是注重日常的普及和推广。在新时代的网站上可以看到,自新时代健康产业(集团)有限公司3月21日发出举办首届国珍松竹文化节活动的通知以来,全国各地的国珍专卖店纷纷组织当地的经销商,开展了形式多样的活动,有松竹文化之旅、"八荣八耻"巡讲、群众体育运动、专家健康课堂、泰山文化之旅、体验植树活动、知识演讲竞赛、文艺才艺展示等等。

对此,新时代总经理黄永刚在第四期内刊《国珍》的卷首语中写道:"一个企业的文化,是企业的灵魂。在这百花齐放的春日启动首届国珍松竹文化节,弘扬了中华文化,汇聚了市场人气,更为树立新时代文化品牌形象增添了光彩。这是一首文化的赞歌,也是新时代魅力的最好展现!"

国珍专营联动神州

● 媒体眼中的直销

记者了解到，这次文化节的主题都是各地以"国珍专营"店铺为主，各专卖店可因地制宜，结合自身条件开展单项活动、日常多项活动和区域联动多项活动。最后新时代健康产业集团在7月18日前后在北京正式举办首届国珍松竹文化节的开幕式和相关报告会。

1995年，松花粉上市走的是传统模式，投入极大，但每月全国的销售额仅仅只有5万元人民币。企业要发展，其销售模式必须根据市场而改变，这是一个永恒的法则。直销模式在保健品营销方面肯定有其特定的长处，而直销衍生出来的恶疾又必须剔除，那么有没有一条可以扬直销之长又能避直销之短，既符合我国当前国情，又满足新时代企业性质和经营宗旨的路子呢？

后来新时代在充分调研的基础上，结合自身特点独创了从1998年"禁传"以来一直到今天还在沿用的具有新时代特色的营销模式——国珍专营。用新时代健康产业集团原董事长殷鹤声的话来说就是："立体开发，全方位经营。"

"国珍专营"是在吸取直销模式优点的基础上，创立了既包含先进服务营销理念，又保持传统国企良好品质和信誉的独特的产品流通方式，集合传统市场和直销行业的特点，率先在国内实现了店网结合的全面营销模式。它的市场表现形式为，公司通过特许方式，与国珍专营店形成业务与利益的联盟，销售员由公司统一管理，接受培育与服务，国珍专营店成为新时代面向市场的窗口，为所有加盟者提供事业平台和保障。以店铺为依托是在中国开展直销的必然趋势，可以从根本上保障消费者的权益，也能让社会看得见，行业管得了，老百姓也放下心。

著名直销业专家、北京商业管理干部学院教授王义在评价新时代成功的原因时表示，坚持办店也是新时代成功的主要原因，并且这些年对办店的节奏把握得比较适度。专卖店是新时代的一大特色，新时代在中国甚至世界直销业是第一个提出店铺经营的。1998年4月10日国务院发布"10禁令"，而在这之前新时代就已经推出了"新时代专营店体系"；同时，新时代在经营中侧重零售，消费者重复消费较多，所占销售业绩的比重也比较大。

而此次的活动，在不到短短的3个月内，神州境内北至辽宁、南至昆明、东至浙江、西至乌鲁木齐，从中华五千年食养文化中汲取营养的新时代人，此刻更是以充足的自信、极大的热情投身于传播松竹文化的行动中。各种活动如同雨后春笋般层出不穷，向市场奉献了一场场精彩纷呈的文化大戏。

第五部分
奥运年里看直销

松竹精神的文化行销

新时代集团是于1980年经国务院、中央军委批准成立，在国家工商局登记注册，总部设在北京，以中国新时代控股（集团）公司为核心，以12家全资、控股企业为紧密层，以19个省、自治区、直辖市的88家军工集团、公司、工厂为半紧密层的一家具有军工背景的"红顶"企业。

拥有军工企业的雄厚实力和松花粉产品的天然品质优势，新时代健康产业在发展规划中，把做强作为战略的基础。现在已发牌的内资直销企业中，很多人都把新时代视为内资老大。拥有官方背景的新时代，可为民族直销业、民族企业以及民族直销人士找到一个更为可能和更为稳定的未来，这和新时代直销人的利益绝对保持一致。

新时代健康产业从单一的"国珍"松花粉，目前已发展成为以松竹两大系列为主打产品的30多种上市产品，除保健品外，还开发了含有松花粉的护肤品。在新时代未来的五年规划中，将利用3～5年时间，研发上百种自产、自销的产品，并通过多元化产品的开发，以达到稳健消费市场、扩大消费市场的目的。

新时代集团现在对企业文化的宣传，可以说是直接承载到对松竹精神的宣传中，而"国珍"则成为松竹精神文化的强力品牌。正是松竹这种永不言败、持之以恒的精神，让新时代人在十年的发展道路上，以其鲜明的特色，独有的魅力，默默耕耘，厚积而薄发，走到如今第二次腾飞的前沿。

新时代总经理黄永刚说："某种程度上我甚至有些感谢现在中国直销业的混乱，因为这造就了一个天然的淘金场。大浪淘沙，去芜存菁。新时代肩负国企改革和军转民实践的重大职责，进入直销行业中更是代表着一种为直销正本清源、寻找适合中国特色之路的先行者。这是我们区别于外资、民企而特有的民族责任与情感，更是代表一个国家民族的意志而产生的无法复制的生命力。我们希望下一步陪我们一起走过并分享胜利的是一群经得起考验，有远见的人！"

目前，新时代健康产业要求新时代人必须会唱两首歌：一首是《国歌》，一首是《走进新时代》。这是要求新时代人时刻铭记振兴民族产业的历史使命和自己肩负的重任。"总的说来，所有人在面对转折期变化的时候，最终做出什么样的选择取决于当时的心态，而不关于他的本质。这就叫'一念之差'。"黄永刚认为，正是意识到这一点，所以新时代也并没有放任市场的这种自动淘汰方式和结果，他们积极辅以非常人性化的方式，希望让更多曾经为新时代事业做出过杰出贡献、曾经信任过新时

媒体眼中的直销

代公司的人有分享美好未来的机会。

安利：单层次"范本"

在获发直销牌照十天后，安利就来了一次漂亮的"转身"，一直以多层直销为代表的安利，此次"彻底"转变为单层次。

此次安利公布的《安利（中国）新业务制度》方案（以下简称《制度》），将为绝大多数多层直销企业所学习。在国家的法律框架之下，安利的新模式究竟如何回避法规禁止的"多层次"和团队计酬等敏感问题，也成为业界关注的重点。

记者注意到，构建的完善的教育培训体系、推出全新的营销员工制度及广设服务网点将成为安利新业务模式的重点。同期，《安利（中国）直销员十项警示》成为内部员工的必读物。资深直销专家胡远江分析，新的安利模式某种意义上代表着中国式直销的方向。

安利转型范本

从商务部放行"转型企业"的情况来看，安利可直销的区域多于玫琳凯和完美，仅次于先前的雅芳。而据了解，在这些获批直销经营许可的区域，安利此次新的直销模式中设置了直销员、营销员工以及服务网点负责人三种身份，以"为销售代表提供全新的职业发展通路，商德及工作表现良好的销售代表将有机会被聘用为公司营销员工，在公司专业系统的培训下，获得不断地成长。"

今后，获得安利（中国）颁发的直销员证的直销员将以本人销售产品的收入获得报酬，报酬总额（包括佣金、奖金、各种形式的奖励以及其他经济利益等）不超过销售代表本人直接向消费者销售产品收入的30%。而具有一定安利销售工作经验、商德操守及工作表现良好、在连续6个月内有任何3个月的净营业额达到3600元的直销员可以被考虑转为安利的营销员工。

安利（中国）将推出全新的营销员工制度，安利与营销员工签订劳动合同，按月发放工资及奖金。营销员工的职责是从事市场营销，包括定点推广销售产品、产品示范讲解、产品展示展销、产品知识讲座等。营销员工将不可进行"流动销售"，

第五部分
奥运年里看直销

而是隶属于各省市分支机构,薪资遵循安利(中国)的员工晋级制度。

此外,安利还将设立加盟服务网点。加盟者类似于传统渠道的合作者,为安利直销员、消费者提供网点服务,以及为公司提供营销服务。公司现有店铺直接升级为安利直营服务网点,截止2006年11月底,安利直营的店铺达193家。

"任何有意开设安利服务网点的人士,若依法持有工商营业执照,且其固定经营场所符合法规及安利(中国)对服务网点的要求,均可向公司申请设立加盟服务网点。公司将根据当地业务发展的实际需要,决定是否给予核准。所有安利服务网点,都将依法在公司信息披露网站上向社会公众披露。"

与去年3月安利公司公布的转型方案《业务革新纲要》不同的是,新的《制度》还明确规定,服务网点的申请一经公司批准,申请人必须放弃员工身份。根据业绩要求,安利的营销员工基本上圈定在经销商或者准经销商范围之内。安利目前有4万经销商和更多的准经销商,也可以选择"服务网点负责人"。

新政实施以来,据安利相关人士透露,现在各个区域市场都在开经销商大会,宣布新的业务制度,同时考核各个经销商的业绩并确定其资格,为下一步分流做准备。但内部细则还没有出来,尤其是经销商关心的薪酬计算公式。

安利(中国)的《制度》规定,为了帮助现有经销商平稳过渡到新的业务模式,安利将给予其一定时间进行考虑。公司计划在2007年3月31日完成各项过渡安排,自2007年4月1日起,对于尚未选定发展方向的现有经销商,公司将按市场实际情况与经销商个人的工作表现,安排其中有条件的为公司提供定点产品推广服务。

禁止团队计酬

事实上,自直销法颁布后,作为以多层次、团队计酬为主要特点的直销公司,安利在"漫长"的转型并等待拿牌的过渡期内,安利领导人反复思考的问题,是商业模式的变革以及公司转型后如何给各个层面的人找到新的定位和出路,并不损害他们原有的利益。

在2006年3月28日推出的《业务革新纲要》这一过渡期政策中,安利用品牌推广费取代了团队计酬,当时并未完全否定团队计酬。随着单层直销政策的实施,安利今后将不得不面临因计酬方式改变而带来人员大量流失的境况。

此次,在安利的转型方案里,对于获批区域的经销商,根据自身不同的条件将陆续转变为加盟服务网点、营销员工或直销员,这种做法最大限度地保住了安利核

媒体眼中的直销

心营销人员。

"安利在商业模式上实现了创新,通过对营销员工设置营销助理、营销主任、高级营销主任、营销经理、高级营销经理和营销总监等不同级别给予差异待遇,以及设立加盟服务网点,也处理了'30%以上'的奖金问题。"资深直销专家胡远江分析,这两者分别吸收了如新公司的"员工制"模式以及完美的加盟服务网点经验,为安利"单层"直销奠定了基础。

"原来的经销商如果同时为公司员工,又可以经营服务网点,就等于拿了双层计酬,只是改变原来的收入名目而已,这在商务部显然没有通过。"一位接近安利的人士分析,这也是影响其迟迟未能获牌的原因之一,之后,安利不得不做出妥协,对每个经销商只给出一个身份定位。

按照安利(中国)最新的策略,服务网点负责人不可兼任营销部员工,打破双重计酬,这意味着,之前享受双重计酬的服务网点负责人将被单独划分出来,公司的计酬体系将由此更加明晰。

据了解,经销商是企业转型后最大的利益受损方,转型"单层次"后,直销企业面临的最棘手的问题就是如何补偿原来经销商。对于核心营销人员,安利公司除给予较高的底薪外,还将在未来通过一些活动提高他们的收入,比如长期聘请讲课、户外活动推广等。

记者还了解到,有鉴于其与海外传统直销模式根本的不同,安利(中国)在新制度同时还推出《安利(中国)营销人员十项警示》,要求其营销人积极拥护改变、切实转变作业形态,以期与各类违规行为划清界限。其中,违规培训、夸大宣传等被强令禁止,"严禁团队计酬"被放在十项警示之首。

跟着安利(中国)走?

从安利的新政来看,热闹一时的单、多层次之争似乎告一段落。如果说之前大部分多层次直销企业都在观望安利,如今当安利的新制度出台后,他们能否继续跟随安利,现在得出结论还为时尚早。

有业内人士指出,如果说雅芳在直销业务操作程序上给整个行业起了示范和向导作用,那么安利从"多层次"到"单层次"之间的转型可能为其他企业转型提供一定的尺度。

对于中国市场上99%的多层次"直销"企业来说,安利的转型新模式,将为它

第五部分
奥运年里看直销

们未来运营所参考。与安利同一批获得直销牌照的玫琳凯也以"员工制"转型，其全国对外事务部经理周立羽坦言，他们正在密切关注安利的一举一动，但同时公司也保持低调。

"早在去年二季度就开始推行22%封顶的佣金。目前我们也正在制定相应的直销制度，基本上会与安利大同小异，我们的重点在针对为获得直销经营许可的区域合理安排营销人员和零售业务。"周立羽告诉记者，玫琳凯新的业务模式将于近日推出，但目前尚无明确时间表。

直销业务地域受限成了雅芳之外拿牌企业共同面临的问题。玫琳凯可从事直销的地区只有12个省区市和4个单列市，在未获得直销经营许可的地区，玫琳凯将采用"授权经销商"的方式，聘用当地营销员工，或引导他们申办工商营业执照，在固定经营场所从事销售工作。

完美的直销区域则仅为广东省，业内人士分析，完美目前在全国各地设有的33家分公司，和遍步全国的3300多家服务中心，并拥有几万名销售员工，目前完美首要考虑的并非广东业务如何开展，而是在全国的多数地区如何转型。完美总裁助理兼市场部总经理张旭辉告诉本刊记者，安利的很多东西完美都可以学，直销区域和非直销区域完美公司也都会重视。

尚赫业务协理陈又慈告诉记者，她们也会参考安利模式，在今年1月份做出内部调整方案，"但和其他公司差不多"。

链接：

安利（中国）营销人员十项警示：

1. 严禁团队计酬。所有营销人员都直接与公司签订相应的合同，独立开展业务，严禁任何人私自结网、操纵业绩。

2. 严禁跨区经营。安利销售代表须自觉接受属地分支机构的管理和监督，专注于本地市场，严禁跨区经营。

3. 严禁违规培训。公司将统一组织业务培训及考试，并委派符合法规要求的直销培训员依法进行。

4. 严禁夸大宣传。深入学习产品知识，以认真负责、科学严谨的态度向消费者推荐产品，严禁任何欺骗、误导消费者的推销行为。

5. 严禁强买强卖。尊重消费者意愿，关心消费者的利益与需求，以周到专业的服务赢得顾客、赢得市场。

6. 严禁削价售货。自觉按照公司产品上标明的价格向消费者推销产品，自觉维护公平有序的市场环境。

7. 严禁诱导囤货。急功近利、诱导他人盲目囤货，不仅会产生错误的市场需求信息，还会给误入歧途者带来巨大的财务和心理负担。

8. 严禁贬损同业。营销人员须树立正确的竞争观，严禁在开展业务中贬损同业、贬低同类其他产品。

9. 严禁宣扬物质享受。营销人员要理性客观地看待成功，严禁片面宣扬物质享受、夸大以往的收入情况。

10. 严禁曲解业务制度。新的业务制度与海外传统直销模式有着根本的不同，营销人员须认真领会其精神实质。

南方李锦记：第二个使命

香港李锦记集团创建于1888年，是个名副其实的百年老店。从上个世纪70年代起，李锦记建立起了一个酱料王国，畅销产品达60余种，遍布世界五大洲80多个国家和地区，真正实现了"有华人的地方就有李锦记产品"。

李锦记集团主席李文达多次指出："李锦记已经完成了第一个使命，将中国传统饮食文化通过酱料传播到全世界。现在，我们又开始了第二个使命，要将中国中草药保健品传播到全世界"。李锦记集团近年来积极拓展健康产业，南方李锦记作为健康产业的核心公司、集团第二个使命的承托者，一直受到李锦记集团的关怀、重视及支持，为南方李锦记的业务发展提供了一个强大的背景依靠。

如今，南方李锦记获得了直销牌照，这将加速其第二个使命的尽早完成。

民族企业的使命

我国的养生文化，有着悠久的历史和系统的理论，就有文字记载的历史而言，大概可以追溯到殷商时代，然而在整个中华文化向全球突围的时候，一直在工业上

第五部分
奥运年里看直销

追赶西方的中国人疏忽了对本民族传统遗产的深度开发，从而造成了目前我国的尴尬局面：中国是传统的中医药大国，却不是现实的中医药强国；全世界中药产品市场每年达 200 亿美元，而作为中草药故乡的中国，在市场上所占份额不足 5%，甚至不如韩国、日本。

由于中草药重人体系统调理，比西方针对病症下药的治疗方法更具神奇效果，因此，中草药保健产品正被越来越多的国家所认同与接纳。近 20 年来，随着科技不断创新，德、法、日、韩等国家相继研发出一批剂型先进、疗效明显、稳定可控的天然药物产品，市场份额还将迅速扩大，所以有国人疾呼，如果再不注重中草药养生的现代化研发推广，中草药养生将像火药一样，最终成为其他国家进攻我国经济的利器。

南方李锦记一直将自己定位为民族企业，从"把中华优秀饮食文化传播到全世界"到"弘扬中国优秀中草药养生文化"，南方李锦记努力使自己成为中国中草药保健文化通向世界的桥头堡、向世界推广中国中草药保健文化的排头兵、中国民族企业的一面鲜明的旗帜。

一直以来，南方李锦记董事长李惠森带领公司人员用"三个专心"来践行并完成着这一使命，即专心做中国市场、专心做中草药保健品、专心做无限极事业。他认为，国际上经济增速最快、最富活力的地区是中国，只要专心投入，就能创出成绩。

2007 年 2 月 25 日，南方李锦记获得了国家商务部批准的直销经营许可证，批准其在广东省的 14 个区市直销公司生产 9 种保健食品、29 种化妆品和 1 种保洁用品。这对于南方李锦记的意义是不言而喻的，其公司的网站上这样写到：这是南方李锦记发展史上一个新的起点，也是公司发展进程中一个重要的里程碑。公司相信，获得直销经营许可之后，能够更好地弘扬中国优秀养生文化，为顾客提供更为便利、专业的服务，为业务伙伴提供更多的创业机会，为员工提供更大的发展空间，为社会做出更大的贡献。

开启教育营销模式

随着人们保健意识的普遍提高，全球保健品市场迎来了更大的发展机遇。李惠森表示："现在消费者不但需要优质的保健产品，更需要科学的保健知识。"中草药保健品这一行业本身就是中国几千年文化的深厚积淀与现代高科技的完美结合，其中涉及到许许多多的专业知识。李惠森认为，只有培养一大批具备中草药保健基

媒体眼中的直销

础知识和业务能力、推广健康理念及中草药保健品、为顾客提供健康指导与服务的中草药保健顾问队伍，才能真正提供令消费者满意的服务，才能更好地去完成弘扬中国优秀养生文化的使命。

这支队伍很快建立起来了。这些顾问始终坚持理性的宣传，不夸大产品功能，而是在宣传中对消费者进行健康知识方面的教育，依托产品为消费者传播中国传统优秀养生理念和健康生活方式。

由此，南方李锦记开启了教育营销模式，倡导起"理性消费"的观念，建立起一支中草药保健顾问队伍，依靠他们自身对产品的亲身体会更贴切地、更全面地为消费者服务。

南方李锦记的教育营销方式，还通过巡回授课、健康讲座、社区活动来实现。记者了解到，公司制作了大批教育光盘、资料手册等培训工具，公司网站也专门开设了养生知识和中草药保健品介绍的栏目，产品也附有相关知识的介绍和解答，直接或间接地实施全面、系统、规范的中医药基础理论及中草药健康产品知识培训。

南方李锦记与中华中医药学会也强强联手，共同打造中草药健康教育平台，开展了全面、系统的合作。2006年1月，"中华中医药学会中草药健康顾问培训基地"项目正式启动；3月，"中华中医药学会中草药健康顾问培训基地培训部"及"中草药健康顾问日"活动相继开展……与此同时，南方李锦记还制定一个个"五年计划"，马不停蹄地向完成使命进发。

值得强调的是，这些使命的背后是以坚实的产品质量作保证的。2007年1月18日，南方李锦记十分荣幸地获得了由中国质量协会、全国用户满意工程联合推进办公室等单位联合颁发的"中国质量鼎"和"中国用户满意鼎"，这是行业中第一家同时获得两项荣誉的企业，南方李锦记用事实和信誉证明了"质量是企业的第一生命"。

而今，南方李锦记的产品包括"无限极"保健品、维雅化妆品、植雅个人护肤品和帮得佳家居用品四大系列共几十款产品，其中的主打产品——以复合多糖为核心技术的"无限极增健口服液"在市场上表现不错。公司也建立了以"ISO 9001：2000、HACCP、保健食品GMP"三大认证为基础的质量管理体系，为企业争取成为中国保健品行业的龙头企业打下了良好的基础。

第五部分
奥运年里看直销

"思利及人"无极限

熟悉南方李锦记的人都知道，李锦记家族企业长期坚持下来的经商思想就是"思利及人"，到了第四代李惠森时也未改变，这或许正是南方李锦记企业常青的根源。"凡事先思利及人是一种很好的思维方式，这也是做人做事的根本。"李惠森认为，思利及人就是先让员工的利益有保障，先让顾客的需求得到满足，先让下属有成就，先让员工的梦想得以实现。

"思利及人，经过百年传承与实践，已经成为一种境界、一种深植血脉的本能；它已经成为李锦记人的潜意识和习惯，这种习惯使得李锦记的永续经营得以实现。"南方李锦记总经理杨国晋如是说。企业要想将中国中草药保健品传播到全世界，就应该坚持思利及人；而思利及人关键的一点，就是布道养生文化。

最能体现南方李锦记对传播养生文化的执着和创意的，莫过于其在广东新会新生产基地内投资 800 万元建立的"无限极"养生文化体验中心。记者通过采访了解到，这个堪称全国首创的体验中心包括"传统养生文化馆"、"参观回廊"和"现代健康体验馆"三大部分。

"传统养生文化馆"主要展示古代中医文献经典和中草药标本；"参观回廊"让来访者近距离地参观整个生产和质量监控过程，见证传统中药理论如何转化为高科技产品；"现代健康体验馆"则提供亚健康预防知识，提供高科技的数码互动，使测试者了解自己的身体状况。在现场记者注意到，整个中心展现了一幅融中医精髓和先进科技、融传统养生理论和现代保健知识于一体的画卷，让参观者接受一次生动而深刻的养生和保健教育。

值得说明的是，2007 年 3 月 25 日，由中华中医药学会、李锦记集团、南方李锦记联合主办的"李锦记创业 119 周年暨养生文化主题系列活动"正式在广州拉开帷幕。这是李锦记集团发展史上的一件盛事，也是南方李锦记和无限极事业发展史上的里程碑事件，更是中草药健康产业和中国养生文化史上的大事。

在布道养生文化实践中，南方李锦记也十分重视无限极门店的品牌建设和文化服务。自 2005 年 4 月公司在广州开设旗下第一家自营店以来，到目前为止，南方李锦记共开设了 22 家无限极自营店，在全国 29 个省、市、自治区开设了 2100 多家加盟连锁专卖店。据悉，这些直接投资额过亿的 2100 多家无限极店将无休止地普及"思利及人"的企业文化。相信在不久的将来，李锦记的第二个使命将顺利完成。

◉ 媒体眼中的直销

美乐家：倡导换品牌运动

如果家乐福有一天在媒体上宣传说：即日起凡通过家乐福会员介绍亲友来家乐福全国任一店消费，我们将在您亲友消费中回馈您20%，并且消费多少次就领多少次。这一定会人满为患，很多人会很早就去排队购买了。——美乐家现在正是这样。

上海美乐家保洁用品有限公司并未在商务部直销信息管理系统上发表任何企业申明，但出乎人们意料的是，它于5月15日获发了直销牌照。美乐家今后可以在上海12个区直销53种产品，其中化妆品48种，保洁用品5种。

面对商务部反常理报批牌照、神秘美乐家背景深厚的传言，美乐家公关部吴殷强调，牌照获得全因美乐家在中国大陆的规范经营。直销资深人士天问表示，美乐家作为号称全球前五大的直销巨头之一及世界直销协会重要成员，它的拿牌则表明了政府对新进中国先诚信投资、按章申报，再逐步开拓市场的外资直销企业也持一如继往的欢迎和开放态度。

据了解，美乐家公司是1985年由总裁即执行长范德士先生所创立于美国爱达荷州，最初以研发及生产含茶树精油的家用产品为主，逐渐发展到包括营养辅助食品与美容品等五大系列共有三百多种产品。美乐家是全世界首先将珍贵的茶树精油运用于研发各项家庭生活产品的公司，所以美乐家公司的产品中大部分都含有茶树精油，公司也因此命名为Maleuca（美乐家）。

为了进入中国内地取得合法身份，公司曾分别于2005年9月和2005年年底两次计划进入大陆，但都因直销法而搁浅，因为美乐家是一家稳重低调的公司，他们的说法是"只有像现在这样合法化了，企业才能让中国消费者换日用品品牌换得舒服、换得放心。"2005年下半年美乐家进入中国，2003年已在中国投资建厂，目前它们的"环保超市"覆盖中国上海、广州和深圳。

缘于传统零售的做法，美乐家的"环保超市"倡导三大理念：（1）换个地方/换个品牌买东西；（2）花原来就要花的钱；（3）试用60天（100%满意保证）。一个数据显示，美乐家公司连续5年被美国知名的企业杂志INC评为全美营业额成长最快速的500家企业之一，其美乐家产品续购率达到95%。目前，美乐家的产品全部都是贴近生活，人们要重复使用的日常用品，其产品从包装到内容物，完全符合世界环保标准。

第五部分
奥运年里看直销

如今,美乐家的各项优质产品已成为数百万消费者心中的最爱,从茶树精油、家庭清洁用品到个人清洁保养品、营养辅助食品等,都已成为消费者日常生活中习惯爱用的产品。而且质量高、价格适中,几乎覆盖了所有人们日常所需的生活用品,为重复消费奠定了自由多元选择的基础。它所缔造的业绩与实力,获得业界高度的赞赏和敬重。

美乐家的直销,也即鼓励创业的营销策略是,宣传"你唯一要做的就是:将家中的日常用品换个品牌。——用的还是原来的预算,而不是新的投资。"于是非常多的购物人响应。统计资料显示,很多在美乐家成功的人都是家庭主妇。

为了支撑这一运动,美乐家也首创了消费者直效行销模式(Comsumer Direct Marketing,简称CDM,即消费者直购),亦可称为消费者联盟,即产品不通过直销商直接寄到消费者手里,奖金也直接反馈给消费者,消费者是奖金的直接受益人。消费者通过口碑推荐,建立自己的消费组织,个人消费或销售35BP/月(约400元)即可每月领取组织内最多7代7%的奖金,组织内只要有任何一人有消费均可享有其消费额7%~20%佣金,领取代数则依个人推荐人数为准。

这或许可以用世界新经济研究院院长陈瑜教授提出的"消费资本化营销模式"观念来解释。陈瑜教授认为,消费可向生产领域延伸,当消费者购买企业的产品时,生产厂家和商业企业应把消费者对该企业产品的采购视同是对该企业的投资,并按一定的时间间隔,把企业利润的一定比例返给消费者。此时,消费者的购买行为,已不再是单纯的消费,他的消费行为同时变成了一种储蓄行为和参与企业生产的投资行为。于是消费者同时又是投资者,消费转化为资本。所以说,消费已经不仅仅是一个过程,而是有足够的力量形成影响一切的、能够和货币资本、知识资本并驾齐驱的一种资本——消费资本。

美乐家总裁范德士介绍说,美乐家的消费者直效行销计划,是提供机会给人们靠自己的努力获得成功。大家每个月购买美乐家的产品时,可直接分享公司利润,而非流到大企业手中。因此,美乐家的这种消费者直效行销计划,是一种新形态的持续性收入直销方式,即互惠消费。通过口碑相传,消费者就能从这份事业中得到一份持续性的收入,这正是其魅力所在。

媒体眼中的直销

金士力佳友：用优质的产品全程呵护人类健康

—— 访金士力佳友（天津）有限公司总经理叶军

叶军：新疆人，1974年生，上海医科大学毕业，2000年取得南开大学高级工商管理硕士学位，现任金士力佳友（天津）有限公司总经理，天士力集团总裁助理。1996年加入天士力集团，成功搭建遍布全国的专业医药营销网络。2005年率先开拓国内直销领域，完成金士力佳友直销系统的搭建和构筑，后来主持参与芪参茶等多种保健食品和金丽娇妍等多种化妆品的开发、研制工作，2008年任天津市营养保健品协会副会长。

金士力佳友是一家中外合资的直销公司，于2006年9月获发直销牌照后在业内就一直悄无声息。背倚中医药领域的实力企业天士力集团，金士力佳友较其他直销公司的优势地位十分明显，应该有很强势的市场发力才对，但业内人士却很难看到该直销企业的相关运营报道。金士力佳友公司的实际情况究竟怎样？母公司天士力集团经过14年的发展现在宣布进军大健康产业，从医药系统过渡到健康系统，依托"天士力"和"金士力"两个品牌的产品和服务，对人类的生命安全和生命健康如何进行全程式的呵护？作为直销后期之秀的金士力佳友其市场发展的核心竞争力在哪里？带着这些问题，借着天士力集团14周年庆典之际，本刊记者赴天津专程采访了金士力佳友（天津）有限公司总经理叶军先生，让他为我们揭开金士力佳友低调而神秘的面纱。

创新营销金士力佳友

《当代直销》：国家中医药管理局根据世界卫生组织提出的开展预防医学研究的要求，去年首次提出在全国选择部分中医院开展"治未病"试点，服务百姓。作为天士力发展方向的策划者，闫希军董事长更是三年前就提出了向预防领域前移的大健康产业雏形。根据社会需要和疾病谱的改变，天士力选择进军大健康产业，而金士力佳友充当了该任务的主力军。请问天士力集团如何协调"治病"和"治未病"的二轮发展？

叶军：天士力集团首先在业内提出"大健康产业"的概念后，我们企业的定位

第五部分
奥运年里看直销

就定位在了以大健康产业为目标、以制药业为核心这方面,它覆盖了"生命安全"和"生命健康"两个基础,也就是包含了"治病"和"治未病"这两个概念了。天士力在业内已经取得了阶段性的成果,使中医药走向世界,这是我们的基础,但是"大健康产业"我们要不断丰富它的内涵,要让我们的产业辐射更多的人群,给天下的老百姓带来健康。不仅是生病的人,还有没有生病的人,应该都是我们的消费者。这个时候我们就用全新的直销模式来推广我们的生命健康事业,服务于这些人群的代表性公司就是金士力佳友,金士力佳友的设置也是为我们的大健康产业而设置的。

"治未病"就是说针对亚健康人群和非正常人群,我们都能够提供优秀的生活保健品和健康的生活品质。"治未病"这一点是很重要的,其实你的这个观点也是我们集团的战略观点。天士力不会再去做房地产等毫不相干的产业,但只要符合我们健康产业的如医疗、食品业、医疗器械等我们都要去涉足,我们下一步就是要完善我们的产品群。包括我们在上海的天士力医疗产业,还有贵州茅台镇的保健酒业等等,也是属于我们这一产业集群,也是大健康产业的一个分支机构,天士力的产业定位决定了我们一定要去做这样一个事业,而金士力佳友在这一战略中则承担着很重大的任务。"治未病"的市场远远要比"治病"的市场大得多,21世纪最稳定、最有发展前途的产业就是大健康产业,无论是在经济萧条还是在经济迅速发展时期,健康产业永远是国民经济中一个稳健的产业。

《当代直销》:天士力集团经过14年的发展,从医药系统过渡到健康系统,依托"天士力"和"金士力"两个品牌的产品和服务,对人类的生命安全和生命健康进行全程式的呵护。请问金士力佳友如何评价自身品牌价值以及市场现有的知名度?作为企业老总,你如何看待金士力佳友公司品牌和天士力集团品牌的关系以及金士力佳友品牌的独立性?

叶军:"天士力"品牌已经构建了一个生命安全的大舞台,我们将在不断发展中,创造一个更大的舞台,那就是生命健康的舞台,金士力佳友公司正是崭新营销模式和大健康理念完美结合的产物。金士力佳友以直销这种最新最快捷的营销模式开创一个属于天士力人的大健康领域,金士力佳友公司是天士力集团大健康产业不可分割的一部分,这是天士力发展战略决定的,是天士力长期发展不可缺少的部分。

"金士力佳友"是一个正在起步的新兴品牌,与"天士力"是不可分割的整体。关于金士力佳友的品牌,我们还是想依托天士力主品牌的优势,来快速扩张我们的业务。等我们的业务稳定并形成一定的基础时,我们就会去考虑加大对金士力佳友

媒体眼中的直销

的品牌的建设，并做一些品牌宣传和推广策略。这个建立外部形象的过程我认为需要3到5年，才能真正达到业内业外的广而熟之，这个事情我们集团都在做积极的规划和品牌设计。

《当代直销》：在获得直销牌照7个月之后，金士力佳友获得天津市商委的批准，在天津核心区域的17家邮政营业所正式设立"专柜"，作为你们公司的营业网点，这也成为首家利用邮政网络铺设服务网点的直销企业。我知道选择邮政局作为直销企业的服务网点的好处，是可以避免企业二次投入的物流配送费用和减少产品的仓储费用。请问金士力佳友为什么采取这种方式来完善服务网点呢？也想请你介绍一下这种合作模式的具体运作方式。

叶军：中国拿牌的企业分为两个部分，一个是已经有成熟的经验，有良好的销售基础与全国网络的企业，比如安利和雅芳；二个是就是像金士力佳友这样没有太多运作经验的，是个全新的公司，所以我们考虑到了社会资源。我们看到很多服务网点都是私人开的，很多都是企业开的，有问题后老百姓找不着服务点，而老百姓找邮局却能够很容易地找到。另外我们考虑，如果公司自己去开店程序是非常复杂的，还不如把覆盖全国的邮政系统的内部资源整合一下为自己所用，这样既节省了我们前期开发市场的费用，也符合了法律规定的要求，更能让老百姓看到这是一个守诚信的企业，能更快地拓展市场。现在人力资源可以外包、物流可以外包，为什么不可以把服务网点这些东西外包呢？一个企业的核心竞争力，是来自于对公司各个环节的有效控制和严格管理，在于对供应链的管理。

已在邮政营业网点初步设立的"专柜"，同时具备产品展示、买卖以及价格单查询功能，平均每个网点有两到三名营业人员。具体运作方式是，由金士力佳友负责培训邮政局的工作人员，并支付一定的费用，这些工作人员除进行邮政部门工作之外，同时受理天士力佳友产品的退换货，并帮助消费者下单。服务网点还有一个功能，就是在接触到消费者后与我们公司的800呼叫中心取得联系，帮助消费者与每个区域的直销员挂钩。而直销员本身主要与分公司联系业务，并不进驻服务网点。服务网点中设立的"专柜"，销售的直销产品是包括金士力牌芪参茶在内的五类保健食品。这种合作方式下的邮局它只是承担了我们公司退换货的功能，公司其他的方面不受什么影响。我认为金士力佳友和邮政的结合，是一种强强联合的有机模式，但这种模式具体能走到哪一步，还有待于各个地方的认可。

第五部分
奥运年里看直销

产品竞争力市场发力

《当代直销》：金士力佳友虽然低调但在产品上每个人都底气十足，你认为公司在产品上有什么优势？我了解到的是，对外，金士力佳友可以说是建立了一个没有围墙的研究院，和国际国内的一些科研机构展开广泛合作；对内，金士力佳友已经提出多元指纹图谱质量控制技术，使产品定性定量的控制达到标准的统一和质量的稳定。

叶军：我们金士力佳友公司所有产品的核心成分，都是来自母公司产品的研发，比如芪参茶，它就来自于复方丹参滴丸的技术。通过多元指纹图谱质量控制技术，每袋芪参茶中的丹参素我们都能定性控制，其实中医药最难控制的是定性、定量的问题，而我们就能够做到，这是我们的优势。芪参茶如果没有丹参滴丸技术是不可能生产出这样的保健品来的，在市面上我是还没看到过第二款这样的产品。

我们把丹参从 GAP（即标准化种植基地）选购，首先它种植时是没有污染的，丹参素的含量是稳定的（一般 100 公斤丹参里可提取 6 公斤的丹参素），然后把它喷到茶叶上面，制成保健茶供人们饮用，非常利于人体吸收。依托于 6P 原则（即中药材种植管理规范 GAP、中药提取管理规范 GEP、药品生产质量管理规范 GMP、药品实验室管理规范 GLP、药品临床试验管理规范 GCP、药品经营质量管理规范 GSP）来生产我们的产品，这是我们的优势。

再比如银杏叶滴丸，我们依托天士力的滴丸技术，做了剂型的改变，即从胶囊到滴丸的改变，这样便于服用便于携带；而且它的有效含量在业内是最高的，保健效果非常明显，这是我们的优势。我们即将上市的化妆品——如帝兰凝时焕颜系列，同样是位于世界前沿的，凝聚着天士力的生物研发技术、冻干技术、化妆品生产制造技术，这是别的企业没办法做出来的。只有有了强大的价值产业链，才能带动我们整个产业的升级。

天士力已经建立了没有围墙的研究院，坚持不求所在、但求所用、利益共享的合作原则，先后建立了生物药研究所、化学药研究所、食品保健研究所等等，正在打造的第八研究院也就是化妆品研究院，将使天士力的研究院整体更符合集团战略的发展，它也将成为我们金士力佳友强大的化妆品研发后盾。我们的很多产品和原料就来自于与英、美、日等十几个国家知名合作大学和研究机构的成果和研究，可以说集团在全球都有收集信息和研发的能力。

《当代直销》：我记得你在北京九华山庄的一次行业论坛上的演讲中谈到，直

媒体眼中的直销

销企业光重视销售不行，企业还要加强对产品质量的重视，积极提升产品的附加值。请问金士力佳友是如何做到对产品质量的控制，并不断提升产品附加值，用优质的产品服务于消费者？能否透露一下公司在直销产品方面有哪些新的计划？

叶军：产品的品质和技术创新是领先于同行的一个根本，在大多数产品走向技术普及化、价格透明化的今天，如何提升性价比、摆脱同质化的竞争，是我们应该考虑的问题，用服务提升产品附加值，这是最好的一个办法。作为一个直销公司，为家庭和个人提供全套的健康解决方案，我们通过专业检测针对每个人的特点制定保健方案，让他们了解直销公司，让他们知道中国养生文化，完善售后服务和对产品进行跟踪，还有让消费者加入直销公司以进一步成长，这些都是提升产品附加值的一些措施。

说到新上的产品项目，我们都是要求最好的，天士力集团强大的研发会保证我们金士力佳友今后的产品群会不断地完善，我们搞药的人再搞保健品就会相对简单。我们在药品研发过程中很容易发现保健要素，发现了我们就将它做成保健品。我们现在上产品有几个原则：第一是有效的原则，首先要保证我们生产出来的产品对消费者有用和有效；第二是补缺的原则，新产品能弥补我们产品群的缺陷，我们要在药品研发领域生产出新的适合保健的产品，来弥补我们原来产品的不足，比如我们没有补钙的产品，我们就会生产出一款补钙的产品；第三是差异化原则，我们现在的产品讲究差异化，别人有的我就不做，我做就会在剂型上比他们的更好。借助天士力集团雄厚的科研实力，我们将在未来几年时间内，开发并形成具有金士力佳友特色的差异化产品线，届时，金士力佳友将成为直销行业的综合性服务型品牌。

文明直销推动企业发展

《当代直销》：我注意到你在相关文章中提到，直销是一种直接的销售行为，它是文明的表现，是社会文明程度的体现，是诚信和服务的表现；直销也需要一个大的环境，需要有诚信、服务意识和有信心的人去做，参与到直销中的人都是社会文明的推动者；同时你也认为文明就是财富，文明最有代表性的表达就是财富。能否具体谈谈金士力佳友公司对诚信的认识、对财富的认识和对经销商的诚信管理？公司又有哪些成功的管理经验？

叶军：直销行业有很多遗留下来的问题，比如拉人头、非法传销、互相欺骗等，这其实是一种非法的和不文明的现象，有悖于直销的本质，其实直销应该是一种很文明的销售模式。作为一个新拿牌的企业，应该履行对社会的承诺、对政府的承诺。

第五部分
奥运年里看直销

金士力佳友认为，直销是文明的象征，是诚信的特征，也就是说诚信的环境、诚信的氛围是做好直销的第一要素。

大家都认为传销这种现象是骗人的，我们就是要改变这种不文明的现象，金士力佳友要推进这个行业的不断进步。我希望拿牌的企业都能严格管理，加强自身对直销员的培训，慢慢去引导他们，这样直销员就会慢慢地有所变化，这个行业的形象就会更加诚信，社会大众对这个行业也就会慢慢地有所尊重和信赖。随着国家立法和行业的规范，这种不文明的现象也会得到改变，只是不能指望这种改变在一夜之间发生很大的变化。

我们企业倡导文明、推进诚信的这种努力不能说最后有多大效果，只能说这是个不断变化的过程，这其实也是企业社会责任的一种表现，是向社会承诺的一种表现。我们是诚信的企业，依托于法律并遵纪守法，接受着本公司和母体天士力集团的双层规范管理，金士力佳友视诚信为企业的生命，所以我们也希望我们的直销员讲诚信。有了文明人们才可以创造出更多的财富，就像一个企业一样，如果它是靠非法的手段去获得财富的，那样的财富也是非法的；有了诚信人们才能把直销这个事业做好，如果没有这个理念，我认为他们做好这个事情是很难的，公司也是不希望的。

你可以看到，我们直销员的行为现在也是文明的，我们干净、舒适的办公环境，改变了他们大声喧哗、到处抽烟等一些不文明的行为，现在很多人都告诉我，他们的习惯已经改变了。同时我们要求直销员不能夸大宣传，不能欺骗人民和政府，也不能欺骗企业，这样我们直销员的行为就会慢慢得到改变，他们获得的财富才是干净的、文明的，直销就是"诚信为本"。只有建立在彼此信任与尊重的关系下的营销行为，才能使企业与消费者得以在一个良性循环的大环境下正常运转。

《当代直销》：天士力之所以要创建金士力佳友，是为了给更多的人创造一个创业的平台，以让更多的人都去实现自己的梦想。请问从整体上如何评价2007年度金士力佳友的发展状况？在2008年，金士力佳友提出了包括推广"健康大讲堂"品牌活动的市场发展的八大举措。能否问一下，你希望通过你们团队的管理和运作，金士力佳友公司未来的直销将会成为一个什么状况？公司为其他企业能树立一个什么样的典范？

叶军：2007年是金士力佳友夯实基础的一年。作为天津市第一家获得"直销经营许可证"并完成直销服务网点设置、获准开展直销业务的企业，很多人以为金士力佳友会迅速展开直销业务。但是，金士力佳友不仅仅以眼前利润为目的，要收获

媒体眼中的直销

的是长远的利益和对社会的承诺。一年来，金士力佳友根据市场情况，调整了公司组织结构，使之更适应直销业务的特性，搭建了强有力的战斗队伍，为企业后期稳步发展做好充足准备，同时对全国进行市场细分，确定公司发展战略，在稳步发展天津市场的前提下，为开拓全国市场做好前期准备。可以说，2007年金士力佳友的工作围绕打造市场基础与完善企业管理展开，企业总体平稳发展。

结合金士力佳友2008年的市场发展，我们提出了"健康大讲堂"的概念，我们要把这一理念和做法向全国推广，要把金士力佳友的健康理念和企业文化带给我们更多的老百姓和直销员。我们现在对全国的健康资源、医疗资源非常的了解，我们会定期邀请国内著名养生健康专家来天津讲课以让大家懂得真正的养生之道，如何去预防疾病，什么是好的产品，什么是健康的理念。还有很多包括以创新性的思路加快服务网点建设等举措。

所以，我定位的金士力佳友是一个具有创新力的企业，是一个很有实力的企业，并受人尊敬的企业，是老百姓支持和信赖的企业，是讲究诚信的企业，这就是我们的核心竞争力。"有实力"就表明我们的研发和产品都很强；"有创新"就表明我们的发展思路具有新颖性，合理合法并受到政府的支持，受到直销员的高度认可。有了这个核心竞争力，不怕自己做不大。我们从来不提公司发展几年后要达到业内第几位，我们认为这样太虚。

记者的话：用丹参穿金石的精神发展企业

叶军看上去是一个比较有活力、比较阳光和开朗的直销老总，脸上一如既往的是天士力的微笑。叶军也绝对是一个敢想敢干的人，就连外界认为是他们企业"核心竞争力"的服务网点他都认为可以外包，他还有什么事情不敢干？在天士力集团呆了十二年、几乎什么部门都干过的他，谈起项目管理、ISO9000、流程再造起来说得头头是道。雨后坐在总经理办公室里的他，背倚着沙发接受记者采访，拥有的是无限的期望和自信。

他说他也始终相信一点，就是只有道路，没有高山，车到山前必有路！天士力和金士力佳友的创业精神，正如集团工业园里的丹参穿金石的那股劲，突破艰难险阻还顽强地向上生长。从来不怕失败，曾经当过推销员的他，当时名片被客户扔掉他自己捡起来再递过去的时候，别人就佩服他那种精神而与他有了初次合作；从来不畏艰难，就像当初去北京递交牌照申报材料，当时他连商务部在哪都不知道就背上包独自去了，最后没有寻求任何专业机构帮助而顺利取得直销牌照，"当初谁都

第五部分
奥运年里看直销

没想到"。企业顺利获发商务部颁发的第十号证书,也是外资的第六号证书,"靠的就是我们的真诚和我们的实力"。

和他的交流中,言辞中少了总裁的身架和宏伟的蓝图,多的是侃侃而谈的努力和奋发的干劲。采访中,他提及最多的,还是丹参穿金石的精神,还有不错的产品。一直以来都是天士力集团最年轻的副部长、部长、副总、总经理的他,能很好地组织和管理好周围较他年龄大的公司员工,的确需要一种本事和勇气。喜欢从内体提升管理人才、选人讲究自身内力的他,个人协调能力就像集团会议室里的那个百通图,多于变化而游刃有余。

也许,从"直销是营销的一种通路"这个意义上来说,金士力佳友和天士力的公司架构是最合理的搭配。但叶军带领员工围绕丹参穿金石的精神,扎实打造市场基础、积极完善企业管理、过硬提升产品质量的做法,更不失为一种很好的企业发展之路。现在回过头来看看金士力佳友的低调和神秘,我们才真正体味到了其中的内力。"背靠大树好乘凉",希望金士力佳友的直销事业一路走好!

第二十八章　公益直销

安利：阳光志愿者

引文：直销企业安利的公益活动很多，"纽崔莱健康跑"就是其中的一个很知名的公益营销活动，它号召"全家健康、全民健康"，体现了安利纽崔莱所倡导的"有健康才有将来"的理念和思想，在业内可以说是安利公司的一个标志性公益活动。

"为自己加油，为特奥会加油"，特别是在上海，这种文化氛围格外的强烈，因为，"2007年世界特殊奥林匹克运动会"很快就要在上海举办了。而沿袭每年的"全民健身"的做法，全国范围内的纽崔莱健康跑2007年的报名也正如火如荼地进行着。

"安利纽崔莱健康跑"是安利（中国）日用品有限公司独家赞助的一项公益活动，为了提升纽崔莱品牌的美誉度，安利呼吁热爱运动、注重营养和健康的人士共同起跑，一起加入到健康冠军的行列中去，体会纽崔莱"有健康，才有将来"的真正内涵。时至今日，"安利纽崔莱健康跑"已成功举办了5年，它已成为安利公司的一个公益品牌。

"健康跑"作为一项非常有益且容易参与的有氧运动，现在已为越来越多的健身爱好者所青睐，成为都市大众体育健身的新时尚。这种多城市联动的形式，也成为国内规模最大的全民健身活动之一。

健康活力跑出来

媒体眼中的直销

2002年，安利纽崔莱正式冠名健康跑。当时的策划顾问是先行咨询（上海）有限公司，它们凭借其在国外推广社区体育的经验，并结合国内实际情况，在上海创办了首届"安利纽崔莱健康跑"活动，大约有2.2万人参加。

安利中国公司市场总监姜剑儿介绍说，健康食品行业在1998年前后进入迅速发展期，但在缺乏法律约束的情况下，企业与产品良莠不齐，整个行业的美誉度都不高。为此，安利从2002年起，开始了一项大众参与的健康跑活动，目的是要树立安利的品牌美誉度。

据了解，安利纽崔莱健康跑并不是竞技性比赛，而是鼓励全家人一起参与的休闲健身活动，市民可以用跑或者走的方式完成全程，纽崔莱健康跑还在终点举办盛大的"运动嘉年华"活动。健康咨询、体质检测、游乐、抽奖等活动同步进行，将健康的生活方式融入快乐的游戏娱乐活动之中时是健康跑的直接目的。举办安利纽崔莱健康跑的城市逐年增多，截至去年已增加到20个城市，参与跑步的人数超过了40万人。

与其说"纽崔莱健康跑"是一项公众性活动，还不如说是一项慈善推广活动。2005年9月19日，安利（中国）向2007（上海）世界特殊奥林匹克运动会捐款650万元，安利（中国）将在全国范围冠名赞助的"安利纽崔莱健康跑"更名为"安利纽崔莱健康跑——为2007年世界特殊奥林匹克运动会加油"，作为在全国宣传、推广上海2007年世界特殊奥林匹克运动会的平台。从2005年至2007年，全国每年都有20个城市、近百万参加"健康跑"的市民，成为"2007世界特奥会"的支持者、宣传者和参与者。

迄今为止"安利纽崔莱健康跑"已成功举办五届，每年在全国范围内都要掀起一场"健康运动风暴"，造就了纽崔莱"全民健康"的公益形象。2006年为纪念健康跑活动举办5周年，安利策划了两项特别活动，一个是主题曲的填词及歌唱比赛，另一项就是开通了健康跑网站。今年，"安利纽崔莱健康跑"也将随着2007年世界特殊奥林匹克运动会在上海的举办而更加"热闹"。

据悉，2007年安利纽崔莱健康跑将会增加大约50个场次、100万人次，用来扩大对上海2007年世界特殊奥林匹克运动会的宣传和推广。届时穿着印有"为2007世界夏季特殊奥林匹克运动会加油"的T恤衫参加健康跑，市民们既是健康的倡导者，又是宣传支持慈善活动的志愿者，安利纽崔莱健康跑成为2007（上海）世界特殊奥林匹克运动会——"慈善、关爱"理念、"平等、接受、包容"精神的良好推广载体。

第五部分
奥运年里看直销

对于这一重大举措,安利全球总裁德"狄维士说,:"这是一项慈善捐助,而不是体育营销,体育营销带有商业目的,对特奥会的赞助只是公益活动。"但不管怎么说,毫无疑问,在扩大对特奥会宣传力度的同时,纽崔莱品牌知名度和美育度也将会有更大的提升。

作自己的健康冠军

健康跑是一种较长时间、较慢速度、较长距离的有氧运动方式,其技术特点简单、易掌握,且不受场地、器材限制,可在田径场、公路、树林、公园及田间小路等地进行,不同的人群、不同的体质、不同的时期,都可采取不同的形式、方法,轻轻松松跑起来。

运动医学专家告诉我们,健康跑对促进心肺功能很有好处,可以提高心肌的兴奋性,使心脏收缩力增强,心排血量增加,调节血管收缩、舒张功能,使血管弹性增加。健康跑时吸入的氧量比静坐时要多8倍,可使肺活量明显增加,可有效地阻止肺组织弹性的衰退,改善和提高肺功能。此外,经常参加健康跑还能改善神经系统功能,提高各器官的协调能力和肌肉工作耐力,促进骨骼的生长发育,延缓衰老。同时,健康跑还有助于放松身心,消除人们心中的挫折感和压力,使人精神振奋,这对于紧张繁忙的现代人士来说,更是非常重要。

记者了解到,"安利纽崔莱健康跑"每次路程在5~10公里左右,是一项不分年龄、性别的群众性体育活动,活动不计名次,重在参与,旨在倡导一种健康的生活方式,唤醒大家对健康的重视。这也是全国各大城市全面深入地贯彻实施全民健身计划纲要具有象征性的重要标志。

而即将在上海举办的2007年世界特殊奥林匹克运动会,也正是提倡生活的强者,积极寻找生活中的健康的冠军。"安利纽崔莱健康跑——为2007年世界特殊奥林匹克运动会加油"正好与这一精神相吻合。

世界特奥会是面向全球1.7亿多名智障人士的一项体育赛事,每两年一届,夏季和冬季特奥会交替举行。其目的是通过为智障人士提供平等参与运动的机会,发挥他们的潜能,展示他们的勇气,帮助他们融入社会。目前,全球特殊奥林匹克运动员已达225万人,仅中国就有50万人。

今年十月10月,将有上万名生活中的强者从世界各地汇聚上海,参加2007年世界夏季特殊奥运会,今年的主题是"I know I can (你行我也行)"。希腊特奥会主席乔安娜"德斯波特普鲁女士就介绍说,"特奥会是一个友爱、美丽、力量的

● 媒体眼中的直销

体育大会,举办特奥会不是为了产生比赛的冠军,我们要创造的是生活中的冠军。"

据记者了解,为了让群众都积极地参加到这项活动中来,"安利纽崔莱健康跑"还走进社区,进行大力宣传,在各地主办城市召开新闻发布会,努力扩大健康跑的知名度和美誉度。当然,中国政府对特奥会的关注丝毫不亚于奥运会,这一点很令人欣慰。作为中国精品赛事之都,上海拿出了远胜于F1、大师杯、女足世界杯的力量和热情筹备特奥会。

作自己的健康冠军,把健康掌握在自己手中,这一点,正如飞人刘翔在为纽崔莱代言的新广告片中所说,"健康是你的,将来就是你的"。还是古希腊格言说得好:"如果你想聪明,跑步吧;如果你想健美,跑步吧;如果你想强壮,跑步吧!"

健康跑的营养需求

专家告诉我们,营养与体育关系密切,对锻炼效果有着很大的影响,要想取得良好的锻炼效果就必须重视营养。一切生物都需要能量来维持生命活动。体育锻炼造成的能量消耗,要通过合理的营养膳食或选择适当的营养补充食品进行补充。如果缺乏合理的营养保证,消耗得不到补充,机体就会处于一种"亏损"状态。久而久之,于机体健康不利。

健康跑是一项以有氧耐力素质为基础、运动量可大可小、老少皆宜的健身运动健身项目,有助于锻炼人们的心肺功能,各种营养素的消耗量也因人而异。人体所需要的能量主要来自食物中的产能营养素,包括碳水化合物、脂类、蛋白质,所以又称这三类营养素为能量营养素或产能营养素。如果加上适当的营养配合,对于促进人们的身体健康更有相得益彰的效果。健康跑的参与者,应合理规划自己在运动中的营养需求,制定出适合自己运动强度的营养计划,使"运动、营养、健康"处于良性的促进状态,从而为幸福人生打下坚实的身体基础。

安利公司相关健康顾问告诉记者,长期进行健康跑,在营养方面应注意以下几种物质的补充:蛋白质、矿物质、维生素、鱼油、水。适当增加蛋白质的供给量,可预防运动性贫血的发生,同时提高机体的身体机能,增强身体的抵抗能力;钙、镁等矿物质对于形成强健骨骼、维持神经肌肉的正常活动、防止运动中出现的手足抽搐有重要的作用;适量补充维生素,其目的是使体内的维生素含量保持饱和状态,帮助清除过量的自由基,防止过量自由基对身体的伤害;而鱼油则对舒缓关节炎疼痛亦有显著成效,适量摄取鱼油可降低血液中的血脂含量,防止血脂过高;水具有

第五部分
奥运年里看直销

运输营养物质和代谢产物、调节体温的作用，人在运动时要适当补水。纽崔莱正好具备了这些功效。

事实上，在历年健康跑活动中，纽崔莱每年都会推出独特的电视形象广告和平面广告，通过当地体育局把每一个体育馆、居民社区充分调动起来；与柯达等连锁经营渠道商合作，报纸、电视、电台、网络、户外广告等多种媒体宣传同步推出，从而把活动变成安利公司一次大型的品牌整合传播的机会。而随着"为了健康，全家运动"的全新理念渐入人心，"安利纽崔莱健康跑——为2007年世界特殊奥林匹克运动会加油"活动更突出了活力、健康与均衡营养。

很多业内人士都认为，健康跑正可使锻炼者忘却烦恼，摒除一切不利健康情绪的影响，使得跑步过程不仅是健身，更是怡情养性、陶冶情操、消除不良心境的过程。毕竟，"健康是跑出来的！"

雅芳：天生一对

金秋十月，第四届"雅芳乳腺抗癌全球行"活动再次将粉红色的暖流带到中国。由雅芳（中国）有限公司携手中国红十字基金会共同举办的"粉红丝带心系你我——2008'爱的行走'大型公益健走活动"今天在北京朝阳公园拉开序幕。来自社会各界的5000余名慈善爱心人士共同参与了这一迄今为止国内针对乳腺癌规模最大的公益健走活动，用实际行动呼吁公众关注女性健康，帮助乳腺癌患者战胜疾病。

雅芳全球高级副总裁本·格林纳（Mr.BenGallina）先生代表雅芳全球亲授"粉红丝带"，将"雅芳乳腺抗癌全球行"跨越国界的关爱和祝福传递到现场。在场的上千名群众在"粉红丝带"上写满爱心祝福，并在随后的丝带放飞仪式上共同祈愿健康。中国红十字基金会秘书长王汝鹏、雅芳中国区总裁高寿康先生共同出席活动并致词。中国红十字基金会秘书长王汝鹏表示："乳腺癌发病率在中国逐年上升并日趋年轻化，亟待全社会进一步关注女性健康，加强乳腺癌防治工作。非常感谢雅芳对此次活动的大力支持，和长期以来对女性健康事业的倾情投入。希望能有更多和雅芳一样，热心公益，充满社会责任感的企业加入到我们的行列，在防治乳腺癌领域造福更多的中国女性。"

● 媒体眼中的直销

作为雅芳的合伙伙伴，中国国家跳水队亦大力支持此次公益健康长走活动。郭晶晶、吴敏霞、陈若琳三位奥运冠军作为健康大使领行健康长走，鼓励人们加强体育锻炼，以健康积极、奋发进取的体育精神与疾病抗争到底。"跳水皇后"郭晶晶说："2008 北京奥运会，我能在家门口为祖国赢得金牌固然令人兴奋，但更令我们感到高兴的是，今天我能作为热心公益事业的一份子，为中国女性的健康事业贡献自己的小小力量！"

1000 多名雅芳员工、直销员、经销商及其他企业、事业、机关单位和群众团体共 5000 余人参与此次 8 公里的健康长走，以示对乳腺癌防治的关注与支持，并向所有与病魔抗争的乳腺癌患者表示敬意。每名参与者至少向中国红十字基金会"粉红天使基金"捐款 50 元，用于救助贫困乳腺癌患者。来自内蒙古的乳腺癌患者——雅芳直销员王建华女士还在现场分享了她战胜病魔的心路历程，鼓励广大乳腺癌患者以积极乐观态度面对疾病。手系粉红丝带的雅芳中国区总裁高寿康先生行进在健康长走的队伍里动情地说："我相信这条跨越六大洲'粉红丝带'绝不仅是一个符号、一个口号，更应该是实实在在的行动，需要我们大家的共同关注和参与。每一个雅芳人都是'粉红丝带'精神的传播者，用爱和关怀去影响身边更多女性。我们衷心地希望在场的每一位都能肩负起传递'粉红丝带'精神的责任，与雅芳携手，全力支持中国女性健康事业，为抗击乳腺癌贡献力量！"

作为一家专属于女性的公司，雅芳早已与"支持女性健康事业"密不可分，在乳腺癌防治领域的贡献尤其突出。早于 1992 年启动的"雅芳乳腺癌防治活动"，现已扩展到全世界 50 多个国家和地区，成功募集并发放了 5.85 亿美金用于支持乳腺癌防治领域。今年 10 月雅芳基金会还联合 SusanLove 博士基金会在美国共同创建了"Love/Avon 妇女军团"，通过在线招募女性志愿者的方式，帮助医疗研究人员进一步研究乳癌的成因，将抗击乳癌的战线推进到保健预防的全新领域。

而在中国，短短 7 年间，雅芳"远离乳癌，健康一生"公益活动就已通过义诊、赞助、讲座、沙龙、派发宣传资料等务实的形式，为全国 74 个城市的 300 多万名女性提供了免费的乳腺健康方面的咨询、医疗和乳癌检测。2005 年起，在全球 50 多个国家相继开展的"雅芳乳腺抗癌全球行"活动，也将"粉红丝带"接力到中国，相继飘起在长城嘉峪关、医疗相对欠缺的中国农村地区，传递着大爱无疆的国际人道主义精神和关爱女性乳房健康的福音。

第五部分
奥运年里看直销

完美："母亲水窖"情结

引文： 每次在北京的地铁里候车，我总能看见"母亲水窖"的公益广告——那位名叫涛涛的小女孩拿着一个水瓢，眼神中流露的是孤独和无助，似乎在祈求老天下几滴雨，她的身后，是一块块龟裂的土地……

长期以来，完美（中国）倾情捐助多项社会公益事业，其范围涉及希望工程、西部开发、慈善救灾、体育医疗、文化艺术和优军优属等多个领域，逐步形成了以"捐建希望小学及发起希望教师工程、建设母亲水窖、连年推动无偿献血、资助健康快车（健康光明行）、完美慈善万人行、资助我国尖端科研人才的培养"为主体的六大慈善公益体系，捐资总额逾人民币一亿二千万元。

而为了缓解西部饮用水问题，2000年全国妇联、中国妇女发展基金会设立"大地之爱·母亲水窖"项目专项资金，完美公司更是作为第一家支持该项目的企业，先后为该项目捐款逾1100多万元，极大地带动了社会各界对西部缺水问题的广泛关注。

古润金和胡瑞连所领导下的完美公司，为此项活动也倾注了很多，他们所到之处，必为该捐助项目作宣传，逢人必提西部缺水，他们几乎成为贫困西部的公益使者。而今，"母亲水窖"活动成为完美（中国）公司的一个公益品牌，这与这两位老总的情结是分不开的。

"母亲水窖"的"推销者"

胡瑞连总裁回忆起他们的第一次捐款甚是激动，就如有一种特别的情感渗透在血液中。

2001年，作为完美公司的总裁，胡瑞连同董事长古润金先生一起到北京为全国妇联发起的"大地之爱·母亲水窖"捐款50万元。当时胡瑞连认为这只是完美公司捐助公益事业的一部分，与其他公益项目并没有什么不同。没想到的是，那天晚上10时多，回到酒店的古润金先生和胡瑞连先后接到了全国妇联莫文秀副主席打来的电话，莫文秀副主席邀请他们到全国妇联总部看一部纪录片。纪录片不长，说的是中国西部甘肃等地的缺水问题。两位从小生活在雨水充沛的马来西亚的企业家，看完片子眼角都有些发潮，他们从未想到中国还有如此缺水的地方。当即，他们决定将捐赠额度增加到150万元人民币。

媒体眼中的直销

从此，胡瑞连就与"母亲水窖"结下了不解之缘。了解胡瑞连的马来西亚元生集团董事经理林春发多次提到，为了宣传母亲水窖，让更多的企业家参与到这项慈善事业中，6年来胡瑞连几乎逢人就说母亲水窖，每次提起母亲水窖，他的眼中都噙满了泪水，倾注了满腔的热情，每个人听了他的描述都深受震撼。

六年里他除了组织公司员工和代理商捐赠之外，所到之处，都要向亲朋好友、商业伙伴介绍母亲水窖，宣传这项造福西部农民的公益事业。他甚至自掏腰包，四处请朋友到西部地区实地考察，胡瑞连要让人们都认识到这是一项"功在当代、利在千秋"的工程。

曾有人问胡瑞连，完美公司发起这样的活动，到底要投入多少才可以解决他们喝水的问题？胡瑞连说，完美公司投入多少钱都无法解决他们喝水的问题，我们只能呼吁更多的企业家加入到这个工程，才能解决西部缺水的问题，公益事业需要大家一起来做，更多的人参与进来，力量才会更大。于是，他把他的马来西亚、新加坡的朋友带来了，把他的法国和德国的合作伙伴带来了，把他在清华大学总裁班的同学带来了……朋友们纷纷解囊。

2002年，胡瑞连第一次到甘肃回访母亲水窖工程，亲眼看到了母亲水窖给当地百姓生活带来的实惠和变化。此后，只要有时间，胡瑞连就会回访母亲水窖。

2006年，胡瑞连带太太到甘肃回访母亲水窖，太太品尝了从母亲水窖里打上来的"甜水"后，当即决定把自己的私房钱拿出来捐赠给母亲水窖。胡瑞连的孩子们从凤凰卫视上看到关于母亲水窖的电视片后，立即给他发来短信："我们为爸爸感到骄傲！"这让胡瑞连感到欣慰，他计划今年暑假带自己的孩子到甘肃回访新的母亲水窖。

"母亲水窖虽然是妇联负责实施的，但大家更应该感谢像完美公司胡瑞连总裁这样的热心人和捐赠者。"甘肃省妇联副主席管春梅说。

而完美（中国）日用品有限公司总裁、马来西亚华人企业家胡瑞连先生却说："完美公司其实不是母亲水窖工程的最大捐赠者，捐赠母亲水窖也并不是想让那里的人们记住完美，而是希望社会上有更多的人关注这项事业，帮助那里的人们解决缺水问题，生活得好一些。"

让做公益成为一种自觉行动

2006年11月11日，"大地之爱·母亲水窖六周年回访"活动正式在甘肃兰州启动。甘肃省副省长陆武成在出席此次活动时表示，母亲水窖工程启动6年来，解

第五部分
奥运年里看直销

决了1130个农户用水难的问题，使当地人民生活水平得到了显著的改善，该项慈善工程已成为甘肃省扶贫工程的特色和亮点。

六年间，胡瑞连为"母亲水窖"也做了许多实实在在的工作，仅甘肃一省，完美公司落实捐建母亲水窖2096眼，解决13096人的饮水问题；一批村庄正在落实建窖。随着完美公司业务规模的扩大，胡瑞连表示，他们将投入更多的资金给西部缺水地区建设母亲水窖。

慈善并不是那么容易做的，它需要花费时间、金钱和精力。西部到处是黄沙，要在这样一片沙漠中修建水窖，无异于一个无底洞，何况在国人普遍对慈善事业不太感冒的中国，完美仍不遗余力地将这项活动延续了6年多年，这其中的原因是什么？

胡瑞连在回答记者提问时表示，"大地之爱·母亲水窖"工程在工程质量、档案管理等方面，都可以让捐款人放心，特别是在近两年的回访中他欣喜地看到，捐赠款项已经得到了点对点的落实，即每1000元就能捐赠一个水窖，而且可以按照捐资人的要求把个人或企业的名字、名单刻在水窖的盖上面，妇联还会提供一份捐款收据并颁发一个证书；而在近两年的回访中，也让他看到了那些因母亲水窖工程而受益的人们，"因为有了水，他们可以种菜、养牲畜，日子一天天好起来了，由以前人均年收入只有几百元，到现在年收入几千元，看到这些，我心里由衷地开心和欣慰。"

从记者对与胡瑞连的接触和了解，他的慈善是发自内心的，他的"母亲水窖"情结也非常深。而6年间，完美公司在没有施加任何压力的情况下，经常发动经销商、员工多次踊跃捐款。目前，完美捐赠总额已达1300万元人民币。在六周年回访启动仪式上，现场募集到100.06万元人民币，其中完美公司员工捐赠24.86万元人民币。

胡瑞连认为，让员工和下一代从小树立做公益的观念，就是将人心中最善良的那一部分开发出来加以培育，让做公益成为一种自觉行动。记者了解到，作为马来西亚第二代华人，胡瑞连他从小熟读"人之初，性本善"，深受中华传统文化影响，后来在华侨华商资助的独立中学上学，所以回报社会是小时候培养起来的观念。

董事长古润金也是海外华裔，慈善的意识也从下小养成。2006年6月5日，在上海举行的"大地之爱·母亲水窖"五周年公益颁奖典礼上，古润金和胡瑞连双双获得"大地之爱·母亲水窖"慈善家和慈善明星两项大奖。而在2006公益中国年度评选颁奖晚会上，公司董事长古润金又荣获"最佳社会责任奖"、"评委会大奖"两项殊荣。

媒体眼中的直销

愿为中国的慈善事业而炒作

在西部严重缺水的瓦子岘村，曾流传着这样一首民谣："半夜出门去翻山，翻过一山又一山，鸡叫天亮找到水，回家太阳快落山。"缺水导致当地农民生活非常艰难。其实，瓦子岘村也有地下水源，但是村民们打再深的井，出来的也都是又苦又涩的水，根本没法喝。人们吃水往往要到十几里外的山脚下车拉、畜驮，取回必需的生活用水。拉一次水，村民们得用去一天的时间。而每次打的水，也仅够维持一天的使用。

就是在这样的艰难生活环境下，完美的爱心走进了瓦子岘村。而在 2005 年以前，又有谁知道完美公司在做着这件事呢？一个企业的力量是有限的，全天下全社会的人都来参与才是有力的。"如果有一天我退休了，就去当母亲水窖的志愿者。"胡瑞连说，他现在最关心的，就是怎么把这个慈善事业向海外华人乃至海外企业家宣传，让更多的人参与到这项事业中来。

因为，只有全社会共同关注"母亲水窖"，共同关注西部缺水人民的贫苦生活，共同奉献爱心，才能从根本上解决困扰几辈人的吃水问题。"有钱出钱，有力出力，多多益善，少少不嫌。"几年来，怀着一种真诚和执着的精神，胡瑞连身体力行，用自己的行动影响和带动身边的人对"母亲水窖"工程倾注更大的支持。

而完美公司，也"想尽办法"让人们自觉行善，希望大家用爱心汇成甘泉。为了达到发动更多的人参与这项慈善活动，完美公司甚至捐款 700 万元，用于母亲水窖的宣传之用。

在某次"大地之爱，•母亲水窖巨星演唱会"活动中，他们以"捐一口窖（1 千元）送一张票"为原则，晚会所得的门票收入将全部用于西部水窖建设。这次晚会得到了企业界和社会爱心人士的大力支持，完美（中国）日用品有限公司倡议其供应商及全国各地 3000 多家专卖店共同参与此次活动，倡议书发出之后，得到了代理商、完美专卖店以及爱心人士的广泛响应，在不到三天的时间就捐助了 3057 口水窖，合人民币 300 多万元。他们还请来香港影视巨星梁朝伟担任"母亲水窖"的慈善大使，使用明星的效应"招募"捐赠者。

或许正如完美公司业务发展部经理岳新鸿所说，在捐助母亲水窖的企业中，也许完美不是捐款最多的公司，但完美一定是最为用心的公司。

谈到慈善事业对企业发展的积极意义，古润金表示，如果消费者、供应商认为这是一个有爱心的企业，自然就会更信赖我们的品牌、产品和服务；如果我们把质量文化、服务文化和慈善文化做得同样出色，就能赢得消费者的长期信赖，百年企业也就不是梦想。"一个优秀而成熟的企业只有把公益行为和商业行为二者有机结合起来，才能创造更大的价值。"

"如果有人觉得我们在'炒作'，我们愿意为中国的慈善事业而炒作，也更希望有更多的企业和个人积极参与到这场炒作中来。"古润金这样评价说。

玫琳凯："春蕾计划"

进入中国十余年来，玫琳凯公司在中国公益事业上累计投入超过 3000 万元，赢得了社会各界的尊重。该公司全球总裁兼首席运营官贺大维先生说："我们公司创建的初衷就是为妇女提供事业机会。在这个男女尚未平等的社会里，我们的出发点就极具公益理想。"

玫琳凯春蕾项目、玫琳凯反家暴热线、玫琳凯妇女创业基金……每个公益活动都烙下了玫琳凯的粉红色爱心，刻下了玫琳凯人的身影和事迹，它们是玫琳凯爱心事业的缩影，更是玫琳凯"企业公民形象"的表现。

● 玫琳凯妇女创业基金

玫琳凯公司于 2001 年和中华全国妇女联合会合作设立的"玫琳凯妇女创业基金"，是一项以无息循环贷款方式扶助城市贫困女性创业和再就业的非盈利项目。至今，公司向基金捐赠累计超过 400 万元，为 20 个省 42 个城市的 2 万多名下岗女工和贫困妇女提供了创业机会。

● 玫琳凯春蕾助学活动

2002 年，玫琳凯再次与全国妇联合作"春蕾项目"，在贫困地区选择适当学校，将因经济贫困不能就学的女童集中到玫琳凯春蕾班，并分年度向学校提供春蕾班女童的学费，每人每年 400 元人民币，连续资助三年。学校则在接受爱心基金的捐款后直接免除学生的学费，保证这些学生完成学业。迄今为止，公司已累计捐助金额超过了 380 万元人民币，兴建了 10 所玫琳凯春蕾小学及 65 个春蕾女童班，资助超过 3000 名贫困女童重返校园。

媒体眼中的直销

为了将资助活动变成长期行动，使更多的贫困女童能够得到资助和继续学业，2004年在原有对春蕾女童捐助的基础上，玫琳凯与全国妇联经过友好协商，决定委托儿童基金会使用玫琳凯和员工的捐款建立玫琳凯爱心基金。

2004年玫琳凯再向爱心基金捐款100万元。由于玫琳凯爱心基金的建立，玫琳凯对春蕾计划的参与将更具系统性和规模性，并将具有更大的影响力。

此外，公司还与各所高校合作设立了"北京大学玫琳凯奖学金"、"浙江大学玫琳凯奖学金"和"中华女子学院助学金"，并对将来进入北京大学和浙江大学的玫琳凯春蕾班学生，继续提供玫琳凯奖学金，以此作为激励她们努力学习的动力。

● "爱心集结号"行动

风雪无情人有情，由玫琳凯发起的"爱心集结号"行动温暖了灾区人民的心，鼓励帮助他们坚强勇敢地面对困难。短短一个多月中，公司、员工、销售队伍、第三方供应商、合作伙伴、社会公众在"爱心集结号"的感召下，汇聚了一波又一波爱的洪流，帮助无数灾区同胞成功地战胜冰雪，渡过难关，真正是风雪无情人有情。

在此次抗击雪灾、帮助灾区同胞重建美好家园的爱心行动中，公司共向灾区捐赠财物超过120万元，与此同时，近4000位员工和销售队伍遵循"你希望别人怎样待你，你也要怎样待别人"的黄金法则，踊跃参加公司发起的"爱心书签"义卖活动，捐款总额超过20万元。到目前为止，所有捐赠已全部落实到湖南、湖北、江西、贵州、广西、安徽等六大重灾省份的重灾地区。在受助对象中，既有墙倒屋塌的贫困家庭，也有校舍受损的乡村小学；既有被冻死庄稼的农民，也有无力交付学费的学生……

除了向灾区捐款捐物，公司还在第一时间通过电话、走访等方式对位于湖南、重庆、四川、新疆、宁夏、浙江的春蕾学校及位于湖北、广东的春蕾班进行慰问，确保春蕾儿童学习、生活照常进行。同时，公司还主动与全国妇联联系，适时调整"玫琳凯妇女创业基金"的运作策略，使其在今后一段时间内能够优先支持灾区女性的创业项目，从源头上支持灾后重建。

与以往不同的是，此次"爱心集结号"行动不仅影响到员工与销售队伍，更影响到众多供应商。活动期间，共有34家供应商响应玫琳凯号召，通过各种形式、各种渠道向灾区捐款逾15万元。通过与媒体联合发出号召，"爱心集结号"更影响到无数社会公众。多家企业陆续对"献出一份爱心，温暖受灾群众"倡议做出响应，捐款总额超过50万元。

未来，玫琳凯会不断影响更多的人加入爱心行动行列，让这个社会变成大家共同的美好家园！

● 其他公益行动

2002年以来，玫琳凯中国公司捐资450余万元与共青团中央合作成立了"玫琳凯下岗青年美容培训中心"，支持20个城市的下岗职工再就业工程；2002年10月，公司还捐赠120台计算机，与团中央合作在青海、甘肃等贫困地区建立"玫琳凯西部计算机实用人才培训基地"，支持西部培养人才。

2004年，公司通过了ISO14001：2004版环境管理体系认证。2006年通过开展沙漠绿洲节水项目，减少废水排放60%；投资500万元人民币建立了一座废水处理站，经过处理后的废水满足国家三级排放标准。

2007年，公司与全国妇联共同启动"节能减排家庭社区行动"，并在中央电视台联合推出节能减排公益广告；紧接着在安徽、黑龙江等省陆续开展了形式多样的环保行动。

从2008年1月1日起，玫琳凯不再向美容顾问提供免费塑料袋，并鼓励公司员工、美容顾问及消费者在生活和工作中使用玫琳凯"粉红环保袋"，为保护地球美好家园贡献自己的一份力量。

就像玫琳凯女士所说的："我们所给予他人的，最终都会回归到我们自己这里。"玫琳凯在中国的爱心事业将不断地传递及影响到更多的人群，为大家创建一个和谐而美丽的家园。

宝健：自主创业新主张

为响应政府号召，中国青少年发展基金会（以下简称青基会）日前与宝健（中国）日用品有限公司（以下简称宝健），就合作设立永久性"宝健自主基金"项目达成协议，未来10年内，宝健将企业每年应纳税额的1%固定捐赠给基金，力争在十年内达到对该基金投入5000万元。加上此前与团中央设立的"宝健自主创业"项目，宝健（中国）已累计向公益事业捐资上亿元。

媒体眼中的直销

据了解，宝健积极围绕"创业与就业"行动，探索出全新的自主创业模式：从政策、产品、资金、服务和培训等多方面为青年提供自主创业的平台，资助他们在全国创建"宝健健康生活馆"，引导其迈向成功之路，这一创业模式引起了政府的高度重视。宝健获得直销牌照后，这一自主营销主张再次受到各大媒体和社会各界的关注。

以希望工程为"股东"

宝健成立于1995年，是一家专业从事健康理念传播及健康产品生产、销售的港资大型高科技健康企业，它通过提供营养保健、美容护肤、日化用品等多元化的产品与服务，满足国人对健康的全面需求。作为一家健康产业公司，宝健自进入中国内地经营以来，同时不忘履行一个企业公民所应有的社会责任，现在已累计捐赠10所希望小学，回报社会资金近千万元，并在全国20多个省市支持数万人实现了创业梦想。

据记者了解，捐助的14所希望小学，覆盖河北、辽宁、湖北等全国七个省，资助学生近万名；为小学建立了图书馆和电脑教育系统，并成立"宝健教育基金"。每年"六一"，宝健公司都会回访资助的贫困学生，并为学校和孩子提供教学用品和书包等各种文具，让孩子深深体会到来自社会的无限关爱。

宝健公司总裁李道在接受记者采访时这样说："宝健能够在这10年来迅速发展壮大，得益于中国政府提供的'公平、公正、公开'的市场平台与发展机会。对此，宝健始终怀着一颗感恩的心，在为国家创造大量税收的同时，不忘中国政府的支持和帮助。宝健认为，孩子是中国的未来和希望，宝健将尽自己所能，帮助孩子们获得同样公平、公正、公开的受教育机会，并帮助他们自主成才，最终回报祖国，贡献社会。"

而"宝健自主基金"的推出和发展，契合并完美诠释了宝健的这一全新理念——让希望工程成为"股东"。"这种股东不是公司治理方面的真正意义上的股东，而是以孩子作为我们公司公益投资的最大责任，让他们获得最大的回报。"李道解释说。

青基会的相关人员表示，这不仅为中国未来一代提供了受教育的机会，而且还为其搭建了一个未来事业发展的平台，最终实现就业和创业，成就人生价值，这在中国尚属首创。

谈到宝健2004年设立"宝健自主基金"的初衷，李道说："我们一直关注中国

第五部分
奥运年里看直销

青少年的未来发展，经常和共青团领导坐在一起探讨如何推动中国未来一代的教育问题，并最终与青基会携手共同设立永久性的'宝健自主基金'。"事实上，作为一家植根于中国的企业，宝健一直把与中国社会共同进步、成为优秀的企业公民作为自身发展的目标。

基金力促自主新主张

构建社会主义和谐社会，是未来五年我国经济社会发展的重要目标之一。这一点，在已经结束的十六届五中全会中有过提及，而在不久后即将召开的十六届六中全会中也会有相应的论述。有关专家指出，实现这个目标，就要把教育和就业摆在经济社会发展更加突出的位置。

为协助政府解决此问题，共青团中央多年来在这两大领域开展了大量的工作，探索中国扶助青年创业的新模式，并首次选择"合情、合理、合法"的企业合作开展城市青年创业项目，参与到国家的"成功创业计划"中，共同帮助中国城市青年走上创业成功之路。

在选择合作企业过程中，共青团中央对备选企业的各种资质、实力、经验等进行了全方位的考核，最终选择宝健作为合作企业，正式授予了宝健健康生活馆"青年创业实践基地"的称号。

政府历来重视就业和再就业工作，把就业作为民生之本和构建和谐社会的重要方面，始终坚持劳动者自主择业、市场调节就业、政府促进就业的方针，鼓励自谋职业和自主创业；另外，中国未来一代的发展问题直接影响社会和谐发展，也是党和政府最为关注的重要方面，已经成为社会焦点问题，"关注这方面就是帮政府分忧"。

据了解，宝健一直秉承自主理念，在为有志青年搭建良好的创业平台时，更多地给他们强调要依靠自主精神实现人生价值。而实现自身价值，首先要从掌握自主、完善自身做起，摆脱对他人的依赖，不成为家人与社会的负担；然后才能照顾家庭，提升家庭生活质量，进而把关爱带给身边的亲朋好友、同事、邻居乃至社会，为更多需要帮助的人们带去幸福，实现自身对更高人生价值的不懈追求。

截至目前，"宝健自主创业项目"已正式启动，宝健将在2006年提供750万元用于宝健自主创业项目的运作，在全国30个城市扶持约300名有志创业的城市青年加盟"宝健自主创业项目"，建立宝健"健康生活馆"，并使其创业成功率达到98%以上。团中央青工部领导张劲表示，这个项目作为社会公益性系统工程，将促

媒体眼中的直销

进政府创业政策的实施，大大提高青年自主创业的成功率。

随着"宝健自主基金"和"宝健自主创业"两大项目的正式启动，不仅为贫困失学青少年提供了受教育机会，培养他们的自主精神，帮助他们健康成长，最终实现就业和创业，对首都乃至全国社会的和谐，也是一个全面、有力的推动。

将公益活动进行到底

宝健十年来的稳健发展，以及长期投身公益事业，是宝健人回报社会和宝健"掌握自主、分享关爱"的核心价值理念的真正体现。而这种捐资，也是不计回报的。

中国红十字总会宣传处处长王舒龙很不愿意用"公益目的"去评估企业的捐赠，她倡导"公益的归公益，慈善的归慈善"。

"跨国公司在国外也有公益活动，它来到中国也同样做公益，公众若想深究它的商业目的，它肯定也是想打开中国这个市场。"王舒龙强调说，"企业通过公益活动提升自己的形象，比那些什么都不愿意捐的企业要好得多。我们总是欢迎它们来做公益的，不管他们的出发点是什么，实际上对贫困人群和公益组织来说是好的，那就应该得到肯定和赞扬。"

"公益事业说到底是一个'情'字。众多在华跨国公司把参与公益事业视为企业社会责任的一部分，将'取之于社会，用之于社会'的思想视为公司的哲学理念和行为准则，这不仅让我们为一些外资企业支持中国公益事业的事迹而感动，也让我们对国家构建和谐社会有了更强的信心保证。"《光明日报》总编袁志发如是说。北京大学志愿服务与福利研究中心主任丁元竹教授也表示，追求完善责任感，是公益事业的核心，也是进一步推动我国发展的一个新动力。

值得说明的是，长期以来，我国的公益事业缺乏制度化、规范化，运作方法上缺少计划和统筹研究，缺乏整体的系统性和前瞻性，这使公民认知程度较低，也使得国内众多企业的公益行为比较偶然和孤立，缺乏系统性和持久性。然而，如何使社会公益事业更系统、更持久？

通过记者采访了解，宝健通过与青基会的合作建立"宝健自主基金"，将公益事业的重心放在中国的未来一代身上，孩子学业完成后成功就业和创业，从而回报祖国和社会。这是一个良性循环的过程，目标明确、资源投入和管理框架相对规范，再加上宝健相对专注的资助中国基础教育，使公司的公益行为更显得规范和系统，从而保证了公益行为的一贯性和持久性。

李道最后表示,"宝健自主基金"和"宝健自主创业"的建立,也将号召更多热心于公益事业的机构、企业和个人的加入并汇聚成一股更加强大的社会力量,为全国青少年发展做出更大的贡献。

天狮集团:"爱在天地间"

天狮集团"爱在天地间"大型公益主题晚会于5月18日在天津泰达隆重举行。此次晚会是由中华全国工商业联合会、国家教育部、国家体育总局、共青团中央、中华慈善总会、中国红十字会、中国残疾人联合会、中国保健协会等国家8个部委、中央团体与天津天狮集团联合主办的。主旨是将全国乃至世界的不同种族,不同肤色但充满爱心的朋友们汇聚天津,用不同的语言共同唱响一首真挚感人的"爱心主旋律",为发展我国的慈善事业做贡献。

李金元在晚会上作了热情洋溢地讲话,他表示:公益事业是党和政府倡导的事业。从党的十五大提出 "全面建设小康社会",到十六届四中、五中全会相继提出的落实科学发展观,建设和谐社会等重大战略课题,都为公益事业在我国的发展指明了方向。未来的天狮集团将在产品中更多地注入中华五千年传统养生文化和医学精华,更将乐善好施、扶贫济困、尊老爱幼、守望相助等中华民族五千年优良传统奉为美德,并提出天狮"健康人类、服务社会、发展实业、报效国家"的企业理念和矢志不渝地恪守"达则兼济天下"的企业社会责任的决心。截至目前,天狮集团已累计向国家上缴税金达9亿元人民币,向社会捐款捐物达8亿多元人民币。

为表彰天狮集团对慈善事业所做的贡献,中国红十会副会长苏菊香为李金元总裁颁发"博爱"奖牌以及代表中国红十字会会长彭珮云授予李金元总裁"中国红十字博爱奖章";中华慈善总会会长、全国政协常委范宝俊也在晚会上作了讲话,并向天狮集团总裁李金元发"中华慈善奖"奖牌和证书。此外,在当天晚会上,李金元向中国残疾人事业新闻宣传促进会赠送100万元人民币,向2006年全国学生体质健康标准推广活动组委会赠送现金1000万元人民币,支持青少年健康促进事业。

新华社、中央电视台、人民日报为核心的数十家中央媒体对盛会作了全方位的报道。新华网和人民网还对晚会进行了全程现场直播。晚会由著名主持人倪萍、亚

媒体眼中的直销

宁主持。天狮集团形象代言人周华健、国内著名歌手汪峰等人也被盛邀出席参加演出。

嘉康利：环保直销卫士

因为对环保议题的关注，嘉康利从一个公司，成为了一个拥有良好声誉的环保企业；又藉着环保工作，嘉康利从一个地方企业，足迹遍及了世界各地。而这种对于环境保护的热情与坚持，竟是从塑胶世界中，一瓶洞烛机先的环保清洁用品开始。

对于许多人来说，成立企业的目的就是赚钱，然而，企业存在于自然环境中，也以环境中的资源来制造产品、满足消费者的需求并且赚取利益，所以，自然环境可以说是每个企业之所以能够存在的基础，一旦环境发生变化，影响所及企业首当其冲。许多企业将其核心价值设立为"永续经营"，但是，这四个大字并非悬挂在公司大厅供人参观的匾额，对于自然环境不断遭受破坏、资源日益匮乏，每一个怀抱永续经营为目标的企业，都有责无旁贷的义务。

世界第一瓶 生物可分解清洁用品

若再将焦点集中直销产业，会发现，环保议题其实一直是直销公司的销售点，举凡清洁用品、有机食品、营养补充品、甚至化妆保养品，在强调萃取天然植物、人体无负担成分、环保素材、可回收包装，每一间直销公司几乎都是绿色爱好者，并强调以绿色为企业的行销概念；但是，在人力财力有限的前提下，直销公司所做的也往往仅止于此，仿佛所谓的环保，不过就是卖几项环保概念商品罢了。

创立已达 50 年的美商嘉康利（Shaklee）公司可以说是将环保执行得相当彻底的直销公司。1956 年 Shaklee 创立，1960 年，在工业革命初期、塑胶刚刚问世时，在环保概念付之阙如的年代中，在"生物可分解"这个名词尚未问世之前，嘉康利就研发出第一瓶"生物可分解"的家庭清洁用品，这项产品，不但成为世界第一罐不含毒性、不破坏环境且生物可分解的洗洁剂，直到现在，历经 50 年后，仍然是市面上拥有强烈销售利基的商品。

于是，"与大自然和谐共处"成为嘉康利的企业理念，在这个核心价值下，嘉康利从事了许许多多与环保有关的议题，而这些大规模的环保行动，如今看来，似乎仍无其他直销公司能出其右。

做到二氧化碳零排放量

嘉康利显然对于环保有着非常强烈的动机，并且认为绿色行销是该公司最能够在世界潮流中竞争的利基。除了所有产品均为天然、无毒害物质之外，1998年，加入美国环保署"气候智慧方案"（Climate Wise Program）的嘉康利，更开始实际执行企业减少温室效应气体的排放工作，并且立下企业二氧化碳减量计划，而这项计划到今天仍然持续进行着。

"事实上，要做到二氧化碳零排放量是有其困难度的，而嘉康利整体企业的二氧化碳排放量，已经可以做到完全抵销了。"虽然无法详细得知所有精算过程，但是当台湾分公司成立时，就得时常接受总公司的"盘问"，如，员工人数，以精算出每人每天所呼出之二氧化碳、以及冷气机吨数、工厂设备、甚至包括总经理座车的汽缸CC容量等等。精算出企业二氧化碳排放量之后，嘉康利就会以植树的方式进行"碳补偿"，完全抵销这份二氧化碳排放清单。

这样浩大的工程执行下来，使得嘉康利成为二氧化碳零排放量的企业，是全美第一家100%配合该环保方案的企业；2000年，嘉康利更获选为全球第一家获得"气候友好"（Climate Neutral™）认证的公司，2002年获得美国环保署颁发的"气候保护大奖"（Agency Climate Protection Award），2006年，又获选为美国环保署的"气候领袖"（Climate Leader），同时是第一家获得此殊荣的民生消费用品公司。

嘉康利的二氧化碳抵销工程进度如何呢？现在嘉康利已经做到至少可以减少10%公司营运时所使用的天然气，并且已经完全抵消2006年之前所排放的温室气体，同时通过美国环保署认证。截至2006年为止，嘉康利已经在各地种下了超过100万棵树。

一栋名符其实的绿色建筑

"此外，分公司的装潢设备也必须采用环保建材，不可以使用人工化合成分或是无法分解的材料。"CEO到每个市场巡视的时候，也会特别询问每项细节，所以每个分公司都必须将环境保护的工作，做到念兹在兹的境界。

之所以如此要求，是因为嘉康利位于美国旧金山的总公司就是一栋名符其实的绿色建筑。2000年嘉康利国际总部在旧金山成立，也同时成为世界第一批绿色建筑

媒体眼中的直销

大楼,能够确实达到环保节能的效果,百分之百采用绿色能源供电。这栋绿色建筑全部采用通过认证的耐久建材及木材、再生地毯与再生塑胶等,隔年,嘉康利总部就获得了美国建筑师协会所颁发的"最佳节能建筑设计赏"。"整栋建筑中看不到一个开关,"建筑的照明设备,完全藉着精密设计过的百叶窗来"借光",窗帘随着日照轨迹移动,使得日光精准折射入内,每一个人工作时所需用的光线,都能分毫不差的折射到书桌上。太阳西下或阴雨绵绵时,感应器会自动感应并启动室内照明,当人离开办公室时,照明设备也会自动关闭,完全不需要开关。

不仅如此,嘉康利还关注社区环保。嘉康利发现当地的圣博那迪诺中小学(San Bernardino County School)仍在使用高污染柴油巴士接送学子,所以决定资助该校更换为低污染巴士,所使用的方法,就是采用自厨房用油回收的生化柴油,如此一来,不只减少了温室效应的气体排放,还能避免巴士排放污染物,降低了学童气喘发生率。另外,嘉康利也提供资金,将波特兰校区全校燃油锅炉,更换为天然气锅炉,因为这么做可以减少二氧化碳排放量,还能节省学校能源成本。

使清洁环保用品 成为时尚

除此之外,嘉康利也资助美国原住民保护区兴建风力能源涡轮扇叶,这也是当地规模最大的可用风车。又跨国提供资金协助,将斯里兰卡及印度偏远地区的煤油灯、石油发电器,更换为太阳能发电,使得20年内,每一户都可以获得35瓦太阳能电力,如此可以减少5443公斤的二氧化碳排放到大气层。同时,嘉康利更在非洲村落推广太阳能能源村计划,不只提供当地居民所需的电力,同时鼓励再生资源发展,以抵消其二氧化碳排放量,这对当地居民来说是意义深远的,因为此方案可以增加当地生产、提高收入,还可增加几个小时的学习时间。

从一支家庭清洁用品开始,半世纪以来,嘉康利已经完全与环保脱离不了关系。过去清洁用品也是包装最不起眼的产品,因为多数人认为,清洁用品与脏污有关,应该被隐藏在储藏柜里。为了让消费者乐意选用环保清洁用品,嘉康利在2004年着手改进产品包装设计,让产品看起来更加时尚,因为嘉康利知道,即使消费者具有环保意识,但是在选择产品时,最终决定因素仍在价格、品牌与包装。

"这套重新设计后的系列商品,于美国上市,短短1个星期的时间,产品就被抢购一空。"改换新包装的嘉康利清洁系列商品,不但赢得了设计大奖,更意外的吸引了许多时尚名人的目光。不但获得美国时代杂志(Times)采访、更接受了全美

第五部分
奥运年里看直销

最热门节目欧普拉脱口秀（Oprah Winfrey Show）的专访，主持人欧普拉并在节目中亲自推荐该系列产品，节目播出当天，嘉康利网站浏览人数突破上千万人次，订购电话不断，掀起全美共32000人加入嘉康利的热潮，"可见环保风潮之下，人们都在等待最适合他们的产品出现。"

绿之韵：绿色的理想

胡国安：绿之韵集团董事长兼总裁。现任中国工商理事会常务理事、湖南省工商联（总商会）常委、长沙市青年企业家协会副会长、世界杰出华商协会中国总商会副会长、浏阳市政协委员、世界杰出华商学院客座教授等职位。中国优秀民营企业家、营销实战专家、品牌建设专家和国际级策划专家。曾先后在香港和内地创办了多家中外合资和内合资企业，在十几年的企业实际运作中积累了丰富的市场经验和管理经验，创造性地提出了"整合分销"等新型营销模式，并荣获多项大奖。

"绿色润泽苍生，韵律舞动天下"，当这样气势宏伟的理念抱负化身为一家民族企业致力发展的座右铭并融入到实实在在的行动中时，它所带给人的将是巨大而震撼的鼓舞与令人无上的钦佩。因此，对于千千万万名绿之韵企业大家庭的成员来说，他们无疑是值得骄傲与欣慰的，因为他们的理想与目标正在逐步得到实现。

绿之韵集团董事长胡国安十分坦诚地说："个人的慈善是一份心意，而企业的行为则是一种责任，个人事业的成功可以成全一个家庭的圆满，但一家企业的发展，影响的将是一个行业，一个群体，甚至一种全新的社会现象。"

企业和个人其实都一样，要有同情感恩、负责任的心。"绿之韵"的发展离不开国家政策的扶持及广大消费者的大力支持，"投桃报李"，这可以说是企业的正常行为。更何况，"绿之韵"从诞生的那一刻起，就肩负着"为解决人类亚健康服务"的神圣使命。因此，"以企业发展承载社会责任的核心思想，将贯穿于绿之韵发展的整个过程中。"胡国安说。

济世苍生，情之所开

● 媒体眼中的直销

　　胡国安并不避讳谈及他的过去及创业之初打拼的艰辛，正如一位将军并不避讳说自己是从一位普通士兵成长起来的一样。

　　他十分平实地告诉记者，他出身于湘中农村，在进大学前一直同父母生活在一起。生活的艰辛、父母的乐善好施等思想行为，深深影响了幼小的他，使他当时就产生了一种对弱势群体的同情，希望将来通过自己的努力，能够帮助部分穷困者改变命运，让他们过上幸福快乐的生活。

　　然而时日渐长，胡国安慢慢开始知道助穷不仅需要爱心，更需要资金，需要有雄厚的经济实力作基础。也许就是这个原因，大学毕业后分配在公安系统当公务员的他，工作没多久就毅然辞去了在常人眼里算是一份十分令人羡慕的工作，为了追寻少年时的梦想而怀揣仅有的 800 元钱南下，在特区深圳，开始了他的经商生涯。

　　初到深圳，人生地不熟，最困难时几乎到了身无分文的地步，但即使是在面临露宿街头的困境里，他依然断然回绝了父母让他回去的要求，并告诉父母说："等我有了自己的公司，有了一笔资本，我再回湖南家乡办企业，为家乡的经济发展出一把力。"胡国安仿佛沉浸在往事中，轻轻地对记者说："也许父母听到儿子的这番话时，是又好气又好笑的。"

　　经历最初艰难的三个月后，胡国安借助短期内在深圳获得的人脉资源，用自己的真诚及智慧打动了合作伙伴，与其迅速地组建了一家小规模的房地产公司，真正意义上开始了他的创业之路。

　　1992 年 3 月 8 日，胡国安成立了香港绿之韵国际集团股份有限公司，事业开始步入正常发展的轨道。他说："这么多年的商海之搏，其实也并非一帆风顺，有过风光无限，也曾遭到严重挫折。但我并不敢有一刻的忘乎所以或逃避消沉，不服输大概是我骨子里与生俱来的天性，这种性格决定了我即使在最失意的时候也能静下心来认真总结经验教训。"

　　2003 年，他怀着发展家乡经济的美好设想，为践行早年为家乡经济发展出力的诺言，毅然回到了湖南发展。2004 年为了进一步走好集团化发展之路，怀抱"铸百年企业，创世界名牌"的宏愿，他在湖南省浏阳生物医药园内，成立了香港绿之韵国际集团国内事业总部——绿之韵生物工程集团有限公司。

　　一个人的行为很大程度上与他生长的环境及人生经历有关，通过这一席看似淡然的叙述，我们不难触摸到这样一位虽然年轻，却已胸怀伟略的年轻董事长追逐绿色理想的深沉情怀！

第五部分
奥运年里看直销

润泽四方，责之所在

正如树苗扎根于广袤的大地，通过岁月的洗礼，通过不断吸纳土壤中的养分日渐成长为参天大树一样，"绿之韵"在短短几年内，在社会大众的精心呵护下，已成为海内外著名的一个民族品牌，绿之韵集团的规模也得到了长足发展。古人说："富则兼济天下"、"受人滴水之恩，当以涌泉相报"，于是"感恩社会，回馈社会"的主题在绿之韵集团、在胡国安身上不断呈现。

捐资兴建38所绿之韵希望学校是全体绿之韵人的夙愿。自2004年10月19日，第一所绿之韵老屋希望小学创建以来，已先后有绿之韵沙龙希望小学（2005年5月18日）、绿之韵珠山希望小学（2006年5月27日）、绿之韵大桥希望学校（2006年12月8日）分别诞生。

有数据统计显示，仅2003年至2007年，胡国安用于捐建农村希望小学、救济社会弱势群体、抗洪赈灾、赞助大型公益文化活动等各类款物就达500多万元。

2005年2月18日，胡国安又出资20万元，赞助"绿之韵国务院机关老干部2005年新春前苏联歌曲珍品音乐会"；在"中药业界首次祭祀始祖神龙活动暨第一届炎帝神龙中药发展论坛"活动中捐助20余万元，向长沙慈善总会捐赠定向助学金10万元和价值6万元的绿之韵产品，开展"情系湘南，韵泽天下"赈灾捐款活动，为灾区人民送去深情厚谊；投资100多万元与中央电视台联合摄制大型革命历史文献纪录片《浩气长存》，对广大群众进行爱国主义和革命传统教育……

2006年7月18日，绿之韵成立"绿之韵慈善基金"，并倡导分销商每人每天捐赠1元钱，一年捐赠365元钱，大大献爱心。记者了解到，"绿之韵慈善基金会"面向社会实施慈善救助和开展公益活动，除了大力参与赈灾、扶贫、帮困等社会慈善事业之外，还将积极开展具有绿之韵品牌和社会影响力的公益活动。

2007年5月23日，绿之韵集团全力支持的"情暖三湘，爱心助学"绿之韵杯香港明星足球赛（长沙）大型公益慈善赛上，胡国安代表绿之韵集团专门拨出100万元成立"绿之韵文化扶贫基金"，同时将全程活动所筹善款全部赠予湖南省青少年发展基金会等系列慈善机构。

这一切，在感动整个赛事现场的同时，也感动着记者的心。这一切，只缘于简单的一句：希望之行，责任之行！

"一人慈善不为善，万人慈善义满天。"对于胡国安来说，最值得骄傲的并不

◉ **媒体眼中的直销**

是这些活动，而是在他引导之下，整个绿之韵群体所折射出来的慈善光辉。在他身后，数以千万计的绿之韵一线市场精英已经同样把爱心事业当成自己追逐事业成功的一部分。绿之韵集团四周年庆典上，2006年度绿之韵十大爱心慈善人物手捧奖杯，光华闪烁，他们让绿之韵润泽苍生的理想，变得更加坚实。

韵舞天下，业之所成

谈起"建百年企业，创世界名牌"这一企业目标，胡国安说，这是绿之韵人不懈努力的方向，也是托起绿之韵爱心事业的基石。作为一家民族企业，我们要承担的不仅仅是企业的发展，而是企业之于社会所能创造的所有价值。所谓"九层之台，起于垒土；不积跬步，无以致千里"，要成就绿之韵的企业梦想，必须从今天做起，有计划有目的地推进企业各项事业的发展。这是百年企业所必须追求的终极目标。或许正因为如此，我们才能在今天万千姿彩的绿之韵品牌背后，看到更多属于社会的价值！

记者了解到，今天960万平方公里的土地上已经拥有6000多家绿之韵加盟分销店、数百万绿之韵加盟分销员在进行着传播财富、健康、快乐的绿之韵事业。这一庞大的群体中，绝大部分其实只是普通的老百姓、下岗工人、家庭妇女，或许他们并没有太多的经济能力或事业经验，但是，正是在绿之韵，他们找到了属于创业者的平台。

仅以绿之韵集团与湖南老爹公司合作开发首创高科技保健食品果王素这一举动为例，就为湘江中高海拔地区20多万靠种植猕猴桃脱贫致富的农民创造了极大的收益渠道。四年多的时间，这样的例子比比皆是。抛开为社会解决广大普通百姓就业问题、为区域经济发展所做的贡献这些方面，绿之韵集团已经为加盟绿之韵的分销店经理、分销会员们颁发了131辆豪华广本轿车、九幢豪华别墅，让这些创业者在绿之韵的追梦过程中，不但为自己的梦想、家庭的幸福描绘出绚丽多姿的色彩，更为无数消费者带去远离亚健康，拥抱美丽人生的福音。

绿之韵应该为有胡国安这样的领导而自豪。2007年5月23日，为期两个月的第六届"湖南十大杰出经济人物"评选结果终于尘埃落定，胡国安被评为第六届"湖南十大杰出经济人物"最具创新意识奖。

对于一家正式在湖南扎根不过四年的企业能获此殊荣，可以说是湖南省人民政府及社会各界人士对胡国安这四年来领导绿之韵企业飞跃式发展的肯定，对他所表

第五部分
奥运年里看直销

现出来的远见卓识以及不断创新经营思想，特别是他运用整合分销这种新型的经营模式开辟了营销领域的新天地所取得成绩的高度肯定。

本着把中国最好的产品以最快的速度传递给最需要的人，运用现代科技将中国五千年养生文化及中医理论发扬光大，为解决人类亚健康服务的企业理念，胡国安带领的绿之韵不懈努力地奋斗着。

善行飞翔万里，责任腾云九天。那一刻，从这位儒雅的集团公司董事长身上，记者仿佛看到了中国民营企业的希望之光。偕着欣欣向荣的市场，怀着一腔产业报国的夙愿，这样的企业和这样的领导人都必将站在时代的潮头，走向更为壮丽的未来！

媒体眼中的直销

专家访谈：

奥运年是中国直销发展的周期拐点
——访中国市场学会直销专家委员会专家欧阳文章

有人认为奥运年中国直销会平稳发展，也有的人持相反的意见，认为奥运年中国直销发展会不如上年。中国市场学会直销专家委员会专家欧阳文章注意到了这两种不同的意见。他认为，奥运年将会出现中国直销发展的周期拐点。对此观点，欧阳文章向本刊记者进行了详细阐述。

陈亮：为什么说在奥运年里中国直销发展会出现周期拐点？从直销企业角度看，具备怎样的条件？

欧阳文章：中国直销行业经过这两年的调整具备了加快发展的内在条件。两年来，特别是2007年一年，已经获得直销牌照的直销企业进行了富有成效的调整，取得了积极的效果。政府对牌照的审批非常审慎和严格，也表明政府对于直销行业的政策和法律是明确的，也将是长期的、稳定的。因此，首先，凡是获牌直销企业都已彻底调整营销模式，提高对从业人员的管理水平，在政府的法律框架下守法经营。其次，营销走向个性化。从市场的需求来看，中国消费者越来越理性和成熟，市场越来越细分，消费需求也逐渐走向个性化，而直销的优势正在于它可以满足消费者的这种需求，为其提供个性化的产品和服务。此外，许多直销企业在消费个性与就业个性上做文章，以渠道的多元化、运作的透明化、产业的常态化来吸引直销人员和消费者。许多直销从业人员在市场运营中做到尽力满足消费者的个性化需求，为消费者提供

第五部分
奥运年里看直销

差异化的服务。再次，是融入商业主流。这几年来，直销企业把融入商业主流作为自身调整的基本方向，通过各种策略提高企业的知名度、美誉度，加强对产品和品牌建设的投入，处理好与地方政府、媒体之间的关系，让社会充分了解到直销企业的调整和改变，充分体会到直销企业在与主流商业的融合，逐步去除另类行业标签。通过积极调整，直销企业的内功有了很大的提高，具备了在2008年加快发展的内在条件。

陈亮：那么从市场角度看，又有怎样的证据支持您说的周期拐点的出现？

欧阳文章：今年是我国居民消费的活跃期。2007年以来，我国消费品零售总额持续快速增长，消费需求对经济增长的贡献显著提高，这是多年来扩大内需期盼的结果。消费品零售额快速增长，带动了消费对经济增长的拉动作用。消费增长的主要原因：一是收入快速增长对消费的拉动作用明显增大；二是国民经济连续数年高速增长，消费者信心倍增；三是农村市场零售额增速提高的幅度大于城市，农村消费拉动作用增强；四是住、行等城市消费结构升级产品消费增幅较高。经济发展的目的是不断满足日益增长的人民物质文化生活的需要。这也是我们判断奥运年中国直销发展的周期拐点的一个基本依据。

陈亮：今年是奥运年。您认为今年中国直销发展会出现的周期拐点，与奥运有关吗？

欧阳文章：奥运经济对中国直销的拉力也是不容忽视的，这主要表现在奥运精神对中国直销企业的鼓舞。中国通过成功举办奥运会，中国的直销企业会凝聚强大的民族精神，为直销企业的文化建设创造得天独厚的条件。像安利、天狮等直销企业，主动参与奥运会的有关支援项目，激发起了直销员和直销商的民族激情，对直接提升营销业绩产生了不可估量的作用。对大多直销企业来说，奥运会的成功举办点燃了他们振兴直销业的希望之光，各家企业的业绩将会得到大幅攀升。

陈亮：除了以上提到的因素以外，还有没有其他因素，支持中国直销发展拐点的出现？

欧阳文章：世界直销快速发展对中国直销业的推动。这几年，世界直销业发展是比较快的。欧美、日本、韩国这些直销起步早的国家在2006和2007年的直销发展比较稳定，总的营销业绩稳中有升。值得一提的是，这几年俄罗斯、越南、马来西亚和非洲国家的直销发展特别快，令世界直销行业刮目相看。世界直销业的快速发展，将在很大程度上推动中国直销的发展。一是中国直销的发展与世界直销发展

媒体眼中的直销

的关系越来越紧密。外资直销企业可以到中国来发展，我国的直销企业也可以到国外去发展。这种高度的紧密联系，给中国的直销发展带来了活力和机遇。二是国外许多直销企业仍在瞄准中国市场，给中国直销企业带来了一定的压力，迫使他们抓紧巩固和扩展在本国的直销市场。今年国内直销企业的这种紧迫感越来越强烈。三是中外直销交流频率加快，也为中国直销企业加快发展提供了动力。另外，由于2008年发展处在一个转折期阶段，加上国外看好中国奥运会以后的直销市场，因此，中外直销交流的频率会加快，这就为2008年中国直销市场注入了一定的动力。这也是奥运年中国直销发展进入周期拐点的一个重要原因。

第六部分：
未来的中国直销（2009 年）

  在中国市场经济发展进程中，行业协会的地位和作用是非常重要的。行业协会是一个行业的信息中枢。在通常情形下，它可能比政府部门更容易得到完整的市场信息。作为联系政府与企业的纽带，在负责收集市场信息方面，行业协会的工作可能做得比政府部门更要专业一些。

  在直销市场目前并不发达的中国，政府部门与直销企业之间的信息沟通，更多采取的是自上而下的单向交流方式，因而并不具备真正意义上的直接而又有效的信息反馈渠道。这会导致信息传递准确性的降低。通过建立直销行业协会或直销行业分会，可以形成一个较为完备的信息反馈系统。通过这个系统，政府有关部门就可以更多地了解到直销企业的信息。

第二十九章　直销行业协会的建设

"苏州会议"密谋直销行业协会

如果说2004年9月10日的"厦门会议"是由政府主导的立法发布会，那么2005年5月18日的"苏州会议"就是由外资企业主导的行业通气会。

由于是闭门会议，记者无法进入会场获得更具体的信息，但一位参会人士称，苏州会议虽然在分量上不如去年9月的厦门会议，但至少说明直销立法日趋明朗。长期研究直销的行业人士王万军也在他的论著中对此作了报道。

苏州秘密会议

2005年5月18日，苏州。又一次直销行业的秘密会议在此召开。

据了解，此次会议由外商投资企业协会牵头召开，商务部外贸司副司长邓湛也到会发表了重要讲话。而到会的直销企业代表，是安利、如新、康宝莱、雅芳、玫琳凯、完美、李锦记7家。

"苏州会议的一个重要议题就是商讨成立直销行业协会"，一位知情人士说，这是由参会的以上7家外资企业联名提出的。在促进中国直销立法过程中，这7家企业就直销问题一直保持着密切的合作和高度的一致性，特别是在针对内资企业方面，它们一直在游说政府先行对外资开放，因此有人猜测它们将是直销放开的首发阵容。

媒体眼中的直销

其实在去年的"厦门会议"上,南方李锦记、完美、如新等企业代表便提出,希望成立直销行业协会,玫琳凯大中华区总裁麦予甫甚至在会上提出了成立行业协会的具体意见。当时与会的商务部官员并未对此明确表态。但考虑到国外承认了直销业的国家都成立了直销行业协会以及直销行业协会所发挥的作用,业内对于直销市场开放后成立直销行业协会的呼声越来越高。外资公司所以也极力推动直销协会的成立,此次会议就体现了这一点。

"但外资公司极力推动直销协会还有另一层用意,那就是借助这个平台来充分行使自己的话语权,以维护自己的利益。"一位直销研究人士坦言。

一位业内资深人士分析,直销行业协会以后将是一个非常重要的门槛,外资企业如果先期建立了直销行业协会,将形成一种非政策性壁垒,因为该协会的权力会很大,甚至会出现预审的情况,这对于后期进入者来说将形成很大的被动。仙妮蕾德国际机构董事长陈得福就表示:"我赞同成立直销协会,不过最重要的就是,有时候要避免只是少数几家大公司掌握这些协会。"

成立"关注中国直销开放小组"?

不过,苏州会议并未成立直销行业协会,按照一位与会官员的说法,中国目前还没正式开放直销市场,自然也没有直销企业,这个时候成立直销行业协会"不合适宜"。按照国际市场惯例,直销协会一般是由直销公司组成,所以要成立直销行业协会,必须等到直销市场真正开放以后。

于是,成立直销行业协会的事情只能先搁在一边了,但是现阶段,企业与政府之间怎样沟通却成为了一个问题,而且是政府和企业必须直接面对的。王万军先生撰文说,在此背景下,"关注中国直销开放小组"(以下简称"关注小组")作为一个过渡性的组织便在苏州会议上浮出水面。

据行业人士猜测,这个"关注小组"由与会的7家企业组成,以后将是在中国外商投资企业协会下面的"直销工作委员会"。而中国外商投资企业协会是中国商务部主管的行业协会。

不过,有熟知苏州会议的业内人士向记者表示,"关注小组"并没有正式成立,但已经承担了直销企业与政府沟通的任务。据其称,商务部外贸司副司长邓湛对这种政企沟通的形式给予了高度评价。

由于直销行业的特殊性和管理的复杂性,商务部外贸司及其他政府主管部门曾

第六部分
未来的中国直销

在厦门会议上明确表示,希望企业能给政府提供良好的建议。许多外资直销企业也这样做了,都单个积极、主动与商务部外贸司联系,向其提供经验和建议。"但由于各家企业都有不同的看法和建议,各自向政府提交意见,即不利于形成统一的声音,也给商务部带来了额外的工作。而'关注小组'则可以在提交意见之前,企业之间有一个沟通的平台,形成协调统一的意见后再向商务部提交,这样有利于政企之间更快捷而有效地沟通。"一位熟知苏州会议内情的业内人士这样告诉记者。

"关注小组"的四次沟通会议

据记者了解,截至2005年7月中旬,直销工作小组已经举行了四次通气会议,并就市场准入条件、保证金制度、关于金字塔诈骗的特征及与直销的区别、计酬制度、培训、分支机构的设立、直销企业可销售的产品等问题展开了积极的讨论。

虽然,其中亦有不少分歧,但该工作小组的成立对直销立法进程的促进,仍可谓意义重大。各企业在敦促中国政府为直销立法上达成了高度一致的态度,并在实际操作中获得了阶段性成果。但一位业内人士点评说:"然而,这种仍然带有松散性质的行业联盟亦令人堪忧,在最终的利益面前,他们会否出现重大分歧?这种争锋相对在立法出台时是归于完结,还是越演越烈?"

2005年6月9日,"关注小组"第一次会议。在这次会议上,富迪、仙妮蕾德、欧瑞莲和宝健四家"新秀"被增补入会,成员单位增为11家。

2005年6月,"关注小组"第二次会议。

2005年7月,"关注小组"第三次会议。

2005年7月15日,"关注小组"第四次会议。

严格意义上说,"关注小组"目前已经承担了部分直销行业协会的职能,时机成熟后,最终还是要成立直销行业协会的。

中国保健协会直销分会被叫停

2004年年底《直销法》将颁布,我国即将开放直销市场。而"直销"是保健品

媒体眼中的直销

企业运用最多的销售形式，为了率先实行行业自律，配合国家政策与市场形势变化，作为政府与企业的桥梁，中国保健协会响应行业内企业的呼声，欲带领企业成立"中国保健协会直销分会"。

2004年10月5日，中国保健协会在北京召开了成立直销分会的首次筹备会议，表示将在今年10月28日至29日在北京举办的第四届中国国际保健节上倡议发起成立"中国保健协会直销分会"。

这一事情被国家工商总局有关领导知道后，与协会协商，叫停了中国保健协会直销分会的筹备工作。

专家表示，如果中国保健协会直销分会顺利成立，那它将是中国第一个触及直销的行业协会组织。现在只有静静地等待直销法律的出台了。第四届中国国际保健节如期举行，但是少了"中国保健协会直销分会倡议发起大会"这出"重头戏"。

欲响应企业呼声成立"中国保健协会直销分会"

虽然《直销法》是适用于各个行业的法律，但从目前情况来看，"直销"在保健品行业中最热，直销行业70%至80%的份额来自保健品行业。这不但对保健行业自身的发展影响巨大，对"直销"开放之后的市场监管也是一种考验。这就意味着，保健品行业最应该率先进行行业自律，最应该与《直销法》的起草部门积极接触，最应该科学透彻地研究"直销"这个新生事物。因此，在保健行业内应率先成立一个组织机构，研究直销的规律和属性，积极推动直销在行业内的良性发展。

10月5日，中国保健协会在北京召开了成立直销分会的首次筹备会议，中国保健协会副秘书长贾亚光在会议上宣布，经中国保健协会会长办公会研究决定，成立中国保健协会直销分会。目前，相关审批程序进展顺利，不日即将完成。

据介绍，在中国保健协会直销分会正式成立之前，将由中国保健协会保健品市场工作委员会承担直销分会的筹备工作。

"成立直销分会的目的在于，通过提高直销业的商业道德水平和自律规范，向社会提供可行的、且可监控的消费者利益保障体系，树立良好的健康产品直销业形象，以保障社会公众的根本利益和我国直销业健康成长。"中国保健协会保健品市场工作委员会秘书长王大宏向记者介绍说，中国保健协会直销分会将由研究保健品直销方面的专家学者、企业家以及相关媒体等多方面人士共同组成。

据悉，部分国内直销研究专家学者、企业家和新闻媒体的记者参加了此次直销

第六部分
未来的中国直销

分会的筹备会议。在会议上,有关专家还介绍了境外直销协会的运行概况和不久前厦门会议上讨论的中国直销业管理办法的要点,讨论了《中国保健协会直销分会工作规则》、《中国保健协会直销分会行业规范》、《中国保健协会直销分会发起人倡议书》等文件。会议气氛热烈非常,参加会议的媒体记者们都为规范我国的直销业踊跃出谋划策。中国保健协会保健品市场工作委员会相关人员,也正在积极联络国家有关部门,组织编写各种相关文件。

被国家工商总局公平交易局叫停

10月28日至29日,在中国直销立法大限步步进逼的紧张气氛中,被业内人士称为"以直销内容为核心的中国保健产业政策与营销国际研讨会"在京举行。

但是100多位参会者使偌大的会场颇显冷清,知名保健企业的老总也是身影寥寥,这与两个月前,各路人马趋之若鹜的"厦门会议"形成鲜明对比。

原本颇具吸引力的主题,却因大会原定的"重头戏"——倡议成立"中国保健协会直销分会"却未能成型而被冲淡。

记者从相关人士了解到,这项以率先对业内直销行为进行规范为目的筹备工作,日前已经遭遇国家工商总局的干预。

"国家工商总局公平交易局给中国保健协会以及同样有意成立直销商会的全国工商联都发了公函,并进行了沟通。"知情人士表示,国家工商总局的意见是,国家关于直销立法和市场开放的日期尚未最终确定,相关行业的法律地位还未确立,现在成立行业组织"不合时宜",如果现阶段成立直销分会,那势必没有合法的会员。

对此,中国保健协会副秘书长贾亚光昨日在接受记者采访时坦诚,目前筹建直销分会的事宜已经推迟。专家表示,这反映出职能部门一贯的谨慎态度,任何"抢跑"行为都将被制止。

于是,根据国家工商总局公平交易局等有关部门的要求,该协会决定,"中国保健协会直销分会"倡议发起大会推迟至直销相关法规颁布之后。通知特别强调,中国保健协会保健品市场工作委员会将继续就直销企业的行为自律以及行业规范的制定等焦点问题组织专家、企业和媒体进行研讨。

记者注意到2004年10月份的"中国保健协会直销分会倡议发起大会"内容还是比较丰富的,主要有:(1)解析"直销"立法轨迹,给"过热直销期待"降温;(2)解析"开放直销"后,传统营销元素的变化;(3)解析《保健食品注册管理办法(试行)》;

媒体眼中的直销

（4）聆听国际的声音；（5）媒体营销在"泛直销时代"的新思路；（6）行业标准的推进，以及在标准之下的市场监管；（7）倡议发起"中国保健协会直销分会"，宣读《保健行业直销自律声明》。

但是由于被叫停，当天论坛的其他内容也作了相应的修改。贾亚光表示，"基本上和直销有关的话题被淡化了。"除了胡远江、王万军两位直销专家分别作了"中国企业直销之路"和"保健品企业理性对待直销"两个报告外，其他的研讨内容基本与直销无关。

外国直销行业协会简介

俄罗斯直销协会：

俄罗斯直销协会创建于1996年。为俄罗斯境内的全国性组织，其会员包括生活必需品的生产厂商及直接提供服务的各类公司。协会基本宗旨为：保护相关消费者的利益，促进行业自律，推动直销产业的发展。

目前协会工作内容：

1. 在俄罗斯宣传推广直销理念及从业机会；

2. 与罗斯有关政府部门，消费者协会合作，通过相关信息交流推动直销业的发展，将其作为一种商业活动方式加以支持；

3. 保证会员直销企业以高标准及严格的商业道德规范对其产品及从业机会进行推介与营销；

4. 研究直销产品的消费趋势，并对协会成员的经营活动实行规范管理，防止、消除对消费者的欺诈行为；

5. 向俄罗斯公众宣传，说明非法传销活动的特点及危害性，参与制定反金字塔传销活动法规的制定。

俄罗斯直销协会主席肖卡列娃女士为一位经济学副博士，玫琳凯俄罗斯公司执行董事，俄罗斯联邦经济发展与贸易部所属贸易与服务专业委员会委员。

第六部分
未来的中国直销

俄罗斯直销协会为世界直销协会联盟及欧洲直销协会联合会成员。

日本直销协会:

日本直销协会(JDSA)成立于1980年4月,为日本直销界唯一的公益服务型组织。日本直销协会具有十分明确的合法地位,其宗旨是严格监督相关会员执行1988年11月颁布的"门对门销售法"(2001年改名为特别商业交易法),要求直销者公平交易,保护消费者利益,从而使直销在日本获得长足的发展。此外,日本直销协会员还负责公平解决消费者对直销协会会员企业投诉的问题。

近年来,直销业在日本发展迅速,并在整个销售业中获得巩固地位,日本直销协会的业务也因此不断扩大。目前日本直销协会正不断认真研究日本直销业中各方面情况,以便能够妥善处理在直销业不断发展过程中出现的各种问题。

至2004年4月,日本直销协会已有会员单位327家,所销售的产品及服务包括:书籍、教学设备、窗扇用品、净水设备、清洁设备、衬衣、内衣、化妆品、健康食品、美容产品、珠宝首饰及贵重金属、太阳能热水设备、通讯办公设备、空气清新机、保健设备、和服、个人电脑、缝纫机、冲压设备、服装等。提供的服务包括:各类知识教学、灭虫方法、房屋改造、居室清洁等。

新加坡直销协会:

新加坡直销协会(SDSA)成立于1976年,代表在新加坡全国各地从事合法经营的直销公司的利益。新加坡直销协会经常举行会员聚会,讨论直销业有关业务及相关利益的问题,并与其他国家相关组织进行联络与交流。

新加坡直销协会的宗旨是:

1. 促进直销业发展,依法保护直销企业与人员的正当权益。
2. 促进直销业不断实现高水平经营。
3. 开展各项公益活动,向政府部门及消费者组织提供有关直销业的信息。
4. 就直销产业的相关事务与有关政府部门进行合作。
5. 与其他组织进行相关合作。
6. 收集整理有关会员企业的相关数据、资料。
7. 促进并加强会员企业间的友好业务合作关系,为对方保守商业机密。

8. 随时根据会员企业的要求进行相应服务,并使此类工作符合公共利益。

新加坡直销协会是世界直销协会联盟成员,也是新加坡消费者协会成员。

新加坡直销协会与亚洲国家特别是东南亚各国直销协会及美国直销协会保持着经常的交流,并与新加坡消费者协会有着多年的友好、信任、互相尊重的合作关系,并帮助新加坡消费者协会解决过一系列有关消费者对直销协会会员单位及非会员单位的投诉问题。

新西兰直销协会:

新西兰直销协会(DSANZ)成立于1974年,当时有六家直销企业参与发起。新西兰直销协会是世界直销协会联盟最早的14个成员之一。新西兰直销业早期经营活动中,仅限于逐户走访来销售便于携带的产品。目前新西兰直销业不断创新经营手段,已出现了会议营销方式,及多层奖励机制,并将互联网及远程电话用于销售活动。

尽管出现众多销售手段的创新及新技术的应用,新西兰直销业仍强调直销是人对人的交流与沟通活动,直销是依靠人经营的事业,所以先进的新西兰直销业注重的不仅是多少人加入了直销队伍,还包括有关客户在接受直销产品及服务中的满意程度。

近年来,新西兰直销协会通过其直销协会网站机器与国内外相关网站的连接,与有关客户及相关组织机构进行业务联络。

新西兰直销协会的执行机构由会员单位选举产生,负责考虑新西兰直销业面临的发展问题,就会员单位遇到的问题提供相应协助,新西兰直销协会的日常工作由其执行委员会担任。

新西兰直销协会主席为麦客怀特先生,他同时还担任新西兰家庭直销有限公司总经理。

新西兰直销协会副主席为巴利卡依先生,他同时担任安利新西兰公司负责产品的副经理,在担任副主席之前曾在执行委员会工作两年。

澳大利亚直销协会:

澳大利亚直销协会(DSAA)成立于1967年,为代表澳大利亚直销企业与机构的全国性组织。

第六部分
未来的中国直销

澳大利亚直销协会是向政府及消费者协会反映直销协会会员呼声的代表机构。目前澳大利亚直销协会有会员单位100家,下属全职及兼职独立经销商62万多人。其宗旨为保护澳大利亚境内的直销企业,直销理念及直销业提供的相应发展机会。

具体为:

保护、促进并服务于直销协会会员及下属独立经销商;

保护、促进直销产业的发展机制、小产业的发展目标及其提供的发展机会;

保证直销协会成员遵守最高商业道德与服务标准,并按照这样的要求向消费者提供相应的产品及服务。

澳大利亚直销协会向会员提供的服务包括:

政府公关服务:与政府有关部门讨论直销企业必须遵守的行业规范;

教育培训及信息交流:起草直销业销售商协议,投诉处理程序;

消费者培训服务:使人们进一步认识直销业是一种便捷、经济、具有良好信誉的提供产品与服务的手段。

标识使用服务:澳大利亚直销协会已在澳大利亚商标局注册了协会标识,供有关直销协会会员及直销商使用,同时要求使用者遵守协会标识使用规定。

澳大利亚直销协会负责人为执行董事赖斯·戴尔先生。

印度直销协会:

印度直销协会(IDSA)成立于1996年,为全印度直销业的行业自律组织,其成员均为在印度或国际上知名的直销公司。印度直销协会为世界直销协会联盟的成员之一。

印度直销协会总部设在印度首都新德里,由其常设机构秘书处负责其日常事务。

印度直销协会宗旨为:

1. 促进印度直销业的健康发展;
2. 支持并保护协会会员的合法权益,为其合法经营活动提供相应支持。

印度直销协会开展各类关于行业发展的研究,并收集相关信息,并制定了高水准的商业道德规范,要求会员单位严格执行。

媒体眼中的直销

印度直销协会会员分为基本会员与合作会员两种：完全从事直销业务的企业为基本会员，为直销公司提供产品的一级供货商为合作会员。

南非直销协会：

南非直销协会（DSASA）成立于1972年，代表全国40多家生产并通过独立直销人（或称为独立经销商、独立咨询师、独立销售代理）在固定零售店以外的地方直接向客户销售产品或服务的厂家或公司。

南非直销协会以反映南非直销企业的呼声为己任，并与各级政府部门随时保持交流与沟通，确保南非直销业公正、公平的市场秩序，并与消费者协会合作，实行行业自律，保护消费者利益。

南非直销协会宗旨为：保护并服务于会员企业及其下属的独立经销商，促进他们的业务发展，保证会员企业的产品，服务及相应的发展机会以高度的商业道德水准提供给消费者。

南非直销协会的公共关系计划致力于建立直销业自觉的商业道德形象，促进相应行业理念及发展机会的实现。

南非直销协会教育基金会致力于教育与研究直销产业所面临的相关重大课题，并与相关教育机构展开合作。

南非直销协会对申请入会的企业实行一系列严格的审查制度。申请者须在南非从事直销业12个月以上，协会才对其申请给以受理。

获得受理申请的企业须交纳规定的受理费，连同申请表一起提交给协会，协会指定专人评估，审查其入会资格：包括走访企业办公地点，查验企业相应文件，产品说明书及其他材料，了解该公司是否执行商德公约。如审查人员对审查结果满意，即将该公司的入会申请提交下一次协会全体会议（这样的会议每年召开5次）加以审议。申请入会的企业必须派代表出席审议会议，并回答直销协会会员提出的质询。通过大会审议后，该企业还要经过12个月的预备期。这样的预备期有助于直销协会及申请入会的企业执行商德公约。

南非直销协会领导机构中，主席为瓦伦·汤姆林森博士，副主席为理查德·克拉克先生。

第六部分
未来的中国直销

直销企业呼唤成立中国直销行业协会

随着我国直销行业向法治化、规范化方向发展,到目前为止,已经有15家企业获准开展直销业务。一些获得直销经营牌照的企业迫切希望成立直销行业协会、加强行业自律,从而达到打击传销、维护合法直销企业利益、使直销行业向着更加规范化方向发展的目的。7月上旬,世界直销协会联盟(WFDFA)主席、如新企业集团总裁兼首席执行官贺楚门也来到中国与有政府有关直销主管部门商讨,希望加速筹备中国直销协会,并希望协会成立后,能制定行业相关商德约法,让协会成员严格按行规来从事直销工作。

2007年5月30日,国务院办公厅也下发了《国务院办公厅关于加快推进行业协会商会改革和发展的若干意见》,对行业协会的改革发展提出了具体的指导思想和总体要求,并对行业协会的职能、体制机制改革、自身建设和规范管理、完善促进行业协会发展的政策措施等方面提出了具体的意见。据悉,目前国家有关主管部门正在进行直销行业协会的筹建工作,那么,我国的直销行业协会应该建立怎样的机制才有利于直销行业的健康持续发展呢?结合我国直销行业的发展与现状,特对中国直销行业协会的建立提出如下建议:

一、中国直销协会设立的指导思想和原则

我国直销协会的设立,必须根据《国务院办公厅关于加快推进行业协会商会改革和发展的若干意见》进行。

1. 直销协会的指导思想。以邓小平理论和"三个代表"重要思想为指导,全面落实科学发展观,按照完善社会主义市场经济体制的总体要求,采取优化结构、改进监管、强化自律等措施,逐步成为体制完善、结构合理、行为规范的行业协会,促进直销行业健康、规范、持续发展。

2. 直销协会设立的原则。坚持市场化方向,实行依法设立、民主管理、行为规范、自律发展。

二、成立后的直销行业协会应具备的职能

1. 充分发挥桥梁和纽带作用。深入开展调查研究,积极向政府及主管部门反映行业、会员诉求,提出行业发展和立法等方面的意见和建议,积极参与相关法律法

规、宏观调控和产业政策的研究、制定,参与制订、修订行业标准和行业发展规划、行业准入条件,完善行业管理,促进行业发展,宣传国家有关法律和直销商业伦理。

2. 加强行业自律。紧紧围绕规范市场秩序,健全各项自律性管理制度,制定并组织实施行业职业道德准则,大力推动行业诚信建设,建立完善行业自律性管理约束机制,规范会员行为,协调会员关系,维护公平竞争的市场环境,保护消费者的权益。

3. 协助管理部门监管,促进行业健康发展。直销行业协会成立后,在加强行业自律的同时,还应积极配合政府职能部门加强对行业的监管。由于我国直销行业发展的特殊性,目前,一些打着直销旗号进行传销、经济诈骗、非法集资等形式的经济犯罪活动还非常猖獗,这不但影响了直销行业的形象,也给执法部门的监管带来了难度。直销行业协会成立后,要充分发挥其专家优势,积极为政府职能部门打击各种打着直销旗号进行的违法犯罪活动献计献策,当好管理职能部门的参谋与助手,为管理职能部门对一些传销案件的定性提供咨询与帮助,协助管理职能部门整肃、净化直销市场环境,为守法经营的合法直销企业提供一个良好的经营环境。

4. 切实履行服务直销企业的宗旨。直销行业协会代表合法直销企业的利益,必须切实为直销企业服务。协会应该做好直销行业统计,掌握国内外行业发展动态,收集、发布行业信息,依照国家有关规定创办直销行业报刊和网站,开展法律、政策、管理、市场等咨询服务;组织人才、技术、管理、法规等行业培训,帮助会员企业提高素质、增加创新能力、改善经营管理;参与直销企业资质认证、新技术及新产品的鉴定和推广、事故调查认定等相关工作;受政府委托或根据市场和行业发展需要举办展览会、交易会等,为行业企业开拓市场创造条件。

5. 积极帮助企业开拓国际市场。直销行业协会要借鉴国外的先进做法,在维护国内产业利益和支持企业参与国际竞争等方面充分发挥作用。积极组织国内有实力的企业开拓国际市场;建立直销行业公共服务平台,开展国际交流与合作,联系世界直销协会及会员国直销协会,指导、规范和监督会员企业的对外交往活动;主动参与协调对外贸易争议,积极组织会员企业做好反倾销、反补贴和保障措施的应诉、申诉等相关工作,维护正常的进出口经营秩序。

6. 积极开展各项公益活动,组织会员企业主动承担企业公民的社会责任。

三、直销行业协会应吸收研究机构和独立研究者参与

第六部分
未来的中国直销

目前,世界直销协会联盟各成员国的直销协会基本采用会员企业参与的办法,而世界直销协会联盟主席也是会员选举产生,基本上是在大企业的现任领导成员。这种做法有利于协会更好地为企业服务,使协会领导能够及时了解直销市场状况和存在的问题,但同时也存在协会给企业服务方面有时不够公正的问题。

根据目前我国直销行业的实际现状,为充分体现直销行业协会的指导性、服务性和公正性,我们建议要成立的中国直销行业协会组成人员中,不但要有直销企业的领导人员,也要有政府部门的离退休领导干部,因为他们参与到行业协会中,有利于协会与政府职能管理部门的沟通与协调,同时,我们也建议吸收直销行业的研究机构、服务机构和独立研究者参与,一是目前我国已经有了一批直销的研究机构和服务机构,如直销行业顾问企业、杂志、网站等。这些服务机构和研究机构的人员都比较专业,有的甚至研究直销这一行业已经有了10多年的历史,在行业也有一定的影响力和号召力;二是一些杂志和网站也已经做得相对成熟了,得到了广大直销从业者的认同,在行业内的影响力也较大。这些机构的加入,一来可以使直销协会更具专业化,二来可以使协会更加具有公正性。

四、直销行业协会组建过程中需要注意的问题

由于目前我国正在进行协会商会的改革,将会逐步取消以前那种附属或挂靠在行政机关的行业协会,建立以市场方向为主、政企分开的行业协会,因此,直销行业协会在组建过程中需要注意以下几个方面的问题:

定位与组织设置。直销行业协会是一个服务直销企业的自律性行业组织,所以一开始就应健全法人治理结构,要严格依照法律法规和章程独立自主地开展活动,切实解决行政化倾向严重以及依赖政府等问题。要从职能、机构、工作人员、财务等方面与政府及其部门、企事业单位彻底分开。直销行业协会要建立和完善以章程为核心的内部管理制度,健全会员大会(会员代表大会)、理事会(常务理事会)制度,认真执行换届选举制度,实行民主管理,建立健全党的基层组织,充分发挥党组织的监督保障作用。

由于直销行业的特殊性,加上正处于协会商会的改革期,因此,在直销协会的组织设置上要充分考虑机构设置的合理性,要注意设置科学,避免出现资源的浪费和资源分散等现象的发生。

人员构成。直销行业协会的人员应由会员企业、专家、兼职和专职工作人员几

方面组成。理事会成员要严格按照民主程序选举产生，会长（理事长）应由理事会提出人选，通过会员大会（会员代表大会）以无记名投票方式选举产生，并逐步实行差额选举。鼓励选举企业家担任会长（理事长）。秘书长可通过选举、聘任或向社会公开招聘等方式产生。行业协会要全面实行劳动合同制度，保障工作人员合法权益。建立健全岗位管理制度，完善激励机制，吸引优秀人才，优化人员的年龄、知识结构。加强专业人才队伍建设，行业协会及其分支机构专职工作人员，应参照国家有关规定，对符合条件的工作人员进行职称评定。

五、直销行业协会成立后的几项重要工作

针对我国直销行业的特殊性，直销行业协会以在今年内正式成立为宜。直销行业协会成立后，首先应在以下几个方面加强工作。

建立行业自律机制：直销协会成立后的首要工作是尽快建立行业自律机制，规范会员单位的经营活动。众所周知，目前的直销企业中，大多数企业的做法都与政府的政策相违背，这样，不利于政府职能部门对直销的管理，也不利于打击传销和保护合法直销企业的正当利益。因此，直销协会成立后，必须结合我国的法律法规和行业特点，根据协会章程，建立相关的行业自律规章和机制，以利于尽快树立合法直销企业和行业的良好形象，促进直销行业的健康持续发展。

理顺与职能部门关系：行业协会成立后，要理顺和政府职能部门的关系，要及时接受政府职能部门的监管和业务指导，要做到独立工作、接受监督、及时沟通，在维护行业利益的同时又要维护国家利益和社会公众利益。

宣传正确的直销理念：直销协会成立后，要建立自己的宣传渠道，创办协会的网站与杂志。由于前期资金较困难，新办杂志申请周期较长，也可采用与现在一些比较成熟、有一定影响力的直销专业网站和杂志合作的办法，广泛地向社会宣传正确的直销理念，使协会的工作和信息有一个畅通的传授渠道。但在合作过程中，要避免出现一些合作单位利用协会名义进行敛财、增加会员企业负担的现象发生。

建立企业档案：直销协会成立后，在建立好会员企业档案的同时，还应进行深入的调查研究，建立准直销企业档案，以便在企业申请直销牌照时能够给主管部门

第六部分
未来的中国直销

提供客观公正的建议。

六、直销行业协会运营中需要注意的问题

由于过去我国的一些协会商会体制不同,有附属于主管部门的,也有挂靠在主管部门的,国家目前进行的协会商会改革,意在促进协会商会的发展。要使直销行业协会成为一个受行业企业欢迎的行业自律性组织,在协会的运营中还应注意以下几个方面的问题。

监督多服务少,成为政府的传声筒。监督多服务少是过去一些行业协会普遍存在的问题,有的协会甚至成了政府职能部门的传声筒,这违背了行业协会的宗旨。直销行业协会成立后,要加强对会员企业的服务,按照协会章程维护会员企业的合法权益,促使会员企业加强自律,把协会办成会员企业之家,使之成为会员企业互相交流、沟通、学习的平台。

收费多咨询少,给企业带来负担。协会的收费必须按照会员大会讨论的收费项目执行,其他常规性服务项目不应另行收取会员企业费用。组织的行业性展览、学习等项目收费也应本着自愿参与的原则,不得进行强制性收费。协会应当设立免费咨询热线,为直销企业的直销从业者提供免费咨询服务,及时为会员企业排忧解难。

节余多支出少,协会成为盈利机构。协会的财务预决算报告必须经过会员大会通过。收费性服务项目也应尽量做到收支平衡,会费的收取可根据上年的财务决算情况制定次年的收费标准,以保证避免把协会办成一个以盈利为目的的机构。

领导多专家少,不能给企业实质性帮助。直销协会在建立的时候就要注意避免领导多专家少、不能给会员企业提供实质性服务的现象发生。虽然我们在人员构成上考虑到了有几个方面的人组成,但由于我国过去行业协会人员组成的基本惯例,有的领导习惯把行业协会作为自己离退休后的一个安排职位的地方,这势必会出现领导多专家少了状况。诚然,行业协会要更好地为企业服务,需要部分从主管部门退下来的老领导参与协会的工作,但我们一定要考虑吸收对直销行业有深入研究的专家进入到行业协会工作,因为他们能够给会员企业带来实质性的帮助。(原载《中国直销专业网》2007年9月1日)

● **媒体眼中的直销**

商务部酝酿直销协会外资先行

　　按照国际惯例，行业协会主要指的是一个行业的从业企业、从业人员及其与之关系密切的机构共同组建的一种民间性社团组织。这种组织往往通过自愿的方式自发组合，大家以此为平台共同商讨创业发展的共同问题，对企业和企业的纠纷和从业人员之间的纠纷进行调整和仲裁。而直销行业协会，顾名思义，它指的是针对中国直销业的发展而设立的共同行业组织，它在名称上可以称之为中国直销协会，或中国直销行业协会。

　　直销在中国的历史大家都知道，在我国直销业过去发展的 14 个年头中，由于各个行业所表现出来的混乱状况，直销行业协会的建设一直没有被提上正式日程。但随着中国直销立法进程的推进，在 2005 年直销开放之后，直销行业协会的建设便被提了一个不能不进行的地位。

成立直销协会是行业自率很好的方式

　　直销协会发挥怎样的作用呢？安利（中国）董事长郑李锦芬认为，直销协会可以把当地所有的直销企业组织起来，然后大家通过一些守则，通过在这个直销协会的集体里，企业知道什么可以做，什么不能做。

　　"有时候只是一线之差，你多做一点，可能就已经踏进传销诈骗的范围，所以直销协会对我们自律监督是一种很有效的方式。"郑李锦芬在接受媒体采访时这样表示，很多强有力的直销协会，会为它们的会员公司制定一些比较细的规条让它们遵守，如果不遵守，他们就不会让这些公司继续成为协会的会员。

　　在国外，直销协会消费者协会有着很好的关系，因为它们都有一个很重要的工作配合，那就是切实维护消费者的利益。所以对于一般的消费者来说，直销法要保护消费者，直销协会也要维护消费者利益，特别是当消费者选购一些直销产品但又不太懂时。

　　除此之外，接受记者采访的企业老总还认为，直销行业协会可调节和处理成员企业和消费者之间的权利争议，可以维护整个直销行业的健康发展，是企业和政府沟通的一个桥梁。

　　而在这些作用之中，如新执行副总裁林克礼认为"交流最重要"。玫琳凯大中

第六部分
未来的中国直销

华区总裁麦予甫介绍说,在1998年和1998年以前,公司与公司之间几乎没有什么交流,成立直销协会可以有效地达到这个目的,这一点,可以"建立直销协会网站,创办自己的刊物,传递信息"。

仙妮蕾德国际机构董事长陈德福提醒说:"我们有时候也要避免少数几家大公司掌握这些协会。""我不希望行业协会的权利大到'国家批准之前进行预先的批准',成为企业进入的壁垒。"中山完美日用品有限公司副董事长许国伟补充说。

先有直销企业再有直销行业协会

按照国际惯例,都是先有行业的存在,而后才有行业组织的建设。但是中国直销行业的发展比较特殊,这就直接引发了行业协会组织成立时间上的不同意见,曾有人主张在直销法没出台前现在就可以筹备直销行业的协会组织,以便在中国直销立法的过程中能起到力所能及的协助作用。

"成立直销协会固然是行业自率的一种很好的方式,但是在直销法没有正式出台的情况下,毅然成立直销协会是不太现实的做法,毕竟要先有直销企业再有直销行业协会。"国家工商行政总局公平交易局的有关官员如此表示。这一点,可以从国家工商总局先后叫停的"中国外商投资企业协会直销专业委员会"、"中国保健协会直销分会"、"中华全国工商联直销商会"等事件中看出一斑。

其实,早在2004年"厦门会议"上就有人提出了成立直销协会的议案,但是当时没有中国官员表态。

客观上来讲,企业十分盼望直销行业协会尽快成立,那样它们会有一个沟通的平台,会有维护企业利益的"部门",但是在直销市场还未开放之时成立直销协会,多少有些"不合适宜",这事只能"以后再议"。

对此,郑李锦芬表示理解:"必须先要有直销法规出台,然后才能去成立一个直销协会。因为直销协会毕竟是由直销公司米组成的,没有直销公司,哪里来的直销协会呢?""我看政府的态度还要等。"郑李锦芬说,真要登记一个有法定地位的团体,要等到大环境允许直销公司真正从事直销业的时候再做。

郑李锦芬同时还表示,若要协会成立也不是太难的事,我们有很多相关材料和做直销协会理事长的经验可以提供参考。

内外资直销企业行业协会组织必须合二为一

媒体眼中的直销

各界都在说成立直销协会,从此次直销立法过程中传递出来的种种信息来看,"外资先行"(即为外商投资直销企业先立法,让其提前准入中国直销市场)的原则似乎越来越真切,所以在直销行业协会组织建设上"外资先行"的呼声也一浪高过一浪。

就目前的发展状况而言,以安利、雅芳公司牵头的13家外商投资直销企业已经在中国外商投资企业协会下专门成立了一个"外商投资直销企业关注中国直销开放小组",拟定作为未来直销企业协会的雏形。而反观内资企业,虽然目前开放形势尚不明朗,但来自企业、学术界和政府中相关职能管理部门的人都在呼吁:内外资企业应当同步开放,中国本土投资的直销企业也应该尽快组建自己直销行业协会的雏形。

有关专家表示,尽管目前外资企业在成立直销行业协会的问题上已经表现出了足够的积极性并且先行了一步,而内资直销企业基于主客观的原因在该项工作中相对滞后,但是从未来中国直销行业发展的整体格局看,如果各行其是,形成对垒之状,显然是不利的。因为直销业的实际运作中外资企业除了与外资企业本身发生冲突之外,它们一定会和中国本土直销企业发生冲突,这个时候还需要两个行业之间进行沟通?这种状况显然在各个直销行业的管理过程中非常不和谐。北京泛太直销研究院的一位专家在接受记者采访时这样表示:"无论是从未来中国直销行业的发展情况来看,还是从未来中国直销行业的管理需求来看,内外资直销企业的管理都需要合二为一,成立统一的行业协会。"

建立官民合一的直销协会管理体制

还有一个问题,那就是从国际惯例和纯粹的学术理论看,中国直销协会的成立都应该是一个真正的民间社团机构,让它完全站在行业的角度和自身建设的角度来发挥作用;但是,针对目前中国直销行业的现状,我们还不能建立这种完全自由独立的行业协会组织。

北京大成律师事务所高级合伙人刘忠律师对记者说:"美、欧、日等国家都有直销行业协会,结合中国特殊国情,我国还暂时不会考虑企业自律的行业组织,只会是有中国官员参加的协会。这个协会若成立,一定是由商务部或指定团体暂时代管。"对此,南方李锦记董事长兼总经理李惠森表示,我认为借鉴国际上通行的行业自律和政府监管相结合的方式,成立中国直销行业协会是切实可行的,也是非常必要的。郑李锦芬接受媒体采访时也这样表示:"每一个地方不一样,以我们了解的中国国情来看,行业协会还是要尊重以及配合国家在每一个不同时段的要求。"

第三十章　直销趋势与前景

中国直销市场的发展趋势

　　我想首先请大家看一下,我们今天所讲的直销到底是什么?可能在座的很多人,你可以上网上去搜索的话,有很多所谓的各种各样的直销,我现在把直销分成三个大类,第一,就是我们通常所说的厂家的直销,这种直销也就是说,你工厂制造产品,向消费者或者是用户直接销售,我们通常把它叫做厂家的直销。

　　第二,叫媒体的直销。比如说讲电视的、电话的、电子商务的、报纸的、杂志的,就是利用各种各样的媒体来进行销售的这样一种直接销售方式,因为你不需要去店铺,你不需要去找它,你只需要跟他联络上,你就可以买东西。这种直销,我把它叫做媒体直销,在国外,这种直销,也叫做直付营销。

　　第三,我想谈一下叫做人员直销,所谓的人员直销,也就是不通过店铺,直接通过人员向顾客进行销售的活动。事实上,今天我们所讨论的直销,更多的我是要来讨论,有关人员的直销。因为在中国,现在这个问题,实际上还在争议,关于人

媒体眼中的直销

员的直销，我想首先给大家一个数据，今天我们所说的直销，在全世界每年创造的销售额是850亿美元，到现在为止，全世界大概已经有100多个国家有直销业的发展。在全球，参与直销业的销售人员4000万，世界有这样的一个组织叫做世界直销协会联盟，现在拥有的会员数已经到了60多个，还在继续发展。这个月的28号到30号，世界直销协会联盟，就会在香港召开年会，来讨论直销进入中国内地市场的策略问题。我给大家这样一个数据，是想要说明，直销对于全世界的市场运作来讲，它是一个正规的方式，或者说虽然它不是一个主流的方式，但是至少它在世界营销这样一个市场上，它占有一定的份额，而且它的增长，是一个稳步增长的。有一个现象很有意思，关于直销业的营业额的增长的幅度，它跟经济的景气是有一个反向的关系。什么意思呢？就是在经济越不景气的情况下，直销可能会越保持增长，也就是说，它不会随着经济的不景气下跌。有些人说，可能这个行业对于经济的不景气，有一种抵御的做法。我想跟大家说明一下，到底我们现在所讲的直销是什么，今天我在我来的时候，我们已经有一个于先生跟大家讲了保险，直销在销售方式上，跟保险有非常相似的特点，就是它是人对人的销售。

直销有一个独特的市场行销计划。我想这是直销可能在市场营销理论当中，如果说对于市场营销理论有贡献的话，直销的市场行销计划，是它贡献的核心。这种计划它的特点在于其实它不仅仅依靠人对人的单纯的销售方式，它同时还会使销售人员能够依靠自己的力量，培养自己的团队，能够形成一个销售组织。在这一点上，其实他跟保险也有类似的地方，但是它的行销计划，可能会更加有特点。

直销它的销售人员组织是非常灵活的，这种灵活就是在全世界有一个规则，直销人员不是公司的雇员，不归公司行政管理。他的业绩或者说他的收入，仅仅来源于他自己的销售业绩，公司不会发工资，不会有福利，不会有其他的保障，公司只会给你一个行销的支持。这种灵活的组织，实际上是销售人员在公司的政策支持下，自己来管理。

直销有他的基本的特点，就是它是一个完全个人操作的一个机会，或者说是个人操作的一个销售业务。因此，对于每一个个人来讲，它是一个非常好的创业机会。如果我们把这四点，拿来跟保险相比较的话，事实上，直销在与保险的比较当中，它有很多方面相象，但是有一点，可能它有区别的就是保险所销售的，是一种保障，不是一种有形的商品；直销所销售的，通常都是一种有形的商品，这是一个很大的区别。直销的这种独特性，企事业正反应了它在市场上的价值。我想用简单的几句话，说明一下中国现在的直销，到底是什么状况？在中国，直销的发展，是一个曲折的

第六部分
未来的中国直销

过程，我现在大概用六句话，基本上概括了中国目前的一个历史，第一个就是初期完全是无序的，就如同现在在我们国内的很多产业一样，在中国，当我们还没有一种产业的时候，国外的产业，都会通过走私的方式进入到中国大陆，包括现在的保险，很多国外的保险公司，其实也在通过走私的方式进入中国大陆，就是跨境来卖保单。初期的直销同样如此，完全是跨境的，直销公司在中国大陆，你拿不到中国的牌照，所以呢，你只能够跨境来进行销售。那个时候，在1990年到1994年之间，中国的直销市场，完全是一个无序的发展。1995年开始，中国的政府开始管理直销行业，而且开始在政府的层面上制定管理办法，开始审批直销公司，开始把直销作为一个行业来加以管理。这个时候，直销在中国的发展，因为这个数据没有任何一个机构能做一个权威的统计，根据我个人的估计，大概那个时候1995年、1996年，一年的营业额，超过了一百个亿。所以在1995年、1996年、1997年，这两、三年之内中国的营销市场经历了一个比较辉煌的时期。但是在1997年开始，直销出现了变化，这个时候的市场完全是混乱的。

这种混乱我认为原因有这样几个方面，第一，中国当时对于直销的管理，基本上没有抓住直销这个行业的核心问题。是把直销这样一个行业，当成是一般的销售行业来管理。所以不知道什么样的公司，什么样的市场销售计划是对市场有利的，不知道什么样的销售计划，是破坏市场的，也不知道什么样的销售计划实际上是违法的。

第二，这就是中国的国情了，中国在审批公司的时候，是存在了一些的不正之风。批的很多公司都是极其成问题的，所以这些公司在市场上，它的业务操作给市场带来相当大的破坏力和杀伤力。

第三，中国当时的直销市场，在管理办法比较完整的情况下，政府的各级监管部门没有一个标准来监管。不知道什么样的是不合法的，不知道什么样的是合法的，所以这种情况下，直销出现了极大的混乱。1998年4月，中国政府出台一个政策，使直销完全退市，全部停止。包括国外的跨国公司在中国所做的直销业务，全部停止。这个行业，在1998年基本上就叫做退市了。但是在1998年，这恰好是我们参与，我们在努力加入WTO这样一个谈判过程当中，我们的政策其实已经有了违WTO的一些规则，所以当时的一些谈判国，对我们施加了压力，也提出来了不满。在这种情况下，中国政府当时批准了十家外资公司，而且美资的公司占了绝大多数，允许他们继续经营，但是他们的经营方式改成了店铺加销售人员。你必须开店，但是因为直销是利用销售人员的，因此你要开店来雇销售人员去经营，这就是我们后来所讲的转形，

媒体眼中的直销

整个直销行业开始发生一个转形。

直销要在中国发展，它面临了四个最基本的挑战。第一个就是社会的认同，在中国直销的认同实在是太低了。不要说直销的认同，就是销售人员的认同，都是非常低的。我们大家其实可能在座的很多的公司都有销售人员；在座的很多人本身就是做销售的。我们可能都会体会到，在中国做销售，尽管销售是一个挣钱比较多的行业，但是它是一个有着体面收入的不体面的行业。销售如此，那直销当然就更加缺少社会的认同，尤其是在1998年，国务院曾经下令停止直销以后，直销这个词很多人都不愿意讲了，很多人都怕讲了。所以社会的认同，将是未来中国直销业发展的一个挑战。但是，我也相信直销一定会战胜这种挑战，因为在直销公司当中，它的那种文化，它的那种对人的激励，培养，我相信它能够突破我们传统社会对销售行业的这种挑战。

第二个就是文化的冲突。直销这个行业是一个个人作业的行业，因此他的文化的一个根基，是推崇个人的成功。这一点在中国，也会碰到一定的冲突。就是在中国，我们讲我们是集体主义社会，我们对推崇个人成功，非常推崇个人的文化，真的是有点防备。而且，这种推崇，往往推崇个人，比如说热情，比如说执着，比如说包括，可能有些人说是狂热，甚至有人说是宗教。其实我个人的看法，我们大家可以看，任何一个在全世界发展好的跨国公司，在它的公司内部，都弥漫着宗教的气氛。我可以这么讲，一个公司如果他真的有一种公司发展的宗教文化，这个公司一定会发展好。其实跨国公司的文化就是这样的，这种文化的冲突，可能会跟中国的文化是有所对立的。但是我相信，这个社会会越来越是多元化的，越来越个人化，个人的发展空间越来越被社会尊重，就像我们今天所说的，是不是10月1号所说的新的婚姻登记法不需要单位再开证明了，这就是尊重个人。我相信这个社会会越来越尊重个人的发展，从这一点上来讲，文化的冲突，是会在直销的行业发展中会碰到，但是社会得尊重个人的主流，我们不可能不尊重他的。

第三就是失衡的心态，在中国，直销的发展，不光是直销了，在中国经济发展最大的一个毛病，或者说是环境当中最让人看不惯的一点，就是急功近利，所有的人，几乎都想一夜暴富，除了已经一夜暴富的人。这种失衡的心理，其实它可能造成了当年直销业的垮台，其实它也造成了很多行业的垮台。因此失衡的心态，在未来的经济发展当中还会起作用。但是我想现在的监管，可能已经注意到这个问题，因为这个问题，在中国不是直销所独有的。但是确实它对直销行业的影响是非常大的。

第六部分
未来的中国直销

第四个可能所要面临的挑战就是政府的管理。一个很大的问题，是不是所有的地方管理人员，管理单位，都能明白，到底该管什么。是不是这种管理是有一个规律可循的，是稳定的，是逐步逐步向前发展，而不是往后倒退的。这一点，我们真的都很难说。比如说政府的管理，最近我想说直销可能先开放的话，是制定一个管理办法，而不是完全是一个法律。那么这种管理办法，是不是会随着出了问题，又会收，就像现在有人对证券市场一样，有人提出来证券市场应该推倒重来。直销是不是未来也会面临着推倒重来的问题，这一点倒真是未来的一个挑战。

假如说我们中国的企业，包括国外的企业，我们现在真的未来想要选择直销的话，我想直销的企业，你在中国起码有五个最基本的对策，第一，是要考虑你不仅要教育你的销售人员，首先是教育先行。其实很多的直销企业，你还是要有所付出，要教育社会，第二，就是政府的沟通。在直销行业的发展当中，政府的管理，会决定这个行业的方向。政策的变化，也会决定这个行业的方向，所以，我想企业有义务使政府了解你的策略，有义务使政府来了解你销售人员的状况，同时，也有意帮助政府了解比如说全世界这个行业发展的信息，发展的情况，这样的话，企业和政府之间才能沟通。第三，对于直销公司来说，特别是在市场营销计划当中，我认为直销公司的市场计划应该是一个非常稳健的计划。所谓的稳健和不稳健，大概是这样的一个区别？就是它的这种对于销售人员的激励，特别是经济上的激励，是强烈的，还是比较温和的？我个人感觉，未来在中国，政府管理上面，可能会对直销人员的激励的比例，有所规定。你只能够激励到一定程度，在你的市场行销计划当中，你不能超过一定的比例。我估计政府会做这样的一个规定。所以我说，在直销公司的发展过程当中它的市场行销计划，应该是比较稳健的，它的激励应该是比较温和的。这一种公司，才有可能是成功的。第四，就是物流，完善物流。直销公司在大陆的发展，会碰到一个很大的物流的问题。因为中国太大了，因为中国如果说没有完善的物流，完全靠人，销售人员来执行物流的职能，完全靠这样的一条，在中国直销可能很难发展。所以未来在中国，直销的物流，不能完全由销售人员来执行，必须建立完好的物流体系，而且可能会在一定条件下改善。第五，就是企业在发展过程当中，必须控制销售人员的数量。就像现在的保险公司一样，你保险公司的增员，你可以增员，但是你必须要有一定的比例，要有一定的控制，而且要有一定的时期。不能随时增员，不能完成靠增员来做保险，直销同样如此，你不能靠新的销售人员的加入来做直销，你必须控制你的销售队伍，使每一个销售人员真正能够有效的去销售商品。

我所讲的这个行业，是一个非常独特的行业，但是又是一个非常有意思的行业，

媒体眼中的直销

而且又是一个确实对很多中小投资人，或者是个人有着强烈吸引力的行业。我相信在中国加入WTO之后，直销这个行业会在中国重新发展起来，会在中国政府的管制下重新发展起来。现在大概全世界各大的直销公司都已经在我们的国门口期待着，明年11月份的开放，所以我今天跟大家交流，也许你们过去不了解这个行业，我希望你们能了解这个行业，如果有可能的话，也能够为我们中国本土的直销企业的发展，提供一份贡献，谢谢大家！（原载《搜狐财经》2003年9月22日）

直销业内外资冰火两重天：哈药试运行1年即退出

回忆起2003年参加第一届直销产业论坛时，国内直销业内人士王军（化名）表示，当时的心情就像非洲草原的土拨鼠一样坐立不安，因为开会前一天还被很多职能管理部门约谈，可见当时整个行业的形象有多不好。

而截至2013年2月，商务部直销行业管理信息系统显示，从2006年发出第一张直销牌照至今，获得直销牌照的企业已有33家。世界直销协会联盟的最新数据显示，2011年中国直销企业营业额达到1625亿美元，占全球直销企业营业额的11%，排名仅次于美国（20%）和日本（16%）。

今年1月，大连美罗药业（600297.SH）旗下子公司吉林省美罗国际生物科技股份有限公司（下称"美罗国际"）刚刚获得2013年第一张直销经营许可证。除了美罗药业，广州药业（600332.SH）、康美药业（600518.SH）等都公告称拟试水直销。

不过，"申请直销牌照比申请IPO还要难。"王军对《第一财经日报》表示。此外，中国直销行业还一直受到传销的困扰，而在正式发牌后的这7年，有企业因违规被摘牌，也有企业主动退出，身在其中的企业也呈现出不一样的走势。

冰火两重天

"2012年宏观经济形势不好，欧美直销行业增长平稳。"但是港资直销企业无限极的一位高层对记者表示，包括无限极在内的多家直销企业在华均保持高增长。据相关资料统计，金日、隆力奇、嘉康利（中国）、中脉科技和罗麦业绩上涨都超过100%。

第六部分
未来的中国直销

"一方面是由于中国的市场容量大,以及中国消费水平的提升推动了行业增长。"上述人士表示,另一方面由于中国直销行业监管严格,目前仅对33家企业有限开放,而市场需求却在增长,此外,直销行业的经销商可以说是门槛较低的个人创业项目,在经济形势不好的状况下,会有更多的找工作或兼职的人群加入到行业中,推动了销售的增长。

另据直销行业杂志统计,2012年,中国50家主流直销企业业绩达942.61亿元。其中33家拿牌企业业绩为903.91亿元,17家准直销企业为42.6亿元。业绩前5强为安利、完美中国、无限极、玫琳凯和新时代健康产业集团。

近年来,安利、玫琳凯中国区的销售额都超过其全球市场的三分之一。多家公司也都加大了在华投资力度,加速布点分公司和研发中心。

如新大中华区总裁范家辉表示,会扩大在中国的实体店数量,2017年之前将店铺和销售支援网点的数量增加3倍,并完成建设在上海投资达3.5亿元的大中华创新总部园区。玫琳凯大中华区总裁麦予甫也表示,随着杭州分销中心及二期工厂的建立、新建合资彩妆公司等一系列计划,2012年一年在华投资额便达7亿元,超过此前全部投资额。

而平均每年30%的速度增长也让直销市场蛋糕分外诱人,让不少直销"门外汉"跃跃欲试,"比如医药企业由于受到严格的行业政策限制利润不断降低,不少企业寻求在保健食品等领域的突破,而在这个领域,直销方式是重要销售渠道之一。"一位业内人士对记者表示。这可能是广州药业和康美药业表示将试水直销的重要原因。

但获得直销牌照不容易,要想运营得风生水起更难

1995年进入中国的美国直销企业特百惠,在1998年成为首批获准开展业务的十家转型企业之一,但鉴于此后复杂的行业与政策环境,特百惠做出了放弃直销转型传统的决定,在尝试了商场、邮购等经营方式后,于2002年确立了特许加盟的经营模式。另一直销界曾经的风云企业仙妮蕾德,2009年也宣布退出直销领域,专注特许经营。

内资企业中也有碰壁者。哈药集团曾经过两年多的执着申报,终于获得直销牌照。2009年12月1日,投资3亿元的哈药直销业务开始试运行。但令人意想不到的是,哈药大手笔描绘的10年创收100亿元的直销产业帝国宏伟蓝图计划,最终因公司与直销团队的利益冲突,被戴上涉嫌传销的帽子等原因,仅1年时间直销业务即亏损2.8

媒体眼中的直销

亿元，最终以暂时退出直销行业收场。

而获得内资 001 号直销经营许可牌照后的欣喜之情还未散去，珍奥集团就因通过媒体进行不实宣传，误导了社会公众，被商务部责成整改。在整改期间，商务部又接到反映珍奥集团申报材料中有虚假内容的举报，查实后吊销了其直销经营许可证。

在直销业内人士胡远江看来，"这大都与企业战略选择有关。"而 2005 年以后选择直销的内资企业，"不少是从传统行业转型到直销或是将直销渠道当作新增的附加方式，对直销行业的认知、规律把握不够清晰、运营策略判断不够准确，有的就走偏了方向，不得不停下来。"胡远江说。

市场格局初定

不过也有不少传统企业的转型获得了初步成功，本土日化企业隆力奇于 2009 年获得直销牌照，隆力奇内部相关人士张欣（化名）告诉记者，2012 年总营收 75 亿元中直销业务占到 18 亿元，"因为有了前三年的探索和积累，2012 年比上年增长了 106%。"张欣表示。

提到隆力奇进入直销行业的原因，张欣说："一方面看到安利等外资企业的成功表现，感受到该行业渠道的机会；另一方面也是作为本土日化企业转型和突破的方向。"当然，在她看来，渠道特色的另一个好处是不会像传统渠道那样，竞争那么直接和冲突性强，"所以这个行业更多的是人才的竞争。"

不过就整体而言，张欣发现，与传统渠道的日化市场相似，直销行业销售额的领先位置也都被外资企业占据。中国直销杂志的数据显示，2012 年外资直销企业安利、完美、无限极分别以 271 亿元、135 亿元和 105 亿元的营收，位列前三名，本土直销企业排名靠前的新时代、富迪仅有安利业绩的九分之一左右。

"这是因为时间和资源的积累对于直销行业特别重要。"胡远江表示，排名靠前的国际直销企业至少有 20 年以上的历史，比如安利、玫琳凯、无限极、完美等，其经营历史使其积累更加厚重，在管理、文化、市场手段等方面比较成熟，而本土直销企业 90% 都是立法后进入直销行业的，80% 没有超过 10 年。不过新时代、三生、富迪等本土直销企业经过前些年的调整和完善，近年来增长速度也不逊于外资公司。

虽然中国现在直销行业的销售规模在世界上排名第三，但是相对于欧美、日韩，直销市场规模与人口规模的比例还很小，所以还有很大的发展潜力，胡远江举例说，台湾地区这么小的地方都有上百家直销公司。"并且直销行业中存在各种细分行业，

第六部分
未来的中国直销

整体市场空间大,随着公众对直销模式的更多理解与认可,相信直销行业会迎来一个健康快速发展的新时期。"（原载《第一财经日报》）

当直销遇到电子商务,网络直销诞生了

提要：以人际网络关系为基础的"网络直销",将有力地支撑起贯通式电子商务营销模式,使之成为一种新的电子商务营销模式,成为一种潜力巨大的盈利模式,成功地解决直销行业与电子商务的对接问题。

（亿邦动力网讯）当传统销售模式在当代递进演变为以消费者为中心的营销模式之后,当人际销售成为一个新型的商品和服务渠道,当互联网平台支持的电子商务蓬勃兴起,在21世纪的中国商品经济领域出现了一个新的课题：以人际销售为基础,以互联网为交易、支付平台,以电子商务为工具系统的"网络直销"摆在了我们的面前。网络直销中的"网络",有双重含义：一是指互联网,二是指人际销售网络。网络直销是指运用互联网和人际销售网进行的商品营销活动。互联网经济的主要形式是电子商务,换言之,电子商务就是互联网经济的外在表现和实质行为。在网络直销中,商品从商品源头到采购企业到经销企业到经销商再到消费者的过程,贯穿了商品生产、采购、物流、配送、营销、消费、支付的全部环节。所以,我们可以把网络直销定义为：基于直销模式的贯通式电子商务营销模式。这是网络直销的本质性定义。网络直销与贯通式电子商务营销模式互为表里,是名称、方式和实际、模式之间的关系。

网络直销的"A-B-C"模式

这个模式的组成是直销团队推广体系－电子商务营销和交易手段－连锁经营－消费终端体系－第三方采购物流、支付基础平台支持。这个模式几乎囊括了当今最先进的所有经济和生产力要求。如果引用电子商务的术语那就是融合贯通"B-B、B-C、C-C"三种交易平台的模式。第一个B-B是指一个集中采购企业面对多个公营企业,这些供应商企业可以合并成一个B的集合,我们把它重新命名成"A"。再把"B-B、B-C、C-C"系统合并同类项,就形成了一个"A-B-C"模式。有所不同的是,新模式中的"C"不是终端消费者,而是营销人员和团队的集合,我们把终端消费者称作"D"。

那么新的营销模式就可以表述成"A（产品制造商、商品供货商、商品集成）-B（企

媒体眼中的直销

业投资者、采购平台建设者、集团采购商)-C(经营者、营销人员、营销团队)-D(终端消费者,其中一部分可能转化成'C')"模式。这个模式的核心动力在投资者、经营者和消费者在利益导向下形成的利益链条。其操作程序可以描述为,投资者通过企业行为向多个商品供货商A进行批量采购,其产品进入B的网上商城和虚拟仓库并按照双方协议进行网上资金结算。B的营销团队C在网上商城选购商品,并在网上支付货款。第三方物流将C选购的商品送达C处。C将商品卖给终端消费者D。部分消费者可能在体验产品和C的服务以及在B的网站接受其企业的文化、理念、盈利模式后,转变成C。并在终端不断进行转化,扩大C的数量和规模。B的销售量持续增长,其采购量在大幅度提高后,将得到A的一定幅度的价格优惠,增加利润。B将部分利润转化成终端价格的下降和C的利润的增加,再一次拉动终端消费和稳定扩大C的规模。如此往复形成良性互动循环。这就是基于直销模式的"贯通式"电子商务营销模式的基本的操作模型。比较以往三种电子商务模式而言,贯通式电子商务模式有四个不同之处:

1. 在A阶段,采取的是第三方集中采购的模式,是多个B的集合概念。

2. 在B阶段,采取的是第三方物流方式与落地网站相结合的方式,将直销体系中的零售概念店还原成配送站和终端仓储,并附加综合服务功能。

3. 在C阶段,采取的是人际分销方式,这是充分发挥直销人员作用的关键点。

4. D与C之间的转化,将产生互联网、人际销售网的双重倍增效应。

那么,如何在现有的基础上进行合法经营,在比较健康的直销企业的基础上,进行真正的电子商务改造,使之成为货真价实的电子商务企业,实现个人、企业、社会的共赢与和谐?如何将贯通式电子商务模式落实到操作层面上?我想,这很复杂也很简单。复杂在于其基底和背景的动荡和复杂,简单就在于是否能够按照规律和规则办事,是否愿意付出努力和成本。

本篇重点就背景、环境、因由、思辩做一个初步和框架性的剖析和描述。这里至少包含了以下要素和关系体系:

1. 性质问题－直销与传统－比例问题－速度问题－长度问题

2. 导向问题－短期的利益导向还是以长期消费为基础的导向－消费的传递以充分的消费为前提－健康的循环机制

3. 人员、团队、公司问题:个人素质和原始目的－团队管理－企业理念－企业

第六部分
未来的中国直销

负责人、投资人的动机和目的

4. 企业管理方式－科学的管理机制－完善的运营体系－采购平台－物流体系－基础交易平台－资金结算系统－客户服务系统

5. 文化问题－优秀的文化核心－完善的文化系统－文化组织机构－文化创造－文化内容－文化传播体系（方式、工具、手段）－文化活动

6. 教育问题－相关知识的学习－职业技能培训－专业技能教育

7. 产品问题－产品策略－产品理念－品类组合－产品知识

8. 公关问题－公关策略－公关组织－对外形象－公益活动

不难看出，这是一个完善、再完善、完备的系统、体系和机制，需要我们进行以科学和系统的方法来认真构建，八个体系的有机结合标志着这个模式的建立。

以上观点理论是笔者的一家之言，而且新的营销模式还在探索和构建之中，成与否还要经过实践的验证。但是设计理论和思路已经明晰了，循着这个框架，企业很容易在电子商务专业人士的指导下，建立起与自身相适应的营销模式，并在实践中不断完善和提高。

网站的点击率影响新模式的成功

对于直销而言，其深层的社会意义是让更多的人通过自身的努力，突破以往的传统模式在资金、技术、条件等方面的限制，降低创业和实现个人理想的门槛。从某种意义上讲，让更多的人获得分享社会进步的成果、参与与日俱增的社会财富的分配以及共享经济繁荣创造的机会，是社会发展和进步的表现，也是社会资源公平分配原则和公民权利与利益的体现。这也是直销的核心动力和魅力所在，也是直销行业生命力旺盛的根本原因所在。

电子商务的基础是技术、资金、人才、模式等硬性条件，而其最终的突破口是其信息的受众多寡和关注度的高下。简而言之，就是其网站的点击率。如果这个指标上不去，或者不能达到一定的程度，那么，前期的一切都会付诸东流。互联网和电子商务所谓的"烧钱"也正是烧在这里，网站推广和点击率的提高消耗了绝大部分的投资。这一点，一直困惑着所有的电子商务企业，并成为这个行业的瓶颈问题之一。

人的动因仍然是一切竞争的核心要素，而数量巨大的直销从业人员是电子商务业界和专家们一直所忽略的利益群体，他们与点击率之间的关系一直被忽略。但事

● 媒体眼中的直销

实上,直销从业者的上网点击率一直在稳定地直线攀升,而且其忠实度是普通网民不可比拟的,事实将证明:网络营销的胜败对决根本就不在天上,而是地面,这是一个根本性的利益因素所决定的。

综上所述,以人际网络关系为基础的"网络直销",将有力地支撑起贯通式电子商务营销模式,使之成为一种新的电子商务营销模式,成为一种潜力巨大的盈利模式,成功地解决直销行业与电子商务的对接问题。

可以说,找到直销与网络营销的最佳结合点,就是找到了直销业在电子商务时代的康庄大道,我们要有信心和勇气来开创一个崭新的事业。

中国直销发展的必由之路

《直销管理条例》出台近十年了,"遗憾"的是,目前中国直销仍然存在三个不成熟:一是市场的不成熟。地区发展不平衡,经济发达地区如东南沿海城市、东三省、山东、河南、山西等地发展较快,经济相对落后、思想相对封闭的西北地区发展较慢。二是企业的不成熟。特别是本土企业在资金、人才、管理、培训等整体核心竞争力上较弱。三是政策的不成熟。执行标准缺乏科学依据,造成这一现状,我们还需从政策、企业、从业者等多个层面去思考其原因所在。

直销前景呈乐观化趋势

从政策层面来看,相关法律法规在逐步完善,行政审批权进一步简化与下放,直销企业产品说明重大变更的审批权,在 2010 年由国家商务主管部门,下放到各省级工商主管部门。其次,政府对放牌的速度日渐加快,均反映了政府对待这个行业的态度在逐步放宽。从合理性分析是符合行业发展规律的,对规范中国直销的发展,以及形成有中国特色的直销法规体系,都具有积极的推动作用。2014 年发放 7 块直销牌照,特别值得关注的是:内资拿牌企业占全年拿牌企业 90% 以上。例如:《直销管理条例》规定申请直销企业必须有三年试运营,而有些企业根本没有经历三年的试运营,却直接拿到了直销牌照。足以说明,政府对待直销的态度放宽了。

同时,企业及产品不断增多。据不完全统计,目前仅向商务部报备的企业达

第六部分
未来的中国直销

8000多家，另外，还有一些没有报备，而踩着黄线试水的企业越来越多。例如：中粮集团等都是实力不错的企业，先后都在试水直销。仅从这一点来看，直销还是被一部分企业，甚至是国有企业所认可的。其次，采用直销模式的产品范围进一步扩大。直销产品由最初的保健食品、化妆品、日用品、器械等四大类，进一步延伸到了服装、保险、收藏品、电子、通讯等高科技产品。

未来，直销产品的涉及面还会越来越广，只要不是太冷门的产品，将有更多的产品以直销的方式与消费者见面。例如：翡翠、玛瑙、手机等各种各样的产品将以直销的方式呈现在消费者面前。尤其这几年煤碳、地产业不景气，使得整个产业链如装饰、建材、运输业受到重创，再加上经济大环境处于低迷，特别是各行各业的中小型企业都正处于一个瓶颈期，都将面临转型或产业结构升级，这样一来，顺理成章就选择了直销。这不仅是一次大胆的尝试，也是产业结构调整的关键转折点。

首先，缺乏市场公平竞争机制。虽说政策比前几年宽松多了，但从政策的执行层面来看，仍然缺乏市场自由化，特别是行业执行标准缺乏科学性，政策条文与实际执行依然存在两张皮。加上地方保护主义严重，对形成一个开放、公平的市场竞争环境还很难。当政策有失公平时，难免逼得一些企业，不得不炒短线，快速赚钱，甚至打一枪、换一炮，做上三个月就停，改头换面后接着再重来。

其实，政府也明白，《直销管理条例》的确存在问题。事实证明，拿牌企业的业绩普遍下滑，经销商纷纷流失，反而是一些没有拿牌的企业重新创业，甚至搞资本运作的大有人在。

值得我们思考的是：雅芳的退出到底是自身问题，还是迫于政策的无奈？作为企业自身，亦缺乏理性客观的判断。首先是企业综合实力不够强，特别是内资企业本来就缺乏核心竞争力，不愿意长时间培育市场，甚至更愿意短期逐利。

其次是企业与体系两张皮现象严重。作为企业本身由于缺乏行业经验，在求贤若渴的情况下，往往被所谓的大师们"忽悠"，刚开始只好一味地听从体系意见。而体系领导人很少能站在企业的高度去考虑问题，尤其前期为了快速启动市场，或者出于为本人利益着想，利用诱人的奖金机制，快速启动市场，这种情况最容易崩盘。到头来体系领导人是赚钱了，企业被玩崩了，没有赚到钱的人一再地抱怨企业，而背黑锅的还是企业本身，企业却成了体系或个人逐力的工具。

最后，市场发展速度快，而企业内部的培训、服务体系没有及时跟上，导致市场运营与售后服务、培训体系不能保持同步发展，这也是企业存在的一大弊病。

媒体眼中的直销

一个健康的市场体系，必须有相应的培训体系、服务体系来作支撑，否则，市场发展太快，而教育、服务跟不上，市场上的问题就多，问题得不到及时有效地解决，最终导致市场推进不下去。

第三，从业者缺乏脚踏实地的精神。直销进入中国20年，的确造就了很多富翁，同时也造就了很多浮躁的难民。专门有一帮天天在考查项目，最后成了名符其实的"会虫"，到头来却都没有真正运作。久而久之，一部分经销商的价值观普遍迷失，很多人居然跑去做非法融资。其浮燥之心，可见一斑。更有甚者，自称有团队和大量的人脉，张口就向公司要钱，甚至向企业提出十分苛刻的条件。实际上，这部分人缺乏的不是从业技能，而是良好的从业心态，以及脚踏实地的精神。

最后，从舆论导向上来说，理论与实践严重脱节。相关直销的理论研究，明显滞后于直销的发展。任何一个新型的模式，如果得不到知识层面的引领，就会碰到很多瓶颈。虽说近年来一些高等学府如北京大学、南京大学都设立了直销研究中心，民间也有一些研究机构，但是主流研究机构与市场脱节严重，理论很难指导实践，而实战派又缺乏相应的理论高度。今后，专家能否从教室走向市场一线，让理论与实践相结合，决定了中国直销理论研究的未来。相反，近年来，体系内也有实践派出过一些具有实用价值的资料，而又缺乏一定的理论高度和权威性。

中国直销的未来发展

有人认为直销就是一个行业，这是错误的认识，也是一个长期以来的误区。直销只是一种商业模式，未来，采用直销模式的产品和行业将会不再受到任何限制。例如由原有的保健食品、化妆品、日用品等几大类扩充到服装、建材、保险等各个行业。凡是能采用直销模式推广的产品，多数企业将会尽可能地采用直销模式，只有这样才能真正体现市场自由化，也符合人类文明进步和市场化发展的需求。

政府在十八大中提出"让老百姓收入翻番"，仅仅依靠工资来源根本没有那么大的涨幅，只有直销倍增的机制，才能让老百姓的收入实现翻番。近几年来，直销产品已由原来的保健食品、化妆品、日用品、保健器械四大类，逐步向纺织品、电子产品、通讯设备、玛瑙、翡翠等高科技和珍藏品方面延伸，政策的扶持将会成为直销市场的一大利好。

而站在企业角度，则需要始终把握市场主动权。首先，企业与体系建立共依共存的机制。由于直销是舶来品，特别是内资企业缺乏这方面的管理经验、管理人才，

第六部分
未来的中国直销

不得不与体系进行合作。而企业与系统是一种共依共存的关系，但在经营上表现出各自的独立性。当企业处于弱势时，强势的"系统"难免产生唯我独大的势头。一些比较强大的系统，难免觉得脱离企业而独立存在。而实际上任何一个体系脱离了企业都是不可能独立存在的。

企业与体系的合作，首先，必须建立健全体系管理机制，让体系核心领导人的利益与企业利益挂钩，杜绝企业与体系两张皮。其次，企业必须始终掌握市场主动权。系统是直销企业营销和培训计划的执行者，而不应该是制定者和操盘者，这种角色不能混淆更不能互换。特别是培训外包，容易使企业迷失方向和丢掉自己的企业文化，导致从业人跟体系的感情比跟企业的感情更深。最后使大家都以为跟体系合作，却忘记了他在跟企业合作。因为专业培训机构往往宣导的是自己的文化，而不是企业本身的文化。一旦企业发生风吹草动，整个体系就瘫痪了，将企业置于相当被动的位置。第三，进一步寻求直销与传统销售的有机结合的复合式营销模式。特别在文化和教育上回归理性，才是直销的必由之路。直销与传统营销既有共性，也有不同。其实，所有的营销模式都离不开十六字方针：发现需求，满足需求；发现问题，解决问题。直销并不神秘，是一些人把它披上了神秘的面纱，希望企业不要把问题复杂化。

未来，如若能把直销的奖金机制，运用到传统三级代理模式中来，使我们的传统三级代理既有线上收入（网体收入），又有线下收入，这才是最完美的有机结合复合式营销模式。这样一来，很大程度上回避了传统连锁销售的短板——既连不起来，也锁不住；又回避了直销的短板——可信度差。例如：北京陆机科技有限公司，采用三网合一的模式：电子商务＋三级代理＋会员加盟，试运营一年多以来，收到了非常好的效果。

分析了政策环境与企业自身，还有很重要的一环就是经销商。经销商必须放下浮躁，脚踏实地，才是直销的最大福音。首先，团队切忌平移。团队流失让企业损兵折将，相反，哪一个体系平移没有受到重创呢？据不完全统计，体系平移的跟随率不足20%，因为任何一个体系都是在企业平台上建立起来的。当你进入一个行业，只相当于选对了方向；与企业合作，相当于坐上了这辆车。当你决定改乘另一辆车时，甚至想要改换原行程方向时，未必这群人都跟着你下车。

业界有句顺口溜：赚钱的人不平移，平移的人不赚钱。据我了解，月收入达到2万以上的人，一般不会轻意换乘车（企业）。不停地更换平台的人，基本都是没有稳定收入的直销难民。其次，避免客大欺店。系统领导人应该警醒的是：当系统凌驾

◉ 媒体眼中的直销

于企业之上,你认为系统可以脱离企业,而能管理众多经销商时,你的危机将可能刚刚开始或已经来临。当你认为企业都是傻瓜,你可以不专而为吃百家饭时,突然明白过来的企业,就可能都不给你饭吃了。

目前,许多企业老板已经警醒,包括企业高管在内,频频跳槽总不是一件好事。一个不会游泳的人,总靠不停地更换游泳池,是解决不了问题的。不妨回顾一下,曾经在业界非常优秀的体系领导人,正是因为频繁地更换平台,基本没几人功成名就;而不换池的人却都终成正果了。 例如:天狮的白萍当初是个秘书,20年一路走来,成为了天狮的顶梁柱。

总之,企业、体系、经销商谁离了谁都是不可以的,只有真正实现企业、系统、经销商三方共赢,才是真正的大成。直销正是由于准入门槛低,才致使从业人员素质的良莠不齐。而社会、企业、体系都应该带着包容的心态,正确引导从业人员既不能相信一夜暴富,更不能存在等要靠的思想。这个世界上从来没有不劳而获的生意,从业者都应该报着冷静、客观的传统生意人的良好从业心态从事直销,会收到事半功倍的效果,这才是直销事业向健康有序的方向发展的福音。我们来到这个世界不只为赚钱而来,而是为了做人,如果只记得赚钱,却忘记了做人的道理,有一天就连赚钱这么简单的事都做不成了。

第三十一章 直销中的几个关键问题

直销业奖励制度的奥秘

直销模式与传统营销模式相比,最大的区别之一是在奖励制度的设置上。依照公司设置的奖励模式,直销员可以通过个人的销售活动获得奖励,这也是直销模式最吸引人的方面之一。

在直销的发展史上,曾经出现过许许多多的奖励制度。这形色色的制度中,有些至今仍然在被使用,而有些实际上就是一种非法敛财的方式。本文特从这些制度中选取了较有代表性的几种进行简单阐述,以利于直销员在面对直销奖励制度时学会甄别。

传统级差制

级差制是应用最广的直销奖励制度之一,它有几个主要的特点。

首先,必须要有个人最低销售额或消费额。级差制度有一个特点,就是不劳动者不得食,并且不使用产品,就没有销售产品的资格。级差制还分为归零制或是累计制,所谓的归零就是指每个月的业绩都重新进行计算,也就是说,这个月做少了,不合格,下个月要从头做;这个月做多了,下个月还是从头做,不会累计。累计制度正好相反,什么时候合格什么时候可以得到奖励。级差还有超越制度,即你的下级的级别可以超越你的级别,但你们的上下关系还在,一旦他不合格,他的团队就

媒体眼中的直销

会紧缩到你这里，或者你后来级别又比他高了，他就再次回到你的团队里面了。

在级差制中，还有一个小组业绩压力：即当你成为中高级经销商时，无论你有多少成功的部门，每月都必须要开发新的部门，方可领取领导奖金。

单轨制/双轨制

单轨制就是异地拉人头的直销，拉来多少人，交上多少钱，就能够赚多少钱。这样的模式也只能按照异地拉人的方式来做，这是纯粹的拉人头，这种模式完全是一种骗钱的行为。

双轨制是一种非常流行的模式，它大概在1996年开始出现。自诞生以来，双轨制一直饱受争议，它比级差要简单，而且速度非常快，因此流传速度非常快。但是必须注意到，双轨制有很多陷阱和违规的东西，而且大部分都做不久。

双轨制的外在表现形式是：

1.一般在网上，通过网上支付方式进行交易，看不见，摸不着。

2.不是以销售为导向，而是以拉人头为目的。

3.无产品，或者产品少，产品单一。

4.产品不是自己公司生产的，一般是买断别人的经营权，骗取厂方的信任后，与之签定特许经营连锁专卖合同，并拿到营业执照副本等企业重要资料，最终使企业蒙受巨大损失。

5.每周收入有封顶限制，倍增速度相对少和慢。

6.大多公司发展到一定程度都要有K值，所以中高层收入有限，制度对中高级业务人员吸引力降低，直销员中短线炒作心态盛行。

7.双轨制极易形成"大象腿"，这时虽然团队人数众多，却难以符合领取奖金的要求，造成很大的业绩沉淀。现在有些双轨制公司虽然设置了"全球分红"之类的奖金，以图解决大象腿问题，但解决不了实际问题。双轨制度说白了，就是只有两条线，左边和右边俗称左腿、右腿，这和级差制度完全不同，双轨制只有两个直接的下属，就是左腿第一代和右腿第一代，就像人走路一样。再发展，也要把新人安排到左或者右，但是他的位置，会在你这条线的最下面。

双轨制度中，奖金发放的范围很广，当销售人员越来越多的时候，公司的奖金

第六部分
未来的中国直销

就会被重复拿，总有一天是入不敷出的。因此事实上，采用双轨的公司，最终的结果将是崩盘。无论采取什么措施，都只是延缓这个过程。虽然双轨两条腿看上去好像很容易做，但是实际上，毫无例外的都会出现偏腿，也就是说两条腿发展不平衡，导致一方发展很大，而另一方却拿不到钱。

矩阵制度

矩阵制，是指限制前排数量，按固定深度领取奖金，宽深一定形成矩阵的奖金制度。矩阵制可分为：纯矩阵制度、矩阵+双轨、矩阵+级差。它的特点是主要以消费者为构建基础，没有"小组责任额"，而且个人责任额很低，所以要获得更多收入，就必须不断地开发消费者市场。

矩阵制也曾经被很多公司所采用，但它有几个致命的缺陷，这些缺陷，注定了矩阵制已经不适应现在直销市场的发展需求。

1.怠惰下级，容易吸收懒人。公司和上属的业绩几乎都由最低层提供，中上层的人都处于等待拿钱的不活跃状态。

2.水蛭效应。顶尖的直销员获利不高，泛泛之辈收入反而更大，顶尖的人投入的时间和精力得不到相应的回报。

3.投机的成分高，收益多少全凭运气。

4.成长受到限制，想获得更大收益的能人很难实现高目标的收益。

5.矩阵制度提倡均富，适合纯以自用为目的的人群。这使得上级无条件地帮助能力差的下级，但也因制度过于死板，过分养懒人，使人觉得像大锅饭似的"做还不如等"，容易挫伤积极直销员的积极性。

电脑排网制度

电脑排网制度，也称圆销制度，是指在成为公司直销员之前，首先要购买该公司数百元乃至数千元的产品。之后方可加入直销的顺序排列。

电脑排网制度每层上的人数是设定的倍数增加，当排满预先设定的层次后，这个网（团队）就形成了。电脑排网直销诱惑力强，欺骗性大。电脑排网直销全是个别人在操纵，得到实惠的是其亲朋好友。一般参加直销的人，谁也不知自己在哪条线上。有些人月初排在27号位，到月底就变到了34号位，根本无出网的可能。

媒体眼中的直销

《直销管理条例》规定：直销企业不得强制安排直销员发展下线人数，或者根据发展下线的人数计算报酬。而电脑排网直销恰恰是强制安排下线人数，按发展下线的人数计算报酬，这是严重违反国家规定的。

现在很多企业推出所谓"圆销计划"，实际上就是电脑排网计划。后面加入人员的收入根本无法保障，欺骗性极大。（原载《分销时代》2006年6月2日）

直销系统建设的五大原则

纵观直销几十年，我们发现很多人不是输在能力，而是输在做人做事以及没有遵守直销系统建设的五大原则。这五大原则都非常重要，缺一不可，缺少任何一个，都不能把握成功。这五大原则是什么呢？

1. 推崇公司，系统，上属。
2. 消极不下传不旁传。
3. 钱财分明。
4. 男女关系要分清。
5. 不要把下属介绍的伙伴收为己有。

第一条：是推崇，推崇不是拍马屁，是工作的需要。记得我很认可的一位直销界的前辈他说直销其实就是两件事情：100%复制和推崇。并把推崇当作他的系统文化。

因为直销的松散式管理，必须依靠一些文化理念来统一大家的行为，这也是我们经常讲的价值观的问题。

因为了解公司产品和机会的价值后，适当的推崇，使整个团队都形成正确的理念，所以比较好管理销售队伍。

第二条，消极问题，我经常讲消极下传是不聪明的做法，消极旁传是不道德的表现。

消极的事情就像污水，泼出去的水没法收回，而且是脏水，会污染别人的工作态度和思维选择，消费者也可以成为企业家，所以误人误己的事情不要去做。

第六部分
未来的中国直销

第三条，钱财分明，上下钱财不清，引起经济纠纷和矛盾，导致反目成仇，不用说事业了，连见面都成问题。业界比较推崇 AA 制，我觉得可以减轻领导人的负担，也让大家知道付出的概念。

第四条，男女关系要分清，我最讨厌的一句话就是：我们团队有很多俊男靓女，到时候可以介绍给你……

很多上属老师外表英俊潇洒，受过高等教育，谈吐了得。再加上成功的光环，豪宅名车，会有很多人趋之若鹜，从崇拜到爱慕，然后出现违反原则的事情，更有一些别有用心的人以感情牌做招牌，让一些领导人作出生活中错误的选择。

有些已经做得很大的团队，因为上下属之间的男女关系问题毁于一旦。针对这个问题，直销系统可以制定一些小规则。

比如：晚上异性上下属之间不要往对方家里打电话，发短信，以免引起对方另一半的误解。

如果异性上下属之间发短信打电话时应该尽可能只谈与工作有关的话题，而不是其他，甚至不要互发一些带颜色的短信，这会违背系统积极优良的文化。

单独相处的时候，门要虚掩，不能紧锁，等等。

团队成员在一个系统，都是一家人，但是要注意相处的分寸，互相尊重。

有一次，笔者听到一个老师曾经说过，你们要保证，在学习的一两个月里，之间不要发生感情纠纷，因为那不是真实的。

真的是这样，你在直销系统里看到的人也是和生活中是有差别的，那不是真实的。所以不要在团队里涉及任何感情纠纷，如果发现，坚决制止，否则会给系统和团队，以及家庭带来非常大的伤害。

第五条，抢下属线，曾记得有家公司开除一个很大的系统领导人，原因就是抢线，而且是抢下属的线。所以不要违反这条原则。

直销是讲究伦理的，只要大家遵守这些原则，即便做的慢一些，大家也会很开心，系统建设的也就会很健康。

● 媒体眼中的直销

网络营销实战宝典

成本低

网络营销的成本有多低？如果你懂得网络营销的方法，你可以把成本降低到零。也就是说，如果你掌握了几种有效的网络营销方法的话，你花几百元就可以把你的产品和信息销售到全世界每一个有互联网存在的角落。

2001年我就用免费的主页空间，自己制作了简单的营销站点，然后不花一分钱把一种民族工艺品销售到了世界各地。2003年至今，我帮助近200多家企业将它们的业务推广到了世界各地，甚至帮助美国、法国等外资企业做网络营销，达到了非常好的效果。这些企业向我支付相应的服务费用，而我付出的仅仅是智慧和精力。

效果好

通过互联网，可以非常精准地推广产品或者业务，精准度非常高。比如你想在美国开展中国旅游的业务，你只需要从营销的角度做一个业务网站，然后在美国的搜索引擎上准确投放关键词广告就可以做到。成本非常低，按点击次数收费，可量化。网络营销在效果检测上，可以非常精准地量化。比如多少人浏览你的网站，这些人分别来自什么国家和地区，这些流量分别是通过哪些广告和推广手段获得的，这些人在你的网站浏览了那些页面，并且还可以对其中有意向的客户进行长期的、自动化的跟踪回访等等。通过这些精准的量化检测，你可以很清楚地知道你的每一分推广费用的价值以及回报。但是对于传统营销而言，这种精准是无法达到的。

技术化

网络营销和传统营销最大的区别是：网络营销是一种与技术紧密结合的营销策略，它的技术含量特别高。正因为它是一种技术和营销紧密结合的策略，所以真正精通它的人很少。为什么这样说呢？技术型人才的思维不习惯去学习营销，营销类人才去学习技术更是难上加难。因此，要精通网络营销，自身必须是既懂营销又懂技术的复合人才。

网络营销三步曲一般而言，网络营销如何来开展呢？

第六部分
未来的中国直销

第一步，从网络营销的角度来设计网站。网站是网络营销中最重要的一种工具，所以要从网络营销的角度设计网站，只有这样做，才能让你后面的网络营销工作做起来得心应手。如何从营销的角度来制作网站呢？网站设计要符合人性化，简洁明了，在最短的时间内告诉用户你的网站为其提供了哪些信息，并且要在最短的时间内吸引用户，把他们转化成为你的客户。

网站设计要符合搜索引擎的要求。搜索引擎营销是最重要的一种营销手段，因为平均而言，一个网站 80% 的流量都来自于搜索引擎。而要了解网站设计是否符合搜索引擎的要求就需要具备 SEO 知识。

第二步，科学进行网站推广。网站推广又分 3 步。首先要提高网站的流量。你可以通过推广方法来提高网站的流量，比如搜索引擎优化、关键词广告、联盟广告、许可 Email 营销、网络软文推广、论坛推广、博客推广、友情链接交换……网站推广的方法有上百种，要用最低的成本推广好你的网站，你就需要选择出最适合的几种推广方法，把这些方法发挥到极致。其次，提高网站的黏度。推广网站给你的网站带来非常多的新流量，但是网站能不能做起来，主要取决于网站的黏度。比如你的网站每天有 1 万个新流量，你只要能够"粘"住 10% 的用户天天登录你的网站，那么一年下来，每天你的网站就能达到 30 多万个 IP 的流量。要提高网站的黏度，除了网站要做好之外，也需要非常丰富的推广策略和技巧。最后，提高网站的口碑。推广网站的目的是赚钱，当网站的流量越来越大时，我们就要尽可能把这些用户转化成为我们的客户，并且还要采用一系列的策略让这些用户帮助我们进行网络口碑宣传。因为口碑宣传在互联网领域中同样是一种非常好的营销策略，不仅可以帮你赚钱，还可以提高网站的品牌价值。此外要注意的就是，不同的网站，选择的推广策略是不同的，如何去选择以及良好地执行所选择的推广策略，需要靠多年实践经验的积累。

第三步，准确进行效果检测。你的企业网站每天的流量是多少？这些流量分别来自哪些国家和地区？各个搜索引擎每天分别给你带来多少流量？用户使用哪个关键词找到你的网站？你的哪些推广见效了，哪些推广没有效果？如果这些数据你还不知道，说明你连自己网站的基本网络营销状况都不了解，这时候，你的网络营销工作都是盲目的。可悲的是，很多企业和你一样盲目。现在，大部分的企业网站没有做网络营销分析这部分工作，所以它们的网络营销工作开展得都非常盲目，往往花了很多钱做推广，到头来还不知道哪些推广见效果了。如何才能让自己的推广不再盲目，如何正确开展网络营销分析工作呢？

◉ **媒体眼中的直销**

方法非常简单，安装一套网络营销分析系统就可以解决这个问题。网络营销分析系统安装起来非常简单，可以直接安装到网站上，每天登陆网络营销分析系统就可以对自己网站的营销状况一目了然。

通过流量来源分析，可以判断你的哪些推广见效果了，哪些推广没有见效果；

通过浏览者国家和地区分布情况，可以了解到哪些国家和地区的用户浏览过你的网站，并且可以看到详细的比例；通过搜索引擎分析，可以清晰地看到各个搜索引擎为你带来的流量的多少和比例；

通过关键词分析可以一目了然地看到用户用什么关键词找到了你的网站，并且还可以清晰地了解各个关键词带来流量的比例。

有了以上的数据后，你就可以根据自己网站的状况做出营销策略调整，使自己的网站推广更加准确，甚至起到事半功倍的效果，真正使你的营销E化，与"网"共舞。（原载《分销时代》2007年1月22日）

单层次直销与多层次直销

单层次直销（Uni-Level Marketing）它指的是在直销企业的直销活动中，直销产品是经过一代直销商的层次就可以到达消费者手中。这种单层次也可以表现为直销员从连锁店中提货与结算并把产品销售给消费者，从而获得自己的销售佣金。

在单层次直销中营销组织不可以无限代的延伸下去，而只是有限制地延伸一层。在这种单层次直销的营销模式中，销售是永远的主题。直销商还要维护好自己开发的老客户，并且为其提供细心周到的后期服务，以此来获取这个老客户源源不断的后续订单。

单层次直销与多层次直销的区别

根据权威部门的解释，可以这样理解多层次直销与单层次直销的区别。从渠道的商品流程来看，在单层次直销中，商品流转形式为：生产企业－直销员－消费者；而在多层次直销中，商品流转形式为：生产企业－直销员，直销员－消费者。可以说，商品流转形式的差异，是两种直销形式存在巨大差别的根源。

第六部分
未来的中国直销

在商品流转的过程中，给人们造成的假象是，多层次直销似乎只是比单层次直销多了几个层次的直销员。事实上，这种假象背后隐藏着巨大的商业诱因。只有揭穿商品流转形式这层面纱，我们才能清楚地看到这两者之间的本质区别。归根到底，与单层次直销相比，多层次直销极有可能引发更大的经营风险。

首先，从商品的所有权转移来看，多层次直销比单层次直销要频繁得多，这就容易引起渠道成员之间的冲突。在多层次直销中，层次发展越多，引发冲突的可能性也就越大。由于一名直销员往往倾向于发展尽可能多的下线，因而交易关系数或销售人员的增长呈现按几何级数递增的态势。其中的任何一个层次出现所有权转移危机，或者供应链断裂，就会引起整个渠道结构的麻烦，不可控的因素随之增加。相比较而言，单层次直销就少有这样的麻烦。它们的直销人员与顾客直接接触，并进行面对面的交流，能够将所有权转移风险降低到可控制的程度。

其次，在多层次直销这种销售方式下，每一个直销员将商品销售之后，除了可以从公司得到佣金外，还可以由自己向公司推荐新的业务人员，发展自己的多层次直销网络，并根据下线销售业绩的大小，获得积分点进行累计，并从公司得到一定的奖金。而且每一个进入网络的新成员，都可以沿用这种下线发展模式和奖金获得模式，通过本人直销产品和发展自己的销售网络而得到更多的报酬。单层次直销与此不同。由于没有下线人员，它们的直销员的收入主要来源于本人推销商品的折扣。

需要指出的是，依据上述分析，我国现阶段开放的是单层次直销模式。这从根本上符合我国的国情，有利于维持直销市场的平稳发展。

单层次直销之父

1887年大卫·麦可尼，雇佣人员上门直接销售书籍，并免费赠送给顾客一小瓶香水作为促销手段。当顾客反应说更喜欢他的香水时，麦可尼马上意识到这是一个契机，于是便顺应顾客的需求，创建美国雅芳公司，雇请专人上门销售美容品，大获成功。麦可尼的这种只通过经销商把产品送到顾客手中的销售便是早期的单层次直销。单层次直销比较简单，公司所有的直销员都由公司直接掌握，直销员间无上下级关系，每个销售员的工资只与自己的销售额有关。

在单层次直销公司，产品说明与销售训练往往是直接由公司人员主导。1886年，"雅芳之父"大卫·麦可尼（David McConnell）创立了"加州香芬公司"，1939年，麦可尼先生将公司更名为"Avon"。 1886年，雅芳公司创立于美国纽约。目前在

媒体眼中的直销

45个国家和地区有直接投资，拥有300余万名独立营业代表，业务遍及137个国家和地区，年销售额达52亿美元。现有产品2万余种，博及护肤品、化妆品、个人护理品、香品、流行首饰、女性内衣、时装、健康食品等。全美最大的500家企业之一。

非法传销与直销的区别

1998年4月，我国颁布了禁止传销的法令后，非法传销人员没有了行骗的幌子，便又借用"直销"的名头继续行骗。不过，无论"非法传销"怎样变换嘴脸，只要留心观察，分清合法直销与非法传销的区别，总能看清这些骗术的本质。

什么是直销呢？世界直销协会是这样阐述的：直销是指在固定零售店铺以外的地方（例如个人住所、工作地点或其他场所），独立的营销人员以面对面的方式，通过讲解和示范方式将产品和服务直接介绍给消费者，进行消费品的行销。合法直销是将优质的产品直接输送给消费者，同时也有完善的售后服务保障和退货机制，可以避免消费者和推销人员的经济损失。真正的直销，堪称营销领域的一颗璀璨明珠，不仅成功造就了像安利、玫琳凯、雅芳等大型跨国公司，而且其卓越的营销理念和在这种理念之下的丰富的管理哲学，已经连同这些先驱公司的成功案例，一起入选哈佛大学MBA（工商管理硕士）必修教材。

那么究竟什么是非法传销？根据国家工商行政管理总局、公安部、人民银行《关于严厉打击传销和变相传销等非法经营活动的意见》的规定，传销或变相传销行为的特征主要有：

（一）经营者通过发展人员、组织网络从事无店铺经营活动，参加者之间上线从下线的营销业绩中提取报酬的；

（二）参加者通过交纳入门费或以认购商品（含服务，下同）等变相交纳入门费的方式，取得加入、介绍或发展他人加入的资格，并以此获取回报的；

（三）先参加者从发展的下线成员所交纳费用中获取收益，且收益数额由其加入的先后顺序决定的；

（四）组织者的收益主要来自参加者交纳的入门费或以认购商品等方式变相交纳的费用的；

第六部分
未来的中国直销

（五）组织者利用后参加者所交付的部分费用支付先参加者的报酬维持运作的；

（六）其他通过发展人员、组织网络或以高额回报为诱饵招揽人员从事变相传销活动的。

合法的直销和非法的传销最根本的区别是：合法的直销公司有自己的工厂，有自己的科研机构，生产和销售的产品都是国家批准的，公司和直销员是合作关系，利益是建立在销售商品的基础之上；非法传销公司没有自己的工厂，而是将其他厂家粗劣的产品逐层传销给下线会员，每一层都要加上中间利润，这种借着商品的转换而赚取中间利润的"间接贩卖"，使商品和实际的价格相差甚远，而且传销的层次越多，商品价格就越高，这样底层人员的产品根本卖不出去，而传销不准退货，经济上受到极大的损失。

直销与传销在英文原义中都是"direct selling"，这种无店铺的营销方式最初由港台地区传入祖国大陆，而港台地区大多将它翻译为"传销"。由于存在监管真空，"老鼠会"式的发展模式给直销行业带来了管理的失控，成了人人喊打的过街老鼠，以至于直至今日不少人仍然对直销闻之色变，而传销也成为一个贬义词。其实，传销是直销的一个邪恶变异，是被人利用的产物，表面上相似，直销和非法传销之间只有"一墙之隔"，管理好就是正当，管理不好就会变成非法传销。

社会期盼直销立法（直销法2005年已出台）

近年来，关于直销立法的话题日益增多，这不仅关系到我国国际社会的信誉，更考验着国内经济在机会与风险之中能否做出理性的反应。

商务部官员2月9日在北京透露，于年内制定直销业相关法律，严格区分直销和各种形式的传销，在继续大力打击非法传销的同时，鼓励合法直销，促进在华的中外直销公司共同发展。商务部外资司副司长邓湛说，为履行中国加入WTO的相关承诺，规范、促进直销业的发展，中国将在继续打击非法传销和各种形式变相传销的同时，加快直销立法进程。此言一出，世人瞩目。那些在大陆从事或希望从事直销的人们，甚至来自大洋彼岸的美国、日本、新加坡投资人纷纷打电话，热切地询问、确认消息的细节。

美国科特勒营销集团（KMG）总裁米尔顿·科特勒认为，直销行业目前在美国的发展基本上停滞不前，安利、雅芳、玫琳凯这样的直销企业收入多来自海外。但在中国，直销还是个新兴行业，所以欧美、日本的直销企业目前都非常看好中国直销市场的潜力。他说，"我认为，直销行业将在中国有10年的强劲增长势头。此后就将会像

媒体眼中的直销

欧美那样进入平缓的发展阶段。"

北京商业干部管理学院副院长杨谦教授长期研究中国直销模式。"他们太理想和乐观了。"他给众多闻风而动的港、台直销公司和国外投资人泼冷水。在他看来，中国为直销立法，并非是回到1998年以前的状态，而一定要把禁止传销和开放直销两者并列看待，他说，"未来究竟怎样，还存在很大的变数。" 面对众说纷纭的局面，商务部官员对即将出台的法规不发表任何言论。如此谨慎自然是有理由的。如何为直销营造商业的和社会的环境，如何让直销释放出其应有的能量而不至于偏离轨道，都将考验立法者的智慧。在此情况下进行直销立法，自然是一项极具挑战性的工作。

尽管几年来中国政府一直在为重开直销大门而努力，不断探询直销市场管理之道，但种种迹象表明，当初引发中国政府关闭直销大门的市场症结已得到了缓解，然而各种非法传销依然屡禁不止，也依然有大量人群参加。直销立法之后，商家就一定遵守游戏规则吗？追求暴富的心理，不是一部法律就能约束得了的。并且直销政策的制定，不仅仅是一个市场问题，它还涉及到中国与其他国家关系等各种复杂的问题。

随着中国加入WTO、随着国际市场经济游戏规则的全面导入，规范直销业的健康发展必将成为中国市场经济不可缺少的重要组成部分。年内出台的直销法规将是逐步妥善处理好经济发展中这道难题的良好开端。

电子商务与直销的区别

电子商务是主宰21世纪的零起步伟业：(商业运作追求的是：降低成本,提高利润。方法是：运用先进工具,提高交易速度,减少中间环节,扩大经营范围,改变交易时间。（一个老人给儿子邮寄鞋的故事）在电子商务出现以前的产品销售模式，是消费者和生产厂家最不满意的事。但是社会的局限性使人们无可奈何。进入新的世纪，互联网和电脑的出现，让人们相互交流的速度变成了光，距离变成了零，时间变成了24小时，空间变成了无限大。电子商务顺应着时代的潮流应运而生了。它像货币取代以物易物，直销取代传统营销模式一样，电子商务一定要取代直销，这是社会发展的必然。

第六部分
未来的中国直销

直销的来历：先有市场倍增学（网络学是世界第八大奇迹）后产生物流式直销。直销是利用网络学推销产品的一种方式，无可非议，是营销学上一大进步。

被中国政府禁止传销的特点：

1. 高额的入会费。

2. 伪劣产品卖高价。

3. 没有售后服务。

4. 没有犹豫期。

5. 坑人，害人，骗人危害社会，制造动乱。

电子商务与直销的区别：

1. 先有市场倍增学后有直销。利用市场倍增学原理的不都是直销。

2. 直销把西方过去搬到中国的现在，电子商务是把世界未来摆在我们面前。

3. 直销工业时代产物，电子商务信息时代产物。

4. 直销进货，存货，送货，电子商务无。

5. 直销是有形实物，（保健，化妆，日用，保健器材，小型炊具）电子商务无形信息流。

6. 直销要有必备的售后服务，电子商务没有。

7. 直销市场之路越来越拥挤，电子商务之道越来越宽敞。

8. 直销是实体经济供大于求，电子商务是虚拟经济求大于供。

9. 直销是地面专卖店，电子商务是空中网上社区。

10. 直销是实物消费管道，竞争大、不稳定。电子商务是电子复合终极管道，坚实，长久，耐用。

11. 直销是工业时代的车速，电子商务是信息时代的光速。

12. 直销在复制别人的文化，电子商务在创造自己的文化。

13. 保险是资金流，直销是物流，电子商务是信息流。三者不一条河流，

媒体眼中的直销

规范直销的条例不适应电子商务,就好像地面的交警不能干涉空中的飞机一样。

两者的发展历史

1. 直销是 50 年前以一种先进的商业销售模式产生于西方。

2. 10 年前伴随着互联网的诞生进入我国,在我国一直是未被正式立法承认的西方过去。中国政府对这一来自于西方的过去和信息时代的电子商务静观其变。

3. 我国加入 WTO 对世界的承诺:直销立法,允许国外直销公司进入中国。

世界潮流浩浩荡荡,顺之者昌,逆之者亡。改革开放的实践证明:今天,不是世界离不开中国,而是中国离不开世界。直销是西方的过去,在西方已经有 50 年的历史,而到我国只有 10 年,相差 40 年。电子商务(世界的未来):在美国立法只有 4 年,在我国是 1 年,相差 4 年时间,中国政府在趋势和过去,朝阳和夕阳两者之间选择会选择什么模式呢?

既要保护民族利益,又要兑现对世界的承诺。中国政府该怎么做呢?这就是两个条例出台的背景。

当一个符合社会历史潮流的新生事物刚刚出现的时候,是最不稳定的时候,这正是抢抓机遇的最好时候,一个百年不遇的财富重新分配的机遇来到了,你准备好了吗?

新世纪,是平民的世纪,是知识战胜权利的世纪,是智慧女性的世纪。我们一定要做一个新殖民主义者,在光纤上游戏,在互联网上圈地,在知识的海洋里翱翔,以互联网为经,用人网做纬,我们所到之处,就能轻松的征服人们的脑袋和钱袋,一条永恒,坚固的终极电子复合管道一定会成功铺设!

一、时代背景不同

直　　销:是 20 世纪中叶工业时代的产物;

电子商务:是 21 世纪信息时代的产物。

二、经营范围不同

直　　销:直销人员销售推广区域有限;

电子商务:互联网传播速度快(光速)、信息准、全球辐射,不受时间、地点限制。

第六部分
未来的中国直销

三、经营状态不同

直　　销：传统商店是死人死店，直销是活人死店；

电子商务：电子商务是活人活店。

四、营业时间不同

直　　销：是地面网点，8小时营业；

电子商务：是互联网上的先进交易平台，24小时营业。

五、隶属关系不同

直　　销：直销隶属于商业部、国家工商总局；

电子商务：隶属于信息产业部、国家发改委、国务院信息化领导小组。

六、产品来源不同：

直　　销：直销的产品是自产自销；

电子商务：电子商务主要是先进的交易平台，代理品牌产品。

七、利润来源不同：

直　　销：直销的奖金、利润来源于产品的高加价率；

电子商务：利润很低的产品利润广告红利点击率工厂返点其它信息收入等。

八、经营模式和出发点不同

直　　销：直销是面向消费者推销产品，会给消费者和亲朋好友带来无形的压力；还有的直销公司强迫直销员每月自己消费一定量的产品，否则不发放奖金；

电子商务：是诚信会员制，改变消费观念，倡导自由消费；不给消费者带来任何压力。

九、发展趋势不同

直　　销：直销的最终归宿是电子商务，直销已成为一种行业，不再是机会；

电子商务：是商务发展的必然趋势，是中国经济新的增长点（胡锦涛对电子商务的指示）。

十、注册要求不同

直　　销：直销需要注册资金至少8000万，保证金2000万元；

媒体眼中的直销

电子商务：电子商务则不需要。

上海威博始创于 2002 年，成立至今，已成为目前国内最具技术实力、市场占有率最高的电子商务系统及服务提供商，作为电子商务软件和一体化服务商，上海威博不仅是目前市场使用成功率第一的独立网店软件提供商，而且是服务亿万级客户最多的电子商务整体解决方案提供商。（原载《价值中国网》2011 年 11 月 13 日）

第三十二章 企业砥砺中谋变

仙妮蕾德退出直销

自 90 年代初期,直销登陆中国大陆,一家叫做(美商)仙妮蕾德国际机构的公司,始终特别引人注目,但随着时间的推移,在该公司内部和对外所发生的一些现象却十分令人费解,这些现象被一些业界人士称之为"仙妮现象"。

现象一:当年该公司是以产品品质出类拔萃而文明遐迩的,公司也称自己的产品是冠盖群伦的。在 97 年之前,该公司的销售额在所有直销公司当中一直处于遥遥领先的地位。国家首次核准的 42 家直销公司中,该公司就以天津和广州两家分公司的雄厚实力而名列其中。但在次年国家整顿直销市场,重新核准直销公司的合法经营地位后,取消了 4 家公司的资格,由原来的 42 家重新批准为 38 家,遗憾的是,该公司却不在被核准的公司范围之内。究其原因,业内人士心照不喧,境外公司的老毛病又复发了,只不过相比其他的公司该公司的程度要严重一些。

现象二:当直传销在国内混乱到了根本无法监管的地步后,97 年国家在无奈之下全面禁止了一切直传销公司的经营行为时,导致所有的非法公司抱头鼠窜。但合法的公司都积极配合国家政策,做好了本公司原经销商的安抚和退换货及退辅销资料的工作,唯有一家公司却没有任何作为,对经销商也不做任何承诺和退换货物及辅销资料的行为,致使所有的经营风险全部转嫁给了曾经对她忠心耿耿的经销商们的身上,最终也导致了千万个家庭倾家荡产!而这家与经销商只同甘不共苦的公司

媒体眼中的直销

竟是仙妮蕾德公司。

现象三：自98年国内直销公司转制经营后，仙妮蕾德竟然在短短的五六年的时间里在全国开了近5000家授权经销店，密度之大堪称业内之最。但奇怪的是自从该公司开店以来，公司的销售额非但没有突飞猛进，反到每况愈下！当年的龙头老大，今天的销量竟然倒数，就连曾经名不见经传的小公司都比该公司卖的多！咎其原因三个字——窝里反！

现象四：当然，仙妮蕾德公司号称有着诱人的激励制度，曾经承诺，只要经销商能够连续12个月每月都完成25000SV（约合42万元人民币）的进货额就可以免费游东南亚。结果许多经销商不知所以然地恨不得把吃奶的劲都用上了，连拼带借地进了40多万的货，公司却突然变卦。东南亚的免费旅游业绩考核，由12个月延长至13个月以上，而且必须是店主，经销商还不行。这样一来，大量的经销商犹如掉进了18层地狱，因为他们确实已经没有地方再能够借的到那几万元钱了！即使有的人借到钱或者勉强完成了任务，也出现了许多这样或那样原因办不下签证，而破碎了自己的出国梦！但也有一些业绩优秀的经销商还是能够顺利参与东南亚的旅游的，但他们游玩结束后还是要被动地做一些义务劳动的，例如有一次，公司要求参加旅游的800名左右的经销商在离开旅游地点回国时，每人要义务为公司将五六十瓶化妆品带到国内的公司，该公司这么做原因其实也不言而喻！花几十万元去一趟新马泰，还真不如自己跟着旅行社出国玩一回，而且三五千元也足够了！总之还是应验了那句老话，永远都是买的没有卖的精。

现象五：仙妮蕾德公司的老板号称自己亲自监督生产研发产品，自己的配方是多么的精良，但这好像不大可能。因为他在全球号称拥有八大工厂，就算他自己天天坐在飞机上飞，也绝对实现不了这么大的工作量。而且，在世界的医药界或保健界根本就没听说过他的配方曾经获得过什么奖项，好像只在国内听说他赞助过几次某某会议，冠过几次名，而这根本就是两个概念，这与诸如安利，如新等等的配方所获得的世界级奖项根本就大相径庭。但不知为什么还会有那么多她的经销商相信该公司的宣传呢？很简单洗脑后都变成井底之蛙了。

现象六：仙妮蕾德自从在中国建立了生产基地之后，照常理说，生产成本绝对是降低了许多，所以产品价格应该有所下降才对。但事实却令人大失所望，该公司几乎每年年底产品都要涨价，而且同时将产品的SV（业绩积分）下调，单价上涨！原因其实也很简单，周瑜打黄盖，一个愿打，一个愿挨！另外该公司还会经常以一

第六部分
未来的中国直销

些产品货物紧俏为由,提前预收经销商的货款,但经销商们很可能要经过不知多少个月的漫长等待才能收到货,同时还要完成该公司专门为买预订货而制定的十分苛刻业绩。(原载《直销博客网》2011年9月22日)

张华:瓜拿纳三年后昭雪 是喜是悲?

日前,中国直销专业网记者接到原武汉瓜拿纳公司董事长张华的短信,短信称:武汉市公安局近日宣布,经查实武汉瓜拿纳集团公司的经营行为不够成犯罪,决定撤案。

中国直销专业网记者了解到,在2006年2月,武汉瓜拿纳公司因涉嫌非法经营被武汉市工商局查封,随即武汉公安局经侦大队查证立案侦查。

中国直销专业网记者还注意到,从瓜拿纳事发至今已有近三年时间,在这三年间里,除了原董事长张华偶尔在媒体上面发表言论以外,瓜拿纳事件已渐渐的淡出了人们的视线.

张华在得知此消息时表示:"2006年2月23日被查封,离瓜拿纳递交申牌资料还差五天,三年后方还瓜拿纳清白,是喜?是悲?"……

记者还电话联系武汉公安局经济侦察科,相关负责人得知记者是在调查武汉瓜拿纳事件时表示:只知道这是好多年前的事了,至于是否已做撤案处理自己也不清楚,也不便透露相关细节.

评点:三年时间,对于一个企业来讲,未免也太过长久。有人士称:瓜拿纳事件应该做为一个教学案例,其实这未必不是一个好的建议。中国直销业未来的路还有很长,未来还会有很多的"瓜拿纳",如何保障中小企业长远发展,不应该只是在经济危机下,才考虑的问题……(原载《中国直销专业网》2009年1月15日)

◉ **媒体眼中的直销**

月朗并购美国富佑 全力进军中国直销市场

月朗和富迪高层一同触摸启动球，宣告启动新一轮的市场计划。2008年，月朗国际董事长陈怀德并购了美国富佑集团，并在随后当选为富佑的董事局主席。2009年年初，陈怀德通过富佑在中国的子公司富迪健康科技有限公司，迅速开始了在中国直销市场上的开疆拓土。

3月1日，在上海举行的"2009富迪（中国）战略发展会议"上，陈怀德宣布，今年，富迪将全面启动中国市场，在国内的江苏、四川、浙江等省市开展直销业务。据了解，这是自1994年进入中国市场以来，富迪在国内规模最大的一次市场拓展行动。种种迹象表明，在海外直销市场上叱咤风云的陈怀德今年将全力进军中国直销市场。

抢抓直销黄金商机

陈怀德此次并购美国富佑，是中国企业在金融海啸下借海外资本渠道走出国门的一个经典案例，让中国直销业甚至整个中国商界都为之侧目。业内专家认为，陈怀德凭借非凡实力，采用资本运作手段让外资为内资服务，既满足了企业发展的急切需要，又维护了国家政策的严肃性和权威性，为广大业界企业打开了一条新思路。

解读陈怀德此次的并购之路，还得从全球经济的大环境说起。

2008年，一场源自美国的金融风暴，让全球经济陷入恐慌。然而在商海打拼多年、有着敏锐商业嗅觉的陈怀德认为，在金融风暴的大背景下，很多传统企业必然会经历一段时期的寒冬，而对于直销行业来说，未来的五年，将是其迅速发展的黄金时间。

瞄准中国市场欲创"富迪奇迹"

陈怀德的信心来自于月朗国际在全球市场上的成功。自2007年1月创立，到目前为止，月朗国际已经在日本、韩国、美国、德国等40多个国家和地区建立了分支机构，在70多个国家和地区建立了成熟的市场网络，成为近年来在全球市场上最成功的中国民族直销企业之一。

由于相关法律及行业管理规定等方面的原因，在国际市场上风生水起的月朗国

第六部分
未来的中国直销

际，一直没有在国内开展直销业务，而是采用传统的区域代理的经营模式。为了进入中国直销市场，自月朗国际创立的那天起，陈怀德就一直在寻找着机会："虽然月朗在海外取得了较大的发展，但是作为一名中国人，我始终心存梦想，希望在国内直销市场上也能够大展拳脚，给更多的中国人提供优质的产品和创业的良机。"

对于颇具战略眼光的陈怀德来说，此次并购美国富佑集团，可谓"醉翁之意不在酒"，他看重的是富佑在中国的子公司富迪，以及富迪在中国直销市场的巨大潜力。

三大战略拓展全国市场

出任富佑集团董事局主席后，陈怀德作出的第一个决策，就是启动新一轮的投资，全力推动子公司富迪健康科技有限公司在中国市场的发展。

陈怀德表示，在全球经济看中国的时代，世界直销行业也在看中国，他本人以及公司的董事会都非常看好富迪的发展前景，在接下来的时间里，公司将采取三大战略：一是持续加大对富迪的投资，把优秀的人才、优质的产品以及先进理念和文化引入富迪，全力支持富迪在中国的发展，为中国拉动内需、扩大就业、振兴经济作出自己的贡献；二是打开产品通路，把中国的优质产品输往国外，把国外的优质产品引入中国；三是在企业发展的同时，对国内、国外的资源进行合理的兼并融合，实现"做大、做强、做活"的目标，为推动中国乃至世界经济的复苏发挥积极的作用。据陈怀德介绍，江苏、河北、四川、浙江以及江西五省将是今年富迪在国内启动的第一批市场，富迪有意在年内在中国开设十多家分省级分公司。

"大爱"文化仍将延续

陈怀德不仅是一个成功的企业家，更是一个厚德的慈善家。仅仅在月朗国际成立以来的这两年多时间里，他向社会各界捐赠的款物就超过了1亿元。自2月21日富迪首家省级分公司开业到现在，一个多月间，富迪已经向社会捐赠善款120万元人民币。

随着陈怀德入主美国富佑，他倡导的这种"大爱"精神，也就随之注入了富迪，成为了富迪的核心企业文化。

媒体眼中的直销

雅芳决定撤换时任 CEO 钟彬娴

雅芳正在采取紧急措施，来解决包括海外行贿调查、全球主要市场的销售业绩惨淡在内的一系列问题。而在人事方面，据外电报道，雅芳公司本周二宣布，该公司将撤换现任首席执行官钟彬娴（Andrea Jung），并从外部物色一位新 CEO 人选。

受此消息影响，雅芳股价在盘后交易中上涨了 5.4%。

钟彬娴从 1999 年起开始出任雅芳 CEO，她将继续担任总裁职务，并在过渡时期协助新 CEO 的工作。

晨星机构分析师 Erin Lash 表示："我们说过，雅芳第三季度财报公布之后，我们对该公司管理层短期内让公司重新走上平稳轨道的能力失去了信心。"

雅芳在今年 10 月披露，美国证券交易委员会正在对该公司 2010 年和 2011 年签订的商业合约展开调查。由于美国、巴西两大市场的销售疲软，该公司的第三季度业绩下滑 1.5%，不如分析师的预期。

在过去的一年，这家化妆品公司遭受了沉重的打击。雅芳的股价在今年 8 月初发布财报时跌入了一年以来的最低谷。2011 年第二季度，雅芳中国的营收同比下降了 28%，直销员的数量比 2009 年锐减了 25%。这样糟糕的业绩已经持续了一年。

雅芳决定用自己最擅长的古老商业模式来拯救中国市场。去年 4 月，雅芳从拉丁美洲地区分公司调来了奥多内兹（Rene Ordonez），替换因贿赂问题而下台的原中国区总经理高寿康。

新官上任后，立即开始了全直销转型，首先把上海和宁夏作为转型的试点地区，又在今年 2 月把广州也加入其中。根据计划，最迟到明年初，雅芳遍布中国的 6000 多家专卖店都将完成全直销转变。

如新超 3 亿在沪建首个海外总部

如新集团（NUS.NYSE）近日启动了创业以来最大的海外投资项目，在上海投资总额超过 3 亿元欲建"大中华创新总部园区"，这将是其在美国总部以外设立的首

第六部分
未来的中国直销

个区域总部。

在全球布局中更加看重中国市场,基于如新中国近年来漂亮的业绩与未来巨大的潜力。一方面,大中华市场已保持 18 个季度持续增长。如新集团董事会副主席暨创办人伦兆勋表示,这远超企业管理层的预期,对集团业绩提升起到了关键作用。

另一方面,如新所关注的抗衰老产业也在快速增长。目前内地约有 1.5 亿老年人口,至 2015 年将翻倍,届时,亚太地区抗衰老产业增长率将达到 82%,抗衰老市场产值将高达 1000 亿美元。

2006 年 7 月,进入中国不到 4 年的如新,由于其在中国多年的规范经营获得管理层的认可,抢在许多实力雄厚的对手前,成功获得第二张外资直销软件牌照。如新大中华区总裁范家辉对《第一财经日报》表示:"大中华区域业务增长态势强劲,2010 年增长 25%,今年超 30% 已成定局,2012 年预计增幅可达 50%。"

创新总部园区将整合抗衰老科研中心与生产基地,预计 2013 年 5 月投入使用。范家辉表示,2014 年如新大中华区业绩预计会达到 2011 年的 3 倍以上,可望占到集团总业绩的四分之一至三分之一。

如新集团今年第三季度财务数据显示,当季大中华地区增幅达 32%,而内地市场的增长更是接近 70%。

"安利心印宝岛万人行"首发团结束台湾之旅

3 月 14 日,由中国港中旅集团组织的"安利心印宝岛万人行"首航台湾启航仪式,在上海北外滩上海港国际客运中心码头举行,这是自两岸基本实现"三通"以来的第一个邮轮赴台旅游团。

2009 年 3 月 16 日,"心印宝岛万人行"首发团的游客在台北故宫选购纪念品。

当日,由港中旅集团组织的"安利心印宝岛万人行"首发团 1600 人,乘坐"海洋神话号"豪华邮轮抵达台湾基隆港,这是自去年 7 月大陆居民赴台旅游实施以来规模最大、人数最多的旅游团,也是两岸"三通"基本实现以来第一个邮轮直航团。旅游团抵达后便分批前往台北故宫和商场参观和购物。

媒体眼中的直销

在游览太鲁阁、日月潭等美丽的宝岛风光后,"安利心印宝岛万人行"首发团1600人18日晚圆满结束了台湾之旅,乘坐"海洋神话号"邮轮从台中港启航返回大陆。

"安利心印宝岛万人行"乘坐"海洋神话号"豪华邮轮16日抵达基隆港后,分别停靠基隆、花莲、台中等港口,在3天行程中先后游览了台北故宫、基隆夜市、太鲁阁、日月潭等著名景点,并品尝了台湾美食,感受了台湾风情。

为了表达对大陆游客的欢迎,台中市特意设置了主题为"印象宝岛"的盛大晚宴,精心准备的152张宴会桌上布满鲜花美酒,两岸同胞其乐融融欢聚一堂,会场里涌动着浓浓的同胞情谊,温情动人。

台中市市长胡志强在晚宴上致辞说,两岸之间的往来就应该如此交流与互动。普通民众之间的交流超过任何互动。台湾同胞友好,大陆同胞有情有义。希望大陆同胞能够再来宝岛台湾作客。

大陆游客冯广敏表示:"我去过很多地方,就是没来过台湾。这次真是'圆梦之旅',宝岛台湾确实美!我们深深感受到台湾同胞们的热情和善良。"

购买了许多台湾土特名产的吴丽娟说:"这次旅行很充实也很愉快。这里的商品不错,做得很精致。我买了台中的太阳饼、花莲的麻薯、台湾的茶叶等特产,回去送给亲朋好友品尝。"

台中市副市长萧家旗在接受记者采访时说:"为了表达对大陆游客的欢迎,台中市一个多月前就开始筹备接待工作。为了这场盛大晚宴,特意将台中市原水湳机场的机棚改装成华丽的晚宴厅。晚宴的每道菜都精心制作,独具台湾特色。为方便游客,台中很有名的'逢甲夜市'也被搬到宴会场旁,好让大陆游客尽情品味。"

由于经济不振,台湾各界都寄望通过开拓大陆居民赴台旅游市场,刺激消费,提振信心,因而首发团的到来在台湾引起极大轰动。不仅有关各界积极进行各项准备工作,台湾各大媒体都派出电视直播车,对首发团台湾之旅进行追踪报道。

安利区域副总裁刘明雄说,据公司内部估算,排除邮轮费用,整个活动仅在台湾的食宿行费用就超过5亿元新台币,再加上团员的其他消费,保守估计可为台湾社会创造6.2亿元新台币的商机。

此次"安利心印宝岛万人行"将分9个批次陆续来台,每航次历时6天7夜。这是自去年7月大陆居民赴台旅游实施以来规模最大、人数最多的旅游团,也是两岸"三通"基本实现以来第一个邮轮直航团。

第三十三章 行业形象曲折中提升

"传销罪"写入《刑法》 最高7年徒刑的量刑

在8月25日召开的十一届全国人大常委会第四次会议上,"传销罪"被列入了《刑法修正案（七）》的草案中,从新增"传销罪"的过程来看,"传销罪"极有可能被正式列入到刑法当中。

"传销罪"最高七年徒刑的量刑,将传销的管理和处罚提到了一个新的高度,但缺少"传销法"和"直销法"的现状让"传销罪"发挥刑法作用还稍有不便。更令人关注的是,"传销罪"列入刑法是否会引领中国直销业新的立法浪潮。

"传销罪"登场由来

8月25日是十一届全国人大常委会第四次会议的第一天,"传销罪"被提出来增加到刑法中时,时间还没有到早上10点,是第一批增加的草案。

草案中规定：组织、领导实施传销行为的组织,情节严重的,处三年以下有期徒刑或者拘役,并处罚金；情节特别严重的,处三年以上七年以下有期徒刑,并处罚金。草案并规定了传销行为依照法律、行政法规的规定确定。

据了解,该草案由国务院法制办、公安部、国家工商总局等部门联合提出,目的在于更有利打击组织传销的犯罪,填补刑法中对组织、领导实施传销行为的犯罪的空白。

媒体眼中的直销

而在更早之前，2007年3月举行的十届全国人大五次会议上，人大代表刘丽涛建议，刑法中应增加"传销罪"条款，以加大对传销活动的打击力度。这是在人大会议中第一次正式提出在刑法中增加"传销罪"条款。

不过，据立法专家介绍，"传销罪"要正式进入刑法，还需要经过几道程序，才能得到最终的审批。从目前的信息来看，"传销罪"进入刑法几无悬念。

强势部门和人物推动

本次"传销罪"能顺利列入《刑法修正案（七）》的草案，与国务院法制办、公安部、国家工商总局等强势部门的重视有关，实际上在进入2008年之后，公安部、国家工商总局打击传销的力度明显增强，将"传销罪"列入刑法，能给两大部门打击传销带来更充分的法律依据。

此外，传销现象也受到了各方的重视，其中不乏司法界的权威人物。在"传销罪"列入刑法草案后，包括何晔晖、陈斯喜、王万宾等重量级人物都保持了高度的关注。

何晔晖现任第十一届全国人大内务司法委员会委员、全国人大常委会副秘书长、机关党组成员，她在第一时间提出了对"传销罪"规定的修改意见，"要处理组织领导者，也应当认定积极参加者，即扩大打击范围。"

陈斯喜现任全国人大常委会法制工作委员会国家法室主任，是国家法界的权威人士，他对"传销罪"列入刑法同样保持了高度关注，并提出了"传销罪"列入刑法后尚缺少相关法律的问题，陈斯喜认为仅依据行政法规还不够，建议再修改时慎重考虑。

值得一提的是，首次在全国人大中提出增加"传销罪"的人大代表刘丽涛，是江苏省新沂市公安局局长，她是2007年"任长霞式公安局长"称号的获得者，从公安基层做起，已有20多年。

刘丽涛在一线参与和组织过多次工商、公安等部门联合打传，但收效不大，刘丽涛认为最主要的原因是缺乏相应的法律条文，现行法律对传销打击的力度不够，仅有《禁止传销条例》，且处罚金额起点过高，大部分传销人员不能受到处理。

事实上，刘丽涛在2007年全国人大会上提出增加"传销罪"时，引起了不少部门和专家的讨论，包括有律师从刑法角度思考"传销罪"列入刑法的可行性和必要性，山东律师吴浚所写的"关于增补传销罪的法律思考"论文，还获得了2007山东律师论坛刑事类二等奖。

第六部分
未来的中国直销

"传销罪"疑问

陈斯喜在"传销罪"列入刑法后即指出,"根据《立法法》规定,什么行为属于犯罪要由法律来规定,而草案把传销行为的界定权赋予了行政法规,建议再修改时慎重考虑。"这是因为在涉及到直销和传销的条文中,目前只有《直销管理条例》和《禁止传销条例》,并无现成的法律。

不过有西南政法大学的刑法专家告诉记者,虽然从《立法法》来讲,行为犯罪应该由法律来界定,但在刑法的具体操作中,并不是每一个犯罪行为都会有单独的立法,依据行政法规执行刑法在具体执行中是有据可依的。而且一旦进入刑法,如果最高人民法院觉得在认定上有问题还可以给出相关的司法解释。

这从另一个层面上来看,"传销罪"一旦正式列入刑法,很有可能会带动相关的立法,或者是在积累了一定的处理经验后再继续完善。两部《条例》依然有现实的操作意义,但还需要和刑法进一步磨合。

另一个疑问是,全国人大委员倪岳峰认为,条款的语言表述存在歧义的可能,容易被人误认为对法人或者组织实施人身处罚,建议修改为"在实施传销行为的组织中起组织、领导作用,情节严重的,处三年以下有期徒刑或者拘役,并处罚金"。

事实上对"传销罪"最大的疑问还是来自于传销如何界定。在没有"传销罪"的情况之下,过去给传销行为定罪往往是向非法经营罪靠拢,这引起了很多关于传销界定的争议,《禁止传销条例》也并没有解决这一问题。

刑法专家、清华大学法学院副院长周光权教授认为,传销罪和非法经营罪有很大的区别。非法经营罪的前提是扰乱市场秩序,而且必须有正常的经营活动,真实的商品、标的。而传销往往以拉人头、收入门费为主要谋利手段,并没有正常的市场交易活动。此外,非法经营罪需要计算经营所得,这与传销行为的所得是不同的。

周光权同时也指出,就传销单独设立罪名有重大的现实和司法意义。而且,他认为《修正案(七)》的草案将传销罪的犯罪行为开始提前到组织、领导,并不需要等有了某种活动、获得非法所得才可以处罚也属非常合理。

而从现实意义来看,"传销罪"列入刑法后,将带来的直销、传销立法可能,更加清晰界定传销的可能,对直销业界的规范发展是一个好的开始,对打击传销也有了真正的利器,对监管者而言,有法可依才能师出有名。

媒体眼中的直销

江西"太平洋直购"特大传销案终审宣判

江西"太平洋直购"特大传销案终审宣判,主犯维持有期徒刑10年、罚金4000万元一审判决。

新华网南昌5月29日电(记者赖星)以电子商务为幌子,用发展下线获返利作诱饵,采取"拉人头、收取入门费"等方式,共发展会员近690万人,收取保证金近38亿元,攫取巨额非法利益。29日,江西省高级人民法院对江西精彩生活投资发展有限公司董事长唐庆南等6人非法组织、领导传销活动上诉案进行终审宣判,维持一审定罪判决。

法院经公开开庭审理查明,2008年12月18日,唐庆南任董事长的江西精彩生活投资发展有限公司(以下称精彩生活公司)创办太平洋直购官方网,童年、刘葆华等人为华东、华北、华南地区营运总监,招募程芳英、徐兴春、董思为公司高管,负责市场推广和公司经营管理。唐庆南等人设计出以虚拟货币ＰＶ为计量单位的会员消费积分返利等制度,以高额利润为诱饵,通过招商会、高峰论坛、互联网等多种途径进行宣传。在这一制度的诱惑下,参加人员纷纷以交纳保证金的方式获得加入资格,又为获得保证金的返还和更大比例的返利,再继续发展新的人员加入。截至2012年4月案发,精彩生活公司共发展渠道商12.15万名,其他会员676.76万名,实际收取保证金37.98亿元。唐庆南将收取的保证金部分挥霍,部分出借他人,刘葆华、童年获利3000余万元。

法院认为,唐庆南等6人以太平洋直购官方网为依托,以开展电子商务为名,要求参加者以购买商品或交纳保证金的方式获得加入资格,并按一定顺序组成层级,间接以发展人数作为返利依据,骗取巨额保证金,严重扰乱经济社会秩序,均已构成组织、领导传销活动罪,且情节严重。2013年8月30日,南昌中院作出一审判决,判处唐庆南有期徒刑10年,罚金4000万元,分别判处刘葆华、童年等5人有期徒刑8年至3年不等的刑罚,并处罚金,同时判处追缴各被告人违法所得及其孳息,予以没收。

一审宣判后,唐庆南等6人不服,均上诉至江西高院。江西高院经审理后认为,原判认定事实清楚,证据确实、充分,定罪准确,量刑适当,审判程序合法,遂维持南昌市中院的一审定罪判决。

第六部分
未来的中国直销

31家直销企业签订了《直销企业履行企业社会责任承诺书》

2012年5月23日至24日，国家工商总局直销监督管理局在上海召开全国直销企业工作座谈会。国家工商总局、商务部、公安部相关司局有关负责人、直销企业注册地省级工商机关代表、全国各直销企业代表参加了会议。在会上，国家工商总局直销监督管理局和商务部外资司有关负责人分别就加强直销监管工作、加强直销审批工作讲话。部分省市工商机关代表、直销企业代表进行了交流发言。

近年来，全国各级工商机关始终坚持"合法的给予保护，违法的坚决查处"的原则，围绕建立规范、健康、有序的直销市场的目标，认真开展直销监管工作，工作取得新进展。国家工商总局加强与商务部、公安部的协作配合，完善直销许可审批联合审查机制，严把直销市场准入关；加大对直销案件查处力度，指导、协调、督促各级工商机关依法查处直销违法违规行为；加大行政指导工作力度，指导广东、上海、天津、江苏、浙江、新疆等省区市工商机关推动直销企业签订自律公约，引导企业守法自律；加大打击传销工作力度，通过开展打击传销违法犯罪专项行动、查处大要案件等，为直销市场健康发展营造了良好的外部环境。

据了解，《直销管理条例》施行6年来，在工商、商务、公安等部门的监管下，直销企业社会责任意识进一步增强，直销市场稳步发展。截至目前，全国直销企业已达31家，直销企业在全国设立省级分支机构166家，其他分支机构290家，服务网点1万多个。

国家工商总局直销监督管理局负责人说，推动直销企业履行社会责任是工商机关今年直销监管工作的重点。当前直销企业违规招募、违规培训、违规计酬等问题仍然存在。加强直销企业履行社会责任建设，对维护消费者权益、提升直销行业形象、增强直销企业市场竞争力以及促进社会和谐稳定具有十分重要的意义。

直销监督管理局负责人强调，直销企业重视企业履行社会责任建设，也取得了一定成效。但是部分直销企业对社会责任的认识相对片面，有些直销企业将企业社会责任简单等同于企业捐赠或公益事业。直销企业要高度重视、全面理解企业社会责任内涵和外延，不断加强企业社会责任建设工作。要严格遵守法律法规，依法经营；加强对营销人员的管理，维护社会和谐稳定；加强对产品的全程管理，切实保证产品质量和安全；加强对消费者权益的保护，避免虚假夸大宣传；扎实开展公益活动，

媒体眼中的直销

积极开展非公企业党建活动。

针对下一步直销监管工作，直销监督管理局负责人强调，各级工商机关要完善直销监管制度，抓住重点环节，研究规范指导直销企业经营活动的制度和方法；加大对直销企业报备披露信息统计分析力度，加强动态监管；加大对直销企业、直销员、经销商等的监管力度，规范直销企业经营行为；加大案件查处力度，严厉查处直销企业违规行为、未经批准擅自从事直销的行为、以直销为名从事传销的行为；加大行政告诫力度，加强对直销企业的行政指导，强化宣传教育；加强监管队伍培训，提高调查研究和分析能力，坚持依法行政，维护直销市场健康有序发展。

作为会议的一项积极成果，31家直销企业签订了《直销企业履行企业社会责任承诺书》，就守法经营、诚信经营、公平竞争、保护消费者权益等向社会作出了郑重承诺。

中国直销行业抗震救灾总动员

2013年4月20日早晨8点2分，天府之国再遭浩劫——四川省雅安市芦山县（北纬30.3度，东经103.0度）发生7.0级地震，震源深度13千米。

《中国国家地理》杂志曾经做过一期专题叫《上帝为什么爱四川》，历数四川景致绝美天下，而2008年5.12地震和2013年4.20地震恰好就发生在进入绝美川西的两大门户——都汶线和成雅线。因此，很多人不得不问——上帝为什么恨四川？

无限风光在险峰。也许，四川正是以这一次次锥心彻骨的痛，才为全世界换来了这一份份动人心魄的美。君不见，四川多少高山海子，巍巍雪峰，均属历代地震遗迹。

也许，这就是全国乃至全世界人民都为四川地震之感同身受，倾情相助的潜在原因之一。当然，对于国人来说，吾国吾民、同宗同源，别样深刻的情谊自无需赘述，救死扶伤、送水解困、捐钱献血、自然责无旁贷。

而在这场席卷全国的抗震救灾大接力中，中国直销企业以其快速的反应，集中的参与，深度的救助而格外耀眼：富迪陈怀德和新时代黄永刚第一时间赶赴灾区，完美、天狮、如新、安利这些慈善"专业户"及时捐款捐物，中脉、隆力奇、三生

第六部分
未来的中国直销

这样的中兴企业积极跟进，葆婴、春芝堂、福能源、理科这样业绩并不显著的企业也都尽力而为，而权健老板束昱辉更是捐出了本次抗震救灾的最大一笔善款——现金 1 亿元人民币。另外，各大直销系统、团队也积极组织捐款捐物，绿之韵善德国际系统创办人张晓琴代表系统捐赠现金 50 万元，是本刊已知经销商队伍捐款最高的一笔。

据本刊记者截至 4 月 26 日的不完全统计，中国直销企业及准直销企业在 4.20 地震抗震救灾中的捐款捐物价值已超过 2 亿元（具体数字见左表），丝毫不逊色于传统商界的任何行业。需要说明的是，该表的统计并不全面，而且很多直销团队私下组织的捐款和个人的随机性捐款没有办法统计，同时有很多直销企业和直销人将捐赠的注意力放在灾后重建的问题上，因此这个数字相对于真实情况会显得非常保守。

可以作为对比的一个事实是，中国直销行业 2012 年总体业绩不到 1000 亿元人民币，甚至不如很多传统行业巨头一家的营业额。

直销企业为何会如此爱心泛滥？

首先，直销是一个人影响人的行业，而从善如流是人的一个基本道德行为准则，直销企业需要为直销人作出表率；其次，直销企业因为背负着传销时代的"原罪"，至今不被很多人所接受，各大企业在公益慈善事业方面积极投入，也是在为整个行业品牌争光添彩；最后，直销人在市场运作过程中需要实力、底气乃至谈资，即使从市场计，直销企业也需要在公益慈善事业方面作出自己的必要行动。

当然，如上所述，有时候我们的企业也难免被公益慈善所绑架。我们需要说明的是，爱心不是货物，不论数量也不论重量，只要是基于真情实意，符合企业文化诉求，如果还能在企业力所能及的范围之内，则最好不过。

谢谢所有支持、关心、关注雅安灾区的直销企业与直销人，谢谢所有愿意为中国直销行业增加正能量的直销企业和直销人。

阳光总在风雨后，地震灾区如此，中国直销亦如此。

合肥数百传销人员暴力抗法事件

据新华网报道，5 月 4 日中午，合肥市临滨苑小区发生数百名传销人员暴力抗法事件，致执法人员 3 人受伤较重，警方抓捕暴力抗法者 5 人。此前，4 月 27 日上午

媒体眼中的直销

9时许，合肥滨湖新区福州路临滨苑小区门口，陆陆续续聚集300多名涉传人员，将一条道路严严堵死。附近群众不得已报警，包河区政府协调打传办和公安部门等执法人员前去现场进行维持秩序。经过近3个小时的对峙，涉传人员自行解散，被堵死的道路才得以畅通。

新华网网络舆情分析师跟踪发现，早在2011年8月，合肥就发生过数百名传销人员围攻民警和保安的事。2012年，《新安晚报》先后刊发过《原传销人员：传销组织不要本地人 因容易暴露》《投资69800元可赚几十万 爸妈骗女儿来合肥搞传销》等报道。今年春节后，"合肥传销活动回潮"的消息也见诸报端网络。总体上看，合肥传销十分猖獗。

网民呼吁政府严厉打击传销行为及组织，以免让更多人受害。网民"手机用户"说，"早该打击了，太多的亲情和友情在合肥破灭"。网民建议，从立法上对传销活动认定的应该更加细化，明确定性，凸显法律威慑力。

网民"留言多佳美"说，现在国家对于直销和传销（的认定）非常模糊，这些所谓的传销只不过是一些没有生产产品的人，也没有注册合法手续就采用诈骗手段达到骗钱的目的，这不应叫传销，叫诈骗可能更贴近实际。

网民"自由战士123"则表示，对传销人员应定性为"犯罪"，严厉打击。网民"丛林独狼"说，对于人渣级别的人直接枪毙，不要含糊，看谁还敢犯！

中国最大网络传销案开庭审理近200万人涉案

据新华网报道，2013年6月18日，浙江亿家电子商务有限公司及旗下的"万家购物"网站涉嫌组织、领导传销活动案在浙江金华市婺城区法院开庭审理，应建成等15名涉案公司高管集体受审。

此案涉及金额高达240.45亿元，涉案人员近两百万人，遍布中国31个省（市、区）的2300多个县（市），是目前已知中国最大的网络传销案件。

据浙江在线报道，浙江亿家电子商务有限公司成立于2010年5月，"万家购物"网站也同时成立。

第六部分
未来的中国直销

成立之初,"万家购物"只是一家年营业额165万元的第三方导购网,网站业务基本局限在金华地区。然而到2012年5月底,"万家购物"已在全国2300多个县区设有代理点,实体联盟店遍布全国2300多个县市,共有9万多家加盟商,拥有分红权的高级会员70万多人。

2010年7月以来,亿家公司以"万家购物"返利网站和"百业联盟"加盟店网络为平台,打着"满500返500"等幌子,开展"消费=存钱=免费"等煽动性宣传,以"一元返利"、"消费=存钱=免费"等超高额返利诱使他人消费,要求参加者购买商品、发展会员、发展加盟商等,并按入会资格和条件,分为普通会员、VIP会员、金牌代理、金牌代理商、区域代理商、公司管理层等级,按其注册加入的时间顺序形成上下层级关系并实行"六代计酬"和"区域计酬"。

从2010年7月到2012年6月11日,亿家公司利用这种经营模式在全国发展会员总数190万多个;发展百业联盟商户10万余家。应建成等作为公司高层从中牟取暴利,仅应建成一人就获利374万元。

2012年6月11日,"万家购物"被查封,该购物平台运营应偿付会员债务为7.73亿元,最终将会形成对会员的待分配分红返利债物为240.45亿元。

据金华新闻网报道,2012年7月18日,应建成等20名"万家购物"主要负责人和骨干成员,因涉嫌组织、领导传销活动罪被检察机关依法批准逮捕。

2012年12月25日,金华市婺城区人民检察院就应建成等人涉嫌组织、领导传销活动犯罪案提起公诉。

据前述新华网报道,检察机关起诉意见认为:应建成等人以推销商品为名,要求参加者以缴纳费用或购买商品的方式获得参加资格,并按照一定顺序组成层级,以直接或间接发展人员数量作为计酬依据,骗取财物,严重扰乱市场经济秩序,应当以组织、领导传销活动罪追究其刑事责任。法院将择日对此案作出判决。

多地兴起新型网络传销骗局

近年来,随着我国打击传销力度不断加大,传销违法犯罪活动由公开转入地下,由传统传销转向网络传销,隐蔽性和欺骗性更强。一些传销组织打着"电子商务"、"网络营销"、"消费返利"、"网络代理"、"网络培训"等旗号,大肆开展违法传销活动。

而据新华网早前报道,自2011年7月起,国家工商行政管理总局、公安部、工

媒体眼中的直销

业和信息化部、国家互联网信息办公室、中国人民银行、中国银监会六部门在全国范围组织开展了打击网络传销违法犯罪专项行动。

据《法制日报》6月14日报道，自称中国残疾人福利基金会旗下机构，打着慈善幌子大肆进行虚假宣传，以发展会员返利方式进行网络传销的"集善家园"网络金融传销诈骗团伙，近日被江苏省徐州市公安局捣毁。"集善家园"2012年3月在北京注册成立，截止到2012年10月底，该传销组织会员已达两万多人。

另据人民网6月4日报道，近期，2013年6月3日晚，新疆和静县工商局根据群众举报对当事人丁某在某酒店宣传介绍湖南黑茶的行为进行了突击检查，发现现场有十余名人员正在听课，授课人丁某电脑中显示湖南黑茶轮流坐庄、人人获益、上拉下推、多劳多得、两个推荐，收入五千、一次投资，终生受益等内容。

据当事人丁某交代：湖南黑茶盈利模式分为"消费组"和"经营组"，消费组顾客投资4980元购买一份黑茶，就可成为公司客户，购买4份价值19920元的黑茶可转为"经销商"，同时在网上注册成为会员，会员有自己的ID号和密码以及会员办公室密码，成为会员后获得推荐他人入会的资格，招揽两名"经销商"便可升级为消费组组长，同时可获利5000元，消费组组长再次发展两名下线就可进入经营组。该行为构成了典型的金字塔式的传销行为。

据《钱江晚报》4月23日报道，2011年11月，温州炬森科技有限公司创建了"返利百分百"营销网站中国百业联盟，许下了花多少返多少的承诺。网站运营半年，就以高额回报吸纳了会员49997人，涉及金额超过37亿元。2012年6月，当会员们幻想着靠这个网站发财时，老板郭传志却卷起所有的钱跑了，至今不知下落。近日，这起网络传销案在温州龙湾法院首次公开开庭审理，管某等16位公司高层领导被起诉。

截至2012年6月1日案发，该公司共发展加盟商家4194家，会员人数达49997人，遍布浙江、福建、湖南等全国21个省市，累计经营额高达37多亿元，收取会员的佣金达5亿多元。

《北京晨报》早前报道，北京市工商局相关负责人提醒，不管传销组织如何伪装，只要同时具备以下两点，就可断定涉嫌传销：一是让你交纳一定数量的资金或购买一定数量的商品、产品，以获得加入资格（交入门费）；二是让你发展他人加入，形成上、下线的层级关系并以你直接、间接发展下线人数所交纳的资金或销售业绩为基础，给你计算提成报酬（拉人头、团队计酬）。

第六部分
未来的中国直销

安利首创国内大型 3D 培训游戏

9日，安利推出国内首创大型 3D 培训游戏"安利人生 90 天"。安利此次推出大型 3D 培训游戏，不仅是安利强大培训体系的一项重大创新，同时也对国内整个企业培训领域具有引领、示范意义。据了解，游戏化培训，被美国企业培训大会称为未来培训的三大趋势之一。

伴随网络游戏成长起来的 80、90 后，正逐渐成为安利营销人员的主体。"安利人生 90 天"，就是安利公司针对新加入的营销人员开发的网游培训平台。这款游戏集合了数百位安利优秀营销人员的智慧和经验，把他们最初从事安利事业时所经历的种种境况，如困难、挫折、收获、成长，浓缩为一个个有趣的游戏桥段。玩家在游戏世界中，会遇到各种典型顾客。通过在游戏中与这些顾客交往、相处，向他们推荐安利产品，提供个性化服务，这些安利新人可以迅速积累从业经验；在遇到困难时，玩家可以向"安博士"求教，还可以与同时在线的伙伴们沟通交流，这样就能以较快时间、较低成本，系统掌握安利产品知识和直销销售技巧，确立从业信心，并有助提升现实世界中的销售业绩。

安利（中国）将培训定位为自己的核心竞争力，每年在人员培训上的投入超过 1 亿元人民币。成立于 2004 年 5 月的安利（中国）培训中心，是安利在全球开设的第一个营销人员专属培训机构。截至 2012 年底，该中心共培训营销人员超过 990 万人次，内容涉及商道、营销、管理、产品等各个方面。2006 年 1 月 20 日，安利（中国）教育网正式开通。此番"安利人生 90 天"上线，为安利强大的培训体系又添虎翼。

广东倡导直销企业行业自律 完美等六直企签署自律公约

2009 年 6 月 3 日下午，总部设在广东的 6 家直销软件企业共同签署了《广东省直销软件行业自律公约》，标志着广东省直销软件企业在严格遵守国家法律法规的前提下，进入了行业自律的新时期。

媒体眼中的直销

会上，雅芳（中国）有限公司、安利（中国）日用品有限公司、广东康力医药有限公司、完美（中国）日用品有限公司、无限极（中国）有限公司、广东太阳神集团有限公司的签约代表签署了《广东省直销软件行业自律公约》。

该《公约》约定，公约成员内各企业要严格直销软件员的招募行为。杜绝招收《直销软件管理条例》中规定的七种人进入直销软件员队伍；直销软件企业及其分支机构不得授予其他单位和个人招募直销软件员。直销软件企业要保证直销软件员只在所属分支机构所在的省、自治区、直辖市区域内已设立服务网点的地区开展直销软件活动。

直销软件企业提供给拟招募直销软件员有关直销软件创业机会及相关权利义务的信息应详尽准确，不得对有意申请直销软件员者发表无法证实的言论或做出无法实现的承诺，不得以错误或欺骗的方式，展示有关销售机会的各种好处。直销软件企业不得向其直销软件员或直销软件员申请者收取入会费、培训费、许可加盟费、宣传推广资料的费用或其他以加入直销软件企业为条件的任何费用。直销软件企业、直销软件员必须保护消费者和直销软件员提供的所有私人信息（依法应当披露的除外）。直销软件员对消费者进行个人拜访或电话拜访时，须选择适当时机，征得对方同意，且以尊重得体的态度，以避免妨碍对方，当消费者要求停止时应立即中止商品示范或推销。

《公约》约定，严格直销软件员计酬制度。按月准时支付直销软件员报酬，不得有不合理的扣留；直销软件员的报酬只能按照直销软件员本人直接向消费者销售产品的收入计算；直销软件员的报酬总额（含奖金、佣金等各种形式的奖励以及其他经济利益等）不超过直销软件员本人直接向消费者销售产品收入的30%；严禁团队计酬。严格直销软件员的培训。严格执行《直销软件员业务培训管理办法》，不以任何方式宣扬直销软件员以往的收入、大多数参与者将获得成功等言论；不以召开研讨会、激励会、表彰会等形式变相对直销软件员进行培训；不从事违反国家宪法、法律法规和国家规定禁止的其它活动；不得在法律法规、规章禁止的场所举办培训。

同时坚决杜绝《禁止传销条例》中所列的各类传销行为，自觉接受政府有关职能部门对其直销软件经营活动的监督与管理，并主动配合政府有关职能部门的调查处理。《公约》同时约定，公约成员内各企业应约束其分支机构、服务网点、直销软件员的经营行为，保证其符合相关法律法规的规定及本公约的规定。直销软件企业对其分支机构、服务网点、直销软件员的经营行为承担连带法律责任（能够证明

第六部分
未来的中国直销

其行为与本公司无关的除外）。

据悉，该公约由总部设在广东的直销软件企业共同发起制定，一致推举广东省工商行政管理局为公约监督机构，对成员单位遵守本公约的情况进行督促检查；并由发起单位按获取直销软件经营许可的先后次序轮值，每年组织公约成员单位召开一次座谈会，通报各成员单位履行本公约情况，听取各成员单位的意愿和要求。

此外，昨天上午，广东、福建、江西、湖南、广西、海南、四川、贵州、云南九省（区）工商行政管理局打击传销规范直销软件工作合作会议在广州召开。各成员方约定，将共同立案，联合打击跨省大规模传销组织。

媒体眼中的直销

专家访谈：

直销业何去何从
——访原北京泛太直销研究院常务副院长张迎选

直销业立法，既是对入世有关承诺的必要回应，更是规范和发展中国直销市场的必然要求。年初，商务部外资司副司长邓湛在一次国际性经贸座谈会上透露，中国有望于年内制订直销业相关法律。中国直销市场已准备迈入法治门槛，迫切呼唤直销业尽快立法，时至今日，人们关注：直销立法究竟会为中国直销业带来什么？今天，记者请来了直销领域研究专家北京泛太直销研究院副院长张迎选先生，就这一热点问题来一番商道论剑。

记者：在中国加入WTO之前，我国禁止传销经营的做法引起了国际社会的关注，并成为中国加入世界贸易组织谈判的一项内容。随后，中国加入世界贸易组织，并在议定书中就有关三年后对"无固定地点的批发或零售服务"作出了取消"市场准入限制"和"国民待遇限制"的承诺。在您看来，直销立法仅是基于入世承诺的考虑，还是因为有其他的因素？

张迎选：直销立法对直销市场、直销经销商而言无疑是一个积极的信号。此次立法的核心是区分直销与各种形式的传销。我们知道，早在国家对直销、传销业相关规定出台之前，直销、传销的概念实际上已经等同了起来。金字塔式的传销大量流行，由于管理的混乱导致经济秩序受到干扰，并引发了严重的社会问题。直销立法的出台将使直销主体遵循游戏规则，并引导直销受众理性地对待直销市场。

第六部分
未来的中国直销

记者： 商场上有一种"无利不起早"的说法，从较早时候的传销到今天被称为的直销，是否只是一种概念上的转换？有人认为直销与传销是对市场和消费者利益的一种掠夺，您怎么看？

张迎选： 由于直销业具有相对较高的利润回报率，非法传销则有着更高的利润回报，往往会诱使商家违反游戏规则，立法将形成一道墙或是一个过滤器。在市场经济领域，我们得承认直销作为有别于其他经营方式的一种合法存在，存在的基础应是简化流通渠道、降低成本并满足顾客利益最大化需求。

记者： 直销概念实际上是被外资企业引入中国市场，到今天为止，您认为外资直销企业在中国市场做得成功吗？

张迎选： 外资直销企业如安利、雅芳、仙妮蕾德等在中国市场的发展一直毁誉参半，这些企业逐步摸索出了推销员加店铺的模式，其中以安利为代表。据说，安利去年在中国的销售额已超过100亿元人民币，如果这个数字不掺水分的话，可是个很可观的数字。这套模式是否适用，还要看企业的持续经营能力，而直销法将会形成一个新的标准。

记者： 直销业的发展会对传统商业经营带来影响吗？它是否会改变人们的消费心理和习惯？

张迎选： 直销业的发展将不会对传统的商业形成冲击。首先，直销业在整个国民经济中所占成分很小，就产品而言，直销的特点决定了直销产品以保健品、美容护肤类社会风险性较小的商品为主，非生活必需品也非产品周转期较长且需维护成本的耐用消费品；就市场需求而言，传统商业着重买方的需求，而直销更着重于卖方的需求；就价格结构而言，直销产品的价格具有较少的价格弹性，价格利益多在中途被瓜分而不会反应在直销受众身上。因此，直销商的经营除了应在合法的框架内，还应提供更高的消费安全及改变利益的分配方式。

记者： 直销立法对政府而言，管理功能所倚重的是什么？

张迎选： 有迹象表明，中国直销立法将注重已有的政策延续，管理方式上将更加贴近国际惯例和中国国情，尽管目前已进入中国市场的外资直销企业在管理多层次直销方面已经具备了一定的管理能力，政府还必须考虑到本土直销企业以及境外直销企业后续进入的管理能力。

我这里想强调的是直销开放有风险，其风险是直销企业主体违背游戏规则的风

媒体眼中的直销

险、直销受众非理性消费的风险以及政府管理的风险。开放程度越高,管理难度越大。在一个成熟和自由的市场里,管理市场的主题仍然是市场。

记者:直销市场的开放对企业而言,首先面临的问题是哪些?

张迎选:直销市场的开放,不但涉及直销企业的计酬方式的制定和市场开发力度,也涉及直销人员和消费者的利益,这是直销企业首先要考虑的问题。中国的市场很大,有一家外资直销企业全球销售额的1/5来自于中国市场,直销行业的特点将会吸引更多的进入者,包括国内原有的41家直销企业重新抬头,以及其他类型企业向直销业转型。

第七部分：
稳健发展这五年（2010~2014年）

  2010年至2015年是中国直销行业走向成熟的关键五年。五年里，老牌企业稳步向前，新兴企业则如同雨后春笋般地迅速成长，整个行业呈现出健康、良性的循环发展，行业形象也得到了较大改善。五年里，中国直销行业发生了很多，改变了很多，但直销在中国的上升势头并没有减退，反而是得到了越来越多消费者的认可，可以说，这五年对于中国直销而言十分重要。

  五年里，已经有好几个直销企业步入十周年，甚至是二十周年，他们已经成为这个行业的领导者，他们不仅见证了中国直销过去五年或者十年的发展，也将引领中国直销未来的发展走向。

  本章节将总结归纳中国直销2010年至2015年的重要事件，记录了在媒体眼中中国直销五年来的发展轨迹，希望能让读者在阅读后了解这五年，并引发更深刻的思考。

第三十四章　老企业的新气象

雅芳遭遇全直销转型阵痛新合同被指霸王条款

雅芳正在遭遇全直销转型之痛。

在雅芳前中国区总经理高寿康被停职，雅芳前拉丁美洲地区总经理奥多内兹接任后，雅芳中国也正式启动"推进直销计划"，即由此前的"直销员+专卖店"转向全直销模式。而在6月例行的与经销商续约过程中，雅芳新合同被指存在"霸王条款"，并有清洗专卖店嫌疑。

据经销商反映，新合同由《雅芳产品专卖经营合同》更名为《雅芳服务网点授权经营合同》，新合同规定，雅芳产品专卖店除了可能作为雅芳产品经销商外，还将受雅芳委托成为直销服务网点，为雅芳直销人员和雅芳消费者提供服务，获得雅芳支付的相关咨询费、服务费及其他费用。

除此之外，该新合同中还标明，"甲方可以修改或修订对雅芳服务网点经营范围的要求"、"如果乙方在甲方规定的时间内未达到甲方规定的销售指标，甲方有权提前终止乙方经营授权业务的资格"（甲方指雅芳，乙方指经销商）等条款，这被一些经销商认为是霸王条款，目的是缩减专卖店。

昨日，雅芳在给《第一财经日报》的回应中否认了这一说法，雅芳方面表示，目前，大部分专卖店已经续约完毕，而且从7月起，雅芳将支持发展一种更专注于直销服

● 媒体眼中的直销

务的专卖店经营模式,将通过提高专卖店提供直销服务的技能和技巧,扩大专卖店的盈利契机。但对于是否会缩减专卖店一事,雅芳没有回应。

雅芳内部人士还透露,续约后的雅芳经销商可以选择仅仅销售产品,也可以选择不提供直销方面的服务。不过,上述人士还透露,一些门面形象不合规或者销售其他公司产品的专卖店未予续约。

但东莞一位雅芳经销商向记者表示,雅芳的新合同将更多的资源向直销员倾斜,且要求经销商必须变更营业执照,经营范围增加咨询业务,而且以前雅芳分公司代开的发票现在要求经销商自己开,否则要罚款20%。此外,雅芳对专卖店的要求也更加严格,规定每个月必须完成一定的业绩目标,且查到专卖店销售其他公司的产品将会被罚款1万元,否则将封锁经销商的雅芳直销系统账号。上述经销商无奈地表示,尽管如此,他的专卖店还有一些收入,只好选择续约。

目前,雅芳在中国拥有6000余家专卖店,其中属于雅芳直接投资的仅有几百家,其他全部为雅芳授权专卖店。而雅芳在北京、天津、广东做全直销试点后,产品销售将跳过经销商,销售员可直接到公司拿货,因此,拥有相当数量存货的专卖店将受到直接冲击。昨日,记者致电雅芳中国企业事业部一位高层,该高层拒绝对"全直销后的6000多家专卖店出路问题"发表任何评论。

而雅芳声明还称,根据政府批文,雅芳的6000多家独立专卖店自2006年起就已同时具备雅芳直销服务网点的功能,为雅芳的直销员和消费者提供直销服务。

昨日,安利公司内部人士向记者表示,其所有店铺均为公司直营,店铺的最主要功能是进行直销员培训、提货、售后服务等,顾客也可以在其店铺直接购买产品,但其店铺主要目的是为直销员而不是顾客服务,而且其在全国的店铺并不多。上述安利内部人士透露,其总部所在地广州也仅有三家店铺。

"雅芳目前的动作只是为了转为全直销作准备,目前和经销商续约只是一个过渡和缓冲。"盛世传美首席营销顾问吴志刚接受记者采访时表示,尽管6000多家专卖店的资源非常好,但是雅芳还是选择了放弃,吴志刚预计,随着其直销业务的进展,2011年雅芳在转为全直销模式方面将会有更大和更明确的举动。吴志刚认为,对于雅芳来说,最优的选择应该是尽快扭转这种"中间状态",明确其在中国市场的销售战略。

直销专家何凯立则表示,对于在合同中规定授权经销商销量指标的做法,很多授权商都在做,雅芳并不是特例。另一方面,他也认为直销没有固定的模式,不管

第七部分
稳健发展这五年

是单条腿走路还是两条腿走路,只要把各方利益摆平就行,特别是经销商和直销人员的管理和酬劳分配问题。

雅芳昨日还表示,将对其计酬制度进行调整,均衡直销、直销服务和零售方面的折扣比例,使积极提供直销服务的专卖店能获得更好的业务拓展机会。但是,对于何时调整相关计酬制度,和怎样调整均衡直销、直销服务和零售方面的折扣比例,雅芳拒绝透露。

不过,北京通州区一位雅芳专卖店店长告诉记者,雅芳很多直销员很不固定,说不做就不做,完全转直销对雅芳目前不利,相反专卖店有一定的压力,不能像业务员那样随性想做就做,想不做就不做。她认为,雅芳暂时还不会放弃专卖店。

一位业内人士还向记者透露,其接触的部分雅芳店面二季度销售在一季度基础上进一步下滑,"这是因为很多经销商二季度处在观望状态,不卖雅芳的产品。"

(原载《第一财经日报》2010年7月14日)

优莎纳曲线返华 控股拿牌企业葆婴

8月16日,从美国优莎纳总部传来消息,优莎纳行政总裁大卫·华斯宣布优莎纳已经正式收购葆婴有限公司。对于优莎纳来说,这是具有重要历史意义的一天。

一石激起千层浪!这条轰炸式消息从太平洋西岸迅速席卷中国直销市场。当多少优莎纳经销商还沉醉在5月22日香港年会上宣布即将进军中国市场的喜悦中时,没想到不出3个月,优莎纳就有了实际的大动作。这对于大多数优莎纳经销商来说,来得似乎有点突然,让他们再次欣喜若狂。

这不得不再一次验证了优莎纳经销商说的,优莎纳是一个"先做后说"的低调公司。优莎纳用实际行动表明了进军中国直销的坚定决心。

收购葆婴,曲线拿牌

据优莎纳官方公告消息,优莎纳已成功收购中国拿牌直销企业葆婴海外母公司,包括其在中国16个省份21个城市的业务。优莎纳以大约6270万美元收购葆婴,包

媒体眼中的直销

括4500万美元的现金和40万股优莎纳的股份,其股票在8月16日以每股44.29美元收盘。

成立于1999年的葆婴,是一家为孕妇、婴幼儿及家庭提供高品质的营养保健产品、智力开发产品及专业资讯服务的美资独资公司。7月7日刚获得商务部颁发的直销牌照,成为第25家获牌直销企业,核准直销的产品目录14种。

为什么会选择葆婴作为"联姻"的对象?大卫·华斯表示:"对于此次收购和这个终将让优莎纳通过葆婴有限公司建立在华业务的机会,我们感到非常振奋。葆婴有限公司是我们的最佳选择,因为他们拥有与我们相同的理念,即追求高品质产品和纯朴生产实践。事实上,在葆婴有限公司的营养补充产品中,有15款被中国国家食品药品监督管理局认定合格,这是中国政府最高级别的产品监管批准。作为一家有着11年国内运作经验的公司和中国仅有的25家拥有直销许可证的公司之一,葆婴有限公司既给我们带来了有关中国直销市场的宝贵知识,又带来了让我通过葆婴有限公司拓展我们业务的能力。我们认为此次收购是我们进入这个庞大市场的最有效途径。"

此外,优莎纳首席财务官Jeff Yates指出,葆婴为优莎纳进入中国这个重要的直销市场提供了一个绝佳平台。葆婴2009年的年净销售额约为1500万美元,资产总额为1900万美元,这为未来增长提供了一个稳固的平台。在公司历史上,葆婴在以零售模式运作时未曾实现盈利,但是公司正处在向直销模式转型的过程当中。喜欢优莎纳的中国居民如今拥有一个通过葆婴来建立中国直销业务的重大的机遇。考虑到这个机遇,加上葆婴已建立的基础架构、经验丰富的管理团队和核心客户群,我们预计葆婴的销售额增长速度将比以往任何时候都要快得多。

葆婴在官网上也对双方的合作给予了充分的好评:"优莎纳是全球最受尊敬的直销企业之一,此次注资葆婴海外母公司并间接控股葆婴有限公司。未来优莎纳将直接或间接为葆婴带来几大利好:(1)作为一家优秀的上市公司,优莎纳将为葆婴在中国的业务发展提供持续有力的资金支持;(2)通过品牌许可的优莎纳产品将极大丰富葆婴的家庭健康产品线,提速葆婴的市场扩展;(3)优莎纳先进的直销经验将助力葆婴的直销事业腾飞。优莎纳此次成功注资,也意味着葆婴母公司吸引海外投资又向前迈出了关键的一步。"

而对于优莎纳来说,最重要的利好就是,让优莎纳绕过中国严厉的法律监管与复杂的直销审批拿到了稀有的直销牌照,从此优莎纳在中国获得合法的直销经营权,

第七部分
稳健发展这五年

经销商开展直销有了保障,优莎纳可以在中国大展拳脚,正式发力直销市场。对于公司和经销商来说,这确实是一个天大的好消息,是一个极大的信心和鼓舞。

记者收到来自市场的反映,优莎纳的经销商士气高涨,用他们的话说,就是"信心百倍、充满期待"。也有资深经销商理性指出,"不会盲目乐观,毕竟现在政府的监管力度加大了"。有经销商表示,会抓住这个时机拓展市场,但不会炒作。

挑战和机遇才刚开始

知情的人会理解,优莎纳曲线拿牌,与其说是一种无奈之举,不如说是一种智慧捷径和长远战略。看似突然,其实又是必然。这家至今有18年历史的美国直销公司,早在2004年就来华参加中国直销论坛暨直销市场准入座谈会。2005年,在天津投资设厂,获得GMP认证。2006年,就在上海设立办事处。早在2006年前就有意向在中国申请直销牌照长久经营,但由于中国推行单层次直销模式与5年内无不良经营记录的条件,以及复杂的直销申牌程序,优莎纳多次申牌不顺利,这让一直在海外发展多层次的优莎纳选择了低调等待和另辟蹊径。

优莎纳没有放弃,一方面踏实经营,大力发展香港市场,使香港地区成为仅次于美国的第二大市场;另一方面谋划机会进军中国内地市场。在今年5月的香港2010年亚太区年会上,优莎纳正式宣布进军中国市场,这极大地刺激了经销商的信心。而在业内对其持观望态度之际,优莎纳在短短百日内,以曲线拿牌给市场一份漂亮的答卷,开始实现在中国合法经营。拿牌效率之高,让业界惊羡。这也给经销商兑现了承诺,优莎纳是一家言出必行、低调务实的直销公司。

究竟收购葆婴后,优莎纳有何调整,如何开展市场?这是业内最关注的一个问题。优莎纳高层透露,优莎纳计划让葆婴公司将继续以一个独立的事业体在中国营运18至24个月,同时帮助优莎纳更熟悉中国市场,帮助葆婴公司藉着更多销售其产品的直销商而接触到更广大的客户群。优莎纳这次收购的长期目标,是要在整个中国建立和扩展优莎纳的品牌。为了推动这一目标,优莎纳正尝试将其部分产品取得许可,以加入并增强葆婴公司现有的产品线。业界人士预计,优莎纳会在8月下旬举行的美国年会上正式宣布收购后的一系列市场战略。

能买到中国直销这辆专车的门票,确实值得庆贺,但一切都刚开始,真正的挑战是在收购完成之后。优莎纳在实施收购战略之后,是否能够取得真正的成功,在很大程度上还取决于收购后的公司整合运营状况。收购后面临的挑战包括收购后公

媒体眼中的直销

司经营战略的整合、管理制度的整合、经营上的整合以及人事安排与调整等，主要的是人心的整合以及文化的融合。直销是一个依靠人脉维系的行业，人心是直销企业必须处理好的首要问题。收购后，葆婴的所有管理团队、经销商队伍将收入优莎纳旗下，如何稳定人心，保障原有利益不受损害，让他们有归宿感和认同感，形成一股更强的合力，这是一个当务之急。

此外，文化融合是最核心的问题。企业并购是不同企业组织的一次大调整、大变革，这必然会对人们固有的思维方式和价值观形成强大的冲击，不适应感也随之而生。能否把这中间的融合期缩到最短时间并自然过渡，共同接纳新的企业文化，这对企业收购后的其他整合工作都有密切的影响，如果处理不妥可能导致收购失败。2002年联想对汉普咨询的收购导致许多原汉普咨询高管和大批咨询师离职。还有惠普并购康柏的失败等等，原因都在于双方的企业文化严重冲突而又不能调和。

虽然面临挑战，但优莎纳不必急于大刀阔斧的改革，因为人心和文化的整合是需要时间的，操之过急只会适得其反。而加强无形的、渗透式的培训和教育，慢慢在企业内部形成一种新的共同一致的企业价值观，这也许才是优莎纳收购后的长远计划。

而与挑战并行的，是机遇。这一切对于优莎纳，都是全新的开局。在当今政府监管日益严厉的直销市场上，正当合法的拿牌直销企业会越来越占据主流，深受政府的支持和社会的尊重，正当拿牌直销企业将不断挤占无牌直销企业的市场空间。收购为优莎纳带来了新的机遇，借助葆婴在中国直销市场多年的积淀和经验，优莎纳的中国直销蓝图可以建构得更快更好。优莎纳曲线拿牌说明，直销行业已进入了整合、收购、兼并的大直销时代，也拓宽了直销企业在中国的经营思路，优莎纳发力中国直销市场创造辉煌让业界拭目以待。（原载《新华商》2010年08月）

郑李锦芬荣休

昨日（2010年8月31日），美国安利公司公布，公司董事会已批准美国安利公司执行副总裁郑李锦芬女士的退休申请。自2011年1月1日起，与安利携手走过34载的郑李锦芬女士，将正式卸任现职，同时应邀出任安利（中国）非执行董事长和

第七部分
稳健发展这五年

安利马来西亚公司非执行董事,继续为推动安利在中国及马来西亚的发展贡献智慧。

郑李锦芬女士于1977年初加入安利。34年来,凭借卓越的人格魅力、领导艺术和管理才干,郑李锦芬女士带领安利大中华及东南亚市场取得了蓬勃发展,为安利全球业务的稳健成长做出了杰出贡献。上世纪90年代初期,郑李锦芬女士积极推动美国安利公司来华投资,并带领安利(中国)在屡开直销行业先河、刷新诸多纪录的同时,实现了营业额从零到200亿人民币的跨越式发展。

安利公司创办人理查·狄维士先生表示:"郑李锦芬女士是一位非常出色的女性,安利(中国)今天的成就,离不开她的远见和坚持。"安利公司董事长史提夫·温安洛及总裁德·狄维士亦表示:"郑李锦芬女士的管理智慧与丰富经验是安利公司最为宝贵的财富,我们很高兴郑李锦芬女士接受我们的邀请,在荣休后出任安利(中国)非执行董事长和安利马来西亚公司非执行董事,继续为安利业务的长远发展贡献心力。我们由衷感谢郑李锦芬女士对安利全球业务的巨大贡献与无私付出,更诚意祝福她荣休后能得偿所愿,乐享家庭幸福及多彩人生。"

郑李锦芬女士坦言:"在安利工作的34年,是我人生中最闪亮、最精彩的阶段,我有幸任职于一家伟大的企业,受到安利优秀企业文化的熏陶,在安利的职业舞台上经受历练、收获成长。在这里,我度过了一段无比丰盛、美好的时光,也收获了值得珍藏一生的宝贵情谊。同时也感谢多年来社会各界朋友对我的帮助与厚爱。"

郑李锦芬女士退休后,安利大中华区的业务将由安利大中华区行政总裁颜志荣先生带领,颜志荣总裁将直接向美国安利公司董事长史提夫·温安洛先生及总裁德·狄维士先生汇报工作。颜志荣先生于1993年加入安利,17年间历任生产部总监、安利(中国)副总裁、安利大中华区副总裁、安利大中华区副总裁兼安利大中华及东南亚区首席市场执行官等职,在生产管理、品牌建设及企业创新方面拥有丰富的管理经验,2009年1月1日升任安利大中华区行政总裁。(原载《人民网》2010年9月1日)

国人声援"保钓" 宝健取消日本游

9月,由于日本无理由在钓鱼岛扣押我国渔船船长,导致中国反日情绪再度高涨。9月17日,就在"9.18纪念日"的头一天,宝健官方宣布,取消万人游日本活动。

媒体眼中的直销

宝健万人赴日旅游，本来是中日间最大规模的一次民间交流活动，得到了中日双方的高度重视。宝健宣布取消赴日旅游后，得到了中国大量主流媒体的关注，甚至连美国影响力颇大的《华尔街日报》也进行了报道。

取消赴日旅游，给宝健带来了巨大的资金损失，但同时也让宝健在中国的声誉得到了极大提高，而宝健的经销商也以支持为主，仅有少量反对意见。

取消赴日计划

9月17日，日本鹰派外相前原诚司就职后在首次记者会上表达了强硬立场，对于中国和日本在钓鱼岛一事上，作出了坚决不会让步的决定。

就在前原诚司发表言论的同一天，宝健公司在北京国际饭店国际会议中心召开记者见面会，宣布取消原定于10月进行的万人赴日旅游计划。此举得到了各方的高度关注，来自中国台湾和香港、日本和中国大陆的三十多家媒体、国旅会展公司领导和宝健公司的代理商代表参加了此次会议。在此之前，中国的旅行社16日已经向日本观光厅通报了此事。

发布会上，宝健集团副总裁吴学诚阐述了宝健公司的立场：宝健人秉承"掌握自主，分享关爱"的理念，本着关爱家庭、关爱社会、关爱国家的情怀；考虑到团员们的安全和情感，宝健集团决定取消万人赴日旅游团，感谢国旅和代理商能够理解与支持。

宝健公司新闻发言人常有杰对媒体表示，宝健公司董事会毅然决定取消万人团赴日旅游时，旅行团已经进入倒计时阶段。赴日游前期已投入了大量的人力、物力，并先行支付了数千万元的预付款。因此，取消旅游团将直接导致宝健公司损失3000万元，包括公司已经支付给旅行社的费用损失、团员签证、往返日本机票、酒店定金等。

马海星女士代表宝健代理商发表讲话称："我是宝健公司的代理商，15年来，跟随宝健公司参加了几十次的国内国外旅游，每一次都能体会到作为一个中国人、一个宝健人特有的尊贵。钓鱼岛事件的发生，让我们感到找不到尊严，找不到以往去旅游的快乐。我们所有人都知道，我们不能用尊严去换旅游的快乐。当我们得知，宝健公司损失了几千万，也要坚决取消日本游，我们又重新找到了这种尊严。"

北京国旅会展有限公司的陈建华先生也在会上表示，"我公司是这次宝健万人团的承办方，充分理解宝健公司赴日旅游团成员的情感和心情，尊重宝健公司取消万人赴日旅游的决定。宝健公司前期为赴日旅游投入了大量的人力、物力，宝健公

第七部分
稳健发展这五年

司承受了巨大的损失。多年来，国旅会展与宝健公司建立了长期的合作关系，作为一个可信赖的长期合作伙伴，我们会尽一切努力，积极协助，做好各项工作。我希望也相信这个举动会得到各界的理解。"

而早在4月13日，日本政府观光厅长官满烟宏、日本国家旅游局（JNTO）理事长间宫忠敏一行八人到访宝健亚太区营运总部，与宝健公司总裁李道进行了亲密会晤，并热情邀请宝健伙伴到日本观光旅游、研习拓展。阚宏曾说，如果宝健万人游日本成行，将成为日本旅游史上单一企业最大的旅游团。

各方声音

在宝健公司正式宣布取消赴日旅游的消息后，引发了大量的讨论，不仅是宝健的代理商，大量的社会人群也颇为关注宝健的壮举。

大量的社会人群都是通过电视或网络新闻得到的宝健公司取消赴日旅游的消息。他们大都赞扬宝健公司的爱国情结，并对日本在钓鱼岛一事上的态度表示了愤慨的心情。

不过也有人质疑宝健的此次行为，很大程度上是为了自己的宣传，甚至是一场绝妙的商业炒作行为。宝健公司通过在各种媒体上的曝光，扩大了在中国市场的影响力，从而使得其收到的隐含利益不可估量。

"王老吉在汶川大地震中的捐款为其带来的巨大利益，我们已经非常清楚地看到。不排除宝健这次取消赴日旅游的行为也会为其带来源源不断的顾客和盈利来源。"一位业内人士这样评价宝健的这一举措，"也许，宝健付出数千万的损失，比其花上数千万资金的广告投入，带来的效果要好得多。"

也有宝健的代理商在网上质疑宝健为何在截至报名日期的第二天才宣布取消赴日旅游的决定。这使得许多刚刚交了钱的人还得等到月末才能收到宝健公司的还款，让其很难接受这一现实。不过这些经销商也表示自己尊重宝健公司的决定，因为宝健公司的爱国之举确实让他们感到了公司的本质精神之所在。

当然，这次取消赴日的行为中，最大的利益损失者还是日本当局。日本在近年来都深陷亚洲金融危机的泥潭中不能自拔，制定了"观光立国"的振兴计划，特别是从今年7月1日起，中国放宽了赴日签证办理限制，让日本把中国游客赴日旅游当作其经济复苏的重要途径。"让中国话在这里响起"成为日本旅游观光上的着力点。

另据宝健公司新闻发言人称，此次取消的赴日万人旅游团，集团将改为明年春

媒体眼中的直销

季国内旅游及秋季到海外其他地区旅游。（原载《中国直销》2010年10月）

绿之韵首获中西部牌照

2010年湖南省已告别无直销牌照的历史，记者从省工商部门获悉，2010年9月9日，国家商务部正式发布绿之韵获牌消息，绿之韵喜获湖南省第一张直销牌照。根据商务部直销行业管理系统网站提供的信息，绿之韵经核准的直销区域为：长沙、张家界、岳阳、湘潭、衡阳、郴州、永州、邵阳、怀化、娄底、湘西、益阳、常德共十三个地市州，也是今年中西部直销第一牌。

记者同时了解到，自2006年发牌开始，数千家企业争夺激烈，除了2007年发放过17家外，2008年只发放了3家，2006、2009年度只发放了2家，今年则在7月发放过北京葆婴，绿之韵则是第二家。（原载《潇湘晨报》2010年09月25日）

邱锦云出任中脉全球总裁

2010年1月8日，中脉科技全球市场启动仪式在南京隆重举行，中脉集团董事局主席、中脉科技董事长王尤山、中脉海外集团副董事长、中脉科技首席咨询顾问周希俭、中脉科技中国区总裁张琦携中脉高级管理团队以及"三军"出席启动仪式。备受业界关注的邱锦云先生正式以中脉全球总裁的身份亮相，而他的老搭档裴格兰先生则出任中脉科技国际总裁，共同为中脉的国际市场布局出谋划策。

作为中脉的创始人，看到自己的企业走向国际市场，王尤山董事长脸上一直洋溢着笑容，他信心十足地说："中脉直销正式启动6个月时间，取得了不俗的业绩，并且已经迈向国际市场，这是全体中脉人努力拼搏的结果，我相信中脉一定能为推动全球直销的发展贡献力量。"

中脉海外集团副董事长、中脉科技首席咨询顾问周希俭同样难掩心中的激动，服务过不少直销企业，实现了一个又一个人生目标，但他心中仍有未了的夙愿，"亲手帮民族直销企业打入国际市场一直我的愿望,今天这个愿望终于实现了。"作为直销行业的"老江湖",周希俭总是以发展的眼光看问题,在他眼里一个成功的企业家就应该将全球装在心里,"21世纪是一个多元化发展的时代,对于企业来说,不能将国内市场和国外市场拆分看待,中脉要成为一家国际化、全球化、专业化的直销企业,就应该把全球市场作为目标,实现全球化、一体化。中脉今天开始就要进军国际市场了,因为有了邱总和裴总的支持,相信中脉离'挺起中华民族直销的脊梁'的目标不远了。"

海外市场的正式启动让每个中脉人欣喜若狂,中脉科技中国区是否会因为多了"兄弟的竞争"而倍感压力呢?中国区总裁张琦坦言没有压力只有"兴奋","海外市场的开拓不会成为中国区的压力,相反,它是动力,是强心剂。中国区和海外市场可以优势互补,相互支持,使中脉的优质产品不仅能为中国同胞服务,更能为全球消费者带去健康。"

笔者了解到,就在启动仪式当天,中脉香港分公司试运营也同时启动,而马来西亚、印尼、菲律宾、中国台湾、韩国、日本、美国等国家与地区的分公司也将陆续开业。而对于大家关注的中脉全球布局,邱锦云也一一解答,他将全球布局阐释为"一大,二中,六小","'一大'是指美国市场,'二中'是指日本和韩国,'六小'则是指中国香港、中国台湾、马来西亚、印尼、菲律宾,海外市场将以这些国家和地区为基点,逐渐辐射开来,实现全球化的目标。"从邱锦云的一席话中,他设计的"中脉全球布局图"已经初现眼前,评价任何一个市场开拓的成败,数据无疑是最有力的证明,邱锦云自信地宣布:"我已经制定出中脉海外的10年规划,前5年海外市场实现30~40亿人民币营业额,后5年将发挥倍增效益,实现营业额90~120亿人民币,10年内完成50个海外分公司的建立。"

如新超3亿元在沪打建首个海外总部

今天下午,如新集团(NU SKIN)大中华创新总部园区动土仪式在上海奉贤举行。据悉,此园区投资总额超过人民币3亿元,是如新在美国总部以外设立的首个区域总部,也是其发展史上最大的海外投资项目。截至目前,如新在大中华地区的投资已超过人民币30亿元,其中在大陆投资额逾13亿元。

媒体眼中的直销

如新在中国的扩张之路已经开启,这与其在中国市场的强劲表现密不可分。如新董事会副主席暨创办人伦兆勋对网易财经介绍称,大中华市场已保持18个季度持续增长,远超企业管理层的预期。公司今年第三季度财务数据显示,集团该季度总收入为4.284亿美元,其中,大中华区收入增长高达32%,而中国内地的增长更是接近70%,增幅遥遥领先于其他市场。

如新大中华区总裁范家辉亦透露,从年度比较来看,大中华区域业务在2010年实现同比增长25%,今年超30%也已成定势,2012年预计增幅可达50%。"伴随着大陆和台、港、澳地区人口老龄化加剧,如新在全球布局中更加看好该市场。"范家辉说,"该市场对于未来如新的全球业绩提升,将提供更加有力的支撑。"

最新预测数据显示,目前大陆约有1.5亿老年人口,至2015年将翻倍,届时,亚太地区抗衰老产业增长率将达到82%,抗衰老市场产值将高达1000亿美元,并会在下一个十年以8%~10%的复合年增长率增加。

正是基于这一战略思考,如新斥资在上海建设此大中华创新总部园区。据介绍,该园区位于上海工业综合开发区(奉贤区)环城北路与环城西路路口,是奉贤开发区的最佳地块和心脏地带,占地57亩,将建成抗衰老科研中心、生产基地与体验中心等在内的多功能建筑综合体,地块面积超过38000平方米,建筑面积33000平方米,预计2013年5月投入使用。

园区建成后,将有望推动大中华区成为驱动如新成长贡献最大的区域。范家辉说,创新总部园区建成后的第二年,大中华区业绩预计会达到2011年的3倍以上,可望占到集团总业绩的四分之一至三分之一。

资料显示,如新集团于1984年创立于美国犹他州普洛沃市,是全球性个人护理品和营养保健品行业的领导企业、抗衰老专家。集团在上月已上调第四季度每股盈余预期至0.68~0.72美元,早前预期则为每股盈余0.66~0.70美元;并预期2012财年营收18~18.3亿美元。(原载《网易财经》2011年12月14日)

隆力奇在人民大会堂举办盛典

2014年9月13日,在北京人民大会堂金色大厅,隆力奇隆重召开主题为"中国梦·

第七部分
稳健发展这五年

健康梦·梦圆百年"的2014健康盛典。卫生部原副部长孙隆椿,国家妇女儿童发展基金会副秘书长张建岷,湖北省妇幼保健院原党委书记、博士生导师李汉帆,隆力奇董事长徐之伟、隆力奇定制营销全球总裁赵建华、定制营销中国区总裁何健等公司领导和来自全国各地及海外的3000余名经销商相聚人民大会堂,共享健康盛宴。

演讲精彩纷呈 现场气氛热烈

会议伊始,隆力奇全球总裁赵建华、中国区总裁何健分别发表了热情洋溢的演讲。随后,卫生部原副部长孙隆椿发表了重要演讲,勉励所有隆力奇人能够实现自己的梦想,创造新的辉煌。

会议现场举行了隆重的捐赠仪式,隆力奇董事长徐之伟代表隆力奇爱心基金向隆力奇向中国妇女发展基金会捐赠价值100万元的物资,发展基金会副秘书长张建岷现场向徐之伟董事长颁发了证书,并高度评价了隆力奇在健康公益领域做出的贡献。

同时,隆力奇的高层领导还为健康推广大使们进行了颁奖,以表彰他们对健康事业做出的贡献。隆力奇全球健康推广大使宫骏隆和孙国理先生也在现场做了精彩分享,现场观众聚精会神,不时报以热烈掌声。

最后,徐之伟董事长发表了精彩演讲。他指出:"经营隆力奇事业,不仅自己的家庭享受美丽和健康,提升生活品质,通过分享给身边的朋友,你的消费致富计划也能实现。希望能够通过隆力奇的平台,让各位旅游到全世界,事业做到全世界。为全球的家庭提供健康、美丽的生活方式,不仅是隆力奇的使命,也是值得你去做的事业!"现场掌声雷动,气氛瞬间达到高潮。

关爱妇女老人 崇尚美丽健康

21世纪是一个崇尚健康、美丽的时代,人类对健康、美丽的追求而衍生的保健品行业、化妆品行业一直处于消费需求的前沿。隆力奇发展28年来,致力于为全球家庭提供健康美丽的生活方式,产品覆盖个人护理品、美容护肤品、营养保健品、科技健康用品、家居清洁用品、女性护理用品等六大系列、16个品牌,1000多个单品。

"倡孝修德,孝行天下"是隆力奇2014年倡导的主题。在老龄化日趋明显的今天,昨天为社会做出功勋业绩的人们,正面临身心健康危机,越来越多的老人需要关怀,关注老人身心健康是全社会共同的责任。隆力奇的保健食品、保健器材等大部分产品都为中老年健康而开发。自2013年隆力奇在全国开展"陪咱爸妈说说话,给咱爸

● **媒体眼中的直销**

妈洗洗脚"活动以来,目前已在全国 23 个省,举办了 25 场活动,1191 人参与此项公益活动。隆力奇董事长徐之伟表示,随着生活水平的提高,科学养身,艺术养心,是老年不错的生活选择。

"健康"和"美丽"是全世界女性关注的焦点。由于环境污染,社会竞争激烈,快节奏的生活以及女性自身特殊的生理结构等,都使女性健康问题快速升级。隆力奇作为一家致力于健康和美丽的企业,除关注女性美容、化妆等领域,对女性健康也一直在探索,如梦倩胶囊、保和堂生食系列、清欣磁动力卫生巾系列、臭氧油系列等。此次健康盛典,还特邀了中华预防医学会卫生防疫管理学会常委李汉帆就女性健康话题进行了深入剖析。

大力投资健康产业 全力支持公益事业

"取世界精华,为我研发创新所用,是我们实现科学技术创新突破,向高端产学研企业发展道路转变的必然选择。"隆力奇董事长徐之伟在大会致辞中说,"至今,我们在全球拥有八大研发机构,其中三家研究中心分别在美国、日本和法国,目的就在于借国外先进的人才、教育、资金等优势,为我们自己的创新研发所用。"国内外科研机构的成立,标志着隆力奇产品结构和科技含量进一步升级,为产品质量奠定了坚实的基础。

会上,隆力奇宣布,针对女性消费者,将投资 3 亿元建造医疗美容和健康体检中心;针对中老年健康保健养生,将投资 1 亿元建造健康养生休闲会所,投资 2 亿元建造"银发"健康俱乐部。

走进人民大会堂 隆力奇荣耀登顶

据悉,本次会议在北京人民大会堂平时不对外开放的高规格会议厅举办。整个大厅金碧辉煌,是举行盛大国宴和国庆招待会的地方。

人民大会堂是中国全国人民代表大会开会的地方,是全国人民代表大会和全国人大常委会的办公场所。是党、国家和各人民团体举行政治活动的重要场所,也是中国国家领导人和人民群众举行政治、外交、文化活动的场所。全国人民代表大会、中国人民政治协商会议以及五年一届的中国共产党全国代表大会也在此召开。

人民大会堂里任何一个细微举动都将被数十倍、数百倍放大。在人民大会堂举办会议活动,企业的声音在这里得到放大。承办此次会议的北京慧能广告公司负责

第七部分
稳健发展这五年

人杨经理告诉记者,"在人民大会堂开会,成为很多企业的梦想,在人民大会堂办活动,成为很多企业的骄傲。在人民大会堂办一场活动,胜过在五星级酒店办十场活动。因为,人民大会堂会场的权威性、影响力是任何五星级酒店所无法比拟的,更因为全世界只有一个人民大会堂,那是中国人民的最高殿堂。"

据杨经理透露,之前有多家直销企业想进入人民大会堂办活动,均被婉拒,"根本的原因是直销这个行业的敏感性与人民大会堂的严谨做派不在同一个尺度。"但隆力奇以其良好的品牌美誉度和公司形象,成为走进人民大会堂的首家直销企业,一举创造了历史。

罗麦科技十周年庆典在国家体育馆落幕

2015年1月24日,"放眼量·从头越"——罗麦科技十周年庆典活动在北京国家体育馆隆重召开,北京罗麦科技集团高管悉数出席,现场高朋满座,观众逾万,共襄罗麦十周年庆典盛会。

出席本次活动的领导有北京罗麦科技集团董事长汪静女士、北京易麦通电子商务有限公司总裁汪炜楠先生、北京罗麦科技有限公司总裁谷峰先生及集团众位高管,各子公司、分公司高管,罗麦市场高级经销商常委、委员以及各市场领导人。特邀嘉宾有原总装副部长中国载人航天常务副总指挥、中国航天基金会理事长张建启中将、中华国际医学交流基金会秘书长王云婷、原酒泉发射中心副主任、中国航天基金会秘书长张玉江、中华国际医学交流基金会副秘书长王建平、中国航天基金会联络部部长袁茂富、中国航天基金会事业发展部部长杨爱民,启明公益基金会公益形象大使涓子女士等。在观众席上,来自全国各地的万余名罗麦家人组成了五彩方阵。主持人则是由北京卫视王旭东,北京电视台主持人春妮,福建电视台主持人张梦骞,晶晶共同担任,还有多位演艺明星助阵罗麦十周年庆典,数十家权威媒体及行业媒体现场报道了本次盛况。

庆典以"放眼量,从头越"为主题,共由"人文罗麦、净土之声"、"飞扬的理想"、"科技罗麦、百年罗麦"三个篇章组成,分别对罗麦过去十年发展路,罗麦十年辉煌路,罗麦未来前进路做了阐述。

媒体眼中的直销

此次庆典规模空前，气势磅礴，得到了业内外的高度关注。为了满足大家的需求，罗麦科技通过技术手段，特别开辟了直播通道。通过专业现场直播车将庆典画面同步发送至网络，让没有到达现场的观众也能一睹为快。据统计，在庆典进行期间，通过网络直播观看盛况的观众高达上百万人次，创造了罗麦史上的又一项新纪录。

第一篇章：人文罗麦 净土之声

下午 14:00 点整，庆典活动在互动舞蹈《中国梦 罗麦梦 我的梦》中拉开了序幕，随后北京罗麦科技有限公司总裁谷峰先生发表了致辞，谷总讲到：即将启动的国家"十三五"规划正是十八大提出的"两个百年"目标中第一个百年目标的重要部分，我们将面临新的挑战和新的机遇，作为一家具有深厚的民族使命感和社会责任心的企业，罗麦集团当仁不让地要为中华民族的伟大复兴贡献一己之力。罗麦即将以"第三个五年计划"继续在国家第二个百年目标中发挥作用，实现富强、民主、文明、和谐的社会主义现代化强国。

掷地有声的讲话，总结了罗麦科技的十年发展历程，让到场的罗麦人感悟到了罗麦科技为国为民的伟大情怀，对此他们报以热烈的掌声与欢呼。

随后，著名表演艺术家杨立新老师、张凯丽老师用真挚而饱满的感情朗诵了配乐诗《心无界 业无疆——十年罗麦路》，回顾了罗麦科技在十年来的成长历程，以及在快速发展的道路上积极承担社会责任。

14:30 分，在启明公益基金会陶国林理事长的一声宣布下，"启明公益基金会"正式成立了。截止至 2014 年 12 月份，罗麦在祖国慈善公益事业上共为社会、学校、敬老院等需要帮扶的弱势群体、机构捐款捐物达 7000 余万元，惠及数十万人。

杨立新先生、张凯丽女士与启明公益形象大使涓子女士一起，为罗麦爱心公益大使颁发了奖项，表彰这些爱心大使们在罗麦的十年征程中，为公益慈善事业做出的贡献。

在全场热烈的掌声和欢呼声中，著名组合玖月奇迹隆重登场并激情演唱了多首脍炙人口的歌曲，将盛典带入了一个新高潮。

第二篇章：飞扬的理想

第二篇章中，罗麦的杰出经销商登上舞台，接受了表彰、嘉许。他们是在罗麦的事业平台上实现了自己的人生梦想，他们付出了辛勤努力，收获了丰硕果实；他

第七部分
稳健发展这五年

们带着成功的喜悦来到庆典现场。

舞台上精心准备的视频影像引出受嘉奖的罗麦经销商，他们分批登台，从颁奖嘉宾手中接过荣誉奖杯，并向在场的伙伴分享了自己的成功故事。做为罗麦人，他们一直秉承着罗麦"上善若水、举业德先"的企业宗旨，有着包容、坚守、大爱、付出的精神，因此才成为了众人的标杆和英雄。他们书写了业界一个又一个的传奇，是罗麦十周年庆典舞台上最耀眼的明星。

在这次颁奖典礼上，著名表演艺术家刘蓓女士、著名实力派唱将孙楠先生莅临现场，为这些罗麦的英雄们颁奖授勋，场内热情持续不断。随后，颁奖嘉宾孙楠先生为大家深情演唱了歌曲，表达了对罗麦人拼搏精神的赞美，全场的热情再次被瞬间点燃。

第三篇章：科技罗麦，百年罗麦

科技影响罗麦，罗麦大力投资科研开发，确立了科技罗麦的战略方向。在庆典现场，罗麦科技与中国航天基金会达成了合作伙伴关系，中国航天基金会理事长张建启中将和北京罗麦科技有限公司总裁谷峰先生在万人见证下上台交接合作铜牌，两名身穿宇航服的演员挥舞着国旗与罗麦旗帜从天而降，将罗麦科技新产品"黄金人生"交给了两位领导，这一具有历史意义的时刻正式被载入罗麦科技史册。双方的合作可谓是强强联手，将在未来创造无限共赢。

"黄金人生"产品的宗旨是为人类开启活力奥秘，为企业开启财富之门。它的启动意味着罗麦在高新科技领域又一项重大拓展，在为人类储备健康这一伟大使命的推动下，将更加优质、绿色、健康、富有生命活力的产品提供给广大消费者，强大罗麦健康产品家族，为经销商创造更大的事业平台。

张建启中将随后发表了讲话，他表示：感谢罗麦人对航天事业的支持，罗麦科技十年，是创新攀登的十年，是追求卓越的十年，是团结奋斗的十年，罗麦科技携手中国航天，是历史的渊源，因为我们有共同的理想，共同的理念，共同的文化，共同的精神。展望未来，我们祝愿罗麦科技在第二个十年，将迎来朝气蓬勃的十年；祝愿罗麦科技像早晨八九点钟的太阳，光芒照耀；祝愿罗麦科技腾飞。

合作仪式与新产品发布环节过后，北京罗麦科技集团董事长汪静女士在一片热烈而真挚的掌声中上台为大会致辞，在场的所有罗麦家人难掩内心的激动，向汪静董事长献上经久不息的掌声，场面进入新的高潮。

媒体眼中的直销

汪静董事长说:"十年来,我们在精神上和物质上取得了长足的进步和辉煌的成绩,但是我们有钱了也不能任性,大家要记住我们是有责任的人。首先,"为人类储蓄健康"的使命,"永远追求卓越"的理念在召唤着我们,需要我们努力去完成;其次,还有许多今天没有能够到达会场的朋友们,在等待着我们、要求我们、需要我们去帮助他们,和我们一样,走出贫困,走向小康,实现罗麦的全面小康;更重要的是,我们要在"上善若水,举业德先"的宗旨下,带领我们的罗麦人,打造直销界的一片净土,要让我们每一个人在社会上都成为有尊严的人,这是我们毕生的任务。历史代表过去,未来是我们的希望,百年罗麦是我们的蓝图,现在我们要做的事情是努力奋斗,为了实现我们的理想,为了我们的事业,我们要坚持,要执着,诚如习主席在今年贺词中说的那样,我们正在从事着一个伟大的事业,坚忍不拔才能胜利,半途而废将一事无成,我们的蓝图是宏伟的,但是要实现这个蓝图的奋斗过程是艰巨的。朋友们,让我们紧密的团结起来,为了百年罗麦的事业,为了我们现在启动的第三个五年计划,为了贯彻具有罗麦特色的两条腿走路的方针,让互联网和传统销售并驾齐驱,让市场和公益行为并驾齐驱,让我们全体罗麦人都能有幸福和健康。"

汪静董事长的话语重心长,发人深省,使在场的每一个罗麦人都备受鼓舞,雄心壮志,整个国家体育馆掌声持续,热情高涨。

随后,集团董事长汪静女士与易麦通总裁汪炜楠先生、罗麦科技总裁谷峰先生、罗麦科技高级经销商委员会副秘书长郑淇文女士、汪勇先生共同敲响五面大鼓。咚咚的鼓声响起,代表着北京罗麦科技集团三五计划的正式启动,宣告着以"飞跃"为目标的罗麦新五年战斗号角已经吹响。过去的荣誉、掌声已成为罗麦科技道路的奠基石。前两个五年,是积累,是成长。如今,更具艰险和挑战的第三个五年正向罗麦走来,一段新的篇章已经展开。站在新的起点,罗麦人将以更大的热情,来迎接新的挑战。

庆典的最后环节,全场起立,高声合唱《歌唱祖国》,大家以这样的方式向祖国献上罗麦人的赤子之心,整场庆典在对祖国的赞美中完美地落下了帷幕。

第三十五章 新形势下的直销新现象

雅芳决定撤换现任 CEO 钟彬娴

昨天,雅芳公司宣布,将分离董事长与首席执行官的职权,并将物色人选,以接替现任首席执行官钟彬娴(AndreaJung)的职位。钟彬娴将继续担任公司董事会主席。记者昨天从雅芳中国公司证实这一消息。

雅芳公司董事会将协同钟彬娴从外部物色一位 CEO 人选。据了解,钟彬娴是美国雅芳公司百年历史上的第一位华裔女性 CEO,打破由男性执掌大权的神话。1999 年,雅芳陷入低谷,钟彬娴临危受命,扭转困局。

然而当前,雅芳却面临着不少烦恼。今年 10 月份,雅芳承认,因涉嫌海外行贿,该公司正在接受美国监管机构的正式调查。另外,由于美国、巴西两大市场的销售疲软,该公司的第三季度业绩下滑 1.5%,不如分析师的预期。

据了解,2008 年被曝出行贿丑闻的雅芳自开展自查行动后,雅芳中国的经营状况持续恶化。2009 年,雅芳中国直销业绩只有 25 亿元人民币;2010 年雅芳在华亏损 1080 万美元;今年一季度,雅芳中国营收降幅达 32%,二季度继续下挫,同比下降 28%。

"钟彬娴离职,我认为行贿问题不是主因,更主要的还是业绩问题。"直销专家胡远江昨天接受记者采访时指出,同为美资的直销企业如安利、玫琳凯等业绩在中国都是大幅上涨，但雅芳在全球化妆品增长最大的市场中国却败走麦城。

外商投资企业座谈会

12月12日，国家工商总局副局长刘玉亭主持召开外商投资企业代表座谈会，直接听取外商投资企业代表对工商行政管理工作的意见和建议。刘玉亭强调，工商行政管理部门将认真落实党中央、国务院更加积极主动的开放战略要求，依法行政，积极服务，努力为外商投资营造更加公开、公平、透明的市场环境。

来自美中贸易全国委员会、中国欧盟商会、中国美国商会等3家商会以及施奈德电气、福特汽车、美孚、东芝、宝洁等19家外商投资企业的近40名代表参加了座谈会。与会代表认为，在过去的一年里，工商总局出台一系列政策措施，积极支持服务外商投资企业发展，特别在强化依法行政、维护外商投资企业权益、缩短商标审查周期、完善反垄断法规规章、加强网络交易监管等方面取得了明显成效，外商投资企业从中得到了实惠。工商行政管理部门为外商投资企业营造的良好发展环境，是中国对外开放政策的具体体现，令人赞赏。会上，代表们还就涉及工商行政管理的一些具体问题提出了意见和建议。

刘玉亭感谢外商投资企业代表对工商行政管理工作的认可、肯定和鼓励，感谢代表们提出很多好的意见、建议。对于这些意见和建议，刘玉亭表示，工商总局将进行认真梳理和研究，对于需要总局及各地工商机关改进的，总局与地方有关工商机关将共同努力改进；涉及工商行政管理部门职责范围以外的，工商总局将把这些意见、建议转给相关部门。对于共性的问题，工商总局将加大相关工作指导力度，对于个性的问题，将个别研究解决。对于新出现的问题，工商总局将与其他部门共同研究，采取措施逐步解决。

刘玉亭指出，中国刚刚举办加入世界贸易组织10周年大型纪念活动，胡锦涛主席出席并发表重要讲话，系统总结了中国入世10年来取得的巨大成就，阐述了新形势下对外开放的基本方针和重大举措，表明了中国扩大对外开放的坚定决心。落实好这些基本方针和重大举措，营造良好的外商投资环境，工商行政管理部门肩负着重要责任，也需要外商投资企业的共同努力。他希望外商投资企业进一步加强与工

第七部分
稳健发展这五年

商行政管理部门的合作,及时反映市场秩序方面存在的问题,积极就工商行政管理工作提出意见和建议。工商行政管理部门在监管执法中将进一步加强对有关法规执行的解释工作,也希望外商投资企业加强对中国法律法规的学习和理解,自觉依法开展经营活动。刘玉亭表示,中国正在加快转变经济发展方式,推进经济结构的调整。工商行政管理部门将坚定不移地贯彻中央以开放促改革、促发展,进一步扩大对外开放,完善全方位对外开放格局的战略方针,充分发挥职能作用,为外商投资营造更加公开、公平、透明的环境,同时也希望外商投资企业适应中国经济社会发展的新要求,不断提高在中国投资的质量和水平。

在座谈会上,刘玉亭还就外商投资企业代表在去年座谈会上提出的意见和建议的落实情况进行了通报。总局法规司、竞争执法局、直销监管局、消保局、市场司、食品司、外资局、广告司、国际司、商标局等单位负责人参加了座谈会。(原载《工商总局网站》 2011年12月16日)

广药计划用直销来拓展营销渠道

广药计划用直销来拓展营销渠道。广州药业昨日公告称,拟申请直销资质来进一步完善销售渠道,使公司旗下包括保健食品和药妆在内的大健康产品更快覆盖市场。公司A股股价受此刺激,昨日上涨2.53%,收报23.87元。

中投顾问医药行业研究员刘伟对《每日经济新闻》记者表示:"事实上,药企试水直销模式失败的例子不在少数,广药采取直销模式是一次大胆的尝试,其意在为王老吉凉茶营销渠道铺就一片'蓝海'。"

申请直销大健康产品

昨日,广药公告称申请直销资质。公告显示,广药拟申请的直销资质是为了销售公司及下属企业的大健康产品,包括保健食品、药妆。

据悉,目前广药集团的发展战略为振兴"大南药"、发展"大健康"。其旗下的王老吉药业、白云山和黄中药、潘高寿药业、陈李济、敬修堂等众多企业均有开发和生产多种保健饮品、食品和药妆日用品等,具体产品上除了王老吉凉茶之外,

媒体眼中的直销

还有白云山凉茶、潘高寿凉茶、潘高寿润喉糖、星群夏桑菊冲剂等产品。将向包括保健品、食品、药酒、药妆等在内的多个领域发展,并力争到 2015 年实现"大健康"产业规模达到 500 亿元。

此前,广药的保健品较多通过药店、商店的传统渠道来推广。另外潘高寿与五粮液最大的经销商银基集团合作,将通过银基的 1.4 万个终端网点来销售潘高寿旗下产品。而王老吉凉茶的销售渠道除了商超和餐饮之外,还开发了中石油、中石化加油便利店等特殊渠道。不过由于加多宝凉茶有数十年的市场基础,王老吉目前还是被市场诟病为"铺货慢",在渠道战上尚不敌加多宝。

"不是现在的渠道做得不好,我们也会一直推进传统渠道。发展直销是为了长远发展,牌照申请下来将能多一点商业机会。"广州药业董秘庞建辉对《每日经济新闻》记者说,但是对于广药的直销将采取何种模式、主推什么产品、在什么区域内推广等问题,庞建辉表示目前还不确定,直销资质申请事项目前还处于初级阶段。

为王老吉渠道铺路

中投顾问医药行业研究员刘伟认为,广药采取直销是为了推广王老吉凉茶。"广药采取直销模式是一次大胆的尝试,其意在为王老吉凉茶营销渠道铺就一片'蓝海'。"

但是刘伟同样表示,直销对于广药来说是个全新领域,企业在拥有合规的产品、创新的制度、对企业高度认同的直销专业团队,才有可能获得成功。对于广药来说,制度创新和直销专业团队的组建都存在一定难度。

"事实上,药企试水直销模式失败的例子不在少数。"刘伟说。

记者查询商务部网站上直销资质获批的企业发现,31 家获批的直销企业中只有 4 家是医药企业,分别是金士力佳友(天津)有限公司、广东康力医药有限公司、哈药集团股份有限公司以及厦门金日制药有限公司。而康美药业在去年 9 月份也公告表示将试水直销业务。

但是目前哈药集团的直销业务已经因为涉嫌传销、与公司利益冲突等原因而搁浅。在化妆品直销上第一个获得牌照的雅芳有限公司的直销业务也陷入困境,大规模关闭直销分公司。

"在直销中主推饮料在市场上应该没有。"国信证券分析师杜佐远对记者说,申请直销难说利好或利空,只能是中性的,首先直销牌照能否申请成功存在比较大的不确定性,通常需要较长时间,短期之内起不到效果。并且广药目前的保健品和

第七部分
稳健发展这五年

药妆的产品份额比较小,主要是王老吉凉茶,但是目前直销企业的推广产品主要是化妆品和其他保健品,并没有推广饮料产品的先例,风险也比较大。(原载《每日经济新闻》2013年1月18日)

国务院将组建国家食品药品监督管理总局

根据10日披露的国务院机构改革和职能转变方案,国务院将组建国家食品药品监督管理总局。

当前,人民群众对食品安全问题高度关注,对药品的安全性和有效性也提出更高要求。现行食品安全监督管理体制,既有重复监管,又有监管"盲点",不利于责任落实。药品监督管理能力也需要加强。为进一步提高食品药品监督管理水平,有必要推进有关机构和职责整合,对食品药品实行统一监督管理。

方案提出,将食品安全办的职责、食品药品监管局的职责、质检总局的生产环节食品安全监督管理职责、工商总局的流通环节食品安全监督管理职责整合,组建国家食品药品监督管理总局。主要职责是,对生产、流通、消费环节的食品安全和药品的安全性、有效性实施统一监督管理等。将工商行政管理、质量技术监督部门相应的食品安全监督管理队伍和检验检测机构划转食品药品监督管理部门。保留国务院食品安全委员会,具体工作由食品药品监管总局承担。食品药品监管总局加挂国务院食品安全委员会办公室牌子。同时,不再保留食品药品监管局和单设的食品安全办。

为做好食品安全监督管理衔接,明确责任,方案提出,新组建的国家卫生和计划生育委员会负责食品安全风险评估和食品安全标准制定。农业部负责农产品质量安全监督管理。将商务部的生猪定点屠宰监督管理职责划入农业部。

方案的说明指出,改革后,食品药品监督管理部门要转变管理理念,创新管理方式,充分发挥市场机制、行业自律和社会监督作用,建立让生产经营者真正成为食品药品安全第一责任人的有效机制,充实加强基层监管力量,切实落实监管责任,不断提高食品药品安全质量水平。(原载《新华网》2013年3月10日)

媒体眼中的直销

商务部外资司发起直销协会筹备会

2014年2月27日，由商务部牵头、13家直销企业参与的直销行业协会筹备会在北京举行。商务部市场司、外资司、条法司等相关人员共同探讨了直销行业协会成立的具体事项，筹备会旨在统一观点，统一思想，为直销行业协会的成立奠定良好的开端。据悉，自有直销行业协会构想以来，已经历时三年时间，此次直销行业协会筹备会的召开，是推进行业协会成立的一个重要过程。

按照国际惯例，任何一个行业发展到一定阶段，在具备完整的法律法规、有一定数量企业参与的前提下，都会建立行业协会。直销行业协会的筹备和建立，是政府在政策和法律监管直销的一个补充，将有利于建立行业自律机制，完善企业的自我管理和自我约束，促进行业更加有序地发展。

直销行业协会成立后，将开展如下工作：第一，对行业的发展进行探讨和调研，为政府了解行业提供第一手资料；第二，研究和探讨政策法律法规，对其完善及修正；第三，成为政府和直销企业之间沟通的桥梁；第四，对行业的健康文化有一些研究和推动；第五，企业之间进行良性竞争秩序的调整；第六，社会公众宣传、公众形象的建立和整体品牌的打造。

直销行业发展二十余年，行业人员对行业协会的成立有共识，但是一直没有纳入到实际的进程中，此次筹备会的召开将此项工作纳入进程，是行业发展的重要事件。同时，对行业自律和管理部门的有序对话、强化企业共同管理、协助政府管理具有重要价值，对行业是利好的事情。

行业专家表示：行业协会的成立，许多实际工作需要企业的支持和各方的努力。在中国进一步简政放权，深度改革的前提下，协会的成立将建立直销行业的新秩序，推动政府主导、企业自我管理和自我发展的新格局。

新消法实施20年首次全面修改 为消费者保驾护航

全新的《消费者权益保护法》将于明日3·15消费者权益保护日起正式实施。

第七部分
稳健发展这五年

这是 20 年来，消法第一次进行全面修改。新旧消法有哪些区别？家居消费者又能从中获得哪些新的保护呢？请看京华家居为您献上的全面解读。总体来说，新消法进一步规范了经营者的行为，将消费者的利益进行了细化，并对流行的网购等问题进行了关注。

新闻背景

消法实施 20 年首次全面修改

1993 年 10 月 31 日八届全国人大常委会第四次会议通过了《中华人民共和国消费者权益保护法》，以专门法的形式规定了消费者的权利、经营者义务，以及政府和社会方方面面的保护消费者权益的责任。各省、自治区、直辖市也根据消费者权益保护法相继制定了地方性的法规。从此，中国消费者走上了依法维权的道路。

2009 年，《消法》进行了第一次修正，但只更改了其中一个字，就是根据法律进程将涉及到治安管理处罚条例的，改为治安管理处罚法。

2013 年，正值《消法》正式实施 20 年之际，10 月 25 日，十二届全国人大常委会第五次会议表决通过关于修改消费者权益保护法的决定。国家主席习近平签署第 7 号主席令予以公布，将于 3 月 15 日起施行。这是一次全面的修改，新消法对消费者的权利、经营者的义务以及政府各个相关部门的责任，特别是社会组织的相关责任，都作了进一步的规定。

法规解读：七大亮点与消费者息息相关

据悉，全国人大常委会关于修改消费者权益保护法的决定修正案涉及 31 项，相关专家为我们总结出其中与消费者息息相关的七大亮点。

1. 首次明确召回义务

◎新消法

第三章第十九条明确规定：经营者发现其提供的商品或者服务存在缺陷，有危及人身、财产安全危险的，应当立即向有关行政部门报告和告知消费者，并采取停止销售、警示、召回、无害化处理、销毁、停止生产或者服务等措施。采取召回措施的，经营者应当承担消费者因商品被召回支出的必要费用。

媒体眼中的直销

◎旧消法第三章第十八条规定：经营者发现其提供的商品或者服务存在严重缺陷，即使正确使用商品或者接受服务仍然可能对人身、财产安全造成危害的，应当立即向有关行政部门报告和告知消费者，并采取防止危害发生的措施。

◎解读：在此之前，我国只对于汽车、食品、儿童玩具等出台了相关的召回管理规定，仅限于行政法规。但新消法是首次在国家法律层面明确了经营者召回产品的义务。召回制度，可以说在更大程度上保障了消费者权益。我们经常会在质监部门抽查报告或新闻中得知某些家居产品存在缺陷，如可能爆炸的马桶等。希望新消法实施后，企业对此类有使用风险的产品进行相应处理。

2. 七日内可退货

◎新消法

第二十四条规定：经营者提供的商品或者服务不符合质量要求的，消费者可以依照国家规定、当事人约定退货，或者要求经营者履行更换、修理等义务。没有国家规定和当事人约定的，消费者可以自收到商品之日起七日内退货；七日后符合法定解除合同条件的，消费者可以及时退货，不符合法定解除合同条件的，可以要求经营者履行更换、修理等义务。

第二十五条规定：经营者采用网络、电视、电话、邮购等方式销售商品，消费者有权自收到商品之日起七日内退货，且无需说明理由。

◎旧消法第二十三条规定：经营者提供商品或者服务，按照国家规定或者与消费者的约定，承担包修、包换、包退或者其他责任的，应当按照国家规定或者约定履行，不得故意拖延或者无理拒绝。

◎解读：新消法对三包责任进行了全面强化。据悉，原来"三包"规定是由工商、质检部门联合下发的，总共有七个。而且对于不用商品的"三包"规定都存在着一定的差异。现在统一规定了没有国家规定和当事人约定的，消费者可以自收到商品之日起七日内退货。这样一来，家居购物中一部分产品退货难的问题，有望得到解决。

另外，新消法第二十五条出现了非现场购物方式购买的商品，七日内无理由退货的规定。这项制度据悉在修改过程中就受到了广泛关注。但是随着社会的发展，网络、电视、电话等购物方式愈发流行，尤其是网购，销售额巨大。由于网购中消费者的权益质量和宣传有差异或样本和图片差异比较大的，造成的消费纠纷越来越多。七日内无理由退货，将成为保障消费者权益的重要制度。

第七部分
稳健发展这五年

家居产品网购已经越来越时髦,但大宗家居商品如家具等能否享受7天无理由退货业内还有争议。因为一部分产品涉及到量尺定做,而家具经过安装后可能会影响二次销售。不过,业内对此有不同看法,有的企业认为自己的品牌可以做到,有的则为高昂的物流损失担心。

另外,消法规定退回商品的运费由消费者承担。有人士分析,家具产品包装复杂、运费高昂,可能也会成为消费者行使退货权利的拦路虎。

3. 遇纠纷商家举证

◎新消法

第二十三条规定:经营者提供的机动车、计算机、电视机、电冰箱、空调器、洗衣机等耐用商品或者装饰装修等服务,消费者自接受商品或者服务之日起六个月内发现瑕疵,发生争议的,由经营者承担有关瑕疵的举证责任。

解读:这是消法中新增加的内容,明确了经营者的举证责任。在家居消费纠纷中,我们一般采取的是谁主张谁举证的原则。也就是说消费者要确定遭遇是否涉及侵权、产品是否存在质量问题,都要靠自己来举证。这无形中增加了消费者的维权难度及成本。在此前对消费维权事件的采访中,就有律师呼吁国家采取举证责任倒置的原则,由商家来举证,减轻消费者的维权负担。

而消费者这一心愿已经在新消法中实现。不过消费者要注意,该条款仅限于机动车、计算机、电视机、电冰箱、空调器、洗衣机等这些耐用商品或者装饰装修服务,并且有"六个月内出现瑕疵争议"这一时间限制。

4. 杜绝霸王条款

◎新消法

第二十六条规定:经营者在经营活动中使用格式条款的,应当以显著方式提请消费者注意商品或者服务的数量和质量、价款或者费用、履行期限和方式、安全注意事项和风险警示、售后服务、民事责任等与消费者有重大利害关系的内容,并按照消费者的要求予以说明。

经营者不得以格式条款、通知、声明、店堂告示等方式,作出排除或者限制消费者权利、减轻或者免除经营者责任、加重消费者责任等对消费者不公平、不合理的规定,不得利用格式条款并借助技术手段强制交易。

◎旧消法:第二十四条规定:经营者不得以格式合同、通知、声明、店堂告示

媒体眼中的直销

等方式作出对消费者不公平、不合理的规定，或者减轻、免除其损害消费者合法权益应当承担的民事责任。

解读：格式合同是消费侵权案件中经常遇到的问题，经营者利用定制的合同，使消费者没有选择，这也就是通常所说的"霸王条款"。新消法对格式合同也进行了专门的规定，比如在经营场所涉及消费者权利的，在显著位置要标示清楚，进一步维护消费者利益。最近北京市工商局已经公布了家装合同中的6条霸王条款。消费者遇到类似霸王条款后，可以拒签，向相关部门举报，也是进一步规范市场的好办法。

全新的《消费者权益保护法》将于明日——3·15消费者权益保护日起正式实施。这是20年来，消法第一次进行全面修改。新旧消法有哪些区别？家居消费者又能从中获得哪些新的保护呢？请看京华家居为您献上的全面解读。总体来说，新消法进一步规范了经营者的行为，将消费者的利益进行了细化，并对流行的网购等问题进行了关注。

新闻背景：消法实施20年首次全面修改

1993年10月31日八届全国人大常委会第四次会议通过了《中华人民共和国消费者权益保护法》，以专门法的形式规定了消费者的权利、经营者义务，以及政府和社会方方面面的保护消费者权益的责任。各省、自治区、直辖市也根据消费者权益保护法相继制定了地方性的法规。从此，中国消费者走上了依法维权的道路。

2009年，《消法》进行了第一次修正，但只更改了其中一个字，就是根据法律进程将涉及到治安管理处罚条例的，改为治安管理处罚法。

2013年，正值《消法》正式实施20年之际，10月25日，十二届全国人大常委会第五次会议表决通过关于修改消费者权益保护法的决定。国家主席习近平签署第7号主席令予以公布，将于3月15日起施行。这是一次全面的修改，新消法对消费者的权利、经营者的义务以及政府各个相关部门的责任，特别是社会组织的相关责任，都作了进一步的规定。

5. 处罚力度大增

◎新消法

第五十五条规定：经营者提供商品或者服务有欺诈行为的，应当按照消费者的要求增加赔偿其受到的损失，增加赔偿的金额为消费者购买商品的价款或者接受服

第七部分
稳健发展这五年

务的费用的三倍；增加赔偿的金额不足五百元的，为五百元。法律另有规定的，依照其规定。

第五十六条规定：经营者有下列情形之一，除承担相应的民事责任外，其他有关法律、法规对处罚机关和处罚方式有规定的，依照法律、法规的规定执行；法律、法规未作规定的，由工商行政管理部门或者其他有关行政部门责令改正，可以根据情节单处或者并处警告、没收违法所得、处以违法所得一倍以上十倍以下的罚款，没有违法所得的，处以五十万元以下的罚款；情节严重的，责令停业整顿、吊销营业执照……

◎旧消法

第四十九条规定：经营者提供商品或者服务有欺诈行为的，应当按照消费者的要求增加赔偿其受到的损失，增加赔偿的金额为消费者购买商品的价款或者接受服务的费用的一倍。

第五十条规定：经营者有下列情形之一，《中华人民共和国产品质量法》和其他有关法律、法规对处罚机关和处罚方式有规定的，依照法律、法规的规定执行；法律、法规未作规定的，由工商行政管理部门责令改正，可以根据情节单处或者并处警告、没收违法所得、处以违法所得一倍以上五倍以下的罚款，没有违法所得的，处以一万元以下的罚款；情节严重的，责令停业整顿、吊销营业执照……

◎解读：从新旧两部消法条文的对比中我们不难看出，对经营者因欺诈行为所要做出的赔偿额度大大提高。新消法规定增加赔偿的金额为商品和服务费用由原来的一倍，增加到如今的3倍。增加赔偿的金额不足500元按500元计，把赔偿底线增大。

另外，新消法进一步加大了行政处罚的力度，罚款由原来违法所得的5倍以下，改为10倍以下，没有非法所得的，由原来的1万元以下改为50万元以下，这对经营者有很大的威慑作用。看来以后某些商家随意编造商品性能、夸大服务效果的行为应该有所收敛了。

6. 违法行为进诚信记录

◎新消法

第五十六条规定：……经营者有前款规定情形的，除依照法律、法规规定予以处罚外，处罚机关应当记入信用档案，向社会公布。

◉ 媒体眼中的直销

◎解读：本次消法中明确提出，对违反新消法第五十六条违法行为的查处，查处的结果要向社会公布。据相关人士介绍，2013年11月20日，国务院常务会议专门通过了《关于依法公开制售假冒伪劣商品》、《侵犯知识产权行政处罚案件信息的意见》，其中专门提到行政执法机关要主动公开案件信息，动员全社会的力量来惩戒违法者，使违法者一处违法，处处受限。日后，公开违法信息将要形成一种制度，进入信用档案向社会公开，只要有违法记录，公众便可查到，并且该记录将跟随企业终身。这样，相信不光是家居企业，所有企业都会顾忌到违法成本而有所收敛了。

7. 可向广告发布者追责

◎新消法

第四十五条规定：……广告经营者、发布者设计、制作、发布关系消费者生命健康商品或者服务的虚假广告，造成消费者损害的，应当与提供该商品或者服务的经营者承担连带责任。

社会团体或者其他组织、个人在关系消费者生命健康商品或者服务的虚假广告或者其他虚假宣传中向消费者推荐商品或者服务，造成消费者损害的，应当与提供该商品或者服务的经营者承担连带责任。

◎旧消法第三十九条规定：……广告的经营者发布虚假广告的，消费者可以请求行政主管部门予以惩处。广告的经营者不能提供经营者的真实名称、地址的，应当承担赔偿责任。

◎解读：新消法强化了广告经营者和发布者各方的责任，规定了涉及消费者说明健康、安全和服务的虚假广告，造成消费者损害的，广告经营者发布者要承担连带责任。简单地说，明星代言的商品出现了虚假广告，造成消费者损害，那么代言明星也要承担连带责任。生活中，我们经常会看到某些协会、中心、社会团体向消费者推荐商品，如果商品虚假宣传，那么也要承担相应的连带责任。

家居产品找明星代言，找协会推荐是常事儿。但是新消法出台后，接代言的明星们最好也亲身考察一下产品，如果出了事，你们可是要负责的。

第五十五条规定：经营者提供商品或者服务有欺诈行为的，应当按照消费者的要求增加赔偿其受到的损失，增加赔偿的金额为消费者购买商品的价款或者接受服务的费用的三倍；增加赔偿的金额不足五百元的，为五百元。法律另有规定的，依照其规定。

第七部分
稳健发展这五年

第五十六条规定：经营者有下列情形之一，除承担相应的民事责任外，其他有关法律、法规对处罚机关和处罚方式有规定的，依照法律、法规的规定执行；法律、法规未作规定的，由工商行政管理部门或者其他有关行政部门责令改正，可以根据情节单处或者并处警告、没收违法所得、处以违法所得一倍以上十倍以下的罚款，没有违法所得的，处以五十万元以下的罚款；情节严重的，责令停业整顿、吊销营业执照……

◎旧消法

第四十九条规定：经营者提供商品或者服务有欺诈行为的，应当按照消费者的要求增加赔偿其受到的损失，增加赔偿的金额为消费者购买商品的价款或者接受服务的费用的一倍。

第五十条规定：经营者有下列情形之一，《中华人民共和国产品质量法》和其他有关法律、法规对处罚机关和处罚方式有规定的，依照法律、法规的规定执行；法律、法规未作规定的，由工商行政管理部门责令改正，可以根据情节单处或者并处警告、没收违法所得、处以违法所得一倍以上五倍以下的罚款，没有违法所得的，处以一万元以下的罚款；情节严重的，责令停业整顿、吊销营业执照……

◎解读：从新旧两部消法条文的对比中我们不难看出，对经营者因欺诈行为所要做出的赔偿额度大大提高。新消法规定增加赔偿的金额为商品和服务费用由原来的一倍，增加到如今的3倍。增加赔偿的金额不足500元按500元计，把赔偿底线增大。

另外，新消法进一步加大了行政处罚的力度，罚款由原来违法所得的5倍以下，改为10倍以下，没有非法所得的，由原来的1万元以下改为50万元以下，这对经营者有很大的威慑作用。看来以后某些商家随意编造商品性能、夸大服务效果的行为应该有所收敛了。

雅芳决定退出美国直销学会

雅芳9月12日发通稿宣布，因不满直销协会（DSA）的组织运作方向，决定退出协会。雅芳在写给"美国直销同仁"的信中表明，公司是出于两点主要因素才作出此项决定的：

1. 雅芳认为 DSA 在美国的议事日程只关注几个特定品牌的事务，而非整个直销行业所面临的挑战。

2. 雅芳认为，美国直销协会道德公约不断提高的要求反映了当前直销行业在美国的地位。

雅芳将不会退出世界直销协会联盟（WFDSA）、市场本地直销协会或是美国以外其他地区的直销行业组织，并认可这些协会对雅芳作用重大。接下来，雅芳提出其商业模式有三大主要方面能进一步保障其销售代表和顾客的利益：

1. 雅芳的商业模式并不依赖或者说鼓励库存销售、培训或是销售代表之间的交易。雅芳的业务核心是零售。

2. 雅芳设有合理退货政策，销售代表不必大量囤货。

3. 雅芳将收入限制在三个等级，并不承诺无限销售。雅芳相信通过此举将促进销售代表专注在零售商品上。

APEC 期间接待酒店暂停售保健食品

2014 年 10 月 20 日 APEC 会议住地接待服务保障工作部署会召开，市旅游委、市商务委、市食药监局等委办局及各大 APEC 接待酒店在会上誓师，为 APEC 会议的接待保障做最后冲刺。据悉，会议期间，住地酒店的食物原材料将全程监控，住地酒店暂停销售保健食品。

市食品药品监督管理局负责人在会上表示，住地酒店将从 20 家定点食品供应企业采购原材料，食药监部门将全程监控。如有超出定点采购企业的原材料，经检测合格后报食药监部门备案。该负责人表示，住地酒店将实行严格的菜单、菜谱审查制度，存在潜在危险的原材料一律不得使用，防止食物中毒事件。

由于很多住地酒店都有商店和美发店，销售保健品，提供美容美发服务。对此，该负责人表示，会议期间，将对住地酒店的商店、美容美发店实行督查，暂停销售保健食品。（原载《京华时报》2014 年 10 月 21 日）

第七部分
稳健发展这五年

药品保健品广告拟禁用代言人

广告法修订草案二审 互联网广告中特别指出弹出广告应一键关闭

2014年10月20日十二届全国人大常委会第十二次会议听取全国人大法律委员会关于《中华人民共和国广告法（修订草案）》（以下简称二审稿）修改情况的汇报。根据二审稿，烟草广告被进一步限制，药品保健品广告拟禁用代言人，明确禁止10周岁以下儿童做广告代言人。

《食品安全法》（修订草案）（以下简称二审稿）昨天再次提交全国人大进行审议，二审稿进一步加重对食品安全违法行为的处罚，还规定生产经营转基因食品应当按规定进行标识。

广告法"全方位"禁烟草广告

在一审稿基础上，二审稿对烟草广告作出更严格的限制。二审稿规定，禁止利用广播、电影、电视、报纸、期刊、图书、音像制品、电子出版物、移动通信网络、互联网等大众传播媒介和形式或者变相发布烟草广告。禁止在公共场所、医院和学校的建筑控制地带、公共交通工具设置烟草广告，禁止设置户外烟草广告、橱窗烟草广告。

二审稿烟草广告的限制，内容已覆盖到了常规不被认为是广告的内容。比如规定，烟草制品生产者或经营者发布的迁址、更名、招聘等启事中，不得含有烟草制品名称、商标、包装、装潢以及类似内容。此外，现实中常看到"某某烟草企业希望小学"等公益活动名称，对此，二审稿也加以限制，明确规定为，在其他商品或服务的广告、公益广告中，也不得含有烟草制品相关内容。

解读：除了在烟草制品专卖点的店堂室内可以采取张贴、陈列等形式发布的烟草广告，以及烟草制品生产者向烟草制品销售者内部发送的烟草广告外，其他任何形式的烟草广告均被禁止。在烟草广告被进一步限制的同时，酒类广告也在本次修改中有所收紧。二审稿规定，酒类广告中不得出现饮酒动作，也不得含有任何驾驶车、船、飞机等活动的表现。

媒体眼中的直销

药品广告不得由明星出镜

在一审稿将广告代言人列为各类违法广告行为的连带责任人之后，二审稿对各类代言行为进行了进一步限制。

针对药品、保健食品、医疗器械和医疗广告这四类被认为关系消费者生命健康和人身安全的特殊广告，一审稿已经要求不得利用科研机构、专业人士和患者进行推荐证明，二审稿则在此基础上进一步要求，不得利用其他任何广告代言人的名义和形象作推荐证明。这意味着，上述四类跟药品保健品相关的广告将不得再由明星出镜。

解读：全国人大法律委员会副主任委员安建说，医药、医疗等关系消费者的生命健康和人身安全，且功效因人而异，不但不得利用科研机构、专业人士和患者进行推荐证明，也不得利用其他任何广告代言人的名义和形象作推荐证明。

10岁以下儿童禁代言广告

从保护未成年人角度出发，二审稿在第三十条增加了一款："不得利用十周岁以下未成年人作为广告代言人。"

何为广告代言人？根据二审稿，"广告代言人"是指除广告主以外，在广告中以自己的名义或者形象对商品、服务作推荐、证明的自然人、法人或者其他组织。根据二审稿的规定，如果违法利用10周岁以下未成年人作为广告代言人，可能面临撤销广告批准、没收广告费用及20万元以上100万元以下的罚款。

另外，二审稿还对涉及未成年人的广告活动作出相应规范，如在针对未成年人的大众传播媒介上不得发布药品、医疗器械、网络游戏、酒类广告等；针对14周岁以下未成年人的商品或者服务的广告，不得含有劝诱其要求家长购买广告商品或者服务以及可能引发其模仿不安全行为的内容等。

解读：有关人士分析认为，如果不出姓名、不以自己的名义做广告宣传，属于广告表演，不属于广告荐证；广告表演者无须为角色行为负责，而广告荐证者要对自己的行为负责。由于童星们有一定名气，他们为广告做宣传的行为属于代言。

弹窗广告要确保一键关闭

二审稿规定，互联网信息服务提供者利用互联网发布广告，不得影响用户正常使用网络。在互联网页面以弹出等形式发布的广告，应当显著标明关闭标志，确保

第七部分
稳健发展这五年

一键关闭。

解读：有专家认为"网络不是法外之地"，网络逐渐成为广告发布的重要媒介，实践中网络广告违法、影响用户使用网络等问题较为突出。此次广告法修订，明确网络要遵守其他媒介广告的一切"游戏规则"，同时还额外要求弹出广告必须能一键关掉。

虚假广告扩大追责范围

二审稿规定，发布虚假广告，欺骗、误导消费者，使购买商品或者接受服务的消费者的合法权益受到损害的，由广告主依法承担民事责任。关系消费者生命健康的商品或者服务的虚假广告，造成消费者损害的，其广告经营者、广告发布者、广告代言人应当与广告主承担连带责任。

解读："虚假广告损害消费者生命健康和财产安全，这些'既谋财又害命'的'毒瘤'不能先乱后治。"中国医药新闻信息传播协会常务副秘书长徐述湘认为，虚假广告出了事儿，广告主固然要惩处，经营发布者和代言人也同样不能置身事外，一句"不知情"就推卸了所有责任。

食品安全法转基因食品应按规定标识

针对备受关注的转基因食品，二审稿明确其应当按规定标识。二审稿提出，我国《农业转基因生物安全管理条例》已经规定农业转基因生物标识制度，一些国家也在法律中规定转基因食品应当在标签上予以明示。为保障消费者的知情权，此次送审新增规定，"生产经营转基因食品应当按照规定进行标识"，同时增加相应的法律责任。

解读：在罚则方面，二审稿规定，"转基因食品未按规定标识"有可能承担从没收违法所得、罚款到停产停业、吊销许可证等各个档次的处罚，但其中"标签存在瑕疵但不影响食品安全"的，由县级以上食药监部门责令改正即可，拒不改正的，处两千元以下罚款。

首次规范食品贮存运输

二审稿增加规定，非食品生产经营者从事食品贮存、运输和装卸的，贮存、运输和装卸食品的容器、工具和设备应当安全、无害，保持清洁，防止食品污染，并符合保证食品安全所需的温度等特殊要求，不得将食品与有毒、有害物品一同运输。

● **媒体眼中的直销**

解读：有专家认为，食品网购日渐火爆，对这些经手食品贮存运输的专业仓储、物流企业，有必要纳入法律监管范围。

媒体发虚假信息将被处罚

二审稿对于涉及公共舆论领域对食品安全事件的监督也作出规定。近年来，许多食品安全事件是经由媒体曝光后得以被治理，对于"个别举报—媒体跟进—主管部门做出反应"的模式，二审稿实际上予以鼓励，规定保护举报人的权益，需对其相关信息进行保密。同时，删去原草案中"发布食品安全信息应当事先向食品药品监督管理部门核实情况"的规定，从而允许媒体更快地对举报做出反应。

解读：在给予媒体更多施展空间的同时，二审稿也作了限制性规定，对于媒体编造、散布虚假食品安全信息的，由有关主管部门依法给予处罚，并对直接负责的主管人员和直接责任人员给予处分。

提高食品企业违法成本

二审稿进一步加重食品安全违法行为的法律责任，采取多种手段严惩。比如，加重对添加药品等四种违法行为的处罚，同时，对用非食品原料生产食品等六种严重违法行为的责任人增加行政拘留的处罚规定。对明知从事违法食品生产经营活动，仍为其提供生产经营场所或者其他条件，使消费者的合法权益受到侵害等四种违法行为，增加与食品生产经营者承担连带责任的规定。

解读：对生产不符合食品安全标准的食品或者经营明知是不符合食品安全标准食品的惩罚性赔偿，二审稿增加规定最低赔偿金额为 1000 元，同时明确食品的标签、说明书存在不影响食品安全瑕疵的，生产经营者不承担惩罚性赔偿责任。

二审稿增加规定，用超过保质期的食品原料、食品添加剂生产食品等违法行为的法律责任。在一审稿已大大加重现行法中处罚条款，设置"上不封顶"式惩罚性处罚，二审稿在此基础上，进一步收紧罚款下限，使得食品安全生产者的违法成本再次提高。

有钱不能任性

1. 医药医疗广告不能宣称疗效

"一吃就停""腰不酸了腿不疼了""XX胶囊，降压降糖""多年没孩子，是

XX 药给我们送来了小天使"……这些疗效诱人的广告,以后将不能再出现。

2. 烟草广告不出现在公共场所

像"鹤舞白沙,我心飞翔"这类不露痕迹的烟草广告也将被禁止。

3. 与虚假广告沾边都将被追责

无论是广告主、广告经营者还是发布者,抑或是设计师、代言人,只要和虚假广告沾上边,就要承担责任。

4. 弹窗广告须能"一键关闭"

像胶布一样粘在窗口关不掉;明明有一个画叉的关闭标志,可是一点击却打开了更多链接……这样的弹窗广告将禁止出现。

5. 不能找10周岁以下孩子当代言人

这意味着,时下火热的天天、Cindy等小童星们将不能再代言广告。(原载《京华时报》2014年12月23日)

德国企业福维克获牌

2015年1月7日,商务部直销行业管理信息系统网站发布了福维克家用电器制造(上海)有限公司获得直销经营许可的信息,福维克正式获得了第49张直销牌照,这也是2015年商务部发出的第一张直销牌照。

此前本站曾报道过第49、50、51、52张直销牌照已经"名花有主",福维克正是第49家拿牌直销企业。据了解,福维克是德国直销行业的"老大",目前中国区总裁为冉永夫。

福维克简介

福维克于1883年创始于德国乌伯塔尔。在公司130多年的历程中,从创立伊始时的一家地毯工厂一直发展到今天成为一个涵盖诸多业务领域,并且在全球各地拥有分支机构的大型跨国集团。但是福维克至今仍是一个纯粹的家族企业。自从1930

媒体眼中的直销

年起，福维克的核心业务就是通过示范来销售高品质的产品，今天福维克是该领域的全球领先者。我们销售的产品包括高品质的清洁电器、食品加工设备以及净水处理器等。与此同时，福维克的业务领域还包括了 akf 信贷银行、HECTAS 物业管理以及高档地毯。在福维克，无论在哪个事业部，我们都有一个共同点，那就是我们都和我们的最终用户沟通，并能给我们的最终用户提供最适合的建议，并且提供最直接的产品示范。

1994 年，当福维克在中国还是一个办事处的时候，福维克集团就深信中国这个蓬勃发展市场的未来。两年后，福维克家电有限公司正式成立，并以稳健快速的步伐不断发展。时至今日，福维克家电有限公司已发展成为一个拥有近两千名员工，业务遍布全国近 70 个城市的大企业。2000 年，福维克集团将自己第四个全球性家电生产基地落户于上海的青浦工业园区内。遵循严格的德国质量管理体系，在中国生产具有国际一流水平的福维克家电产品。

山东益宝生物进军直销

2014 年 4 月 26 日下午，山东兖州的天空下着细雨，小城四处是绿意盎然，生机勃勃的景象。就在这个历史悠久的古为华夏九州之一的地方——兖州，山东益宝生物制品有限公司在这里吹响了进入第四个五年发展战略规划的号角。

下午 13:30，一千多平米的圣德大酒店国际宴会厅座无虚席，以《益宝情 中国梦 民族魂》为主题的"益宝四五战略规划发布会"在此召开。公司董事长孔庆保先生、总裁宋秀华女士、执行总裁张喜臣先生、营运中心副总裁束启前先生、市场副总裁施义强先生等企业领导和中国商业文化研究会副秘书长房秀文先生、《当代直销》主编陈亮先生等嘉宾出席了此次发布会。来自山东和全国各地的一千多位公司员工和经销商见证了发布会的盛况。

打造益宝商业帝国

在主持人宣布"益宝四五发展战略规划发布会"正式开始之后，与会全体人员

第七部分
稳健发展这五年

起立、奏唱国歌。落座之后,大会播放了益宝生物董事长孔庆保先生的创业纪录片《在路上》。据介绍,益宝从一个名不见经传的小厂,经过十五年的发展走到今天,已经成为一个集研发、生产、销售、技术和工艺为一体的现代化综合性健康产业集团,成长为全球最大的硫酸软骨素生产基地和生产出口供应商。"这是了不起的发展成就,也是一首深入人心、催人奋进的战歌。"民族企业勇于打入美国等主流社会的贸易案例,让在场的人员对孔庆保董事长顽强拼搏的创业精神肃然起敬。

"益宝公司将倾集团之力,打造益宝商业帝国。有着益宝十五年的沉淀和积累,益宝四五战略规划必将会取得更加精彩的演绎。"上台致辞的孔庆保董事长激昂地说,"我们要让软骨素进入千家万户,把益宝建设成为国际知名的民族品牌。中国需要有自己的民族保健品牌,益宝就是我们的希望!"铿锵有力的誓言,彰显着传统企业老板弘扬中国产品和文化精神的强大力量。在公司众位高管的眼里,董事长孔庆保先生一路创业走过来的艰辛和努力,是益宝人努力拼搏、创造美好明天的坚守和希望。

据记者了解,山东益宝生物制品有限公司坐落于被誉为"九州通衢,齐鲁咽喉"的山东兖州,是一家以硫酸软骨素系列原料药、康富森系列保健品的研究、生产、销售为一体的现代化高科技企业。公司成立于1999年,在十多年的发展历程中,公司一直本着"以质量求生存"的企业宗旨,不断完善自身的生产工艺,并先后通过了ISO9001质量管理体系认证和ISO22000食品安全管理体系认证,并成为在国家商检局成功获得卫生证书注册的软骨素生产企业。值得特别说明的是,公司10万级的GMP净化车间,通过了美国GMP认证,并在美国FDA通过了DMF注册;2011年7月,公司又顺利通过了中国食品药品监督管理局的片剂、颗粒剂、口服液剂、粉剂、软胶囊剂、硬胶囊剂GMP认证,产品常年出口欧美各国,在国内外市场享有很高的声誉。

山东益宝生物制品有限公司以"关爱生命,绿色健康"为企业核心价值观,遵循致力于人类健康,创造益宝美好未来为创业目标。公司依靠雄厚的技术力量、成熟可靠的生产工艺,经过多年的研究和探索,开发出主要产品硫酸软骨素及成品,是目前国内最大、最专业的硫酸软骨素生产厂家之一。据记者了解,硫酸软骨素是从鲨鱼或牛的软骨中提取的一种混合酸性粘多糖成分,主要含有硫酸软骨素A和硫酸软骨素C等粘多糖成分,主要用于原料药、医药中间体,还可用于食品添加剂。现今产品主要以牛、鲨鱼、猪等动物软骨为原料,每月产量高达25吨~30吨硫酸软

媒体眼中的直销

骨素，海外主要市场远销北美、西欧等地。

生物技术是 21 世纪的重点产业，广阔的市场为公司提供了良好的机遇。记者从会上得知，益宝公司将会充分利用自身的科研优势，快速完成从药物中间体到成品药的升级换代，实现由高技术产值向高技术高附加值产品的跨越，实现生产多元化、经营方式集团化、市场营销国际化的经营目标。

规划四五战略蓝图

益宝公司成立至今已有十五载，公司下一步具体怎么走？四五发展规划具体是怎样执行？为了解答这一系列问题，益宝公司执行总裁张喜臣在孔庆保董事长演讲结束后，走上了演讲台，以《迈向新征程》为主题，就公司四五发展战略规划做了详细的阐述。

张喜臣有着二十年的新闻媒体工作和领导经验，也曾经带领过他的团队创造过骄人的业绩，可以说是一位自主创业的企业家和创业导师。他有着学者的风范、思想者的睿智、企业家的格局和胸怀，有着丰富的市场实战经验和营销谋略，从他充满激情、幽默和智慧的演讲中，我们更清楚地理解了益宝公司四五规划的发展之路。

张喜臣表示，益宝公司在未来五年将立足健康产业、汇集天下资源、关注消费需求，实现"共创、共享和共赢"的伟大战略目标。在大健康产业中，以中国和世界为发展舞台，益宝公司将形成以硫酸软骨素为核心产品的大健康产业链，集公司之力主推以"定制消费"、"落地连锁"、"网上商城"三位一体的营销商业模式，在全国建立营销网络，并进军国际市场，力争在 2018 年生物原料和终端产品达到上百亿的销售目标。

关于具体的战略战术，张喜臣介绍说，益宝公司第一阶段将立足山东，决胜齐鲁大地，为公司未来的发展打下坚实的基础；第二阶段将立足山东工作完成后将进军全国市场，实现全国市场的全覆盖；第三阶段，实现海外并购，进军全球市场。

张喜臣表示，益宝公司首先将研制、生产高品质的产品，正式启动公司的产品终端市场，完成自主知识产权、产供销一条龙、一体化的发展战略。"以软骨素为填充原料的高渗透能力的益宝护肤品将在 2015 年上半年正式上线投产，益宝个人护理系列在 2015 年下半年全线推出。公司计划 2014 年年底产品种类突破二十款，2015 年达到五十款，2016 年突破一百款。"益宝公司将建立全省销售渠道，推出终端产品二级代理制，实现一县一区一店制。同时公司将推出"健康中国行，益宝进

第七部分
稳健发展这五年

社区"和益宝健康俱乐部活动,通过丰富多彩的活动让我们周边更多的人能够体会到益宝带来的健康和快乐。

关于直销的申牌工作,"公司将在2014年6月30日之前实现济宁地区十二家落地店全覆盖,这是构成公司申报直销牌照的一个最有效的基础硬件条件,同时也要完成省商务厅申报资料,同时递交国家商务部,完成申牌工作。"

对于具体的网点布局和海外战略时间,张喜臣也有明确的思路。他指出,益宝公司2014年要实现山东省十七个地级市代理的全覆盖,2015年底之前公司要完成鲁冀豫苏皖五省一级代理的全覆盖,2016年实现一级代理点覆盖全国主要的地级以上市场,建立不少于一百家的形象店,同时建立县区代理连锁店突破一千家。2018年公司要完成全国各省、自治区、直辖市分公司的设立,其总数不少于三十家。张喜臣说,益宝生产的硫酸软骨素目前已经远销全球五十多个国家和地区,在国际舞台上具有极好的声誉和口碑。"公司决定在2016年进军国际市场,初步实现北上俄罗斯,南下马来西亚,最终实现在全球各大洲设厂,为全球70多亿人提供高品质的中国保健品。"

直销事业稳健起步

当天的现场大会上,益宝集团四五战略规划启动仪式隆重举行,孔庆保董事长和公司高管一起为仪式揭幕,这意味着益宝集团的发展进入了一个全新的层次和格局,这是益宝发展过程中的里程碑,将永远镌刻在每一个益宝人的心中,激励着益宝人更加奋进前行。

在执行总裁张喜臣的战略规划中,他详细阐述了集团近期以及中远期的发展目标,同时还设计了科学的市场方案与之相匹配,让大家清晰了前进的方向,极大地鼓舞了全体益宝人的信心和斗志。"雄关漫道真如铁,而今迈步从头越。"

孔庆保董事长就此还指出:"公司将在今年下半年进行企业股本改制,由投资人、连锁店、代理商和市场领导人构成的股份制企业将在益宝诞生。我们本着渠道共建、资源共享的原则,将吸纳更多的优秀人才走进益宝,共同打造益宝生物这个具有国际竞争力的大健康产业集团,让益宝平台变得家喻户晓、妇孺皆知、扬名天下!承担起打造和建立中华民族自主品牌的责任和使命,为振兴民族企业做出自己应有的贡献。"

记者注意到,当天的会议对奋战在一线的市场精英进行了表彰,公司领导一一

媒体眼中的直销

为他们颁发了奖品。其中一位韩国游奖的获得者表示:"我能获得这个荣誉要感谢咱们公司的好产品,很多朋友都是通过服用我们的产品得到了健康,今天又有许多老百姓对我们的产品很有信心,我能站在这个舞台上也感到很荣幸!"

大会应邀嘉宾《当代直销》杂志主编陈亮先生、《中国直销》杂志黄永建先生、中国商业文化研究会副秘书长房秀文先生、健康中国行组委会执行秘书长常胜军先生相继上台发言,为益宝献计献策,他们的很多独到见解获得了参会者的阵阵掌声。

对于益宝生物的直销优势,《当代直销》主编陈亮先生以他自己独有的眼光这样分析说:(1)董事长孔庆保带领中国一个名不见经传的小厂成功打入美国市场,其坚毅、睿智的创业精神为企业发展带来了无穷的动力;(2)孔庆保先生作为孔氏家族第73代嫡系传人,其背后深厚的文化底蕴为公司的发展提供了源源不断的文化资源;(3)"软骨素"作为一款可以真正造福国人大众的好产品,其市场发展潜力无限宽广;(4)孔庆保董事长立志将"健康梦"传播到全国乃至世界的千家万户,其宏图大志为公司发展带来无限可能。

在大家热烈的掌声中,大会胜利结束。会议最后,《我相信》的歌曲弥漫在整个会场,激荡着每个益宝人的心,集团董事长和全体高管及优秀市场领导人共同上台,和大家分享这一难忘的历史时刻。

这次大会标志着益宝新的奋斗目标的确立与正式实施,新目标,新征程,新梦想,新未来!春天,窗外的小雨还在淅淅沥沥的滋润着万物,可以预见,一个更加繁荣、富裕的时代正在向我们走来;一个实力强大、文化丰富的益宝集团正在驶向明天。

专访孔庆保董事长

《当代直销》:创业当初您是怎么成功打入美国主流市场的?

孔庆保:我们公司2005年开始做外贸,通过在美国的日本丰田公司向美国保健品公司出口软骨素。2008年的时候,我希望绕过中间商直接与美国的NBTY保健品公司对接,所以就去美国考察。由于当时我们公司规模比较小,多次和美国公司联系都没有成功。直到2010年,由于我的一句话:"如果再不和我们联系,你们将失去中国最大的软骨素工厂,最优质的产品和最好的价格。"成功的和NBTY公司建立了联系。经过NBTY公司三轮的答辩,益宝公司正式成为美国NBTY公司的供货商和合作伙伴。并在美国洛杉矶投资建厂,实现了直接与美国市场的对接。

《当代直销》:现今分布于全球的"孔子学院"已经成为了中国儒学思想的名片,

第七部分
稳健发展这五年

您是怎么认识孔子思想和继承儒家思想的？

孔庆保：孔子是我的祖先，我是他的第73代后裔。他作为我们中国人的圣人，为传播发扬中国文化作出了伟大的贡献。在文化建设上我们后人无法超越他，但做为孔子的子孙，我要学习他传播文明的精神，立志把"健康理念"传播到千家万户，为国人的健康生活做出我们孔家人应有的贡献。现在孔子学院已经遍布全球，我希望可以和孔子学院合作，透过孔子课堂，把我们中国人的健康理念传播到全世界。

《当代直销》：您现在来趟直销这"浑水"，是出于什么样的考虑，您有什么样的思想准备？

孔庆保：软骨素是一款很好的保健品，它对维护人体骨骼健康具有非常好的保健作用。在国外，软骨素家喻户晓，但在国内却无人了解。我一直在寻找一个可以让国人快速了解软骨素的途径或方式。在了解了直销模式后，我感到直销可以很好的推广软骨素，对这一营销模式非常认可。虽然在国内直销可能还有一些问题，但我不怕面对问题。人只有克服了困难才能成功。我们会依法、踏实的做直销，认真、规范的做好直销，让大家在这一模式中实现发展、共赢。

《当代直销》：益宝今后如何在直销产品和集团服务方面助力市场的发展？

孔庆保：产品是企业发展的根基，有了好产品才能赢得消费者的认可。为了打造高品质的软骨素产品，益宝公司将加大与各大学、科研院所的合作，增强产品的研发力度，不断推出新的具有高科技含量的优质保健品。到2015年公司将推出50款各类软骨素保健品、美容护肤品、日用品等系列产品，为市场经销商和消费者提供强大的产品保障。在集团服务方面，公司将落实一区一县一店规划，在各省市成立公司直属的分公司，实现市场网络全覆盖，为广大经销商提供全方位的服务，以推动公司市场业绩的快速发展。

第三十六章　直销新常态与互联网思维

首个湖南省直销协会成立

我国开放直销 20 余年，历经坎坷。从上世纪 90 年代的摸着石头过河到 2005 年的两个条例出台，直销的法律地位才得以确立。2013 年，国家直销牌照发放量为前几年的总和，从各个层面上看，直销行业已驶入发展"快车道"。机遇面前，我省的直销业态如何？我们准备好了吗？

今年 4 月，全国第一个直销协会在我省成立。记者就此采访了协会副会长兼秘书长师新民。

记者：我们注意到，今年 4 月成立的省直销及门店销售协会为全国首开先河，请问你们创立协会的目的是什么？

师新民：我省直销业起步早，但发展非常缓慢。目前我省直销业面临着直销正能量没有得到充分的展示，企业自律能力弱，企业与政府缺乏沟通机制，企业诉求难于表达，政企双方信息互动受阻等问题，直接遏制了直销及门店销售业的健康、有序、快速地发展。

为了规范我省直销业，督促直销及门店销售业沿着正确方向发展，发挥直销业对全省农业产业的带动作用，促进湖南经济发展，作为链接政府与直销业之间的桥梁和纽带，也是全国首家的湖南省直销及门店销售协会应运而生，这也充分体现了

媒体眼中的直销

湖南人"敢为天下先"的精神。

记者：请您简要介绍一下我省的直销行业现状。

师新民：全国现已获准的直销企业有44家，其中湖南占2家，即绿之韵和湖南炎帝生物，外来企业在湘经营并获准在湘经营的直销企业达11家。另外，我省还有一批农业产业化龙头企业，也已在按照直销的模式在湘或全国大部分地区开展了经营活动，如湖南华莱生物科技、湖南吉美、佳信佰、鑫亚、奉佳、普天春等企业，目前的来势都非常之好。

这些企业已完善了大部分报批手续，正紧锣密鼓的在申请直销牌照。这些在完善直销申牌的企业我们统称为准直销企业。这个"准"字的说法主要来自国务院颁布的《直销管理条例》第二章第七条：申请成为直销企业，应当具备下列条件，"投资者有良好的商业信誉，在提出申请前连续5年没有重大违法经营记录……"。

记者：请您举个例子谈谈直销业对经济发展的帮助。

师新民：发展直销业对解决就业，增加税收，搞活地方经济等方面有很大的促进作用，并且让一些鲜为人知的产品特别是销售渠道不畅通的产品，通过人与人的沟通和宣传，通过销售人员上门沟通，现场示范，加以直销人员的人格魅力，这个绿色通道就敞开了。

湖南华莱生物科技有限公司就是一个典范。安化黑茶，过去的销路一直不太畅通，这几年华莱公司以直销的方式，将安化黑茶销到了大江南北，长城内外，而且销量很大，去年这个企业销售额已突破10亿元，交纳安化县冷市镇的税收近4千万元，一片茶叶，一个模式，带动了一个地方一片产业。

李克强总理在十二届二次全会闭幕答中外记者问时提出"法无禁止即可为……"，就是为直销业发展提振了信心，指明了道路。

记者：与其他发达省份相比，我省的直销行业有怎样的差距？

师新民：与毗邻的广东省为例，截至2013年，广东省已有10家获准的直销企业在全国范围内从事经营活动，直销年销售额达800亿元之多，而我省获准的直销企业只有两家，销售额才20个亿，是广东省的40分之一。

早在1998年前，全国就有41家单层传销企业。随着国务院1998年10号通知的颁布，国内已获准的单层次传销企业全面禁止经营活动，留下外资10家，并经国家对外贸易经济合作部批准"转型"，按照店铺+雇佣推销人员的方式在中国从事

第七部分
稳健发展这五年

经营活动。安利今天的强盛就是借助了"转型"的机遇,并得益于广东省政策的引导和保护,但据我所知,这些直销外企的中层以上管理人员,湖南人占据半壁江山。

湖南的直销业和广东等省差距确实很大,但我省直销业基础好,人才多,如通过全省各级部门的正确引导和扶持,用三五年时间,打造5个以上的直销企业,争取销售额达到500个亿并不是遥不可及。

记者:影响我省的直销行业发展存在哪些方面的问题?

师新民:影响我省直销业的发展原因是多方面的,其中最主要的是正能量没有得到充分的展示,企业自律能力不强,企业与政府之间缺乏沟通机制,企业诉求难于表达,政府有关职能部门提供服务偏少,同时还有一个认识误区,一提到直销经营活动,就认为是在搞传销,这就希望我们的宣传部门加大对这方面的宣传力度,以正视听。

协会通过走访、座谈、问卷等多种形式的调查,发现行业自身存在的问题也不少,一是内资企业初发阶段,缺少启动资金,必然导致急功近利,盲目追求利润,任意拉扩团队。二是虚假宣传,鼓吹参与直销能够赚钱发财,以此引诱。三是法定的可参与直销的产品的品种太少,产品的使用信誉度不高,在市场的竞争上赶不上外资企业。四是搞炒作进行营销返利,大单复制,高额回报进行引诱,搞短期行为。五是没有过得硬、消费者信得过的产品去抢占市场,冒牌贴牌、欺诈消费者的事情时有发生,打着直销和准直销的牌子进行坑蒙拐骗。

记者:应该如何规范和引导?

师新民:我认为首先应着重于规范,企业所在地的各级政府和职能部门要负责,要为地方的经济发展,为社会、为消费者履行好职责,要从源头规范,使本土企业走得稳、走得长,能可持续发展。二是政府要搞好服务,帮助这类企业搭好一个可持续发展的平台。三是注重扶持本省、本土直销企业及门店销售业的发展,同为直销模式的经营方式,外资企业所使用的经营模式,本土、本省的直销及准直销企业理应同样可以使用,为积极申牌的企业开启绿色通道,尽快取得经营许可证。四是监管执法部门要注重发展保护本土企业,对这类企业重在教育,重在规范,重在发展,尽量避免以罚代管。五是大力宣传直销的正能量,对我省直销及准直销企业的报道尽量做到客观公正,避免一言伤企,甚至一言丧企的现象发生。

记者:您对我省直销企业和从业人员有什么样的期待?

媒体眼中的直销

师新民：希望我省的直销企业或准直销企业，能够按照《直销管理条例》的规定要求，认真从事经营活动或开展积极的申牌活动，切记要以生产产品、销售产品、消费产品、使用产品这个理念为前提，担当好企业的社会责任和服务好广大消费者的责任，使企业走稳，走好。

同时希望从事直销销售的团队和使用直销产品的消费者和爱好者，认准企业，认准产品，不要盲从，摆正经营理念，直销经营也有风险，参与要谨慎。

工商总局督促落实"七日无理由退"

消费环境是否有所改善？——工商总局副局长马正其谈新《消法》实施一周年

3月15日是国际消费者权益日，也是新修改的《消费者权益保护法》正式实施一周年。过去的一年，工商部门采取了哪些消费维权举措？消费环境是否有所改善？国家工商总局副局长马正其近日在接受记者专访时表示，工商总局认真贯彻实施新《消法》，深入开展重点领域消费维权，不断完善12315体系建设，安全放心的消费环境正在逐步形成。

畅通12315诉求受理渠道

随着新《消法》实施，消费者维权意识不断提高，诉求数量不断增多。这对工商部门提升消费纠纷解决能力提出了更高要求。

"一年来，工商部门大力推进专用电话、互联网、短消息以及新媒体等多渠道互补的受理平台建设，确保12315受理渠道畅通，消费纠纷得到及时解决。"马正其说，12315社会认知度逐年增高，不但成为消费者解决消费争议和咨询消费知识的重要窗口，也成为了解市场状况、参与市场社会监督的重要途径。

2014年，全国工商部门依托12315网络处理消费者诉求757.88万件，为消费者挽回直接经济损失15.28亿元，同比分别增长8.2%、13.9%。

加强重点领域商品和服务消费维权

第七部分
稳健发展这五年

当前我国消费投诉的热点仍主要集中在与日常生活密切相关的商品和服务消费上，假冒伪劣、虚假宣传、合同欺诈、霸王条款等成为消费者反映强烈的突出问题。

"消费维权的出发点和落脚点是保障和改善民生。"马正其说，工商总局强化了流通领域商品质量监管，推进服务领域消费维权，查处了大量消费侵权违法案件，让广大消费者敢于消费、愿意消费。

据马正其介绍，去年以来，工商总局开展了家用电子电器、服装鞋帽、装饰装修材料、交通工具的消费维权工作，部署了儿童服装、内衣质量专项整治行动和手机、插头插座等一批商品质量抽检。同时，还开展了餐饮、旅游、快递、供电、供热、供水及电信、银行等重点服务行业利用不公平合同格式条款侵害消费者权益的整治工作。

2014年，全国工商系统共抽查商品9.8万批次，依法处理不合格商品28.8万件，查处侵害消费者权益案件10.4万件，其中利用不公平合同格式条款侵害消费者权益案件约8600件，有力维护了公平竞争的市场秩序。

督促电商落实"七日无理由退货"

新《消法》赋予了消费者网购"七日无理由退货"的权利，但一些网购平台经营者擅自设置"非质量问题不能退货"等条件，使消费者享受"七日无理由退货"的权益大打折扣。

"去年工商总局与中消协联合约谈了国内10家主要电商企业，督促企业自律和整改。"马正其说，今年1月5日，工商总局出台了《侵害消费者权益行为处罚办法》，细化了经营者不依法履行"七日无理由退货"义务行为的罚则，目前正在研究制定电商企业落实"七日无理由退货"规定指引，以营造良好的网络消费环境。

针对消费者在维权时遇到经营者推诿扯皮的情况，马正其表示，工商总局近日专门发布意见，明确消费环节经营者是消费维权第一责任人，必须依据"谁销售商品谁负责，谁提供服务谁负责"的原则，及时受理和依法处理消费者投诉，主动和解消费纠纷。同时，工商部门鼓励引导商场、市场和平台经营者在自愿基础上，作出高于法律规定的消费维权承诺，建立赔偿先付制度，在经营者故意拖延处理或者无理拒绝赔付，以及因撤场等情况导致消费者无法获得赔偿时，进一步保障消费者权益。

马正其说，工商总局将加快全国12315互联网平台建设，加强消费者诉求、商

媒体眼中的直销

品质量抽检和消费市场状况分析,逐步完善12315数据分析模型和消费维权指数体系,督促行业和经营者自律,全面提升消费维权社会共治水平。

荣格斥资2000万元进入云技术领域

继荣格率先在行业中进入"情绪食品"和"可食用化妆品"领域,以及推出时尚服装之后,荣格高新技术领域再传喜讯:近日,在新一轮信息化浪潮即将全面到来之际,由荣格科技集团斥资2000万元成立的深圳市荣格云技术有限公司正式入驻深圳前海。这标志着荣格以人才、网络、技术等优势前瞻性地进军移动云技术领域,成为我国第一家进入该领域的直销企业。相信在不久的将来,荣格人因此可以尽享"大云平移"(指大数据、云计算、平台技术和移动互联网)技术所带来的各种便利,包括产品展示、产品订购、物流管理、办公沟通、扩展营销、教育培训等方面的功能。

荣格在十五年的发展中,始终坚守企业使命,坚持科技创新,以最具竞争力的产品和服务抢占市场制高点,以荣格人特有的精神内涵和责任担当来回报国家、回报社会和所有荣格人。在国家加快互联网发展、大力支持健康产业的战略背景之下,为了引领行业的快速发展,并且运用高新技术优势为深圳前海打造"现代高端服务业聚集区"做出积极的贡献、注入持续的活力,荣格敢做追赶太阳的人,在巩固自身在保健食品、日化用品、净水机领域专业地位的基础上,依靠自身的品牌优势、人才优势、雄厚资本和强大的科技开发能力,在"前海大开发"中抢先试水云技术,从特区辐射全国,形成以荣格技术为轴心、引领社会和行业高速发展的前海新格局。

作为我国第一家进入云技术领域的直销企业,荣格在云技术领域拥有国内外高级技术人才,拥有一批年富力强的具有实干精神的企业核心骨干及其团队。荣格云技术项目负责人郭正俭先生以前是荣格公司董事长、总经理,阔别荣格十年后,他再次加入荣格,全面负责荣格云技术项目的管理和运营;中兴通讯公司原海外副总裁董宝平、金立集团原副总金海也加入荣格,主要负责云技术的开发与应用。优秀人才的加入为荣格抢占行业制高点进一步提供了人才、技术保障,是荣格云技术的核心竞争力所在。

荣格云技术主要是借助移动云计算的架构,通过互联网和移动终端设备为直销

第七部分
稳健发展这五年

数据平台提供技术支持,从终端、软件和应用等层面为荣格人和社会其他民众提供移动应用服务。不久之后,集结大数据、云技术的荣格"商务通"终端将会面世,荣格人将会亲身体验移动互联网给我们工作、生活带来的神奇改变,将会让大家感叹科技创新的独特魅力!

"荣格"即光荣的品格,荣格改变格局。大数据+云技术,两翼齐飞,将助力荣格盛世腾飞。未来荣格就是以制造为基础、以科技教育和物流为两翼、以金融为杠杆、以IT(信息产业)为平台,打造一个无所不在的公司。如今,一步一个台阶,一步一个跨越,带着国家战略和荣格使命赋予的责任和梦想,我们将爱的力量凝聚在蓄势发展的道路上,书写荣格更加壮丽的华章!

康美电商线上万支野山参遭抢

2014年9月1日,康美药业(股票代码:600518)旗下电商平台康美之恋推出了新开河新鲜野山参,1288元的高昂售价依然敌不过消费者的热情,10000支新鲜野山参上线不到1小时即被抢购一空。

"我们第一次试水做新鲜人参,没想到消费者这么热情"康美之恋电商负责人告诉记者,"中秋节前我们原打算只供应这1万支,现在正在跟新开河产地沟通,下一批预计在9月3日可进行供货"。

据官方介绍,此次康美之恋主要推出的是唐国强代言的"新开河"品牌人参,在国内有一定的知名度。目前售罄的是15年级别的新鲜野山参,是直接从康美药业长白山新开河基地开采,比以往提前了1个月,目前市面上流通较少。

几千年来,人参一直被认为是"补品"中的上品,驰名中外,老少皆知。新鲜人参因活性成分高、营养价值大,存储困难、保存不易成为了稀缺商品。据了解,康美之恋已经与顺丰达成合作,实现了新鲜人参的全程冷链存储运输,保证存活期仅为12天的新鲜人参极速配送。

据悉,康美之恋(是由康美药业(股票代码:600518)斥巨资打造的健康品网购商城,由国家食品药监局认证,主营网上药店、保健馆、健康超市、中药城,为用户提供了从健康食品到药品的网购平台,其中滋补养生类产品在业界拥有不俗口碑。

媒体眼中的直销

北大首次研讨直销行业互联网思维

2014年11月29日,北京大学中国直销行业发展研究中心年会暨新经济新价值新管理——互联网发展对直销行业的影响及行业对策研讨会在北京大学举行。

北京大学中国直销行业发展研究中心主任海闻教授把研讨会定位为"拥抱新经济,挖掘新价值"的智慧碰撞,是立足行业超越行业的一次开放式研讨。

越来越多的直销企业意识到,树立互联网战略思维,与电子商务融合发展是当今直销企业的重要出路。

此次研讨会特别组织了多场行业专家主题演讲,深入解析当前直销行业在互联网冲击下的营销模式变革。

阿里巴巴集团副总裁、阿里研究院院长高红冰认为,80后、90后互联网"原住民"将在五年内成为消费的主力、创业的主力,天然带有互联网行为和思维方式,代表了产业未来的发展方向。

这些理念给直销企业的高管们带来强烈的冲击。

北京大学汇丰商学院副院长魏炜教授、清华大学经管学院教授李飞等在研讨会上,从不同角度为直销企业出谋划策。

安利、完美、新时代、玫琳凯等公司均表示,要拥抱互联网顺势而为,要在直销行业的既有优势基础上挖掘直销的价值。

北京大学中国直销行业发展研究中心副主任杨谦提出,直销企业应树立互联网战略思维,以数据挖掘、异业联盟、社交连接、娱乐营销思维去提升企业的竞争力,拥抱互联网。

广州直销协会成立

2015年3月31日,广东省直销企业协会第一次会员大会正式召开。本次大会得

第七部分
稳健发展这五年

到了安利、九极、康力等41家直销企业的大力支持，为了更好地开展直销的发展，广东省直销协会正式成立。

这是全国第一家获批准登记的协会，国家工商局刘壮、朱国汉局长，广东省协会组织处长李志华，国家工商总局行政学院、广州市工商局上任局长王克东都出席了会议。其中，广东九极生物科技有限公司总裁宁水生担任理事。

广东省直销协会的成立，将是我国继湖南省直销协会之后的第二个直销协会。直销协会的成立将推动直销行业的健康发展，同时也将为直销行业营造良好的直销经营氛围。

今年是直销立法十周年，各省直销协会的相继成立，也将助力直销行业修改更加适合直销行业发展和规范直销企业经营的法律法规。

广东直销协会的成立将为广东直销企业以及众多直销人提供更多指导和保障，从而推动我国直销行业的高速发展。

最近几家获牌的企业

2015年2月6日，直销人网记者获悉，山东卫康生物医药有限公司、内蒙古宇航人高技术产业有限责任公司、北京东方红航天生物技术股份有限公司、金科伟业（中国）有限公司拿到商务部颁发的国家直销经营牌照。

卫康生物直销经营许可证已在2015年1月30日获批，发证日期为2015年2月6日，法定代表人正是卫康生物集团董事长王宗继。

卫康生物自2014年4月25日申请直销牌照，到牌照颁发，卫康生物用时不到10个月，在众多申牌企业中，可谓佼佼者。山东卫康生物医药科技有限公司，创建于1999年，隶属于山东卫康生物集团，是一家以海洋生物制品的研究、开发、生产、销售于一体的国家高新技术企业。

据悉，卫康生物进军直销是董事长王宗继经过慎重思考的决定，直销经营许可证的取得将开启卫康生物壳寡糖产业又一新的篇章，卫康生物将秉承"以稳求胜"经营方针，为实现卫康生物医药科技的跨越式发展，扬帆起航！

媒体眼中的直销

2015年3月25日，商务部公布了内蒙古宇航人高技术产业有限责任公司获得直销经营许可，宇航人成为第50家直销企业，这也是内蒙古首家拿牌企业。据悉，早在2014年12月，宇航人就已获得直销牌照，时隔3个月终于等到商务部的公示，这意味着宇航人进军直销的步伐由此正式开启。

2015年2月26日，北京东方红航天生物技术股份有限公司顺利拿到直销牌照。经过十多年的发展，东方红公司已经走出了一条技术专业化、产品系列化、服务人性化的产业化发展之路。在发展中，公司继续以空间生物技术应用为核心，在现阶段培优质生物菌株的基础上，逐步进入空间蛋白质分离、细胞培养、蛋白质结晶等研究领域，以空间生物制药为主要目标，引领空间生物产业发展方向，促进中国生物医药产业的创新与发展。

2015年7月21日，商务部直销行业管理信息系统公示：金科伟业（中国）有限公司获得第62张直销牌照。金科伟业集团公司成立于2008年，总部香港，是一家集研发、生产、销售、服务于一体，以健康产业为支柱的现代化高科技集团公司。公司自主研制的高磁化自来水器和离子空气净化器。2013年3月投资中国大陆，成立金科伟业（中国）有限公司，注册资本一亿元人民币。同年分别在广州成立广州市金科伟业生物科技有限公司和在东莞成立金科伟业（中国）有限公司东莞分公司，并投资兴建现代化生产基地及GMP车间。目前总部占地面积一百多亩，拥有多功能演讲厅、产品展示厅以及各种康乐设施，是金科伟业大家庭美好的乐园。

山东直销企业勃兴

福瑞达2014年3月17日申请直销牌照，到现在获得直销牌照用时也不到一年时间，速度也相对神速。据悉山东福瑞达医药集团公司以山东省药学科学院为技术依托，立足于与人类健康有关的药品、保健食品及化妆品的产品开发，形成了科工贸一体化的综合医药科研开发机构。

永春堂于2014年7月9日与威海紫光和大连双迪两家企业同时申请直销牌照，如今也早已这两家企业获得直销牌照，可见企业实力不可小觑。据悉山东永春堂生物科技有限公司位于孔孟之乡的泗水县经济开发区，东望龟蒙，西瞻阙里，南峙尼坊，

第七部分
稳健发展这五年

北拱泰岱。公司创建于1998年，现已发展成为一家应用现代生物技术，集银杏保健品、银杏化妆品、日化产品、银杏甙元产品的研发、生产、销售于一体的多元化、现代化省级高新技术企业。

山东多家企业同时获得直销牌照，再次验证了山东是直销大省的美名，山东省工商局、山东省公安厅在联合通报山东打击传销工作的相关情况时，曾公布计划到2016年底，山东各市全部达到无传销城市目标，看来山东直销监管已经逐渐成熟。多家企业同时在2015开年同时获得直销牌照，可见直销牌照数目将加速，而自此，山东本土获得直销牌照的企业已达7家，分别为：安然纳米、长青、三株、东阿阿胶、福瑞达、卫康生物、永春堂。2015年直销牌照将增至多少张，直销人网和所有直销家人一起拭目以待。

金芦荟行业媒体海口行

2015年3月21日，群英荟梦飞扬2015荟生中国市场大会在海口市人民大会堂召开，千余金芦荟家人汇聚一堂。

会议开场，一组沙画表演把荟生20年来从成立到拿到直销经营许可再到2015年的目标蓝图全景勾勒，第一个五年计划将累计实现100亿的业绩目标，瞬间将现场气氛推向高潮。

随后，袁源总经理在讲话中也将荟生的第一个五年计划作为荟生2015年重中之重全盘托出。袁源讲到："一五计划荟生将继续打造最大中国最大有机生活方式，为提升人们健康做出贡献，20年的成长夯实了荟生的基础，第一个五年计划将让荟生有了进一步前进的蓝图。"

省工商部门领导在会上也对荟生的成长给予肯定，两个激动、两点感动送给荟生家人，八年铺垫直销路终成正果、汇聚全国精英令人激动；改变了海南农业生产结构，走出了常规农业的影子，带来了营销模式的转变，也必将带动科技营销的发展；加之全国精英合力传达荟生的健康理念、传播海南人民健康理念令人感动。"要想梦飞扬必须共同舟"也送给全体荟生精英共勉。

在全国营销精英的努力下，荟生首批长寿养生模式体验店也在全国纷纷落地，

媒体眼中的直销

会上,公司也对海南长寿养生模式首批体验店店长进行了授牌,此体验店模式也是2015年荟生战略中的重要一部分。荟生执行总裁张书鸣在讲话中也讲到:"在2015年,这个第一个五年计划的第一年,实现3亿销售目标,第一个五年计划完成累计实现100亿销售,五年间在海南岛准备108套别墅奖励给108位市场精英。"第一个五年计划的宏伟目标,荟生致力打造一个新的行业典范。

整场大会所有的节目,都出自荟生自己的经销商,在近1000位市场精英的助力下,荟生2015启动大会在第一个五年计划宏伟目标的激励下圆满落幕。

康美药业模式改革发力

4月16日晚19:05分,央视《新闻联播》栏目报道了康美医疗模式改革发力,多领域首次向民资开放。请看报道:

鼓励民资发展不只是行业准入降低门槛,政府在价格管控上也松开了口子。就在几天前,非公立医疗服务价格首次从政府定价转由市场说了算,真正点燃了民资办医的热情,广东的一家药企正在着手收购吉林、梅河口和通化的五家公立医院。

康美药业副董事长许冬瑾:希望做一个整合平台,然后形成一个医院的管理,由医院管理公司来整合这几个医院形成一个共享。

直销协会筹备文章报道

进入2014年,直销企业发牌数量已达43家之多,直销从业人员已有千千万,在"规范直销打击传销"的声音和行动不绝于耳的大环境之下,如何尽快筹建直销行业组织,形成企业自我管理的新格局,是这个行业人士热衷关心的话题。

2014年1月16日,全国健工委健康产业经销商委员会新闻发布会暨启动仪式在北京广播大厦举行。据委员会负责人介绍,本次新闻发布有受聘职位:副秘书长5名、常务委员5名、执行委员10名、会员若干,经销商委员希望"促进健康产业流通企

第七部分
稳健发展这五年

业诚信经营，切实保障经销商的合法权益，营造规范有序的商业环境，为国人打造安全绿色的健康生活保障"。

马年春节之后的 2 月 19 日，中国外商投资企业协会直销业委员会（以下简称外商直销协会）成立大会又在北京国际会议中心举行。外商直销协会召开了第一届理事会，会议通过了直销业委员会《章程》和《会员商德守则》等有关决议案，选举产生了本届委员会会长一名和副会长四名。

与此同时，2 月 27 日，由商务部牵头、13 家直销企业参与的直销行业协会筹备会在北京举行。商务部市场司、外资司、条法司等相关人员共同探讨了直销行业协会成立的具体事项，筹备会旨在统一观点，统一思想，为直销行业协会的成立奠定良好的开端。据悉，自有直销行业协会构想以来，已经历时三年时间，此次直销行业协会筹备会的召开，是推进行业协会成立的一个重要过程。

外商直销协会的成立

2 月 19 日下午，受邀媒体如约来到了北京国际会议中心，大会在下午四点钟准时开始，持续一个小时五点钟结束。之后是晚饭时间。记者了解到，外商直销协会第一届理事会是提前到当日下午两点、在没有媒体参加的情况下召开的。商务部条法司、市场秩序司和外资司、国家工商总局直销管理局、国务院发展研究中心市场经济研究所、中国消费者协会、商务部国际贸易经济研究院、北大直销研究中心等有关部门和机构以及外商投资直销企业的会员代表约 60 人出席了大会。而到会的媒体主要以主流大众媒体为主，《工商时报》、《国际商报》、《中国消费者报》、人民网、新华网、新浪网、中国网、腾讯网等 11 家媒体均在受邀之列。

会议结束后的信息显示，中国外商投资企业协会推荐胡国财副会长当选本届委员会会长，安利（中国）日用品有限公司总裁黄德荫、李锦记健康集团高级副总裁杨国晋、玫琳凯（中国）化妆品有限公司对外事务副总裁张晶、宝健（中国）日用品有限公司总裁李道当选副会长。

据悉当日会上，中国外商投资企业协会会长陈德铭向大会发来了贺词，中国外商投资企业协会副会长胡国财向与会代表汇报了成立直销业委员会筹备情况。李道副会长代表本届委员会当选会长、副会长发表了就职感言。商务部外资司副司长曹宏瑛发表了讲话，肯定了外资直销企业基本现状及其地位和作用，并就外资直销企业如何进一步贯彻落实两个《条例》，加强管理，规范经营，严格自律，实行公平

媒体眼中的直销

竞争,发表了意见。同时,对新成立的委员会工作提出了要求。石广生名誉会长在讲话中提出三点希望:一是直销企业要促进销售,扩大社会消费;二是规范销售行为,打击传销;三是促进产销见面,了解消费者需求,保护消费者权益。

去到外商直销协会成立大会现场的记者描述说,整个会议召开得很低调,会场上没有鲜花,也没有设立提问环节,吃饭也没有包间,领导和与会人员都是在一起就餐。有些企业代表因为有事没有就餐就匆匆离开了。

从主席台上的座次上来看,胡国财坐中间,紧挨着胡国财就座的是玫琳凯的张晶,其次是安利的黄德荫,再是宝健的李道,最右边是李锦记的杨国晋。胡国财的左边则是石广生、任兴洲等领导和专家,因此可见企业与协会的关系非同一般。

事实上,2月17日-19日,作为外商协会副会长的胡国财一行就赴上海和宁波直销企业调研,期间考察了美乐家、雅芳、如新、玫琳凯、克缇和三生等六家直销企业。考察期间胡国财就向直销企业通报了协会直销业委员会成立和即将举办的成立大会筹备的有关情况。现在的成立"外资先行一步单独成立社团组织了,这样外资企业以后有娘家了"。评论人士认为,在没有统一正式的直销行业协会组织之前,"属二级分会性质的外商直销协会只能尴尬起步"。

内资直销企业下一步

"就内资和外资来说,本来审批部门之间就有各自利益和相互矛盾存在,现有的牌照审批监管格局决定了行业协会组织的协调和统筹不可能利益统一、速度很快。"一位接近商务部的人士这样表示协会筹备方面的内幕。

内资方面好像也不甘示弱。记者得到的消息是,由原商务部市场秩序司温再兴巡视员负责牵头组建工作的"中国直销协会"正在筹备当中。该协会由安利、玫琳凯、康宝莱、新时代等13家直销企业发起,于2014年2月27日在商务部内部二号楼召开了第一次筹备会议,组建中国直销协会临时筹备小组,开展各项筹备工作。商务部有关司局已向相关直销企业发出邀请,接到邀请的部门企业也按时参与了此次会议。

根据协会筹备工作小组相关联系人之前向直销行业媒体透露的说法是:"中国直销协会"已筹集注册资金210万元,由新时代健康产业(集团)有限公司、玫琳凯(中国)化妆品有限公司、如新(中国)日用保健品有限公司发起单位各捐赠70万元,主要用于协会成立初期的必要经费。同时截止目前,全国13个省市有43家

第七部分
稳健发展这五年

直销企业递交了加入中国直销业协会的申请。

参加此次会议的企业代表会后均表示，他们都被要求保持低调，也不发新闻稿。记者了解到的消息是，本次筹备会议内容事实上也没有关于今后协会框架方面太多实质的说法和进展，起到的效果是"旨在统一观点，统一思想，为直销行业协会的成立奠定良好的开端"。之前，商务部市场秩序司在所发邀约文件《关于请参加并协助筹建"中国直销协会"的函》中表示，中国直销协会筹建的目的在于进一步加强行业自律，规范直销企业经营行为，增强行业凝聚力，建立政府与直销企业的沟通平台，促进我国直销行业健康发展。

关于参与和出席的企业，有消息灵通人士告诉说，"应该主要是以内资企业为主，当然也包含了外资企业，例如除了天狮、太阳神、新时代等企业代表参会之外，康宝莱、玫琳凯、如新等企业也都又在这个直销协会筹备会议的出席名单之列。"

一位熟悉商务部内部事务和流程的人士告诉记者说，温再兴等行业协会牵头人言语非常谨慎，他们拒绝了媒体的到场参会，他们也是在走一步看一步，他还没有关于协会成立方面的更多思路和观点。现在的情况看来，内资直销企业这接下来的这一步将何去何从，还有待时间的论证。

按照国际惯例，任何一个行业发展到一定阶段，在具备完整的法律法规、有一定数量企业参与的前提下，都会建立行业协会。直销行业协会的筹备和建立，是政府在政策和法律监管直销的一个补充，将有利于建立行业自律机制，完善企业的自我管理和自我约束，促进行业更加有序地发展。"中国直销协会"是继今年2月19日成立的首个直销业委员会——中国外商投资企业协会直销业委员会后，又一筹建关于整个直销行业的协会，它们的稳步推进或将给中国直销行业带来更多机遇。

直销协会的筹备心路

按照国际惯例，都是先有行业的存在，而后才有行业组织的建设。但是中国直销行业的发展比较特殊，这就直接引发了行业协会组织成立时间上的不同意见，曾有人主张在直销法没有出台前现在就可以筹备直销行业的协会组织，以便在中国直销立法的过程中能起到力所能及的协助作用。

"成立直销协会固然是行业自率的一种很好的方式，但是在直销法没有正式出台的情况下，毅然成立直销协会是不太现实的做法，毕竟要先有直销企业再有直销行业协会。"国家工商行政总局公平交易局的有关官员如此表示。这一点，可以从

媒体眼中的直销

国家工商总局先后叫停之前的"中国外商投资企业协会直销专业委员会"、"中国保健协会直销分会"、"中华全国工商联直销商会"等事件中看出一斑。

这其中需要重点提及的是，2004年10月5日，中国保健协会在北京召开了成立直销分会的首次筹备会议，表示将在今年10月28日至29日在北京举办的第四届中国国际保健节上倡议发起成立"中国保健协会直销分会"。据说这一事情后来被国家工商总局有关领导知道后，当时与协会协商叫停了中国保健协会直销分会的筹备工作。

2005年5月18日，又一次直销行业的秘密会议由外商投资企业协会牵头在苏州召开，时任商务部外贸司副司长邓湛也到会发表了重要讲话。而到会的直销企业代表，是安利、如新、康宝莱、雅芳、玫琳凯、完美、李锦记7家。"苏州会议的一个重要议题就是商讨成立直销行业协会"，这是由参会的以上7家外资企业联名提出的。不过，苏州会议并未成立直销行业协会，按照一位与会官员的说法，中国目前还没正式开放直销市场，自然也没有直销企业，这个时候成立直销行业协会"不合适宜"。随后，为了保持企业间的基本沟通，"关注中国直销开放小组"作为一个过渡性的组织便在苏州会议上浮出水面，但也不是真正意义上的直销协会。

按照国际市场惯例和当时的说法，直销协会一般是由直销公司组成，所以要成立直销行业协会，必须等到直销市场真正开放以后。现在直销企业已有43家企业之多，达到了民政部《社团管理条例》中的协会成立的基本要求，这个行业可以成立直销行业组织了。但是如何筹备成立，这又是一个问题。"商务部内部内资和外资的部门博弈就没有很好的协调和统筹，以致出现了利益纷争、协会林立的情况。"直销行业某知名评论人士认为。

直销行业协会成立后，将开展如下工作：第一，对行业的发展进行探讨和调研，为政府了解行业提供第一手资料；第二，研究和探讨政策法律法规，对其完善及修正；第三，成为政府和直销企业之间沟通的桥梁；第四，对行业的健康文化有一些研究和推动；第五，企业之间进行良性竞争秩序的调整；第六，社会公众宣传、公众形象的建立和整体品牌的打造。

这样的描述更多地出现在相关筹备倡议书的纸面上，可能在春节过后马年伊始的北京城，中国外商投资企业协会直销业委员会的成立给直销行业人士带来了久违的喜悦，但与此同时也给人们带来了一份特别的感受。从形式上来说，直销自此有了一个社团组织，各企业可以有平台进行沟通有渠道去申诉；但是令人困惑的是，

第七部分
稳健发展这五年

外资企业和内资企业不是统一接受管理和服务,"这叫企业今后如何找娘家可就为难了呢!"

内外资博弈在改革中发展

"虽然经过8年时间发展,但在中国直销市场上,外商投资企业依然唱着主角。"这也是记者从中国外商投资企业协会直销业委员会成立大会上了解到的数据信息。商务部外资司有关负责人介绍,自《直销管理条例》实施8年来,我国直销市场一直在规范有序健康地稳步发展。2006年、2007年是直销企业获批直销经营许可证较为集中的两年,2008年后批准速度放缓。目前全国获批直销经营许可证的企业共43家,其中外资直销企业共22家,超过半数。根据商务部直销行业管理信息系统的统计,2013年,全国外资直销企业销售额是209亿元人民币,占全国直销总销售收入的96%;外资直销企业直销员200万人,占总数的97%,外资直销企业所设分支机构239个,占总数的79%。总体来看,外资直销企业发展平稳健康。"这或许就是外商直销协会现行成立的条件了吗?"在外商直销协会成立新闻出来后一位"望会兴叹"的内资企业的代表人士当时这样质疑说。

但不管怎么样,直销行业发展二十余年,行业人员对行业协会的成立有共识,但是一直没有纳入到实际的进程中,此次中国直销协会第一次筹备会的召开将此项工作纳入进程,是行业发展的重要事件。同时,对行业自律和管理部门的有序对话、强化企业共同管理、协助政府管理,可以说是具有重要价值,对行业是利好的事情。

记者了解到,在2月20日的外商直销协会成立大会上,发布了《"做好直销,杜绝传销"倡议书》,号召直销企业严格执行国务院两个《条例》及相关法律法规,严格遵守《会员商德守则》,积极履行社会责任,回报社会,为中国社会经济的和谐发展,共圆"中国梦"发挥积极作用。这些对中国直销今后的发展是正面积极的宣传和号召,有利于直销的进一步本土化健康发展。

面对这些事实,行业专家同时也表示,直销行业协会的成立,许多实际工作是需要企业的支持和各方的努力。在目前中国进一步简政放权、深度改革的前提下,协会的成立将建立直销行业的新秩序,推动政府主导、企业自我管理和自我发展的新格局。

2013年全国两会后公布的《国务院机构改革和职能转变方案》,对改革社会组织管理制度提出了核心要求。一言以蔽之就是,加快形成政社分开、权责明确、依

媒体眼中的直销

法自治的现代社会组织体制。党的十八届三中全会又明确指出:"全面深化改革的总目标是完善和发展中国特色社会主义制度,推进国家治理体系和治理能力现代化。"国家治理体系和治理能力是国家制度和制度执行能力的集中体现。

随着本轮大部门制改革的持续推进,中国社会组织将迎来怎样的制度变革和发展机遇?有消息显示,民政部将于2014年启动行业协会商会与行政机关脱钩试点,争取到2015年底前全面实现行业协会商会与行政机关脱钩。民政部民间组织管理局副局长李勇早在2013年7月间接受《瞭望》新闻周刊记者采访时就谈到,现代社会组织体制改革的要旨就是要理顺行业协会商会与政府部门的关系,让社会组织回归社会,保持法律赋予的独立性。在此基础上,依法行事,优胜劣汰。探索"一业多会"改革的目的,就是要在行业协会商会中引入竞争机制,以改变行业协会商会行政化倾向,增强其自主性和活力。

在万众瞩目的政府机构改革方案中,专门要求改革社会组织管理制度,这是本轮大部门制改革的一个显著特点,也是与以往机构改革、职能转变不同之处。但直销行业的协会组织如何成立,如何更好地为人民服务,这些都还要拭目以待!

第七部分
稳健发展这五年

专家访谈：

"新常态"下的直销企业国际化
——访台湾传智集团总裁、《直销世纪》杂志社社长李久慈先生

为应对中国经济"新常态"和全球经济进一步融合的趋势，中国制定了以"一带一路"为核心的新型对外开放战略，亚投行和丝路基金的成立，标志着中国经济"走出去"迈出了重要步伐。

那么，作为中国经济体系的一部分，"新常态"下的直销企业国际化会有哪些现象？中国直企国际化需要在哪几个方面加强提升？中国直企进军国际市场会遇到哪些挑战？中国直企在国际化的过程中如何解决跨文化冲突等问题？带着这些疑问，本刊记者在当代直销沙龙第5期现场，采访了从事直销领域多年的台湾传智集团总裁李久慈先生，看看他对"新常态"下的直销企业国际化是如何认识和思考的。

"新常态"下的直销企业国际化现象谈

《当代直销》：在新常态下，您对中国直销企业国际化现象有哪些看法和建议？

李久慈：关于直销企业的国际化，我想跟各位分享一下自己的浅见，分两个角度来报告。对于世界各地的直销公司而言，他们走向国际化的时候，会把中国市场作为首选，因为中国是全世界公认的最具有发展潜力的市场。台资的直销公司或者东南亚背景的直销公司，或者以美资为主的直销公司，都把中国市场当成跨出本地市场走向海外的第一站。

媒体眼中的直销

已经在国内拿到直销牌照的民族直销企业，走向国际化核心目的应该不是市场，因为纯粹就市场的角度走向国际化其实是得不偿失的事情。那为什么还有这么多内资直销公司几乎每一家都有规划国际市场的步骤呢？以我的理解，他们走向国际化的目的是满足了国内经销商的需求，因为国内的很多经销商加入直销公司，希望通过直销公司带着他们走向世界。很多人选择直销除了追求财富自由，也希望追求生活的丰富化。

奖励旅游——很多人第一次出国就是因为做直销，但这样不能满足，他更希望去国外发展市场。因此，相当多国内内资企业安排国际化，是让国内这些经销商在感情上有一个发展空间，并不是说它对海外市场有多大的把握。

中国直销企业国际化加强提升的方面

《当代直销》：面对国外不同经济环境和政治环境，中国直销企业需要注意哪些问题？请您具体谈一下中国直销企业在国际化道路上可以借鉴的例子和经验。

李久慈：我们必须要说国内企业的国际化也有不同于以上的案例，其中最具有代表性的就是天狮公司。天狮公司走向国际化并不是为了满足国内经销商感情上的需求，而是因为1998年时国内取消直销。天狮公司的创办人就让经销商到海外去拓宽他的国际市场。于是1998年到2005年，商务部公告《直销管理条例》的漫长过程中，天狮公司在国外市场发展起来。要说中国的直销企业走向国际市场具有比较完整的经验，天狮公司当之无愧，这家公司替中国直销走向国际市场写下了历史。

天狮公司在走向国际市场的时候开拓了很多市场机会，如果我们以天狮公司在国际市场的经验做一个总结，我们会发现中国的直销企业走向国际市场的时候，有些市场是有成功机会的，有一些是没有成功机会的。譬如天狮公司去了美国，也去了中南美洲，也去了欧洲，回到今天再来看天狮在欧洲和美洲并不是很成功，但在其他一些发展中国家，比如像俄罗斯、东南亚的印尼、非洲比较富裕的地区尼日利亚等地区，天狮都经营得非常成功，而且也成为中国的直销企业在国际市场上的一个典范。今天我想非常多内资直销企业走向国际，他们可以参考天狮当初的道路。

国际化过程中如何解决跨文化冲突的问题

《当代直销》：中国直企在国际化的过程中，或多或少会碰到水土不服、文化不一的问题，那么如何解决和避免这类的文化冲突问题？

李久慈：中国直销企业在国际化中会不会遇到文化冲突呢？我想起一个实际的

第七部分
稳健发展这五年

例子,比如直销公司如果进军以穆斯林国家的话,则需要当地政府的认证。天狮公司为什么可以在穆斯林地区把产品卖得很好,就是因为他们在发展过程中发现了国际化并不能用单纯的东西方概念来切割,而是按照当地社会的背景和宗教文化,形成不同区块的消费模式。

  我个人对中国直销走向国际化比较乐观,如果从全世界直销市场的成长率来看,大部分属于快速成长地区的市场和我们中国的企业都没有冲突,比较不容易进去的市场比如欧洲市场西欧市场或者北美市场,这些市场本身成长很慢。对于我们中国企业来讲未必是好事,从这个角度来看对中国走向国际化还是不错的,尤其像穆斯林市场。走向国际化对于国内的直销公司来讲还是一件值得做的事情,也是为了丰富国内经销商生活的内涵。

第八部分：
直销二十年与条令十年(2015年)

  自1992年，雅芳登陆中国广州以"雅芳小姐"名义开始直销，1995年安利登陆中国，1998年国家实行直销传销一刀切，2001年底承诺立法，四年后的2005年是中国直销元年，当年9月国务院出台《直销管理条例》。以此为标志，中国直销行业凤凰涅槃，迈过痛苦的转型时期，进入有法可依的时代。至2015年，直销走过了风雨二十年条例十年。

第三十七章 "互联网+"的行动计划

"大众创业，万众创新"全国联动

国务院关于大力推进大众创业万众创新
若干政策措施的意见
国发〔2015〕32号

各省、自治区、直辖市人民政府，国务院各部委、各直属机构：

推进大众创业、万众创新，是发展的动力之源，也是富民之道、公平之计、强国之策，对于推动经济结构调整、打造发展新引擎、增强发展新动力、走创新驱动发展道路具有重要意义，是稳增长、扩就业、激发亿万群众智慧和创造力，促进社会纵向流动、公平正义的重大举措。根据2015年《政府工作报告》部署，为改革完善相关体制机制，构建普惠性政策扶持体系，推动资金链引导创业创新链、创业创新链支持产业链、产业链带动就业链，现提出以下意见。

一、充分认识推进大众创业、万众创新的重要意义

——推进大众创业、万众创新，是培育和催生经济社会发展新动力的必然选择。随着我国资源环境约束日益强化，要素的规模驱动力逐步减弱，传统的高投入、高消耗、粗放式发展方式难以为继，经济发展进入新常态，需要从要素驱动、投资驱

媒体眼中的直销

动转向创新驱动。推进大众创业、万众创新，就是要通过结构性改革、体制机制创新，消除不利于创业创新发展的各种制度束缚和桎梏，支持各类市场主体不断开办新企业、开发新产品、开拓新市场，培育新兴产业，形成小企业"铺天盖地"、大企业"顶天立地"的发展格局，实现创新驱动发展，打造新引擎、形成新动力。

——推进大众创业、万众创新，是扩大就业、实现富民之道的根本举措。我国有13亿多人口、9亿多劳动力，每年高校毕业生、农村转移劳动力、城镇困难人员、退役军人数量较大，人力资源转化为人力资本的潜力巨大，但就业总量压力较大，结构性矛盾凸显。推进大众创业、万众创新，就是要通过转变政府职能、建设服务型政府，营造公平竞争的创业环境，使有梦想、有意愿、有能力的科技人员、高校毕业生、农民工、退役军人、失业人员等各类市场创业主体"如鱼得水"，通过创业增加收入，让更多的人富起来，促进收入分配结构调整，实现创新支持创业、创业带动就业的良性互动发展。

——推进大众创业、万众创新，是激发全社会创新潜能和创业活力的有效途径。目前，我国创业创新理念还没有深入人心，创业教育培训体系还不健全，善于创造、勇于创业的能力不足，鼓励创新、宽容失败的良好环境尚未形成。推进大众创业、万众创新，就是要通过加强全社会以创新为核心的创业教育，弘扬"敢为人先、追求创新、百折不挠"的创业精神，厚植创新文化，不断增强创业创新意识，使创业创新成为全社会共同的价值追求和行为习惯。

二、总体思路

按照"四个全面"战略布局，坚持改革推动，加快实施创新驱动发展战略，充分发挥市场在资源配置中的决定性作用和更好发挥政府作用，加大简政放权力度，放宽政策、放开市场、放活主体，形成有利于创业创新的良好氛围，让千千万万创业者活跃起来，汇聚成经济社会发展的巨大动能。不断完善体制机制、健全普惠性政策措施，加强统筹协调，构建有利于大众创业、万众创新蓬勃发展的政策环境、制度环境和公共服务体系，以创业带动就业、创新促进发展。

——坚持深化改革，营造创业环境。通过结构性改革和创新，进一步简政放权、放管结合、优化服务，增强创业创新制度供给，完善相关法律法规、扶持政策和激励措施，营造均等普惠环境，推动社会纵向流动。

——坚持需求导向，释放创业活力。尊重创业创新规律，坚持以人为本，切实解决创业者面临的资金需求、市场信息、政策扶持、技术支撑、公共服务等瓶颈问题，最大限度释放各类市场主体创业创新活力，开辟就业新空间，拓展发展新天地，解放和发展生产力。

——坚持政策协同，实现落地生根。加强创业、创新、就业等各类政策统筹，部门与地方政策联动，确保创业扶持政策可操作、能落地。鼓励有条件的地区先行先试，探索形成可复制、可推广的创业创新经验。

——坚持开放共享，推动模式创新。加强创业创新公共服务资源开放共享，整合利用全球创业创新资源，实现人才等创业创新要素跨地区、跨行业自由流动。依托"互联网+"、大数据等，推动各行业创新商业模式，建立和完善线上与线下、境内与境外、政府与市场开放合作等创业创新机制。

三、创新体制机制，实现创业便利化

（一）完善公平竞争市场环境。进一步转变政府职能，增加公共产品和服务供给，为创业者提供更多机会。逐步清理并废除妨碍创业发展的制度和规定，打破地方保护主义。加快出台公平竞争审查制度，建立统一透明、有序规范的市场环境。依法反垄断和反不正当竞争，消除不利于创业创新发展的垄断协议和滥用市场支配地位以及其他不正当竞争行为。清理规范涉企收费项目，完善收费目录管理制度，制定事中事后监管办法。建立和规范企业信用信息发布制度，制定严重违法企业名单管理办法，把创业主体信用与市场准入、享受优惠政策挂钩，完善以信用管理为基础的创业创新监管模式。

（二）深化商事制度改革。加快实施工商营业执照、组织机构代码证、税务登记证"三证合一"、"一照一码"，落实"先照后证"改革，推进全程电子化登记和电子营业执照应用。支持各地结合实际放宽新注册企业场所登记条件限制，推动"一址多照"、集群注册等住所登记改革，为创业创新提供便利的工商登记服务。建立市场准入等负面清单，破除不合理的行业准入限制。开展企业简易注销试点，建立便捷的市场退出机制。依托企业信用信息公示系统建立小微企业名录，增强创业企业信息透明度。

（三）加强创业知识产权保护。研究商业模式等新形态创新成果的知识产权保护办法。积极推进知识产权交易，加快建立全国知识产权运营公共服务平台。完善知识产权快速维权与维权援助机制，缩短确权审查、侵权处理周期。集中查处一批侵犯知识产权的大案要案，加大对反复侵权、恶意侵权等行为的处罚力度，探索实施惩罚性赔偿制度。完善权利人维权机制，合理划分权利人举证责任，完善行政调解等非诉讼纠纷解决途径。

（四）健全创业人才培养与流动机制。把创业精神培育和创业素质教育纳入国民教育体系，实现全社会创业教育和培训制度化、体系化。加快完善创业课程设置，加强创业实训体系建设。加强创业创新知识普及教育，使大众创业、万众创新深入人心。加强创业导师队伍建设，提高创业服务水平。加快推进社会保障制度改革，破除人才自由流动制度障碍，实现党政机关、企事业单位、社会各方面人才顺畅流动。加快建立创业创新绩效评价机制，让一批富有创业精神、勇于承担风险的人才脱颖而出。

四、优化财税政策，强化创业扶持

（五）加大财政资金支持和统筹力度。各级财政要根据创业创新需要，统筹安排各类支持小微企业和创业创新的资金，加大对创业创新支持力度，强化资金预算执行和监管，加强资金使用绩效评价。支持有条件的地方政府设立创业基金，扶持创业创新发展。在确保公平竞争前提下，鼓励对众创空间等孵化机构的办公用房、用水、用能、网络等软硬件设施给予适当优惠，减轻创业者负担。

（六）完善普惠性税收措施。落实扶持小微企业发展的各项税收优惠政策。落实科技企业孵化器、大学科技园、研发费用加计扣除、固定资产加速折旧等税收优惠政策。对符合条件的众创空间等新型孵化机构适用科技企业孵化器税收优惠政策。按照税制改革方向和要求，对包括天使投资在内的投向种子期、初创期等创新活动的投资，统筹研究相关税收支持政策。修订完善高新技术企业认定办法，完善创业投资企业享受70%应纳税所得额税收抵免政策。抓紧推广中关村国家自主创新示范区税收试点政策，将企业转增股本分期缴纳个人所得税试点政策、股权奖励分期缴纳个人所得税试点政策推广至全国范围。落实促进高校毕业生、残疾人、退役军人、登记失业人员等创业就业税收政策。

（七）发挥政府采购支持作用。完善促进中小企业发展的政府采购政策，加强对采购单位的政策指导和监督检查，督促采购单位改进采购计划编制和项目预留管理，增强政策对小微企业发展的支持效果。加大创新产品和服务的采购力度，把政府采购与支持创业发展紧密结合起来。

五、搞活金融市场，实现便捷融资

（八）优化资本市场。支持符合条件的创业企业上市或发行票据融资，并鼓励创业企业通过债券市场筹集资金。积极研究尚未盈利的互联网和高新技术企业到创业板发行上市制度,推动在上海证券交易所建立战略新兴产业板。加快推进全国中小企业股份转让系统向创业板转板试点。研究解决特殊股权结构类创业企业在境内上市的制度性障碍,完善资本市场规则。规范发展服务于中小微企业的区域性股权市场,推动建立工商登记部门与区域性股权市场的股权登记对接机制,支持股权质押融资。支持符合条件的发行主体发行小微企业增信集合债等企业债券创新品种。

(九)创新银行支持方式。鼓励银行提高针对创业创新企业的金融服务专业化水平,不断创新组织架构、管理方式和金融产品。推动银行与其他金融机构加强合作,对创业创新活动给予有针对性的股权和债权融资支持。鼓励银行业金融机构向创业企业提供结算、融资、理财、咨询等一站式系统化的金融服务。

(十)丰富创业融资新模式。支持互联网金融发展,引导和鼓励众筹融资平台规范发展,开展公开、小额股权众筹融资试点,加强风险控制和规范管理。丰富完善创业担保贷款政策。支持保险资金参与创业创新,发展相互保险等新业务。完善知识产权估值、质押和流转体系,依法合规推动知识产权质押融资、专利许可费收益权证券化、专利保险等服务常态化、规模化发展,支持知识产权金融发展。

六、扩大创业投资,支持创业起步成长

(十一)建立和完善创业投资引导机制。不断扩大社会资本参与新兴产业创投计划参股基金规模,做大直接融资平台,引导创业投资更多向创业企业起步成长的前端延伸。不断完善新兴产业创业投资政策体系、制度体系、融资体系、监管和预警体系,加快建立考核评价体系。加快设立国家新兴产业创业投资引导基金和国家中小企业发展基金,逐步建立支持创业创新和新兴产业发展的市场化长效运行机制。发展联合投资等新模式,探索建立风险补偿机制。鼓励各地方政府建立和完善创业投资引导基金。加强创业投资立法,完善促进天使投资的政策法规。促进国家新兴产业创业投资引导基金、科技型中小企业创业投资引导基金、国家科技成果转化引导基金、国家中小企业发展基金等协同联动。推进创业投资行业协会建设,加强行业自律。

(十二)拓宽创业投资资金供给渠道。加快实施新兴产业"双创"三年行动计划,建立一批新兴产业"双创"示范基地,引导社会资金支持大众创业。推动商业银行在依法合规、风险隔离的前提下,与创业投资机构建立市场化长期性合作。进一步降低商业保险资金进入创业投资的门槛。推动发展投贷联动、投保联动、投债联动等新模式,不断加大对创业创新企业的融资支持。

媒体眼中的直销

（十三）发展国有资本创业投资。研究制定鼓励国有资本参与创业投资的系统性政策措施，完善国有创业投资机构激励约束机制、监督管理机制。引导和鼓励中央企业和其他国有企业参与新兴产业创业投资基金、设立国有资本创业投资基金等，充分发挥国有资本在创业创新中的作用。研究完善国有创业投资机构国有股转持豁免政策。

（十四）推动创业投资"引进来"与"走出去"。抓紧修订外商投资创业投资企业相关管理规定，按照内外资一致的管理原则，放宽外商投资准入，完善外资创业投资机构管理制度，简化管理流程，鼓励外资开展创业投资业务。放宽对外资创业投资基金投资限制，鼓励中外合资创业投资机构发展。引导和鼓励创业投资机构加大对境外高端研发项目的投资，积极分享境外高端技术成果。按投资领域、用途、募集资金规模，完善创业投资境外投资管理。

七、发展创业服务，构建创业生态

（十五）加快发展创业孵化服务。大力发展创新工场、车库咖啡等新型孵化器，做大做强众创空间，完善创业孵化服务。引导和鼓励各类创业孵化器与天使投资、创业投资相结合，完善投融资模式。引导和推动创业孵化与高校、科研院所等技术成果转移相结合，完善技术支撑服务。引导和鼓励国内资本与境外合作设立新型创业孵化平台，引进境外先进创业孵化模式，提升孵化能力。

（十六）大力发展第三方专业服务。加快发展企业管理、财务咨询、市场营销、人力资源、法律顾问、知识产权、检验检测、现代物流等第三方专业化服务，不断丰富和完善创业服务。

（十七）发展"互联网+"创业服务。加快发展"互联网+"创业网络体系，建设一批小微企业创业创新基地，促进创业与创新、创业与就业、线上与线下相结合，降低全社会创业门槛和成本。加强政府数据开放共享，推动大型互联网企业和基础电信企业向创业者开放计算、存储和数据资源。积极推广众包、用户参与设计、云设计等新型研发组织模式和创业创新模式。

（十八）研究探索创业券、创新券等公共服务新模式。有条件的地方继续探索通过创业券、创新券等方式对创业者和创新企业提供社会培训、管理咨询、检验检测、软件开发、研发设计等服务，建立和规范相关管理制度和运行机制，逐步形成可复制、可推广的经验。

八、建设创业创新平台，增强支撑作用

第八部分
直销二十年与条令十年

（十九）打造创业创新公共平台。加强创业创新信息资源整合，建立创业政策集中发布平台，完善专业化、网络化服务体系，增强创业创新信息透明度。鼓励开展各类公益讲坛、创业论坛、创业培训等活动，丰富创业平台形式和内容。支持各类创业创新大赛，定期办好中国创新创业大赛、中国农业科技创新创业大赛和创新挑战大赛等赛事。加强和完善中小企业公共服务平台网络建设。充分发挥企业的创新主体作用，鼓励和支持有条件的大型企业发展创业平台、投资并购小微企业等，支持企业内外部创业者创业，增强企业创业创新活力。为创业失败者再创业建立必要的指导和援助机制，不断增强创业信心和创业能力。加快建立创业企业、天使投资、创业投资统计指标体系，规范统计口径和调查方法，加强监测和分析。

（二十）用好创业创新技术平台。建立科技基础设施、大型科研仪器和专利信息资源向全社会开放的长效机制。完善国家重点实验室等国家级科研平台（基地）向社会开放机制，为大众创业、万众创新提供有力支撑。鼓励企业建立一批专业化、市场化的技术转移平台。鼓励依托三维（3D）打印、网络制造等先进技术和发展模式，开展面向创业者的社会化服务。引导和支持有条件的领军企业创建特色服务平台，面向企业内部和外部创业者提供资金、技术和服务支撑。加快建立军民两用技术项目实施、信息交互和标准化协调机制，促进军民创新资源融合。

（二十一）发展创业创新区域平台。支持开展全面创新改革试验的省（区、市）、国家综合配套改革试验区等，依托改革试验平台在创业创新体制机制改革方面积极探索，发挥示范和带动作用，为创业创新制度体系建设提供可复制、可推广的经验。依托自由贸易试验区、国家自主创新示范区、战略性新兴产业集聚区等创业创新资源密集区域，打造若干具有全球影响力的创业创新中心。引导和鼓励创业创新型城市完善环境，推动区域集聚发展。推动实施小微企业创业基地城市示范。鼓励有条件的地方出台各具特色的支持政策，积极盘活闲置的商业用房、工业厂房、企业库房、物流设施和家庭住所、租赁房等资源，为创业者提供低成本办公场所和居住条件。

九、激发创造活力，发展创新型创业

（二十二）支持科研人员创业。加快落实高校、科研院所等专业技术人员离岗创业政策，对经同意离岗的可在3年内保留人事关系，建立健全科研人员双向流动机制。进一步完善创新型中小企业上市股权激励和员工持股计划制度规则。鼓励符合条件的企业按照有关规定，通过股权、期权、分红等激励方式，调动科研人员创业积极性。支持鼓励学会、协会、研究会等科技社团为科技人员和创业企业提供咨询服务。

（二十三）支持大学生创业。深入实施大学生创业引领计划，整合发展高校毕业生就业创业基金。引导和鼓励高校统筹资源，抓紧落实大学生创业指导服务机构、人员、场地、经费等。引导和鼓励成功创业者、知名企业家、天使和创业投资人、专家学者等担任兼职创业导师，提供包括创业方案、创业渠道等创业辅导。建立健全弹性学制管理办法，支持大学生保留学籍休学创业。

（二十四）支持境外人才来华创业。发挥留学回国人才特别是领军人才、高端人才的创业引领带动作用。继续推进人力资源市场对外开放，建立和完善境外高端创业创新人才引进机制。进一步放宽外籍高端人才来华创业办理签证、永久居留证等条件，简化开办企业审批流程，探索由事前审批调整为事后备案。引导和鼓励地方对回国创业高端人才和境外高端人才来华创办高科技企业给予一次性创业启动资金，在配偶就业、子女入学、医疗、住房、社会保障等方面完善相关措施。加强海外科技人才离岸创业基地建设，把更多的国外创业创新资源引入国内。

十、拓展城乡创业渠道，实现创业带动就业

（二十五）支持电子商务向基层延伸。引导和鼓励集办公服务、投融资支持、创业辅导、渠道开拓于一体的市场化网商创业平台发展。鼓励龙头企业结合乡村特点建立电子商务交易服务平台、商品集散平台和物流中心，推动农村依托互联网创业。鼓励电子商务第三方交易平台渠道下沉，带动城乡基层创业人员依托其平台和经营网络开展创业。完善有利于中小网商发展的相关措施，在风险可控、商业可持续的前提下支持发展面向中小网商的融资贷款业务。

（二十六）支持返乡创业集聚发展。结合城乡区域特点，建立有市场竞争力的协作创业模式，形成各具特色的返乡人员创业联盟。引导返乡创业人员融入特色专业市场，打造具有区域特点的创业集群和优势产业集群。深入实施农村青年创业富民行动，支持返乡创业人员因地制宜围绕休闲农业、农产品深加工、乡村旅游、农村服务业等开展创业，完善家庭农场等新型农业经营主体发展环境。

（二十七）完善基层创业支撑服务。加强城乡基层创业人员社保、住房、教育、医疗等公共服务体系建设，完善跨区域创业转移接续制度。健全职业技能培训体系，加强远程公益创业培训，提升基层创业人员创业能力。引导和鼓励中小金融机构开展面向基层创业创新的金融产品创新，发挥社区地理和软环境优势，支持社区创业者创业。引导和鼓励行业龙头企业、大型物流企业发挥优势，拓展乡村信息资源、物流仓储等技术和服务网络，为基层创业提供支撑。

十一、加强统筹协调，完善协同机制

（二十八）加强组织领导。建立由发展改革委牵头的推进大众创业万众创新部际联席会议制度，加强顶层设计和统筹协调。各地区、各部门要立足改革创新，坚持需求导向，从根本上解决创业创新中面临的各种体制机制问题，共同推进大众创业、万众创新蓬勃发展。重大事项要及时向国务院报告。

（二十九）加强政策协调联动。建立部门之间、部门与地方之间政策协调联动机制，形成强大合力。各地区、各部门要系统梳理已发布的有关支持创业创新发展的各项政策措施，抓紧推进"立、改、废"工作，将对初创企业的扶持方式从选拔式、分配式向普惠式、引领式转变。建立健全创业创新政策协调审查制度，增强政策普惠性、连贯性和协同性。

（三十）加强政策落实情况督查。加快建立推进大众创业、万众创新有关普惠性政策措施落实情况督查督导机制，建立和完善政策执行评估体系和通报制度，全力打通决策部署的"最先一公里"和政策落实的"最后一公里"，确保各项政策措施落地生根。

各地区、各部门要进一步统一思想认识，高度重视、认真落实本意见的各项要求，结合本地区、本部门实际明确任务分工、落实工作责任，主动作为、敢于担当，积极研究解决新问题，及时总结推广经验做法，加大宣传力度，加强舆论引导，推动本意见确定的各项政策措施落实到位，不断拓展大众创业、万众创新的空间，汇聚经济社会发展新动能，促进我国经济保持中高速增长、迈向中高端水平。

国务院

2015 年 6 月 11 日

安利中国 20 年 打造体验战略

8月2日，开业20周年的安利（中国）在广州发布其下一个"十年战略"：为

媒体眼中的直销

了实现安利平台上的成功创业者数量翻番的目标,安利将全面实施数字化战略、体验战略和年轻化战略,将直销体系与移动社交电商相结合,为营销人员打造o2o创业平台和一站式创业支持服务。

四大系统支撑o2o大众创业平台

首先,产品支持系统。安利向创业者提供具有广阔前景和强大竞争力的丰富多样的产品,助其迅速开拓客户、留住客户。第二,移动电商系统。由安利微信服务号、安利营销人员微店、安利数码港app等移动渠道组成,配合其线下家居送货体系,实现了移动社交电商的闭环。第三,顾客体验系统。安利正在将所有店铺升级改造为线下体验设施,同时开发基于人群细分和生活方式的社群活动平台,支持营销人员通过开展健身、美容、亲子、美食等丰富多彩社群活动,开拓客源。第四,学习成长系统。

建移动社交电商模式

安利大中华总裁颜志荣强调:"直销是安利的核心竞争力,我们不会放弃直销这种模式,也一直在寻找直销与互联网咬合的齿轮。移动社交电商,就是安利整合直销传统优势、有效利用移动电商和社交媒体,开发出的安利版互联网+模式。"

顾客可以根据自己喜好,通过这三个移动端的任何一个渠道实现线上购买、办理会员加入;营销人员则可通过这些渠道实现移动化的产品销售、客户服务、业务管理,从而大幅提升营销效率。

重磅消息引爆20周年盛典

安利大中华总裁颜志荣介绍:安利将打造雅姿美容仪,实现医疗级无创美容整形的效果。不仅如此,安利将和苹果公司合作,将在苹果的手表applewatch内置安利的app。

安利大中华市场副总裁余放指出,"跟苹果公司的合作,是安利提供数字化工具的创新,也是安利公司与苹果公司一项双赢的合作。具体合作内容是一款定制的applewatch,有我们安利的logo,也有安利的健康管理app,使用者可以享受到安利公司以及纽崔莱为其量身定制的健康管理服务。"

第八部分
直销二十年与条令十年

直销企业纷纷借微商谋求发展

在"互联网+"的大环境下,此前主要被面膜商钟爱的微商模式,正在被直销企业所接纳。记者近日从广东营养健康产业协会获悉,截至目前,广东1100多家会员企业,90%都已经布局电商和微商渠道。

在业内人士看来,化妆品仅仅是微商的第一波行情,第二波在保健品。不过,也有分析认为,微商渠道目前尚未完善,依旧存在涉嫌多层次销售等问题。

药企纷纷涉足"大健康+微商"

国家政策及行业优势等多种有利因素纷纷助力电商的发展。"互联网++"未来空间无限广阔,其中以面膜为代表的微商的发展更是相当迅猛。

在这个传统营销模式和现代营销模式激烈碰撞的时代,一些原本打算靠做直销以快速做大营收,但又暂时没法拿到直销牌照的药企,开始盯上了微商渠道。

记者注意到,在第73届全国药品交易会上,就已经有业内人士喊出了"微商第二波在保健品"的口号。许多传统企业为了谋求更大的发展空间,纷纷借力微商转型。

黑马创客创始人邱德意就直言,微商行业从前期的野蛮生长到现在的规范转型,从化妆品的品牌乱战到现在的大健康品牌过渡,种种迹象都可以看出,微商与大健康两大热门行业正在积极联手,开创新的商业格局。

而上周在广州举行的大健康产业产融孵化硅谷揭牌会上,广东省营养健康产业协会秘书长张咏在接受南都记者采访时透露,广东省营养健康产业协会1100多家会员企业中,90%都已经"触电"。

"这些会员企业主要通过电商和微商两个渠道切入互联网+大健康产业。电商方面比较普遍,微商方面,大件商品则还在观望。目前主要是几百元的小件商品在涉水微商渠道。此前健康元联手思埠推减肥产品就是一个例子。"张咏说。

站上风口尚需注意风险

随着"互联网+"战略计划的贯彻落实,微商模式被推上了一个新的高度。加之微信这款通讯软件使用的人数越来越多,针对传统行业的营销,依靠微信推广的微商行业已经成为最火的创业项目。

媒体眼中的直销

广东亨氏进出口股份有限公司大中华区副总裁鲍思宇告诉记者，包括广东亨氏进出口公司在内，东莞已经有企业在借助微商做跨境的食材和药材的社区生意。在他看来，微营销更加注重人与人的沟通，以及相比淘宝天猫等传统电商，微商的低门槛是不少大健康企业选择这一渠道的原因所在。

在一些看好大健康+微商的人士看来，大健康产业做微商的难度低，但成功率往往更高，因为代理一款产品非常简单，再加上微商市场是一个主动推广的市场，因此只需要进行适当合理的推广，成交率会大大提升。

不过，也有专家则认为，大健康产业目前比较实际的渠道或许还是传统渠道。

"我们近日就联合创革文化传媒在给大健康公司，特别是中小企业转型做产品定位和市场定位。我们注意到，大部分大健康企业都在触网做电商和微商。但大象转身与蚂蚁转身不一样，传统企业要做微商还是存在不小风险。目前，微商处于无序竞争的情况，涉嫌多层次传销的问题。此外，药材等要做微商渠道，药食同源的会比较好一点。以灵芝为例，国内目前有5种灵芝，其中有的灵芝服用过量会中毒，没有营养师引导去服用会出问题。"张咏如是指出。

而据南都记者了解，微商所依赖的微信平台，目前对过度商业化而影响到朋友圈的互动体验，也在采取措施。

目前，微信正在尝试对在朋友圈卖东西的骚扰用户的信息做标记，未来不排除积累成为微信系统中的一类"大数据"，被多人"同意"为骚扰信息的朋友圈内容会成为分析样本，提取出关键字，作为以后是否出现骚扰提示的判断依据。也就是说，未来，朋友圈内容经常被其他人判定为骚扰信息的用户也可能面临一些制裁。

药企试水"大健康+微商"大事记

● 2015年3月，江中药业联合健佰氏，正式推出微商产品美人瘦酵母枣

● 2015年3月，哈药集团黑龙江同泰药业瘦哆啦进军微商

● 2015年4月，广药白云山和韩束微商强强联手，合力开拓"纤纤梅"项目

● 2015年4月，健康元正与广东思埠集团有限公司商谈合作事宜，初步意向为双方共同出资成立合资公司，进行产品微商渠道的营销合作。公告称，健康元与思埠集团拟成立的合资公司注册资金为1000万元，其中健康元和思埠集团分别占49%、51%股权。（南方都市报）

第八部分
直销二十年与条令十年

当代直销沙龙定期报道

为了适时汇聚相关权威人士,及时探讨关乎行业命脉的热点话题,当代直销杂志社自 2015 年起特别召开"当代直销沙龙系列活动",对社会诸多焦点话题进行直击交流和观点汇总,也作为今年中国直销文化论坛年会的前奏活动。2015 年第 1 期沙龙活动于 4 月 15 日在京举办。(当代直销网)

广告法修订

我们每天都在不知不觉中接触到广告,而广告又在潜移默化之中影响着我们对于商品和服务的选择。一旦对广告把关不严,其危害是显而易见的。

新修订的《广告法》已于 9 月 1 日正式实施,"史上最严"广告法具体有哪些亮点?对人们生活会产生哪些影响?

区工商分局相关负责人表示,这次广告法修改的幅度非常大,其中包括明确虚假广告的定义和典型形态,新增广告代言人的法律义务和责任的规定,强化了对大众传播媒介广告发布行为的监管力度,进一步提高法律责任的震慑力等多个方面。这次修改可以概括为这样 10 个亮点。

充实和细化广告内容准则。旧广告法对一些内容准则规定得比较原则,面比较窄,这次修订更加丰富。比如完善了保健食品、药品、医疗、医疗器械、教育培训、招商投资、房地产、农作物种子等广告的准则。与人民群众的消费、生活、健康密切相关的问题都增加了进来。

明确虚假广告的定义和典型形态。旧广告法对虚假广告其实并无明确定义,仅在第四条模糊地规定了一句"广告不得含有虚假的内容,不得欺骗和误导消费者",而且对虚假广告的法律责任没有明文规定,给商家"打擦边球"留下了较大的余地。新广告法从内涵到外延对虚假广告作出了全面定义。

媒体眼中的直销

新增广告代言人的法律义务和责任的规定。在广告当中经常有一些明星、专家、社会知名人物做某产品的推荐和代言,在旧广告法当中对这些代言人是没有法律规制的。新广告法修订当中对明星代言也作了法律责任规定,因为明星代言是要收费的,有的代言收费还很高,不能只收钱、只有利不担责。新广告法规定,只要明星代言的是虚假广告,同样负有连带责任。

严控烟草广告发布。从去年情况来看,烟草广告在市场份额占的比例已经很小,违法烟草广告案件数量在全体广告案件中的比重也较少,烟草广告秩序比较好。但尽管如此,这次新广告法当中对烟草广告作了更加严格的规定,禁止在一切大众媒体和公共场所发布烟草广告,禁止变相的发布违法广告。

新增关于未成年人广告管理的规定。广告对未成年人有着潜移默化的影响,因此相比旧广告法在保护未成年人方面的只言片语,新广告法全文提及"未成年人"达10余次,在多方面加强了对未成年人的保护。比如说在学校里面、幼儿园里面、在少年儿童经常活动的场所里面,不能做广告,特别是在教材里面不能做广告,为孩子的身心打造一个干净的环境,不要从小就受到商品的干扰。

新增关于互联网广告的规定。互联网是一个新生事物,在旧广告法当中没有关于互联网广告的章节。新广告法对互联网广告有了规定,比如互联网广告应一键关停,电子邮件未经同意不能发送。但是互联网的广告形态很多,技术比较复杂,具体问题在广告法这样一部法律里不可能规定得很细,之后还要专门出台一个互联网广告管理办法,这也在新广告法里有所体现。

强化了对大众传播媒介广告发布行为的监管力度。因为传媒是广告主体的最后一道把关主体,如果能把住关,认为它是违法广告不能发,消费者、人民群众是看不见的。所以传媒在发布广告当中也承担重要责任。因此,这次对发布广告的媒体和平台也作了严格规定,并且也加大了处罚力度。

增加公益广告,扩大广告法调整范围。现在大家在媒体上能感受到公益广告。这次把它写到法律里,作为一种法定的职责要发布,要承担发布公益广告的责任。大家通过媒体能看到公益广告。公益广告的发布应该大力发展,这对于塑造社会价值观起到了重要作用。公益广告好的作品实在是太少了,公益广告要有一个好的平

第八部分
直销二十年与条令十年

台让它发展。比如,形成公益广告库,给予制作者版权费等。

明确和强化工商机关及有关部门对广告市场监管的职责职权。比如说对工商机关要求,接到投诉以后七天以内应予处理。对工商机关发现违法广告查处不利的,使违法广告长久发布没有得到处罚的,要对行政执法机关问责。情节严重的,在里面有收受好处、渎职失职的要追究刑事责任,对工商机关执法监管的要求更高了。

进一步提高法律责任的震慑力。新广告法罚款金额进一步提高,比如过去对媒体发布广告、对广告主发布的广告,根据广告费用处罚款1到5倍,现在是3到5倍,还有的广告费用难以计算的,现在最高可以罚到200万,所以处罚力度更大,这也是为了加强对违法广告的震慑。

此外,业内人士还对于新广告法的亮点作了补充,例如新增的广告准则,旧广告法只有7种商品和服务的广告准则,这次增加到17种。凡是和消费者生产生活联系比较紧密,几乎都囊括了进来。原来这一章叫广告准则,现在名称叫做广告内容准则。

发牌速度加快

截至7月29日,获得直销牌照的企业已经达到63家。值得注意的是,2015年1月至今,已经有15家企业获得牌照。有媒体预测,按照这个趋势,近年的发牌数量有望超过过去,创下历史新高。从申牌到批准的时间来看,近期的批复效率也非往年可比。

"恭喜铸源集团获批国家商务部颁发的第63张直销经营许可证"。日前,天津铸源健康科技集团有限公司(下称"天津铸源")的官方网站上正挂着写有上述文字的红色宣传图。

2015年7月29日,天津铸源出现在商务部直销行业管理信息系统中,这标志着今年至此已有15家企业获牌。此发牌数已非往年可比,据中国经济网记者统计,2014年、2013年获牌企业分别为7家、9家。2008~2012年则共发出牌照13张。

媒体眼中的直销

查询商务部直销行业管理信息系统发现，截至 7 月 29 日，获得直销牌照的企业已经达到 63 家。

值得注意的是，2015 年 1 月至今，已经有 15 家企业获得牌照。包括天津铸源、金科伟业（中国）有限公司、吉林市新科奇保健食品有限公司、大连双迪科技股份有限公司、浙江康恩贝集团医疗保健品有限公司、北京东方红航天生物技术股份有限公司、大溪地诺丽饮料（中国）有限公司、圌美多（中国）有限公司、山东永春堂集团有限公司、河北华林酸碱平生物技术有限公司、山东东阿阿胶股份有限公司、山东福瑞达医药集团公司、山东卫康生物医药科技有限公司、内蒙古宇航人高技术产业有限责任公司、福维克家用电器制造（上海）有限公司。

从直销行业 2006～2013 年发牌数量可以看出，2007 年曾出现过一次发牌的井喷现象，一下发出 17 张，创历史记录。不过，随后多年，申牌进入艰难跋涉期，符合要求并审核通过的企业越来越少，2008～2012 年仅共发牌 13 张。而 2013 年，这种情况得到极大改变，一年发出 9 张牌照。相比之下，有媒体预测，按照这个趋势，近年的发牌数量有望超过过去，创下历史新高。

中国经济网记者统计发现，2015 年至今，申请牌照的企业已经达到 11 家。2014 年申牌企业数量为 15 家。

从申牌到批准的时间来看，近期的批复效率也非往年可比。比如，山东东阿阿胶股份有限公司 2014 年 10 月 22 日申请，2015 年 5 月 15 日即获得批准，历时不足 7 个月。大连双迪科技股份有限公司与 2014 年 7 月 9 日申牌，2015 年 6 月 5 日获得批准，历时不足一年。天津铸源健康科技集团有限公司 2014 年 10 月 22 日申请，2015 年 7 月 29 日获得批准，期间历时 9 个月。往年申牌时间往往超过一年，有的甚至长达数年。比如，2006 年，安然纳米公司加入申请直销牌照的队伍，直到 2012 年才获得批准。

中脉中国区总裁李达兵致所有中脉营销人员的公开信

各位中脉的营销伙伴：

第八部分

直销二十年与条令十年

从 2009 年中脉直销启动至今,我们走过了风雨同舟的六年。现在,中脉事业发展正处在一个继往开来的全新起点,中脉面临着新一轮的机遇和挑战,一段全新的征程即将开启。

让我们一起敞开心扉,重温过去,畅想未来。六年很短,短到一个名字可以印证;六年很长,长到千言万语道不尽一路风雨。六年的我们,历练了心智,坚定了意志。六年是消逝的历史,用辉煌的成就鞭策着我们朝着更高的巅峰攀越;六年是崭新的开始,蓬勃着创业的激情和奋进的动力。

六年来,中脉荣获了"中国 500 最具价值品牌"、"中国最佳雇主"、"南京青奥会床上用品独家供应商"、"中国儿童慈善奖"等 800 多项荣誉表彰,并且在 2015 年成功跻身全球十大直销企业。

之所以能够取得这样的成绩,是因为六年前,我们播种了一个梦想:我们矢志要挺起民族直销企业的脊梁。你们是中脉发展的见证者、推动者和实践者,因为有了你们一如既往的信赖、支持和付出,才有了中脉一步步的从小到大,从弱到强。在此,我谨代表公司向大家致以最深挚的感谢!

中脉能够在中国直销行业脱颖而出,成为一家备受瞩目的企业,是因为我们永不止步的梦想,是依托中脉人最宝贵的品质,是源于中脉优秀的企业文化——永远把帮助别人放在第一位,为了千万个家庭的健康和幸福,我们不断拼搏,永不言弃。

2015 年,是中脉"二五"规划的开局之年,我们要成为中国健康行业乃至世界健康行业的领导者,朝着世界直销企业排行榜的前排继续迈进。必须变革创新,持续发展,持续成功。因此,我们在这个节奏点上选择了重新出发,并且确定了"优化结构、拥抱变革、创新发展、持续成功"十六字战略发展方针。

2020 年,大健康产业的规模将超过 8 万亿,如何才能把握这一难得的发展机遇?中脉为此已经做好了充分的规划和布局:

第一,中脉在业内率先推出了生态家品牌战略。中脉生态家资源平台的建设不仅会为中脉产品带来差异化和比较优势,而且正在影响并引领着整个行业的发展,将健康行业推向了以资源整合为核心的顶层设计时代。未来五年,围绕生态家战略,中脉将和越来越多有志于共同致力于家庭生态环境优化和提升的企业开展合作,以便为全球亿万家庭提供更高品质的产品,顺势开启一个潜力无限的市场。与此同时,我们也和北京大学、清华大学、南京大学等知名高校合作,共同推动生态家战略,

媒体眼中的直销

随着"清华大学－家庭生态健康管理规划师培养计划"、"中国首部家庭生态健康白皮书"、中央电视台《中国味道》栏目合作等项目的开展，社会各界对中脉生态家表示了极大的关注与认可。

第二，中脉、道和集团、永裕恒丰金融集团互惠共融的战略发展大体系的成立，为中脉提供了更为丰富的资源优势和发展空间。未来五年，中脉将充分利用这一战略发展的大体系，和道和集团、永裕恒丰金融集团进行生态健康领域的深入合作，让中脉生态家和道和生态圈和谐共生、共促发展，同时也会通过永裕恒丰金融集团引入更多的生态健康产业投资，把中脉生态家做强做大。

第三，通过高端信息技术的链接和交互，中脉事业平台不仅能更加便捷的服务全球亿万家庭，而且还能成为中小企业转型的引擎。高端信息技术的运用将为中脉带来前所未有的发展契机，其爆发性与容量超过中脉22年来的任何一次机会。未来五年，伴随生态家战略的全面落地，中脉还将陆续开启智能家居、物联网、移动互联和中脉云，让中脉事业平台和高端信息技术完美融合，从而实现营销模式和业绩增长方式的升级。

第四，中脉的品牌建设和服务配置也会切换至快速升级的模式。25家国内分公司、33家海外分公司、近万家中脉生态家体验馆，只是中脉国际化的雏形，未来五年，中脉的旗帜不仅将插满神州大地，而且将插向更广阔的世界版图，从而实现全球市场的拓展，打造全球化的营销服务网络，中脉将会成为一个大型的跨国集团公司，中脉的服务也会因为营销网络的增加而不断完善。

以上这些都将在未来五年变成现实，通过这些规划和布局，中脉将会实现新一轮的快速发展，成为大健康产业时代最大的赢家。让我们一起共同推动并且见证！

面向未来，我们一路创新，一路变革，顺应这个时代，顺应消费趋势，不断创新，不断变革，不断夯实行业引领者的地位。

但是我们追求的梦想不会变，中脉"共创共享"的核心价值观不会变，我们"永远把帮助别人放在第一位"的企业文化不会变，我们一起团结拼搏的意志不会变，我们助力社会和谐、为千万个家庭送去健康和快乐的目标不会变。

不经历风雨，难以见彩虹。过去的六年，我们不离不弃地团结在一起。在困难和风雨面前，我们一直坚定初心，不懈奋斗。我们将一个个挑战变成了机遇，将一个个困难变成了成功的阶梯。是因为有你们，中脉才能够成功，因为有你们中脉才充满了蓬勃的活力和无限的可能。在新的征程上，让我们继续团结在一起，携手同行，

第八部分
直销二十年与条令十年

一起战胜不可预知的困难,一起见证更好的成就,收获更大的成功。

未来一定还会有更多的困难和挑战,但是,我们积累了宝贵的经验,我们有一群始终团结在一起的营销伙伴,我们有一路领先的规划和布局。我们站在比六年前更高的起点之上,基础更坚实,资源更丰富,我们有足够的信心与实力迎接更美好的未来。

只要我们始终团结在一起,我们就能面对未来不可预知的困难。只要我们不断创新不断变革,我们就能引领大健康产业发展,获得领导者地位。

同样的,只要我们始终团结在一起,就能将优质的产品带到世界上的每一个角落,造福全球更多的家庭,就能让所有陪伴中脉成长的营销伙伴获得更大的成功和生活品质的提升,就能让企业发展惠及更多的人,为中国梦贡献更大的力量。

世界上所有伟大的企业,都敢于做别人没做过的事情,做别人不敢做的事情,做别人想不到的事情___这是一条光明璀璨的梦想之路,这是一条布满荆棘的勇气之路,路的远方,成功的桂冠和璀璨的未来将会为每一个真正的英雄加冕。

在这样的一条道路上,让我们一起携手前行,拥抱璀璨的未来!

中脉中国区总裁:李达兵
2015年9月1日

行业关注的焦点企业:权健和中脉

领先者意气风发,后来者来势汹汹。近日,权健、中脉、嘉康利、炎帝等10家直销企业相继高调发布了2015年度业绩目标,其增长率令外界咋舌,几乎都是成倍增长,如此光景简直是让那些苦苦挣扎在持平线上的传统企业无地自容。纵观往年的销售业绩,这些"高大上"的业绩目标究竟能否照进现实呢?

1. 14年业绩报告,几家欢喜几家愁

据报告显示,46家直销企业2014年度的业绩总体增长稳定,拿牌企业前三甲业绩排名一如既往。安利以287亿元的业绩成为当之无愧的"领头羊",完美也以223亿元的业绩漂亮收官。

媒体眼中的直销

单以业绩增速来看,炎帝、权健、葆婴、美乐家、中脉算得上业绩增速"五虎"。其中权健、中脉的业绩排名前五,堪称2014年度直销行业的两匹黑马。此外,与一些拿牌企业业绩跨越式增长不同,完美、无限极、玫琳凯、三生、太阳神等拿牌企业,稳中有升,增速不是最大,但业绩够平稳。而作为直销企业"领头羊"的安利,虽成绩喜人,但是近年来却呈逐渐下滑的趋势。富迪、如新、罗麦等企业业绩并不如人意,增长率分别为-30%、-30.6%、-36%。

2. 业绩成倍增加,直企豪气冲天

中脉、嘉康利、炎帝、尚赫、康美、金士力佳友、三株、九极、长青9家直销拿牌企业纷纷提出了2015年的业绩目标。从他们提出的目标业绩看,我们说直销企业豪气冲天一点都不为过。目标是远大的。2015年9家直销拿牌企业的业绩目标几乎都是成倍增长的。其中三株提出的8亿元目标,增长率更是高达1500%。嘉康利、炎帝、康美、金士力、九极、长青6家直销拿牌企业都提出了增长率为100%以上成倍增长的业绩目标。而作为去年直销业绩黑马的中脉,却略显低调,提出15年200亿的目标,与2014年相比增长率为60%。

3. 国内中小企业处于"亚健康"状态

纵观2015年整体经济大环境,国内经济增长乏力,缺乏有效增长点。虽说国家出台了一系列刺激措施,估计投资拉动的基础建设及相关行业会带动GDP缓慢发展,但增速会有所放缓,给深入调结构转方式带来不小压力。

在中国又拥有一批数量庞大的中小企业,从目前形势来看,由于"行业竞争激烈"、"成本压力大,利润低"、"整体经济环境不好"、"税负过重"以及"融资难"等因素的制约,发展较为困难,处于"亚健康状态"。

而也正是在这样恶劣的市场环境中,直销企业的迅猛发展可谓是一枝独秀。据最新的数据统计显示,2014年,中国49家获牌直销企业贡献了1599.15亿元的业绩,相比2013年的1286.65亿元,增长了24.3%。这一数据进一步表明中国直销行业正在稳步发展,并以每年大幅的增长空间,向市场迈进。

4. 直销企业梦想能否照进现实

2015年,国内企业在转型和发展上皆面临着许多困难,特别是小微型企业更是陷入了倒闭破产的窘境。然而在这种经济大形势下,直销企业却能一路高歌猛进,鼓足士气大谈成倍增长的业绩目标。这不禁让人思考,是直销企业具有独特的运营

第八部分
直销二十年与条令十年

模式才能如此自信地说出这种雄心壮志，还是仅仅出于炫耀的心态，"调戏"其他的竞争对手？

2013年权健公司获得直销牌照后，雄心壮志地吼出2014年要完成产值300亿元的目标。然而理想很丰满，现实却异常骨感。在2014年权健完成业绩只有135亿元，连目标业绩的一半都不到。

总之，有目标固然是好的，但一定要切合实际，要看得见摸得着。直企们能提出如此高增长率的业绩目标，对低迷的市场大环境无疑是一剂强心剂，但最终结果究竟如何，我们将拭目以待。

解读美罗国际企业文化中的"智慧"

美罗国际第六届文化节在大连胜利闭幕了，从中我们读到的是美罗国际这家著名企业无穷的发展魅力。可以说，这是一次成功而令人振奋的盛会。美罗国际所展现出来的气度和自信，无人能及，它昭示着世人要牢牢地以文化和创新为根基，继而坚持不懈地努力发展，才能实现梦想、基业长青。

美国著名学者弗朗西斯·福山说过，百年企业的形成必然是以独特的企业文化为基础的。从美罗国际的历史沿革中，我们看到了夏历董事长和于智慧总裁两位创办人为了责任与梦想不懈奋斗的发展历程，也是"只为健康而存在"的最好注释。

最好的企业文化是做人的文化。美罗国际铺设的是一个卓越可靠的最佳事业平台，通过公司文化的塑造和"美罗国际企业文化宣言"的正式揭幕，预示着美罗国际必将在健康产业时代成为有中国特色的直销文化和健康文化的标杆，对整个中国直销行业的发展起到鼎力的作用！习近平主席说过，核心价值观是文化软实力的灵魂、文化软实力建设的重点。相信美罗国际的"企业文化宣言"，就是美罗国际的文化魅力之所在。"我们要做行业唯一"，美罗国际通过其长期的积累和努力，使企业文化做到了内化于心、外化于行、固化于制。

创新是一个企业立身于世的不朽法则。除了行大道、创唯一的企业优势，美罗国际更注重在战略上致胜。三网联动、跨界发展、转型升级、服务升级，生态农业与生态海洋的发展，在拉动美罗国际大力发展的同时，必将促进公司的业绩迅速增长。

媒体眼中的直销

美罗汇大药房、网上商城的全面启动,为其今后的发展注入了强大的动力,"跨界发展"时代也许因美罗国际的到来真正变成现实!

安利中国 20 周年广州大会盛况报道

20 年的光阴,说短不短,说长不长。20 年前,安利在中国才刚刚起步。那时的公司,在外人看来,还只是个传说;那时的你,一样可能是个路人甲,青春正彷徨,却又不甘当个群众演员,总想背起行囊,去特区,下海南,跃跃欲试去闯闯。接下来的某天,我们"安利"了彼此,于是,路人转粉,选择相信,大干一场。一晃 20 年,安利中国成长为业界翘楚,产品 150 多款,业绩超百亿,声望更是鹊起——成就很光鲜,但这些还是留给公众评说吧。伙伴们的巨大成功,才是安利中国 20 年来最宝贵的资产。此刻,我们最想拍拍彼此的肩膀,由衷地说一句:谢谢你,亲爱的伙伴!谢谢你,拼上青春我们一起远航。

欢欣的时刻有许多,可 20 年一遇的团圆家宴,说什么也要好好喝喝。千言万语化成一句"感谢你",足以温暖彼此的心肠。在安利(中国)20 周年盛典的前夜,我们回到安利(中国)初生的地方,在广州举办隆重的庆祝晚宴。美国安利公司董事长史提夫•温安洛先生、安利大中华总裁颜志荣先生、美国安利公司法律部副总裁 Scott 先生、安利(中国)总裁黄德荫先生、安利大中华营运总裁侯伟德先生等公司高层与 1800 余名安利资深营销伙伴欢聚一起,知己满堂,杯酒成双,我们再一次,聊聊青春和梦想。

不离不弃 风雨中有你

在很多伙伴记忆中,也许有这么一趟绿皮火车:或者从沈阳出发,或者从兰州启程,或者从重庆上路,都摇摇晃晃奔向同一个目的地:南中国海北岸的安利总部所在地——广州。

购货、考察、开拓市场,那些日子大伙从零起步,心里却是满满的希望和梦想。直销作为新生事物曾遭误解,公司也曾前途未卜,那么多风雨迷茫的路口,伙伴们却始终选择相信,选择坚持,而安利对伙伴从来只有不离不弃这一种坚定的爱。这些年,风雨中涤荡出家人般的亲情,逆境中彼此信守相扶,我们的成长似洪水奔流,

第八部分
直销二十年与条令十年

不遇着岛屿和暗礁，难以激起美丽的浪花。砥砺前行20年，我们都找到了最合拍的搭档、最完美的合伙人！

晚宴上，安利创办人理查·狄维士先生首先为伙伴们送来了生日祝福。"你们已与安利走过20年，祝贺你们。你们在这20年里取得的成就让人惊叹。在安利事业中，你们决心创造一份伟大的事业，如今梦想已经成真。无论你的梦想有多么远大，我都相信你们会成功。即使你初出茅庐，安利的事业机会依然向你敞开大门，你一定可以得偿所愿。在这里尊重他人，成就他人，也就铸就了个人的成长和事业发展的阶梯，当然也要考虑让更多人如何与安利相逢，相知，信任不渝，你们的今天就是他们的明天。"

德总裁在视频中带来了美国安利总部全体安利人对安利（中国）20周年的祝福：20年来你们创造了奇迹，全球所有的安利人为你们感到高兴和自豪。安利将继续把握机遇，迎接挑战！期待和所有营销伙伴一起共创辉煌未来，相信安利（中国）的明天会更加美好。

温安洛董事长在致辞中再次肯定伙伴关系是安利事业历经风雨挫折、发展壮大的坚固基石，对一起走过峥嵘岁月的营销伙伴和员工表达了深切的感谢之情。展望未来，中国市场日益增长的消费者购买力，对事业机会的旺盛需求，都是富有价值的利好，公司将努力把安利打造为最佳事业机会。温安洛董事长勉励伙伴们秉持自助助人的理念，建立更远大的目标，将安利事业带到全新的高度。

谁是全球最大的直销企业？哪家直销企业的产品品牌最受追捧？颜志荣总裁在致辞中以趣味问答的形式高度概括了安利的发展成就。他表示，今晚是一场群英会，伙伴们是安利最宝贵的财富，安利以伙伴们为荣为傲；今天又是一场庆功宴，在座的伙伴们传播自助助人的理念，始终在一线运作，带动了整个市场的发展；今天更是一次安利大家庭的团圆饭，过去20年我们无论遇到什么困难和挑战，都能够互相鼓励、互相支持走下去，我们一起奉行安利的核心价值，延续创办人的伙伴关系，能够和各位伙伴成为一家人，是安利最幸运的事！

从1995年安利（中国）开业，到纽崔莱上市，初试电商服务，再到赞助奥运军团……晚宴场馆内九幅记录了安利中国20周年历史大事的3D立体画作为专属留影背景墙，供营销伙伴们合影留念，这是他们与安利风雨相伴、一起走过的见证；也是属于他们的青春历程与拼搏岁月，自然会作为最美好的回忆被定格珍藏。

晚宴开始前，身着正装的各省分公司负责人在入场处，夹道迎接各地远道而来的营销伙伴。一个亲切的微笑，一次温暖的握手，一个热情的拥抱，足以表达公司对伙伴们最真挚的感谢与情谊。

自1995年公司开业以来，《安利新姿》就陪伴伙伴们一起打天下，是大家了解企业文化、公司实力、业务动态最熟悉的窗口，也见证了公司与营销伙伴20年的成就与发展。晚宴现场，公司为每一位伙伴量身定制了一份专属新姿，伙伴们成为20周年纪念特刊的封面人物，这代表着公司对大家辛勤付出的认可和感谢。扫一扫二维码，还可以拿到贴心的手机版专属新姿。

现场15米长的巨型蛋糕满载着浓浓的喜庆和祝福。安利全球政策咨询委员会成员、公司高层和伙伴们一起为安利中国庆生。来，干了这杯20年风雨同行的美好记忆，我们把下一个20年的好日子再约起！

公司为现场每一位伙伴精心准备了水晶名牌，1800多个名牌组成了一面熠熠生辉的"荣耀星辉榜"。

工作生活，欢乐中有你

安利伙伴们来自五湖四海，但是在安利大家庭里，他们都实现了与生活的握手言和。在这里，生活就是事业，事业亦是生活。在这里，无快乐，不成活。在各种大趴上，他们是生活的造型师，把健康美丽和时尚，传递给更多的人；在"安利大学"里，他们是最好的"童鞋"，一起在学霸的道路上，奔跑吧兄弟；在安利海外研讨会，他们是最亲密的"驴友"，最美的风景，是能和挚爱亲朋一起。他们的欢乐，可以彼此分享。安利伙伴们，既能上得了讲台，又能登得了舞台。他们多才多艺，精神自由，欢乐源于内心，因为在安利，他们已懂得："名利"不是大时代的奢侈品，"幸福"才是；"成功"不是个人魅力的源泉，"真我"才是。

在20年这样的喜庆日子里，内心的欢愉总是想要最好的表达。1995年加入安利，来自福建的安利全球政策咨询委员会成员龚玲姬毕业于上海音乐学院，是中国音乐家协会会员。她借一曲小提琴独奏《爱的致意》在芭蕾伴舞下登场，温婉动人的旋律让人一听倾情，向现场伙伴表达了浓浓爱意。

你说我是创客，其实我是生活家；你说我是生活家，其实我是音乐家。安利伙伴就是这么"油菜花"。1996年加入安利，来自四川的安利全球政策咨询委员会成员，同样毕业于上海音乐学院，获得多项琵琶专业大奖的音乐才女梁丁苏的琵琶独奏《竹楼琴声》，以婉转朦胧之音勾勒出轻纱曼妙的凤尾竹楼，带大家领略了浓郁的傣家

第八部分
直销二十年与条令十年

风情。

在安利的大家庭里,总是有身怀各种绝技的伙伴。1995年加入安利,来自山西的安利全球政策咨询委员会成员康君,则为大家秀了一场名为《斯卡布罗集市》的口哨表演,悠扬而深沉的曲调令人着迷。

安利进入中国的20年,也正是中国经济发展最快的20年。这20年,中国在变化中前行,安利也在变化中走出了一条属于自己的辉煌之路。一曲喜庆欢腾的《盛世欢歌》舞蹈,是对中国20年发展的祝福,亦是对从中走出成功之路的安利中国的祝福。

光阴的故事里,最动人的情节是朋友陪伴的身影,和那熨帖的话语。感谢你,让我们可以一起有回忆。来自广州、北京、上海三大营运区的公司负责人和资深营销伙伴分别以《消失的光阴》《小苹果》《感谢你》三首脍炙人口的经典歌曲,表达了对全体安利伙伴们的深情致意。

20周年的盛大晚宴,自然要备下好礼。节目现场穿插了三个激动人心的抽奖环节,派诺特 AR.Drone2.0 飞行器、iWatch、new MacBook、金如意,如此重量级的奖品代表的是公司对伙伴们最诚挚的谢意。

过去未来 一路有你

投我以木桃,报之以琼瑶。20年前的人间四月,岭南正是万紫千红。安利(中国)在广东福建的媒体打出"真诚传万里"的整版广告,以一个"诚"字开启中国市场的拓荒之旅,也吸引了无数志同道合的伙伴一路相伴相随。走过长长久久的岁月,这份相知相惜百炼成钢,化作不变的忠诚。每一位跟随公司走过二十载岁月更替的伙伴,初心不改,安利始终是他们不变的挚爱。在欢庆二十华诞之际,公司特别授予1995年即加入安利的170多位高级经理及以上领导人"忠诚大使"奖杯,挚诚感谢,一路有你!

人这一辈子能有多少个二十年?二十年,安利孜孜以求给伙伴们最好的平台,最大的支持。在这一方自由天地里,伙伴们投入的是最有激情的时光,最有梦想的追求。安利与你,是二十年始终"互粉"的好伙伴。高高举起的奖杯,铭刻着我们彼此的热爱。

在安利,有这样一群营销领导人。他们洞悉经济风云,领袖一方市场;他们熟谙安利文化,践行企业价值观;他们崇尚商德,致力市场的健康发展。他们就是安利全球政策咨询委员会成员。在安利（中国）20年的发展历程中，他们始终是公司的坚强柱石。庆祝晚宴最后，全球政策咨询委员会成员们走上舞台，和公司高层以及全场伙伴一起，同唱安利之歌《一起精彩》："一天一天的到来，一点一点的期待，走过的路看过的海，自己来安排，一片天空都打开，在最好的时代，一起精彩。"

正是一路相伴、风雨同行的所有伙伴们一起演绎自己的精彩人生，才汇流成海，成就了安利（中国）今天的辉煌。欢庆联程，这一晚的礼花和欢乐还只是预演，8月1日晚，广州国际体育演绎中心，安利中国20周年盛典与所有伙伴相约：无论过去、现在还是未来，一路上必须有你！

安利未来 2025 年战略

"未来10年，安利的战略目标是帮助安利营销人员在O2O大众创业平台上获得成功，实现平台上的成功创业者数量翻番，预计为6万人。"8月2日，安利在广州发布其2025战略，安利大中华总裁颜志荣告诉笔者，进入中国刚好20年的全球直销业巨头安利，找到了用移动社交网络来激活创业的模式——移动社交电商，该模式实质上是安利为其营销人员打造的O2O大众创业平台，并为他们提供全程无忧的一站式创业支持服务。

调查：62% 的人有计划创业

"中国的创业环境越来越好。相较于2014年，中国的创业友好指数提升7个百分点。"安利大中华市场副总裁余放援引最新发布的《2015安利全球创业报告》称，超过九成的中国受访者显示出对创业的积极态度，62%的人有计划创业。"更好地兼顾家庭与事业，享受生活"、"实现自我价值，完成个人目标"和"获得额外收入"是最吸引中国人创业的前三大动因。

为适应市场发展，在进入中国20周年之际，安利大中华总裁颜志荣对外宣布，该公司未来10年的战略目标是实现安利平台上的成功创业者数量翻番，预计达到6万人。

平台：提供一站式支持服务

第八部分
直销二十年与条令十年

为实现此目标，安利将全面实施数字化战略、体验战略和年轻化战略，为营销人员打造O2O大众创业平台，并为其提供全程无忧的一站式创业支持服务。

据余放解释，第一是产品支持系统。该公司将向创业者提供具有强大竞争力的产品。第二是移动电商系统。由安利微信服务号、安利营销人员微店、安利数码港APP等移动渠道组成，配合其线下家居送货体系，实现移动社交电商的闭环。第三是消费体验系统。该公司正在将所有店铺升级改造为线下体验设施，同时开发基于人群细分和生活方式的社群活动平台，支持营销人员通过开展健身、美容、亲子、美食等丰富多彩的社群活动，开拓客源，并不断提升体验。第四是学习成长系统。安利会通过线上线下的培训体系，为创业者按需提供产品知识、服务技能、销售技巧、客户管理、商德商道等进阶式培训。公司也会鼓励资深营销人员通过手把手传帮带，帮助新人成功。

笔者从现场了解到，安利的O2O大众创业平台目前仅对其营销人员开放，其员工利用该平台可实现"零店铺、零库存、零物流"创业，降低创业成本，提高销售效率。

天狮集团20周年天津大会盛况报道

"共存共好共赢 廿载辉煌天狮路；致敬感恩开启 三次创业再腾飞！"2015年9月13日，中国健康产业龙头企业天狮集团在其总部——位于天津武清开发区、占地1平方公里的天狮国际健康产业园内，隆重召开天狮集团20周年庆典大会，30000名来自全球50多个国家和地区的天狮家人欢聚在气势恢弘的洪云广场，一同庆祝此次以"致敬、感恩、开启"为主题的天狮全球性国际盛会。

大会上，天狮集团总裁白萍女士在激情洋溢的主题致辞中表示，20年天狮人励精图治、奋发向上、攻坚克难，践行着"为全世界消费者提供优质的产品、教育和事业机会，提升生活品质，促进社会和谐"的历史使命，在李金元董事长梦想的引领下，天狮从小到大，从弱到强，从中国到世界，筑就了一条金色的健康之路、成功之路、品牌之路。天狮的20年是激情四射的20年，是见证成功的20年，是传承事业的20年，是不断创新的20年，是爱心奉献的20年，是品牌成就的20年。所

媒体眼中的直销

有的这一切都是天狮人一滴一滴的汗水,一步一步的脚印,一次一次的努力奋斗而来的,白萍总裁代表李金元董事长和天狮集团全体员工向全球的天狮伙伴们、家人们致以最崇高的敬意和感谢!

值天狮20周年庆典之际,天狮人向伟大的祖国致敬,向"健康人类,服务社会"的梦想致敬,向所有关心、帮助、支持天狮,为全球化大健康事业发展做出贡献的人们致敬!向伟大的时代感恩,向党和各级政府对天狮的指导和关爱感恩,向全球消费者、事业伙伴和国际社会各界朋友的支持与厚爱感恩!天狮人将坚定信念与梦想,不忘初心,面对未来更大的发展机遇与挑战,开启第三次事业腾飞的新篇章!

本届庆典上,在非凡创新的天狮人精心策划下,各种形式的文艺表演精彩绝伦,精彩不断,欢呼声、尖叫声、喝彩声,现场热烈激情的气氛一浪高过一浪。西班牙浪漫舞蹈、创意涂鸦秀、孙楠、唐伯虎等中外歌星激情献唱等精彩节目,天狮为全球天狮家人们奉献了一场体现国际化大家庭的文艺饕餮盛宴,展现了天狮全球化的雄厚实力与强大的文化魅力。

20年来,天狮集团李金元董事长心怀"健康人类,服务社会"的伟大理想,用他的真知灼见和高瞻远瞩,为全球天狮人搭建了广阔的事业平台和绚烂的人生舞台,成就了千万人的人生梦想;大会上,天狮对来自全球的事业精英伙伴进行了褒奖。获奖事业伙伴神采奕奕地上台接受李金元董事长的颁奖并合影留念,满怀激动、责任和荣誉,纷纷表示,天狮是为之奋斗终生的伟大事业,天狮人愿意跟随李金元董事长的脚步,跟随天狮事业的腾飞,不断挑战自己,超越自己,与天狮一起开启更加美好的未来!

立足大健康产业的天狮,通过20年全球多元文化的交流与融合,打造了国际化的商业平台,向世界传播中华优秀文化,推广东方养生智慧,促进国际社会和谐,业务横跨生物科技、健康管理、酒店旅游、教育培训、电子商务、金融投资等诸多领域,融产业资本、商业资本和金融资本于一身,领军全球健康产业发展。联合国友好协会(Friends of the United Nations)也为天狮20周年庆典大会发来贺函。

天狮集团不仅传递健康文化与生活,更倾心打造了高品质时尚RichyOne品牌,让全球190多个国家和地区近4000万家庭的消费者,尽享天狮带来的绿色、健康、自然、科技的高品质时尚生活。本次大会上,精心设计了产品秀,除了传统的营养保健食品、保健用品、美容护肤品、家居用品四大品类的展示,更创新性地将RichyOne产品走秀与舞台剧形式相结合,国际专业模特展现了箱包、丝巾、腕表、泳衣、

第八部分
直销二十年与条令十年

袖扣等产品系列，让 RichyOne 品牌"我就是我，美自天成"的时尚品牌理念与产品魅力大放异彩，为全球天狮家人演绎了一场时尚盛宴！

据了解，为庆祝成立20周年，感恩回报全球消费者对天狮的支持，向更多的消费者传递天狮高品质的健康时尚生活理念，过去的一年天狮在南非、中国香港、马来西亚、越南、缅甸、印度尼西亚、俄罗斯、哈萨克斯坦、南非、埃塞俄比亚等国家和地区开展了全球范围数万人参加的嘉年华系列庆祝活动，其中，法国尼斯站活动中，全球50多个国家和地区的6500余名事业伙伴参与，创造最大规模人体创意组字吉尼斯世界纪录，成为中法建交以来最大规模的民间文化交流活动，展现了中国企业和中国游客的风采，解放报、费加罗报、路透社、BBC等70多个国家1000余家主流媒体争相报道，备受全球瞩目。

大会上，天狮集团捐助天津港"8.12"特别重大事故的武警官兵代表和群众代表也来到现场。作为一家天津的民营企业，天狮饮海河水，思故乡源，一直与天津人民手牵手心连心、同呼吸共命运，2015年8月14日，天狮为天津港"8.12"特别重大事故捐赠款物3000万元，以实际行动向英雄官兵及牺牲英雄家属致以最崇高的敬意，帮助受灾民众共度难关，一起共建天津美丽家园。活动中，武警官兵代表向李金元董事长和白萍总裁回赠了"饮水思源、爱满人间"的锦旗，向天狮人的大爱精神致以真挚感谢和敬意！

20年来，天狮不忘回馈社会，捐资助学、关爱环境、抚孤助残、热心公益，践行着"感受爱、创造爱、传播爱"的爱心文化，推进"母婴平安120行动""天狮大手牵小手助明计划""天狮音乐教室项目""大狮博爱助教计划"等一系列长效化、体系化的公益项目。其中，通过中国扶贫基金会"母婴平安120行动""天狮大手牵小手助明计划"项目，惠及人数就超过14万人；全球爱心捐赠款物超过15亿元人民币，带动更多的社会力量加入到爱心事业中。

天狮集团董事长李金元先生发表主题演讲，他对党和国家各级政府，特别是天津市政府领导对天狮长期的关爱以及对本次大会的支持表示真挚的感谢，对全球消费者、事业伙伴、员工和各界朋友的信赖与帮助表示感谢！他回顾了天狮三次创业的历程，天狮立足大健康产业，坚持全球化发展，坚持打造国际化品牌，向全球天狮人描绘了第三次事业腾飞的美好前景与壮丽画面。李金元董事长表示，握紧是拳头，环抱是地球，虽然地球大，不如天狮人发展的决心大，少一个国家的货币，也不叫创外汇。面向未来，天狮将整合全球资源，实现多业态互联、互融、互通，跨界融合、

媒体眼中的直销

创新发展；通过大数据、云计算，置换各国优质产品和资源，为世界各地立志于创业的事业伙伴，提供全程无忧的一站式创业支持服务。天狮将成就更多人的事业成功，为社会创造更大的商业价值，真正实现共存、共好、共赢！

20年，240个月，7300多天，天狮人实事求是拼搏奋进，取得了令世界瞩目的辉煌成就。"致敬、感恩、开启"，20年一路相伴！20岁的天狮朝气蓬勃、意气风发，充满激情，勇于挑战，20岁的天狮心怀打造世界级民族品牌的梦想，以放眼全球的豪情谋划未来！20岁的天狮坚守信念，以归零的心态迎接第三次事业腾飞，天狮的下一个20年，一定会更加的绚丽，一定会更加的精彩！

天狮未来战略

从天狮未来战略开始：未来三年天狮在各区域进行布局，达到区域集团化发展，三年投入60亿，在非洲、欧洲完全零污染地区收购茶庄、红酒庄、咖啡庄，进行并购，要家庭消费创富、肥水不流外人田，实现网上交易、期货交易。健康G、G、G计划在墨西哥、南非、尼日利亚和肯尼亚即将开始，并带动周边国家，利益相关，抱团取暖！我们中国区是领导者，是要先摘桃子的人，一定不能落后，明年全球一盘棋，果实累累！只要跟上集团第三次创业的步伐，我们一定收获胜利！白总说：各行各业都在跨界合作，我们天狮的独特之处，正是我们与泰济生健康管理的跨界合作，仅此一点就很难让其他同行业公司复制，这一跨界合作为我们赢得了2~3年的时间，我们要珍惜并紧紧抓住这2年，因为其他同行业公司会紧步我们后尘，为自己赢未来，否则就会大浪淘沙！亲爱的家人们：与美资公司比我们业绩累积永不归零，与什么都没有的炒作者比，我们有行业卓越的领袖董事长！有世界领先的健康产业园！有跨界完美合作的泰济生！我们有信心做行业的领跑者！领导人在新的模式下要有超强的学习力，要能面对市场出现的一切问题答疑解惑。今天中国区发展好的地区不是没有问题，而是这些市场的领导人有解决问题的能力，在大发展之初我们就应该责无旁贷的去面对，在激烈竞争的今天我们只有一个选择：发展！

第三十八章　微营销谋变

WV梦幻之旅确认属传销

近日有多名网友在网络上称，一家名为WorldVentures（世界环旅集团，以下简称WV集团）的提供旅游产品服务的企业，正在以"免费旅游""电子商务O2O""微营销"的噱头招募会员和销售代表。据一名听过该组织培训课的网友介绍，WV以低价旅游吸引消费者，自称是直销模式，但从其收取会员费、月费以及通过发展下线会员赚钱的模式来看，其实是传销模式。

该公司在宣传语中写道："有机会走遍全球193个国家，玩遍世界100个顶级旅游胜地。去旅行就是工作，边旅行边赚钱。"

而在2015年3月10日，江西省旅游质量监督管理所发布了一则特别警示中提到，最近全国旅游质监系统通过监控发现，有个名为"WV梦幻之旅"的涉嫌传销的组织在全国各大城市渗透。据查，该组织以所谓美国公司的背景，在并未取得我国旅游经营许可，也没有向任何部门申请直销牌照的情况下，通过入会费、拉人头、层层分红等金字塔营销模式发展会员。涉嫌网络传销诈骗。

WV是新型电子商务营销还是网络传销，WV梦幻之旅的模式令人生疑。

经营方式涉嫌传销

媒体眼中的直销

WV集团会员推介的资料显示，WorldVentures是一家2005年成立于美国的旅游营销公司，在机票、酒店、游轮、景点等旅游消费上为消费者和会员提供低价产品。

据一位环球总监级别的WV梦幻之旅销售人员向《中国经营报》记者介绍，交纳200美元可获会员资格，此后需交51美元月费。如想成为销售代表，交纳361美元或511美元，可成为黄金(1127.50、10.50、0.94%)会员或铂金会员，月费61美元。推荐4名会员，就可以免除月费。此外，推荐一人有直推奖，如果下线两个会员各自发展了3位会员就是一碰，有200美元对碰奖。下面人越多，碰的机会越多。而晋升制度方面，销售代表从高级销售代表到国际营销总监分为六个级别。

对很多消费者来说，低价旅游、边赚钱边旅游听上去很有吸引力，但一些体验过的人则对其服务提出了质疑。有网友透露，该公司宣称提供旅游套餐最低价格保证，如能找到任何更便宜的套餐，公司将赔付差额的150%，此行还可免费旅游。但事实上，WV规定同类套餐需满足同样的时间段和流程安排，以及同样酒店等细节，可以说难以找到。还有网友称，报了旅游套餐，但大部分时间却在公司培训讲课。

另外一个使消费者质疑的关键问题在于，WV梦幻之旅的经营方式是否合法。

晨讯传媒集团创业合伙人、执行董事胡军在接受记者采访时表示，在中国直销需要获得商务部颁发的直销牌照，获得牌照需要具备2000万元保证金，8000万元注册资本，在中国大陆需要有生产基地等条件。资料显示，截至2014年共44家公司获得了直销牌照，其中并不包括WV集团。此外，多层级和单一层级也是区分传销和直销的方式之一。

《禁止传销管理条例》显示，传销是指组织者或者经营者发展人员，通过对被发展人员以其直接或间接发展的人员数量或者销售业绩为依据，计算和给付报酬，或者要求被发展人员以交纳一定费用为条件取得加入资格等方式牟取非法利益，扰乱经济秩序，影响社会稳定的行为。

认为其涉嫌网络传销。"传销与直销概念的划分可以依据经营是以人为基础，还是以物为基础来判断。"WV集团收入由旅游业务收入和会员费收入两部分组成。有网友认为，如果公司旅游业务收入占比远低于按人头收取的费用，则或涉嫌庞氏骗局。

上述环球总监称，公司旅游套餐价格低因为是团购价。业内人士认为，团购企业多以烧钱的形式经营，难以盈利，该公司在旅游业务上的收入占比令人玩味。

第八部分
直销二十年与条令十年

工商执法取证困难

尽管尚未获得国内直销牌照，WV梦幻之旅内地会员正以团队的形式在广东、安徽等全国各个地区展开招募工作。此前，长沙市天心区工商分局公平交易科工作人员接到举报后曾前往该组织一处办公室调查，并搜出发展会员奖励制度的相关文件。长沙市天心区工商分局公平交易科刘科长表示，根据《禁止传销管理条例》中对经营方式的规定，将其定性为传销行为。"但当时并没有查到实据。后来他们就没有再做，人也找不到了。"

利用电子商务进行网络传销，给工商部门的取证工作带来很大难度，特别是跨境公司。"网络审批都是由通信管理局完成，我们查传销他们那边并不配合，如果对通信进行严格管理，网络传销也不容易生存。"刘科长称。

中国互联网协会研究中心律师胡钢指出："以前对互联网的监管更多是服务器、注册域名，所有数据都在本国的情况，难度相对小。但如果网站服务器和域名在国外，且低层级管理人员和付费者在国内，又涉嫌传销这类严重的违法行为就很麻烦。"他认为网络色情和网络赌博都曾出现过类似的情况，因此网络传销的监管可以参照它们的处理方式来惩戒，比如中外警方开展国际联合执法。

同时，今年两会期间全国人大财政经济委员会副主任委员尹中卿表示，计划今年底完成电子商务法法律草案的起草。且电子商务法中将对包括跨境电子商务等一系列问题做出规定。这对跨境网络传销的治理无疑是一利好消息。

组织关系扑朔迷离

WV梦幻之旅内地会员，归属于各个推荐关系构建起来的团队，以上下线为管理体系。但网络中传播的各类资料，鲜有提及WV集团总公司如何管控各个会员团体。记者向一集团内部人士询问内地会员招募团体与WV集团的组织关系及正规性，该人士称："目前中国大陆属于公司未开放区域，公司不会在未开放区域开展（经营）活动。如想以正规渠道成为公司会员，需通过已开放业务的地区申请。此外，如内地人士在香港有房产，或者以在香港办的公司的名义申请也能获得会员资格。"

按此说法，众多仅通过内地人际关系被发展的会员，似乎并不被WV集团认可。据另一公司员工透露，现在公司内地会员很多，直接通过内地人际关系成为会员是可行的。尽管美国总公司未开放内地市场，但实际上给大陆的会员开了一个口。要注册成为会员很简单，一般都是填写一个新加坡、中国香港、马来西亚等开放地区的地址。但要注意填写个人资料时不要出错，否则修改时需要寄来身份证复印件等资料，美国总公司一旦发现资料上显示大陆身份证与所填地区不符，会员账户就会有问题。

关于销售代表的管理机制，上述人士称，上线就是上司，而在集团大会上可以见到公司管理层，但很多会员自发的活动公司并不清楚。上述人员同时建议在入会前多了解信息。"加入一个好一点的团队，可以带带你。曾有会员反映入会后就没人管了。其实公司对新会员的加入有 14 天犹豫期，期限内可退款，但是很多上线都不会告诉下线。"

传播 WV 介绍信息的相关中文网站、文字、视频广泛分布在各个网站、论坛，信息繁杂，难以核实是否属于来自美国总公司官方的信息。在微信端，同时存在名称为"WV 梦幻之旅资讯服务平台""世界梦幻之旅""WV 梦幻之旅"等多个公众账号，且隶属于不同的账号主体。而 WV 集团内部人士表示，公司正规官网为英文，并不存在官方正规的中文网站。

记者多次尝试打开 WV 集团英文官网，均未成功。而记者在工信部网站对一形似 WV 官网的中文网站标注的备案号码进行查询，显示并不存在该备案。胡钢律师指出，该中文网站属于故意伪造已经备案的情况。"如果连网站开办信息都不真实，内容就更值得怀疑了。"不过该网站的创立者与 WV 集团或其会员是否存在关系，尚无法确认。

多地 1040 阳光工程传销案告破

1040 阳光工程，是新式传销组织，其活动方式明显符合拉人头、交纳会员、发展下线牟取非法利益的特征，被确认为传销活动。这个"全国连锁"的传销组织，从 2007 年开始，昆明、南京、成都、延安、杭州、南宁、武汉、开封、合肥、贵阳等地就有这个组织的成员在活动，甚至还建了个官方网站。2014 年到 2015 年，相关人员已经受到法律制裁。

首先，需要在推荐人的带领下，到当地的工商银行，用自己的身份证进行申购，这个项目最早的准入门槛是 3800 元，行业经过 14 年的发展，越做越大，挣钱也越

第八部分
直销二十年与条令十年

来越快，69800元是根据最早股金推算出来的。每人69800元，次月银行返还19000元，剩下50800元，接下来，你要寻找3个合作伙伴，也就是要发展3个伙伴，你的3个伙伴同样要投资69800元，还要每人再发展他们的3个伙伴；你本人+3个伙伴+9个下伙伴，你的团队已经有13个成员了。21个成员上总后每月以十万以上百万以下，你直接或间接吸纳的金额已经达到了25407200，其中45%上缴国税，剩下10%上缴个人所得税所以你会得到25407200*（1-45%-10%）=11433240折去各项所谓的费用后你会得到1040万。

打击传销，政府态度一直很坚决。中央和自治区领导，无论是从国家利益，从北部湾利益，还是从其他个人利益来讲，都不可能对传销姑息纵容。北海要建设宜居城市，传销会带来一系列负面问题，会破坏一个地方的经济，有些人会说房子好租了，但这些是短暂利益，是没有远见的。维护好北海的治安环境，政府绝不可能姑息，更不可能谈什么保护和支持。这些所谓的政策都是传销者利用北部湾经济发展的政策来炒作

"大量传销人员的存在，推动了北海经济的发展"。传销对经济没有什么推动，搞传销的人没有几个是真正买房的，他只是把钱晃来晃去，一个线骗一个线，上线都把钱拿走了，都买房了他还赚什么钱？对租房，大量传销人员被遣返后，租金会下降一点点，但没有太大影响。 政府对传销其实一直都在打击，连续端掉了一些大的传销窝点，已有大批传销人员被逮捕、被刑拘，或被遣送回家。相较以往，北海的传销组织和传销人员已大大减少。

微商的"野蛮生长"

"一周2~3条短信，一月三通电话，全部和微信运营有关。"坐在沙发上，陈彤激动地翻着垃圾信箱。他是杭州一家服装公司的设计总监，去年年底被老板委以重任，运营一个微信公众号，之后就开始奔走于各个和微信相关的讲座，笑称一段时间下来最大的收获就是频率越来越稳定的广告骚扰。

即使在不堪其扰的情况下，他和老板还是想在微信上做文章。陈彤认为自己的抱怨里还是带有正能量的，因为他看到了不少成功案例，"至少这条路被证明确实

可行。"

日前,腾讯宣布成立微信事业群,被乐观者解读为再造一个腾讯。事实上,微信的荣辱早已不是腾讯一家的事,无论微信团队是否愿意,涉足微信生态的大小团队已将自己的命运和它绑在了一起。

"相比当年的淘宝,微信的生态环境更为原始。"这是一位微信公众号运营者的感悟。也正因为如此,对于微信生态圈的所有参与者来说,这是最好的时代,也是最坏的时代。

第三方开发商帮人做微信

在杭州,微信生态圈里最大的一股势力与电商紧密相关。第三方开发团队口袋通的切入点是利用微信给出的开放接口,为商家免费搭建新型店铺及客户管理体系。去年年底,创始人白鸦在接受媒体采访时表示,因为无法给投资人一个确定的未来,口袋通都不敢融资。

转变来自于今年微信平台的逐步开放及自身平台技术的完善。上月初,口袋通搬了新家,从一间办公室扩大到一整层楼,年初20个人的小团队今年有望扩大至近百人。

不过白鸦把这个归于大环境的推动。刚过去的三月份,微信向服务号全面开放支付接口,消息宣布的当晚,口袋通一口气开了好几个千人群,一对一开展咨询,技术团队连续一周几乎天天忙到通宵。

"尝试做微店铺的很多都是淘宝和天猫的'第二梯队',都想通过微信突破现有的销售瓶颈。"白鸦在他们身上感受到了明显的焦虑。

另外一家同在杭州的第三方开发商微吧,发展速度也超出了预期。去年,微吧用10个月的时间签约了5万多家商户,累计收入已超过2000万元。创始人徐张生觉得自己就像站在突然加快的跑步机上,唯有加快速度才能跟上,已经顾不到姿势是否标准了。

目前,基于微信的第三方开发是生态圈里最活跃的群体,既有口袋通、微信电台助手、车商通等植根于某个垂直行业的开发商,也有像微吧、微盟这种给各个行业提供标准化服务的第三方开发者平台。

白鸦认为微信是一个不比淘宝小的平台,当然它也不是救世主,在口袋通的服

第八部分
直销二十年与条令十年

务商户中,好的每天订单数已经超过6000笔,不好的已经放弃。

打着幌子搞培训赚快钱

前不久,陈彤在听完一个微信线下沙龙后发现,自己差点被忽悠了。之前有许多公司想要帮他们运营微信,开价从5000到16800元不等,每年还得交一笔运营费,结果这些公司说的各种技术都能免费获得。

去年以来,借助微信暴富的案例不断涌现,再夹杂着对互联网思维的"妖魔化",相当一部分传统企业都将微信视为"救命稻草"。这种迫切的心理在给予正规团队快速扩张机会的同时,也让很多人看到了"赚快钱"的机会。

微信营销培训是其中的代表。一个基于真实案例改编的段子是,办一个三天两夜的微信总裁培训班,报名费1.8万元,用半天时间教老板们怎么用微信扫二维码。

现在一些老板对待微信的态度让陈彤想到了当初客户端的热潮,他的前东家在听了一堂营销课后掏出十多万做了一款手机客户端,后来发现一点用处都没有,"和现在花大价钱去参加各类微信培训一模一样。"

据杭州一个电商运营主管了解,现在很多微信营销培训都是打着微信的幌子,在推销已经过时的成功学和营销学,有的活动到最后变成了兜售商品,甚至演变成为非法传销。

"微信真正开放都没多久,很少有团队能做深入的培训。"白鸦认为,微信运营是很个性化的事,与企业本身的风格、对微信的定位都有关系。

最近,一批有名气的自媒体也参与到微信培训的大军之中,单次分享价格在3000-8000元不等。"这些人中也不乏徒有虚名的人,参与者需要注意甄别。"一位圈内人士表示。

微信粉丝需要慢慢培育

上月,腾讯启动了"微信公开课"活动,在全国免费开展微信培训,这被视为正规军对混乱市场的一种整顿。此前,微信官方陆续推出了一系列公众号新规,并照此展开了封杀行动。

实际上,官方从一开始就把微信定位为服务平台,极力淡化营销属性,这点和许多微信号目前的运营方向有所冲突。这也导致微信的极力矫正让很多微信面临运营的压力。

总部位于北京的迅鸥在线此前一直专做二维码服务，后来开始基于微信推出会议增值以及代运营服务。在微信推出一系列新政后，产品部逐步将精力放到了前者，为企业提供微信墙互动，二维码签到等服务。

"不只我们，许多同行也在担忧触及微信的红线。不过基于微信的商业空间依然很大。"产品部相关人员说。

在白鸦看来，微信的初衷和一些微信号正在尝试的商业化并不冲突，只不过很多微信公众号太急于求成，想尽快从微信上挖到第一桶金，忽略了微信粉丝需要培育的特性。

"现在不少运营公众号的企业上来就问我们有多少粉丝，紧接着就是能赚多少钱。这种心理驱使下很难与用户形成良性互动。"上述电商运营主管说。

微信之父张小龙一直希望借助企业、第三方等各种力量让微信变得更好。"自从微信开放战略提出以来，我们正在不断把能力开放给所有的企业，就是希望企业和用户都能在这个平台上更公开化和自助化。"微信官方团队的人说。

不过，在规则和框架仍在不断调整的情况下，微信仍然是一个不确定性很高的平台，注定了无论在生态圈里扮演何种角色都得小心翼翼。

对微商整治的相关政策文件

近日，商务部下发《无店铺零售业经营管理办法（试行）（征求意见稿）》（下称《办法》），向社会公开征求意见。《办法》对于网店等无店铺经营者的行为提出了更为细致的管理办法，严禁弄虚作假、泄露、篡改、出售或非法向他人提供消费者个人信息，电子商务平台的"卖家"，需提交营业执照、经营许可证、授权经营证明等证照信息。

值得关注的是，该《办法》对狂轰滥炸式的广告推送作出明确规定：未经消费者同意或请求，不得以短信、微信、电子邮件等形式推送广告。

第八部分
直销二十年与条令十年

网店将纳入信用管理

"微商"这个依附于微信朋友圈的衍生品,在"创客"热潮不断高涨的时代背景下,已然刷新大众对社交软件的认识和定位,成为不容忽视的"传奇"存在。但与此同时,无规则、无秩序、倾销、串货、三无产品、暴力刷屏等问题层出不穷。据工商总局的数据,今年一季度,工商行政管理机关共受理消费者投诉、举报、咨询170.1万件,同比增长18.7%,其中网络购物问题投诉数量同比增长高达174.4%。

对此,《办法》规定,国务院商务主管部门将会同电信、新闻出版广电等主管部门,将无店铺零售经营者和相关服务者违反本《办法》的行为及行政处罚结果进行汇总,建立不良信用记录和信用评级制度,并实现信息共享。

同时,《办法》规定无店铺零售经营者和相关服务者应妥善保管消费者个人信息,不得泄露、篡改,不得出售或者非法向他人提供。

"微商这几年发展非常快,2014年有1000多万个微店问世,每天有3万~5万的增长速度。我们不能限制它的使用,但规范发展是必须的,促进微商产业的可持续发展。"北京工商大学商业经济研究所所长洪涛告诉国际商报记者。

微商广告推送内容难界定

据记者了解,《办法》对于网商行业总体并没有太大的影响,大部分网商都进驻了天猫、京东等平台,具备信息登记和经营执照,但很多个体经营创业的小微商需要营业执照和许可证,大大增加了成本。

今年初,因为有朋友在日本留学,能从一家化妆品公司直接拿货,上班族璐璐(化名)代购化妆品的微店开张。"不需要任何手续,只是在朋友圈发几条某某品牌的货就行了,配些信息和照片,每天也不用花太多时间。"璐璐说,后来开始代售一些淘宝爆款,比如皮裤,销量出奇地好,货源只需一个微店的微信号,并不认识店长。

璐璐对记者表示,按照《办法》她需要登记个人信息和办理执照,同时需要保留至少两年的交易记录。

对于微信朋友圈里随处可见的微店信息"刷屏",包括通过公众账号推送各种广告信息,北京市中闻律师事务所律师王维维认为,这些内容恐难被界定为"被禁止的推销信息"。"《办法》规定不得通过微信等渠道强行推销产品,但从信息发布渠道上看,商家推广的平台是自己的朋友圈或微信群,属于私人渠道的平台。"

媒体眼中的直销

王维维认为。

洪涛告诉记者,有人说微商在"野蛮生长",他则认为微商还处在"成长期",需要"促进"它的发展而不是限制,包括政府监管也是这样。

几个试水微商渠道的企业

早在几年前,如果你想创业,淘宝真的是不二之选,一台电脑、一根网线,只要满足条件后就可以开店,只要产品质量过硬,轻轻松松就可以做到皇冠,毕竟物以稀为贵,当然也就不少挣钱了,因而大量的卖家入驻淘宝,竞争激烈,后入驻的小卖家当然不是那么容易存活了。从2013年开始淘宝的流量越来越少,使不少卖家不得不建立团队,想尽各种办法来引流,不仅筋疲力尽还不挣钱,最终不得不选择"出淘",进军微商。

微商是以个人为单位用手机通过熟人完成的网络交易,微商门槛低,有部智能手机就可以,没有时间和地点的限制,有大量的空闲时间的家庭主妇、大学生们和残疾人士,都可轻松经营,仅2014年微商交易额已超千亿,月活跃用户已超4.7亿,看来只要产品、价格和服务靠谱,找准精确粉丝,月入两三千还是没问题的,现在的微商已是年轻人创业的首选了。但如此飞速发展的微商们真的就像表面上看到的那么繁荣吗?就像是有交易就有刷单一样,朋友圈看到的客户返图、对话用微信是生成器做出来的可能性非常大,虽然卖火了面膜,但也卖出了含激素面膜、三无产品等事件,最终受伤的是朋友的信任,产品代表着人品。

虽然目前微商的销售渠道很乱,但还是吸引了许多大牌的兴趣,例如:健康元、韩后、韩束、欧诗漫、修正药业、绿瘦、MMARK等各大品牌目前都已到步入微商的阶段,大品牌步入微商无疑是想将产品下沉,从一二线城市扩大到三四线城市甚至是农村,以占有更大的市场,因有数据显示,农村电商超六成订单来自移动端,再加上去年火爆了朋友圈的面膜,这让许多的商家看到了机会,在未来的几年移动端的交易占比会大大的超越PC端的交易占比,所有数据显示微商的前途一片光明,但是也是需要时间的,冯建军认为,"未来微商将会进入新常态,这是因为商家都看到机会。站在移动互联网的风口上,猪都能飞起来,但销售模式盘整仍要3~5年。"

第八部分
直销二十年与条令十年

微商因是个体销售行为,没有工商登记,无实体店,更无票据可言,加上微商们的可"凭空消失"让消费者维权上难上加难,又陷在"传销化"的困境中,至今尚无一个统一认知的定义,只是在类别上定义为社交化移动社交电商,如果官方能够出面整治,让恶意营销的微商们包括传销无生存机会,打消正规军的顾虑。

2015年是微商壮大的一年,也希望微商们改变刷屏的方式,建立一个会客厅吧(例如:微信群),不管是化妆品、母婴、生鲜都还是有很多的机会。多位业界大V也都表达了自己的看法,也有人对2015年微商的发展有自己的观点,但我认为不管是向哪个方向发展,都希望这个移动社交电商能够让优秀的诚信小卖家存活下来,而且有利可图,能够个性化、品牌化、正规化。

面膜产品在微商领域的崛起

知道刘嘉玲为什么此前发自己的素颜照吗?其实那是嘉玲面膜的营销策划,主要在微信朋友圈内刷屏推广。

在微信朋友圈卖面膜绝非只有嘉玲面膜一家。事实上,微信朋友圈已经成为了"微商"的新渠道。但是,这种新商业渠道也面临着类似"传销"的质疑,以及目前监管的缺失。

明星效应爆棚

有人在你的朋友圈里卖面膜吗?或许你经常会听到:"我一大学同学卖面膜天天刷屏,好想拉黑。"

但当刘嘉玲也在微博微信晒自拍照时,不少网友表示被震撼到了。

"微商渠道,说得形象一点,就有点像广州话说的'走鬼',即摆地摊的。其运营成本很低,吸引了很多人参与进来。且这个市场目标规模已经渐成气候,1个'走鬼'一天可能只卖出几件货,但100万个'走鬼'产生的销售,就是很大的生意了。"韩后董事副总裁肖荣燊如是说。

深圳触电电子商务创始人龚文祥此前向媒体更是直言,微信卖货(面膜为主)的信息流已经占到整个微信朋友圈的三分之一左右。微商80%是卖面膜的,而80%

的微商是女性，这其中的80%以家庭妇女为主。龚文祥此前估计微商已达到千万规模，如果据此计算，在微信上卖面膜的个人卖家已经达到800万。

刘嘉玲创立的嘉玲面膜，想做的生意就是朋友圈生意。

但嘉玲并非首个吃螃蟹者。从相关企业公布的代理数字看，去年微信最火的面膜俏十岁，其"微商"就有两三百万人。十几位官方合作伙伴购买俏十岁货品后，再进行分销，几乎每个官方合作伙伴下面对接的经营者就有几万人。面膜微商思埠一家旗下微商就超过百万人；有很多个人微商，一个人旗下就有10万下线。

为什么是面膜先热

小小的面膜正在通过微信朋友圈，以极快的速度贴上中国女性的脸庞。

那么，为什么是面膜？

中国化妆品市场营销研究专家冯建军告诉南都记者，这一新兴电子商务业态已经热了很久了。而之所以热，是因为微商业态主要通过移动端朋友圈，关系营销非常浓厚。

"整个化妆品微商界，目前真正在这个系统里成功的还不多。大家都想做老大。一年销售过10亿元的还是凤毛麟角。2013年底才开始兴起，目前北京的俏十岁和广州的思埠是绝对的龙头。这些品牌可以说用1年时间走了人家十几年的路，已引发一些外界侧目，看到挣钱效应了。"在冯建军看来，微商正在造就富豪，"我身边一个朋友做某日化的微商生意，销售价格是138元，他63元给总代，一代73元，特约88元，一件赚50元。"

当然，面膜成为微商营销的大热点，与其市场保有量大、大部分女性都用过面膜以及使用频次高有关，其他护肤品一瓶能用几个月，但面膜则是一次一张。

此外，在韩后等企业看来，国家对这块渠道进驻没有税费，微信也尚未收后台费用，也是造成新面膜品牌更倾向于微商渠道的客观原因。

生意还得回归生意

"我买过朋友推荐的面膜，还不错，就是贵到爆，后来我果断转淘宝了，比朋友卖的便宜一半。"这是广州一位曾经的微商面膜品牌消费者的说法。

很显然，微商渠道价格偏贵是其转向"淘宝"即传统电商渠道的主要原因。

第八部分
直销二十年与条令十年

当然,对于那些致力于通过微信卖面膜致富的电商人来说,可能面临的问题远不止价格因素。

"嘉玲面膜一开始打刘嘉玲明星牌,势头很好,但与俏十岁和思埠还不在一个平台上,最近传闻发展没那么好,股权已经转让了。"广州一位资深日化专家对南都记者表示。不过,对于这种说法,一位嘉玲面膜的微商代理指责称,这一说法是对嘉玲面膜的恶意攻击。

公开资料显示,在嘉玲面膜创立3个月后,数字王国集团于2014年12月公告,拟以3.125亿元收购嘉玲国际51%股权。倘若嘉玲国际没有达到2015年目标溢利,收购价则可予调减。

而主管韩后电子商务项目的肖荣燊则称,一个面膜品牌靠明星效应并非长远之计。

"短期来说势头还行,但长期来说,不看好名人效应。走微商渠道的面膜最终能否活得好,还是要看产品质量和市场营销,即生意还是要回归生意本身。"据肖荣燊透露,韩后目前也在做这块,但在是否规模化运作的问题上,还是保持谨慎态度。

"我们不希望做得很夸张,让大家盲目地去发展下线。目前做得好的,大都是采用击鼓传花的方式去发展分销,但大家慢慢会发现,一旦消费者不买账,最后货都压在了最小的代理身上。"肖荣燊进一步指出。

商机背后也含隐忧

一片面膜值多少钱?消费者看到的可能是50元,但在创业者眼中,却可以是百万、上千万甚至数亿元。

事实上,在嘉玲面膜出现之前,诸如百雀羚、韩束等品牌已进入微商渠道。目前国内走微商渠道的面膜品牌企业已经有上百个,普遍没有规模。

如果说规模不是问题的话,那商业模式的问题则值得深究。

据了解,目前,化妆品微商也分"流派",一派是类直销模式,强调人与人的交流,靠不断发展下线获取下家的利润来生存,这种模式存在非常大的风险,一些品牌几个月的功夫就出现在了微信上售卖;另一派则是类似代理商的模式或者说贸易模式,加盟的个体户都是以实现微信渠道销售为目的,而不是以发展下线赚取下线差价为目的。

媒体眼中的直销

而前一种模式，被部分传统日化企业和专家视为"与国家一些规定相左"。

"部分微商实际上是变相的传销。无店铺经营，多层次分销。国家规定直销的分销不可以超过3次，超过了就有传销的嫌疑。在这种模式下，一个面膜微商品牌，首先会在全国招15个战略合作伙伴，在下面设一级、二级、三级代理，有的还会再加一个天使代理。"冯建军表示。"这种模式很类似传销中的金字塔结构，塔尖是那些总代、一代、二代，他们手中往往没有产品销售，只做分销；塔基则是那些在一线销售的三代和特约或天使代理，这些品牌一旦质量或营销出了问题，往往会积压大量产品。"

易观国际电子商务高级分析师卓塞君接受南都记者采访时表示，正规的微商面膜品牌通常会有微店，有完整的产品体系，其产品是经过注册、合规合法的产品，注重产品的实际销售。而一些不正规的微商面膜品牌，往往没有明确的产品生产信息，产品质量差，且以发展下线为主要目的。这类品牌最终会被淘汰。"如果说被骗一次在所难免，但你肯定不愿被骗N次。"

正规军未来潜力几何

但微商毕竟是时代的产物，是移动互联崛起的产物。

南都记者在采访中注意到，尽管也有业内企业称，现在讨论面膜微商市场究竟能有多大商机还为时过早，但多数受访者依旧对微商渠道抱有美好的想象。

由于大多数的面膜微商只是一个营销场所，不是一个交易场所，缺失统计数据。此外，没有管控举措，进出比较自由，也是导致这个新兴产业数据缺乏的一大因素。不过，卓塞君还是从整个电子商务发展的角度给出了以下分析："微商是基于微信流量产生的商品交易平台。整体微商市场预计300亿元左右，日化市场我们预测规模在10亿~20亿元之间，面膜是日化微商市场最大的一块，分到面膜的市场约在10亿元。"

卓塞君认为，随着微信与京东进一步合作，基于商店、店铺的营销将更加精准化推送，届时，微信的商业变现将向精准化、大数据推导的方向走。而这也意味着未来的基于微信的微商商业模式会更加精准推送。

而在肖荣燊看来，诸如思埠、俏十岁等品牌经过大半年的爆发式增长后，后续增速或会有所放缓。但肖荣燊还是预计，未来面膜在微商和电商的销售占比会变为1:1。

第八部分
直销二十年与条令十年

对此冯建军也有同感,在其看来,整个行业的沉淀还是不够,未来线上、线下会是 5:5 开。而电商和微商应该在 3:5。微商对线下有影响,但对电商的影响更大。

微商 80% 是卖面膜的,而 80% 的微商是女性,这其中的 80% 以家庭妇女为主。预计在微信上卖面膜的个人卖家已经达到 800 万。

2014 年的面膜微商市场火爆异常。有资料显示,大大小小的面膜品牌在近两年间增长了 4 倍。面膜从几年前的功效型产品已经变成了护肤的快消品。面膜市场的体量也在逐级增大,中国面膜市场规模已达 100 亿元左右,目前正以每年约 30% 的速度增长。

韩束进军直销、思阜进军直销

上海韩束化妆品有限公司正在筹备直销模式,引进直销业知名职业经理人李万昌加盟,同时克缇营销总监姜玲也加盟到韩束公司任职营销总监,毕竟姜玲做化妆品直销运营是驾轻就熟。

韩束已经启动直销申牌程序,目前在制定奖金制度,在双轨和矩阵之间选择,最终用什么直销奖金制度还未确定。

思阜成立于 2014 年 3 月,在经过创业奋斗与发展,现成为全国著名的集团企业。2014 年 11 月入驻 13 层的思阜大厦,思阜用八个月的时间从一个小型团队发展成为大型企业,证明了思阜的实力。

思阜集团的成功凝聚了每位思阜人的汗水与智慧,艰辛的付出换来了今天的累累硕果。思阜集团总部拥有多层高端写字楼,先进的办公设备;企业共有数十家运营部,拥有专业的运营和技术团队,公司规模不断在扩大,为客户提供优质的产品和最健全的售后服务;同时也拥有优秀的自主研发、生产、运营团队,和一大批优秀的骨干人才,为思阜的发展奠定了雄厚的基础。

思阜以微商作为主要营销方式,发展代理,这与直销模式多层次发展不谋而合。

媒体眼中的直销

"直销银行"在中国

继北京银行开办直销银行后,民生银行直销银行、兴业银行直销银行、平安银行橙子银行等十几家直销银行相继触网上线。直至2015年5月,国内的直销银行从"呱呱坠地"到"蹒跚学步",已经走过了一年半多的路程。从最初对运作模式、产品设计、品牌推广的探索,到如今数目规模、市场份额、服务质量的显著扩大和提升,直销银行在国内的发展迅猛而强劲。但作为一支"舶来品",国内直销银行在探索初期也势必会经历快速而及时的变更。

基于国内21家直销银行近两个月以来在用户体验、产品设计、市场影响力三项指数上的变化,总的排名相较于两个月前的榜单发生了如下改变:江苏银行直销银行、徽商银行徽常有财、北京银行直销银行、渤海银行好e通名次各上升一位;4月新涉入的西安银行新丝路Bank来势强劲,挤入第十五名;但恒丰银行一贯金融和包商银行小马Bank分别下滑了两个和四个名次;另一家新入者河北银行彩虹Bank由于市场影响力还未建立,暂位列最后。

从排位情况来看,整体变化并不明显,但有以下几点值得关注。

民生银行直销银行、江苏银行直销银行保持不断上升

民生银行成立直销银行之初,就明确了目标:专注线上推广,拓展他行的新增用户。这一目标旨在减少对线下实体银行的冲击,避免客户资源的恶性争夺。这也就意味着,在经营模式、产品推广、获客渠道上,民生银行直销银行基本上是与母体剥离的独立子机构。在与互联网接轨的同时,更长远的计划是要走到传统银行前,获取特征明显的客户群体。因此,监管政策和体制构架上的相对开放和健全,使民生直销银行无论是在产品更新情况上还是服务质量上,始终都能保持领先地位。仅近两个月内就推出了多款创新性理财产品,其中包括一类"打新股"基金,主要面向中小投资者。

相比其他城商行,江苏银行直销银行具有较强的差异化竞争优势,其根源则在于对新产品、新服务的不断创造。这两个月,江苏直销银行陆续推出"心享贷"、"聚宝财富"等特色理财产品,并将目前最火的"扫脸"技术首次运用至银行办卡业务。

第八部分
直销二十年与条令十年

用户在开户直销银行时可直接刷脸进行注册和身份认证。相较于旧式的肉眼识别和繁琐的签字流程,"刷脸"办卡具有更高的准确率,提升了用户账户的安全系数,同时也缩短了注册时间。这一创新颠覆了传统的银行与客户的关系和支付、信用体系,在维系老客户、吸引潜在客户方面具有更大优势。

西安银行"新丝路 Bank"成后起之秀

虽然是上个月底才试水直销银行,但西安银行"新丝路 Bank"凭借出色的操作界面、比较人性化的操作设计获得了良好口碑。实际操作中,用户可以通过界面的直接切换查看目前持有的产品总和、最新收益以及累积收益,以往复杂的乃至缺失的操作流程被大大改善。

此外,在业务种类上,"新丝路 Bank"现已推出"丝路宝"和"智慧存"两款薄利产品,未来还将有主打融资业务的"E 路盈系列"上线。"E 路盈"主要沿袭线下母行的一部分融资功能,通过债券承揽、知识产权质押贷款等多种方式,为陕西省中小企业创造更易融资的渠道,为其自主创新和科技成果转化的融资、信贷支持提供良好的平台。这种以增量发展带动存量转型升级的运营模式或将成为直销银行未来的主攻方向。

刚起步的"新丝路 Bank"在整体战略定位上比较清晰,在产品上线、客户端操作两方面能做到循序渐进,从简单到复杂逐步过渡,并未操之过急。"新丝路 Bank"的例子证明,先将产品或服务做好做精,再将其丰富和延伸,也可以成为直销银行探路前行的新策略。

包商银行"小马 Bank"半路遇挫

"小马 Bank"初上线时被业内誉为中国银行业第一家智能理财平台。但如今不过一年的时间,中间运作却出现波折。这两个月"小马 Bank"平台并未有产品更新,新标依然是处于待发布状态。包商银行管理层方面曾对外承认,由于国内在 2014 年对互联网金融、直销银行概念的混淆和模糊,"小马 Bank"一出生就只是作为试水互联网金融的理财平台存在,与直销银行并不完全等同。因而在迈入 2015 年之后,包商银行对"小马 Bank"并未采取互联网化的管理体制,线上产品端与线下银行没有本质区别,在售产品也十分有限。不过,包商银行近日透露"小马 Bank"正研发新的创新性产品,项目目标也正在审核中,但大致什么时候恢复还不确定。

与"小马 Bank"存在类似缺陷的还有恒丰银行的"一贯"金融直销银行。"一贯"

媒体眼中的直销

平台除了发布之初上线了一部分的产品和功能,这两个月暂无其他更新,发展步伐缓慢。而且对于此前存在的功能缺失、产品断档、安全提示不足等问题并未进行优化和调整,因此客户流失现象较为严重。

从"小马 Bank"和"一贯"金融这两个例子来看,直销银行在中国的发展还将面临更多的问题和挑战。

结语

利率市场化持续推进、互联网金融异军突起的双重压力下,直销银行在中国的生存发展拥有非常广阔的空间。但从 2013 年开始试水到目前截止,直销银行仍面临着产品同质化、体制定位模糊、发展步履缓慢等一系列问题。所以,相对于依旧火热的"余额宝"等产品,目前国产直销银行境地略显尴尬。

从本次榜单的分析来看,直销银行要想走出"围墙",打开更大的市场,最根本的是注重创造,以目标用户为核心,完全实现互联网化,致力于打造产品和服务闭环,为线上线下客户提供全方位的服务。正如这句话所言:"谁能首先抓住目标用户的最大'痛点',谁就有望从竞争中脱颖而出。"

与其他互联网金融机构相比,银行本身在风险控制、客户基础、产品研发等方面具有无可替代的优势。况且,随着互联网金融创新政策的陆续出台,以及相关规定的放宽和调整,我们没有理由不相信,在移动互联网飞速发展的时代,直销银行将会在中国互联网金融领域大放异彩。

中国市场直销银行排行榜(5月)

排名	银行名称	银行名称	用户体验	产品设计	市场影响力	总分
1	民生银行	民生银行直销银行	9.6	9.7	9.6	63
2	兴业银行	兴业银行直销银行	9.4	9.5	9.5	9.46
3	中国工商银行	工银融 e 行	9.4	9.5	9	9.31
4	江苏银行	江苏银行直销银行	9.5	9.4	8.5	9.17
5	徽商银行	徽常有财	9	8.8	8.3	8.73
6	恒丰银行	"一贯"金融	9.2	8	8.3	8.57
7	珠海华润银行	华润直销银行	8.5	8.5	7.7	8.29
8	浙商银行	浙商银行直销银行	8.5	8.5	7.7	8.26
9	浦发银行	浦发银行直销银行	8.6	8.4	7.4	8.18

排名	银行名称	银行名称	用户体验	产品设计	市场影响力	总分
10	宁波银行	（002142,股吧）宁波银行直销银行	8.2	8.3	7.5	8.02
11	包商银行	小马 Bank	8.7	7.5	7.5	7.98
12	北京银行	北京银行直销银行	8.2	8	7.5	7.93
13	上海银行	上行快线	8.2	8	7.4	7.9
14	南京银行	601009,股吧）你好银行	7.8	7.8	7.2	7.62
15	西安银行	新丝路 Bank	8	7.5	6.8	7.49
16	平安银行	橙子银行	7.7	7.5	7.2	7.49
17	华夏银行	（600015,股吧）华夏银行直销银行	7.5	7.4	7.3	7.41
18	广东南粤银行	南粤 e+	7.4	7.3	7.4	7.37
19	渤海银行	好 e 通	7.3	7.1	7.2	7.21
20	台州银行	台州银行直销银行	7.3	7	7	7.12
21	河北银行	彩虹 Bank	7.3	7	6.8	7.06

（原载《互联网周刊》）

互联网金融"跨界打劫"

当我们沉浸在互联网创新与变革带来的便利时，殊不知我们已离不开互联网了，因为跨界与颠覆带来的行业格局大洗牌，所有的行业都将互联网化。面对互联网的爆发和凶猛浪潮，只有掌握了互联网的两大命门：跨界打劫和造反颠覆，才能在未来的商业格局中占据优势。

跨界与颠覆是互联网行业最普遍的商业模式。苹果跨界进入智能手机行业，取代传统手机诺基亚老大的地位；微信跨界进入移动通讯领域，抢了三大移动运营商的饭碗；互联网金融的出现让传统银行战战兢兢……跨界与颠覆无处不在，互联网正以前所未有之势跨界、颠覆着所有行业。

中国互联网公司三巨头BAT（百度、阿里巴巴、腾讯）分别是以搜索、电子商务、即时通讯起家的互联网企业，因为业务领域和服务范围的跨界与融合，今天我们很

媒体眼中的直销

难再定义他们到底属于哪一个行业。

余额宝是阿里巴巴推出的在线理财业务,用户在支付宝网站内就可以直接购买基金等理财产品,同时余额宝内的资金还能随时用于网上购物、支付宝转账等支付功能。余额宝一经问世就在业内引起了不小的波澜,因为他抢了传统银行的饭碗。它比银行存款利息更高,转入、转出更方便,而且没有手续费,还可以随时在线购物,所以一经推出就受到了广大网民的青睐。

10年前当我们谈论百度时,我们谈论的是它的搜索,而今天提起百度如果你的思维只能停留在搜索层面,说明你还不够了解百度。如今的百度早已发展成集搜索、推广、导航、社区、游戏、娱乐、广告、云计算等业务模式于一体的综合生态互联网平台,2013年更是以319.44亿元的营业收入超出央视总营收40亿元人民币,一跃成为中国最大的媒体。

时至今日,中国移动才明白自己的竞争对手不是中国联通,而是腾讯,这一切皆因微信的出现与跨界。微信的出现改变了中国人以往的生活习惯,打破了传统时代的沟通方式,平衡了信息不对称的天秤,密切了人与人之间的关系,从更大程度上颠覆了以往的商业运作模式和管理方式。

跨界、颠覆在我们的生活中无处不在,可能只是一个不起眼的创新,可能只是细微的变化,就能改变一个产业的格局。

"去夏威夷度假,当地酒店的西餐吃不惯,而在那里洗一件衬衫相当于买一件衬衫的价格,而同行的美国朋友选择住当地的公寓,而他们平均每个人一天的房费只有10美元。"这是一位中国游客在夏威夷度假时的真实体验。

外出旅游住在别人家里,听起来有点匪夷所思,但这种假日房屋短租模式在国外十几年前就有了。这类商业模式的践行者最有名的当属美国在线短租网站 HomeAway 和 Airbnb,把房子放到网上去,与用户对接产生交易,通过收取广告费或者交易佣金的方式盈利。

HomeAway 是向提供房源的房东或地产经理人收取一定的费用,Airbnb 则是向房东及房客分别收取不同比例的佣金。无论哪种模式,HomeAway 和 Airbnb 只是搭建一个在线信息发布和交易平台,就像国内的淘宝网一样只提供一个平台。简单地说,HomeAway 和 Airbnb 就是利用互联网这个工具将房东闲置度假屋的信息摆到线上,以供需要出行旅游的人选择住宿,起到类似资源整合的中介作用。

第八部分
直销二十年与条令十年

在美国在线短租 HomeAway 和 Airbnb 爆发成长的同时，国内的创业者们便迅速地将它在中国市场进行了复制：爱日租、蚂蚁短租、途家网、小猪短租、爱租客等等。其中途家网最为资本和业内看好，堪称 HomeAway 和 Airbnb 的中国翻版。

途家把线下的除传统酒店以外的所有住宿业态，比如客栈、公寓、度假村、民宿、别墅等放到网上，为客户提供短租服务，以及部分房地产物业管家服务及托管。与同行 HomeAway、Airbnb 相比，因为国内"信任体系"的不成熟，途家的商业模式增加了很多中国特色：一方面，向业主承诺照看好房子并帮助他们打理，所得收入分成；另一方面，它作为房屋提供者，直接与租房者交易。

酒店最大问题是房源，需要先把房子承包下来再对外经营，而承包是需要费用的，还有若干年的养护维修支出，一旦住的人少就会亏损，而途家颠覆了这一传统业态模式，与传统酒店的经营方式和逻辑不一样改变了拿房子的模式，用的是分成模式。有人住就和业主分成，没人住就不用付钱给业主。

在这种颠覆以往住宿业的房源获取和使用的模式下，很多业主尤其是空置的旅游地产项目业主都愿意把房子交给途家管理。目前美国和欧洲约有 37% 的人出行住度假租赁房而不是酒店，然而中国 10% 都不到，另外当前中国旅游市场正在爆发式增长，旅游消费规模大，有大量的出行者需要度假酒店，所以途家网的模式"钱景"可观。

如果你现在还站在马路边招手拦出租车，不是 out 不 out 的问题，而是你根本就打不到车，因为"滴滴打车"和"快的打车"的出现。

自从有了"滴滴打车"和"快的打车"软件后，出租车司机都忙不停地接单，所以在繁华路段你看到一辆辆疾驰而过的出租车都是早有预定忙着去拉客的，所以如果你还不会用打车软件就很难打到车。

打车软件的出现同时导致了听电台广播的收听率急剧减少，因为作为广播重要受众的司机师傅几乎都在听订单播报。人们曾设想过电台广播的千万种死法，诸如在各种新式媒体的冲击下难以生存，最后没想到是这样，原来广播的竞争对手不是电视也不是手机，而是打车软件。所以流行一种死法，叫没看到对手，然后就死了——这就是跨界打劫。

滴滴打车的诞生改变了传统打车市场格局，培养了移动互联网时代用户现代化的出行方式。除此之外滴滴打车还推出了定位于中高端的新业务品牌——滴滴专车，与易到用车业务模式类似，滴滴专车致力于为高端商务出行人群提供优质服务：即时响应，专业服务，高端车型、专业配驾。

滴滴专车和易到用车通过对运营车辆的有效调度，把闲置资源调动起来，将传统的拼车模式合法化，通过创新交通出行服务模式，整合市场资源，让社会资源得到了最大的利用。

正是由于移动互联网的跨界打劫和造反颠覆，传统行业原有的商业逻辑都发生了改变，全新的商业规则正在形成：传统时代需要严格监管的行业被颠覆掉了，比如P2P的出现改变了银行监管的形式，垄断行业的"老大"们不得不向"草根化"低头；酒店这一特殊准入行业也不再需要过多的部门牵涉进来，就像途家的出现大大降低了酒店的准入门槛；任何一个国家对媒体都会监督监管，但是随着移动互联网的出现，监管的难度越来越大，自媒体时代人人手中握有"金喇叭"，金字塔型的社会正在被颠覆。

当我们所生活的世界处于"无社交，不网络"时，我们已然真切意识到移动互联网所构筑的信息与社交的强大虚拟系统。这个社会的生存法则是跨界与颠覆，没有不可以跨界的行业，也没有一个行业可以不被颠覆。

细数直销企业"结盟联姻"那些事儿

日前，新科奇与倍得力达成战略合作，宣称将携手共同打造新科奇钙产业健康科技事业部，而在此之前，荟生与中衡也宣布缔结战略联盟合作关系。一直以来，企业之间"结盟联姻"的例子在直销行业并不罕见，其结果有的皆大欢喜、共享其成，有的最终落得两败俱伤、不欢而散。

但无论如何，企业之间的合作，都是企业到达某个发展阶段的需要，也是企业实现资源整合的一种途径，而每一段"姻缘"的缔结，无论成也好败也罢，都总会有一些收获。现道道舆情监控室为大家细数直销行业内那些曾有过"联姻"的企业，看看它们各自的际遇如何？

康力：被多个企业挂靠，被戏称为"山寨商务部"

据了解，从2010年以来，广东康力利用自己拥有直销牌照的优势，与许多未取

第八部分
直销二十年与条令十年

得直销牌照的企业进行战略合作,签订分销协议。而这些未获牌的直销企业纷纷打着康力的旗号,在康力的"保护伞"下开展直销业务。

据道道舆情监控室监控发现,康力先后一共"整合"了广东一大国隆日用品有限公司、北京致明德量子生物科技有限公司、北京法蕾雅日用品有限公司、湖南华莱生物科技有限公司、ARIIX 艾瑞克斯,以及倚兰净水源(北京)企业管理连锁有限公司等十几家企业,除此之外,康力还整合了一些直销团队,如梦航团队、大体系、向日葵团队、乐信国际等。与每一个企业、每一个团队的合作都形成了不同的康力——某某营销体系。

2012年6月,康力要求所有挂靠公司于2012年9月1日之前,必须改成和康力一样的奖金制度,否则停止合作。据了解,很多挂靠的直销公司尤其是靠多层次奖金制度吸引人的公司,对此制度极为不满,一些公司与团队纷纷解除与康力的合作协议,最终导致劳燕分飞,不欢而散。

这些跟康力合作的企业或团队当中,有正被国家执法部门打击处理的涉传企业,有尚未结案的企业;有老牌企业,也有新晋企业;有内资,也有外资,五花八门,良莠不齐。而由于康力让众多企业挂靠,变相租赁直销牌照,因而被业内人士戏称为"山寨商务部"或"商务二部"。也正因此,康力一直深陷各种负面泥沼当中,到2012年底,发表声明宣布终止与一切企业的合作关系。

据道道舆情监控室监控数据显示,近几年来,康力直销版块业绩依然不尽人意,甚至在2014年出现了负增长,可见被挂靠所带来的影响相当深远,但所幸近年来企业相对较平稳,没有较大的外事问题发生,希望每个直销企业能够引以为鉴,切勿重蹈覆辙。

绿之韵:整合二十多个企业和系统 实现资源共享

绿之韵是较早获得牌照的老牌直销企业,旗下拥有湖南长沙绿之韵实业有限公司、湖南绿韵天成电子商务有限责任公司、湖南绿之韵健康科技发展有限公司、长沙绿之韵低碳科技有限公司等15个下属企业,其业务涉及多个产业,拥有庞大的产业体系。

据了解,2012年,绿之韵开始大量"招兵买马",先后整合了绿之韵生态纺织、善德国际、绿韵六一、绿韵道承、汇诚系统等多个系统,与一大国隆合作成立了绿之韵健康科技等等,届时,其经营触角已经延伸至华东华南沿海发达地区。

媒体眼中的直销

绿之韵在直销行业内算得上是在企业之间"结盟联姻"上一个成功的案例，据了解，绿之韵前后共整合了二十多个企业或系统，实现了资源整合、优化互补，获得了良好的发展。据道道舆情监控数据显示，近几年来，绿之韵业绩总体呈上涨趋势发展，2014年，总业绩达到8.5亿，增长率为42%，发展苗头势不可挡。

中脉：牵手 laca 等成立中脉 LACA 美体事业部 迅速打响品牌知名度

中脉曾与多家企业合作，laca是中脉较有代表性的一个合作伙伴，Laca 内衣是国内著名的功能型美体内衣品牌，2012年9月，中脉牵手Laca，成立了中脉Laca美体事业部，并举行了启动大会。

中脉 laca 合作之后，在宣传方面大下苦工，从赞助亚洲小姐、到展开一系列中脉 laca 儿童守护运动，再到签约刘嘉玲成为代言人等等，迅速把中脉 laca 品牌推广出去。

整体来讲，中脉牵手 laca 是一个比较成功的案例，至今为止发展得相当不错，是行业内品牌塑造的典范。而2014年，中脉全年业绩达到125亿，排名第五，可以说中脉 laca 对公司总体业绩的贡献率功不可没。

然而，在知名度逐渐提升的同时，也难免招引来一些争议，企业在防范与把控外事风险上还需谨慎，规范市场运作，否则将导致外事问题发生。

荟生：与中衡以股份制方式进行合作 被质疑或租借牌照

日前，荟生（海南）健康产业有限公司与中衡集团牵手合作，根据合作协议，中衡与荟生将以股份制方式进行合作，双方将充分整合双方资源，优化与互补，深度协作，搭建平台生态圈，共同在全球范围内推动互助营销事业的发展。据了解，中衡营销体系将保持现有的模式、产品、利益、组织、管理、文化、市场结构不变。双方合作将在企业运营方面，实现资源整合，优化互补，特别是荟生在原材种植、研发生产、产品加工完整产业链方面的突出资源优势，全方位植入中衡互助营销平台。

而据道道舆情监控室监控所得，双方达成合作之后，中衡或租借荟生牌照的质疑声在行业内四处流窜，而此次与荟生缔结联盟，双方的合作也主要是在直销方面，因此更引起行业内人的猜疑。荟生与中衡，一方缺乏直销牌照，另一方则缺乏市场，在资源互补利益共享的前提之下，它们的合作能走多远？这是行业普遍关注的。

新科奇：携手倍得力共同打造新科奇钙产业健康科技事业部

第八部分
直销二十年与条令十年

2015年7月9日,新科奇与倍得力宣布合并,携手共同打造新科奇钙产业健康科技事业部。而在早前,新科奇就与河北慧翰文化传播有限公司以及富人德黄金珠宝行达成合作,共同入驻新科奇电商平台。随着新科奇电商"消费分红模式"的持续推广与发展,以及新科奇电子商务互联网+与维玛直营店的完美结合,其线上线下营销平台架构逐步完善,或许将会吸引越来越多企业加盟合作。

新科奇于2015年6月正式获得直销牌照,拥有亚洲最大的蓝莓种质基因库,并且背靠远东集团这个强大的后盾,具备雄厚的资源优势,而与倍得力拥有的市场团队相结合,将能够把雄厚的资源优势达到利益更大化,这是毋庸置疑的。据悉,新科奇还专门设立了合作机构管理机制,规范管理企业运作,从而更加有效地实现互相融合。

在以上几个联姻例子中,有值得借鉴的地方,也有需要规避与改善的问题,总之,企业之间结盟联姻,有利也有弊,就看企业如何去衡量与把控,只有规范操作,才能实现资源整合、共享其成,相反则殆,这是每个企业应该考量的问题。那么,企业合作需要注意什么问题?道道舆情监控室集合一些行业专业人士的观点,分析如下:

观点1:企业合作可整合各种资源,实现资源共享

企业间相互合作,最大的益处就是可以整合企业双方的资源,如资金、产品资源、市场资源和人才资源等。从而达到资源共享,实现规模效应,使市场份额不断扩大,最终达到双方获益的目的。

观点2:企业合作需要理念、文化与价值观相互融合

企业与企业合作必须有可融合的地方,合作双方不存在谁处于上风还是下风,只是利益分配的问题,因此,企业联姻这种嫁接模式,在某种程度来讲,是衍生模式,最重要的是两者要互相融合。在企业文化、经营理念、价值观三者相互融合,否则合作无法维持长久。

另外,利益分配、模式、奖金制度、人员分配等必须统一,就像到饭堂吃饭一样,首先建立统一的管理制度,有效区分所属市场的份额和进入的门槛,而班子搭建、磨合,产品对接报备,奖金制度统一等等都是需要时间,要边合作边磨合,相互弥补各自不足,不断完善创新。

观点3:企业合作要注重规避外事风险,必须阳光操作

企业间合作,由于制度、模式以及市场资源分配问题等,多多少少都会出现一

媒体眼中的直销

些外事问题，如违规经营、涉嫌传销等，因此，企业在管理好市场团队的同时，处理外事上要给力，最重要的是要建立外事团队，及时应对外事突发问题，而规避外事风险的关键在于，必须在法律的框架内制定好运作规则，要阳光操作。

观点4："联姻"或是企业无法获牌或短期无法获牌逼于无奈的选择

一个拥有直销牌照与一个没有牌照的企业联合，往往是冲着牌照去的，或因企业无法申牌，或者申牌遥遥无期，进而想借用对方的直销牌照让自己的直销业务合法化。说到底，这种选择或是无牌企业被逼无奈之举，但是双方若能够各取所需，和谐地结合，对双方来说也未必不是一个明智选择。而且从监管层面上看，如果拿牌企业能够通过收编"游击队"，把他们打造成合规合法的"正规军"，也是有利于政府监督管理和行业健康发展的。

综合目前直销企业战略合作的情况来看，尽管存在一些问题，但始终是利大于弊，若企业之间能够互相融合，规范操作，"联姻"无疑是企业拓展市场，提升业绩的一个良方。且按目前行业发展趋势来看，未来或许会有更多的直销企业选择牵手联合，共同发展。（原载《直销道道网》）

第三十九章　路在人间

解读 2015 年政府工作报告 16 个改革重点

2015 年是中国全面深化改革的关键之年，是"十二五"规划收官和"十三五规划"纲要编制之年，中央政府工作部署受到极高的关注。3 月 5 日，国务院总理李克强用了 1 小时 40 分钟向全国人大报告了政府工作，其中用了 2/3 的篇幅阐述了 2015 年工作总体部署。中国人民大学重阳金融研究院两会解读项目组，就其中的 17 项重大改革措施进行了罗列及解读。

1. 行政改革：简政放权、放管结合

政府有权力，但李克强总理说，"有权不可任性"，不任性的政府是廉洁政府、法治政府的重要基础。2014 年已全年取消和下放 246 项行政审批事项，2015 年要全部取消非行政许可审批，进一步简化注册资本登记，制定市场准入负面清单。建立全国统一的社会信用代码制度和信用信息共享交换平台。很明显，中国政府将进一步向"减政"政府的方向发展。但目前一些地方政府仍有握着一些非行政的审批权，令交易成本持续高昂。此时，所有的市场主体或许应问一句：您听总理话了吗？

2. 结构改革：多元投资、大众消费

要"奔小康"，就要装上新的"发动机"。2015 年政府工作报告中谈到，启动实施一批新的重大工程项目，但政府不唱"独角戏"，要更大地激发民间投资活力，

媒体眼中的直销

引导社会资本投向更多领域。据透露,过去一年,全国新增投资50万亿元,政府拨款投资仅1万亿元,这是好的社会征兆。汇小溪成大河,让亿万群众的消费潜力、投资潜力不断增长,才是成为拉动经济增长的强劲动力。很明显,2015年,如何激发社会的能量,鼓励投资热情,全民携手创富,是政府的一大工作重点。

3. 财税改革:全面公开、调整责权

政府的钱都花到哪里去了?网上就能监督!这将在2015年成为现实。将要实行的全面规范、公开透明的预算管理制度要求,除法定涉密信息外,中央和地方所有部门预决算都要公开,全面接受社会监督。政府向百姓做出的承诺,有财力完成吗?改革转移支付制度,完善中央和地方的事权与支出责任,合理调整中央和地方收入划分。以往"地方政府财源少、支出却多"的局面今年将被改变。

4. 金融改革:放开民营、深化市场

老百姓也可以开银行吗?《政府工作报告》回答:"具备条件,成熟一家,批准一家,不设限额"。存在银行里的钱,有保障吗?2015年将要推出存款保险制度,并且要加强多层次资本市场体系建设,实施股票发行注册制改革,发展服务中小企业的区域性股权市场,推进信贷资产证券化,扩大企业债券发行规模,发展金融衍生品市场。总之,就是要让投资者有更多赚钱的渠道、让银行有更多增值的办法,普惠大众。出国旅游、投资,带着人民币出门就可以吗?今年,将要加快建设人民币跨境支付系统,完善人民币全球清算服务体系,开展个人投资者境外投资试点,人民币成为"世界人民的货币"的日子并不太远了。

5. 企业改革:国企分类、非公搞活

全民所有制企业,有我一份儿吗?今年,国企改革要"准确界定不同国有企业功能,分类推进改革",对不同类别的国企,将根据分类来推进成立国有资本投资公司、运营公司试点,这些国有资本投资公司、运营公司将推进混合所有制等改革举措,"做国企的股东"不再是梦想。而对于非公有制企业,则要"注重发挥企业家才能,增强各类所有制经济活力",有本事的,使劲儿上!

6. 扩大开放:升级外贸、加快自贸

在网上就能把东西卖到全世界去,还能找个老外当合伙人,按批发价买洋货!今年,将要发展外贸综合服务平台和市场采购贸易,扩大跨境电子商务综合试点,把外商投资限制类条目缩减一半,足不出户,生意遍全球。要想"走出去"的话,

第八部分

直销二十年与条令十年

天地也将更加广阔、大有可为！政府将鼓励企业参与境外基础设施建设和产能合作，推动铁路、电力、通信、工程机械以及汽车、飞机、电子等中国装备走向世界。"走出去"之后，我能适应"外国土政策"吗？会不会"水土不服"？放心！中国将构建"全方位对外开放新格局"，推进"一带一路"、加快实施自贸区战略，加快与韩、澳、海湾国家、以色列、东盟等签署自贸区协议，还将建设更加广阔的"亚太自贸区"。中国路，全球通！

7. "三农"改革：保障粮食、提高民生

耕地要增加了，自来水要进户了，所有农民都能用上电了！要让农业更强、农民更富、农村更美。今年粮食产量要稳定在1.1万亿斤以上，有粮心不慌。18亿亩耕地红线要坚持，永久基本农田要划定，耕地质量要保护，土地整治要推进，增加深松土地2亿亩。6000万农村人口今年要喝上干净水，20万公里农村公路新建改建，力争让最后20多万无电人口都能用上电，实现全民用电。稳定家庭经营，支持种养大户、家庭农牧场、农民合作社、产业化龙头企业，培养"新型职业农民"。征地怎么改，"小产权"房怎么办，建设用地入市怎么推进？改革试点要审慎推进。

8. 新型城镇：危房改造、落户放宽

城镇化就是建房子吗？"睡城"、"鬼城"等现象怎样缓解？京津冀等城市群如何一体化？2015年搞城镇化，关键是以人为中心：要改造棚户区和城乡危房；抓紧改革户籍，农民和城里人界限打破了；暂住证慢慢隐去了，居住证让"北漂""上漂""广漂"们看得起病、买得到房、上得了学；城市群一体化，规划先行，有序推进。新型城镇化，经济发展的又一个火车头，也是老百姓享受平等福利的制度保障。

9. 产业升级：大力创新、争夺高地

前有欧美堵截，后有印度追赶，外有壁垒打压，内有雾霾困扰，"中国制造"如何突围？2015年的答案：实施"中国制造2025"，推动产业结构迈向中高端。加快从制造大国转向制造强国，不能只做世界工厂，还要做世界创新工场。互联网和现代制造业要"热恋"，工业化和信息化要深度融合，开发利用网络化、数字化、智能化等技术。智能机器人、云计算、大数据、物联网……是不是听起来很高大上？要把一批新兴产业培育成主导产业，制定"互联网+"行动计划，促进电子商务、工业互联网和互联网金融健康发展，引导互联网企业拓展国际市场。制造要上去，污染要下来。只有向上走，才能向前走。

10. 民生改革：促进就业、增进福祉

媒体眼中的直销

近年来,所谓的"阿拉伯之春"、欧美社会的游行与骚乱都说明,高就业率,是一个国家稳定的重要保障。今年高校毕业生749万人,为历史最高,实现高就业率,政府和社会的压力很大。2015年,政府将大力做好结构调整、过剩产能化解中失业人员的再就业工作。统筹农村转移劳动力、城镇困难人员、退役军人就业,实施农民工职业技能提升计划。社保幅度也会增加。同时,降低失业保险、工伤保险等缴费率。机关事业单位的养老保险制度改革措施,将涉及数千万人。在县以下机关建立公务员职务和职级并行制度,加强重特大疾病医疗救助,全面实施临时救助制度,让遇到急难特困的群众求助有门、受助及时。民生做好的,中国社会主义制度相对于全世界的优越性才能更强的说服力。

11. 教育发展:促进公平,高校转型

2014年欣闻贫困子弟上重点高校连续两年增长10%,2015年将会继续促进教育公平发展和质量提升,其中包括加快义务教育学校标准化建设,改善薄弱学校和寄宿制学校基本办学条件,落实农民工随迁子女在流入地接受义务教育政策。教育是中国明天的希望,是改变自身命运的重要途径。政府工作报告中提到,"部分高校办学质量不高,应该向更加实用性的职业教育转变"。2015年,各类学校改革的任务不轻。

12. 卫生改革:提高医保、普惠基层

美国推行半个多世纪没有实现的全民医保,在中国实现的速度明显快得多。目前全民医保覆盖面超过95%,2015年的重点是,鼓励医生到基层多点执业,发展社会办医,方便几亿农民就地就近看病就医。同时,将城乡居民基本医保财政补助标准由每人每年320元提高到380元,全面实施城乡居民大病保险制度。加强全科医生制度建设,完善分级诊疗体系。合理调整医疗服务价格,通过医保支付等方式平衡费用,努力减轻群众负担。积极发展中医药和民族医药事业,最终打造一个健康中国。

13. 文化改革:书香社会、服务均等

中国人不能再被舆论笑为"没文化"了。2015年政府工作报告中注意到这一点,所以提到了一个新词,叫中国要建"书香社会"。重点的措施很多,其中讲到倡导全民阅读,逐步推进基本公共文化服务标准化均等化,扩大公共文化设施免费开放范围,发挥基层综合性文化服务中心作用,促进传统媒体与新兴媒体融合发展。发展全民健身、竞技体育和体育产业,都与老百姓切身利益相关。读书、有文化,应该是过一份有尊严生活的重要基础。

14. 环境治理：铁腕治污，环保税法

总理把治污环保比成一场战争，且是一场全民战争。从近大半年的情况看，减排、污霾的确有好转。然而，和环境治理的攻坚战，不只是一部纪录片能完成的，也不能只是呼吁，政府要有大作为。2015年，政府要深入实施大气污染防治行动计划，推广新能源汽车，提高油品标准和质量，年底前全部淘汰黄标车；实施水污染防治行动计划。对于节能产业而言，2015年要重视这句话：政府"把节能环保产业打造成新兴的支柱产业。"另外，做好环保税立法工作，对偷排偷放者出重拳，让其付出沉重的代价；对姑息纵容者严问责，使其受到应有的处罚。我们期待，环保不利的"大老虎"落马。

15. 决策改革：依宪施政、重视智库

政府决策，要尊法、学法、守法、用法。2015年，要让政府依法全面履行职责，所有行政行为都要于法有据，任何政府部门都不得法外设权。李克强总理这个话说得很有份量，但关键要看如何深化行政执法体制改革，积极推进决策科学化民主化，重视发挥智库作用，完善新常态下的政绩考核评价机制。政府不仅要大力反腐败，还要打击不作为、乱作为，这个努力要大力点赞。

16. 军事改革：全民国防、军民融合

军队腐败，重创了军队的形象；国际压力，又迫使军事改革。2015年"解放军叔叔"的压力很重。全面加强现代后勤建设，提高国防和军队建设法治化水平，是军事管理制度改革的关键。此外，还要增强全民国防意识，推进国防动员和后备力量建设。如何恢复"军民鱼水情"，让军队真正有战斗力，是2015年国防与军事建设务必注意的重点。（中国人民大学重阳金融研究院两会解读项目组）

2015年政府工作报告中十大关键数据

3月5日，国务院总理李克强用了1小时40分钟向全国人大报告了政府工作，其中用了大量客观的数据阐述了2014年的进展和2015年工作总体部署。中国人民大学重阳金融研究院两会解读项目组就其中的10个重大数据进行了罗列和解读。

媒体眼中的直销

1. 2015年国内生产总值增长7%左右

这一预期目标较之于去年下调了0.5个百分点,这表明中国政府并没有因经济减速而动摇经济结构改革的决心。2015年的7%增速的年度经济增长总量,与2014年7.4%增速的年度增长总量大体相当。2015年中国经济增量预计相当于1997年全年的中国经济总量。在经济新常态的大背景下,这一目标旨在与全面建成小康社会目标相衔接,经济转型与结构升级的要求相适应。

2. 2014年财政用于民生的比例达到70%以上。

这样的比重不但在中国以前从未出现,就是在全世界也是非常罕见的。这充分说明本届政府"坚持以人为本","织密织牢民生保障网,增进人民福祉"。

3. 城镇新增就业1000万人以上

2015年政府预期城镇新增就业1000万人以上。我国今年高校毕业生将达到历史最高的749万人,还有大量农村人口流入城市,再加上城镇原有的就业压力,困难可想而知。这一不低于去年的新增就业目标数字凸显了政府的促进就业的坚定信心。着力促进创业就业,坚持就业优先,以创业带动就业,对经济新常态下经济社会平稳转型具有重要意义。

4. 城镇登记失业率4.5%以内

2015年政府预期城镇登记失业率4.5%以内,与去年预期目标4.6%相比目标更高。我国经济处在"三期叠加"的大环境中,经济结构转型与调整必然带来失业率控制的压力。因此,这一不低于去年的失业率目标充分体现了政府的自信与决心,对增强人民福祉有着重大意义。

5. 居民消费价格(CPI)涨幅3%左右

2014年我国CPI同比增长2%,创下自2010年以来的物价涨幅新低,反映出经济下行压力较大、有效需求不足的问题。展望2015年,我国经济运行缓中趋稳,国内需求短期内难以改善,这种温和通胀格局有望延续。CPI涨幅3%左右的目标,有助于推进价格改革,这也为央行实行宽松的货币政策留出了空间。

6. 财政赤字1.62万亿元

2015年财政赤字1.62万亿元,比去年增加2700亿元,赤字率从去年的2.1%提高到2.3%。这表明虽然政府坚持"调结构"的经济改革方向,但也不是对经济发展减速漠不关心。2015年我国将继续实施积极的财政政策,并适当加大力度,有助于实施结构性减税和普遍性降费，以加强对实体经济的支持。

7. 中央预算内投资增加到 4776 亿元

中央政府将增加投资，防止经济"硬着陆"。报告还指出"但政府不唱"独角戏"，要更大激发民间投资活力，引导社会资本投向更多领域"，发挥社会主义市场经济优势，激活民间投资，打一场经济"人民战争"。

8. 设立 400 亿元新兴产业创业投资引导基金

这是一个全新的举措，充分说明了政府争夺新兴产业和新兴业态高地的决心，真金白银来支持把一批新兴产业培育成主导产业，引导产业升级，为中华民族伟大复兴打下基础。

9. 进出口增长 6% 左右

2014 年我国进出口增长 3.4%，远低于 7.5% 预期。但由于自贸区和"一带一路"建设的推进，政府推动出口还是充满底气。出口增长 6% 左右有助于推动外贸转型升级，打造竞争新优势，实现我国对外贸易的平稳增长。

10. 在 100 个地级以上城市进行公立医院改革试点

去年胜利完成了县级医院的改革试点，惠及 5 亿农村人口，成绩巨大。今年政府乘胜追击，推出了医疗改革升级版，不但要减轻农村人口医疗负担，还要减轻城市人口医疗负担，切实为群众解决困难。（中国人民大学重阳金融研究院两会解读项目组）

聚焦"两会"利好政策 四大焦点助力直销行业新启程

2015 年"两会"还在如火如荼地进行中，有关直销行业的议题不断推出，同往年一样，广大直销人热切期盼着两会能够带给直销行业利好政策，为此，直销专业网记者遍翻资料，整理汇集出今年两会期间与直销行业密切相关的 4 大焦点提案：

焦点一：深化医疗改革，落实中医药立法

医疗是民生之需，也是最受关注的民生焦点之一。如何让百姓看得起病、看好病，

媒体眼中的直销

仍然是今年全国"两会"上热议的话题。在今年的政府工作报告中,对深化医疗改革提出了新的更高的要求。

从已公布深化医改试点来看,未来在"健康中国"概念中,医药、医疗、医药电商等领域都会获得快速发展。不少药企代表在两会上更是就深化医疗改革提出了很多建议。例如,"以药养医"一直是我国药品价格高居不下的一颗毒瘤,医院为了通过药品获取利益,导致大处方开贵药的问题屡禁不止。为此,香雪制药董事长王永辉在两会上建议政府应该继续加快"医药分家"步伐,促进药品在临床上的合理应用,让医药行业拥有一个公平、清净的市场秩序。

其次,新药审批难、耗时久也再度受到关注。为此,天士力闫希军建议建立药品审批"绿色通道",这样可以快速而安全的对已上市药品或即将上市的新药进行补充和完善,从而保证消费者能够使用安全有效的药品。一旦此提案被落实实施,我国的药品更新速度将会大大提高,有利于更好的满足消费者的各种各样的需求,并降低企业的审批成本,缩短上市时间,获得更好的社会经济效益。

此外,对于中国中医药继承不足、创新不够、药材资源短缺等问题,康美药业董事长马兴田在参加"两会"时明确表示,将积极支持中医药立法,从而推动中医药复兴。预计中医药综合性法律出台以后,必将促进我国中医药产业在未来发展过程中更加科学化、标准化、国际化,推动我国传统中医药产业的复兴和蓬勃发展。

焦点二:严打传销活动 发展一人下线即可定罪

在今年召开的"两会"中,"降低传销定罪门槛"作为人大代表提案被带到了两会。

提出这一提案的全国人大代表蒋宇霞认为,传销如此猖獗泛滥,根源就在于我国现有法律对传销活动制裁不力,尤其是刑法对传销活动定罪门槛过高。根据现有法律,传销发展到30人才能定罪。但是,警方查处传销案件中发现,传销组织越来越隐秘,传销头目更是"神龙见首不见尾",很难获取和掌握30人以上的涉传证据,因为传销组织经常钻法律漏洞,将原先的数十人以上聚集培训,分解开来,分散培训,警方难于获得传销头目定罪证据。因此必须降低传销组织的定罪门槛,对传销活动地毯式打击,凡是参与发展下线的即可定罪。

此提案一出,立刻引发了大量直销人士的关注,有网友指出,提案的初衷虽然的好的,但恐怕可行性不高,就此,爱直销特意做了一份问卷调查,结果显示,有39%的网友认为降低传销定罪门槛有利于行业规范发展,28%的网友认为提议不现实、可行性不大；另有 27% 的网友认为该提案若实行将有力打击传销犯罪行为。

焦点三：应扩大直销范围 支持农产品进入直销行业

"尽早让农产品进入直销范围，让农业产业化龙头企业进入直销行业，快速发展，真正做到强农固本。"出席全国政协十二届三次会议的我省委员马虎成建议，支持并大力推进本土农产品进入直销行业。

马虎成在提案中说，《直销管理条例》和《禁止传销条例》是目前规范中国直销行业的主要立法，现在直销产品的范围为工业产品，无农产品。而我国是农业大国，农业人员众多，应考虑把农产品生产优势转化为市场优势。

马虎成委员建议，国家有关部门应当调整直销产品的范围，将符合国家认证、许可或强制性标准的，安全性便于监管的农产品纳入到直销产品的范围。对申请人为农业产业化企业的，将《直销管理条例》中"在提出申请前连续5年没有重大违法经营记录"的硬性要求从前置审批条件变为许可后监督规定，大力扶植农业产业化企业，吸引更多资金进入农业产业化企业，推动中西部农业产业的现代化。

此提案收到了广大直销从业者的大力支持，网友纷纷表示，自直销立法以来，国家对于直销产品种类给予了严格的界定，随着时代发展、社会进步，直销产品也应当做一些补充和添加，如果能够增加农业产品，则一方面填补了直销产品种类不足，更能为国家优化农村问题献力。

焦点四：大力发展养老健康产业 开创特色养老新模式

随着我国社会老龄化程度的加深，中国的社会养老服务体系发展面临严峻挑战，但对于企业而言，养老健康产业业将迎来新的发展机遇。在今年的两会上，关注空巢老人出现在了政府工作报告中，让"空巢老人"这个话题再一次映入人们的视野。

今年两会上，山东卫康生物董事长王宗继提出打造"居家养老健康山东"。他指出"'居家养老健康山东'运用物联网技术将家中的智慧居家养老系统、社区的物联系统和服务整合在一起，使居家老人、子女、社区管理者、服务机构和各种互联网系统形成各种形式的信息交互，以达到更加方便快捷的管理，给养老带来更加舒适的'数字化'健康生活体验。"该提案也获得了参会代表的赞同。

其他直销企业参会代表，也就不同的社会问题提交了自己的两会提案。诸如理想科技焦家良、如新中国李潮东在今年的两会上分别围绕"一带一路"、新常态下的直销发展提出了宝贵的建议。

由于直销行业本身的一些不足和敏感度,以及受政策环境的影响,参加两会的直销企业家们并没有直接谈论直销,但围绕与直销密切相关的医药、养老健康、打击传销等,企业家们在会上积极建言献策。直销企业的企业家在两会上提出了涵盖多个领域的提案,虽不算真正的为直销行业发展建言献策,却间接的为直销的发展发力。他们围绕地区的经济发展积极建言献策,为国家的发展出谋划策,本身就是一种履行公民义务的的表现,更为直销行业的健康发展注入新鲜的活力。

直销企业 3·15 高层座谈会在京召开

2015 年 3 月 10 日,直销企业履行社会责任与保护消费者权益 3·15 高层座谈会在京召开。座谈会由中国消费者报社、中国消费网主办,主题是"品质·创新·责任",38 家直销企业的 80 多位代表应邀出席。国家工商行政管理总局反垄断与反不正当竞争执法局副局长李毓助、中国消费者协会副会长兼秘书长常宇、商务部市场秩序司法规处处长陶宇、中国消费者报社社长朱剑桥分别在会上发表了讲话。无限极(中国)有限公司高级副总裁杨国晋在会上作了主题发言。10 位直销企业高层领导应邀在会上作了现场交流发言。

这是中国消费者报社连续第四年主办这样的专题座谈会,座谈会对树立直销行业正面形象、促进直销行业规范健康发展,起到了积极的促进作用。

围绕"品质·创新·责任"会议主题,国家工商总局反垄断与反不正当竞争执法局副局长李毓助回顾了过去一年全国工商系统开展直销监管工作的做法及直销市场存在的问题,介绍了今年全国工商系统直销监管工作的重点,并对直销企业履行社会责任,做好消费者权益保护工作提出了具体要求。

中国消费者协会副会长兼秘书长常宇介绍了新的《消费者权益保护法》实施一年来的情况,希望直销企业创新思维,更加努力地做好消费者权益保护工作。

商务部市场秩序司法规处陶宇处长介绍了目前国内直销市场的发展情况,就直销企业如何规范经营,促进行业健康发展提出了希望。

中国消费者报社社长朱剑桥对此次座谈会的主题进行了解读,并介绍了围绕纪

第八部分
直销二十年与条令十年

念宣传《直销管理条例》、《禁止传销条例》施行10周年，中国消费者报社今年将重点开展的宣传工作。

无限极（中国）有限公司高级副总裁杨国晋表示，"品质·创新·责任"3个简单的词语道出了企业永续发展、事业长青的根本所在。有了这个理解和共识，将促进直销企业在经济新常态下更加切实地保证产品的质量与安全，保障消费者权益；贯彻创新理念，推动更多新产品、新技术的产出，同时，更加务实地开展公益活动，促进社会和谐发展。

在座谈会上，如新（中国）日用保健品有限公司北京代表处首席代表暨大中华区业务支持&法规副总裁李潮东、三生（中国）健康产业有限公司副总裁孙鹏博、宝健（中国）日用品有限公司总裁李道、安利（中国）日用品有限公司公共事务总经理翟明𰾅、完美（中国）有限公司总经理赵建红、玫琳凯（中国）化妆品有限公司外事副总裁张晶、北京罗麦科技有限公司副总裁白云、嘉康利（中国）日用品有限公司副总经理李重华、克缇（中国）日用品有限公司董事副总裁王玉霞、天津天狮生物工程有限公司副总裁阎玉朋等企业代表，分别应邀在会上现场发言，交流了企业规范经营、创新发展、保护消费者权益和责任为先的经验。

参加本次座谈会的直销企业高层领导还有：新时代健康产业（集团）有限公司副总经理王宁、南京中脉科技发展有限公司副总裁回宏亮、广东康力医药有限公司副总经理王政、广东太阳神集团有限公司副总经理周湘健、葆婴有限公司总裁杨立基、绿之韵生物工程集团有限公司董事常务副总裁劳嘉、厦门金日制药有限公司副总经理温兆华、上海春芝堂生物制品有限公司营销中心副总经理伍宁、深圳市荣格科技有限公司总裁助理李伟生、天福天美仕（厦门）生物科技有限公司董事长林伯琪、理想科技集团有限公司副总裁马慧、康美药业股份有限公司直销部副总经理程海涛、三株福尔制药有限公司常务副总裁王丽华、浙江康恩贝集团医疗保健品有限公司副总经理王颖等。

另外，富迪健康科技有限公司、金士力佳友（天津）有限公司、欧瑞莲化妆品（中国）有限公司、康宝莱（中国）保健品有限公司、天津尚赫保健用品有限公司、江苏安惠生物科技有限公司、江苏隆力奇生物科技股份有限公司、山东安然纳米实业发展有限公司、天津市康婷生物工程有限公司、福维克家用电器制造（上海）有限公司、大溪地诺丽饮料（中国）有限公司、河北华林酸碱平生物技术有限公司等企业也分别派代表出席了本次座谈会。

媒体眼中的直销

与会代表一致认为，品质是企业的生命，创新是企业的原动力，责任则是企业的发展基石。直销企业只有注重产品品质、认真履行社会责任，全力保护消费者权益，才能达成企业、消费者、社会三者共赢的局面，直销行业也才会在可持续发展的道路上取得更大成就。

天狮盛典尼斯绽放

2015年2月，由天狮集团主办，北京众信国际旅行社股份有限公司、意博集团有限公司、奥蓝际德温泉度假酒店、泰济生医院国际健康管理中心承办的"天狮集团20周年庆嘉年华法国尼斯站新闻发布会"在北京华尔道夫酒店隆重召开。

会上，天狮集团宣布将组织50多个国家和地区的优秀事业伙伴共计6400余人赴法国尼斯、巴黎等地开展高端旅游，此次活动将是中法建交50多年以来最大规模的一次，是中法经济、文化交流的盛事。

作为致力于全球化大健康产业发展的领军企业，天狮集团向世界传播中华优秀文化，推广东方养生智慧，为全球近4000万个家庭的稳定消费群体和事业伙伴带来高品质的健康时尚生活。

2015年，天狮将迎来成立20周年华诞，作为一项重要的庆祝活动，今年5月，天狮将组织全球50多个国家和地区的6400余名优秀事业伙伴赴法国尼斯、巴黎等地开展高端旅游，此次活动以"天狮梦想 尼斯绽放"为主题，将是中法建交50多年以来中国企业组织的最大规模旅游团，是中法经济、文化交流的盛事，为天狮20周年庆典增添一道靓丽风景。

发布会上，天狮集团副总裁阎玉朋表示，天狮作为东方健康文化使者，致力于搭建国际友谊桥梁，加强各国文化交流，促进国际社会和谐。法国文化是世界文化宝库里的一颗璀璨明珠，中法两国人民有着深厚的友谊，天狮将此次活动定义为一次文化交流的盛宴，在领略法国独特浪漫文化的同时，通过嘉年华庆祝大会、海陆空巡游展演、天狮Richy One奢侈品新品发布等环节，向法国人民和各国人民展现天狮大健康文化的魅力，将天狮20周年嘉年华作为展现法国文化和中国文化魅力的重要窗口，更增进来自50多个国家和地区人民之间的了解与友情，让此次活动成为

第八部分
直销二十年与条令十年

一次载入中法民间交流史册的一次盛会。

  法国驻华大使顾山表示，中法建交 50 多年来，在政治、经济、文化等方面有着深入的交流与合作，中法人民之间凝聚了深厚的友谊，天狮作为一家全球化企业，与许多法国企业有着紧密的合作，为促进中法经济文化交流做出了贡献。天狮今年 20 岁了，这是个有能力将梦想变成现实的年纪，感谢天狮安排此次法国旅游活动，在促进中法文化交流的同时，实现两国人民友谊的"法中梦"。法国政府和尼斯市政府对此次天狮高端旅游团赴法活动非常关注，将在活动的各个环节给予大力支持，为天狮提供各项资源与完备设施，确保活动顺利开展，并预祝天狮集团 20 周年嘉年华尼斯站取得圆满成功，祝愿天狮事业蓬勃发展。

  中国国家旅游局中国旅行社协会秘书长蒋齐康，对天狮 20 年国际化发展成就表示由衷的钦佩和骄傲，并祝愿天狮法国尼斯嘉年华顺利成功，希望藉此向世界展现中国游客的文明素质，展现天狮民族企业的雄厚实力和良好形象。

  作为本次天狮集团 20 周年庆嘉年华法国尼斯站的合作方，众信旅游董事长冯滨表示，众信是中国最大的出境游运营商之一，非常荣幸能与天狮集团合作，承接此次法国尼斯嘉年华旅游服务，这将是中国企业组织赴法旅游人数最多的一次，众信将为广大天狮事业精英提供专业一站式全方位的服务。

  意博集团董事长何侃也表示，立足欧洲提供专业会展服务的意博集团将利用自身优势资源，竭诚为天狮做好服务，确保活动圆满成功，为中法文化交流提供助力。

  天狮集团欧洲区业务是天狮重点关注和培育的市场之一，在英国、德国、波兰、克罗地亚、捷克、斯洛伐克、匈牙利、保加利亚等国设立了分支机构，法国办是天狮对欧洲业务的重要窗口。

  早在 2002 年，天狮多款优质产品经法国科技质量监督评价委员会审核，列为向欧盟市场推荐产品；2006 年天狮与法国芳香魅影集团合作，并在时尚之都巴黎召开时尚彩妆发布会，赢得欧洲消费者信赖；2012 年，天狮与法国电信旗下的 ORANGE 公司正式签约，法国成为天狮全球部署基于云技术的 IT 基础架构与应用的四个地区之一，有力地支持了天狮全球业务的拓展。

媒体眼中的直销

直销企业海外旅，引大众媒体关注

中国某富豪组织该公司 6000 多人的超大规模赴法旅行团连日来震动了欧洲，经济正陷入困境的欧洲各国纷纷感慨中国公司"豪气惊世"。不过，这一"豪举"在国内却引发激烈争议，原因是这个名为天狮的公司是一家直销企业。在微博上，有网民称"霸道总裁有钱就任性"。网民"dolly可人"称，"这是没头脑，在国外搞这种聚众炫耀，只会让人家更讨厌中国人。这不是土豪，根本是土鳖得瑟。"（5月11日《环球时报》）

直销企业类似的"壮举"已经不是第一回，这一次的不同在于，似乎 6000 多人的超大规模旅行团在法国受到的"欢迎"远超国人的想象。很多网友忧心忡忡，这样的炫耀，加上旅行团成员个体可能的不文明行为，将有损中国的形象。事实却不是这样：法国著名的旅行社 Atout France 由总经理马代亲自出马，自去年就开始忙活此事，还派出员工在机场帮助快速通关、积极协调酒店、商场和官方资源；而老佛爷等巴黎的商业零售机构，早早开始了天狮超大旅行团的接待准备……

如果说，以上商业企业欢迎天狮超大旅行团是出于企业利益考虑，那么负责 TGV 运营的 SNCF 也破例组织加班，而众所周知，在法国铁路部门可从来不喜欢加班，甚至还时不时罢工；不仅如此，尼斯市副市长埃斯特罗西也接见了 200 人的天狮集团高级团队；法国外长、资深政治家法比尤斯专门在盖多塞外交部所在地会见天狮董事长李金元，并称"这对法国而言是十分有趣的，不论就文化、贸易或经济层面而言都是如此"。

从商界到政界，天狮超大旅行团获得的"欢迎"超乎想象。当然，毫无疑问，这样的行为在国外必然也有不同声音。只是中国整体实力的提升，中国境外游人次及消费能力的快速增长，让任何国家都充满期待。无论组织类似海外旅游的是普通机构，还是饱受争议直销企业，只要能为他国带来收益，只要不违法乱纪，尊重他国法律，哪怕有那么一点点的不文明行为，整体上依旧能得到这些国家从商业企业到政府部门的欢迎。

对于直销企业而言，喜欢大规模集会，喜欢用榜样、成功的幻觉来激励员工，让身在其中和有可能被"洗脑"加入其中的人感觉到成就、企业的力量，本就没有

第八部分
直销二十年与条令十年

什么稀奇的。类似的集会,对于身处其中者和直销企业而言,要的就是关注,甚至不惧怕批评。只有在万众的瞩目中,直销行业的参与者才能感觉自身和企业的无比价值,才更自豪。直销行业的存在是人性欲求的综合反映,这个行业是否应该合法存在,是否应该受到更严格的约束向来争议很大。既然今天,部分直销企业合法存在,那么其各种合法的集会,包括组团大型境外游活动,从法律上其实就没什么可挑剔的。反倒,我们越去挑剔、越去关注,越去解决和剖析,直销从业者越会感觉到自己工作和所处企业、行业"了不起"。因为,他们要的就是荣耀、要的就是"互相慰藉"和关注所带来的满足感、成就感。

合法的直销和传销至少还是有那么一些区别的。一个市场经济法治国家,无法拒绝直销行业的存在。同样,我们也无法低估直销太多、太投入,对社会经济观念、人性的破坏。所以,对待直销企业的行为,一方面需要严格的法律、制度规范;另一方面就是,主流媒体及社会舆论应该有共识,在直销问题上有一个清醒的认识。切不可为了一点广告费或其他目的,和参加直销企业大型境外游的员工一样,沉醉于大国崛起的荣耀中。

民政部印发行业协会与政府脱钩文件

中共中央办公厅、国务院办公厅近日印发了《行业协会商会与行政机关脱钩总体方案》,并发出通知,要求各地区各部门结合实际认真贯彻执行。

《行业协会商会与行政机关脱钩总体方案》全文如下。

行业协会商会是我国经济建设和社会发展的重要力量。改革开放以来,随着社会主义市场经济体制的建立和完善,行业协会商会发展迅速,在为政府提供咨询、服务企业发展、优化资源配置、加强行业自律、创新社会治理、履行社会责任等方面发挥了积极作用。目前,一些行业协会商会还存在政会不分、管办一体、治理结构不健全、监督管理不到位、创新发展不足、作用发挥不够等问题。按照《中共中央关于全面深化改革若干重大问题的决定》、《国务院机构改革和职能转变方案》有关精神和工作部署,为加快转变政府职能,实现行业协会商会与行政机关脱钩,促进行业协会商会规范发展,制定本方案。

媒体眼中的直销

一、总体要求和基本原则

（一）总体要求

贯彻落实党的十八大和十八届二中、三中、四中全会精神，加快形成政社分开、权责明确、依法自治的现代社会组织体制，理清政府、市场、社会关系，积极稳妥推进行业协会商会与行政机关脱钩，厘清行政机关与行业协会商会的职能边界，加强综合监管和党建工作，促进行业协会商会成为依法设立、自主办会、服务为本、治理规范、行为自律的社会组织。创新行业协会商会管理体制和运行机制，激发内在活力和发展动力，提升行业服务功能，充分发挥行业协会商会在经济发展新常态中的独特优势和应有作用。

（二）基本原则

坚持社会化、市场化改革方向。围绕使市场在资源配置中起决定性作用和更好发挥政府作用，改革传统的行政化管理方式，按照去行政化的要求，切断行政机关和行业协会商会之间的利益链条，建立新型管理体制和运行机制，促进和引导行业协会商会自主运行、有序竞争、优化发展。

坚持法制化、非营利原则。加快行业协会商会法律制度建设，明确脱钩后的法律地位，实现依法规范运行。建立准入和退出机制，健全综合监管体系。各级政府要明确权力边界，实现权力责任统一、服务监管并重。按照非营利原则要求，规范行业协会商会服务行为，发挥对会员的行为引导、规则约束和权益维护作用。

坚持服务发展、释放市场活力。提升行业协会商会专业化水平和能力，推动服务重心从政府转向企业、行业、市场。通过提供指导、咨询、信息等服务，更好地为企业、行业提供智力支撑，规范市场主体行为，引导企业健康有序发展，促进产业提质增效升级。

坚持试点先行、分步稳妥推进。在中央和地方分别开展试点，设置必要的过渡期，积极探索，总结经验，完善措施，逐步推开。根据行业协会商会不同情况，因地因业因会逐个缜密制定脱钩实施方案，具体安排、具体指导、具体把握，确保脱钩工作平稳过渡、有序推进。

二、脱钩主体和范围

脱钩的主体是各级行政机关与其主办、主管、联系、挂靠的行业协会商会。其他依照和参照公务员法管理的单位与其主办、主管、联系、挂靠的行业协会商会，参照本方案执行。

同时具有以下特征的行业协会商会纳入脱钩范围：会员主体为从事相同性质经济活动的单位、同业人员，或同地域的经济组织；名称以"行业协会"、"协会"、"商会"、"同业公会"、"联合会"、"促进会"等字样为后缀；在民政部门登记为社会团体法人。

个别承担特殊职能的全国性行业协会商会，经中央办公厅、国务院办公厅批准，另行制定改革办法。

三、脱钩任务和措施

（一）机构分离，规范综合监管关系

取消行政机关（包括下属单位）与行业协会商会的主办、主管、联系和挂靠关系。行业协会商会依法直接登记和独立运行。行政机关依据职能对行业协会商会提供服务并依法监管。

依法保障行业协会商会独立平等法人地位。按照有利于行业发展和自愿互惠原则，对行业协会商会之间、行业协会商会与其他社会组织之间的代管协管挂靠关系进行调整，并纳入章程予以规范。鼓励行业协会商会优化整合，提高服务效率和水平。

调整行业协会商会与其代管的事业单位的关系。行业协会商会代管的事业单位，并入行业协会商会的，注销事业单位法人资格，核销事业编制，并入人员按照行业协会商会人员管理方式管理；不能并入行业协会商会的，应当与行业协会商会脱钩，根据业务关联性，在精简的基础上划转到相关行业管理部门管理，并纳入事业单位分类改革。

行政机关或事业单位与行业协会商会合署办公的，逐步将机构、人员和资产分开，行政机关或事业单位不再承担行业协会商会职能。

（二）职能分离，规范行政委托和职责分工关系

厘清行政机关与行业协会商会的职能。剥离行业协会商会现有的行政职能，法律法规另有规定的除外。业务主管单位对剥离行业协会商会有关行政职能提出具体意见。

加快转移适合由行业协会商会承担的职能。行政机关对适合由行业协会商会承担的职能，制定清单目录，按程序移交行业协会商会承担，并制定监管措施、履行监管责任。

（三）资产财务分离，规范财产关系

行业协会商会应执行民间非营利组织会计制度，单独建账、独立核算。没有独立账号、与行政机关会计合账、财务由行政机关代管或集中管理的行业协会商会，要设立独立账号，单独核算，实行独立财务管理。

对原有财政预算支持的全国性行业协会商会，逐步通过政府购买服务等方式支持其发展。自 2018 年起，取消全国性行业协会商会的财政直接拨款，在此之前，保留原有财政拨款经费渠道不变。为鼓励全国性行业协会商会加快与行政机关脱钩，过渡期内根据脱钩年份，财政直接拨款额度逐年递减。地方性行业协会商会的财政拨款过渡期和过渡办法，由各地自行确定，但过渡期不得超过 2017 年底。用于安置历次政府机构改革分流人员的财政资金，仍按原规定执行。

按照财政部门、机关事务主管部门统一部署和有关规定，各业务主管单位对其主管的行业协会商会财务资产状况进行全面摸底和清查登记，厘清财产归属。财政部门会同机关事务主管部门按照所有权、使用权相分离的原则，制定行业协会商会使用国有资产（包括无形资产）管理办法，确保国有资产不流失，同时确保行业协会商会的正常运行和发展。

行业协会商会占用的行政办公用房，超出规定面积标准的部分限期清理腾退；符合规定面积标准的部分暂由行业协会商会使用，2017 年底前按《中共 中央办公厅、国务院办公厅关于党政机关停止新建楼堂馆所和清理办公用房的通知》及有关规定清理腾退，原则上应实现办公场所独立。具体办法由机关事务主管部门会同有关部门制定。

（四）人员管理分离，规范用人关系

行业协会商会具有人事自主权，在人员管理上与原主办、主管、联系和挂靠单位脱钩，依法依规建立规范用人制度，逐步实行依章程自主选人用人。

行政机关不得推荐、安排在职和退（离）休公务员到行业协会商会任职兼职。现职和不担任现职但未办理退（离）休手续的党政领导干部及在职工作人员，不得在行业协会商会兼任职务。领导干部退（离）休后三年内一般不得到行业协会商会兼职，个别确属工作特殊需要兼职的，应当按照干部管理权限审批；退（离）休三年后到行业协会商会兼职，须按干部管理权限审批或备案后方可兼职。

对已在行业协会商会中任职、兼职的公务员，按相关规定进行一次性清理。任

职的在职公务员,脱钩后自愿选择去留;退出行业协会商会工作的,由所属行政机关妥善安置;本人自愿继续留在行业协会商会工作的,退出公务员管理,不再保留公务员身份。在行业协会商会兼职的公务员,要限期辞去兼任职务。

行业协会商会全面实行劳动合同制度,与工作人员签订劳动合同,依法保障工作人员合法权益。工作人员的工资,由行业协会商会按照国家有关法律、法规和政策确定。行业协会商会及其工作人员按规定参加基本养老、基本医疗等社会保险和缴存住房公积金。

行业协会商会与行政机关脱钩后,使用的事业编制相应核销。现有事业人员按国家有关规定参加机关事业单位养老保险。历次政府机构改革分流人员仍执行原定政策。

(五)党建、外事等事项分离,规范管理关系

行业协会商会的党建、外事、人力资源服务等事项与原主办、主管、联系和挂靠单位脱钩。全国性行业协会商会与行政机关脱钩后的党建工作,按照原业务主管单位党的关系归口分别由中央直属机关工委、中央国家机关工委、国务院国资委党委领导。地方行业协会商会与行政机关脱钩后的党建工作,依托各地党委组织部门和民政部门建立社会组织党建工作机构统一领导;已经建立非公有制企业党建工作机构的,可依托组织部门将其与社会组织党建工作机构整合为一个机构。行业协会商会脱钩后,外事工作由住所地省(区、市)人民政府按中央有关外事管理规定执行,不再经原主办、主管、联系和挂靠单位审批。行业协会商会主管和主办的新闻出版单位的业务管理,按照文化体制改革相关要求和新闻出版行政管理部门有关规定执行。人力资源服务等事项由行业协会商会住所地有关部门按职能分工承担。

四、配套政策

(一)完善支持政策

制定有针对性的扶持引导政策,加强分类指导。完善政府购买服务机制,支持行业协会商会转型发展。鼓励各有关部门按照《国务院办公厅关于政府向社会力量购买服务的指导意见》要求,向符合条件的行业协会商会和其他社会力量购买服务,及时公布购买服务事项和相关信息,加强绩效管理。

完善行业协会商会价格政策,落实有关税收政策。按照行政事业性收费管理的有关规定,规范行业协会商会承接政府委托的行政事业性收费事项。对符合条件的

非营利组织落实企业所得税优惠政策。

鼓励行业协会商会参与制定相关立法、政府规划、公共政策、行业标准和行业数据统计等事务。有关部门要充分发挥行业协会商会在行业指南制定、行业人才培养、共性技术平台建设、第三方咨询评估等方面作用，完善对行业协会商会服务创新能力建设的支持机制。

建立信息资源共享机制。全国性行业协会商会的有关行业统计数据，按原规定报送国家统计局。行业协会商会应按原渠道向行业管理部门报送相关行业数据和信息。有关职能部门要建立行业公共信息交汇平台，整合全国性行业协会商会的有关数据，为政府制定和实施相关政策提供信息服务，为行业协会商会提供必要的行业信息和数据。

支持行业协会商会在进出口贸易和对外经济交流、企业"走出去"、应对贸易摩擦等事务中，发挥协调、指导、咨询、服务作用。鼓励行业协会商会参与协助政府部门多双边经贸谈判工作，提供相关咨询和协调服务。鼓励行业协会商会积极搭建促进对外贸易和投资等服务平台，帮助企业开拓国际市场。

（二）完善综合监管体制

加强法律法规制度建设。加快推进行业协会商会立法工作。行业协会商会脱钩后，按程序修改章程并报民政部门备案。健全行业协会商会退出机制，在实施脱钩中对职能不清、业务开展不正常、不适应经济社会发展的行业协会商会依法予以注销。鼓励和促进行业协会商会间公平有序竞争。

完善政府综合监管体系。制定行业协会商会综合监管办法，健全监督管理机制。民政部门依照相关登记管理法规，对行业协会商会加强登记审查、监督管理和执法检查，强化对主要负责人任职条件和任用程序的监督管理。财政部门负责对政府购买行业协会商会服务的资金和行为进行评估和监管，并会同机关事务主管部门对行业协会商会使用的国有资产进行登记和监管。税务部门对行业协会商会涉税行为进行稽查和监管。审计部门对行业协会商会依法进行审计监督。价格部门对行业协会商会收费及价格行为进行监管。行业协会商会组织论坛、评比、达标、表彰等活动，要严格按相关规定执行，并接受监督。各行业管理部门按职能对行业协会商会进行政策和业务指导，并履行相关监管责任。其他职能部门和地方政府按职能分工对行业协会商会进行监管。党的各级纪检机关加强监督执纪问责。探索建立专业化、社会化的第三方监督机制。

第八部分
直销二十年与条令十年

完善信用体系和信息公开制度。建立行业协会商会信用承诺制度，完善行业协会商会的信用记录，建立综合信用评级制度。对行业协会商会的信用情况开展社会评价，评价结果向社会公布。建立健全行业协会商会信息公开和年度报告制度，接受社会监督。

建立完善法人治理结构。行业协会商会要按照建立现代社会组织要求，建立和完善产权清晰、权责明确、运转协调、制衡有效的法人治理结构。健全行业协会商会章程审核备案机制，完善以章程为核心的内部管理制度，健全会员大会（会员代表大会）、理事会（常务理事会）制度，建立和健全监事会（监事）制度。落实民主选举、差额选举和无记名投票制度。鼓励选举企业家担任行业协会商会理事长，探索实行理事长（会长）轮值制，推行秘书长聘任制。实施法定代表人述职、主要负责人任职前公示和过错责任追究制度。在重要的行业协会商会试行委派监事制度，委派监事履行监督和指导职责，督促行业协会商会落实宏观调控政策和行业政策。所派监事不在行业协会商会兼职、取酬、享受福利。

五、组织实施

（一）建立工作机制

国家发展改革委、民政部会同中央组织部、中央编办、中央直属机关工委、中央国家机关工委、外交部、工业和信息化部、财政部、人力资源社会保障部、商务部、审计署、国务院国资委、国管局、全国工商联，成立行业协会商会与行政机关脱钩联合工作组（以下简称联合工作组），负责组织实施本方案，推进全国性行业协会商会脱钩工作，指导和督促各地开展脱钩工作。联合工作组由国务院领导同志牵头，办公室设在国家发展改革委。各地建立相应领导机制和工作组，制定本地区脱钩方案，负责推进本地区脱钩工作。

（二）明确责任分工

各相关职能部门按照本方案和职能分工，落实相关政策和措施。各级发展改革、民政部门负责统筹协调、督促检查脱钩工作。审计部门负责对资产清查结果进行抽查监督，审计脱钩过程中财政资金使用情况。各业务主管单位负责逐个制定行业协会商会脱钩实施方案，落实各项工作，并向社会公开。

本方案印发后一个月内，有关部门分别出台相关配套文件：中央组织部会同中央直属机关工委、中央国家机关工委、国务院国资委党委制定关于全国性行业协会商会与行政机关脱钩后党建工作管理体制调整的实施办法，明确党的思想、组织、作风、反腐倡廉和制度建设的具体任务，切实加强党对行业协会商会党建工作的领导；中央编办会同国家发展改革委、工业和信息化部、财政部、人力资源社会保障部、商务部、国务院国资委等部门提出关于行业协会商会与行政机关脱钩涉及事业单位机构编制调整的意见；外交部提出相关外事管理工作政策措施；国家发展改革委牵头制定行业公共信息平台建设方案；民政部牵头制定全国性行业协会商会主要负责人任职管理办法；财政部会同国管局、中直管理局等有关部门制定行业协会商会资产清查和国有资产管理规定，财政部提出逐步取消财政拨款的具体操作办法，财政部会同国家发展改革委等部门提出购买行业协会商会服务的具体措施；国管局、中直管理局会同有关部门制定清理腾退全国性行业协会商会占用行政办公用房的具体办法。

为适应行业协会商会脱钩后的新体制新要求，国家发展改革委、民政部会同有关部门制定综合监管办法。

（三）稳妥开展试点

全国性行业协会商会脱钩试点工作由民政部牵头负责，2015年下半年开始第一批试点，2016年总结经验、扩大试点，2017年在更大范围试点，通过试点完善相应的体制机制后全面推开。按照兼顾不同类型、行业和部门的原则，第一批选择100个左右全国性行业协会商会开展脱钩试点。各业务主管单位于2015年7月底前将推荐试点名单报送民政部，并逐个制定试点行业协会商会脱钩实施方案。方案报经民政部核准、联合工作组批复后实施，其中须有关部门批准的事项，按管理权限和职能分别报批。各试点单位要在2016年6月底前完成第一批试点，由联合工作组对试点成效进行评估并认真总结经验，完善配套政策。

地方行业协会商会脱钩试点工作由各省（区、市）工作组负责。各省（区、市）同步开展本地区脱钩试点工作，首先选择几个省一级协会开展试点，试点方案报经民政部核准、联合工作组批复后实施。各地要在2016年底前完成第一批试点和评估，并将评估结果报联合工作组。在认真总结经验的基础上，完善试点政策，逐步扩大试点范围，稳妥审慎推开。

（四）精心组织实施

脱钩工作涉及面广、政策性强、社会关注度高，各地区、各有关部门和行业协会商会要高度重视，严明纪律，做好风险预案，确保如期完成脱钩任务。要严格按照本方案要求推进脱钩工作，规范工作程序，建立考核机制，确保工作有序开展。

第八部分
直销二十年与条令十年

要加强舆论引导和政策解读,形成良好舆论氛围。脱钩工作中遇有重要情况和问题,要及时向联合工作组报告。

各地区、各部门要大力支持行业协会商会发展,优化发展环境,改进工作方式,构建与行业协会商会新型合作关系;建立和完善与行业协会商会协商机制,在研究重大问题和制定相关法律法规、规划、政策时应主动听取相关行业协会商会意见;加强对行业协会商会的指导和支持,及时研究解决行业协会商会改革发展中的困难和问题。行业协会商会要加快转型,努力适应新常态、新规则、新要求,完善治理结构,规范自身行为,提升专业服务水平,强化行业自律,引导企业规范经营,积极反映会员诉求,维护会员合法权益,真正成为依法自治的现代社会组织。

自本方案印发之日起,新设立的行业协会商会,按本方案要求执行。

多个企业老总受邀参加天安门抗战纪念 70 周年阅兵仪式

9月3日是中国人民抗日战争暨世界反法西斯战争胜利70周年,为了追溯抗日战争的历史足迹,缅怀革命先烈的丰功伟绩,在北京天安门广场举行了盛大的阅兵仪式!天狮集团董事长李金元先生也受邀参加阅兵仪式!

9月3日,纪念中国人民抗日战争暨世界反法西斯战争胜利70周年大会在北京天安门广场隆重举行。完美公司古润金董事长与来自120多个国家和地区的1779名侨界嘉宾受邀参加观礼,共同见证祖(籍)国的繁荣强盛。

9月3日纪念中国人民抗日战争暨世界反法西斯战争胜利70周年大会在北京天安门广场隆重举行,金日集团总裁李冠华作为受邀嘉宾登上观礼台出席这一举国盛典,共襄盛举。

宝健因为长期以来诚信经营、支持地方经济发展,并积极履行社会责任,近日收到国家统战部和北京市政府的邀请,作为首都优秀企业代表,前往现场观看抗战胜利70周年阅兵仪式!

9月3日,李道总裁将代表宝健登上观礼台,见证这一庄严而令人激动的时刻!这是继国庆50周年、60周年阅兵、2008年奥运开幕式后,宝健再一次受邀参加国家重大活动和庆典。

媒体眼中的直销

中国营养保健食品协会在京成立

9月17日电：15日，中国营养保健食品协会成立大会暨第一届全国会员代表大会在北京召开。该协会旨在建立一个政府指导、会员共建、社会各方力量参与，专注于营养食品和保健食品行业全国性社会团体，通过提供指导、咨询、信息等服务，更好地为政府、企业、行业提供智力支撑，从而规范市场主体行为，引导企业健康有序地发展，促进产业提质增效升级。国务院食品安全办副主任、国家食品药品监督管理总局副局长滕佳材同志出席会议并做重要讲话。来自全国近100家营养保健食品生产经营企业、检验检测单位和研究机构共150余人会员代表参加了会议。

滕佳材指出，近年来，我国营养食品、保健食品产业发展迅速，已成为食品工业的重要组成部分，为广大人民群众提高生活质量，享受健康生活做出了积极贡献，但产业尚处于起步阶段，存在着产品安全保障体系不完善、创新能力不足、产业基础薄弱、产品结构不合理、产品虚假夸大宣传、法规标准不健全、技术支撑能力不足等突出问题。

食品药品监管部门将认真贯彻落实党中央、国务院"四个最严"要求，努力解决特殊食品行业发展和监管中存在的主要问题，一是尽快完善法规体系。进一步完善特殊食品监管的法律依据，完善配套规章和规范性文件，并保障有力的法律实施与监督。二是从严强化监督管理。严把注册关，确保产品安全、科学、质量可控；严把生产关，突出源头治理，严格全程控制；严把市场关，深入开展专项整治，规范市场秩序。三是积极推动信用体系建设。建设食品药品安全信用信息数据库和信息交换平台，开展信用等级评价，构建社会共治的新格局。

中国营养保健食品协会的成立，是营养食品和保健食品产业快速发展过程中的一件大事，凝聚了行业发展的期许，反映了全体会员的意愿，必将对促进食品安全社会共治，推动行业的自律与规范，助力产业的发展具有重要意义。总局高度重视协会的筹建工作，并将继续支持协会发展，通过项目委托、购买服务等方式，协会将会更多地参与到政策制定、市场监管、产业升级、行业管理等工作。

滕佳材希望协会紧紧围绕党和国家的方针政策，顺应改革形势，抓住改革机遇，努力建设成为"依法设立、自主办会、服务为本、治理规范、行为自律"的现代社

第八部分
直销二十年与条令十年

会组织,并且不断发挥自身优势、不断完善行业自律、不断提高服务水平,为我国食品安全监管和营养保健食品事业做出积极的贡献。

一是协会要搭建好公共服务平台,发挥桥梁纽带作用。协会要积极参与政策法规制定,反映会员诉求,充分发挥好企业、监管部门和广大人民群众之间的桥梁纽带作用。在法规普及、产品研发、行业自律、标准化建设等方面提供全方位、高标准的服务,助力企业发展,促进产业结构调整和转型升级。二是协会要加强行业自律,促进产业健康发展。要牢固树立尚德守法的价值观,不断增强尚德守法自觉性,发挥协会在食品安全信用体系建设中的作用,督促企业落实生产经营主体责任,切实防范系统性风险。进一步严格协会纪律,监督落实问题会员单位整改,坚决开除屡次违法违规的会员企业。三是协会要开展宣传教育和推广普及,引导健康消费理念。要加大宣传教育,正确引导企业发展与产品宣传,倡导科学理性消费。协会应当加强同食品、药品协会组织间的交流与协作,共同为促进食品药品产业协调发展作出积极努力和贡献。

新当选中国营养保健食品协会会长、中粮集团总裁于旭波表示:协会诞生于新《食品安全法》即将颁布实施之际。协会是经国务院有关领导同意,国家食品药品监督管理总局业务指导,民政部批准的全国性、行业性、非营利性社会组织,会员来自中国境内从事营养食品和保健食品相关产业的生产、经营、检测、科研等活动的企事业单位及相关领域的企业家、专家学者。协会将积极配合国家食品安全监管工作,促进行业持续发展,实现人民群众食用安全、身体健康的宏伟目标。在国家食品药品监督管埋总局的领导下,加强调查研究,找准行业面临的挑战和难题,积极建言献策,服务政府决策,协调各方利益相关者,增进社会和谐;立足于自主创新,着力推动营养保健食品行业科技进步,构建交流平台,增强营养保健食品行业的科学宣传和普及;以崭新的理念、思想、思路和方法做好工作,努力发挥社团组织的桥梁纽带功能,整合和运用社会各界力量和资源,携手构建食品安全社会共治的良好格局。

大会还通过了《中国营养保健食品协会章程》和《会费收缴标准及管理暂行办法》,投票选举产生了中国营养保健食品协会第一届执行机构和领导成员,形成了中国营养保健食品协会第一届全国会员代表大会决议和第一届理事会第一次会议决议。

大会期间,还召开了特殊食品监管政策座谈会,国家食品药品监督管理总局法制司、稽查局以及食品监管一司、二司、三司的有关负责同志参加了座谈,介绍了

媒体眼中的直销

在新《食品安全法》、《广告法》框架下婴幼儿配方食品、特殊医学用途配方食品、保健食品等特殊食品的监管政策和要求,并听取了会员代表的意见和建议。

家族直企组合报告

No.1 安利·温安洛——狄维士家族你或许无法想象一个身家60亿美金的安利公司是始于两个少年的握手之约,持续于两个家族的君子协定。自1940年,理查·狄维士出油,杰·温安洛出汽车结伴就读于美国大急流市教会学校开始,就决定了安利家族事业的姻缘。

之后,理查和杰一起服役空军,一起开办飞行学校,一起开起了汉堡店甚至结伴去海上冒险旅行。

1949年,理查和杰成为了纽崔莱的直销商,并迅速建立起了直销系统。可正值他们的事业高峰期,纽崔莱公司发生内讧,全美业务持续下滑,理查和杰认为自己必须对自己的直销商群体负责,于是在短暂的商议后于1959年初在密执安州亚达城,在杰家中的地下室成立了安利公司,带领旧部直销商开始了新的旅程。狄维士—温安洛组合强有力的如生命所般经营着安利事业,从0到60亿美金,他们实现着一系列奇迹。如今,作为创业者的理查与杰都退出了公司的一线管理层,正远处观望儿女们管理日常事物,安利的发展证明他们依然是和谐与完美的。

1993年,76岁的理查因心脏移植手术而退位,接替他任职安利总裁的是其长子狄克·狄维士。狄克于2002年将公司总裁一职交给其弟德·狄维士,转而担任世界直销联盟主席。第二代狄维士—温安洛组合依然如父辈那样,作为伙伴和共同执行主管合作开展事业。每个家庭都有三个孩子供职于公司的各个部门,狄维士家的德、丹和卓莉与温安洛家的狄夫、南茜、芭芭拉共同组成公司的家族领导层,这两个家庭至今保有着公司的控制及所有权。

No.2 玫琳凯·艾施家族准确的说,玫琳凯公司是玫琳凯·艾施女士及其子女共同创办起来的。

1963年9月13日星期五,一个西方人认为不吉利的日子,刚刚失去丈夫的玫琳凯开始在达拉斯的一个约46平方米的店面里开始了自己的梦想之旅。玫琳凯以自己

第八部分
直销二十年与条令十年

的名字命名成立了玫琳凯公司。当时,年仅20岁的小儿子理查德·艾施离开月收入480美金的人寿保险公司与母亲共同创业,而大儿子本·艾施也献出仅有的4500美元积蓄,并于公司开业8个月以后来到了公司,成为玫琳凯女士的得力助手。之后小女儿玛丽琳·艾施也加入了进来,并成为了第一任玫琳凯休斯敦公司的董事。

玫琳凯以5000美元起家,目前年销售额超过25亿美元,成为拥有75万名美容顾问,业务发展到36个国家的跨国集团。玫琳凯·艾施女士于2003年2月22日在美国达拉斯去世,享年83岁。在此之前,2001年6月,曾经离开过公司的公司创办人理查德·艾施重返玫琳凯公司,担任总裁兼执行长的职位,继续承袭这个家族事业。

No.3 仙妮蕾德·陈氏家族 陈得福被媒体称为全美最有钱的神秘华人。他于1982年在美国创办了仙妮蕾德公司,而正是因为这个公司的创办与经营,引发了一系列陈氏家族的传奇故事。

1982年,陈得福大学毕业后到美国一家直销公司担任研发部主管,后来他想开办自己的直销公司。一无所有的陈得福希望能跟父亲借笔创业金,无奈父亲非常反对他的想法。继而,陈得福在夫人陈徐爱莲的帮助下从岳父那里借到了四万美金创业。当陈得福事业稍有成就时,其父亲就提出希望他让出50%的股份给其小妹及妹夫创业。陈得福自然不予答应。此后,父亲和其他家人以小妹陈昭妃的名义注册了一个叫丞燕国际的直销公司。而让陈得福倍感伤害的是,正值自己身缠一件产品官司的当口,任职于他公司的另一个妹妹把经销商名册悄悄拿出去与小妹陈昭妃一起操作丞燕国际。而最终他发现告发自己的案子竟然是父亲一手策划。这个事件导致仙妮蕾德在台湾NO.1的地位一下子跌到十名以外。而这个家族的矛盾直到陈父去世也没有得到化解。现在的仙妮蕾德由陈得福的夫人出任公司总裁,负责公司的日常管理,而身为董事长的陈得福则基本超然于公司的具体管理事务之外,埋头于新产品的研发和培训支持。陈得福夫妇有3个儿子和2个女儿,其中2个女儿都是学法律的,已经进入公司做事:大女儿负责文宣部,小女儿陈君华负责亚洲的韩国和日本业务;大儿子是学西医的,二儿子是学药学的,小儿子则是学的电脑。子女们如此均衡的专业搭配,不得不让人认为陈得福正在以自己的方式去培养继承人。陈得福曾表示:"我们只是一个小事业,不想上市,不想公众化。家族一直能拥有就行了。"

No.4 南方李锦记·李氏家族 的历史也就是一部创业史,没有过多的传奇风云,有的只是李氏家族四代人踏实的创业足迹。

1888年,香港李锦记创始人李锦裳在广东珠海南水镇——一个盛产生蚝的地方

媒体眼中的直销

创建了李锦记蚝油庄，从此李氏家族开始了艰苦的创业历程。在 20 世纪 30 年代，第二代传人李兆南大力改进生产及提高产品工艺和品质，同时继承父辈的经营思路，使李锦记蚝油及虾酱畅销于北美各大城市，随后还把公司总部牵往了香港。第三代传人李文达对于李氏家族产业的的贡献更是空前。1972 年李文达继任公司主席后，李锦记的蚝油在香港市场上所占份额一直保持在 80%，而在美国已经占到了近 90% 的市场份额。

1992 年，百年家族事业重任已经落到了第四代传人李惠森身上。他瞄准了中草药保健品市场的前景，创办了广东南方李锦记营养保健品有限公司，成功推出了"无限极"品牌，为李锦记的直销路打开了一条畅通的大道。如今关于第五代传人，在李氏家族特殊的"家族宪法"里面已经明确规定：欢迎回到李锦记工作，不过第五代要先在别的公司工作三五年才能进入家族企业；应聘的程序和入职后的考核也和非家族成员相同。

No.5 尚赫·陈氏家族尚赫集团创立于 1978 年，总部位于美国加州洛杉矶。20 多年来，美商尚赫集团成功打造了风靡全球的尚赫国际化健康品牌，一跃成为全球化的跨国事业机构。1993 年，其创始人陈上吉看上了中国市场的潜力，准备打开中国市场。初生牛犊不畏虎。刚从美国圣玛丽女子大学经济管理系毕业的陈旻君便对父亲陈上吉说："中国大陆市场给我"。从最初成立公司的手续，到企业正式运作，到对中国市场大环境的把握，甚至个人对于环境的适应，语言的沟通等等问题，一股脑儿压向陈旻君。但她顽强地坚持了下来。与其说在这个家族事业中，父亲陈上吉授予了女儿陈旻君尚赫集团几十年的积淀这条"鱼"，倒不如说是父亲授予了女儿成功的"渔"，他们父女的故事告诉我们，原来家族事业也可以如此单纯。

中国足球体制改革下的天津权健足球队入场

据经济之声《天下公司》报道，中国足球的春天已经来了，至少现在从各路资本对足球的青睐程度就可见一斑。据媒体报道，新赛季还未开赛，天津足球俱乐部就攀上了一个大款——天津权健集团。权健公司将出资一亿元冠名天津泰达足球俱乐

第八部分
直销二十年与条令十年

部一年,冠名之后作为回报,"天津泰达足球俱乐部"的名字将变成"天津泰达权健足球俱乐部"。

球队获得巨资赞助,按理说应该是好事。但这则新闻一经网络传播,球迷们倒不干了。为什么?事儿就坏在了"权健"两个字上。有球迷在网上一查,权健公司的来路有问题:

据了解,权健公司的全称是权健国际自然医学(集团)有限公司,中国总部位于天津、总资产超过了八亿人民币。权健公司主要是挖掘民间验方和秘方,并研发生产药食同源类食品、妇科用品、疑难病中药材等几大系列。这家保健品公司在网上的名声不好,负面新闻很多,最显眼的是央视在去年点名批评了这家公司在售卖权健产品时,涉嫌夸大用途。比如:权健的卫生巾能治前列腺炎、鞋垫能治百病等。来听一段记者当时采访权健经销商时的原声:

权健经销商:在权健自然医学中,没有什么病是不能治的,啥病都能治,啥病都敢接,就是神医。

这样一家名声不佳的企业成为天津泰达队的冠名赞助商,让天津球迷产生了两种反应,有人只是觉得球队找到了资金注入值得欣慰,有人则担心权健集团的坏名声会带来后患,有球迷在网上留言说,球队名是足球文化的一部分,不能有奶便是娘,不能什么企业的赞助都盲目接受……

对于网上引发的争议,天津足球队新闻官柳江回应称:权健是正规公司,他们对此次合作很有信心。

柳江:泰达足球俱乐部依然叫"天津泰达足球俱乐部",这个是十几年没有变的,只是在冠名上,改名叫"天津泰达权健队"。据我所了解,这个权健集团是由商务部颁发的直销证的企业,是天津市正规的医药保健类正规企业。同时这家集团下面,还有一些医院等企业,就企业来说,俱乐部对他们还是很有信心的。据我们了解,这个企业在同行业当中,排名第四,也是一家很有实力的企业。

另外,对于天津足球队冠名一事,足协方面的态度很明确:只要不是违法公司,而且该公司产品没有遭到国家明令禁止,就不会进行干预。

最后,简要熟悉一下天津足球队的冠名历史。1998年2月16日,天津泰达从天津立飞足球俱乐部手中接过了天津足球的大旗,天津足球队改叫"天津泰达足球队"。

媒体眼中的直销

2000年,顶新集团获得了天津足球队的副冠名,天津足球队改名叫做"天津泰达顶新队";一年之后,CEC公司替换了顶新,天津足球队又变成了"天津泰达CEC队";2003年,方便面巨头康师傅开始冠名天津泰达,简称"天津康师傅队"。直至2013赛季结束,康师傅与泰达结束了冠名合作。

权健冠名天津足球队的亿元赞助费,无论是在中超,还是放眼整个世界,都属于前列。比如说,世界上最成功的俱乐部——西班牙皇家马德里足球队,它的球场冠名费也仅为1500万英镑一年,折合1.4亿人民币。

天价冠名背后,反应出企业对中国足球这块土地的无比热爱。早些年,甲A还是地产商、白酒、电力等企业的天下,此后,随着中超时代的来临,俱乐部开始纷纷改名,各种奇葩球队名也成了球迷热议的焦点,回顾历史,职业联赛至今只有北京国安还保留着甲A元年的名称。几年前有网友发帖称:"河南四五老窖,浙江巴贝绿城,重庆诗仙太白,陕西中新浐灞,这哪像足球队啊?"不过后来这些球队的名字变成了"河南建业"、"杭州绿城"、"重庆力帆"、"贵州人和"了。

有的球队改名成瘾:辽宁宏运队,曾改过"辽宁抚顺特钢"、"辽宁波导战斗"、"北京三元"、"辽宁中顺汽车"、"辽宁中誉"、"辽宁队"、"辽宁葫芦岛港"、"辽宁西洋"、"辽宁宏运"九个名字。

最近一次令人印象深刻的改名,是马云入主恒大。恒大足球俱乐部因此改名成广州"恒大淘宝"队。

CNI长青马来西亚总部考察行纪

2015年3月11日初春的中国北方依然寒气袭人,而三月的马来西亚却是骄阳似火。来自国内三十多家主流媒体、直销行业的记者和公司来自大陆、香港和台湾的经销商齐聚长青国际集团总部,身临其境体验华人公司的企业文化氛围,了解华人企业从创立到发展的光辉历程。

一踏进公司,就被享誉盛名的高桩舞狮表演所感染,带动起的热情更提升了三月吉隆坡的气温。关圣宫龙狮团精湛的舞狮技术让人叹为观止,赞不绝口。感动之余更赞叹马来西亚华人不仅传承了中华民族传统的舞狮技艺,而且把这一别具中华

第八部分
直销二十年与条令十年

文化特色的舞狮表演在东南亚进一步发扬光大。该团自 1988 年成立以来，一直受到各界的广泛关注和欢迎，并曾多次受邀到中国香港，澳门，台湾，上海，以及印尼和新加坡等地表演。到目前为止，该团已经获得了 58 次世界级的国际狮王争霸赛冠军和 69 次马来西亚全国冠军。为欢迎媒体和经销商的到访，CNI 长青国际集团总部特意安排了这次精彩的舞狮表演。记者也被总部大厅充满中国传统春节的气氛所感染。虽然已经迎来了羊年，但张灯结彩、喜气洋洋欢度新春佳节的装饰依然醒目。

CNI 长青国际集团成立于 1986 年，总部设在马来西亚吉隆坡，直销为其核心业务。公司的直销理念是提高人民生活水平，改善家庭生活品质，为社会提供更多就业机会。长青国际集团目前已发展成为一家立足亚洲，面向全球的多元化产业集团。业务涵盖了直销业，房产金融业，旅游酒店业，天然资源生产业，科技研发等等。目前市场业务已遍及印尼、马来西亚、美国、中国、日本、菲律宾、印度、文莱、新加坡、中国台湾，中国香港等多个国家和地区。

商务部发布 2015 年《关于直企分支机构管理有关问题通知》

【发布单位】商务部

【发布文号】商秩函〔2015〕591 号

【发布日期】2015 年 8 月 31 日

【生效日期】2015 年 8 月 31 日

各省、自治区、直辖市、计划单列市及新疆生产建设兵团商务主管部门：

为规范直销企业分支机构的管理，提高管理效率，现就有关事项通知如下：

一、分支机构的设立审批

直销企业在从事直销活动的省、自治区、直辖市应当设立负责该行政区域内直销业务的分支机构（以下简称分支机构）。企业申请设立分支机构的，应当通过注册地省、自治区、直辖市、计划单列市及新疆生产建设兵团商务主管部门（以下简称省级商务主管部门）向商务部提出设立分支机构的申请，注册地省级商务主管部门应当自收到企业申请材料之日起 7 个工作日内，将申请材料报送商务部，商务根据《直销管理条例》依法办理。

二、分支机构的信息报备

分支机构获得批准的，直销企业应当自收到批准决定之日起7个工作日内，按照《直销企业信息报备、披露管理办法》规定，将分支机构基本信息（营业执照信息、联系方式等）通过商务部直销行业管理信息系统向商务部报备，并通过企业信息披露网站向社会公布。分支机构基本信息发生变更的，直销企业应当自变更之日起7个工作日内向商务部报备、向社会公布。

三、分支机构的管理

除商务部批准的分支机构外，直销企业可以在同一个省、自治区、直辖市设立多个分支机构开展直销业务，但应由经商务部批准的分支机构负责管理。省级商务主管部门应当依法加强对直销企业分支机构从事直销活动的管理。

本通知自下发之日起施行，《商务部关于直销企业设立分支机构审核工作有关问题的通知》（商资函〔2011〕97号）同时废止。

商务部

2015年8月31日

第八部分
直销二十年与条令十年

专家访谈：

转型时代的直销与复合营销
——访资深直销专家、中国直销研究院荣誉院长秦永楠教授

直销生生死死而不衰，其内在基因和合理要素何在？对整个营销的启迪之点何在？面对复合营销的趋势，直销应该与现代其他营销方式互相学习什么？在当代直销首期直销沙龙现场，记者采访了从事过直销课题研究、现在正进行复合营销研究工作的中国经济体制改革研究会管理科学研究所的学者秦永楠先生，让他就转型时代的直销与复合营销的趋势谈谈相关情况，配合沙龙主题以给读者一个清晰的认知。

消费者是直销企业在营销过程中的起点

《当代直销》：您认为直销的本质究竟是什么，它的合理要素有哪些？您能不能就几个直销要素的基本特征谈谈您的观点？

秦永楠：能够有机会在《成功营销》的平台上和营销界的同行共同探讨直销和复合营销这样前沿性的问题，是一项很有意义的工作。直销只是营销的一种方式，同其他营销方式一样，直销具有营销的一切要素，只不过直销是一种特殊的营销方式，在每一个营销要素上都显示出和其他营销方式不同的特征。因此，在与其他营销方式的比较中实证地研究直销，需要营销界各方面同行的参与。同时，在复合营销中，直销和其他营销方式的要素发生交集，同其他营销方式的营销文化产生着碰撞和融

媒体眼中的直销

合,这就更需要各界的专家学者从不同的角度对直销和复合营销的案例进行多学科、多学派的研究,以求能够对转型中的直销业提出一些建设性的意见和建议。

《当代直销》:直销所占我国GDP比例很小但它的生命力一直很强,很多人都弄不明白它存在的根本理由是什么,您认为呢?

秦永楠:直销存在的根本理由在于直销市场中两个直接交易主体互相认可及其合法的契约关系,由于直销人员既是消费者,又是经营者,而消费者又是直销行为过程的起点,因此无论是单层次直销还是多层次直销,只要具备了这个基本特征,我们习惯上就称之为直销。从这个意义上也可以说,直销存在的理由,不仅仅在于它的多层次模式,而在于它的消费者;消费者是直销的核心主体,这是直销最本质的基本特征。实际运行中典型企业的直销行为可以证明,(所有的没有做过直销的企业不算),从外资企业安利一直到内资企业天狮的行为都有这个特点,可以说消费者的消费行为是所有典型的直销企业在营销过程中的一个起点。

《当代直销》:是这样的吗?那直销与推销、直销员与推销员的根本区别是什么?

秦永楠:事实也是这样,在一部分消费者中,有的人在消费的基础上,还逐渐成为了产品的经营者,"我消费我经营"这个观点表明了一个最基本的特点,所有典型的多层次直销企业全都是这样。从成功的典型直销企业案例可以概括出这样一个经验:凡是对消费者教育培训得越有效,从消费者中产生的这个公司的直销经营者就越多和越忠诚,这是在买方市场条件下,消费者已经成为中心的情况下,直销企业对营销的一个创新,这也是直销与推销、直销员与推销员的根本区别。典型的成功直销企业的案例可以证明,直销可以把经营者和消费者这样两种截然相反、相互矛盾的身份合为一体,销售行为和消费行为这样两种信息不对称、相互对立的行为紧密关联,能够有效地管理直销经营者和消费者之间的关系使之和谐,这种有效的管理和客户关系管理(CRM)所依据的理念是一致的,即客户中心的理论。这种营销模式是以消费者为起点的,一个营销人员在销售产品的同时,他自己首先要做消费者,这样就使一个人具有了两个或两个以上的身份。而推销和推销员则不具备这些"功能",而只能算作是一种身份。

直销人员的多重属性与直销公司的公众性

《当代直销》:也就是说直销人员承载着两种职能,一种是市场组织职能即做渠道,一种是终端销售职能即卖产品,这两种职业行为既相互依存又相互矛盾,很

第八部分

直销二十年与条令十年

好的在直销领域里得到了统一？这也构成成功的直销企业之所以成功的因素之一吗？

秦永楠：直销人员，包括直销商和直销员具有两个或两个以上的身份，这两个身份是两个截然不同的，作为经营者可能要发展人员，发展人员的同时也做终端销售。在国际通行的直销领域里，公司的直销人员可以发展人员，也可以不发展人员，如果不发展人员就是一个终端销售行为。不管有没有多层次，一个人总是扮演多重的角色和具有多重的性质。从典型直销人员行为的分析可以发现，直销人员承载着两种职能，一种是市场组织，即做渠道；一种是终端销售，这两种职业行为既相互依存又相互矛盾，在一般情况下，做渠道的收入要高于单纯做终端销售，因此以就业为目的直销人员在收入最大化目标下必然倾向于做渠道，这样就会使渠道有无限延长的可能。成功的直销企业之所以成功，往往在于既能够用有限的激励机制有效地调动直销人员的积极性，又能够用约束机制有效地控制住渠道无限延长的可能。同样，失败的直销企业案例也证明，没有或不能建立管理机制有效地控制渠道无限延长，很容易导致崩盘而造成巨大损失，使原本就有的内在矛盾激化而产生冲突。直销公司是公众性公司，管理在其中有着至关重要地位和作用，成功的公司有成功的经验可借鉴，失败的公司有失败的教训可吸取。

《当代直销》：您刚才提到直销公司是公众性公司，请问该如何理解？直销公司与其他类型的公众性公司的不同之处表现在何处？

秦永楠：直销公司是公众性公司，是由于直销公司的资产和负债与众多的具有共同属性的权益主体相关联，这个众多的权益主体就是直销人员。同证券业的上市公司、银行业的商业银行、保险业的保险公司一样，直销公司作为公众性公司不仅仅需要符合注册资金等项硬件的要求，更需要在信用上具有高度的信用度，在信息披露上具有高度的透明度，在信息提供上要有高度的准确度，以及需要具有所有公众性公司在软件方面的要求，否则会造成市场的冲突和社会的问题，这已经为一些失败的案例所证明，需要引起直销公司或准备进入直销业的准直销公司的高度重视，尽管绝大多数企业并不愿意发生上述情况，但若没有按高度的要求去做，必然会引起严重的后果，而成功的直销企业大都在上述问题的处理经验上是成熟的。

直销公司和其他类型公众性公司不同的地方在于，直销公司销售的产品是实物产品。这些产品大多是与人的生命健康和美容相关的保健品、化妆品，而众多直销人员既是消费者，也是经营者，因此作为公众性的公司，一方面要高度把好产品质

媒体眼中的直销

量关，另一方面要防止随意夸大产品宣传的行为，否则，将会产生严重后果，并引起相应的连锁反应。成功的直销公司，产品的信用度和企业的信用度同等重要，同时，也需要相应的透明度和准确度。现在重要的是，在直销公司转型进程中，牌照问题一直是直销企业透明度的一扇大门，只有企业取得合法身份，打开这扇大门才能为直销企业真正实现作为公众性公司的透明度和准确度奠定基础。

渠道内置和渠道外置结合构成当前复合营销

《当代直销》：什么是渠道内置，什么是渠道外置？复合营销渠道是什么，复合营销包括哪些内容？请您具体阐述一下。

秦永楠：营销渠道一直是营销的一个重要因素。在传统的直销中，多层次直销的营销渠道是由直销人员组成的，由于直销人员不属于直销公司，但营销渠道却在法理上属于直销公司，因此可以说，传统直销的营销渠道是半内置半外置的。在转型中，有的直销企业采用了招募制，将由人员组成的营销渠道经过重组放在公司内部，可以称之为渠道内置，这方面典型的案例有保险业的保险公司和直销业的如新公司。渠道外置是指转型后营销渠道是由依法注册的法人或依法注册的个体经营者组成，他们同直销公司的关系是法人与法人之间的外部关系，可以称之为渠道外置，这方面典型的案例有分级代理制等分销制。一个人经过公司招募成为某直销公司的直销员，他就要经过公司组织的考试，经过公司组织的培训，通过了之后成为直销公司的营销一员，然后公司根据业务流程将业务人员在公司内部组成多层次的营销渠道，这叫渠道内置。渠道内置是要解决公司和直销员之间的关系问题。渠道外置，即要取得直销公司特许经营的资格，之后在外围为直销企业服务，这是要解决公司和渠道商之间的关系问题。例如安利公司获牌后出台的新制度，就是允许原有直销人员转型为依法注册的经销商。这种由依法注册的经销商组成的营销渠道就是典型的渠道外置。渠道内置和渠道外置结合就构成了当前的复合营销渠道。

复合营销包括复合营销渠道、复合终端、复合流程、复合分配制度等要素的复合。复合营销是直销结构性转型的结果。复合营销是一个公司或集团采用两个或两个以上营销方式在一个或一个以上的细分市场上销售。复合营销将成为今后发展的一种大趋势，现在看来这已是无庸置疑的事实。对于直销而言，复合营销究竟只是一个阶段内的临时措施和权宜之计，还是一个战略方向和长远之计，还有待于直销企业创造性的工作，不管怎样，复合营销将使直销走向更加宽阔的平台，复合营销在这一点上，具有重要作用。

第八部分
直销二十年与条令十年

《当代直销》：您认为现在的营销方式可分为哪几种？我们知道，复合营销是直销和其他传统营销方式发展的总体趋势，但您把复合营销当作第三种营销方式，请问该如何理解？并且您也认为直销这种前沿的营销方式只能在相对成熟的细分市场上取得成功？

秦永楠：就营销而言，可以分为两大类，一类是直销，还有一类是分销，现在复合营销有可能成为第三大类别的营销方式。对直销企业来讲，复合营销不仅仅为转型中的直销企业提供一个可以容纳多样性转型目标的多元化营销平台，而且可以为直销企业占领多样性的细分市场提供一个多样化的营销渠道网络及其终端。在转型中取得初步成功的企业案例证明，直销这种前沿的营销方式只能在相对成熟的细分市场上取得成功，相对成熟的细分市场是由消费者、公司和经销商三者组成的，公司组织的教育培训只由建立在这三者相互成熟、吻合的基础上才是有效的。

而要做好这些，就要进行复合营销的三大目标管理。第一个目标是将企业的营销行为控制在相关法律法规的红线内；第二个目标是解决复合营销中不同营销方式之间的摩擦和冲突，建立有效的管理机制；第三个目标是建立有提前量的事前管理系统，包括预警系统和危机解决方案系统。（原载《当代直销》2014年8月29日）

第九部分：
直销春天的征兆

自 1992 年，雅芳登陆中国广州以"雅芳小姐"名义开始直销，1995 年安利登陆中国，1998 年国家实行直销传销一刀切，2001 年底承诺立法，四年后的 2005 年是中国直销元年，当年 9 月国务院出台《直销管理条例》。以此为标志，中国直销行业凤凰涅槃，迈过痛苦的转型时期，进入有法可依的时代。至 2015 年，直销走过了风雨二十年条例十年。

第四十章 中央领导高度关注大健康产业

习近平主持政治局会议 审议"健康中国2030"规划纲要

2016年8月26日,中共中央政治局召开会议,审议通过"健康中国2030"规划纲要。中共中央总书记习近平主持会议。

会议认为,健康是促进人的全面发展的必然要求,是经济社会发展的基础条件,是民族昌盛和国家富强的重要标志,也是广大人民群众的共同追求。党的十八届五中全会明确提出推进健康中国建设,从"五位一体"总体布局和"四个全面"战略布局出发,对当前和今后一个时期更好地保障人民健康作出了制度性安排。编制和实施"健康中国2030"规划纲要是贯彻落实党的十八届五中全会精神、保障人民健康的重大举措,对全面建成小康社会、加快推进社会主义现代化具有重大意义。同时,这也是我国积极参与全球健康治理、履行我国对联合国"2030可持续发展议程"承诺的重要举措。

会议指出,新中国成立特别是改革开放以来,我国健康领域改革发展成就显著,人民健康水平不断提高。同时,我国也面临着工业化、城镇化、人口老龄化以及疾病谱、生态环境、生活方式不断变化等带来的新挑战,需要统筹解决关系人民健康的重大和长远问题。

会议强调,"健康中国2030"规划纲要是今后15年推进健康中国建设的行动纲

媒体眼中的直销

领。要坚持以人民为中心的发展思想,牢固树立和贯彻落实创新、协调、绿色、开放、共享的发展理念,坚持正确的卫生与健康工作方针,坚持健康优先、改革创新、科学发展、公平公正的原则,以提高人民健康水平为核心,以体制机制改革创新为动力,从广泛的健康影响因素入手,以普及健康生活、优化健康服务、完善健康保障、建设健康环境、发展健康产业为重点,把健康融入所有政策,全方位、全周期保障人民健康,大幅提高健康水平,显著改善健康公平。

会议指出,推进健康中国建设,要坚持预防为主,推行健康文明的生活方式,营造绿色安全的健康环境,减少疾病发生。要调整优化健康服务体系,强化早诊断、早治疗、早康复,坚持保基本、强基层、建机制,更好满足人民群众健康需求。要坚持共建共享、全民健康,坚持政府主导,动员全社会参与,突出解决好妇女儿童、老年人、残疾人、流动人口、低收入人群等重点人群的健康问题。要强化组织实施,加大政府投入,深化体制机制改革,加快健康人力资源建设,推动健康科技创新,建设健康信息化服务体系,加强健康法治建设,扩大健康国际交流合作。

会议强调,各级党委和政府要增强责任感和紧迫感,把人民健康放在优先发展的战略地位,抓紧研究制定配套政策,坚持问题导向,抓紧补齐短板,不断为实现"两个一百年"奋斗目标、实现中华民族伟大复兴的中国梦打下坚实健康基础。

会议还研究了其他事项。(原载新华网)

总理高规格定位健康与养老,幸福产业将成直销的又一引爆点

2016年6月27日,国务院总理李克强出席2016年夏季达沃斯论坛开幕式并发表特别致辞。他明确指出,旅游、文化、体育、健康、养老"五大幸福产业"的快速发展,既拉动了消费增长,也促进了消费升级。

总理如此高规格定调健康、养老产业,与之息息相关的直销行业再沐政策春风。

第一直销网注意到,健康、养老再次成为总理口中消费升级的重要组成部分,这对于直销行业来说,无疑是一大利好。一方面,这意味着直销行业将迎来更大的

第九部分
直销春天的征兆

机遇；另一方面，直销人也该静下来好好思考一下，在提升业绩的同时，该如何直击健康产业和养老产业的痛点，真正做到服务大众，造福社会。

健康、养老必是幸福产业

"病有所医、老有所养"是百姓最为关心的民生问题，也是2020年我国全面建成小康社会的重要标志之一。人类对健康和生命的需求是永无止境的，幸福必然建立在健康的基础之上。而随着我国的老龄化越来越严重，养老也成为关乎人民幸福的重大命题。

总理提到的五个幸福产业中，健康和养老才是基础。旅游、文化、体育可以说都是建立在健康和老有所依的基础之上的，没有健康和养老问题的困扰，才谈得上旅游等享受生活的方式。

所以，健康、养老成为幸福产业，有其必然性。

总理高规格定位意义重大

据业内分析人士表示，在夏季达沃斯论坛这一重要的、高规格的国际性会议上，总理提出旅游、文化、体育、健康、养老"五大幸福产业"的概念，这是健康产业继今年"健康中国"被第二次写进政府工作报告后，又一次被国家领导人进行高规格定位，进一步凸显了健康产业在国民经济社会发展全局中日益重要的功能与作用。

据了解，2015年，中国健康产业相关法规政策密集出台，"健康中国"上升为国家战略，大健康产业逐渐成为经济发展新引擎。2016年，医改更是进入关键时段，并促使健康产业成为推动我国经济发展的新浪潮。

健康、养老产业增长明显

李克强在达沃斯论坛上说，"中国还是世界上第二大消费市场，中等收入群体数以亿计，而且在不断地增长"。由此，健康产业和养老产业的营收也在不断增长。

据查阅到的国家统计局数据显示，2016年一季度，在幸福产业中，健康服务业营业收入同比增长17.4%。其中，综合医院、疗养院、社区卫生服务中心（站）、妇幼保健院（所、站）等，营业收入分别增长15.7%、16.2%、12.3%和28.2%。养老服务业营业收入同比增长23.3%。与居民养老密切相关的社会工作行业营业收入同比增长24.7%，其中，护理机构服务、老年人和残疾人养护服务、社会看护与帮助服务业

媒体眼中的直销

营业收入同比分别增长17.2%、24.8%和22.9%。

健康、养老产业发展空间巨大

我国"十三五"规划中首次提出要全力推动健康、医疗、服务领域的产业发展。这一点是基于中国经济的发展以及转型而言的。有数据表明，目前中国健康产业规模只占到整个GDP的比例5%，而这一数据在发达国家平均超过15%。如今，健康产业已进入高速发展的井喷期。显然，健康中国在健康产业的发展无疑将在未来的五年规划里深深地影响中国的产业结构。

截至2015年末，我国60周岁及以上人口22200万人，占总人口的16.1%，预计到2053年，60周岁以上老年人占总人口的比例将达到35%，这就意味着，我国每3个人中就有1个老年人，占全球老年人口的1/4。

老龄化必然导致对老年健康的越加重视，从而带动老年健康产品的发展，如保健品、营养食品等，同时未来我国老年家庭病床护理、健康咨询、老年康复中心以及提供医疗护理和保健器材等的服务将是老年健康产业发展方向。

直销将成为幸福产业引领者

受政策和经济大环境的影响，直销企业迎来了新的发展契机。除了传统的养生保健行业，很多直销企业也在积极探索大健康产业的不同领域和不同模式。直销企业发展健康、养老产业可谓正当时。

据统计，直销企业中超过四分之三的企业都在从事养生保健行业。相比于那些跨界而来的企业，直销企业具有天然的优势。安利、天狮等老牌直企都已经在保健品行业深耕多年，拥有技术、市场等多方面的优势。

此外，我国当前的医疗产业正在开始由疾病为中心向健康为中心转变。以前医疗健康产业只是诊断、医疗、康复的消费模式将发生变化。现在，有更多的消费者开始关注到自身的保养，愿意在进行保健、养生、美容、抗衰等方面有更多的投入。这对直销企业来说无疑是利好面。

而在养老产业方面，卫康率先推出"智慧养老"，并计划未来三年在全国范围内建设居家养老远程健康管理服务中心连锁店面10000家。康美药业也推出了智慧养老医养服务站。

第九部分
直销春天的征兆

直企发展健康、养老须找准痛点

前瞻产业研究院提供的《2016—2021年中国大健康产业市场前瞻与投资机会分析报告》显示，在大健康产业结构上，我国医院医疗服务与商品占比高达90%以上，对比美国在医疗服务、家庭与社区保健、医疗商品、健康风险管理服务等方面实现平衡发展的情形，我国大健康产业结构未来需要极大改善。

另外，目前养老市场供需不对称也是养老产业亟待改善的问题。随着经济发展和人民生活水平的不断提高，不少老年人对于家政服务、医药护理、休闲养生等方面的需求日益增长。然而，目前我国养老产业的供给能力严重不足，社区养老、居家养老的人力资源短缺。而且，养老服务过于依赖人工方式进行服务和管理，存在质量提升速度慢、服务效率不高、人力成本上升等问题。

所以，直销企业必须直击健康、养老产业痛点，改善市场供需关系，才能搭乘"幸福产业"这艘快船，获得更快更好的发展。（原载第一直销网）

第四十一章 多项新政推新完善

食药监总局紧急修规：
取消电子监管码扫码，改建药品追溯体系

2016年2月20日下午，食药监总局官网连发两条消息。

一条是宣布暂停执行药品电子监管，理由是对《药品经营质量管理规范》（下称药品GSP）有关药品电子监管内容的修订正公开征求意见；另一条就是公开征求对《药品经营质量管理规范》修订的意见。

澎湃新闻注意到，食药监总局公布的草案中只有一个修改，那就是将"药品电子监管系统"修改为"药品追溯系统"，并取消强制执行电子监管码扫码和数据上传的要求。

此前，食药监总局因强制推行药品电子监管码，被湖南一药企起诉至法院，由此引发药品电子监管码存废之争。

新版药品GSP刚于去年7月施行

2016年2月20日，食药监总局在征求意见通告中写道，"在听取部分药品生产企业、药品经营企业、相关行业协会以及专家意见的基础上，食品药品监管总局起

媒体眼中的直销

草了《药品经营质量管理规范》（修订草案），现向社会公开征求意见"。社会各界可于 2016 年 3 月 23 日前，对修订草案提出意见和建议。

就修订的必要性，食药监总局在公布的关于《药品经营质量管理规范》（修订草案）的说明中指出，2013 年 1 月发布的《药品经营质量管理规范》和 2015 年总局修订后的《药品经营质量管理规范》中有关药品经营企业执行药品电子监管规定与落实企业追溯主体责任有关要求不符，有必要对现行药品 GSP 中的相关规定作相应修改完善。

说明中介绍，此次修订工作将药品电子监管系统调整为药品追溯体系，以突出企业自主建设的主体责任，并取消强制执行电子监管码扫码和数据上传的要求。特药等法规规定的品种另行规定。

值得注意的是，药品 GSP 近 3 年来已有两次修订。

2013 年，原卫生部对 2000 年颁布实施的药品 GSP 进行了修订，总条数由 88 条增加至 187 条，加入了药品电子监管相关条款，提出"企业加印或者加贴中国药品电子监管码"、"进行药品电子监管码扫码，并及时将数据上传至中国药品电子监管网系统平台"等要求。

2015 年，食药监总局对原卫生部 2013 年修订的药品 GSP 再次修订，并于同年 7 月 1 日施行，总条数仍为 187 条，保留了前述原有关药品电子监管相关条款。此次修订条款内容变化并不大，最大的变化是将药品 GSP 规范的发布方由卫生部变成了国家食药监总局。

公开信息显示，我国从 2006 年开始实行药品电子监管，起初仅在生产企业和特殊药品、基础药品中施行，通过在药品外包装盒上加印电子监管码来对药品生产、流通、销售全过程实施监管。

2016 年 1 月 1 日起，电子监管药品种类从特殊药品、基础药品扩展至所有药品，监管范围从生产企业扩展至药品零售企业，且按照食药监总局的要求，凡是未达到新修订的药品 GSP 标准的药品经营企业，一律停止药品经营活动。由此引发药品零售行业反对。

药企表示仍将上诉"讨说法"

澎湃新闻此前报道，2016 年 1 月 25 日，湖南养天和大药房企业集团有限公司（下称养天和）因不满国家食药监总局强推药品电子监管码，将其诉至法院，请求法院"确认国家食药监总局强制推行电子监管码的行政行为违法；判令国家食药监总局立即

第九部分
直销春天的征兆

停止违法行为;对国家食药监总局制定的《药品经营质量管理规范》中关于药品电子监管的条款之合法性进行审查"。

养天和状告食药监总局的主要原因就是因食药监总局发布的2015年第1号公告,强制要求药企实施药品电子监管,对加印药品电子监管码的药品"见码必扫"。

养天和起诉食药监总局后,药品电子监管码"有用无用"之争、存废博弈也日趋高涨。包括李能在内的多位药企负责人接受澎湃新闻采访时曾表示,药品电子监管码并不能防范假药和劣药,属于劳民伤财的重复建设,增加企业负担。

但管理者认为电子监管码能够实时监控赋码药品的流向,打击假劣药品。

2016年2月5日,受理该案的北京市第一中级人民法院以"诉讼请求不在法院行政诉讼的受案范围"为由,裁定对其不予立案。

代理该案的律师王兴当时向澎湃新闻表示,养天和准备提起上诉。

2016年2月20日,王兴向澎湃新闻表示,虽然食药监总局采取积极态度,主动停止执行在合法性、合理性、必要性、经济性、有效性等方面都存在严重问题的电子监管码制度,但不会放弃上诉。"总局的回应及做法仍然没有彻底解决问题,而司法机关应从法律层面对这一关系国计民生的重要问题进行权威评判,督促行政机关依法行政和防止类似问题再度出现,而不是仅仅着眼于'了事'。所以,我们仍然有必要继续讨个'说法'"。(原载《澎湃新闻》记者陈兴王 实习生 赵婧怡)

商务部将重点推进五项工作,规范电子商务发展

商务部新闻发言人沈丹阳在2016年3月17日召开的商务部例行新闻发布会上表示,今年商务部将重点协调推进五项工作,规范电子商务发展。

2015年我国电子商务交易总额达18万亿元,成为世界第一大网络零售市场。"在电子商务迅猛发展的同时,也暴露出一些矛盾和问题,应引起足够的重视。"沈丹阳说,"这些暴露出的问题,既有线上虚拟交易带来的新问题,也有现行体制机制与电子商务发展不相适应所产生的问题,需要有针对性地从完善政策法规环境、规范市场秩序、加大监管力度等方面加大工作力度。"

媒体眼中的直销

为此,今年商务部将重点协调推进五项工作,规范电子商务发展:

一是推动电子商务领域立法,明确电商平台及相关方的责任。去年商务部牵头起草了《关于加强互联网领域侵权假冒行为的治理意见》,组织起草了《电子商务立法框架》,制定并发布了《网络零售第三方平台交易规则管理办法》等部门规章。今年商务部将配合全国人大财经委做好《电子商务法》立法调研和起草工作,研究完善监管措施。

二是推动建立政府主导、多方参与、标准统一的电子商务信用体系。进一步加大电子商务领域打击侵权假冒伪劣的力度,加强知识产权保护,建立公平竞争的市场环境。

三是推动建立跨区域、跨部门的执法协作机制,加强行政执法与刑事司法衔接,增强监管合力。

四是推行网上资格审查和寄递实名制,加强监管部门与电商平台的相关信息共享,提高对侵权假冒行为的追踪溯源能力。

五是对关系消费安全的重点产品以及侵权盗版等突出问题组织相关部门持续开展整治。去年曾经开展过互联网侵权假冒伪劣的专项整治工作。沈丹阳说:"这项措施效果不错,今年商务部还将加大力度,继续开展此项工作。"(原载《国际商报》)

家电被纳入直销品类带来新机遇

2016年3月17日,国家商务部、工商总局公告2016年第7号关于直销产品范围的文件,家用电器被列入第六类直销产品范围,同时,本公告自公布之日施行,商务部、国家工商行政管理总局2005年第72号公告同时废止。这引起直销行业广泛关注。此前已有的直销品类包括化妆品、保洁用品、保健食品、保健器材、小型厨具。业内人士分析,这次家用电器被列入直销品类,势必给直销业和家电业带来发展新机会,而诸多直销企业将进入家电行业,这对传统家电企业来说将带来不小的挑战。

直销成家电业发展突破点

第九部分
直销春天的征兆

据了解，传统家电行业近几年并不景气，受经济下行压力加大、商品房销售活跃度不高、政策空窗等因素的综合影响，2015 年我国家电行业遭遇市场寒冬，大家电市场震荡前行，部分品类产销量双双下滑，就连成长性比较良好的厨卫电器市场也出现增长放缓趋势。

据中华全国商业信息中心的统计数据，2014 年 7 月份以来，全国百家重点大型零售企业家电零售额同比一直呈现负增长态势，虽然在 2014 年第四季度降幅出现明显收窄，但从 2015 年年初开始，零售额同比降幅再次呈现逐月扩大的态势。2015 年 4 月，全国百家重点大型零售企业商品零售额同比下降的企业家数为 63 家，相比上年同期减少了 11 家。

在此背景下，直销行业将家用电器加入直销品类中，这让整个家电行业为之一震。是机遇还是挑战？近日记者采访 TCL、美的、格力等家电企业的相关负责人了解到，虽然大部分家电企业均不了解直销企业的经营模式，不了解如何申牌、如何经营，但他们均认为，对于近几年疲软的家电行业来说，直销是一个突破点，希望有新的模式和渠道可以扭转家电行业目前的颓势。我国家电 2014 年销售规模达到 12370 亿元，如果直销能占到 1%，那也是很大的市场。诸多家电企业相关负责人表示，希望有更多关于家电直销的细则出台，让他们了解直销。

家电企业面临多重挑战

家电业资深观察人士刘步尘表示，相对于简单的直销产品，大家电其实较为复杂，还涉及到售后问题，这一特殊性导致家电行业必须有专项的售后维修人员。"所以，直销到底怎么玩，对家电行业真是一个挑战！"刘步尘说。

中怡康研究机构的家电研究员左延鹊认为，家电进入直销领域，是供给侧改革的有益尝试。首先，按需供应，将为传统制造业企业转型提供更多的机会；其次，直销可以解决部分再就业和再创业的问题，同时激活更多的员工创新，从而降低企业成本，增强企业在市场上的竞争能力；第三，直销模式可以更好地推动家电企业创新，在产品研发、营销管理、人才培养等方面提升。

不过，也有多位深耕直销行业数十年的直销专家表示，家电企业对直销行业不了解，受直销人才缺失以及直销企业加入家电销售影响，家电企业的转型进前路漫漫。无限极媒体事务总监张前表示："目前传统家电企业增加自己的软实力最为重要，切勿盲目跟风进入直销领域。未来，不排除一些中小直销企业为了增加家电品类，会委托一

媒体眼中的直销

些家电工厂去加工生产,这将成为家电企业的一个增长点。"(原载《信息时报》)

2016年《严重违法失信企业名单管理暂行办法》正式发布

记者从市工商局获悉,2016年4月1日起,《严重违法失信企业名单管理暂行办法》正式实施,今后,企业被列入经营异常名录届满3年仍未履行年报相关义务的,或是组织策划传销、发布虚假广告多次受到行政处罚等,都将被列入"严重违法失信企业名单"("黑名单"),实施重点监管。这意味着我市目前被列入经营异常名录的9862户企业如不及时履行信息公示义务并申请移除,满三年仍未履行相关义务就将进入"黑名单"被联合惩戒。

办法规定了十种被列入"黑名单"的情形,企业有其中之一,将被县级以上工商行政管理部门列入严重违法失信企业名单管理。包括:被列入经营异常名录届满3年仍未履行相关义务的;提交虚假材料或者采取其他欺诈手段隐瞒重要事实,取得公司变更或者注销登记,被撤销登记的;组织策划传销的,或者因为传销行为提供便利条件两年内受到三次以上行政处罚的;因直销违法行为两年内受到三次以上行政处罚的;因不正当竞争行为两年内受到三次以上行政处罚的;因提供的商品或者服务不符合保障人身、财产安全要求,造成人身伤害等严重侵害消费者权益的违法行为,两年内受到三次以上行政处罚的;因发布虚假广告两年内受到三次以上行政处罚的,或者发布关系消费者生命健康的商品或者服务的虚假广告,造成人身伤害的或者其他造成严重社会不良影响的;因商标侵权行为五年内受到两次以上行政处罚的;被决定停止受理商标代理业务的;国家工商行政管理总局规定的其他违反工商行政管理法律、行政法规且情节严重的。

据市工商局企业信用管理办公室相关负责人介绍,若因列入经营异常名录满3年仍未履行义务而被列入"黑名单"的企业,将被列为重点监督管理对象,其法定代表人、负责人3年内不得担任其他企业的法定代表人、负责人。已经担任其他企业的法定代表人、负责人的,有关企业应当依法办理法定代表人、负责人变更登记;通过登记的住所(经营场所)无法取得联系的,有关企业应当依法办理住所(经营场所)变更登记。有关企业未办理法定代表人、负责人变更登记或者住所(经营场所)变更登记的,工商行政管理部门将依法予以查处。同时,进入"黑名单"的企业不

第九部分
直销春天的征兆

予通过"守合同重信用"企业公示活动申报资格审核,不予授予相关荣誉称号。(原载《潍坊日报》)

工商总局:保健品广告未经审查禁止上网

2016年7月8日,工商总局公布《互联网广告管理暂行办法》,自9月1日起施行。《办法》明确规定,禁止利用互联网发布处方药和烟草的广告,医疗、保健食品广告等未经审查,不得发布。

此外,互联网广告应当具有可识别性,显著标明"广告",使消费者能够辨明其为广告;付费搜索广告应当与自然搜索结果明显区分;未经允许,不得在用户发送的电子邮件中附加广告或者广告链接等。

《办法》提出,法律、行政法规规定禁止生产、销售的商品或者提供的服务,以及禁止发布广告的商品或者服务,任何单位或者个人不得在互联网上设计、制作、代理、发布广告。禁止利用互联网发布处方药和烟草的广告。医疗、药品、特殊医学用途配方食品、医疗器械、农药、兽药、保健食品广告等法律、行政法规规定须经广告审查机关进行审查的特殊商品或者服务的广告,未经审查,不得发布。

《办法》指出,互联网广告应当具有可识别性,显著标明"广告",使消费者能够辨明其为广告。付费搜索广告应当与自然搜索结果明显区分。

《办法》强调,利用互联网发布、发送广告,不得影响用户正常使用网络。在互联网页面以弹出等形式发布的广告,应当显著标明关闭标志,确保一键关闭。不得以欺骗方式诱使用户点击广告内容。未经允许,不得在用户发送的电子邮件中附加广告或者广告链接。互联网广告主应当对广告内容的真实性负责。

在网上有广告公司提供数据拦截的业务,这种方式也被《办法》认为是违规。

《办法》规定,互联网广告活动中不得提供或者利用应用程序、硬件等对他人正当经营的广告采取拦截、过滤、覆盖、快进等限制措施,不得利用网络通路、网络设备、应用程序等破坏正常广告数据传输,篡改或者遮挡他人正当经营的广告,擅自加载广告;不得利用虚假的统计数据、传播效果或者互联网媒介价值,诱导错误报价,谋取不正当利益或者损害他人利益。

媒体眼中的直销

《办法》规定，工商行政管理部门对互联网广告的技术监测记录资料，可以作为对违法的互联网广告实施行政处罚或者采取行政措施的电子数据证据。

互联网广告发布出现违规情形，将按照《广告法》的法条来处理，其中，违法发布烟草和处方药广告的，将对广告主处二十万元以上一百万元以下的罚款，情节严重的，并吊销营业执照，由广告审查机关撤销广告审查批准文件、一年内不受理其广告审查申请；对广告经营者、广告发布者，由工商行政管理部门没收广告费用，处二十万元以上一百万元以下的罚款，情节严重的，并可以吊销营业执照、吊销广告发布登记证件等。（原载《北京晨报》）

工商总局推动《禁止传销条例》尽快修改
新型网络传销等将纳入

"传销正呈现抬头趋势。"国家工商总局相关负责人在2016年7月27日中国政法大学召开的"新型网络传销——微传销预防与监管"学术沙龙上说。

仅2015年，全国工商和市场监管部门就查处了1880起传销案件。这位负责人坦言，这一数字与上年相比是减少的，但"并不代表形势好转"。

传销正疯狂蔓延至网络

《法制日报》记者了解到，在被查处的1880起传销案件中，主要分为四个类型：其一，异地要约型，即集中到异地，进行洗脑传销活动；其二，过境传销，即进行传销的公司主体设在境外。其三，网络传销，其载体既包括传统的互联网，也涉及移动互联网。其四，团队计酬。

尽管传统传销还占有相当的比重，但值得注意的是"网络传销呈现上升态势"，这位负责人说。

近日，中国政法大学资本金融研究院网络经济研究中心（以下简称网络经济研究中心）发布了一份关于新型网络传销的报告。按照网络经济研究中心主任武长海的调研结果，保守估计，微传销参与人员千万人以上，参与金额达数千亿，无论人数和金额都远远超出传统传销。

第九部分
直销春天的征兆

中国反传销救助中心网负责人马胜玲对此最有体会,"我每天都要接到几十个(关于传销的)电话,有求助的,有咨询的。"她告诉《法制日报》记者。

由于更强的隐蔽性,网络传销并不容易辨别。在马胜玲的案例中,不乏行政官员、大学教授深陷其中不惜与家人反目的例子。"在金钱诱惑面前,官员也好,教授也好,与小学生的辨别力是一样的。"这是马胜玲挂在嘴边的一句话。

总认为这是很流行的赚钱手段

来自山西运城的樊京刚是为数不多的"现身说法"者。他曾经从事过异地传销,两年后回家又觉无事可做,朋友将他拉入了一个qq群,在那里推荐给他一个生财之道。即买卡做会员,100美金起步,支付不同费用获得黑卡、银卡、金卡、钻石卡等不同级别,可发展下线赚钱。

起初,樊京刚并不认为这是违法的传销。直到突然有一天,这个资金盘被关掉了。他东拼西凑借来的7万元血本无归。

"传销危害这么大,我们作为民间组织,常常是有心无力。"马胜玲有过多次配合工商公安部门查处传销的经历,在这个过程中,她发现取证难是最大问题。

推动《禁止传销条例》尽快修改

取证难,正困扰着反网络传销工作。据工商总局相关负责人介绍,网络传销都借助第三方平台开展,而目前这些平台对于数据的保护又非常强,取证手续繁杂时间长。

除了取证难,执法机关的立案标准不一,也让反传销工作的从事者们感到困惑。比如,马胜玲曾经参与救助的一起传销案件中,因有些受害者不肯露面或不能到场,最终导致组织者未受到任何处罚。

此外,探索传销案件的管辖问题,也是工商总局正在着力进行的工作。工商总局还将推动《禁止传销条例》尽快修改,以将新型网络传销等纳入其中予以规范。(原载《法制日报》)

第四十二章 推动直销新发展

广东省直销企业协会宣告成立

2015年12月27日,广东省直销企业协会召开新闻发布会,对外宣告正式成立。从而正式成为全国第一个经政府相关部门批准成立的合法的省级直销企业协会。

制定行业规范促直销行业健康发展

为纪念《直销管理条例》、《禁止传销条例》颁布十周年,由广东省直销企业协会主办的广东省直销企业经济发展影响力高峰论坛在广州召开。安利、完美、无限极、太阳神等34家直销企业代表与政府相关职能部门、专家学者参会,共同探讨两个《条例》在业内的影响及作用,研究在新业态下如何推动直销行业健康有序地发展,并倡议、倡导直销行业加强自律,受到与会人员的一致赞同。

会上,协会会长单位安利(中国)日用品有限公司地区总经理聂世永发言表示,广东省直销企业协会是全国第一个经政府相关部门批准成立的合法的省级直销企业协会,促进直销行业健康发展起到了重大的作用。"协会是各大直销企业沟通的平台,除此之外,也充分发挥政府和直销行业的沟通作用,为政府搜集直销企业发展中遇到的困难和问题,让直销法规制定更加适合行业的发展。"

对此,常务副会长单位完美(中国)有限公司公共事务总监崔春彩也表示,未来完美也将制定传销举报渠道和信息处理部门,加强直销从业者的培训教育,让从业人员认识到直销和传销的区别。

自律守则将越来越细化

直销企业如何发挥自律,是成立直销协会最重要的初衷,广东省直销协会秘书长王克东表示,通过近几年对直销企业和直销员的调研和走访,正式推出《直销行业自律守则》,包含五章三十条。

王克东称,"希望通过自律守则,更好的设立法制观念,规范直销员的行为准则,进一步扩大直销行业的影响,让广大的市民分清什么是直销?什么是传销?直销的好处是什么?坏处是什么?"不过,王克东也表示,由于协会刚刚成立不到半年,所以很多行业自律守则还未有具体规定,这也是未来直销协会制定的目标,《直销行业自律守则》会越来越细化。

据介绍,协会从筹备到成立都是在广东省社会组织管理局的指导和监督下顺利进行的。协会在2015年6月15日拿到粤社管函【2014】359号文件批复起,正式成为全国第一个经政府相关部门批准成立的合法的省级直销企业协会。

但还处于起步阶段,很多工作还在不断地完善和改进。协会下一步主要围绕服务会员、规范会员行为、加强行业自律、促进健康发展等这几方面开展工作。

据了解,今年金科伟业(中国)有限公司和佳莱科技有限公司先后获得直销牌照,使广东省的直销企业数量再次壮大。截至目前,我国已拿牌直销企业71家,其中广东13家,直销企业数量居各省、自治区、直辖市榜首。 (原载《信息时报》)

20家直企代表出席直销企业履行社会责任论坛

2016年1月17日,媒体记者从赤峰市场监管委主办的"直销企业履行社会责任(赤峰)论坛"上获悉,赤峰市场监管委向驻赤峰的各直销企业提出行政建议,建议在赤峰市行政区域内有销售业务且尚处于市场开发阶段的直销企业,应在本地设立至少一处以履行"退换货"义务为基本职责的服务机构,并挂牌办公,专司直销产品售后服务及纠纷调处工作。

本次论坛共有完美、无限极、天狮、尚赫、康宝莱、安利等20家直销企业的代

第九部分
直销春天的征兆

表出席了本次由赤峰市市场监管委倡议发起，玫琳凯内蒙古分公司具体承办的直销企业履行社会责任论坛，并围绕"直销法律风险与防范"主题，提交了交流材料，企业代表在会上进行了交流发言。赤峰市委宣传部新闻科、赤峰市综治办综合科、赤峰市公安局经侦支队的有关负责同志应邀出席了会议。

与会代表普遍认为，依法加强对其营销人员行为的管控，切实保障消费者和客户的合法权益，有效防范直销法律风险，是直销企业必须履行的首要社会责任。不能有效防控直销法律风险的企业将会面临严重的生存危机。个别直销企业因为疏于对其授权经销商和直销员行为的管控，引发了一些涉传或违规直销的违法行为，严重损害了直销行业的社会形象，应依法予以严惩，以纯洁直销行业队伍。

与会代表以集体签字的方式，对玫琳凯内蒙古分公司提出的依法履行营销人员管理义务，强化营销人员进货行为管控防止不合理囤货，监督营销人员严格执行销售凭证制度，设立"退换货"办事机构畅通"退换货"渠道等倡议表示了赞同和支持。
（原载《内蒙古晨报》）

直销企业3·15座谈会在京召开

3月10日，由中国消费者报社、中国消费网主办的2016年3·15直销企业履行社会责任与保护消费者权益高层座谈会（以下简称直销企业3·15高层座谈会）在京召开，来自国家工商行政管理总局、商务部等部门的相关业务负责同志、中国消费者协会、中国消费者报社负责同志，以及天津、上海、山东、广东和重庆等省市工商和市场监管部门相关业务负责人出席本次座谈会。43家直销企业的80余位代表参加了本次座谈会。

此外，由中国消费者报社发起倡导的直销企业保护消费者权益联盟，已于3月9日正式成立。据悉，首批联盟成员包括如新、安利、无限极、完美等十余家直销企业。

本次座谈会的主题是"新消费 让直销更有力量"。由中国消费者报社、中国消费网主办的直销企业3·15高层座谈会，已连续举办了五年。

国家工商总局反垄断与反不正当竞争执法局副局长白京华在会上讲话时指出，当前我国经济正从投资驱动型向消费驱动型转变，消费需求持续增长、消费结构加

媒体眼中的直销

快升级、消费拉动经济作用明显增强。面对新消费时代的到来,直销企业应适应新形势,切实提高经营管理水平,更好服务社会经济发展大局。首先,直销企业应自觉、全面、规范地履行好社会责任。这既是直销企业进一步拉动和刺激消费,为经济增长做贡献,也是直销企业为自己正名、为整个行业正名,改善社会公众对直销企业以及直销行业的认识,赢得理解、尊重和美誉度的一个有效途径。其次,直销企业应当适应社会消费的新需求、新变化,创新产品和服务方式,从改善供给的角度来提升消费需求,以消费需求为导向推动企业的生产向专业的、精细的、高品质的方向转变。再次,直销企业应该通过加强产品质量的管理和完善服务来实现对消费者权益的保护。

国家工商总局消费者权益保护局副局长黄建华在讲话中指出,在新消费时代,直销企业既要满足消费者多样化、个性化的需求,更要履行好社会责任,做好消费者权益保护工作。商务部市场秩序司法规处处长吴凤武介绍了直销行业目前的发展情况,并对直销企业加强供给侧改革,促进市场规范发展提出了要求。中国消费者协会副会长、秘书长常宇表示,本次座谈会主题非常契合中消协"新消费 我做主"的年主题,直销企业要时刻为消费者着想,发挥新消费的引领作用,做好消费维权示范先锋。中国消费者报社社长朱剑桥说,在新消费时代,直销能发挥更重要的作用,中国消费者报社愿意搭建监管部门、企业与消费者的沟通交流平台,共同促进直销行业的新发展。

座谈会上,如新(中国)日用保健品有限公司北京代表处首席代表暨大中华区业务支持及法规副总裁李潮东、新时代健康产业(集团)有限公司总经理助理、直销事业部总经理杨少华、安利(中国)日用品有限公司公共事务总监吕靖峰、完美(中国)有限公司总经理赵建红、克缇国际集团董事副总裁王玉霞、天狮集团大中华区总裁杨怡旗等企业代表,围绕直销企业如何加强供给侧改革、更好地满足消费者个性化、多样化需求分别进行了交流发言。

在分组交流时,天津市市场和质量监督管理委员会竞争执法处处长白学卫、上海市工商局直销监管处处长薛国富、山东省工商局公平交易局局长高绍辉、广东省工商局经检局副调研员陈铁军、重庆市工商局经济检查执法局直销监管处副处长宋大荣等直销监管部门负责人分别介绍了各个辖区内的直销市场发展情况,以及工商部门加强监管、优化服务方面所采取的措施,并对直销企业如何规范经营、更好保护消费者权益,提出了希望和要求。

第九部分
直销春天的征兆

围绕新消费时代如何更好履行企业社会责任与保护消费者权益，以及如何发挥直销优势，更好地满足消费者个性化、多样化需求、让直销更有力量等方面的内容，三生（中国）健康产业有限公司董事长助理兼运营副总裁刘爱峰、宝健（中国）有限公司副总裁蔡尚荣、南京中脉科技发展有限公司副总裁回宏亮、北京罗麦科技有限公司副总裁白云、广东太阳神集团有限公司副总经理朱厚丞、嘉康利（中国）日用品有限公司副总经理李重华、绿之韵生物工程集团有限公司董事执行总裁劳嘉、福维克家用电器制造（上海）有限公司 公共事务部负责人马珂、山东卫康生物医药科技有限公司董事长王宗继、山东福瑞达医药集团公司 康妆大道事业部副总裁彭辉、山东永春堂集团有限公司董事长颜廷和，分两组与参会代表们进行了现场交流。

在本次座谈会上，中国消费者报社宣布发起倡导成立直销企业保护消费者权益联盟，以相对稳定的交流平台形式，加强直销企业保护消费者权益专项话题的探讨交流，进而促进直销行业保护消费者权益整体水平的提高。

本次座谈会还对近三年来消费者心目中最值得点赞的35个直销企业优秀公益慈善项目进行了表彰，并向相关企业颁发了荣誉证书。（原载《中国消费者报》）

直销企业保护消费者权益联盟成立

3月9日，由中国消费者报社发起倡导的直销企业保护消费者权益联盟正式成立。据悉，首批联盟成员包括如新、安利、无限极、完美等十余家直销企业。

据了解，该联盟成立后，将以相对稳定的交流平台形式，加强直销企业保护消费者权益专项话题的探讨交流，促进直销行业保护消费者权益整体水平的提高。

会上，国家工商总局反垄断与反不正当竞争执法局副局长白京华强调，随着我国经济从投资驱动型向消费驱动型转变，直销企业应自觉、全面、规范地履行好社会责任，改善社会公众对直销企业以及直销行业的认识，通过加强产品质量的管理和完善服务，来实现对消费者权益的保护。（原载《法制日报》）

媒体眼中的直销

工商总局回应"微商"到底是不是"网络传销"

2016年7月1日,为加强网络传销打击力度,工商总局下发通知,要求各地工商、市场监管部门进一步做好查处网络传销工作。

报道称,近年来,网络传销违法活动日益突出,打着所谓"微商""电商""多层分销""消费投资""爱心互助"等名义从事传销活动屡见不鲜。

网络传销因其主体和标的虚拟性、行为跨地域性等特点,与传统传销相比更具隐蔽性、欺骗性和社会危害性。网络传销案件往往蔓延速度快、涉及人员多、波及地域广、涉案金额大,严重损害人民群众利益,影响社会和谐稳定。

通知要求,各级工商、市场监管部门要通过多种途径筛查案源线索,从中发现和确定涉嫌从事传销违法活动的网站、网页,综合运用网络调查、实地核实、可疑资金交易分析等手段,加强在线与远程电子数据证据采集、固定和分析工作,获取相关信息,会同有关部门采取措施,追根溯源,确定重点打击对象。

网络传销的宣传大多需要利用搜索引擎、社交平台、第三方交易平台、第三方支付工具等网络服务提供商。通知要求:

属地工商、市场监管部门应当加强对这些网络服务提供商的监督规范,建立常态化、通畅的沟通渠道。

网络服务提供商对利用其提供的服务渠道实施的传销行为,要为调查取证、处理违法信息提供必要的协助配合。

对不履行相关义务的,将依法追究责任。各地工商部门要强化与通信、网信管理部门的协作,切断网络传销信息传播渠道,净化网络信息环境。

为提高群众抵制和防范网络传销的意识和能力,通知特别提出要采取多种形式,充分宣传网络传销的危害、特点和骗人伎俩,揭露其违法本质。

所以我们可以得出结论,"做微商"并不代表是传销,但有人会借着"微商"的名义搞传销。那么,怎样辨别你朋友圈里那些刷屏的人是微商还是传销呢?

网络传销的五大表现形式

第九部分
直销春天的征兆

据中国消费网介绍，当前网络传销主要有以下五种表现形式。

1. "电子商务"式。不法分子首先注册一个电子商务企业，再以此名义建立一个电子商务网站，并以"网购""网络营销""网络直购"等形式从事网络传销活动。

2. "免费获利"式。社会上出现不少"免费获利""增值消费"式传销行为，宣称"消费不用花钱，免费购买商品"，"消费 = 存钱 = 免费""消费满500返500"等，欺骗性强，诱惑力大，引起不少人的兴趣，最终上当受骗。

3. "网上创业"式。打着"一边上网娱乐，一边上网赚钱""吃着火锅刷着微博，月收入10万元"的宣传旗号。一些网络传销分子抓住年轻人急于创业、渴望成功的心理，以"在家创业""网络创业""网络资本运作""网络投资"为诱饵，欺骗、引诱年轻人上当，从而达到发展会员进行网络传销的目的。

4. "网络博弈"式。以玩网络游戏、网上博彩为名，发展会员从事"游戏股票""幸运博彩"等游戏充值卡业务，以直销奖、销售奖为诱饵发展下线。

5. "爱心互助"式。某些网站宣传一些有"特别功效"的生物保健品，宣称入会后就能便宜或返利，以此进行网络传销。

为了防止成为传销链条的一环，从上当受骗者成为参与传销的违法人员，损害个人信用和声誉，工商总局还提醒大家，应理性选择合法投资渠道，不要被所谓快速致富诱惑；

一方面应慎重寻找投资对象，选择网络加盟商、渠道商之前，不但应查询其登记注册、经营资质等基本信息，还应认真分析其利润来源，判断所谓高额回报是否符合正常经营规律；

另一方面，多方了解投资项目，对网上宣传的基金、股权、股票等，应通过证监、银监、工商等部门核实，了解国家对其是否设定准入门槛、有无限制性规定等。

最后，当你发现和掌握的传销违法犯罪活动线索时，可积极向当地工商、公安机关反映。（原载《人民日报》）

◉ 媒体眼中的直销

纪念直销立法 11 周年 成都直企大咖共聚谈未来

9月23日下午,成都市纪念直销立法11周年暨直销行业座谈会在蓉召开。来自安利、康宝莱、无限极、康美、欧瑞莲、克缇、完美、嘉康利、罗麦、康婷、中脉、三生、权健等15家直销企业代表,与工商、媒体代表共聚一堂,围绕自律、规范和社会责任等方面进行了沟通交流。

截至目前,全国共有78家企业正式获得直销经营许可证。不同于前几年直销行业营业额递增速度,今年来直销行业的销售额增速放缓。

成都市工商局直销监管分局调研员石芪粼表示,在进行直销经营活动中,直销企业不要夸大或者虚假宣传,对售卖的商品需要明码实价,杜绝不正当竞争。"作为监管部门,我们严厉打击非法经营活动,引导直销行业健康发展。"石调研说。

安利公司代表:

一直以来安利都是最科学的管理方式。人员招募上,严格按照法规要求,在四川,我们有15名的营业守则员工,去处理各种情况。去年公司开始2015战略,积极创新。此外,我们也在全国范围内开设体验馆和体验店,重点培养年轻化营销队伍。去年11月,在高新区开设全国第三家旗舰体验馆,深受大家喜爱。

安利成都体验馆总共三层,使用面积超过4000平方米,由韩国著名建筑设计师朴俊佑装潢设计,设计理念来源于人与自然的和谐关系。除了常规的购货、产品展示等功能外,体验馆内设有纽崔莱健康测试区、雅姿功能教室、家居科技体验区、数码区等功能区域,甚至还有健身房和咖啡广场。想了解自己身体的健康情况,可以到纽崔莱功能教室做个体测,定制个性营养方案;想要干掉美图秀秀,瞬间变身女神,可以到雅姿功能教室打造娇艳妆容;想要净享好水,逃离PM2.5,可以在家居科技体验区宅上一会儿;想要做个幸福的吃货,可以来这里做上一桌皇后锅美食……总之,安利体验馆提供的是一站式的全方位生活体验。

事实上,安利体验馆是体验经济时代的最新产物,也是安利"体验战略"中的重要一环。面对全新的市场环境和新生代消费者,安利把"体验制胜"作为赢取未来的核心战略,通过提供优质而富有价值的安利体验,建立起人们对安利公司、品牌和事业机会的认可与喜爱,以及彼此之间富有意义的情感联结。而对于消费者来

第九部分
直销春天的征兆

说，在安利体验馆，顾客可以一站式、浸入体验安利产品及其倡导的品质生活，增强生活融入感。与过往单纯靠产品宣传或直销员介绍相比，顾客能够更加全面、准确、直观地了解到自己需要的各方面信息，从而为购买决策提供更为具体可靠的判断和参考。

无限极公司代表：

无限极（中国）有限公司成都服务中心成立于2010年8月11日，是无限极（中国）第一家形象升级的服务中心，随着该服务中心的成立，充分落实了无限极"使命升级暨品牌国际化"战略部署，也是企业形象全面升级的又一项重要内容。随着成都服务中心的成立，更能让全国人民更好地了解无限极，了解养生文化，打造属于中国人自己的中草药健康产品，让中华民族的养生文化走向全世界。

成都服务中心占地约500平方米，内部分为体验长廊、品牌墙、产品展示区、销售区、洽谈区及培训室，功能十分全面，让消费者不仅可以购买产品，更能通过服务中心的精心设计了解无限极的企业文化和产品。

克缇公司代表：

1989年，怀着"爱与分享"的理念，年过半百的陈武刚博士在台湾种下克缇种子，这粒承载着深厚寄望的种子，不断成长发展，并从台湾漂洋过海来到大陆，如今已蔚然成风。1997年，克缇（中国）日用品有限公司在上海成立，自创立以来，克缇一直不忘使命，始终致力于提供优质的健康美丽产品，分享先进的生活理念，打造广阔的事业平台。

康美：

康美药业是国内大型上市医药企业，也是全国500强。康美药业成立19年以来，一直致力于慈善事业，累计捐款已经超过3亿元，"青禾行动"是康美药业携手中国儿童少年基金会共同打造的一项长期性精准扶贫公益项目，通过创新型的公益保险方式，为孤贫儿童的健康成长保驾护航。

欧瑞莲：

1967年，年轻的乔纳思·翰林和罗伯特·翰林兄弟在斯德哥尔摩创立了欧瑞莲化妆品公司。有着北欧品质一脉传承瑞典文化的欧瑞莲化妆品公司，在历经半个世

媒体眼中的直销

纪的高速发展中，坚持崇尚自然、勇于创新、以人为本、简洁高效的经营理念。欧瑞莲致力于以北欧天然植物精华为原料开发一种温和高效的护肤产品，同时运用创新性的分销方式，将产品直接销售到每个家庭。现如今，该公司已经成长为一家大型日用品、营养品跨国企业。

截止目前，欧瑞莲公司是欧洲排名第一的化妆品直销企业，是在瑞典斯德哥尔摩证券交易所的上市企业，公司首席执行官马博朗先生现任世界直销联盟副主席。目前在62个国家和地区开展业务，在30多个国家处于市场领导地位，专职员工超过7900名，在波兰、印度、瑞典、俄罗斯和中国设有生产工厂，位于爱尔兰的全球研发中心，拥有一支由60余位博士领衔的专业研发团队。产品数量达到900多种，每年约有300种新品。2014年销售额达16.8亿美金。（原载《网易四川》）

全国直销行业管理工作培训在厦门举办

为提高直销管理工作水平、促进直销行业健康发展，9月27-28日商务部在厦门市举行直销行业管理工作培训。

商务部市场秩序司副司长穆小红出席开班仪式并讲话。商务部有关主管直销业务职能的司局负责同志，中国国际电子商务中心信息技术人员，分别就直销法规政策、直销申报事项及信息报送、直销审批备案及行业统计进行了讲解；北京大学中国直销行业发展研究中心副主任杨谦就直销发展趋势和热点问题作了分享和交流；各省市商务主管部门和企业代表还针对提高直销行业管理水平及直销企业规范经营和创新发展进行了座谈交流。

各省、自治区、直辖市、计划单列市、新疆生产建设兵团商务主管部门以及各直销企业代表共150余人参加培训。我厅及我省金日制药、天福天美仕、安发生物等三家直销企业派员参加了此次培训。（原载《福建省外经贸厅》）

第四十三章　旅游新天地

直销大佬的澳洲旅行记

如今，全世界的人提起澳大利亚，无不知道悉尼这座少女之城。它宛如20岁的少女，水莹婀娜，令人一见倾心。发自于澳大利亚旅游局专门组成的直销大佬澳洲旅游考察团，就是在这个3月旺季抬头之时，登临澳大利亚，一同亲自体验南半球的旅游魅力。

邂逅少女之城悉尼

澳大利亚旅游局和悉尼会奖局的导游伙伴们特意带我们进入悉尼歌剧院"深度旅游"。从里面音乐厅到现代华丽的外观、内顶装修风格，无不给人一种美轮美奂的高端享受。"如果在这里办一场直销会议是很有档次和感觉的事情，悉尼歌剧院的各个楼层均可租用，不愧是21世纪的经典之作！"

与悉尼歌剧院毗邻的悉尼大桥，是联通悉尼内陆两岸的重要交通枢纽。悉尼大桥攀登公司带领直销大佬考察团登高体验桥上的乐趣，可算作是一种很好的团队激励方式。当时的场景是，全体整装待发之后，在教练的要求与规范下，我们十人徒步登临130多米高的悉尼大桥的最高点。在这里俯瞰悉尼歌剧院与桥下轮船海港，在这里遥望整个悉尼景点全城，自然是一种独特少有的人生经历。

⊚ 媒体眼中的直销

挑战你的味蕾

此次我们十人的澳大利亚之行，听说被命名为了"Noma 餐厅考察团"，自然前往 Noma 世界顶级餐厅品味美食是必不可少的行程。据介绍，全球最负盛名、最具声望主厨之一的 Rene Rezepi，花了整整一年带领 Noma 的团队探寻澳大利亚的各个角落，了解关于本土食材、本地佳酿和烹饪手法的方方面面。

"Noma 餐厅一票难求，听说考察团的吃饭票早在 2015 年 7 月份澳大利亚旅游局就已经预定好了，（5500 个用餐名额用了 4 分钟就预定一空。此外，还有 2.7 万人排队补位）"。

对于这里的美食，大佬们是这样评价："这里的美食让前来的食客想象不到、挑战你的味蕾，一道道澳大利亚本地食材的北欧风在每个人的舌尖上慢慢滑过，完全颠覆以前的一切感觉和想象。"

黄金海岸的激情魅力

黄金海岸，一年 290 天都是好天气，被誉为阳光之洲。这里拥有可伦宾野生动物保护区，也有梦幻世界乐园、海洋世界乐园、Tamborine 山的艺廊街、星空塔，以及电影世界、天堂农场和更多的景点资源。前往考察的同仁们也体会到了在这里举行会奖团队活动的魅力。

每到一处，每走一点，收到的是更多的 surprise 和服务。木星酒店不仅拥有 592 间豪华客房，以及可容纳 2300 人的可举办各种会奖活动的场所，还有性感十足的"玛丽莲·梦露"。

这里的路人在笑，森林救火车的司机大汉亲自迎驾，动感十足的音乐一路陪伴着我们漫步在繁华的街头；风儿在笑，几位 70 多岁的司机开着四辆经典版的老爷车一路兜风在黄金海岸的夜色之下；小草在笑，两架 Tristan Barrett 的直升机在树林上空盘旋，轻盈地落在 Canungra 山谷酒庄前的草坪上带你享受美味佳肴；骰子在笑，Jupiters 赌场的门口迎来了考察团，参与操练之中相信会有更多的中国爱好者接踵前来以身试水。

黄金海岸，一座可以令人沉迷的海港之城。3 月 7 日上午，考察团在黄金海岸集结，做好防护知识的学习和救生装备的配备之后，乘坐喷气快艇体验肾上腺素飙升的刺激快感。考察团的大佬们瞬时增添了"很适合团队体验活动"的想法。

第九部分
直销春天的征兆

抹不去的难忘之旅

黄金海岸,更是一座流连忘返的生活之城。现在还记得 Currumbin 野生动物园里与考拉和袋鼠亲近的场面,在拥抱与喂食之中增加了我们对自然动物的喜爱与怜悯。现在还依然记得澳莱丽 Canungra 山谷酒庄的鸭子押宝比赛,数十只橡皮小鸭沿着潺潺的流水争先恐后的赛跑,让大佬们在山谷之中享受着一场青山绿水般的较量。"只听说过'买马','买鸭子'这还是头一次听说!"也许还是她的广告词做得好——"欢庆生命中最纯粹的喜悦"。

现在还依然记得华纳兄弟电影世界里现场演绎的"人在追途"的真实画面和参与电影,眼前的 Dance 秀确实是一次真人秀。或是找一茬时间,把记忆放进水里,租用一艘游艇掌掌舵,抑或是吃上新鲜的海鲜,自然是别有生趣的画面。也可以登上黄金海岸的星空塔,欣赏整座城市的美,代表们也不禁感叹道:"俯瞰整个城市,感觉一切都尽在掌握,相信也可帮助提升团队的自信心。"

很快,一周的澳洲旅游即将结束了,直企大佬们在临行前应邀参加了黄金海岸旅游局长安娜的欢送宴,金沙海鲜渔港的推杯弄盏之间,问题、建议与感情齐飞,感谢、记忆与情谊留存。

澳大利亚,的确是一个充满激情魅力的旅游之地!(原载当代直销)

创意会奖,心享狮城
——直销精英们的新加坡会奖考察之旅

2016年9月10日至14日,直销行业精英考察团一行10余人受新加坡旅游局邀请,来到了有"花园城市"之称的新加坡,领略当地丰富的旅游资源及完善的会奖资源。

DAY 1

亮点一:The Intan 私人娘惹文化博物馆 感受娘惹文化之美

The Intan 成立于 2003 年,是一家私人住宅博物馆,馆内珍藏了一系列令人印象深刻的珍贵古董、传统服装、稀有家具以及原始餐具。来到 The Intan 娘惹私人

媒体眼中的直销

博物馆，在馆主的解说下，深度了解风格独具的娘惹历史和文化，然后品尝由馆主母亲准备的茶点。

亮点二："财富之旅"——解密新加坡风水故事

新加坡遍地是风水学问。品尝娘惹文化的茶点后，考察团听当地的风水大师讲述新加坡建筑和城市布局中的风水故事。据说1972年李光耀请台湾的一位林姓风水师指点迷津修建了这37公尺高鱼尾狮，常年守护着历史之河。鱼尾狮建成后，新加坡的旅游业开始兴旺发达，鱼尾狮的风水布局，是按照玄空风水中的"拨水入零堂"的原理进行放置的。就是因此改变了原来的位置，使水流源源不断进往复循环，抽水上堂，山管人丁水管财，就是用的这个原理增加经济运势。

亮点三：滨海湾花园——环保建筑典范＆会奖活动的理想场所

领略新加坡的风水故事后，考察团马不停蹄的来到了环保建筑典范——滨海湾花园，置身于汇聚珍奇植物花卉，万紫千红的花园美景中，赞叹造物者的鬼斧神工。另外，不论是搭配地中海花园布置得花穹室内空间，还是可容纳三万人的新加坡最大户外活动绿坪，都是各类活动的绝佳选择。

亮点四：晚餐尊享"习马大餐"

结束了一天的行程后，考察团来到了连续多年来被评为亚洲地区和世界上最豪华的酒店之一的新加坡香格里拉酒店，酒店坐落于占地十五英亩的茂盛的植物园之中，位于新加坡最繁华的乌节商圈，信步可达乌节路休闲与购物区。

全球瞩目的中国海峡两岸领导人会面，于2015年11月7日下午在新加坡香格里拉酒店举行，使得该酒店再次蜚声海内外，于是考察团们也将此两岸领导人用餐的情景来了个"原景重现"。

亮点五：考察新加坡乌节文华酒店

晚餐后，考察团入住新加坡文华大酒店。酒店位于举世闻名的乌节路上，四通八达，设有1077间豪华宽敞的客房及套房，每一间都巧妙结合舒适质感与高雅格调，从高楼鸟瞰可将城市美景尽收眼底。文华大酒店在为会奖团队提供优质住宿体验的同时，延伸出亲切细致的会议氛围。拥有自然日光的特色会议室，以及超过两万五千平方尺的多功能厅，可以容纳多达1000位宾客。

第九部分
直销春天的征兆

DAY 2

亮点一：置身于新加坡花柏山景中参加创意香水调制——展现团队活力

第二天一早，考察团来到了新加坡唯一一处高耸山顶的旅游胜地——花柏山景。海拔 106 米的花柏山景至高处，放眼望去，川流不息的缆车尽收眼底，举目远眺，海港上各式豪华邮轮一览无余，低头俯瞰，山下绿树繁茂鲜花锦簇，透出无限生机与活力。

置身于花柏山的美景中，新加坡旅游局特意为团队定制了一次别具一格的团队建设活动——亲自调制一款专属于自己的创意香水。

除此之外，新加坡拥有众多热闹非凡、妙趣横生的活动项目，如烹饪课程，卡丁车比赛，沙滩拓展，城市寻宝等，可为不同规模和需求的会奖团队提供丰富的团建活动选择。

亮点二：圣淘沙名胜世界

午餐后，考察团乘坐缆车来到了圣淘沙名胜世界，这是云顶新加坡耗资 65.9 亿新元兴建发展的项目。占地 49 公顷的一站式综合娱乐城除了拥有东南亚首个且唯一一个环球影城主题乐园，新加坡首个海事博物馆及水族馆，还建有娱乐场、4 家风格迥异的度假酒店、名胜世界会议中心和多家名厨餐厅及零售精品店等。圣淘沙名胜世界作为亚洲顶级一站式综合娱乐城，集吃喝玩乐购及住宿于一身，计时尚年轻一族、全家大小、会奖企业等都可于此欢度悠闲假期，是个放松身心的好去处。

亮点三：海上视觉盛宴——时光之翼

在 Good Old Days 享用完晚餐后，考察团开始欣赏世界唯一在海上搭建永久舞台的星光水火大汇演"时光之翼"，"时光之翼"结合了多媒体特效、喷泉、立体视觉效果、烟花汇演和真人演出，共耗资 1000 万新元打造，随着现场舞台变幻为一个来自未来世界的花园，现场观众也被带入一个充满想象的奇幻世界，25 分钟的节目令观众目不暇接。

亮点四：入住世界一流综合娱乐城——滨海湾金沙

媒体眼中的直销

晚上，考察团入住的是新加坡地标性建筑——滨海湾金沙酒店，坐落于 Marina Bay 滨海湾，由三座连成一串的酒店大楼组成，顶部建有景色壮观的空中花园，酒店内则设有"漂浮式"水晶阁、莲花外形的博物馆、出售各种先进商品和国际奢侈品牌的零售商店、精致时尚的名厨餐厅、享之不尽的影院娱乐、激情涌动的夜总会以及一座拉斯维加斯风格的娱乐场。商务会奖团队还可享受到多种配有先进技术的会议、激励活动、大型会议及展览（MICE）设施、灵活高效的展览大厅以及可容纳45000多位与会代表的会议中心。Marina Bay Sands 可在同一个目的地实现商务与休闲的完美融合，打造绝无仅有的独特体验。

DAY 3

亮点一：管理培训课程体验——新加坡管理大学服务商业的精益六西格码

新加坡的发展日新月异，知识与思想的交流也是畅通无阻。此次考察，新加坡旅游局特意为精英们安排来到新加坡管理大学，在讲师的带领下，了解和学习了服务商业的精益六西格玛。此番学习和交流，让考察精英们受益匪浅。新加坡许多高等院校和培训机构都设有短期课程，并且十分欢迎会奖团队为员工定制培训课程，让大家在旅行中亦有所收获。

亮点二：在360°天际观景的环绕下用餐，一览新加坡最美的景致

结束六西格码的学习，考察团来到了 Sky on 57 享用午餐，餐厅位于新加坡滨海湾金沙酒店的标志性金沙空中花园（第 57 层），是新加坡唯一一家兼具顶级美食和顶级美景的餐厅。在这里，您可以远眺城市、港口、滨海湾花园以及隔海相望的马来西亚。品尝名厨郭文秀（Justin Quek）的创意菜品，探索在经典法式烹饪技艺中重放光彩的传统亚洲风味佳肴。

亮点三：金沙艺术科学博物馆

丰富的午餐过后，考察团们来到了由国际知名建筑师摩西萨迪（Moshe Safdie）设计的全球第一个艺术科学博物馆。整个建筑都被一个4000平方公尺的荷花池围绕着，犹如一朵绽放的莲花在水边盛开。团员们参观了视觉效果精艳，令人叹为观止

的"未来世界"展览,体验了艺术和科技相结合营造的美妙感受。

亮点四:圆梦摩天观景轮鸡尾酒之旅

傍晚,考察团们来到了摩天观景轮,42层楼高的新加坡摩天轮总高度达到165米。旋转一周约用30分钟。

摩天轮坐落在滨海中心,从摩天轮上可以饱览新加坡市中心之外,还能远眺直到约45公里外的景色,包括印度尼西亚的巴淡岛、民丹岛,以及马来西亚的柔佛州。

DAY 4

早餐后,考察团一行乘坐新加坡航空公司的班机返回国内,结束了为期五天四夜的会奖考察活动。此次新加坡考察之行,不仅让考察精英们品尽新加坡的美食,饱览新加坡的美景,入住了新加坡顶级奢华的酒店,还学到了六西格码的专业服务管理经验,身临其境般地领略了新加坡丰富的会奖资源,使每一位考察精英从丰富多彩的旅途活动中收获了五星级的私享体验。

关于新加坡旅游局

新加坡旅游局一直致力于帮助中国会奖团队打造非凡的狮城独特体验,"创新"与"个性化的量身定做"是新加坡所有MICE服务业者的宗旨和目标。新加坡这座充满魅力的花园城市,定能凭借其锐意创新的精神,多元融合的文化以及别出心裁的体验,为您的会奖团队激发灵感,汇聚力量。(原载DSC视界)

第四十四章 民族企业发力，撬动直销市场

康婷：二十年如一日为健康美丽注入心能量

1996年，刘小兵以3000块钱的启动资金创办了天津市康婷生物工程有限公司（以下简称康婷）。时隔20年，康婷已经成长为销售额超过20亿的大型生物科技企业。

2016年9月9日，康婷迎来了自己20岁的生日。回首康婷的这20年，是一步一个脚印稳扎稳打走过来的，也正是这样的沉稳，让康婷在风云变幻的市场中还能屡创佳绩。

创业之初：化科研成果为生产力

1996年以前，刘小兵还是天津医科大学第二医院泌尿外科研究所的一名科研人员。苦于无法将科研成果转化为生产力的刘小兵，在1996年做了一个改变他一生的决定：放弃医院研究所稳定优厚的待遇，选择下海。同年，康婷公司在一间单元房里成立了。

直到3年后，刘小兵买下了位于天津市西青开发区两千多平米的一处厂房，建设了符合GMP标准的生产车间，康婷才算是初具规模，步入了发展正轨。

此后，在刘小兵的带领下，康婷公司不断发展壮大。2011年康婷位于西青经济开发区赛达医药产业园的二期工程启用，2014年公司三期工程启用，公司二、三期

媒体眼中的直销

工程占地面积30亩，总建筑面积30000平方米。2014年9月，康婷又大手笔投资10亿元在赛达新兴产业园购地268亩建设康婷健康事业产业园，产业园2016年年底竣工并投产使用，总建筑面积约25万平方米，设计生产能力为年产值200至300亿。

康婷健康事业产业园建成后，主要生产保健食品、美容护肤化妆品、生物制品等与人类健康密切相关的产品，是康婷公司为创建大健康产业、走向世界、迎接全球化的挑战而精心打造的项目。

刘小兵表示，康婷公司会继续加大科研投入力度，积极创新，推动企业经济发展，计划在五年内将康婷公司打造成年产值百亿的生物科技型领军企业。

动力之源：过硬的研发技术

也许是因为科研人员出身的背景，刘小兵一向很重视公司的研发技术。

提到透明质酸，相信大部分女性都很熟悉。1934年，美国哥伦比亚大学眼科教授MEYER等人从牛眼玻璃体中分离出透明质酸。昂贵到每20公斤300万元，大大限制了市场化推广和应用。

2012年8月，康婷公司《一种微生物发酵法生产透明质酸的方法》获国家发明专利。康婷用链球菌微生物发酵法生产透明质酸，每20公斤仅5万元，公司通过微生物发酵法生产的透明质酸，因其产量高、品质好，在保湿补水、营养肌肤、防晒修复、平滑细纹等方面效果显著，被广泛应用于多款化妆品中。

在此基础上，公司研发生产了以透明质酸为核心技术的"瑞倪维儿"品牌系列美容护肤产品，创造性地研发生产了八大系列一百多种产品。而这项生产透明质酸的技术也成了康婷的代表性技术。

2014年4月，康婷公司成立了生物医学研究院，主要从事干细胞相关的存储技术、重大疾病临床前治疗、再生医学及抗衰老等方面的研究，康婷公司进入了一个全新的领域，即干细胞研究领域。

从透明质酸到干细胞，康婷始终以探索科技创新作为企业的动力之源。目前康婷已经拥有专利技术达33项。公司与南开大学、天津大学等的七名专家学者达成了合作协议，成立了康婷公司学术委员会。它将作为康婷的产品智库，为康婷未来的产品研发提供支持。今年4月，康婷还与南开大学生命科学学院成功达成了干细胞基础研究与应用联合实验室共建协议。

第九部分
直销春天的征兆

经营之道：撬动直销大市场

2005年康婷取得了商务部特许经营备案批准，从事美容院连锁加盟经营。

传统美容院存在客人进来难、留住难，产品品牌难以延续和美容师流动大等很多问题。于是康婷开始考虑如果把直销模式融入到连锁加盟事业中来，上述问题都能得到很好地解决。经过尝试这种结合取得了非常好的效果。

于是，康婷正式走上了申牌之路。2013年4月18日，康婷获得了商务部颁发的直销牌照，从发布申牌声明到最终公示获牌，仅仅用了7个月的时间。申牌成功后，康婷开始采用直销加美容连锁的模式运作。

康婷以前是研发和加工的企业，主要是为直销企业生产加工产品。正是因为这个过程，使得刘小兵先生逐渐了解了直销行业，他曾说过："我觉得总是给别人加工，没有自己的品牌，这样的企业终究难以长远发展；因此从2005年开始，公司开始着力打造自己的品牌。"

很多企业都是销售、贴牌、加工形成市场的结构，企业做大之后，再建厂生产，而康婷是以研发生产为主，因此基础比较牢固。再加上有全国多家美容加盟店作为基石，康婷转型直销的道路也比其他企业更加顺利。

公开资料显示，2015年，康婷的业绩达到了20.6亿。羽翼丰满之后的康婷，开始布局全国市场，仅在2016年6月至9月，就开设了河南、河北、四川、内蒙等7家分公司。

2016

6月：康婷公司内蒙古分公司开业庆典在包头隆重举行。康婷公司直销事业部执行总裁陈红携公司高管代表出席此次庆典，与众鑫系统领导人杨曼辰及现场的康婷家人们共同见证。

6月：康婷公司赤峰分公司开业典礼在万达广场隆重举行。康婷直销事业部执行总裁陈红、执行总裁助理黄小岩、赤峰分公司经理杨亮、向阳系统创始人孙立华、邹立民及400余名康婷家人莅临开业庆典现场。

7月：康婷公司四川分公司开业典礼在四川隆重举行。康婷公司直销

媒体眼中的直销

事业部执行总裁陈红、执行总裁助理黄小岩、四川分公司经理李丽媛以及来自全国各地的500余名康婷家人欢聚一堂，共襄盛举。

7月：康婷公司河北省分公司开业庆典在石家庄隆重举行。康婷公司直销事业部执行总裁陈红、执行总裁助理黄小岩、河北省分公司经理刘若昕、康婷阳光旗舰系统领导人邢文利出席。

7月：康婷公司河南省分公司开业庆典隆重举行。康婷公司直销事业部执行总裁陈红、执行总裁助理黄小岩、河南省分公司经理陈燕、康婷亮剑系统领导人王利与现场的康婷精英们满怀豪情，共同见证。

8月：康婷公司甘肃分公司开业庆典在兰州隆重举行。康婷公司直销事业部执行总裁陈红、执行总裁助理黄小岩、甘肃分公司经理王炯炀及现场的众多康婷家人共同见证了这一振奋人心的时刻。

8月：康婷公司山西省分公司开业庆典在太原隆重举行。康婷公司直销事业部执行总裁陈红、执行总裁助理黄小岩、山西省分公司副经理李忾出席典礼。

公益之美：心手相连传递温暖

康婷弘扬"温暖传递"爱心公益理念，一直希望可以把温暖与爱心奉献于民，勇于承担社会责任，关爱弱势人群，集结爱心联盟，并希望康婷的努力可以给更多需要帮助的人送去温暖。

正是在这样的思想指引之下，康婷生物在灾难面前，一直保持着一颗助人之心。2013年四川雅安地震中，康婷就送去了温暖与爱心，向灾区捐助50万元人民币，并且购买了大量的帐篷、消毒水、妇女儿童用品等救灾物资，并且积极投身到雅安全新的建设当中，给当地的学校送去了急需的书籍及生活用品等等；2014年云南省昭通市地震中，康婷向灾区人民捐赠20万元人民币，支持地震灾区的救助和灾后重建；2015年天津滨海新区发生爆炸时，康婷第一时间组织志愿者赶赴现场，并为受灾群众送去救助物资……

康婷助残志愿服务多次发起活动，帮助残障人士及家庭，为残障贫困家庭及时送去了温暖与关爱。同时，在康婷·温暖传递之路上，在让爱心与温暖永远传递的公益文化理念指导下，康婷生物呼吁所有的爱心人士积极地参与到关爱孩子、支援教育的爱心事业中来。

与此同时，天津市康婷生物工程有限公司对于特教学校的资助也是不遗余力。

第九部分
直销春天的征兆

当康婷得知西青区启智学校有一群重度残疾和患有自闭症的孩子需要关爱时,康婷立即启动阳光助残项目,康婷与西青区启智学校手牵手、结对子,西青区启智学校成为康婷公司第一所"康婷爱心工程校",康婷生物定期组织优秀员工回访启智学校,进行爱心捐助和慰问活动。

康婷自成立以来,始终秉承着"为健康注入心能量"的口号,以保护消费者的合法权益为首要责任,立志做出属于中国人自己的百年护肤品牌。

20年,只是一个开始。

未来,康婷将以破竹之势,继续做大做强,为人类健康美丽事业贡献一份力量!

(原载第一直销网)

金诃藏药,如何把民族的做成国际的?

国民大健康养生意识快速提升,消费者在养生和医疗保健上,对中医的信任和消费逐日加大。传统藏药在大健康产业蓬勃发展的今天,迎来了春天。直销领域的藏药企业如何开辟更大的市场,把自己的优良传统优势,变成市场机会,对企业来讲,是一次巨大的革新和转变。

青藏高原平均海拔3800米以上,被誉为"地球第三极"、"人类四大超净区"地域。这样的地理位置造就出藏地独特物产,西藏因此成为中国传统的藏药资源地。随着人们对藏医药的逐步深入了解,物流及电子商务快速发展,藏成药和藏药材逐步走向内地,走向国际。西藏藏药产业近年来呈现蓬勃发展态势。

传统藏药的优势如何与时俱进

藏药是中华中草药文化里的一个分支,最早起源于西藏高原。传统藏药配方选用青藏高原天然、珍贵、稀有的藏药材精制而成。部分名贵藏药在临床上不仅可以治疗疾病,还在预防、保健上有奇效。在人的医疗、治疗和保健领域,确实独具优势。

藏药传统保健治疗优势明显

因为内地人较少服用藏药,他们在体能上对藏药材没有耐药性,所以,藏药对他们比对藏族同胞的使用效果更好。这也是内地民众接触藏药就开始喜欢藏药的原因。

藏医学是古希腊、古印度、古中医三种医学的结合，利用青藏高原海拔 3500 米以上、日照充分、药物活性成分含量高、高寒潮湿中生长的药材运用于藏医学之中，使藏民族在极为恶劣的气候环境中能正常生息和繁衍。但制药方法和药剂配置及消费人群都还停留在过去的传统里。

现代藏药已注意到与时俱进的问题。开始引进现代科学方法，走上科技与传统工艺相结合的制药之路。比如以现代工业制药技术，制成药粉再制成胶囊、片剂、滴丸、口服液、软胶囊等，一改过去的传统剂型，从标准上符合了国家提出的"量小、效宏、安全、可控"的技术要求。为自己走进更大的健康保健市场解决了"产品准入"问题。

藏药剂型已经开始借科技改观

传统藏药剂型多为丸、丹、散等形式为主。这类药的问题在于生药粉碎后较粗，不易被胃肠吸收。因为藏地游牧人群生活求医不便，许多藏药的药方一直有"处方大、一方治多病"的特点，并且部分药物中的金属和矿物类药物含量是否适合人体并没有经过科学检测，是目前医药学界对藏药的争议所在。

藏药制药更符合科学精神，获得消费者信赖和认可

藏药大处方开药形式已随着时代进步而改变。既全面继承和发扬传统，又有现代高新技术融入其中。具体方式是：

利于吸收性加强应用超微粉碎、水醇双提、分离、浓缩、干燥等现代制药工艺。让藏药加强了更利于人体吸收的特点。

加强科学检测

无用或有毒副反应药物的调换已在进行，对重金属矿物类药物及组方使用增加了科学检验的过程，经国家认可科研院所试验验证和临床试验安全后，方予使用，此举在学术上得到医药界认可和信赖。

加强对口行政部门监管

第九部分
直销春天的征兆

并在药监、社保、基本用药等部门得到认可和支持，使临床疗效对比试验效果明显提高，受到医患认可和好评。

用科技确保藏药材质质量和市场口碑

由于藏药开发问题，很多稀有物种产量越来越低，藏药里很多植物形态间非常相似，就出现以其他种植物混淆珍贵药材的现象。

以藏茵陈为例，藏茵陈为龙胆科獐牙菜属植物川西獐牙菜，随着它年产量急剧下降，市场上出现混淆种类，如抱茎獐牙菜及从尼泊尔进口的尼泊尔獐牙菜等多种来源。

因为青藏高原垂直高差大，即使同种藏药植物，由产地和生境差异，其形态和药效上也存在差异。如果这些巨大差别，不借助科技加以区分，是对藏药消费者的侵犯，也是对藏药市场声誉和产业链的严重伤害。

基于分子标记的藏药种质资源研究

目前在藏药领域，使用分子标记技术区分药材是有效且准确的技术，为藏药常用的品种冒充正品问题提供了解决方法。

对濒危藏药植物组织培养快繁育种

植物组织培养和代谢产物的细胞工程在中药资源的可持续发展中有着重要价值。高原环境恶劣，很多濒危藏药材通过种子繁育存在种子收集困难、种子萌发率低和播种后结实期长等不利因素，而植物组织培养恰好弥补了这项不足，占用空间小，不受地区、季节限制，培养周期短，扩增速度快，培养出的材料质量均一、可控、无病毒污染，这些新的培育技术对藏药药材产能和品质上提供了坚实的保证。

代谢产物细胞工程及基因工程

藏药植物细胞培养进行有效成分的生产也已取得令人瞩目的成就。

◉ **媒体眼中的直销**

金诃藏药努力成为藏药市场创新革新的排头兵

金诃藏药集团成立于 1982 年，已有 32 年稳健发展历史，从一家小小藏医院发展成为全球著名大型藏医药健康产业集团并于 2016 年拿到直销牌照。

金诃藏药一直定位于走特色民族药路线，探索产品研发市场的差异化。在前期，由于各地消费者对藏文化接触少而产生的神秘感和距离感，消费者因为不理解而抗拒。比如在广州市场，广东是中国中医药大省。广东人有用传统中药材煲老火靓汤养生的传统，但他们对藏医药文化知之甚少，市场不能立刻打开。所以，藏药对于内地市场，需要一个逐渐打开的过程。

极具藏式风格的治疗体验区

如何让消费者尽快认同并接纳藏药，是金诃藏药做全国乃至世界市场的关键一步。

首先，从少数人群着手打开市场。

藏药还是消费者眼中的非主流保健药品。通过系列藏药特色健康一条龙服务。推广藏药治疗文化，如按藏医理念对人体进行针灸、推拿、按摩等特色服务，吸引消费者关注。

其次，重点强化主打藏药精品。

金诃藏药主打的藏药精品和其他衍生类产品如冬虫夏草、藏药饮片保健品和藏文化日化用品等四大类 1000 余个品种。在所有藏药产品中，80% 以上独家药品都是主打治疗患者的慢性病症。这个群体市场也是保健市场的核心消费内容。

提高藏药治疗的服务方式

金诃药业主打的藏药产品中，80% 以上独家药品都是主打治疗患者的慢性病症的。聚焦慢性病和疑难杂症领域是金诃藏药市场推广的重要方向。它提出的"一人一方"藏药特色疗法，并在此过程对消费者建立起一个以疗程为单位的跟进和跟踪过程，从首次购买到停服药品都会进行全程跟进。并在跟进中由专业藏医回访，与不同治疗阶段采用不同治疗手段，用量身定制的效果更符合藏药的销售特点。

第九部分
直销春天的征兆

锁定目标客户群

如何让陌生顾客熟悉从未接触的藏药，实现市场销售份额从无到有再到多是金诃藏药比较关注的问题。金诃藏药连锁药店已经从市场中获得这样的实践：将目标人群锁定在慢病、特殊疾病如妇科、糖尿病、心血管等典型病例的患者顾客身上，为他们提供一次藏药疗程，首单先不收费，待顾客复查时，如对疗程效果满意，再续藏药疗程，并补收首次疗程费用。这类人可以视为藏药的老顾客，为他治疗过程中，推广藏药治慢病、疑难杂症治疗理念，借助老顾客广而告之争取市场口碑。

走与大型药店联合连锁的市场占领方式

金诃藏药在区域市场影响力和渗透力达到一定规模时，下一步开始进入零售药店。策略是与大型连锁药店进行深度合作。因为藏药与传统药店里的产品不同，只会为传统药店补充和丰富产品，为终端消费者提供了更多的治疗途径和选择。以进入大型连锁药店的方式增加市场影响力。用服务和效果体现民族藏药的优势，达到强强联合的效果。

金诃藏药本年组织了大健康产业共十多位高管赴台进行大健康产业交流，重点围绕推动藏医药健康产业发展开展了7场考察活动。深刻领略台湾精细的保健品、药品制作流程，台湾企业家精湛的经营理念，与台湾地区藏药企业联合，精益求精，共同推进藏医药发展的合作意愿。（原载晨讯直销邦）

康美直销：康美创新基因的传承者

传承是价值的延续，也是再创新的底蕴与源泉。所以当希腊医学始祖希波克拉底提出医学伦理之后，经过两千多年的传承、发展与创新，便有现代系统、完善的医药从业者所应遵守的职业操守与职业道德体系。

所以当中国古人研究出"浸、泡、锻、煨、炒、炙、蒸、煮"等中药炮制技艺之后，经过千年技艺的传承与现代技术的创新，中草药就逐渐被世界所接受，并形成一股中草药养生的热潮。

所以当康美药业用19年的不断创新，创造出中国民营医药企业市值超千亿的奇

媒体眼中的直销

迹之后，康美直销便传承了康美药业的创新基因，以2年10亿的惊人速度，当之无愧地成为同批获牌直销企业中的领军者以及中国直销行业里最具品牌价值的直销企业之一。

创新是康美直销创造奇迹的唯一秘诀

任何的辉煌都可以在还原的历史中探求其原因。康美直销是含着创新的"金钥匙"出生的，它所搭载的平台——康美药业堪称中国民营医药企业的创新典范。康美药业经过19年的发展，积极实施中医药全产业链战略，全面拥抱"互联网+"，它给予康美直销创新的氛围以及沃土。"从创立之初，康美药业集团就拥有优秀的创新基因，康美直销传承集团的创新精神，正是这种精神，让直销版块能够适应不断变化的市场环境，并且不断发展壮大。"康美时代总经理朱庆华如此认为。

因而当我们探讨康美直销的创新时，会发现康美直销的创新呈现出全面开花的发展态势，从商业模式到管理模式，从产品理念到公益形式，尤其是今年康美直销对企业两年来的发展理念的提炼与总结，提出"成人达己 成己达人"的"双成"经营理念，以及对其内涵的解读，更是康美直销文化上的创新。

康美直销发挥和延续康美药业的渠道及资源优势，创新康美易创O2O模式，为直销人提供更广阔的事业平台

因为创新的氛围以及康美药业所提供的雄厚实力的平台，康美直销自创立以来，其创新成果在直销行业一直耳熟能详，而且其基于平台实力所进行的创新，也是其他企业所无法模仿和企及的。如康美直销提出的康美易创O2O，它发挥和延续康美药业的渠道及资源优势，打破传统直销的经营模式，为直销客户提供更加多元化的服务和优质的产品，从而为康美直销人提供更广阔的事业平台。

再如，自康美直销启动后，康美直销在内部实行了高层管理的轮岗制，这对于企业发展而言是极为大胆的举措，却让康美在极短的时间内打通了各个部门之间的关系，促进配合与合作，并形成凝聚力。这两年的发展，康美直销呈现给社会和行业的印象便是一个充满活力和生机的形象，其内在的真正原因就在于内部管理创新所带来的一种勃发向上的精神状态。

康美时代构建了以九大仙草为原料优势的康美特色产品体系方案

在创新上，康美直销似乎有着不竭的动力。在今年年初，康美再推产品和公益

第九部分
直销春天的征兆

项目的创新。在产品创新上,康美直销提出并执行以构建九大仙草为原料优势的康美特色产品体系方案,同步延伸开发其他具有保健优势的中草药概念产品,将九大仙草烙上鲜明的康美直销特色,成为独特的概念名片。在公益项目中,康美直销随着自己的发展壮大,逐步承担社会责任,它结合自身平台的优势,一改诸多企业采用的粗放型公益模式,创新推出"精准帮扶"的公益模式,以提供保险的形式来切实提高贫困孩子们的生活保障,而这样的一种公益项目创新也被媒体赞誉为"康美温度"。

不仅如此,今年康美还积极梳理企业文化,提出"成人达己 成己达人"的"双成"经营理念。这是康美直销在传承康美药业"心怀苍生 大爱无疆"的企业文化后,结合直销特征后所提炼出来的企业经营理念,也是今年康美直销发展的又一大创新。

康美直销创新背后是文化的传承

古希腊哲学的发展经历了由自然哲学到诡辩派哲学的转变过程,人们的思想角度也渡过了从对自然万物构成的探究向关心人在社会中地位问题的思考的转变历程。哲学的发展如此,而历史的发展也是如此,人们越来越关注的是人的价值,这些都告诉了我们一个道理,只有符合人类生存或生活利益的才会是真正的趋势与潮流。

康美直销经过两年多的发展后,已经在有意识地梳理和提炼康美直销发展所遵循的文化理念。在今年康美时代2016年上半年的员工大会上,康美时代总经理朱庆华首次系统地阐述了康美直销"成人达己 成己达人"的发展理念。他从企业内部和外部两个维度,以及企业内部个体之间、企业内部个体与整体、企业与客户、企业与行业、企业与社会、客户与客户、客户与团队七大层面的关系出发,去解读康美直销所倡导的一种积极向上的、良性可持续的价值理念。

"双成"理念是一种利人利己、利己利人的文化理念,它所引导的是一种正态、向上的价值观。这一理念的提出,让我们看到的是康美直销传承了"心怀苍生 大爱无疆"的康美药业核心文化,并结合自身特点提炼出更加具象的"成人达己 成己达人"的"双成"理念,这是一个制药集团企业的文化理念到直销文化理念的延续过程,与直销行业助人达己的核心文化相符,这种文化理念的梳理无疑对康美直销事业的发展更具指导意义,也能为康美直销事业伙伴树立更好的价值观。

我们必须看到的是,"成人达己 成己达人"的理念并没有与康美药业"心怀苍生 大爱无疆"的企业文化相割裂,而是结合直销事业的特性进一步细化和明确,并

媒体眼中的直销

有更为详细的解读,当然也就更符合康美直销事业的发展。

实际上,康美直销作为康美药业创新基因的传承者,其骨子里是文化的传承,是制药企业对健康呵护的态度的传承,也是良心的传承,更是绵延数千年医药传统的传承。如果从这个角度来看,康美直销所做的是以创新来传承康美药业集团的企业责任与社会使命。出于这一点,康美直销无愧于直销行业人士对它的普遍看重。(原载 DSC 视界)

全国百名媒体总编走进中脉 探寻企业发展之道

6月24日-25日,"2016全国百名媒体总编金陵高峰论坛"在南京金奥费尔蒙酒店隆重举行,中脉健康产业集团董事局主席周希俭受邀出席论坛并发表精彩致辞。

中脉助力"2016全国百名媒体总编高峰论坛"成功举办

本次论坛会议由中华全国新闻工作者协会、新华社、江苏省委宣传部指导主办,新华社江苏分社、新华网、紫金传媒智库联合主办,南京市委宣传部、南京市建邺区政府、中国城市新闻网站联盟协办,中脉科技是此次论坛特别支持单位。

中华全国新闻工作者协会党组书记/常务副主席翟惠生、江苏省宣传部部长王燕文、江苏省委宣传部副部长/省互联网信息办公室主任蔡丽新、南京大学社会学院院长/教育部长江学者特聘教授周晓虹、新华报业传媒集团董事长/社长周跃敏、新华网副总编辑周红军、江苏省广播电视总台台长卜宇、今日头条副总编辑王强、南京市宣传部长徐宁等来自政学企三界数百名嘉宾出席论坛欢聚一堂,通过演讲、高端对话、主题讨论等丰富多元的方式对"媒体融合创新发展之路"、"新媒体浪潮转型之变"等主题进行了深入的交流和探讨。

论坛上,周希俭发表了精彩致辞并表示:"中脉在企业发展过程中,一如既往重视与媒体的交流和合作,中脉事业的发展也离不开媒体的关注、鞭策和支持。媒体是企业发展过程中的良师益友,中脉非常愿意坦诚相待媒体,敞开胸怀迎接媒体参观和了解,让媒体和更多的消费者认识中脉,了解中脉,让中脉的发展能够传递更多的正能量,为更多的家庭带去健康和快乐。"

第九部分
直销春天的征兆

全国百名总编走进中脉，为生态家集体点赞

6月24-25日，在中脉健康产业集团副总裁回宏亮等公司高管的陪同下，来自全国各地的百名媒体总编分三批对中脉进行了参观访问，并举行座谈会，与中脉健康产业集团董事局主席周希俭、中脉健康产业集团总裁薛勇进行了交流，倾听中脉故事，探寻中脉发展之道。

在中脉文化展厅和产品展厅，各新闻媒体总编们零距离接触中脉，对中脉有了进一步地了解和认识。从中脉的发展历程到中脉的企业文化，从中脉产品到中脉的公益事业，都让在场的各位总编真切感受到中脉事业发展的勃然生机和无限魅力。

观看中脉发展短片后，各位总编对中脉有了进一步全面认识。在产品展厅里，当亲身体验到中脉生态家时，各位媒体总编都由衷发出赞叹之声。中脉通过高科技手段将类似长寿村巴马一样的理想养生环境借助产品而实现，让各位媒体总编进一步体会到生态家的魅力和广阔的应用前景。各位媒体总编也纷纷发表了参观中脉的感受，并对中脉的企业文化建设和未来发展提出了宝贵的建议。

座谈会上，周希俭向媒体总编们介绍了中脉23年来的发展历程以及涵盖"吃、喝、穿、睡、用"九大系列的生态产品，分享了中脉共创共享的企业文化和发展心得，周希俭表示："只有创新与合作完美结合才能赢得更稳固的发展，在裂变和巨变时代，合作共赢应该成为企业和企业、企业和其他社会团体之间的主题，我们之所以推出生态家战略，就是联合有志于生态家庭建设的企业和社会力量，共同打造生态家资源平台，从而为全球亿万家庭提供优质的健康产品，打造媲美广西巴马长寿村般的优质生态环境"。

周希俭还就大家感兴趣的诸如"中脉怎么赢得持续发展"、"中脉如何打造优质产品"、"中脉是否会继续加大公益领域的投入"等问题进行了耐心细致地回答。周希俭的幽默和坦诚，赢得了与会百名媒体总编的一致认可。（原载直销头条网）

三八妇乐 从困境到复兴

2016年6月28日，商务部直销管理信息系统正式公布了三八妇乐获牌的消息，这是陕西省首张直销牌照。

媒体眼中的直销

在国内，三八妇乐是最早主推女性生殖健康用品的企业之一，也是较早涉足直销的民营企业之一。董事长袁晓峰创办企业 20 多年，一直致力于推动女性生殖健康产业。三八妇乐拥有完善的研发技术以及完备的生产线。不少直销企业论基础条件上都要逊色于三八妇乐。特别是在 2008 年，卫生巾在直销行业内一炮打响，为女性生殖健康系列产品的后续发展奠定了基础。

遗憾的是，三八妇乐错过了发展机遇。由于市场经营缺乏规范，企业发展遭遇瓶颈。直到 2012 年夏天，新的管理团队进入三八妇乐后，企业才迎来新的发展契机，市场发展势头有显著提升，为了长远的发展，三八妇乐开始在陕西杨凌建设全新的产业园。2013 年 5 月，杨凌基地奠基，总投资 1 亿多元。新生产基地按照 GMP、GCP、CMP 和 GSP 标准建设，占地六十余亩，新建各类厂房、辅助生产用房及业务用房建筑面积总计近四万平米。新产业园集商务办公、生产研发、营销物流、文化交流、成果展示、会议培训等为一体，为三八妇乐持续发展提供强大的支持。

生产能力有了保障，产品线也进一步扩充。结合三八妇乐一直以来所倡导的女性生殖保养理念，管理团队创造性提出了全国首个私密美容的新概念，并推出了"格欧尼亚"私密美容系列产品，开辟出一块全新领域，产品一经推出即受到市场热捧。

三八妇乐趁热打铁，依据公司产品特点，开创了一套基于公益活动的商业模式。三八妇乐联合西安共青团旗下的青年志愿者协会，成立了主要由三八妇乐经销商组成的女性健康服务志愿者，在全国各地举办女性生殖健康讲座。

活动以科普讲座的形式，传递正确的女性生殖健康理念，普及健康知识。在活动中，三八妇乐人深切感受到愚昧的性观念给女性带来的危害，在讲座中传递科学的健康知识，受到女性的大力欢迎。

健康讲座的推出，不但让千万家庭受益，塑造了良好的企业形象，也带动了各地业绩增长。三八妇乐还与生殖健康产业协会联合打造了"中国女性生殖健康服务工程"，进一步推动公益活动的开展。

2013 年中，三八妇乐已经形成了"会议营销 + 公益营销 + 教育营销 + 社会营销 + 体验营销"的复合型销售模式，这不但是对传统营销模式的颠覆，更成功的将三八妇乐的产品与理念延伸到家庭，延伸到社会。

2013 年 12 月，三八妇乐举办了首场千人年会，大会确立了三八妇乐今后的发展方向，成为三八妇乐发展历程上的重要转折点。

第九部分
直销春天的征兆

此时的三八妇乐,生存已经不再是问题,三八妇乐的市场还能表现得更好,如果经销商队伍能更进一步的话。

放眼行业,绝大多数成功企业内都有强大的直销系统做支撑。在三八妇乐,虽然有系统的架构与名号,但没有系统化的运作,甚至对"系统"的概念也很模糊。此前,各地市场工作基本由管理团队组织开展,但考虑下一步发展,系统力量是不可或缺的。

先培养优秀的系统领导人,有了好的将,才能带出好的兵。

公司首先对系统架构做了重大调整,建立单一系统——众生系统,将以往散乱的团队拧成一股绳。三八妇乐还专门设立了系统中心,由公司来帮助建设系统,引导系统成长。2013年11月,三八妇乐举办了首届领袖特训营。参与培训的500名骨干,成为了三八妇乐播撒在全国各地的星星之火,为日后形成燎原之势做好了准备。

对于领导人的培养,公司极为重视。2014年1月,三八妇乐首场高端培训课程"销售智慧"启动,以深度的剖析,直击心灵,并结合实际的案例,震撼全场。如今,"智慧"系列课程,已经成为三八妇乐公司内最炙手可热的培训。

经过一年时间的打造,三八妇乐的系统已经初具雏形,加上之前良好的基础工作与优秀的商业模式。2015年开年,三八妇乐的市场业绩开始呈现爆发式增长。2016年3月,三八妇乐举办了首场万人大会,14000多名经销商来到西安共襄盛举。

从2012年绝处逢生,2013年力求生存,2014年沉潜蓄势,2015年绽放光芒,再到2016年全面复兴,三八妇乐的复兴之路走得格外努力,也格外精彩。(原载《知识经济·中国直销》)

第四十五章　新形式 新动态

老牌直企加速布局全线产业链

商务部直销行业管理信息系统上，新增的直销产品更新信息极为频繁，仅7、8月的调整产品数量就已接近前6个月总和。业内人士表示，随着直销企业放牌速度加快，诸多老牌直企纷纷"查漏补缺"，丰富企业内的产品链，有些直企更是有望做到产品链"零空隙"。

不过，世界华人直销大会执行秘书长胡军则告诫，新晋直企切勿盲目跟风，做好和做稳核心产品才是发展之本。

诸多直企加强布局产业链

增加新品、扩大产业链或成为今年下半年各大直企的主旋律。8月中旬，2016年安利（中国）年会在上海举行，除了移动工作室上线、安利海外购平台推出外，更有多款新品上市，引起行业关注。

实际上，增加新品已是直企这两个月的常态。记者在商务部直销行业管理信息系统上了解到，新增的直销产品更新信息极为频繁，仅7、8月的调整产品数量的变更就已高达14次，与前6个月的总数17次接近。仅安利一家则新增15款化妆品新品，玫琳凯也新增11款化妆品新品，隆力奇则新增3款保健食品和8款化妆品等。安利相关负责人告诉记者，未来安利的产品链一定会努力做到"零空隙"。

媒体眼中的直销

8月上旬，东阿阿胶在山东济南正式发布娇倍源直销品牌，并宣布成立直销全球营销中心。娇倍源首发产品包括阿胶神口服液、乌鸡口服液、阿牌阿胶西洋参软胶囊、浆等9款产品。

据东阿阿胶总裁秦玉峰介绍，阿胶制作过程中用量最大的原材料驴皮，已成为制约全行业发展的关键因素。为了建立真正的产业链，东阿阿胶将在全国毛驴存栏第一旗（县）——内蒙敖汉旗建设"东阿阿胶"最大的养驴基地之一。据悉，目前东阿阿胶已建成了20个毛驴药材标准养殖示范基地，还帮助重建了毛驴产业。

专家：新直企切勿盲目跟风

抢先机、推新品一直是龙头直销企业领先于市场的重要原因。比如安利此次新增的产品，就跨越了健康、美妆、母婴三个领域。

胡军认为，有一定消费群众基础和科研实力的直企增加新品，非常有利于业绩的提高。"甚至一个新品会为企业带来几十亿元的业绩，这也是为什么直销企业下半年勤推新品的重要原因。"不过，胡军也坦言，推出的新品一定要是直销市场上还未热卖的品类，这样市场空间和红利才会比较大。而跟风模仿是业内最忌讳的，也是最失败的。"例如，安利的空气净化器热卖后，诸多企业纷纷跟风，但仍旧无法赶超；完美的红酒大热，70%的直企都在跟风做红酒，有几个是有名气的呢？"

"新晋直企切勿跟风推新品，而是要找准自己的核心竞争力，将其做大做稳，做出知名度，在此基础上再逐渐围绕核心技术丰富产品链，才是企业发展的关键。"胡军表示，随着市场竞争越来越激烈，企业必须做到精耕细作，建立百姓吃穿住行等健康生态圈的"产业链"。

实体店都在倒闭，直企店铺却不减反增？

如今，商铺、零售业在一起讨论最多的话题就是："店铺生意不好做。"房租增长速度加快，人工成本上涨，人们的购买力也从实体转战电商，以全球经济为背景的零售企业也呈现萧条的经济状况，业界称2016年是实体店的"倒闭年"。

零售企业的倒闭潮蔓延到各行各业，不少传统企业也走上了"互联网+"的转型道路，以谋求更大的销售市场。在电商浪潮的冲击下，人们的消费习惯被改变，可

第九部分
直销春天的征兆

是实体店真的会在"倒闭年"从此没落吗?

去过香港的人都知道,"八达通"不止是香港的交通卡,更是"银行卡"。在香港的电视台天天卖广告,宣传其储蓄功能,但它无法线上使用,只能实体消费,也因此成为了香港人的日常"花钱"首选工具。而就在今年8月,有媒体报道,香港金管局颁出了首批"储值工具"牌照。为了满足内地消费者的需求,包括支付宝、微信支付等5家公司在港拿到牌照,拥有了运营各类小额支付业务的合法身份。这是否意味着香港在推动线下交易额的增长呢?

实体店是否面临倒闭风潮?

从经济宏观来看,倒闭的店铺大多没有跟上经济形态更换的脚步,而有些一开始就从事电商的企业则开始了线下体验店。去年11月初,美国亚马逊在西雅图开了一家实体书店,不到一个月,中国当当网高调宣布未来要开1000家书店,并且第一家在12月就会在长沙开业。而早在14年年底,就有报道称淘宝在广州开了首家淘宝体验厅;去年5月,京东首个智能娱乐体验馆"JDSPACE"也开业了。除了电商巨头的线下店开始布网,很多靠电商起家的大小企业也开始了实体店之路。

与其说实体店面临倒闭风潮,不如说传统行业正面临转型。而转型的浪潮也将淘汰掉"不合格"的企业。

同类相比,直销企业店铺不减反增

2016年8月初,晨讯直销邦发布了一篇著名直销行业专家沈志忠的文章《中国直企店铺应该怎么开?》,内文提到几个数据,反映直销企业的店铺呈现直线增长的趋势。

著名直销行业专家沈志忠在文章内分析称,针对直销的两个条例出台,直销企业开始重视店铺发展,大型直销公司开始关注并规范企业的店铺发展。而店铺增长的主要原因有两个:

(1)与传统行业不同,国家对直企的运作模式更宽容,但监管力度也同时加大,店铺的开展有利于其对企业的监管落地,在运营上也更容易获得管理部门支持;(2)实体店的经营更能带动顾客的活跃度,打破线上无法与消费者接触的隔阂,增强人与人之间的亲密感,能给客户带来更好的消费体验。

专卖店应该怎么更好地服务客户?

媒体眼中的直销

9月2日,由数位直销行业专家共同举办《专卖店应该怎么做》的课程培训在广州圆满结束。本次课程主要针对直销企业专卖店服务流程和服务素质,解决专卖店如何优化和管理的问题。

沈志忠老师在课堂上指出:

1. 同一品牌的商铺,应该统一门店风格与服务素养,能让消费者更加明确企业文化;

2. 除了日常运作事务外,营销也是各大实体店应该学习的地方;

3. 借势营销是目前较流行的营销手段之一,在节假日或重大事件前后,结合营销活动,能增加客流量,并增强用户对企业的辨识度。

学员们针对"门面形象"进行讨论,课后亦表示"如何发现和挖掘消费者的需求、解决消费者的问题、强化消费者的消费体验"是最实用的课堂内容。

一成不变的经营方式,可能会让你成为"经典百年老店",也可能因为你无法适应社会发展而成为"被打死在沙滩上的前浪"。

结束语:商铺的各种广告牌、橱窗商铺等都可能成为人们消费的动力,而这种临时起意的随机消费是电商无法给消费者带来的。虽然部分消费者依赖网络,但由于越来越多的电商丑闻曝光,消费者对于网购的信任度也逐渐下降,人们开始重回"能触摸到"的实体消费。(原载晨讯直销邦)

雅芳屡"被退出中国" 百年老树能否发新芽?

1990年,雅芳入驻中国,1997年雅芳中国直销人员达到了35万人,营业额达10亿元。不过,在历经了4次营销渠道变革,尤其是历经贿赂门后,在零售专卖店与直销模式之间摇摆不定进一步加速了雅芳业绩的下滑。如今已经130岁的雅芳在世人眼中似乎已是一个垂垂老者。

近日,雅芳退出中国的消息再次传开。有消息称由于逐年亏损,雅芳在中国尝试整体出售,并在与私募股权公司谈判希望被收购,但迄今无人接盘。财报显示,雅芳集团已经18个月连续亏损,截至2016年6月30日,雅芳收入14.343亿美元,同比下滑8.3%。

第九部分
直销春天的征兆

对于屡次"退出"传闻,9月23日,雅芳中国正式回应称对未来发展有信心;9月28日,雅芳在微信公众号公布,雅芳官网即日起全新升级,有了更清晰明了的产品分类,页面设计也更加简洁干净。业内人士认为,这些动态传递着同一个信息,这家公司正有意重新经营好中国市场。

据记者调查,在北京雅芳的多家专卖店门店已经消失,目前留存的仅有5家,而且大部分分布在五环以外。雅芳官网显示,截至2016年9月29日,雅芳全国专卖店仅剩634家。此外,加上化妆品专营店,雅芳目前在全国共有1000多家服务网点。此前媒体报道称,雅芳中国门店最高时超过1万家。

经销商们向记者表示,雅芳的门店消失,有跟其他行业一样的原因,即是电商冲击、实体店人工租金等的大幅上涨,还有直销对专卖店的冲击。但经销商们仍坚定雅芳在历经变革的阵痛后,仍将焕发光彩。"雅芳能够存在130年,说明其生命力还是很强的。而研发、生产能力没有问题,主要是看如何进行营销,以往传统的直销模式已经不适应现在变化的形势。"

消失的门店

"这家店早就关了,之前生意也一直不是太好,没看到有多少人去买东西。"当记者按照地图在北京教子胡同、西单君太专柜等雅芳销售网点走访时,附近居民这样告诉记者。

近半个月,记者按照地图上查询了其显示的雅芳门店联系方式,有超过2/3的电话打不通,在进行实地走访中,发现很多店面已经"消失",而很多都是因为"生意不好"。

无独有偶,除了在北京外,其他城市的雅芳门店也在逐渐消失。此前媒体报道称,2003年,雅芳在中国零售门店数量最多时有1万多家,此时雅芳中国的销售额达到24亿元。而到现在,雅芳在全国只有1000多家雅芳专卖店和化妆品专营店。

在专卖店方面,雅芳官网显示,其专卖店分为东南西北中五大区域,目前雅芳全国专卖店为634家,其中,南区的广东省店面最多,共有64家,超过30家的有云南、江苏、河北、河南、甘肃,分别是51、42、41、33、30家,而雅芳专卖店北京只有5家。

对此,北京一位从事雅芳代理多年的经销商张则(化名)向记者表示,目前各大区架构、体系仍在,但门店大量减少,这就像人体主动脉存在但毛细血管少了。

● 媒体眼中的直销

记者根据雅芳经销商、雅芳客服人员提供的信息发现，目前雅芳在中国的零售渠道共分为线上、线下两个部分：在天猫、京东、一号店等第三方购物平台，开设了品牌直营的官方旗舰店；另一个则是线下销售网点形式，这些网点包括了化妆品专营店和雅芳专卖店，按销售体量大小分为直供和代理商供货。

摇摆的营销

据了解，从 2010 年开始，雅芳门店就开始大量消失。一位北方大区加盟雅芳 10 多年的经销商邓林（化名）向 21 世纪经济报道记者表示，与其他行业类似，雅芳实体店消失的原因包括电商的冲击，门店租金、人工成本等上涨，还有雅芳自身的原因。

"雅芳中国以前存在专卖店与直销两种销售模式，双方一直进行客户、市场资源的争夺，导致市场上出现窜货、低价销售、网点大量关闭等严重问题。"邓林表示。

邓林提到的直销与专卖店的冲突，实际上是多年来雅芳在中国摇摆不定的营销策略导致。

1886 年，雅芳由"雅芳之父"大卫·麦可尼创建于美国纽约，并开创了直销模式。1990 年，雅芳入驻中国，1997 年雅芳中国直销人员达到了 35 万人，营业额达 10 亿元。

但是在 1998 年，雅芳中国出现了拐点，直销承压。

1998 年，由于国内传销活动猖獗，中国政府出台《国务院关于禁止传销经营活动的通知》，迫使雅芳不得不转走传统零售渠道，改用店铺加推销员的模式经营。到 2006 年，雅芳成为获得第一张直销牌照的企业，从而向"专卖店+直销"混合模式转型。

但好景不长，2008 年"贿赂门"突然爆发直接引发了雅芳中国业绩下滑严重、人事持续动荡，营销策略亦是摇摆不定。

2008 年，原中国区总裁高寿康离开之后，雅芳急调拉丁美洲地区总经理奥多内兹空降中国，并迅速推出了回归全直销模式的发展计划。2012 年 3 月 1 日，原任雅芳加拿大公司首席执行官的 JohnLin，被任命为公司中国区总裁，开始主导雅芳的第四次转型：回归零售。

"雅芳中国的直销人员与专卖店加盟商非但没有实现协同效应，反而互相挤占市场份额，打起了价格战。实体专卖店仅靠大力度的促销及让利难以为继，很多专卖店就开始引入其他品牌，雅芳对此也没有采取什么措施，后续几乎完全失去了对专卖体系的控制力。这样的销售渠道内乱直接导致雅芳在中国市场深陷泥潭。"邓

第九部分
直销春天的征兆

林对过往的雅芳营销出现的问题一直在感叹。

一直摇摆不定的营销政策，再加上雅芳的广告投入不足，贿赂门事件也使雅芳品牌形象受损，雅芳品牌知名度和影响力大打折扣。在将品牌管理能力作为核心竞争力的化妆品行业，雅芳的品牌形象下降，市场份额下滑，竞争能力减弱也是意料之中的事情。

对于雅芳中国的摇摆不定，日化专家冯建军认为，雅芳在华已经陷入"战略迷失"。雅芳在渠道上摇摆不定，其调整损害了合作伙伴的信心，频繁的开关店也给消费者传达出不好的信号。

一位近几年迅速崛起的本土品牌负责人向记者指出，长期以来，雅芳并没有一个令消费者耳熟能详的产品，而且在品牌宣传上反应速度远远落后于包括国产品牌在内的其他品牌，没能把握住中国消费者的心理。

多次被"退出中国"

随着渐趋"迷失"方向，从2012年12月底开始，为了配合全球裁员计划，雅芳中国计划在2013年1月1日前关闭中国地区十几个分公司，每个省、直辖市和自治区仅保留省会城市一家分公司。

自此后，雅芳退出中国的声音不绝尘器，甚至在国家商务部新闻发布会上亦有公开问询。

在2016年1月6日，国家商务部曾在新闻发布会上回应称"有关雅芳的传闻还是向雅芳求证为宜"。并称，就商务部掌握的情况而言，雅芳中国近期正在通过不断提升产品质量、完善营销网络来推动公司在中国的业务保持增长。

包括记者在内的媒体亦只是从各大区负责人、经销商、官方天猫旗舰店服务人员处获悉，雅芳不会退出中国。"不会退的，我们刚在4月份跟雅芳签订了合同。"北京一位专卖店负责人向记者表示。

9月23日，雅芳中国正式在其官方微博上进行了回应称："目前，雅芳各项工作进展情况良好，我们有信心雅芳的全球发展战略将助力公司获得持续增长。25年以来，中国一直都是雅芳的重要市场，我们的用户忠诚度很高，他们了解并信任雅芳的品牌、完善的专卖店网络和领先的产品。"

在采访中，记者发现，尽管雅芳一直在被唱衰，但经销商们对这个品牌仍是情有独钟。

● 媒体眼中的直销

在经销商们看来,雅芳能够生存130年,肯定有其独特的生命力。邓林认为,雅芳中国产品研发、生产都没有问题,目前需要解决营销、如何教育消费者的问题。"原来直销是金字塔的体系,传递信息需要一个较长的过程,现在零售专卖店的形式,转化为一个扁平化的系统。由原来封闭的直销转为开放的经销形式,需要时间,也是雅芳一个阵痛的过程。"

据了解,雅芳现在也在尝试各种途径,除了门店以外,包括在各大第三方购物平台开旗舰店,还有微商的营销等多种营销方式。

邓林介绍称,其门店之所以还能正常运营,是因为在几年前,他就开始在网上销售,目前网上店铺营收远远超过门店。"现在活下来的门店,基本都是网上销售不错的。"

在2015年年报中,雅芳表示,直销是展现产品最佳魅力的手段,在各地区都是很见效,希望未来在竞争中,在直销零售的基础上加上网络销售。接受记者采访的雅芳多位经销商还有工作人员均表示,雅芳已经取消了直销渠道,目前销售以实体店零售为主,线上销售为辅。

"今年年初,雅芳中国开了场经销商大会,说会在全国1000多个服务网点中选择优质网点加以改造,改造内容包括门店形象升级和体验式营销。"邓林表示。

"我们也在升级,主要以客户体验为主,改造门店,让产品进一步加强生活化、场景化应用,比如我们以前只是告诉消费者这个产品好用,现在会介绍说化烟熏妆用哪些产品更好,除了护肤外还有可以让皮肤更漂亮、艳丽。"邓林表示。

这次"门店形象升级+体验式营销"的改革,被业界称为雅芳营销的再一次变革,能否借此举再加上电商渠道等实现突破,值得拭目以待。(原载《21世纪经济报道》2016年10月10日)

安利北京首家体验馆落户三里屯 3年后完成260家有无可能?

继在上海、深圳、成都开设线下体验馆后,全球直销巨头安利近日在北京也试运营首家体验馆,这家落户三里屯商圈的体验馆将为消费者提供一站式的服务。安

第九部分
直销春天的征兆

利体验馆在全国各地一一落成也意味着安利正逐步完成线下体验与线上下单的无缝对接，成为直销行业内率先布局线下的企业。

"体验馆其实是一个家"

安利体验馆位于北京繁华的三里屯盈科大厦，建筑面积超过5000平方米，由韩国著名建筑设计师装潢设计，设计理念来源于人与自然的和谐关系。展馆内设置了纽崔莱测试区和体验区、雅姿功能教室、家居科技体验区。顾客在这里可以切身感受绿色有机植物的生长过程，享受免费体质检测服务，一站式感受安利的产品、品牌和企业文化。

据介绍，安利体验馆开幕后，还将全年不间断地推出青春秀、爱公益、活力营、魅女性、优生活、亲子日等个性化主题活动，建立针对不同细分人群的圈层，借此打造受人欢迎的定制化生活方式。"在我心里，安利体验馆其实是一个家。"安利大中华区总裁颜志荣如此形容。

目前，安利体验馆内已全面覆盖WiFi，体验馆还为顾客提供社交休闲平台。另外，顾客可以在以安利两位创办人名字命名的RICH&JAY咖啡广场，与朋友轻松惬意交流，咖啡广场所售出的全部利润，都将捐献给安利公益基金会，用于改善贫困地区儿童的生活现状。

到2019年布局260家体验店

安利体验馆的落地，也为每一个寻找机遇的创业者提供全方位、全系统的支持。在这里，涵盖资讯沟通、品牌推广、销售产品、顾客服务等每一个体验环节，同时帮助创业者通过智能手机、平板电脑等移动平台、微信等客户密集度高的社交端口为顾客提供便捷高效的购物体验，无缝连接线上线下，轻松展业。

"安利体验馆的建立对安利中国发展具有里程碑式的意义，标志着安利全面挺进全新的体验时代"，颜志荣表示，直销的先天优势在于为顾客提供极佳的服务和线下体验，体验一直存在于安利的基因中。借助体验馆，顾客可以一站式、浸入体验安利产品及其倡导的品质生活。未来，安利将以体验馆为中心，带动实体终端的体验升级，逐步在全国范围内进行店铺改造。下一代的安利店铺，将从现在的零售仓储中心升级为品牌中心、文化中心和交流中心。"目前安利在全国有40家体验店／体验馆，估计到2019年完成全国布局，届时达到260家"。（原载晨讯直销邦）

第四十六章　大势下的变局

一个诺奖带来的几多思量

2015年10月5日,瑞典卡罗琳医学院在斯德哥尔摩宣布,将2015年诺贝尔生理学或医学奖授予中国女药学家屠呦呦,以及另外两名科学家威廉·坎贝尔和大村智,表彰他们在寄生虫疾病治疗研究方面取得的成就。

中国本土科学家首获诺奖,无疑是令国人振奋的。土生土长、中医学、"中国制造"等,触动了人们内嵌于族群认同的"与有荣焉"的自豪感。这种零的突破,也纾解了不少国人的"科学类诺奖焦虑",从而在社会上引发了高度的舆论热情。作为一本行业刊物,除了关注事件的本身,更关注的是该事件和直销千丝万缕般的联系,希望抛砖引玉之作能引发一些业界的思考。

联袂诺奖得主　顺势而为

近年来,说到诺奖和直销企业的缘分,就不得不提到三生和理查德·罗伯茨(Richard Roberts)。1993年,罗伯茨博士因发现了不连续基因而获得了诺贝尔生理学或医学奖,他的这一发现对于现代生物学的基础研究以及生物进化论具有重要的奠基作用。

2015年2月6日,理查德·罗伯茨博士正式成为三生全球产品研发顾问委员会的首席顾问。5月10日,理查德·罗伯茨博士与三生(中国)供应链中心总裁施光

媒体眼中的直销

辉共同探讨研究在宁波联合建立诺奖实验室的可行性,并达成初步意向。

除三生外,嘉康利和伊丽莎白·布莱克本(Elizabeth Blackburn)同样值得说道一番。伊丽莎白·布莱克本博士和另外两位科学家凭借"发现端粒与端粒酶如何保护染色体"这一成果,揭开了人类衰老和罹患癌症等严重疾病的奥秘,成为2009年诺贝尔生理学或医学奖获得者。2012年,伊利莎白博士进入嘉康利科学咨询委员会,加盟嘉康利抗衰老产品vivix的研发,她的加入,巩固了嘉康利公司在世界抗衰老界的领导地位。

应用诺奖成果 普泽世人

在普通人看来,诺贝尔奖始终只是夜空中的一颗星星,只能仰望,无法触及,虽然荣誉只是属于个人,但是成果却能普泽世人。直销企业和诺奖更深入的接触在于诺奖成果的应用。

8月29日,隆力奇与浙江顾民生物科技有限公司举行战略合作签约仪式,合作推广由顾民生物研制的诺贝尔化学奖成果全球首创应用——代谢修复技术产品。

据了解,代谢修复技术产品是根据2004年诺贝尔化学奖得主,中国、以色列、美国三国科学院院士阿夫拉姆·赫什科(Avram Hershko)博士诺奖理论基础,由阿夫拉姆博士、顾民生物董事长顾星阳带领科研团队共同研发,该技术旨在通过对蛋白质的正确降解,直接作用于人体八大系统,对自身免疫功能进行全面修复,是目前最具前沿性的健康促进技术。而顾民生物是全球唯一掌握代谢修复核心科技的高端健康服务机构,隆力奇作为中国发展最早、规模最大的养生保健、日化行业领导企业及民族品牌之一,拥有强大的研发、生产、销售能力。此次两者联手,旨在将代谢修复技术产品广泛推向市场,并在产品升级等领域进行多方面广泛合作。

隆力奇董事长徐之伟表示,与顾民生物携手,是瞄准了未来万亿的健康产业大市场,全面推广代谢修复技术产品,相信作为亚健康和慢性病终极解决方案,代谢修复产品的广泛应用,将为全球人类的生命健康带来福音,也为隆力奇的进一步发展腾飞注入巨大动力。

中医药大有可为

此次诺奖关注度高的另外一个原因就是中药第一次获得了世界性的认可。青蒿素至今已挽救了几百万人生命,这也是诺贝尔奖评审委员会把该奖项授予屠呦呦的

第九部分
直销春天的征兆

原因之一。屠呦呦在获奖后向外界表达的获奖感言时说:"青蒿素是传统中医药送给世界人民的礼物,对防治疟疾等传染性疾病、维护世界人民健康具有重要意义。青蒿素的发现是集体发掘中药的成功范例,由此获奖是中国科学事业、中医中药走向世界的一个荣誉。"

一个众所周知的事实是,中医药虽然传播到世界160多个国家和地区,但普遍难以打入国际医药主流市场,大部分只是在华人圈子里使用。"中药国际化"口号喊了多年,却还只是一直在家门口徘徊。中国工程院院士李连达说:"中药走向国际,是指中药以处方药的身份走出去,需要进入对方的主流医疗体系,而不是以保健食品的身份走出去,但现在我们距离这个要求还很远。"

虽然对青蒿素的中西药之争并未停歇,但不可否认的是,此次诺奖从正面证实了中药慢慢获得西方主流社会的认可。从处方药延伸到保健品,中医药大有可为。就目前而言,中医药及养生产业发展面临重大机遇:医药产业是国际公认的"朝阳产业",而中医药产业更是被人们认为是"朝阳中的朝阳"。随着大力发展中医药政策的相继出台、人民生活水平的不断提高、以及广大群众对中医药养身保健"治未病"了解的日益深入,中医药产业发展正迎来重大的发展机遇。

以保健品为主要产品的直销企业,想要把祖先穷经皓首、代代相传五千年的国粹中医药,在当今科技革命和信息化革命的时代大潮中,重新开发出让全世界人民能够理解、接受和应用的价值,就要求企业必须有创新思维。

链接:

中国科学家关于青蒿素的成果,出自40多年前一个被命名为"523"的科研项目。上世纪60年代美国和越南爆发战争,当时的越南领导人向中国寻求帮助。1967年在中国国家领导人的亲自过问下,中国开始集中全国力量进行抗疟疾研究,并以首次开会的时间5月23日为代号,将项目命名为"523"项目。最终产生的成果青蒿素帮助越南消灭了疟疾,也让中国南方的疟疾了无踪迹。2001年,世界卫生组织向恶性疟疾流行的国家推荐以青蒿素为基础的联合疗法。屠呦呦也于2011年获得美国拉斯克医学奖。(原载《分销时代》)

媒体眼中的直销

直销业的"平台生态圈"现象解读

卖盒子、卖拉杆箱、卖体检、卖旅游、卖房子、卖保险、卖电影票、卖球票……过去,很多看上去跟直销公司八竿子搭不上关系的东西,现在纷纷被摆上货架。是不是看不懂,各种凌乱?下面,笔者来帮你拨开云雾看看真相。

直销平台生态圈现象

随着平台战略的应用越来越成熟,直销企业正在形成各自的平台生态圈。以提高用户粘性、平台增值为目标的平台生态圈构建,已经被越来越多企业所践行。尤其以南京中脉、宁波三生、无限极等企业为代表,这些企业正在搭建逐渐形成涵盖各种各样产品、服务的企业内部生态系统,其宗旨就是,让所有进入这个系统的人都能在同一个平台里面一站式地解决所有的需要,从而构建一个企业的平台生态圈。

这个平台生态圈不仅提供实体的产品,也提供虚拟的服务。平台的作用是满足需求,而生态圈的作用是创造需求,它涉及方方面面的内容:吃、穿、用、行、住、教育、文化、旅游、银行、保险等等方面,它不断向成员的生活渗透,不断挖掘新的需求,希望逐渐取代所有以前养成的生活方式。例如,南京中脉提出的"中脉生态家"概念、江苏隆力奇的"爱家爱生活"概念、宁波三生的"有享网"就是这种趋势的反映,这些企业平台的趋势,就是要构建一个越来越封闭的、既包含生活又包含生意的生态圈。

社会快速发展客观上促成平台生态圈建设的突破

过去的几年中,由于传统行业的低迷,一波又一波的传统企业大军涌入直销,希望借助直销能够帮助他们去库存、求盈利。仓库里堆满了大量过剩的产能、产品、科研成果的传统企业,急于寻找将其变现的通路。直销能够帮助他们解决通路的问题,直销的魅力就在于它的聚人效应。

晨讯传媒产业机构总裁禹路先生指出,今天的社会,不仅是产能过剩、产品过剩,也是一个信息过剩的时代,"低头族""手机控"无处不在,你的营销、你的产品无时无刻不在面临着同行的竞争。直销与别的营销模式不同的是,它营造了一个更为封闭的营销场,在这个营销场内,通过强大的观念教育、消费习惯培育、生活方

第九部分
直销春天的征兆

式培育等营销教育方式，卖产品、卖观念、把人聚在同一个平台当中。直销不仅是卖产品，它还把人聚集在一起，人只要聚在一起，消费自然而然地就聚在一起，直销的这个优势是其他的销售方式所无法取代的。

社会环境和技术的发展，客观上推动着直销平台生态圈的构建，高速发展的现代基础设施建设，为直销企业在内部成交系统的建设和外部资源整合带来了极大的便利，高度发达的移动互联网带来了营销工具的极大进步，APP、微商、微店、移动工作室、网上自助管理系统等。直销正在进行各种前所未有的突破，产品品类、营销工具、研发和生产、社会责任管理、商业模式和营销模式的突破，等等。

未来直销业绩取决于平台生态圈有多大

过去，卖产品只是为了卖产品，现在，卖产品是为了聚人，聚人是为了卖产品，卖产品和聚人相生相伴。开始，企业只是想借助直销清库存，当有的企业聚集了一定规模的会员后，如何留住这个庞大的用户群并且实现资源利用最大化？于是，平台生态圈自然而然地就成为了这些企业的下一个战略目标。

平台生态圈，满足并挖掘会员方方面面的需求，让他们的吃、穿、住、行，物质和精神的需求都能够在同一个平台上实现。企业最终要靠好产品吸引用户、留住用户，但是，要最大化地提升用户的消费力，就需要平台生态圈来实现。所以，打造平台将成为直销业的潮流，企业业绩的大小将取决于平台生态圈的大小。

尽管目前很多企业正在着力打造平台生态圈，也有业内专家表示，尽管目前平台生态圈很热，但并不代表不打造平台的就是过时的，例如安利模式是经过市场考验的被证实了的，而现在有的企业看似曝光率很高，但其模式还有待时间的检验，不顾企业实际，采取激进的方式追求平台效应是不可取的。（原载晨讯传媒产业机构）

直销企业为什么需要"工匠精神"？

"工匠精神"并非倡导像传统的木匠、瓦匠、铁匠等那样用手去创造东西。古往今来，热衷于技术与发明创造的"工匠精神"，是每个国家和企业活力的源泉。而"工匠精神"所代表的精益求精以及对匠心、精品的坚持和追求，也是直销企业

媒体眼中的直销

应该为之努力的方向。

"工匠精神"首次被写入政府工作报告

2016年3月5日上午,十二届全国人大四次会议在人民大会堂开幕。国务院总理李克强代表国务院向十二届全国人大四次会议作政府工作报告。在谈到2016年的工作重点时,他提到了"工匠精神"。

报告中如是写道:"改善产品和服务供给要突出抓好提升消费品品质、促进制造业升级、加快现代服务业发展三个方面。鼓励企业开展个性化定制、柔性化生产,培育精益求精的工匠精神,增品种、提品质、创品牌。"

有分析指出,将"工匠精神"写入政府工作报告,"意味着决策层将其摆在了重中之重的位置,旨在改变我国制造业大而不强、产品档次整体不高、自主创新能力弱的堪忧现状"。

"工匠精神"的内涵

工匠精神,按照百度百科的词条解释,是指工匠对自己的产品精雕细琢,精益求精的精神理念。工匠精神的关键词有以下几个:

精益求精。注重细节,追求完美和极致,不惜花费时间精力,孜孜不倦,反复改进产品,把99%提高到99.99%。

一丝不苟。不投机取巧,对产品采取严格的检测标准,不达要求绝不轻易交货。

坚持不懈。不断提升产品和服务,因为真正的工匠在专业领域上绝对不会停止追求进步。

专业敬业。工匠精神的目标是打造本行业最优质的产品,其他同行无法匹敌的卓越产品。

"工匠精神"是传承

"工匠精神"是中华文化、中华精神和民族创造力的一种本然体现。比如庄子就说过"技进乎道","技"就是今天的"工匠精神",就是对所做事情有近乎强迫的专注。我们的美妙绝伦的陶瓷、丝绸、青铜器等生活用品,震惊世界的故宫、天坛、长城、都江堰等伟大工程,就是最好的明证。还有善于解牛的"庖丁",木匠的"祖师爷"鲁班等能工巧匠等。更多优秀人才、技术从业者,将工匠精神为我

第九部分
直销春天的征兆

所用，本就是对传统精神的忠实继承。

目前的直销行业相对浮躁，对于直销企业而言，避免盲从、坚守独立的精神就显得尤为珍贵。直销企业在产品研发技术方面需要默默坚守，苦心探索，让工匠精神得到时代传承，让中国直销行业水平不断提升。借助于李克强总理的"培育精益求精的工匠精神"，我们应该摒弃"君子不器"的落伍观念，摒弃"精致的物质主义倾向"方面：躲开喧闹，回归宁静；拒绝追风，坚守内在。

"工匠精神"是发展

据统计，全球寿命超过200年的企业，日本有3146家，为全球最多，德国有837家，荷兰有222家，法国有196家。总结这些国家的共同点，我们不难看出，这些国家都传承了"工匠精神"。

所谓"工匠精神"，就是不仅仅把工作当作赚钱的工具，而是树立一种对工作执着、对所做的事情和生产的产品精益求精、精雕细琢的精神。在众多的日本企业中，"工匠精神"在企业领导人与员工之间形成了一种文化与思想上的共同价值观，并由此培育出企业的内生动力。这种内生动力正是企业长久发展的所必须的。

在中国，存在着一大批以山寨产品为主的企业，在外部环境好的时候，企业可以生存，一但外部环境变的恶劣，企业很容易马上倒闭。这样的企业连生存问题都无法解决，"工匠精神"就更加无从谈起了。

近两年，随着直销行业的快速发展，越来越多的企业开始涉水直销。这其中，有脚踏实地做直销的，也不乏打着直销旗号赚快钱的。如果没有"工匠精神"，没有优质的产品，只一味的追求短期利益，直销企业注定走不长远。

"工匠精神"是创新

很多人认为工匠是机械重复的工作者，其实工匠代表着一个时代的气质，坚定、踏实、精益求精，同时也不乏创新精神。

"政府工作报告中'工匠精神'的提法很亮，它代表着对细节和完美的无限追求。"多名代表称，在经济进入新常态的大背景下，通过创新驱动促进经济发展已成为关键因素，敬业专业、热衷于技术与发明创造的"工匠精神"，是推动创新的不竭动力。

"工匠精神"指向的是凡事追求极致，在这过程中，本身就需要以最开放的姿态吸收最前沿的技术，创造最新的成果。创新是一门技术活，也是一门风险活，如

媒体眼中的直销

果没有"工匠精神",不追求极致,又怎么可能会有创新成果?

在"大众创业、万众创新"的背景下,直销企业不仅要有别具一格的创意思维,抓住市场的新需求,还要有精益求精的工匠精神,追求细节和质量,用实干与可靠的技术、发明来扎扎实实地解决人类面临的难题、中国经济发展的困境、产业技术进步的瓶颈。唯有如此,才能产生创新驱动发展的强大动力。

"工匠精神"是品质

正如瑞士人引以为豪的手表、德国人津津乐道的德国制造一样,体现着追求卓越、精益求精的"工匠精神",在这样一个全球化激烈竞争的时代,成为品质和品牌的保证。工匠精神并不是反规模化、反工业化,而是说,比起规模化、工业化生产,它更注重的是确保每件产品的精密与完美。

经过数十年的发展,我国的制造业早已走向世界。相关统计数据显示,最近两年我国制造业总产值已占全球五分之一,名列第一;在500多种主要工业品中,中国有220多种产量世界第一,是名副其实的制造业大国。不过,量的优势却始终难掩质量、特别是品牌方面的竞争劣势。比如在世界品牌500强中,美国有239个,中国只有21个,这着实对比强烈。

随着中国经济的崛起,人们物质生活水平不断提高,中国人的消费结构、消费习惯已经发生了根本性的变化。30年前,大家都图个廉价、实用,只要能够满足基本需求即可;但30年后的今天,"物不美价廉"已经无法满足人们的需求。

由此,直销企业应该更加重视产品的附加值:创意、技术含金量、人文关怀、参与感,从而推动中国制造向中国创造转变,中国速度向中国质量转变,中国产品向中国品牌转变。

"工匠精神"是软实力

工匠精神是企业的一种软实力。精雕细琢,精益求精,创新性地满足消费者的需求,才是真正的"工匠精神",也必将成为每个企业生存的必然准则。

因为工匠精神的匮乏,中国制造业正在不断丧失本国的消费群体。在我们逐渐成为制造业大国的今天,最令人尴尬的现实,莫过于很多人宁可花更高的价钱去海购欧美的奶粉、日本的马桶盖……

特别是在推进供给侧结构性改革、适应经济发展新常态的今天,更加需要"工

第九部分
直销春天的征兆

匠精神"。推进供给侧改革，不仅仅意味着要去产能、去库存，其最终指向是提供更加丰富、高质量的产品和服务，以满足人们的多层需要。而要让中国制造实现由"重量"到"重质"的突围，更好地满足人们的多元消费需求，就必须强调一丝不苟、精益求精的"工匠精神"。

所以，"工匠精神"既是呼唤一种全新的生产理念，更是重塑中国的现代制造文明。直销企业也必须紧跟潮流，从粗放走向精准，从规模走向定制，从低端走向品牌，朝着百年直企的目标迈进！

很多人认为工匠是一种机械重复的工作者，其实工匠有着更深远的意思。它代表着一个时代的气质，坚定、踏实、精益求精。工匠不一定都能成为企业家，但大多数成功企业家身上都有这种工匠精神。

对此，内参大叔衷心地希望直销行业能够少一些浮躁，多一些纯粹；少一些急功近利，多一些专注持久；少一些粗制滥造，多一些优品精品。（原载第一直销网）

媒体眼中的直销

专家访谈：

破译整合经济的"直销机制"密码
——访中国政法大学商学院创始院长孙选中

> 整合经济是基于市场机制的交易规则，以具有竞争优势的交易成本整合资源和分享价值的经济活动，而共享经济作为整合经济最突出的形式之一，主要以个体消费者之间的分享、交换、借贷、租赁等共享经济活动为基本特征。

记者：我们该如何理解整合经济？

孙选中：相信很多人和我一样，对于那些随着时代的发展而不断涌现的新生词汇，都存在着概念理解方面的困惑，因为那些出自经济学领域的词汇向来高深。

不过身处这个时代，我们通常却又都是这些新生词汇的受益者，如果将身边熟悉的事例作为解析一个词汇概念的手术刀，我们理解起来或许就不会那么难了。

记者：在您看来，整合经济的内涵是什么？

孙选中：以"整理经济"为例，作为一名受用者，"滴滴打车"留给人们最深刻的印象便是资源的整合与分享，而这也正是整合经济内涵的核心。

整合经济是基于市场机制的交易规则，以具有竞争优势的交易成本整合资源和分享价值的经济活动，而共享经济作为整合经济最突出的形式之一，主要以个体消费者之间的分享、交换、借贷、租赁等共享经济活动为基本特征。

记者：整合经济中直销机制有哪些体现？

第九部分
直销春天的征兆

孙选中：而在整合经济的核心思想中，人们也不难感知到直销机制的体现：整合经济强调使用权，淡化拥有权，生产者与消费者之间的边际模糊，出现"产消者"或"消费商"；整合经济改变传统商业机构向个人提供服务的机制，转而建立起由个人向个人提供服务；整合经济中的组织结构更多的是商业伙伴，而非传统的雇佣关系……

毫无疑问，这与直销注重体验的特性、口口相传的分享方式，以及"消费者也是销售者"的人员角色定位如出一辙，甚至我们可以如此定位："直销也是整合经济的一种表现形式！"

记者：整合经济形态的优势是什么？

孙选中：作为企业管理机制的最新形式，整合经济形态的优势也是建立在对自然经济形态（农业经济结构）和组织经济形态（工业经济结构）的演变：它将自然经济形态的"个体主导"与组织经济形态的"权威主导"融合成为"以权益个体"为主导的管理特性；前者"点状分布"与后者"层级管理"的特征呈现也融合演变成为"网状组合"；整合经济的游戏规则也由自然经济形态下的"自给自足"和组织经济形态中的"自上而下"，转而成为系统、条理的呈现方式。

记者：您认为直销管理机制变革的方向和机遇是什么？

孙选中：作为整合经济形态的一种呈现方式，直销管理机制也受益于整合经济的日益兴起而面临着前所未有的机会，毕竟，整合经济的价值网络将依靠直销机制来编织，未来社会和个体资源的挖掘也必将依赖直销机制，如此也就催生了互联网和直销机制，成为决定或变革一切流通领域的能量源泉。（原载DSC视界）

后 记

直销条例的修改仍在路上

　　《直销管理条例》、《禁止传销条例》两部条例出台十年之久，未有任何变化，直至2016年3月17日，国家商务部、工商总局公告2016年第7号关于直销产品范围的文件，家用电器被列入第六类直销产品范围，这引起直销行业广泛关注。这也是直销条例实施11年来唯一一次官方主动"修法"。

　　对于"修法"问题，直销企业早有呼声。最早2004年好多人都认为是《直销法》将要出台，后来面世了才知道是《条例》。虽然《条例》也是国家法规，但它不是全面的一个行业的最高法律。诚然，两部条例的颁布标志着直销在中国正式合法化，同时也有越来越多的人开始从关注直销逐步转化为参与直销，中国直销大军也由此登上历史舞台，并在中国大地上迅速扩张。

　　但是，任何过程都是一个阶段性的结果，而结果恰恰是下一个阶段的开始。今天的直销业与十年前相比已经是枝繁叶茂，两部条例可以算得上是居功至伟。但十年过去，一切都会随着环境的变化而发生不同改变，特别是在中国这么一个经济高速发展的年代，现有的两部条例也应该随着社会环境和市场环境的变化而做出相应的调整，要在新的形势下加强规范和监管，同时发挥出更大的价值和作用才好。唯有如此，中国直销下一个十年才能迎来更为蓬勃的发展。这一点很多人有认识，也有一些专家和企业老板为之而奔走呼吁着。最近一个可喜的现象是，国家工商总局

2016年7月27日表态说其将推动《禁止传销条例》的修改,以将新型网络传销等纳入其中予以规范,这是好事。

长期以来,"修法"这个问题不仅引起直销企业的广泛关注,同时也得到相关监管部门的高度重视,而且他们早已着手开始了调研。针对直销行业发展和直销监管实践中反映出的直销法律法规相对滞后,与行业发展实际不相适应等问题,相关政府部门也多次召开座谈会。各课题参与单位对课题研究项目取得的一定成果,给予了积极评价,并对现行直销管理法律法规存在的问题以及今后如何修订完善,提出了很好的意见和建议。但问题是,两部条例依旧停留在讨论阶段,并无实质性突破,直销法规和配套的规章和法制化的营商环境也没有得到进一步的改善。

其实,中国直销立法的根本宗旨原本就是在法制轨道上对中国直销业进行管理,引导中国直销业健康发展。中国古语道"催邪辅正,去伪存真",直销法的建立起到了去伪存真的作用,它保证和促进直销行业的发展。但是,如果因为这两部条例不能让直销在中国有一个健康的商业环境,甚至在某种程度上"制约"了中国直销的良性发展,那就违背了其为市场服务为行业服务的根本初衷。"法先行,市场才好动,否则大家都很累"。因此,两部条例的修改至关重要。并且通过两部条例十年前所起到的重要作用来看,未来修改后的条例将会让整个社会受益匪浅,它将不仅直接促进商业的进一步繁荣,更有利于直销行业的健康、良性、按规律发展,也必将促进整个社会的再就业,切实提升人民的生活质量。在中国经济"新常态"形成的过程中,经济结构调整是关键,扩大消费内需是核心。直销行业的发展应该在新的发展轨迹上顺应这一趋势,在未来才会有更广阔的发展空间。

我们有理由相信,该来的总是要来的。全国直销相关人士可以说都在等待着直销条例按照规律性的方向进一步修改。我们期待着两部条例尽快修订完善,而不是总停留在一条没有下文的道路上!

附录一　原国家批准的第一批 41 家传销企业档案

1996 年 4 月 28 日，国家工商行政管理局发布公告：根据国务院办公厅有关文件规定，经清理审查，批准以下 41 家企业在核准范围内从事多层次传销经营。

1. 企业名称：安利（中国）日用品有限公司

   住　所：广州经济技术开发区北围工业区一区

2. 企业名称：日晖电脑（上海）有限公司

   住　所：上海浦东新区沈家弄路 239 号 15 楼 1502-1511 室

3. 企业名称：上海富迪皮饰有限公司

   住　所：上海市裕德路 205 号

4. 企业名称：上海协和日用保健品有限公司

   住　所：上海市嘉定镇沙霞路 100 号

5. 企业名称：郑州康富德健康产业有限公司

   住　所：郑州市书院街 1 号

6. 企业名称：河南联基精细化工有限公司

   住　所：郑州市农业路 76 号

7. 企业名称：上海康美国际化妆品有限公司

   住　所：上海闵行区北横路 2 号桥

8. 企业名称：上海维多利实业公司

   住　所：上海市崇明县前卫村

9. 企业名称：上海玛婷日用化工有限公司

   住　所：上海市清浦县练塘镇练新路湾塘路

10. 企业名称：福州福龙生物制品有限公司

    住　所：福州开发区青洲路 8 号

11. 企业名称：辽宁环保科技开发公司

住 所：沈阳市沈河区文化路72号

12. 企业名称：沈阳东宇电气有限公司

住 所：沈阳市和平区文体路小桥巷2号

13. 企业名称：沈阳康达制药厂（集团）

住 所：沈阳市沈河区小南大街131号

14. 企业名称：河南雅郷化妆品有限公司

住 所：焦作市站前路31号

15. 企业名称：辽宁大隆实业中心

住 所：沈阳市沈河区西顺城内街9号

16. 企业名称：福建金伯乐工贸有限公司

住 所：福建省工业展览大厦3楼301展厅

17. 企业名称：伯伦健康用品（沈阳）有限公司

住 所：沈阳市和平区龙泉路15号

18. 企业名称：西藏诺迪奥实业有限公司

住 所：西藏拉萨市布尔库路12号

19. 企业名称：天津天狮生物工程公司

住 所：天津新技术产业园区武清开发区源泉路

20. 企业名称：武汉瓜拿纳保健品有限责任公司

住 所：武汉市洪山区姚家岭特8号

21. 企业名称：沈阳太极保健品有限公司

住 所：沈阳市沈河区市府大路387号7楼

22. 企业名称：派迪马精细化工（天津）有限公司

住 所：天津市西青区经济开发小区

23. 企业名称：广东福田有限公司

住 所：广州市东山区先烈中路永泰村口1号7楼A708室

附录一

24. 企业名称：广州露落莲妮健康用品有限公司
    住　所：广州市广州大道东兴南路83号2楼

25. 企业名称：广东南方李锦记营养保健品有限公司
    住　所：广东省广州市广众路麒麟岗第一军医大学内

26. 企业名称：广州纽蔓氏有限公司
    住　所：广州市达道路12号金达大厦8楼

27. 企业名称：辽宁新闻发展公司
    住　所：沈阳市皇姑区崇山东路64号

28. 企业名称：沈阳大安实业有限责任公司
    住　所：沈阳市皇姑区松花江街27号

29. 企业名称：沈阳市友谊公司
    住　所：沈阳市和平区中山路90号

30. 企业名称：武汉未来保健品有限责任公司
    住　所：武汉市江岸区保成路1-2号楼

31. 企业名称：中山市完美日用品有限公司
    住　所：广东省中山市石岐中山二路41号

32. 企业名称：广东开来国际有限公司
    住　所：广东省广州市大沙头路18号之三

33. 企业名称：余姚市国大百货精品日用加工厂
    住　所：余姚市余姚镇阳明东路27号

34. 企业名称：沈阳鸿福保健品有限公司
    住　所：沈阳市沈河区南二经街15号

35. 企业名称：仙妮蕾德（广州）有限公司
    住　所：广州经济技术开发区创业路华兴工业大厦六楼

36. 企业名称：天津尚赫保健用品有限公司

住 所：天津市南开区红旗路128号

37. 企业名称：仙妮蕾德（天津）企业有限公司

    住 所：天津经济技术开发区黄海路161号

38. 企业名称：苏州百美化妆品有限公司

    住 所：江苏省苏州新区陈兴路

39. 企业名称：北京宝健食品工业有限公司

    住 所：北京市西城区百万路22号8层

40. 企业名称：江苏雅婷日用品化工有限公司

    住 所：江苏省吴江市坛丘乡丝厂路12号

41. 企业名称：天津日健精细化工有限公司

    住 所：天津市河东区八纬路20号

批准以下企业从事单层次直销经营：

1. 杭州玫林凯化妆品有限公司
2. 福建莎莉日用化工产品有限公司
3. 广州雅芳有限公司

附录二 《传销管理办法》

第一章 总则

第一条 为加强对传销活动的监督管理,维护市场经济秩序,保护消费者的合法权益,根据国家法律、法规及有关政策的规定,制定本办法。

第二条 传销是生产企业不通过店铺销售,而由传销员将本企业产品直接销售给消费者的经营方式。它包括多层次传销和单层次传销。

多层次传销,是指生产企业不通过店铺销售,而通过发展两个层次以上的传销员并由传销员将本企业的产品直接销售给消费者的一种经营方式。

单层次传销,是指生产企业不通过店铺销售,而通过发展一个层次的传销员并由传销员将本企业的产品直接销售给消费者的一种经营方式。

第三条 企业从事传销活动必须经工商行政管理机关核准登记。

工商行政管理机关对传销活动进行监督管理。

第四条 禁止外国(地区)企业及个人在中华人民共和国境内直接从事传销活动。

第五条 凡在中华人民共和国境内从事传销活动的企业和个人,必须遵守本办法的规定。

第二章 传销企业的核准登记

第六条 从事传销的企业应当符合下列条件:

(一)具有企业法人资格;

(二)企业注册资本在500万元人民币以上;

(三)销售本企业在中国境内生产的产品;

(四)产品质量经有关部门检验合格;

(五)有符合规定的传销计划以及完善的传销员管理制度。

第七条 企业及其分支机构从事传销的,应当预先向其原登记注册的工商行政管理机关提出申请,并由其所属省(自治区、直辖市)工商行政管理局审核。经审核合格的，报国家工商行政管理局批准。

第八条 申请传销的企业应当向核准登记机关提交下列文件和材料：

（一）法定代表人签署的申请书；

（二）《企业法人营业执照》或者分支机构《营业执照》；

（三）企业状况，包括投资规模、生产场地、技术条件、分支机构等；

（四）传销运作方案，包括参加传销的条件及手续、传销员的报酬计算方法、退出传销的办法、传销员的行为准则和培训管理办法及有关材料；

（五）申请传销的地区；

（六）传销产品品种、型号、商标；

（七）传销产品的质量检验合格证明；

（八）传销产品的成本价格和销售价格；

（九）退货、索赔和售后服务办法；

（十）传销企业与传销员的合同样本、传销员证样本；

（十一）法律、法规规定或者核准登记机关认为需要提交的其他材料。

前款所称核准登记机关指原登记注册的工商行政管理机关、省（自治区、直辖市）工商行政管理局和国家工商行政管理局（下同）。

第九条 国家工商行政管理局根据国家的有关规定和本办法，对经省（自治区、直辖市）工商行政管理局审核合格的多层次传销或者单层次传销的申请企业进行审查，作出是否批准的决定。对批准的多层次传销企业或者单层次传销企业分别颁发《多层次传销经营核准证书》、《单层次传销经营核准证书》。

经批准的多层次传销企业或者单层次传销企业，应当自收到《多层次传销经营核准证书》或者《单层次传销经营核准证书》之日起１５日内，向原登记注册的工商行政管理机关办理经营范围和经营方式的变更登记。

第十条 经批准的传销企业增加或者减少传销的分支机构、变更传销产品品种范围或者终止传销的，应当按本办法第七条规定的程序办理有关变更登记手续。

经批准的传销企业变更本办法第八条第（四）项、第（八）项、第（九）项、第（十）项内容的，应当自变更之日起３０日内向核准登记机关备案。

第十一条 传销企业不得转租、转让传销经营权。

禁止单层次传销企业从事多层次传销活动。

第三章 传销活动参加人

第十二条 年满１８周岁，具备完全民事行为能力的公民，可以作为传销员。

下列人员不得作为传销员：

（一）机关工作人员；

（二）现役军人；

（三）全日制在校学生；

（四）法律、法规规定不得兼职经商的其他人员。

多层次传销企业的传销员必须具有该企业从事多层次传销的行政区域内的常住户口。

第十三条 传销企业应当在传销员参加传销之前如实告知下列事项：

（一）《企业法人营业执照》及分支机构《营业执照》核准的登记事项；

（二）工商行政管理机关核准的传销产品品种及传销地区；

（三）传销发展状况与计划；

（四）传销企业的运作规则与交易须知；

（五）传销产品的价格、性能、用途、质量检测结果等；

（六）参加传销的条件。

前款告知事项需得到传销员的书面确认。

第十四条 传销企业应当与传销员订立书面合同，明确双方的权利义务。合同主要条款应当包括：

（一）传销员的权利和义务；

（二）传销员获得报酬的条件、计算方法、发放程序以及代扣代缴个人所得税的方法；

（三）产品质量的责任；

（四）产品退货的期限、方法和费用承担；

（五）传销员退出传销的方法；

（六）纠纷的解决方式；

（七）法律、法规规定的其他事项。

第十五条　经批准的传销企业不得以缴付入会费、保证金或者认购一定数量的产品等作为参加传销的条件；不得向传销员收取培训费、手续费等各种名目的费用，不得强制传销员购买有关资料。

第十六条　传销员可以自由退出传销活动。传销员退出传销活动，可以向传销企业退回未售出的产品，传销企业应当接受退货。但因传销员过错致使产品毁损、不具有再销售价值的除外。

传销员自加入传销活动之日起３０日内退出传销，并向传销企业退回未售出产品的，传销企业应当退还全部货款。

传销员加入传销活动之日起３０日以后退出传销，并向传销企业要求退回未售出产品的，传销企业在退还货款时，可以根据合同约定扣除一定的费用，但扣除的费用不得超过退还货款的百分之十。

发生本条第二款、第三款规定的退货情形，传销企业可以从退还给传销员的货款中，扣除根据所退产品计算已经支付给该传销员的报酬。

第十七条　传销企业不得强制安排传销员发展下线人数，或者根据发展下线的人数计算报酬。

第十八条　传销企业应当加强对传销员的管理。

经批准的传销企业必须在传销员参加传销活动之前对其进行培训。培训内容应当包括从业知识、国家有关法规以及职业道德等方面的教育。

传销员从事非法传销，传销企业对此没有尽到管理责任的，该传销员以及该传销企业均应承担相应的法律责任。

第十九条　传销企业聘请外藉人员担任雇员，应当符合国家有关外国人出入境、务工管理等有关规定。

业务培训的授课人员应当有明确的身份证明、无犯罪记录。港、澳、台人员或者外国人作为授课人员的，应当符合国家有关规定。

第四章 传销行为

第二十条 传销企业、传销员必须在国家工商行政管理局核准的传销地区内从事传销，不得超出原注册地的行政区域开展传销。

第二十一条 传销企业必须按照国家工商行政管理局核准的传销产品品种，传销本企业在中国境内生产的产品。

传销企业不得传销法律、法规禁止销售或者限制销售的产品，以及国家工商行政管理局认为不适宜传销的其他产品。

第二十二条 消费者因传销产品的质量问题使其合法权益受到损害的，可以向传销企业或者传销员提出退货或者赔偿请求，传销企业、传销员必须予以退货或者赔偿。

消费者自购买产品之日起３０日内可以随时提出退货请求，传销企业、传销员必须接受退货，并不得要求消费者负担任何费用。但产品因消费者的过错致使产品毁损、不具有再销售价值的除外。

传销员对消费者实施了退货或者赔偿后，根据其与传销企业签订的合同，应当由传销企业承担责任的，可以向传销企业请求补偿。

传销企业、传销员向消费者销售产品应当即时清结，禁止预付款交易。

第二十三条 传销产品的价格水平不得明显高于同一地区、同一时期、同一档次、同种产品或者类似产品的市场平均价格。禁止价格欺诈行为。

第二十四条 传销企业不得对传销员的工作性质、收入及传销产品的质量、用途、产地、使用效果等作虚假或者引人误解的宣传，诱人参加传销及购买产品。

传销企业的广告、培训及聚会等，不得涉及不利于社会稳定及国家安全的内容，不得进行宗教、迷信宣传。

第二十五条 传销员在向消费者推销产品时，应当遵守以下规则：

（一）向消费者出示传销员证。传销员证应当贴有本人照片，写明姓名、身份证号码以及传销产品品种、传销地区，并加盖传销企业公章；

（二）在推销产品时，向消费者告知传销企业以及传销员本人的联系地址及联系方法；

（三）向消费者如实解释传销产品的质量、性能、用途、有效期限、使用方法、使用效果、注意事项及售后服务等事项，并向消费者说明退货的条件、期限和办法，不得对上述事项作虚假或者引人误解的说明和宣传；

（四）对应予示范的产品做使用示范；

（五）在合理的时间内进行传销活动；

（六）进入消费者住宅推销产品时，应当事先征得消费者的同意，消费者示意退出或者表示不便时，必须退出；

（七）向消费者出具购货凭证。购货凭证应当有传销企业公章和传销员签名。

第五章 监督检查

第二十六条 传销企业应当在每季度终结之日起１５日之内，将传销员人数、销售产品的数量及金额、支付传销员的报酬等情况向原登记注册的工商行政管理机关备案。

第二十七条 传销企业的培训方案，应当报其原登记注册的工商行政管理机关备案。培训方案应当包括授课内容、场地、人数、时间及授课人。

第二十八条 工商行政管理机关对传销企业的销售、培训等活动，可以进行现场监督检查。对发现有违反法律、法规及本办法规定的行为，工商行政管理机关应当依法查处。

属于由有关部门管辖的行为，移送有关部门处理。

第二十九条 传销企业除按法律、法规的规定保存有关资料外，还应当将下列资料保存至少５年，并接受工商行政管理机关的检查：

（一）产品传销的原始凭证、账簿记录、银行票据、运输和储存等费用票据；

（二）记载传销员姓名、住址、身份证号码及人数的名册；

（三）为传销员举办培训的情况；

（四）向传销员支付报酬的记录和凭证；

（五）其他与传销有关的资料。

第六章　法律责任

第三十条　对违反本办法的企业或者个人，工商行政管理机关按下列规定予以处罚：

（一）违反本办法第三条第一款、第二十条规定的，由工商行政管理机关予以取缔，没收传销产品、销货款和非法所得，并按《中华人民共和国消费者权益保护法》的规定处以罚款。

（二）违反本办法第十一条第二款规定的，没收擅自多层次传销的产品、销货款和非法所得，并按《中华人民共和国消费者权益保护法》的规定处以罚款；情节严重的，取消其单层次传销资格。

（三）违反本办法第八条、第十条规定，提交虚假文件或者采取其他欺诈手段取得传销企业登记的，依照《中华人民共和国公司登记管理条例》第五十九条或者《企业法人登记管理条例实施细则》第六十六条第一款第（二）项的规定予以处罚。

（四）违反本办法第十一条第一款规定，依照《中华人民共和国公司登记管理条例》第五十九条或者《企业法人登记管理条例实施细则》第六十六条第一款第（六）项的规定予以处罚。

（五）违反本办法第二十一条规定的，对传销企业依照《中华人民共和国公司登记管理条例》第七十一条或者《企业法人登记管理条例实施细则》第六十六条第一款第（四）项的规定予以处罚；对传销员处以五百元以上两千元以下的罚款，并责令传销企业终止该传销员资格。

（六）违反本办法第十二条、第十三条、第十四条、第十八条第二款、第十九条、第二十二条第二款和第四款、第二十六条、第二十七条、第二十九条规定的，责令传销企业限期改正，并处以三万元以下罚款；情节严重的，取消其传销资格。

（七）违反本办法第十五条、第十六条、第十七条规定的，没收传销产品、销货款和非法所得，并依据《中华人民共和国消费者权益保护法》的规定处以罚款。

（八）违反本办法第二十二条第一款、第三款规定的，对传销企业依照《中华人民共和国消费者权益保护法》的规定处罚；对传销员处以五百元以上两千元以下的罚款，并责令传销企业终止该传销员资格。

（九）违反本办法第二十三条规定的，核准登记的工商行政管理机关应当责令传销企业限期改正。该企业拒不执行的，没收传销产品、销货款和非法所得，并依据《中华人民共和国消费者权益保护法》的规定处以罚款。

（十）违反本办法第二十四条规定的，依照《中华人民共和国广告法》、《中华人民共和国反不正当竞争法》的规定予以处罚。

（十一）违反本办法第二十五条规定的，对传销员处以五百元以上两千元以下的罚款，并责令传销企业终止该传销员资格。

第七章 附则

第三十一条 本办法由国家工商行政管理局负责解释。

第三十二条 本办法自公布之日起施行。

发布部门：国家工商行政管理总局

发布日期：1997 年 01 月 10 日

实施日期：1997 年 01 月 10 日

附录三 《直销管理条例》

第一章 总则

第一条 为规范直销行为，加强对直销活动的监管，防止欺诈，保护消费者的合法权益和社会公共利益，制定本条例。

第二条 在中华人民共和国境内从事直销活动，应当遵守本条例。

直销产品的范围由国务院商务主管部门会同国务院工商行政管理部门根据直销业的发展状况和消费者的需求确定、公布。

第三条 本条例所称直销，是指直销企业招募直销员，由直销员在固定营业场所之外直接向最终消费者（以下简称消费者）推销产品的经销方式。

本条例所称直销企业，是指依照本条例规定经批准采取直销方式销售产品的企业。

本条例所称直销员，是指在固定营业场所之外将产品直接推销给消费者的人员。

第四条 在中华人民共和国境内设立的企业（以下简称企业），可以依照本条例规定申请成为以直销方式销售本企业生产的产品以及其母公司、控股公司生产产品的直销企业。

直销企业可以依法取得贸易权和分销权。

第五条 直销企业及其直销员从事直销活动，不得有欺骗、误导等宣传和推销行为。

第六条 国务院商务主管部门和工商行政管理部门依照其职责分工和本条例规定，负责对直销企业和直销员及其直销活动实施监督管理。

第二章 直销企业及其分支机构的设立和变更

第七条 申请成为直销企业，应当具备下列条件：

（一）投资者具有良好的商业信誉，在提出申请前连续5年没有重大违法经营记录；外国投资者还应当有3年以上在中国境外从事直销活动的经验；

（二）实缴注册资本不低于人民币8000万元；

（三）依照本条例规定在指定银行足额缴纳了保证金；

（四）依照规定建立了信息报备和披露制度。

第八条 申请成为直销企业应当填写申请表，并提交下列申请文件、资料：

（一）符合本条例第七条规定条件的证明材料；

（二）企业章程，属于中外合资、合作企业的，还应当提供合资或者合作企业合同；

（三）市场计划报告书，包括依照本条例第十条规定拟定的经当地县级以上人民政府认可的从事直销活动地区的服务网点方案；

（四）符合国家标准的产品说明；

（五）拟与直销员签订的推销合同样本；

（六）会计师事务所出具的验资报告；

（七）企业与指定银行达成的同意依照本条例规定使用保证金的协议。

第九条 申请人应当通过所在地省、自治区、直辖市商务主管部门向国务院商务主管部门提出申请。省、自治区、直辖市商务主管部门应当自收到申请文件、资料之日起７日内，将申请文件、资料报送国务院商务主管部门。国务院商务主管部门应当自收到全部申请文件、资料之日起９０日内，经征求国务院工商行政管理部门的意见，作出批准或者不予批准的决定。予以批准的，由国务院商务主管部门颁发直销经营许可证。

申请人持国务院商务主管部门颁发的直销经营许可证，依法向工商行政管理部门申请变更登记。 国务院商务主管部门审查颁发直销经营许可证，应当考虑国家安全、社会公共利益和直销业发展状况等因素。

第十条 直销企业从事直销活动，必须在拟从事直销活动的省、自治区、直辖市设立负责该行政区域内直销业务的分支机构（以下简称分支机构）。

直销企业在其从事直销活动的地区应当建立便于并满足消费者、直销员了解产品价格、退换货及企业依法提供其他服务的服务网点。服务网点的设立应当符合当地县级以上人民政府的要求。

直销企业申请设立分支机构，应当提供符合前款规定条件的证明文件和资料，并应当依照本条例第九条第一款规定的程序提出申请。获得批准后，依法向工商行政管理部门办理登记。

第十一条 直销企业有关本条例第八条所列内容发生重大变更的，应当依照本条例第九条第一款规定的程序报国务院商务主管部门批准。

第十二条 国务院商务主管部门应当将直销企业及其分支机构的名单在政府网站上公布，并及时进行更新。

第三章 直销员的招募和培训

第十三条 直销企业及其分支机构可以招募直销员。直销企业及其分支机构以外的任何单位和个人不得招募直销员。

直销员的合法推销活动不以无照经营查处。

第十四条 直销企业及其分支机构不得发布宣传直销员销售报酬的广告，不得以缴纳费用或者购买商品作为成为直销员的条件。

第十五条 直销企业及其分支机构不得招募下列人员为直销员：

（一）未满18周岁的人员；

（二）无民事行为能力或者限制民事行为能力的人员；

（三）全日制在校学生；

（四）教师、医务人员、公务员和现役军人；

（五）直销企业的正式员工；

（六）境外人员；

（七）法律、行政法规规定不得从事兼职的人员。

第十六条 直销企业及其分支机构招募直销员应当与其签订推销合同，并保证直销员只在其一个分支机构所在的省、自治区、直辖市行政区域内已设立服务网点的地区开展直销活动。未与直销企业或者其分支机构签订推销合同的人员，不得以任何方式从事直销活动。

第十七条 直销员自签订推销合同之日起60日内可以随时解除推销合同；60日后，直销员解除推销合同应当提前15日通知直销企业。

第十八条 直销企业应当对拟招募的直销员进行业务培训和考试，考试合格后由直销企业颁发直销员证。未取得直销员证，任何人不得从事直销活动。

直销企业进行直销员业务培训和考试，不得收取任何费用。

直销企业以外的单位和个人，不得以任何名义组织直销员业务培训。

第十九条　对直销员进行业务培训的授课人员应当是直销企业的正式员工，并符合下列条件：

（一）在本企业工作1年以上；

（二）具有高等教育本科以上学历和相关的法律、市场营销专业知识；

（三）无因故意犯罪受刑事处罚的记录；

（四）无重大违法经营记录。

直销企业应当向符合前款规定的授课人员颁发直销培训员证，并将取得直销培训员证的人员名单报国务院商务主管部门备案。国务院商务主管部门应当将取得直销培训员证的人员名单，在政府网站上公布。

境外人员不得从事直销员业务培训。

第二十条　直销企业颁发的直销员证、直销培训员证应当依照国务院商务主管部门规定的式样印制。

第二十一条　直销企业应当对直销员业务培训的合法性、培训秩序和培训场所的安全负责。

直销企业及其直销培训员应当对直销员业务培训授课内容的合法性负责。

直销员业务培训的具体管理办法由国务院商务主管部门、国务院工商行政管理部门会同有关部门另行制定。

第四章　直销活动

第二十二条　直销员向消费者推销产品，应当遵守下列规定：

（一）出示直销员证和推销合同；

（二）未经消费者同意，不得进入消费者住所强行推销产品，消费者要求其停止推销活动的，应当立即停止，并离开消费者住所；

（三）成交前，向消费者详细介绍本企业的退货制度；

（四）成交后，向消费者提供发票和由直销企业出具的含有退货制度、直销企业当地服务网点地址和电话号码等内容的售货凭证。

第二十三条 直销企业应当在直销产品上标明产品价格,该价格与服务网点展示的产品价格应当一致。直销员必须按照标明的价格向消费者推销产品。

第二十四条 直销企业至少应当按月支付直销员报酬。直销企业支付给直销员的报酬只能按照直销员本人直接向消费者销售产品的收入计算,报酬总额(包括佣金、奖金、各种形式的奖励以及其他经济利益等)不得超过直销员本人直接向消费者销售产品收入的30％。

第二十五条 直销企业应当建立并实行完善的换货和退货制度。

消费者自购买直销产品之日起30日内,产品未开封的,可以凭直销企业开具的发票或者售货凭证向直销企业及其分支机构、所在地的服务网点或者推销产品的直销员办理换货和退货;直销企业及其分支机构、所在地的服务网点和直销员应当自消费者提出换货或者退货要求之日起7日内,按照发票或者售货凭证标明的价款办理换货和退货。

直销员自购买直销产品之日起30日内,产品未开封的,可以凭直销企业开具的发票或者售货凭证向直销企业及其分支机构或者所在地的服务网点办理换货和退货;直销企业及其分支机构和所在地的服务网点应当自直销员提出换货或者退货要求之日起7日内,按照发票或者售货凭证标明的价款办理换货和退货。

不属于前两款规定情形,消费者、直销员要求换货和退货的,直销企业及其分支机构、所在地的服务网点和直销员应当依照有关法律法规的规定或者合同的约定,办理换货和退货。

第二十六条 直销企业与直销员、直销企业及其直销员与消费者因换货或者退货发生纠纷的,由前者承担举证责任。

第二十七条 直销企业对其直销员的直销行为承担连带责任,能够证明直销员的直销行为与本企业无关的除外。

第二十八条 直销企业应当依照国务院商务主管部门和国务院工商行政管理部门的规定,建立并实行完备的信息报备和披露制度。

直销企业信息报备和披露的内容、方式及相关要求,由国务院商务主管部门和国务院工商行政管理部门另行规定。

第五章 保证金

第二十九条 直销企业应当在国务院商务主管部门和国务院工商行政管理部门共同指定的银行开设专门账户，存入保证金。

保证金的数额在直销企业设立时为人民币２０００万元；直销企业运营后，保证金应当按月进行调整，其数额应当保持在直销企业上一个月直销产品销售收入１５％的水平，但最高不超过人民币１亿元，最低不少于人民币２０００万元。保证金的利息属于直销企业。

第三十条 出现下列情形之一，国务院商务主管部门和国务院工商行政管理部门共同决定，可以使用保证金：

（一）无正当理由，直销企业不向直销员支付报酬，或者不向直销员、消费者支付退货款的；

（二）直销企业发生停业、合并、解散、转让、破产等情况，无力向直销员支付报酬或者无力向直销员和消费者支付退货款的；

（三）因直销产品问题给消费者造成损失，依法应当进行赔偿，直销企业无正当理由拒绝赔偿或者无力赔偿的。

第三十一条 保证金依照本条例第三十条规定使用后，直销企业应当在１个月内将保证金的数额补足到本条例第二十九条第二款规定的水平。

第三十二条 直销企业不得以保证金对外担保或者违反本条例规定用于清偿债务。

第三十三条 直销企业不再从事直销活动的，凭国务院商务主管部门和国务院工商行政管理部门出具的凭证，可以向银行取回保证金。

第三十四条 国务院商务主管部门和国务院工商行政管理部门共同负责保证金的日常监管工作。

保证金存缴、使用的具体管理办法由国务院商务主管部门、国务院工商行政管理部门会同有关部门另行制定。

第六章 监督管理

第三十五条 工商行政管理部门负责对直销企业和直销员及其直销活动实施日常的监督管理。工商行政管理部门可以采取下列措施进行现场检查：

（一）进入相关企业进行检查；

（二）要求相关企业提供有关文件、资料和证明材料；

（三）询问当事人、利害关系人和其他有关人员，并要求其提供有关材料；

（四）查阅、复制、查封、扣押相关企业与直销活动有关的材料和非法财物；

（五）检查有关人员的直销培训员证、直销员证等证件。

工商行政管理部门依照前款规定进行现场检查时，检查人员不得少于2人，并应当出示合法证件；实施查封、扣押的，必须经县级以上工商行政管理部门主要负责人批准。

第三十六条　工商行政管理部门实施日常监督管理，发现有关企业有涉嫌违反本条例行为的，经县级以上工商行政管理部门主要负责人批准，可以责令其暂时停止有关的经营活动。

第三十七条　工商行政管理部门应当设立并公布举报电话，接受对违反本条例行为的举报和投诉，并及时进行调查处理。

工商行政管理部门应当为举报人保密；对举报有功人员，应当依照国家有关规定给予奖励。

第七章　法律责任

第三十八条　对直销企业和直销员及其直销活动实施监督管理的有关部门及其工作人员，对不符合本条例规定条件的申请予以许可或者不依照本条例规定履行监督管理职责的，对直接负责的主管人员和其他直接责任人员，依法给予行政处分；构成犯罪的，依法追究刑事责任。对不符合本条例规定条件的申请予以的许可，由作出许可决定的有关部门撤销。

第三十九条　违反本条例第九条和第十条规定，未经批准从事直销活动的，由工商行政管理部门责令改正，没收直销产品和违法销售收入，处5万元以上30万元以下的罚款；情节严重的，处30万元以上50万元以下的罚款，并依法予以取缔；构成犯罪的，依法追究刑事责任。

第四十条　申请人通过欺骗、贿赂等手段取得本条例第九条和第十条设定的许可的，由工商行政管理部门没收直销产品和违法销售收入，处5万元以上30万元以下的罚款，由国务院商务主管部门撤销其相应的许可，申请人不得再提出申请；情节严重的，处30万元以上50万元以下的罚款，并依法予以取缔；构成犯罪的，依法追究刑事责任。

第四十一条　直销企业违反本条例第十一条规定的，由工商行政管理部门责令改正，处3万元以上30万元以下的罚款；对不再符合直销经营许可条件的，由国务院商务主管部门吊销其直销经营许可证。

第四十二条　直销企业违反规定，超出直销产品范围从事直销经营活动的，由工商行政管理部门责令改正，没收直销产品和违法销售收入，处5万元以上30万元以下的罚款；情节严重的，处30万元以上50万元以下的罚款，由工商行政管理部门吊销有违法经营行为的直销企业分支机构的营业执照直至由国务院商务主管部门吊销直销企业的直销经营许可证。

第四十三条　直销企业及其直销员违反本条例规定，有欺骗、误导等宣传和推销行为的，对直销企业，由工商行政管理部门处3万元以上10万元以下的罚款；情节严重的，处10万元以上30万元以下的罚款，由工商行政管理部门吊销有违法经营行为的直销企业分支机构的营业执照直至由国务院商务主管部门吊销直销企业的直销经营许可证。对直销员，由工商行政管理部门处5万元以下的罚款；情节严重的，责令直销企业撤销其直销员资格。

第四十四条　直销企业及其分支机构违反本条例规定招募直销员的，由工商行政管理部门责令改正，处3万元以上10万元以下的罚款；情节严重的，处10万元以上30万元以下的罚款，由工商行政管理部门吊销有违法经营行为的直销企业分支机构的营业执照直至由国务院商务主管部门吊销直销企业的直销经营许可证。

第四十五条　违反本条例规定，未取得直销员证从事直销活动的，由工商行政管理部门责令改正，没收直销产品和违法销售收入，可以处2万元以下的罚款；情节严重的，处2万元以上20万元以下的罚款。

第四十六条　直销企业进行直销员业务培训违反本条例规定的，由工商行政管理部门责令改正，没收违法所得，处3万元以上10万元以下的罚款；情节严重的，处10万元以上30万元以下的罚款，由工商行政管理部门吊销有违法经营行为的直销企业分支机构的营业执照直至由国务院商务主管部门吊销直销企业的直销经营许可证；对授课人员，由工商行政管理部门处5万元以下的罚款，是直销培训员的，责令直销企业撤销其直销培训员资格。

直销企业以外的单位和个人组织直销员业务培训的，由工商行政管理部门责令改正，没收违法所得，处２万元以上２０万元以下的罚款。

第四十七条　直销员违反本条例第二十二条规定的，由工商行政管理部门没收违法销售收入，可以处５万元以下的罚款；情节严重的，责令直销企业撤销其直销员资格，并对直销企业处１万元以上１０万元以下的罚款。

第四十八条　直销企业违反本条例第二十三条规定的，依照价格法的有关规定处理。

第四十九条　直销企业违反本条例第二十四条和第二十五条规定的，由工商行政管理部门责令改正，处５万元以上３０万元以下的罚款；情节严重的，处３０万元以上５０万元以下的罚款，由工商行政管理部门吊销有违法经营行为的直销企业分支机构的营业执照直至由国务院商务主管部门吊销直销企业的直销经营许可证。

第五十条　直销企业未依照有关规定进行信息报备和披露的，由工商行政管理部门责令限期改正，处１０万元以下的罚款；情节严重的，处１０万元以上３０万元以下的罚款；拒不改正的，由国务院商务主管部门吊销其直销经营许可证。

第五十一条　直销企业违反本条例第五章有关规定的，由工商行政管理部门责令限期改正，处１０万元以下的罚款；拒不改正的，处１０万元以上３０万元以下的罚款，由国务院商务主管部门吊销其直销经营许可证。

第五十二条　违反本条例的违法行为同时违反《禁止传销条例》的，依照《禁止传销条例》有关规定予以处罚。

第八章　附　则

第五十三条　直销企业拟成立直销企业协会等社团组织，应当经国务院商务主管部门批准，凭批准文件依法申请登记。

第五十四条　香港特别行政区、澳门特别行政区和台湾地区的投资者在境内投资建立直销企业，开展直销活动的，参照本条例有关外国投资者的规定办理。

第五十五条　本条例自２００５年１２月１日起施行。

《禁止传销条例》

第一章 总则

第一条 为了防止欺诈，保护公民、法人和其他组织的合法权益，维护社会主义市场经济秩序，保持社会稳定，制定本条例。

第二条 本条例所称传销，是指组织者或者经营者发展人员，通过对被发展人员以其直接或者间接发展的人员数量或者销售业绩为依据计算和给付报酬，或者要求被发展人员以交纳一定费用为条件取得加入资格等方式牟取非法利益，扰乱经济秩序，影响社会稳定的行为。

第三条 县级以上地方人民政府应当加强对查处传销工作的领导，支持、督促各有关部门依法履行监督管理职责。

县级以上地方人民政府应当根据需要，建立查处传销工作的协调机制，对查处传销工作中的重大问题及时予以协调、解决。

第四条 工商行政管理部门、公安机关应当依照本条例的规定，在各自的职责范围内查处传销行为。

第五条 工商行政管理部门、公安机关依法查处传销行为，应当坚持教育与处罚相结合的原则，教育公民、法人或者其他组织自觉守法。

第六条 任何单位和个人有权向工商行政管理部门、公安机关举报传销行为。工商行政管理部门、公安机关接到举报后，应当立即调查核实，依法查处，并为举报人保密；经调查属实的，依照国家有关规定对举报人给予奖励。

第二章 传销行为的种类与查处机关

第七条 下列行为，属于传销行为：

（一）组织者或者经营者通过发展人员，要求被发展人员发展其他人员加入，对发展的人员以其直接或者间接滚动发展的人员数量为依据计算和给付报酬（包括物质奖励和其他经济利益，下同），牟取非法利益的；

（二）组织者或者经营者通过发展人员，要求被发展人员交纳费用或者以认购商品等方式变相交纳费用，取得加入或者发展其他人员加入的资格，牟取非法利益的；

（三）组织者或者经营者通过发展人员，要求被发展人员发展其他人员加入，形成上下线关系，并以下线的销售业绩为依据计算和给付上线报酬，牟取非法利益的。

第八条　工商行政管理部门依照本条例的规定，负责查处本条例第七条规定的传销行为。

第九条　利用互联网等媒体发布含有本条例第七条规定的传销信息的，由工商行政管理部门会同电信等有关部门依照本条例的规定查处。

第十条　在传销中以介绍工作、从事经营活动等名义欺骗他人离开居所地非法聚集并限制其人身自由的，由公安机关会同工商行政管理部门依法查处。

第十一条　商务、教育、民政、财政、劳动保障、电信、税务等有关部门和单位，应当依照各自职责和有关法律、行政法规的规定配合工商行政管理部门、公安机关查处传销行为。

第十二条　农村村民委员会、城市居民委员会等基层组织，应当在当地人民政府指导下，协助有关部门查处传销行为。

第十三条　工商行政管理部门查处传销行为，对涉嫌犯罪的，应当依法移送公安机关立案侦查；公安机关立案侦查传销案件，对经侦查不构成犯罪的，应当依法移交工商行政管理部门查处。

第三章　查处措施和程序

第十四条　县级以上工商行政管理部门对涉嫌传销行为进行查处时，可以采取下列措施：

（一）责令停止相关活动；

（二）向涉嫌传销的组织者、经营者和个人调查、了解有关情况；

（三）进入涉嫌传销的经营场所和培训、集会等活动场所，实施现场检查；

（四）查阅、复制、查封、扣押涉嫌传销的有关合同、票据、账簿等资料；

（五）查封、扣押涉嫌专门用于传销的产品（商品）、工具、设备、原材料等财物；

（六）查封涉嫌传销的经营场所；

（七）查询涉嫌传销的组织者或者经营者的账户及与存款有关的会计凭证、账簿、对账单等；

（八）对有证据证明转移或者隐匿违法资金的，可以申请司法机关予以冻结。

工商行政管理部门采取前款规定的措施，应当向县级以上工商行政管理部门主要负责人书面或者口头报告并经批准。遇有紧急情况需要当场采取前款规定措施的，应当在事后立即报告并补办相关手续；其中，实施前款规定的查封、扣押，以及第（七）项、第（八）项规定的措施，应当事先经县级以上工商行政管理部门主要负责人书面批准。

第十五条　工商行政管理部门对涉嫌传销行为进行查处时，执法人员不得少于2人。

执法人员与当事人有直接利害关系的，应当回避。

第十六条　工商行政管理部门的执法人员对涉嫌传销行为进行查处时，应当向当事人或者有关人员出示证件。

第十七条　工商行政管理部门实施查封、扣押，应当向当事人当场交付查封、扣押决定书和查封、扣押财物及资料清单。

在交通不便地区或者不及时实施查封、扣押可能影响案件查处的，可以先行实施查封、扣押，并应当在24小时内补办查封、扣押决定书，送达当事人。

第十八条　工商行政管理部门实施查封、扣押的期限不得超过30日；案件情况复杂的，经县级以上工商行政管理部门主要负责人批准，可以延长15日。

对被查封、扣押的财物，工商行政管理部门应当妥善保管，不得使用或者损毁；造成损失的，应当承担赔偿责任。但是，因不可抗力造成的损失除外。

第十九条　工商行政管理部门实施查封、扣押，应当及时查清事实，在查封、扣押期间作出处理决定。

对于经调查核实属于传销行为的，应当依法没收被查封、扣押的非法财物；对于经调查核实没有传销行为或者不再需要查封、扣押的，应当在作出处理决定后立即解除查封，退还被扣押的财物。

工商行政管理部门逾期未作出处理决定的，被查封的物品视为解除查封，被扣押的财物应当予以退还。拒不退还的，当事人可以向人民法院提起行政诉讼。

第二十条　工商行政管理部门及其工作人员违反本条例的规定使用或者损毁被查封、扣押的财物，造成当事人经济损失的，应当承担赔偿责任。

第二十一条　工商行政管理部门对涉嫌传销行为进行查处时，当事人有权陈述和申辩。

第二十二条　工商行政管理部门对涉嫌传销行为进行查处时,应当制作现场笔录。

现场笔录和查封、扣押清单由当事人、见证人和执法人员签名或者盖章,当事人不在现场或者当事人、见证人拒绝签名或者盖章的,执法人员应当在现场笔录中予以注明。

第二十三条　对于经查证属于传销行为的,工商行政管理部门、公安机关可以向社会公开发布警示、提示。

向社会公开发布警示、提示应当经县级以上工商行政管理部门主要负责人或者公安机关主要负责人批准。

第四章　法律责任

第二十四条　有本条例第七条规定的行为,组织策划传销的,由工商行政管理部门没收非法财物,没收违法所得,处50万元以上200万元以下的罚款;构成犯罪的,依法追究刑事责任。

有本条例第七条规定的行为,介绍、诱骗、胁迫他人参加传销的,由工商行政管理部门责令停止违法行为,没收非法财物,没收违法所得,处10万元以上50万元以下的罚款;构成犯罪的,依法追究刑事责任。

有本条例第七条规定的行为,参加传销的,由工商行政管理部门责令停止违法行为,可以处2000元以下的罚款。

第二十五条　工商行政管理部门依照本条例第二十四条的规定进行处罚时,可以依照有关法律、行政法规的规定,责令停业整顿或者吊销营业执照。

第二十六条　为本条例第七条规定的传销行为提供经营场所、培训场所、货源、保管、仓储等条件的,由工商行政管理部门责令停止违法行为,没收违法所得,处5万元以上50万元以下的罚款。

为本条例第七条规定的传销行为提供互联网信息服务的,由工商行政管理部门责令停止违法行为,并通知有关部门依照《互联网信息服务管理办法》予以处罚。

第二十七条　当事人擅自动用、调换、转移、损毁被查封、扣押财物的,由工商行政管理部门责令停止违法行为,处被动用、调换、转移、损毁财物价值5%以上

20%以下的罚款；拒不改正的，处被动用、调换、转移、损毁财物价值1倍以上3倍以下的罚款。

第二十八条　有本条例第十条规定的行为或者拒绝、阻碍工商行政管理部门的执法人员依法查处传销行为，构成违反治安管理行为的，由公安机关依照治安管理的法律、行政法规规定处罚；构成犯罪的，依法追究刑事责任。

第二十九条　工商行政管理部门、公安机关及其工作人员滥用职权、玩忽职守、徇私舞弊，未依照本条例规定的职责和程序查处传销行为，或者发现传销行为不予查处，或者支持、包庇、纵容传销行为，构成犯罪的，对直接负责的主管人员和其他直接责任人员，依法追究刑事责任；尚不构成犯罪的，依法给予行政处分。

第五章　附　则

第三十条　本条例自2005年11月1日起施行。

《直销企业保证金存缴、使用管理办法》

第一条　根据《直销管理条例》第三十四条第二款规定，制定本办法。

第二条　企业申请直销应提交其在指定银行开设的保证金专门账户凭证，金额为2000万元人民币。保证金为现金。

第三条　直销企业与指定银行签订的保证金专门账户协议应包括下述内容：

（一）指定银行根据商务部和国家工商行政管理总局（以下简称工商总局）的书面决定支付保证金；

（二）直销企业不得违反《直销管理条例》擅自动用保证金，不得以保证金对外担保或者违反《直销管理条例》规定用于清偿债务；

（三）指定银行应及时向商务部和工商总局通报保证金账户情况，商务部和工商总局可以查询直销企业保证金账户；

（四）直销企业和指定银行的权利义务及争议解决方式。

企业在申请设立时应提交与指定银行签署的开设保证金专门账户协议。

第四条 直销企业开始从事直销经营活动3个月后，保证金金额按月进行调整。直销企业于次月15日前将其上月销售额的有效证明文件向指定银行出具，并通过直销行业管理网站向商务部和工商总局备案。直销企业对出具的证明文件的真实性、完整性负责，指定银行应当对证明文件进行形式审查。

直销企业保证金金额保持在直销企业上月直销产品销售收入的15%水平。账户余额最低为2000万元人民币，最高不超过1亿元人民币。

根据直销企业月销售额，如需调增保证金金额的，直销企业应当在向指定银行递交月销售额证明文件后5日内将款项划转到其指定银行保证金账户；如需调减保证金金额的，按企业与指定银行签订的协议办理。

第五条 出现下列情形之一，商务部和工商总局共同决定，可以使用保证金：

（一）无正当理由，直销企业不向直销员支付报酬，或者不向直销员、消费者支付退货款的；

（二）直销企业发生停业、合并、解散、转让、破产等情况，无力向直销员支付报酬或者无力向直销员和消费者支付退货款的；

（三）因直销产品问题给消费者造成损失，依法应当进行赔偿，直销企业无正当理由拒绝赔偿或者无力赔偿的。

第六条 直销员或消费者根据《直销管理条例》和本办法第五条规定要求使用保证金的，应当持法院生效判决书或调解书，向省级商务主管部门或工商行政管理部门提出申请，省级商务主管部门或工商行政管理部门接到申请后10个工作日内将申请材料报送商务部和工商总局。

直销员除持法院生效判决书、调解书外，还应出示其身份证、直销员证及其与直销企业签订的推销合同。消费者除持法院生效判决书、调解书外，还应出示其身份证、售货凭证或发票。

商务部和工商总局接到申请材料后60个工作日内做出是否使用保证金支付赔偿的决定，并书面通知指定银行、直销企业和保证金使用申请人。

直销员违反《禁止传销条例》有关规定的，其申请不予受理。

第七条 根据本办法规定支付保证金后，直销企业应当自支付之日起30日内将其保证金专门账户的金额补足到本办法第四条第二款规定的水平。

第八条 直销企业保证金使用情况应当及时通过商务部和工商总局直销行业管理网站向社会披露。

第九条 直销企业不再从事直销活动的，凭商务部和工商总局出具的书面凭证，可以向指定银行取回保证金。

企业申请直销未获批准的，凭商务部出具的书面凭证到指定银行办理保证金退回手续。

第十条 直销企业违反本办法规定的，按照《直销管理条例》第五十一条予以处罚。

第十一条 商务部和工商总局共同负责直销保证金的日常监管工作。

第十二条 本办法由商务部、工商总局负责解释。

第十三条 本办法自2005年12月1日起施行。

《直销企业信息报备、披露管理办法》

第一条 根据《直销管理条例》第二十八条规定，制定本办法。

第二条 直销企业应建立完备的信息报备和披露制度，并接受政府相关部门的监管检查和社会公众的监督。

第三条 商务部和国家工商行政管理总局（以下简称工商总局）直销行业管理网站向社会公布下列内容：

（一）有关法律、法规及规章；

（二）直销产品范围公告；

（三）直销企业名单及其直销产品名录；

（四）直销企业省级分支机构名单及其从事直销的地区、服务网点；

（五）直销企业保证金使用情况；

（六）直销员证、直销培训员证式样；

（七）直销企业、直销培训员及直销员违规及处罚情况；

（八）其他需要公布的信息。

第四条 直销企业通过其建立的中文网站向社会披露信息。直销企业建立的中文网站是直销企业信息报备和披露的重要组成部分，并应在取得直销经营许可证之日起 3 个月内与直销行业管理网站链接。

第五条 直销企业设立后应真实、准确、及时、完整地向社会公众披露以下信息：

（一）直销企业直销员总数，各省级分支机构直销员总数、名单、直销员证编号、职业及与直销企业解除推销合同人员名单；

（二）直销企业及其分支机构名称、地址、联系方式及负责人，服务网点名称、地址、联系方式及负责人；

（三）直销产品目录、零售价格、产品质量及标准说明书，以及直销产品的主要成分、适宜人群、使用注意事项等应当让消费者事先知晓的内容。

根据国家相关规定直销产品应符合国家认证、许可或强制性标准的，直销企业应披露其取得相关认证、许可或符合标准的证明文件；

（四）直销员计酬、奖励制度；

（五）直销产品退换货办法、退换货地点及退换货情况；

（六）售后服务部门、职能、投诉电话、投诉处理程序；

（七）直销企业与直销员签订的推销合同中关于直销企业和直销员的权利、义务，直销员解约制度，直销员退换货办法，计酬办法及奖励制度，法律责任及其他相关规定；

（八）直销培训员名单、直销员培训和考试方案；

（九）涉及企业的重大诉讼、仲裁事项及处理情况。

上述内容若有变动，直销企业应在相关内容变动（涉及行政许可的应在获得许可）后 1 个月内及时更新网站资料。

第六条 直销企业设立后，每月 15 日前须通过直销行业管理网站向商务部、工商总局报备以下上月内容：

（一）保证金存缴情况；

（二）直销员直销经营收入及纳税明细情况：

1. 直销员按月直销经营收入及纳税金额；

2. 直销员直销经营收入金额占直销员本人直接向消费者销售产品收入的比例。

（三）企业每月销售业绩及纳税情况；

（四）直销培训员备案；

（五）其他需要报备的内容。

第七条　直销企业应于每年4月份以企业年报的方式公布本办法第五条所列内容。

第八条　直销企业及直销员所使用的产品说明和任何宣传材料须与直销企业披露的信息内容一致。

第九条　直销企业未按照《直销管理条例》和本办法进行信息披露，或直销企业披露的信息存在虚假、严重误导性陈述或重大遗漏的，按照《直销管理条例》第五十条规定予以处罚。

第十条　本办法由商务部和工商总局负责解释。

第十一条　本办法自2005年12月1日起实施。

《直销员业务培训管理办法》

第一条　根据《直销管理条例》第二十一条第三款规定，制定本办法。

第二条　在中华人民共和国境内举办直销员业务培训（以下简称直销培训）及考试活动，适用本办法。

第三条　本办法所称直销培训，是指直销企业对本企业拟招募的直销员和本企业的直销员进行国家相关法律法规规章、直销基础知识等各种培训活动。

本办法所称直销员考试是指直销企业对本企业拟招募的直销员的考试。

第四条　直销企业向符合《直销管理条例》规定条件的直销员、直销培训员颁发《直销员证》、《直销培训员证》。

直销企业应在每月 15 日前将本企业上一个月取得《直销培训员证》的人员名册，通过企业所在地省级商务主管部门向商务部备案。未经备案的人员，不得对直销员开展培训。直销培训员只能接受所属企业指派进行培训。

《直销员证》、《直销培训员证》由直销企业按商务部制定的规范式样印制。

第五条　直销员向消费者推销产品时、直销培训员在进行直销培训活动时，应佩戴《直销员证》、《直销培训员证》。

不得伪造、变造、涂改、出租、出借、转让、出卖《直销员证》、《直销培训员证》。

第六条　直销培训内容以《直销管理条例》、《禁止传销条例》、《合同法》、《消费者权益保护法》、《产品质量法》、《反不正当竞争法》等法律法规中的相关内容、直销员道德规范、直销风险揭示以及营销方面的知识为主。

直销员考试应含有上款所规定的内容。

第七条　直销企业进行直销培训和考试，不得收取任何费用。其他单位和个人，不得以任何名义组织直销培训和考试。

第八条　直销培训不得宣扬迷信邪说、色情、淫秽或者渲染暴力；不得扰乱社会秩序，破坏社会稳定；不得对企业产品进行夸大、虚假宣传，贬低同类其他产品，强迫参加培训的人员购买产品；不得以任何方式宣扬直销员以往的收入情况，宣扬大多数参与者将获得成功；不得从事违反国家宪法、法律法规和国家规定禁止的其他活动。

直销企业不得以召开研讨会、激励会、表彰会等形式变相对直销员进行培训。

第九条　直销企业应在本企业设有服务网点的地区组织直销培训。直销培训不得在政府、军队、学校、医院的场所及居民社区、私人住宅内举办。

第十条　直销企业应于直销培训或考试活动 7 日前将培训或考试计划（包括培训时间、具体地点、内容、人数及直销培训员、培训资料和考试时间、地点、人数）在直销企业中文网站上公布。

第十一条　直销企业应当对每期直销培训讲授内容进行录音，完整保存参加培训的人员名单、直销员考试试卷。录音资料、直销员考试试卷应妥善保管，至少保存 3 年。

第十二条　直销企业应当于每年 1 月底前将上一年度举办的直销培训及考试情

况通过企业所在地省级商务、工商主管部门报商务部、国家工商行政管理总局备案。备案内容包括：上一年度举办培训期数（每次培训时间、地点、参加人数、直销培训员、培训资料的名称）、上一年度举办考试次数（每次考试时间、地点、试卷、参加人数、合格人数）。

第十三条　商务部门、工商行政管理部门依照《直销管理条例》和本办法负责对直销培训进行监管；商务部负责制定《直销员证》、《直销培训员证》的规范式样。

第十四条　参加直销培训的人员，如发现直销企业组织的培训、直销培训员讲授的内容违反法律法规或本办法的规定，有权当场指出，并向培训所在地县级以上工商行政管理部门举报。

第十五条　直销企业、直销培训员进行直销培训，违反《直销管理条例》或本办法的，以及直销企业以外的单位和个人组织直销培训的，按照《直销管理条例》第四十六条规定予以查处。

第十六条　直销企业开展直销培训和考试活动，构成违反治安管理行为的，由公安机关依法予以查处；构成犯罪的，依法追究其刑事责任。

第十七条　各级商务、工商、公安机关应建立联系制度，定期通报直销企业培训和查处违规培训情况。

第十八条　本办法自2005年12月1日起施行。

附录四 直销立法大事记（1997~2005年）

● 1997年：国家工商局发布《传销管理办法》，对传销有过如下定义：传销是生产企业不通过店铺销售，而由传销员将本企业产品直接销售给消费者的经营方式。

● 1998年4月18日：国务院发布《关于全面禁止传销经营活动的通知》，《传销管理办法》同时失效。传销企业进入严冬。

● 1998年6月18日：《关于外商投资传销企业转变销售方式有关问题的通知》出台，规定"外商投资传销企业必须转为店铺经营"，促使多家企业转型经营。

● 2003年9月：在厦门第七届中国投资贸易洽谈会期间，商务部、工商总局等部门邀请安利、雅芳、完美、南方李锦记、玫琳凯、如新、康宝莱7家企业商讨直销立法事宜。标志着中国直销立法的开始。

● 2005年4月8日：雅芳全球董事会主席兼行政长官钟彬娴在京宣布，商务部和国家工商总局已正式批准雅芳（中国）有限公司作为直销开放前第一家试点公司，在北京、天津和广东省进行直销试点。

● 2005年8月10日：国务院通过《直销管理条例（草案）》和《禁止传销条例（草案）》。

● 2005年11月1日：《禁止传销条例》实施。

● 2005年11月2日：《直销管理条例》相关配套办法出台

● 2005年12月1日：《直销管理条例》实施。

附录五

直销企业拿牌信息统计表（不断增加中）

序号	企业名称	批准日期	服务网点核查备案日期
1	陕西三八妇乐科技股份有限公司	2016-04-26	
2	安发（福建）生物科技有限公司	2016-04-08	
3	苏州绿叶日用品有限公司	2016-03-16	
4	天津和治友德制药有限公司	2016-03-08	
5	金天国际医疗科技有限公司	2016-01-25	
6	金诃藏药股份有限公司	2015-12-23	
7	北京北方大陆生物工程有限公司	2015-11-16	
8	广州佳莱科技有限公司	2015-07-14	2015-08-26
9	天津铸源健康科技集团有限公司	2015-06-04	2015-07-29
10	金科伟业（中国）有限公司	2015-06-30	2015-07-21
11	圃美多（中国）有限公司	2015-01-23	2015-06-17
12	吉林市新科奇保健食品有限公司	2014-11-25	2015-06-12
13	大连双迪科技股份有限公司	2015-04-02	2015-06-05
14	浙江康恩贝集团医疗保健品有限公司	2014-11-05	2015-06-05
15	北京东方红航天生物技术股份有限公司	2015-02-26	2015-06-04
16	大溪地诺丽饮料（中国）有限公司	2014-12-03	2015-06-02
17	山东永春堂集团有限公司	2015-01-30	2015-05-22
18	河北华林酸碱平生物技术有限公司	2015-02-05	2015-05-15
19	东阿阿胶股份有限公司	2015-02-26	2015-05-15
20	山东福瑞达医药集团公司	2015-01-30	2015-05-14
21	山东卫康生物医药科技有限公司	2015-01-30	2015-05-06
22	内蒙古宇航人高技术产业有限责任公司	2014-12-01	2015-03-25
23	福维克家用电器制造（上海）有限公司	2014-04-16	2015-01-07

序号	企业名称	批准日期	服务网点核查备案日期
24	荟生（海南）健康产业有限公司	2014-06-09	2014-12-05
25	四川福能源生物科技有限公司	2014-06-09	2014-12-01
26	东方药林药业有限公司	2014-01-13	2014-11-06
27	三株福尔制药有限公司	2014-07-31	2014-08-27
28	宝丽（中国）美容有限公司	2013-10-08	2014-04-03
29	康美药业股份有限公司	2013-10-18	2014-01-07
30	理想科技集团有限公司	2013-12-13	2014-01-07
31	长青（中国）日用品有限公司	2013-10-08	2013-12-19
32	广东九极生物科技有限公司	2013-07-23	2013-10-28
33	权健自然医学科技发展有限公司	2013-08-07	2013-10-08
34	深圳市荣格科技有限公司	2013-03-14	2013-08-12
35	天福天美仕（厦门）生物科技有限公司	2012-12-19	2013-05-30
36	圣原健康产业有限公司	2012-12-19	2013-05-16
37	天津市康婷生物工程有限公司	2013-03-14	2013-04-18
38	上海春芝堂生物制品有限公司	2013-01-05	2013-04-12
39	吉林省美罗国际生物科技集团股份有限公司	2012-12-19	2013-01-23
40	吉林东升伟业生物工程集团有限公司	2012-08-24	2012-12-20
41	山东安然纳米实业发展有限公司	2012-01-09	2012-07-11
42	湖南炎帝生物工程有限公司	2011-10-10	2011-12-09
43	爱茉莉化妆品（上海）有限公司	2011-07-11	2011-07-11
44	厦门金日制药有限公司	2012-02-16	2011-07-08
45	天津天狮生物工程有限公司	2011-01-20	2011-03-11
46	绿之韵生物工程集团有限公司	2010-07-05	2010-09-15
47	葆婴有限公司	2010-07-07	2010-07-02
48	江苏隆力奇生物科技股份有限公司	2008-08-07	2009-07-22
49	克缇（中国）日用品有限公司	2009-02-06	2009-02-06
50	哈药集团股份有限公司	2007-08-13	2008-11-25
51	江苏安惠生物科技有限公司	2008-02-19	2008-11-13

序号	企业名称	批准日期	服务网点核查备案日期
52	嘉康利（中国）日用品有限公司	2007-03-23	2008-03-12
53	天津尚赫保健用品有限公司	2007-05-24	2007-12-25
54	美乐家（中国）日用品有限公司	2007-05-24	2007-11-21
55	广东太阳神集团有限公司	2007-02-08	2007-11-05
56	北京罗麦科技有限公司	2007-03-19	2007-10-26
57	玫琳凯（中国）化妆品有限公司	2006-12-01	2007-09-03
58	无限极（中国）有限公司	2007-03-02	2007-08-24
59	完美（中国）有限公司	2006-12-01	2007-08-17
60	康宝莱（中国）保健品有限公司	2007-03-23	2007-07-02
61	广东康力医药有限公司	2006-12-22	2007-06-29
62	欧瑞莲化妆品（中国）有限公司	2006-09-19	2007-06-27
63	安利（中国）日用品有限公司	2006-12-01	2007-05-28
64	南京中脉科技发展有限公司	2006-08-16	2007-04-23
65	金士力佳友（天津）有限公司	2006-10-27	2007-04-20
66	富迪健康科技有限公司	2006-11-01	2007-04-11
67	宝健（中国）有限公司	2006-07-22	2007-03-15
68	新时代健康产业（集团）有限公司	2006-08-16	2007-03-15
69	三生（中国）健康产业有限公司	2006-08-18	2007-02-06
70	如新（中国）日用保健品有限公司	2006-07-22	2006-12-31
71	雅芳（中国）有限公司	2006-02-22	2006-07-24